福建

企业年鉴

FUJIAN ENTERPRISE YEARBOOK

《福建企业年鉴》编委会　编

海峡出版发行集团 | 福建科学技术出版社
THE STRAITS PUBLISHING & DISTRIBUTING GROUP | FUJIAN SCIENCE & TECHNOLOGY PUBLISHING HOUSE

图书在版编目(CIP)数据

福建企业年鉴．2020/《福建企业年鉴》编委会编．—福州：福建科学技术出版社，2021.7
ISBN 978-7-5335-6489-6

Ⅰ．①福… Ⅱ．①福… Ⅲ．①企业经济－福建－2020－年鉴 Ⅳ．①F279.275.7-54

中国版本图书馆CIP数据核字（2021）第105658号

书　名	福建企业年鉴2020
编　者	《福建企业年鉴》编委会
协　编	福建省海峡数据信息中心 福建省产业经济发展促进会
出版发行	福建科学技术出版社
社　址	福州市东水路76号（邮编350001）
网　址	www.fjstp.com
经　销	福建新华发行（集团）有限责任公司
印　刷	福州力人彩印有限公司
开　本	889毫米×1194毫米　1/16
印　张	47
插　页	4
字　数	1300千字
版　次	2021年7月第1版
印　次	2021年7月第1次印刷
书　号	ISBN 978-7-5335-6489-6
定　价	497.50元（含光盘）

书中如有印装质量问题，可直接向本社调换

特 别 致 谢

本书编撰下列单位提供了大量翔实的数据资料和企业信息，福建科学技术出版社有限责任公司进行了精心的审读与编校，在此一并致谢！

福建省人民政府、各设区市、县（市、区）人民政府

平潭综合实验区管委会

福建省发展和改革委员会

福建省国有资产监督管理委员会

福建省卫生和健康委员会

福建省农业农村厅

福建省工业和信息化厅

福建省住房和城乡建设厅

福建省商务厅

福建省交通运输厅

福建省科学技术厅

福建省文化和旅游厅

福建省财政厅

福建省民政厅

福建省审计厅

福建省公安厅

福建省自然资源厅

福建省生态环境厅

福建省水利厅

福建省人力资源和社会保障厅

福建省教育厅

福建省退役军人事务厅

福建省应急管理厅

福建省统计局

福建省林业局

福建省海洋与渔业局

福建省地方金融监督管理局

福建省市场监督管理局

国家税务总局福建省税务局

福建省新闻出版局

福建省广播电视局

福建省体育局

福建省医疗保障局

福建省粮食和物资储备局

福建省药品监督管理局

中国人民银行福州中心支行

中国人民银行厦门市中心支行

中华人民共和国福州、厦门海关

中国银行保险监督管理委员会福建监管局

中国银行保险监督管理委员会厦门监管局

中国证券监督管理委员会福建监管局

中国证券监督管理委员会厦门监管局

福建社会科学院

福建省农业科学院

福建省总工会

中国共产主义青年团福建省委员会

福建省妇女联合会

福建省科学技术协会

福建省企业与企业家联合会

福建省开发区协会

福建省统计学会

（以上单位排名不分先后）

《福建企业年鉴　2020》
编　委　会

《福建企业年鉴　2020》
编　辑　部

编 辑 说 明

一、编辑出版《福建企业年鉴 2020》以习近平新时代中国特色社会主义思想为指导，旨在宣传福建企业发展的战略、现状和进程，展示福建企业发展的新成就和出现的新情况，总结经验，提供信息，承载历史，服务企业高质量发展。

二、《福建企业年鉴 2020》是多角度系统记载福建企业基本情况和发展成就的大型资料性年刊，正式出版，国内外公开发行。

三、《福建企业年鉴 2020》内容涵盖上年度福建企业发展的各个方面，分为：年度主题、发展纪事、行业分析、工业园区、品牌创建、专业人才、区域概况、经济数据、涉企政策和表彰奖励等十篇，比较客观、详实地记载2019年福建企业发展的实际情况。

四、《福建企业年鉴 2020》中的一些论述仅代表作者观点，所引用的数据和资料均采用政府各部门正式发布的数据和资料；由相关协会提供的稿件，因统计口径不尽相同，个别数据可能有差异。读者如需引用数据和资料，请向相关单位查证，以相关单位提供的数据和资料为准。

五、《福建企业年鉴 2020》的编辑出版工作，得到了省委、省政府和各级政府、省直各有关单位、各有关社会组织和社会各界人士的关心和支持，在此一并致以诚挚的感谢。在本书编撰过程中，参考、引用了一些专著或资料，受联系渠道的制约，无法一一与原作者取得联系，请有关作者看到本书后与编委会联系，我们将支付稿酬并致以谢忱。限于经验和水平，难免存在疏漏和欠妥之处，谨请广大读者批评指正。

目　　录

第一篇　年度主题

第二篇　发展纪事

第三篇 行业分析

第四篇 工业园区

第五篇　品牌创建

第六篇　专业人才

第七篇 区域概况

第八篇 经济数据

第九篇　涉企政策

第十篇　表彰奖励

第一篇
年度主题

2020 年福建省企业发展概述

2019 年习近平总书记亲临十三届全国人大二次会议福建代表团发表重要讲话、亲自给寿宁县下党乡乡亲们回信，给全省人民以巨大鼓舞。在以习近平同志为核心的党中央坚强领导下，福建省认真落实党中央、国务院和省委决策部署，坚持稳中求进工作总基调，坚定不移贯彻创新、协调、绿色、开放、共享的新发展理念，深化供给侧结构性改革，着力稳就业、稳金融、稳外贸、稳外资、稳投资、稳预期，奋力推进高质量发展落实赶超，机制活、产业优、百姓富、生态美的新福建建设迈出新步伐。

一、综合实力提升

初步统计 2019 年全省生产总值同比增长 8% 左右，总量跃上 4 万亿元台阶；一般公共预算总收入 5147 亿元，增长 2%；地方一般公共预算收入 3052 亿元，增长 1.5%；固定资产投资增长 6%；进出口增长 7.8%，其中出口增长 8.7%；实际使用外资增长 3.3%；社会消费品零售总额增长 10%；居民消费价格总水平上涨 2.6%；城镇登记失业率 3.5%；城镇居民人均可支配收入 45620 元，增长 8.3%；农村居民人均可支配收入 19568 元，增长 9.8%；节能减排降碳年度目标可以实现。

二、农业

2019 年全省全年农林牧渔业总产值 4636.56 亿元，按可比价计算比上年同期增长 3.6%。其中，农业、林业和渔业产值增长较快，分别同比增长 4.0%、4.1% 和 4.3%；畜牧业受生猪生产下降影响增速略低，同比增长 0.5%。全省粮食播种面积 1233.65 万亩，同比下降 1.3%。粮食产量 493.90 万吨，下降 0.9%。全年蔬菜产量 1437.33 万吨，同比增长 5.2%，蔬菜种植面积扩大，达 869.70 万亩，增长 3.8%。食用菌产量 133.36 万吨，同比增长 5.6%。园林水果产量 681.61 万吨，同比增长 6.5%。番石榴、青梅、青枣、橙、猕猴桃和香蕉等品种种植产量稳、收益好，农户种植积极性较高，产量分别增长 59.1%、21.5%、17.7%、13.9%、11.7% 和 6.5%。茶叶总产量 43.99 万吨，同比增长 5.2%。花卉及盆景园艺播种面积 73.11 万亩，同比增长 5.9%。药材播种面积 36.16 万亩，同比增长 9.2%。全省完成植树造林 107 万亩，占任务的 119%；封山育林 211 万亩，占任务的 105%。木材产量 1453.81 万立方米，同比增长 2.1%；毛竹产量 6.13 亿根，增长 2.0%；小竹材产量 130.56 万吨，增长 19.4%。全年竹笋干产量 41.74 万吨，增长 6.0%。肉蛋奶总产量 318.88 万吨，同比增长 1.3%。肉类产量 255.15 万吨，下降 0.4%。水产品总产量 814.58 万吨，同比增长 4.2%。海水产品 723.54 万吨，增长 4.1%；淡水产品 91.05 万吨，增长 4.6%。

三、工业

2019 年，工业增速位居全国前列。全省第二产业增加值 20581.74 亿元，同比增长 8.3%；工业增加值 16170.45 亿元，比上年增长 8.7%，规模以上工业增加值增长 8.8%。增速分别比去年同期降低 0.2%、0.4%、0.1%。全省工业增速显著高于全国平均水平，第二产业增加值、工业增加值、制造业增加值分别比全国平均水平高出 2.6%、3.0% 和 3.2%。福建工业增加值位居全国第二，和东部沿海地区第一位。工业发展加快，分轻重工业看，轻工业增加值增长 7.6%，重工业增长 10.2%，重工业增幅比轻工业高 2.7%，轻重比为 51.6∶48.4。国有企业增加值增长 8.9%，集体企业增长 4.2%，股份制企业增长 9.9%，外商及港澳台商投资企业增长6.7%；私营企业增长10.2%。分工业门类看，采矿业增长2.3%，制造业增长9.2%，电力、热力、燃气及水生产和供应业增长3.5%。分行业看，38个大类行业有36个行业实现增长，其中12个行业实现两位数增长。其中，化学原料和化学制品制造业增长22.4%，有色金属冶炼和压延加工业增长21.0%，化学纤维制造业增长16.4%，计算机、通信和其他电子设备制造业增长12.0%，医药制造业增长11.5%，电气机械和器材制造业增长10.3%。三大主导产业中，机械装备产业增长5.7%；电子信息产业增长12.0%；石油化工产业增长13.5%。六大高耗能行业增长13.4%，占规模以上工业增加值的比重为25.8%。工业战略性新兴产业增长8.1%，占规模以上工业增加值的比重为23.8%。高技术制造业增长12.3%，占规模以上工业增加值的比重为11.8%。工业经济增长稳定，一季度高技术制造业快速增长，三大主导产业增长9.4%，规模以上工业出口交货值同比增长10.1%，工业增加值增速8.8%，同比提高1.0%，实现良好开局。5月，船舶制造业、煤炭开采和洗选业等行业增速放缓，特别是汽车制造业和石油加工业当月增加值下降超过10%，造成5月工业增加值触及7.3%的全年最低值，二季度工业增加值为8.1%。7月份，由于外商及港澳台商投资企业增幅回落，工业增速8.2%，但9月份，受部分重点企业停产检修结束恢复生产、火力发电企业生产增量大等因素影响，工业增加值增速达到10.4%的近期月度最高值，使得三季度工业增加值同比增长9.3%。四季度，受到年底市场需求不足等因素的影响，工业增速下降到8.2%。

四、服务业

2019年全省服务业增加值19217.03亿元，增长7.3%，比GDP和第二产业增加值增速分别低0.3个和1.0个百分点，比全国平均水平高0.4个百分点；占GDP比重为45.3%，比上年提高0.1个百分点；对GDP增长贡献率为42.0%，拉动GDP增长3.2个百分点。服务业固定资产投资额增长2.8%，占全省固定资产投资比重为67.7%，比上年回落2.1个百分点。全省5922家规模以上服务业实现营业收入4591.56亿元，增长15.0%，比上年提高4.9个百分点，增幅居全国第2位；应交增值税97.84亿元，增长24.4%，居全国第2位；期末从业人员94.67万人，增长7.1%，居全国首位；应付职工酬薪为861.55亿元，增长16.4%，居全国第2位。全省实现社会消费品零售总额15749.69亿元，增长10.0%，比上年回落0.8个百分点。全省交通运输、仓储和邮政业实现增加值1484.58亿元，增长9.5%，占GDP比重为3.5%，对GDP增长贡献率为5.0%。规模以上交通运输、仓储和邮政业实现营业收入1687.50亿元，增长14.6%，比上年提高7.4个百分点，对规上服务业营业收入增长的贡献率达35.8%。金融业实现增加值2875.35亿元，增长9.2%，占GDP比重为6.8%，对GDP增长贡献率为8.0%。房地产业实现增加值2689.62亿元，增长7.0%，占GDP比重为6.3%，对GDP增长贡献率为4.3%。全省房地产开发投资5673.13亿元，增长14.8%，比上年提高11.8个百分点，其中住宅投资增长17.9%，比上年提高11.1个百分点。商品房销售面积6456.13万平方米，增长3.9%，其中住宅销售面积5073.73万平方米，增长6.1%。商品房销售额6938.79亿元，增长5.5%，其中住宅销售额5685.25亿元，增长12.0%。2019年末，商品房待售面积1862.04万平方米，下降0.9%。旅游影响力不断提升，新增国家级文化旅游品牌70家。新增省级旅游度假区、省级生态旅游示范区等省级文化旅游品牌124家。全省接待国内旅游人数52697.08万人次，增长16.7%；接待入境旅游人数958.28万人次，增长6.3%。实现旅游总收入8101.21亿元，增长22.1%，其中国内旅游总收入7393.43亿元，增长22.6%。规模以上信息传输、软件和信息技术服务业实现营业收入1266.42亿元，增长9.4%，比上年提高2.4个百分点。规模以上居民服务、修理和其他服务业实现营业收入113.90亿元，增长16.2%，比上年回落16.3个百分点。

（摘编：于新光）

福建省聚焦企业关切进一步推动优化营商环境政策落实

2019年4月3日福建省人民政府办公厅下发《福建省人民政府办公厅关于聚焦企业关切进一步推动优化营商环境政策落实的实施意见》（闽政办〔2019〕22号）提出，为深入贯彻落实习近平总书记在参加十三届全国人大二次会议福建代表团审议时的重要讲话精神，根据《国务院办公厅关于聚焦企业关切进一步推动优化营商环境政策落实的通知》（国办发〔2018〕104号）要求，结合我省实际，经省政府同意，提出如下实施意见。

一、坚决破除各种不合理门槛和限制，为各类所有制企业营造公平、透明、法治的发展环境

（一）进一步减少社会资本市场准入限制

对接国家新版市场准入负面清单，推动“非禁即入”普遍落实。在民航、铁路、公路、油气、电信等领域，落实一批高质量的项目吸引社会资本参与。继续规范有序推进政府和社会资本合作（PPP）项目建设，依法依规加大力度推进符合规定的PPP项目实施。组织开展招投标领域专项整治，消除对不同所有制企业设置的各类不合理限制和壁垒，严格落实《必须招标的工程项目规定》，赋予社会投资的房屋建筑工程建设单位发包自主权。（责任单位：省发改委、商务厅、财政厅牵头，省直有关单位配合）

（二）着力缓解中小微企业融资难融资贵问题

加大对民营企业、小微企业信贷支持力度，不盲目停贷、压贷、抽贷、断贷，防止随意减少授信、抽贷断贷“一刀切”等做法。鼓励省内法人金融机构发行小微企业专项金融债、绿色金融债，用好支小再贷款、再贴现资金政策，优先办理小微企业票据再贴现。加快建设“银税互动”、金服云等共享平台，为小微企业授信融资提供一站式服务。加快出台政府性融资担保机构绩效考核评价办法，完善“政银担”风险分担机制，综合应用风险补偿、保费补贴、代偿补偿等举措，提升政府性融资担保机构服务小微企业水平。用好纾困基金和纾困专项债，化解民营企业股权质押平仓风险。将全省政府应急周转金规模逐步提高至100亿元以上，加大对民营企业“过桥”转贷支持力度。（责任单位：人行福州中心支行、福建银保监局、厦门银保监局、省财政厅、省金融监管局、省税务局、厦门税务局牵头，省直有关单位配合）

（三）清理地方保护和行政垄断行为，切实加强诚信体系建设

加快清理修改废除妨碍公平竞争、束缚民营企业发展、有违内外资一视同仁的政策措施，2019年年底前实现公平竞争审查制度省市县全覆盖。深入推进“信用福建”建设，落实统一社会信用代码和“双公示”制度。建立健全“政府承诺＋社会监督＋失信问责”机制，认真梳理、依法依规限期解决政府对企业失信事项，治理“新官不理旧账”等问题。研究建立因政府规划调整、政策变化造成企业合法权益受损的补偿救济机制。加大政府拖欠民营企业账款的清偿力度。（责任单位：省市场监管局、发改委牵头，各设区市人民政府、平潭综合实验区管委会，省直有关单位配合）

二、大力推动外商投资和贸易便利化，提高对外开放水平

（四）切实保障外商投资企业公平待遇

落实《外商投资法》，实施准入前国民待遇加负面清单制度，清理取消在负面清单以外领域对外资设置的准入限制，保障外资企业依法平等适

用支持企业发展的各项政策，依法平等参与标准制定工作，依法通过公平竞争参与政府采购活动。建立健全外资企业投诉处理工作机制，及时回应和解决外资企业反映的问题。2019 年完成与现行开放政策不符的规章和规范性文件的废止或修订工作，推动废止或修订有关地方性法规。（责任单位：省商务厅、发改委、司法厅牵头，省直有关单位配合）

（五）进一步促进外商投资

优先将符合条件的外资项目纳入省重点建设项目范围，积极争取将需要国家支持的重大外资项目纳入国家重大外资项目范围，推动项目尽快落地。跟踪衔接国家新修订的《外商投资产业指导目录》，扩大鼓励外商投资范围。落实鼓励类外商投资项目享受进口设备免税、非禁止类外商再投资暂不征收预提所得税等优惠政策。（责任单位：省发改委、商务厅、财政厅、省税务局、厦门税务局牵头，省直有关单位配合）

（六）降低进出口环节合规成本和推进通关便利化

建立口岸收费监督管理协作机制，实行口岸收费目录清单制度，有效降低集装箱进出口环节合规成本。深化国际贸易“单一窗口”建设，推进海运提单、提货单、装箱单等信息电子化流转。减少进出口环节审批监管事项，优化通关流程和作业方式，现场通关环节实行联网对比核查，到 2021 年整体通关时间比 2017 年压减 1/2。（责任单位：省口岸办、市场监管局、交通运输厅、福州海关、厦门海关、福建海事局、厦门边检总站牵头，省直有关单位配合）

（七）落实国家出口退税政策，加快出口退税进度

适时动态调整出口企业分类等级，评定时限压缩至 15 个工作日。拓展提升“出口退税综合服务平台”功能，推进无纸化申报，推广运用电子印章，提高办理便利度。执行国家统一出口货物函调政策，提升函调质效。梳理退库流程，提高退税审核效率。强化企业信用信息共享，打击骗取出口退税行为。（责任单位：省税务局、厦门税务局、福州海关、厦门海关牵头，省直有关单位配合）

三、坚持激励与保护并举，最大限度释放创新创业创造动能

（八）构建高新技术企业成长加速机制

完善创新激励与企业产值、研发投入等生产经营情况挂钩机制，全面落实高新技术企业优惠政策。积极对接科创板制度规则，推动更多科技型企业上市。加大创业担保贷款贴息资金支持，通过发放一次性创业补贴、给予创业启动资金扶持、建设创业孵化基地、设立创业基金等方式，支持高校毕业生等群体创新创业创造。（责任单位：省科技厅、财政厅、金融监管局、人行福州中心支行、省税务局、厦门税务局、福建证监局、厦门证监局牵头，省直有关单位配合）

（九）加大力度保护产权

全面加强知识产权保护，提高专利、商标注册审查质量和效率，全面推进商标注册全程电子化。组织开展专利执法维权“护航”专项行动，加强网购、进出口等重点领域知识产权执法。加快建设“知创福建”，建设“一带一路”知识产权援助中心。抓紧完成不利于产权保护的规章、规范性文件清理工作。相关部门配合法院加大涉产权冤错案件甄别纠正力度。（责任单位：省市场监管局、公安厅、农业农村厅、司法厅，省法院、福州海关、厦门海关牵头，省直有关单位配合）

四、持续提升审批服务质量，提高办事效率

（十）进一步简化企业投资审批

进一步精简企业投资项目前置审批事项，统一公布投资项目审批事项清单。进一步完善投资项目在线审批监管平台，加快推进“一网通办”和并联办理，探索开展企业投资项目承诺制改革试点。全面深化工程建设项目审批制度改革，统一审批流程、信息数据平台、审批管理体系、监管方式，进一步精简审批环节和事项，压减审批时间，提高审批效能。2019 年上半年建成省市统一的工程项目审批制度框架和信息数据平台。支持有条件的地方探索试行新批工业用地“标准地”改革经验，建立健全出让用地建设条件一次性集成公布、企业按条件建设、各部门依法监管的工作机制。（责任单位：省发改委、住建厅牵头，省直有关单位配合）

（十一）深化商事制度改革，压减行政许可

对106项涉企行政审批事项开展“证照分离”改革，逐一研究制定直接取消审批、审批改为备案、实行告知承诺、优化准入服务的具体办法和加强事中事后监管的措施。组织梳理地方设定的涉及市场准入的行政审批事项清单，在我省自贸试验区率先实现“证照分离”改革全覆盖，条件成熟后在全省推广。探索扩大简易注销适用范围，缩短时限、优化流程，适时发布统一的企业注销操作指南。全面完成省市县三级权责清单融合的清理、编制、公布工作，进一步取消和下放一批行政审批事项，修订公布新的行政许可事项清单。清理各类变相审批和许可，试点开展现有行政许可的成本和效果评估，并根据评估结果及时提出调整完善相关行政许可的建议。（责任单位：省市场监管局、审改办牵头，省直有关单位配合）

（十二）加快制定政务服务事项清单和推进政务服务标准化

各级各部门要抓紧公布“马上办、网上办、就近办、一次办”行政审批和公共服务事项目录，进一步增加“一趟不用跑”和“最多跑一趟”事项；完善“闽政通APP”功能，实现“马上办、掌上办”。按照减环节、减材料、减时限、减费用要求，制定标准化审批工作流程和办事指南，2019年实现省市县乡四级同事项同标准、无差别审批。建立政务服务满意度调查机制，并纳入绩效考核。（责任单位：省审改办牵头，各设区市人民政府、平潭综合实验区管委会，省直有关单位配合）

五、进一步减轻企业税费负担，降低企业生产经营成本

（十三）全面落实减税降费政策

落实国家更大规模的减税政策，坚持普惠性减税与结构性减税并举，降低制造业和小微企业税收负担。核定社保缴费基数上下限，使缴费基数降低，确保企业特别是小微企业社保缴费负担有实质性下降。阶段性降低失业保险和工伤保险费率。继续实行除赔（补）偿外省定涉企行政事业性收费“零收费”，合理确定最低工资标准。不得采取任何增加小微企业实际缴费负担的做法，不得自行对历史欠费进行集中清缴。（责任单位：省财政厅、发改委、人社厅、工信厅、医保局、省税务局、厦门税务局、市场监管局牵头，省直有关单位配合）

（十四）清理物流、认证、检验检测、公用事业等领域经营服务性收费

落实国家货车年审、年检和尾气排放检验“三检合一”等政策，全面实现“一次上线、一次检测、一次收费”。严禁公安机关指定公章刻制企业，纠正和制止垄断经营、强制换章、不合理收费等现象。引导和督促认证机构降低收费标准，加强教育、医疗、电信、金融、公证、供水、供电等公共服务领域收费的监督检查，严肃查处收费项目取消后继续收取或变相收取、越权违规设立收费项目、擅自扩大收费范围和提高收费标准等行为。（责任单位：省交通运输厅、公安厅、市场监管局、工信厅、发改委牵头，省直有关单位配合）

（十五）整治政府部门下属单位、行业协会商会、中介机构等乱收费行为

依法整治“红顶中介”，取消违法违规收费，降低收费标准，纠正行政审批取消后由中介机构和部门下属单位变相审批及违法违规收费、加重企业负担等现象。2019年5月底前，各有关部门对本部门下属单位涉企收费情况进行一次全面清理，整顿违规收费行为。组织对行业协会商会收费进行检查，纠正不合理收费和强制培训等行为，建立健全投诉举报和查处机制。（责任单位：省发改委、市场监管局、民政厅、国资委牵头，各设区市人民政府、平潭综合实验区管委会，省直有关单位配合）

（十六）规范降低涉企保证金和企业生产要素成本

严格执行涉企保证金目录清单，落实降低涉企保证金缴纳标准，推广以银行保函替代现金缴纳保证金。扩大电力直接交易范围和规模，降低一般工商业电价。严厉打击囤积厂房、哄抬租金等违规行为。鼓励开发区、工业园区腾笼换鸟、二次招商，集约节约利用土地。（责任单位：省工信厅、财政厅、发改委、自然资源厅、商务厅牵头，各设区市人民政府、平潭综合实验区管委会，省直有关单位配合）

六、加强和规范事中事后监管，维护良好市场秩序

（十七）加强事中事后监管

建立健全适合我省高质量发展要求、全覆盖、保障安全的事中事后监管制度，健全监管体系，夯实监管责任，寓监管于服务之中。做好减权放权事项监管，切实解决“放而不管”“一放了之”以及承接落实不到位等问题。（责任单位：省市场监管局、审改办牵头，省直有关单位配合）

（十八）创新市场监管方式

全面推进“双随机、一公开”监管，推进跨部门联合抽查制度化常态化，全面落实企业信用风险分类监管，加快推进“互联网+监管”平台建设，推动跨地域、跨层级、跨部门的联动协同监管，最大限度减少对企业的干扰。（责任单位：省市场监管局、发改委牵头，省直有关单位配合）

（十九）坚决纠正“一刀切”式执法，规范自由裁量权

及时纠正以环保检查为由“一刀切”式关停企业的做法，并严肃追责。推进公正监管，制定执法自由裁量权制度及标准，健全规范行政处罚自由裁量权。禁止将罚没收入与行政执法机关利益挂钩。（责任单位：省生态环境厅、农业农村厅、文旅厅、市场监管局、财政厅牵头，省直有关单位配合）

七、加强组织领导，进一步明确工作责任

（二十）深入开展营商环境评价工作

各设区市和平潭综合实验区要切实承担起优化本地区营商环境的职责，对标对表营商环境评价指标体系，找准政策落实中的“堵点”，探索更多切实管用的改革举措，解决制约营商环境的深层次问题。把优化营商环境工作纳入绩效考评内容。建立健全营商环境投诉举报、查处回应和抽查体检制度，公开曝光反面典型。对企业反映的营商环境问题，省发改委要牵头梳理问题清单，推动整改到位。

（二十一）提升政策制定和实施水平

各级各部门要增强政策制定实施的科学性和透明度，提高政策质量，增强政策稳定性。对企业高度关注的行业规定或限制性措施调整，要设置合理过渡期，防止脱离实际、层层加码。科学审慎研判拟出台政策的预期效果和市场反应，统筹把握好政策出台时机和力度。要完善领导干部挂钩联系重点民营企业和重点商会制度，健全“政企直通车”和企业家参与涉企政策制定机制。要及时在闽政通 APP、省网上办事大厅、主流媒体、政府网站上跟进解读政策，精准推送、集中发布，提升企业政策获得感。

（摘编：雷　宇）

福建省实施农业灾后恢复重建方案

2019年6月11日福建省人民政府办公厅下发《福建省人民政府办公厅关于印发福建省农业灾后恢复重建实施方案的通知》（闽政办网传〔2019〕16号），主要内容如下。

为做好农业灾后恢复重建工作，减轻灾害影响，促进我省农业生产稳定、健康发展，特制定本方案。

一、目标要求

坚持“统筹兼顾、综合施策、立足当前、着眼长远”，强化指导服务，落实扶持政策，着力推进农业、渔业灾后恢复重建工作。原则上，畜禽、水产养殖场所消毒灭源工作在灾后7天内完成；农作物改种补种工作在灾后1个月内完成；农业设施大棚重建在灾后4个月内完成；农田水利设施临时恢复灌溉修复在灾后7天内完成，严重损毁重建工程在4个月内（或按有关项目建设时限要求）完成修复；局部损坏的水产育苗、养殖设施、渔船、渔港码头和休闲渔业设施原则上在2个月内完成修复，严重损毁的原则上在4个月内完成修复。

二、重点工作

（一）迅速核实上报灾情

乡镇人民政府（街道办事处）组织村委会核实农业生产损失情况。灾后7天内，各乡镇（街道）要将农业、渔业生产损失基本情况和农田水利设施灾毁情况，分别通过市、县（区）农业农村、渔业部门审核汇总后，逐级上报至省农业农村厅、海洋渔业局。

（二）尽快恢复灾后生产

各级农业农村、渔业部门干部和技术人员深入基层，指导农民对过水倒伏水稻等农作物进行扶正清洗、喷药施肥；对受灾的果园、茶园加固树体、修剪树冠、培土增肥；对受淹田块清淤排涝，挖沟排水；对受灾鱼塘及时清淤，修复塘基和进排水渠道；对受灾养殖网箱修补加固；对受损的水产育苗室、电力设施抓紧抢修。

（三）开展畜禽无害化处理和消毒灭源

县级人民政府、乡镇人民政府（街道办事处）和养殖场对因灾死亡的畜禽及时采用深埋、化制、焚烧、机械等方式进行无害化处理，各级农业农村部门加强指导。对受灾畜禽圈舍及屠宰厂、活畜禽交易市场、无害化处理场（点）等重点场所及周边环境开展消毒灭源，防止动物疫病传染扩散。做好动物疫病紧急免疫，加强动物疫情监测与流行病学调查，及时发现和消除疫情隐患。

（四）指导灾区农作物改种补种

各级农业农村部门组织恢复灾后农业生产，指导农民改种水稻、大豆、玉米、马铃薯、甘薯、蔬菜等作物；同时，利用山坡地、边杂地扩种、套种，扩大灾后农作物种植面积，弥补灾害造成的损失。对受灾严重的蔬菜生产基地，引导菜农组织短生育期的叶菜类生产，及时供应市场，稳定市场蔬菜价格。各级农业农村部门为灾区无偿调拨所需水稻、大豆、玉米种子，并积极调剂改种补种所需甘薯、马铃薯、蔬菜种子种苗。

（五）加快灾毁农业基础设施重建

县级农业农村、渔业部门分别研究制订因灾受损的农业设施大棚、水稻工厂化机插育秧设施设备、畜禽养殖场、标准化水产养殖池塘、工厂化水产养殖车间、塑胶渔排、深水网箱、规模化水产育苗场以及渔船、渔港码头、休闲渔业基地、农田水利设施灾后修复和重建方案，指导农业、渔业经营主休抢修路、沟、渠、水、电等基础设施，修复受损设备，尽快恢复农业、渔业生产。

（六）协助做好农业保险理赔

县级农业农村、烟草部门积极配合农业保险承保机构，对参保的水稻种植（制种）、烟叶、马铃薯、能繁母猪、育肥猪、奶牛等政策性农业保险，以及蔬菜种植、设施畜禽（设施蛋鸡、肉羊养殖）、设施食用菌、葡萄、莲籽、食用菌、肉牛、兔、枇杷、茶叶等特色农业保险，简化理赔手续，尽快将赔款支付给受灾的各类经营主体和农户。省渔业互保协会对承保的渔船、养殖生产企业，加快查勘定损，视情预付或及时赔付到位。

三、扶持政策

（一）支持灾区重建温室大棚

对因灾倒塌需重建的各类设施农业温室大棚，起补面积不限，优先从省级已下达的设施农业温室大棚补贴资金中安排，按程序尽快拨付到位。

（二）支持受灾水稻机插育秧示范点重建

因灾严重损毁需恢复重建的水稻工厂化机插育秧示范点，优先列入省粮食产能区增产模式攻关与推广（简称“粮食产能区”）项目，经业主申请，按照新建项目补助标准执行，所需资金在下达的粮食产能区项目资金中统筹安排。

（三）支持受灾种植业、畜牧业恢复生产

对受灾严重的果茶菜种植基地、食用菌基地和畜禽养殖场，从中央农业生产救灾资金中统筹安排进行补助。对受灾严重的果茶菜种植基地、食用菌基地和畜禽规模化养殖场，在省级以上财政资金中安排，具体补助按有关资金管理办法执行。

（四）支持受灾渔业设施重建恢复生产

对已经承担省级财政设施渔业项目的受灾养殖场，从救灾专项中进行补助；对因灾损毁沉没的海洋捕捞渔船，优先列入油补减船转产或渔船更新改造项目；对受灾损毁渔港码头防波堤的修复重建，优先列入中央油补的渔港维护专项资金项目安排。

（五）支持受灾农田设施恢复重建

对未实施过高标准农田建设，因灾严重损毁需恢复重建的农田，优先列入当年高标准农田建设项目计划进行建设。对已经实施过高标准农田建设的农田，确因灾毁需要重建的，允许按照“缺什么、补什么”的原则进行重建，亩均补助标准按不高于当年高标准农田补助标准投入，经费从各级农田水利水毁修复专项资金中安排。

四、保障措施

（一）加强组织领导

各级农业农村、渔业和相关部门要组织干部和农业技术人员深入抗灾一线指导恢复生产，落实各项救灾措施，指导农民开展生产自救，按时限要求完成灾后恢复生产各项工作。

（二）明确职责分工

各级农业农村、渔业和相关部门要建立健全工作责任制，细化任务措施，加强分工协作，切实抓好动植物疫病防控、清沟排渍、改种补种、培土追肥、养殖补栏和水产苗种繁育、水质监测等工作，推动灾后恢复生产各项工作落到实处。

（三）营造宣传氛围

各级农业农村、渔业和相关部门要大力宣传灾后恢复生产和重建扶持政策和措施；鼓励引导各类新型经营主体用好、用足政策，高质量、高标准恢复农业生产。

（摘编：李　兵）

福建省发布加快水产养殖业绿色发展十三条措施

2019年7月31日福建省海洋与渔业局下发《福建省海洋与渔业局关于加快水产养殖业绿色发展十三条措施的通知》（闽海渔〔2019〕121号）提出，为贯彻落实农业农村部等十部委《关于加快推进水产养殖业绿色发展的若干意见》（农渔发〔2019〕1号）精神，加快推进我省水产养殖业绿色发展和高质量发展，经省政府同意，提出如下措施：

一、严格落实规划制度

推进养殖水域滩涂规划落地实施，2019年底之前完成市级养殖水域滩涂规划编制发布。2020年底之前全面清退禁养区违法养殖和限养区不符合规定的养殖设施，加强水产养殖业执法，建立健全防止违法违规养殖反弹的长效管理机制。对符合规划养殖的使用者必须依法予以核发水域滩涂养殖证，做到应发尽发。

二、优化养殖空间布局

各地要根据养殖水域滩涂规划和绿色发展要求，每两年公布一次重点港湾、近海、淡水大中型水面的养殖容量情况，逐步调减近岸、港湾小网箱养殖规模和密度，有序扩大深水抗风浪网箱养殖规模。积极探索深远海的大型智能化养殖和贝藻类养殖，开辟我省外海养殖新空间。积极发展稻（莲）渔综合种养，实现稳粮促渔、提质增效。鼓励发展淡水大中型水面不投饵的生态养殖。

三、发展绿色养殖方式

全面开展水产健康养殖示范创建，大力发展绿色生态健康养殖模式。设施渔业专项资金支持标准化池塘养殖（每亩补助2500元）、稻（莲）渔综合种养（每亩补助4000元）、工厂化循环水养殖（每平方米补助600元）、贝藻类浮筏式养殖（按浮球数量补助）、环保型塑胶渔排养殖（每平方米补助170元）、深水大网箱养殖（按周长每口补助10—40万元）等绿色养殖模式。鼓励各地积极探索“单柱半潜式深海养殖平台”“振鲍一号”等深远海大型智能化养殖平台研发。

四、推动产业转型升级

利用设施渔业等专项资金，支持传统养殖海域和淡水重点养殖水域木质渔排、养殖泡沫浮球的淘汰替换和升级改造，2022年底之前改造传统养殖渔排40万口以上，不符合规划养殖全面清退。以宁德市海上养殖升级改造为示范，全面推进全省传统养殖的转型升级，实现海上和淡水大中型水面养殖的集约化、生态化、景观化。充分应用物联网、大数据和人工智能等现代信息技术改造升级水产养殖设施装备，推进智慧水产养殖的快速发展。

五、推进养殖污染治理

依法开展水产养殖项目环评。加强养殖尾水排放治理，支持集中连片池塘养殖区、工厂化循环水养殖场的进排水、生物净化、人工湿地等技术改造，开展水产养殖连片集中区养殖尾水监测与评估，2022年底之前规模以上水产养殖主体实现尾水达标排放或循环利用。综合治理养殖水域漂浮垃圾，对网箱网围和筏式、吊笼养殖用木质渔排、泡沫浮球、毛竹撑杆等拆除后的废弃物实行收集处置。加强养殖水域滩涂污染事故调查处理，建立健全补偿机制。

六、开展渔业生态修复

开展海淡水渔业资源调查，持续开展海域和内陆渔业资源增殖放流，每年全省放流水生生物保持在20亿单位以上。有序发展滩涂和浅海贝藻类增养殖，鼓励湖泊水库发展滤食性、草食性鱼类增养殖，净化和修复近海、港湾和淡水大中型水域的生态环境。大力推进连江黄岐湾、莆田平海湾等海洋牧场建设，构建良好的立体生态养殖系统。

七、壮大水产种业规模

持续实施水产种业创新与产业化工程，不断壮大大黄鱼、鲍鱼、海带、紫菜、花蛤等特色优势品种的种业规模，构建我省特色优势品种的水产原良种体系，建设一批规模化、现代化、良种化的水产种业基地和现代水产种业龙头企业，2022年主要养殖品种的良种覆盖率达到70%以上。开展海带、紫菜、鲍鱼等养殖新品种、新品系研发，积极申报国家新品种。创建国家级水产种质资源保护区，重点保护宁德大黄鱼、长乐海蚌、长汀大刺鳅等渔业种质资源。

八、加强水产疫病防控

建立健全水生动物疫病防控体系，从2019年开始，按照农业农村部要求，各县（市、区）要组织实施水产苗种产地检疫试点，建立检疫申报点、渔业官方兽医和执业兽医队伍，加强技术培训和水产养殖用疫苗推广。完善水产养殖病害测报网络，加强水产养殖病害预警和风险评估，提高重大病害防控和应急处置能力。

九、强化投入品管理

严格落实饲料生产许可制度和兽药生产经营许可制度，严把市场准入关。严格落实水产养殖用饲料和饲料添加剂、兽药、水环境改良剂等投入品的使用管理制度和质量监管，依法建立健全水产养殖投入品使用记录制度。持续开展水产养殖精准减量用药行动，组织开展养殖投入品生产、流通、使用专项执法行动，严厉打击违法违规用药和违法违规使用其他投入品等行为。落实水域生态防控措施，严格限制冰鲜幼杂鱼等直接投喂于养殖生产。

十、强化质量安全监管

强化水产品质量安全属地监管职责和生产经营者主体责任。组织开展产地水产品质量安全监督抽查、风险监测和养殖水产品质量安全与底质环境关联度监测、评估，加强养殖水产品风险隐患排查，到2022年产地水产品抽检合格率保持在98%以上。加快推进“一品一码”追溯体系建设，将工商登记在册的养殖企业、合作社等生产经营主体全面纳入追溯平台，实施有效监管。推进养殖标准化生产和优质水产品认证。

十一、促进产业融合发展

围绕我省大黄鱼、石斑鱼、鳗鲡、对虾、鲍鱼、牡蛎、紫菜、海带、海参、河鲀等十大优势特色品种，将养殖产业向全产业链拓展，实现一、二、三产业融合，发展种苗、养殖、加工、流通、营销和休闲旅游、互联网+渔业等新产业、新业态，延长价值链，2022年十大品种全产业链产值超1100亿元。支持革命老区、民族地区和经济落后等地区发展特色水产养殖，增加低收入人口收入，促进乡村产业振兴。持续实施水产养殖品牌战略，进一步扩大全国性、区域性特色品牌规模。

十二、加强国际交流合作

结合“一带一路”建设等重大战略实施，鼓励和支持渔业龙头企业利用我省在境外建立远洋渔业基地的优势，积极开展海外水产养殖项目投资和技术合作，壮大海外水产养殖规模和综合经济实力。借助中国（福州）国际渔业博览会等平台，提高我省水产品的国际影响力和国际贸易水平。

十三、完善相关配套政策

各地要因地制宜落实水产养殖绿色发展具体措施。鼓励政策性渔业互保机构开展水产养殖保险，以及与之相关的设施财产险、污染责任险等政策性保险覆盖范围。支持工厂化循环水、养殖尾水和废弃物处理等环保设施用地，保障深水抗风浪养殖、深远海大型养殖设施用海，养殖用海依法依规免征海域使用金。加强统筹协调，落实水产养殖业绿色发展用水用电优惠政策；对因公共利益需要退出的水产养殖，依法给予补偿并妥善安置养殖渔民生产生活。

（摘编：刘海元）

福建省加快推进工业企业“退城入园”转型升级

2019年12月23日福建省人民政府办公厅下发《福建省人民政府办公厅关于加快推进工业企业“退城入园”转型升级的指导意见》（闽政办〔2019〕52号）提出，为加快推进工业企业“退城入园”改造提升，促进产业集聚、产城融合和工业投资稳定增长，加快产业结构优化升级，提升优势企业和优势产业发展竞争力，推动经济高质量发展，经省政府同意，提出以下意见。

一、建立“退城入园”项目库

各设区市、平潭综合实验区组织所辖县（市、区）对城镇及周边未入园的工业企业进行摸底调查，梳理相关企业用地、耗能、排污等资源消耗以及企业生产技术水平、产能、税收、劳动就业、全要素生产率等情况，制定退城搬迁和入园的条件标准，建立“退城入园”项目库。推动工业园区规划与经济社会总体发展规划、国土空间规划、产业规划等有机衔接，强化刚性约束，开展工业园区标准化试点建设。按照国土空间规划、两大协同发展区规划、工业园区发展规划和产业定位，分类分步推动企业退城进入各类园区。优先推动符合产业政策发展导向的优势企业加快“退城入园”搬迁改造，引导资源利用效率低的淘汰类企业、“僵尸企业”逐步清退用地。

责任单位：各市、县（区）人民政府，平潭综合实验区管委会，省工信厅、商务厅、科技厅、发改委、自然资源厅、生态环境厅、市场监管局

二、加大“退城”企业用地收储奖补力度

各市、县（区）应建立工作机制，制定具体可操作的工作细则，加大城镇及周边企业工业用地收储奖补力度，由政府主导对企业厂房、设备等资产进行第三方评估，按照对企业厂房、设备重置价结合成新率评估作价。综合考虑企业员工安置、子女教育、腾退进度、存货损耗、停产损失和土地类别等情况，分类分档制定城区工业用地收储财政奖补政策，支持企业“退城入园”改造升级。

责任单位：各市、县（区）人民政府，平潭综合实验区管委会，省财政厅

三、支持城区企业就地转型

符合规划并纳入“三旧改造”规划的，可按照省里“三旧改造”有关规定执行，法律法规规章和出让合同另有规定的除外。企业利用原有工业用地兴办信息服务、研发设计、创意文化等新兴产业及我省鼓励发展的生产性或高科技服务业的，实行5年过渡期政策；过渡期内，可暂不办理土地用途变更手续；过渡期满，符合有关规定的，可以协议方式办理土地用途变更等相关手续。利用原有工业用地变更为含商住在内的经营性商品住宅用途，应由政府统一收储后出让。

责任单位：各市、县（区）人民政府，平潭综合实验区管委会，省自然资源厅

四、支持“退城入园”项目技术改造

支持“退城入园”企业应用先进技术更新改造设备设施，建设数字化、智能化、绿色化工厂，扩大先进产能，各级技改专项资金对符合条件的“退城入园”技术改造项目予以优先支持。支持企业建设多层标准厂房，对“退城入园”企业投资新建4层以上标准厂房或将原有厂房改造升级为4层以上厂房的，省级技改专项资金可对其新增的货梯给予补助。

责任单位：各市、县（区）人民政府，平潭综合实验区管委会，省工信厅、发改委、财政厅

五、提升“退城入园”项目融资服务

充分发挥“产融云”平台作用，举办“退城

入园”企业“政银企”“政基企”等专场产融对接活动。在符合条件、风险可控前提下，对“退城入园”企业正常的贷款需求要做到应贷尽贷；对“退城入园”企业抵押物变更的，在依法合规前提下，合理确定授信规模。鼓励银行业金融机构扩大无还本续贷业务，降低“退城入园”企业融资财务压力和成本。发挥地方政策性担保机构作用，推广园区企业资产按揭贷模式，支持“退城入园”企业融资。发挥全省各级企业应急保障资金作用，支持“退城入园”企业融资转续贷。省企业技术改造投资基金加大对“退城入园”技改项目的投融资支持力度。

责任单位：各市、县（区）人民政府，平潭综合实验区管委会，人行福州中心支行、福建银保监局，省工信厅、财政厅、金融监管局，兴业银行

六、强化“退城入园”项目用地保障

对“退城入园”企业，属于鼓励类、符合产业政策的工业项目，收回原国有建设用地使用权后，经批准可以协议方式在新入驻园区按原用途办理用地手续。将“退城入园”工业项目纳入年度建设用地计划统筹安排，对新增用地面积大于300亩的“退城入园”重大工业项目，一次性规划预留，分批供地、分期建设，预留土地期限最长不超过5年。加强省以上重点工业投资项目“退城入园”用地保障，所需的新增建设用地计划指标由省级予以统筹调剂安排，所需的用林指标由所在市、县（区）优先解决，不足部分由省级予以统筹调剂安排。

责任单位：各市、县（区）人民政府，平潭综合实验区管委会，省自然资源厅、林业局

七、支持园区企业物业分割转让

园区企业已确权登记的存量房屋，在不改变用途的前提下，可按幢、层固定界限为基本单位分割为可以独立使用且权属界线封闭的空间，经批准可进行分割、登记和转让，用于发展创新创业创造的产业项目。分割转让后原权利人自留的工业功能的建筑面积占分割转让前确权登记的工业建筑面积比例不得低于40%。分割后涉及公共配套设施的建设和使用，转让双方应在合同中明确，办理不动产登记时注明土地使用权按份共有或共同共有。工业用地的办公、生活服务等配套用房不得独立进行分割、分割转让或抵押。土地出让合同对分割转让有特殊规定的，按土地出让合同的规定执行。

责任单位：各市、县（区）人民政府，平潭综合实验区管委会，省自然资源厅

八、拓展园区承载空间

对符合规划和安全要求、不改变用途的，园区内工业企业可在原有建设用地上通过新建、扩建、拆建或三种方式组合的路径进行厂房升级改造、适当增加用地容积率，不再增收土地价款，免收城市基础设施配套费用。鼓励各市、县（区）引进国内外综合实力较强的第三方机构，统一开展园区开发建设、对外招商和运营管理，对园区统一建设的公共生活服务设施用地面积占项目总用地面积比例放宽至30%。

责任单位：各市、县（区）人民政府，平潭综合实验区管委会，省自然资源厅、商务厅

九、强化工作组织落实

各设区市人民政府、平潭综合实验区管委会负责做好本地区“退城入园”相关工作的统筹协调和分解落实，根据本地发展实际，制定细化配套措施，结合项目投资强度等因素加大对“退城入园”企业财政奖补力度，发挥好“一企一策”作用，引导企业加快“退城入园”。各市、县（区）要加强政策执行的监督检查，严防假借“退城入园”“三旧改造”名义违法违规用地和享受相关政策，坚决杜绝各类违法违纪行为的发生。“退城入园”项目推进情况作为省政府重大投资项目协调会议的重要内容。省工信厅、自然资源厅、发改委、商务厅、金融监管局等相关单位根据各自职责分工，加强指导和督促各地做好规划引导、搬迁改造、土地收储、园区建设、融资服务等相关工作，确保“退城入园”工作取得实效。

（摘编：黄国实）

福建省加快工业软件产业发展

2019 年 3 月 20 日福建省工信厅下发《福建省工业和信息化厅关于加快工业软件产业发展七条措施的通知》提出，工业软件，是指在工业领域里应用的软件，包括嵌入式软件以及覆盖工业领域研发设计、生产控制、信息管理等制造业环节的各类软件。为落实《福建省人民政府关于深化“互联网+先进制造业”发展工业互联网的实施意见》，加快发展工业软件，推动工业数字化、网络化、智能化，结合我省实际，制定如下措施：

一、聚焦重点扶持

支持制造业较发达、智能制造基础较好、工业软件企业较集中的区域发展工业软件园区，引导软件企业面向工业企业提供软件与信息技术服务，支持先进制造企业输出领先的行业信息化解决方案，培育壮大工业软件企业主体。以嵌入式软件、工业控制软件、工业安全软件、工业 APP、工业数据库、集成电路设计等为重点领域，鼓励设区市建立工业软件重点项目库，实施一批重点工业软件产业化项目，对入库项目优先给予扶持。

二、培育壮大产业基础

支持工业企业通过主辅分离、投资入股、自主创新等多种形式发展工业软件，支持软件和信息技术服务企业大力发展工业软件，2019 年起对上年度新增工业软件业务收入超过 2000 万元，且工业软件业务收入上年度增速超过 15% 的工业企业、软件和信息技术服务企业，每新增 2000 万元工业软件业务收入奖励 10 万元，最高不超过 100 万元。

对向工业相关企业推广拥有自主知识产权工业软件的企业，2019 年起年新增推广超过 20 家企业，按实际成交金额的 2% 进行奖励，同一企业每年奖励不超过 50 万元。

深化军民融合，鼓励我省软件企业在军工领域推广应用，对工业软件产品新入选《民参军技术与产品推荐目录》的企业在省委军民融合办奖励的基础上，按入选产品每项增加 3 万元奖励。

引进和支持国内外知名工业软件企业及研发机构来闽投资，对 2018 年后首次在闽设立总部、区域总部或研发中心的，在闽投资额超过 3000 万元的，按实际到位投资额不超过 2% 奖励给其在闽所设立的公司（机构）；投资额 5000 万元以上的，按其实际到位投资额不超过 3% 奖励给其在闽所设立的公司（机构），该项奖励同一年度总额不超过 200 万元。设区市政府可按其在闽所设立的公司（机构）实际租用面积所需租金的 50% 给予补贴。

三、开拓工业软件市场

推广和应用具有自主创新技术的首版次工业软件，“首版次软件产品”是指企业通过自主开发或者合作开发，其功能或性能有重大突破，在该领域具有技术领先优势或者打破市场垄断，拥有自主知识产权，尚未取得重大市场业绩，首次销售的同产品名称、同一版本号的软件产品。对合同金额在 100 万元以上，属于国内首版次的工业软件按不超过市场销售单价 60%，补助金额不超过 200 万；属于省内首版次工业软件的按不超过市场销售单价 30%，补助金额不超过 100 万元。

支持工业软件企业参与省外公开招标，对项目中标且单个合同金额 200 万元以上的工业软件项目，按合同完成金额不超过 10% 给予奖励，同一项目、系统或产品奖励金额不超过 100 万，同一企业年度奖励不超过 300 万元。

对于省内工业企业选用省内工业控制系统、工业数据库、集成电路芯片及智能化仪器仪表等工业软件或自行研发工业应用软件进行改造升级，对于实际改造投资金额超过 100 万元的项目，按软件部分改造金额给予不超过 10% 的补助，同一企业每年补助金额不超过 100 万元。项目符合省重点技术改造项目（含工业强基、龙头企业项目）条件的，可叠加享受项目设备（含技术、软件）投资补助政策。

四、推动工业互联网 APP 发展

贯彻落实《工业互联网 APP 培育工程实施方案（2018—2020 年）》（工信部信软〔2018〕79 号）。重点培育安全可靠工业互联网 APP（以下简称“工业 APP”）、通用工业 APP 和企业专用工业 APP。在组织引导企业“上云上平台”时，加大对工业 APP 应用的支持力度。支持优秀工业 APP 及应用解决方案在行业内的推广应用。省工信厅会同有关部门每年征集不超过 10 个工业 APP 典型应用案例，每个典型应用给予 15 万元奖励。支持福建省计算机软件设计大赛中增设工业软件赛题，对接国家工业 APP 大赛。

五、完善人才和公共技术服务体系

联合省内龙头企业、高校和科研机构开展“产学研用”合作，构建和完善支撑工业软件企业技术研发、安全咨询、技术评测、成果转化的公共服务体系。推进福建省智能制造工业软件公共服务平台建设，支持有条件的设区市建设专业的工业软件公共服务平台。支持企业建立面向行业的工业软件工程中心和企业技术中心。支持工业软件企业加大研发创新，支持其申报龙头企业、高新技术企业和科技小巨人领军企业，符合相关规定的，可享受研发分段奖励补助、研发加计扣除和高新技术企业所得税减免等财税优惠政策。

鼓励工业企业联合高校开展工业软件复合型人才的培养，支持工科院校开设工业软件课程，支持省内工业软件龙头企业与高校或培训机构合作，加强面向国产工业软件的实训，提升工业软件人才专业化水平。

六、加大财政和金融扶持力度

从 2019 年至 2021 年，每年由省工业和信息化发展专项中统筹安排资金，用于加快工业软件发展。

支持保险公司为软件企业创新险种，扩大保险范围，降低首版次软件创新产品推广应用过程中的初期市场瓶颈和用户风险，开发推广软件首版次质量安全责任险，投保的软件产品或系统在交付验收使用后由于质量缺陷产生的相关损失和软件系统本身的修复、检测费用，由保险公司按合同约定给予赔付。每个软件首版次质量安全责任险按其本年度实际支出保费的 25% 最高不超过 5 万元给予补贴，同一企业年度最高保险补贴额不超过 10 万元。

支持我省有条件的地区与国内知名软件知识产权评估机构合作，为软件企业缓解融资难、缺少固定资产抵押问题，对于软件知识产权评估机构为软件企业出具的评估报告，在金融机构融资和贷款抵押、软件知识产权交易以及企业间并购过程中起到关键作用的评估，给予软件企业 50% 评估费用补助，不超过 30 万元。

七、加强统筹协调

由省工信厅牵头，省、市相关部门、龙头企业共同推动工业软件产业发展，强化统筹协调、分工合作，研究协调部署产业发展的重大事项与重大任务，协调解决企业在推进过程中遇到的困难与新问题，并争取国家相关部委支持。各设区市、平潭综合实验区可根据本地区软件产业发展实际情况制定相应的政策措施、安排发展专项资金。

该政策执行至 2021 年底。

（摘编：肖启辉）

福建省加快平台经济发展

2019年3月31日福建省人民政府下发《福建省人民政府关于加快平台经济发展的实施意见》(闽政〔2019〕4号）提出，平台经济是利用互联网、物联网、大数据等现代信息技术，围绕集聚资源、便利交易、提升效率，构建平台产业生态，推动商品生产、流通及配套服务高效融合、创新发展的新型经济形态。为加快全省平台经济发展，推动产业优化升级，现提出以下实施意见。

一、总体要求

（一）指导思想

以习近平新时代中国特色社会主义思想和党的十九大精神为指导，深入贯彻落实习近平总书记在参加十三届全国人大二次会议福建代表团审议时的重要讲话精神，坚持新发展理念，认真贯彻供给侧结构性改革“八字方针”，进一步解放思想、创新机制，立足我省基础条件，强化平台经济对上下游产业的双向带动和统筹整合能力，整合产业链、融合价值链、贯通供应链、盘活金融链，推进大平台、大市场、大流通融合发展，推动经济发展质量变革、效率变革、动力变革，为坚持高质量发展落实赶超提供有力支撑。

（二）基本原则

——坚持市场主导。充分发挥市场配置资源的决定性作用和企业主体作用，深化“放管服”改革，鼓励创新、审慎监管，突破制约平台经济发展的体制机制瓶颈，加快形成政府引导、市场主导、多方联动、互利共赢的平台经济发展局面。

——坚持分类推进。坚持重点突破和整体推进相结合，培育一批有影响力的平台企业，扶持一批已有一定规模的平台进一步做大做强，整合一批业务相近的中小平台，引进一批国内外领先的数字经济平台。

——坚持突出特色。立足我省实际，释放政策、区位、经贸等优势的叠加效应，积极引进一批平台经济重大项目，培育壮大一批具有地方特色和竞争优势的平台经济产业和企业品牌。

（三）发展目标

到2020年，形成一批特色鲜明、竞争力强的平台企业，培育一批国内知名的工业互联网行业应用平台、电子商务平台和物流服务平台，发展一批国内领先的信息消费、家庭服务、健康医疗等细分领域平台，金融、科技、信息、商务等配套体系进一步健全，平台经济总体规模和发展水平进一步提升。

二、重点任务

（一）打造工业互联网平台

加快建设一批基于工业互联网的智能研发设计、先进制造与工业设计公共服务、生产智能管控、产融对接、数据分析服务等基础平台，推动传统制造业加快数字化转型，推进制造业服务化发展。推进适用于工业互联网的企业外网络基础设施建设，加快构建工业互联网标识解析体系。(责任单位：省工信厅、科技厅、发改委、通信管理局，各设区市人民政府、平潭综合实验区管委会）

支持具有工业互联网基础的龙头企业，整合利用其在不同领域的平台级工具，构建推动上下游集聚的全产业生态链，形成新的增长点。强化工业操作系统、芯片等核心技术的研发，加快自主可控技术产业化落地应用。(责任单位：省工信厅、发改委、科技厅，省电子信息集团）

（二）做大做强电子商务平台

推动传统优势产业垂直电商平台建设，深化“互联网+”区域化链条化试点，扶持服装、鞋业、陶瓷、机电、家居建材、工艺品、药械、银饰珠宝、海产品、钢材、笋竹、菌菇、红木等特色电商平台进一步发展。（责任单位：省商务厅、发改委、工信厅、市场监管局，相关设区市人民政府）

借助国内电商知名企业及省内大型农村电商龙头企业，发展农村电商平台，加快完善农村电商服务体系，扩大农村电商规模。提升电商进农村综合示范县的发展水平。（责任单位：省商务厅、农业农村厅、发改委、市场监管局，相关设区市人民政府）

优化省国际贸易单一窗口跨境电商公共服务平台，引进、培育跨境电商综合服务平台企业，大力发展“海丝电商”，实施“闽货出海”，引导有实力的企业建设公共海外仓，带动平台企业和产品“走出去”。（责任单位：省商务厅、发改委、工信厅、市场监管局，相关设区市人民政府）

（三）融合发展物流专业服务平台

培育形成一批开放、高效、绿色的产业供应链平台。支持物流企业向专业化第三方、第四方物流服务平台转型，推动整合物流产业链，建设物流资源交易平台，健全物流服务功能，提供运输、仓储、加工、配送等服务，降低物流成本，完善物流链路监管体系。（责任单位：省工信厅、交通运输厅、商务厅、发改委、市场监管局、邮政管理局）

加快建设无车承运人、多式联运等物流平台，发展第三方物流、智能仓储及城市配送快递、农副产品生鲜冷链、企业集采售后服务等专业化互联网物流服务平台。鼓励快递物流企业构建智慧物流体系，支持快递企业和电子商务企业参与仓配一体化项目建设。（责任单位：省工信厅、交通运输厅、发改委、市场监管局，各设区市人民政府、平潭综合实验区管委会）

（四）提升传统市场交易网络服务平台

依托“海丝”核心区，培育大型网络批发零售、行业性定价结算等平台。加快建设完善贸易便利化平台。创新金融服务模式，提供供应链融资、贸易融资、仓单质押等服务，促进金融服务向线上服务、平台服务转型发展，提高流通效率。（责任单位：省金融监管局、商务厅、发改委、市场监管局，各设区市人民政府、平潭综合实验区管委会）

依托我省优势产业集群和特色园区，打造一批集网上信息发布、交易支付、体验展示、物流售后服务、品牌推广及行情监测等功能为一体的跨区域重要商品服务平台。（责任单位：省商务厅、发改委、工信厅、市场监管局，人行福州中心支行，各设区市人民政府、平潭综合实验区管委会）

（五）培育多样化细分领域服务平台

聚焦新兴消费等领域，引导产业要素和市场整合，为城乡居民提供快速、精准、多样化服务。支持平台型龙头企业进一步做强做优，打造“工具+社区+电商服务+数字营销”信息服务平台。支持移动终端服务平台发展成为个性化、精准化社交平台。（责任单位：省发改委、工信厅、卫健委、科技厅、商务厅、市场监管局，各设区市人民政府、平潭综合实验区管委会）

支持打造集创意设计、科技研发、采购交易、展览展示、时尚消费、品牌发布等功能于一体的消费服务平台，提供个性化服务。（责任单位：省发改委、工信厅、科技厅、商务厅、市场监管局，各设区市人民政府、平潭综合实验区管委会）

（六）健全平台经济发展支撑体系

加快构建全省一体化网上政务应用服务体系，推动省公共信息资源统一开放平台深化应用。增强政府投资的公共应用平台、重点行业应用平台等服务能力，建设行业主题数据库，加快形成“一行业一数据、一数据一平台、一平台一龙头”的发展格局。鼓励企业、高校科研院所等基于大数据开放公共平台开展大数据创业创新。鼓励社会组织和相关机构建设行业性数据资源平台。引入、培育第三方社会化服务企业，鼓励政务服务和社会服务融合应用。（责任单位：省发改委、市场监管局，省电子信息集团，各设区市人民政府，平潭综合实验区管委会）

拓展提升公共信用服务平台，建立商务诚信档案，健全平台诚信征信和信用评价制度。完善金融领域平台建设，推动相关系统互联互通。完善网上交易在线投诉及售后维权机制，保护经营者和消费者合法权益。推动成立平台经济行业组织，制订行规行约，加强行业自律。强化重点平台安全防护，加强个人信息保护。（责任单位：省发改委、市场监管局、商务厅、公安厅、金融监管局、税务局、统计局、通信管理局、知识产权局，人行福州中心支行）

三、保障措施

（一）健全推进机制

建立推动平台经济加快发展联席会议制度，由省发改委牵头负责统筹协调和推进平台经济发展工作，省直有关部门结合各自职能，落实任务分工，加强工作协同，形成合力。各设区市人民政府、平潭综合实验区管委会建立相应工作机制，强化分级协调、跟踪服务，实施领导挂钩联系重点企业、重点平台制度，及时协调解决平台经济发展中的重大问题。（责任单位：省发改委牵头，省直有关部门，各设区市人民政府、平潭综合实验区管委会负责）

（二）加大政策扶持

各地各有关部门要用好国家对我省的各项扶持政策，出台更多针对性扶持措施，打好组合拳，充分发挥政策效应，支持有优势、有潜力的平台企业做大做强。要着力在鼓励政策、市场环境、公共服务、基础设施、通信网络、信息化建设和人才引进等方面下功夫，加大对平台企业的支持力度。对产业带动性强、发展潜力大的平台企业，可采取“一企一策”“一事一议”等方式重点扶持。落实好促进总部经济发展的各项政策，积极引进一批新的平台经济总部企业，设立一批平台经济职能总部。省级相关专项资金重点支持国内外平台经济龙头企业在我省设立具有独立法人资格的机构，支持相关产业投资基金、创业投资基金以股权投资等方式投资我省未上市平台经济企业。推动省市政策性融资担保机构主动为平台初创企业融资提供增信担保，鼓励金融机构针对平台经济特点，探索开展基于企业信用的融资。对符合条件的平台企业，鼓励申请省级高新技术企业备案，支持申报国家高新技术企业，经认定后按规定享受税收优惠政策。对“买全球、卖全球”的供应链平台企业，进一步提供口岸通关、税务等便利。（责任单位：省发改委、工信厅、商务厅、科技厅、财政厅、税务局、市场监管局，各设区市人民政府，平潭综合实验区管委会）

（三）开展示范创新

加强示范引领，省数字经济发展专项资金每年择优扶持一批引领带动力强的平台经济示范项目。开展政策创新试点，支持莆田等平台经济活跃地区创建平台经济示范区，在要素整合、科技支撑、品牌建设等方面发挥示范带动效应。创新招商方式，以相关产业链“建链、补链、强链”为重点，推进以数据开发换项目、以应用场景提供招项目、以投资模式创新引项目。（责任单位：省发改委，省直有关部门，各设区市人民政府、平潭综合实验区管委会）

（四）促进健康发展

坚持包容审慎监管，运用先进的信息技术手段加强对平台的日常监测，有效防控风险，依法落实平台经营者在安全生产、产品质量、依法依规经营等方面的主体责任，推进平台信用体系建设，维护市场秩序和消费者合法权益，促进平台经济健康发展。（责任单位：省发改委、科技厅、工信厅、公安厅、商务厅、市场监管局、金融监管局，人行福州中心支行，各设区市人民政府、平潭综合实验区管委会）

（摘编：郑新辉）

2019年数字福建工作重点

2019年3月20日福建省人民政府办公厅下发《福建省人民政府办公厅关于印发2019年数字福建工作要点的通知》（闽政办〔2019〕17号）提出，数字福建要以习近平新时代中国特色社会主义思想和党的十九大精神为指导，认真贯彻落实习近平总书记关于网络强国、数字中国的重要论述，深入实施《新时代数字福建发展纲要》，坚持高质量发展落实赶超，着力推进经济社会数字化智能化转型，着力实施数字经济领跑行动，在更高起点上推动数字福建建设，为建设新福建提供强有力的信息化引领和支撑。根据省委常委会会议暨数字福建建设领导小组会议精神，现制定以下工作要点。

一、精心办好第二届数字中国建设峰会

（一）高标准、高质量、高效率筹备第二届峰会

进一步拓展思路、提升水平，创新办展办会办赛机制，扎实推进峰会会议及论坛、展览和数字中国创新大赛等筹备工作，争取办出新实效、办出新特色、办出新影响。（责任单位：省数字办、省直有关部门，福州市人民政府）

（二）加强项目对接和转化落地

推动各地充分发挥峰会平台功能，加大招商引资力度，完善项目对接推进机制，促进峰会对接项目落地实施。高起点建设数字中国研究院（福建），推动引进一批创新型国家级平台。（责任单位：省数字办，各设区市人民政府、平潭综合实验区管委会，福州大学）

二、优化升级信息化基础设施

（三）深入实施新时代“数字福建·宽带工程”行动计划

继续实施互联网骨干网络扩容升级和网间互联结构优化。扩大光纤宽带和4G网络的覆盖广度深度，到2019年底，100M以上用户占比超80%，4G用户占比超85%。推进第五代移动通信系统（5G）的技术试验和商用试点建设，开展5G示范应用。推动IPv6规模部署，提升IPv6用户占比。加快完善智慧广电网络基础设施。（责任单位：省通信管理局，各通信运营商）

（四）推进省直事业单位数据中心整合

完成数字福建云计算中心一期工程（第二阶段机房装修项目）建设。对全部113个省直公益一类事业单位的所有非密业务系统，全部整合迁移至数字福建云计算中心。启动学校、医院数据中心整合工作。（责任单位：省数字办、教育厅、卫健委、经济信息中心，省直有关事业单位，省电子信息集团）

（五）推进设区市政务数据中心整合

统筹建设设区市市级政务数据中心，实现省市政务数据中心互联互通、资源共享。推动设区市及下辖县（市、区）部门数据中心统一整合迁移至市级政务数据中心。（责任单位：各设区市人民政府、平潭综合实验区管委会）

（六）加大政务数据汇聚力度

全面建成省级政务数据汇聚二期工程和各设区市、平潭综合实验区的政务数据汇聚平台，实现省级平台和市级平台互联互通。整合汇聚金融、住建、农业、交通、健康医疗等若干重点行业各类基础数据和业务数据，建设行业主题数据库。（责任单位：省数字办、数字中国研究院）

（七）加强基础创新能力建设

推动数字福建大数据研究院（所）、物联网重点行业实验室等创新平台深度研究和产学研合作。建设若干人工智能重点实验室，推动省内重点高

校设立人工智能学院和人工智能研究院（所）。支持平潭组建人工智能实验室。在厦门火炬高技术产业开发区等双创示范基地开展试点，共同建设数字经济网络服务平台和企业共性技术服务平台。实施一批数字技术基础攻关重大项目，引进落地一批数字经济“国字号”研发机构，建设一批高水平数字领域重点实验室。推进自主可控核心信息技术应用和产业发展。（责任单位：省发改委、数字办、教育厅、科技厅、工信厅、通信管理局，省科协，省电子信息集团，各有关高校）

（八）强化网络与信息安全保障

建设公共信息资源开放开发安全管控平台、政务外网安全接入平台和政务 APP 安全监测平台。制定政务云安全服务标准和目录清单，深化政务云服务体系建设。加快自然人数字证书发放。推进重要领域密码应用，实施基础设施和政务云平台重要业务系统密码改造工作。（责任单位：省公安厅、省密码管理局、省经济信息中心，各通信运营商）

三、全面提升电子政务服务水平

（九）实现福建省网上办事大厅“一网通办”

构建省、市、县、乡、村五级贯通的政务服务“一张网”，省、市、县三级审批服务事项网上可办率 90% 以上。推进省网上办事大厅与国家平台对接，以及与省级自建审批系统全面实现政务数据共享。推行 24 小时自助服务区和“15 分钟便民服务圈”，鼓励各地行政服务中心、窗口或代办点配备自助服务设施，推行全流程自助服务。（责任单位：省数字办、经济信息中心、数字中国研究院，各设区市人民政府、平潭综合实验区管委会）

（十）推广闽政通 APP 便民利民应用

完善全省一体化掌上政务平台闽政通 APP 功能，实现与各级政务平台“一号通认”。支持各级各部门便民服务应用以小程序入驻闽政通 APP，实现“一次认证、全省漫游”。建成汇聚各设区市便民服务电子支付码和电子证照码的二维码，实现全省“一码通行”。推进闽政通 APP 与省网上办事大厅深度融合，实现掌上便民服务业务闭环。（责任单位：省数字办、经济信息中心、省直有关部门，各设区市人民政府、平潭综合实验区管委会）

（十一）全面疏解群众办事堵点难点问题

持续推进全省重点领域高频便民服务事项网上办理，实现“一趟不用跑”“最多跑一趟”。推进省级电子证照库证照归集，依托“一人一档、一企一档”实现自然人、法人分别凭身份证号和统一社会信用代码申请办理政务服务事项。积极对接国家部委政务信息系统，实现与我省政务数据共享。探索建立行政审批服务事项信息共享存档机制。［责任单位：省数字办、经济信息中心，省直各部门，各市、县（区）人民政府，平潭综合实验区管委会，数字中国研究院］

（十二）深入开展“互联网 +”工程

建设福建省“互联网 + 监管”系统，联通省级部门监管业务系统，并与国家“互联网 + 监管”系统对接。积极争取成为“互联网 + 医疗健康”示范省，推进互联医疗监管平台和基于电子健康卡的多码融合平台建设，升级健康福建 12320 公众服务平台和医疗保障综合管理信息系统。建设覆盖各部门和市、县（区）、乡镇（街道）各层级的工程项目审批管理平台。拓展国际贸易“单一窗口”3.0，实现国际贸易一站式办理，以及与海丝沿线口岸信息互换和服务共享。在福州、厦门全面实施“互联网 + 不动产登记”。推进企业登记全程电子化。完善信用中国（福建）和企业信用信息公示系统功能。（责任单位：省直有关部门，省经济信息中心，福州、厦门市人民政府）

（十三）开展重点领域大数据应用

建设福建“金服云”平台，服务金融机构、类金融机构和中小微企业。持续优化提升“生态云”平台功能，深化平台应用，助力精准治污。建设省统筹区域全民健康信息平台和“健康医疗云”。推广“一机在手、畅游福建”旅游应用。实施“数字纪委”工程，深化“政协云”、智慧法院、智慧司法、智慧公安等应用。完善提升县级融媒体省级平台、新时代文明实践中心云平台功能。（责任单位：省直有关部门，兴业银行、数字中国研究院、省电子信息集团）

（十四）提升部门信息化水平

进一步加强民政、财政、社会保障、住建、农业、水利、商务、卫生、国资、广电、文化旅游、应急管理、计量以及食品安全、粮食安全、

退役军人管理等信息化建设。（责任单位：省直有关部门）

（十五）推进智慧城市和数字乡村建设

支持建设“核心大脑”综合应用工程，实时感知汇聚各类城市数据。支持福州建设新型智慧城市。深入实施“十县百镇千村信息化示范”，加快建设新型农村信息综合服务系统和益农信息社。（责任单位：省住建厅、农业农村厅，福州市人民政府）

四、实施数字经济领跑行动

（十六）推动数字经济产业园区建设

积极创建国家数字经济（福厦泉）示范区。加快建设厦门软件园（三期）、福州软件园县（市、区）分园，推动数字福建（长乐）产业园、数字福建（安溪）产业园以及马尾物联网基地、泉州芯谷、武夷智谷、翔安数字经济产业园产业集聚。支持建设人工智能产业园区和特色小镇。推动福州、厦门国家医疗健康大数据中心及产业园、福州国家国土资源大数据应用中心及产业园建设。支持福州创建区块链经济综合试验区。（责任单位：省发改委、数字办，各设区市人民政府、平潭综合实验区管委会）

（十七）大力推进数字产业化

推进省公共信息资源统一开放平台开放数据集超过1000个，开放数据量超过2亿条，重点开放金融、教育文化、社保就业、医疗健康、交通运输、信用服务等重点领域数据。筹建福建省大数据交易中心，建立适合我省的数据交易体系。对政务数据的全生命周期进行安全监管和溯源审计，确保数据开放安全可靠和合法授权。（责任单位：省数字办、金融监管局、经济信息中心，省直相关部门，数字中国研究院）

（十八）深化实施产业数字化

实施工业互联网“十百千万”培育工程，推进智能制造试点示范，拓展“智能+”，为制造业转型升级赋能。推动我省石化、机械、鞋业、服装、纺织、电子信息等制造业与人工智能深度融合，发展网络化协同、服务型制造、个性化定制等新模式、新业态。加快工业互联网网络建设布局，推动打造工业互联网标杆网络，支持工业互联网标识解析二级节点建设，形成一批具有行业和区域影响力的工业互联网平台。深化实施“万企上云”行动计划。大力发展电子商务，争取在福州、厦门设立跨境电子商务综合试验区，争取将厦门纳入海峡两岸电子商务经济合作实验区。（责任单位：省工信厅、发改委、数字办、通信管理局、商务厅、台港澳办）

（十九）实施人工智能“双百”行动

实施100个人工智能应用示范项目，形成100个深度应用场景。建设10家互联网医院，在省市县各级医院探索开展15项以上医学类人工智能示范应用。在政务服务入口、公共管理业务系统、国有资产管理等领域推广人工智能技术应用。支持平潭、厦门、莆田等地开展无人驾驶示范应用，在各地市开展不少于10个智能驾驶泊车示范工程；建设大型无人化自动仓库，试点建设自动化智能无人码头。建设“雪亮工程”，推广人像识别等视频智能应用，加快重点区域安防设备智能化改造升级，建设智能安防社区（小区）。开展中小学人工智能教育工作试点。开展智慧商圈建设试点，探索“无人售货商店”应用。开展智慧河流试点研究。引导建设30个以上智能养老社区和机构。围绕茶叶、食用菌、果蔬和畜禽等特色产业，扶持建设一批省级现代农业智慧园。（责任单位：省直有关部门，各设区市人民政府、平潭综合实验区管委会）

（二十）大力发展卫星应用产业

编制卫星应用产业地图，全面落实卫星应用“151”工程各项任务。发挥海丝卫星数据服务中心数据优势，大力引进卫星应用企业，打造卫星应用产业集群。实施数字水利综合业务卫星应用示范工程，搭建全省水利卫星遥感一张图和水利综合业务平台。（责任单位：省数字办、省水利厅、省直有关部门，省电子信息集团、数字中国研究院）

（二十一）扶持壮大物联网产业

聚焦智能制造、智能网联汽车、智慧城市、智能终端等应用，在标识、传感、通信、云服务和大数据等关键领域形成核心优势，打造物联网千亿元产业集群。加快推进物联开放平台研发及产业化、互联网产能设备分享平台建设。（责任单位：省工信厅、科技厅、数字办，各设区市人民

政府、平潭综合实验区管委会）

（二十二）加快发展平台经济

支持在重点领域建设若干个大型平台，培育一批网络平台批发零售企业，打造一批具有国际或区域影响力的行业结算平台。推动传统优势产业垂直电商平台建设。推动现有大型专业市场依托互联网等信息技术进一步做大做强。支持莆田等平台经济活跃地区创建平台经济示范区。（责任单位：省发改委、数字办、商务厅、工信厅、农业农村厅、卫健委，各设区市人民政府、平潭综合实验区管委会）

（二十三）促进共享经济平稳健康发展

支持共享经济平台建设，推动生产能力共享，支持龙头企业及有实力的新兴科技企业参与加快互联网与制造技术、产品、装备等融合创新。推进教育、医疗保健、交通运输、知识技能、健康养老、康复护理等细分领域和市场共享经济发展。推进“福建省高校数字图书馆”开放共享。积极引进知名第三方专业技能共享平台，鼓励专业人才实现知识技能的线上、线下分享。（责任单位：省发改委、数字办、商务厅、工信厅、科技厅、教育厅、民政厅、交通运输厅、卫健委）

（二十四）培育新兴信息消费

建设一批全国领先的家庭服务平台，支持符合条件的医疗机构、第三方机构搭建互联网健康医疗平台。大力培育网络视听新业态，打造4K超高清电视产业链。推广智慧家庭平台等一批数字家庭产品。（责任单位：省发改委、数字办、工信厅、卫健委、广电局，省广播影视集团、广电网络集团，各设区市人民政府、平潭综合实验区管委会）

（二十五）促进数字经济开放合作

鼓励国内外数字经济龙头企业来闽投资建立创业基地和研发总部，推进闽台数字经济产业、技术、人才对接。大力发展“海丝电商”，实施“闽货出海”，引导有实力的企业建设海外仓，推动一批省内企业和产品“走出去”。办好2019世界智能制造博览大会。（责任单位：省发改委、数字办、工信厅、商务厅、台港澳办、金融监管局，省科协，各设区市人民政府、平潭综合实验区管委会）

五、强化实施保障

（二十六）突出规划引领

深入组织实施《国家信息化发展战略纲要》《新时代数字福建发展纲要》《“十三五”数字福建专项规划》，以及大数据、物联网、人工智能、卫星应用等一系列行业专项规划，加强对规划实施的监督评估。分行业编制发展路线图，实行“一业一策”精准扶持，做到“一行业、一规划、一政策、一批滚动推进项目”。（责任单位：省数字办）

（二十七）突出规章建设

推动《福建省大数据发展应用条例》立法工作，研究制定《福建省公共信息资源开放管理办法》《福建省公共信息资源开放标准》《福建省网上政务服务管理办法》等，完善《福建省数字经济发展专项资金管理暂行办法》。（责任单位：省数字办）

（二十八）突出规范运营

建立健全公共信息资源一级市场，组建政务数据一级开发团队。实施公共信息资源资产化管理，完善数据权属、开放共享、交易流通、资产评估等管理标准和措施。开展网上政务服务监督评测。适时组建闽政通APP专业运营公司，推进高频便民服务事项接入。（责任单位：省数字办、经济信息中心，数字中国研究院）

（二十九）加强政策支持

充分发挥数字经济发展专项资金和数字福建建设资金引导作用，加强对数字经济产业的政策支持。鼓励和支持国际国内高端人才来闽参与数字福建建设和数字经济创业创新，吸引闽籍数字经济领军人才回乡创业合作。完善信息化人才评价激励机制和服务保障体系。（责任单位：省发改委、数字办、人社厅）

（摘编：吴汉良）

2019 年福建省装配式建筑工作重点

2019 年 2 月 27 日福建省住房和城乡建设厅下发《关于印发〈2019 年福建省装配式建筑工作要点〉的通知》（闽建筑〔2019〕4 号），请结合本地区、本部门实际，切实做好 2019 年装配式建筑各项工作，推动我省装配式建筑健康发展。

一、积极推进建筑产业化发展，完善装配式建筑管理办法

协同省级部门联席会议成员单位，进一步落实省政府实施意见的目标任务。积极推进各地出台装配式建筑激励政策。制定我省装配式建筑评价管理（试行）办法。修订装配式混凝土建筑工程招投标活动指导意见。

二、提高产业配套能力，推动装配式建筑项目建设

推进装配式建筑新型墙材、整体厨卫等装修部品部件生产基地建设，适度提高装配式混凝土构件、钢构产能。指导各地落实推进装配式建筑实施意见，督促完成装配式建筑目标任务。积极推动建筑产业现代化工程包建设，全年力争完成投资 40 亿元。

三、加快技术标准体系建设，创新设计与管理模式

批准公布装配式建筑工程建设地方标准体系研究报告，按照报告提出的标准计划项目，构建我省装配式建筑技术标准化体系。重点组织编制装配式建筑施工验收规范、装配式建筑内墙板图集以及装配式建筑产业工人职业技能鉴定标准和培训基地建设标准，组织有关行业协会编制预制混凝土构建工厂建设及质量管控等团体标准，鼓励中建海峡和省建工集团等龙头企业编制装配式建筑企业技术标准。批准公布装配式住宅建筑模数化设计规程，推进装配式建筑模数化标准化设计。建立通用部品部件库，推行装配式建筑一次设计，加快推进 BIM 技术在设计、施工、运维、计价、监管全过程的集成应用。督促装配式建筑生产基地和施工企业建立从部品部件生产到装配施工及验收的全过程工程质量追溯管理。

四、提升装配施工水平，确保工程质量安全

鼓励施工企业总结装配式建筑施工技术，研究叠合板和墙板接缝连接技术，引导企业编制工法。完善装配式混凝土结构工程质量安全管理，研究制定适应装配式建筑工程特点的验收规定。培育一批有实力的能够承担规模装配式建筑设计、图审、施工、监理龙头骨干企业。将装配式建筑参建各方建筑活动行为纳入企业信用评价。

五、加强从业人员培训，强化技术人才支撑

扩充装配式建筑专家库。举办主管部门管理人员教育培训，并将装配式建筑相关内容纳入建设类执（从）业人员继续教育培训课程。加强装配式建筑产业工人职业技能培训基地建设，支持产业协会及培训基地接受社会委托开展技能培训。组织装配式施工、构件生产企业参加全国装配式建筑职业技能竞赛。

六、坚持示范引领，提升社会认知度，发挥行业协会作用

利用电视、网站、报纸、福建建设信息、微信公众号、装配式建筑观摩会等渠道，加大示范项目和龙头企业宣传力度，提高社会公众认知度。

（摘编：朱明清）

福建省全面开展工程建设项目审批制度改革

2019年6月13日福建省人民政府办公厅下发《福建省人民政府办公厅关于印发福建省全面开展工程建设项目审批制度改革实施方案的通知》（闽政办〔2019〕34号）提出，为深入贯彻习近平总书记参加十三届全国人大二次会议福建代表团审议时的重要讲话精神，贯彻落实党中央和国务院关于深化“放管服”改革、优化营商环境的决策部署，根据国务院办公厅《关于全面开展工程建设项目审批制度改革的实施意见》（国办发〔2019〕11号）精神，制定本实施方案。

一、总体要求

（一）指导思想

以习近平新时代中国特色社会主义思想为指导，深入贯彻党的十九大和十九届二中、三中全会精神，坚持以人民为中心，牢固树立新发展理念，按照省委十届八次全会部署要求，以更好更快方便企业和群众办事为导向，加大转变政府职能和简政放权力度，通过全面开展工程建设项目审批制度改革，统一审批流程，统一信息数据平台，统一审批管理体系，统一监管方式，实现工程建设项目审批“四统一”，努力营造有利于创新创业创造的良好环境。

（二）改革内容

对全省工程建设项目审批进行全流程、全覆盖改革。改革覆盖工程建设项目从立项到竣工验收和水、电、气、通信、广电网络等公共设施接入服务全过程；覆盖房屋建筑和城市基础设施工程及一般交通工程、水利工程，不包括特殊工程和交通、水利、能源等领域的重大工程；覆盖行政许可等审批事项和技术审查、中介服务、市政公用服务以及备案等其他类型事项，推动流程优化和标准化。

（三）主要目标

2019年上半年，全省房建市政工程政府投资项目审批时限压缩至90个工作日以内，社会投资项目压缩至70个工作日以内，小型投资项目压缩至50个工作日以内，装饰装修工程压缩至20个工作日以内；交通工程、水利工程项目审批时限减至90个工作日以内；省和设区市初步建成工程建设项目审批制度框架和信息数据平台，并与国家工程建设项目审批管理系统对接。2019年12月15日前，省、设区市两级工程建设项目审批管理系统与相关系统平台互联互通。厦门市继续深化改革，进一步精简审批环节和事项，减少审批阶段，压减审批时间，加强辅导服务，提高审批效能。2020年6月底前，基本建成全省统一的工程建设项目审批和管理体系。

二、统一审批流程

（四）精简审批环节

全面梳理省、各设区市（含平潭综合实验区，下同）工程建设项目审批事项（包括行政许可、技术审查、公共服务和中介服务），取消不合法、不合理、不必要的审批事项，减少审批前置条件。合并审批事项，下放审批权限，制定相应配套制度，指导做好合并事项和下放事项承接办理工作。转变管理方式，对于能够用征求相关部门意见方式替代的审批事项，调整为部门内部协作事项。调整审批时序，用地预审意见可以作为使用土地证明文件申请办理建设工程规划许可证；将地震安全性评价调整到工程设计前完成；将环境影响评价、节能评价和取水许可等事项调整到开工前完成；将供水、供电、燃气、排水、通信、广电网络等市政公用基础设施报装提前到开工前办理，在工程施工阶段完成相关设施建设，竣工验收合格后直接办理接入事宜。探索取消施工图审查，厦门要加快探索取消施工图审查（或缩小审查范围）、实行告知承诺制度和设计人员终身负责制度，形成可复制可推广的经验。各设区市、县（市、区）可结合实际情况，调整其他相关审批事项的时序。2019年6月底前，对审批事项提出处理意见（包括精减、下放、合并、转变管理方式、调整审批时序等）。

（五）规范审批事项

梳理编制省、设区市工程建设项目审批事项清单，统一审批事项名称、法律依据，明确各审批事项的适用范围和前置条件、申请材料和审批时限，并实行动态管理。2019年6月底前，各设区市将本地区（含所辖县、市、区）审批事项清单报省工程建设项目审批制度改革领导小组办公室备案，超出上级政府审批事项清单范围的，需说明理由。

（六）合理划分审批阶段

工程建设项目审批流程划分为立项用地规划许可、工程建设许可、施工许可、竣工验收等四个阶段。每个审批阶段实行“一家牵头、并联审批、限时办结”，其中：立项用地规划许可阶段：对实行审批或核准管理的项目按照谁审批核准、谁负责牵头的原则，分别由发改、工信部门牵头；实行备案管理的项目，省级由自然资源部门牵头，各设区市、县（市、区）由政府确定的部门牵头。工程建设许可阶段：房建市政工程项目由自然资源部门牵头；交通工程项目由交通运输部门牵头；水利工程项目由水利部门牵头。施工许可阶段和竣工验收阶段：房建市政工程项目由建设部门牵头；交通工程项目由交通运输部门牵头；水利工程项目由水利部门牵头。2019年6月底前，各设区市要制定工程建设项目并联审批管理办法。

（七）分类制定审批流程

省和各设区市要根据全国统一的工程建设项目审批流程图示范文本，2019年6月底前，分别制定政府投资房建类项目、市政类项目、交通工程项目、水利工程项目，社会投资类项目以及小型项目等不同类型审批流程图，明确审批阶段、审批部门、审批事项以及审批时限。厦门市要进一步加大改革力度，可以探索将工程建设许可和施工许可合并为一个阶段。

（八）实行联合审图

将房屋建筑工程（含装修装饰工程）、市政工程的施工图审查和消防设计、人防防护设计、技防设施设计等技术审查统一委托同一家施工图审查机构审查，相关部门不再进行技术审查。2019年6月底前，制定施工图设计文件联合审查管理办法。

（九）实行联合验收

项目竣工后，建设单位提出联合验收申请，提交一套验收图纸、一套申报材料，由竣工验收阶段牵头部门组织相关部门对规划、土地、消防、人防、档案等事项进行现场查验，限时出具验收意见，建设单位统一领取。对于联合验收涉及的土地、规划、房产等测绘工作，推行“多测合一”，由建设单位委托同一家测绘单位承担，实行“一次委托、联合测绘、成果共享”。2019年6月底前，制定联合竣工验收管理办法。

（十）推行区域评估

在全省各类开发区、工业园区、新区和其他有条件的区域，由政府分区域统一组织对压覆重要矿藏资源、环境影响评价、节能评价、地质灾害危险性、地震安全性评价、气候可行性论证、水资源论证、水土保持、文物保护等评估评价事项实行区域评估，评估成果公开共享。对于线性项目，要注意处理好区域环评、规划环评与项目环评关系。2019年6月底前，各设区市制定推行区域评估实施细则。

（十一）推行告知承诺制审批

对通过事中事后监管能够纠正不符合审批条件的行为且不会产生严重后果的审批事项，实行告知承诺制。对已经实施区域评估范围内的工程建设项目，相应的评估审批事项实行告知承诺制。2019年6月底前，各设区市制定实行告知承诺制审批管理办法。

三、统一信息数据平台

（十二）建立完善项目审批管理系统

对照国家工程建设项目审批管理系统，建立省级审批管理系统，复制推广厦门市工程建设项目审批管理系统建设设区市审批管理系统，汇聚工程审批全流程信息，建成“一项目一档”数据共享平台。2019年12月15日前实现工程建设项目审批管理系统与投资项目在线审批监管平台等相关部门审批信息系统互联互通。制定工程建设项目审批管理系统管理办法，加强对工程建设项目审批的指导和监督。

四、统一审批管理体系

（十三）“一张蓝图”统筹项目实施

做好过渡期内现有空间规划的衔接协同，各设区市、县（市、区）对现行土地利用总体规划、城市（镇）总体规划等空间规划实施中存在矛盾的图斑，要结合国土空间基础信息平台建设，按照国土空间规划“一张图”要求，作一致性处理，作为国土空间管制的基础。统筹整合原土地利用总体规划、城乡规划、海洋功能区划和海岛保护规划等各类规划，划定生态保护红线、永久基本农田、城镇开发边界等各类控制线。将各类相关专项规划叠加到统一的国土空间基础信息平台上，形成市县全域的“一张蓝图”。按照“法定规划+”要求，自然资源部门在规划选址、批地、批海时，除依法对是否符合土地利用总体规划、城乡规划、海洋功能区划等法定规划进行审查外，要利用国土空间基础信息平台，对是否符合各类保护区、生态保护红线、永久基本农田、城镇开发边界等控制线进行叠加比对。2019年6月底前，由各设区市、县（市、区）自然资源部门牵头，制定项目生成管理办法。

（十四）“一个窗口”提供综合服务

各设区市、县（市、区）政府要加强政务大厅建设，整合各部门和市政公用单位分散设立的服务窗口，设立工程建设项目审批综合服务窗口。建立完善“前台受理、后台审核”机制，综合服务窗口统一收件、出件，实现“一个窗口”服务和管理。2019年6月底前，各设区市、县（市、区）制定“一窗受理”的工作规程。

（十五）“一张表单”整合申报材料

各审批阶段实行“一份办事指南，一张申请表单，一套申报材料，完成多项审批”的运作模式。2019年6月底前，根据不同行业工程项目需要，各审批阶段牵头部门要编制涵盖审批事项名称、审批依据、申请材料、审批流程、办理时限、常见问题解答等要素的审批服务指南，制定统一的申报表格，形成标准化工作规程。不同审批阶段的审批部门应当共享申报材料和信息，不得要求申请人重复提交。各审批部门应当依托省市政务数据汇聚平台共享政务数据，充分共享应用“一企一档，一人一档”建设成果，简化申请人办事过程中的信息填报；依托省市电子证照平台，精简纸质证照及复印件的提交，促进电子批文证照在工程建设项目审批全流程的共享应用。

（十六）“一套机制”规范审批运行

2019年6月底前，基本建立工程建设项目审批各阶段配套制度，确保审批各阶段、各环节无缝衔接。各审批部门要规范审批行为，编制审查工作细则，细化审查内容、审查标准、审查责任等。建立跟踪督办制度，实时跟踪审批办理情况，对全过程实施督办。对改革措施涉及突破相关法规规章、规范性文件的，各级各部门应于2019年12月底前，按程序进行修改或取得授权，建立依法推进改革的长效机制。

五、统一监管方式

（十七）加强事中事后监管

各级各部门按照“谁主管谁负责”的原则，以告知承诺事项为重点，2019年6月底前制定并实施加强事中事后监管制度和监督检查办法。要全面推行“双随机、一公开”监管、重点监管和信用监管，依法严肃查处违法违规行为。

（十八）加强信用体系建设

2019年6月底前，各级各部门建立并实施红黑名单制度，明确列入红黑名单情形。依托工程建设项目审批管理系统，建立工程建设项目审批信用信息平台，加强数据联通和信息共享，对失信企业和从业人员严格监管，构建“一处失信、处处受限”的联合惩戒机制。

（十九）规范中介和市政公用服务

有序开放中介服务市场，规范工程建设项目行政审批中介服务事项，推广全过程工程咨询服务和项目审批代办制度。供水、供电、燃气、排水、通信、广电网络等市政公用服务全部入驻政务服务大厅，实施“一站式”集成服务和统一规范管理。2019年6月底前，制定并实施中介服务和市政公用服务管理制度，明确服务标准、办事流程和办理时限，规范服务收费，实行服务承诺制。依托工程建设项目审批管理系统建立中介服务网上交易平台，强化中介服务行为监管。

六、完善保障机制

（二十）加强组织领导

成立省工程建设项目审批制度改革领导小组，省政府主要负责同志为组长，省政府分管领导为副组长，成员单位包括省政府办公厅、发改委、住建厅、自然资源厅、工信厅、交通运输厅、水利厅、财政厅、生态环境厅、应急厅、公安厅、司法厅、林业局、消防救援总队、人防办、数字办、气象局、通信管理局、地震局、文物局、海事局、档案局、广电网络集团、国网福建电力，领导小组办公室设在省住建厅，负责改革工作的统筹协调、指导督促，推进改革各项任务和措施的落实。各设区市、县（市、区）人民政府要高度重视工程建设项目审批制度改革工作，切实落实改革主体责任，成立以政府主要负责同志为组长的领导小组，制定实施方案，细化改革任务，明确责任单位，健全工作机制，明确时间表、路线图，并确定由各设区市、县（市、区）行政服务中心（行政审批局）牵头推进改革，确保按时保质完成任务。各设区市实施方案经市政府常务会议通过后，报省领导小组办公室提出意见，修改完善后以市政府名义印发，并报省领导小组办公室备案，省领导小组办公室将各设区市实施方案集中报送住房城乡建设部。

（二十一）严格督促落实

各级领导小组办公室要建立工程建设项目审批制度改革评估评价机制，重点评估评价各地推进全流程、全覆盖改革和审批“四统一”等情况，并将有关情况报送上一级领导小组办公室。要坚持问题导向，针对企业反映的难点堵点热点，列出问题清单，制定有效措施。职能部门要主动靠前服务，帮助企业解忧，将市场主体作为评价改革成效的主体，增强市场主体的获得感。省领导小组各成员单位、各设区市政府和平潭综合实验区管委会要每月向省领导小组办公室报送改革工作进展情况。对于工作推进不力、不配合改革、影响工程建设项目审批制度改革进程，特别是未按时完成阶段性工作目标的，要依法依规严肃问责。

（二十二）建立推进改革免责机制

要广泛征求意见和建议，完善改革配套措施，做好工程建设项目审批制度改革与其他相关改革措施衔接，推动改革措施落地见效。鼓励各级政府和职能部门积极探索改革，先行先试。各级各部门要认真贯彻落实省委《关于进一步激励广大干部新时代新担当新作为的实施意见》有关要求，建立健全容错纠错机制，宽容干部在改革创新中的失误错误。

（二十三）强化宣传引导

要充分利用报刊、电视、网络等媒体，宣传改革政策措施、典型经验和工作成效。要针对重点、难点问题，采用集中培训、网络培训和专题培训等方式，加强对领导干部特别是市、县、乡（镇）基层一线审批部门领导、政务窗口经办以及企业申报主办等各方主体的业务培训，对相关政策进行全面解读和辅导。要及时公开改革方案、审批流程、服务承诺等改革信息，接受社会监督，并做好公众咨询服务，提高社会公众对改革工作的认同度和参与度，营造良好的舆论环境。

（摘编：林开龙）

福建省促进邮轮经济发展

2019年4月12日福建省发展和改革委员会等十部门印发《关于促进邮轮经济发展的实施方案》的通知（闽发改交通〔2019〕266号）提出，根据交通运输部、国家发展改革委等十部门联合印发的《关于促进我国邮轮经济发展的若干意见》（交水发〔2018〕122号）精神，经省政府同意，现将我省有关部门共同研究制定的《关于促进邮轮经济发展的实施方案》印发给你们，请结合实际认真贯彻落实，加大力度推进我省邮轮经济发展。主要内容如下：

为加快我省邮轮经济发展，发挥邮轮经济产业链长、带动性强的作用，推进供给侧结构性改革、培育新动能、有效拉动内需、促进消费转型升级，根据交通运输部、国家发改委、工信部、公安部、财政部、商务部、文化和旅游部、海关总署、国家税务总局、国家移民局等十部门联合印发的《关于促进我国邮轮经济发展的若干意见》（交水发〔2018〕122号），经省政府同意，制定以下实施方案。

一、明确邮轮经济发展总体要求

（一）指导思想

以习近平新时代中国特色社会主义思想和党的十九大精神为指导，牢固树立新发展理念，以推进供给侧结构性改革为主线，坚持高质量发展落实赶超，加强邮轮建造及配套能力建设、培育本土邮轮及市场、增加有效供给、提升邮轮服务水平，努力建成布局合理、便利快捷、制造先进、安全规范、应用广泛的邮轮产业体系，着力打造“海丝邮轮”品牌，推动邮轮经济产业链成为经济增长新亮点。

（二）基本原则

坚持市场主体、政府引导。充分发挥市场在资源配置中的决定性作用，突出企业的市场主体地位，强化政府在统筹规划和政策支持上的引导功能，积极培育本土邮轮企业，支持引进和培育邮轮骨干企业，鼓励企业根据市场需求开拓和创新邮轮服务。深化简政放权，提高审批效率，为邮轮企业提供高效便捷服务，促进邮轮市场持续发展壮大。

坚持创新体制、凸显特色。将创新作为邮轮发展的根本动力，积极推动体制机制创新、科技创新和服务创新，构建政府、企业和社会合力发展邮轮产业的良好格局，促进消费转型升级。充分发挥中央支持福建加快发展的政策叠加效应，围绕21世纪海上丝绸之路核心区、国家生态文明试验区等建设，大力培育发展符合省情实际的邮轮特色产业链。

坚持统筹协调、安全发展。统筹邮轮港口航线、邮轮制造、邮轮旅游、配套产业、人才培养与邮轮应急管理协调发展，加强邮轮产业与旅游业、制造业、服务业的协调发展，构建邮轮大产业体系。把安全发展理念贯穿始终，大力构建邮轮安全应急管理体系，提升应急处置能力，确保邮轮与邮轮港安全运行。

（三）发展目标

到2035年，初步建成布局合理的邮轮港口和航线体系、优质高效的邮轮配套服务保障体系、特色鲜明的邮轮研发制造体系、周到完善的邮轮应急管理体系，邮轮产业链基本形成，邮轮建造和邮轮船队发展取得明显成效，邮轮经济规模不断扩大，对产业升级、经济发展和人民消费的支撑和保障作用显著增强。

——沿海邮轮旅客年吞吐量达到200万人次；

——重点建设厦门邮轮母港和福州松下、平

潭金井、莆田湄洲岛（或东吴港区）等邮轮始发港，各类型邮轮港口布局合理，集疏运衔接顺畅，运力规模适应需要，维修维护能力完善，邮轮岸电系统完备；

——制定统一、规范、先进、国际化的邮轮服务标准体系，邮轮母港服务水平达到国际标准，邮轮港口服务规范统一；

——具备中、小型邮轮设计、建造能力，初步具备大型邮轮配套建造能力，装备制造业有效发展；

——邮轮物资供应、港口酒店、免税商场、物流配送、信息服务、交通集散等配套服务功能齐全；

——开通东北亚、东南亚、环台湾海峡、港澳航线和环南海“一程多站”式的邮轮航线，加密海峡两岸直航特色邮轮航线，开通沿海邮轮航线，沿海邮轮市场基本形成；

——邮轮应急管理体系完善，具备专业应急处置队伍、设施设备和邮轮突发事件的处置能力。

二、加快邮轮港口基础设施建设

（四）合理规划布局邮轮港口

抓紧编制《福建省邮轮旅游产业发展规划》并于“十三五”批准实施。省级交通、旅游、发改部门在战略布局、政策法规上加强统筹协调，地方政府落实投资引导、规划实施的主体责任，积极引导和鼓励国内外邮轮企业参与投资建设我省邮轮港口。2025 年以前，优先考虑对既有和正在筹建的邮轮港口进行邮轮服务功能开发利用，通过依托既有码头设施进行改扩建或新增配套设施，以及对正在筹建的邮轮港口统筹规划建设邮轮服务配套设施，基本形成邮轮港口布局及配套服务功能；2035 年以前，基本建成全省布局合理、分工明确的邮轮港口体系。（省发改委、交通运输厅牵头，省文旅厅、国资委及沿海各设区市参与）

（五）强化邮轮母港“龙头”带动

加快厦门邮轮港建设和改造工程，提升邮轮接待能力、满足大型船舶靠泊需求，使厦门邮轮港成为邮轮旅客规模大、邮轮服务功能较为完备和城市邮轮相关产业集聚度较高的邮轮母港，成为兼备始发港基本功能和邮轮维修保养、邮轮公司运营管理等功能的国际邮轮母港。推进旅港城一体化建设，支持厦门积极申报中国邮轮旅游发展实验区，带动全省海、陆旅游资源优化组合，辐射东南沿海地区，打造“海丝区域性邮轮母港”与“国际邮轮旅游目的地”品牌。2025 年以前，在进一步完善厦门港邮轮服务功能的同时，着力打造集物资供应、酒店、高档写字楼、免税商场、物流配送、信息服务、交通集散等邮轮产业综合体，使厦门成为邮轮产业核心区，成为东南沿海最具活力的国际邮轮母港和海峡邮轮旅游经济圈的核心港口。（厦门市政府牵头，省文旅厅、国资委参与）

（六）打造功能完备的邮轮始发港

着力打造以始发航线为主、兼顾挂靠航线的邮轮始发港，实现既具备邮轮停泊、旅客和船员上下船等基本功能，也具备邮轮补给、垃圾污水处理，旅客通关、行李托送，旅游服务、船员服务等功能。支持福州依托松下港区起步邮轮港建设和运营，统筹推动福州“中国邮轮旅游发展实验区”与滨海新城建设同步联动，实现港城一体化融合发展。推进平潭国际旅游岛邮轮港口建设，指导平潭开展邮轮港区与相关配套建设。充分发挥妈祖特色文化优势，推动莆田湄洲岛（或东吴港区）开展邮轮始发港及配套设施建设。（福州、莆田市政府、平潭管委会牵头，省文旅厅参与）

（七）建设独具特色的邮轮访问港

在规划的邮轮母港、始发港的基础上，结合我省丰富海岸线资源特点，按照具备邮轮停泊、旅客和船员上下船等基本功能的要求，配套建设以挂靠航线为主、独具地方特色的邮轮访问港。（有关设区市政府牵头，省交通运输厅参与）

三、着力培育壮大邮轮市场

（八）培育邮轮市场主体

培育本土邮轮企业，鼓励社会力量和民营资本参与邮轮产业领域投资，支持邮轮企业参与邮轮产业基础设施建设，鼓励邮轮企业探索创新投资模式、经营机制，引导运营企业差异定位、错位经营、合作发展。2025 年以前，重点培育一批省内邮轮产业骨干企业，发挥其示范带动效应；积极引导大型邮轮运营、制造企业到我省成立基地公司，推动我省邮轮产业健康快速发展，努力把邮轮产业培育成我省新的经济增长点。（有关设

区市政府、平潭管委会牵头，省交通运输厅、工信厅、国资委参与）

（九）发展邮轮物供产业

加快邮轮船供基地和平台建设，通过集中管理、信息化操作，优化保税区邮轮物资监管模式，实现邮轮物供质和量的提升。探索建立统一出口监管仓和保税仓。支持本地企业积极有序参与邮轮船供市场，培养本地骨干船供企业，推动提升国际邮轮本地物资和商品采购比例。推进完善国际供船货柜转运制度，吸引国际邮轮公司在厦门邮轮产业园设立国际邮轮物资配送中心，实现邮轮船供“全球采购、集中供船”。（有关设区市政府、平潭管委会牵头，福州海关、厦门海关参与）

（十）拓展邮轮消费领域

积极拓展邮轮消费领域、消费模式，大力发展旅游观光等服务，积极培育主题鲜明的邮轮消费服务基地和富有现代特色的文化旅游园区、特色街区、休闲度假综合景区等。依托海上丝绸之路，打造省内邮轮旅游精品线路，增加赴台湾邮轮航线，积极探索开辟国内沿海航线，有序开发东北亚、东南亚等国际航线。与境外港口城市合作推动互为母港或多母港航线发展。吸引独具特色的主题邮轮在福建运营，支持邮轮公司组织运营具有中国文化特点的邮轮主题航次。推动商品质量数据从自建自用向全球共享开发转变，建立全球商品共享新模式、运行新机制、服务新体系。推动厦门国际邮轮母港和福州滨海新区、平潭国际旅游岛、莆田湄洲岛的邮轮旅游购物发展。（有关设区市政府、平潭管委会、省文旅厅牵头，省交通运输厅、市场监督管理局、台港澳办、商务厅参与）

四、发展邮轮装备制造产业

（十一）提升邮轮装备制造能力

积极支持我省船舶企业引进先进行业设计单位组建邮轮研发中心，或通过承接国外邮轮类船舶的设计和建造业务，学习、引进、消化国外先进的邮轮设计理念和技术进行再创新和自主创新，提升技术储备能力及邮轮研发设计水平。以厦船重工为龙头，积极推动建设邮轮建造及配套产业基地，吸引邮轮相关企业入驻，完善邮轮制造产业链条，推动船舶制造产业结构升级。（省工信厅牵头，省国资委、科技厅参与）

（十二）延伸邮轮配套产业链

推广使用技术先进、低能耗、安全环保的设施设备以及清洁燃料，全面落实船舶排放控制要求。持续完善邮轮港口配套设施建设，同步建设邮轮岸电、邮轮泊位污染物接收转运等配套设施，建立邮轮与航空、铁路、省际巴士等联程联动机制。加强邮轮停靠口岸的公共卫生核心能力建设，增强邮轮运营安全、旅客群体性公共卫生和重大疫情防控能力。加强邮轮保障维护、原材料供应、资源回收利用等方面先进技术，推动邮轮港口可持续、高效、绿色、健康发展。（省生态环境厅、交通运输厅、发改委、卫健委、应急厅、工信厅等按职责分工负责）

（十三）深化邮轮产业交流合作

依托21世纪海上丝绸之路核心区、自贸试验区等政策优势，积极对接和吸纳邮轮产业优质资源，加强邮轮制造、运营管理、人才培养等领域的合作。支持高校设立“邮轮学院”，鼓励地方制定和实施优惠政策措施，积极引进、消化和吸收先进技术，提升通用邮轮产品制造水平，推动运营服务创新。支持邮轮企业“走出去”，创建省外、国外研发合作平台，提升产品市场竞争力。积极推进与国内外邮轮经济发达地区产业合作，学习借鉴先进经验，加强产业链互补与合作，形成邮轮经济发展合力。（省文旅厅、教育厅、工信厅、国资委、科技厅等按职责分工负责）

五、加强邮轮发展政策扶持

（十四）加强财政扶持引导

借鉴其他省、市先进经验，加大财政资金扶持力度。鼓励有条件的设区市和平潭综合实验区设立邮轮产业发展培育资金，出台配套政策，支持鼓励本地区邮轮产业发展和邮轮市场培育，将邮轮研发、设计、制造、旅游、运营等重点领域、重点项目列入优先支持范围。对邮轮相关企业设立区域总部、邮轮停靠、邮轮旅客吞吐量增长贡献等方面给予补助和奖励。省级财政统筹部门专项资金，用于扶持和引导邮轮经济发展。将港区周边公路交通基础设施建设纳入相关公路建设规划。加大对邮轮港口建设岸电设备以及邮轮使用岸电的补贴力度，推进邮轮绿色发展（省发改委、

交通运输厅、财政厅、有关设区市政府和平潭管委会牵头，人社厅、金融监管局和福建银保监局参与）

（十五）积极引入社会资本

引导邮轮企业做好与省产业股权投资基金、现代服务业基金、省企业技改基金等基金的对接，鼓励更多的社会资本投向我省的邮轮产业。积极引导保险机构、商业银行等探索针对邮轮产业的金融产品。支持符合条件的邮轮企业依法依规以土地综合开发筹措邮轮港口等基础设施建设和邮轮产业基地开发资金，支持符合条件的邮轮企业通过股权、债权融资，吸引更多社会资本参与邮轮产业投资和邮轮领域的创新创业。（省金融管理局牵头，福建银保监局参与）

（十六）推进通关便利化改革

积极争取对乘坐国际邮轮抵达厦门的外国旅游团队实施 15 天入境免签政策，用足用好公安部赋予的 144 小时过境免签政策，适时推动相关免签政策扩大到全省有条件的邮轮港地区。依托省国际贸易单一窗口，拓展邮轮“单一窗口”功能应用，推动邮轮旅客通关电子口岸应用上线。推动口岸查验简化、优化工作，推进口岸部门随船查验工作。优先保障邮轮调度、引航，靠离泊的通行权。（省口岸办、公安厅牵头，福州海关、厦门海关、厦门边检总站参与）

六、强化邮轮经济发展保障措施

（十七）加强组织领导

各地要切实加强对邮轮经济发展的组织领导，落实属地责任。有关设区市、平潭实验区要建立由市（区）政府领导牵头，发改、交通、旅游、财政、工信、公安、商务、税务、海关、边检、海事等相关部门参与的本地区邮轮发展联席会议机制，负责研究制定具体政策措施、协调解决问题、统筹推进本地区邮轮产业建设。省发改委、交通运输厅、文旅厅牵头会同有关部门建立邮轮经济发展省级协调机制，及时协调各地邮轮经济发展重大问题。（有关设区市政府、平潭管委会，省发改委、交通运输厅、文旅厅牵头，相关部门按职责分工负责）

（十八）加强协调联动

各地要加强与省直各部门的协调和联动，充分发挥地区政策、文化等优势，立足先行先试，争取邮轮旅游政策实现创新试点，营造支持邮轮产业发展的良好氛围和政策环境。加强应急联动，统筹推进市级邮轮安全体系的建设。落实邮轮公司运营安全、旅行社旅游安全的主体责任，切实提高应急处置能力；建立健全邮轮旅游安全保障与联动机制，推动建立邮轮突发事件的保险机制。（有关设区市政府、平潭管委会牵头，省国资委、文旅厅、应急厅、交通运输厅、福建海事局参与）

（十九）加强邮轮旅游市场推广

深化和发挥“清新福建”全域旅游品牌内涵。举办福建邮轮旅游推介活动，推广邮轮旅游理念，培育邮轮消费模式，并多渠道开展国际营销。支持厦门市“今日头条”、“邮轮旅游新媒体运营中心”等平台建设，整合邮轮旅游资源信息、加大跨界融合宣传力度，全力推广文旅融合“邮轮 +”等邮轮相关旅游产品。（省文旅厅牵头，有关设区市政府、平潭管委会参与）

（二十）加强人才培养

充分发挥院校和国家海洋旅游人才培训基地的专业优势，培育邮轮人才。推动我省高校及邮轮企业加强与世界知名邮轮公司进行产学合作，引入邮轮培训实践课程。建立国际邮轮专家资源库平台，促进邮轮高层次人才的交流。（省教育厅牵头，省外国专家局参与）

（二十一）加强市场规范

落实政府监管部门、邮轮公司、销售代理机构、游客等相关责任。建立健全各部门联合会商执法机制，联合打击市场不正当竞争和侵害消费者权益的行为。引导邮轮公司和销售代理机构自觉规范市场行为。建立畅通的邮轮游客维权渠道，切实维护游客合法权益。针对游客不良行为，引入征信机制，依法制定相应的惩戒措施。（省市场监督管理局牵头，省文旅厅参与）

（摘编：何　山）

福建省实施旅游服务质量提升方案

2019年3月26日福建省文化和旅游厅下发《关于印发〈福建省旅游服务质量提升方案〉的通知》(闽文旅市场〔2019〕6号)提出，为进一步提高旅游管理服务水平，提升旅游品质，推动旅游业高质量发展，打造清新福建“全福游、有全福”品牌，根据《文化和旅游部关于实施旅游服务质量提升计划的指导意见》（文旅市场发〔2019〕12号)，结合我省实际，制定本计划。

一、总体要求

(一) 指导思想

以习近平新时代中国特色社会主义思想为指导，按照“创新、协调、绿色、开放、共享”的发展理念，着力解决影响广大游客旅游体验的重点问题和主要矛盾，推动旅游业高质量发展，为“再上新台阶、建设新福建”奠定坚实的质量基础。

(二) 基本原则

坚持政府、市场主体、行业组织、个人4个层面协同推进；坚持加强和改进市场监管，完善旅游管理政策，支持、引导和规范市场主体健康发展；坚持落实市场主体责任，增强内生动力，提高旅游服务提供者提升旅游服务质量的自觉性；坚持发挥行业组织的协调作用和行业标准的引领作用，强化行业自律，提升旅游管理和服务水准；坚持提升从业人员专业素养和业务能力，调动广大从业人员提升旅游服务质量的积极性和主动性。

(三) 计划目标

到2020年，全省的旅游供给质量明显改善，旅游服务和管理质量显著提高，旅游市场规范有序，旅游市场综合监管机制更加完善，旅游公共服务水平明显增强，旅游消费环境明显优化，旅游优质产品供给更加丰富，文化和旅游融合不断深入，游客投诉量明显降低。

二、重点工作

通过提升旅游区点、旅行社的服务水平，规范和优化旅游住宿、在线旅游经营服务，提高导游和领队业务能力，建立完善旅游信用体系，不断增强旅游市场秩序治理能力，提升旅游服务质量，推动旅游业高质量发展。

(一) 提升旅游区点服务水平

着力推进我省A级旅游景区功能转型、产品创新和要素聚集，有效提升我省A级旅游景区管理水平和服务品质；进一步完善A级景区复核和退出机制，坚决清退不符合标准的A级旅游景区；推动全省创建一批红色旅游景区；大力发展乡村旅游，打造乡村旅游精品景点，助力乡村文化振兴。

1. 落实《福建省百家重点A级旅游景区三年行动提升工程方案（2017—2019年)》要求。积极引导我省重点A级旅游景区持续推进旅游厕所革命，科学配置提升景区游客中心，改进提升标识导览系统，新建改建一批景区停车场和游步道，不断完善景区配套服务设施；指导优化景区及周边环境，推进景区绿化、美化、洁化。提升景区智慧导览、自助咨询、网上预订和在线支付等系统，不断提高景区综合服务水平。

2. 加大红色旅游经典景区建设力度。推进红色景区创建A级景区。依托红色旅游资源赋存，积极推动红色文化与旅游深度融合，按照《旅游景区质量等级的划分与评定标准》《红色旅游经典景区服务规范》，全面提升红色景区景点景区等级和特色，构筑全省红色景区精品示范体系，扩大福建红色旅游在全国的知名度和影响力。

3. 加强乡村旅游发展的分析和预测，确保乡村旅游可持续发展。落实《乡村旅游“百镇千村”提质升级三年行动计划（2018—2020 年）》。持续创建休闲集镇和乡村旅游特色村；实施休闲集镇和旅游村评定工作；积极配合有关部门促进民宿业规范发展。实施旅游扶贫富民行动，以宁德下党村为示范，推广“下乡的味道”品牌，示范带动全省乡村旅游扶贫重点村建设。

4. 指导 A 级旅游景区和省旅游协会景区分会针对景区管理人员、一线服务人员开展管理实务、日常业务、应急处置等培训，提升服务专业性。（责任处室：资源开发处）

（二）优化旅游住宿服务

以提升游客住宿品质体验为目标，扶持旅游民宿、文化主题旅游饭店、自驾营地等新业态发展；强化星级饭店评定复核工作，建立动态监管机制，有效提升住宿业品质。

1. 扶持民宿、文化主题旅游饭店、自驾营地等新业态发展。全面推进高端精品民宿打造，大力发展民宿经济，推动乡村旅游发展。推动文化主题旅游饭店的评定工作。

2. 按照合理选址，科学布局，坚持绿色生态的营地建设理念，注重地方特色，打造基础设施完善、功能齐全的自驾车、旅居车露营营地。

3. 完善动态监管机制。强化星级饭店评定复核工作，联合相关部门对卫生、食品安全、消防安全等重点环节开展抽查，对不达标的星级饭店坚决予以取缔。

4. 发挥旅游饭店协会作用。开展旅游星级饭店评定复核工作，完善星级饭店服务人员培训体系，努力打造一支训练有素、业务熟练、技能过硬、应变力强、爱岗敬业的饭店服务人员队伍，提升住客的满意度。（责任处室：市场管理处、公共服务处）

（三）提升旅行社服务水平

贯彻落实《旅游法》《旅行社条例》及《旅行社条例实施细则》，促进旅行社行业提质增效创新，促进旅行社服务水平整体提升。

1. 进一步推动旅行社优化产品结构。创新产品体系，发展专业化、定制化旅游，开发文化旅游、红色旅游、养老旅游、研学旅游、房车旅游、邮轮旅游等专业性旅游产品。

2. 以旅行社发布的广告、旅游合同的签订和价格监管为重点，规范旅行社经营活动，强化对旅行社的监管，推动服务信息透明化，防范旅行社经营风险，提升旅行社的守法意识、诚信意识和安全意识。

3. 鼓励旅行社依托智能化、大数据、云计算等新技术，创新产品体系。融合线上线下，加强上下游资源整合，实行全产业链运营，提高旅行社集团化、国际化发展水平。

4. 完善旅行社退出机制，依法依规清理一批不缴纳旅行社质量保证金、长期未经营业务和违法违规的旅行社。

5. 规范在线旅游企业经营，指导在线旅游企业全面排查境内外自助游产品，发现不合格自助游产品立即下架，对涉及高风险的攀岩、冲浪、浮潜等项目，在宣传销售等环节加强安全风险提示；对在线旅游经营服务依法加大监督检查。

6. 发挥旅行社协会在加强行业自律、规范经营方面的重要作用。倡导抵制“不合理低价”旅游产品。对严重扰乱旅游市场、影响旅游发展的旅行社经营单位，协会应采取通告、公示、曝光等形式予以回击。（责任处室：市场管理处）

（四）提高导游（领队）业务能力

以导游（领队）服务为抓手，通过实施导游（领队）服务提升工程，促进导游（领队）的业务能力提升。

1. 完善导游（领队）培训体系。开展优秀导游（领队）专项培训，重点针对传统文化的历史地位、作用及相关背景知识等有针对性、专业化的培训考核，使导游的讲解，真正做到精准讲解、“行家”讲解；开展应急培训和演练，增强应急处置、沟通协调和风险防控能力。用五年左右的时间，将全省持证导游轮训一遍，实现全覆盖。

2. 推动“金牌导游”评选，加大对“金牌导游”的宣传力度，发挥“金牌导游”的标杆、引领和示范作用。推动“金牌导游”和高级导游员纳入我省高层次或高技能人才培养和激励范围。贯彻落实全国红色旅游五好讲解员建设行动推进会精神，提升我省红色旅游五好讲解员的优质服务水平。

3. 健全导游信用联合惩戒机制。利用“全国旅游监管服务平台”开展导游信用综合评价，严肃惩戒导游失德失信行为，将导游失德失信和违法违规行为列入“双公示”，接受社会监督。

4. 指导省旅游协会导游分会维护导游和领队的合法权益，加强对先进人物和典型事迹的宣传推广，表彰一批优秀人员，提升职业荣誉感。（责任处室：人事处、科技教育处、市场管理处）

（五）增强旅游市场秩序治理能力

按照“谁审批、谁监管，谁主管、谁监管”的原则，持续开展旅游市场秩序综合整治行动，发挥市场监管对质量提升的基础性作用。

1. 加强旅游市场秩序舆情监测，及时发现问题、分析研判采取有效预防措施并妥善处置。

2. 以深入实施“放心游福建”服务承诺为核心，进一步完善综合监管部门和更多涉旅力量共同治理旅游市场秩序，持续开展旅游市场专项整治和联合执法行动。对具有共性的违法违规行为，联合市场监管、公安等部门，加大打击力度。持续保持对“不合理低价游”、强迫或者变相强迫消费、虚假宣传等违法违规行为的高压态势。

3. 科学应用双随机抽查和日常监管等方式，加强旅游市场监管。全面推广使用全国旅游监管服务平台，运用大数据实现精准监管和分类监管，实现对旅行社团队全过程的动态监管。

4. 进一步推动“1+3+N”旅游市场综合监管机制改革。推动重要旅游目的地设立旅游警察、旅游巡回法庭和旅游工商分局。

5. 加强文化旅游市场综合执法工作队伍建设。组织开展文化旅游执法人员培训，提升文化旅游综合执法能力，推动市场监管法制建设。（责任处室：市场管理处、政策法规处）

（六）建立完善旅游信用体系

按照《福建省社会信用体系建设规划（2015—2020年）》的要求，以建立“黑名单”和“重点关注名单”制度为突破口，加快建立以信用监管为核心的新型旅游监管制度，不断完善旅游信用体系。

1. 制定《福建省文化和旅游市场信用体系建设指导意见》，严格落实文化和旅游部《旅游市场黑名单管理办法》（试行），将具有严重违法失信行为的旅游市场主体和从业人员、人民法院认定的失信被执行人列入全国或地方旅游市场黑名单，实施联合惩戒。

2. 建立“重点关注名单”制度。出台旅游市场重点关注名单管理办法，将具有违法失信行为的旅游市场主体、从业人员列入重点关注名单，实施重点监管，增加核查额次。

3. 指导行业组织完善行规行约，把诚信作为服务的基本理念和自觉行为，不断提升旅游市场主体和从业人员的诚信口碑。（责任处室：市场管理处）

三、保障措施

（一）提升工作认识

要充分认识旅游服务质量提升工作的重要意义，建立旅游服务质量提升的领导机制和协调机制，加强与市场监管、公安、网信、电信主管等部门的合作，明确职责分工。将任务分解和统筹协调结合起来，分阶段、分步骤组织实施，确保旅游服务质量提升工作取得实效。

（二）加强宣传引导

加大宣传力度，充分调动各类市场主体、广大消费者、行业组织和社会媒体的积极性，主动践行旅游行业核心价值观，弘扬行业正能量，塑造诚信经营、工匠精神和文明旅游典范，共同推进落实旅游服务质量提升计划，营造旅游业高质量发展的良好氛围。

（三）强化督查考核

要加强对旅游服务质量提升计划落实情况的跟踪评估，逐步建立和完善旅游服务质量评价体系，并于2019年10月底前和2020年10月底前向我厅报送本地旅游服务质量提升计划落实情况，提出意见建议，以便汇总上报文化和旅游部。我厅将根据文化和旅游部的要求督查考核、开展评估，并将结果列入市级政府质量考核评价。

请各地市于2019年6月底前报送具体落实计划。

（摘编：彭文荣）

福建省2019年度省重点项目名单

2019年1月29日福建省发展和改革委员会下发《福建省发展和改革委员会关于印发2019年度省重点项目名单的通知》（闽发改重点〔2019〕58号）提出，经省政府同意，确定2019年度省重点项目1565个，总投资3.85万亿元。其中：在建项目1200个，总投资2.79万亿元，年度计划投资4577亿元；预备项目365个，总投资1.05万亿元。名单如下：

2019年度省重点项目名单（1565个）

一、省在建重点项目（1200个）

（一）农林水利（98个）

1. 平潭及闽江口水资源配置工程（福州段）
2. 福州市晋安河直排闽江通道工程
3. 福州江北城区山洪防洪生态补水工程
4. 罗源霍口水库工程
5. 福州地区大学新校区旗山湖工程（二期）
6. 福州地区大学新校区旗山湖工程
7. 闽江下游南港南岸防洪（五期）
8. 滨海新城区内水网建设工程
9. 罗源县昌西水库工程
10. 福州市闽江下游南岸防洪六期工程
11. 福州大学城校区溪源泄洪洞防洪排涝工程
12. 闽江防洪工程闽清县梅溪段
13. 闽江防洪工程福州段（四期）
14. 福州市闽江下游马尾亭江防洪防潮工程（一期）
15. 上宫溪防洪排涝工程
16. 闽江防洪工程福州段（三期）
17. 长泰枋洋水利枢纽工程
18. 古雷区域引水及调配站工程
19. 东山县岛外引水第二水源工程
20. 漳州台商投资区第三水厂及配水管网工程（一期）
21. 泉州白濑水利枢纽工程
22. 晋江防洪工程
23. 泉州七库连通引水工程
24. 永春县马跳水库及供水工程
25. 泉州外走马埭海堤升级改造工程
26. 晋江东石滞洪区建设项目
27. 惠安县城市防洪和生态环境建设项目（惠东应急备用水库）
28. 沙县双溪水库
29. 尤溪汶潭水利枢纽工程
30. 永安溪源水库
31. 闽江上游尤溪流域防洪二期工程（尤溪段）
32. 三元区东牙溪水系连通及综合整治工程
33. 闽江上游沙溪防洪流域四期工程（明溪段）
34. 莆田市荔城区南洋水系水环境综合治理工程
35. 莆田宁海闸及配套工程
36. 莆田木兰溪防洪工程仙游段
37. 莆田木兰溪防洪工程华亭白塘段
38. 莆田涵江临港产业园防洪排涝工程
39. 莆田西音水库工程
40. 莆田乌溪水库
41. 莆田市涵江临港产业园防洪排涝（江口堤内）工程
42. 建瓯市水美城市三江六岸城市提升项目
43. 延平区水美城市小流域综合治理工程
44. 浦城县水美城市建设综合治理项目

45. 松溪县一溪两岸“水美城市”水流域综合治理提升城市建设项目
46. 武夷新区水资源配置工程
47. 邵武市水美城市建设项目（一期）
48. 光泽县水美城市建设
49. 浦城县南浦灌区续建配套与节水改造工程
50. 武夷山市水美城市建设项目（二期）
51. 武夷新区云谷水系及补水工程
52. 浦城县城区防洪排涝（高水高排）工程项目
53. 闽江上游建溪五期（政和段）防洪工程
54. 闽江防洪工程南平段五期（邵武）
55. 浦城王家洲水库
56. 闽江防洪工程南平段（六期）
57. 闽江防洪工程南平段（四期）（松溪段）
58. 顺昌县富屯溪与北门溪水系连通及综合整治项目
59. 松溪县茶洲水库至文秀湖花岩溪水系连通工程
60. 龙岩万安溪引水工程
61. 汀江防洪工程
62. 九龙江防洪工程（龙岩段）
63. 连城福地水库工程
64. 漳平城区排涝（高水高排）项目
65. 连城县城区防洪排涝（高水高排）工程
66. 长汀荣丰水库
67. 上杭旧县片区烟区水源工程
68. 宁德（漳湾）临港工业区冶金新材料产业园防洪防潮及附属道路工程（一期）
69. 宁德赛江流域防洪三期工程
70. 周宁县东洋溪综合整治工程
71. 宁德市三屿园区基础设施建设项目防洪排涝工程—高水高排渠
72. 平潭综合实验区防洪防潮工程
73. 闽江口水资源配置（一闸三线）工程平潭段
74. 南安清境桃源生态农业观光项目
75. 建宁县种业科技信息服务中心
76. 上杭华润五丰农业生态循环产业园建设项目
77. 永定区客家风情生态农业观光园建设项目
78. 新罗蓝田生态农业观光园建设项目
79. 连城萱和谷本草还原生态产业建设项目
80. 福州植物园森林体验与森林养生示范区项目
81. 漳州温氏高效生态养殖及肉制品加工项目
82. 建宁县生态养殖厂区建设项目
83. 大田县蛋鸡产业化及有机肥生产项目
84. 福建圣农（浦城）鸡业产业化项目
85. 福建圣农（光泽）鸡业产业化扩建项目
86. 邵武顺鑫鑫源万头优质杂交肉牛育肥、加工建设项目
87. 光泽县圣农第二祖代种鸡场
88. 建阳区蛋鸡肉鸡饲养加工项目
89. 长汀河田鸡产业提升工程项目
90. 漳平全自动化蛋鸡养殖及加工项目
91. 连城创亿元蛋鸡养殖、有机肥生产及有机蔬菜种植项目
92. 连江县苔菉中心渔港
93. 诏安县田厝一级渔港工程
94. 诏安赤石湾中心渔港建设项目
95. 石狮祥芝中心渔港扩建工程
96. 清流澳洲鳕鱼养殖基地建设项目
97. 光泽现代渔业产业园项目
98. 霞浦西洋一级渔港

（二）交通（138个）

99. 福厦铁路客运专线
100. 福平铁路
101. 兴泉铁路（福建段）
102. 衢宁铁路（福建段）
103. 浦梅铁路（建宁至冠豸山段）
104. 长乐区松下港铁路专用线
105. 宁德汽车基地项目铁路专用线
106. 国省道提质增效补短板一期工程
107. 莆炎高速公路尤溪至建宁段
108. 福州绕城高速公路东南段
109. 莆炎高速公路永泰梧桐至尤溪中仙高速公路
110. 漳州天宝至龙岩蛟洋扩容工程龙岩段
111. 海西网漳州云霄至平和（闽粤界）高速公路
112. 长乐前塘至福清庄前高速公路

113. 顺昌至邵武高速公路
114. 古武高速公路永定至上杭段
115. 厦蓉高速龙岩东联络线（龙岩高速公路东环线）
116. 漳武线南靖至永定高速公路南靖段
117. 漳武线永定至上杭高速公路永定段
118. 泉厦漳城市联盟路泉州段
119. 宁东高速公路宁德沙埕湾跨海通道工程
120. 长乐至平潭高速公路（长乐古槐至松下段）
121. 福鼎贯岭至柘荣段高速公路
122. 京台线高速公路长乐松下至平潭段
123. 京台高速公路武夷新区段改线工程
124. 福清滨海大道（国省干线纵一线）
125. 福州市道庆洲过江通道工程
126. 国道104线连江至晋安段改线工程
127. 福泉高速公路拓宽改造工程（B段）
128. 福州洪山桥至洪塘大桥拓宽改建工程
129. 福州东南快速通道（长乐营前至滨海新城万新路复线段）
130. 闽侯二桥
131. 纵二线连江境104国道新洋（陀市）至南塘段公路改线工程
132. 228国道长乐外文武围垦堤至下沙段路堤结合工程
133. 国道G355线永泰葛岭濑下至台口溪尾段公路工程
134. 西岭互通铜盘路接线工程（马鞍山隧道）
135. 连江通港大道改扩建工程（厦松隧道及连接线段）
136. 厦门第二东通道工程
137. 厦门翔安机场高速路北段（沈海高速—翔安南路）
138. 厦门翔安机场快速路（大嶝岛段）
139. 厦门滨海东大道（翔安东路—莲河段）
140. 厦门翔安机场快速路南段（翔安南路—大嶝段）
141. 漳州市东环城路及其接线工程
142. 国省干线联十一线漳州长泰段公路工程
143. 龙海市锦江大道（三期）C、D段（含扶贫“双百”工程G228海澄普贤至浮宫霞威段锦江大道三期工程）
144. 国道324线漳州九龙岭段公路工程
145. 诏安县江滨大道公路工程
146. 漳州沿海大通道（纵一线）漳江湾特大桥及连接线工程
147. G324（纵二线）漳浦城关过境段公路工程
148. 漳浦港城大道公路工程
149. 国省干线联六线漳州龙文区过境公路工程
150. 国省干线联六线芗城段
151. 漳州台商投资区疏港大道
152. 漳州市芝山南路跨江桥梁及连接线工程（瑞京路—琥珀路）
153. 联十四线（S318）芗城区过境段公路工程
154. 东山港冬古作业区疏港路高速联络线出口至冬古
155. 南靖马山线公路改建工程
156. 南靖县梅书线（梅林镇至书洋镇）改建工程
157. 国省干线联十一线漳州龙文区过境公路工程
158. 国省干线纵二线漳州台商投资区过境段公路工程（奥特莱斯大道至经二路，含扶贫“双百”工程G324台商投资区段）
159. 纵四线（G355）芗城区石亭秋坑至天宝珠里公路工程
160. S318线（联十四线）南靖县靖城棋盘社至牛崎头段公路工程
161. 国道324线云霄城关段改建工程
162. 晋江快速通道东石连接线工程
163. 国省干线横七线（G356）永春石鼓卿园至达埔前峰段公路工程
164. 省道307线梅山镇区过境线丰溪至林坂项目
165. 石狮共富路工程
166. 省道215线（原省道307）南安丰州至洪濑段改造工程
167. 国省干线联三线黄塘至虎窟工程
168. 国道205线沙县后底至永安吉山公路改

建工程（沙县后底至三元荆东段，含扶贫“双百”工程 G205 沙县后底至水南段）

169. 国道纵五线（大田段）公路工程（含扶贫“双百”工程 G235 周田至德州尤溪界段）

170. 国道 534 线三元槐林至荆东段

171. 莆炎高速公路建宁西互通连接线

172. 国省干线联十一线涵江江口至仙游枫亭段

173. 涵江港区主干路网一期工程

174. 城厢区环山旅游天龟线至灵华线公路

175. 石门澳产业园道路一期工程

176. 纵三线仙游境内段工程

177. 莆田罗屿疏港公路（东吴西大道）二期

178. 涵江区三华路、华涵路、哆中路及涵三路南伸工程

179. 木兰大道仙游先行段

180. 松溪县 H1 寨岭至长衍段公路改造工程

181. 武夷新区洪尾至新岭公路

182. 武夷山市上梅至上埔大桥段公路工程

183. 南平市 316 国道（炉下至成功路段）改扩建工程

184. 南平市杨真隧道项目

185. 宁武高速北城互通

186. 国高网福银高速公路南平市塔前互通式立交工程

187. 国省干线横十线龙门朝前至大池北溪段公路（含扶贫“双 百”工程 G319 朝前至大池北溪段）

188. 古武高速永定龙湖景区连接线

189. 国道 G358 线小池至上杭古田公路工程（新罗段）

190. 武平城区国省道过境线公路

191. 国省干线联六线漳平市芦芝至和平段公路工程

192. 永杭高速公路上杭城区南互通接线工程

193. 厦蓉线漳州天宝至龙岩蛟洋高速公路小池互通

194. 国省干线（联七线）公路霞浦东冲至火车站段工程

195. 国道 G104 线蕉城区八都岙村至金涵苗圃段改扩建工程

196. 国省干线公路纵二线（福鼎段）

197. 国道 G237 线蕉城区八都岙村至宁东高速八都互通段公路工程

198. 平潭综合实验区坛东大道（高铁中心站—苏平路段）工程

199. 平潭坛东大道（万宝路～高铁中心站段）

200. 坛西大道（竹屿口—苏平路段）辅道工程

201. 平潭海峡二桥二线通道工程

202. 苏平路（坛西大道—环岛西路段）

203. 福州将军帽作业区散货码头

204. 湄洲湾港肖厝港区肖厝作业区 5#、6#泊位工程

205. 福州港江阴港区 6#、7#泊位工程

206. 福州壁头作业区 12#泊位工程

207. ▲福州港松下港区元洪作业区 1#、2#泊位和西 1#、2#泊位

208. 松下港区防波堤二期

209. 厦门港东渡港区 0#－4#泊位改建工程

210. △厦门港古雷港区古雷作业区南 8#码头

211. 厦门港古雷港区古雷作业区北 1#、2#泊位工程

212. 厦门港古雷港区古雷作业区南 15#～19#泊位工程项目

213. 古雷航道三期工程

214. 厦门港东山对台客货码头

215. 泉州围头湾港区石井作业区 16－19#码头

216. 泉州石湖作业区 5#、6#泊位工程

217. 湄洲湾港肖厝港区鲤鱼尾作业区 4 号泊位工程及仓储项目

218. 中化泉州乙烯及炼油改扩建项目配套码头工程

219. 湄洲湾航道四期南岸航道工程

220. 闽江沙溪口至三明台江航道整治工程

221. 莆田莆头作业区 3～6#泊位及物流园区一期工程

222. 兴化港区涵江作业区 1～3#泊位及进港航道工程

223. 南平港延平新城港区码头及配套区基础设施建设项目

224. 南平市闽江水口至沙溪口航道整治工程

225. 宁德三都澳港区城澳作业区 1 号泊位工程
226. 福州港三都澳深水航道二期工程（漳湾航道工程）
227. 宁德城澳作业区 8#、9#泊位
228. 福州港三都澳港区漳湾作业区 7 号泊位工程
229. 福州港白马港区湾坞作业区 8#泊位工程
230. 福州港三都澳港区漳湾作业区 10#泊位工程
231. 厦门翔安新机场
232. 泉州晋江国际机场机坪及滑行道改建工程
233. 三明沙县机场机坪扩建及民航技术保障中心
234. 中国电信城市光网建设
235. 政和铁路站前广场及连接线建设项目
236 平潭高铁中心站综合交通枢纽及高铁中心站站前城市综 合体项目

（三）能源（34 个）

237. 霞浦核电基地
238. 福清核电站
239. 福建华电邵武火电厂扩建项目
240. 神华福建罗源湾储煤发电一体化项目
241. 华能古雷热电 2×50MW 背压机组项目
242. 福能晋南热电联产项目
243. 建瓯市利树循环经济能源岛项目（一期）
244. 浦城县省级工业园区热电联产项目（一期）
245. 周宁抽水蓄能电站
246. 永泰抽水蓄能电站
247. 厦门抽水蓄能电站
248. 福清海坛海峡海上风电场项目
249. 福清兴化湾海上风电场项目
250. 平潭长江澳海上风电项目
251. 莆田平海湾海上风电场二期及 220kV 送出线路工程项目
252. 莆田平海湾海上风电场 F 区及 220kV 送出工程项目
253. 莆田石城海上风电场
254. 莆田南日岛海上风电场一期项目
255. 平潭大练海上风电项目
256. 海西天然气管网二期工程
257. 福建 LNG 站线项目新增 5、6 号储罐
258. 漳州液化天然气（LNG）接收站项目
259. 松溪燃气管网建设工程
260. 天然气基础设施互联互通福州联络线工程
261. 配电网升级改造工程
262. 220 千伏电网项目
263. 500 千伏电网项目
264. 云霄漳州核电厂 220kV 安全电源线路工程
265. 晋江 100MWh 级储能电站试点示范项目及送出线路工程
266. 云霄漳州核电力能区配套设施
267. 云霄漳州核电厂淡水管线工程
268. 大田京口工业园区集中供热项目
269. 仙游县垃圾焚烧发电厂
270. 宁德核电厂生产生活附属设施项目

（四）城乡建设与生态环保（191 个）

271. 福州市轨道交通 6 号线工程
272. 福州轨道交通 4 号线一期工程
273. 福州市轨道交通 5 号线一期工程
274. 福州城市轨道交通 2 号线
275. 福州市轨道交通 1 号线二期工程
276. 厦门市轨道交通 6 号线一期工程
277. 厦门轨道交通 2 号线工程及配套项目
278. 厦门轨道交通 3 号线工程
279. 厦门轨道交通 4 号线工程（后溪至翔安机场段）
280. 厦门轨道交通 1 号线一期工程及配套项目
281. 厦门地铁 6 号线漳州台商投资区延伸段
282. 武夷新区旅游观光轨道交通武夷山东站至武夷山景区线
283. 福州市环南台岛滨江休闲路
284. 福州新店外环路西段道路工程
285. 福州福马路提升改造工程
286. 福州马尾大桥
287. 福州市城区北向第二通道（园中互通—新店外环）工程

288. 永泰城区三环路

289. 福泉高速公路拓宽改造工程 A 段

290. 福州义北路北段（江厝路—赤桥路）道路工程

291. 福州工业北路延伸线工程南段（工业路—梅峰路）

292. 福州闽侯乌龙江大道（上街段）工程

293. 福州市鹤林片区横屿组团市政路网工程（横三路、纵六路、A 路、B 路、C 路、D 路）

294. 福州二环东南段闭合（林浦路、林浦互通）

295. 福州坂中路西段（福飞路—现状坂中路）道路工程

296. 福州滨海新城区间路网及配套工程

297. 福清京东方柔性生产线项目基础设施配套项目

298. 福州市站东路延伸段道路工程

299. 厦门马銮湾道路工程

300. 厦门第二西通道

301. 海沧疏港通道工程

302. 溪东路（翔安南路至机场快速路段）（原翔安滨海东路）工程

303. 厦门翔安西路（海翔大道—翔安南路段）道路工程

304. 厦门机场大道（原迎宾大道）

305. 厦门芦澳路（马青路—翁角路段）工程

306. 厦门万家春路（西亭路—翔安北路段）工程

307. 厦门同新路（五显—同翔大道）改造工程

308. 漳州市南江滨路工程

309. 漳州市圆山大道道路工程（含扶贫“双百”工程 G319 线象 镇互通至靖城草前圆山大道段）

310. 漳州金塘路（金凤路至 319 国道）道路建设工程

311. 龙海市南太武滨海新城基础设施一期工程

312. 漳州建元东路（龙文南路至东环城路）

313. 古雷新港城交通路网项目

314. 古雷开发区市政路网建设项目

315. 龙海龙江大道（二期）工程

316. 泉州台商投资区海湾大道（海江大道—海玉路、海灵大道—惠安）工程

317. 泉州城东至北峰快速通道及两侧片区棚户区（石结构房）改造项目

318. 石狮城市外线建设项目

319. 泉州台商投资区海湾大道双山段道路及景观工程

320. 泉州台商投资区泉东大道（杏秀路—南北大道）市政工程

321. 泉州台商投资区海城大道（原第四纵路）工程

322. 江滨南路南安段

323. 洛江区西环路（双阳朋虹街—经九路）市政道路工程

324. 三明市江滨路延伸段（G205）道路改造工程

325. 大田县香山北路建设工程

326. 清流火车站进出快速通道建设项目

327. 莆田市木兰大道三期建设工程

328. 武夷新区闽越大道

329. 南平市闽江大桥北桥头至 316 国道连接线工程

330. 南平武夷新区基础设施建设项目（二期）南林大道项目

331. 建阳区双龙桥建设工程

332. 武夷新区兴田组团经四路道路工程

333. 建阳区嘉禾大道改造工程

334. 南平武夷新区南林片区云谷小区市政道路工程

335. 龙岩高架桥建设项目

336. 福鼎滨海大道

337. 宁德东侨福宁北路及支线道路

338. 宁德市疏港路（蕉城段）道路工程

339. 宁德市漳湾大道（下塘至鸟屿段）工程

340. 福鼎市店下石头尾至杨岐泊位码头道路工程

341. 平潭环岛公路金井湾大桥及连接线工程

342. 平潭福平大道东段（高铁中心站—翠园路段）工程

343. 平潭金井湾环湖路网

344. 连江县可门经济开发区污水处理厂尾水排海工程

345. 厦门杏林湾排涝泵站

346. 漳州市市区第二饮用水源工程（城区引调水工程）

347. 漳州市第三自来水厂工程一期

348. 漳州核电淡水厂及配套设施工程

349. 古雷东港溪排洪工程

350. 惠安县城市防洪排涝和生态环境建设（东湖公园）项目

351. 石狮水头排涝枢纽工程

352. 石狮市应急水源工程

353. 尤溪城东水厂建设项目

354. 将乐城区第二水源工程及管网改造工程

355. 明溪明源自来水厂及渔塘溪生态水系工程

356. 武夷新区供水系统一期工程

357. 武夷山市第二供水厂及城市管网工程

358. 顺昌县金山新材料产业园工业供水项目

359. 平潭坛南湾再生水厂（一期）工程

360. 厦门西柯污水处理厂一期工程

361. 厦门杏林污水处理厂三期工程

362. 厦门筼筜污水处理厂三期工程

363. 厦门马銮湾再生水厂一期工程

364. 东山城乡污水设施和收集管网项目

365. 云霄经济开发区污水处理厂及管网配套工程

366. 古雷石化基地基础设施配套项目公共事故应急池及消防站

367. 古雷石化园区北部工业污水处理厂

368. 南安污水处理厂及配套管网工程

369. 晋江经济开发区安东园综合污水处理厂项目

370. 三明梅列列东污水处理厂异地扩建工程

371. 将乐华鸿污水预处理工程建设项目

372. 上杭城区污水管网工程

373. 平潭竹屿再生水厂（一期）工程

374. 晋安区益凤村渣土及全市建筑垃圾资源化利用基地

375. 闽侯县环保生态产业园（垃圾资源化利用一期）项目

376. 厦门东部垃圾焚烧发电厂二期工程

377. 漳州南部生活垃圾焚烧发电厂及配套项目

378. 漳州蒲姜岭生活垃圾焚烧发电厂扩建工程

379. 南安再生资源回收体系建设项目

380. 延平新城绿洲工业固体废物无害化处置项目

381. 南平市生活垃圾焚烧发电厂

382. 浦城县生活垃圾焚烧发电厂项目

383. 连城城镇垃圾无害化处理项目

384. 福安（赛岐）生活垃圾焚烧发电厂

385. 古田县城乡生活垃圾治理一体化项目

386. 宁德餐厨垃圾处置中心

387. 平潭餐厨垃圾处理厂

388. 大田红狮公司年处置10万吨危废焚烧和资源化环保项目

389. 新罗龙麟纯低温余热发电及协同处理垃圾和危险废物示范项目

390. 漳平红狮水泥窑协同处置工业固体废物及城市垃圾项目

391. 福州晋安东区水系综合治理及运营维护PPP项目

392. 福州仓山龙津阳岐水系综合治理及运营维护PPP项目

393. 福州鼓台中心区水系综合治理及运营维护PPP项目

394. 福州仓山金山奥体片区水系综合治理及运营维护PPP项目

395. 福州仓山会展中心片区水系综合治理及运营维护PPP项目

396. 福州晋安新店片区水系综合治理及运营维护PPP项目

397. 福州仓山三江口片区水系综合治理及运营维护PPP项目

398. 厦门月美池整治工程

399. 南安市“两溪一湾”安全生态水系综合整治工程

400. 南安市柳湖水系连通综合整治工程

401. 莆田涵江水环境综合治理一期工程

402. 福州晋安湖公园

403. 闽清梅溪新区基础设施建设项目

404. 罗源县岐阳片区棚户（旧屋）区改造工程

405. 福州长乐区滨海新城租赁住房一期

406. 厦门翔安大小嶝造地工程

407. 厦门保障性安居工程

408. 厦门马銮湾清淤护岸工程

409. 厦门马銮湾新城综合管廊

410. 厦门祥平保障房地铁社区一期工程

411. 厦门马銮湾保障房地铁社区一期工程

412. 厦门新店保障房地铁社区一期 A04－06 地块

413. 厦门环东海域美山路地下综合管廊工程

414. 厦门保障性住房官浔公寓

415. 厦门马銮湾新城水电和通信工程

416. 东山变进出线地下综合管廊工程

417. 同安区移民造福安置小区二期项目

418. 厦门翔安东路（翔安南路—海翔大道段）综合管廊工程

419. 漳州西湖生态园启动区一期项目

420. 漳浦海岸新城及配套项目

421. 漳州古城保护开发一期项目

422. 龙文长福片区棚户区改造项目

423. 漳浦万安生态开发项目（一期）

424. 漳州圆山新城莲浦片区棚户区（危旧房）改造项目

425. 漳浦鹿溪南岸片区一期项目及配套工程

426. 漳州高新区靖城园区廊前棚户区改造项目

427. 漳州紫云片区 A08 地块棚户区改造项目

428. 漳州高新区靖城园区沧溪棚户区改造项目

429. 漳州高新区靖城园区武林棚户区改造项目

430. 泉州台商投资区白沙片区棚户区改造项目（一期）

431. ▲南安海峡科技生态城项目

432. 厦门翔安新机场南安石料配套工程

433. 南安芯谷七星湾人才房项目

434. 晋江梧林古村落保护开发建设项目

435. 南安五里桥畔休闲慢道景观项目（安海湾景观整治工程）

436. 宁化城关火车站连接线及站前广场建设项目

437. 梅列陈大机床厂地块棚户区开发项目

438. 泰宁城区公共停车场建设项目

439. 大田兴泉铁路红湖社区集中安置棚户区建设项目

440. 莆田保障性安居工程

441. 莆田涵江江口蒜溪片区试点建设项目

442. 武夷新区基础设施建设项目

443. 建阳区考亭水美城市项目

444. 武夷新区五指山、钟山生态休闲公园

445. 武夷山水厂路棚户区改造项目

446. 建瓯市衢宁铁路建瓯东站基础设施

447. 上杭古田红色小镇建设项目

448. 龙岩大洋片区综合改造项目

449. 武平重点流域水环境整治项目

450. 龙岩汀江流域水环境综合整治

451. 漳平市南洋湿地公园建设项目

452. 上杭县汀江绿道工程

453. 武平兴贤坊历史文化街区建设（棚户区改造）

454. 柘荣经济开发区生物医药基地基础配套设施项目（二期）

455. 寿宁县三峰公园

456. 蕉城区衢宁铁路金马安置房

457. 衢宁铁路屏南站站前路及站前广场工程

458. 宁德铜冶炼渣选铜后尾矿渣综合利用项目

459. 平潭综合实验区口岸科技中心

460. 京台线平潭段综合管廊

461. 平潭综合实验区社会公共停车场建设项目

（五）工业（426 个）

462. 福建三峡海上风电产业园

463. 福州友谊新材料科技工业园项目

464. 冠城瑞闽动力锂电池生产项目

465. 长乐博那德科技园低碳建筑生产一体化项目

466. 福州高新区海西高新技术产业园创新园三期

467. ▲福建联塑新型环保建材家居项目

468. 国家地球空间信息福州产业化基地（一期）

469. 网龙智能教育小镇二期项目

470. 永泰智慧信息产业园（福州软件园永泰分园）

471. 福建新点石环保科技水性涂料生产项目

472. 拓普达新材料项目

473. 兴闽威岩棉保温材料生产线项目

474. 福州德塔全球智能应急电源发电机组生产项目

475. 新能源汽车动力锂电池检测系统产业化项目

476. 福建博鸿年产 6500 吨动力电池新材料、500 吨新型高分子导电材料项目

477. 厦门钨业稀土永磁电机产业集群项目

478. 厦门士兰 12 英寸特色工艺半导体芯片制造生产线建设项目

479. 厦门士兰化合物半导体项目

480. 厦门同翔国家级高新技术产业基地建设工程

481. ▲芯舟科技高端封装载板研发、设计和制造基地项目

482. 厦门金柏半导体超精密柔性载板及模组生产基地项目

483. 厦门火炬（翔安）产业区八方通用厂房

484. 厦门大学国家大学科技园主园区（B 地块）

485. 厦门强力巨彩 LED 显示屏产业园

486. 厦门瀚天天成碳化硅产业园

487. 厦门延江新材料无纺布生产项目

488. 厦门能源材料与石墨烯产业协同中心建设

489. 东山海洋生物科技产业基地及配套基础设施项目

490. 东山玻璃新材料产业基地及配套基础设施项目

491. 漳州高新区中盟科技园项目

492. 漳州高新区一轮善淳集成电路级单晶硅棒项目

493. 东山旗滨银镜铝镜等玻璃制品及电子玻璃加工项目

494. 龙海市协能退役动力电池 梯次利用项目（一期）

495. 南安三安半导体研发与产业化项目

496. ▲晋江 6 英寸半导体石墨烯产品生产项目

497. 安溪中科植物工厂

498. △晋江矽品集成电路封装测试项目

499. “泉州芯谷”南安高新技术园区配套基础设施项目

500. 南安美的智慧家居科创项目

501. 南安市绿色泛家居建材展贸项目

502. 安溪天电光电生产项目

503. 永春永燠灵芝菌合剂项目

504. 石狮申泰锂电池隔膜项目

505. 南安阳光中科新型高效多用途单晶硅太阳能电池智能生 产线项目

506. 沙县中节能环保产业园项目

507. 永安新能源汽车用锂电池石墨负极材料生产项目

508. 明溪致格新能源锂电池研发生产基地建设项目

509. 将乐创世纪铝业半固态铝压铸产品生产项目

510. 永安光伏热场用碳及碳复合材料制品生产项目

511. 将乐炭都竹炭纤维板生产一期项目

512. 明溪海斯福高端含氟精细化学品生产项目

513. 明溪南方制药抗肿瘤新药系列产品生产项目（二期）

514. 将乐中研茶露水及茶娃系列护肤品生产项目

515. 大田科达洁能石墨负极材料生产项目

516. 梅列建祥装配式建筑生产基地

517. 福建未来药业生物酶催化法高选择性制备医药中间体研 发生产项目

518. 沙县阿福硅特种高端白炭黑生产项目

519. 沙县青州合力白炭黑生产项目

520. 梅列炭基科技特种石墨新材料项目

521. 明溪锂电 NMP 纳米导电剂生产项目

522. 明溪锂电环保新装备制造生产项目

523. 涵江区 HDT 高效太阳能电池项目
524. 莆田泰盛新材料生产项目
525. 秀屿区冰雪世界换冷站项目
526. 福建巨电新能源大容量锂电池项目
527. 邵武永和新型环保制冷剂及含氟聚合物等生产项目
528. 浦城县蒙正生物制药项目
529. 福建（光泽）中药产业园项目
530. 福建广生堂金塘原料药国际产业化建设项目
531. 建瓯利树年产 30 万吨白木浆挂面纸生产线（二期）项目
532. 建瓯大庄竹业年产 4 万立方米竹基纤维复合材及竹集成材精深加工产业化项目
533. 福建贤邦医药中间体及原料药生产项目
534. 武夷新区海源汽车零部件及碳纤维车身部件生产项目
535. 建阳经济开发区创业园建设工程
536. 松溪县闽瑞新型复合纤维扩建项目（三期）
537. 松溪县雷尔高分子吸水新材料项目
538. 浦城绿康年产 2400 吨活性杆菌肽系列产品及技术中心扩 建项目
539. 邵武舜跃含氟医药中间体及兽药系列产品生产项目
540. 建阳区龙泰碳钢及弯曲竹家居生产线项目
541. ▲新罗龙泰新能源材料生产项目一期
542. 永定鑫竹海竹缠绕复合管生产项目
543. 上杭天甫年产 36 万吨半导体级电子材料生产项目
544. 连城菲尔姆铝塑膜产业化生产项目
545. 连城允升复合不锈钢管生产项目
546. 武平亿思达激光显示生产项目
547. 武平凝聚力照明建设项目
548. 武平山普新材料生产项目
549. 新罗格兰尼维生素 E 深加工项目
550. 连城高格微扣锂离子系列电池研发、生产制造项目
551. 连城冠盛新能源钾电池生产项目
552. 武平燚塑聚碳酸酯 PC 板材生产项目
553. 武平省级科技孵化器及县职业技能实训基地项目
554. 新罗欧克新型轻质墙体生产项目
555. 长汀雷生科技闪烁及激光晶体军民融合生产线项目
556. 长汀贝思科高性能纳米钛酸钡产业化项目
557. 宁德时代湖西锂离子动力电池生产基地项目
558. 宁德时代湖西锂离子电池扩建项目
559. 宁德时代一汽动力电池项目（一期）
560. ▲宁德新能源湖西产业园数码项目二期工程
561. 宁德东侨镍钴锰正极材料加工项目
562. ▲宁德新能源湖西数码项目三期
563. 宁德杉杉年产 5 万吨动力电池负极材料项目
564. 福安青美动力电池三元正极材料项目
565. 寿宁电熔氧化锆系列产品生产项目
566. 霞浦县锂电池新材料项目
567. 宁德东侨阿李锂电池关键零部件生产项目
568. 福鼎汇得新材料生产项目
569. 宁德东侨卓高高安全性锂离子电池用功能涂层隔膜扩建项目
570. 宁德蕉城蓝海净化节能设备生产线项目
571. 柘荣广生堂制剂国际产业化建设项目
572. 屏南新能源汽车新材料产业化一期改扩建项目
573. 柘荣时珍堂中药饮片生产线项目
574. 柘荣天人药业太子参产业园项目
575. 平潭高新产业园区项目
576. ▲平潭中诺影像材料产业基地
577. 福建兆元光电 LED 产业基地建设项目二期
578. 星网锐捷科技园基地三期建设项目
579. 福州源磊自动化 LED 功能性及特殊照明封装及光源项目
580. 福州高新区海西高新技术产业园创新园二期
581. 福州宜美智慧体育生产智造产业园项目

582. ▲厦门联芯项目
583. 厦门清华紫光科技园
584. 厦门宸鸿科技手机触控项目
585. 通富微电子集成电路先进封装测试产业化基地（一期）
586. 云霄奥克兰LED应用照明生产项目
587. 漳州台商投资区太龙照明扩建项目
588. 云霄华威电源二期改扩建项目
589. 晋江晋华集成电路存储器生产线建设项目
590. 石狮海洋船舶北斗卫星导航系统及通讯设备飞通（福建）生产基地
591. 梅列融光智能化车载模组生产项目
592. 建宁科诺欣LED芯片及照明灯生产建设项目
593. 永安高新2L柔性电路板生产项目
594. 沙县金杨电池零部件生产项目
595. 将乐思成智能家电总装生产线建设项目
596. 将乐台松电子传感器棒材生产项目
597. 莆田华佳彩高世代面板生产项目
598. 莆田创世纪超级计算机运算服务中心
599. 仙游县手机配件生产项目
600. ▲莆田安特微半导体芯片制造项目
601. 连城达米拉智能电视及系列家用电器生产项目
602. 上杭富鑫达5G通信电缆及物联网终端天线、军工电缆组件生产项目
603. 上杭紫金山金铜矿智慧矿山项目
604. 福建康乃尔40万吨/年MDI项目
605. 福化天辰大型煤气化项目
606. 连江申远二期年产40万吨聚酰胺一体化项目
607. 福州科麟甘油法生产20万t/a环氧氯丙烷及12万t/a环氧树脂环保工程项目
608. 连江申马年产20万吨环己酮项目
609. 福建金榕能源10万吨废润滑油还原提纯基础油及调和生 产5万吨润滑油项目
610. 福州侨源气体配套闽光钢铁2号40000Nm3/h空分装置改 扩建项目
611. 福建空分气体制氧项目
612. 厦门金鹭硬质合金工业项目
613. 厦钨新能源车用动力锂离子正极材料产业化项目
614. 古雷炼化一体化一期项目
615. △漳州奇美化工年产合计45万吨ABS及AS项目
616. ▲古雷中怡石油精细化工项目
617. 古雷海顺德烟气脱硝催化剂及配套项目
618. ▲漳州古雷福华气体空分空压装置项目
619. 古雷新阳科技20万吨/年不饱和聚酯树脂项目
620. △漳州台商投资区长春化工电子级双氧水、显影剂生产线项目
621. 中化泉州乙烯及炼油改扩建项目
622. 泉港200万吨/年劣质重油深加工综合利用项目
623. 泉港百宏年产250万吨精对苯二甲酸项目
624. 晋江逸锦年产56.6万吨新型功能性纤维项目
625. ▲晋江百宏年产33万吨差别化化学纤维项目
626. ▲晋江百宏年产25万吨涤纶工业丝生产项目
627. ▲晋江百宏年产25万吨功能性聚酯薄膜项目
628. 泉港天骄化学材料生产项目
629. 惠安裕忠差别化化学纤维项目
630. ▲晋江百宏年产10万吨功能性聚酯薄膜项目
631. 泉港食品级二氧化碳及衍生产品生产项目
632. 泉港特种陶瓷材料先驱体产业化项目
633. ▲晋江百宏年产5000吨ES纤维项目
634. 南安金昊年产10万套各类模具项目
635. 安溪健为年产1200吨纯棉水刺无纺布项目
636. 泉港丰鹏3.8万吨/年废催化剂综合利用项目
637. 福建三钢（集团）三明化工新建5万吨/年电子级氟化氢项目
638. 三元区丰润水玻璃系列产品生产线建设

项目

639. 三元区盛达化工水玻璃系列产品生产线建设项目

640. 三元区五氟化碘及氟氮气生产项目

641. 梅列宝顺次氧化锌提纯建设项目

642. 福建永荣石化己内酰胺项目

643. 莆田聚酰胺6（PA6）切片项目（二期）

644. 福建邵化化工生产装置技术升级搬迁改造项目

645. 邵武永晶新材料生产项目

646. 南平青华科技建设项目（一期）

647. 南平元力高端精制活性炭建设项目（林产化学产品制造）

648. 南平三元硅胶和生物质炭棒项目

649. 顺昌县电子级氟化物气体及电子级一氧化二氮项目

650. 福建贝莱特生物兽药、医药原料、医药中间体及饲料添加 剂生产项目

651. 中国石油（长汀）南方裂化催化剂项目

652. 连城大洋气雾剂制品生产项目

653. 新罗卓越生物甘油、脂肪酸及生物酯增塑剂生产项目

654. 连城振新荧光增白剂生产项目

655. 福建海风装备制造基地及配套漳浦六鳌重装码头项目

656. 金龙汽车年产 2 万辆客车漳州龙海异地迁建项目

657. 东南汽车 DX9 车型开发项目

658. 厦门金龙智能网联新能源客车产业化项目

659. 厦门金旅新能源实验室项目

660. 中铝东南沿海铝精深加工基地项目一期工程

661. 银河骏鹏智能制造产业化项目

662. 福州兴腾智能成套高端装备生产项目

663. 中铝瑞闽汽车轻量化用铝合金板带材生产线项目

664. 连江铭林钢构项目

665. 福州祥鑫军民融合特种铝合金材料技改项目

666. 罗源澳蓝科技蒸发式制冷设备生产基地

667. ▲ABB 厦门工业中心项目

668. ▲厦门奥佳华智能健康设备工业 4.0 项目

669. ▲同安精研工业园

670. ▲厦门厦晖橡胶增资扩产项目

671. 诏安猛狮电动车核心部件生产项目

672. ▲龙文奥佳华智能按摩器项目

673. △长泰合兴工业车轮毂生产项目

674. 云霄诚发不锈钢生产项目

675. 南靖纽莱德年制造机械设备 1000 台及零配件 8000 吨生产项目

676. △南靖鑫鋐笙精密自动化机床配件生产项目

677. △南靖军典自行车配件生产项目

678. 南靖勇太机械年产 10 万吨集装箱配件生产项目

679. ▲云霄富利丰钟表生产加工项目

680. 泉州开发区西虎汽车技术改造项目

681. 南安滨江机械装备制造基地项目

682. 南安申利卡轮毂生产项目

683. 南安市南益电脑针织机生产项目

684. 南安泛科高速、静音带座轴承单元生产线扩建项目

685. 洛江铁拓机械改扩建工程

686. 永安建新橡胶全钢载重子午线轮胎生产项目

687. 大田建中数字无人机产业化建设项目

688. 沙县克劳斯玛菲注塑机生产项目

689. 将乐景韬数控机床及汽车螺旋锥齿轮生产项目

690. 福建（永安）信明橡塑橡胶输送带生产项目

691. 将乐维德精密制造轻合金压铸件生产项目

692. 莆田北岸两岸智能医疗产业园

693. 松溪县维幅精工机械设备厂建设项目

694. 武夷新区南平铝业轻量化车厢和物流车项目

695. 政和县锦工阀门铸造加工生产项目

696. 武平嘉汇不锈钢餐厨用品生产项目

697. 龙岩龙马高端环卫装备和车辆智造项目

698. 上杭绿科中欧装配式建筑制造实训基地

项目

699. 新罗中信特种机器人生产项目

700. 新罗易力特智能属具项目

701. 上汽新建年产 24 万台乘用车宁德产能项目

702. 宁德三屿工业园区（上汽项目）配套厂房及园区道路建设项目

703. 福鼎市紧固件标准厂房建设项目

704. 宁德蕉城振华振德汽车部件生产项目

705. 宁德蕉城宝陆汽车部件生产项目

706. 屹丰宁德基地热成型零部件项目

707. 宁德蕉城时代电机新能源汽车电机总部基地项目

708. 宁化行洛坑钨矿梅子甲尾矿库工程

709. 福清元洪国际食品园项目

710. 三钢集团产能置换（罗源闽光部分）及配套项目

711. 福建泰铭固溶热处理加工、彩色不锈钢宽板氧化着色项目 及配套码头项目

712. 长乐金强建材生产项目

713. 罗源宝钢德盛二期项目

714. 福建六建闽侯钢结构装配式建筑工业化产业基地建设项目

715. 新福兴新能源汽车玻璃产业园一期项目

716. 连江超白太阳能光伏优质浮法玻璃生产项目

717. 福州立华智纺年产 6 万吨高档能化纺纱品项目

718. 福建丰大年加工冷冻水产品 10000 吨

719. 罗源喷墨薄型高档墙地砖生产项目

720. 榕青汇（福州）绿色建筑示范产业园

721. 福建力嘉化纤差别化项目

722. 连江宏东远洋渔业产业项目

723. 福州吴航不锈钢拉丝深加工项目

724. 福建省精准医学产业创新中心

725. 罗源金闽烟叶二期项目

726. 胜田（福清）年产速冻食品 5 万吨、水产加工品 2 万吨项目

727. 马尾深海时代产业园项目

728. 福建康鸿年产 326.5 吨生物新医药、150 吨营养补充剂建 设项目

729. 福建金吕金属铝制品项目

730. 福清新大泽海洋微藻高值化产品开发及产业链建设项目

731. 福清明旺食品年产 3 万吨水产速冻产品加工项目

732. 厦门金牌厨柜同安四期项目（厂房及配套设施）

733. ▲福建漳龙林业循环经济产业项目

734. 平和西蝉木业木材加工项目

735. △漳州台商投资区福欣年产 40 万吨节镍不锈钢深加工项目

736. 漳州松霖智能家居项目

737. 漳州台商投资区联盛年产 60 万吨高档箱板纸项目

738. ▲漳州台商投资区圣莉雅年产 4000 万卷 PVC 环保壁纸生 产线迁建项目

739. 南靖豪士食品项目

740. 福建筑兴混凝土构件、钢结构构件生产及加工项目

741. △平和县大芹山威士忌酒业开发项目

742. 云霄县富佳宝食品工业园项目

743. ▲漳州台商投资区阿斯福特高档纺织制成品扩建项目

744. ▲长泰金日食品生产项目

745. 云霄澳林镁废旧轮胎综合利用项目

746. 云霄中福木业薄型纤维板生产项目

747. 上特长泰工业园

748. ▲长泰巨信智能家居

749. 南靖吉泰鑫箱包材料项目

750. 南靖振发香业生产项目

751. 漳州高新区杭萧钢构生产基地项目

752. 南靖山峰糖业糖制品项目

753. 福建暖春酒业二期建设项目

754. 南靖德晖食品项目

755. 晋江恒安生活用品智能化生产基地项目

756. ▲晋江龙峰纺织生产项目

757. 石狮九牧卫浴智慧产业园项目

758. 南安恒利特种生活用纸生产项目

759. 南安九牧厨卫扩建项目

760. 南安中泰环保石材生产项目

761. 永春九牧智慧制造产业园一期

762. 晋江特步鞋服生产项目
763. 晋江浩沙数码印花科技产业园项目
764. ▲泉港福海粮油加工（四期）项目
765. 晋江凤竹纺织生产项目
766. 晋江乔丹体育用品生产项目
767. ▲晋江深沪湾水产品加工基地项目
768. 南安华俊商品混凝土和装配式建筑项目
769. 泉州开发区九牧王产业园项目
770. 惠安校园博士福建校服产业基地项目
771. 惠安家世比工业 4.0 电商产业园
772. 南安中雄年产装配式建筑 20 万平方米项目
773. 晋江新合发生活卫生用品包装薄膜生产项目
774. 南安中荣幕墙智能化门窗及幕墙产业化项目
775. 惠安闽惠装配式生产基地配套工程
776. 尤溪鑫森锦纶纤维生产项目二期
777. 尤溪隆源多品种纤维混纺纱生产项目
778. 永安金牛水泥生产线及余热发电技改项目
779. 三钢节能减排系统改造（含煤炭绿色转化）工程
780. 尤溪京冶装配式木结构件建设项目
781. 梅列闽申棉纱生产项目
782. 三明三钢球团生产项目
783. 建宁明一生态乳业加工项目
784. 尤溪康运针织花边项目
785. 尤溪旭源混纺纱项目一期
786. 大田大圣日用陶瓷生产项目
787. 建宁明一乳业液态奶产品生产线建设项目
788. 三明市资源循环利用中心建设项目
789. 尤溪东方鑫威服装面料项目
790. 宁化泓鑫高科高级陶瓷原料提取项目
791. 将乐兴达年产 2400 吨琼脂生产线建设项目
792. 永安和其昌年产 10 万立方米中小径竹厢板生产线项目
793. 永安新型高活性石灰生产项目
794. 宁化河龙贡米产业园建设项目
795. 将乐宝盛年产 2100 吨琼脂生产线建设项目
796. 将乐旭牧联饲料添加剂生产项目
797. 永安宝华林聚乙烯醇纤维生产项目
798. 大田圣莉徕箱包服饰生产项目
799. 将乐宝龙琼脂生产项目
800. 宁化日昌升机制砂生产项目
801. 宁化通尔达电线电缆生产项目
802. 三元机制砂生产及配套设施建设项目
803. 宁化鸿丰纳米碳酸钙生产项目
804. 宁化圣达非年产 5 万吨高端玻璃原料及 80 万平方建材生 产线项目
805. 宁化石壁家具产业园建设项目
806. 泰宁水资源系列产品开发项目
807. 秀屿区三棵树涂料系列产品生产项目
808. 莆田赛隆科技年产 30 万吨绿色纤维产业园项目
809. 和润集团莆田粮油物流贸易与粮油食品精深加工项目
810. 莆田差别化纤维及高端运动系列网生产项目
811. 莆田华锦纺织生产项目
812. ▲莆田百威英博雪津啤酒厂迁建项目
813. 莆田华峰生态科技产业园
814. 福建华源纺织生产项目
815. 秀屿区华青年产 2.85 万吨高档纺织面料生产线项目
816. 秀屿区华健年产 1.65 万吨高端纺织面料生产线建设项目
817. 武夷山年产 100 万吨饮用天然水生产线建设项目
818. 福建帝盛科技年产 15000 吨紫外线吸收剂建设项目
819. 浦城永芳合成香料生产项目
820. 邵武穗福高端针织面料生产项目
821. 光泽兽药疫苗及配套设施建设
822. 顺昌日产 115 吨海鲜菇自动化瓶栽生产线
823. 福建凯昕药业年产 43 吨原料药及前体项目
824. 南平三元竹重组型材和竹集成材产业化

项目（一期）

825. 龙岩马坑铁矿采选扩建工程

826. 永定中信牛仔服装生产项目

827. 新罗鑫鹭钨制品深加工项目

828. 上杭紫金山环境安全整体提升工程

829. 漳平木竹户外制品产业示范园项目

830. 武平金鲨不锈钢冷轧生产项目

831. 长汀盼盼食品饮料建设项目

832. 漳平科普托高强力橡胶输送带生产项目

833. 武平耐德力中空隔热新材料生产项目

834. 龙岩圣德医药加工生产项目

835. 龙岩烟草片烟醇化库建设项目

836. 福建（长汀）天守纺织经编、化纤加弹三期

837. 连城力传中药材提取及饮片、中草药种植基地项目

838. 新罗坚信固体废弃物资源再利用项目

839. 新罗英明蒸压加气混凝土砌块生产项目

840. 长汀亿来10万锭混纺纱线技改项目（二期）

841. 上杭宇恒环保稀贵金属综合回收项目

842. 永定闽兰之星电线电缆生产项目

843. 永定福居新型建材建设项目

844. 上杭紫金选矿药剂迁扩建项目

845. 漳平乔光压敏电阻生产项目

846. 漳平康宝硅橡胶制品项目

847. 漳平生物质新型复合材料项目

848. 上杭瓮福紫金磷石膏综合利用项目

849. 永定丝巢燕窝深加工项目

850. 漳平黑猫轮胎内胎生产项目

851. 上杭御研纳米生物肥及农用微生物制剂生产项目

852. 永定兴鑫水泥技改项目

853. 连城地瓜产业集团食品精深加工项目

854. 长汀华平5万纱锭生态纺织品高端用纱项目

855. 福建鼎盛钢铁年产172.5万吨精品钢项目及配套设施

856. 中铝宁德铜冶炼项目

857. 霞浦县邦德年产3600万米超纤合成革生产线建设项目

858. ▲寿宁县大韩矿泉水开发项目

859. 周宁三晟黑色金属装备铸造项目

860. 平潭金冠达无线充电项目

861. 平潭建筑产业现代化生产基地（一期）

862. 平潭洁大师汽车薄膜生产基地项目

863. 平潭岚顺水产品综合加工处理中心

864. 闽台（福州）蓝色经济产业园基础设施建设项目

865. 福建蓝谷海工装备产业综合体项目

866. 中国电信福州东南信息园区云计算产业园项目

867. 闽侯青口汽车城东台工业园项目

868. 中国东南大数据产业园研发楼三期工程

869. 福州软件园提升改造项目（福州软件园创业创新新城）

870. 数字福建（长乐）产业园配套道路

871. 永泰塘前绿色食品产业园区（一期A地块）及配套设施工程

872. 漳州古雷石化码头后方罐区及管线工程

873. 漳州市九龙江林业科技园

874. 中南高科·漳州芗城金湖云谷项目

875. 古雷开发区石化公共管廊工程

876. 泉港化工园区安全控制区建设项目

877. 泉惠石化工业区公共配套工程

878. 永安福川工业园基础设施建设项目

879. 福建（大田）机械铸造产业集聚区基础设施建设工程项目

880. 将乐轻合金成形先进制造产业园建设项目

881. 沙县通用航空产业园基础设施及市政公用设施建设项目

882. 清流氟新材料产业园项目

883. 集美（清流）共建标准厂房建设项目

884. 建瓯市北苑贡茶加工园区建设

885. 建瓯市武夷根艺城（二期）基础设施建设项目

886. 上杭蛟洋铜产业循环经济园基础建设项目

887. 宁德新能源产业三屿园区基础设施配套工程

（六）服务业（183个）

888. 福清闽台电子商务与现代物流园项目
889. 海峡国际（福州）自由物流港城
890. 京东福州电子商务产业园及运营结算中心项目
891. 福建海峡工程机械现代物流项目
892. 永泰商贸物流园区项目
893. 闽侯东南商贸物流园项目
894. 福建永辉物流仓储中心
895. 福清公路港
896. 福建安顺达物流工业仓储项目
897. 马尾太古（科乐通）冷链物流项目
898. 福清市福泽物流园
899. 京东厦门电子商务产业园项目
900. ▲厦门东纶智创物流园
901. 中国智能骨干网（漳州·台商投资区）项目
902. 中农批·诏安农产品电商物流园（供销农旅城）
903. 漳州招商局水产品交易中心（招银冷链物流园区）项目
904. 漳州台商投资区保税物流中心（B型）项目
905. 丰树漳州现代物流园
906. 南安石井港口现代物流项目
907. 南安观音山现代物流产业基地项目
908. 晋江陆地港
909. 晋江现代物流园区项目
910. 南安三六五汽车物流商贸产业园项目
911. 南安安鑫智能电商物流及冷链产业园项目一期
912. 石狮东南冷链仓储物流基地
913. 晋江京通易购（东南）智慧物联网共同运营中心
914. 南安宏图海西物流港项目
915. 石狮万纬和安综合金融电商产业园
916. ▲洛江新宜泉州枢纽物流中心项目
917. 石狮普洛斯物流园项目
918. 福建（三明）兄弟物流产业园项目
919. 三明大坂现代物流园
920. 三明市牲畜屠宰肉制品加工及冷链物流建设项目
921. 涵江区国恒医药产业园
922. 顺昌五里亭现代仓储物流项目
923. 南平武夷新区公路货运枢纽
924. 福建武夷烟叶仓储物流项目
925. 武夷新区鸿益食品冷藏加工项目
926. 光泽县恒冰物流基地建设项目
927. 中国（龙岩）农产品物流交易城项目
928. 连城国际物流商贸城建设项目
929. 长汀东南农产品交易中心
930. 龙岩公路港物流园项目
931. 龙岩泉龙医药物流中心项目
932. 安吉物流上汽宁德基地配套物流园区项目
933. 宁德铜精矿仓库扩建项目
934. 平潭国际海洋产业物流园
935. 平潭澳前物流保税园区项目
936. 平潭金井湾跨境电商物流园（二期）
937. 平潭对台邮件处理中心
938. 闽侯八闽文化旅游项目
939. 连江定海湾山海运动休闲项目
940. 中国瓷天下旅游区项目
941. 福清东壁岛滨海旅游度假区项目
942. 三江口文化旅游城
943. 厦门环东海域滨海旅游浪漫线二期工程
944. 厦门环东海域滨海旅游浪漫线一期工程
945. 东山生态旅游岛旅游综合开发项目
946. 长泰马洋溪生态旅游区项目
947. 龙海白塘湾国际旅游项目
948. 漳浦县龙美湾旅游区项目
949. 东山县海洋世界及配套项目
950. 漳州九侯岩景区开发建设项目
951. 平和九龙江高峰生态谷项目
952. ▲东山庆宝水上游乐园项目
953. 东山中驰生态农业综合体建设项目
954. 漳州通美云水谣庄园项目
955. 南靖土楼云水谣景区开发项目
956. 东山羊角山乡村生态特色旅游项目
957. 泉州台商投资区八仙过海生态旅游项目
958. 德化石牛山景区
959. 永春天沐温泉旅游度假区项目
960. 泉州新门文化旅游特色街区

961. 永安天斗生态文明示范区项目

962. 尤溪汤川全域旅游开发建设项目

963. 三明梅列区瑞云山国家4A级旅游景区—碧溪生态休闲旅 游基础设施建设项目

964. 宁化客家祖地二期工程

965. 宁化县天鹅洞群风景区（国家地质公园）旅游基础设施建 设项目

966. 闽江源生态旅游区改造提升项目

967. 莆田LNG循环经济综合利用冰雪体育休闲4A景区旅游项目

968. 莆田九鲤湖创国家5A级景区和菜溪岩创国家4A级景区项目

969. 邵武和平古镇开发项目

970. 顺昌县合掌岩创4A级旅游风景区建设项目

971. 顺昌宝山4A级旅游景区项目

972. 松溪县湛卢山旅游省级景区基础设施建设项目

973. 武夷文旅广场

974. 顺昌富金湖休闲旅游基础设施建设

975. 政和佛子山国家级风景名胜区创建4A级景区旅游服务配 套设施建设项目

976. 政和东平凤头红色旅游开发项目

977. 连城冠豸山创5A景区改造提升工程项目

978. 永定天子温泉旅游度假区二期项目

979. 武平梁野山创国家5A级景区建设项目

980. 上杭步云国家生态旅游示范区提升工程

981. 福建土楼（永定）梦幻剧场建设项目

982. 长汀“红色小上海”旧址保护提升项目（一期）项目

983. 连城松毛岭战地遗址建设项目

984. 龙岩福建金丰酒文化创意产业园

985. 长汀红色旧址群4A创5A旅游景区提升项目

986. 武平中山河国家湿地公园白鹭风景区建设项目

987. 长汀生态文明旅游示范区

988. 上杭古田5A景区综合提升工程

989. 新罗小池培斜森林水乡项目

990. 漳平闽台花卉交易展示中心

991. 永定岩太高山土楼古村落开发项目

992. 福建土楼永定5A级景区综合提升—初溪土楼古村落景区 配套设施项目

993. 漳平倾城芳园生态旅游项目

994. 永定车游土楼综合服务中心建设项目

995. 福鼎市太姥山景区综合开发工程

996. 霞浦东冲半岛风景名胜区大京景区旅游项目

997. 古田“湖城一体”旅游文化综合开发项目

998. 柘荣鸳鸯草场旅游开发项目

999. 古田临水宫景区开发项目

1000. 屏南县双溪古镇旅游配套设施建设项目

1001. 寿宁县梦龙天池（黄槐湖）景区（一期）项目

1002. 霞浦罗汉溪生态景区建设项目（一期）

1003. 周宁县芹山湖组团、桃花半岛组团旅游项目

1004. 寿宁县银山花田旅游景区一期工程

1005. 平潭美丽之冠坛南湾旅游综合开发项目

1006. 平潭海坛古城项目

1007. 福建闽投营运中心项目

1008. 闽侯东南·国际项目

1009. 中国智能骨干网（福州·临空经济区）核心节点项目

1010. ▲福州宜家家居商场

1011. 德商汇国际电商产业园建设项目

1012. 福州闽侯农时通数字农业智慧园建设项目

1013. 厦门东南国际航运中心总部项目

1014. 厦门英蓝国际金融中心

1015. 漳州三宝物流园项目

1016. 漳州台商投资区“老A”电商孵化中心项目

1017. 晋江国际鞋纺城项目

1018. 晋江英塘现代商贸中心项目

1019. 泉州福建海西建材家居装饰交易中心项目

1020. 晋江中国海峡国际五金机电交易中心项目

1021. 德化中国茶具城项目

1022. 南安光机电贸展中心项目

1023. 晋江食品专业市场
1024. 南安海西再生资源产业园区项目
1025. 梅列文泰机动车配件研制加工维修仓储中心
1026. 宁化粮油批发中心建设项目
1027. 宁化金水河综合批发市场建设项目
1028. 莆田国际珠宝产业园项目
1029. 政和同心电商创业园建设项目
1030. 武夷山茶文化展销中心
1031. 福鼎市闽浙台国际农贸城
1032. 平潭国际会展中心项目
1033. 中国移动（福建福州）数据中心项目
1034. 福建日报报业集团传媒总部经济创意园项目
1035. 东南健康医疗大数据中心
1036. 盘古天地东南区大数据创新创业总部
1037. 福州长乐区东湖 VR 小镇
1038. 中国移动数字化服务产业园项目
1039. 福建中未网络 360 产业园项目
1040. 数字中国会议中心建设项目
1041. 中国（福州）物联网产业孵化中心一期
1042. 厦门软件园三期
1043. 厦门现代服务业基地（丙洲片区）统建区一期工程
1044. 厦门科技创新园研发中心项目
1045. 电子城 · 厦门国际创新中心
1046. 中国移动（福建厦门）数据中心项目
1047. 罗普特（厦门）科技园
1048. 厦门火炬新科广场
1049. 漳州招商局经济技术开发区芯云谷项目
1050. 南靖文化创意平台项目
1051. 晋江创意创业创新园项目
1052. 泉州软件园项目
1053. 晋江洪山文化创意产业园项目
1054. 泉州中国国际信息技术（福建）产业园项目
1055. 惠安闽台文化创意园项目
1056. 闽台（永安）文化创意产业园一期
1057. 三钢闽光物联云商项目
1058. 三钢闽光大数据中心
1059. 京东（仙游）互联网 + 新经济项目
1060. 福鼎市盈浩饰品文化创意产业项目
1061. 闽清梅溪青马文旅项目
1062. 厦门西海湾邮轮城项目
1063. 海西股权投资中心及科技企业孵化基地
1064. 厦门生物医药产业协同创新创业中心工程
1065. 晋江市粮食储备库
1066. 妈祖国际健康城项目
1067. 莆田市粮食联合储备库
1068. 连城冠豸山文创园研学培训基地建设项目
1069. 平潭金井湾人才（台湾专才）公寓
1070. 平潭海西进出境动植物检疫隔离处理中心

（七）社会事业（130 个）

1071. 中国科学院大学福建学院学生公寓楼和专家楼项目
1072. 省委党校（福建行政学院）新校区
1073. 福州大学旗山校区研究生科研楼项目
1074. 福建船政交通职业学院综合实训中心项目
1075. 福建工程学院旗山校区三期工程项目
1076. 福州融侨双语学校
1077. 福州三中滨海校区
1078. 福州软件职业技术学院长乐新校区
1079. 阳光学院六期
1080. 连江县职业中专学校迁建项目
1081. 福州中小学生综合实践基地（一期）
1082. 福州延安中学西校区项目
1083. 福州外语外贸学院长乐新区（七期）
1084. 厦门大学翔安校区
1085. 厦门华锐双语学校
1086. 漳州市职业教育园区
1087. 东山谷文昌干部学院
1088. 漳州一中高中部异地迁建项目
1089. 漳州台商投资区华夏高级技工学校
1090. 南靖县高级中学建设项目
1091. 福州大学晋江科教园建设项目
1092. 惠安亮亮中学项目
1093. 福建经贸学校新校区
1094. 泉州七中江南校区

1095. 三明学院学生实训中心及文体中心

1096. 莆田学院迁建项目

1097. 湄洲湾职业技术学院迁建工程（一期）

1098. 湄洲湾职业技术学院迁建项目（二期）

1099. 中共南平市委党校（市行政学院）新校区建设项目

1100. 浦城一中新校区项目

1101. 建瓯第一中学扩建项目

1102. 福建林业职业技术学院江南校区二期建设 A 地块项目

1103. 顺昌一中富州校区

1104. 建瓯市公共实训基地

1105. 南平市少年儿童重点业余体育学校（武夷新区校区）项目

1106. 龙岩技师学院第二校区建设项目

1107. 龙岩一中分校

1108. 闽西职业技术学院扩建项目

1109. 长汀第一中学新校区

1110. 龙岩学院三期工程

1111. 漳平二中改扩建工程

1112. 漳平一中改扩建项目

1113. 蕉城区北山区域西林学校

1114. 屏南一中新校区建设项目

1115. 宁德师范学院医学院

1116. 周宁县职业成人教育学校

1117. 福建信息职业技术学院平潭校区

1118. 海峡演艺中心

1119. 福建省图书馆改扩建工程

1120. 福州海峡青少年活动中心

1121. 福州大学城文化艺术中心项目

1122. 漳州“五馆”项目

1123. 石狮世茂海西博览馆

1124. 泰宁城西新区文体活动中心建设项目

1125. 仙游县六馆建设

1126. 武夷山四中心项目

1127. 浦城美术馆

1128. 浦城县梦笔文化公园

1129. 顺昌县文化艺术中心

1130. 浦城新城梦笔文化中心

1131. 长汀红色文化实践基地项目

1132. 龙岩工人文化宫

1133. 柘荣嘉馨民俗文化园项目

1134. 宁德市“四大馆”文化公建项目

1135. 福建省儿童医院（区域儿童医学中心）

1136. 福建省妇产医院

1137. 省疾控中心（含省卫生应急中心和食品安全监测中心）迁建工程

1138. 省老年医院改扩建工程

1139. 福建医科大学附属协和医院门诊楼、急诊楼、心血管病房楼

1140. 福州滨海新城综合医院

1141. 连江县医院新院项目

1142. 和睦家广生妇儿医院

1143. 福州市晋安区医院改扩建工程

1144. 福州海西口腔医院及陶行知国际教育交流中心

1145. 晋安区妇幼保健医院改扩建项目

1146. 厦门马銮湾医院

1147. 厦门市环东海域医院

1148. 厦门市第五医院一期扩建项目（医技科教综合大楼）

1149. 漳州市医院高新区院区项目

1150. 漳州台商投资区泰禾医院项目

1151. △泉州台商投资区颐和三甲医院

1152. 南安市医院新院区

1153. 安溪县医院门诊医技楼项目

1154. 安溪县妇幼保健院建设（一期）项目

1155. 宁化县医院新建项目

1156. 建宁县医院项目

1157. 泰宁总医院建设项目

1158. 清流县医院医疗（康复）综合大楼建设项目

1159. 三明市中西医结合医院医技病房综合楼建设项目

1160. 仙游县第一医院（三级医院）

1161. 涵江医院新院址建设工程

1162. 建瓯市妇幼保健提升改造项目

1163. 邵武市立医院门诊医技教学综合楼建设项目

1164. 长汀汀州医院主体功能搬迁项目

1165. 上杭县医院整体搬迁项目

1166. 龙岩市第一医院分院

1167. 连城县医院二期病房大楼项目

1168. 连城文川医院异地新建项目

1169. 永定中医院整体迁建项目

1170. 霞浦县医院新院医疗综合楼

1171. 柘荣县医院异地新建项目

1172. 宁德市闽东医院门急诊病房综合楼

1173. 霞浦县妇幼保健院新建项目

1174. 福鼎市第二医院

1175. 宁德市中医院医养结合建设项目

1176. 晋江市第二体育中心

1177. 宁化慈恩市民体育活动中心建设项目

1178. 武夷新区体育中心

1179. 邵武体育中心建设项目

1180. 顺昌县体育中心建设项目

1181. 武夷山市四中心一广场体育中心运动场项目

1182. 武夷新区云谷、南林、赤岸片区社区体育健身工程

1183. 上杭体育中心建设项目

1184. 上杭青少年水上运动中心建设项目

1185. 平潭金井湾市民运动中心

1186. 福建海峡健康养老中心

1187. 长乐文福苑老年公寓

1188. 长乐椿萱乐老年公寓项目

1189. 惠安老年度假康养中心项目

1190. 漳平市医院医养康复中心项目

1191. 武平医养中心建设项目

1192. 海西研究院三期

1193. 福建省气象防灾中心及福州高空气象探测站建设项目

1194. 福建省地质资料库项目一期工程

1195. 集美大学印斗校区工程中心及地下停车库

1196. 厦门地质科研实验基地

1197. 东山文昌新城建设项目

1198. 武夷新区便民服务中心项目

1199. 上杭闽西古田光荣院建设项目

1200. 国家海洋局海岛研究中心二期建设项目

二、省预备重点项目（365 个）

（一）农林水利（21 个）

1. 福州东张水库至江阴洋边调节库水源连通工程

2. 福州东张水库至阳下新局水库水源连通工程

3. 东华水库工程

4. 古雷石化基地防洪排涝工程

5. 漳浦县朝阳水库工程

6. 晋江国际鞋纺城片区防洪排涝工程

7. 泉港区北部城区防洪排涝工程

8. 闽江防洪工程三明段（二期）泰宁段

9. 闽江防洪工程三明段（三期）

10. 双溪口水库至木兰溪水系联通及生态综合整治工程

11. 顺昌县张源水库建设项目

12. 龙岩富溪一级水库工程

13. 宁德市上白石水利枢纽工程

14. 福鼎市管阳溪跨流域引水工程

15. 福安溪尾水库

16. 清流鑫鸿盛蛋鸡产业化及有机肥加工项目

17. 福清莲峰国家现代渔港经济服务区

18. 福清东瀚海亮沃口一级渔港经济区

19. 福清市东瀚国家级海洋牧场示范区

20. 霞浦闾峡一级渔港

21. 惠安县崇武渔港及产业融合示范区 PPP 项目

（二）交通（53 个）

22. 龙岩至龙川铁路龙岩至武平段

23. 福莆宁城际铁路 F1 福州至长乐机场快线

24. 福州市港口后方铁路通道项目

25. 福莆宁城际铁路 F2 线西天尾至莆田站段工程

26. 沈海高速公路福厦段扩容二期工程福州江阴至泉州惠安段

27. 宁德至古田高速公路

28. 国高网宁上高速公路宁德霞浦至福安段

29. 国高网泉南线永春互通至汤城枢纽段改扩建工程

30. 国高网厦沙高速公路汤城枢纽至德化段改扩建工程

31. 国道 G316 线长乐漳港至营前段公路工程

32. 228 国道长乐段

33. 228 国道浦口至晓澳段

34. 308 省道清溪至下保溪段及蛎坞至官岭段

35. 省道209长安至湖里段道路工程
36. 厦门洪新路（旧324－马新路）道路工程
37. 泉州市二重环湾快速路（晋江段）新建工程
38. 惠安惠东快速通道东延伸工程
39. 惠安崇武环岛北路
40. 惠安县林口至聚龙道路提升工程
41. G228国道（纵一线）秀屿平海至北岸山亭段工程
42. 秀屿工业大道建设工程
43. G228国道（纵一线）秀屿东庄至城厢东进段工程
44. 莆田兴化港区锦江大道工程
45. 省道S209（莆田福州连接段）萩芦溪大桥工程
46. 南平南福路快速通道
47. 国道316延平浪石至顺昌井垄段升级改造工程
48. 延平新城崇仁路三期、天祥南路及其支路路网工程项目
49. G235线漳平市境内段公路工程（漳平）
50. 普通国省干线公路国道G235线永安至高头岭公路工程
51. 联七线（S201）霞浦县赤岸大道（火车站）至路亭（柘荣界）段
52. 湄洲湾港肖厝港区肖厝作业区14A、14B、14C号泊位工程
53. 福州港江阴港区13A、13B、13C号泊位工程
54. 福州港江阴港区18#、19#泊位工程
55. 厦门港海沧港区22—24#泊位工程
56. 厦门港海沧航道扩建四期工程
57. 厦门港古雷港区古雷作业区南13#、南14#泊位改扩建工程
58. 泉州斗尾作业区7#泊位工程
59. 莆田石门澳工业园区配套码头泊位工程
60. 福州港沙埕港区杨岐作业区25、26#泊位码头工程
61. 福州港三都澳港区漳湾作业区18～20号泊位工程
62. 福州港三都澳港区漳湾作业区21号泊位工程
63. 福州港三都澳港区城澳作业区14#、15#泊位工程
64. 福州港三都澳港区城澳作业区西1#泊位工程
65. 福州港区平潭港区澳前作业区海峡客滚码头二期工程
66. 福州机场二期扩建工程
67. 厦门新机场山东航空公司基地
68. 泉州晋江国际机场航站区改建工程
69. 武夷山机场迁建
70. 仓山区会展岛游艇码头项目
71. 厦门港古雷港区古雷作业区北区多用途堆场及公共配套道路一期工程
72. 武夷新区南林核心区公交总站客运枢纽项目
73. 上杭北站交通综合枢纽项目
74. 宁德市水陆联运中心工程

（三）能源（14个）

75. 漳州核电站
76. 宁德核电5、6号机组
77. 泉惠石化工业区热电联产项目
78. 石门澳产业园集中供热项目
79. 云霄抽水蓄能电站
80. 漳浦六鳌海上风电场E区项目
81. 三峡福建漳浦六鳌百万千瓦海上风电场先行工程（漳浦六鳌D区402MW海上风电场）
82. 三峡福建长乐外海百万千瓦海上风电场先行工程（长乐外海A区300MW海上风电场）
83. 漳浦六鳌海上风电场F区一期项目
84. 莆田平海湾海上风电场三期项目
85. 平潭长江澳海上风电场陆上配套工程项目
86. 哈纳斯液化天然气（LNG）项目
87. 福建北电南送新增输电通道工程
88. 闽粤联网工程

（四）城乡建设与生态环保（45个）

89. 城际铁路R1线机场预留段工程
90. 武夷新区旅游观光轨道交通武夷山东站至建阳西区生态城线
91. 连江县粗芦岛环岛公路二期工程（塘下至粗芦岛二桥连接线路段）

92. 长乐区新福北路（环湖路）道路工程

93. 福州火车北站周边道路提升（站东互通改造）工程

94. 厦门新机场莲河片区沙美路（翔安南路—滨海旅游路段）工程

95. 古雷中下游精细化工产业园配套工程项目

96. 古雷新港城启动区配套道路工程

97. 泉州东海通道工程

98. 泉州金屿通道工程

99. 惠安县创业路道路工程

100. 莆田市荔城区五侯大道（莆炎高速出口至国道 G228）工程

101. 莆田兴化港区港前路 B 标段（西南堤至联十一线芳山互通）

102. 莆炎高速萩芦出口至兴化湾涵江港作业区进港道路工程（南环路至芳山互通段）工程

103. 武夷新区闽越大道北延段

104. 顺昌县城区至郑坊工业园区城市快速通道

105. 武夷新区滨江西路北延市政道路及管廊项目

106. 武夷新区西岸片区路网

107. 政和县纵七线林屯至石屯段建设项目

108. 顺昌中心城区二环路道路建设工程（金溪桥立交至 8 号公路）

109. 宁德市鉴湖路东段道路工程

110. 福州闽调龙高支线改扩建项目

111. 同安污水处理厂四期工程

112. 翔安水厂二期工程

113. 清流县城区第二水厂建设项目

114. 平潭自来水厂（二期）工程

115. 古雷南部污水处理厂及相关配套工程

116. 泉州开发区官桥园区再生水厂工程

117. 南安市石井镇生活污水处理厂项目

118. 福清市垃圾无害化处理及综合利用项目

119. 福州鸿生建筑垃圾再生资源回收利用产业化项目

120. 漳州西部（平和）生活垃圾焚烧发电厂

121. 南安欧得美动力锂电池拆解回收利用项目

122. 南安申联再生资源综合利用处置项目

123. 泉州台商投资区建筑渣土资源化处理中心

124. 永安万年恩萨水泥窑处置固体废物项目

125. 新罗善璟水泥窑协同处置危险废物项目

126. 新罗绿鼎水泥窑协同处置危险废物项目

127. 泉州芯谷南安园区地下综合管廊工程（示范段）

128. 厦门莲河片区滨海东大道（溪东路—机场快速路段）管廊工程

129. 泉州台商投资区白沙片区棚户区改造项目（二期）

130. 兴泉铁路大田客运站站前广场综合体建设项目

131. 清流浦梅铁路杨源站站前停车区及道路工程项目

132. 涵江火车站站前广场及相关配套设施建设项目

133. 涵江外度水库一级饮水源保护区搬迁工程

（五）工业（128 个）

134. 福清京东方第 6 代 AMOLED 柔性生产线项目

135. 福建东方小飞科技产业园项目

136. 福州荣德铵家集成墙面及智能化背景墙装饰线条相关智能化生产基地（一期）

137. 漳州台商投资区惠尔康生物科技项目

138. 晋江 HDT 高效太阳能电池 5GW 生产基地项目

139. 晋江创电内存模组生产项目

140. ▲晋江成昌环保新型材料生产项目

141. 沙县美信格非布司他片等药物生产项目

142. 清流环保制冷剂小钢瓶灌装项目

143. 将乐超高纯金属铯铷提纯建设项目

144. 明溪瑞德医药中间体生产项目

145. 泰宁新型塑料中空建筑模板生产项目

146. 莆田贝特莱 5G 光通信项目

147. 建阳区年产 4 万吨竹缠绕复合管道（管廊）项目

148. 邵武海德福年产 1.5 万吨高性能氟材料项目

149. 松溪县荣轩再生聚酯瓶片产业园

150. 建阳区金石氟业含氟细化学品项目

151. 上杭常青年处理15万吨废旧锂电池资源化利用及年产10万吨锂电三元前驱体生产项目

152. 连城智镁年产5万吨镁锰合金加工生产项目

153. 新罗宏贯海洋防腐材料研发与生产项目

154. 福建纳仕达电子智能感应设备研发生产基地项目

155. 福建湾流虚拟现实科技有限公司建设项目

156. 漳州立达信LED灯具、智能照明产品、物联网产品及其配套产品项目

157. 南安创成源计算机软硬件和通讯设备研发与产业化项目

158. 莆田涵江手机模组生产线项目

159. 莆田福联砷化镓和氮化镓二期6英寸集成电路芯片生产线 项目

160. △莆田富堡高端光通讯模组项目

161. 连城以晴手机终端配套产品生产项目

162. 福鼎市桥益集成电路产业链项目

163. 福建古雷200万吨级乙烯及下游深加工装置项目

164. 福建省东南电化扩建15万吨/年TDI项目

165. 中景石化聚丙烯热塑性弹性体项目

166. 福建古雷炼化一体化工程二期项目

167. 漳州海顺德年产75万吨高等级白油及基础油项目

168. △漳州奇美化工新建年产15万吨PC与2.5万吨PETG项目

169. 中化泉州石化“三期”炼化一体化项目

170. 泉港碳五分离及综合利用项目（一期）

171. 泉港20万吨/年全加氢白油项目（一期）

172. 将乐奥仕精细化工基地建设项目

173. 清流东莹环保型氟产品生产扩建项目

174. 将乐南宾树脂环保胶水生产项目

175. 沙县宏盛化工酚醛树脂二期建设项目

176. 将乐金盈荧光增白剂生产项目

177. 清流聚福聚合氯化铝生产项目

178. 宁化越明精品陶瓷工艺品生产项目

179. 清流联星新型环保涂料生产项目

180. 莆田永荣年产150万吨乙烷裂解制乙烯项目

181. 南平三爱富含氟聚合物及配套原料生产项目

182. 顺昌县榕昌化工增资扩产项目

183. 南平元禾水玻璃项目

184. 武夷洗涤合成内酯型香料及新型表面活性剂项目

185. 福建邵武康峰化工年产47000吨三氟甲苯系列产品项目

186. 新罗卓越生物柴油（非粮）及生物基天然脂肪醇生产项目

187. 福建立源科技智能纺织设备生产项目

188. 闽侯福中富汽配项目

189. 福州福翔汽配年产100万套铝合金及20万套钢制锻造车轮项目

190. 福州铨达汽配生产项目

191. 福州六和汽车零部件生产项目

192. 福州宏瑞汽车零部件生产项目

193. ▲厦门太古新机场维修基地搬迁

194. 南安神华工矿机械配件生产项目

195. 福建海西汽车M20－TGS中重卡车身总成开发项目

196. 沙县大型高端装备关键零部件研发和生产项目

197. 永安鼎鑫短流程铸造及机械加工二期项目

198. 大田星源铸造配件及精密机械生产项目

199. ▲沙县轻量化汽车零配件生产项目

200. 将乐县鑫颜泰半固态新能源空调电动压缩机生产项目

201. ▲莆田佳通技改及轮胎配套产业园项目

202. 秀屿区特兴科技项目

203. 莆田市恒达机电项目

204. 福建龙钢智能化钢铁工业4.0定制化生产示范项目

205. 新罗龙工锻件生产项目

206. 龙岩龙净环保输送装备及智能制造项目

207. 新罗灵升中小型轮式挖掘机生产项目

208. 新罗华达新型垃圾压缩设备生产项目

209. 新罗长齿挖掘机变速箱、传动箱总成生产项目

210. 新罗侨龙非破坏挖掘抽吸应急装备生产项目
211. 福建大东海产能置换、热轧和冷轧工程
212. 福州宝钢德盛600万吨精品不锈钢绿色产业基地一期项目
213. 长乐恒申氨纶锦纶项目
214. 福州重点项目机制砂生产基地项目
215. 连江中马装配建筑项目
216. 福清天马科技三期项目
217. 罗源闽光年产130万吨H型钢生产线项目
218. 福建容益绣球菌加工研发生产基地建设
219. 厦门山图酒业项目
220. 漳州台投区良兴不锈钢扩建项目
221. 晋江安婷妇幼用品生产项目
222. 泉州交发建材生产项目
223. 晋江雅艺彩印厂房及配套设施项目
224. 南安革升年产不锈钢水管1.5万吨项目
225. 南安水力消防装备产业化项目
226. 南安科达消防智能科技生产项目
227. 南安固美年产3.2万吨铝型材生产建设项目
228. 晋江嘉怡塑胶生产项目
229. 晋江超特精铸鞋模生产项目
230. 将乐县中金产业园项目
231. 沙县康利改性粘胶剂生产项目
232. 沙县楚兴医药中间体生产项目
233. 永安南丰矿业活性碳酸钙生产项目
234. 秀屿区无醛木业生产项目
235. 莆田长城华兴玻璃年产60万吨绿色智能轻量化玻璃瓶项目
236. 莆田慈岳食品工业生产项目
237. 莆田市中建海峡PC构件厂
238. 莆田协诚TPU超临界发泡材料项目
239. 涵江雪津麦芽生产加工项目
240. 建瓯市建筑垃圾综合利用建设项目
241. 武夷山市新型建筑墙体材料项目
242. 顺昌县医药中间体项目
243. 新罗一阳生生物酵素生产项目
244. 福建容和盛肉食品综合生产加工及储运中心建设工程
245. 漳平红狮矿山生态皮带长廊项目
246. 上杭紫金铜业铜冶炼技改扩建项目
247. 福建正大白羽肉鸡综合生产加工及储运中心建设工程
248. 永定鳄鱼养殖及产业化基地项目
249. 武平县高岭土精深加工项目
250. 上杭厦化硫磺制酸及衍生产品项目
251. 武平吉信德宠物用品生产项目
252. ▲新罗威士忌酒生产项目
253. 漳平金启氧化锆生产项目
254. ▲漳平世茂纳米碳酸钙生产项目
255. 武平新型建材生产项目
256. 蕉城三都澳大黄鱼产业园开发建设项目
257. 蕉城区三都澳城澳作业区机制砂生产项目
258. 平潭金尊世家酒业二期
259. 泉州芯谷南安园区工业标准厂房建设项目
260. 莆田涵江新能源汽车配套二期工程
261. 洛江三一筑工（泉州）建筑科技产业园

（六）服务业（66个）

262. 海峡出版物流中心
263. 宇培集团漳州物流园项目
264. 漳州台商投资区宝湾国际物流园项目
265. 石狮安通（泉州）多式联运基地
266. 泉州顺丰创新产业园项目
267. 中国物流泉州综合物流园区项目
268. 普洛斯晋江物流园二期项目
269. 永安金牛物流产业园建设项目
270. 莆田秀屿区快递·电商园项目
271. 莆田北岸电商物流园
272. ▲秀屿区丰树集团物流项目
273. ▲龙岩龙捷物流仓储项目
274. 宁德国际物流中心工程
275. 福鼎市万成物流仓储项目
276. 宁德腾瑞医药物流中心建设项目
277. 平潭八方物流产业园
278. 平潭金井湾港区保税仓储物流园
279. 鑫澳仓储物流园
280. 平潭快递物流配送中心
281. 漳浦七星海国际滨海旅游度假区项目

282. 漳浦古镇旅游及配套项目一期
283. ▲中泰（南靖）四季花开土楼文化交流中心项目
284. 南安扬子山大地艺术修复项目
285. 洛江南唐古镇养生文化旅游项目一期
286. 南安美林生态旅游区项目
287. 泉州台商投资区烽火群英荟国防体育项目一期
288. 梅列清枫谷旅游景区提升改造项目
289. 泰宁古城旅游基础设施建设项目
290. 泰宁环大金湖生态旅游基础设施工程
291. 泰宁大金湖猫儿山旅游景区建设项目
292. 莆田市港里小镇4A景区一期工程
293. 武夷山东方养心谷项目
294. 武夷山天驿古茗茶文化庄园项目
295. ▲建瓯市蟹龙岗综合性康养旅游区整体开发项目（一期）
296. ▲武夷山冰雪水世界旅游综合项目
297. 武夷山神农谷养生园项目
298. 武夷山森林生态旅游项目一期工程
299. 福建省武夷山市佳龙文化旅游项目（中华熊猫苑）
300. 永定龙湖航天军事红色文化产业项目
301. 福建三都澳建福诚文化旅游区
302. 福安棕树山文化旅游基地项目
303. 屏南县东区国际养生养老城基础设施建设项目
304. 霞浦县下岐山视界园旅游开发项目
305. 平潭国际演艺中心项目
306. 漳浦（中联海晟）现代渔港经济服务区项目
307. 福建好土农产品电商平台及配套项目
308. 漳州漳龙闽西南物流中心
309. 南安唯品会海西总部项目
310. 晋江南联新能源汽车市场一期
311. 南安霞美综合市场建设项目
312. 莆田兴化湾（涵江）港口物流园区一期工程
313. 涵江区水产批发市场
314. 福州软件园连江分园
315. 大数据产业园共享核心区项目
316. 福建联通云计算产业园一期项目
317. 厦门国家网上身份认证基础设施项目南方运营研发中心
318. 平潭瑞谦智能运营中心
319. 漳州开发区双鱼岛综合服务中心项目
320. 厦航翔安新生产基地综合保障工程
321. 厦航翔安新生产基地机务维修工程
322. 厦航翔安新生产基地货运工程
323. 厦航翔安新生产基地航线维修工程
324. 国家建筑材料展贸中心（南安）检验检测中心项目
325. 惠安煜锋废旧物资回收项目
326. 霞浦县台湾水产品集散中心船舶安检与渔需补给基地建设项目
327. 平潭无人驾驶测试基地项目

（七）社会事业（38个）

328. 福州国际科教城及天大国际校区
329. 福州市德诚职业培训学校
330. 泉州海丝文化教育及配套工程
331. 泉州台商投资区葳格国际学校
332. 惠安人工智能产业学院
333. 莆田市第一中学迁建工程
334. 福建省南平第一中学武夷新区高中部校区建设项目
335. 龙岩北大附属实验学校元培校区、国际校区建设项目
336. 上杭紫金中学建设项目
337. 福鼎市职成教中心实训基地
338. 柘荣县职业技术学校迁建项目
339. 武夷山城村汉城国家考古遗址公园建设项目
340. 厦门闽南戏曲艺术中心
341. 南安市市民中心公共建筑项目
342. 涵江区824电台迁建项目
343. 武夷山市朱子文化园文公山项目
344. 新罗紫金山中小学生研学旅行基地
345. 柘荣县文化艺术中心建设项目
346. 平潭综合实验区科技文化中心
347. 平潭南岛语族博物馆
348. 福建中医药大学附属第二人民医院病房综合楼建设项目

349. 福建中医药大学附属人民医院中医药传承创新楼项目

350. 福建医科大学附属第一医院奥体院区（含皮肤病性病医院）项目（一期）

351. 南方医大福清医院

352. 集美新城医院

353. 云霄县医院整体搬迁

354. 漳州市医院古雷分院

355. 惠安县医院分院

356. 明溪县总医院扩建工程

357. 南安国家级足球训练基地项目

358. 浦城县体育公园

359. 长汀体育中心

360. 南安南山养生园

361. 南安市山外阁养生照护院项目

362. 政和县佛子山中医药健康养生养老中心项目

363. 连江县五馆五中心工程项目

364. 蕉城区闽台文化交流中心建设项目

365. 平潭综合实验区综合训练基地

注：标▲的为利用外资项目，标△的为利用台资项目。

（摘编：吴汉良）

福建省2019年省级智能制造重点项目

2019年9月30日福建省工业和信息化厅下发《福建省工业和信息化厅关于印发2019年省级智能制造重点项目的通知》（闽工信装备〔2019〕520号）提出，为推动我省智能制造发展，促进产业转型升级，省工信厅组织编制《2019年省级智能制造重点项目》，现印发你们，请你们认真组织实施。

一、加强项目管理服务

2019年省级智能制造重点项目共计221项，请各设区市做好项目协调、服务工作，加强政策宣导，及时协调解决项目实施过程中存在的困难和问题，推进项目按计划实施，充分发挥项目社会效益和经济效益。

二、做好项目分类指导

2019年省级智能制造重点项目主要包括智能制造试点示范企业与样板工厂（车间）项目、智能制造系统解决方案供应商项目、首台（套）重大技术装备保险补偿项目、首台（套）重大技术装备认定项目、重大短板装备项目等5种类型。各设区市应根据各项目申报指南要求，做好项目申报的指导工作。

三、优先给予政策支持

入选项目原则上是省级智能制造相关项目的重点支持对象，同时也作为本年度申报国家相关项目的优先推荐对象。地方配套政策对省级智能制造重点项目给予优先支持。

附件

2019年省级智能制造重点项目

序号	地市	项目实施单位名称	项目名称	项目类型
1	福州	丽珠集团福州福兴医药有限公司	智能化发酵生产车间	智能制造试点示范企业与样板工厂（车间）项目
2	福州	华映科技（集团）股份有限公司	液晶模组产线整合项目	智能制造试点示范企业与样板工厂（车间）项目
3	福州	福州新密机电有限公司	全自动垂直造型、浇铸件生产项目	智能制造试点示范企业与样板工厂（车间）项目
4	福州	福州市鸿生建材有限公司	高性能商品混凝土及装配式PC智能工厂	智能制造试点示范企业与样板工厂（车间）项目
5	福州	福州京东方光电科技有限公司	福州京东方第8.5代新型半导体显示器件生产线新型应用技改项目	智能制造试点示范企业与样板工厂（车间）项目
6	福州	福建长源纺织有限公司	功能性多组分混纺纱线智能化生产车间项目	智能制造试点示范企业与样板工厂（车间）项目
7	福州	福建星网锐捷通讯股份有限公司	网络通讯产品数字化和网络化工厂	智能制造试点示范企业与样板工厂（车间）项目
8	福州	福建祥鑫股份有限公司	超高性能（军民两用）特种铝合金材料生产线技改项目	智能制造试点示范企业与样板工厂（车间）项目

续表

序号	地市	项目实施单位名称	项目名称	项目类型
9	福州	福建天马科技集团股份有限公司	特种水产配合饲料生产项目	智能制造试点示范企业与样板工厂（车间）项目
10	福州	福建唐源合纤科技有限公司	福建唐源合纤科技有限公司年产2万吨锦纶DTY长丝生产线	智能制造试点示范企业与样板工厂（车间）项目
11	福州	福建省长乐市山力化纤有限公司	年产40万吨生物基原液着色、功能化聚酯纤维建设项目	智能制造试点示范企业与样板工厂（车间）项目
12	福州	福建申远新材料有限公司	己内酰胺智能制造数字化车间	智能制造试点示范企业与样板工厂（车间）项目
13	福州	福建瑞虹贾卡实业有限公司	双针床贾卡提花间隔织物数字化车间	智能制造试点示范企业与样板工厂（车间）项目
14	福州	福建兰天包装材料有限公司	福建兰天包装材料有限公司新型多层高阻隔、多功能塑料软包装材料年新增6万吨扩建项目	智能制造试点示范企业与样板工厂（车间）项目
15	福州	福建冠城瑞闽新能源科技有限公司	动力锂离子电池智能制造样板车间	智能制造试点示范企业与样板工厂（车间）项目
16	福州	福建福特科光电股份有限公司	精密光学元件扩产	智能制造试点示范企业与样板工厂（车间）项目
17	福州	福建福融昌包装工业有限公司	新型多层高阻隔、多功能塑料软包装材料建设项目	智能制造试点示范企业与样板工厂（车间）项目
18	福州	福建奋安铝业有限公司	高精尖铝制品智能车间示范项目	智能制造试点示范企业与样板工厂（车间）项目
19	福州	爹地宝贝股份有限公司	纸尿裤生产建设项目	智能制造试点示范企业与样板工厂（车间）项目
20	福州	渤海石油装备福建钢管有限公司	基于物联网的钢管智能制造数字化车间	智能制造试点示范企业与样板工厂（车间）项目
21	福州	福建冠城瑞闽新能源科技有限公司	锂离子动力电池全自动化生产车间	智能制造试点示范企业与样板工厂（车间）项目
22	厦门	厦门智欣建工科技有限公司	预制构件智能制造生产车间	智能制造试点示范企业与样板工厂（车间）项目
23	厦门	厦门五星珑科技有限公司	智能金属3D打印设备及共享平台	智能制造试点示范企业与样板工厂（车间）项目
24	厦门	厦门维达斯服饰有限公司	传统服装制造向智能制造转型项目	智能制造试点示范企业与样板工厂（车间）项目
25	厦门	厦门松霖科技股份有限公司	卫浴产品智能制造工厂	智能制造试点示范企业与样板工厂（车间）项目
26	厦门	厦门聚富塑胶制品有限公司	高性能多功能薄膜智能制造	智能制造试点示范企业与样板工厂（车间）项目
27	厦门	厦门华联电子科技有限公司	电子器件贴片智能制造示范项目	智能制造试点示范企业与样板工厂（车间）项目
28	厦门	厦门合悦世纪新材料有限公司	全自动卫生材料生产设备	智能制造试点示范企业与样板工厂（车间）项目
29	漳州	漳州万利达科技有限公司	金融POS智能制造试点示范项目	智能制造试点示范企业与样板工厂（车间）项目

续表

序号	地市	项目实施单位名称	项目名称	项目类型
30	漳州	漳州旗滨玻璃有限公司	漳州旗滨玻璃有限公司一线、二线冷修升级改造工程项目	智能制造试点示范企业与样板工厂（车间）项目
31	漳州	漳州立达信灯具有限公司	大灯具配套产品及模具技改项目	智能制造试点示范企业与样板工厂（车间）项目
32	漳州	漳州宏兴泰电子有限公司	智能注塑工厂建设项目	智能制造试点示范企业与样板工厂（车间）项目
33	漳州	漳州宏发电声有限公司	年产65000万只继电器项目	智能制造试点示范企业与样板工厂（车间）项目
34	漳州	漳州大北农农牧科技有限公司	基于工业云平台的5W智能饲料生产试点示范项目	智能制造试点示范企业与样板工厂（车间）项目
35	漳州	漳浦县海泰鞋业有限公司	岛精电脑横编机、岛精三维设计系统	智能制造试点示范企业与样板工厂（车间）项目
36	漳州	鸿星尔克（漳州）实业有限公司	运动鞋服智能制造与智能配送一体化项目	智能制造试点示范企业与样板工厂（车间）项目
37	漳州	福建新峰科技有限公司	专业精密电子器件项目	智能制造试点示范企业与样板工厂（车间）项目
38	漳州	福建省梦娇兰日用化学品有限公司	天然植物精华婴童洗涤护肤产品智能制造生产线建设项目	智能制造试点示范企业与样板工厂（车间）项目
39	漳州	福建猛狮新能源科技有限公司	基于智慧管理的锂电池数字化智能车间	智能制造试点示范企业与样板工厂（车间）项目
40	漳州	福建龙溪轴承（集团）股份有限公司	高端关节轴承智能制造项目	智能制造试点示范企业与样板工厂（车间）项目
41	漳州	福建海大饲料有限公司	福建海大智能制造试点示范企业	智能制造试点示范企业与样板工厂（车间）项目
42	漳州	福建福船一帆新能源装备制造有限公司	年加工20万吨海上风力发电装备制造项目	智能制造试点示范企业与样板工厂（车间）项目
43	漳州	东山腾新食品有限公司	东山腾新食品智能制造试点示范企业建设项目	智能制造试点示范企业与样板工厂（车间）项目
44	漳州	大通互惠集团有限公司	高端阀门装备柔性智能制造新模式应用	智能制造试点示范企业与样板工厂（车间）项目
45	漳州	车城汽车配件（福建）有限公司	汽车拉杆球接头智能化焊接、数控加工生产线项目	智能制造试点示范企业与样板工厂（车间）项目
46	泉州	中仑塑业（福建）有限公司	膜级尼龙6切片智能制造试点示范项目	智能制造试点示范企业与样板工厂（车间）项目
47	泉州	阳光中科（福建）能源股份有限公司	新型高效多用途太阳能电池生产线	智能制造试点示范企业与样板工厂（车间）项目
48	泉州	泉州市正域数码科技有限公司	年印刷5万平方布料、1万平方皮革	智能制造试点示范企业与样板工厂（车间）项目
49	泉州	泉州市南安特易通电子有限公司	智能对讲机智能制造新模式运用	智能制造试点示范企业与样板工厂（车间）项目
50	泉州	泉州市华圣食品有限公司	专用粉数字化生产车间试点示范	智能制造试点示范企业与样板工厂（车间）项目

续表

序号	地市	项目实施单位名称	项目名称	项目类型
51	泉州	泉州市汉威机械制造有限公司	卫生用品高端智能装备生产扩建项目	智能制造试点示范企业与样板工厂（车间）项目
52	泉州	泉州利昌新材料科技有限公司	数字化 BOPP 生产车间试点示范项目	智能制造试点示范企业与样板工厂（车间）项目
53	泉州	南安市南益电脑针织有限公司	针织毛衫柔性智能制造项目（年产 1000 万件）	智能制造试点示范企业与样板工厂（车间）项目
54	泉州	来莎来酷（福建）服饰实业有限公司	年产 1800 万双袜子项目	智能制造试点示范企业与样板工厂（车间）项目
55	泉州	聚隆（福建）包装有限公司	聚隆瓦楞纸板智能生产线建设	智能制造试点示范企业与样板工厂（车间）项目
56	泉州	玖龙纸业（泉州）有限公司	玖龙纸业（泉州）有限公司成品自动仓项目	智能制造试点示范企业与样板工厂（车间）项目
57	泉州	九牧王股份有限公司	西裤第二代智能制造生产车间	智能制造试点示范企业与样板工厂（车间）项目
58	泉州	景远（德化）建材有限公司	商砼搅拌智能生产试点示范	智能制造试点示范企业与样板工厂（车间）项目
59	泉州	晋江添越服饰有限公司	年产 1500 万双袜子项目	智能制造试点示范企业与样板工厂（车间）项目
60	泉州	晋江市远大服装织造有限公司	晋江市远大服装织造有限公司年产 3500 万码多功能化纺织品技术改造项目	智能制造试点示范企业与样板工厂（车间）项目
61	泉州	晋江市永固纺织涂层有限公司	年产 2500 万码高档织物面料及年印花 600 万米服饰布料项目智能制造样板车间	智能制造试点示范企业与样板工厂（车间）项目
62	泉州	晋江市兴泰无纺制品有限公司	卫生材料丙纶无纺布智能制造数字化车间	智能制造试点示范企业与样板工厂（车间）项目
63	泉州	晋江市隆盛针织印染有限公司	年增长 6000 吨高档针织面料智能生产线技改项目	智能制造试点示范企业与样板工厂（车间）项目
64	泉州	晋江市联盟服装织造有限公司	SUNRISE 服装吊挂系统	智能制造试点示范企业与样板工厂（车间）项目
65	泉州	晋江寰亚服饰有限公司	年产 2500 万双袜子项目	智能制造试点示范企业与样板工厂（车间）项目
66	泉州	晋江海纳机械有限公司	年产 20 条全伺服婴儿纸尿裤生产线项目	智能制造试点示范企业与样板工厂（车间）项目
67	泉州	华辉玻璃（中国）有限公司	工程玻璃深加工智能工厂	智能制造试点示范企业与样板工厂（车间）项目
68	泉州	和谐光电科技（泉州）有限公司	和谐光电 LED 照明灯具智能制造样板工厂	智能制造试点示范企业与样板工厂（车间）项目
69	泉州	福建众益太阳能科技股份公司	太阳能灯具智能制造工厂	智能制造试点示范企业与样板工厂（车间）项目
70	泉州	福建钟山化工有限公司	表面活性剂智能制造试点示范	智能制造试点示范企业与样板工厂（车间）项目
71	泉州	福建浔兴拉链科技股份有限公司	拉链电镀全自动数字化生产车间	智能制造试点示范企业与样板工厂（车间）项目

续表

序号	地市	项目实施单位名称	项目名称	项目类型
72	泉州	福建顺成面业发展股份有限公司	全自动智能面粉生产车间	智能制造试点示范企业与样板工厂（车间）项目
73	泉州	福建省耀诚玻璃科技有限公司	耀诚玻璃深加工智能制造生产线建设项目	智能制造试点示范企业与样板工厂（车间）项目
74	泉州	福建省向兴纺织科技有限公司	染整数字化车间	智能制造试点示范企业与样板工厂（车间）项目
75	泉州	福建省天骄化学材料有限公司	年产4万吨聚合物聚醚多元醇数字化生产车间	智能制造试点示范企业与样板工厂（车间）项目
76	泉州	福建省泉州美岭水泥有限公司	水泥粉磨车间节能提效智能改造项目	智能制造试点示范企业与样板工厂（车间）项目
77	泉州	福建省泉州景玉纸业有限公司	瓦楞纸板智能制造示范生产线建设项目	智能制造试点示范企业与样板工厂（车间）项目
78	泉州	福建省晶安光电有限公司	晶安光电蓝宝石衬底智能制造示范项目	智能制造试点示范企业与样板工厂（车间）项目
79	泉州	福建省晋华集成电路有限公司	晋华存储器生产线建设项目	智能制造试点示范企业与样板工厂（车间）项目
80	泉州	福建省华昂体育用品有限公司	制鞋自动化生产线应用示范车间	智能制造试点示范企业与样板工厂（车间）项目
81	泉州	福建省德谱家科技有限公司	个性化服饰订制	智能制造试点示范企业与样板工厂（车间）项目
82	泉州	福建省德化县华茂陶瓷有公司	陶瓷生产智能信息化项目	智能制造试点示范企业与样板工厂（车间）项目
83	泉州	福建省德化同鑫陶瓷有限公司	日用陶瓷智能化生产与信息化技术应用项目	智能制造试点示范企业与样板工厂（车间）项目
84	泉州	福建省德化龙顺陶瓷有限公司	龙顺日用陶瓷生产线改造项目	智能制造试点示范企业与样板工厂（车间）项目
85	泉州	福建南王环保科技股份有限公司	环保纸袋智能化生产车间	智能制造试点示范企业与样板工厂（车间）项目
86	泉州	福建南安市新东源石业有限公司	石材智能制造加工车间	智能制造试点示范企业与样板工厂（车间）项目
87	泉州	福建凯达集团有限公司	数字化吹膜车间试点示范项目	智能制造试点示范企业与样板工厂（车间）项目
88	泉州	福建晋江天然气发电有限公司	DLN2.0＋燃烧系统改造升级项目	智能制造试点示范企业与样板工厂（车间）项目
89	泉州	福建晋工机械有限公司	工程机械变速箱智能制造及智能化检验检测	智能制造试点示范企业与样板工厂（车间）项目
90	泉州	福建回头客食品有限公司	烘焙食品智能制造试点示范项目	智能制造试点示范企业与样板工厂（车间）项目
91	泉州	福建泓一实业有限公司	泓一省级智能制造试点示范企业	智能制造试点示范企业与样板工厂（车间）项目
92	泉州	福建合盈食品有限公司	生产高端固态调味料智能车间技改项目	智能制造试点示范企业与样板工厂（车间）项目

续表

序号	地市	项目实施单位名称	项目名称	项目类型
93	泉州	福建福田纺织印染科技有限公司	福建福田纺织印染科技有限公司年针织布漂染加工19500吨、印花加工6600吨	智能制造试点示范企业与样板工厂（车间）项目
94	泉州	福建凤竹纺织科技股份有限公司	高端服饰面料智能制造新模式车间建设项目	智能制造试点示范企业与样板工厂（车间）项目
95	泉州	福建大方睡眠科技股份有限公司	MDI透气凝胶枕头生产数字化车间	智能制造试点示范企业与样板工厂（车间）项目
96	泉州	福建百宏高新材料实业有限公司	年产25.5万吨功能性环保聚酯薄膜生产项目	智能制造试点示范企业与样板工厂（车间）项目
97	泉州	德化县鑫源再生资源有限公司	陶瓷废模石膏环保循环利用加工项目	智能制造试点示范企业与样板工厂（车间）项目
98	泉州	德化县万盛陶瓷有限公司	引进全自动日用陶瓷生产线技术改造项目	智能制造试点示范企业与样板工厂（车间）项目
99	泉州	德化县宏顺陶瓷有限公司	日用陶瓷生产线智能制造建设项目	智能制造试点示范企业与样板工厂（车间）项目
100	泉州	大发科技集团有限公司	采用智能管理系统进行织造车间数字化改造升级项目	智能制造试点示范企业与样板工厂（车间）项目
101	泉州	安溪县金华南实业有限公司	健身器材智能加工车间	智能制造试点示范企业与样板工厂（车间）项目
102	三明	中国重汽集团福建海西汽车有限公司	商用车生产基地建设项目	智能制造试点示范企业与样板工厂（车间）项目
103	三明	三明厦钨新能源材料有限公司	锂离子正极材料智能生产线升级改造项目	智能制造试点示范企业与样板工厂（车间）项目
104	三明	三明福特科光电有限公司	高精度光学元件全自动智能抛光生产线项目	智能制造试点示范企业与样板工厂（车间）项目
105	三明	福建省永安轴承有限责任公司	圆锥滚子轴承磨装智能制造样板车间项目	智能制造试点示范企业与样板工厂（车间）项目
106	莆田	双驰实业股份有限公司	鞋业工业互联网示范项目	智能制造试点示范企业与样板工厂（车间）项目
107	莆田	莆田市祥麟鞋业有限公司	智能制造2.0管理咨询项目	智能制造试点示范企业与样板工厂（车间）项目
108	莆田	莆田市百合鞋业有限公司	百合鞋业智能制造示范企业	智能制造试点示范企业与样板工厂（车间）项目
109	莆田	福建中锦新材料有限公司	聚酰胺6（PA6）扩建项目（变更）	智能制造试点示范企业与样板工厂（车间）项目
110	莆田	福建永荣科技有限公司	年产60万吨己内酰胺项目一期工程（年产20万吨己内酰胺）	智能制造试点示范企业与样板工厂（车间）项目
111	莆田	福建省莆田市双源鞋业有限公司	智能制造车间升级项目	智能制造试点示范企业与样板工厂（车间）项目
112	莆田	福建省港达玻璃制品有限公司	港达玻璃深加工智能工厂	智能制造试点示范企业与样板工厂（车间）项目
113	莆田	福建省福联集成电路有限公司	国产砷化镓射频芯片智能制造生产线	智能制造试点示范企业与样板工厂（车间）项目

续表

序号	地市	项目实施单位名称	项目名称	项目类型
114	莆田	福建佳通轮胎有限公司	乘用子午线轮胎车间智能化改造项目	智能制造试点示范企业与样板工厂（车间）项目
115	莆田	福建华佳彩有限公司	ARRAY（阵列）智能生产线	智能制造试点示范企业与样板工厂（车间）项目
116	莆田	福建冠盖金属包装有限公司	福建冠盖金属包装有限公司车间改扩建项目	智能制造试点示范企业与样板工厂（车间）项目
117	南平	福人集团森林工业有限公司	竹刨花板及精深加工生产线项目	智能制造试点示范企业与样板工厂（车间）项目
118	南平	福建武夷山水食品饮料有限公司	武夷山水智能工厂创建项目	智能制造试点示范企业与样板工厂（车间）项目
119	南平	福建穗福纺织有限公司	高端针织面料生产项目	智能制造试点示范企业与样板工厂（车间）项目
120	南平	福建南平南孚电池有限公司	南孚生产智能化制造集成项目	智能制造试点示范企业与样板工厂（车间）项目
121	南平	福建诚安蓝盾实业有限公司	全屋定制及智能家具制造	智能制造试点示范企业与样板工厂（车间）项目
122	龙岩	福建德尔科技有限公司	福建德尔科技有限公司智能工厂项目	智能制造试点示范企业与样板工厂（车间）项目
123	龙岩	福建龙氟化工有限公司	无水氟化氢及氟盐化工智能工厂项目	智能制造试点示范企业与样板工厂（车间）项目
124	龙岩	福建天守纺织新材料有限公司	智能化纺织数字车间项目	智能制造试点示范企业与样板工厂（车间）项目
125	龙岩	龙工（福建）桥箱有限公司	变速箱柔性生产线	智能制造试点示范企业与样板工厂（车间）项目
126	龙岩	龙工（福建）液压有限公司	液压油缸生产线自动化提升改造项目	智能制造试点示范企业与样板工厂（车间）项目
127	龙岩	天守（福建）超纤科技股份有限公司	超纤材料数字化生产车间	智能制造试点示范企业与样板工厂（车间）项目
128	宁德	宁德厦钨新能源材料有限公司	宁德厦钨年产4万吨锂离子正极材料生产项目一期	智能制造试点示范企业与样板工厂（车间）项目
129	宁德	宁德思客琦智能装备有限公司	新能源汽车电池模组及PACK自动化生产线智能制造试点示范	智能制造试点示范企业与样板工厂（车间）项目
130	宁德	宁德思客琦智能装备有限公司	机器人智能装备生产项目	智能制造试点示范企业与样板工厂（车间）项目
131	宁德	宁德新能源科技有限公司	面向软包方形锂电池制造的机器人自动化生产线	智能制造试点示范企业与样板工厂（车间）项目
132	福州	福建海源复合材料科技股份有限公司	汽车碳纤维复合材料车身HP－RTM模压成型技术与装备	重大短板装备项目
133	厦门	厦门扬森数控设备有限公司	五轴卧式加工中心	重大短板装备项目
134	厦门	厦门扬森数控设备有限公司	超精密加工中心	重大短板装备项目
135	泉州	嘉泰数控科技股份公司	高精度高稳定性高速门型小龙门加工中心JT－GL550A	重大短板装备项目
136	泉州	泉州市科恩智能装备技术研究院有限公司	立式车铣（磨）复合加工中心	重大短板装备项目

续表

序号	地市	项目实施单位名称	项目名称	项目类型
137	泉州	福建省正丰数控科技有限公司	磁悬浮铣车复合式超级加工中心 S5－5C 五轴机	重大短板装备项目
138	三明	机械科学研究总院海西（福建）分院有限公司	UPG80 大口径非球面超精密磨削机床	重大短板装备项目
139	三明	机械科学研究总院海西（福建）分院有限公司	BP480 大口径五轴数控气囊式抛光机床	重大短板装备项目
140	三明	机械科学研究总院海西（福建）分院有限公司	SMUT800 立卧主轴转换式五轴联动加工中心	重大短板装备项目
141	福州	福建星云电子股份有限公司	智能制造系统解决方案供应商项目	智能制造系统解决方案供应商项目
142	厦门	厦门市迈丹科技开发有限公司	科研生产质量过程控制管理系统	智能制造系统解决方案供应商项目
143	厦门	威光自动化设备（厦门）有限公司	太阳能、液晶面板行业智能制造系统解决方案	智能制造系统解决方案供应商项目
144	厦门	林德（中国）叉车有限公司	物料搬运解决方案	智能制造系统解决方案供应商项目
145	漳州	福建明鑫智能科技股份有限公司	数字化车间集成－机床及机器人	智能制造系统解决方案供应商项目
146	泉州	西人马联合测控（泉州）科技有限公司	故障诊断系统	智能制造系统解决方案供应商项目
147	泉州	泉州华数机器人有限公司	智能制造系统解决方案供应商	智能制造系统解决方案供应商项目
148	泉州	嘉泰数控科技股份公司	智能制造系统解决方案供应商	智能制造系统解决方案供应商项目
149	厦门	福建龙净脱硫脱硝工程有限公司	多污染物一体化协同处理装备	首台（套）重大技术装备保险补偿项目
150	龙岩	福建龙净环保股份有限公司	移动极板静电除尘装备（华电奉节电厂“上大压小”新建工程项目）	首台（套）重大技术装备保险补偿项目
151	龙岩	福建龙净环保股份有限公司	公主岭市中心城区热电联产集中供热新建工程烟气治理岛总包工程	首台（套）重大技术装备保险补偿项目
152	龙岩	福建龙净环保股份有限公司	LGGH 烟气余热回收－再热装置系统（国投湄洲湾第二发电厂 2＊1000MW 新建项目 EPC 总承包工程）	首台（套）重大技术装备保险补偿项目
153	龙岩	福建龙净环保股份有限公司	国投钦州发电有限公司综合治理总承包工程设备	首台（套）重大技术装备保险补偿项目
154	龙岩	福建龙净环保股份有限公司	汕尾电厂超低排放改造项目之烟气换热器	首台（套）重大技术装备保险补偿项目
155	龙岩	福建龙净环保股份有限公司	超净烟气治理岛多污染物协同治理装备（福建华电邵武三期 2＊660MW 项目环保岛设计采购施工调试总承包 EPC）	首台（套）重大技术装备保险补偿项目
156	福州	福建海图智能科技有限公司	水下机器人－海棠号	首台（套）重大技术装备认定项目
157	福州	福建省致青生态环保有限公司	智慧沼液水肥施用监测一体化装备 ZQE－2IPS－BSF－WD25	首台（套）重大技术装备认定项目

续表

序号	地市	项目实施单位名称	项目名称	项目类型
158	福州	福建东南造船有限公司	海电运维 101	首台（套）重大技术装备认定项目
159	福州	福建新大陆环保科技有限公司	NLQ－400K 紫外消毒系统	首台（套）重大技术装备认定项目
160	福州	福建星云电子股份有限公司	星云动力电池组工况模拟测试系（NE600S）	首台（套）重大技术装备认定项目
161	福州	福建建中建设科技有限责任公司	MCWP－30/10 型导架爬升平台	首台（套）重大技术装备认定项目
162	福州	福建雪人股份有限公司	螺杆式冷冻机	首台（套）重大技术装备认定项目
163	福州	福建海源复合材料科技股份有限公司	HF 系列砖坯全自动无托盘包装机组	首台（套）重大技术装备认定项目
164	厦门	厦门超旋光电科技有限公司	放映机激光光源	首台（套）重大技术装备认定项目
165	厦门	厦门大显科技有限公司	大显自动投叉机 DTC300－GD	首台（套）重大技术装备认定项目
166	厦门	厦门鼎铸智能设备有限公司	RD－5040－S 型圆盘式双工位低压铸造机	首台（套）重大技术装备认定项目
167	厦门	厦门福信光电集成有限公司	台阶电极自动检查机	首台（套）重大技术装备认定项目
168	厦门	厦门攸信信息技术有限公司	家用雕刻机 1 号智能装配生产线	首台（套）重大技术装备认定项目
169	厦门	厦门康柏机械集团有限公司	自动平层（无人驾驶）施工升降机	首台（套）重大技术装备认定项目
170	厦门	厦门厦金机械股份有限公司	超重型 52 吨轮胎式叉装机（XJ998－52E）	首台（套）重大技术装备认定项目
171	厦门	厦门达斯自动化技术有限公司	推杆炉智能装卸料系统	首台（套）重大技术装备认定项目
172	厦门	厦门市成业辰机械有限公司	CYC－TL1704 型静电粉末涂装设备	首台（套）重大技术装备认定项目
173	厦门	厦门锐传科技有限公司	智能变频脉冲电源控制柜 RIFEP－901－2.0A//72kV	首台（套）重大技术装备认定项目
174	厦门	厦门航天思尔特机器人系统股份公司	铝模板自动化生产线	首台（套）重大技术装备认定项目
175	厦门	厦门金龙联合汽车工业有限公司	非公路用无人驾驶微循环电动小巴（阿波龙）	首台（套）重大技术装备认定项目
176	厦门	科华恒盛股份有限公司	1500V 高功率 2.5MW 集中式逆变升压一体机化设备	首台（套）重大技术装备认定项目
177	厦门	厦门力巨自动化科技有限公司	花洒自动装配线（型号 LD250－A）	首台（套）重大技术装备认定项目
178	厦门	林德（中国）叉车有限公司	林德搬运机器人无人驾驶工业车辆	首台（套）重大技术装备认定项目
179	厦门	厦门海普锐科技股份有限公司	SPC－31/32 线缆自动化加工机	首台（套）重大技术装备认定项目

续表

序号	地市	项目实施单位名称	项目名称	项目类型
180	厦门	盛发环保科技（厦门）有限公司	高效节能废水蒸发结晶器	首台（套）重大技术装备认定项目
181	厦门	厦门特盈自动化科技股份有限公司	全自动五轴圆孔点胶机	首台（套）重大技术装备认定项目
182	厦门	厦门维克机械设备有限公司	风电叶片真空直注式在线灌注设备	首台（套）重大技术装备认定项目
183	厦门	厦门五星珑科技有限公司	WXL－120P 型 SLM 智能金属 3D 打印机	首台（套）重大技术装备认定项目
184	厦门	福建龙净脱硫脱硝工程有限公司	ASC 干式超净装置（ASC－30）	首台（套）重大技术装备认定项目
185	厦门	厦门厦工中铁重型机械有限公司	EPB/TBM 双模盾构机	首台（套）重大技术装备认定项目
186	厦门	厦门宏发工业机器人有限公司	TT52E 点火线圈生产线	首台（套）重大技术装备认定项目
187	厦门	厦门市三熠智能科技有限公司	全自动锯片激光切割机	首台（套）重大技术装备认定项目
188	厦门	厦门市立藤工程机械有限公司	40 吨高载荷旋转式叉装机	首台（套）重大技术装备认定项目
189	漳州	福建明鑫智能科技股份有限公司	基于工业机器人的轴承柔性自动生产线	首台（套）重大技术装备认定项目
190	漳州	漳浦盛新彩钢结构有限公司	智能化钢筋桁架生产流水线	首台（套）重大技术装备认定项目
191	漳州	漳州万利达科技有限公司	金融 POS 机无人值守机器人智能检测系统	首台（套）重大技术装备认定项目
192	漳州	漳州东刚精密机械有限公司	五轴卧式加工中心－ HMU－500	首台（套）重大技术装备认定项目
193	漳州	漳州立达信灯具有限公司	A 灯 3000 自动化生产线/A 灯 3000	首台（套）重大技术装备认定项目
194	漳州	漳州市陆海环保产业开发有限公司	生活废弃硬杂塑料自动化精分选及高值化再生利用成套设备	首台（套）重大技术装备认定项目
195	漳州	漳州蒙发利实业有限公司	智能制造全自动化设备	首台（套）重大技术装备认定项目
196	泉州	泉州市汉威机械制造有限公司	全伺服成人失禁裤生产设备（HW－NKCX－400）	首台（套）重大技术装备认定项目
197	泉州	泉州佰源机械科技有限公司	全伺服自动扎口无缝针织机	首台（套）重大技术装备认定项目
198	泉州	米亚索乐装备集成（福建）有限公司	CIG 靶材生产线工艺设备	首台（套）重大技术装备认定项目
199	泉州	福建立信换热设备制造股份公司	板式预热器（型号：LXA2－DGHDLK－2H）	首台（套）重大技术装备认定项目
200	泉州	福建南方路面机械有限公司	整体式沥青混合料搅拌设备 GLBR4000	首台（套）重大技术装备认定项目
201	泉州	嘉泰数控科技股份公司	多轴抛光机 JT－ML300	首台（套）重大技术装备认定项目

续表

序号	地市	项目实施单位名称	项目名称	项目类型
202	泉州	泉州市劲力工程机械有限公司	铁路换枕掏碴多功能机/JG100L	首台（套）重大技术装备认定项目
203	泉州	福建铁拓机械有限公司	RLBC2000 节能型沥青混合料厂拌热再生设备	首台（套）重大技术装备认定项目
204	泉州	福建省迅达石化工程有限公司	环保节能组合式储罐清洗装置 XDQX－1	首台（套）重大技术装备认定项目
205	泉州	泉州恒毅机械有限公司	两面移圈罗纹电脑提花机 38"×14G×45F	首台（套）重大技术装备认定项目
206	泉州	泉州市沪航阀门制造有限公司	HH－FDJ－300－1.0 型水系统控制阀门动态性能检测设备	首台（套）重大技术装备认定项目
207	泉州	福建泉工股份有限公司	策尼特 940 免托板制砖生产线	首台（套）重大技术装备认定项目
208	泉州	福建群峰机械有限公司	QFT18－300 混凝土砌块成型机	首台（套）重大技术装备认定项目
209	泉州	福建群峰机械有限公司	MQF5250TWCD5 污水处理车	首台（套）重大技术装备认定项目
210	泉州	福建信达机械有限公司	建筑工业化生产基地工程混凝土拌合楼 HLN120	首台（套）重大技术装备认定项目
211	泉州	福建省泉州市江南冷却器厂	一种板式空气（煤气）预热器产品及烟气热能回收系统	首台（套）重大技术装备认定项目
212	泉州	福建钜闽机械有限公司	环保型 EVA 三色发泡一次成型射出机 KM－E308/L3	首台（套）重大技术装备认定项目
213	泉州	福建华南重工机械制造有限公司	HNNTR4015 旋转型伸缩臂叉车（叉装车）	首台（套）重大技术装备认定项目
214	三明	机械科学研究总院海西（福建）分院有限公司	BP480 大口径五轴数控气囊式抛光机床	首台（套）重大技术装备认定项目
215	莆田	福建海山机械股份有限公司	液压全驱型道路污染清除车 FHS5060TWQ	首台（套）重大技术装备认定项目
216	南平	福建南平和洁环保科技有限公司	回收 DMF 涡轮萃取塔技术集成装备	首台（套）重大技术装备认定项目
217	龙岩	福建威而特旋压科技有限公司	旋压带轮智能制造成套装备	首台（套）重大技术装备认定项目
218	龙岩	福建龙马环卫装备股份有限公司	FLM5180TXSDF5SD 油电动力解耦单发动机洗扫车	首台（套）重大技术装备认定项目
219	龙岩	龙合智能装备制造有限公司	UBF15－001 自适应全向移载设备	首台（套）重大技术装备认定项目
220	龙岩	福建龙净环保股份有限公司	HFE 型高温超净电袋复合除尘器	首台（套）重大技术装备认定项目
221	宁德	百能数控设备（福建）有限公司	玻璃刻花机	首台（套）重大技术装备认定项目

（摘编：郭　鹭）

福建省2019年省级技术创新重大项目

2019年9月14日福建省工业和信息化厅下发的《福建省工业和信息化厅关于印发2019年省级技术创新重大项目的通知》（闽工信科技〔2019〕139号）提出，为贯彻落实省委、省政府创新驱动发展战略，提升企业技术创新能力，促进产业转型升级，着力培育高质量发展新引擎，省工信厅组织编制了2019年省级技术创新重大项目，请认真组织实施。

一、项目实行分级管理

2019年省级技术创新重大项目共计364项，项目研发投入总额约51.3亿元，预计年新增销售收入265亿元。具体如下：

（一）省属项目

省属项目共68项，项目研发投入总额约6.15亿元，预计年新增销售收入52.9亿元。

（二）各设区市属项目

设区市属单位项目共296项，项目研发投入总额约45.15亿元，预计年新增销售收入212.11亿元，具体内容见附件。省级技术创新重大项目扶持资金不涵盖厦门市，由厦门市属单位申报的项目不列入本次省级技术创新重大项目库。

二、做好项目跟踪管理工作

（一）省属单位项目由省直主管部门或省属控股（集团）公司负责管理；设区市属单位项目由各所属设区市经信部门负责管理。各主管单位要做好项目协调、服务工作，推进项目按计划实施，充分发挥项目的社会效益和经济效益。

（二）省工信厅专项资金扶持的企业技术创新类项目，原则上从列入省级技术创新重点项目中筛选产生。资金下达后，项目主管部门应根据我厅项目验收有关规定（闽经信技术〔2015〕318号文），结合项目申报材料和项目实施期限计划，及时组织开展项目验收。

附件1

2019年省级技术创新重大项目（省属）

单位：万元

序号	项目实施单位及合作单位名称	项目名称	专项类别	所属行业	项目实施年限	项目研发投入	预计年新增销售收入
1	福建海峡科化股份有限公司、厦门科飞气体动力研究院有限公司、成都科飞自源气动科技有限公司	破岩气体发生器的研究开发	产业创新重大专项	炸药、火工及焰火产品制造	2018年11月—2020年5月	1050	8000
2	福建福能南纺新材料有限公司	水刺木浆复合材料产品研发	行业共性关键技术开发	新材料类	2	210	1800
3	厦门金龙联合汽车工业有限公司、浙江臻易驱动科技有限公司、同济大学	分布式驱动纯电动客车模块化平台研发和应用	产业创新重大专项	汽车制造业	2019—2021	1200	5000

续表

序号	项目实施单位及合作单位名称	项目名称	专项类别	所属行业	项目实施年限	项目研发投入	预计年新增销售收入
4	东南（福建）汽车工业有限公司	基于道路场景的智能驾驶辅助系统研究	产业创新重大专项	汽车制造业	2019—2021	1002	19377
5	福建省东南电化股份有限公司、福州大学	甲苯二异氰酸酯（TDI）生产过程中DNT废水资源化回收利用开发	产业创新重大专项	化学原料及化学制品制造业	3	1366. 5	1220
6	福建省福化环保科技有限公司、福州大学	甲苯二异氰酸酯（TDI）焦油渣的资源化回收利用工艺开发	产业创新重大专项	环保治理	3	15000	2688
7	福建福海创石油化工有限公司、浙江中控软件技术有限公司	生产执行管理系统（FHC－MES）开发	行业共性关键技术开发	精炼石油产品制造	2	1021. 88	5000
8	中建海峡建设发展有限公司、福建工程学院、福州大学	智能化多支点电动模板升降平台的研制与应用	产业创新重大专项	建筑工程	3	2000	3000
9	龙岩学院、福建心动生物科技有限公司	人工智能健康管理云平台关键技术研发及其应用	产业创新重大专项	人工智能	3	500	1200
10	龙岩学院	深度学习作物生长控制关键技术研发及其应用	行业共性关键技术开发	人工智能	3	500	1200
11	龙岩学院、福建龙马环卫股份有限公司	基于奇异值分解和随机共振的环卫车风机降噪技术研究	行业共性关键技术开发	工程和技术研究和实验发展	3	50	200
12	龙岩学院、福建新龙马汽车股份有限公司	基于dSPACE电子驻车系统的研究	行业共性关键技术开发	工程和技术研究和实验发展	3	50	500
13	龙岩学院	基于多信息参量的弧焊质量在线监测及防差错控制系统开发	行业共性关键技术开发	智能装备	2	80	1200
14	龙岩学院、龙岩市海德馨汽车有限公司	电源车智能控制和远程监测系统的研发	行业共性关键技术开发	特种车	2	350	3000
15	龙岩学院、福建国强新型环保建材有限公司	PC挂板式建筑结构优化及施工技术研究	产业创新重大专项	建筑工程	3	200	9000
16	福建工程学院、同天（福建）石墨烯科技有限公司	基于仿人机器人运用于教学场景的软硬件开发	行业共性关键技术开发	新一代信息技术	2	1000	1000

续表

序号	项目实施单位及合作单位名称	项目名称	专项类别	所属行业	项目实施年限	项目研发投入	预计年新增销售收入
17	福建省模具技术开发基地	福建省模具行业质量提升诊断辅导	其他（质量提升诊断辅导）	装备制造	2	50	0
18	福建省模具技术开发基地、福建盛荣船舶设备制造有限公司	大宗渔获的原域海水保鲜加工装备研发与应用	行业共性关键技术开发	装备制造	2	1000	3000
19	福建省模具技术开发基地、福建省海安橡胶有限公司	用于巨胎成型及硫化制造衔接作业的智能化胎坯空间自动变换装备	行业共性关键技术开发	装备制造	2	950	5000
20	福建省工业集成自动化行业技术开发基地（福建工程学院）、福建星云电子股份有限公司	软包动力锂电池柔性生产线关键技术研发	行业共性关键技术开发	专用设备制造	2	150	1200
21	厦门理工学院、麦克奥迪（厦门）医疗诊断系统有限公司	基于深度学习的图像分析与理解在病理诊断中的应用	行业共性关键技术开发	生物医学工程	3	1000	3000
22	厦门理工学院、福达新创通讯科技（厦门）有限公司	分布式网络环境下的新能源发电系统的采集、监控与控制问题	行业关键性技术开发	新能源	2	200	1000
23	福建省南平铝业股份有限公司、福建工程学院	高性能高精度工业铝合金挤压型材制造关键技术及其产业化	产业创新重大专项	有色金属压延加工	2019—2020	3500	14000
24	福建省南平铝业股份有限公司、奥地利 EDE 公司、福建工程学院	铝合金热挤压模具关键技术开发及应用	行业共性关键技术研发	有色金属压延加工	2019—2020	190	1200
25	福建省南平铝业股份有限公司、福建工程学院	大规格高性能铝合金圆锭铸造技术研究	行业共性关键技术研发	有色金属压延加工	2019 年 1 月—2019 年 12 月	320	800
26	福建省长汀金龙稀土有限公司	高性能混合结构磁体制备的工艺优化	行业共性关键技术研发	稀有稀土金属冶炼	2019 年 1 月—2020 年 12 月	336	10000
27	福建省长汀金龙稀土有限公司、中南大学	离子型稀土冶炼高盐废水资源化循环回用	产业创新重大专项	稀有稀土金属冶炼	2019 年 1 月—2021 年 12 月	5371. 8	1784. 8
28	福建三钢闽光股份有限公司、北京科技大学	35MnBH 合金结构钢热轧圆钢研发	行业共性关键技术开发	钢压延加工	2019 年 1 月—2020 年 6 月	1460	10224

续表

序号	项目实施单位及合作单位名称	项目名称	专项类别	所属行业	项目实施年限	项目研发投入	预计年新增销售收入
29	福建省微生物研究所	降脂功能红曲生产关键技术研发及产业化	行业共性关键技术开发	生物医药	3	100	20000
30	四创科技有限公司 闽江学院	河湖大脑平台研发	产业创新重大专项	信息系统集成服务	2017 年 7 月—2020 年 6 月	1500	1500
31	福建星海通信科技有限公司、厦门大学	水声寻位信标系统	产业创新重大专项	通信设备制造业	2018 年 1 月—2020 年 12 月	3000	1000
32	福建省数字福建云计算运营有限公司、福州大学电力系统与装置产业研究院	数据中心智能巡检系统	产业创新重大专项	信息系统集成服务	2019—2021	180	500
33	福建省星云大数据应用服务有限公司	福建省大数据开发公共平台（一期项目）	行业共性关键技术开发	数据处理和存储服务	2018 年 1 月—2019 年 12 月	1800	800
34	福建省福芯电子科技有限公司	可配置锂电池保护芯片关键电路的设计开发	行业共性关键技术开发	集成电路设计	2018 年 1 月—2020 年 1 月	254	1050
35	福建省福联集成电路有限公司	整合性被动元件（IPD）在砷化镓基底上的研究与开发	行业共性关键技术开发	电子核心基础产品	2019 年 1 月—2020 年 12 月	700	5000
36	三禾电器（福建）有限公司	高效泵用驱动电机	行业共性关键技术开发	电机制造	2019 年 1 月—2020 年 12 月	200	1800
37	福建兆元光电有限公司	显示用倒装 LED 芯片的研发	行业共性关键技术开发	高效节能	2019 年 1 月—2020 年 12 月	200	5000
38	福建兆元光电有限公司	高速高光效 LED 外延技术的研发	行业共性关键技术开发	高效节能	2019 年 1 月—2020 年 12 月	300	2000
39	福建省医疗器械行业技术开发基地、福建省肿瘤医院，福建帝视信息科技有限公司	人工智能在肿瘤精准诊疗中的应用研究	行业共性关键技术开发	生物医学工程	2	200	/
40	福建省医疗器械行业技术开发基地、福建省长汀县人民政府	推动长汀医疗器械产业园区持续发展	其他	生物医学工程	2	200	/
41	福建省医疗器械行业技术开发基地、福建省立医院，福建帝视信息科技有限公司	个性化鞋垫 3D 打印技术及在糖尿病足中的应用	行业共性关键技术开发	生物医学工程	2	100	/
42	福建省医疗器械行业技术开发基地、福州市二医院，福建弘扬软件股份有限公司	基于人工智能的可穿戴步态分析系统及云应用技术开发	行业共性关键技术开发	生物医学工程	2	100	/

续表

序号	项目实施单位及合作单位名称	项目名称	专项类别	所属行业	项目实施年限	项目研发投入	预计年新增销售收入
43	福建省海洋生物资源综合利用行业技术开发基地、福建莆田市海一百食品有限公司	海洋生物源具有抗氧化和免疫调节功能肽的绿色制备技术及产业化	产业创新重大专项	海洋生物	2	1400	9000
44	福建省海洋生物资源综合利用行业技术开发基地、福建省水产研究所，海欣食品股份有限公司	海洋蛋白源抗冻肽开发及产业化应用关键技术集成创新	产业创新重大专项	海洋生物	2	800	3000
45	福州大学、宝钢德胜不锈钢有限公司，三明毅君机械有限公司	含氮（N）高性能不锈钢产品除气消裂关键技术开发	行业共性关键技术开发	新材料	3	400	5000
46	福州大学、青拓集团有限公司、福建省三钢集团有限公司	现代钢铁产业与不锈钢产业集群技术提升诊断辅导服务	技术诊断		1	50	/
47	福州大学福建省食品生物技术开发基地、福建福大百特生物科技有限公司	生产高含量ω-3脂肪酸鱼油甘油酯的高效专一脂肪酶系列产品开发及利用	行业共性关键技术开发	水产品加工	2019年1月—2021年1月	200	1100
48	福建省生物质资源化技术开发基地、三明市缘福生物质科技有限公司	竹木质素基粘结性材料关键技术研发及产业化	行业共性关键技术开发	专用化学产品制造266	2019年1月—2020年12月	1200	3000
49	福州大学、紫金矿业集团股份有限公司	湿法冶金低品位铜矿废水的分级循环处理与资源化利用	产业创新重大专项	有色金属矿采选业	2	2000	2400
50	福建省光伏行业技术开发基地（福州大学）	基于机器视觉的智能移动单兵应急通信系统研制		高校	2019—2021	/	/
51	福建省光伏行业技术开发基地（福州大学）	光伏储能材料及器件		高校	2019—2021	/	/
52	罗源县人民政府、福州台商投资区开发建设有限公司，中国移动公司福州分公司、华为技术有限公司、福建省榕工环保机械有限公司	无人自动驾驶环卫扫路机	行业共性关键技术开发	科学研究和技术服务业	2	1000	3000
53	福建捷联电子有限公司，福州大学，捷星显示科技（福建）有限公司	基于量子点背光技术全色域显示器的产业化	产业创新重大专项	新一代光电信息技术	2018年9月—2021年10月	1500	300000

续表

序号	项目实施单位及合作单位名称	项目名称	专项类别	所属行业	项目实施年限	项目研发投入	预计年新增销售收入
54	福建省功能材料技术开发基地	高分子复合材料行业技术提升辅导	其他	新材料	2018 年 10 月—2020 年 6 月	150	10000
55	福建省数字福建云计算运营有限公司、福州大学电力系统与装置产业研究院	绿色数据中心能效监测系统	行业共性关键技术	电子信息	2019—2021	60	500
56	中国科学院福建物质结构研究所、福建福晶科技股份有限公司	新型硅酸基稀土闪烁晶体及射线探测模组的关键核心技术开发	行业共性关键技术开发	新材料	2018 年 7 月—2020 年 6 月	600	800
57	中国科学院福建物质结构研究所	自动驾驶激光雷达用人眼安全 1.55mm 波段新型激光晶体的研发	行业共性关键技术开发	新型功能材料	2018 年 1 月—2019 年 12 月	200	250
58	中国科学院福建物质结构研究所	核级腐蚀产物分散剂聚丙烯酸的开发与应用	行业共性关键技术开发	新能源	2018 年 7 月—2020 年 6 月	300	5000
59	中国科学院福建物质结构研究所	低成本氢能燃料电池系统研发	行业共性关键技术开发	新能源	2018 年 9 月—2020 年 8 月	300	5000
60	中国科学院福建物质结构研究所、福建邵武创鑫新材料有限公司	低产气 LiBOB 的产业技术开发	行业共性关键技术开发	新能源	2008 年 9 月—2020 年 9 月	200	800
61	中国科学院福建物质结构研究所、泰普生物科学（中国）有限公司	循环肿瘤细胞检测试剂盒研发与应用	行业共性关键技术开发	生物医药	2018 年 7 月—2020 年 6 月	200	500
62	中国科学院福建物质结构研究所，福建邵武创鑫新材料有限公司	氟化石墨烯粉体制备的关键技术研发	行业共性关键技术开发	新能源	2019 年 4 月—2021 年 4 月	50	50
63	中国科学院福建物质结构研究所、福建邵武创鑫新材料有限公司	二氟磷酸锂电解质添加剂的产业化	行业共性关键技术开发	新能源	2008 年 9 月—2020 年 9 月	300	3500
64	福建师范大学、成都睿逸谷科技有限责任公司	载人高温超导磁悬浮列车关键核心技术开发	行业共性关键技术开发	交通运输	2019 年 9 月—2021 年 8 月	186	/
65	福建师范大学、国家地质实验测试中心	创新型储能材料金属元素的 X 射线光谱分析技术	行业共性关键技术开发	新型功能材料	2019 年 9 月—2021 年 8 月	115	/
66	福建师范大学、福建传统酿酒行业技术开发基地、福建福矛酒业集团	传统中国白酒的酿酒微生物菌种资源挖掘与资源平台建立	行业共性关键技术开发	白酒制造	2019 年 9 月—2021 年 8 月	100	1500

续表

序号	项目实施单位及合作单位名称	项目名称	专项类别	所属行业	项目实施年限	项目研发投入	预计年新增销售收入
67	福建农林大学（福建省环境友好森工行业技术开发基地）、福建省林业科学研究院、福建永安林业（集团）股份有限公司、福建金森林业股份有限公司、福州光格电子科技有限公司	原木单板质量智能识别自动分拣堆垛机研制	行业共性关键技术开发	木材与竹	2019—2020	200	19000
68	福建农林大学（数字福建智能交通技术物联网实验室）、福建省高速技术咨询有限公司	基于人工智能的中小桥梁群物联网监测和状态评估系统	产业创新重大专项	交通	2019—2021	1000	2000
					汇总	6.15 亿元	52.86 亿元

附件 2

2019 年省级技术创新重大项目（设区市属）

单位：万元

一、福州市

序号	项目实施单位及合作单位名称	项目名称	专项类别	所属行业	项目实施年限	项目研发投入	预计年新增销售收入
1	福建光线科技有限公司	便民付充值交换平台	产业创新重大专项	高端软件和新兴信息服务	2018 年 6 月—2019 年 12 月	300	2000
2	福建智信科技有限公司	“风信子”虚拟商品交易平台	产业创新重大专项	高端软件和新兴信息服务	2018 年 10 月—2019 年 12 月	400	2000
3	福建省海峡信息技术有限公司、福建省网络与信息安全行业技术开发基地（福建师范大学）、龙芯中科技术有限公司	基于国产核心部件的自主可控网络安全资源融合平台研制	产业创新重大专项	其他电子设备制造	2018 年 3 月—2020 年 2 月	635	880
4	恒锋信息科技股份有限公司	基于 AI 技术的智慧监管综合信息管理平台	产业创新重大专项	信息系统集成服务	2017 年 11 月—2019 年 10 月	1200	2800
5	恒锋信息科技股份有限公司	基于物联网、大数据的智慧县城应用平台研发与应用	产业创新重大专项	信息系统集成服务	2018 年 2 月—2020 年 1 月	1100	3000
6	恒锋信息科技股份有限公司	基于大数据的全域智慧旅游平台	产业创新重大专项	信息系统集成服务	2018 年 4 月—2020 年 3 月	1000	2000
7	福州科杰电子衡器有限公司	物联衡器计重服务的工业云平台开发与应用	产业创新重大专项	烘炉、风机、衡器、包装等设备制造	2018 年 6 月—2020 年 12 月	1000	2000

续表

序号	项目实施单位及合作单位名称	项目名称	专项类别	所属行业	项目实施年限	项目研发投入	预计年新增销售收入
8	福建联迪商用设备有限公司	基于人工智能技术的支付终端研发及产业化	产业创新重大专项	计算机制造	2018年1月—2019年12月	3500	100000
9	福州瑞芯微电子股份有限公司、福建省福联集成电路有限公司	射频功放芯片的研发与产业化	产业创新重大专项	集成电路设计	2018年1月—2020年12月	1500	3000
10	福建亿榕信息技术有限公司、福建中科智与科技有限公司、福州大学电气工程与自动化学院	人工智能库房管理	产业创新重大专项	高端软件和新兴信息服务	2018年6月—2020年5月	1000	5000
11	锐捷网络股份有限公司、清华大学	双万兆11ax高密场景企业级无线AP关键技术研究与应用	产业创新重大专项	新一代信息网络	2018年9月—2020年3月	1079	5600
12	福建仙芝楼生物科技有限公司、福建医科大学	灵芝孢子粉综合利用集成技术的研究及其产品应用开发	产业创新重大专项	制造业－食品制造业－保健食品制造	2018年3月—2020年12月	360	1050
13	福建优迪电力技术有限公司、中国科学院海西研究院泉州装备制造研究所	基于电力一二次融合成套新技术的柱上断路器研究与开发	产业创新重大专项	382输配电及控制设备制造	2018年1月—2019年12月	300	3000
14	福建升腾资讯有限公司、福建师范大学	研究基于安全异构芯片的智能可信云终端及行业的应用	产业创新重大专项	电子信息	2018年6月—2021年6月	1500	3000
15	福州快科电梯工业有限公司、福州大学、福建省特种设备检验研究院	空间立体交互式电梯	产业创新重大专项	制造业	2017年7月—2019年12月	3000	5000
16	福建中电合创电力科技有限公司	泛在物联网智能环境监控系统	产业创新重大专项	输配电及控制设备制造	2018年1月—2019年12月	300	2000
17	福建新大陆软件工程有限公司、福州大学物理与信息工程学院、福建有恒斯康信息科技有限公司	基于大数据的智能探索平台研发与应用	产业创新重大专项	软件开发	2019年4月—2022年3月	2600	6000
18	慧翰微电子股份有限公司、上海汽车集团股份有限公司、大唐电信科技股份有限公司、福州理工学院	汽车智能系统的研究及产业化	产业创新重大专项	电子信息	2018年8月—2021年8月	3000	10000

续表

序号	项目实施单位及合作单位名称	项目名称	专项类别	所属行业	项目实施年限	项目研发投入	预计年新增销售收入
19	中铝瑞闽股份有限公司、中铝材料应用研究院有限公司	汽车用铝合金车身板研发及产业化	产业创新重大专项	有色金属冶炼及压延加工业	2019 年 1 月—2020 年 12 月	1800	220000
20	福州钜全金属工业有限公司	新一代美国环保型割草机高强度铝合金气缸的研发和智能化生产项目	产业创新重大专项	汽车零部件制造业	2018 年 1 月—2020 年 12 月	3500	900
21	数微（福建）通信技术有限公司	泛在电力物联网业务终端深度接入项目	产业创新重大专项	6532	2018 年 6 月—2020 年 6 月	250	2000
22	长威信息科技发展股份有限公司、福州大学	食品药品安全监管大数据服务平台	产业创新重大专项	软件和信息服务业	2018 年 1 月—2019 年 12 月	800	2500
23	福建飞毛腿动力科技有限公司、福建师范大学、福建星云电子股份有限公司	基于 5G 基站应用的一体化储能系统研发及产业化	产业创新重大专项	新一代信息技术	2018 年 3 月—2021 年 1 月	2600	1000
24	福建航港针织品有限公司、福建省鑫港纺织机械有限公司	年产 6500 吨高档针织纺织品扩建项目	产业创新重大专项	智能装备	2018 年 10 月—2019 年 12 月	26000. 27	58305
25	福建长源纺织有限公司、中纺院绿色纤维股份有限公司	长源纺织绿色纤维纺纱智能化生产线技术创新、产品研发及产业化能项目	产业创新重大专项	纺织	2018 年 7 月—2020 年 12 月	24900	70900
26	福建阿石创新材料股份有限公司　福州大学材料科学与工程学院	半导体镀膜用铝钪合金稀土靶材制备技术研究	产业创新重大专项	新材料	2018 年 11 月—2021 年 5 月	1500	1200
27	福建和瑞基因科技有限公司；国家肝癌中心、南方医院等	全国多中心、前瞻性肝癌极早期预警筛查项目	产业创新重大专项	生物与新医药	2018 年 1 月—2021 年 1 月	15000	20000
28	福州闽海药业有限公司；沈阳达善医药科技有限公司（药学研究）；武汉普渡生物医药有限公司（临床研究）	盐酸罗沙替丁醋酸酯缓释胶囊的临床研究	产业创新重大专项	医药制造业	2019 年 1 月—2021 年 1 月	1000	10000
29	福建国锐中科光电有限公司、中科院海西研究院物质结构研究所	超声微锻辅助激光逆矫正金属增材制造装备	产业创新重大专项	增材制造	2018 年 10 月—2020 年 9 月	360	200
30	福州创实讯联信息技术有限公司	下一代多核高性能网关平台（含底层软件）的研发及产业化	产业创新重大专项	软件和信息技术服务业	2018 年 1 月—2019 年 10 月	210	1000

续表

序号	项目实施单位及合作单位名称	项目名称	专项类别	所属行业	项目实施年限	项目研发投入	预计年新增销售收入
31	福建亿芯源半导体股份有限公司、中国科学院长春光学精密机械与物理研究所、上海科技大学、武汉华工正源光子技术有限公司	面向短距离光互连25G高速低功耗光收发集成电路芯片研发及产业化	产业创新重大专项	软件和信息技术服务业	2019年1月—2021年12月	1100	3000
32	福州联泓交通器材有限公司	汽车座椅柔性装配系统研发与应用	产业创新重大专项	制造业	2017年7月—2020年3月	500	3500
33	福建祥鑫股份有限公司	铝基吸附功能材料的制备	产业创新重大专项	有色金属合金制造	2019—2021	1200	1200
34	福建博思软件股份有限公司	博思智慧大脑开放平台	产业创新重大专项	软件和信息技术服务业	2018年8月—2020年8月	126	500
35	福州福耀模具科技有限公司、福建师范大学	汽车饰条弹塑性精确拉弯智能化成型技术	产业创新重大专项	汽车零部件制造业	2018年8月—2020年8月	600	5000
36	福州康为网络技术有限公司、中国科学院福建物质结构研究所、深圳市人民医院	糖尿病及并发症AI智能辅助诊断系统	产业创新重大专项	医学研究和试验发展	2018年6月—2021年5月	3000	1500
37	福建冠城瑞闽新能源科技有限公司、福建师范大学	基于表面修饰新工艺高镍三元材料的高能量锂离子电池产业化应用	产业创新重大专项	新能源	2018年6月—2020年6月	450	20000
38	正太新材料科技有限责任公司	正太：年产10万吨二氧化钛和12万吨氧化铁	产业创新重大专项	新材料	2019年5月—2021年10月	2000	187000
39	福建捷联电子有限公司、福州大学，捷星显示科技（福建）有限公司	基于量子点背光技术全色域显示器的产业化	产业创新重大专项	新一代光电信息技术	2018年9月—2021年10	1500	300000
40	福建宝利特科技股份有限公司	轻量低雾化高端汽车内饰材料研发	产业创新重大专项	合成革制造	2018年4月—2020年6月	400	1500
41	福耀玻璃工业集团股份有限公司、华为技术有限公司	福耀人工智能在汽车玻璃全价值链的应用项目	产业创新重大专项	汽车零部件	2018年1月—2020年12	18500	50000
42	福耀集团（福建）机械制造有限公司、福耀玻璃（苏州）有限公司	智能化FBT（连续钢化炉）生产系统研发	产业创新重大专项	化工、木材、非金属加工专用设备制造	2017年10月—2019年10月	800	2000
43	福建省新宏港纺织科技有限公司、闽江学院	智能节水环保高效纺织印染技术研发	产业创新重大专项	纺织	2019年1月—2020年12月	10000	10000

续表

序号	项目实施单位及合作单位名称	项目名称	专项类别	所属行业	项目实施年限	项目研发投入	预计年新增销售收入
44	福州丹诺西诚电子科技有限公司	新能源电动汽车高压 PTC 控制器设计与研究	行业共性关键技术开发	汽车零部件及配件制造	2018 年 1 月—2019 年 12 月	900	1000
45	福建镓康医疗科技有限公司	一种基层医疗卫生服务系统及产业体系的研发推广	行业共性关键技术开发	医学研究与试验发展	2018 年 10 月—2020 年 9 月	300	500
46	福建福大北斗通信科技有限公司	基于北斗短报文的输电业务状态监测数据采集系统技术研究与应用	行业共性关键技术开发	卫星传输服务	2018 年 6 月—2020 年 5 月	200	600
47	福建福晶科技股份有限公司	AR 和 VR 用高精密光学器件的开发	行业共性关键技术开发	电子器件及电子元件制造	2019 年 5 月—2020 年 12 月	1000	800
48	福州福大海矽微电子有限公司	低谐波 LED 照明驱动芯片及照明系统设计	行业共性关键技术开发	集成电路设计	2018 年 4 月—2020 年 3 月	200	600
49	福建汇川物联网技术科技股份有限公司	施工工程资料区块链管理系统	行业共性关键技术开发	高端软件和新兴信息服务	2018 年 7 月—2020 年 6 月	750	2000
50	嘉园环保有限公司	分子筛转轮吸附浓缩技术开发	行业共性关键技术开发	先进环保	2018 年 9 月—2020 年 8 月	1200	2000
51	福建南威软件有限公司	证照链	行业共性关键技术开发	软件开发	2018 年 1 月—2019 年 12 月	1000	1500
52	福建南威软件有限公司	数据治理一体化平台	行业共性关键技术开发	软件开发	2018 年 4 月—2019 年 12 月	1000	2000
53	福建榕基软件股份有限公司	政务大数据可信访问关键技术研发及产业化	行业共性关键技术开发	软件开发	2018 年 5 月—2020 年 4 月	2000	2500
54	福州锐景达光电科技有限公司	全自动锁附镜头 MTF 检测线及其产业化	行业共性关键技术开发	工程和技术研究和试验发展	2018 年 6 月—2020 年 5 月	180	450
55	福建亿能达信息技术股份有限公司	基于图像识别技术的财务管理平台	行业共性关键技术开发	软件开发	2019 年 1 月—2020 年 12 月	450	500
56	福建省亿鑫海信息科技有限公司	人工智能图像识别软件	行业共性关键技术开发	高端软件和新兴信息服务	2018 年 1 月—2019 年 12 月	200	400
57	福建省亿鑫海信息科技有限公司	安全体感 VR 培训软件	行业共性关键技术开发	高端软件和新兴信息服务	2019 年 1 月—2020 年 12 月	200	300
58	福建亿榕信息技术有限公司	基于自然语言处理技术的能源电力文本数据挖掘人工智能平台	行业共性关键技术开发	软件开发	2018 年 5 月—2020 年 4 月	350	1000

续表

序号	项目实施单位及合作单位名称	项目名称	专项类别	所属行业	项目实施年限	项目研发投入	预计年新增销售收入
59	云企管智能软件科技（福建）有限公司	云上企业智能管理平台	行业共性关键技术开发	软件及应用系统	2018 年 7 月—2020 年 6 月	1500	2000
60	福建星榕基信息科技有限责任公司	基于分布式的大数据集成平台研发及产业化	行业共性关键技术开发	软件开发	2018 年 1 月—2019 年 12 月	600	600
61	福州瑞芯微电子股份有限公司	人工智能芯片的研发与应用	行业共性关键技术开发	集成电路设计	2018 年 9 月—2020 年 8 月	1200	3500
62	华瑞（福建）生物科技有限公司	新型骨修复材料研究及产业化	行业共性关键技术开发	生物医学工程	2018 年 1 月—2019 年 12 月	3000	3000
63	福建鸿博光电科技有限公司	LED 防眩投射灯的研发及应用	行业共性关键技术开发	照明器具制造	2018 年 6 月—2020 年 5 月	350	490
64	福建鸿博光电科技有限公司	轨道交通车内智能 LED 照明系统研究与应用	行业共性关键技术开发	照明器具制造	2018 年 6 月—2020 年 5 月	400	520
65	福州翔升软件开发有限公司	基于云服务的房屋交易与产权管理信息平台	行业共性关键技术开发	软件和信息技术服务业应用软件开发	2019 年 1 月—2020 年 12 月	500	1200
66	鸿博股份有限公司、杭州电子科技大学	可追溯的彩票空白单证配送服务	行业共性关键技术开发	印刷	2017 年 6 月—2019 年 5 月	334	736
67	福建星网视易信息系统有限公司	3D 物联娱乐系统的研发	行业共性关键技术开发	电子信息	2018 年 7 月—2020 年 6 月	1200	3200
68	中能电气股份有限公司	智能化中置柜	行业共性关键技术开发	机电行业	2017 年 1 月—2018 年 12 月	450	5000
69	福建新大陆环保科技有限公司、福州大学	基于臭氧、紫外、光催化和过氧化氢耦合的污水高级氧化处理工艺研发	行业共性关键技术开发	节能环保	2018 年 6 月—2020 年 6 月	500	2000
70	福建新大陆环保科技有限公司	100kW 风冷式大型模块化臭氧电源系统的研发	行业共性关键技术开发	节能环保	2018 年 1 月—2019 年 12 月	600	1000
71	福建国光电子科技股份有限公司	PEDOT 高耐压聚合物片式叠层铝电解电容器	行业共性关键技术开发	电子元件及组件制造	2018 年 1 月—2019 年 12 月	1200	800
72	福建阿古电务数据科技有限公司	边缘计算智能网关	行业共性关键技术开发	软件开发	2018 年 5 月—2020 年 4 月	200	2000
73	中铝瑞闽股份有限公司、中铝材料应用研究院有限公司	新能源汽车电池结构件用铝的研发及产业化	行业共性关键技术开发	有色金属冶炼及压延加工业	2019 年 1 月—2020 年 12 月	500	31000
74	中铝瑞闽股份有限公司、中铝材料应用研究院有限公司	新型超薄易拉罐盖用 5XXX 系铝合金带材制备及应用技术开发	行业共性关键技术开发	有色金属冶炼及压延加工业	2019 年 1 月—2020 年 12 月	400	32000

续表

序号	项目实施单位及合作单位名称	项目名称	专项类别	所属行业	项目实施年限	项目研发投入	预计年新增销售收入
75	中铝瑞闽股份有限公司、中铝材料应用研究院有限公司	高性能镜面铝制备技术开发及其市场推广	行业共性关键技术开发	有色金属冶炼及压延加工业	2019年1月—2020年12月	600	1800
76	长乐恒申合纤科技有限公司	高品质粗旦锦纶6分纤母丝生产系统的研发	行业共性关键技术开发	化学纤维制造业	2018年1月—2019年12月	1350	2250
77	长乐力恒锦纶科技有限公司、闽江学院	绿色原液着色锦纶产业化技术开发	行业共性关键技术开发	化学纤维制造业	2018年1月—2019年12月	600	1000
78	福建雪人制冷设备有限公司	高效环保丙烯制冷机组的开发	行业共性关键技术开发	机械制造	2018年6月—2020年6月	530	650
79	福州市电子信息集团有限公司、北京泰尔英福网络科技有限责任公司、中国信息通信研究院、福耀玻璃工业集团股份有限公司、福建省数字福建云计算运营有限公司	国家工业互联网标识解析二级节点（福州）平台建设及应用	行业共性关键技术开发	高新技术服务	2019年4月—2020年1月	3000	2500
80	福州市电子信息集团有限公司、中国移动福州分公司、中国铁塔股份有限公司福建省分公司	数字经济共享小区资源服务平台建设及应用	行业共性关键技术开发	高新技术服务	2019年3月—2020年1月	2500	6000
81	智恒科技股份有限公司	基于水联网大数据的DMA分区及漏损运营管控平台	行业共性关键技术开发	软件开发	2018年9月—2020年8月	310	800
82	福建骏鹏通信科技有限公司	新能源车用铝材超塑性制造工艺的研发与应用	行业共性关键技术开发	汽车零部件及配件制造	2018年10月—2019年9月	4000	8000
83	金钱猫科技股份有限公司	大数据优化及冷存储技术研究与产业化	行业共性关键技术开发	新一代信息技术	2018年4月—2020年3月	600	3000
84	中电福富信息科技有限公司	融合创新AI通用能力开放社区	行业共性关键技术开发	软件和信息技术服务业	2019—2020	1200	600
85	中电福富信息科技有限公司	基于大数据融合架构及意向建模的智能网络运营	行业共性关键技术开发	软件和信息技术服务业	2019—2020	800	400
86	中电福富信息科技有限公司	智能视频分析大数据研发项目	行业共性关键技术开发	软件和信息技术服务业	2019—2021	1000	500
87	中电福富信息科技有限公司	云VR项目	行业共性关键技术开发	软件和信息技术服务业	2010—2020	500	200

续表

序号	项目实施单位及合作单位名称	项目名称	专项类别	所属行业	项目实施年限	项目研发投入	预计年新增销售收入
88	恒瑞通（福建）信息技术有限公司	基于大数据技术的环境监管网格化信息系统	行业共性关键技术开发	软件和信息技术服务业	2018 年 3 月—2020 年 3 月	260	800
89	福州天宇电气股份有限公司\福州大学	变压器绝缘油气体超标的研究	行业共性关键技术开发	机械制造	2018 年 1 月—2018 年 12 月	483.6	6000
90	福州传世网络科技有限公司	智慧城市照明系统智能管理平台	行业共性关键技术开发	软件和信息技术服务业	2018 年 5 月—2019 年 12 月	329.16	600
91	福州钜立机动车配件有限公司	美国 EMERSON 公司 XL 系列高强度、耐腐蚀控制阀体的研发	行业共性关键技术开发	汽车零部件制造业	2019 年 1 月—2020 年 12 月	3200	800
92	福建鑫联达智能科技有限公司	智能终端远程交互验证技术的研究与开发	行业共性关键技术开发	制造业	2019 年 2 月—2019 年 12 月	450	2000
93	福建联合动力机电科技有限公司	采用电子控制系统对喷油系统进行电子控制的研发	行业共性关键技术开发	电机制造	2018 年 10 月—2020 年 10 月	2500	4000
94	北卡科技有限公司	基于公网的专用安全通信系统	行业共性关键技术开发	软件开发	2018 年 6 月—2020 年 6 月	4000	3000
95	福建新合发建材科技有限公司	新型一体化防水保温材料	行业共性关键技术开发	建材	2018 年 11 月—2020 年 11 月	2100	4460
96	福建省福清友发实业有限公司	关于美纹纸二次浸渍改性工艺的研发与应用	行业共性关键技术开发	制造业	2018 年 2 月—2019 年 12 月	500	2500
97	福建友谊胶粘带集团有限公司	关于硅改性聚醋酸乙烯水性离型剂的研发与应用	行业共性关键技术开发	制造业	2018 年 3 月—2019 年 12 月	550	3000
98	福建恒杰塑业新材料有限公司、福建师范大学福清分校	海洋养殖网箱框架材料关键技术研究及产业化	行业共性关键技术开发	塑料制品业	2018 年 10 月—2019 年 12 月	1100	8000
99	福建省万达汽车玻璃工业有限公司	动车高铁前风挡玻璃高强韧性制备关键技术研发	行业共性关键技术开发	非金属矿物制品业	2018 年 6 月—2020 年 6 月	3000	1500
100	福建福耀汽车饰件有限公司、福耀玻璃工业集团股份有限公司	高端汽车外饰铝镁合金材料研究及产业化	行业共性关键技术开发	汽车零配件	2018 年 3 月—2020 年 3 月	15000	13000
101	福建宏宇电子科技有限公司	多功能低压伺服驱动系统	行业共性关键技术开发	纺织、服装和皮革加工专用设备制造	2018 年 1 月—2019 年 12 月	200	1000

续表

序号	项目实施单位及合作单位名称	项目名称	专项类别	所属行业	项目实施年限	项目研发投入	预计年新增销售收入
102	福耀玻璃工业集团股份有限公司	汽车身份识别用嵌入式电子标识前挡玻璃的研发及产业化	行业共性关键技术开发	汽车零部件	2019年1月—2020年12月	1200	2080
103	福耀玻璃工业集团股份有限公司	超强隔热隔紫外及憎水复合功能汽车玻璃的研发及产业化研究	行业共性关键技术开发	汽车零部件	2018年1月—2019年12月	1000	1620
104	福耀玻璃工业集团股份有限公司	汽车用超薄(2.1mm→0.7mm)节能夹层玻璃的研发及产业化研究	行业共性关键技术开发	汽车零部件	2019年1月—2020年12月	1000	2700
105	福耀玻璃工业集团股份有限公司、北京京东方传感技术有限公司	高铁智能调光玻璃研发和产业化研究	行业共性关键技术开发	汽车零部件	2019年1月—2020年6月	500	2000
106	福建中能电气有限公司	SF6气体绝缘金属封闭开关设备(永磁机构)ELE－V－12/Y630－25	行业共性关键技术开发	机电行业	2017年1月—2018年10月	500	6000
107	福建朝日环保科技开发有限公司	三元催化器智能化封装系统(GBD)技术研发和产业化	行业共性关键技术开发	制造业	2017年9月—2019年12月	800	3000
108	福建国锐中科光电有限公司、中科院海西研究院物质结构研究所	DLP光固化3D打印拼接技术及设备	行业共性关键技术开发	增材制造	2019年4月—2021年6月	150	130
109	福建省瑞雪信息科技有限公司	Ri－EMS智慧工业能源管理系统(一期)	其他	软件开发	2018年11月—2020年4月	505	1080
110	福建必联物联网科技有限公司	两线制节水灌溉控制系统	其他	灌溉服务	2018年6月—2020年5月	100	200
111	福建省建中工程设备有限公司	电驱智能超深水泥土搅拌桩机的研制和应用	产业创新重大专项	采矿、冶金、建筑专用设备制造	2019—2020	1500	2500
112	福建国锐中科光电有限公司、中科院海西研究院物质结构研究所	平面投影DLP超大幅面3D打印机	行业共性关键技术廾发	增材制造	2019年4月—2021年6月	150	130
					汇总	22.28亿元	133.7亿元

二、宁德市

续表

序号	项目实施单位及合作单位名称	项目名称	专项类别	所属行业	项目实施年限	项目研发投入	预计年新增销售收入
1	宁德市星宇科技有限公司、宁德师范学院	新能源汽车电机用高性能钕铁硼磁体的 Dy/Tb 晶界扩散及表面镀 Al2O3/Al 自动化批量生产工艺开发	行业共性关键技术开发	有色金属压延加工	2019—2021	560	1300
2	三禾电器（福建）有限公司	高效泵用驱动电机	行业共性关键技术开发	电动机制造	2019 年 1 月—2020 年 12 月	200	1800
					汇总	0.08 亿元	0.31 亿元

三、莆田市

序号	项目实施单位及合作单位名称	项目名称	专项类别	所属行业	项目实施年限	项目研发投入	预计年新增销售收入
1	新万鑫（福建）精密薄板有限公司	27Q110 - 120 取向硅钢产品研发及产业化应用	行业共性关键技术开发	新材料	2019 年 5 月—2021 年 4 月	600	2000
2	福建海山机械股份有限公司	6 吨污染清扫车产品研发	产业创新重大专项	高端装备制造	2018 年 1 月—	200	10000
3	三棵树涂料股份有限公司	无溶剂食品接触级内墙体系	行业共性关键技术开发	涂料化工	2018 年 3 月—2020 年 3 月	100	5000
4	双驰实业股有限公司	鞋业工业互联网示范项目	行业共性关键技术开发	制鞋业	2019 年 1 月—2020 年 12 月	1000	5000
5	杰讯光电（福建）有限公司、中国科学研究院光电材料化学与物理重点实验室	超高速光纤拉丝技术	产业创新重大专项	机械设备/通信设备	2018 年 10 月—2020 年 10 月	150	800
6	杰讯光电（福建）有限公司、中国科学研究院光电材料化学与物理重点实验室	光电子自聚焦透镜的制备方法	产业创新重大专项	B01 机械设备/B0113 通信设备	2018 年 10 月—2020 年 10 月	150	600
7	福建劲德电源科技有限公司、福建师范大学	超低温高性能锂离子电池研发	产业创新重大专项	电池制造	2018 年 12 月—2020 年 12 月	200	1100
8	中电（福建）工业互联网研究院有限公司	中电福建工业互联网平台	行业共性关键性技术开发	工业互联网	1	2000	600
9	莆田杰木科技有限公司	3D TOF 智能传感器项目	行业共性关键性技术开发	集成电路设计	2019—2021	10000	3000—15000
10	莆田杰木科技有限公司	基于 RISCV 的自研 MCU 项目	行业共性关键性技术开发	集成电路设计	2019—2020	5000	1000
11	福建省利邦环境工程有限公司	颗粒活性炭吸附-蒸汽脱附回收装置	行业共性关键技术开发	节能环保专用设备制造	2018 年 1 月—2019 年 12 月	185	600

续表

序号	项目实施单位及合作单位名称	项目名称	专项类别	所属行业	项目实施年限	项目研发投入	预计年新增销售收入
12	福建省汽车工业集团云度新能源汽车股份有限公司	新能源汽车整车远程诊断及刷新的关键技术研究	行业共性关键技术开发	新能源汽车	2019	200	/
13	福建华佳彩有限公司	高清高屏占比显示屏开发	行业共性关键技术开发	电子信息	2018 年 6 月—2019 年 10 月	600	3200
14	福建钜能电力有限公司	超薄 HDT 高效单晶异质结太阳能	行业共性关键技术开发	电力生产	2018—2020	800	1200
15	福建省福联集成电路有限公司	整合性被动元件(IPD)在砷化镓基底上的研究与开发	行业共性关键技术开发	电子核心基础产品	2019—2020	700	5000
16	莆田市荣兴机械有限公司	新能源汽车控制器箱体加工线项目	行业共性关键技术开发	机械	2019 年 7 月—2021 年 7 月	1500	4000
17	上海电气风电设备莆田有限公司	AGV 智能运输小车项目	行业共性关键技术开发	制造业	2018 年 6 月—2019 年 12 月	180	9632. 6
					汇总	2. 36 亿元	4. 97 亿元

四、泉州市

序号	项目实施单位及合作单位名称	项目名称	专项类别	所属行业	项目实施年限	项目研发投入	预计年新增销售收入
1	福建南方路面机械有限公司、华侨大学机电及自动化学院、菏泽城建工程发展集团有限公司	基于多维机器视觉检测的固废在线识别关键技术及人工智能分拣机器人的开发	产业创新重大专项	机械设备制造业	3	1500	8000
2	泉州匹克鞋业有限公司、西安理工大学	“匹克态极”科技	产业创新重大贡献	制鞋业	3	5000	50000
3	嘉泰数控科技股份公司、福建工程学院	智能高速钻铣加工岛研发及产业化	产业创新重大专项	通用设备制造业	2017 年 10 月—2019 年 10 月	700	800
4	福建省嘉泰智能装备有限公司	数控机床数字化工厂大数据项目	产业创新重大专项	通用设备制造业	2017 年 12 月—2019 年 12 月	700	800
5	福建省天骄化学材料有限公司、福建师范大学泉港石化研究院	高固含量的聚合物多元醇(HPOP)	产业创新重大专项	新材料	2018 年 7 月—2020 年 12 月	2000	10000
6	福建中益制药有限公司、福建师范大学福清分校	医药用桉叶油生产关键技术研究及产业化	产业创新重大专项	医药	2018 年 8 月—2021 年 7 月	2000	10000
7	福建龙翌合金有限公司、上海楷新机器人自动化设备有限公司	自动化高效锌合金生产线的建设及应用	产业创新重大专项	五金制造业	2018 年 1 月—2020 年 12 月	300	1500

续表

序号	项目实施单位及合作单位名称	项目名称	专项类别	所属行业	项目实施年限	项目研发投入	预计年新增销售收入
8	三六一度（中国）有限公司、南通大学、中国科学院合肥物质科学研究院	智能温控服装	产业创新重大专项	轻工	2018—2020	2000	7500
9	福建兴翼机械有限公司、厦门大学	面向协作的智能研磨机器人研究及产业化	产业创新重大专项	采矿、冶金、建筑专用设备制造	2019 年 1 月—2012 年 1 月	300	1500
10	晋江市鹏太机械科技有限公司与江南大学	双针床三贾卡经编机产业化项目	产业创新重大专项	纺织专用设备制造	2018 年 2 月—2019 年 12 月	350	2000
11	福建省闽发铝业股份有限公司、福建工程学院、闽江学院	高强韧化、耐腐蚀铝合金建筑模板研发及产业化	产业创新重大专项	有色金属压延加工	2018—2019	500	3000
12	福建天广消防有限公司、福建闽江学院、德林机械制造有限公司	室内消火栓装配流水线机器人自动化	产业创新重大专项	节能环保、社会公共服务及其他专用设备制造	2018—2019	350	3000
13	泉州市华茂机械设备有限公司、泉州装备制造研究所	履带链片表面裂纹智能辨识系统研发	产业创新重大专项	汽车零部件及配件制造	2017—2019	230	2000
14	福建省中瓷网络科技有限公司、清华大学电子商务交易技术国家工程实验室	德化“互联网＋陶瓷”爱陶瓷平台	产业创新重大专项	互联网及相关服务	2017 年 12 月—2019 年 12 月	5000	2500
15	福建省德化福杰陶瓷有限公司、厦门大学	高温过滤及净化和用于多孔陶瓷材料关键技术研发	产业创新重大专项	制造业	2018 年 6 月—2019 年 12 月	600	800
16	泉州坤泰机械精工制造有限公司、福建工程学院	日用陶瓷全自动双滚成型生产线研发及产业化	产业创新重大专项	制造业	2018 年 1 月—2020 年 12 月	600	3000
17	福建省德化县日顺陶瓷有限公司、泉州市工艺美术学院	年产 400 吨成型保利龙节能减排创新项目	产业创新重大专项	制造业	2018 年 4 月—2020 年 3 月	300	1000
18	泉州市德化县丰弘机械有限公司、华中科技大学	陶瓷自动注浆成型生产线	产业创新重大专项	制造业	2018 年 4 月—2020 年 5 月	230	1500
19	福建立亚新材有限公司、厦门大学	Cansas－1100、1200 高性能陶瓷纤维的研制	产业创新重大专项	轻工	2	1000	800
20	和谐光电科技（泉州）有限公司、中国科学院海西研究院泉州装备制造研究所	基于无线光网络在智慧超市应用关键技术的研发	产业创新重大专项	电子信息	2018 年 1 月—2019 年 12 月	600	2000

续表

序号	项目实施单位及合作单位名称	项目名称	专项类别	所属行业	项目实施年限	项目研发投入	预计年新增销售收入
21	福建华南重工机械制造有限公司、华侨大学机电及自动化学院	纯电驱动轮式挖掘机的研发与产业化	产业创新重大专项	物料搬运设备制造	2018年1月—2020年12月	650	3150
22	泉州华数机器人有限公司、泉州华中科技大学智能制造研究院	全电动注塑机专用控制系统研发	产业创新重大专项	先进制造	2	200	380
23	泉州华数机器人有限公司、泉州华中科技大学智能制造研究院	基于机器视觉的Delta机器人工程化、产业化	产业创新重大专项	先进制造	2	500	330
24	泉州师范学院、信和新材料股份有限公司、福建久信科技有限公司	石墨烯导电油墨的关键制备技术开发及产业化	产业创新重大专项	制造业	2	200	500
25	泉州师范学院、福建联合石油化工有限公司	新型聚丙烯产品质量提升与新牌号产品的开发	产业创新重大专项	石油化工	3	2000	5000
26	泉州师范学院、泉州欧美嘉光子技术有限公司	抗蓝光护眼LED照明	产业创新重大专项	光电信息	2	100	1000
27	福建省菲莱特信息技术有限公司、泉州装备制造研究所	失衡防护智能控制系统研制	行业关键共性技术	医疗仪器设备及器械制造	2	500	1500
28	福建省蓝深环保技术股份有限公司、中国科学院福建物质结构研究所	新型陶瓷材料污水处理装置技术	行业共性关键技术开发	先进环保	2	500	5000
29	福建北峰通信科技股份有限公司	森林防火无线通信和指挥调度平台	行业共性关键技术开发	数字移动通信	2018年7月—2020年6月	270	1350
30	福建铁拓机械有限公司、长安大学	连续强制式沥青混合料搅拌设备的研发	行业共性关键技术开发	工程机械	2018年6月—2020年6月	600	2000
31	信和新材料股份有限公司	海洋核动力平台示范工程石墨烯防腐涂料的技术研究	行业共性关键技术开发	新材料	2018年6月—2020年6月	200	350
32	福建师范大学泉港石化研究院、福建省环境友好高分子材料创新中心	腰果酚接枝聚丙烯高分子相容剂的研发	行业共性关键技术开发	高性能复合材料	2019年1月—2020年12月	150	2000
33	福建中科光芯光电科技有限公司	光通信用2.5G半导体激光器	行业共性关键技术开发	光电子器件制造	2018年4月—2020年3月	550	5000
34	福建省海兴凯晟科技有限公司、石狮市中纺学服装及配饰产业研究院	一种新型弹性纤维填充材料的开发及产业化	行业共性关键技术开发	合成纤维制造	2018年7月—2019年12月	200	500

续表

序号	项目实施单位及合作单位名称	项目名称	专项类别	所属行业	项目实施年限	项目研发投入	预计年新增销售收入
35	石狮市伊妮斯服饰有限公司、石狮市中纺学服装及配饰产业研究院	一体环保再生服装的研究与开发	行业共性关键技术开发	针织或钩针编织服装制造	2018 年 12 月—2019 年 12 月	150	300
36	晋江国盛新材料科技有限公司	高性能热塑性聚氨酯发泡珠粒（ETPU）产业化关键技术研究	行业共性关键技术开发	新型功能材料	2018 年 1 月—2019 年 12 月	335	2500
37	利郎（中国）有限公司	无缝羽绒直充面料的研究开发	行业共性关键技术开发	纺织服装	2018 年 4 月—2020 年 4 月	280	1400
38	茂泰（福建）鞋材有限公司、福州大学材料科学与工程学院	硫化橡胶/发泡 EVA 的复合鞋底一体成型技术研发与产业化	行业共性关键技术开发	制鞋业	2019 年 1 月—2020 年 12 月	680	5200
39	峰安皮业股份有限公司	环保型半植鞣蜡变胎牛革的研发	行业共性关键技术开发	轻工	2018 年 1 月—2019 年 9 月	150	800
40	晋江福兴拉链有限公司、厦门大学	用于鞋服及辅料设计的人工智能技术	行业共性关键技术开发	服装辅料	2018 年 4 月—2020 年 3 月	400	2000
41	福建凤竹纺织科技股份有限公司、东华大学	大麻混纺针织面料开发关键技术及产业化	行业共性关键技术开发	纺织业	2018 年 9 月—2020 年 9 月	300	1500
42	信泰（福建）科技有限公司、黑天鹅智能科技（福建）科技有限公司	智能成型线	行业共性关键技术开发	化纤制造及印染精加工	2018 年 1 月—2020 年 1 月	600	1500
43	信泰（福建）科技有限公司、晋江市成东纺织有限公司、黑天鹅智能科技（福建）科技有限公司	装纱卸纱系统	行业共性关键技术开发	化纤制造及印染精加工	2018 年 6 月—2020 年 6 月	120	400
44	九牧厨卫股份有限公司	厨卫产品表面耐指纹金属黑镀层关键技术研发	行业共性关键技术开发	金属表面处理及热处理加工	2018—2020	500	1200
45	九牧厨卫股份有限公司	燃气恒温淋浴器系统关键技术研究	行业共性关键技术开发	金属制日用品制造	2018—2019	200	7000
46	福建敏捷机械有限公司	带横移垂直升降立体停车库	行业共性关键技术开发	智能制造	2018—2019	300	2500
47	德林智能科技有限公司	铸造自动化生产线研制及产业化	行业共性关键技术开发	铸造机械制造	2018—2019	500	3000
48	福建泉州世光照明科技有限公司、华侨大学信息科学与工程学院	高光效智能型 LED 照明灯具及其产业化	行业共性关键技术开发	照明器具制造	2018—2019	100	250

续表

序号	项目实施单位及合作单位名称	项目名称	专项类别	所属行业	项目实施年限	项目研发投入	预计年新增销售收入
49	福建章乐电缆有限公司	特种绕包双层保护环保型高强度电缆研制及其产业化	行业共性关键技术开发	电线电缆	2018—2019	126	600
50	波尔（泉州）测控科技有限责任公司	河湖（库）长制智能安全预警阀值监测管理系统操作平台（包含：NBIot 收发模组开发、LoRa 收发模组开发）	行业共性关键技术开发	电子元器件及专用设备	2019—2020	150	500
51	福建省昌德胶业科技有限公司、泉州师范学院	环氧树脂结构胶的开发及产业化	行业共性关键技术开发	精细化工	2017—2019	700	500
52	福建安溪裕园茶基地有限公司、福建农林大学	乌龙茶连续化清洁化加工技术与装备集成创新	行业共性关键技术开发	茶叶	1	1200	2000
53	福建省德化龙顺陶瓷有限公司	全自动日用陶瓷滚压成型生产线及数字化烧成窑炉的研发及应用	行业共性关键技术开发	制造业	2018 年 6 月—2020 年 6 月	2500	1800
54	福建省泉州市契合工贸有限公司	自动化滚压成型流水线及数字化烧成窑炉控制的研发与应用	行业共性关键技术开发	制造业	2018 年 9 月—2020 年 9 月	630	1500
55	泉州市比邻三维科技有限公司	工艺制品行业 3D 打印智能制造的关键技术研发及产业化	行业共性关键技术	增材制造	2019 年 1 月—2020 年 12 月	350	1000
56	福建立亚新材有限公司、厦门大学	高性能特种陶瓷材料研制	行业共性关键技术开发	轻工	2	25000	19500
57	泉州精准机械有限公司、中科院海西研究院泉州装备制造研究所	电子储纱器的研制及其产业化	行业共性关键技术开发	纺织专用设备制造	2. 09	2000	1600
58	泉州市德源轴承实业有限公司、泉州装备制造研究所	复杂型面精密轴承微裂纹的超声无损检测系统开发	行业共性关键技术开发	机械工程	2	200	500
59	泉州华数机器人有限公司、泉州华中科技大学智能制造研究院	基于 VR 的机器人的虚拟教学平台	行业共性关键技术开发	先进制造	2	300	330
60	泉州华数机器人有限公司、泉州华中科技大学智能制造研究院	休闲鞋自动化产线智能云服务平台	行业共性关键技术开发	先进制造	2	200	300

续表

序号	项目实施单位及合作单位名称	项目名称	专项类别	所属行业	项目实施年限	项目研发投入	预计年新增销售收入
61	泉州师范学院、泉州市旭丰粉体原料有限公司	基于废弃海洋生物壳类物质转化的高新抗菌粉体技术研究与应用	行业共性关键技术开发	化工材料	2	600	1000
62	泉州师范学院、福建硅光通讯科技有限公司、福建医科大学附属第一医院	基于光纤干涉仪的心冲击图传感器制造关键技术的研究	行业共性关键技术开发	高校	2	100	1000
63	泉州师范学院、安元（福建）光学科技有限公司	微棱镜反光膜超精密光学模具制造关键技术的研究	行业共性关键技术开发	高校	2	100	1000
64	泉州师范学院、浙江省同德医院老年医学科	基于人机交互技术的多模态阿尔茨海默症认知功能自我评估系统的研究	行业共性关键技术开发	人工智能	2	/	/
					汇总	6.97 亿元	20.24 亿元

五、漳州市

序号	项目实施单位及合作单位名称	项目名称	专项类别	所属行业	项目实施年限	项目研发投入	预计年新增销售收入
1	漳州大北农农牧科技有限公司、集美大学水产学院	乳仔猪无抗功能性发酵饲料的开发及产业化示范	产业创新重大专项	农牧业	2019 年 1 月—2020 年 12 月	2000	4000
2	福建康之味食品工业有限公司、漳州职业技术学院、福建省热带作物科学研究所	闽台百香果种质资源应用与产品开发示范	产业创新重大专项	饮料制造业	2018 年 1 月—2020 年 12 月	300	500
3	漳州丽都化工有限公司、福建师范大学	新型阻燃耐黄变环氧树脂胶黏剂的关键技术及产业化	产业创新重大专项	制造业	2018 年 9 月—2020 年 9 月	180	800
4	正兴车轮集团有限公司、福建工程学院	型钢无内胎（神奇）车轮的研究与开发	行业共性关键技术开发	汽车零部件及配件制造	2018 年 1 月—2019 年 12 月	600	4500
5	福建福船一帆新能源装备制造有限公司	应用 ISO 9001 体系和智能化过程管理打造绿色新能源装备	其他（省质量标杆）	结构性金属制品制造 331	2018 年 1 月—2019 年 12 月	1000	10000
6	福建大北农水产科技有限公司、中国水产科学研究院长江水产研究所	抗无乳链球菌的罗非鱼功能性配合饲料研制及应用	产业创新重大专项	农副食品加工业	2017 年 3 月—2020 年 2 月	1000	2000

续表

序号	项目实施单位及合作单位名称	项目名称	专项类别	所属行业	项目实施年限	项目研发投入	预计年新增销售收入
7	漳州万宝能源科技有限公司	高能量密度长循环圆柱电池的研发	行业共性关键技术开发	电池制造	2018年10月—2020年9月	450	4000
8	福建省南云包装设备有限公司	基于机器视觉的智能化打印贴标机研制	行业共性关键技术开发	智能装备	2018年2月—2019年12月	180	1500
9	漳州万利达科技有限公司	金融POS机无人值守机器人智能检测系统	行业共性关键技术开发	制造业	2019年7月—2020年7月	300	1600
10	漳州市天凯塑胶有限公司、闽南师范大学化学与环境学院	一种石墨烯改性锂电池隔膜及锂电池的研发及应用	产业创新重大专项	新型功能材料	2019年10月—2021年9月	260	1200
11	福建鑫森辉酒业有限责任公司	蜜柚白兰地研发	产业创新重大专项	C1519	2019年1月—2020年6月	150	1200
12	漳州市冠发自动化设备有限公司	工业自动化柚果分级机研发	行业共性关键技术开发	智能装备	2	250	450
13	华安正兴车轮有限公司、福建省工业集成自动化行业技术开发基地	铝合金车轮锻造区生产节拍与能效的优化	产业创新重大专项	汽车配件及零部件制造	2018年1月—2019年12月	800	7200
14	漳州市陆海环保产业开发有限公司	生活废弃硬杂塑料高效分选与高质再利用项目	行业共性关键技术开发	非金属废料和碎屑加工处理	2018年6月—2019年12月	240	2000
15	福建省漳州建华陶瓷有限公司	高强度环保陶瓷砖自动化生产的研发及产业化	行业共性关键技术开发	砖瓦、石材等建筑材料制造	2018年10月—2019年12月	1000	2000
16	漳州鑫华成机械制造有限公司、福建省工业集成自动化行业技术开发基地	人造板生产线信息化装备与关键技术研究	行业共性关键技术开发	352	2018年3月—2020年2月	500	1500
17	福建安麟智能科技股份有限公司、福建工程学院	基于云的智能电动卷帘门关键技术及其应用研究	产业创新重大专项	331	2018年4月—2020年3月	300	1500
18	福建合声钢琴工业制造有限公司、武汉工业大学	合声钢琴部件精密制造项目	产业创新重大专项	制造业	2018年5月—2019年11月	2100	8000
19	福建省远扬藻业股份有限公司、自然资源部第三海洋研究所	高营养强化型海带精粉的中试制备关键技术研发	产业创新重大专项	制造业	2019—2021	360	1200
20	东山博广天兴食品股份有限公司、青岛海洋生物医药研究院	章鱼加工副产物综合开发与利用	产业创新重大专项	水产品加工业	2017年4月—2020年4月	600	1500

续表

序号	项目实施单位及合作单位名称	项目名称	专项类别	所属行业	项目实施年限	项目研发投入	预计年新增销售收入
21	福建标新易开盖集团有限公司、漳州职业技术学院	年新增1200吨彩印马口铁包装材料生产线技术改造	产业创新重大专项	金属制品	2018年3月—2020年1月	700	2000
22	漳州片仔癀药业股份有限公司	抗焦虑新药的研发	产业创新重大专项	284	3	1950	0

汇总 1.52亿元 5.87亿元

六、龙岩市

序号	项目实施单位及合作单位名称	项目名称	专项类别	所属行业	项目实施年限	项目研发投入	预计年新增销售收入
1	龙岩市海德馨汽车有限公司	一种应急通讯指挥调度车的研发与应用	行业共性关键技术开发	汽车制造	2018年4月—2020年4月	1000	5000
2	龙岩卓越生物基材料有限公司	脂肪酸甲酯合成自干水溶性醇酸树脂	行业共性关键技术开发	生物材料	2018年5月—2019年12月	5000	25000
3	福建丰力机械科技有限公司	新能源电机系统水冷机壳	行业共性关键技术开发	机械	2018年1月—2019年12月	1000	1350
4	龙岩嘉麒生物科技有限公司	仙草提取开发功能性食品及质量控制	行业共性关键技术开发	制造业	2019年1月—2020年12月	500	500
5	龙岩市全鸿建材有限公司	冶炼废渣立式磨粉机研发	行业共性关键技术研发	废弃资源综合利用业	2018年11月—2020年6月	610	5600
6	福建铭祥金属材料有限公司	工业危废资源化综合利用技术研发	行业共性关键技术开发	废弃资源综合利用业	2019年1月—2020年12月	360	4500
7	福建坤孚股份有限公司	深海石油钻井完井用高性能镁合金构件新产品开发及应用	行业共性关键技术开发	有色金属制造	2	2100	2500
8	福建哈罗博康复机器人生产有限公司、中国科学院海西研究院泉州装备制造研究所	脑神经重塑康复机器人研究项目	产业创新重大专项	专用设备制造业	3	20000	10000
9	福建天守纺织新材料有限公司	石墨烯改性涤纶长丝及面料产业化项目	行业共性关键技术开发	新材料	2019年1月—2020年12月	2300	10000
10	福建贝思科电子材料股份有限公司	高性能纳米钛酸钡产业化项目	新材料	电子信息	2019—2020	21500	29000
11	福建瑞森新材料股份有限公司	有机硅氟共聚物新型清洁防护材料的开发	行业共性关键技术开发	涂料、油墨、颜料及类似产品制造	2018年1月—2019年12月	500	2000

续表

序号	项目实施单位及合作单位名称	项目名称	专项类别	所属行业	项目实施年限	项目研发投入	预计年新增销售收入
12	金绿源（中国）生物科技有限公司，浙江大学	细梗香草育种、复合种植、炮制中药饮片一体化项目	产业创新重大专项	食品及生物医药	2	5488	12000
13	福建溢泰科技有限公司	全自动高速婴儿训练裤生产线的研发	产业创新重大专项	机械制造	2019—2020	800	5000
14	项目福建省汇创新高电子科技有限公司	应用于5G通信的多输入多输出天线的研制与产业化	产业创新重大专项	电子信息	2019—2020	460	3500
15	福建万乘智慧光电科技有限公司、中国科学院福建物质结构研究所	荧光微晶玻璃基高功率暖白光LED灯技术研发	行业共性关键技术开发	照明灯具制造	2018—2020	500	650
16	龙岩新奥生物科技有限公司、龙岩学院	一种抗囊膜病毒的中短链脂肪酸组合	产业创新重大专项	生物与新医药	2019—2021	600	2000
17	福建金山锂科新材料有限公司	高镍三元正极材料产业化项目	产业创新重大专项	新材料	2019年6月—2021年6月	500	6000
18	福建亿瑞电力科技有限公司	配电智能运维综合服务平台	产业创新重大专项	输配电及控制设备制造	2018年12月	200	300
19	上杭县紫金佳博电子新材料科技有限公司、中国电子科技集团公司第十三研究所	键合金带的研发及产业化	行业共性关键技术开发	新材料	2.09	300	200
20	大地生机（福建）农业发展有限公司	真空低温油炸果蔬（食用菌）脆片加工新技术应用示范	行业共性关键技术开发	农副食品加工业	2.09	200	1400
21	福建闽烯科技有限公司	大面积石墨烯薄膜制备技术与设备研发	产业创新重大专项	新材料	2018—2020	910	300
22	福建省希望生物科技有限公司	一种治疗仔猪顽固性腹泻中草药口服液制剂的研究与开发	行业共性关键技术开发	生物医药	2018—2020	400	2000
23	福建德尔科技有限公司	新型氧化剂材料的研究开发	产业创新重大专项	新材料		7500	15000
24	福建德尔科技有限公司	电子级六氟丁二烯的合成	产业创新重大专项	新材料	2019—2021	5000	20000

续表

序号	项目实施单位及合作单位名称	项目名称	专项类别	所属行业	项目实施年限	项目研发投入	预计年新增销售收入
25	福建龙氟化工有限公司	节能环保型高纯无水氟化氢制造关键技术研究及应用	行业共性关键技术开发	化学原料和化学制品制造业	2018年3月—2020年2月	800	1250
26	龙岩思康新材料有限公司	含氟锂电池电解液阻燃抗爆添加剂及负极保护剂的研制及生产	产业创新重大专项	合成材料制造	2018—2020	7000	18000
27	福建龙马环卫装备股份有限公司	纯电动智能网联洗扫车研发项目	行业共性关键技术开发	改装汽车制造	2	500	2000
28	福建龙马环卫装备股份有限公司	智能感知决策清洗车	行业共性关键技术开发	改装汽车制造	2	450	2000
29	福建新龙马汽车股份有限公司	V65 纯电动多用途乘用车研发	产业创新重大专项	制造业	1年5个月	2665	52034
30	龙合智能装备制造有限公司	垛装产品智能无人装车系统	行业共性关键技术开发	机械装备	1	280	5000
31	福建强纶新材料股份有限公司	新一代超高温除尘滤袋－强纶金属纤维滤袋研发与应用	行业共性关键技术开发	产业用纺织品	2018年1月—2020年1月	700	900
32	龙岩畅丰专用汽车有限公司	一种可扩展式专用车关键技术研究和应用	行业共性关键技术开发	改装汽车制造	2018年6月—2020年5月	400	4500
33	欧麦香（福建）食品有限公司	防碎入口酥型压缩干粮研发与产业化项目	行业共性关键技术开发	轻工	2	400	2000
34	龙岩市五环环保设备有限公司	可调式变流电除尘器	行业共性关键技术开发	其他通用设备制造业	2018年1月—2019年12月	255	1200
35	福建龙新三维阵列科技有限公司	低成本高稳定性非贵金属有机废气催化剂的研发及产业化	行业共性关键技术开发	环保	2019—2020	500	800
36	龙岩稀土开发公司、福建师范大学、福州碧瑞源生物科技有限公司	稀土采矿高氨氮污水的新型微生物处理技术开发及应用示范	产业创新重大专项	稀土开采	3	1000	15000
					汇总	9.27 亿元	26.85 亿元
七、三明市							
1	厦工（三明）重型机器有限公司	智能道路机械产品研发及产业化	产业创新重大专项	机械装备	2	580	3500

续表

序号	项目实施单位及合作单位名称	项目名称	专项类别	所属行业	项目实施年限	项目研发投入	预计年新增销售收入
2	福建省开诚机械有限公司	钢结构环境疲劳损伤机理及控制技术在铸钢件上的研发及推广	产业创新重大专项	黑色金属冶金和压延加工业	3	1500	3000
3	机械科学研究总院海西（福建）分院有限公司	钢铁棒材在线智能检测系统研发	产业创新重大专项	装备制造	2	300	600
4	机械科学研究总院海西（福建）分院有限公司	转炉钢水机器人自动测温取样系统研发	产业创新重大专项	装备制造	1	320	800
5	机械科学研究总院海西（福建）分院有限公司	电池壳生产线智能检测系统研发	产业创新重大专项	装备制造	2	260	500
6	机械科学研究总院海西（福建）分院有限公司	快递物流物件智能分拣装备研发	产业创新重大专项	装备制造	2	230	550
7	机械科学研究总院海西（福建）分院有限公司	竹木复合板组坯智能化生产线装备研发	产业创新重大专项	装备制造	2	230	600
8	中技数控科技（福建）有限公司	大功率数控光纤激光切割装备研发	产业创新重大专项	机械装备	2	320	1200
9	中技数控科技（福建）有限公司	五轴联动数控雕刻机研发	产业创新重大专项	装备制造	2	210	700
10	福建盘古中药材有限公司、福建农林大学、河南康又美医药科技有限公司	将乐县盘古细胞工程中医药繁育中心项目	产业创新重大专项	中药材种植	2017—2020	800	500
11	机械科学研究总院（将乐）半固态技术研究所有限公司、沈阳铸造研究所、北京机电研究所	8000KN 智能挤压铸造生产专用设备研发	产业创新重大专项	高端装备制造	2017—2019	1480	1000
12	福建省有竹科技有限公司、国际竹藤中心	村镇绿色建筑材料及部品开发关键技术	产业创新重大专项	农林	3	1000	4000
13	福建省源容生物科技有限公司、北京中医药大学、江南大学	无患子生物质资源深加工和综合利用	产业创新重大专项	生物医药及生物产业	2018—2019	800	10000
14	福建鑫绿林产品开发有限公司、中国林业科学研究院林产化学工业研究所	杉木油提取天然植物香料生产项目	产业创新重大专项	香料香精制造	2018—2020	350	3000
15	三明福特科光电有限公司、福建福特科光电股份有限公司	星光级低照度大口径高清镜头研发及产业化	产业创新重大专项	电子信息	2018—2020	1000	3000

续表

序号	项目实施单位及合作单位名称	项目名称	专项类别	所属行业	项目实施年限	项目研发投入	预计年新增销售收入
16	福建格利尔印染有限公司	新型节能环保PU革基布染色工艺	行业共性关键技术开发	纺织印染	2017年1月—2019年12月	450	8000
17	德美特斯（三明）液压制造有限公司	大型铁路养护设备智能液压集成装备研发及产业化	产业创新重大专项	机械制造	2018年6月—2020年6月	350	3000
18	三明市扬晨食品有限公司、福建省农业科学院农业工程技术研究所	大豆高效加工利用产业化关键技术开发	行业共性关键技术开发	制造业	2018—2019	550	5900
19	福建省瑞奥麦特轻金属有限责任公司	高强韧铝合金铸件少无切削工艺技术的开发	行业共性关键技术开发	有色金属	2017—2019	436	672
20	福建省中坚环保科技有限公司、三明学院、集美大学信息工程学院	智慧园区安全环保能源在线综合管理平台	行业共性关键技术开发	环保	2018—2020	520	500
21	福建慧思通三维技术有限公司、广西富乐科技有限责任公司、江苏永年激光成形技术有限公司、广西增材制造协会	基于选区激光熔化成形工艺的3D打印设备开发	行业共性关键技术开发	增材制造	2019—2020	1080	3000
22	三明市冶金机械轧辊有限公司	高性能离心铸造复合轧辊精密成型技术研发与应用	行业共性关键技术开发	行业共性关键技术开发	2017年6月—2019年6月	430	1000
23	神后垅（福建）实业发展有限公司、浙江清华长三角研究院	茶油保健药用研发生产加工产业链项目	行业共性关键技术研发	生物医药	2018—2020	1000	2000
24	中国重汽集团福建海西汽车有限公司、福建工程学院	国六豪曼汽车研发与产业化	行业共性关键技术开发	交通运输设备制造业	2018年7月—2020年6月	1650	96000
25	福建省菌芝堂生物科技有限公司、福建农林大学菌草研究中心	灰树花等食用菌固体饮料扩建项目	生物医药	生物医药	2018—2020	1800	12000
					汇总	1.67亿元	16.1亿元

八、南平市

序号	项目实施单位及合作单位名称	项目名称	专项类别	所属行业	项目实施年限	项目研发投入	预计年新增销售收入
1	福建海源新材料科技有限公司、宁德时代新能源有限公司	新能源汽车HP-RTM工艺电池盒上壳体研发及产业化项目	产业创新重大专项	新材料	2019—2020	1300	5000

续表

序号	项目实施单位及合作单位名称	项目名称	专项类别	所属行业	项目实施年限	项目研发投入	预计年新增销售收入
2	福建巨电新能源股份有限公司、深圳万物云联科技有限公司	BMS 智能云管理平台研发项目	行业共性关键技术开发	电子（锂电池制造）	2019—2020	2000	2000
3	华泰汽车配件工业（南平）有限公司、齐鲁工业大学	利用纺织边角料制作的摩擦材料及其在汽车刹车片中的应用	行业共性关键技术开发	汽车零部件	2019—2020	90	1500
4	南平市建阳区汽车锻压件厂	生产汽车工字前轴砂型铸造新工艺项目研究和应用	产业创新重大专项	机械制造业	2019—2019	280	1800
5	福建建阳龙翔科技开发有限公司、福建工程学院	LCG25 大规格胶囊反包成型机关键技术开发应用	行业共性关键技术开发	专用设备制造业	2018—2019	350	2100
6	福建味家生活用品制造有限公司、速波机器人无锡有限公司、南京千柠信息科技有限公司、福建工程学院	竹条 AI 技术选色、送料系统工艺技术的研发	行业共性关键技术开发	竹木加工	2018—2019	300	2000
7	福建味家生活用品制造有限公司、福建师范大学	安全无毒筷子涂层的关键技术开发	行业共性关键技术开发	竹木加工	2018—2020	150	1000
8	福建省鑫森炭业股份有限公司、清华大学环境学院	满足国六排放标准碳罐用活性炭性能评价与应用技术研发	产业创新重大专项	林产化工	2018—2019	1200	2600
9	福建省芝星炭业股份有限公司、福建农林大学	机械力化学方法高效再生活性炭的关键技术	行业共性关键技术开发	林产化工	2018—2020	810	5200
10	福建省建瓯黄华山酿酒有限公司、福建师范大学福建省传统酿酒行业技术开发基地	酱香型白酒增香提质的现代微生物发酵技术示范	行业共性关键技术开发	白酒制造	2018—2019	180	1200
11	福建省顺昌县饶氏佰钰食品有限公司、闽南师范大学	海鲜菇干制品智能标准化生产	行业共性关键技术开发	食用菌加工	2018—2019	260	500
12	福建省圣新能源股份有限公司、中国科学院海西研究院（福建物质结构研究所）	阻焦剂的研发及在畜禽养殖废弃物发电锅炉中的应用	行业共性关键技术开发	电力	2018—2020	300—320	1100

续表

序号	项目实施单位及合作单位名称	项目名称	专项类别	所属行业	项目实施年限	项目研发投入	预计年新增销售收入
13	福建圣农发展股份有限公司、湖南农业大学、中国农业大学	防治畜禽呼吸、消化系统疾病的现代中兽药产品创新	产业创新重大专项	畜牧业	2017—2020	307	1000
14	福建圣维生物科技有限公司、北京鼎持生物技术有限公司	新支流三联灭活疫苗（悬浮培养工艺）的研制	行业共性关键技术开发	生物兽药及动物疫苗	2019—2021	600	1500
15	福建圣维生物科技有限公司、中国农业科学院哈尔滨兽医研究所	鸡马立克氏病活疫苗（rMDV－MS－△meq 株）的研制	产业创新重大专项	生物兽药及动物疫苗	2019—2020	1500	1500
16	光泽君和再生能源科技发展有限公司、福建农林大学	生物质热解液相产物高效处理及高值化利用关键技术	产业创新重大专项	新能源	2019—2020	200	180
17	福建光泽德顺酒业有限公司、福建师范大学	米香型白酒厦门白曲的微生物增香发酵技术开发应用	行业共性关键技术开发	白酒制造	2018—2019	180	500
18	福建永顺机械有限公司、福建省机械科学研究院	自走式土壤残膜回收机研发	其他（土壤治理和修复开发）	机械制造	2018—2019	400	10000
					汇总	1.01 亿元	4.07 亿元

（摘编：王增丰）

第二篇
发展纪事

1月

3日，福建省人民政府办公厅出台保障2020年元旦春节“两节”期间全省工业生产平稳运行的六条措施，旨在助力我省工业实现一季度良好开局，促进全省经济高质量发展。

3日，由省农业农村厅主办的农产品质量安全宣传活动在福州举行。当前，福建农产品质量安全追溯监管信息平台已覆盖全省办理营业执照的1.3万多家食用农产品生产企业、合作社、家庭农场，累计生成追溯凭证和追溯标签310多万批次。自推行“一品一码”工作以来，全省新增1268个“三品一标”农产品。一品一码，就是对同一品种批次的食用农产品赋予唯一的识别追溯码。2017年，福建在全国率先推进“一品一码”食用农产品全程追溯管理；2018年，福建农产品质量安全追溯监管信息平台上线运行；2019年，福建在全省实施食用农产品产地准出和市场准入衔接制度，要求所有进入农产品批发市场、大型商场、连锁超市及主要农贸市场的食用农产品，必须出具追溯凭证，才可以上市销售。活动当天，福建省食用农产品“一品一码”专柜也在全省各大商超同步亮相。消费者只要在超市内通过扫描商品的追溯二维码，即可查询出商品的供应商、产地、检测等信息。

5日，经省政府同意，省金融办会同省委台港澳办、省委人才办、省工信厅等部门联合印发了《关于深化闽台金融交流合作的若干意见》，从四个方面提出具体措施，进一步推进两岸金融交流合作，打造台胞台企登陆的第一家园。推进闽台金融政策先行先试。在我省前期推行台资企业资本项目管理便利化试点的基础上，进一步将试点范围扩大至全省；台湾投资者在我省设立股权投资企业和股权投资管理企业的，除法律法规另有规定外，按照与内资一致的原则进行登记管理；台资企业在台资企业聚集区发起设立小额贷款公司的，设立指标可以单列。

6日，副省长李德金带队赴福州市调研生猪等“菜篮子”产品稳产保供工作，现场察看生猪规模化养殖、非洲猪瘟防控、设施蔬菜生产、生猪定点屠宰等情况。李德金肯定了福州市在恢复生猪产能、保障“菜篮子”产品供应、加强屠宰行业管理等方面取得的成效。他指出，生猪等“菜篮子”产品稳产保供事关民生，各级各有关部门要坚决贯彻党中央、国务院决策部署，落实好全国畜牧业工作会议精神，以更有力的举措、更有效的行动、更严格的管理，切实做好稳产保供各项工作。

6日，福建省公安厅召开全省公安机关视频会，部署2020年春运道路交通安全保卫工作，努力为全省人民欢度新春佳节，营造平安、畅通、有序的道路交通环境。会议强调，各级公安交警部门要把握关键环节，大排查大整治，消除安全隐患；严执法严管理，将安全防范贯穿始终；精研判强疏导，打造平安畅通春运路，努力把春运各项工作做细做实。重点排查“两客一危”企业安全隐患，督促企业落实主体责任，会同有关部门打击非法营运；排查客车、农村面包车、摩托车等重点车辆的安全隐患，严禁不符合要求的客车、驾驶人参加春运；排查高速公路、农村公路、临水临崖等重点路段的安全隐患，重点检查标志标线是否清晰齐全、施工路段是否做好安全防护、临水临崖路段是否加装防护设施或提示标志；排查治安防控隐患，督促落实客运实名购票查验等制度，加强巡查安检，严防枪支弹药、管制刀具、易燃易爆危险品进站上车上飞机，严查严处“宰客”“倒票”“盗抢骗”“机闹”“车闹”“霸座”等违法犯罪行为。同时，全面启动交警执法站、农村劝导站，组织春运交通执法机动队，坚持警力向一线路面倾斜，并会同发改、交通运输等部门，提前研判易堵路段，全面掌握交通流量、路网结构、恶劣天气、交通事故、道路施工等导致运行不畅的原因，联合完善预案，多措并举疏堵保畅。

7 日，省委常委、统战部部长邢善萍，副省长郭宁宁在福州会见了由菲华各界联合会主席杨华鸿为团长的菲华各界联合会访问团一行。邢善萍热烈欢迎访问团及菲律宾巴丹省巴加克市市长罗梅尔·罗萨里奥与旅游局局长卡伦·巴托洛一行访闽。她说，联合会自 1977 年成立以来，充分发挥自身优势和桥梁纽带作用，为菲律宾的经济发展和社会进步，为促进菲律宾和中国以及福建的经济文化交流作出了积极贡献。当前，福建正深入贯彻落实十九届四中全会精神和习近平总书记对福建工作的重要讲话重要指示批示精神，按照习近平总书记亲自擘画的建设“机制活、产业优、百姓富、生态美”的宏伟蓝图，加快推进新时代新福建建设。希望大家此行在家乡多走一走、看一看，共叙乡情亲情，积极助推福建与海外的合作交流，助力新时代新福建建设。

8 日，由福建省金融监管局、福建证监局指导，兴业证券主办的“中国资本市场新格局——2020 福建资本市场论坛”在福州举办。副省长郭宁宁出席论坛并致辞。郭宁宁强调，要围绕深化金融供给侧结构性改革这条主线，大力推进资本市场提升工程，努力提高直接融资的规模和占比，广泛运用境内外资本市场和多元化融资工具，积极培育推动企业上市，扩展股票融资与再融资、债券发行、资产证券化等多元化融资产品，深化两岸金融创新合作，探索区域股权市场改革创新，推进海峡股权交易中心台资板建设，加快集聚金融资源、引金入闽，聚焦资产管理、财富管理、保险、租赁、基金等多元特色金融，建设财富港湾，回归本源，聚焦主业，为实体经济提供专业、高效的综合金融服务，推进高质量发展。

9 日，副省长林宝金带领省直有关部门及福州市、莆田市相关负责人赴福州、莆田检查春运工作，先后深入沈海高速赤港服务区、福州汽车北站、福州火车站实地检查春运工作部署、落实情况并看望慰问一线干部职工。林宝金强调，各级各有关部门要切实提高政治站位，以高度负责的态度，切实抓好安全生产，切实做好运力调度，切实加强服务保障，着力打造“平安春运”。要压实安全生产企业主体责任和部门监管责任，逐级抓好责任落实，从严从细做好春运设施检查，深入开展隐患排查治理，补齐漏洞短板，严格执行长途客车“日趟检”“三不进站、六不出站”等安全生产制度，做到“安全第一”；要科学研判客流，统筹调度运力资源，最大限度保障旅客出行；要加强铁路、公路、水路、民航等不同运输方式之间的协调、衔接，确保“海陆空”畅通；要完善各类应急预案，增强应急队伍组织能力，及时应对处置各类突发事件，确保春运平稳有序；要优化购票、安检等服务，进一步改善旅客候乘环境，同时要关心关爱春运一线干部职工，共同营造安全祥和的春运良好氛围。

10 日，2019 年度国家科学技术奖励大会举办，福建省共有 14 项成果（我省单位主持完成的 3 项，参与完成的 11 项）荣获 2019 年度国家科学技术奖，其中，国家自然科学奖二等奖 2 项，国家技术发明奖二等奖 2 项，国家科学技术进步奖一等奖 1 项、二等奖 9 项。三安集团下属三安光电股份有限公司、厦门华联电子股份有限公司、厦门光莆电子股份有限公司与中国科学院半导体研究所联合攻关的《高光效长寿命半导体照明关键技术与产业化》获国家科学技术进步一等奖。这是近年来福建企业在获奖等级上取得的重大突破，也是我省民企首获国家科学技术进步一等奖。业内专家表示，我省越来越多的民企出现在国家科技奖的舞台上，此次三安光电股份有限公司等 3 家企业参与完成的项目获得国家科学技术进步一等奖，表明我省企业作为技术创新的主体地位和作用显著加强。

16 日，省长唐登杰主持召开省政府常务会议，研究实施工业园区标准化建设、推动制造业高质量发展工作，通过《福建省生态公益林区划界定和调整办法》。会议指出，实施工业园区标准化建设，对推动我省制造业高质量发展具有重要意义。

要坚定不移贯彻新发展理念，科学制定标准、分类指导推进，积极打造规划布局科学、基础设施完善、土地利用集约、投入产出高效、生产生活配套、管理服务高效的标准化工业园区，加快集中集聚优质生产要素。要以园区标准化建设为抓手，深入实施创新驱动发展战略，大力提升产业基础能力和产业链水平，培育更多国家级高新技术企业和高成长、高附加值的龙头企业，打造更多千亿级、万亿级产业集群，为高质量发展落实赶超提供有力支撑。

16 日，福建省首届供销年货嘉年华启动仪式在福州举行。此次活动以“供销好年货，欢乐过大年”为主题，通过展销与活动为一体的形式，展示全省供销社系统名特优农产品，配套丰富多彩的公益活动。嘉年华活动由省供销社、省商务厅等单位指导，前后为期 4 天，持续至 19 日。供销年货展销部分福州以冠亚广场为主会场，共设供销社展区、消费扶贫展区、美团点评展区、老字号展区、文联公益区、非遗文化活动区等 6 个展区。嘉年华期间，送春联公益活动、民俗文艺大汇演、人气美食评选、国潮系列汉服体验等品类丰富的配套活动也将同步举办。

19 日，福建省税务工作会议召开。2019 年，全省税务部门（含厦门，下同）共计组织税费收入 5821. 1 亿元，同比增长 3. 2%，其中，税收收入完成 4322. 39 亿元，同比增长 0. 9%。累计新增减税降费 540 亿元，其中，深化增值税改革减税 253. 1 亿元，小微企业普惠性政策减税 58. 9 亿元，个人所得税改革减税 120. 7 亿元，社保费降费 46. 5 亿元。减税降费政策效应持续释放。

19 日，工业和信息化部正式发布《2019 年中国软件业务收入前百家企业发展报告》，福建星网锐捷通讯股份有限公司、福州福大自动化科技有限公司、新大陆科技集团有限公司、厦门市美亚柏科信息股份有限公司四家福建企业入围。报告显示，本届软件百家企业由量增向质优阶段迈进，呈现“高毛利、高研发”的双高特征；企业稳定性与活跃性并存，新兴领域支撑力量显著增强；集聚效应和示范作用突出。本届软件百家企业 2018 年共完成软件业务收入 8212 亿元，比上届增长 6. 5%，收入增长超 20% 的企业达三成多；百家企业全年实现利润总额 1963 亿元，比上届增长 14. 6%；百家企业共投入研发经费 1746 亿元，比上届增长 12. 6%，占全行业研发投入的 27. 9%。

20 日，福建省农业农村厅等 11 部门联合公布 2019 年农业产业化省级重点龙头企业增补名单，共 244 家企业入选。至此，我省农业产业化省级重点龙头企业数量达到 926 家。省级重点龙头企业是指以农产品生产、加工或流通为主业，通过合同、合作、股份合作等利益联结方式直接与农户紧密联系，使农产品生产、加工、销售有机结合、相互促进，在规模和经营指标上达到规定标准并经省农业产业化联席会议审定、省政府批准后认定的农业企业。

21 日，省政府新闻办举行的新闻发布会。2019 年，我省累计接待国内外游客 5. 37 亿人次，同比增长 16. 5%。其中，接待过夜游客 2. 65 亿人次、同比增长 15. 2%；实现旅游总收入 8101. 21 亿元、同比增长 22. 1%，游客人均花费 1510 元、同比增长 4. 8%，实现了游客总量、逗留天数、消费总额三个显著增长。

21 日，副省长郑建闽带领省直有关部门负责人在福州检查春节旅游景区及市场安全和价格工作。郑建闽一行先后走访了温泉景区、索道设施、图书馆，实地察看景区经营秩序、特种设备运行、文化活动安排等情况。他强调，春节是群众出游高峰，各景区要丰富假日文化和旅游产品供给，用心提升公共服务水平，严格规范假日市场秩序，引导旅游从业人员诚信经营、优质服务；压实责任、确保安全，认真落实属地管理责任、部门监管责任和企业主体责任，逐一排查景区景点、交通车辆、旅游设施等关键环节安全隐患，健全完善应急预案，确保春节期间文化旅游市场规范有序和游客出游绝对安全。

21 日，福建省市场监管工作会议召开。2019 年，我省市场监管系统一手抓机构改革，一手抓市场监管，持续深化“放管服”改革，推动各项工作取得新的成效。其中，得益于将全省企业开办时间压缩至 4 个工作日以内、在自贸试验区开展“证照分离”改革全覆盖试点、出台支持民营经济发展 25 条措施、取消商品条码业务办理经营资质证明等系列举措，我省营商环境不断优化，全年共新登记市场主体97.59万户，增长9.42%。

23日，省工信厅专门组织3个工作组分赴泉州、漳州、厦门等地加强调研指导，指导相关企业加大疫情防控物资生产。

28日，为严防新型冠状病毒感染的肺炎疫情，省林业局、省市场监督管理局、省公安厅、省农业农村厅等四部门联合发布紧急通知，要求在全国疫情期间，切实落实全面加强野生动物管控、禁止野生动物交易活动的措施。通知要求，坚决阻断野生动物可能的疫情传染源。各级林业主管部门要强化野外巡护，实施网格化管理，确保巡查全覆盖。要全面暂停批准猎捕野生动物活动，严厉打击非法猎捕野生动物行为。要对进山主要路口、关键节点、敏感区域设卡设岗，强化检查，确保人不与野生动物接触、禁止猎捕野生动物。暂停批准人工繁育野生动物活动，现有人工繁育场所每个都要安排监管人员，实行实时监管。所有饲养繁育野生动物场所必须做好隔离，严禁野生动物对外扩散和转运贩卖。

29日，经省委、省政府研究决定，省政府办公厅发布关于延迟省内企业复工的通知，明确除涉及保障城市运行、疫情防控、群众生活必需及其他涉及重要国计民生的相关企业稳定生产、做好服务保障外，其他企业复工时间不早于2月9日24时。

29日，为严防新型冠状病毒感染的肺炎疫情，落实陆生野生动物人工繁育场所卫生防疫措施，省林业局下发通知，要求各地立即组织开展野生动物养殖场监管“三个一全覆盖”行动。监管全覆盖。每个养殖场需安排一名监管人员，实行实时监管。告知全覆盖。各地应将省林业局编写的《致广大陆生野生动物人工繁育场的一封信》，派发给辖区内每家养殖场，并请主要负责人签收，明确要求每个养殖场必须做好隔离，落实卫生防疫措施，禁止野生动物对外扩散和转运贩卖。消杀全覆盖。督促每个养殖场在卫生防疫人员指导下，对养殖场及周边环境组织开展一次规范、彻底的消杀行动，并督促其做到勤打扫、勤消毒，保持良好卫生环境。

31日，经省政府同意，福建省人社厅、财政厅、卫健委日前下发《关于支持做好新型冠状病毒感染肺炎疫情防控劳动保障工作的通知》，明确提出对春节期间连续开工生产的有关企业提供稳岗支持，对因履行工作职责感染新型冠状病毒肺炎的医护人员及相关工作人员做好工伤认定等保障工作，对参加防治工作的医务人员和防疫工作者给予临时性工作补助，对疫情防控工作中的劳动关系和有关人员工资支付应妥善处理。

31日，福建省发改委、省粮储局制定下发《关于落实疫情防控部署切实做好粮油保供稳价工作方案》，围绕确保全省应急供应网点不出现脱销断供、保障全省大米应急加工能力跟得上的目标，出台九条具体措施。方案要求，各级每日应报送辖区内供应网点和加工企业销售、库存、加工情况；在全省启动粮油市场价格监测每日一报制度，全面精准掌握应急加工企业、应急网点、超市、批发市场、农贸市场等库存和销售情况；督促全省粮食应急加工企业抓紧恢复生产，每日保持不低于日加工能力的成品粮库存量；建立省粮储局机关处室对口联系设区市的工作机制，了解掌握设区市应急加工企业和供应网点的加工销售情况，督促落实成品粮库存要求，及时协调解决存在的问题；根据粮油市场形势变化，择机投放政府储备粮，保持本地区粮油市场基本稳定；暂停各级地方储备粮轮换出库，以备急需；积极做好正面引导，及时回应社会关切，澄清不实信息；会同市场监管等部门开展联合执法检查，严厉打击串通涨价、捏造散布涨价信息、恶意囤积、哄抬价格、不执行明码标价以及价格欺诈等违法违规行为；省、市、县三级粮食和物资储备部门设立群众热线电话，受理群众反映粮油购销问题。

（摘编：刘海元）

2 月

2 日，福建省药监局出台《服务企业保障防护医疗器械产品供应特别措施》（以下简称《措施》），对相关产品注册、生产许可和检验检测等实施特别措施，提升疫情防控医疗器械审评审批效率，全力配合做好急需防护类医疗器械产品供应保障。为促进快速落地见效《措施》，福建省药监局在疫情防控医疗物资保障组内，专门增设了专家指导组、应急审批组、监督检查组三个小组，细化明确内部责任分工，确保《措施》能够有力有序推行。

4 日，中国进出口银行福建省分行充分发挥政策性金融作用，开辟绿色审批通道，实现“当日受理、当日审批、当日放款”，为福建省采购防疫物资企业提供资金保障，在另一条战线上防控疫情。

6 日，省委办公厅、省政府办公厅印发《福建省应对新型冠状病毒感染的肺炎疫情扎实做好“六稳”工作的若干措施》，从金融服务、减轻税费、降低成本、增产增效、重大项目建设、援企稳岗等六个方面出台二十四条措施，全力支持和组织推动各类生产企业复工复产，促进经济社会持续健康发展。

7 日，福建省应对新型冠状病毒感染肺炎疫情工作领导小组综合协调组发布《关于统筹做好当前疫情防控和全面打通省内交通物流的二十条措施的通知》，部署在有效防控疫情的情况下扎实做好“六稳”工作，分类施策保障交通运输服务，着力保障重大工程等八大类重要国计民生物资的运输，支持企业恢复和开展正常的经营活动。

7 日，福建省财政厅印发《关于做好新型冠状病毒感染肺炎贷款贴息工作的通知》。通知明确，对疫情防控重点保障企业 2020 年新增贷款给予贴息支持，贴息期限不超过 1 年。其中，列入全国重要医用物资和生活物资骨干企业名单的，在中央财政按人民银行再贷款利率的 50% 给予贴息基础上，省级财政再给予 50% 的贴息支持。对我省疫情防控重点保障企业，省财政按人民银行再贷款利率的 50% 给予贴息。

9 日，为确保疫情应急物资供应，经省政府同意，省政府办公厅近日发布《关于做好福建省疫情防控物资扩产、转产、新建“三个一批”工作的通知》，多措并举、强化激励，支持企业通过扩产、转产、新建等方式，尽快实现全省口罩日产量 2000 万个、防护服日产量 10 万件的目标。

9 日，福建省应对新冠肺炎疫情工作领导小组综合协调、疫情防控组印发切实加强疫情科学防控、有序推进企业和项目复工复产的意见，提出 7 个方面 21 条具体措施，要求各地各部门认真执行到位，在严格做好疫情防控的前提下，有序有力有效推进生产企业和重点项目复工复产，为稳定经济社会大局提供有力支撑。

10 日，省委书记、省应对新型冠状病毒感染肺炎疫情工作领导小组组长于伟国主持召开全省视频会议，进一步推进疫情科学防控和企业有序复工复产工作。于伟国强调，要深入学习贯彻习近平总书记重要讲话重要指示批示精神，认真落实中央应对疫情工作领导小组的具体部署，切实把疫情防控落实工作抓实抓细抓到位，把企业和项目复工复产工作抓得更加有序有力有效。

10 日，为做好企业债券对疫情防控的支持与保障工作，省发改委印发《关于做好疫情防控期间企业债券申报发行工作的通知》，明确六条措施支持疫情防控企业发行企业债券融资。

10 日，福建省部分台资企业开始逐步复工，同时防疫、复产措施并举，有序推进企业复产。截至11日，全省台资企业共有190家正常生产。据了解，为了让在闽台胞安心放心，从1月28日起我省就开展在闽台胞台企数据摸排工作，每日报告健康状况。同时，第一时间公布全省各地台港澳办应急服务热线，为在闽台胞台企做好各项服务。截至2月11日，在闽台港澳同胞无新冠肺炎确诊或疑似病例。

12日，福建省财政厅先行安排2020年融资担保风险补偿资金5000万元，支持各地融资担保机构开展业务，帮助中小企业战疫情、渡难关。根据相关政策，将受疫情影响的小微企业贷款（不超过1000万元）的担保业务纳入省再担保分险范围；由省财政负担省再担保免收的担保费和向国家融资担保基金缴纳的再担保费；对担保贷款到期还款暂时遇到困难的受困企业积极推动给予续贷或延期还款。

13日，福建省交通运输厅出台措施，在做好疫情防控的同时，突出重点，推动尽早复工。原则上省重点项目、2020年计划完工项目、“十三五”扶贫攻坚项目中的控制性工程，应在15日前做好复工准备，力争20日前实质性复工；高速公路项目争取在16日前50%标段、23日前全部标段复工。

14日，省委书记、省应对新型冠状病毒感染肺炎疫情工作领导小组组长于伟国，省长、领导小组组长唐登杰与部分县（市、区）点对点视频连线，研究保交通畅通、促企业复工复产和保障群众生产生活等工作。于伟国强调，要深入学习贯彻习近平总书记重要讲话重要指示批示精神，贯彻落实党中央决策部署，突出重点、统筹兼顾，分类指导、分区施策，切实把疫情防控和企业复工复产等各项工作抓实、抓细、抓落地，努力实现今年经济社会发展目标任务。

14日，省住建厅牵头会同发改委、自然资源厅、交通运输厅等部门，研究制定房建市政工程建设服务小组工作方案和工作机制，为相关项目复工复产做好服务保障；并召开视频调度会，现场协调解决部分重点项目具体问题。副省长李德金参加会议并提出具体工作要求。会议强调，要建立健全服务小组机构和力量，抓紧组织推进房建市政项目复工复产。要明确目标任务，统筹做好疫情防控和复工复产，统筹推进应急工作和年度任务；要分行业成立工作专班，逐个企业逐个项目，针对复工复产存在困难，帮助协调解决具体问题，扎实推动项目复工，提高服务效率和保障水平；要建立健全工作机制；要深入评估疫情对房地产业、建筑业、市政公用事业等影响，研究提出针对性的应对措施和支持政策，力争第一季度房建市政工程建设项目恢复到正常水平。当前，要加快补齐城乡民生基础设施短板，尽快启动为民办实事项目，做好疫情防控。

16日，省委省政府召开全省视频会议，部署推进企业和项目复工复产工作。省委书记、省应对新型冠状病毒感染肺炎疫情工作领导小组组长于伟国强调，要深入学习贯彻习近平总书记重要讲话重要指示批示和中央政治局常务委员会会议精神，增强“四个意识”、坚定“四个自信”、做到“两个维护”，统筹做好疫情防控和经济社会发展，切实打通企业和项目复工复产的操作链，进一步有序有力有效推进企业和项目复工复产，把新冠肺炎疫情影响降到最低，坚决打赢疫情防控的人民战争、总体战、阻击战，努力实现今年经济社会发展目标任务。

16日，中央广播电视总台新闻联播以《福建：严守防疫关口　保障经济运行》为题，报道福建一方面筑牢疫情防控安全网，一方面帮助企业复工复产，推动经济社会发展。在做好疫情防控的同时，福建还先后推出45项措施，加大技改基金对中小企业的财政贴息力度，对在库及新增项目，年利息由4.5%降到3.5%。截至目前，全省各级财政累计下达资金超29亿元，用于疫情防控和支持企业复工复产。全省规模以上企业复工率近60%。

19日，省委书记于伟国到福州马尾区、台江区、晋安区调研推动社区联防联控和企业复工复产工作。他强调，要深入学习贯彻习近平总书记重要讲话重要指示批示精神，分区分级精准防控，“一事一策、一难一策、一业一策、一企一策”全面贯通操作链，把疫情防控和企业复工复产抓得更实更细更到位。省领导王宁、郑新聪参加。

19日，省长唐登杰赴莆田市，深入园区、企业和社区，调研推进分区分级防控和企业复工复产。他强调，要深入贯彻落实习近平总书记重要讲话重要指示批示精神，按照中央和省委部署，抓实抓细分区分级精准施策十个“不放松”，有序有力有效打通复工复产“五难”操作链，统筹推进疫情防控和经济社会发展，奋力夺取“双胜利”。

20日，在疫情防控进入关键阶段，省委、省政府召开全省视频会议，进一步部署推动疫情防控和复工复产工作。省委书记、省应对新型冠状病毒感染肺炎疫情工作领导小组组长于伟国强调，要深入学习贯彻习近平总书记重要讲话重要指示批示精神，认真落实党中央决策部署，针对疫情形势出现的积极变化，明确新一轮战“疫”目标任务，在分区分级、科学防治、精准施策上下功夫，切实把各项工作抓实、抓细、抓落地，夺取疫情防控和实现全年经济社会发展目标的双胜利。省长、领导小组组长唐登杰主持。

20日，省财政厅、机关事务管理局联合印发《关于新冠肺炎疫情防控期间减免企业房租和做好防控资产保障工作的通知》，明确疫情防控期间省级国有资产类经营性房产可减免相应的房租。承租省级国有资产类经营性房产的中小企业和个体工商户（不含国有独资、控股企业），可免收一个月并减半收取两个月租金，减免租期为2020年2月1日至4月30日。承租企业应在5月31日前向出租的省直单位提出申请，并签订减免租金协议，报主管部门备案。

20日，福建省首单“科技贷”无还本续贷业务落地。兴业银行为福建格兰尼工程有限公司提供了“科技贷”无还本续贷业务，通过“连连贷”提前为企业新发放贷款来结清已有贷款，使企业无需还本，大大缓解了资金压力。受疫情影响，一些小微企业货款回笼和工厂复工时间比预期推迟，企业一时难以筹集资金，还款压力较大。各金融机构纷纷进一步加大转续贷支持，开辟专项绿色通道，并综合运用下调贷款利率、增加信用贷款和中长期贷款等方式，精准施策，与企业共克时艰、共渡难关。

21日，福建省应对新冠肺炎疫情工作领导小组综合协调、疫情防控、科研攻关及学校组印发通知，要求各地各部门各单位深入学习贯彻习近平总书记重要讲话重要指示批示精神，按照2月20日全省视频会议部署，切实把分区分级精准施策十个“不放松”要求抓实、抓细、抓落地，为全面复工复产、全面恢复群众正常生产生活秩序创造条件。

21日，省水利厅组织有关单位召开重大水利项目复工复产视频调度会，现场协调解决部分重点水利项目建设具体问题。副省长李德金参加会议并提出具体工作要求。会议强调，一要统筹做好疫情防控和复工复产。要按照分区分级疫情防控的工作要求，有序组织人员返岗复工，扎实细致做好返岗复工疫情防控保障工作，用好用足“疫情防控期间复工稳岗十二条措施”和返岗工人“返岗包机包专列”等政策，细化返岗复工方案。要协调解决必要防疫物资配备，强化人员和工地、食堂、工棚等场所的防疫管理。省水利厅要全力推进全省水利项目复工复产。二要加快施工进度。要加强调度协调，优化配置各类资源，及时协调落实建筑材料等要素保障，优化工序、科学施工，在确保安全和质量的前提下，加快施工进度，不因疫情影响年度任务完成。三要加强工程管理。认真做好项目招投标工作，强化工程标准化建设，严格质量管理、安全管理，扎实推进项目建设。四要认真做好移民安置工作。要把移民安置工作作为项目的首要工程、基础工程、民生工程和先行工程，严格程序逐户落实。

21日，省财政厅、工信厅、商务厅、农业农村厅、地方金融监管局、人行福州中心支行联合印发通知，对受疫情影响严重的企业给予贷款贴息。通知明确，各政策性银行、大型银行和邮储银行对困难行业企业按不超过最近一次公布的一年期贷款市场报价利率发放贷款的为优惠利率，其他银行业金融机构按不超过最近一次公布的一年期贷款市场报价利率加100个基点发放贷款的为优惠利率。银行业金融机构按扣除省财政0.5个百分点贴息部分后的利率，向企业发放贷款。

21日，省委军民融合办下发通知，采取需求摸底调研、精准对接服务、简化手续流程、推动重点项目、筹办重大活动、优先调拨资金、引导基金扶持等13项具体措施推动企业和项目复工复产。

21日，福建省总工会办公室印发《福建省总工会关于组织动员职工坚决打赢疫情防控阻击战、助力企业复工复产的通知》。通知指出，福建省总工会将全力协助企业平稳有序复工复产。加大援企引工力度，拓展工会网上就业招聘渠道，通过网络积极为企业用工和职工求职牵线搭桥，提供网络就业咨询、就业指导、就业培训等服务。鼓励采取包车、包机、包专列或给予交通补贴等方式，引导、组织外地职工有序返岗复工。

22日，经省应对新冠肺炎疫情工作领导小组同意，我省印发《关于做好恢复正常交通运输秩序保障道路交通畅通工作的通知》，要求除了省界查验以及疫情中风险地区中较多病例的乡镇因分区域差异化防控需要外，恢复封闭的高速公路出入口，依法依规取消全省高速公路、国省干线、农村公路设置的查验站点，取消不合理的车辆和人员劝返措施。

22日，国家发改委公布阶段性降低企业用电成本政策，国家电网有限公司党组专题研究出台执行阶段性降低用电成本政策八项举措。23日，记者从国网福建省电力有限公司获悉，福建将减免大工业和一般工商业企业电费约19.8亿元，惠及220.1万户客户，预计电量450亿千瓦时。国网福建电力将在2月1日至6月30日政策执行期间，减免非高耗能大工业企业电费的5%，惠及电力客户超过1.9万户，减少客户电费支出超过8.8亿元；减免非高耗能一般工商业企业电费的5%，惠及电力客户超过218.2万户，减少客户电费支出超过5.4亿元；延长“支持性两部制电价政策”执行期限，减少客户电费支出超过5.6亿元。

24日，省委书记、省应对新型冠状病毒感染肺炎疫情工作领导小组组长于伟国主持召开省委常委会（扩大）会议暨领导小组第十七次会议，深入学习贯彻习近平总书记在2月21日中央政治局会议和在统筹推进新冠肺炎疫情防控和经济社会发展工作部署会议上的重要讲话精神，研究我省具体贯彻落实意见。会议强调，要统筹做好经济社会发展各项工作，坚定不移贯彻新发展理念，深化供给侧结构性改革，打好三大攻坚战，全面做好“六稳”工作，把疫情影响降到最低，把疫情造成的损失抢回来、补回来。要落实分区分级差异化策略，一事一策、一难一策、一业一策、一企一策，贯通复工复产操作链、服务链，切实帮助企业解决“五难”等困难问题，打通人流、物流堵点，加快推进复工复产，努力实现“两个全面”“两个有序”。要推动各项政策措施尽快落实见效，继续研究出台有针对性的措施，帮助企业尤其是中小微企业渡过难关。要全面强化稳就业举措，做到减负、稳岗、扩就业并举。要深入开展“五个一”帮扶活动，重点做好因疫情致贫、返贫农户的帮扶工作，确保坚决完成脱贫攻坚任务。要不失时机抓好春季农业生产，抓紧解决影响春耕备耕的突出问题。要切实保障基本民生，保持疫情期间基本民生服务不断档。要稳住外贸外资基本盘，保市场、保份额、保订单。

24日，省委专门发出通知，要求全省各级党组织和广大党员干部认真学习领会、全面贯彻落实，以更坚定的信心、更顽强的意志、更有力的措施，毫不放松抓紧抓实抓细防控工作，统筹做好经济社会发展各项工作，实现全年经济社会发展目标任务，实现决胜全面建成小康社会、决战脱贫攻坚目标任务。

25日，省人大常委会副主任、省总工会主席黄琪玉到基层慰问复工复产企业的一线职工，调研工会服务企业复工复产工作。

25日，国开行福建分行与福建省高速公路集团有限公司签订《开发性金融支持福建高速公路集团战疫情稳投资战略合作协议》。省高速集团将继续做好疫情防控期间免收我省高速公路车辆通行费工作，促进福建经济社会秩序恢复、稳定发展。国开行福建分行发挥开发性金融逆周期调节作用和长期、大额、稳定的资金优势，与高速集团同舟共济、共克时艰，助力打赢疫情防控阻击战，切实保障全省高速公路项目建设及运营资金需求，确保全省高速重大工程和重点项目投资力度不减、任务目标不变；将通过加大资金规模保障、提供最优贷款条件以及优化计结息周期等方式，做好综合金融服务。此前，国开行福建分行已向省高速集团提供复工复产专项贷款等信贷支持20亿元，强化“保运转、保融资”支撑。

25日，全省因疫情影响临时管制的高速公路收费站全部解除管制，恢复正常通行。公路查验点100%取消，交通运输秩序恢复正常。据悉，全省高速公路实行免费通行。高速服务区便利店、加油站正常运营，在符合疫情防控要求的前提下，各服务区餐饮档口将陆续恢复营业。

26日，由省商务厅和福建广电网络集团共同打造的“八闽美食嘉年华线上行”活动正式启动，以进一步弘扬闽菜文化，丰富民众防疫期间居家生活，为“促消费”“企业复工复产”提供多元化服务。副省长郭宁宁出席活动。

26日，宁德时代新能源四期、正威电子信息新材料项目正式动工，宁德又抱上了两个“金娃娃”。省委书记于伟国、省长唐登杰到现场推进项目建设，并为中国福建能源器件科学与技术创新实验室授牌。于伟国强调，要深入学习贯彻习近平总书记重要讲话重要指示批示精神，坚定统筹推进疫情防控和经济社会发展的必胜信心，抓住春节后施工的黄金季节，加快推进好项目、大项目建设，努力把疫情造成的损失抢回来、补回来。

26日，全省在建省重点项目已复工960个，复工率92.7%。其中，省管重点项目复工67个，复工率85%；市管省重点项目复工893个，复工率93.3%；厦门的省重点项目已全面复工，泉州、三明、莆田、南平复工率已达95%以上，福州92.6%，漳州、龙岩、宁德、平潭都在85%以上。

27日，福建省新冠肺炎疫情联防联控工作第十一场新闻发布会上，省发改委党组成员、副主任许碧瑞表示，下阶段，我省将多管齐下、精准施策，确保完成年度省重点项目实物投资量5005亿元的任务、实现各重点项目进度目标，为促进“六稳”工作发挥更大作用。

27日，福建省478个交通建设在建项目全部恢复施工，其中高速公路13个、普通国省道92个、农村公路304个、水运工程53个、运输场站16个。下一步，全省交通运输部门将采取远程审批、电子招标等方式，保障今年计划开工项目审核审批和招标工作顺利开展，促进项目尽快开工。为尽可能减少疫情对我省交通建设投资影响，全省交通系统交通建设复工坚持分区分级差异化原则，实行“一项目一方案、一项目一班子、一项目一对策”，挂图作战，确保完成年度计划投资。

27日，针对疫情对财政收支运行造成的影响，为更好履行财政职能，更加积极有为地实施积极的财政政策，统筹做好疫情防控和经济社会发展工作，努力实现福建省全年经济社会发展目标任务，确保全面建成小康社会和完成“十三五”规划，福建省财政厅将进一步从四个方面13项措施强化财政收支平衡。

28日，全省复工复产政银企融资对接会在福州举行。副省长郭宁宁出席会议并讲话。郭宁宁强调，要提高站位、担当尽责，想方设法调动一切金融资源和力量，全力以赴做好疫情防控和复工复产各项金融服务和支持工作，保大局、促“六稳”，努力实现全年经济社会发展目标任务。要抓实抓细、精准施策，运用好再贷款再贴现、转贷续贷、贴息降费、普惠金融等政策，争取政策红利惠及更多企业。要主动对接、以点带面，及时梳理重点企业和项目名单，建立挂钩服务机制，拓展产业链、供应链金融服务，因时因企施策，持续跟进对接。要应贷尽贷、高效服务，设立专项额度，开通绿色通道，运用“金服云”平台和金融科技手段，加强对各类重点企业和项目的综合金融服务和多渠道融资保障。要防范风险、严守底线，把防范化解金融风险融入服务实体经济之中，密切关注各类信用风险、流动性风险，“一企一策”做好分类帮扶处置，加强非法金融活动整治，构建良好金融生态，坚决防范系统性区域性金融风险。

28日，省委书记、省应对新冠肺炎疫情工作领导小组组长于伟国主持召开省委常委会（扩大）会议暨省应对新冠肺炎疫情工作领导小组第十八次会议，认真学习贯彻习近平总书记在中央政治局常委会会议上的重要讲话和对全国春季农业生产工作作出的重要指示精神，通报国务院联防联控机制第十三工作指导组反馈意见，研究我省贯彻落实意见及支持企业恢复发展十六条措施、全面推动农业复工复产扎实抓好春季农业生产二十条措施、保护关心关爱医务人员十二条措施。省长、领导小组组长唐登杰，省政协主席崔玉英出席。会议强调，经济社会发展各项工作要抓紧。要精准稳妥推进复工复产，努力把疫情造成的损失抢回来、补回来。督促和帮助企事业单位落实防控主体责任，因业因企施策，帮助企业纾难纾困。提高复工复产服务便利度，推动各项政策措施尽快落实见效。加快项目建设，创新“五个一批”项目工作机制，引进一批央企、民企、外企好项目大项目，推进项目前期和报批工作，加快在建新建项目开工建设。

28日，省委书记于伟国主持召开省委常委会会议暨省委落实全面从严治党主体责任工作领导小组会议。会议强调，要深入贯彻落实习近平强军思想和习近平总书记关于军民融合发展的重要论述，以产业发展为基础，以项目带动为支撑，以改革试点为引领，以重大任务为抓手，推动我省军民融合深度发展。要坚持规划引领，从整体上系统推动省级军民融合创新示范区创建。要推动产业集聚，打造一批具有军民融合特点的战略性新兴产业。要加强平台建设，加快技术、资本、信息、人才等资源要素融合、共享。要注重体制创新，努力形成一批可复制可推广的经验做法。要加快推进军民融合重点企业、重点项目复工复产，为实现全年经济社会发展目标多作贡献。

（摘编：刘海元）

3月

1日，首届福建省食品网交会拉开帷幕，本次网交会将持续到4月1日。省工信厅有关负责人表示，本次活动将强化政府引导、属地管理、部门协同、行业推广，通过组织省内食品企业参与网络对接、线上交易，进一步整合行业供应链资源，创新行业发展新模式、新业态，推动“互联网+食品”产业融合发展，促进生产、销售、配送三端协同，拓展食品产业上下游产业链，帮助企业拓展产品销售、降低营销成本，促进食品产业高质量发展。

3月2日，省委书记、省应对新冠肺炎疫情工作领导小组组长于伟国在全省视频会议上强调，要深入学习贯彻习近平总书记重要讲话重要指示批示精神和党中央决策部署，抓紧抓实抓细疫情防控和经济社会发展工作，决不让疫情“火星”复燃，一定要加快企业满产超产，坚决完成脱贫攻坚任务，实现全年经济社会发展目标任务。省长、领导小组组长唐登杰出席。

3月1日到3日，工信部复工复产联络员工作组深入福州市企业生产一线，调研指导企业复工复产和疫情防控工作。工作组对我省各级工信部门和企业推动复工复产的工作成效和经验做法表示肯定。工作组相关负责人表示，此次来闽主要是做好“四员”：当好“协调员”，加强部省沟通协调；当好“指导员”，深入一线调查研究，发现先进典型并宣传推广，发现问题并提出解决问题的建议；当好“护航员”，点面结合，突出重点，加强与省、市工信部门沟通联系，形成工作合力；当好“服务员”，以服务体现督导，以解决问题体现精准，以工作的实效体现工作作风和职责定位。

3日，为做好“六稳”工作，近日省发改委会同国开行福建分行设立融资总量500亿元的补短板稳投资应急专项，支持受疫情影响企业尽快复工复产，全力稳企业稳投资稳发展。

4日，工业和信息化部办公厅公示了2020年大数据产业发展试点示范项目名单，我省8家企业的项目上榜。全国试点示范项目共计200个，包含工业大数据融合应用、民生大数据创新应用、大数据关键技术先导应用、大数据管理能力提升等四大领域，工业现场、企业应用、重点行业、民生大数据创新应用、大数据关键技术先导应用、数据管理能力、公共服务平台等7个方向。

5 日，为贯彻落实习近平总书记关于新冠肺炎疫情防控工作的重要指示精神和党中央、国务院决策部署，福建省出台《福建省阶段性减免企业社会保险费实施办法》，纾解企业困难，推动企业有序复工复产，支持稳定和扩大就业。预计可减少企业社保费负担 130 亿元左右。

6 日，莆田举行“开放·招商”全球云推介会暨招商项目线上签约活动，总投资 547.6 亿元的 40 个项目通过“屏对屏”方式进行线上签约。疫情防控期间，各地项目招商、洽谈、落地等受到不同程度的影响。莆田着力创新招商引资方式，通过“不见面招商”“不见面签约”“线上服务”等模式，有效保障疫情防控期间招商引资等“不断链”，以项目投资拉动经济快跑。

6 日，为深入贯彻落实习近平总书记关于统筹做好疫情防控和经济社会发展工作的重要讲话重要指示批示精神，福建省出台《关于全面推进复工复产促进住房城乡建设事业健康发展的若干措施》，以 20 条措施全面推进房建市政工程复工复产，促进住房城乡建设事业健康发展。

6 日，为深入贯彻党中央、国务院关于加强新冠肺炎疫情防控工作的重大部署，全面落实国家出台的相关措施，我省日前印发《关于应对新冠肺炎疫情支持交通运输现代服务业发展若干措施的通知》，全力支持交通运输现代服务业恢复生产，畅通经济循环，满足民生需要，培育发展交通运输新动能。

9 日，为深入贯彻落实习近平总书记关于统筹做好疫情防控和经济社会发展工作的重要讲话重要指示批示精神，扎实做好“六稳”工作，福建省近日出台《关于加快推进重大项目建设促进稳投资的若干措施》，全力推进重大项目建设，积极扩大有效投资。

10 日，福建超高压、迎峰度夏、重要电源电铁等电网工程全面复工，排名位居国网系统前列。国网福建电力为解决员工跨地区返岗难题，根据疫情等级选择用工区域，按本地市（县）—省内—省外顺序原则选用参建人员，采取“点对点”跨省包车等方式，确保项目科学有序复工。并构建“工程复工生态体系”，根据项目所在地疫情程度、参建人员复工情况及健康状态、项目部开复工指数情况，指导各单位细化人员返岗、项目部开工准备等工作，有序跟踪管控项目开复工进度。重点项目集中及授权采购按照“采用小批量、多批次，少专家、延时长”原则，通过优化招投标、评标运作、应用快递或线上投标等方式，利用应急物资采购“绿色通道”，全面提高采购效率，保障重点项目工程进度需求。

11 日，省政府办公厅印发《关于全面禁止非法野生动物交易、革除滥食野生动物陋习、切实保障人民群众生命健康安全的通知》，从 4 个方面出台 16 条措施，将工作延伸到乡镇（街道）、村（社区），联防联控、群防群治，迅速在全省形成打击野生动物违法违规行为的高压态势。

12 日，为加快推进交通基础设施转入满负荷建设，全省交通行业开展重点项目“满产超产”攻坚会战。攻坚会战分四个阶段推进：一季度满负荷攻坚，高速公路、国省干线、水运工程的省重点项目在 3 月 15 日前满负荷复工，其他项目 3 月 20 日前满负荷复工。二季度扩产能攻坚，实现各行业半年度任务完成达到全年计划 45% 以上，年度开工项目“应开尽开、能开快开”。三季度提速超产攻坚，到 9 月底全省交通建设项目应达到或超过序时进度。四季度收官冲刺攻坚，确保年度圆满收官，力争超产完成。

13 日，工信部复工复产福建联络工作组与省工信厅在福州召开座谈会，沟通交流复工复产工作调研情况，共同研究近期工作重点和解决方案。自 2 月 28 日抵达福建以来，联络工作组深入全省九个设区市生产一线，调研指导企业、项目复工复产和疫情防控工作，走访调研投资超 10 亿元工业项目、单项冠军企业、专精特新“小巨人”企业及产业示范基地等 70 多家，收集地市、企业诉求和问题 50 多个，并快速通过部、省、市相关渠道推动解决。

14 日，省工信厅发布了《关于开展规上工业企业市场注册的通知》，计划于 2020 年放开全省范围内符合产业和环保政策、纳入统计部门统计的规模以上工业企业参与电力市场化交易。首批用户注册申请提交时间将自 3 月 18 日开始，至 4 月 15 日止。下一步，省工信厅将继续牵头组织做好规模以上工业企业市场交易有关工作，进一步扩大电力直接交易规模，力稳经济基本盘。

15 日，省生态环境厅、自然资源厅、农业农村厅、工业和信息化厅等 4 部门日前联合下发《“守护净土”重点监管企业排查整治工作方案》，集中力量开展土壤重点监管企业排查整治专项行动，以 188 家省级土壤环境重点监管企业为主要对象，查清查明各类土壤环境重点污染源，解决土壤环境监管和风险防控中的老大难问题，逐步建立健全长效监管机制。《方案》按照“抓重点、细分类”的思路，明确七大排查重点内容，包括摸清企业基本情况、摸排敏感区域周边企业、督促企业落实隐患排查制度等。重点排查整治专项工作实行信息整合、全面排查、分步整治、点穴式督察、总结提升等“五大步骤”，运用生态云平台“一企一档”基础数据，按照“边查边改”工作思路，逐个落实整改要求，做到“整治一个，销号一个”。

16 日，工信部复工复产联络工作组肯定我省复工复产工作，认为我省对防控物资生产和复工复产工作做到早研判、早部署、早落实，制定出台一系列措施，帮助企业在防控到位的前提下，有序复工复产，取得了阶段性成效。

18 日，我省集中开工 265 个重大基础设施、产业发展、社会事业项目，总投资 1950 亿元，吹响了全省加快推进重大项目建设的奋进号角。省委书记于伟国通过视频连线作开工动员，省长唐登杰主持。这次全省集中开工的重点项目，包括福州东南大数据产业园研发中心项目、厦门新一代显示面板生产线项目、漳州福建石化集团中下游产业链——氯碱片区搬迁转型升级项目、泉州惠安城南工业园区高端芯片项目、三明高端装备产业园第一批入园项目、莆田秀屿区石门澳化工新材料产业园基础设施项目、南平泰盛纸业项目、龙岩上杭时代思康含氟新能源材料生产项目、宁德寿宁三祥锆基非晶合金项目、平潭综合实验区党工委党校项目等，共 265 个、总投资 1950 亿元、年度计划投资 457 亿元，其中，基础设施项目 74 个、总投资 330 亿元，产业项目 147 个、总投资 1423 亿元，社会事业项目 44 个、总投资 197 亿元。

18 日，平潭综合实验区 2020 年经济发展产业培育工程第一阶段招商项目“云签约”活动举行。活动采用“主会场 + 分会场 + 视频签约”的形式，“云签约”25 个项目，总投资 139.6 亿元，涉及旅游文化康体、总部经济、传统产业升级、新兴产业等领域。据介绍，下一步，平潭将充分发挥“大招商”机制作用，全面推行全员招商、领导带头招商、产业链招商、主动上门招商等机制，对实验区产业政策进行全面梳理、评估，深化“审批服务改革三年行动计划”，充分发挥党工委项目会商、区领导挂钩“四重”项目、项目“一口进、一口出”等机制，提前做好项目前期谋划，主动促成一批“国字号”政策、项目落地，延续实验区高质量发展的良好态势。

18 日，省委书记于伟国在全省安全隐患大排查大整治工作暨统筹做好疫情防控和复工复产视频会议上强调，要深入学习贯彻习近平总书记重要讲话重要指示批示精神，全面整治每一个安全隐患，守好境外管控、口岸检疫和境内防控“三道防线”，全力防止境外疫情输入，加快推进企业复工复产和达产满产，努力实现疫情防控和经济社会发展“双胜利”，以实际成效增强“四个意识”、做到“两个维护”。省长唐登杰主持。

19 日，副省长林宝金带领省直有关部门、福州市相关负责人深入福州市食品加工企业及 LPG 储罐站、加油站等场站检查安全生产工作，对危险物品、工矿企业领域开展安全隐患大排查大整治工作提出要求。林宝金强调，各级各有关部门要认真贯彻习近平总书记关于安全生产的重要论述和重要指示批示精神，迅速落实省委、省政府工作部署，组织本地区、本行业、本领域全面开展安全隐患大排查大整治，从根本上消除各类安全风险隐患，最大限度减少事故发生；要按照“党政同责、一岗双责、齐抓共管、失职追责”和“三个必须”要求，层层落实安全生产责任，强化执法监管，督促企业切实落实好安全生产主体责任；要加大工业企业“退城入园”力度，加快工业（产业）园区标准化建设，从源头上杜绝安全隐患，提升本质安全水平；要督促引导企业强化安全生产标准化建设，优化流程再造，实施精细化管理，加强员工安全教育培训，切实将安全责任和措施落实到每一个岗位、每一个环节，确保安全隐患早发现、早处置、早消除，同时完善应急预案编制及演练工作，坚决防范遏制各类事故发生。

19日，省委书记、省应对新型冠状病毒感染肺炎疫情工作领导小组组长于伟国主持召开省委常委会会议暨领导小组第二十一次会议，认真学习贯彻习近平总书记3月18日在中央政治局常委会会议上的重要讲话精神，深入部署统筹推进疫情防控和经济社会发展重点工作，研究稳外贸稳外资促消费、强化科技支撑服务疫情防控与经济社会发展、加快线上经济发展等措施；主持召开省委常委会会议暨省委深入学习贯彻落实习近平总书记重要讲话重要指示批示精神和党中央各项决策部署工作小组会议，研究做好习近平总书记重要指示批示贯彻落实情况“回头看”和向党中央请示报告工作。会议还研究了其他事项。

20日，省委书记于伟国到福州重点企业和重点项目建设现场，调研推动疫情防控和复工复产工作。于伟国强调，要深入贯彻落实习近平总书记重要讲话重要指示批示精神，毫不放松抓紧抓实抓细各项防控工作，以省域为单元，全面恢复正常生产生活秩序，全面推进复工复产，加快推动企业达产满产和项目开工建设，夺取疫情防控和经济社会发展双胜利。

20日，由省发改委牵头会同省科技厅、工信厅、卫健委等策划组织，“6·18”创交会组委会办公室主办的“6·18”生物医药产业线上科技成果对接会举办，在线发布213项生物医药产业科技成果、53项技术需求和21项融资需求，吸引了2.5万人次参与线上对接。本次线上对接会旨在推动福建生物医药科技成果转化，为疫情防控工作提供科技支撑，并探索完善“6·18”创交会线上对接工作机制，促进科技成果对接方式的多元化和信息化。

20日，为全力保障疫情防控与复工复产“两不误”，福建省在安排污染防治资金时向受疫情影响较重的县（市、区）和乡（镇、街道）倾斜，并加快清算下达2020年度重点流域生态补偿资金，切实保障各地污染防治资金需求，目前已安排下达中央和省级污染防治资金16.3亿元。生态环保专项资金重点支持开展应急监测和处置、加强饮用水水源地环境保护、垃圾填埋场地下水环境监管等，切实保障人居环境安全。同时，我省生态环境部门畅通审批服务“绿色通道”，推行“不见面审批”，企业群众通过“生态云”亲清服务平台就可以实现网上办事、在线专家咨询、第三方机构等服务。对防疫急需的医疗卫生、物质生产、研究试验等三类建设项目以及用于肺炎诊断影像设备豁免环评审批和辐射安全许可办理手续，对畜牧业、农副食品加工业、物流业等关系民生保障的重点行业实施环评告知承诺审批。疫情发生以来，全省共审批备案1325个项目环评文件、37个项目辐射安全许可，总投资约1580亿元，有力地支持了我省重点企业项目有序复工复产。

21日，福建省工信厅发布数据，进入3月份以来，我省在确保做好疫情防控和安全生产的前提下，全力以赴推动工业企业、项目加快复产达产，努力实现工业经济稳定增长。通过用电监测分析，3月18日，全省规上工业企业日用电量与去年3月日均用电量之比达101.9%，恢复到去年同期水平；全省企业复工指数84.77，在国家电网公司经营区域内的27个省（市、自治区）中排名第3位，在华东区域（六省一市）排名第2位。

21日，省委书记、省应对新型冠状病毒感染肺炎疫情工作领导小组组长于伟国在全省视频会议暨领导小组第二十二次会议上强调，要深入学习贯彻习近平总书记重要讲话重要指示批示精神，切实把外防输入重点任务抓实抓细抓落地，巩固疫情防控持续向好形势，确保打赢疫情防控的人民战争、总体战、阻击战，确保实现全年经济社会发展目标任务。省长、领导小组组长唐登杰主持。

22日，由财政部副部长余蔚平带队的中办国办复工复产调研工作组一行与省委书记于伟国、省长唐登杰进行深入座谈交流。余蔚平代表调研工作组表示，通过调研，我们深切感受到福建省委、省政府坚决贯彻落实习近平总书记重要讲话指示精神和党中央、国务院决策部署，在疫情大考中，立足省情，统筹疫情防控和经济社会发展，在推进复工复产方面动手早、行动快、措施实，全省上下不等不靠、主动作为，扎实推动国家出台的惠企政策措施落地落实，因地制宜加大政策精准帮扶力度，全力打通“五难”堵点，复工复产取得明显成效。调研工作组为福建取得的成绩点赞，并将认真总结福建省的典型经验，客观反映复工复产存在的问题困难和相关意见建议。相信福建在前段工作成效基础上，坚持问题导向，聚焦“六稳”、精准施策，将在复工复产等方面取得更大成效，为打赢疫情防控总体战，全面实现经济社会发展目标任务作出福建应有的贡献。

23日，福建省出台强化科技支撑服务疫情防控与经济社会发展的十二条措施，主要内容有：一、强化疫情防控应急科研攻关。二、加快疫情防控科研平台布局。三、支持科技型企业复工复产。四、加强省创新实验室建设。五、推进高水平创新平台发展。六、完善高新技术企业培育体系。七、促进新技术新模式新业态企业发展。八、实施企业研发经费分段补助。九、加大“科技贷”服务力度。十、创新科技成果转化机制。十一、运用信息技术提升科技特派员服务水平。十二、发挥自创区引领示范作用。

26日，省委书记、省应对新型冠状病毒感染肺炎疫情工作领导小组组长于伟国主持召开省委常委会会议暨领导小组第二十三次会议、省委退役军人事务工作领导小组会议，深入学习贯彻习近平总书记重要讲话重要指示批示精神，传达中办国办复工复产调研工作组通报情况，进一步研究部署防控境外疫情输入和复工复产工作，部署推进退役军人工作；研究推进全省机关效能建设和加强新时代人大工作。会议强调，要加大力度推进复工复产，进一步打通“堵点”、补上“断点”，更好帮助企业解决复工复产“五难”等困难问题，加大对中小微企业、个体工商户的扶持，全力推动企业加快达产满产，加快重点项目满负荷复工，积极促进消费回补和潜力释放，更有针对性做好“六稳”工作，全面恢复正常经济社会秩序。

29日，省林业局发布数据全省325家林业产业化龙头企业，已有322家复工，复工率达99%以上。疫情防控期间，省林业局全力做好林业疫情防控和林业企业复工复产服务保障工作，及时下达了2020年林下经济、笋竹精深加工示范县和竹产业一二三产业融合重点县项目资金1.7亿元，鼓励通过“以奖代补”等方式加快项目实施和资金拨付，扶持林业企业尽快恢复生产，助推地方经济社会发展。对财力困难的市、县（区），可从2020年省级林业经济发展（花卉产业）补助资金中安排扶持资金，用于疫情期间鲜切花无法上市交易的花卉生产企业等的损失补助。

29日，我省出台《关于加快线上经济发展的若干措施》，深入实施数字经济领跑行动，加快发展线上经济新业态新模式，促进线上线下有机融合，增强高质量发展新动能。这十八项措施涉及加快新型信息基础设施建设、大力培育壮大市场主体、积极培育新业态新模式、加大金融支持力度、强化要素保障、健全安全保障体系等方面。

30日，福建省产融合作政银企线上对接会在福州举行，副省长林宝金出席福州主会场活动。此次对接会由省工信厅联合省金融监管局、人行福州中心支行、福建银保监局共同举办，除福州主会场，还在8个设区市及平潭综合实验区中小企业公共服务平台设立分会场，在线开设21个融资洽谈室，省建行、农行、邮储银行、海峡银行等12家银行，106家中小微企业线上积极对接，活动现场签约172个融资项目、金额达307亿元。

30日，根据工信部近期对220万户使用云平台的中小企业监测初步测算，我省中小企业复工率为68.9%，高出全国7.4个百分点，位居全国前列。全省规上工业企业复工率达99.7%，同样居全国前列。据介绍，疫情发生以来，我省推动出台财税、金融、创新、社保、就业等扶持政策，帮助中小企业渡过难关。省工信厅积极对接融资需求，征集发布重点企业（项目）融资需求清单1095项1632亿元，推动各地举办各种形式的产融对接活动，突出福建“产融云”平台“永不落幕”的线上对接优势，提供防疫专属金融贷款，为银企双方融资对接牵线搭桥。

30日，省委书记于伟国、省长唐登杰与全省130多位企业代表视频连线座谈。于伟国强调，各级各部门要深入学习贯彻习近平总书记关于统筹推进新冠肺炎疫情防控和经济社会发展的重要讲话精神，把“六稳”的各项政策措施落深落细落实，与企业想在一起、拼在一起、赢在一起，帮助企业战胜困难、更好生存发展，把疫情造成的损失降到最低。于伟国说，我们要深入贯彻落实习近平总书记重要讲话重要指示批示精神，清醒地认识到新冠肺炎疫情不可避免会对经济社会造成较大冲击，但我国经济有巨大的韧性和潜力，经济长期向好的基本面没有改变，疫情的冲击是短期的，总体上是可控的。要用全面、辩证、长远的眼光看待发展形势，坚定信心决心，变压力为动力，化危为机，采取更加管用有效的措施，尽快推动企业复工复产、达产满产。要把复工复产过程作为转型升级过程，向技术创新、管理创新、业态创新、模式创新要动力。要把牢安全生产红线、底线、生命线，切实把安全生产责任和措施落细落实。

31 日，省财政厅下达融资再担保保费补贴资金 780 万元，对省再担保机构给予补贴，用于支持其为小微企业和“三农”主体提供融资担保。2019 年 6 月，我省实施政府性融资担保政策，由省再担保机构对符合条件的单户担保 1000 万元及以下的融资担保业务免收再担保费，省财政按照其年新增融资再担保额的 1.5‰给予再担保保费补贴。同时，对省再担保机构与国家融资担保基金合作开展比例分险再担保业务中缴纳的再担保费，省财政进行补贴。通过政府引导，省再担保机构2019 年度新增再担保业务 41.74 亿元，有力支持小微企业和“三农”发展。

31 日，省长唐登杰赴福州市永泰县、福清市、长乐区，深入田间地头、园区企业、项目工地等，就统筹推进疫情防控和经济社会发展工作进行调研。他强调，要深入学习贯彻习近平总书记重要讲话重要指示批示精神，按照党中央决策部署和省委工作要求，在疫情防控常态化条件下加快恢复生产生活秩序，坚持稳中求进工作总基调，坚持新发展理念，全面做好“六稳”工作，奋力实现今年经济社会发展目标任务。省委副书记、福州市委书记王宁一同调研。

31 日至 4 月 1 日，省委书记于伟国到漳州的企业、重点项目工地和农村，调研指导疫情防控、复工复产、安全生产和脱贫攻坚等工作。他强调，要深入学习贯彻习近平总书记重要讲话重要指示批示精神，坚持稳中求进工作总基调，坚持新发展理念，精准落实统筹推进疫情防控和复工复产各项举措，全力确保安全生产，奋力实现今年经济社会发展目标任务。

（摘编：刘海元）

4 月

1 日，福建省第 29 个全国税收宣传月在福州正式启动。今年全国税收宣传月的主题为“减税费优服务　助复产促发展”据悉，今年税收宣传月全省税务部门将开展对辖区内人大代表、政协委员的走访活动，积极主动宣传解读支持疫情防控和企业复工复产的税费政策，助力企业发展。同时开展“聚合力优环境，战疫情促发展——全面推进税收共治体系建设”专题系列宣传服务活动。此外，还将围绕减税降费、助力复工复产、“六稳”等重点工作，通过开展“便民办税春风行动”系列宣传、举办税收普法线上“六进”系列活动、举办线上有奖竞赛活动等多个系列主题活动，不断探索拓展税收宣传新形式，在 2020 年 4 月 1 日至 5 月 20 日期间，深入推进福建省第 29 个全国税收宣传月活动。

2 日，省长唐登杰主持召开省政府常务会议，认真贯彻中央和省委部署，审议《福建省强化知识产权保护实施方案》和《福建省贯彻〈国家积极应对人口老龄化中长期规划〉实施方案》（送审稿），通过《全面落实“马上就办”进一步优化政务服务的若干措施》，研究推进改革创新举措，落细落实相关具体工作。会议还研究了其他事项。会议强调，要深入贯彻习近平总书记关于知识产权保护的重要论述，围绕营造有利于创新创业创造的良好发展环境，综合运用法律、行政、经济、技术和社会治理等手段提升保护能力、完善保护体系，加快构建知识产权“严保护、大保护、快保护、同保护”的工作格局。要深入实施创新驱动发展战略和知识产权强省战略，强化知识产权创造、运用、保护和管理，为推进高质量发展、加快新福建建设提供有力支撑。

3日，全省推进渔港项目建设工作视频会在福州举行。副省长李德金出席会议并讲话。李德金强调，各级各有关部门要提高政治站位，深入贯彻习近平总书记关于保障和改善民生的重要讲话重要指示批示精神，认真落实中央决策部署和省委省政府工作要求，按照全省渔港布局与建设规划和三年行动计划要求，高标准、高质量推进渔港建设工作，促进渔业经济发展、渔民增收和渔区振兴。要加快渔港建设步伐，抓紧前期工作，优化审批流程，加快建设进度，提高建管水平，保证工程质量，全力补齐短板，不折不扣完成目标任务。要加强组织领导，严格落实属地主体责任，强化部门协同推进，加大要素保障力度，提前谋划、统筹调度，严格安全监督监管，确保高质量建设、按时完工。要统筹抓好疫情防控、安全生产和海洋渔业重点工作，强化渔船、岸线、码头等动态监管，严防海上输入性疫情；坚决守住渔业安全生产底线，持续推进渔业复工复产；加快渔业转型升级步伐，开展海漂垃圾整治攻坚，走绿色发展、高质量发展道路，为加快海洋强省建设、全面建成小康社会和“十三五”圆满收官提供坚实保障。

3日，福建省农村信用社联合社与海峡股权交易中心签订商业银行股权登记托管合作协议。副省长郭宁宁出席签约仪式。此次省农信联社与海交中心签订合作协议，标志着我省商业银行股权登记托管工作取得新突破，双方将努力构建安全、规范、高效的股权登记托管体系，切实保护股东和投资者权益。下一阶段，在相关部门的大力支持下，海交中心将构建我省股权集中登记托管体系，做好省内非上市金融机构股权集中登记托管工作，有针对性地破解我省金融发展的堵点、难点、痛点，重点实施“八大金融工程”，优化金融供给，推动金融工作深度融入、高效服务、高质量发展。

5日，福建省发改委、教育厅、民政厅、商务厅、文旅厅、卫健委、广电局、体育局等八部门联合印发《福建省促进“互联网+社会服务”发展实施方案》。方案提出，将促进“互联网+社会服务”作为推动新时代数字福建建设的重大举措，充分发挥数字福建建设优势，释放互联网、物联网、大数据、云计算、人工智能、5G、区块链等新一代信息技术活力和潜力，进一步拓展互联网与教育、医疗健康、养老、托育、家政、文化和旅游、广播电视、体育等领域融合的广度和深度，在公共服务领域提供一批优质服务、打造一批行业平台、培育一批领军企业、形成一批典型示范、推广一批创新成果，助力打赢疫情防控阻击战，提升我省公共服务质量和水平，有效保障民生。

6日，为支持企业通过专利权质押方式获取贷款，促进专利权市场化运用，省财政厅下达专项资金1715万元，对符合条件的110家企业予以贴息支持。专利权质押贷款贴息资金主要面向全省区域内注册的具有独立法人资格、拥有自主专利权的中小企业；用于补助企业以专利权质押方式向银行贷款所支付的利息；贴息比例为同期银行贷款基准利率的30%～50%，每家企业享受贴息总额最高不超过50万元。

7日，全省“两稳一促”银企融资对接视频会举行，副省长郭宁宁出席会议并讲话。郭宁宁充分肯定了我省金融、商务部门在疫情防控和支持企业复工复产方面主动作为、合力攻坚取得良好成效。她强调，要提高站位，担当尽责，做到抓防疫、保安全、促发展“三管齐下”，全力稳外贸、稳外资、促消费，加快推进全面复工复产、全面恢复经济社会正常秩序。要精准对接，综合施策，明确政策导向、释放政策信号，用好用足中央和省里的各项惠企政策，加大对外贸外资龙头企业、重点企业的“一对一”融资对接和对中小企业的普惠金融支持，确保政策传导落地见效。要贴近需求，创新协同，在质效提升、产品创新、企业纾困、平台建设上下功夫，加快“金服云”平台建设和“快服贷”系列产品开发上线，切实提高金融服务覆盖面、获得感。要建机制、稳预期、防风险、促诚信，支持企业渡过难关，打造良好金融生态。

10日，福建省人民政府与深圳证券交易所签订战略合作框架协议视频会议举行。副省长郭宁宁与深交所理事长王建军在线签署战略合作框架协议。根据协议，双方将共同加强福建企业上市孵化培育，推动更多企业赴深交所上市；加强固定收益和基金产品推广、服务工作力度，不断扩大融资交易规模；加强上市公司监管信息共享和工作协同，有效防范和化解上市公司各类风险；加强推动已上市公司再融资和并购重组，支持国企混合所有制改革；加强区域性股权市场建设支持力度，深化研究、技术、信息等方面的对接合作；加强开展科技金融合作，完善以资本市场为导向的企业创新支持体系；加强投资者教育与宣传，维护市场发展的良好环境；共同推进福建自贸试验区和融入“一带一路”资本市场国际化建设，加强跨境投融资合作。

11日，福建省市场监督管理局日前印发《关于在全省推广个体工商户全程智能化登记的通知》，提出全面推行个体工商户全程智能化登记。这意味着今后在福建申办个体工商户，只需在手机上操作就能随时随地轻松完成全部流程。此次在全省推广的个体工商户全程智能化登记采用“微信申请+直接登记+自动审核+自助打照”的便利化登记模式。申请人只要手机微信关注当地市场监督管理局微信公众号，点击个体工商户全程智能化系统，录入申请人身份证号码、手机号码等信息，获取验证码后即可登录，并可按照“请勾选”和“下一步”等简单明了的提示申报。申请人提交后，由系统自动审查、核准，并直接反馈结果，24小时后就可到就近的自助打照机打印营业执照，完全实现免预约、不见面、零干预、无纸化，365天全天24小时不打烊。

15日，为全面落实中央和省委、省政府关于统筹推进疫情防控和经济社会发展工作的部署要求，促进消费回补回暖，在福建省商务厅支持下，福州市将分期投放总额1.5亿元的消费券，其中通用消费券1.2亿元、汽车专项补贴3000万元，首轮投放8000万元。届时，可登录支付宝领取通用消费券。

15日，全省对台工作会议在福州召开。会议深入学习贯彻习近平总书记关于对台工作的重要论述，贯彻落实中央对台工作部署和省委要求，部署今年工作。省委常委周联清出席会议并讲话，副省长郭宁宁主持会议。周联清充分肯定2019年我省对台工作取得的积极成效，强调要切实把思想和行动统一到习近平总书记关于对台工作的重要论述和重大政策主张上来，进一步增强“四个意识”、坚定“四个自信”、做到“两个维护”，不折不扣落实中央对台方针部署，有序有效做好对台工作。要积极探索海峡两岸融合发展新路，全面落实同等待遇，提高惠台政策覆盖面和实效性，增进台胞福祉，增强台胞获得感；精准落实疫情防控和复工复产各项举措，帮助台企解决人才、融资、市场拓展及人流物流等实际困难，努力打造台胞台企登陆的第一家园。要全力推进应通尽通，坚持以“通”促融、以“惠”促融、以“情”促融，深化闽台各领域交流合作。打造两岸共同市场，促进先进制造业、新兴服务业和现代农业等产业融合发展，推动台湾青年来闽就业创业实习实训，加强闽台祖地文化交流，办好海峡论坛等对台交流活动，为促进祖国和平统一进程积累正能量。要切实加强党对对台工作的组织领导，强化风险防范，加强惠台利民政策的宣传，进一步提升对台工作实效和水平。

15日，在光电信息省创新实验室，科研人员正忙着研发5G高速光通信芯片及模块，努力突破超高速连续液面生长3D打印核心技术，为支撑战略性新兴产业发展添砖加瓦。据介绍，2019年9月，我省启动建设光电信息、能源材料、化学工程、能源器件等首批4家省创新实验室，意味着科技创新工作进入加速期。

16日，省委理论学习中心组召开学习会，进一步深入学习三部系列采访实录，更好地汲取政治、思想和精神的力量，努力在统筹疫情防控和经济社会发展的大战大考中，践行初心使命，主动担当、积极作为，加快推进生产生活秩序全面恢复，全力推进经济社会发展。省委书记于伟国主持。省长唐登杰，省政协主席崔玉英出席。胡昌升、杨贤金、郑新聪、张广敏作重点发言。

17 日，省委书记于伟国主持召开省委一季度经济形势分析视频会，深入学习贯彻习近平总书记重要讲话重要指示批示精神和党中央决策部署，研究我省二季度统筹推进疫情防控和经济社会发展工作。省长唐登杰进行通报点评并作具体安排。省政协主席崔玉英出席。

17 日，福建省林业局、江西省林业局在武夷山市共同召开闽赣两省联合保护委员会会议，讨论研究《跨省创建武夷山国家公园实施方案》。武夷山国家公园与江西武夷山国家级自然保护区同属武夷山脉。当前，武夷山国家公园试点区尚未覆盖江西武夷山国家级自然保护区所在区域，不利于构建完整的生态系统和实现生物多样性的有效保护。为此，省林业局委托福建农林大学编制《跨江西与福建省创建武夷山国家公园可行性研究报告》，并在此基础上进一步研究制定《武夷山国家公园完整性保护实施方案》，探索跨行政区保护管理的有效新途径。未来，待条件成熟时，两省将联合申报成立跨省的武夷山国家公园。

18 日，商务部、中央网信办、工业和信息化部联合发布公告，认定 12 个园区为首批国家数字服务出口基地，厦门软件园上榜。作为厦门火炬高新区的重要组成部分，厦门软件园总规划 11 平方公里，先后建设了软件园一期、二期、三期，是厦门软件和信息服务业的核心载体。数据显示，截至 2019 年底，软件园入驻企业总数超过 5800 家，软件产业人才超 10 万人，园区去年总营业收入达到 1183.1 亿元，占比全市软件产业营收约 2/3，占比全省软件产业营收约 1/3。

20 日，经省政府同意，为充分发挥数字经济对经济社会发展的驱动引领作用，省数字办日前发布 2020 年省数字经济重点建设项目 251 个，总投资 5878 亿元，年度计划投资 1084 亿元。其中，数字新基建项目 52 个，总投资 729 亿元，年度计划投资 286 亿元；数字经济重点园区基础设施项目 7 个，总投资 724 亿元，年度计划投资 111 亿元；数字经济产业项目 192 个，总投资 4425 亿元，年度计划投资 687 亿元。

21 日，福建省统计局发布了今年一季度我省经济运行情况：初步核算，一季度我省实现地区生产总值 8999.09 亿元，按可比价格计算，同比下降 5.2%。其中，第一产业增加值 443.95 亿元，增长 2.2%；第二产业 4008.27 亿元，下降 8.8%；第三产业 4546.87 亿元，下降 2.0%。

21 日，福建自贸试验区挂牌五周年之际，由省商务厅（自贸办）举办的“改革引领，开放先行——福建自贸试验区五周年成果展”开展。副省长郭宁宁参观展览。建设自由贸易试验区是党中央国务院在新形势下全面深化改革和扩大开放的战略举措，在我国改革开放进程中具有里程碑意义。五年来，福建自贸试验区认真贯彻落实习近平总书记对自贸试验区的重要指示批示精神，在省委、省政府的正确领导下，大胆试、大胆闯，坚持对标国际先进，推进制度创新，培育重点平台，推动产业发展，引领了营商环境提升，服务了开放型经济发展，为国家贡献了丰富的“福建经验”。

22 日，省委书记、省应对新冠肺炎疫情工作领导小组组长于伟国主持召开省委常委会（扩大）会议暨领导小组第二十八次会议，强调要认真学习贯彻习近平总书记在 4 月 17 日中央政治局会议上的重要讲话精神，在疫情防控常态化前提下，坚持稳中求进工作总基调，坚持新发展理念，深化供给侧结构性改革，坚决打好三大攻坚战，加大“六稳”工作力度，细化实化“六保”具体措施，坚定实施扩大内需战略，维护经济发展和社会稳定大局。会议研究了《关于加大“六稳”工作力度 扎实做好“六保”工作的意见》。省长、领导小组组长唐登杰，省政协主席崔玉英出席。

23 日，为贯彻中央有关部委要求，日前我省出台《旅游景区疫情防控和安全有序开放工作导则》，严格规范我省旅游景区管理，做好疫情防控工作，确保旅游景区安全有序开放。《导则》对旅游景区疫情防控和开放工作的主体责任、安全责任进行了落实明确，并提出了强化防控措施、有序限量开放、强化流量管控、优化游览线路、加强景区管理、推行智慧旅游、加强卫生防疫等具体要求。

23日，省政府召开全省安全生产视频会议，深入贯彻习近平总书记关于安全生产重要论述和重要指示批示精神，落细落实党中央、国务院和省委部署，深入分析全省安全生产形势，推进第二季度防范重特大生产安全事故暨安全生产专项整治三年行动工作。省长唐登杰出席并讲话，副省长李德金主持，副省长田湘利出席。

23日，全省消防工作电视电话会议召开。会议总结去年以来全省消防工作情况，部署消防安全专项整治三年行动和年度重点工作。副省长、省消防工作联席会议总召集人田湘利出席会议并讲话。田湘利强调，各级各有关部门要认真学习贯彻习近平总书记关于安全生产重要论述和重要指示批示精神，以更加切实有效的措施坚决防范遏制重特大火灾事故发生，把党中央决策部署和省委省政府工作要求不折不扣地落到实处。要深化大排查大整治工作，着力化解重大消防安全风险，坚持分类施策，重拳整治各类火灾隐患；坚持管服并重，抓实抓细复工复产安全防范工作；坚持标本兼治，深入推进打通消防生命通道工程；坚持精准宣传，全面提升民众消防安全意识。要深化消防执法改革，落实改革责任，细化改革措施，落实“五位一体”消防安全监管和事中事后监管；健全完善消防执法全程监督。要狠抓消防工作主要目标责任的落实，压紧压实各级党委政府领导责任、部门监管责任、社会单位主体责任，强化考核督导，确保各项工作落地见效，努力为新时代新福建建设创造良好消防安全环境。

23日，福建省日前发布《关于进一步加强复工复产疫情防控常态化工作的通知》，牢牢坚持外防输入、内防反弹，毫不放松抓好复工复产后常态化疫情防控各项措施，积极引导人民群众做好必要防护，不断巩固疫情持续向好形势，加快推进生产生活秩序全面恢复。《通知》对“八闽健康码”的推广应用、重点场所疫情防控措施、办公场所及生产车间精准防控、个人健康防护等方面提出具体明确要求。

24日，福建品牌（香港）线上展览启动仪式举行。福建省副省长郭宁宁、香港贸发局副总裁周启良分别在闽港两地在线出席仪式。受全球疫情影响，许多国家、地区取消或延迟大型展览会，外贸企业与客户面对面交流的机会大幅减少，国际贸易业务受到严重冲击。省商务厅与香港贸发局联合推出“福建品牌线上展览”，从福建重点培育和发展的国际知名品牌、福建名牌产品、高新技术企业和中国驰名商标等四类产品中，精选出首批70多家企业“上线出海”，以借助香港国际性平台优势，通过全方位推广、多渠道推送，争取更多贸易伙伴和订单。

24日下午，由福州海关、厦门海关、福建省商务厅（口岸办）牵头组织，福建省外事办、税务局、厦门边检总站等30个部门（单位）通过“云签署”方式，共同签署了《福建省口岸安全风险联合防控机制》。此举旨在加强信息共享、拓展联合研判、密切协同配合，提升福建省口岸安全风险联合防控能力。今年初，福州海关和厦门海关先行建立了安全风险联合防控协作机制。随着口岸联防联控工作的深入开展，外事、移民、林业等多部门也积极参与合作，范围逐渐扩大，方式不断丰富，联防联控的“朋友圈”不断扩大，最终促成了此次方案的会签。

26日，我省举行重大招商项目集中“云签约”，共签约央企、民企、外企和福建自贸试验区等项目391个，总投资7836亿元。这是继3月18日全省集中开工265个、总投资1950亿元重大项目后的又一重大招商举措。省委书记于伟国讲话，省长唐登杰主持。于伟国说，深入学习贯彻落实习近平总书记重要讲话重要指示批示精神，统筹推进疫情防控和经济社会发展工作，扎实做好“六稳”工作、全面落实“六保”任务，关键要在抓紧抓实抓细抓到位上下功夫，增强“四个意识”、坚定“四个自信”、做到“两个维护”。当前，我省在常态化疫情防控中加快经济社会发展，就是要在继续加快推进正在进行的“百千”优势企业增产增效、帮助困难行业和企业稳发展、加强招商引资等工作基础上，进一步加强畅通和稳定产业链供应链、加大技术改造、加强新型基础设施建设和补齐传统基础设施短板等重点工作，形成一套有力有效的组合拳。加强招商引资，让更多新的好项目大项目落地见效，是这个组合拳中很关键的硬招实招。

27日，福建省出台《实施一二三产业“百千”增产增效行动方案》，把工作重心落到重点行业、重点企业、重点项目上，支持推动优势特色产业和优势企业满产超产，引领产业上下游联动发展，培育发展新动能，实现疫情防控和经济社会发展双胜利。《行动方案》明确，实施“百个以上农业特色产业和企业”增产增效行动、“千个以上制造业优势产业和企业以及建筑业企业”增产增效行动、“千个以上服务业重点产业和企业”增产增效行动的重点任务和工作措施，进一步支持优势产业和企业发挥潜能、做大做强，力争把疫情造成的损失降到最低限度，为加快经济社会秩序全面恢复提供有力支撑。

28日，省委书记于伟国、省长唐登杰在福州会见百威亚太控股联席主席兼首席执行官、第五届福建省“荣誉公民”杨克一行。于伟国说，今天我们的会面，是在疫情防控常态化条件下加快复工复产的一次不寻常的会面，我们面临的困难挑战和发展目标任务都极不寻常。当前，福建正在深入贯彻落实习近平总书记重要讲话重要指示批示精神，扎实做好“六稳”工作、落实“六保”任务，统筹推进疫情防控和经济社会发展工作，围绕畅通产业循环、市场循环、经济社会循环，着力打通企业用工难、疫情防控难、交通物流难、供应链协同配套难、市场拓展难等“五难”政策链、操作链，有力有序有效推进复工复产、复商复市；同时，坚持一企一策，全力帮助包括百威在内的所有企业打通堵点痛点，解决市场拓展难等问题，支持在闽外企渡过难关、做大做强，坚定长期投资经营的信心。我们将坚定实施扩大内需战略，制定更加精准有力措施，激发消费潜力，让更多市民走进市场、放心消费；继续优化营商环境，帮助企业开拓市场、延伸产业链，让企业能够发展得更好、更长久。

28日，“中国·福建—俄罗斯经贸合作在线推介会”通过网络视频会议方式举行。副省长郭宁宁出席活动。本次推介会设置福州主会场以及圣彼得堡、北京、厦门等分会场。参会嘉宾围绕“闽俄合作云为媒，市场商机共分享”主题，介绍了福建与俄罗斯在双向投资贸易、跨境电商等领域的合作机会和金融支持服务，为深度拓展俄罗斯市场提供经验借鉴，并通过直播互动与参会企业就关心关注的议题展开交流互动，超过1600家企业在线同步参与。福建与俄罗斯经贸合作互补性强，在跨境电商、矿产、机电、新材料、生物等领域拥有广泛合作空间。今年一季度，双方进出口在世界经济和贸易受国际疫情严重冲击的背景下，逆势上扬，同比增长18%，体现了巨大潜力与韧性。

29日，省委书记、省应对新冠肺炎疫情工作领导小组组长于伟国在省市县三级视频会议暨领导小组第三十一次会议上强调，深入学习贯彻习近平总书记重要讲话重要指示批示精神和党中央决策部署，根本的政治要求和工作方法就是抓紧抓实抓细抓到位。面对疫情带来的前所未有冲击和挑战，必须以前所未有的精神、措施和努力，把各项工作抓紧抓实抓细抓到位，织牢疫情防控严密网络，打好“六稳”“六保”工作组合拳，努力夺取疫情防控和经济社会发展双胜利，切实增强“四个意识”、坚定“四个自信”、做到“两个维护”。省长、领导小组组长唐登杰主持会议。省政协主席崔玉英出席。

29日，2020年全省“五一”假期旅游景区开放管理工作电视电话会议在榕举行。省委常委、宣传部部长、统战部部长邢善萍出席会议并讲话，副省长郑建闽主持会议。邢善萍指出，推动旅游景区有序开放，是在常态化疫情防控条件下加快推进生产生活秩序全面恢复，做好“六稳”工作、落实“六保”任务的重要举措。各级各有关部门要提高政治站位，把习近平总书记重要讲话重要指示批示精神和党中央决策部署抓紧抓实抓细抓到位，坚决扛起旅游景区疫情防控责任，落实安全有序开放各项要求。她强调，要坚持防控为先，落细落实管控措施，推动有序限量开放，防范化解安全风险，加大宣传引导力度，营造文明旅游、安全旅游、健康旅游的浓厚氛围；要加强组织领导，压实主体责任，健全值班调度监测、组织督导检查、投诉快速处置和应急与舆情引导等工作机制，确保“五一”假期旅游市场环境安全有序、文明满意，为统筹推进疫情防控和经济社会发展，加快推进新时代新福建建设作出积极贡献。

30 日，省数字办、省财政厅下发关于组织申报 2020 年省数字经济发展专项资金 5G 产业、人工智能、卫星应用、平台经济、物联网、数字丝路等六个专项项目的通知，明确提出重点扶持的 16 类项目。

（摘编：林开龙）

5 月

1 日，为全方位推动复商复市，我省将组织开展以“全闽乐购”促消费线上线下行——“五一·端午 GO GO GO”为主题的 7 个方面 27 项重点项目。活动采取“政企联手推动、线上线下同步”方式，推进消费回补回暖、提质扩容。购物节期间，全省大型百货店、购物中心、综合大卖场等实体商贸流通企业将推出品牌让利、产品上新、联合促销、换季打折等形式多样的优惠活动刺激大众消费。目前福州已率先启动“惠聚榕城消费季”活动，分期投放总额 1.5 亿元的消费券，首轮 8000 万元消费券已发放完毕。南平、宁德、平潭等地的消费券发放工作将于 5 月 1 日后展开。全省总计将发放超过 2 亿元消费券，预计可带动消费 20 亿元以上。

8 日，省长唐登杰主持召开省政府常务会议，认真学习贯彻习近平总书记重要讲话重要指示批示精神，抓紧抓实抓细党中央、国务院和省委部署要求，研究加强生态环境监管能力建设、推进稳就业保就业、提高农村供水保障水平、深化“放管服”改革等工作。会议审议了《福建省生态环境监管能力建设三年行动方案》《关于进一步做好稳就业保就业工作的实施意见》《关于做好 2020 年普通高等学校毕业生就业创业工作的通知》《关于巩固提升农村供水保障水平的实施方案》（送审稿），通过了《2020 年福建省深化“放管服”改革优化营商环境工作要点》《福建省赋予经济发达镇部分县级经济社会管理权限的指导目录》。

9 日，省委书记、省应对新冠肺炎疫情工作领导小组组长于伟国主持召开全省视频会议暨领导小组第三十三次会议，强调要深入学习贯彻习近平总书记重要讲话重要指示批示精神，落实国务院联防联控机制《关于做好新冠肺炎疫情常态化防控工作的指导意见》和《关于调整疫情分区分级标准实施精准管控的通知》精神，加强常态化疫情防控，加快推进经济社会发展，一丝不苟地把各项工作抓紧抓实抓细抓到位，以实际行动增强“四个意识”、坚定“四个自信”、做到“两个维护”。省长、领导小组组长唐登杰作具体部署。省政协主席崔玉英出席。于伟国强调，要着力在常态化疫情防控上下更大功夫，全面落实“外防输入、内防反弹”总体防控策略，毫不懈怠织密织牢“五张网”，认真落实分区分级标准，精准划定防控区域，全面落实常态化防控措施，精细抓好校园防控，切实把各项防控措施抓得更加科学精准、更加具体到位，不断巩固防控成果，为加快经济社会发展提供有力保障。

10 日，云上 2020 年中国品牌日活动开幕，副省长李德金、郑建闽出席福建分会场活动。同日，云上 2020 年中国自主品牌博览会福建展馆以“福来福往”为主题，亮相云上中国自主品牌博览会“先行先试自贸区”板块，40 余家福建品牌亮相该展馆，展示福建品牌的魅力。据了解，云上福建展馆根据我省参展品牌的特点设置五个板块，分别为“丝路扬帆　开放福建”“创新驱动　活力福建”“勇立潮头　数字福建”“品质生活　幸福福建”“绿色发展　生态福建”。同时，根据国家发展改革委要求，福建展馆专门设置“全球战‘疫’福建力量”特别展区，重点展示我省在新冠肺炎疫情防控中作出积极贡献的近20家企业品牌。

13日，国家发改委发布数字化转型伙伴行动倡议，福建省第一时间响应，6家企业成为第一批联合倡议方，共同发布《数字化转型伙伴行动倡议》。省发改委相关负责人表示，在国家《数字化转型伙伴行动倡议》发布后，将结合福建省实际，以发布地方倡议、动员企业参加等方式，积极参与促进中小企业数字化转型相关工作，形成联动效应，并研究出台《中小企业数字化转型促进中心方案》。

13日，福建省印发《关于做好文化旅游场所新冠肺炎疫情常态化防控和安全有序开放工作的实施意见》，加强文化旅游场所新冠肺炎疫情常态化防控工作，提高常态化防控条件下的精准化水平，推进文旅场所安全有序开放。《实施意见》明确了文化旅游场所新冠肺炎疫情常态化防控和安全有序开放工作的总体要求：一是坚持预防为主；二是坚持预约、限流等方式；三是坚持常态化精准化防控；四是坚持分区分级管控。

13日，省委书记于伟国在我省畅通电子信息暨数字经济产业循环专题视频会议上强调，要围绕畅通产业循环、市场循环、经济社会循环，深入梳理、全力打通产业链供应链的堵点断点，推动产业加快发展、做优做强。省长唐登杰出席。于伟国强调，电子信息和数字经济是我省的重要支柱产业、未来发展前景广阔的产业和对冲疫情影响的关键产业，是我省产业发展的“压舱石”“稳定器”和未来发展的新引擎、推进器。要抓住产业数字化、数字产业化赋予的机遇，加快新型基础设施建设，抓紧布局数字经济等战略性新兴产业，大力推进科技创新，加快形成发展新动能。要坚定信心，进一步强化“抢”的意识，牢牢把握当前疫情防控和复工复产态势向好、欧美国家逐步重启经济活动、国际产业链重构等窗口机遇，早行动、快行动，千方百计抢市场、抢项目、抢要素，切实打好主动战。要强化服务，进一步加大“通”的力度，突出抓龙头带动，促大中小企业协同；抓产业协作，促上下游贯通；抓进口替代，促供应链稳定；抓市场开拓，促产供销衔接；抓企业帮扶，促要素保障。要积极进取，进一步壮大“新”的动能，在新基建布局、新产业发展、新技术攻关、新业态培育等方面下功夫、求突破，进一步细化产业，发挥比较优势，加快培育壮大新增长点增长极。

14日，省委书记、省应对新冠肺炎疫情工作领导小组组长于伟国主持召开省委常委会（扩大）会议暨领导小组第三十五次会议，强调要深入学习贯彻习近平总书记在中共中央党外人士座谈会上和山西考察时的重要讲话、向全国广大护士致以节日祝贺和诚挚慰问的重要指示精神，扎实做好“六稳”工作，落实“六保”任务，努力克服疫情带来的不利影响，确保完成决战决胜脱贫攻坚目标任务，全面建成小康社会。会议研究了关于进一步做好稳就业保就业和做好2020年普通高等学校毕业生就业创业工作等措施。省长、领导小组组长唐登杰，省政协主席崔玉英出席。

14日，省委书记于伟国主持召开省委常委会会议暨省委巡视整改工作领导小组第十七次会议、省国家生态文明试验区建设领导小组会议，深入学习贯彻习近平总书记重要讲话重要指示批示精神，研究我省贯彻落实全国巡视工作会议精神的意见，部署我省加强生态环境监管能力建设、做好全国“两会”期间疫情防控和经济社会发展以及安定稳定工作、做好食品安全重点工作。会议还研究了其他事项。

15日，省长唐登杰主持召开省政府常务会议，认真贯彻中央和省委部署，研究推进中央环保督察反馈问题整改工作，抓紧抓实抓细安全生产专项整治，加大力度帮扶中小微企业，促进妇女儿童事业发展。会议通过了《全省安全生产专项整治三年行动实施方案》，审议了《关于促进中小企业平稳健康发展的若干意见》，通过了设立首期100亿元贷款规模的福建省中小微企业纾困专项资金的具体方案。会议还研究了其他事项。

16日，我省在福州市向4名台湾同胞颁发职业技能等级证书，这是大陆首次面向台湾同胞开展职业技能等级认定，也是第一批面向台湾同胞颁发的职业技能等级证书，标志着两岸技能人才交流工作取得新突破。省人社厅有关负责人介绍，我省在2019年开展直接采认台湾地区职业技能资格先行先试的基础上，2020年持续创新技能人才评价方式，在全国率先启动面向台湾同胞的职业技能等级认定工作。中国海峡人才市场作为我省职业技能等级认定社会培训评价的首家试点机构，面向台湾同胞开展职业技能等级认定试点，通过搭建网络平台为台湾同胞提供线上报名、线上培训等服务。5月8日，我省开展首批台湾同胞职业技能等级认定工作，共有4名台湾同胞参加了公共营养师、芳香保健师等职业技能等级认定，成绩合格后于16日颁发职业技能等级证书。

17日，福建省整合设立规模10亿元的省级政策性优惠贷款风险分担资金池，支持符合条件企业融资，并出台相关管理办法，对资金池资金的使用和管理进行规范。政策性优惠贷款风险分担资金池由省财政整合相关部门资金设立，主要用于支持小微企业贷款、科技型企业贷款、外贸、商贸、三农、线上经济企业贷款和其他政策性优惠贷款。纳入风险资金池分担范围的企业以小微企业为主，单户贷款规模原则上控制在1000万元以内。通过“快服贷”产品发放的贷款，属于融资担保政策范围的，发生的损失扣除金融机构承担部分，由省再担保和融资担保公司先行代偿。省再担保公司审核后，按风险补偿渠道和程序要求，向有关方面申请拨付补偿资金，属于风险资金池负担部分由省再担保公司按程序申请。通过“快服贷”产品发放的贷款，但不属于融资担保政策范围的，贷款发生损失时，由金融机构向行业主管部门申请。省金融监管局配合主管部门进行审核，提出风险资金池分担建议，报省财政厅审核确认并拨付资金。

18日，我省组织重大项目和数字经济重点项目视频连线集中开工，共开工260个项目、总投资1463亿元，其中数字经济项目90个、总投资397亿元。这是继3月18日全省集中开工265个重大项目、总投资1950亿元，4月26日全省“云签约”391个重大项目、总投资7836亿元后又一次集中开工。省委书记于伟国作开工动员，省长唐登杰主持。本次集中开工项目，新基建和产业项目占比高，高新制造业、现代服务业和数字产业化、产业数字化项目多，示范性和导向性明显。基础设施项目50个、总投资224亿元，产业项目93个、总投资617亿元，社会事业项目27个、总投资225亿元。其中包括福州锦江科技智能化绿色差别化锦纶纤维项目、厦门云谷、泉州（南安）高端装备智能制造园、宁德智享二轮车换电网络等典型示范项目。

18日，福建省统计局发布了4月份我省的经济运行数据。数据显示，随着疫情得到有效控制，以及我省“六稳”“六保”政策措施实施效果的持续显现，4月全省国民经济主要指标较一季度有不同程度好转，部分指标当月转正。

19日，福建省助力小微企业复产复工银税互动座谈会上，省税务局分别与浙江网商银行股份有限公司、深圳前海微众银行股份有限公司签订“征信互认　银税互动”协议，标志着互联网银行两大巨头正式加盟“福建银税互动平台”。自2015年启动“银税互动”以来，福建省已与22家合作银行推出银税合作信贷产品41项，累计帮助3.64万户小微企业获得银税合作信用贷款610亿元。据统计，今年一季度，福建省共有5366户小微企业获得“银税互动”信用贷款64亿元，贷款金额较去年同期增长1.5倍，比全国增长速度高出30%，有效解决了小微企业复工复产的资金缺口问题。

21日，在福鼎市举行的首个“国际茶日”福建主会场活动现场，春茶飘香，以福鼎白茶制作的首个“国际茶日”纪念砖正式发售。安溪、武夷山、大田等各茶叶主产区也纷纷组织开展形式多样的“福茶”宣传、“福茶”体验、“福茶”消费等茶事活动。我省茶业界人士表示，要认真学习贯彻落实习近平总书记的致信精神，把开展首个“国际茶日”系列活动作为推动茶产业转型升级的一项重要内容，着力打造本地区茶事活动品牌，坚守“绿色兴茶、科技兴茶、质量兴茶、品牌强茶”的福建“茶道”，在去年全省茶产业全产业链产值接近1200亿元大关的基础上，再接再厉，做大做强茶业这一福建重要的特色优势产业。

22日，中国（福建）国际贸易单一窗口4.0版正式上线。副省长郭宁宁到场见证。中国（福建）国际贸易单一窗口是我省落实“数字福建”建设，推进跨境贸易便利化的重点项目。本次上线的4.0版，突出提供全链条一体化服务，应用大数据、人工智能和区块链等新一代技术，全面汇聚融合进出口业务流、货物流、信息流、资金流，实现关、港、贸、税、银一体化全链条运作，使贸易更加简单、更智能，贸易数据共享更加透明、互信，推进了通关、税务及金融服务等领域的管理创新。

25 日，全省实施工业（产业）园区标准化建设推动制造业高质量发展视频会在榕召开。省工业（产业）园区发展工作联席会议总召集人、副省长林宝金出席会议并讲话。林宝金指出，要准确把握当前工业经济形势，坚定发展信心，扎实做好“六稳”“六保”工作；加快实施工业千企增产增效行动，保市场主体稳基本盘；持续建链强链补链，促进大中小企业协同，实施中小企业梯度培养，保产业链供应链稳定；推进项目建设，加大技改投入，扩大工业有效投资；加大问题协调解决力度，畅通产业循环；强化惠企政策落实，发挥叠加效应，促进工业增产增效。

26 日，我省召开安全生产专项整治三年行动视频推进会，对全省安全生产专项整治三年行动作再部署、再动员、再落实。副省长李德金出席会议并讲话。会议指出，开展专项整治是贯彻落实习近平总书记重要指示批示精神的一项重大政治任务，是消除事故隐患、保障人民生命安全的一场“安全保卫战”，是推进我省安全生产治理体系和治理能力现代化的一次历史性考验。各级各部门要把这次专项整治作为当前以及今后一段时期安全生产工作的“头等大事”，从更高的站位去认识、把握和推进。

26 日上午，省农业农村厅、农行福建省分行在漳州联合举办“深化政银企合作　促进生猪产业转型升级”发布会。副省长郭宁宁出席会议并讲话。郭宁宁强调，生猪稳产保供稳价事关“三农”发展、群众生活、经济社会稳定发展大局。要着力加强政策协同和联动落实，有效叠加放大生猪保险、信用贷款、浮动抵押融资、财政贴息、政银企风险分担、政府性农业融资担保等政策效应，让更多养殖场户及相关企业享受更多政策红利。要着力加强政银、银企、银担、银保合作，建立常态化沟通机制，促进政银企长效化精准对接。要着力加强多渠道多元化金融服务，创新生猪产业专属金融产品服务和综合解决方案，围绕生猪产业链创新供应链金融。要着力加强有效信贷投放纾困解难，用好支农支小专项再贷款和纾困专项资金，加大流动性支持，帮助企业渡过难关，共同推动生猪产业高质量转型发展。农行福建省分行分别与省农业农村厅、人保财险福建分公司、省农担公司签署战略合作协议，共同支持生猪产业转型升级。农行福建省分行将在未来 3 年内新增 200 亿元专项贷款规模，全力支持生猪养殖、屠宰加工、冷链物流、饲料生产等领域的金融需求。

26 日，“中国 · 福建—韩国双向贸易云对接会”举行。对接会采取网络视频会议 + 直播的方式举行，在福州、漳州分设会场，并同时连线韩国首尔、北京、上海等地。副省长郭宁宁、商务部亚洲司负责人通过视频连线出席会议。本次活动由省商务厅联合大韩贸易投资振兴公社共同举办，韩国 CJ 集团、福建盼盼食品等两国代表性企业进行了产品推介，活动也推介了福建省柘荣县特色县域产品；会上还宣介了我省外贸、跨境电商、金融等领域助企政策和韩国外贸促进政策。新冠肺炎疫情发生后，省商务厅及时转变工作方式，已举办多场“云推介”“云对接”活动，下一步，将继续创新工作方式，探索举办更加多样化、更具实效性的线上经贸推介、对接活动。

27 日，省政府印发《关于促进中小企业平稳健康发展的若干意见》，进一步聚焦企业关切，出台 24 条支持措施，贯通产业链供应链堵点断点，促进中小企业平稳健康发展。

28 日，省工信厅、省财政厅、省金融监管局、人行福州中心支行、福建银保监局联合举办福建省支持工业（产业）园区标准化建设融资对接会，进一步推动金融支持工业（产业）园区标准化建设，促进制造业高质量发展。副省长林宝金出席福州主会场活动并讲话。会议指出，在统筹推进疫情防控和经济社会发展的关键时期，要加大金融对工业（产业）园区标准化建设的支持力度，积极搭建一站式金融服务综合平台，促进“银园对接”“银企对接”；要打好产业基础高级化、产业链现代化攻坚战，加强园区规划、招商引资、项目建设、专业服务，突出抓龙头企业带动大中小企业协同，抓产业协作促进上下游贯通，抓关键替代维护供应链稳定，促进园区内大中小企业融通发展；要全力以赴促进中小企业平稳健康发展，落深落实落细近期省政府出台的支持中小企业平稳健康发展24条措施，加强政策宣贯，推动政策有效落地。

28日，福建省信创生态适配测试中心启动仪式在长乐区滨海新城东南健康医疗大数据中心隆重举行，工信部电子五所副所长王蕴辉、省电子信息集团董事长宿利南等8位嘉宾共同按下启动按钮，开启我省信创产业生态建设的又一里程碑，王蕴辉、宿利南为福建省信创科技有限公司揭牌。省工信厅、机要局、大数据委及福州新区管委会、长乐区委等单位领导出席活动，华为、统信软件、麒麟软件、龙芯中科、天津飞腾、无锡先进技术研究院、上海兆芯等23家合作企业共同参加。

29日，省委书记于伟国主持召开省委常委会（扩大）会议，传达学习贯彻习近平总书记重要讲话重要指示批示和全国两会精神，研究部署我省贯彻意见。于伟国强调，要严格对标对表习近平总书记重要讲话重要指示批示精神和全国两会部署，紧扣全面建成小康社会目标任务，统筹推进疫情防控和经济社会发展，扎实做好“六稳”工作、全面落实“六保”任务，全方位推动高质量发展，以实际成效增强“四个意识”、坚定“四个自信”、做到“两个维护”。

31日，《福建省交通建设工程质量安全监督条例（草案）》提交省人大常委会会议一审。条例草案强化地方政府监管责任，明确规定建立从业单位负责、职工参与、政府部门监管、行业自律和社会监督的机制；明确县级以上政府应当加强对交通建设工程质量安全监督工作的领导，建立重特大事故处置协调机制，督促有关部门依法履行监管职责等。同时，条例草案还对建设单位、勘察和设计单位、施工单位、监理单位、试验检测机构和其他从业单位的质量安全责任、监督检查、法律责任等作出了具体规定。

（摘编：林开龙）

6月

1日，福建省投资集团所属晋江闽投电力储能科技有限公司的福建晋江百兆瓦时储能站试点示范项目建成并通过初步验收，获颁电力业务许可证（发电类），这是全国首张独立储能电站电力业务许可证。

3日，中国·福建—西班牙经贸合作在线推介会举行。在线推介会设置福州主会场，并连线广州以及西班牙马德里和巴塞罗那。副省长郭宁宁，国际奥委会副主席小萨马兰奇出席活动。

4日，省长唐登杰主持召开省政府常务会议，认真贯彻中央和省委部署，研究推进中央环保督察整改、清理妨碍公平竞争的相关政策措施、推动“电动福建”建设壮大新能源产业等工作。会议审议了福建省贯彻落实中央生态环境保护督察报告整改方案、进一步加快新能源汽车推广应用和产业高质量发展推动“电动福建”建设三年行动计划（2020—2022年），通过了《福建省渡运管理办法》《关于促进体育社会组织健康发展的若干措施》。

5日，省委书记于伟国主持召开畅通机械装备制造产业循环专题会议，强调要深入学习贯彻习近平总书记重要讲话重要指示批示精神，突出问题导向，拿出硬招实招，打通堵点痛点，提升产业链供应链稳定性和竞争力，做优做强优势产业，加快提升产业基础高级化、产业链现代化水平。省长唐登杰出席。

6日，省人社厅会同财政、税务等五部门联合印发《关于进一步做好面临暂时性生产经营困难且恢复有望企业稳岗返还工作的通知》，出台系列举措指导各地降低政策门槛、放宽认定条件，灵活制定实施本地化办法，加大稳岗返还资金支出力度，让稳岗返还政策惠及更多受影响企业。通知明确，上年末失业保险基金滚存结余具备36个月（含）以上支付能力的地区，企业净裁员率可由低于统筹地区上年末城镇登记失业率放宽至上年末全国城镇登记失业率。疫情期间，中小微企业的净裁员率调整为不高于上年度全国调查失业率的控制目标，参保职工30人（含）以下企业的净裁员率调整为不超过企业参保职工总数的20%。

7日，由福建省发改委、福建省数字办联合字节跳动共同发起的“闽山闽水物华新”大型福建直播带货栏目，将在抖音平台上正式上线。届时，主办方将共同打造省级特色产品电商专属IP，通过直播助力经济复苏、拉动消费、推广特色产品。

8日，省委书记于伟国、省长唐登杰在福州与国家开发银行党委书记、董事长赵欢一行座谈交流。于伟国对国家开发银行多年来给予福建经济社会发展的大力支持表示感谢，对赵欢董事长一行在统筹疫情防控和经济社会发展的重要时候来闽深化合作表示欢迎。于伟国指出，福建正深入学习贯彻习近平总书记重要讲话重要指示批示精神和党中央决策部署，自觉从全国大局来思考和谋划福建发展，全方位推动高质量发展落实赶超，扎实做好“六稳”工作、全面落实“六保”任务。希望国开行一如既往地支持福建，进一步加大对全方位高质量发展、战略性新兴产业、闽台融合发展、老区苏区振兴、闽东北闽西南两大协同发展区建设和中小微企业发展等方面的金融支持力度，实现互利共赢、共同发展。

8日，福建省首笔“总对总”政府性融资担保业务落地，三明市国有融资担保公司为兴业银行三明分行发放的中小微企业纾困贷款280万元提供担保，贷款企业无需提供反担保。“总对总”担保模式是政府性融资担保机构与银行业金融机构为加快落实企业纾困资金贷款，缩短审批时间所采取的一项创新担保模式。该模式主要依托银行服务网络、风险防控和技术能力，由银行对担保贷款项目进行风险识别、评估和审批，再由政府性融资担保机构对担保贷款项目进行合规性审核确认，不做重复性尽职调查，取消反担保，以较快速度为中小微企业提供融资担保和增信服务。

9日，根据省委研究制定的年度省政协重点协商工作计划，省政协召开“深化‘数字福建’建设，打造国家数字经济创新发展试验区”专题协商会。省政协主席崔玉英主持会议，副省长李德金出席。本次会议是今年首场专题协商会。为开展好疫情防控背景下的第一场专题协商，省政协党组和主席会议专门召开会议研究，并成立专题调研组。调研组创新网上问卷、线上互动、小分队分头走访等调研方式，先后召开23场调研座谈会、情况通报会和工作研讨会，深入20家数字产业园区及企业，问需问计问策于企业、委员和群众。

9日，省委书记于伟国、省长唐登杰在福州会见了由商务部副部长兼国际贸易谈判副代表王受文率领的商务部调研组一行。于伟国对商务部长期以来对福建的大力支持表示感谢。他说，稳外贸、稳外资、促消费，是统筹疫情防控和经济社会发展，抓好“六稳”“六保”工作的重点难点。希望调研组帮助我们把脉会诊，以更精准更及时的政策，稳定产业链供应链，积极拓展市场，更大力度推动“两稳一促”。

9日，福建省工信厅发布了《关于组织申报2020年度国家中小企业公共服务示范平台的通知》（以下简称《通知》），计划开展我省2020年度国家中小企业公共服务示范平台（以下简称“国家示范平台”）组织申报工作，申报时间截至6月16日。

10日，省农业农村厅印发《福建省2020年农产品质量安全专项整治“利剑”行动方案》，决定在全省组织开展农产品质量安全专项整治“利剑”行动，聚焦农产品种植养殖过程中质量安全管控不规范、违法使用禁用药物和非法添加物、农药兽药残留超标等问题，严厉打击农产品质量安全领域的违法违规行为，坚决守住农产品质量安全底线。

10日，省委书记、省应对新冠肺炎疫情工作领导小组组长于伟国主持召开专题会议暨领导小组第三十九次会议，强调要深入学习贯彻习近平总书记重要讲话重要指示批示精神，贯彻落实全国“两会”工作部署，在做好常态化疫情防控前提下，扎实做好“六稳”工作，全面落实“六保”任务，加快“两新一重”等项目建设，积极扩大有效投资，为全方位高质量发展提供有力支撑。省长、领导小组组长唐登杰作工作安排。

12 日，省委书记于伟国主持召开座谈会，围绕深入学习贯彻习近平总书记重要讲话重要指示批示精神，全方位推动高质量发展超越，深入听取专家学者和企业家代表的意见建议。他强调，要牢记习近平总书记重要嘱托，增强“四个意识”、坚定“四个自信”、做到“两个维护”，保持战略定力，全方位推动高质量发展超越，以实实在在的发展成效，充分彰显我们的制度优势。

12 日，省长唐登杰主持召开省政府常务会议，认真贯彻中央和省委部署，研究深化“海丝”核心区建设、进一步优化营商环境、发展农村电商促进农产品销售等工作。会议审议了 2020 年福建省 21 世纪海上丝绸之路核心区建设工作要点，听取了 2019 年度全省营商环境第三方评估情况汇报，通过了《“互联网 +”农产品出村进城工程实施方案》。

12 日，省财政厅向社会发布了《2020 年福建省省级财政惠企政策指南》。《指南》梳理汇编的财政惠企政策共 13 类 74 项，涉及企业资本金类 2 项、企业认定类 11 项、企业基建类 1 项、企业技改类 5 项、企业科研类 5 项、企业人才类 3 项、企业社保类 9 项、企业融资类 13 项、企业税收类 6 项、企业非税类 5 项、企业商务类 4 项、企业政府采购类 5 项、其他类 5 项。

13 日，由省文化和旅游厅组织开展的 2020 年“文化和自然遗产日”非遗宣传展示系列活动主会场活动在福州三坊七巷非遗博览苑举行，各设区市分会场同步进行。本次系列活动以“迎世遗·非遗传承　健康生活”为主题，全省共举行 220 场非遗宣传展示活动。这些活动以线上为主，而“嗨购 6·13 福建非遗购物节”线上系列活动成为其中的重头戏。

15 日至 18 日，全国政协副主席万钢率全国政协专题调研组来闽就“科技创新企业发展面临的困难和建议”开展调研。省委书记于伟国，省长唐登杰，省政协主席崔玉英与调研组一行在福州进行了座谈。调研组在闽期间，先后赴泉州、福州、宁德等地，深入中铜东南铜业有限公司、宁德思客琦智能装备有限公司、宁德时代新能源科技有限公司等企业一线，调研我省高端装备制造、新能源、电子信息等产业发展情况，通过召开座谈会等方式认真听取基层意见建议。

15 日，省委书记于伟国、省长唐登杰在福州会见中国中铁股份有限公司董事长张宗言一行。于伟国说，在福建深入学习贯彻习近平总书记重要讲话重要指示批示精神，全方位推动高质量发展超越的关键时期，进一步加强双方合作正当其时。希望双方在已有基础上深化合作，推动更多项目落地见效，实现互利共赢。张宗言表示，中铁将扩大在闽投资规模，在旧城改造、交通基础设施、产业园区开发等方面拓展合作，助力新福建建设。

16 日，6 月份重大投资项目月度协调视频会议召开。副省长李德金出席会议并讲话。李德金强调，要深入贯彻落实习近平总书记重要讲话重要指示批示精神和全国两会部署，紧紧抓住中央支持扩大有效投资的有利时机，在做好常态化疫情防控前提下，按照落实“六稳”“六保”任务的要求，持续深化“五个一批”项目推进机制，实施“八项行动”，全力以赴推进重大项目建设，为全方位推动高质量发展提供有力支撑。要积极谋划和推进一批“两新一重”项目建设，抓紧实施新基建三年行动，加快推进老旧小区改造和城乡基础设施建设，推动以人为核心的新型城镇化，加大交通、能源、水利等重大工程建设力度，推动基础设施高质量发展。要全力推进重点项目攻坚，加大招商引资力度，加快前期工作进度，强化要素保障，争取每季度都有一批重大项目落地、开工、投产。要树牢安全发展理念，严格项目标准化建设管理，扎实做好防暑防汛防台风工作，牢牢守住安全质量底线，坚决防范和遏制生产安全事故发生。

17 日，省人社厅、财政厅、民政厅、扶贫办、卫健委日前联合下发《关于加大湖北籍劳动者来闽就业支持力度的通知》，通过专项政策帮扶、专项劳务对接协作等，进一步加大对湖北籍劳动者来闽就业支持力度。通知要求，建立闽鄂两省劳务协作实名制信息平台，加强对湖北籍劳动者在闽就业情况跟踪服务，及时录入其就业失业状态、技能水平、就业帮扶、政策落实等情况，做到实时更新、动态管理。

17 日，福建省与印度尼西亚友城中爪哇省举办推动复工复产和深化经贸合作视频交流会，旨在疫情防控常态化背景下，交流分享疫情防控、复工复产经验，共商双方深化各领域友好交流和互利合作事宜。会上，省商务厅有关负责人分享了我省疫情防控下的复工复产经验，省外办有关负责人简要介绍了我省与中爪哇省的友好交往以及抗疫合作情况，并就今后双方扩大贸易与投资合作、加强信息沟通交流、深入拓展友城交往等方面提出建议。中爪哇省政府自治与区域合作局局长穆罕默德·马斯罗菲对福建省给予中爪哇省的抗疫援助表示衷心感谢。他表示，希望双方继续弘扬兄弟携手、协同合作的精神，共同推进各领域交流合作。

18 日，省委书记于伟国主持召开畅通石化产业循环专题会议，强调要深入学习贯彻习近平总书记重要讲话重要指示批示精神，全面贯彻新发展理念，发挥创新驱动作用，全力通堵点、强链条、优管理，在危机中育新机、于变局中开新局，推动产业向高端化、绿色化、智能化、融合化方向发展，不断做优做大做强，提升产业发展水平和竞争力。

18 日，省统计局发布数据显示，随着国内疫情防控向好形势持续巩固，企业复工复产达产进一步加快，全省工业生产继续回升。5 月份，全省规模以上工业增加值同比增长 6.3%，分别比 3 月份和 4 月份加快 2.7 个和 1.8 个百分点。1—5 月，全省规模以上工业增加值同比下降 1.3%，降幅比 1—4 月收窄 2.2 个百分点。

19 日，省人社厅出台《关于组织实施以工代训工作的通知》，支持企业稳岗扩岗，促进城乡劳动者稳定就业，助力常态化疫情防控中的稳就业工作。以工代训，就是在工作岗位上以实际操作的方式接受技能培训。通知明确，拓宽以工代训范围，中小微企业新吸纳就业困难人员、零就业家庭成员、离校两年内高校毕业生、登记失业人员就业，开展以工代训并实行实名登记，可根据新吸纳人数给予企业职业培训补贴。支持困难企业开展以工代训，对受疫情影响出现生产经营暂时困难的中小微企业，组织以工代训的，可根据人数给予补贴。各地可结合实际，将受疫情影响较大的外贸、住宿餐饮、文化旅游、交通运输、批发零售等行业企业纳入补贴范围。政策执行期限为 2020 年 6 月至 12 月。

19 日，省统计局发布数据显示，5 月份，随着疫情防控形势持续向好，企业复商复市扎实推进，居民生活秩序有序恢复，特别是在扩大内需、促进消费等多项政策推动下，消费市场持续回暖。5 月份社会消费品零售总额今年首次实现正增长，由 4 月份的同比下降 1.1% 转为同比增长 3.1%（名义增长，下同）。1—5 月，全省实现社会消费品零售总额 7020.79 亿元，下降 7.3%，降幅比 1—4 月收窄 2.5 个百分点。

20 日，省统计局发布数据显示，1—5 月全省固定资产投资同比下降 5.9%，降幅比 1—4 月收窄 4.6 个百分点。据统计，5 月份，我省三次产业当月投资呈“两增一降”。其中，第一产业投资同比下降 16.7%，第二产业投资增长 8.5%，第三产业投资增长 11.8%。全省 31 个制造业大类行业中，在前 5 个月有 17 个行业投资同比增长。其中，医药制造业投资增长 31.3%，专用设备制造业投资增长 27.7%。民间投资降幅也呈现继续收窄的趋势。1—5 月，我省民间投资下降 5.2%，降幅比 1—4 月收窄 4.9 个百分点。其中，民间房地产开发投资增长 0.8%，增幅比 1—4 月提高 5.6 个百分点；民间制造业投资下降 3.3%，降幅比 1—4 月收窄 4.8 个百分点。

20 日，今年福建首个区域协作旅游推介活动——“闽西南 e 家人”旅游产品发布会及公众销售会在厦门举办。厦门、漳州、泉州、三明、龙岩五市文旅局组织 376 家文旅企业通过线上云发布，展示了 615 款特色旅游产品，其中有 50 家企业到厦门开展现场展销，为闽西南区域文旅消费市场注入活力。为克服疫情给闽西南旅游企业界交流带来的影响，厦门市文旅局还搭建闽西南旅游业内人士的线上“云洽谈”视频交流平台，供厦门旅游批发商与漳州、泉州、三明、龙岩旅游供应商对接联系，抱团营销。

23 日，庆祝福建省与泰国孔敬府结好五周年暨经贸合作线上推介会举办，福建农林大学与泰农高科技有限公司在线签署菌草项目合作协议。副省长郭宁宁，孔敬府副府尹萨塔出席。郭宁宁在致辞中说，今年是中泰建交 45 周年、福建省与孔敬府结好五周年。两省府自 2015 年结好以来，经贸、文化、教育、旅游等领域合作持续拓展，友好交往不断加深。今年以来，两省府携手共抗疫情，充分体现了在困难面前守望相助的宝贵情谊。当前，福建正深入贯彻落实习近平总书记重要讲话重要指示批示精神，全方位推动高质量发展超越。希望双方在共建“一带一路”框架下，深化贸易投资产业合作，加强文化旅游交流，扩大地方友城交往，实现互惠共赢。

23 日，为深入贯彻落实习近平总书记重要讲话重要指示批示精神和党中央、国务院决策部署，统筹推进疫情防控和经济社会发展，我省制定了《实施民生兜底专项行动方案》。《行动方案》在稳就业、强化困难群体基本生活保障和困难群众帮扶，适当提高救助保障标准和补助水平，严格落实社会救助和保障标准与物价上涨挂钩联动机制等五个方面，提出 19 条保民生的具体措施。《行动方案》还提出了保障措施，逐项明确民生兜底专项行动各重点任务牵头及责任单位，确保各项实施任务落到实处。

24 日，省政府新闻办召开的发布会，由福建省交通运输厅和福建海事局共同起草、福建省人民政府公布实行的《福建省渡运管理办法》将于 2020 年 8 月 1 日生效。该《办法》为福建首部渡运管理地方规章，共 7 章、49 条，在渡船标准化、船员适任化、渡口规范化、运营企业化、管理法制化方面提出了具体标准。《办法》的出台弥补了福建渡运管理地方法规的空白，标志着福建省依法治渡、依法兴渡进入了一个新的阶段。

28 日，福建省市场监管局和省教育厅联合下发《关于加强中高考期间食品安全及夏季学校食源性疾病防控工作的通知》，要求加强对涉考食品从业人员的核酸检测，做到“应检尽检”，同时集中时间和力量对考点学校食堂等单位开展全面的隐患排查及整治。

28 日，福建省经济信息中心发布我省首份《福建省“独角兽”“瞪羚”企业发展报告（2020）》。分析显示，我省数字经济领域的 89 家创新企业（3 家“独角兽”企业、14 家未来“独角兽”企业、72 家“瞪羚”企业）在经营效益、研发创新等方面表现良好，成为推动全省数字经济发展的重要支撑。

29 日，宁德市、龙岩市普惠金融改革试验区推进会在宁德召开，副省长郭宁宁出席会议并讲话。郭宁宁强调，要提高站位，担当尽责，以实施宁德、龙岩国家级普惠金融改革试验区建设为契机，以点带面全面推进我省普惠金融改革发展，为决战脱贫攻坚、决胜全面小康，全方位推动高质量发展超越提供有力的金融保障。要聚焦重点，精准突破，认真落实改革试验任务，充分发挥银行、证券、保险、政府性融资担保等综合金融服务优势，建设广渠道、多层次、全覆盖、可持续的普惠金融体系。要线上线下，融合发展，加快“金服云”平台建设，加强普惠金融基础设施建设和服务网络延伸全覆盖，打通普惠金融服务最后一公里。要协同联动，统筹推进，进一步完善政策支持，加强机制建设，大力宣传引导，切实强化普惠金融实施保障。要严守底线，防范风险，压实各方责任，加强风险监测，推进“信用福建”建设，共同打造良好金融生态。

29 日，我省在宁德市举办 2020 年全国节能宣传周启动仪式。与此同时，其他设区市也组织开展了内容丰富、形式多样的节能宣传活动。数据显示，今年一季度全省单位 GDP 能耗下降 3.88%，能耗增速下降 8.83%，继续保持在合理区间。省工信厅有关负责人表示，我省将始终坚持新发展理念，进一步增强节约能源资源的紧迫感，引导各用能单位和广大群众将节能理念融入日常工作、生活中，培育形成绿色发展、低碳发展的良好氛围。

29 日，省促进中小企业发展工作领导小组办公室（省工信厅）在福州举办第四个“中小微企业日”暨“惠企政策进百园入万企”省级专场线上活动。本次活动旨在帮助我省中小微企业应对疫情影响，推动各项惠企政策有效落地，营造全社会共同关心关注中小微企业发展的浓厚氛围。省促进中小企业发展领导小组办公室（省工信厅）有关负责人表示，下一阶段，各级中小企业主管部门要扎实推进“政企直通车”平台网络建设和省、市、县互联互通，帮助企业解决实际难题、更好生存发展；广大服务机构要充分发挥自身专业优势，积极为中小微企业提供政策、法律、金融、管理、技术、创新创业等方面志愿服务或低收费的服务。

30 日，省商务厅联合中国出口信用保险公司福建分公司在福州举办“小微出口护航行动暨福建信保首届小微客户服务节”。副省长郭宁宁出席活动。服务节期间，围绕“保小微、稳外贸”的主题，省商务厅将联合福建信保在全省范围内开展“送培训、送专家、送融资、送赔款、送资信”的“五送”活动，通过线上、线下组织培训宣讲会，开展面向小微企业的保单融资专项活动。两款小微专属数字化服务产品“小微资信红绿灯”和“中国信保小微学院”正式推出，帮助小微企业即时识别交易风险，进行在线知识教育和培训。福建信保将启动成长计划，利用三年左右时间（2020 年—2023 年），帮助我省 100 家左右（首批 50 家）小微外贸企业增加出口规模、优化业务结构、提高风控能力，为福建省百家“专精特新”小微企业成长发展赋能。

（摘编：林开龙）

7 月

2 日，省人社厅、省财政厅、省税务局印发《关于延长阶段性减免企业社会保险费政策实施期限等问题的通知》，进一步帮助企业特别是中小微企业应对风险、渡过难关，减轻企业和低收入参保人员今年的缴费负担。

2 日，中共福建省委、福建省人民政府印发《关于营造更好发展环境支持民营企业改革发展的若干措施》，并发出通知，要求各地各部门结合实际认真贯彻落实。各级各部门要充分认识营造更好发展环境支持民营企业改革发展的重要性，认真贯彻落实党中央、国务院决策部署，按照省委和省政府工作要求，结合各自实际，完善工作机制，细化支持政策，创新具体举措，确保各项政策措施落地见效，真正让民营企业有更多获得感。

3 日，由商务部、国台办和福建省政府共同指导，海峡两岸经贸交流协会、全国台企联、福建省商务厅和福建省台办共同主办的“台资企业拓内销”线上推介对接系列活动首场对接会成功举办。推介对接活动形式新颖，采取在线直播推介和企业线上洽谈对接相结合的方式，助力台企拓展内销市场，共吸引百家台企和超过 200 家大陆对接企业参与，直播推介活动同时在线人数超过 5000 人次。商务部副部长王炳南、国台办副主任裴金佳、福建省委常委周联清、福建省副省长郭宁宁、全国台企联会长李政宏出席活动开幕式。全国各地商务主管部门和对台工作部门代表在线上参加活动。

5 日，据省财政厅消息，为增加企业流动资金，缓解企业经营压力，我省加快增值税留抵退税工作进度，确保符合退税条件的企业应退尽退。1—6 月，全省共兑现增值税留抵退税 108.38 亿元。

7 日，副省长林宝金主持召开畅通现代纺织服装产业循环专题视频会，围绕“促进高质量发展、畅通产业链循环”，深入分析当前产业发展转型难点、市场堵点、企业痛点，提升产业链供应链稳定性和竞争力，促进产业持续健康发展。

8 日，国务院正式批准福州保税港区整合优化为福州江阴港综合保税区，为福建外贸高质量发展高水平开放增添新平台。综合保税区是我国参照国际上通行的自由贸易园区设立的海关特殊监管区域的最高形态，是开放型经济的重要平台，对发展对外贸易、吸引外商投资、促进产业转型升级发挥着重要作用。海关对综合保税区实行封闭管理，境外货物入区保税或免税，货物出区进入境内区外销售按货物进口的有关规定办理报关手续；境内区外货物入区视同出口，实行退税；区内企业之间的货物交易免征增值税和消费税。

8 日，省委书记、省数字福建建设领导小组组长于伟国主持召开领导小组会议，强调要深入学习贯彻习近平总书记关于网络强国的重要思想，持续深入实施数字福建战略，加快打造国家数字经济发展高地、数字中国建设样板区和示范区，为全方位推动高质量发展超越赋能。省委副书记、代省长、领导小组副组长王宁出席。

9 日，代省长王宁到省工业和信息化厅调研，与厅班子和处室干部座谈交流，正视问题、迎难而上，研究谋划战略性问题，抓紧抓实下半年重点工作，推动省委决策部署落实见效。副省长林宝金参加调研。王宁强调，产业是福建高质量发展的基石和支撑。抓产业，习惯老思维、老办法是没有出路的。在常态化疫情防控形势下，我们要围绕全方位推动高质量发展超越，坚定信心、攻坚克难，抓住核心和关键，推动“百千”增产增效行动取得更大成效，实实在在保市场主体，保产业链供应链稳定。要把握产业主攻方向，采取实打实、一对一的措施支持龙头企业发展壮大、发挥好引领带动作用，进一步畅通、拓展产业链条，标准化建设、高水平培育各具特色的工业园区，进一步吸附企业、壮大集群，不断增强核心竞争力。要抓住当前千载难逢的有利时机，积极主动争取中央支持，真正把各项政策用好用足、用到极致。成绩是昨天的，省工信厅要按照“担当、服务、创新、实干、廉洁”的要求，持续加强自身建设，努力走在前、当表率。各项工作要高起点、高标准、高要求，以强烈的担当推进改革创新，敢于走出自己的新路，在新福建建设中拿出工信系统漂亮的成绩单。

10 日，“2020 年科技抗疫和复工复产技术成果云推介活动”在线视频直播。活动由省科技厅、省发改委、省工信厅主办，福建海峡技术转移中心、福建省高新技术创业服务中心、福州市科技局和中科院科技服务网络（STS）福建中心承办，旨在进一步促进科技创新成果应用于疫情防控和复工复产，推动科技成果转化和产业发展。

11 日，省商务厅、省财政厅、省金融监管局联合印发《福建省商贸贷外贸贷实施暂行办法》，开辟专属便捷通道，引导金融机构加强融资支持，纾解中小微商贸、外贸企业融资难、融资贵、融资慢问题。按照省委省政府关于统筹推进疫情防控和经济社会发展工作部署，今年 5 月省财政厅牵头设立了规模 10 亿元的省级政策性优惠贷款风险分担资金池，为符合条件的中小微企业融资提供风险分担资金保障。依托福建省金融服务云平台推出的“商贸贷”“外贸贷”，将加快政策落地，推动金融机构为我省中小微商贸、外贸企业提供便利、快速、高效的金融服务，撬动更多金融资金支持福建商务发展。

14 日，中国·福建—意大利经贸合作在线推介会在两国七地以视频直播连线方式举办，吸引中意工商企业界代表超过 3000 人在线观看。推介会上，泉州经济技术开发区管委会与意大利蒙卡洛集团就“意大利对外交流中心”项目、宁德市霞浦县政府与意大利卡利亚里足球俱乐部就足球产业合作项目、福建聚嘉科技股份有限公司与意大利 m2020 有限公司就防疫物资采购合作项目进行了“云签约”。

15 日，省工信厅、省发改委、省教育厅、省财政厅、省人社厅、省商务厅、省知识产权局等七部门联合印发了《福建省制造业设计能力提升专项行动计划实施意见》，瞄准我省重点产业和发展趋势，全面构建工业设计创新体系，为制造业高质量发展提供有力支撑。

16 日，兴业银行与省生态环境厅签署绿色金融战略合作协议，计划未来 5 年向福建省生态环保领域提供不低于 500 亿元意向性融资额度。根据协议，双方将加强绿色信贷、绿色债券、绿色产业基金等融资模式创新，在水环境综合治理、大气污染防治、土壤生态治理、海洋生态环境保护等重点领域，通过搭建优势互补的政银企交流平台，推动绿色项目合作，逐步构建和完善政策措施完备、产品种类丰富、稳健安全运行的绿色金融支持生态环境发展体系。同时，兴业银行将对重点环境治理项目和优质环保企业，建立绿色审批通道和差异化授信政策，共同推动我省生态环境产业发展。

17日，省委书记于伟国主持召开省委和省政府上半年经济形势分析暨工作调研检查总结视频会，分析上半年经济运行情况，总结省委和省政府工作调研检查情况，部署下半年经济工作。省委副书记、代省长王宁作具体安排。省政协主席崔玉英出席。

19日，第九届中国创新创业大赛（福建赛区）暨第八届福建创新创业大赛日前启动。报名截止时间为7月31日。本届大赛共设奖金197万元，一等奖可获得奖金15万元，还有各种配套奖励措施和支持政策。大赛组委会将邀请创投、银行、担保等金融方面专家参与交流对接。晋级全国赛的企业，给予2021年度省科技型中小企业技术创新资金后补助支持，企业可自主用于创新发展。对符合申报国家科技计划项目条件的参赛项目，省科技厅优先给予推荐。参赛企业符合科技企业孵化器入驻条件的，由各地科技企业孵化器考核，可优先入驻科技企业孵化器，享受各科技企业孵化器有关优惠服务；符合授信条件的，所在地科技部门与银行有合作协议支持成立科技支行的，科技支行优先给予授信支持。

20日，代省长王宁到省农业农村厅调研，首先来到省农产品质量安全检验检测中心，深入了解“治理餐桌污染、建设食品放心工程”情况，随后与厅班子和处室负责同志座谈交流，与大家一起研究问题、破解难题，推进落实省委对下半年工作的部署要求。

20日，福建省统计局发布半年经济数据显示，上半年，我省规模以上工业增加值同比增长0.1%，今年以来累计增速首次实现正增长，分别比一季度和1—5月提高6.9和1.4个百分点。6月份，全省规模以上工业增加值同比实际增长5.9%，这也是自3月起连续四个月实现增长。

21日，习近平总书记主持召开企业家座谈会时强调，要千方百计把市场主体保护好，激发市场主体活力，弘扬企业家精神，推动企业发挥更大作用实现更大发展，为经济发展积蓄基本力量。连日来，习近平总书记的重要讲话在我省广大党员干部和企业家中持续引发热烈反响。大家一致表示，要坚定信心、迎难而上，集中力量办好自己的事，打造未来发展新优势，为全方位推动高质量发展超越贡献智慧和力量。

21日，代省长王宁率省直有关部门负责同志到泉州市调研，深入园区企业看生产、问销售，听意见、解难题，详细了解当地经济运行及产业发展情况，推进落实省委对下半年工作的部署要求。泉州作为制造业大市，面对疫情冲击，主动发力新经济、新产业，培育发展新动能。在晋江市，王宁先后察看了矽品集成电路封装测试项目和晋华集成电路生产线项目，仔细询问企业发展情况及需要帮助解决的难题，鼓励企业抓住“芯”机遇，加大自主研发力度，掌握关键技术，突破瓶颈制约，增强核心竞争力。同时，泉州积极支持引导企业加快转型升级，通过科技赋能，实现创新提升。南安市九牧集团西河卫浴公司通过建设智能化、自动化生产线，疫情期间仍保持两位数增长，王宁给予充分肯定，叮嘱企业聚焦实业、做精主业，加大研发投入，以科技创新培育竞争新优势，以供给侧改革更好对接市场需求。

22日，根据商务部和浪潮大数据分析，1—6月，我省网络零售额2672.0亿元，同比增长16.1%，高于全国增速14.7个百分点。其中，实物商品网络零售额2367.3亿元，同比增长24.4%，高于全国增速15.0个百分点。1—5月，全省跨境电商进出口货物总额33.68亿元，同比增长4.9倍。疫情防控期间，全省电商企业积极履行社会责任，主动维护市场秩序，发挥电子商务独特作用。朴朴、永辉等社区电商全力保障民生商品，日配送订单超30万单；纵腾、融达通等跨境电商积极从境外采购急需医疗物资并协助海外捐赠物资入境；爹地宝贝、柒牌等生产型电商紧急启动医用物资转型生产。

22日，上半年全省工业经济运行分析调度视频会在福州召开。会议学习贯彻习近平总书记在企业家座谈会上的重要讲话精神，认真总结今年以来工业和信息化工作成效，分析面临的挑战和问题，研究下一阶段具体举措。福州、厦门、三明、宁德市做交流发言，副省长林宝金出席会议并讲话。林宝金指出，今年以来，全省工信系统努力克服新冠肺炎疫情影响，医疗物资保障、企业复工复产、“百千”制造业企业增长增效行动等重点工作有力有效，推动上半年全省工业经济缓中趋稳、稳中向好、好中有进，但仍面临严峻的压力和挑战。下一阶段，各地、各相关部门要认真贯彻省委和省政府上半年经济形势分析会暨工作调研检查总结会议精神，坚决把统筹推进疫情防控和经济社会发展工作贯通起来，扎实做好“六稳”工作，全面落实“六保”任务，全力推进工业和信息化健康发展，保障工业经济平稳运行。要坚持问题导向，找准对策方法，压紧压实责任，狠抓工作落实，通过深入实施“百千”增产增效行动、全力以赴稳定产业链供应链、大力推进工业（产业）园区标准化建设、加大技改工作力度、进一步强化要素保障、持续改进工作作风，努力完成今年各项目标任务，为全方位推动高质量发展超越作出积极贡献。

22日，省科技厅与建设银行福建省分行签署助力福建科技创新合作协议，共同实施“科技型中小微企业创新发展行动”，加大对科技企业支持力度，通过专项资金支持、融通平台构建、投贷联动机制等全景式、全链条服务，精准助力科企复工复产、转型升级。省科技厅负责人介绍，截至2020年7月份，我省“科技贷”业务累计投放金额62.58亿元，累计服务科技型中小微企业748户。今后将继续实施科技型中小企业创新发展行动，采取“政银合作、银企对接”的方式，构建层次多元、方便快捷的金融渠道，全力支持福建省科技创新高质量发展。

22日，省统计局公布数据显示，6月我省规上工业增加值增长5.9%。上半年，全省规模以上工业增加值同比增长0.1%，较全国平均高1.4个百分点，今年以来累计增速首次实现正增长。

23日，省工信厅、省文旅厅联合印发创建福建省工业旅游精品线路实施细则的通知。通知提出，我省将积极创建首批省级工业旅游精品线路，对入围的企业给予支持和奖励。通知指出，设区市、平潭综合实验区工信部门可受理申请，会同同级文旅部门根据申报条件对申请资料进行审核，提出初审意见，并将相关材料报送省工信厅。省工信厅会同省文旅厅组织专家评审，开展专项审计，择优确定福建省工业旅游精品线路。福建省工业旅游精品线路名单由省工信厅、文旅厅联合发布。

24日，省委书记于伟国主持召开省委常委会会议，传达学习贯彻习近平总书记在中央政治局常委会会议上关于防汛救灾工作的重要讲话精神，进一步研究部署我省贯彻落实措施和防汛防台风工作；传达学习贯彻习近平总书记在企业家座谈会上的重要讲话精神，研究《福建省新型基础设施建设三年行动计划（2020—2022年）》，部署全力做好“六稳”“六保”工作，在常态化疫情防控条件下扎实推进经济社会发展各项工作的具体措施。

24日，我省与中国中化集团、中国化工集团签署战略合作协议。省委书记于伟国，省委副书记、代省长王宁，中国中化集团党组书记、董事长，中国化工集团党委书记、董事长宁高宁出席签署仪式并座谈。于伟国对中化集团、中国化工长期以来对福建发展的大力支持表示感谢。他说，在深入学习贯彻习近平总书记在企业家座谈会上的重要讲话精神，统筹推进常态化疫情防控和经济社会发展的关键时刻，宁高宁董事长一行来闽推进务实合作，以具体行动贯彻落实习近平总书记重要讲话精神，值得我们认真学习。福建正深入学习贯彻习近平总书记重要讲话重要指示批示精神，牢固树立保市场主体就是保社会生产力的重要理念，千方百计把市场主体保护好，激发企业市场主体活力，推动企业发挥更大作用实现更大发展，全方位推动高质量发展超越。希望中化集团、中国化工加快推进炼化一体化项目建设，优化产业结构，补齐延伸产业链；不断拓宽合作领域，加强在现代农业、城市运营、装备制造等方面合作，推动实现互利共赢、共同发展。

24日，由商务部投促局、福建省商务厅联合主办的“中欧经贸与投资合作云峰会暨荷兰比利时卢森堡在线推介会”在中国北京、福州、上海、海口以及荷兰、比利时、卢森堡四国七地通过“云平台”方式举办，吸引中欧工商企业界代表逾3500人在线参与。副省长郭宁宁参会。中欧信息通讯产业投资合作联盟正式启动成为本次云峰会的一大亮点。省商务厅作为联盟合作单位，积极组织发动省电子信息龙头企业加入联盟，加强与欧洲相关行业企业与机构联系沟通，拓展欧洲市场。

24日，省委宣传部召开福建省推进使用正版软件工作厅际联席会议第七次全体会议。2020年，我省将实施版权严格保护，以操作系统、办公、杀毒和工业设计等软件为重点，持续深入推进全省软件正版化工作，进一步巩固党政机关软件正版化工作成果，推进企事业单位软件正版化工作进程，为推动经济高质量发展和保障网络信息安全作出新贡献。我省将推动党政机关做好软件正版化工作“回头看”自查整改，对存在问题及时补缺补漏，推动省属国有企业完成软件正版化整改收尾，推动金融机构进一步完善软件正版化长效机制，深入推进民营企业软件正版化，加快推进市县企事业单位软件正版化，分步推进能源、医疗、教育、交通、新闻出版等特定行业和重点领域软件正版化工作。同时，要健全基层组织机构，推进各地加快完成软件正版化工作机构调整，完善检查机制和考核评议制度，强化软件资产管理；加强采购监督管理，做好软件采购服务，规范软件使用管理，推动软件正版化与信息化、信息安全相结合，全面开展督促检查，严厉打击软件侵权盗版行为，依法查处软件行业垄断和不正当竞争行为，大力开展宣传培训。

25日，首届“福建好鞋网购节”在莆田开启。这是一场公益直播活动，将持续至8月5日。活动旨在进一步强化省市县、政企协、产供销合力，发挥融媒体、知名电商平台等影响力和品牌推动力，促进制鞋产业链供应链数字化畅通循环，加快培育行业发展新业态、新模式，持续提升产品品质，促进特色品牌消费。福建省是全国四大鞋业产业集聚区之一，产业集群效应明显，已成为全国旅游运动鞋最大的生产基地，其鞋业产量、主营业务收入和出口交货值连续多年位居全国前列，其中，运动鞋系列位居全国首位。近年来，在国内外市场多变、增速减缓的情况下，福建省制鞋业依然保持平稳发展态势。2019年，全省规模以上制鞋企业达1032家，实现营业收入3618亿元，同比增长7%；制鞋产量38.9亿双，同比增长10.3%；销售产值增长7.3%；出口交货值增长6.6%。

27日，省发改委出台《福建省公共资源交易领域基层政务公开标准指引》，进一步推进公共资源交易领域基层政务公开标准化规范化建设。公共资源交易是指涉及公共利益、公众安全的具有公有性、公益性的资源交易活动。《指引》突出福建特色，按照决策、执行、管理、服务、结果“五公开”的要求，在国家发改委明确的工程建设项目招标投标、政府采购、国有土地使用权出让、矿业权出让、国有产权交易等5个领域基础上，增加了住房保障、林权、碳排放权、排污权、用能权等，合计10个公共资源交易领域的62项具体公开事项。省发改委相关负责人表示，《指引》的出台有利于推进公共资源配置决策、执行、管理、服务、结果公开，扩大公众监督，增强公开实效，实现公共资源配置全流程透明化，不断提高公共资源使用效益，维护企业和群众合法权益。

28日，代省长王宁主持召开省政府常务会议，认真贯彻中央和省委部署，审议《关于构建现代环境治理体系的实施方案》《福建省生态环境保护督察工作实施办法》《关于全面加强危险化学品安全生产工作的实施意见》《关于促进劳动力和人才社会性流动体制机制改革若干措施的通知》《关于完善建设用地使用权转让、出租、抵押二级市场的实施方案》《福建省创建新能源产业创新示范区总体方案》，研究持续优化营商环境、创新办好2020厦洽会等工作。会议指出，福建是首个国家生态文明试验区，要深入贯彻习近平生态文明思想和习近平总书记对福建工作的重要讲话重要指示批示精神，聚焦解决实际问题和制度短板，抓紧重点改革，密切协同配合，加强评价考核，在加快建设环境治理的领导责任体系、企业责任体系、全民行动体系、监管体系、市场体系、信用体系、法规规章政策体系上走在全国前列，努力形成环境治理的“福建经验”。省生态环境保护督察作为中央生态环境保护督察的延伸和补充，要加强有机衔接，紧盯重点区域、重点领域、重点行业，严在平时、督在日常，着力解决突出问题，确保我省生态环境质量一年更比一年好。

30日，副省长郭宁宁在福州会见哥伦比亚驻华大使蒙萨尔韦。受省委书记于伟国、代省长王宁委托，郭宁宁对客人访闽表示欢迎，并简要介绍了省情和经济社会发展情况。她说，福建深入贯彻习近平新时代中国特色社会主义思想，按照中央决策部署，统筹推进疫情防控和经济社会发展取得积极成效。近年来，福建与哥伦比亚的经贸合作、人员交流日益密切，互利合作空间广阔。今年正值中哥建交40周年，福建将认真落实两国元首达成的重要共识，加强双向贸易投资合作，积极推进友城结好，充分运用云平台新模式分享抗疫经验、开展系列经贸推介对接，推动双方友好交流合作再上新台阶。

31日，全省畅通产业链循环融资对接视频会举行，副省长林宝金出席主会场活动。会议强调，要围绕“促进高质量发展、畅通产业链循环”目标，深化产融合作，强化融资对接，促进金融支持畅通产业链循环，推动金融与产业良性互动。要建立完善优势龙头企业信贷审批“绿色通道”，用好首期100亿元贷款额度的省中小微企业纾困专项资金，扩大中小企业应收账款融资规模，持续提升产融合作政银企对接水平，加大金融对畅通产业链循环的支持力度。要充分用好正向奖励政策，全力实施梯度培养，推动个转企、小升规、规改股、股上市，打造企业成长链条，千方百计保护和激发市场主体活力。要深入开展“政策落实年”行动，深化服务民企“三个一百”活动，进一步提升“政企直通车”效能，持续推进“百千”增产增效行动，推动惠企政策有效落地，让企业真正把政策用起来，让政策有力带动企业好起来，努力提升产业链供应链稳定性和竞争力。

（摘编：林开龙）

8月

1日，福州、厦门海关正式上线“入境货物检验检疫证明”电子证书。截至8月4日，仅厦门海关就下发“入境货物检验检疫证明”电子证书341份。“入境货物检验检疫证明”是进口货物进入国内市场销售的必要文书之一。此前，企业需要在进口货物结关以后，到海关业务现场办事窗口申领纸质证书。海关部门提醒，进口企业通过单一窗口报关，选择申领“入境货物检验检疫证明”的，应在涉检信息中填写申请人手机号，以便后续接收查询码等信息。同时，企业仍可根据需要按相关规定申领纸质版本，具体操作方法可向当地海关服务窗口咨询。

4日，省工信厅等十部门联合印发《关于进一步加快新能源汽车推广应用和产业高质量发展推动“电动福建”建设三年行动计划（2020—2022年）》（以下简称《行动计划》），旨在强化产业基础能力建设，坚持加快新能源汽车、储能电池和新能源装备推广应用，推动产业高质量发展，建设“电动福建”。

4日，“2020年中国印刷包装企业百强排行榜”揭晓，我省共有16家印刷企业入选，入选企业数位居全国第一。在此次发布的全国百强榜中，厦门合兴包装印刷股份有限公司以年销售收入107亿元再登榜首。其余入围的福建印刷企业分别为：厦门吉宏科技股份有限公司（第11位）、昇兴集团股份有限公司（第16位）、厦门保沣实业有限公司（第21位）、达利食品集团有限公司（第50位）、泉州金百利包装用品有限公司（第51位）、福建南王环保科技股份有限公司（第58位）、鸿博股份有限公司（第67位）、福建华发包装有限公司（第76位）、祥恒（莆田）包装有限公司（第78位）、福建泰兴特纸有限公司（第85位）、易联众信息技术股份有限公司厦门市思明分公司（第88位）、福建省文松彩印有限公司（第95位）、厦门安妮股份有限公司（第96位）、福建中粮制罐有限公司（第99位）、漳州市天辰纸品包装有限公司（第100位）。

5日，省工信厅发布《关于常态化开展电力市场用户注册和交易工作的通知》，启动常态化注册和交易工作。此次注册用户范围包括三大类主体，分别是：全省电网覆盖范围内，符合产业和环保政策，纳入统计部门统计的规模以上工业企业；全省电网覆盖范围内，电压等级10kV及以上的，符合产业和环保政策，年购电量达到年度市场交易方案标准的工业用户（煤炭、钢铁、有色、建材行业内企业不受用电规模限制）；增量配电改革业务试点园区和购售电业务改革试点园区内，电压等级10kV及以上的、符合产业和环保政策的工商业用户。

6日，工业和信息化部公布了2019年企业上云典型案例遴选结果。其中，我省九牧厨卫股份有限公司“C2F智能定制项目”、福建华龙化油器有限公司“企业信息化Saas平台系统应用”、福建圣农食品有限公司“云ERP”等3家企业上云案例入选，数量位居全国前列。

6日，经省政府同意，省政府办公厅印发《中国（莆田）跨境电子商务综合试验区实施方案》，提出试验区建设的总体要求、主要任务及创新举措、保障措施等。《方案》指出，要探索和实践跨境电子商务管理新方式、新机制，挖掘和培育跨境电子商务发展新模式、新业态。经过3～5年的改革试验，通过搭建四大平台、完备六大体系，培育形成5个以上功能完善、各具特色的跨境电子商务发展集聚区，重点打造10个以上在国际市场上具有竞争力和影响力的跨境电子商务品牌，实现全市跨境电子商务交易额超200亿元。

6日，代省长王宁率省直有关部门负责同志赴莆田市，深入企业生产、项目建设和产业园区一线，与基层干部和企业家一起，研究问题、谋划发展，推动政策落地见效，推进落实“六稳”“六保”任务。王宁一行先后到百威雪津迁建项目、福英泰项目一期、华峰新材料产业园，详细了解企业应对疫情影响、加快复工复产以及面临的困难问题等情况。随后，王宁与在莆央企、省市属国企、民企、外企代表座谈交流，共同学习领会习近平总书记在企业家座谈会上的重要讲话精神，面对面听取企业意见建议。他说，越是风险挑战，越能检验成色底色。希望广大企业家进一步坚定信心，迎难而上往前冲，抓住机遇走前列，大力推进产业数字化、智能化、高端化、绿色化，加快转型升级，畅通产业循环，提高核心竞争力和市场占有率，争取更好更快发展。各级政府要高效率、高质量、高水平服务好企业，积极争取国家经济金融政策支持，落细落实纾困惠企政策，“一企一策”扶持重点企业、龙头企业，强化资源要素保障，打造一流营商环境，创造条件支持企业发展壮大、做优做强。

7日，中国轻工业联合会正式发布2019年度轻工业二百强企业，海尔集团、美的集团、格力电器、贵州茅台和天能股份居榜单前五位。7家福建企业上榜，分别为安踏、特步、闽华电源、富丽堂家居、雨丝梦洋伞实业、青蛙王子、舒华体育。其中，安踏和特步进入榜单的前100名，分列第19和第57位。

11日，代省长王宁在福州会见了北京比特大陆科技有限公司法定代表人詹克团一行，推进产业招商，深化洽谈合作。王宁表示，福建正在认真贯彻落实习近平总书记重要讲话重要指示批示精神，深化“数字福建”建设，培育壮大数字经济，加快打造一批百亿龙头、千亿集群和万亿级主导产业，为全方位推动高质量发展超越提供有力的产业支撑。希望对方抓住战略机遇，加快推动好项目落地见效，实现互利共赢。福建将为来闽发展的企业提供最优服务。詹克团表示，将发挥技术、资源等优势，与福建在芯片制造、大数据等数字经济领域开展深度合作，为家乡发展贡献力量。

11日，国务院发布《关于同意全面深化服务贸易创新发展试点的批复》，同意在北京、天津、上海等28个省、市（区域）全面深化服务贸易创新发展试点。全面深化试点期限为三年，自批复之日起算。《批复》指出，原则同意商务部提出的《全面深化服务贸易创新发展试点总体方案》，同意在北京、天津、上海、重庆（涪陵区等21个市辖区）、海南、大连、厦门、青岛、深圳、石家庄、长春、哈尔滨、南京、苏州、杭州、合肥、济南、威海、武汉、广州、成都、贵阳、昆明、西安、乌鲁木齐和河北雄安新区、贵州贵安新区、陕西西咸新区等28个省、市（区域）全面深化服务贸易创新发展试点。

12日，省商务厅联合省财政、交通运输、国资、金融监管、税务、海关、信保等单位举办下半年稳外贸政策培训班。副省长郭宁宁到场作动员讲话。培训班上，省商务厅、省金融监管局、福州海关、省税务局、省出口信保等部门负责人分别作了政策解读。下半年，我省将加大对外贸主体的支持力度，鼓励重点外贸项目做大规模，发挥国有企业促进作用，鼓励优质企业多形式扩大外贸，鼓励多渠道拓展市场。积极培育外贸新业态新模式，加大市场采购支持力度，做大跨境电商规模。加大金融信保支持，强化金融服务，提高对外贸企业融资额，用好"金服云"平台，落实"外贸贷"和中小微企业纾困专项资金贷款，帮助企业防范汇率风险。优化外贸发展环境，营造一流口岸营商环境，推行进口大宗商品"先验放后检测"监管方式，优化涉税服务，便利人员往来，对外贸企业境外客商、管理和技术人员入境审批开通快捷通道，畅通国际及港澳台物流通道。

12日，省政府召开新闻发布会，2020厦门国际贸易洽谈会暨丝路投资大会（简称"2020厦洽会"）将于9月8日—11日在厦门国际会展中心举办。本届厦洽会将重点邀请境内低风险地区客商及境外驻华使领馆、政府机构参会，以境内为主体，并创新办会模式，开通"云上投洽会"全新平台，进一步提升大会实效。

13日，省委书记于伟国在厦门与浪潮集团董事长孙丕恕一行座谈，双方就扩大务实合作、推动创新发展，进行深入交流。于伟国说，福建正深入学习贯彻习近平总书记重要讲话重要指示批示精神，坚定不移贯彻新发展理念，统筹抓好常态化疫情防控和经济社会发展，着力建设数字福建，大力推进科技创新，积极布局5G、云计算、大数据、人工智能、工业互联网、物联网等新型基础设施，这为浪潮在福建发展提供了广阔空间。近年来，福建与浪潮不断加大合作力度，浪潮厦门生产基地仅用半年时间就实现从签约到量产，双方合作迈出了坚实一步。希望双方在已有合作项目基础上，积极拓展合作领域，推动更多自主创新的高质量项目落地，促进传统产业转型升级，实现互利共赢。我们将持续营造有利于创新创业创造的良好发展环境，支持浪潮在福建做强做大。

14日，省自贸办发布了福建自贸试验区第16批36项创新举措。据悉，来自福州自贸片区的创新举措有19项，其中12项为全国首创，占福建自贸试验区全国首创举措的一半。福州自贸片区管委会有关负责人表示，此次推出的创新举措一方面突出问题导向，注重系统集成，切实解决市场主体和市场经营活动反映的现实问题，形成了行之有效的新平台、新规制、新流程；另一方面，突出技术创新、加大科技应用，充分应用先进的区块链、数字化技术，优化政务流程，提高了服务效率和监管效能。

14日，福建自贸试验区五周年评估报告评审会暨高质量发展研讨会在福州市举行。为深入贯彻落实习近平总书记关于自由贸易试验区重要讲话重要指示批示精神，根据省委、省政府的工作安排，省商务厅（自贸办）委托上海社会科学院开展福建自贸试验区建设五周年综合评估。当日举行的评估报告评审会上，上海社会科学院项目组组长沈玉良研究员介绍了福建自贸试验区五周年评估报告的主要观点，认为通过五年建设，福建自贸试验区主动服务和融入国家发展战略，坚持改革首创性，形成具有全国示范作用的福建制度创新经验，高质量制度创新成果居全国自贸试验区首位；坚持差异化探索，形成具有全国影响力的两岸融合发展示范区；坚持对标国际最高标准，构筑引领新时代对外开放合作新高地；坚持改革系统集成，建成具有辐射带动作用的产业功能区，总体达到了预期建设目标，充分实现了国家层面赋予福建自贸试验区的战略日标定位。

15日，为及时纾解中小微企业面临的暂时流动性困难，我省进一步拓宽中小微企业纾困专项资金贷款投放渠道，在原有十二家贷款银行基础上，新增招商银行、中信银行、光大银行、浦发银行和民生银行五家银行作为纾困专项贷款银行。纾困专项贷款银行将发挥服务网络、风险防控和技术能力的优势，有效甄别纾困企业，简化审批资料和流程，对申报企业在符合基本信贷准入条件和企业提供的审批资料齐备的情况下，尽快完成尽职调查、授信审批。省财政支持银行在发放纾困贷款时，在规定的贷款利率基础上直接扣减财政贴息，让贴息资金直达企业。贷款银行的拓展，将有利于增加企业选择空间，加快贷款发放，更大力度地支持企业复工复产达产。

17 日，国务院下发《关于同意全面深化服务贸易创新发展试点的批复》，厦门成为我省唯一试点城市。文件要求试点地区要重点在改革管理体制、扩大对外开放、完善政策体系、健全促进机制、创新发展模式、优化监管制度等方面先行先试，为全国服务贸易创新发展探索路径。近年来，厦门市积极推动和深化服务贸易创新发展，探索服务贸易发展的新路径和新模式，初步形成旅行、运输和航空维修三大行业为主的服务贸易新格局，同时，游戏动漫、计算机服务、融资租赁等重点领域也异军突起，形成一批具有国际影响力的服务贸易品牌。厦门先后获批国家文化出口基地和国家数字服务出口基地。

18 日，十二届省政协常委会召开第十七次会议，深入贯彻落实习近平总书记重要讲话重要指示批示精神，按照中共福建省委十届十次全会部署，围绕“培优做强重点产业　推进‘十四五’产业基础高级化和产业链现代化”协商议政。省委副书记、代省长王宁出席并讲话，省政协主席崔玉英主持会议。王宁指出，推动我省产业高质量发展，要深入学习贯彻习近平总书记重要讲话重要指示批示精神，按照省委十届十次全会部署，坚持新发展理念，紧紧围绕“产业优”，加快产业结构优化升级，聚力做大做强主导产业，加快发展新兴产业，持续改造提升重点产业，打造一批百亿龙头企业、千亿产业集群、万亿主导产业，推进质量变革、效率变革、动力变革，为全方位推动高质量发展超越提供坚实支撑。要加强顶层设计，高标准加快编制“十四五”产业发展专项规划；加大扶持力度，精准谋划培优做强重点产业的政策举措；加快转型升级，大力推动产业现代化发展超越；深化创新驱动，加快建立以企业为主体、市场为导向、产学研深度融合的技术创新体系；畅通产业循环，构建上下游协同发展、大中小企业融合共生的产业生态，提升产业链供应链稳定性和竞争力。要做好“六稳”工作、落实“六保”任务，深入实施增产增效行动，更好保护和激发市场主体活力。

18 日，福建广电网络集团与建设银行福建省分行举行战略合作协议签订仪式，副省长郭宁宁出席活动。建设银行福建省分行为福建广电网络集团提供综合授信贷款和融资支持，总额达 100 亿元，重点支持广电网络 5G 新基建等项目。此外，双方将在惠农服务、“全闽乐购”福建省促消费服务、金融电视专区服务、投资银行服务、信息化建设服务等方向建立长效合作机制，全力推动我省广电网络在有线广播电视传输、互联网、通信、5G 建设、惠农等领域的进一步发展。

19 日，我省组织第三季度重大项目视频连线集中开工，共开工 238 个项目、总投资 2346 亿元。这是继第一、二季度全省分别集中开工 265 个重大项目、总投资 1950 亿元和 260 个重大项目、总投资 1463 亿元后又一次集中开工。省委书记于伟国作开工动员。省委副书记、代省长王宁主持。本次集中开工项目，基础设施项目共 59 个、总投资 482 亿元，产业项目 141 个、总投资 1675 亿元，社会事业项目 38 个、总投资 189 亿元。产业项目占比较高，项目规模较大，视频连线的开工项目，平均单体投资规模超 90 亿元，其中包括福州马尾万洋众创建设项目、厦门东部体育会展新城产业集群项目、漳州古雷开发区综合管廊项目、泉州传感智能制造产业基地核心区项目、莆田大唐网络产业东南总部基地项目等典型示范项目，这些项目都有较强的代表性、示范性、导向性。

20 日，省委副书记、代省长王宁在福州会见中核集团总经理顾军一行。王宁代表省委、省政府感谢中核集团长期对福建经济社会发展的积极贡献。王宁表示，福建正深入学习贯彻习近平总书记重要讲话重要指示批示精神，全方位推动高质量发展超越，双方合作空间和潜力很大。希望双方继续加强项目对接，实现互利共赢。顾军表示，中核集团将发挥央企作用，优化产业布局，加强多领域合作，推动项目落地见效，进一步支持福建高质量发展超越。

21日，副省长郭宁宁在福州会见新加坡驻厦门总领事池兆森、候任总领事吴俊明一行。郭宁宁对池兆森、吴俊明一行表示欢迎，对总领馆近年来为推动闽新交流所做工作表示感谢，并简要介绍了福建省情和近年来经济社会发展情况。她说，福建是21世纪海上丝绸之路核心区，新加坡是21世纪海上丝绸之路沿线重要节点，双方友好关系源远流长。闽新经济社会发展需求契合度高，希望双方在现有良好合作基础上，共同克服疫情影响，不断深化贸易、投资、一带一路互联互通等领域合作，通过云平台云对接方式加强政府与民间交流，提升双边合作长效机制，实现互利共赢。

21日，省委副书记、代省长王宁在福州与中国电力建设集团党委书记、董事长晏志勇一行会谈。王宁代表省委、省政府感谢中国电力建设集团长期以来对福建发展的大力支持。王宁说，福建省委十届十次全会对深入学习贯彻习近平总书记重要讲话重要指示批示精神作出了全面部署，全省上下凝心聚力全方位推动高质量发展超越，希望中国电力建设集团抓住战略机遇，在数字经济、港口建设、水环境治理、清洁能源等方面深化对接合作，推动更多“两新一重”大项目好项目落地见效，实现互利共赢。晏志勇表示，中国电力建设集团将围绕“数字福建”“美丽福建”“电动福建”建设，充分发挥特大型中央企业在相关领域的独特优势和核心能力，全面加强互利合作，不断提升合作层次，助力福建高质量发展超越。

22日，“全闽乐购”福建促消费行动全面启动，开展形式多样的线上线下促销活动，这是我省深入实施扩大内需战略，扎实做好“六稳”工作、全面落实“六保”任务，加快复商复市、促进消费增长的重要举措。省委书记于伟国，省委副书记、代省长王宁出席启动仪式。省领导赵龙、郑新聪、梁建勇、郭宁宁、崔永辉、洪捷序分别参加相关活动；部分省领导还通过淘宝、抖音、“直播福建”等直播平台为八闽好货代言。

25日，省商务厅举行的媒体见面会，据介绍我省将多举措推进全面深化服务贸易创新发展试点工作，以新一轮试点为平台和突破口，全面推进服务贸易改革、开放、创新。我省将加快推进服务贸易创新发展试点工作，加强统筹部署，把需重点推进和探索的事项放在试点地区先行先试，试点经验在本省率先推广。同时加强保障，对下放至省级的服务业行政审批事项加强落实执行。

25日，省财政下达奖补资金，对2019年度规范实施PPP工作成效明显市县给予正向激励。其中，福州、宁德各奖励500万元；福安、霞浦、福鼎、福清、惠安、南安、仙游、上杭、建阳、邵武分别奖励300万元。自2018年起，我省每年对推广PPP模式操作规范、成效明显、社会资本参与度较高的设区市和县（市）实施正向激励，共计下达PPP工作成效正向激励资金8000万元，有序推进PPP规范发展。

27日，省工商联在福州发布了“2020福建省民营企业100强”“2020福建省民营企业制造业50强”榜单，同时发布《2020福建省民营企业100强分析报告》《2020福建省民营企业社会责任报告》。报告显示，我省民营经济高质量发展成色明显，成为经济社会发展的重要力量和创造社会财富的重要来源。

27日，我省在上交所成功发行69.72亿元地方政府一般债券，本批债券得到市场高度认可，认购倍数达29.05倍。其中7年期债券9亿元、10年期30.36亿元、15年期30.36亿元，中标利率分别为3.31%、3.26%、3.73%，与银行贷款利差相比，债券存续期累计可节省融资成本11.31亿元。今年我省争取中央新增地方政府债券规模1594亿元，其中一般债券241亿元、专项债券1353亿元。截至目前，一般债券已发行206.72亿元、专项债券1036亿元。剩余债券额度将于9月底前全部发行到位。

27日，京闽（三明）科技合作“云签约”视频会议举行。北京市副市长隋振江、福建省副省长林宝金出席并讲话。林宝金表示，京闽科技合作是贯彻落实习近平总书记对福建全方位推动高质量发展超越重要指示批示精神的重要举措，体现了北京市委、市政府对福建发展的大力支持。福建将为北京来闽的科研机构和企业提供优质服务保障，全力支持三明市中关村科技园及科技产业基地建设，促进京闽（三明）科技合作顺利开展。希望双方不断深化各领域科技合作，完善科技协同创新机制，结出丰硕成果，谱写京闽两地科技合作的新篇章。北京和福建三明开展科技合作以来，双方积极协调推进，竭力落实双方合作协议具体内容。此次活动，邀请部分重点合作项目代表出席“云签约”仪式，共有19个项目对接签约，总投资100.7亿元。

27日，全省畅通现代物流和生物医药产业循环专题视频会召开，深入学习贯彻习近平总书记重要讲话重要指示批示精神，落实省委十届十次全会部署，分析现代物流和生物医药产业的转型难点、市场堵点、企业痛点，提升产业链供应链稳定性和竞争力，促进产业持续健康发展。副省长林宝金出席会议并讲话。林宝金强调，生物医药产业被誉为永不衰老的朝阳产业，现代物流业是经济社会发展的大动脉，是国家和我省重点支持的两个产业。要注重提质增效，强化规划引领，加快建设物流集聚区，加快交通综合基础设施建设，提升冷链设施水平，大力培育物流新业态、发展新动能，促进现代物流加快发展。要突出传承创新，强化技术创新，着力加快产学研深度合作，注重产业创新孵化和检验检测能力建设，明确生物制药、化学制药、医疗器械和中医药产业主攻方向，全力开拓市场，做好医药储备，推动生物医药产业做优做大。要优化政府服务，落实落细政策，加快项目建设，优化企业服务，携手奋进、攻坚克难，打造一流营商环境，全力推进现代物流和生物医药产业加快健康发展，为全方位推动高质量发展超越作出新的更大贡献。

28日，省发改委召开福建省“我为‘十四五’建言献策”座谈会，邀请高校、科研院所、相关部门专家，为我省“十四五”发展提出意见建议。座谈会上，省委政研室副主任卢沛伦、福州大学副校长黄志刚、省委党校副校长林红、省委党校产业与企业发展研究院院长陈明森、福建社科院经济研究所所长伍长南、福建社科院现代台湾研究所所长单玉丽、福建师范大学经济学院院长黄茂兴、福建师范大学经济系书记戴双兴等8位专家学者先后发言，结合国内外发展环境，分析“十四五”福建发展的机遇和挑战，在如何加快推动科技创新、产业转型升级、两岸融合发展、民生保障等方面，提出了具有创新性、针对性、可操作性的意见建议。

28日，第三届“创响福建”中小企业创新创业大赛暨2020年“创客中国”中小企业创新创业大赛福建省区域赛决赛在福州落幕。本届大赛以“围绕产业链、部署创新链、配置资金链”为主题。经过比拼，“集成电路用旋涂碳光刻胶材料研发及产业化项目”获得企业组一等奖，“Holotable全息显示桌面项目”获得创客组一等奖。赛后，省工信厅将对项目进行跟踪服务，进一步挖掘参赛项目需求，积极对接投资基金、创业服务机构资源，帮助项目解决发展中的痛点、难点问题。

29日，省委副书记、代省长王宁在福州与中国工程院党组书记、院长、院士李晓红一行会谈，共商进一步深化省院合作，以科技创新壮大高质量发展新动能。中国工程院副院长、院士钟志华，生态环境部环境规划院院长、院士王金南，副省长林宝金，省直有关部门负责人参加会谈。受省委书记于伟国委托，王宁代表省委、省政府，感谢中国工程院长期以来对福建发展的大力支持。王宁说，福建省正深入学习贯彻习近平总书记重要讲话重要指示批示精神，凝心聚力全方位推动高质量发展超越，希望中国工程院发挥高端创新资源密集优势，在核心技术攻关、科技成果转化、产业转型升级、生态文明建设等方面，与我省进一步深化合作，加大力度共建福建研究院，促进产学研用深度融合，为我省高质量发展超越提供强大科技支撑和智力支持。李晓红表示，中国工程院将充分发挥国家高端智库和多学科、跨部门、跨行业的优势，聚焦福建高质量发展超越，在企业科技创新、项目对接、成果转化、决策咨询、人才培养等方面深化战略合作，把福建研究院打造成为具有中国特色、福建优势的高端智库，尽全力为新福建建设赋能。

31日，省委书记于伟国主持召开省委常委会会议，认真学习贯彻习近平总书记在经济社会领域专家座谈会上的重要讲话精神、《不断开拓当代中国马克思主义政治经济学新境界》的重要文章和向中国人民警察队伍授旗时的训词精神，研究我省具体贯彻措施。会议还研究了其他事项。会议强调，要认真学习贯彻习近平总书记重要讲话和重要文章精神，增强“四个意识”、坚定“四个自信”、做到“两个维护”，以当代中国马克思主义政治经济学为指导，着眼长远、把握大势，科学谋划我省“十四五”规划编制，更好统筹推进常态化疫情防控和经济社会发展。

（摘编：严志东）

9 月

1 日，以“金融科技融合·服务万企融资”为主题的福建省金融服务云平台暨“快服贷”产品推广发布会举行。副省长郭宁宁到会致辞。郭宁宁强调，福建省金融服务云平台是我省“八大金融工程”的一号工程，是我省增强金融服务实体经济能力、深化金融供给侧结构性改革的重要载体，是推动金融转型创新、促进金融与科技有机融合发展的重要探索，是破解信息不对称、加强政银企联动，着力化解民营小微企业融资难融资贵的重要抓手。要着力提升平台功能，加快建设金融主题大数据库，完善政府、金融机构、企业、公共信息等各项数据汇聚共享，打通全流程线上服务功能，打造高效智能的金融服务云平台。要着力提升产品服务，继续抓好中小微企业纾困专项资金贷款、“快服贷”以及各金融机构特色产品的推广应用。要着力提升推广应用，突出福建特色，加强政策解读和专业培训，依托平台开展常态化产融对接，引导企业和市场主体会用平台、多用平台。

1 日至 3 日，2020 年度促进海峡两岸科技合作联合基金（海峡联合基金）、NSFC（国家自然科学基金委）－山东联合基金、NSFC－新疆联合基金、NSFC－河南联合基金、NSFC－云南联合基金的会议评审和管理委员会会议在福州召开。副省长崔永辉在开幕式上致辞。

2 日，省委书记于伟国在福州会见中国民生银行行长郑万春一行。于伟国对民生银行长期以来重视支持福建经济社会发展表示感谢，希望民生银行发挥自身优势，加大对民营企业和中小微企业的金融支持力度，更多参与到科技创新、产业升级、污染防治、新老基建等项目建设中来，助力福建全方位推动高质量发展超越，实现地企共同发展。郑万春表示，福建发展势头强劲、空间广阔。民生银行将积极融入国家战略，多加投入、多做贡献，为福建项目建设和各类企业发展提供更大金融支持。

7 日，以“聚焦新基建释放新动能”为主题的 2020 中国国际工业互联网创新发展大会开幕式及主论坛在厦门举行。十三届全国政协经济委员会副主任，原工业和信息化部党组成员、副部长刘利华，福建省政府副省长郭宁宁出席，并在开幕式上致辞。本次大会由中国通信学会、福建省工业和信息化厅、福建省通信管理局主办，论坛研讨高端权威，聚焦热点，包括主旨论坛“‘一带一路’国际工业互联网产业论坛”，以及“金融科技助力中小企业融资”“5G 时代的产业发展新模式”“工业互联网与区块链融合创新发展”等多场专题分论坛，邀请专家学者和行业领袖出席展开专业探讨，发布产业政策，研讨发展趋势，对接项目需求，推动创新发展。

8 日下午，2020“丝路海运”国际合作论坛在厦门召开。中国国际经济交流中心副理事长、全国人大财经委原副主任委员黄奇帆出席论坛并发表主旨演讲。省领导胡昌升、郑新聪、崔永辉出席。省委常委、副省长赵龙致辞。国家发展改革委、交通运输部等部委，中远海运、马士基等港航龙头企业相关负责人参加论坛。

8日，2020厦门国际投资贸易洽谈会暨丝路投资大会开幕。当天，2020国际投资论坛举行，本次论坛主题为“提振投资信心 促进合作共赢”。省委常委、厦门市委书记胡昌升，省委常委、副省长赵龙，主宾省山西省副省长卢东亮致辞。受省委书记于伟国、省政府代省长王宁委托，赵龙代表省委和省政府向莅临大会以及在线参与的各位嘉宾表示热烈的欢迎和衷心的感谢。他表示，面对突如其来的新冠肺炎疫情，在以习近平同志为核心的党中央坚强领导下，我们统筹推进疫情防控和经济社会发展，积极应对不稳定不确定因素，最大限度发挥政策效应，经济已实现全面复苏。各国经济彼此依存，经济全球化、全球合作潮流不可阻挡，开放包容、合作共赢是解决困难问题的根本出路。国际投资论坛是每年“9·8”投洽会的重头戏，汇聚各方智慧，把脉投资趋势，向国际发出投资“好声音”，向世界传递投资“正能量”。福建是投资的一方热土，八闽大地充满情谊，“清新福建”商机无限。我们将认真贯彻落实习近平总书记重要讲话重要指示批示精神，以更大的力度、更广的胸怀、更坚定的决心，推动对外开放，以开放促进改革，以开放建设新福建，与各方分享合作新机遇、共赢未来新发展。

8日，2020“丝路电商”政企对话会在厦门举办。会议以“对话丝路电商·推动经贸合作”为主题，通过线上线下相结合的方式，中外代表就进一步扩大合作开展交流探讨，在畅通物流、资金流、信息流等方面达成共识。副省长郭宁宁出席会议并讲话。

8日，福建广电网络集团与厦门国际银行在厦门举行银企合作对接会，副省长郭宁宁出席活动。据了解，通过此次合作，厦门国际银行支持福建广电网络推动港澳及海外市场业务拓展，推动“文化出海”，讲好“中国故事”，输出“中国好产品”，服务跨境电商产业链。双方共同深化资本合作，厦门国际银行为广电网络资本运营提供金融支持；共同推进资源共享，参与全闽乐购促消费活动，开展金融业务、信息化和宣传业务合作；共同聚焦5G等新产业，开展5G、大数据、物联网、金融信息化业务等合作，助力广电网络多元化发展，助推福建数字经济高质量发展。

8日，第五届中国国际绿色创新发展大会在厦门举行，大会以“大力推进生态文明建设，努力实现绿色发展目标——共建新平台、共创新生态、共享新成果”为主题。中国国际投资促进会会长马秀红、副省长郭宁宁出席会议有关活动。

9日，省委书记于伟国、代省长王宁在福州会见国家开发投资集团有限公司董事长白涛一行。于伟国指出，福建正深入贯彻落实习近平总书记重要讲话重要指示批示精神，扎实做好“六稳”工作、全面落实“六保”任务，全方位推动高质量发展超越。希望国投集团结合谋划“十四五”目标和任务，以先进理念、宽广视野，精准投资我省新产业、新项目，实现共同发展、互利共赢。

10日，省委书记于伟国在福州与华润（集团）有限公司董事长王祥明一行就深化双方产业合作进行深入座谈交流。于伟国表示，福建正深入学习贯彻习近平总书记重要讲话重要指示批示精神，科学谋划“十四五”发展规划，全方位推动高质量发展超越，推动双方新一轮战略合作正当其时。

10日，省委书记于伟国到福州调研推动工作时强调，要深入贯彻落实习近平总书记重要讲话重要指示批示精神，坚持稳中求进工作总基调，坚定不移贯彻新发展理念，深入实施“3820”战略工程，加快推进福州滨海新城建设，加快发展壮大数字经济，深化生态文明建设，着力打造闽江口金三角经济圈，全方位推动高质量发展超越。

11日，省委副书记、代省长王宁在福州与沙特基础工业公司副总裁兼北亚区总裁、中国投资有限公司董事长李雷一行，就加快推进重大项目实施、深化务实合作进行会谈。

11日，为期4天的2020厦门国际投资贸易洽谈会暨丝路投资大会圆满落幕。本届厦洽会与“云上投洽会”相辅相成，朝国际化、专业化、品牌化精耕细作，以实际行动宣示中国高水平对外开放的决心，凝聚起抗击疫情、提振全球投资合作信心的共识。

11 日，省委书记、省委全面依法治省委员会主任于伟国主持召开委员会第八次会议，深入学习贯彻习近平总书记全面依法治国新理念新思想新战略，研究《福建省推进法治化营商环境建设的若干措施》《福建省加强法治乡村建设实施方案》，部署下一步工作。省委副书记、代省长、委员会副主任王宁出席

11 日，省委书记、省委全面深化改革委员会主任于伟国主持召开省委全面深化改革委员会第十二次会议，强调要认真学习贯彻习近平总书记在中央全面深化改革委员会第十五次会议上的重要讲话精神，坚定不移用足用好改革这个关键一招，统筹考虑短期应对和中长期发展，运用改革思维和改革办法破解发展中的难题，打通创新链、强化产业链、稳定供应链、提升价值链，加快构建新发展格局，全方位推动高质量发展超越。省委副书记、代省长、省委全面深化改革委员会副主任王宁出席会议。

11 日，闽宁出口商品巡回展新闻发布会在宁夏银川举办。福建与宁夏两地将于 17 日至 27 日分别在厦门与银川两地举办“2020 闽宁出口商品巡回展”。“2020 闽宁出口商品巡回展”分为两部分举行。“2020 闽宁出口商品塞上行”将于 17—21 日在银川举办。福建省商务厅广泛邀请出口型优势企业参展，经过精挑细选，组织近 40 家福建企业赴宁，优选 10 大类优质出口产品，展销品涵盖纺织、服装、鞋帽、陶瓷、工艺品、家具、茶酒、食品、户外用品、防疫物资等八闽好货。这些出口商品质优价好，将与宁夏当地传统商品形成互补，有效满足当地消费者需求。

13 日上午，2020 年数字福建区块链重点项目集中开工，区块链服务网络（BSN）福建省区块链主干网建设同时启动。区块链是国家新型基础设施建设的重要内容。省委省政府高度重视区块链发展，将支持区块链产业发展列入刚刚召开的省委十届十次全会“1 + 3 + N”部署的一项重要配套措施，加快推动我省区块链技术和产业创新发展，推进区块链与我省实体经济深度融合。

14 日，省政府新闻办召开的新闻发布会，2020 中国资产管理武夷峰会将于 9 月 26 日在南平举办。首届峰会由中国人民大学国家发展与战略研究院、中国证券投资基金业协会、福建省地方金融监督管理局、南平市政府主办，将围绕“新资管 · 新征程 · 绿色发展”主题，重点探讨金融开放背景下中国资管行业的变革、开放与创新之路。峰会将邀请重要嘉宾和头部资管机构与行业专家做主旨演讲；围绕“金融开放背景下的中国资产管理”“绿色金融产品创新与地方绿色金融实践”主题举办圆桌论坛；发布《2020 创新资本形成与私募股权创投基金发展报告》《2020 中国资产管理行业发展报告》以及《中国武夷资产管理行业发展指数》；举行科技资本项目对接签约仪式。

14 日，海峡股权交易中心全省“台资板”暨平潭“海峡板”企业集体鸣锣授牌仪式在平潭综合实验区举办，50 余家企业亮相海峡股权交易中心，正式登陆区域股权市场。据了解，海峡股权交易中心是经中国证监会、福建省政府批准设立的区域性股权交易市场，专为台资企业设立“台资板”，下设展示、基础、股改、交易等服务与板块。同时，立足于实验区对台区位优势，设立平潭“海峡板”，专为平潭本土企业、台资企业提供区域市场服务。

15 日，省长王宁主持召开省政府常务会议，听取省发改委关于今年以来经济形势和下一步工作措施的汇报，审议关于加强公共卫生体系建设的意见，研究通过了《关于深化产教融合推动职业教育高质量发展的若干措施》《福建省实施工业（产业）园区标准化建设推动制造业高质量发展三年行动计划》，审议《福建省水污染防治条例（草案）》《福建省传统风貌建筑保护条例（草案）》《福建省交通运输领域省与市县财政事权和支出责任划分改革方案》《福建省党政机关办公用房管理办法》。会议还研究了第十一届福建省“友谊奖”评选表彰等工作。

16 日，省发改委、教育厅、人社厅公布我省第二批建设培育产教融合型企业名单，共有 21 家企业上榜。

16 日，省委书记于伟国、省长王宁在福州与中国联通集团公司董事长王晓初一行就深化务实合作、推进“数字福建”建设进行座谈。于伟国说，“数字福建”是习近平总书记在福建工作时亲自开创并大力推动实施的重大战略，福建始终牢

记习近平总书记的重要嘱托，全力推进新时代“数字福建”建设，为全方位推动高质量发展超越赋能。福建与联通合作基础扎实、成效显著，希望双方进一步深化合作，谋划新的增长点，以实实在在的项目和成果，共同落实好习近平总书记擘画的“数字福建”蓝图。王晓初表示，中国联通将围绕国家战略，积极参与“数字福建”建设，加大对5G网络等新基建投入，加快推进东南研究院、云计算产业园建设，为福建经济社会发展作出更大贡献。

16日，省政府新闻办召开福建省“全闽乐购”促消费行动新闻发布会。记者从会上获悉，今年1—8月，全省社会消费品零售总额11764.4亿元，其中8月份增长2.9%，已连续4个月实现单月正增长。全省网络零售额3705亿元，同比增长21.4%，一系列促消费举措的成效正在显现。从今年8月起到明年3月，我省将在全省范围内组织开展以“全闽乐购”福建促消费行动为主题的系列活动。根据银联系统统计和浪潮大数据监测，8月15日至9月15日，全省参与“全闽乐购”活动的商家超过10万户，共举办350多场形式多样的线下促消费活动，1200多场线上直播活动，全省消费额达1000多亿元，其中线下交易总规模达700多亿元，全省网络零售额300多亿元，进一步恢复了市民消费信心，激活市场消费潜力。全省各地通过平台赋能、线上线下联动促销，累计发放全闽乐购券近200万张，发放金额近3000万元，银联携手全省银行系统叠加1000万元优惠补贴，有力汇聚人气、商气。

16日，省政协召开“进一步优化营商环境，激发创新创业创造活力”专题协商会。省政协主席崔玉英主持会议，副省长郭宁宁出席。崔玉英指出，以习近平同志为核心的中共中央始终把创新创业创造作为推动经济高质量发展的重要着力点，作出一系列重大决策部署。去年3月，习近平总书记在参加全国人大福建代表团审议时强调，要营造有利于创新创业创造的良好发展环境，深刻阐述了良好发展环境为发展赋能的极端重要性，为我们加快构筑营商环境高地，激发全社会创新创业创造活力，指明了方向、提供了重要遵循。省委深入贯彻落实习近平总书记重要讲话精神，把优化营商环境作为一项重要工作，出台了一系列有针对性的政策举措，取得良好成效。省政协聚智聚力于这一重要协商议题，是深入学习贯彻习近平总书记重要讲话精神、发挥政协优势助力全方位推动高质量发展超越的实际行动。

16日，福建—东盟友城大会通过视频连线方式举行省市长论坛并签署项目合作协议，就携手应对疫情、共享发展机遇、深化互利合作等议题，进行广泛深入交流。省长王宁出席并致辞，副省长郭宁宁主持，我省在东盟的国际友城政府负责人先后致辞。王宁代表省政府向参加活动的东盟嘉宾表示热烈欢迎，并转达省委书记于伟国对东盟国际友城的良好祝愿。他说，中国与东盟是好邻居、好朋友，是共建“一带一路”的好伙伴，双方关系已进入全方位发展的新阶段。面对突如其来的新冠肺炎疫情，在以习近平同志为核心的党中央坚强领导下，我国统筹推进疫情防控和经济社会发展取得重大战略成果。中国与东盟携手合作、共渡难关，福建积极为包括东盟在内的30多个国家提供防疫物资援助，视频交流分享抗疫经验，推进复工复产和经贸合作，共同构建人类卫生健康共同体，充分诠释了命运与共、守望相助的邻里情谊。当前，福建正深入贯彻落实习近平总书记重要讲话重要指示批示精神，全方位推动高质量发展超越，积极抗疫情、稳经济、谋发展、保民生。我们将在高质量共建“一带一路”和《中国—东盟战略伙伴关系2030愿景》框架下，与东盟友城进一步加强公共卫生合作、扩大投资贸易合作、巩固人文教育合作，为抗击疫情、恢复经济、深化友谊注入更多正能量。

16日，我省在上海证券交易所顺利发行第三批地方政府专项债券261亿元，至此，今年财政部下达我省的新增政府债务限额1594亿元已全部发行完毕。加上已发行的再融资债券379.2亿元，我省成为全国首个完成全年新增政府债券和再融资债券发行任务的省份。为了充分发挥地方政府债券稳投资促发展作用，我省采取一系列有效措施加快债券发行。通过倒排工期，加强环节衔接，做好额度分配、项目收益平衡测算，以及信用评级、信息披露、发行备案等前期工作，大大提高了债券的发行进度，整体债券发行时间比财政部要求提前了一个半月。

17日，福建省省长王宁在三亚会晤了一同出席2020年泛珠三角区域合作行政首长联席会议的澳门特别行政区行政长官贺一诚一行，话友谊、谋合作、促发展。王宁代表省委、省政府，向特区政府和澳门各界长期以来对福建发展的关心支持表示感谢，对特区政府有效防控疫情、维护繁荣稳定所展现出的治理能力表示钦佩，并代表省委书记于伟国热情邀请贺一诚先生来闽访问。他说，面对突如其来的新冠肺炎疫情，我们统筹推进疫情防控和经济社会发展取得显著成效。当前，福建正深入贯彻习近平总书记重要讲话重要指示批示精神，全方位推动高质量发展，深化闽澳合作潜力大、空间广。我们将认真贯彻习近平总书记关于港澳工作的重要论述精神，以泛珠合作和粤港澳大湾区建设为纽带，持续深化闽澳合作，携手融入“一带一路”建设，共同拓展数字经济、海洋经济、金融服务、中医药、会展等领域合作新空间，促进优势互补、协同发展。

18日，国家发改委等7部门认定100个单位为第二批国家农村产业融合发展示范园。我省尤溪县国家农村产业融合发展示范园、建瓯市国家农村产业融合发展示范园、寿宁县国家农村产业融合发展示范园入选。2017年，国家发改委等7部门启动国家农村产业融合发展示范园创建工作，提出以示范园建设为抓手，着力打造农村产业融合发展的示范样板和平台载体，充分发挥示范引领作用，带动农村一、二、三产业融合发展，力争到2020年建成300个融合特色鲜明、产业集聚发展、配套服务完善、组织管理高效的示范园。2019年，我省南平市武夷山市国家农村产业融合发展示范园、三明市建宁县国家农村产业融合发展示范园等两个单位入选首批示范园。

18日，2020年中国航天大会在福州开幕。省委书记、省人大常委会主任于伟国出席开幕式并致辞。国家工业和信息化部副部长、国家航天局局长张克俭，中国宇航学会理事长、中国航天科技集团董事长吴燕生，省委常委、副省长、福州市委书记林宝金在开幕式上致辞，国际宇航联合会执行主席克里斯汀·费奇廷格、国际空间法学会主席凯伍·施罗格分别视频致辞。省领导郑新聪、崔永辉、林钟乐出席。于伟国说，党的十八大以来，习近平总书记亲自决策、亲自指挥实施一系列重大航天工程，推动载人航天、卫星通信、火箭技术等领域取得重大突破。中国航天的辉煌成就令全国人民倍感骄傲自豪，深厚博大的航天精神成为实现航天梦、中国梦的巨大力量。福建发展航天产业具有良好基础。习近平总书记在闽工作时，就极具前瞻性地作出建设“数字福建”重大战略。经过20年不懈努力，福建信息化综合指数、互联网普及率和数字经济发展规模等均居全国前列。我们将充分发挥“数字福建”优势，加强与国家重大专项对接，引进落地一批“航天+产业项目”；立足21世纪海上丝绸之路核心区建设，加快推进卫星应用创新示范工程，打造新时代海丝天路；运用云直播、云展览、云课堂等新手段，在全社会进一步宣传航天成就、弘扬航天精神。

18日，以“共享海南自贸港机遇，推动泛珠区域联动发展”为主题的2020年泛珠三角区域合作行政首长联席会议在海南三亚市举行。省长王宁出席并作会议发言，表示要深入贯彻习近平总书记重要讲话重要指示批示精神，认真落实党中央、国务院决策部署，在加快新时代新福建建设进程中，携手各方推动泛珠区域合作高质量发展，更好服务国家重大战略。会上，泛珠“9+2”行政首长围绕“共享自贸港开放新机遇，共建制度集成创新平台”“共建大港口、大通道、大枢纽，打造现代化交通运输网络”“后疫情时代携手推动泛珠区域合作高质量发展”等议题，进行深入研讨交流。

18日，2020年中国航天大会项目专场签约仪式在福州海峡国际会展中心举行。副省长崔永辉出席活动。据悉，本次大会集中签约56个项目，意向投资金额1200多亿元，其中，航空、航天、航海类项目300多亿元。

18日，由中国贸促会等单位联合主办、福建省贸促会等承办的第二届海峡两岸工商合作论坛在福州召开。副省长郭宁宁出席论坛。郭宁宁在致辞中指出，福建努力谱写新时代新福建建设新篇章，离不开台胞、台商、台企的智慧与力量，希望海峡两岸进一步促进人才和技术的交流合作，挖掘更多的合作潜能；进一步提升商协会沟通合作层次与水平，围绕新业态、新模式，更加有针对性地为两岸企业家提供服务；进一步发挥两岸仲裁中心等服务平台功能，不断拓展业务，更加便利两岸企业开展经贸合作。第二届海峡两岸工商合作论坛为期半天，以“合作·创新·共享”为主题，设有主题演讲和对接会等环节，两岸医美、康养企业（机构）共举行了112场“一对一”经贸视频对接活动。

19日，省委书记于伟国、省长王宁在厦门会见了率团前来参加第十二届海峡论坛的台湾重要嘉宾吴成典、黎建南一行。于伟国说，非常欢迎老朋友来厦门，今年的海峡论坛尽管受新冠肺炎疫情影响，但什么困难都阻挡不住两岸交流交往的脚步，阻挡不住两岸融合发展的大势。2018年8月5日，在福建向金门供水工程通水仪式上，吴成典先生在金门说“喝上家乡的水，有祖宗的味道”，当时的情景还历历在目。两岸一家人，同喝一碗水，这种血缘关系是分不开、挡不住的。当前，福建正深入贯彻落实习近平总书记重要讲话重要指示批示精神，统筹推进常态化疫情防控和经济社会发展，着力深化闽台各领域融合发展，加速把疫情造成的损失补回来。明年我们将推动“十四五”良好开局，发展前景广阔，欢迎广大台胞一起来分享新的发展机遇，推动两岸融合发展取得新的更大成效。

19日，省长王宁到厦门航空公司调研，深入了解安全生产、经营发展等情况，看望慰问企业员工，并召开调研座谈会，与公司领导班子共同研判形势、谋划发展，强调要深入贯彻习近平总书记重要讲话重要指示批示精神，坚定发展信心，善于化危为机，勇于改革创新，为全方位推动高质量发展超越作出厦航贡献。省委副书记、厦门市委书记胡昌升，省直有关部门负责同志参加调研。

19日，由中国科协主办、省科协承办、两岸30多家单位和社团共同协办的2020海峡科技专家论坛在厦门开幕。论坛采用线上线下结合的方式，设置海峡两岸管理论坛等6个分会场，分别在厦门、福州、龙岩等地举行，并连线台湾。本次论坛以“两岸新时代　科技新融合”为主题，副省长郭宁宁在厦出席论坛开幕式并致辞，中国科协书记处书记宋军通过视频致辞。郭宁宁指出，近年来，两岸科技创新合作、科技人才交流日益密切，两岸科技专家在各个领域开展交流协作，有力推动了两岸产业升级、融合发展。希望两岸科技界朋友秉持“两岸一家亲”和“两岸命运共同体”的理念，推动两岸科技交流合作向更宽领域、更高层次发展，为共创两岸创新协同、融合发展的新局面进一步贡献智慧和力量。

20日，第十二届海峡论坛在厦门举行。中共中央政治局常委、全国政协主席汪洋在大会上发表视频致辞。汪洋首先代表中共中央和习近平总书记，向与会嘉宾特别是台湾同胞致以亲切问候。他指出，两岸关系发展的根基在民间，动力在人民。海峡论坛自2009年成功举办以来，始终风雨无阻、年年传续。今年虽然有新冠肺炎疫情和岛内人为阻挠的不利影响，但论坛仍然隆重举行，大批台胞赴会，充分证明两岸民众交流意愿真诚强烈，任何势力无法阻挡。中共中央台办、国务院台办主任刘结一，省委书记于伟国、省长王宁、省政协主席崔玉英，中共中央台办、国务院台办副主任龙明彪，省领导胡昌升、周联清、郑新聪、檀云坤、田湘利、郭宁宁、林钟乐，台湾新党主席吴成典、亲民党党务顾问黎建南等台湾政党代表以及台湾各界人士等出席了论坛大会。于伟国在致辞中说，今年的海峡论坛虽然受到疫情影响和人为阻挠，但两岸同胞畅叙亲情的约定没有变、交流合作的步伐不会停、血浓于水的骨肉亲情永远割不断。福建处在两岸融合发展最前沿，是一片充满创新创业创造生机与活力的发展热土。闽台同胞是血缘相亲、命运与共的一家人。我们这边有更大的发展机遇、更多的就业机会、更好的发展空间，首先想到的是和台湾同胞共享。我们积极探索两岸融合发展新路，加快建设台胞台企登陆的第一家园，已有越来越多的台胞台青来闽就业创业兴业，取得的成效也越来越大。一家兄弟一起打拼的过程，就是不断融合发展、心灵越走越近的过程。我们真诚欢迎广大台胞台青到八闽大地来一起分享、一起努力，共创中华民族伟大复兴的美好未来。

20日，省委书记于伟国在厦门与全国台联党组书记、会长黄志贤就深化两岸交流合作、推动闽台各领域融合进行座谈。于伟国说，福建认真学习贯彻习近平总书记关于对台工作的重要论述，深入贯彻落实习近平总书记对福建工作的重要讲话重要指示批示精神，积极先行先试，加快应通尽通，提升经贸合作畅通、基础设施联通、能源资源互通、行业标准共通，扎实推进通水、通电、通气、通桥，不断深化闽台各领域融合，加快建设台胞台企登陆的第一家园，让台湾同胞越来越感受到家园的真情。我们将把全国台联的关心指导，转化为两岸融合发展的具体成效，推动闽台交流合作不断走深走实。黄志贤表示，福建是对台工作的最前沿，在推动两岸融合发展上成绩斐然。全国台联将一如既往地与福建一道，进一步创新载体、方法，深入推进两岸经贸、文化、社会等各领域交流合作。

22 日，省政府召开全省深化“放管服”改革优化营商环境电视电话会议。省长王宁在会上强调，要深入贯彻落实习近平总书记重要讲话重要指示批示精神，按照国务院电视电话会议部署，围绕省委提出的要求，聚焦重点、对标先进、精准发力，推进“放管服”改革再深化、营商环境再提升，为全方位推动高质量发展超越提供有力保障。王宁指出，近年来，我省坚持马上就办，扎实推进“放管服”改革，全省营商环境有了较大提升。据全国工商联发布的《2019 年万家民营企业评价营商环境报告》，企业对我省政务环境的满意度居全国第 5 位；住建部组织开展的 2019 年度工程建设项目审批制度改革第三方评估结果显示，我省总体排名居全国第一方阵。今年 1—8 月，全省新登记市场主体 70.5 万户，增长 33%，经济发展韧劲和活力进一步显现。在肯定成绩的同时，也要正视差距和不足，解放思想、先行先试，推出更多标志性、突破性的创新举措，为落实“六稳”“六保”、构建新发展格局，创造更好环境、注入更强势能。

23 日，省委书记于伟国、省长王宁在福州与中国农业发展银行行长钱文挥一行座谈。于伟国说，福建深入学习贯彻习近平总书记关于“三农”工作的重要论述和对福建工作的重要讲话重要指示批示精神，秉承习近平总书记在闽工作时关于“三农”工作的重要理念和重大实践，深化农业供给侧结构性改革，大力发展特色现代农业，推进脱贫攻坚与乡村振兴有效衔接，“三农”工作稳中向好。希望农发行继续加大金融和政策支持，拓展双方合作，精准对接项目，提升服务“三农”实效。座谈后，双方签署了战略合作协议。农发行将在粮食安全、水利建设、农村路网建设、城乡融合、扶贫开发、现代农业发展等领域支持福建乡村振兴战略的实施。

23 日，省委书记、省委财经委员会主任于伟国主持召开省委财经委员会第六次会议，认真学习贯彻习近平总书记在中央财经委员会第八次会议上的重要讲话精神，研究我省贯彻落实措施；听取省发展改革委关于今年以来经济形势和下一步工作措施的汇报，部署下一阶段经济工作。省长、省委财经委员会副主任王宁出席会议。

23 日，省长王宁率省直有关部门负责同志赴福州市，深入科技企业、大型商超、食品生产一线，面对面听意见、解难题、促发展，强调要认真贯彻习近平总书记重要讲话重要指示批示精神，按照中央和省委部署，深入实施增产增效行动，扎实做好“六稳”工作、全面落实“六保”任务，奋力把失去的时间抢回来、把疫情造成的损失补回来，巩固经济企稳回升的良好态势。省领导林宝金参加调研。

24 日，全国政协副主席、全国工商联主席高云龙，省长王宁，省政协主席崔玉英在福州与前来参加第三届全国青年企业家峰会的曹德旺、陈东升、郭广昌、曾毓群、陈春花、许泽玮、方运舟、周少雄、张华荣等知名企业家、经济学家和优秀青年企业家代表座谈，共商合作、共享机遇、共谋发展。高云龙表示，对福建省委、省政府支持举办第三届全国青年企业家峰会表示感谢。他说，民营经济发展离不开党和政府的关心支持。长期以来，福建省委省政府高度重视民营经济发展和工商联工作，持续打造更好政策环境、营商环境、服务环境，为民营企业发展壮大创造了沃土。青年是祖国的未来，面对新形势、新变化，希望各位年轻企业家深入学习贯彻习近平新时代中国特色社会主义思想，坚定发展信心，不断开拓创新，打造现代化企业。并以此次峰会为交流契机，共同学习闽商成功经验，探寻市场经济规律，寻找企业发展新机遇。全国工商联也将进一步发挥桥梁纽带和助手作用，发挥与民营企业联系密切优势，为民营企业走进福建投资兴业牵线搭桥，为助力福建经济社会发展作出更大贡献。

24日，省长王宁与来闽参加第三届全国青年企业家峰会的阿里巴巴集团创始人马云一行座谈，双方就进一步深化交流合作、发展壮大数字经济进行深入交流。王宁代表省委、省政府对马云先生来访表示欢迎，对阿里集团全面参与数字福建建设、有力推进福建发展表示感谢。他说，疫情之下，阿里集团助力福建开展“全闽乐购”活动，有力促消费、扩内需，展现了阿里集团的独特优势。福建正认真贯彻落实习近平总书记重要讲话重要指示批示精神，全方位推动高质量发展超越。我们将认真吸纳马云先生的真知灼见，与阿里集团深化数字经济领域合作，拓展更多应用场景，推进数字产业化、产业数字化，为产业转型升级、经济高质量发展插上“数字”翅膀。

24日，一架由美国康尼航空执飞的波音747－400全货机从福州机场腾空而起，飞往美国洛杉矶，标志着福州—洛杉矶全货机航线正式开通，这是福州机场开通的首条洲际大型全货机航线。受新冠肺炎疫情影响，国际航空客运受到较大冲击，福州机场把工作重心转到发展国际航空货运、拓宽国际航空物流大通道方面。近期，随着福州市支持货运航空加快发展等政策陆续出台，福州机场积极协调海关、边检等联检单位，开发国际全货机业务，增强国际货运网络通达性。除了此次开通的美国康尼航空福州—洛杉矶航线，还有美国西部环球航空公司、美国国家货运航空等航空企业也计划在福州机场开通北美洲际、欧洲洲际全货机航线。

25日，以“弘扬企业家精神　发挥生力军作用”为主题的第三届全国青年企业家峰会在福州举行。全国政协副主席、全国工商联主席高云龙，省长王宁出席开幕式并致辞。高云龙感谢福建省委、省政府对峰会的大力支持。他表示，近年来，福建省委、省政府深入贯彻落实党中央关于鼓励、支持、引导民营经济发展的决策部署，大力营造有利于民营经济做大做强的良好环境，推动全省民营经济又好又快发展。当前，世界正经历百年未有之大变局。今天广大青年企业家齐聚福建，旨在交流探讨正确把握年轻一代成长规律，更好促进健康成长的时代课题。爱国情怀是中国企业家精神最鲜亮的底色，创新创造是中国企业家精神最根本的内核，现代管理是中国民营企业行稳致远的坚实保障，心系天下是中国民营企业家最高的境界担当。希望青年企业家朋友们以更高的站位做信念坚定的追梦者，以更高的本领做爱拼会赢的奋斗者，以更高的标准做现代经营的践行者，以更高的觉悟做心怀众生的大爱者，以更高的视野做胸怀全球的开拓者。

25日，作为第三届全国青年企业家峰会的重要活动，福建省产业项目招商推介会在福州海峡国际会展中心举行。全国政协副主席、全国工商联主席高云龙，全国工商联党组副书记、副主席樊友山，全国工商联党组成员、副主席李兆前，福建省委常委、常务副省长赵龙，福建省委常委、统战部部长庄稼汉出席。福建省政协副主席、省工商联主席王光远主持。樊友山在推介会上致辞时表示，福建亲商爱商的氛围非常浓厚、产业生态系统强、商业文化传承好。八闽大地是大家投资兴业的热土，是各位青年企业家事业发展的沃土。本次项目招商推介会是贯彻落实习近平总书记关于福建全方位推动高质量发展超越要求的具体举措，投资项目多、质地优，为民营企业扩大有效投资提供了很好的“菜单”。希望各位青年企业家结合自身实际积极参与，踊跃投资，相信大家在闽天福地的投资一定会有丰厚回报。

25日至27日，省长王宁率省直有关部门负责同志，先后赴漳州市东山、诏安、云霄县和厦门市同安区、翔安区调研，深入基层一线，详细了解经济运行、增产增效、乡村振兴、民生保障等情况，与当地干部一起抓当前、谋长远、解难题、促发展，推动中央和省委部署落细落实落到位。省委副书记、厦门市委书记胡昌升参加在厦调研。王宁指出，做好今后三个多月的工作，对完成全年发展目标至关重要。要深入贯彻习近平总书记重要讲话重要指示批示精神，认真落实省委部署，毫不松懈抓好常态化疫情防控，全面落实“六稳”“六保”，保护和激发市场主体活力，千方百计增投资、促消费、扩内需，畅通经济循环、激发内生动力，把失去的时间抢回来，把疫情造成的损失补回来，巩固经济企稳回升的良好态势，努力争取全年经济社会发展好业绩。

25 日，2020 中国福建互联网大会在福州举行，各界精英学者及业内人士会聚榕城，聚焦 5G 的发展应用，深入探讨 5G 时代变革。本次大会由福建省委网信办、福建省通信管理局、福建省发展和改革委员会、福建省工业和信息化厅、福建省数字福建建设领导小组办公室指导，福建省互联网协会主办。大会围绕“5G 共创，产业互联”主题，设有一场主论坛及一个 5G 智能体验展，展示福建省在 5G 领域取得的前沿理论和技术成果，探讨 5G 对互联网行业带来的机遇与挑战。会上发布了《2019 年福建省互联网发展报告》，颁奖并公布 2020 年福建省互联网企业 30 强榜单，同时，还颁奖公布福建省互联网最具成长型企业名单，以及福建省互联网最具创新型企业名单。

27 日，我省举行国庆节、中秋节文化和旅游假日市场工作电视电话会议，深入学习贯彻落实习近平总书记关于假日市场工作、安全生产工作重要讲话重要指示批示精神，传达文旅部电视电话会议精神，布置国庆、中秋旅游假日市场工作。副省长郑建闽出席福州主会场会议并讲话。郑建闽指出，今年国庆中秋叠加形成 8 天长假，各级各有关部门要按照中央和省委、省政府的部署要求，早布置、早安排、快行动，坚持“两手抓两不误”，把抓好常态化疫情防控工作与推动文旅企业复工复产同部署、同推进、同落实，努力做到安全、发展双胜利。

28 日由福建银保监局指导，农业银行福建省分行、建设银行福建省分行、福建省农信联社、人保财险福建省分公司四家金融机构参加的“助小微　强经济”福建银行业保险业降低小微企业融资成本线上新闻发布暨政策宣导会成功举办。活动通过直播方式对《关于进一步降低小微企业融资成本的意见》进行线上新闻发布和政策解读。《意见》明确提出，各金融机构在企业融资过程中，应取消信贷环节部分收费项目和不合理条件；控制助贷环节收费成本；压缩续贷环节资金成本；减轻增信环节收费成本。下阶段，福建银保监局将持续加强政策引导、监督检查和处罚，进一步规范信贷融资收费，降低企业融资成本，更好地支持福建实体经济健康发展。

28 日，全省促进增产增效、稳外贸稳外资促消费推进经济发展视频会议召开。省长王宁在会上强调，要深入贯彻落实习近平总书记重要讲话重要指示批示精神，按照中央和省委部署，牢牢把握扩大内需这个战略基点，扎实做好“六稳”工作、全面落实“六保”任务，深入实施“八项行动”，以统筹常态化疫情防控和经济社会发展的实际成效，增强“四个意识”、坚定“四个自信”、做到“两个维护”。王宁指出，今年以来，全省各地各部门统筹推进疫情防控和经济社会发展，经济运行经受住了疫情冲击，主要经济指标呈现加快回升、持续向好态势。同时，要清醒地看到，当前外部环境依然严峻复杂，我省经济持续回升的基础尚不牢固，经济运行还面临一些突出的困难和问题。各地各有关部门要对照省委、省政府部署的年度重点工作，以更强的紧迫感、更有针对性的举措，攻坚冲刺第四季度，把失去的时间抢回来、把疫情造成的损失补回来，努力争取全年发展好成绩。

29 日，第十八届福建省优秀企业家表彰大会暨省企联 2020 年年会在福州举行。大会对 134 名福建省优秀企业家进行表彰。副省长郑建闽，省级老同志黄瑞霖、黄文麟、李川、李祖可出席大会。我省自 1986 年起至今已组织开展 18 届优秀企业家评选工作。今年参加本届优秀企业家评选者 373 名，当选 134 名，分别比上届增加 100.5%、9.8%，均为历届最多。本届当选者基本为营业收入超过亿元、利润和纳税超过 1000 万元的经济贡献突出者，其他为在抗击新冠肺炎疫情、稳就业、农业产业化等方面表现突出者。当选者当中，国有企业占 27.6%，民营企业占 64.2%，外资及港澳台企业占 8.2%。

29 日，省长王宁在福州与中国 500 强企业三一集团总裁唐修国一行会谈，共商加强建筑产业工业化、工业互联网等领域的项目合作。王宁对客人一行表示欢迎。他说，三一集团是中国企业 500 强之一，建设机械设备制造水平和销量在国际国内市场名列前茅。当前，福建正深入贯彻落实习近平总书记重要讲话重要指示批示精神，全方位推动高质量发展超越。希望三一集团抓住战略机遇，找准合作切入点，拓展先进装备制造、建筑产业工业化、工业互联网等领域的合作，开展装配式建筑示范应用，应用大数据、物联网技术赋能产业转型升级，实现优势互补、互利共赢。我们将以一流营商环境为企业提供服务保障。

（摘编：严志东）

10 月

3 日，福建省政府办公厅印发《福建省实施工业（产业）园区标准化建设推动制造业高质量发展三年行动计划（2020—2022 年）》，明确提出要着力抓好工业园区、工业互联网“一实一虚”两大平台建设，通过实施龙头品牌带动等十大专项行动，全面提升全省园区发展水平，力争到 2022 年打造 8 个超千亿元园区、20 个以上产值规模超千亿元的产业集群，推动制造业全方位高质量发展。

4 日，省委书记于伟国、省长王宁在福州与中国石化集团党组书记、董事长张玉卓一行洽谈，双方就进一步深化合作、加快有关项目落地、推动石化产业做强做优做大进行深入交流并达成共识。于伟国对中国石化长期以来给予福建经济社会发展的大力支持表示感谢。他说，在国庆假期，张玉卓董事长专程率队前来推进落实双方重大合作项目，这是深入贯彻落实习近平总书记重要讲话重要指示批示精神，统筹推进常态化疫情防控和经济社会发展的实际行动，充分体现了“等不起、慢不得、坐不住”的责任感和紧迫感。福建正深入贯彻落实习近平总书记重要讲话重要指示批示精神，坚持新发展理念，坚持安全环保第一、管理技术装备一流、产品质量一流、发展效益一流，大力提升产业基础能力和产业链水平。希望双方进一步深化战略合作，一道撸起袖子加油干，推动古雷炼化一体化二期项目尽快落地建设，携手在福建打造世界级的石化产业基地，实现互利共赢。我们将不断优化营商环境，为中国石化在闽发展提供优质服务保障。

8 日，省政府办公厅出台《关于完善建设用地使用权转让、出租、抵押二级市场的实施方案》，重点解决交易规则不健全、信息不对称等问题，健全完善全省土地二级市场，为全方位推动高质量发展超越提供用地保障。方案明确适用范围，即土地二级市场交易对象是国有建设用地使用权；已依法入市的农村集体经营性建设用地使用权转让、出租、抵押，可参照执行。方案从完善交易规则、健全市场机制，创新运行模式、规范市场秩序，健全服务体系、加强监测监管等方面明确了主要任务和具体措施，力争到 2022 年底前，建立产权明晰、市场定价、信息集聚、交易安全、监管有效的土地二级市场，基本形成一、二级市场协调发展、规范有序、资源利用集约高效的现代土地市场体系。

12 日，我省第二期 100 亿元中小微企业纾困专项资金设立。第二期纾困专项资金在延续支持对象、贷款条件、名单收集、贷款发放、担保支持、财政贴息、合作银行等原有做法基础上，进一步优化了相关服务。其中在财政贴息资金方面，提高了贴息资金拨付效率，贴息资金由按季预拨调整为按月预拨。在融资担保方面，将省再担保机构、各地政府性融资担保机构支持纾困资金政策落实情况纳入绩效评价，并作为省财政融资担保专项资金分配的参考因素。同时，探索通过信用贷款方式发放纾困贷款。首期100亿元纾困专项资金共为2475家困难企业解决了资金需求，户均贷款404万元，年化利率低于3.35%。

12日第三届数字中国建设峰会在福州市开幕，中共中央总书记、国家主席、中央军委主席习近平向峰会致贺信。习近平指出，当前，我国信息化发展步伐加快，网络强国、数字中国、智慧社会建设扎实推进。在统筹推进新冠肺炎疫情防控和经济社会发展工作中，信息化发挥了重要作用。第三届数字中国建设峰会，以“创新驱动数字化转型，智能引领高质量发展”为主题，由国家互联网信息办公室、国家发展和改革委员会、工业和信息化部、福建省人民政府共同举办，会期将持续至10月14日。本届峰会定位为我国信息化发展政策的发布平台，数字中国建设最新成果的展示平台，电子政务和数字经济理论经验和实践交流平台，汇聚全球力量助推数字中国和数字丝路建设的合作平台。峰会还设立了“云上峰会”平台，线上线下同步展现峰会盛况，通过云计算、VR、人工智能等方式，充分展示数字中国建设的最新成果。此外，峰会还邀请海南、山东、河南三个省作为主宾省，介绍数字化建设和产业发展的突出成效，为政府与企业、企业与企业之间深化交流合作提供更加开放的平台，推动各地一批数字经济项目在峰会期间签约落地。

10月12日，省委书记于伟国、省长王宁在福州分别与来闽出席第三届数字中国建设峰会的中国电信集团总经理李正茂、中国通用技术集团总经理陆益民、华为技术有限公司轮值董事长徐直军、百度公司董事长兼首席执行官李彦宏、冠捷科技集团董事长宣建生、戴尔科技集团大中华区董事长黄陈宏座谈，就进一步深化战略合作、加快数字福建建设进行深入交流。我省还与中国电信签订了合作协议。中国电信将福建省作为新型基础设施建设重大投资项目落地的主要区域，加大5G网络、千兆光宽、多制式物联网、云数据中心等新型信息基础设施建设，全面提升新一代信息技术服务能力。

10月13日，省委和省政府召开数字福建20周年座谈会，与参加第三届数字中国建设峰会的代表，共同学习贯彻习近平总书记致第三届数字中国建设峰会的贺信精神，回顾数字福建20年建设历程，交流学习体会、推动深化合作，努力为加快数字中国建设进程作出更大贡献。十二届全国政协副主席、国家电子政务专家委员会主任王钦敏，省委书记于伟国出席并讲话。国务院发展研究中心党组书记马建堂等发言，省长王宁主持。

13日，第三届数字中国建设峰会福建省数字经济重大项目集中签约仪式在福州海峡国际会展中心举行。省委常委、常务副省长赵龙出席签约仪式。为充分发挥数字中国建设峰会的平台效应，高起点建设国家数字经济创新发展试验区，按照第三届数字中国建设峰会总体方案安排，省发改委、数字办牵头开展峰会对接项目征集、全省集中签约活动筹备等工作，推动一批数字经济龙头企业及重大项目在我省落地实施。全省共征集、梳理数字经济对接项目总计607个、总投资4392亿元，其中签约项目426个，总投资3316亿元，分别同比增长38.3%、31.6%；在谈项目181个，总投资1076亿元。

13日，由福建省人民政府主办，中国电子学会、福州市人民政府、福州经济技术开发区管委会、中国·福州物联网开放实验室等承办的第三届数字中国建设峰会物联网分论坛在福州举行。本次分论坛依托国家新型工业化产业示范基地，聚焦国内外物联网产业发展前沿，以典型示范引导，邀请国内外科学院、工程院专家学者、知名物联网企业领军人物以及物联网相关行业代表等，共同分享交流物联网产业前沿资讯，深入探讨物联网产业发展趋势和实际应用，进一步推动产业结构调整和发展方式转变。

13日，省内首家卫星互联网产业园项目——福州达华卫星产业园在第三届数字中国建设峰会上完成签约。作为福建省数字经济重大项目之一，该项目落地福州长乐区滨海核心区，由达华智能（集团）牵头筹建，现已完成园区一期用地购置、产业规划、平台开发、主体项目试运行等，预计最快于今年底前动工，建设期为两年。同时，国内首个“卫星海联网”应用场景也正式在峰会亮相。该项目以福州达华卫星产业园为基地，联合有关国企及生态链相关各方，共同打造基于通导卫星应用的海联网生态产业体系，实现海岸互联、船舶互联、海洋感知、军民融合、渔获交易及普惠金融等，并对处置非法采砂、非法越界作业、海洋垃圾等形成有力科技支撑。

14 日，第三届数字中国建设峰会圆满完成各项议程，在福州顺利闭幕。省委常委、常务副省长赵龙在闭幕式上作总结讲话，省委常委、宣传部部长邢善萍主持闭幕式。省委常委、福州市委书记林宝金，国家有关部委负责同志、院士专家、企业代表等出席。赵龙指出，本次峰会聚焦“创新驱动数字化转型，智能引领高质量发展”主题，交流思想，深化合作，凝聚共识，展示成果，取得了圆满成功。我们要深入学习贯彻落实习近平总书记关于网络强国的重要思想和数字中国建设的重要指示以及对峰会的贺信精神，紧紧抓住新一轮科技革命的历史机遇，加快建设网络强国、数字中国、智慧社会，努力在信息化浪潮中乘风破浪，以更高的信息化水平更好融入新发展格局、推动高质量发展。

15 日，省委书记于伟国、省长王宁在福州与国家开发银行行长欧阳卫民一行就深入推进务实合作、强化金融服务进行座谈，并见证我省与国开行签署全方位推动高质量发展超越合作备忘录。根据合作备忘录，未来三年，国开行将在基础设施建设、新基建和数字经济发展、新型城镇化、产业现代化、生态文明建设、民生社会事业和对外开放合作等领域，力争为福建重点项目建设提供3000 亿元融资支持。

15 日，以“创新引领创业，创业带动就业”为主题的2020 年全国双创活动周福建分会场暨创响中国·福州站启动仪式在福州数字中国会展中心举行，省长王宁出席并致辞。

15 日，由中国石油和化学工业联合会、福建省漳州市人民政府、中国化工经济技术发展中心主办的“2020 中国化工园区与产业发展论坛”在漳州市召开。本次会议主题为“科学规划　高质量发展”，与会嘉宾和代表们重点围绕在“十四五”时期，中国化工园区如何高质量发展与创新突破展开讨论。中国石油和化学工业联合会会长李寿生，福建省副省长郑建闽等领导共同出席论坛。目前，福建石化产业规模日益壮大，石化工业总产值从2008 年的800 亿元增长到2019 年的4340 亿元；石化产业链完整，全省目前每年炼油产能2900 万吨、乙烯210 万吨、PX240 万吨，己内酰胺和尼龙6 等产能和产量居国内首位。

16 日，第二十一届宁德投资洽谈会产业招商推介及签约仪式在宁德举行，25 个项目现场集中签约。经过前期的洽谈对接，本届投洽会共对接项目365 项，总投资844 亿元。其中，工业项目202 项，总投资507. 43 亿元；服务业项目163 个，总投资336. 57 亿元。推介会围绕宁德锂电新能源、新能源汽车、不锈钢新材料、铜材料等四大主导产业和现代服务业发展情况、招商方向、招商重点进行推介。对接的亿元以上项目中，四大主导产业项目投资额占比超过一半。

19 日上午，以“聚优质、强产业、增活力、畅流通，建设粮食产业强国、扛稳粮食安全重任”为主题的第三届中国粮食交易大会在福州开幕。省委书记于伟国、省长王宁与国家粮食和物资储备局党组书记、局长张务锋出席开幕式，并在开幕式后和与会嘉宾共同巡馆。开幕式上，王宁代表省委、省政府向莅会嘉宾表示诚挚欢迎。他说，粮食安全是国之大事，省委、省政府深入贯彻落实习近平总书记关于粮食安全的重要论述和重要指示批示精神，全面落实粮食安全省长责任制，坚持抓好生产与引粮入闽双管齐下，提升粮食产能，深化产销合作，加强粮食储备，做优粮食产业，厉行节约粮食，牢牢守住福建人民的“米袋子”。今年以来，在抓好常态化疫情防控基础上，稳住了粮食安全“压舱石”。福建将坚决贯彻国家粮食安全战略，立足推动高质量发展、形成新发展格局，深化粮食供给侧结构性改革，大力实施优质粮食工程，提高粮食产销合作水平，不断畅通供应链、延伸产业链、提升价值链，加快构建更高质量、更高效率、更可持续的粮食安全保障体系，为全方位推动高质量发展超越提供可靠的粮食安全和物资保障。

19 日，省委书记于伟国、省长王宁在福州与中国中信集团有限公司董事长朱鹤新、总经理奚国华一行就深化双方合作、促进金融和产业融合发展等深入座谈，并见证我省与中信集团签署全面战略合作协议。于伟国感谢中信集团长期以来对福建发展的大力支持。于伟国说，福建正深入贯彻落实习近平总书记重要讲话重要指示批示精神和党中央决策部署，贯彻新发展理念，构建新发展格局，全方位推动高质量发展超越，谋划“十四五”发展的战略目标和举措。在这个关键节点，中信集团来闽进一步深化新一轮战略合作，很有意义。福建与中信集团有坚实的合作基础，随着双方合作的深度广度不断拓展，合作的契合点也越来越多。希望中信集团发挥金融、科技、经营、理念等优势，加强双方在“两新一重”建设、先进制造业、科技创新等领域的全面合作，精准高效对接项目，推动合作项目做大做实做好。根据协议，中信集团将在装备制造、环境保护、基础设施建设、“一带一路”项目建设、数字福建建设和其他重点领域向福建导入金融和产业资源，推动福建各项事业发展。

19日，由福建、山东、江西、吉林、安徽、河南、黑龙江、湖南、江苏、湖北、内蒙古等11省（区）政府共同举办的第十六届粮食产销协作福建洽谈会在海峡国际会展中心举办。本届粮洽会旨在进一步巩固和发展福建与各粮食主产省间长期稳定的粮食产销协作关系，推动产学研合作、扩大产销合作成效。为突出“福建洽谈会”主题，本届粮食交易大会在展馆设立11个协作省份联合展区，集中展示各地优质绿色营养健康粮油产品，及部分省试点全产业链情况。自2005年开始，福建与粮食主产省共同举办产销协作洽谈会。历经15年的培育，福建粮洽会已成为全国粮食产销协作的知名品牌，更是“引粮入闽”的重要平台。目前，全国已有10个粮食主产省与福建建立政府间产销协议，累计签订粮食购销合同近9000万吨，每年从协作省调粮占省外调粮总数的80%以上，有效保证了省内粮食供应。

20日，由福建省商务厅与马来西亚—中国总商会联合举办的第十届马中企业家大会举办。副省长郭宁宁、马来西亚国际贸易及工业部副部长林万锋、马中总商会总会长陈友信出席并致辞，中国复关及入世谈判首席谈判代表，原国家外经贸部副部长，原博鳌亚洲论坛理事、秘书长龙永图作主旨演讲。大会首次以跨境视频连线+直播的“云”上新形式，在福州与马来西亚吉隆坡分设会场，有16.5万人通过国内外各直播平台在线参加，谈商论道、合作共赢。郭宁宁在致辞中表示，福建将继续努力打造有利于创新创业创造的生态系统，打造贸易投资便利、行政效率快捷、服务管理规范、法制体系完善的营商环境，希望广大闽籍乡亲抓住机遇，积极融入新时代新福建建设，全方位推动高质量发展超越。她希望中马企业家联动推进丝路贸易、共同拓展产能合作、持续扩大双向投资，携手构建国际国内双循环相互促进的新发展格局。本届大会以“后疫情时代中马经贸合作新机遇与趋势”为主题，聚焦先进制造业及高科技产业、电子商务、金融服务等当前中马经贸合作热门领域，通过会前预对接大会共“云签约”智能制造、冷链物流、钢铁产能合作等多个领域经贸合作项目，签约金额近百亿元。

21日，省委书记于伟国、省长王宁在福州与中国交通建设集团有限公司董事长王彤宙一行就深化务实合作、加快综合交通建设等进行座谈，并见证我省与中交集团签署深化战略合作协议。于伟国感谢中交集团长期以来对福建发展的大力支持。于伟国说，福建正深入贯彻落实习近平总书记重要讲话重要指示批示精神，坚定不移贯彻新发展理念，加快构建新发展格局，奋力夺取疫情防控和经济社会发展双胜利，全方位推动高质量发展超越。福建与中交集团合作顺利、基础扎实。希望以此次签约为新契机，深化新一轮战略合作，把央企优势与地方发展需求紧密结合起来，建立依法依规、精准有效对接机制，加快补齐我省城乡基础设施建设等短板，实现互利双赢、共同发展。根据协议，中交集团将在“十四五”期间加大对福建投入力度，加快推动相关业务板块、产业项目落地福建，整合集团先进的研发、设计、施工力量，参与福建相关领域建设。

22日，由省食安办、福州市食安办联合主办，省、市相关单位联合协办的“2020年福建省暨福州市食品安全宣传周启动仪式”在福州广播电视台举行。副省长郑建闽出席并宣布食品安全宣传周活动正式启动。启动仪式采用“云直播+百姓云演讲+云互动”的形式进行现场直播，通过视频连线分会场，展示了集中供餐企业、外卖商户、农贸市场、海产品加工企业食品安全监管工作开展情况与成效，引导社会各界积极参与食品安全普法宣传和科学知识普及，积极参与智慧分享和实践创新，增强社会监督意识，提高公众维权能力和科学素养。

23 日，推动文化产业高质量发展超越座谈会在榕召开。省委常委、宣传部长邢善萍主持座谈会并讲话，副省长郑建闽出席。邢善萍强调，要深入学习贯彻习近平总书记关于发展文化产业的重要论述，深刻认识推动文化产业高质量发展超越的重大战略意义，加快文化产业转型升级、提质增效，推进我省文化产业繁荣发展。要科学研判形势，坚持问题导向，贯彻新发展理念，紧紧围绕构建新发展格局，始终坚定文化产业发展的正确方向，增强文化产业创新创造活力，精心谋划好“十四五”时期文化产业发展工作。要加强组织领导，充分发挥福建多区叠加优势，强化统筹协调、顶层设计、政策支持、督促落实，研究提出推动我省文化产业高质量发展超越的思路举措，形成各级各部门齐心协力、共促发展的合力，为我省文化产业高质量发展超越提供有力保障。

24 日，经省政府研究，同意三明市、南平市创建省级绿色金融改革试验区。省政府办公厅下发工作方案，要求两地和各有关部门认真贯彻执行，做好整体策划、系统推进、重点突破，抓紧实施、取得实效，打造具有福建特色亮点的绿色金融服务体系。《三明市省级绿色金融改革试验区工作方案》提出，发挥红色三明、工业三明、绿色三明、文明三明优势，规划产业低碳转型路径，重点推进传统产业绿色转型升级和特色现代农业、文旅康养产业、绿色低碳经济、绿色产业园区发展，全力建设生态高颜值、发展高质量的新三明，力争在“十四五”期间实现“三大目标”：促进绿色金融产品和服务快速发展。到 2025 年，形成组织体系完整、政策支持有力、基础设施完善、产品工具丰富的绿色金融体系，并在绿色信贷、绿色债券、绿色基金、绿色租赁、绿色信托、绿色保险等领域，建立健全资金渠道多元、金融服务有效、健康可持续的绿色投融资服务体系。推动绿色低碳经济快速发展。绿色贷款、绿色融资比重不断提高，“十四五”期间，三明市绿色产业企业上市公司达到 4 家以上，绿色融资余额年均增速不低于 20%，到 2025 年各类绿色融资余额达到 500 亿元以上，其中绿色债券等直接融资规模达到 100 亿元以上。助推生态环境质量持续提升。绿色经济占比不断提高，工业企业主要污染物排放总量持续削减，单位 GDP 能耗和主要污染物、二氧化碳排放量降幅超过全省和全国平均水平。超额完成治水、治气和节能、减排、降耗等省定目标，辖区集中式饮用水源地和水环境功能区达标率 100%，市区空气质量达到或优于国家二级标准天数比例 99% 以上，受污染耕地安全利用率大于 99%，污染地块安全利用率大于 91%，生态质量走在全省前列，绿色发展方式和生活方式基本形成。重点任务为：创新绿色产业发展体系，创新完善绿色融资体系，创新完善绿色金融基础设施体系，创新完善绿色金融政策支撑体系。《南平市省级绿色金融改革试验区工作方案》提出，积极稳妥推进绿色金融改革试验，依托南平市国家低碳城市试点等优势，坚持绿色低碳发展基本原则，重点服务南平市七大绿色产业，实现绿色金融与绿色产业融合发展，力争在“十四五”期间实现“三大目标”：绿色金融体系基本形成。按照“线上 + 线下”“绿色产业 + 金融服务 + 金融产业”的整体思路，积极探索绿色金融发展的有效途径和方式，确保制度供给、金融组织、融资模式、服务方式、体制机制等创新取得明显成效，初步构建起基础设施完善、组织体系完备、产品服务丰富、政策支持有力、稳健安全运行的绿色金融体系。绿色金融持续健康发展。持续优化绿色信贷、绿色债券、绿色基金、绿色租赁、绿色信托、绿色保险、林业金融、碳金融等绿色金融产品。“十四五”期间，力争南平市金融业增加值占 GDP 的比重稳步提升；绿色信贷余额年均增速不低于 20%，至 2025 年规模突破 300 亿元；绿色债券、绿色企业上市及再融资等直接融资规模累计达 100 亿元，期末绿色产业上市公司达到 8 家；绿色基金认购规模累计达 100 亿元；不良贷款率低于全省平均水平。助推绿色发展水平持续提升。“十四五”期间，南平市绿色经济占比不断提高，单位 GDP 能耗和主要污染物、二氧化碳排放量降幅超过全省和全国平均水平，超额完成治水、治气和节能、减排、降耗等省定目标，公众对环境满意率持续保持在 90% 以上且进入全省前三名。重点任务为：

扎实推进绿色金融基础设施体系建设，丰富绿色金融产品体系及服务供给，助力绿色产业发展、推进生态文明试验区建设，创新完善绿色金融配套支撑体系。

25 日，据省财政厅消息，为进一步降低企业融资成本，推动企业加快转型升级，日前，省技改基金第十届基金理事会全票通过关于降低省技改基金投资项目年化收益利率的方案，决定从 2020 年 9 月 23 日至 2021 年 3 月 23 日，基金向融资企业新增投资的首年利率由 3% 下降到 2.5%。省技改基金是由省市财政与兴业银行共同发起设立，吸收社会资本参与，专门为企业技术改造提供投融资服务的政府投资基金，基金规模 200 亿元。目前基金带动全省制造业项目总投资超过 1087 亿元，间接撬动了 54 倍社会资金进入实体经济。投资利率降低后，已有福建南平南孚电池有限公司、三明阿福硅材料有限公司、福建新中冠数据技术有限公司等 8 家企业的 12.17 亿元技改项目融资获得降率优惠。

25 日，省人社厅日前印发《关于进一步做好创业担保贷款借款人资质审核有关工作的通知》，全面梳理出个人和小微企业两种类型共 18 种创业担保贷款对象，方便群众申请创业担保贷款。《通知》提出，我省创业担保贷款的借款人分为个人创业担保贷款和小微企业创业担保贷款两大类别。其中，个人创业担保贷款申请人需是在我省行政区域内创业，具有我省户籍，且在法定劳动年龄段内，具有创业意愿和创业能力的人员，具体包含城镇登记失业人员、就业困难人员、复员转业退役军人、高校毕业生等 15 种对象。小微企业创业担保贷款涉及 3 种对象：当年新招用符合个人创业担保贷款申请条件的人员数量达到企业现有在职职工人数 15%（超过 100 人的企业达到 8%），并与其签订 1 年以上劳动合同的小微企业；符合条件的创业孵化基地运营主体；2020 年 4 月 15 日至 2020 年 12 月 31 日期间，符合条件的出租车、网约车企业或其子公司。为拓展创业担保贷款申请渠道，方便创业者申请，《通知》支持鼓励各地创业孵化基地、社区（乡村）、群团组织（工会、共青团、妇联等）、高校毕业生服务机构、经办银行、政府性融资担保机构等开展相关服务，收集汇总所辖内创业担保贷款申请材料，向当地人社部门推荐。同时，鼓励各地借鉴福州市“创业银行”模式，对接联系合作经办银行，支持经办银行设立创业担保贷款专门窗口，探索实行“多审合一”，为创业担保贷款借款人提供“一站式”服务。

26 日，福建银保监局、省金融监管局、省人社厅、省财政厅联合下发通知，开展创业就业金融服务中心建设工作。服务中心主要工作包括落实扶持政策、构建促进机制、推广专属产品、建立辅导队伍、提供岗位信息。根据安排，10 月前，第一批在宁德、龙岩先行创建各 10 个创业就业金融服务中心；11—12 月，有关部门根据上报材料研究确定省级创业就业金融服务中心并予以授牌。2021 年后，适时将成效显著的创业就业金融服务中心以样板的形式在全省推广。实行贷款支持政策，将具备产业发展条件和有劳动能力的边缘人口纳入扶贫小额信贷支持范围，贷款申请条件、程序及支持政策与建档立卡贫困户一致。实行利率优惠政策，4 月 15 日之后发放的个人和小微企业创业担保贷款利率不超过 LPR + 50BP。12 月 31 日之前发放的个人和小微企业创业担保贷款，继续按照现行办法由各级财政给予贴息。自 2021 年 1 月 1 日起，新发放的个人和小微企业创业担保贷款利息，LPR - 150BP 以下部分由借款人和借款企业承担，剩余部分由各级财政给予贴息。实行延期还本付息政策，对于 6 月 1 日至 12 月 31 日期间到期的单户授信 1000 万元及以下的小微企业贷款、个体工商户和小微企业主经营性贷款，按照“应延尽延”要求，实施阶段性延期还本付息，还本付息日期最长可延至 2021 年 3 月 31 日。建立快速审批机制，探索建立创业担保贷款一站式受理服务模式，实行人社部门审核借款人资格、担保机构尽职调查、金融机构贷前调查“多审合一”，避免重复提交材料。中心对返乡下乡创业人员创业就业贷款作出绿色通道、优先审批、限时办结的服务承诺。

27 日，《关于把台湾农民创业园建成台胞台企登陆第一家园的样板的建议》重点提案“三结合”座谈会在福州召开，研究推动我省台创园升级发展。副省长崔永辉、省政协副主席杜源生出席并讲话。崔永辉指出，要深入贯彻习近平总书记重要讲话重要指示批示精神，认真落实党中央国务院决策部署，按照省委省政府工作要求，扎实推进台创园建设。要提高政治站位，从实施乡村振兴战略、全方位推动高质量发展超越、实现祖国统一大业的高度，充分认识台创园建设的重要意义。要坚持问题导向，坚持服务理念，坚持改革创新，针对问题和短板，进一步完善政策措施，营造更加优良的营商环境，着力在体制机制、农业科技、财政支持、金融服务、用地保障、治理体系建设等方面取得新突破，把台创园建成台胞台企登陆第一家园的样板，成为推动两岸融合发展、农业农村改革的重要窗口。

28 日至 29 日，全省海上养殖综合整治和绿色发展现场会在宁德召开。副省长李德金出席会议并讲话。李德金指出，近三年来，宁德市强力推进海上养殖综合整治，海上养殖呈现出良性升级、科学管控与向好发展态势，经验做法值得学习借鉴、大力推广。他强调，各级各有关部门要深入贯彻落实习近平生态文明思想，认真落实省委省政府工作要求，全面推进海上养殖综合整治工作，为水产养殖业绿色发展创造良好的生态环境。要坚持走生态优先、绿色发展之路，推进传统养殖设施改造提升，推动养殖权属制度改革创新，加大海漂垃圾清理整治力度，拓宽水产养殖业投融资渠道，全面提升海上综合整治能力，加快构建水产养殖业绿色高质量发展的空间格局、产业结构和生产方式，努力为全国渔业发展提供“福建模式”。要抓好强化渔业安全生产管理、加快渔港建设步伐、健全海洋防灾减灾体系、加强海洋与渔业执法体系建设、深化海洋渔业领域扫黑除恶专项斗争等海洋与渔业重点工作，全面谋划“十四五”和明年海洋与渔业相关工作，为全方位推动高质量发展超越作贡献。

（摘编：郑新贵）

11 月

4 日至 5 日，省长王宁率福建省交易团赴上海参加第三届中国国际进口博览会，加强国际采购，深化投资促进，开展政策推介和项目对接，在开放合作中推动高质量发展。省领导郭宁宁、王光远参加。王宁表示，习近平总书记在第三届中国国际进口博览会开幕式上发表的主旨演讲，发出推进合作共赢、合作共担、合作共治的共同开放的中国倡议，宣布开放合作新举措，体现了中国同世界分享市场机遇、推动世界经济复苏的真诚愿望。我们将认真学习贯彻，发挥多区叠加优势，建设更高水平开放型经济新体制，更好地稳外贸、稳外资，为构建新发展格局贡献福建力量。

6 日，经国家农业农村部批准，由中国绿色食品发展中心、福建省农业农村厅主办的第二十一届中国绿色食品博览会暨第十四届中国国际有机博览会在厦门举办。本届博览会福建省以“生态福建、绿色农业”为主题，以“五福临门　乡村振兴”为展示内容，以“福”字号系列福建优质农产品划分了八大功能区，在展品征集上优先选择福建著名农业品牌、绿色食品、有机食品和地理标志农产品，重点推介福建茶叶、水果、蔬菜、食用菌、畜禽等十大特色优势产业，充分展示了我省绿色食品以及品牌农业发展的成果。

6 日上午，第三届进口博览会“福建新一轮开放政策解读和项目对接会”在上海举行。对接会全方位、多角度推介福建省开放政策和良好营商环境，宣示我省坚定不移推进落实新一轮高水平对外开放的决心，鼓励世界知名企业到福建投资兴业，推动福建加快构建以国内大循环为主体、国内国际双循环相互促进的新发展格局。境外参展商、境内意向采购商代表等近300名嘉宾参加对接会。

6日，第十六届海峡两岸（三明）林业博览会暨投资贸易洽谈会开幕。副省长崔永辉出席开馆仪式。本届林博会以“深化海峡两岸合作，做实绿色三明文章”为主题，围绕贯彻落实习近平生态文明思想，积极践行“绿水青山就是金山银山”理念，发挥三明“林深水美人长寿”生态优势，展示三明生态文明建设新成果、新面貌，展销两岸绿色生态森林食品，宣传推介全域森林康养产品，持续打响“中国绿都·最氧三明”品牌，促进海峡两岸林业交流融合，全方位推动三明林业高质量发展超越。本届林博会突出全域全时，推出“云上林博会”，并设立主会场、分会场和线上会场，其中，主会场设立三明特色产业展、森林食品展、海峡两岸特色小吃展3大展区，分会场在各县（市、区）开展主题活动，线上会场设置e三明“掌上林博会”，组织开展森林食品直播带货、康养基地直播推介、线上看展会等3项新媒体直播推介活动。

7日上午，“闽茶中国行”北京站在国家会议中心推介柘荣高山白茶。此次活动为期4天，以“‘柘’有好茶，‘荣’耀京城”为主题。“闽茶中国行”活动是我省大型的茶产业茶文化推广活动，由福建日报报业集团、海峡两岸茶业交流协会、福建省农业农村厅、省农业科学院、省供销合作社联合社共同举办。自2010年6月13日在福州正式启动以来，活动至今已成功地走过了台湾、上海、北京、新疆、澳门等15站，每一站都以不同主题和形式呈现福建茶产业及福建茶文化的博大精深。十年来，“闽茶中国行”已成为福建茶产业茶文化宣传推广的亮丽名片。

10日，福建省商务厅通报了全省开发区2019年度综合发展水平考核评价结果，厦门火炬高技术产业开发区获评综合发展水平第一名、实际利用外资第一名。本次考评从发展规模、土地集约、科技创新、环保安全、开放合作、管理服务等6个方面57项指标，全方位考核评价开发区的综合发展水平。从考核评价情况来看，开发区已成为我省经济发展的重要增长极、对外开放的重要平台和产业集聚的重要载体。作为厦门市的“产业大平台、投资主战场”，厦门火炬高新区已形成了“6+N”产业链（群）。去年，总投资100亿元的中航锂电“新型动力锂电池生产线项目”、厦门史上单体投资最大的天马第6代柔性AMOLED生产线项目、浪潮新一代信息技术产业基地等落地高新区，进一步激发了园区产业活力，也为产业聚链成群、做大做强夯实了基础。

11日，第二十二届中国国际高新技术成果交易会在深圳会展中心及相关分会场拉开序幕。福建代表团组织21家企业和高校携23个项目参加本届成果交易会，集中展示和推介我省“十三五”期间前沿技术、传统产业转型升级等方面的典型成果和优秀项目，着力推动我省科技成果转移转化。中国国际高新技术成果交易会由商务部、科技部、工信部、国家发改委、农业农村部、国家知识产权局、中国科学院、中国工程院等部委和深圳市政府共同举办。本届高交会以“科技改变生活、创新驱动发展”为主题，汇聚创新资源，促进产业、科技、资本大融合与大发展，为提升科技创新水平、促进国际科技经济合作、强化危机应对能力、增强经济发展动力发挥积极作用。本届高交会总展览面积超过14万平方米，有3300多家海内外展商、近万个项目参展，各项活动将超过140场。

11日首届福建省数字经济统计培训研讨班在福州数字中国会展中心开班，来自国内数字经济统计领域的专家学者围绕这一议题展开深入研讨。研讨会上，专家们围绕数字经济统计分类、数字经济规模测算、数字经济成果运用等议题，积极建言献策。专家们表示，“数字福建”是“数字中国”建设的思想源头和实践起点，数字经济占福建地区生产总值比重快速提升。真实、准确、完整、及时地开展数字经济统计十分重要而迫切。福建省经济信息中心发布的数据显示，福建省2019年数字经济规模突破1.7万亿元，增速近20%，占全省GDP比重超过40%，数字经济已成为福建省经济高质量发展的新引擎。省统计局有关负责人表示，将主动探索建立数字经济统计监测体系，科学测度、改进方法，为数字福建建设提供高质量的统计服务。

13 日，由中国贸促会主办、中国贸促会投资促进中心和福建省贸促会共同承办的“优化营商环境政企对话会（福建专场）”通过视频连线形式举行。副省长郭宁宁、中国贸促会副会长张慎峰分别在福州、北京会场出席活动。郭宁宁在致辞中指出，优化营商环境，推动创新、创业、创造，这是企业欣欣向荣、市场繁荣昌盛的重要基础。福建省委省政府高度重视营商环境的建设、优化和创新、创业、创造工作，出台了一系列的改革举措，深入实施创新驱动战略。她热忱欢迎海内外企业家多到福建走一走、看一看，亲身感受浓厚的重商亲商安商氛围，感受创新创业创造的旺盛活力，期待同全世界各国在互联互通，在政策沟通、贸易畅通、资金融通和民心相通等方面不断加大合作。

11 月 16 日至 18 日第十四届海峡两岸茶业博览会在武夷山市举行。本届茶博会共有参展企业 811 家，其中，台湾参展企业 89 家。本届茶博会突出四个新亮点：新模式，打造“永不落幕”的茶博会模式，线上依托百度技术和链接打造“云上茶博会”，线下以茶旅小镇国际会展中心为载体，每月举办各类茶事活动；新展馆，首次启用茶旅小镇会展中心，展览面积 4.5 万平方米，规划标准展位 1800 个，较上届增加近 50%；新内容，在继续做强海峡两岸民间斗茶赛、“走百企、进百店、入百园”等特色专场活动基础上，举办“万里茶道”环中国自驾游集结赛、武夷岩茶品质化学特征与保健功能研究成果发布会、武夷山水—武夷茶品牌营销活动等；新平台，依托主流直播平台阵地，为茶博会提供全年全覆盖的互联网新媒体推广平台。

18 日，在福州华能电厂召开的全国首套 100% 国产化 DCS 系统发布会传来好消息：全国产化 DCS 在华能福州电厂试验验证机组连续运行 12 天稳定可靠，硬件板卡精度、抗干扰能力与运行环境适应性等多项指标超过国外同类产品水平。这标志着我国发电领域工业控制系统完全实现自主可控，全面解决了受制于人的短板。电力基础设施安全是电网安全稳定运行的重要基础。DCS 是分散控制系统的英文简称，这个火电厂的“大脑”，是确保电力稳定供应的关键设备。长期以来，国内 DCS 所使用的 CPU 和操作系统等软、硬件依赖进口产品。为了解决这一“卡脖子”问题，去年 3 月，中国华能集团举全公司之力开展全国产 DCS 研发。华能集团组织西安热工院、南瑞继保等单位联合攻关，成功研制出基于中国电子国产芯片、国产操作系统和国产核心元器件的具有完整自主知识产权的 DCS。

18 日，省长王宁在福州与中国华能集团总经理、党组副书记邓建玲一行会谈。王宁对客人一行来闽推动深化合作表示欢迎，感谢中国华能集团对福建发展的支持。他说，福建与华能集团有着长期友好的合作关系，希望华能集团抓住福建全方位推动高质量发展超越的重大机遇，把福建作为投资布局的“主战场”，以“十四五”为新起点，在清洁能源、新能源、智慧能源等领域，与福建深化战略合作，取得更大成效。福建将进一步优化营商环境，提供高效优质服务。

19 日，以“国家标准化与制造强国战略之实施”为主题的第 17 届中国标准化论坛在福州举行，论坛以现场和线上直播方式同时进行，国内外标准化领域知名专家、学者，研究机构的领军人物以及全国 20 多个省、自治区、直辖市的 400 多名标准化工作者、集团企业代表参加论坛现场活动，近万人收看论坛线上直播。论坛邀请多位标准化专家和学者，解读国家标准化工作政策举措；分享涉及智能制造、数字经济、工业互联网、工业园区（产业）标准化建设、团标发展等新成果和新实践；推广、普及标准化知识。

19 日，省政府与省总工会举行第 33 次联席会议。省长王宁，省人大常委会副主任、省总工会主席黄琪玉出席会议并讲话。副省长崔永辉，省政府秘书长，省总工会、省直有关部门负责同志参加会议。王宁指出，今年以来，全省各级工会认真学习贯彻习近平总书记关于工会工作的重要论述，在省委领导下，团结带领全省广大职工群众，战疫情、帮企业、促复工，在统筹推进疫情防控和经济社会发展的大战大考中发挥了重要作用。王宁强调，全省工会系统要按照中央部署和省委要求，把学习宣传贯彻党的十九届五中全会精神作为当前和今后一个时期的重要政治任务，深刻领会新发展阶段、新发展理念、新发展格局，引导广大职工群众以实际行动增强“四个意识”、坚定“四个自信”、做到“两个维护”。要围绕扎实做好“六稳”工作、全面落实“六保”任务，持续推进产业工人队伍建设，大力弘扬劳模精神、劳动精神、工匠精神和伟大抗疫精神，激励广大职工群众在全方位推动高质量发展超越中再立新功。要坚持以职工利益为中心，用改革的思维、创新的办法，做好援企稳岗、维权服务等工作，解决“急难愁盼”问题，让广大干部职工切实感受到党和政府的关怀和温暖。

20 日省政府印发《关于推广福建自贸试验区第八批可复制创新成果的通知》，将福建自贸试验区第八批 23 项改革创新成果在省内复制推广。至此，累计有 179 项自贸创新成果在全省复制推广。据介绍，最新一批的复制推广事项中，包含贸易便利化 13 项、投资便利化 3 项、金融开放创新 2 项、事中事后监管 4 项、政府服务 1 项，以突出系统集成、科技创新、产业导向、疫情防控、对台特色为主要特点。目前福建自贸试验区已累计推出实施 446 项自贸创新成果，其中全国首创 181 项，占 40.6%。广泛复制推广改革创新的成果，将有效发挥改革创新试验田的引领作用，充分释放改革创新红利，扩大政策辐射效应，进一步优化营商环境，让广大企业获益。

21 日福建企业 100 强发布大会暨福建企业家大讲坛在宁德市举行。会上，省企业与企业家联合会联合福建省广播影视集团、福建省社会科学院发布了“2020 福建企业 100 强”（下简称“福建百强企业”）榜单。据介绍，福建百强企业榜单评选主要考核企业“营业收入、企业净利润、资产总额、纳税总额”等综合指标，以营业收入为标准，评选对象包括国企、民企、外企等各种所有制企业，程序上严格经过“企业自行申报，各设区市企联及相关经济社团、行业协会推荐，由主办单位组织成立的评审委员会审定”等步骤，并经过公示等程序。兴业银行、厦门建发、厦门国贸、厦门象屿、阳光龙净、青拓集团、紫金矿业、国网福建电力、融侨集团、永辉超市位列“百强榜”前十。从榜单来看，我省大企业整体规模和效益增长态势良好。数据显示，今年福建百强企业入围门槛为 70.47 亿元，比去年增加 12.55 亿元；总营业收入 39711.34 亿元，相当于去年全省国内生产总值的 93.7%，比上年增长 13.74%；纳税总额为 2138 亿元，比上年增长 7.1%；最高营业收入为 3519.52 亿元，比去年增加 146.6 亿元。企业研发投入也呈现持续增长态势，百强企业研发费用总计为 203 亿元，较上一年增长 9.3%。研发投入最大的三家企业分别是宁德时代、省电子信息集团、省冶金控股，其中宁德时代的研发费用高达 29.9 亿元。高研发投入带来创新质量的显著提升，据统计，福建百强企业共拥有发明专利数 8876 项，比上年增加 22%。据省企联有关人士分析，我省百强企业规模持续扩大，经营业绩普遍增长，资产劳动效率持续改善，对福建经济发展贡献较大，但也出现了净利润总额和就业总人数小幅下降等一些不利因素。另外，福建百强企业主营业务仍以传统业务为主，以战略性新兴产业和现代服务业为主营业务的企业相对较少，不过部分百强企业已经将新一代信息技术、高端装备制造、新能源等战略性新兴产业作为布局重点，将成为企业未来发展的新动能。

23 日上午，福州市市场监管部门派出执法人员对福州山姆会员店疫情防控情况开展检查。对进口冷链食品海关报关单、出入境检验检疫合格证明、新冠病毒核酸检测合格报告及消毒证明，执法人员逐一核查；同时，检查了冷链食品录入“一品一码”系统情况及终端销售流向情况，确保冷链食品全过程全链条可追溯。他们还督促商家履行主体责任，落实环境消杀和人员核酸检测工作。省市场监管局党组成员、食品安全总监张剑平表示，接下来，省市场监管局将按照省委省政府部署要求，会同商务厅、卫健委、海关等部门组成进口冷链食品工作专班，加强我省疫情防控工作。“下一阶段我们将坚持常态化精准防控和局部应急处置有机结合，在落实疫情防控措施的同时，一旦发现疫情风险，第一时间启动应急预案、第一时间向当地政府报告，快速核查处置、快速上报情况，加强信息共享，形成工作合力，确保最大限度地降低疫情‘由物输入’风险，有效保障人民群众生命健康安全。”

27 日，第六届“海上丝绸之路”（福州）国际旅游节暨“全福游”嘉年华在福州启动。文化和旅游部副部长张旭，省委常委、福州市委书记林宝金，副省长郑建闽，黎巴嫩驻华大使米莉亚·贾布尔，安哥拉驻华大使若昂内图，克罗地亚驻华大使达里欧·米海林，马里驻华大使迪迪埃·达科等出席启动仪式。张旭代表文旅部致辞。他表示，海上丝绸之路沿线国家和地区文化多元，旅游资源各具特色。在“一带一路”建设中，充分发挥旅游的特殊作用，挖掘海丝旅游资源潜力，打造世界级精品线路，是深化沿线国家和地区合作与发展的重要内生动力。文旅部将一如既往地支持福建深化文化旅游工作创新发展，支持福建建设成为两岸旅游合作先行示范区和21世纪海丝旅游核心区，希望福建进一步发挥自身优势，在推进“一带一路”建设中发挥更加突出的作用。

28日，第三届21世纪海上丝绸之路博览会暨第二十二届海峡两岸经贸交易会线上展会在福州仓山万达广场启动。省委常委、福州市委书记林宝金，副省长郭宁宁出席活动，共同启动本届海丝博览会暨海交会线上VR展会平台。马来西亚驻华大使拉惹·拿督·努西尔万、两岸企业家峰会大陆方面理事长郭金龙、两岸企业家峰会台湾方面理事长萧万长、中国贸促会副会长张慎峰等通过视频方式发来祝贺。本届展会以“拓展海丝合作、深化两岸融合、共享发展机遇”为主题。当天启动的线上展会平台分为协作城市馆、福建福州馆、海丝精品馆、海峡特色馆等四大展馆，共有1232家企业展商参与线上展会，含60个国家馆和1个海淘馆。启动仪式后，林宝金、郭宁宁走进云直播间，与受邀参会的刘仪伟、何雯娜等主播互动交流，亲身体验VR线上平台，随后还察看了线下展销活动。

（摘编：郑新贵）

12月

2日，根据国家发改委、民航局复函要求，省发改委近日印发实施《福州临空经济示范区总体方案》。示范区将重点推进四大建设任务。一是建设区域航空枢纽，打造便捷交通网络。建成拥有“双跑道、双航站楼”的国内一流枢纽机场，实现商务服务区5分钟、制造配送区10分钟、外围服务区半小时、周边1小时内到达机场。二是发展临空相关产业，引领区域创新发展。打造国际快件集散中心、特色冷链物流中枢、辐射东南沿海乃至全国的东盟商品分拨中心和进口生产资料保税展示交易中心，建设临空制造基地，打造“数字中国”应用示范平台，建设跨境电子商务的“全国订单生产中心”。三是搭建便利口岸平台，建设沿海开放门户。打造电子信息产品、纺织化纤、汽车及零部件、船舶、家具及装饰品、建材等重点出口商品基地，建设两岸直接“三通”的便捷高效综合枢纽和对台交流的开放门户，建设进口水果、进口冰鲜水产品、进口粮食、进口肉类等交易中心。四是推动产城融合发展，加强生态文明建设。推动高新技术产业、旅游业和城市的融合发展，构建15分钟生活圈和5分钟邻里便民中心。

3日，第二届福建省中小企业商会大会在福州举行。活动由福建省中小企业商会主办。来自全省各地的800多位中小企业家参与了“创新品牌·赋能成长”分享交流。企业家们纷纷表示，要不断创新品牌驱动发展，赋能企业危中寻机。

6日，省委书记尹力赴厦门调研时强调，要深入学习贯彻习近平总书记重要讲话和党的十九届五中全会精神，始终牢记习近平总书记对厦门的殷殷嘱托，全面把握新发展阶段，坚定不移贯彻新发展理念，服务构建新发展格局，充分用好中央在厦门建设金砖国家新工业革命伙伴关系创新基地的重大机遇，大力实施跨岛发展战略，在更高起点上建设高素质高颜值现代化国际化城市，奋力夺取疫情防控和实现经济社会发展目标双胜利。省长王宁一同调研。

7日，副省长郭宁宁在福州会见了深圳证券交易所党委书记、理事长王建军一行，共同见证福建省金融监管局与深交所签约共建深圳证券交易所福建基地协议和基地挂牌仪式。会见后，双方举行了签约仪式。根据协议，双方将在现有合作基础上，加强上市挂牌企业孵化培育、提升企业利用资本市场能力、加强福建资本市场建设等合作力度。

7日，第十三届海峡两岸（厦门）文化产业博览交易会在厦门国际会展中心落幕。本届展会现场交易额82.65亿元人民币，大会期间总参观人数近10万人次。经过为期4天的展览展示、交流对接，本届文博会共有93个重大文旅项目达成合作意向，项目总金额388.21亿元。现场交易额82.65亿元，其中订单额82.45亿元。

8日，金砖国家新工业革命伙伴关系论坛在厦门举办，金砖国家新工业革命伙伴关系创新基地正式启动。工信部部长肖亚庆通过视频致辞，省长王宁出席并致辞。工信部副部长辛国斌主持开幕式。

8日，2020促进金砖工业创新合作大赛在厦门举行颁奖仪式。经过激烈角逐，最终三个赛道共有36个项目获奖，其中一等奖9名、二等奖9名、三等奖18名。本次大赛以“促进后疫情时代金砖创新合作”为主题，聚焦非接触经济、新经济等，评选优秀工业创新项目，加强金砖国家抗击疫情和经济复苏合作。大赛分“创新设计”“未来技能”“青年创客”3个赛道、5个赛事，在北京、湖北、广西、福建四个赛区开展选拔赛和总决赛，共有452个境内外项目团队参加选拔赛，遴选出75个优秀项目进入决赛。

8日，由福建省金融监管局、厦门市金融监管局指导，厦门金圆集团主办、金圆统一证券承办的中小台资企业金融服务论坛在厦门举办。两岸企业家峰会金融产业合作推进小组大陆方面召集人李礼辉，福建省副省长郭宁宁以及两岸金融机构、台资企业负责人共计70多人参加活动。郭宁宁在致辞中表示，福建是“台胞台企登陆的第一家园”，是大陆台资企业最集中的地区之一，也是两岸各领域交流合作最密切的地区之一，近年来在推进闽台金融双向交流合作方面持续发力，在两岸金融合作、资本市场建设、合资金融机构的设立、金融人才交流等方面取得积极进展，对台金融服务体系更加完善，两岸金融合作更加深入，台企台胞金融服务更加便利。目前，福建正在从三个方面探索推动加强对台资企业的金融服务和两岸金融的融合发展：一是推进两岸金融机构入驻和信用合作；二是推动台企台胞金融服务便利化、同等化、普惠化；三是便捷两岸跨境投融资，全方位推动高质量发展超越。

9日，2020两岸企业家峰会年会以视频连线方式在厦门市和台北市同步举行。中共中央政治局常委、全国政协主席汪洋向两岸企业家峰会理事会发贺信，代表中共中央和习近平总书记，对年会召开表示祝贺，向峰会全体会员和与会嘉宾致以问候。汪洋表示，经济合作是两岸关系发展的基础，符合两岸同胞共同利益。尽管受新冠肺炎疫情冲击，今年前10个月两岸贸易额仍实现两位数增长，充分反映出两岸经济合作动力强、潜力大、韧性足。

9日，由福建省、天津市和美国俄勒冈州共同举办的俄勒冈州特色农产品线上推介洽谈会，在中美两国以多点连线形式举办。会上，俄勒冈州农业部门负责人对小麦、坚果、果蔬、海鲜、乳制品、葡萄酒、木材、牛肉、草籽、饲料等当地特色农产品进行了重点推介。在互动交流环节，企业代表们踊跃发言，气氛热烈。

9日，省长王宁在漳州调研产业发展情况，强调要深入学习贯彻习近平总书记重要讲话和党的十九届五中全会精神，认真贯彻省委部署要求，坚定不移贯彻新发展理念，积极服务新发展格局，着力优化产业结构，大力发展实体经济，加快建设工业新城，全方位推动高质量发展超越。王宁在调研中强调，漳州市要深入学习贯彻习近平总书记重要讲话重要指示批示精神，统筹疫情防控和经济社会发展，切实把发展经济的着力点放在实体经济上，坚持创新驱动，强化企业创新主体地位，促进各类创新要素向企业集聚，推动创新链、产业链、人才链、资金链深度融合；坚持龙头带动，大力扶持科技含量高、发展前景好的龙头企业，做强做优石化、装备制造、特殊钢铁、食品工业，加快发展电子信息、新材料、新能源、生物医药等战略性新兴产业；坚持绿色发展，支持绿色技术创新，推进清洁生产，保护好绿水青山。各级政府各部门要深化“放管服”改革，持续优化营商环境，坚持“一企一策、一事一议”，多深入企业一线，多研究管用办法，积极解决企业实际困难问题，当好企业的“服务员”。

10日上午，作为海创会金融馆的首场活动，福建普惠金融工作推进会在福州举行。副省长郭宁宁出席会议并讲话。会上，福建省农村信用社联合社、中国银行福建省分行等金融机构进行了数字普惠金融产品推介，省金融办公布了获评2019年度福建省金融创新十大项目名单，省农信社代表全省金融机构发表了《福建发展普惠金融共同宣言》，20个产融项目进行了集体签约，项目签约总金额近200亿元。

10日，第十八届中国·海峡创新项目成果交易会在福州举办“云上海创会”启动仪式。副省长郑建闽、中科院院士陈宗懋、中科院院士戴民汉出席仪式。天津大学党委书记李家俊通过视频致辞。本届海创会以“汇聚‘三创’活力，驱动高质量发展”为主题，采取线上+线下的方式举办。线上展会方面，设置网上展厅、论坛活动、科技商城、创新成果板块，着力构建展会及展商详细信息展示以及线上观众和展商互动交流的一体化展会平台。广大市民可通过海创会官网、公众号、微信小程序等多种方式逛展，并展开互动交流。其间还举办近十场会议、论坛类线下活动。

11日，《福建金融业生态环境多方共治行动倡议》签约仪式暨生态环境多方共治标杆项目发布会举行。这是国内首个由金融机构自发提出的生态环境治理行动倡议。副省长郭宁宁出席活动。《倡议》由兴业银行联合22家机构共同通过，共九条，涵盖践行“两山论”、支持绿色产业、拒绝污染融资、严守合规底线、推进整改修复、强化专业能力、加强绿色运营、携手多方共治、共享绿色信息等。此外，兴业银行还将开发一系列项目环境与社会风险管理工具包，共享兴业银行在践行赤道原则过程中在项目分类、信息披露等方面的成功经验，并引入环保公益组织作为第三方专家支持，将赤道原则国际最佳实践经验与福建省内融资信贷业务有机融合，形成一套适用于福建本土融资项目的环境与社会风险管理体系与业务流程。当日还同步发布了生态环境多方共治标杆项目——“福建连江可门工业园区转型绿色纺织产业园”项目，通过园区统一的水、电、蒸汽、污水处理等基础设施配套，将建设成福建省首个清洁制造染整一体化的产业园区。

11日，全省金融工作座谈会在福州召开。省长王宁在会上强调，全省金融系统要深入学习贯彻习近平总书记重要讲话和党的十九届五中全会精神，立足新发展阶段、贯彻新发展理念、服务新发展格局，深化金融供给侧结构性改革，加大服务实体经济力度，积极稳妥防范化解金融风险，为全方位推动高质量发展超越提供有力金融支撑。副省长郭宁宁主持会议。王宁强调，全省金融系统要深刻领会党中央关于金融工作的决策部署，坚持以服务实体经济为方向，更好发挥金融的“血脉”作用，奋力开创我省金融工作新局面。要突出精准投放、快速直达，保障“两新一重”等重点领域、重大工程资金需求。要多措并举、综合施策，大力压降融资成本，放大政府性融资担保倍数，进一步破解中小微企业融资难、融资贵问题。要积极支持更多优质企业上市，扩大直接融资规模，提高上市公司质量。要用创新的思维、改革的办法，积极推动普惠金融、绿色金融创新，深化闽台金融合作创新。要创新投融资模式，用好政府专项债，加大财政支持金融力度，促进财政金融协同发力。要强化底线思维，坚持一企一策、一事一策，关口前移、抓小抓早，坚决守住不发生系统性风险的底线。要加强诚信体系建设，严厉打击逃废债行为，营造良好金融生态，助力优化营商环境。各级领导干部要学金融、懂金融、用金融，不断提高运用金融工具、金融政策推动高质量发展的能力水平。

13日，省发改委发布数据。截至11月底，福建60条“丝路海运”航线共开行2203个航次，完成集装箱吞吐量207.87万标箱，超过去年全年总量。我省“丝路海运”建设在国家有关部委的支持下，不断走深走实，在航线网络建设、合作伙伴拓展、服务标准提升、品牌宣介推广等方面持续取得进展。今年厦洽会期间，成功举办了第二届“丝路海运”国际合作论坛，论坛期间发布了《“丝路海运”港口服务规范》，山东省港口集团、汉班托塔国际港口集团、波兰格但斯克港务局、海丰国际、上海中谷物流等8家新成员正式加入“丝路海运”联盟，“丝路海运”的影响力进一步扩大。

13日，经省政府同意，福建省人力资源和社会保障厅、省财政厅联合下发了《关于调整全省工伤保险定期待遇的通知》，对全省参保工伤职工伤残津贴、生活护理费、供养亲属抚恤金等三项定期待遇进行统一调整提高。此次调整范围为2019年12月31日前，取得按月领取伤残津贴待遇（不含已享受基本养老保险待遇的工伤人员）、生活护理费待遇资格的工伤人员，以及取得按月领取工亡职工供养亲属抚恤金待遇资格的人员。执行时间从2020年1月1日起开始。

14日，国家企业技术中心培育工作座谈会召开。近年来，我省积极构建高技术企业成长加速机制，加快培育国家企业技术中心工作。今年，我省又有7家企业列入国家企业技术中心公示名单，目前全省已推动设立99家国家企业技术中心，这一批国家企业技术中心在科技研发、成果转化、产业升级、人才引进等方面发挥了积极作用。

14日，省长王宁在福州会见中国宝武钢铁集团有限公司党委书记、董事长陈德荣一行。王宁说，1780热轧项目顺利投产，标志着宝钢德盛精品不锈钢绿色产业基地建设取得重大阶段性成效。希望中国宝武以此为契机，加大在闽投资力度，延伸产业链，注重节能环保，提升科技含量。陈德荣表示，将充分发挥自身优势，扩大在闽项目布局，深化双方务实合作，为全方位推动高质量发展超越作出更大贡献。省委常委、常务副省长赵龙，省委常委、福州市委书记林宝金参加会见。

15日，闽澳第三次合作会议15日在澳门举行，澳门特区政府经济财政司司长李伟农、福建省副省长郭宁宁在会上均表示，双方将进一步深化在经贸会展、文化旅游、金融、中医药产业和青少年教育等多个领域的交流与合作。两地发挥各自优势，携手参与和助力国家“一带一路”建设，借澳门中葡平台作用，联合开拓葡语国家市场。会上，闽澳分别签署了《福建省文化和旅游厅与澳门特别行政区政府文化局、旅游局关于拓展闽澳文化旅游合作的协议》《关于深化闽澳会展产业合作的协议》和《关于共同推动澳门青年在闽见习实训的合作协议》。

16日，全省打击非法采砂采矿暨“两违”综合整治工作现场推进会在漳州龙海召开。副省长李德金、田湘利出席会议并讲话。会议要求，各地各有关部门要深入贯彻习近平生态文明思想，认真落实省委部署和省政府工作要求，压紧压实属地管理责任、部门监管责任、企业主体责任，层层传导压力，强化网格化监管，集中力量、重拳出击，严厉打击非法采砂采矿和“两违”问题。要进一步打出管控声势，形成高压态势，巩固整治成果，全方位全链条严查严处非法盗采海砂行为，严厉打击黑恶势力和“保护伞”，有效保障全省工程建设用砂市场需求。要严格落实农村乱占耕地建房“八不准”等规定，强化执法监管闭环管理，全面开展“两违”问题整治攻坚战，坚决遏制新增“两违”。要深化打击非法违法采矿专项行动，持续严管严控，强化生态修复保护，切实防止发生地质灾害和生产安全事故。要坚持堵疏结合，强化源头管理，健全长效监管机制，全面提升执法监管水平，进一步规范自然资源管理秩序，为全方位推动高质量发展超越作出更大贡献。

16日，工业和信息化部、财政部、中国人民银行、银保监会和证监会联合发布了《五部门关于同意北京市朝阳区等51个城市（区）列为国家产融合作试点城市的通知》，我省的厦门市入围第一批延续试点名单，泉州市、莆田市入围第二批试点名单。根据通知，五部门将在四方面加强对试点城市的工作指导和政策支持，包括：按照市场化、法治化原则推动开展专项产融对接活动，引导战略合作金融机构予以重点支持，加大中长期、信用贷款供给，构建循环畅通、发展稳健的产业链生态；优化国家产融合作平台和工业互联网产融服务，加强数字技术应用，完善企业标签体系和数字图谱，推进数据综合分析和产融智能对接，全面支持与地方平台对接，降低企业融资综合成本；推动中央层面基金与地方基金加强合作，开展企业上市联合培育，畅通企业多元化融资渠道；加强产融合作政策辅导、培训交流和融资能力建设，及时宣传推广试点经验成果。

19日，省委书记尹力主持召开省委常委会（扩大）会议，认真学习贯彻习近平总书记在中央经济工作会议和中央政治局第二十六次集体学习时发表的重要讲话精神，研究提出我省贯彻落实措施。省长王宁传达李克强总理在中央经济工作会议上的讲话精神。会议强调，要开好省委经济工作会议，统筹谋划好明年经济工作。要统筹考虑明年发展目标，注意今年与明年、明年与后年乃至整个“十四五”时期发展目标的相衔接，既要积极进取，又要留有余地，保持预期目标的科学性、延续性和稳定性，更好引导市场预期、提振各方面信心。特别要围绕贯彻落实习近平总书记对福建工作的重要讲话重要指示批示精神，围绕服务和深度融入新发展格局，全方位推动高质量发展超越，加强对明年经济社会发展重点问题、重点工作、重点改革的研究确定，突出科技创新这个根本驱动、重大项目这个硬核支撑、改革创新这个根本动力、共同富裕这个根本目的，把思路理清楚、把支撑项目安排好，抓紧形成相关政策措施。要主动衔接中央和国家部委对明年工作的部署安排，及时跟进研究，推动工作落实。

20日，据国家统计局福建调查总队提供的数据显示，11月份，福建省居民消费价格同比下降0.8%。其中，城市下降0.6%，农村下降1.2%；消费品价格下降1.4%，服务价格上涨0.4%。八大类商品和服务价格呈“四升四降”：教育文化和娱乐类、衣着类、生活用品及服务类、其他用品和服务类分别上涨2.5%、1.5%、0.5%、0.2%；交通和通信类、食品烟酒类分别下降4.1%、2.0%，居住类和医疗保健类均下降0.2%

20日，据国家统计局福建调查总队提供的数据显示，11月份福建省工业生产者出厂价格同比下降1.8%，降幅比上月收窄0.4个百分点；环比由上月持平转为上涨0.3%。工业生产者购进价格同比下降1.7%，降幅与上月持平；环比由上月下降0.1%转为上涨0.3%。数据显示，1—11月平均，福建省工业生产者出厂价格由上年同期上涨0.7%转为下降1.6%；购进价格下降1.5%，降幅比上年同期扩大0.5个百分点。

21日，副省长郭宁宁在福州会见英国驻华大使吴若兰一行。郭宁宁代表省政府对吴若兰履新后首次访闽表示欢迎，并简要介绍了福建省情和经济社会发展成就，以及今年以来统筹推进疫情防控和经济社会发展情况。她表示，当前福建和英国在经贸、金融、教育、医疗等领域的合作正蓬勃开展。希望双方能巩固传统友谊，深化在高端制造、信息技术、健康医药、绿色金融等行业的务实合作；继续加强友好交流，促进民间交往，推动建立省级友城关系，实现互利共赢和共同发展。

21日，福建省与加拿大新斯科舍省举行结好协议书线上签字仪式。省长王宁和新斯科舍省省长斯蒂芬·麦克尼尔共同签署《中华人民共和国福建省与加拿大新斯科舍省建立友好省关系协议书》并致辞。中国驻加拿大大使丛培武、加拿大驻华大使鲍达民在仪式上致辞。签字仪式前，王宁会见了加拿大驻华大使鲍达民一行。副省长郭宁宁，省政府秘书长，省直有关部门负责同志参加。仪式上，两省企业、高校代表还签署了相关合作备忘录。

22日，省委经济工作会议在福州举行。省委书记尹力主持并讲话，认真学习贯彻中央经济工作会议精神，落实省委十届十一次全会部署，总结2020年经济工作，部署2021年经济工作，推动“十四五”福建发展开好局、起好步。省委副书记、省长王宁对明年经济工作作出具体部署。

22日，省委书记尹力在福州会见了参加今年“院士专家八闽行”活动的院士专家一行。尹力说，“院士专家八闽行”是习近平总书记在闽工作期间亲自倡导推动的创造性实践，已成为福建实施科技兴省、人才强省和创新驱动发展战略的重要载体。福建深入贯彻落实习近平总书记对福建工作的重要讲话重要指示精神，全方位推动高质量发展超越，离不开科技创新这个第一动力源，离不开各位院士专家的大力支持。希望中科院发挥智力资源优势，多为福建高质量发展建言献策。中科院数学物理学部院士、咨询委主任沈文庆表示，将结合福建实际需求，在推动产业升级、科技成果转化等方面加大支持力度，助力新福建建设。

23 日，福建省统计局发布数据。1—11 月，全省社会消费品零售总额同比下降 1.6%，降幅比 1—10 月收窄 0.5 个百分点。其中，11 月份，全省社会消费品零售总额同比增长 2.4%，增幅比 10 月份提高 1.2 个百分点。省统计局贸易外经统计处相关人士表示，随着省委省政府统筹推进常态化疫情防控和经济社会发展，全省经济运行持续恢复向好，社会生活生产秩序有序恢复，消费需求逐步回暖。

23 日，我省举行院士专家恳谈会，邀请参加今年八闽行活动的院士专家，为全方位推动高质量发展超越把脉建言。省长王宁主持恳谈会并讲话，省领导周联清、赵龙出席。会上，中科院咨询委主任沈文庆，副主任吴国雄、饶子和等 17 位院士专家，围绕科技创新、产业转型升级、生态文明建设、民营经济发展、人才培养等我省“十四五”发展的重点问题，提出了具有前瞻性针对性的意见建议。

23 日，全国林业改革发展综合试点市授牌仪式在三明沙县举行，国家林业和草原局为三明市授牌。这标志着三明市正式成为全国首个林业改革发展综合试点市。试点工作坚持以习近平新时代中国特色社会主义思想为指导，积极探索绿水青山转化为金山银山的有效途径，在更高层次、更高质量上推进林业改革发展，更好实现生态美、百姓富有机统一。试点期为 2021—2023 年，重点在森林资源管理、林业适度规模经营、林业产业高质量发展、林业金融创新、国有林场改革、林票制度改革等方面进行探索，形成一批可复制、可推广的经验做法。国家林草局和省政府将在项目安排、资金投入、人才培养、政策机制等方面给予支持，为试点工作的顺利开展提供良好的环境和条件。

24 日，省长王宁主持召开省政府常务会议，认真贯彻落实中央部署和省委要求，研究《政府工作报告（讨论稿）》《关于福建省 2020 年预算执行情况及 2021 年预算草案的报告（送审稿）》《关于福建省 2020 年国民经济和社会发展计划执行情况及 2021 年国民经济和社会发展计划草案的报告（送审稿）》，研究生态环境保护责任清单和红线划定、农村宅基地制度改革、加快金融业发展、应急救援领域省与市县财政事权和支出责任划分、电力市场交易等工作。会议研究通过了《福建省 2021 年电力市场交易方案》，强调要按照“安全稳定、统筹兼顾、平稳有序”的原则推进电力市场交易，确保电力系统安全运行，降低企业用电成本，促进工业经济稳定增长。

25 日至 27 日，“全闽乐购”跨年购暨第二届商博会在福州海峡国际会展中心举办，持续打响“全闽乐购”品牌。本次“跨年购”分启动仪式、成果展示和跨年消费活动三大板块。除了集合八闽好物，为群众搭建年终采买的平台外，省商务厅还将打造一个全年重大展会活动、相关惠企便民政策、相关重要信息集中发布的商务大平台，为消费者一站式提供消费、政策信息。

25 日，福建省高速公路科技创新会议在福州召开。副省长崔永辉出席会议并致辞，中国工程院院士王复明、张建民、邓铭江，交通运输部有关司局、高校科研院所、企业代表参加会议。福建省高速公路创新平台正式启动，省高速集团将设立 5 亿元的创新产业基金，并每年安排至少 5000 万元作为研发经费，吸引国内外各类交通运输领域优秀科技创新技术落地福建。

25 日，旨在为消费者带来好看、好玩、好吃、好购、好体验的“全闽乐购·跨年购”暨第二届商博会在福州海峡国际会展中心开幕。副省长郭宁宁出席活动。本次跨年购分启动仪式、成果展示和跨年消费活动三大板块。时值年末采买的消费节点，跨年购现场设置了老字号展示区、德化白瓷展示区、八闽美食嘉年华展示区、福茶及茶文化展示区、福建红曲酒展示区、“下乡的味道”等县域品牌展示区、厦航展示区、台澎金马精品展示区、美发饰品展示区、日用百货优品展示区、直播及电商平台展示区、甘肃特产展示区、陕西展示区等 13 大展示区，可一站式满足群众在日用百货、食品、茶酒、县域特产等方面的消费需求。展会将从 25 日持续到 27 日。自 8 月启动“全闽乐购”福建促消费行动以来，截至目前，全省累计发放全闽乐购券1132万张，发放金额2. 29亿元，有力汇聚了人气、商气，消费市场回暖态势进一步巩固，全省社会消费品零售总额已连续7个月实现单月正增长。

25日，副省长崔永辉带队到高速公路福州东收费站、G316国道长乐漳港至营前A3标段施工现场、福州港闽江口内港区青州码头，检查元旦春节期间交通运输安全生产，安排部署春运交通安全有关工作。崔永辉强调，随着元旦、春运临近，交通运输行业将面临统筹好疫情防控、公路水路运输、建设施工等工作的重大考验。各地各单位要认真贯彻落实习近平总书记关于安全生产工作的重要论述、重要指示批示精神，以对党和人民高度负责的态度，扎实落实省委、省政府工作部署，时刻绷紧安全这根弦，压实企业主体责任、部门监管责任、属地管理责任，切实增强抓好安全生产的政治自觉、思想自觉和行动自觉。要持续深入开展安全隐患大排查大整治、安全生产专项整治三年行动和道路交通安全综合治理百日会战，紧盯道路运输“两客一危”、港口危货、工程建设等重点领域，严密防范化解重大风险，有效消除安全隐患，坚决遏制重特大事故发生。要科学研判春运期间交通运输和疫情防控形势，健全突发事件应急预案，科学配备应急队伍和物资，加强部门联动，畅通信息渠道，强化值班值守，高效处置各种突发事件，为群众提供安全、畅通、有序的交通运输环境。

25日，省委书记尹力在平潭调研时强调，要深入贯彻落实党的十九届五中全会和中央经济工作会议精神，坚定不移沿着习近平总书记为平潭发展指引的方向，坚持“一岛两窗三区”战略定位，进一步解放思想，加快推进平潭综合实验区发展，积极探索海峡两岸融合发展新路。尹力在调研中强调，认真学习、深刻理解和贯彻落实好习近平总书记对平潭发展的一系列重要讲话重要指示批示精神，关键是要做好四篇大文章：一要做好旅游这篇大文章。突出国际旅游岛的功能定位，对标国际一流，科学系统编制“十四五”旅游发展规划，全方位全链条推进国际旅游岛建设，打造特色鲜明的滨海旅游目的地。二要做好对台这篇大文章。充分发挥平潭在两岸交流、对外开放中不可替代的作用，构建经贸合作新载体，深化岚台各领域融合发展。三要做好创新这篇大文章。充分发挥综合实验区、自贸试验区等多区叠加优势，进一步深化体制机制创新，积极打造市场化法治化便利化国际化营商环境，加快建设新兴产业区、高端服务区、宜居生活区。四要做好生态这篇大文章。始终牢记“优良的生态环境是平潭的‘真宝贝’”，坚持绿色发展、生态优先，实施好海洋、沙滩、岸线、湖泊等保护工程，保留好海岛田园风光和山水原生态。尹力要求，要把党的政治建设摆在首位，弘扬“马上就办、真抓实干”优良作风，激励党员干部解放思想、担当作为，为平潭各项事业发展提供坚强保障。

26日，省长王宁来到现场察看展览情况，为全闽乐购系列活动助威。副省长郭宁宁参加。王宁指出，今年以来，为了有效应对疫情影响，在省委的领导下，各部门、各地市创新方式，组织实施了“全闽乐购”促消费行动，受到了人民群众和社会各界的广泛欢迎，有力地提振了消费信心，激活了消费潜力。各地各部门要统筹疫情防控和经济社会发展，把握扩大内需这个战略基点，利用“两节”有利时机，乘势而上把“游商圈、逛夜市、跨年购”系列活动搞得越来越旺。要坚持政府搭台、企业唱戏，上下联动、多方参与，更多地用市场的办法、激励的措施，鼓励新零售、新营销，全面促进消费扩容提质。要按照省委经济工作会议的部署，认真总结经验做法，提前谋划明年的系列活动，特别是要为企业开拓省外、境外市场搭建更多平台，扩大优质商品和服务出口，让更多福建产品和服务走向全国、走向世界。据悉，本次跨年购分启动仪式、成果展示和跨年消费活动三大板块，共设13个展示区，可一站式满足群众在日用百货、食品、茶酒、县域特产等方面的消费需求。“全闽乐购”促消费行动自8月启动以来，全省累计发放全闽乐购券1132万张，发放金额2. 29亿元，全省社会消费品零售总额已连续7个月实现单月正增长。

29日，福安正威宁德电子信息新材料科技城项目一期10万吨精密铜线投产暨三期铜箔项目开工活动在福安市举行，副省长郑建闽出席活动。

据项目相关负责人介绍，福安正威宁德电子信息新材料科技城三期电解铜箔项目也正式开工建设。该项目规划建设年产 6 万吨电解铜箔新材料项目，达产后产值约 80 亿元。随着宁德地区锂电新能源等产业快速发展，该项目将发挥延链、补链、强链的作用，满足宁德地区锂电、新能源高品质电解铜的需求，进一步壮大宁德地区主导产业链，为福建省“十四五”发展开局注入新动力。

29 日，全省科学技术奖励大会在福州举行，表彰在我省科技战线作出突出贡献的科技工作者。省委书记尹力出席并讲话，他强调，要深入学习贯彻习近平总书记重要讲话和党的十九届五中全会精神，按照省委十届十一次全会要求，立足新发展阶段、贯彻新发展理念、积极服务并深度融入新发展格局，把科技创新作为第一动力源，深入实施科教兴省、人才强省、创新驱动发展，为全方位推动高质量发展超越注入更为强大、更为持久的科技创新力量。

29 日至 30 日，省委书记尹力在泉州开展调研，强调深入学习贯彻习近平总书记重要讲话重要指示批示精神，贯彻落实党的十九届五中全会和中央经济工作会议精神，大力传承弘扬“晋江经验”，立足新发展阶段，贯彻新发展理念，积极服务并深度融入新发展格局，充分发挥侨的独特优势，加快民营企业创新发展，勇当全方位推动高质量发展超越的主力军。

30 日，福州市 15 个市级夜色经济体验示范街区同步开街。省委常委、福州市委书记林宝金，副省长郭宁宁在“上下杭·金银里”商业步行街主会场出席开街活动，此次同步开街的 15 个体验示范街区主要依托历史文化街区、城市综合体和多元业态商业街开展建设提升，包括鼓楼区三坊七巷、长乐区东湖数字小镇、闽侯县上街大学城永嘉天地、福清市万达广场等。受省长王宁委托，郭宁宁代表省政府致辞。她说，夜色经济体现着一座城市的商业活力、生活品质和文化氛围，已经成为激发消费潜能的重要引擎，成为扩内需促消费的重要增长点。近年来，福州市紧扣消费发展趋势，积极打造夜间消费品牌，推进“上下杭·金银里”商业步行街等 15 个夜色经济体验示范街区建设提升，取得了明显成效，为全省夜色经济发展作出了良好示范。

（摘编：郑新贵）

第三篇
行业分析

福建省农业发展概况

2019年，我省农林牧渔业生产稳中有进、稳中向好。全省全年农林牧渔业总产值4636.56亿元，按可比价计算比上年同期增长3.6%。其中，农业、林业和渔业产值增长较快，分别同比增长4.0%、4.1%和4.3%；畜牧业受生猪生产下降影响增速略低，同比增长0.5%。

一、农业生产发展较好

1. 主要经济作物保持较快增长。全年蔬菜产量1437.33万吨，同比增长5.2%。2019年，我省气候条件总体有利于蔬菜生产，蔬菜种植面积扩大，达869.70万亩，增长3.8%；多数品种单产也较上年同期有所提高。全年食用菌产量133.36万吨，同比增长5.6%。我省食用菌销售渠道畅通，种植效益较高，生产往多品种、优质化发展。珍稀菌种产量快速增长，杏鲍菇、灵芝、金针菇和竹荪分别增长18.9%、14.3%、9.5%和6.5%。大宗产品生产总体平稳，黑木耳产量7.11万吨，增长11.8%；香菇产量13.49万吨，增长4.1%；蘑菇产量38.54万吨，增长0.5%。全年园林水果产量681.61万吨，同比增长6.5%。番石榴、青梅、青枣、橙、猕猴桃和香蕉等品种种植产量稳、收益好，农户种植积极性较高，产量分别增长59.1%、21.5%、17.7%、13.9%、11.7%和6.5%。全年茶叶总产量43.99万吨，同比增长5.2%。白茶产量3.18万吨，增长23.3%；红茶产量5.25万吨，增长7.0%；青茶产量22.73万吨，增长5.3%。白茶快速增长，主要是由于近年来白茶市场走俏，价格较好，南平市和宁德市的部分县区扩大白茶生产。全年花卉及盆景园艺播种面积73.11万亩，同比增长5.9%。花卉种植效益良好，更多的农户参与种植，通过电商平台的销路也进一步拓展。全年药材播种面积36.16万亩，同比增长9.2%。近年，我省积极推动建立中药材生产标准体系，鼓励引导中药材生产向标准化、规范化方向发展，开展省际大宗优势药材品种合作开发，药材生产得到较快发展。

2. 粮食播种面积和产量呈现下降。2019年，全省粮食播种面积1233.65万亩，同比下降1.3%。粮食产量493.90万吨，下降0.9%。从分季看，春收粮食23.05万吨，增长6.7%；夏收粮食75.78万吨，下降5.9%；秋收粮食395.07万吨，下降0.3%。从分品种看，稻谷播种面积898.85万亩，下降3.3%；产量388.79万吨，下降2.4%。其中，早稻61.59万吨，下降8.1%；中稻169.38万吨，下降1.5%；晚稻157.81万吨，下降0.9%。非稻谷粮食作物播种面积334.79万亩，增长4.3%；产量105.11万吨，增长4.8%。其中，主要品种甘薯57.89万吨，增长4.5%；马铃薯20.88万吨，增长6.0%；大豆9.07万吨，增长5.3%。

二、林业生产顺利发展

1. 造林绿化美化有新提升。2019年，我省继续实施百城千村、百园千道、百区千带等“三个百千”绿化美化行动，提升绿化美化工作成效。据省林业局统计，全省完成植树造林107万亩，占任务的119%；封山育林211万亩，占任务的105%。加快推进森林城市建设，提前实现了九市一区全部获评国家森林城市、县级城市全部获评省级森林城市两个“满堂红”。

2. 林产品产量保持增长。全年木材产量1453.81万立方米，同比增长2.1%；毛竹产量6.13亿根，增长2.0%；小竹材产量130.56万吨，增长19.4%。全年竹笋干产量41.74万吨，增长6.0%。竹笋干作为纯天然绿色食品，市场需求量大，加上2019年气候条件有利于竹笋生长，竹笋干产量保持较快增长。

三、畜牧业生产总体平稳

全年肉蛋奶总产量318.88万吨，同比增长1.3%。肉类产量255.15万吨，下降0.4%。其中，猪肉产量103.03万吨，下降8.9%；主要禽肉产量141.87万吨，增长3.7%；牛肉产量2.14万吨，增长10.4%；羊肉产量2.22万吨，增长8.5%。

1. 生猪存、出栏下降。全年生猪出栏1297.26万头，同比下降8.7%；生猪存栏641.52万头，下降19.8%。能繁母猪存栏60.34万头，下降19.0%。前三季度，受非洲猪瘟疫情及猪生产周期波动等因素影响，我省生猪生产下滑。随着促进生猪生产政策出台，生猪稳产保供工作的落实，四季度，全省生猪生产明显恢复，生猪存栏和出栏分别环比上涨14.7%和41.7%，能繁母猪存栏环比上涨9.9%。

2. 家禽、存出栏保持增长。全年主要家禽出栏9.94亿只，同比增长4.1%。主要家禽存栏1.95亿只，增长15.0%。

3. 草食动物较快发展。近年来，我省各地积极扶持引导发展草食动物，牛、羊肉的市场需求量也不断加大，养殖效益较好，养殖户养殖积极性较高。2019年，全省肉牛出栏15.80万头，同比增长11.1%；肉牛存栏12.89万头，增长16.4%。羊出栏155.86万头，同比增长8.0%；羊存栏105.69万头，增长10.9%。

四、渔业生产较快发展

据省海洋渔业局统计，全年水产品总产量814.58万吨，同比增长4.2%。海水产品723.54万吨，增长4.1%；淡水产品91.05万吨，增长4.6%。

1. 远洋渔业快速增长。截至年底，全省已外派远洋渔船605艘；建立了9个境外远洋渔业基地。全省全年远洋渔业产量51.65万吨，同比增长12.1%。

2. 养殖产量增长较快。全年海水养殖产量510.72万吨，同比增长6.7%；淡水养殖产量83.94万吨，增长4.8%。近年来，我省加快对养殖设施的改造，健康养殖规模持续扩大。一是海养设施升级改造。对木质渔排、养殖泡沫浮球等传统水产养殖设施进行升级改造，不断发展环保型、生态式、景观化的深水大网箱、塑胶渔排和塑胶浮球筏式养殖，有效提高了养殖产量。二是继续实施标准化水产养殖池塘改造。目前规模50亩以上的池塘基本实现标准化改造。

3. 特色品种发展良好。2019年，我省继续推进大黄鱼、石斑鱼、鳗鲡、对虾、牡蛎、鲍鱼、海带、紫菜、海参、河鲀等十大特色品种全产业链建设。全年大黄鱼、紫菜、鲍鱼、牡蛎、鳗鲡、石斑鱼和对虾等产量增幅均超过5%。

（撰稿：福建省统计局　林卿）

福建省工业发展概况

2019年是新中国成立70周年，是福建改革发展进程中具有重要意义的一年。习近平总书记亲临十三届全国人大二次会议福建代表团发表重要讲话、亲自给寿宁县下党乡乡亲们回信，给全省人民以巨大鼓舞。福建省工业坚持以习近平新时代中国特色社会主义思想为指导，全面贯彻落实习近平总书记对福建工作的重要讲话重要指示批示精神，认真落实党中央、国务院和省委决策部署，坚持稳中求进工作总基调，坚定不移贯彻创新、协调、绿色、开放、共享的新发展理念，加快经济结构调整优化，提升产业发展水平，培育新产业新动能，狠抓"六稳"落实，奋力推进高质量发展落实赶超，机制活、产业优、百姓富、生态美的新福建建设迈出新步伐，初步统计，2019年全省生产总值同比增长8%左右，总量跃上4万亿元台阶，全年全部工业增加值16170.45亿元，比上年增长8.7%。

一、工业增速位居全国第二

2019年，福建省第二产业增加值20581.74亿元，同比增长8.3%；工业增加值16170.45亿元，比上年增长8.7%，规模以上工业增加值增长8.8%。增速分别比去年同期降低0.2%、0.4%、0.1%。

福建工业增速显著高于全国平均水平，第二产业增加值、工业增加值、制造业增加值分别比全国平均水平高出2.6%、3.0%和3.2%。今年，福建工业增加值位居全国第二，和东部沿海地区第一位。

二、重工业比轻工业发展快

分轻重工业看，轻工业增加值增长7.6%，重工业增长10.2%，重工业增幅比轻工业高2.7%，轻重比为51.6：48.4。国有企业增加值增长8.9%，集体企业增长4.2%，股份制企业增长9.9%，外商及港澳台商投资企业增长6.7%；私营企业增长10.2%。分工业门类看，采矿业增长2.3%，制造业增长9.2%，电力、热力、燃气及水生产和供应业增长3.5%。分行业看，38个大类行业有36个行业实现增长，其中12个行业实现两位数增长。其中，化学原料和化学制品制造业增长22.4%，有色金属冶炼和压延加工业增长21.0%，化学纤维制造业增长16.4%，计算机、通信和其他电子设备制造业增长12.0%，医药制造业增长11.5%，电气机械和器材制造业增长10.3%。三大主导产业中，机械装备产业增长5.7%；电子信息产业增长12.0%；石油化工产业增长13.5%。六大高耗能行业增长13.4%，占规模以上工业增加值的比重为25.8%。工业战略性新兴产业增长8.1%，占规模以上工业增加值的比重为23.8%。高技术制造业增长12.3%，占规模以上工业增加值的比重为11.8%。

三、工业经济稳定增长

2019年一季度高技术制造业快速增长，三大主导产业增长9.4%，规模以上工业出口交货值同比增长10.1%，工业增加值增速8.8%，同比提高1.0%，实现良好开局。5月，船舶制造业、煤炭开采和洗选业等行业增速放缓，特别是汽车制造业和石油加工业当月增加值下降超过10%，造成5月工业增加值触及7.3%的全年最低值，二季度工业增加值为8.1%。7月份，由于外商及港澳台商投资企业增幅回落，工业增速8.2%，但9月份，受部分重点企业停产检修结束恢复生产、火力发电企业生产增量大等因素影响，工业增加值增速达到10.4%的近期月度最高值，使得三季度工业增加值同比增长9.3%。四季度，受到年底市场需求不足等因素的影响，工业增速下降到8.2%。

四、工业生产者价格指数继续上升

工业生产者购进价格（IPI）一反去年上升2.8%，下降1.0%。9个大类有3个上涨，6个下跌。上涨较多的是农副产品类上涨高达5.4%。其他上涨的还有建筑材料及非金属类、黑色金属材料类。下跌较多的有化工原料类4.1%，木材及纸浆类3.8%。其他下跌的品类还有燃料、动力类，纺织原料类，有色金属材料及电线类。

工业生产者出厂价格（PPI）上升了0.6%。生产资料价格上涨0.1%，其中采掘类价格上涨达到3.4%，原材料下降0.4%。而生活资料价格在年中下跌的情况下，年底出现回升，全年升幅为1.5%。其中，耐用品价格下降1.0%，而食品和一般日用品价格上涨较多，分别2.1%和1.8%。

2019年，我省生产者购进价格一改去年大幅上涨的态势，以燃料为代表的原材料价格出现下降或涨幅明显回落，与此同时，出厂价格却保持上升，特别是食品和衣着等生活资料的出厂价格稳定上涨。这从成本端和销售端同时有利于我省的工业企业，特别是消费品工业。相信这非常有效地改善了企业的利润，应该是我省工业保持较高增速的基本原因。预计明年的购进价格可能继续回落或小幅上涨，但受内需乏力影响，出厂者价格可能不再上涨，值得注意。

五、各设区市工业增长强劲

分地区看，各地工业增加值增速都很平均，增速最低的南平市也仅比最高的漳州市和宁德市（9.2%）低了0.5%。漳州市得益于供给侧结构性改革，钢坯钢材、化工、建材等行业快速增长，特别是石化工业增加值83.22亿元，增长达到31.1%。宁德市战略性新兴产业快速增长，对全市规模以上工业增加值增长的贡献率为74.2%；七家（新增2家）百亿企业实现增加值占全市规模以上工业增加值总量达到56.6%。其他地市增长率分别为泉州、莆田增长9.1%、福州、龙岩增长9.0%，三明增长8.9%，南平、厦门增长8.8%。

六、工业投资高速增长

前三季度，工业投资增长16.7%，增幅比全省投资平均高9.5个百分点，对全省投资增长的贡献率为65.5%。其中，制造业投资增长18.8%，较全国平均高15.3个百分点，高技术制造业投资增长23.1%，技改投资增长14%。三大主导产业投资活跃，增长23.9%。其中，石油化工产业投资增长34.3%，机械装备产业投资增长18.5%，电子信息产业投资增长17.4%。宁德工业投资增长27.2%，领先全省。2019年，工业投资增长15.5%，增幅比全省投资平均高9.5个百分点。制造业投资增长16.2%，对全部固定资产投资增长的贡献率为66.2%，较全国平均高15.4个百分点。其中，三大主导产业投资同比增长24.0%，高技术产业投资增长2.8%，占固定资产投资的比重为5.8%。能源生产投资增长较快，达到11.6%。其中，石油加工、炼焦及核燃料加工业投资增长38.9%。

七、工业利润快速增长

全年规模以上工业企业实现利润3815.07亿元，比上年增长7.4%，保持快速增长。分经济类型看，国有企业实现利润5.16亿元，增长33.7%；集体企业4.38亿元，下降23.4%；股份制企业2520.68亿元，增长8.6%；外商及港澳台商投资企业1248.68亿元，增长5.1%；私营企业1564.41亿元，增长11.3%。规模以上工业企业资产负债率50.8%，比上年下降0.5个百分点；每百元主营业务收入中的成本为86.34元，营业收入利润率为6.70%。

八、创新动力持续增强

坚持创新引领，以“用”为导向，打通创新链、产业链、价值链，加强知识产权保护，14项成果获2019年度国家科学技术奖、实现翻番，每万人拥有发明专利11.1件、增长12.8%。全省参与制定和修订国家标准123项、行业标准65项，新增地方标准86项。光电信息、能源材料、化学工程、能源器件等4家省创新实验室和10个省级科技创新平台启动建设。构建高技术企业成长加速机制，大力培育“双高”企业和“专精特新”企业，高成长企业超过400家，高新技术企业达4500家。精准帮扶民营企业，深入开展“三个一百”活动，引导民营企业创新转型，高新技术企业中民营企业占98%。

九、制造业加快发展

以智能制造为主攻方向，加快传统产业改造

升级步伐，智能制造试点示范企业达125家，国家级制造业单项冠军数量居全国第五位。大力推进两化融合，深化“互联网＋先进制造”，3.3万家企业用上了云计算平台。推进制造业与现代服务业融合发展，服务型制造示范企业达108家。着力建链、强链、补链，提升产业链水平，新型显示、集成电路、半导体照明等实现全产业链发展，以上汽宁德基地为龙头的新能源汽车产业集群加快形成，中化泉州乙烯、古雷炼化一体化等石化重大项目加快推进。实施百亿龙头成长计划和千亿集群培育计划，主营业务收入超百亿元的工业企业达45家，产值超千亿的产业集群达18个。

十、新兴产业加速成长

大力实施新兴产业倍增工程，完善“一个行业一个规划一个政策”工作机制，新型功能材料、生物医药等4个集群入围国家战略性新兴产业集群，战略性新兴产业增加值达5400亿元、增长25%。成功举办第二届数字中国建设峰会，中国人工智能大赛永久落户我省，5G商用正式启动，物联网产业产值超千亿元，数字经济规模约1.7万亿元，数字产业化、产业数字化加快推进。国家海洋经济发展示范区建设开局良好，一批智慧海洋、蓝色产业项目加快建设，海洋生产总值增长11%。

（摘编：黄国实）

福建服务业迈向高质量发展

2019年，福建服务业坚持以供给侧结构性改革为主线，大力推动高质量发展，服务业比重持续提升，产业转型升级不断推进，为全面建成小康社会提供有力支撑。

一、服务业规模不断扩大

（一）服务业增加值比重上升

初步核算，2019年全省服务业增加值19217.03亿元，增长7.3%，比GDP和第二产业增加值增速分别低0.3个和1.0个百分点，比全国平均水平高0.4个百分点；占GDP比重为45.3%，比上年提高0.1个百分点；对GDP增长贡献率为42.0%，拉动GDP增长3.2个百分点。

（二）服务业投资规模平稳增长

2019年，全省服务业固定资产投资额增长2.8%，占全省固定资产投资比重为67.7%，比上年回落2.1个百分点。分行业看，教育、卫生和社会工作等公共服务业投资增速较快，分别增长36.5%和24.8%。

（三）规模以上服务业企业发展良好

2019年，全省5922家规模以上服务业实现营业收入4591.56亿元，增长15.0%，比上年提高4.9个百分点，增幅居全国第2位；应交增值税97.84亿元，增长24.4%，居全国第2位；期末从业人员94.67万人，增长7.1%，居全国首位；应付职工酬薪为861.55亿元，增长16.4%，居全国第2位。

二、服务业产业升级持续推进

（一）消费市场平稳运行，网上零售加快壮大

2019年，全省实现社会消费品零售总额15749.69亿元，增长10.0%，比上年回落0.8个百分点，扣除价格因素实际增长7.9%，比上年回落1.3个百分点，总体呈现平稳运行的良好态势。分城乡看，城镇市场消费品零售额14239.73亿元，增长9.8%，乡村市场零售额1509.96亿元，增长11.5%，城乡市场增幅差距比上年缩小1.1个百分点。在互联网技术和物流配送体系支撑下，网上零售不断发展壮大，永辉生活、朴朴快送超市等本土新零售企业“线上平台+线下仓储配送”模式逐渐被大众接受。全省限额以上批发和零售企业实现网上商品零售额1223.30亿元，增长24.1%，比上年提高4.6个百分点，占全省社会消费品零售总额的比重为7.8%，比上年提高0.8个百分点，拉动全省社会消费品零售总额增长1.7个百分点。

（二）交通运输能力增强，网络货运迅猛增长

2019年，全省交通运输、仓储和邮政业实现增加值1484.58亿元，增长9.5%，占GDP比重为3.5%，对GDP增长贡献率为5.0%。各种运输方式货运量13.37亿吨；货物周转量8296.62亿吨公里；客运量4.94亿人，下降4.0%，降幅缩小0.9个百分点；旅客周转量1190.02亿人公里，增长3.2%，比上年回落3.3个百分点。沿海港口货物吞吐量5.95亿吨，增长6.6%，比上年回落0.7个百分点；沿海国际标准集装箱吞吐量1725.97万标准箱，增长4.8%，比上年回落0.5个百分点。无车承运等网络货运新业态带动交通运输业保持较快增长。2019年，规模以上交通运输、仓储和邮政业实现营业收入1687.50亿元，增长14.6%，比上年提高7.4个百分点，对规上服务业营业收入增长的贡献率达35.8%。其中，道路运输业在无车承运企业带动下迅猛增长，实现营业收入557.42亿元，增长48.9%，比上年提高38.2个百分点，对该行业门类增长贡献率达85.3%。

（三）金融业运行稳健，金融改革持续推进

2019年，金融业实现增加值2875.35亿元，增长9.2%，占GDP比重为6.8%，对GDP增长贡献率为8.0%。2019年末，全省金融机构本外币各项存款余额49836.41亿元，增长8.8%，比上年末提高4.9个百分点；本外币各项贷款余额52640.82亿元，增长13.2%，比上年末提高2.2个百分点。保险业实现保费收入1174.77亿元，增长8.6%。金融改革和对外开放持续推进，闽台金融合作突破前行。宁德、龙岩获批创建国家普惠金融改革试验区，围绕金融精准扶贫实施了“垄上行·背包银行”、海上信用渔区、“三农”综合保险等一系列金融创新举措。截止2019年末，海峡股权交易中心“台资版”实现展示台资企业403家，挂牌台资企业6家，累计帮助台资企业融资21.34亿元。

（四）房地产投资较快增长，商品房销售保持平稳

2019年，房地产业实现增加值2689.62亿元，增长7.0%，占GDP比重为6.3%，对GDP增长贡献率为4.3%。全省房地产开发投资5673.13亿元，增长14.8%，比上年提高11.8个百分点，其中住宅投资增长17.9%，比上年提高11.1个百分点。商品房销售面积6456.13万平方米，增长3.9%，其中住宅销售面积5073.73万平方米，增长6.1%。商品房销售额6938.79亿元，增长5.5%，其中住宅销售额5685.25亿元，增长12.0%。2019年末，商品房待售面积1862.04万平方米，下降0.9%。

（五）文化旅游融合发展，品牌影响不断扩大

2019年，我省以文旅融合发展为重点，着力打响生态福建、清新福建、“全福游，有全福”等品牌，积极发展红色旅游，推进全域生态旅游、深度旅游，福建旅游影响力不断提升。新增国家级文化旅游品牌70家，武夷山市、永泰县、武平县列入首批国家全域旅游示范区。新增省级旅游度假区、省级生态旅游示范区等省级文化旅游品牌124家。全省接待国内旅游人数52697.08万人次，增长16.7%；接待入境旅游人数958.28万人次，增长6.3%。实现旅游总收入8101.21亿元，增长22.1%，其中国内旅游总收入7393.43亿元，增长22.6%。

（六）信息服务业稳步发展，互联网服务快速增长

2019年，规模以上信息传输、软件和信息技术服务业实现营业收入1266.42亿元，增长9.4%，比上年提高2.4个百分点。其中，互联网和相关服务业在团购、直播、小说等生活服务平台带动下保持较快增长，营业收入213.97亿元，增长24.7%，比上年提高4.5个百分点。

（七）居民服务发展放缓，科教文卫平稳发展

2019年，规模以上居民服务、修理和其他服务业实现营业收入113.90亿元，增长16.2%，比上年回落16.3个百分点。近几年居民服务业受益于家政服务业各项优惠政策，“互联网+居民服务”企业快速扩张，业务量爆发增长。但随着市场竞争加剧，企业发展有所放缓。居民服务业实现营业收入72.78亿元，增长17.0%，比上年回落14.8个百分点。规模以上科学研究和技术服务业，教育，卫生和社会工作，文化、体育和娱乐业营业收入分别为252.05亿元、28.88亿元、66.90亿元和130.56亿元，分别增长18.6%、23.7%、12.7%和9.6%。

三、服务业发展存在问题

（一）服务业增加值占比偏低，内部结构待进一步优化

2019年，服务业占GDP比重为45.3%，比全国平均水平低8.6个百分点，比我省第二产业低3.3个百分点，居全国末位。从服务业内部结构看，支柱行业集中于传统服务业，新服务领域比重仍然偏小，产业结构有待进一步优化。交通运输、仓储和邮政业，批发和零售业，住宿和餐饮业，房地产业等传统服务业占第三产业增加值比重达47.2%。信息传输、软件和信息技术服务业，租赁和商务服务业，科学研究和技术服务业等新兴服务业发展速度有所加快，但产业规模偏小，发展水平亟待进一步提高。同时，产业集聚与融合发展不足，生产性服务业与制造业、新兴服务业与传统服务业等尚未形成良好的融合发展机制。

（二）服务业企业规模偏小，自主创新意愿能力不足

福建服务业企业普遍规模偏小，领军型服务业企业屈指可数。2019年，全省规上服务业企业

数5922家，居全国第11位，居东部第7位；营业收入4591.56亿元，占全国2.1%；企业户均营业收入0.78亿元，是全国平均水平的59.6%，居全国第25位。供给侧结构性改革背景下，规模小造成企业在转型升级、自主创新过程中面临着缺少资金和人才的难题。小企业融资渠道单一，银行贷款与风险投资融资门槛高，民间借贷利息成本高。同时，小企业招不来留不住高端技术人才和综合管理人才。资金和人才缺口制约下，创新风险高、创新意愿不强造成企业创新能力不足。

（三）企业经营成本压力较大，降本增效能力有待提高

2019年，全省规上服务业企业实现营业利润384.58亿元，下降7.5%，比全国平均增速低12.9个百分点，居全国第23位。经营成本费用上升是导致企业盈利水平下降的主要原因。全省规上服务业营业成本3535.84亿元，增长17.2%，比营业收入增速快2.2个百分点。销售、管理、研发、财务四项费用903.77亿元，增长11.8%。成本费用占营业收入比重达96.7%，比上年提高0.8个百分点。

四、几点建议

（一）深化改革创新，激发新服务增长活力

一是兼顾新兴服务业与传统服务业的协同发展。重点发展电子商务、数字经济、科学研究、商务服务等新兴生产性服务业。同时，推动传统服务业利用现代信息技术和新生产服务手段，开展技术改造和转型升级，推动现代物流、线上零售等新业态加速发展。二是要以消费升级为抓手推动生活性服务业转型升级。进一步聚焦消费热点，拓宽优质服务产品有效供给渠道，拓展传统生活性服务业新功能，积极打造全国知名的商业和服务品牌，满足人民群众日益增长的对美好生活的多样化追求。

（二）优化营商环境，加强资金和人才保障

一是拓展融资渠道，强化对创新创业企业金融支持。设立专项资金资助创业企业技术创新，保持对企业技术创新的引导和支持。通过基金和税收优惠等形式，带动社会资本对创业企业直接融资。利用金融改革先试先行优势，拓宽外资、港澳台商投资和民间资本进入服务业领域，提高服务业投资活力。二是加强人才引进和培育力度。大胆引进高新企业发展迫切需要的各类型人才要，做好服务，解决后顾之忧。积极营造创业创新良好氛围，给予高层次人才创业创新项目扶持奖励。加强与发达地区、领军企业、科研高校合作力度，根据产业发展需要定向培育高端人才。多渠道多手段强化资金和人才保障，加强服务业发展要素供给，不断优化服务业企业营商环境。

（撰稿：福建省统计局　杨峰）

福建省房地产开发和销售概况

一、房地产开发投资完成情况

2019 年，全省房地产开发投资 5673.13 亿元，比上年同期增长 14.8%，增速比上年同期提高 11.8 个百分点。其中，住宅投资 4076.31 亿元，增长 17.9%，占房地产开发投资的比重为 71.9%。

2019 年，房地产开发企业房屋施工面积 34140.18 万平方米，同比增长 4.0%；其中，住宅施工面积 22456.97 万平方米，增长 6.8%。房屋新开工面积 6398.36 万平方米，下降 11.2%；其中，住宅新开工面积 4615.00 万平方米，下降 9.0%。房屋竣工面积 2882.29 万平方米，下降 22.9%；其中，住宅竣工面积 1813.90 万平方米，下降 22.7%。

2019 年，房地产开发企业土地购置面积 1031.70 万平方米，同比下降 19.8%。

二、商品房销售和待售情况

2019 年，商品房销售面积 6456.13 万平方米，同比增长 3.9%；其中，住宅销售面积 5073.73 万平方米，增长 6.1%。商品房销售额 6938.79 亿元，增长 5.5%；其中，住宅销售额 5685.25 亿元，增长 12.0%。

12 月末，商品房待售面积 1862.04 万平方米，同比下降 0.9%。其中，住宅待售面积 532.54 万平方米，增长 1.8%。

三、房地产开发企业到位资金情况

2019 年，房地产开发企业到位资金 6873.76 亿元，同比增长 4.9%。其中，国内贷款 822.32 亿元，下降 3.9%；利用外资 22.57 亿元，增长 5.3 倍；自筹资金 2871.84 亿元，增长 7.9%；其他资金 285.36 亿元，下降 10.3%。

表：2019 年房地产开发和销售情况主要数据

指　标	绝对量	同比增长（%）
房地产开发投资（亿元）	5673.13	14.8
其中：住宅	4076.31	17.9
房屋施工面积（万平方米）	34140.18	4.0
其中：住宅	22456.97	6.8
房屋新开工面积（万平方米）	6398.36	-11.2
其中：住宅	4615.00	-9.0
土地购置面积（万平方米）	1031.70	-19.8
房屋竣工面积（万平方米）	2882.29	-22.9
其中：住宅	1813.90	-22.7
商品房销售面积（万平方米）	6456.13	3.9
其中：住宅	5073.73	6.1

续表

指　标	绝对量	同比增长（%）
商品房销售额（亿元）	6938.79	5.5
其中：住宅	5685.25	12.0
商品房待售面积（万平方米）	1862.04	-0.9
其中：住宅	532.54	1.8
房地产开发企业到位资金（亿元）	6873.76	4.9
其中：国内贷款	822.32	-3.9
利用外资	22.57	530.9
自筹资金	2871.84	7.9
其他资金	285.36	-10.3

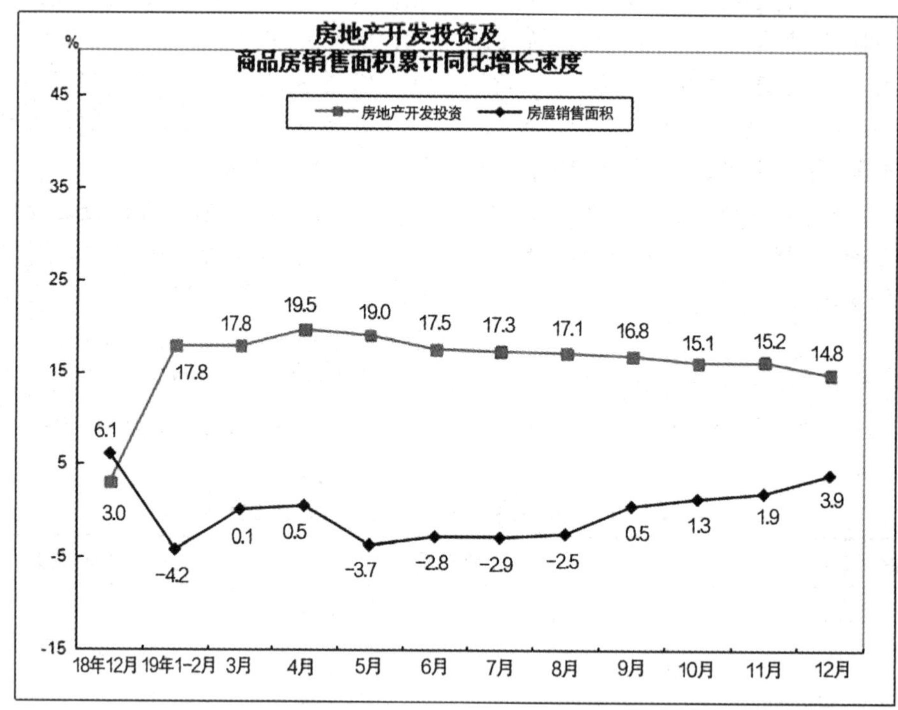

（来源：福建省统计局网站，摘编：彭文荣）

2019年福建省交通运输业平稳运行

2019年，福建省交通运输业攻坚克难，大力完善综合交通运输网络，提升行业治理能力，实现行业运行稳中有进，为全省经济社会发展提供了重要保障。

2019年，全省交通运输、仓储和邮政业实现增加值1484.58亿元，较上年增长9.5%，增幅比上年提高2.3个百分点，高于全省GDP增速1.9个百分点。增加值占GDP的比重为3.5%，对GDP的贡献率为5.0%，拉动GDP增长0.4个百分点。

一、交通运输生产稳步发展

2019年，全省铁路、公路、水运和民航四种运输方式累计客运量49379.03万人，比上年下降4.0%，降幅比上年缩小1.0个百分点；旅客周转量1190.02亿人公里，增长3.2%，增幅回落3.0个百分点。货运量133692.84万吨，货物周转量8296.62亿吨公里。

（一）铁路运输

2019年，全省铁路客运量12741.12万人，比上年增长5.3%，增幅比上年提高1.3个百分点；旅客周转量396.25亿人公里，增长2.9%，回落0.2个百分点。全省铁路货运量4085.53万吨，增长16.1%，提高5.4个百分点；货物周转量191.61亿吨公里，增长30.0%，提高21.6个百分点。

（二）公路运输

2019年，全省公路客运量，31199.27万人，比上年下降8.5%，降幅比上年缩小0.9个百分点，旅客周转量189.99亿人公里，下降10.4%，降幅扩大3.5个百分点。货运量87317.00万吨，货物周转量962.48亿吨公里。

（三）水路运输

2019年，全省水路客运量1820.58万人，由上年的增长0.2%转为下降5.6%；旅客周转量2.66亿人公里，下降3.5%，降幅扩大2.4个百分点。货运量42262.61万吨，增长14.7%，增幅提高4.5个百分点；货物周转量7135.60亿吨公里，增长14.9%，增幅提高0.6个百分点。

（四）航空运输

2019年，民航客运量3618.06万人，比上年增长8.7%，增幅比上年回落2.9个百分点；旅客周转量601.13亿人公里，增长8.6%，回落6.1个百分点。货邮吞吐量27.71万吨，增长2.7%，回落6.4个百分点，货邮周转量6.94亿吨公里，增长4.4%，回落18.7个百分点。

（五）港口生产

2019年，全省沿海主要港口货物吞吐量5.95亿吨，比上年增长6.6%，增幅比上年回落0.7个百分点；集装箱吞吐量1725.97万标准箱，增长4.8%，回落0.7个百分点。全省外贸货物吞吐量2.38亿吨，增长13.0。福州港、湄洲湾港、泉州港和厦门港的货物吞吐量分别为2.13亿吨、0.94亿吨、0.75亿吨和2.13亿吨，增速分别为18.9%、12.6%、-4.9%和-1.7%。

（六）机场吞吐量

2019年，全省民用机场旅客吞吐量5173.75万人次，比上年增长4.6%，增幅回落10.0个百分点；货邮吞吐量53.85万吨，由上年的增长3.6%转为下降1.0%。其中，高崎机场旅客吞吐量2741.34万人次，增长3.2%；长乐机场1476.02万人次，增长2.5%；晋江机场843.58万人次，增长13.3%。

二、交通运输业发展中需关注的问题

（一）公路旅客运输业发展呈下降趋势

公路运输受集约化程度低、服务水平不高、

出行时间长等因素影响，又由于省内动车网络的日益完善，公路客运在长距离旅客运输和中心城际旅客运输中处于不利地位，缺乏竞争优势，客运量和营业收入均有所下降。

（二）交通运输业经济形势复杂

随着经济下行压力加大，交通运输经济运行面临的形势较以往更加复杂，保持行业持续较快发展的难度明显加大。企业普遍面临需求收缩和成本增加的双重压力，1—12月，全省规模以上交通运输、仓储和邮政业营业利润同比下降25.8%。

三、加快交通运输业发展的若干建议

（一）发挥公路客运比较优势，调整运营结构

坚守中短途客运阵地，积极发展中短途客运班线并延伸某些班线至偏远乡镇，充分发挥公路客运“点对点、门到门”的比较优势。增加班线密度，在暑期、春运等非常时期适当增加运输班次，尽可能缩短旅客出行时间。大力发展城乡公交，满足城乡居民日常活动需求。

（二）充分利用“互联网＋”技术，培育数字化交通

利用5G、云计算、大数据等技术，将互联网产业与传统交通运输业进行有效渗透和融合，了解市场需求并适时开通新线路，合理分配线上资源，保证线下高效优质运行。建立数字交通信息平台，加强统一调度与协作，合理调配运力，提升交通出行信息服务管理能力。

（撰稿：福建省统计局　陈洁）

福建省邮电业运行良好

2019 年，全省邮电业实现业务总量 3880.76 亿元，比上年增长 53.7%，增幅比上年回落 40.3 个百分点；业务收入 756.74 亿元，增长 9.3%，增幅提高 3.0 个百分点。

一、邮政行业平稳增长

2019 年，福建省邮政企业和快递服务企业业务总量 646.01 亿元，比上年增长 29.5%，增幅比上年提高 2.4 个百分点；业务收入（不包括邮政储蓄银行直接营业收入）323.62 亿元，增长 24.7%，提高 3.1 个百分点。

（一）传统邮政业务量下滑，包裹业务小幅回升

2019 年，邮政函件业务累计完成 4755.16 万件，比上年下降 48.9%；包裹业务量 60.01 万件，增长 6.0%；订销报纸业务量 68214.34 万份，下降 2.8%；订销杂志业务量 2393.72 万份，下降 8.9%；汇兑业务量 36.92 万笔，下降 33.4%。

（二）快递业务量保持增长

2019 年，全省快递业务量 26.20 亿件，比上年增长 23.8%，增幅回落 3.6 个百分点；快递业务收入 259.16 亿元，增长 25.4%，增幅回落 2.2 个百分点。其中，同城业务收入 3.45 亿元，增长 16.0%；异地业务收入 22.22 亿元，增长 25.0%；国际及港澳台业务收入 0.52 亿元，增长 27.0%。

二、电信行业快速发展

（一）电信业务量增长趋缓

2019 年，全省电信业实现业务总量 3234.74 亿元，比上年增长 59.8%，增幅回落 63.1 个百分点；实现业务收入 433.12 亿元，由上年的下降 0.8%转为增长 0.1%。2019 年末，全省电话用户总数 5484 万户，较上年末净增 197 万户，固定电话用户 764 万户，增加 31 万户，移动电话用户 4720 万户，净增 166 万户，其中：4G 电话 3879 万户，净增 246 万户。全省固定宽带用户为 1779 万户，净增 150 万户，移动互联网用户为 3916 万户，净增 71 万户。

（二）基础设施建设有所增加

2019 年底，建成移动电话基站 29 万个，增长 25.6%，其中，3G 基站 3.6 万个，下降 4%，4G 基站 19.6 万个，增长 41.3%，占移动电话基站总数比重达 67.4%，5G 基站 1626 个。固定宽带接入端口 3232.1 万个，下降 2.8%，其中：FTTH/O 端口 2943.1 万个，增长 5.2%，占比超过九成。

（三）电信服务水平提高

截至 2019 年底，全省固定电话普及率 19.4%，提高 0.7 个百分点；移动电话普及率 119.8%，提高 3.4 个百分点。全省固定宽带家庭普及率 133.3%，提高 17.5 个百分点，移动宽带用户普及率 104.4%，提高 3.5 个百分点。

三、邮电业发展中需关注的问题

（一）传统邮政业务低迷

相较于迅猛增长的快递业，传统邮政业务（函件、报纸杂志等）由于网点少、效率低，客户逐渐流失；随着“互联网+”时代的到来，阅读电子期刊、使用网络平台转账逐渐取代了纸质杂志、汇兑等传统业务，传统邮政业发展遇到阻碍。

（二）电信业务收入与业务量增长不匹配

与快速增长的电信业务总量相比，电信业务收入增速较慢。一方面，随着电信用户市场的日趋饱和，电信行业开始呈现出用户增长慢、收入增长慢的态势；另一方面，移动互联网快速更新换代，三大运营商各自建设网络，电信基础设施投入不断增加，经营成本随之上升。

四、加快邮电业发展的若干建议

（一）推进邮政业转型升级，提升服务水平

数字化时代的到来对传统邮政服务的冲击不可逆转，邮政企业要积极顺应时代发展，适时调整企业的经营战略，根据市场需求积极转型，拓宽业务范围，例如开展地方特色产品购销业务，实现邮政业务与地方经济发展的融合。

（二）拓展电信业务类型，寻求收入增长点

充分利用丰富的用户基础优势和5G技术，推动“互联网＋”商业模式变革。对于群众市场，开展便民服务、电子商务、便捷交通、普惠金融等与居民日常生活紧密联系的专项服务；对于企业市场，通过提供标准化、系统化的互联网应用平台，助力传统行业数字化升级。

（撰稿：福建省统计局　陈洁）

福建省社会消费品零售概况

2019年12月，全省实现社会消费品零售总额1449.43亿元，同比增长7.6%（名义增长，下同）。2019年，社会消费品零售总额15749.69亿元，增长10.0%。

按销售单位所在地分，12月，城镇消费品零售额1309.92亿元，增长7.1%；乡村消费品零售额139.51亿元，增长12.1%。2019年，城镇消费品零售额14239.73亿元，增长9.8%；乡村消费品零售额1509.96亿元，增长11.5%。

按消费形态分，12月，餐饮收入152.79亿元，增长12.6%；商品零售1296.64亿元，增长7.0%。2019年，餐饮收入1578.38亿元，增长10.3%；商品零售14171.31亿元，增长10.0%。

2019年1—12月福建省社会消费品零售总额主要数据

指　标	12月		1—12月	
	绝对量（亿元）	同比增长（%）	绝对量（亿元）	同比增长（%）
社会消费品零售总额	1449.43	7.6	15749.69	10.0
按销售单位所在地分				
城镇	1309.92	7.1	14239.73	9.8
乡村	139.51	12.1	1509.96	11.5
按消费形态分				
餐饮收入	152.79	12.6	1578.38	10.3
商品零售	1296.64	7.0	14171.31	10.0

注：此表速度均为未扣除价格的名义增速。

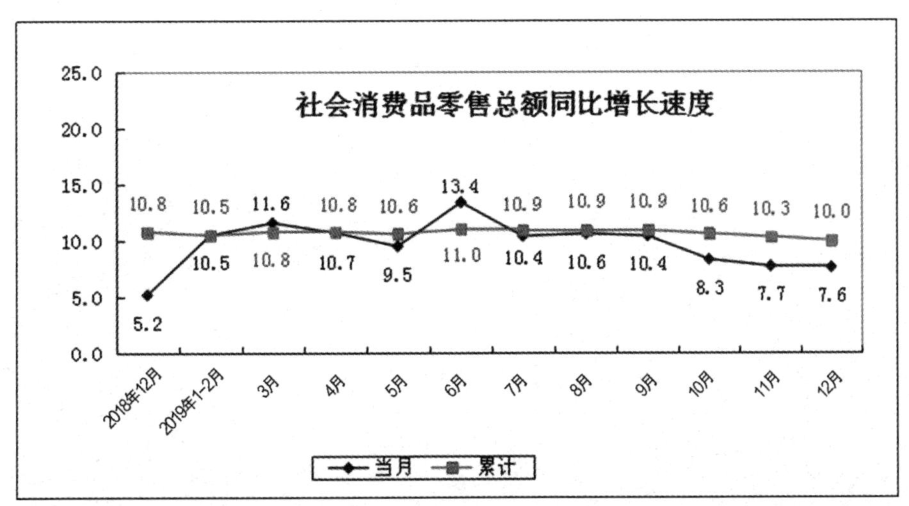

附注

1. 指标涵义

社会消费品零售总额：是指企业（单位、个体户）通过交易直接售给个人、社会集团非生产、非经营用的实物商品金额，以及提供餐饮服务所取得的收入金额。

2. 调查对象

从事商品零售活动或提供餐饮服务的法人企业、产业活动单位和个体户。其中，限额以上单位是指年主营业务收入2000万元及以上的批发业企业（单位）、500万元及以上的零售业企业（单位）、200万元及以上的住宿和餐饮业企业（单位）。

3. 调查方法

对限额以上单位进行全数调查，对限额以下单位进行抽样调查。

（来源：福建省统计局网站，摘编：郑新贵）

福建省固定资产投资概况

2019年，全省固定资产投资（含铁路）比上年增长6.0%；全省固定资产投资（不含铁路）比上年增长5.9%。

分产业看，第一产业投资下降1.3%；第二产业投资增长14.2%；第三产业投资增长2.8%。第二产业中，工业投资增长15.5%。其中，采矿业投资增长18.6%；制造业投资增长16.2%；电力、热力、燃气及水的生产和供应业投资增长10.0%。

分登记注册类型看，内资企业投资同比增长5.7%；港澳台商投资企业增长13.7%；外商投资企业增长10.9%。

从隶属关系看，中央投资同比增长58.1%；地方投资增长4.6%。

从施工和新开工项目情况看，施工项目计划总投资同比增长0.7%；新开工项目计划总投资下降19.3%。

从到位资金情况看（5000万以上项目和房地产项目），到位资金同比增长7.3%。其中，国家预算资金增长7.1%；国内贷款下降8.5%；利用外资增长120.2%；自筹资金增长11.6%；其他资金增长1.2%。

表：2019年固定资产投资主要数据（不含铁路）

指　标	同比增长（%）
固定资产投资	5.9
其中：国有及国有控股	3.9
分隶属关系	
中央	58.1
地方	4.6
分产业	
第一产业	-1.3
第二产业	14.2
第三产业	2.8
分行业	
其中：农林牧渔业	-0.5
采矿业	18.6
制造业	16.2
电力、热力、燃气及水的生产和供应业	10.0
建筑业	-87.8
交通运输、仓储和邮政业	-14.8

续表

指　标	同比增长（%）
水利、环境和公共设施管理业	-7.2
教育	36.5
卫生和社会工作	24.8
文化、体育和娱乐业	5.1
公共管理、社会保障和社会组织	-53.0
分注册类型	
其中：内资企业	5.7
港澳台商投资企业	13.7
外商投资企业	10.9
分施工和新开工项目	
施工项目计划总投资	0.7
新开工项目计划总投资	-19.3
固定资产投资到位资金	7.3
其中：国家预算资金	7.1
国内贷款	-8.5
利用外资	120.2
自筹资金	11.6
其他资金	1.2

注：1. 此表中速度均为未扣除价格因素的名义增速。
2. 此表中到位资金含5000万以上项目和房地产项目到位资金。

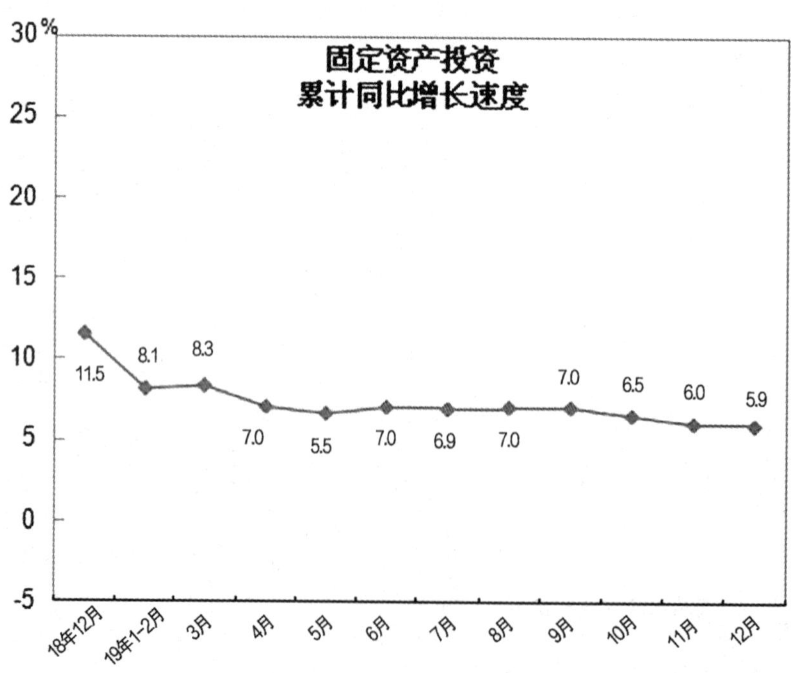

（来源：福建省统计局网站，摘编：朱明清）

第四篇
工业园区

福建省开发区发展综述

截至2018年底，全省共有省级及以上开发区97家，其中国家级24家（包括经济技术开发区、高新区、台商投资区、海关特殊监管区等类型）、省级73家（包括经济开发区、高新区、工业园区等类型）。2018年，全省开发区实现地区生产总值达到1.2万亿元，同比增长9.5%，占全省34%；实现税收收入1105.7亿元，同比增长9.4%，占全省25.8%；实际利用外资总额152亿元，占全省49.8%；对外直接投资额129.1亿元，同比增长41.7%，占全省40%以上；进出口总额5129.4亿元，同比增长14.8%，占全省42.3%。

制定发展政策。（1）由省商务厅牵头起草，经省政府常务会议和省委全面深化改革领导小组第二十二次会议审议通过，省政府于2018年8月17日出台了《福建省人民政府关于促进开发区高质量发展的指导意见》（闽政〔2018〕15号，以下简称《意见》)。《意见》从创新管理体制和运行机制、强化招商和优化服务、加快产业集聚和转型升级、促进区域协作和资源整合、集约利用土地、保障措施等六个方面提出二十六条改革举措。九个设区市相应制定了行动实施方案，全面贯彻落实《意见》的改革举措。（2）为贯彻落实《意见》提出“完善考核评价和激励约束”的举措，由省商务厅牵头，会同省科技厅、工信厅、自然资源厅、生态环境厅、住建厅、统计局等部门研究制定并印发了《福建省开发区综合发展水平考核评价办法（暂行)》。考评办法包括总体要求、参评对象、考评指标、考评程序、结果运用、组织保障等内容。由发展规模、土地集约、科技创新、环保安全、开放合作、管理服务等六大类57项指标构成考核评价体系，突出土地集约、财税收入、创新能力、生态环保等效益指标的考核。（3）为贯彻落实《意见》提出“集约利用土地”的举措，由省自然资源厅和省商务厅联合印发《关于严格土地节约集约利用促进开发区高质量发展十条措施》，强化土地投入产出水平考核，提升亩均土地投资强度和税收水平。保障开发区科学合理用地，提高土地节约集约利用水平，促进开发区高质量发展。

培育主导产业。近年来，各开发区不断调整产业定位，加快园区产业优化，着力打造主导产业突出、服务体系健全、带动效应显著的现代工业园区。2018年，厦门火炬高新区半导体和集成电路产业、计算机与通信设备产业、软件与信息服务业、生物医药行业、新材料产业等保持高速增长；新增瞪羚企业35家，总数达60家位列全国第8位，获批建设“大中小企业融通”特色载体。福州经开区以物联网、基金等新兴产业为引领，加快推动传统产业转型升级，切实增强产业核心竞争力；马尾基金小镇已集聚投资机构288家，是省内管理私募基金规模最大的区域。东侨经开区不断推动新能源新材料、生物科技、电机电器、食品加工等产业实现集群化、规模化发展（锂电新能源产业年均增速达144%）。

促进招商引资。各开发区结合自身发展实际，不断完善招商机制和措施，推进专业公司化招商，同时借助国家、省举办的重大经贸活动平台加大招商引资力度，推进重点项目建设和管理服务优化，全面升级发展新动能。“9·8”投洽会期间，全省共19家国家级和省级开发区参展，布置108个展位，8个特装展区，面积978平方米。各开发区精心策划，突显“一带一路”特色，集中展示福建开发区良好投资环境和高质量发展态势，成为投洽会展馆一道亮丽风景线，吸引海内外宾客驻足观摩，洽谈投资合作。通过展示、推介、洽谈活动，参展开发区谈成了一批大项目、好项目。漳州高新区持续优化“商务110”商机对接与招商服务模式，已经形成“一中心”统筹、“三平台”协作、“一系统”管理、“多部门”联动的工作架构，完善从商务对接到落地发展的全周期服务体系。

创新管理体制。2018 年，全省各开发区按照《福建省人民政府关于促进开发区高质量发展的指导意见》（闽政文〔2018〕15 号）要求，各地积极理顺开发区与所在县（市、区）关系，构建精简高效的开发区管委会机构，推动开发区管委会主要领导由所在地党政领导兼任。创新开发建设主体和运营主体管理机制。支持各开发区成立运营公司，实行市场化运作。目前全省 97 家开发区中管委会领导由所在地领导兼任的超过一半，设立运营公司的占 85%，成立专业化招商公司的近三分之一。同时，深入开展“放管服”改革，推动公共服务平台和功能不断完善，提升“一站式”的“互联网＋政务”服务，营商环境进一步优化。

创建合作园区。支持国家级经开区积极探索与境外经贸合作区开展合作，打造国际合作新载体。推动在泉州经开区设立中意国际产业合作园，该项目列为省重点招商策划项目。泉州经开区主动对接合作，6 月 4 日与意大利—中国新丝绸之路促进会签订合作协议，探索“两国双园”国际产能合作新模式。8 月 25 日，在北京举行由泉州经济技术开发区委托国家发改委国际合作中心编制的中意“两国双园”规划方案专家研讨会，来自外交部、商务部、发改委等部委和科研单位的相关专家出席会议，高度评价“两国双园”项目。

推动环保建设。按照《福建省水污染防治 2018 年度工作计划》，省商务厅大力督促开发区开展污水集中治理工作，下发通知要求各开发区管委会严格落实关于开发区环境保护工作要求，厅领导多次带队深入开发区推进污水集中处理设施建设，切实引起开发区及所在地政府的高度重视。截至 2018 年底，全省省级以上开发区（工业集聚区）全部按要求建成污水集中处理设施，并安装自动在线监控装置及联网。

（原载《2019 福建省开发区年鉴》，摘编：赵小真）

省级经济技术开发区（海关特殊监管区、高新区）概况

福州经济技术开发区

福州经济技术开发区为国家级开发区，2018年基础设施建设不断完善，天马山生态公园建成开园，新增绿地面积13.7万平方米。全面推行河湖长制，启动磨溪河、魁岐河等水系综合治理，君竹河黑臭水体治理通过生态环境部、住建部督察验收。新改扩建雨污管网50公里，完成快安、青洲、长安污水处理厂一级A提标改造，琅岐污水处理厂投入试运行。亭江防洪防潮工程一期等4个水利项目加快推进，天台水库顺利建成。实施朏头、上下德等连片旧屋区改造12个92.7万平方米，整治提升英华园等老旧小区12个。城市精细化管理水平不断提升，规范早夜市、共享单车和市政设施管理，拆除“两违”16.5万平方米，修补人行道1.7万平方米，新建公厕9座。实施交通缓堵项目67个，新增公共停车泊位660个，新改扩建市政道路21条26公里，福马路提升改造工程加快推进，港口路下穿及市政配套工程启动建设。饮用水安全保障能力逐步提升，更新、改造老旧供水管网16公里，海峡水厂开工建设，塘坂引水工程琅岐支线加快推进，集中式饮用水水源地水质达标率100%。空气质量优良率95.9%，位居全市前列。

产业特色体系分明。物联网产业快速发展，产业链条日益完善、影响力显著提升。引进大唐高鸿、中量航天、聚力成第三代半导体等一批高科技项目，承办首届数字中国建设峰会物联网分论坛，建成华为全国首个物联网云计算创新中心，参与中央党校智慧项目建设，新认定物联网企业52家。物联网开放实验室功能日趋完善，车联网EMC暗室、OTA实验室等二期项目启动建设，全国物联网人才培训基地正式落地，参与制定行业标准19项，引进高端人才6人。物联网产业创新发展中心基本建成，首批签约入驻项目26个。“福州经开区微电子·物联网”进入“全国区域品牌榜单”前100位，品牌估值达218亿元。基金小镇知名度大幅提高，新增亿元以上基金17个，基金管理总规模超过1200亿元，实现税收7360万元，增长156%。承办“福建省产融合作推介会”等10场大型活动，成功对接融资需求项目59个，投资额64亿元。“马尾基金小镇成立”入选福建省金融改革开放最具影响力40件大事。跨境电商迅猛发展，出口加工区二期通过海关总署验收，建成跨境电商保税仓，引进国内最大跨境电商进口商网易考拉，保税票数突破300万票，同比增长9倍，占全市总量92%。文旅产业加快发展。启动船政特色历史文化街区建设，完成船政博物馆改造。琅岐大型综合文旅项目落地实施，总投资近600亿元，文旅体验中心、田园综合体花海、望江楼度假中心等项目启动建设。成功举办“琅岐葡萄音乐节”等16场节庆活动，接待游客450万人次，增长25%。新大陆、大通机电入选中国最具价值品牌500强企业，飞毛腿、佳客来入选中国品牌价值评价榜单行业50强，中建海峡、冠城大通、华映科技入选福建企业百强榜。

科技创新有效提升。2018年，马尾区科协所属区级学会5个，企业科协21个。区本级预算内科普经费38.6万元，区级人均科普经费1.6元。区科协围绕区委区政府工作中心，推进区校（大专院校）战略合作，通过建设专家工作站、科技招商、建设网上科技工作者之家等工作，服务大局。新认定国家级高新技术企业36家、国家工程

研究中心1家、国家企业技术中心1家、省级服务型制造示范企业3家、省科技小巨人领军企业6家。柔性引进院士2名，教授级高级工程师1名，高级工程师1名，研究员3名，副研究员1名，博士后1名，硕士3名。截至目前，授牌院士工作站6家、专家工作站16家。

项目建设有序推进。坚持工作项目化、项目责任化、责任清单化，大力推进“抓项目促发展”专项行动，197个重点项目完成投资285亿元，星云新能源汽车电池智能制造装备等175个项目开工建设，新大陆智能支付研究中心等80个项目竣工投产，第三季度“五个一批”正向激励综合考评位居全省第9位。

招商引资成效显著。坚持小分队招商、产业链招商、以商招商等工作机制，深入开展“招商2018”专项行动，引进世贸中心等561个项目，总投资691亿元，其中，5亿元以上项目25个。完成先进制造业投资30.9亿元，增长34.7%，省级以上制造业单项冠军企业（产品）数量跃居全市第1位，每万人有效发明专利拥有量位居全省前列。

持续改善生态环境。全年全区空气优良天数350天，优良率达95.9%，在全市六城区及高新园区的环境空气质量中排名前列；集中式饮用水源白眉水库水质达标率100%，闽江干流、白眉溪省控小流域水质达标率100%；昼间区域环境噪声平均值为56.5分贝，昼间道路交通噪声平均值为66.9分贝，符合声学环境质量功能区标准；危险废物规范处置率100%。ISO 14001环境管理体系通过华夏认证中心的年度审核，环境管理体系有效运行。全区生态环境质量有效改善。积极推进马尾区第二次全国污染源普查工作。开发区制定实施《提升马尾区环境空气质量行动计划2018年度实施方案》，坚决打好蓝天保卫战，进一步增强人民群众的蓝天幸福感。加强部门联动，落实轻微污染天气应急响应，有效实施重点企业减产减排措施；加大对工地扬尘污染、道路扬尘污染的日常检查和督办，强化城市扬尘污染管控；加快推进重点行业挥发性有机物治理，督促重点挥发性有机物（VOCs）监管企业编制“一厂一策”；推进辖区锅炉改燃工作，先后完成东联纸业、东南建筑机械、见大食品、正点食品、翁财记食品、坤兴海洋生物等公司锅炉改燃天然气工作。开发区制定实施《马尾区水污染防治2018年度工作方案》，继续实施《马尾区河长制实施方案》。强化水源地保护，着力打好碧水保卫战。开展水源保护区巡查，在白眉水库水源保护区敏感点位设置视频监控探头，密切关注水源保护区情况；完成区内乡镇级饮用水水源地评估；完成白眉水库二级保护区内牛项、上宅、下宅、凤洋等4个自然村居民生活污水治理设施工程施工；配合开展集中式饮用水水源地环境保护专项督查等检查，督查组对饮用水水源保护工作给予认可。深化小流域水环境综合整治，积极配合磨溪、魁岐河整治工程，督促林浦河沿岸3家排污企业污水处理设施升级改造。加强黑臭水体整治，牵头对君竹河沿岸四类污染源进行排查整治，实施常态化监管。开发区制定实施《马尾区土壤污染防治2018年度工作方案》，扎实推进净土保卫战。委托有资质的单位开展农用地土壤污染详查点位采样工作；按照市里统一部署开展重点行业企业基础信息核实，确定福州经开区重点行业企业用地土壤调查名单并组织开展调查；与区农业、粮食等部门开展涉镉等重金属重点行业企业排查整治工作，逐步改善区域土壤环境质量。履行主要污染物总量减排的主体责任，保障社会经济又好又快地持续发展。督促青洲、快安和长安污水处理厂稳定运行，全年共处理各类污水2049万吨，平均日处理5.61万吨，确保污水达标排放，琅岐污水处理厂投入试运行；继续开展重点企业清洁生产工作，完成东南造船有限公司清洁生产审核和验收；实施排污许可制度，已核发新版排污许可证12家企业；推进初始排污权核定工作，完成辖区50家重点企业初始排污权核定工作。

深化“放管服”改革。开展职能部门、街道办事处（乡镇政府）社区治理权责清单编制工作。加快推进“证照分离”改革试点，涉及区级权限共28项，积极对接做好落实承接福州新区涉及“证照分离”改革事项中市级权限18项的工作。组织开展证明事项清理工作，印发《福州市马尾区人民政府办公室关于印发开展证明事项清理工作方案的通知》（榕马政办〔2018〕122号）清理群众和企业办事需要提供的各类证照、证明材料，没有法律法规依据的一律取消。

经济发展保持增长。2018 年，福州经济技术开发区生产总值 536.6 亿元，增长 8.6%；规模以上工业增加值 226.6 亿元，增长 9%；一般公共预算总收入 35.8 亿元，增长 2%；地方一般公共预算收入 24 亿元，增长 0.4%；固定资产投资增长 12%；社会消费品零售总额 195 亿元，增长 12.2%；出口总额 192 亿元，增长 1.6%；实际利用外资 5.2 亿元；城镇居民人均可支配收入 48538 元，增长 7.5%；农村居民人均可支配收入 25005 元，增长 8%。完成市下达的节能减排降碳任务。荣获全国科技创新百强区、全国新型城镇化质量百强区等称号。

（摘编：李　兵）

福州高新技术产业开发区

福州高新技术产业开发区是 1991 年获批的全国首个国家级高新区。2016 年 6 月，经国务院批复同意，启动国家自助创新示范区建设。2018 年，高新区完成固投 172.67 亿元、比增 15%，工业固投 56.49 亿元、比增 43%，一般公共预算总收入 23.9 亿元、比增 10.5%，地方一般公共预算收入 16.12 亿元、比增 17.1%，出口 10.9 亿元、比增 1.6%，社零 20.6 亿元、比增 16.8%，实际利用外资 5738 万元。全年新登记企业 1206 户，新增注册资本 117 亿元。

投资环境不断优化。设立管委会首支产业引导基金，基本理顺高投公司、新南公司股权关系。相对集中行政许可权试点工作方案上报省政府研究，工程建设项目审批制度改革取得初步成效。强化政策扶持推出“高新贷”、“信易租”等中小企业扶持举措，推动 2 家企业在海峡股权交易中心挂牌，新认定国家级高新技术企业 28 家，备案科技型中心企业 56 家，入选省科技小巨人领军培育企业 4 家。优化人才环境海西园人才公寓一期投入使用、二期顺利封顶，3 家企业设立专家工作站，新引进国家万人、千人计划专家 3 名、省百人计划专家 13 名。

科技创新融合发展。为促进科技创新发展，福州高新区先后制定了区“科创十条”、“双创八条”等科技扶持政策实施细则，并组织企业申报科技成果。2018 年共协助企业获市级以上扶持资金 725 万元，共推荐申报国家级高企 28 家，推荐申报省级高企 26 家，4 家企业入选福建省科技小巨人领军企业培育名单，共有 56 家企业入库科技型中心企业名单。举办在榕高校院所促进科技成果转化工作座谈会等 3 场会议，中科院科技成果转移转化基金、中科院海西研究院光电产业基地 2 个项目已签约落地。大力加强院士（专家）工作站建设，2018 年已完成浩然光电、万农高科等 3 家企业申报专家工作站。推荐申报国家级专业化众创空间、省级众创空间各 1 家，新认定市级众创空间 4 家，配合市科技局对园区 8 家市级众创空间进行年度考核评估。同时，加快科技金融工作融合。

基础设施不断完善。2018 年，福州高新技术产业开发区共安排 50 个民生基础设施建设项目列入全省项目清单，各项指标都已完成上级下达的任务数，累计完成投资 15.62 亿元，占年度投资任务数的 104.13%。审批了 5 个道路开口申请、10 个道路开挖申请，出具了 63 个违法建设认定函。乌龙江、大樟溪沿线规划管控和整治提升项目共 35 项（不含长效管理项目 2 项与已核减福建省未成年犯管教所生活入河排污口 1 项），已全部启动，已完成 28 个，完成率 80%。2018 年，福州高新区规划建设局与闽侯县交通局正式签订农村公路移交协议，全面推进路长制工作。区内现有县、乡、村道路共 101.564 公里，其中县道 30.054 公里，乡道 51.737 公里，村道 19.773 公里。

招商引资突出重点。与北京万方、长城战略研究所等第三方机构开展合作，利用北京万方等机构数据库资源，对全区的招商项目进行评估，有效提高了招商项目的科技含量。为强化服务对接，对接引进熔城半导体、众赢科技、源磊 LED、祥鑫铝业等 53 个项目，总投资额达 300 多亿。同时，充分利用“5·18”海交会、“9·8”投洽会、“侨梦苑”系列活动等重大招商平台，以及福州市派驻北京、上海、深圳的招商中心及办事处，利用创新园、创业大厦、新药创制中心等孵化器、加速器（楼宇）和启迪之星、微软云等 11 家众创空间，加快中小企业培育转化。

体制改革先行先试。为强化财政管理和监督，规范财政收支行为，选定3家国库集中支付业务代理银行（其中备选1家）。将预先为第一批6个试点单位开设零余额账户，用于预算单位的小额现金和转账支付业务。建立了连接财政、预算单位、人行、代理银行等部门的财政管理信息系统，构建一体化系统网络平台，为财政国库管理制度改革的实施提供了操作平台和技术支持。推进农村集体产权改革工作聘请第三方法律服务机构协助福州高新区完成农村集体产权制度改革工作，委托第三方会计师事务所开展清产核资工作，并选定5个示范村，以点带面推动改革工作。

（摘编：郑新贵）

福州出口加工区

福州出口加工区于2005年6月经国务院批准成立，是海关特殊监管区，园区总体规划面积1.14平方公里，首期0.436平方公里于2006年12月通过验收，2008年3月封关运作。2017年12月28日，福州出口加工区（二期）0.223平方公里通过验收，2018年5月31日通过海关总署批复验收并正式封闭监管，开关运作；其余0.481平方公里为水域及滩涂。

项目建设有序推进。科乐通冷链物流集散中心项目，业主单位为福建省科乐通冷链物流有限公司，总投资15亿元，用地总面积200.5亩。项目建成集港口运输、办公总部、食品包装、加工服务、多温区储存、交叉转运、订单配货、全程物流配送和增值服务等多功能、综合性的大型食品加工配送和贸易集散中心。项目于2016年11月开工建设，2018年10月9日，科乐通冷链物流集散中心项目（一期）项目竣工，新建成3栋单层钢构库、1栋6层综合楼及其他配套设施，总建筑面积为4.68万平方米；2018年12月19日普洛斯—科乐通现代物流中心项目（二期）开工建设。汉吉斯冷链枢纽暨跨境电商项目业主单位为福建汉吉斯冷链物流有限公司，总投资7.8亿元，用地面积73.9亩，新建10万吨级-24℃低温冷库、5万吨0—5℃恒温温冷库、电子商务商品生产车间、欧盟认证的精深加工车间、自贸生产中心、研发及数控中心，总建筑面积约15.3万平方米。项目主要经营冷链仓储、物流；远洋捕捞；农产品、海产品、冷冻食品、酒水饮料加工；自营和代理各类商品与技术进出口业务；电子商务；初级农产品、饮料批发。项目于2016年11月开工建设，2018年项目累计完成投资1.787亿元，已完成一期地下室工程、二期桩基工程。

体制改革简政放权。“先进区，后报关制度”“简化通关作业随附单证制度”“批次进出、集中申报制度”“统一备案清单制度”“一次备案、多次使用”“特殊区域进场单电子化管理”、“跨关区保税供油”“‘一日游’入境货物免查验、免收检验检疫费”“跨境电商公共管理服务”“跨境电商备案全程电子化”“跨境电筒同业联合担保”等多项关检创新举措在福州出口加工区顺利实施。

安全生产严格检查。年内福州出口加工区安全生产监督管理站检查经营企业和各建筑施工单位41家次，其中暗察暗访8次，查处隐患12条，责令整改12起。开展了生产经营场所、建筑施工企业等消防安全排查整治。2018年11月荣获马尾区2017年度安全生产目标管理责任制考核第三名。

（摘编：肖启辉）

福清融侨经济技术开发区

福清融侨经济技术开发区1992年经国务院批准成为全国第二批国家级经济技术开发区。经过30多年发展，融侨区已经拥有“国家级经济技术开发区”“国家显示器产业园”“国家新型工业化产业示范基地”“国家平板显示高新技术产业化基地”四张国家级名片，培育了福耀玻璃、冠捷电子等一批国内外知名企业。2018年，全区完成规上工业产值938.76亿元，规上工业企业增至151家；完成工业固投84.68亿元；外资到资3.09亿元；完成规上工业税收11.56亿元；出口总额276.54亿元；进口总额81.58亿元。园区入选福建省十大开发区，综合发展水平在全国219个国家级经济技术开发区中位列第91位。

主导产业凸显优势。2018年，园区电子信息产业完成产值584.63亿元，同比增长23.4%，占全区规上产值总量62.3%；精密汽车部件产业完成产值62.7亿元，同比增长4.1%，占全区规上产值总量6.7%；光学产业完成产值4.4亿元，同比增长5.3%，占全区规上产值总量0.5%。三大产业的规上产值占全区总量69.4%。

转型升级动能转换。落实兑现扶持政策，2018年，园区兑现企业自主创新、品牌创建、人才引进、技术改造、企业上市、智能制造等各项政策扶持资金1.36亿元；区内13家企业获得出口补助共2732万元，京东方公司进口设备退税2.23亿元。加大企业研发投入2018年，全区规上企业研究与试验发展经费支出17.5亿元，同比增长20%；新增省级以上研发机构5个，累计15个，同比增长50%。推进企业技术改造重点推动企业引进先进设备和专业技术人才，推进“机器换工”。福州京东方光电投入6.7亿元实施铜工艺改造，进一步降低功耗、提高产品画质；福耀玻璃投入3.6亿元实施智能工厂建设，改造升级后的产线，生产工位由75个减少到27个，生产效率提高35%，产品不良率降低30%，工厂整体能耗降低40%。2018年全区新增3000万元以上技改项目11项，总投资24.49亿元。推进企业品牌创建2018年，全区新认定高新技术企业14家（其中6家为重新认定），累计31家，同比增长34.78%；高新技术企业实现产值251.28亿元，同比增长122.56%；新增发明专利135个，同比增长75.32%；PCT专利申请量实现零的突破，达到47个（含2017年12个未报）。培育孵化器和众创空间扶持福清市互联网产业园建设发展，引进互联网企业及知识产权服务中心、创客学院、众创空间、孵化器及其他创业配套服务。截至2018年底，产业园入驻企业达85家；园区管委会创业中心孵化器共引进8家中小微科技型企业入驻培育，其中融云物联网已孵化完成，从事高清视频监控系统和物联网技术应用研发，取得2项专利、20多项软件著作权，其产品在“智慧福清”和园区物联网建设中被推广应用；榕融芯微电子，自主成功开发ARM内核的CPU图像处理芯片，拥有专利15项，处于中试和小批量出货阶段。推进制造业主辅分离福耀集团剥离汽车售后服务业务，组建福建三锋汽车服务有限公司，为车主提供汽车玻璃更换、维修服务，延伸汽车养护、汽车金融等后市场服务。

项目建设有序推进。2018年，全区新开工项目26个，竣工项目20个。完成京东方二期项目884.5亩项目用地的限建区调整、林地报批、用地审批、房屋征收、养殖场拆迁、河道改造、军用光缆搬迁、坟墓搬迁、土地平整等工作；冠捷、捷星人才公寓已建成并投入使用，为企业中高管及技术人员提供住宿配套；设立园区职工文体活动中心，建筑面积近2000平方米，丰富员工业余生活。

要素资源有力盘活。一是着力推进“两违”整治、处置低效用地。全区历史遗留的23宗（其中，出让地4宗，道路绿化代征地和边角地19宗）批而未供用地已全部供地；9宗供而未建项目已全面开工；7宗因城市规划调整或业主原因无法建设的项目，3宗完成收储，剩下4宗正在开展收储评估。二是利用闲置厂房开展产业链“零地招商”，拉网式开展全区闲置厂房排查摸底、登记造册，通过有效对接，实现“僵尸企业”腾笼换鸟、起死回生，同时也实现园区重点产业的产业链多级配套，构筑产业发展成本洼地。

生态环保严格执行。修编园区总规和规划环评，对三大产业及其配套以外的项目，原则上不引入、不供地，对现有“三高一低”（高投入、高能耗、高污染、低效益）项目，引导企业异地搬迁、改造转型。推进“污水零排河”百日攻坚全区110家在产污染排放企业，具备纳管条件的92家企业已实行雨污分流纳管排放，市政管网暂未配套到位的18家企业，也都达标排放，在建的22个项目分别安排相应干部跟踪督促，确保工地污水不乱排。推进企业节能减排鼓励企业采用新工艺、新设备、新能源、新材料，全面完成园区企业燃煤锅炉整治工作。福耀集团屋顶分布式光伏发电项目，装机容量13.51兆瓦，发电1023小时，年发电量1382.73万千瓦时，相当于每年节约3882.63吨标准煤、减少0.99万吨二氧化碳和364吨二氧化硫排放。四是加快完善园区基础设施配套，推进南部片区污水管网建设维护以及城北组团片区水电路、污水管网、网络通讯等设施建设。2018年，全区基础设施建设投入超过10亿元。

招商引资突出产业。以电子信息、精密汽车

部件、光学等三大产业作为园区的重点发展产业，开展三大产业上下游产业链精准招商。2018 年新增备案项目 152 个，总投资 608.9 亿元，其中投资 1 亿元以上项目 43 个，总投资 596.09 亿元；列入“招商 2018”项目 30 个，总投资 574.59 亿元；在谈项目 27 项，总投资 399.99 亿元。

管理服务改革创新。探索推行安全生产社会化服务改革，购买第三方专业机构排查企业安全隐患服务，安全标准化实现规上企业全覆盖；建立园区干部职工全员挂钩服务企业制度，分片区包干联系企业项目，开展服务企业“双保”行动；落实外资审批制度改革，设立外资审批服务窗口，推行网上审批，构建“部、厅、区”三级审批网络“直通车”，2018 年共完成外资企业变更备案 53 项、设立备案 11 项、增资备案 1 项；推进“证照分离”试点改革，承接省级下放审批事项 20 项，并全部对口授权；积极破解企业缺工问题，开展 2 期企业 HR 培训班，共帮助企业引进人员约 2000 名；调处劳资纠纷 11 起；协调解决 453 名企业员工子女入学。

（摘编：郭　鹭）

福州高新技术产业园（福州软件园）

福州高新技术产业园为省级开发区，着手“海西硅谷”规划，主要范围为鼓楼区行政区划下的铜盘和洪山 2 个编制单位，总面积 1759 公顷，约 2.64 万亩。2018 年，园区各项指标稳步增长，完成营业总收入 810 亿元，同比增长 25%；税收上缴 19 亿元，同比增长 15%。福州市软件和信息技术服务业务收入占全省软件产业总收入的 50% 左右，在科技部火炬中心对全国 44 个“国家火炬计划软件产业基地”2018 年度评价报告中，福州软件园“产业化环境”位列全国第九，“人均软件收入水平”位列全国第五，“软件出口”“千人 R&D 软件开发能力”位列全国前十，荣膺“2018 年中国最具活力软件园”奖项。

平台建设彰显活力。重点从华为云服务、知创福建、基金大厦、智慧园区、“五凤论见”等五大平台入手，充分发挥专业平台的服务作用。用好华为云服务平台，累计申请软件开发云补贴的企业 300 家，拨款企业 258 家，发放补贴 2564 万元整，第一批专项补贴资金已经发放完毕，为企业有效降低了成本。完成“知创福建”平台创建工作，软交所在园区揭牌，同步开展招商服务工作，目前已签约 14 家服务团队。引进基金大厦投资类及投资服务类企业 63 家，注册资本约 263 亿元，投资规模约 350 亿元。其先进做法被写入省政府文件推广，软件园入选国家中小企业创新创业载体资本集聚型特色项目，获得 2500 万元项目支持资金，获得首届“创响福建”中小企业创新创业大赛优秀组织奖。打造智慧园区平台，园区一期平台系统及服务应用已进入试运行阶段。持续打造“五凤论见”平台，以“沙龙、论坛、讲座”的形式涵盖了软件行业热点、人才发展、科技金融等领域，建立政府、企业、研究机构的沟通渠道，多次承办全国级论坛，至今已举办 62 期。促进海峡人力资源产业园平台落地，为园区企业提供育才、招才、引才、留才等一条龙人才服务。持续推进政务服务中心“放管服”改革，实现园区企业服务事项集中受理和办理。推进政策兑现，组织了 4 场沙龙、2 场政策宣讲会、1 场开发者论坛，帮助园区企业兑现“市十项”“区十二项”等各类政策奖励金额约 3141 万元，惠及企业数 79 家，兑现力度位列市、区位列前茅。

招商引资凸显特色。引进了依图、算芯科技等数字经济产业企业，上市企业达华智能迁入园区。园区共有 19 家企业入库首批备案省级高新技术企业，瑞芯微和联迪商用荣登“2018 中国企业创新能力 1000 强”，福建福晶科技生产的 LBO 晶体器件被工信部列入第三批制造业冠军产品，福建睿能科技成为唯一入选工信部第三批制造业培育企业的福建企业。

生态环保提升改造。加快园区实施绿化工程，园区新增绿化面积 6.5 万平方米；新增 540 个停车位；配合市、区环境部门做好域内环境保护工作，保持园区山清水秀的生态环境，水系水质达到 V 类标准。

（摘编：李　兵）

福州台商投资区

福州台商投资区，位于福州经济经济技术开发区内，规划面积1.8平方公里。2012年1月21日，国务院批复同意福州台商投资区扩区，继续实行现有国家级经济技术开发区政策。根据《国务院办公厅关于福建省福州台商投资区扩区的复函》（国办函〔2012〕21号），福州台商投资区扩区后规划面积为13.26平方公里，分四个区块：区块一为福州经济技术开发区片区（原福州台商投资区），规划1.8平方公里。区块二为环罗源湾南岸大官坂片区，规划面积6平方公里。区块三为环罗源湾北岸松山A片区，规划面积3.38平方公里。区块四为环罗源湾北岸松山B片区，规划面积2.08平方公里。

产业特色持续创新。投资区围绕主导产业和战略性新兴产业基地的打造，搭建"园中园"产业发展大平台，推进持续创新，延伸产业链，壮大企业规模，培育品牌产品，进一步促进产业聚集、产城融合，打造罗源湾千亿海港城产业核心区。作为全国成立最早的专业对台特色园区之一，福州台商投资区在松山片区创业园内成立两岸青年创业基地，是福州首批挂牌运营的台湾青年创业基地，通过集聚两地青年创业团队入驻，促成海峡两岸创新成果落地，进一步加强闽台交流合作。

规划建设不断升级。2018年园区按照"产城一体、园城融合"的理念对园区进行规划设计，不断提升规划层次。在控规的基础上，对园区实行城市设计，努力打造宜居、宜业、绿色、低碳的新型台商投资区。总体功能定位为：国家级经济开发区、两岸产业合作基地和台资高端产业集聚区。按照这一功能定位，扩区部分重点规划发展三大产业：汽车装备制造、新兴产业、新能源新材料（含绿色建材）、电子信息等产业。

基础设施日益完善。投资区实际建设规划用地9221亩，其中A片区5781亩，B片区3439亩，目前，B片区基础设施建设基本完成。同时，建有由12栋标准厂房和1栋服务中心组成的创业园，总建筑面积17万平方米。A片区基础设施建设项目投资26.6亿元，目前已完成填海工程面积约3900亩，预计2019年可全面完成A片区填海工程。2018年9月27日，福州台商投资区松山A片区基础设施工程（A5、A6、B1区块）通过交工验收；2018年11月，罗源湾开发区松山片区大、小荻片防洪排涝工程（一期）通过完工验收；2018年12月14日，福州台商投资区松山B片区滨江路（规划路＊松岐中路）一期道路工程通过竣工验收；2018年9月，罗源湾开发区松山片区大、小荻片防洪排涝工程（二期）开工；2018年12月，通屿路（松山路至规划201省道）道路工程开工。全年累计完成投资额约2.13亿元。

招商引资成绩斐然。以"招商2018"专项行动为抓手，领导班子带头招商，成立招商小分队，推行"全员招商、分组行动、专项突破"的工作方式，招商工作取得丰硕成果。4月，集中签约15家企业，总投资37.4亿元。福州台商投资区立足福州新区北翼重点发展区和罗源湾北岸港口、交通区位优势，重点培育"新材料（含绿色建材）、新能源、装备制造"等产业。截至2018年底，共34家企业落户福州台商投资区，总投资约113.7亿元，引进外资2.3亿美元。

管理服务不断创新。投资区依据园区建设要求与发展目标，从全局的视角出发，与福建省邮电规划设计院有限公司合作，着力推进"智慧园区"建设，围绕"管理、招商、服务"三大工作核心，以信息技术的创新应用最大限度地整合各类创新资源及生产要素，实现创新资源和创新主体的有效聚焦和有效流动，为园区打造一个整体的优质品牌，提升园区对优质企业、高素质人才的吸引力和凝聚力。与罗源县法院在福州台商投资区松山片区设立全省首家"台胞台企法律家园工作室"，同时成立"涉台纠纷巡回调解室"，力求为台胞台企提供便捷、高效的司法服务。

（摘编：肖启辉）

福州元洪投资区

福州元洪投资区规划面积60平方公里，地跨福清城头镇及海口镇、南岭镇、龙山街道部分区域。主导产业明显，自2016年10月启动"元洪国际食品产业园”开发建设以来，园区专注食品产业，在质量链保障下，打造两个链条，一是打造食品储运、加工、展示、体验、交易、结算产业生态链；二是围绕“一条鱼、一块肉、一粒果、一袋米、一桶油”，打造大宗食品食材供应链。临港优势突出福州港松下港区元洪作业区是国家一类口岸，目前规划建设6个泊位，其中3万吨级散杂货码头和5万吨级多用途码头，总投资3550万美元，年吞吐能力达300万吨，分别于1997年和2007年投入运营；现正在推进1#、2#及西1#、2#4个泊位的建设。福清市是著名的侨乡，与“海上丝绸之路”沿线各东盟国家的侨胞有着深厚的历史渊源和积淀，元洪投资区成立之初，属外商主导开发的工业园区，是国内最早成立的华侨投资区。目前正深化与印度尼西亚三林集团、东方集团、威拉萨帝集团等东南亚大公司合作，主动对接海外华人华侨回归创业，积极推动“一带一路”国际食品产业链合作。

基础设施不断完善。实施“建设行动计划”，加大投入，重点推进路网、码头泊位（含升级改造）、公园、水系改造、环境整治、消防站、创业服务中心等78宗基础设施配套项目，投资约157亿元。其中，PPP项目道路包（17条道路）已动建10条道路，预计17条道路2020年全部竣工并投入使用；PPP项目填海包已基本完成；新建的1#—2#多用途泊位及西1#—2#通用泊位正有序推进，1#—2#正在实施后方陆域填方；创业生态公园及第一个有标准化红绿灯设施路口投入使用，目前创业服务中心、华侨公园、水系改造、环境整治等配套项目正在加快实施，城市化、国际化基础设施配套不断完善。

项目建设有序推进。截至2018年底，元洪国际食品产业园入驻项目已动建项目18宗，分别是全球（元洪）食品数字经济产业中心、京东医药、元洪在线项目、亨科食品、新大泽、御冠、丰大冷库、亚琦（商住地块、商服地块）、新德食品、融湾置业、云创、御味香、元洪码头、澳新阳光乳业、瀚远、合胜、天联；筹建项目11宗，分别是元洪国际食品展示交易中心综合交易市场、兴宇实业、宝能集团、融汇通达、融恩、煜烁食品、云融食品、鸿昌食品、印尼海洋之源等。2018年抓促任务共32宗，其中开工23宗，竣工9宗，全年完成开工24宗（超额完成一宗），竣工完成9宗，完成全年任务。

招商引资突出重点。2018年，厉行招商选资，大力实施产业链招商和平台招商，成效明显。截至目前，入驻项目29宗，总投资245.7亿元，项目涉及食品储运、加工、展示、体验、交易、结算产业生态链。同时，国际化招商局面已经打开，目前已经在印度尼西亚、加拿大、台湾地区设立了招商代理处，并在第二十届海交会“福清元洪国际食品产业园项目推介签约专场”上，共签约33宗意向项目，总投资66.6亿美元，涉及五大洲、23个国家。

生态环保严格执行。加强企业环保监督，督促企业严格执行环保“三同时”制度，配合环保部门做好环境整治工作，提升园区环境质量，配合相关部门开展污水零排河及“百日攻坚”行动。

人才建设校企合作。与福建师大福清分校合作成立元洪国际食品产业学院；与福清龙华职专合作新设“食品生物工艺”专业；拟在元洪国际食品产业园设立福清龙华职专融师生实训和创新创业实践基地；与厦门大学合作，成立厦门大学（元洪）数字食品产业研究中心；并引入厦门大学、中咨公司、华景咨询，合作成立“京东（元洪）食品数字经济智库”，组建全球（元洪）食品经济研究院。

（摘编：刘海元）

福州保税区

福州保税区于1992年12月经国务院批准设立的第一批海关特殊监管区，区域面积0.6平方公里，地处闽江下游北岸福州马尾港内，东临台湾海峡，西联赣、湘、鄂等中部地区，南北承接长三角、珠三角两大经济圈。区域定位主要是发挥临港和近台优势，从事国际贸易、保税仓储与分拨、商品展示、出口加工及相关业务。2015年4月21日，中国（福建）自由贸易试验区福州片区挂牌成立，福州保税区成为福州片区马江区块的组成部分。2018年，福州保税区新增企业1333户、注册资本111.73亿元（其中外资11户、注册资本 0.97 亿元），分别比增 109.3%、32.6%。实现财政总收入 57390 万元人民币，比增 23.1%。截至 2018 年底，保税区内共有企业 4436 户（其中外资 104 户），注册资本 704.19 亿元（其中外资 97.78 亿元）。

特色产业发展壮大。福州保税区围绕"一带一路"国家战略和落实自贸试验区改革试验任务，配置国家级食品检测实验室与 1 万平方米进口食品查验场仓库，配套建有 2 万平米展示交易展厅（海丝商城），呼应形成前店后库、前展后贸"三位一体"贸易模式，培育壮大建设海上丝绸之路沿线国家和地区的商品贸易多元业态。海丝商城现入驻国家（地区）馆 36 家，商品涉及六大洲近 50 个国家，涵盖进口酒类、休闲食品类、母婴用品类、冷链生鲜类等八大类、上万个品种。

投资环境方便快捷。口岸部门陆续推出"源头管理、口岸验放""预检验制度""实施风险管理""进口食品检验监管'三优'模式"等改革措施，口岸通关无纸化达 99% 以上，2018 年口岸进出口整体通关时间分别比 2017 年压缩 74% 和 86%，极大提升了通关效率，降低企业运营成本。福州保税区内设立自贸区福州片区检察室、自贸区法庭、自贸区知识产权法庭、福州仲裁委员会国际商事仲裁院、台胞权益保障中心法官工作室等机构，构建多元化纠纷解决机制，自贸试验区法治服务保障水平和营商环境不断提升。依托福州保税区综合服务大厅窗口，全面落实"一人办结制"、企业名称核准"自主查重、自主申报"、营业范围标准化改革和开户许可证备案等商事制度改革创新举措，将企业开户时间由原来 3 个工作日压缩至 0.5 个工作日以内。

（摘编：王增丰）

福州福兴经济开发区

福州福兴经济开发区为省级开发区。2018 年，开发区经济发展稳中向好，完成规模以上工业产值 278.2 亿元，增长 7%；工业固投 32.34 亿元；实际利用外资 1.94 亿元；自营出口 96.6 亿元。茶花家居入选"世界品牌 500 强"，新增喜相逢、高意（亚太）集团、蜂享云车科技 3 家总部企业。后屿路、福光路二标段道路等配套设施顺利竣工，圆满完成福兴河、陈厝河、新厝河 3 条内河整治及沿河绿化建设。规划建设的宜家周边配套道路及地铁 2、4 号线为生成宜家商贸圈，融入仓山万达、东街口、泰禾广场等商圈提供了更具发展空间的有利条件。红光村、湖塘村被成建制征收，腾出 400 亩产业发展空间，推进开发区用地资源优化配置和合理利用。

科技创新长足进步。金翔食品、天一同益、大北农列入国家知识产权优势企业，天一同益、大北农被列入市知识产权贯标企业，考克被列入第一批省级技术转移机构单位，拓天生物被列为省知识产权优势企业、建立中国生物工程学会创新驱动服务站，新增一家海峡环保市级专家工作站，长榕弹簧、瀚海无限、海王药业等企业通过国家高新技术企业认定。

项目建设有力推进。深入开展"抓项目促发展"行动，鼓山镇及福兴经济开发区累计开工 74 个项目，竣工 40 个项目，总投资 639.58 亿元。高意亚太总部暨 5G 项目、麦克赛尔数字映像生产基地项目等一批战略性新兴产业项目陆续开工，喜相逢大数据运营中心、考克创新设计服务平台等一批数字经济项目相继落地，全省首个宜家家居项目开工建设，全市第一块新式装配厂房 C1 地块交付使用，福州软件园晋安分园正式挂牌。

招商引资成绩斐然。2018 年鼓山镇及福兴经济开发区招商注册、备案项目共 215 项，总投资 379.02 亿元（其中 3 亿元以上项目 13 项，投资额 120 亿元），"招商 2018"行动考评稳居晋安区第一。相继引进宜家家居、德通智能科技生成研发中心、锐眼大数据研究中心、盛辉智慧物流园、华科光电通讯产品扩产等多个具有代表性的项目。

管理服务优化升级。开发区管委会与晋安区国有资产营运公司共同出资成立的福兴经济开发区资产运营开发有限公司，按照"市场化、专业化、国际化"要求，参与在建项目建设、招商引资、管理运营，受托代管镇、村集体厂房，统一对外招商运营。

（摘编：李　兵）

福州金山工业园区

福州金山工业园区，地处福州市仓山区，是省级开发区。2009 年，更名为福州金山工业园区（原名福州金山工业集中区）。园区现有占地面积约 13500 亩（9.01 平方公里），包括五个片区即金山片、桔园洲片、浦上片、福湾片和义序片。2018 年，园区实现规上工业产值 451.94 亿元，规上服务业 27.35 亿元，社会消费品零售额实现 42 亿元，税收收入 13 亿元，成为仓山区乃至福州市重要的产业基地。

产业特色日新月异。园区内优质企业聚集，世界 500 强日本电产集团控股子公司利莱森玛、通讯行业百强企业星网锐捷、中华老字号北京同仁堂、全国农业龙头企业海欣食品、知名品牌淘帝童装等重点企业形成的机械制造、电子信息、生物医药、食品加工、纺织服装等支柱性产业，营利性服务业和跨境电商业务蓬勃发展。园区现有企业 1813 家，其中：上市企业 6 家［星网锐捷、中能电气、鸿博股份、联合动力、海欣食品、淘帝（中国）服饰］，省级以上高新技术企业 129 家，“国家级企业技术中心”企业 1 家（星网锐捷），“省级企业技术中心”企业 12 家，“省级工业设计中心”3 家，“省级重点实验室”2 家，“省级新型研发机构”2 家，“博士后科研工作站”1 处，“省级科技企业孵化器”2 处，省级众创空间 7 处。

项目建设有序推进。2018 年，园区共有在建项目 8 项，福建联合动力设备制造有限公司的“福建联合动力设备制造有限公司厂房改扩建项目”等重点项目全面推进中。

基础设施日益完善。园区东西向的金山大道，东端通过金山大桥与市区相连、西端通过金山大桥与 316 国道相通；南北向的闽江大道、南二环、建新大道和三环路，其中建新大道从中部贯穿南台岛，南端与福厦路衔接，共同形成南台岛的发展轴线。园区供电配置设计双回路，220kV 变电站各一座；福州西区水厂和金山水厂为工业区提供两套供水系统，日供水能力 15 万吨；工业区污水管网已接入市政污水管道，日排污能力 6 万吨，并已开通金山污水处理厂及连坂污水处理厂；在工业园区各片区内均设有垃圾转运站或垃圾处理设施；电话装机容量 1 万门；设计配套管道液化气。

招商引资成果喜人。招商引资工作不断深入开展，各项举措不断完善，完成 47 项招商任务，引进投资额达 49.35 亿元。

（摘编：刘海元）

闽侯青口汽车工业园区

闽侯青口汽车工业园区是省级开发区，是省市重点打造的汽车生产基地。全区规划面积 56 平方公里，规划工业用地 16 平方公里，已开发工业用地 12 平方公里，主要发展汽车、机械、电子等工业，汽车产业占主导地位。园区作为以汽车研发、整车及零部件生产为主导的汽车产业新城及海峡西岸汽车制造业生产基地，充分发挥“东南汽车”和“奔驰汽车”的龙头带动作用，实施自主品牌和国际品牌并重发展战略。全区共落户企业 280 多家，拥有东南（福建）汽车工业有限公司、福建奔驰汽车有限公司二家整车厂及 180 多家配套厂和海峡汽车文化广场及 4S 品牌专营区。至 2018 年，到园区投资兴业的有德国戴姆勒汽车公司、美国克莱斯勒汽车公司、加拿大麦格纳公司、日本三菱汽车公司、日本三井物产株式会社、台湾中华汽车公司、台湾六基集团公司、台湾中华台亚公司、日本获原模具、爱德克斯等二十多个国家、地区的知名企业。

基础设施加快建设。全年基础设施项目 31 个，其中续建 8 项，新建 9 项，已完工 14 项。在建项目 2018 年度计划投资 6 亿元，累计完成投资 5.27 亿元，全力抓好园区内民生、路网、河道整治、污水管网等建设。重点推进东台大道至陶精路、203 省道至林森大道、203 省道至扈屿路等三条污水干管工程。主力推进青口千家山生态公园项目、龙琯路、白水路改造、东南大道（三期）等 7 个基础设施项目建设，青口千家山生态公园已于 2018 年春节前完工并投入使用。陶精路道路改造和陶精路 10kV 电力管沟工程已于 2018 年 10 月完工并运行，对千家山公园及周边企业居民生产生活环境起到提升作用。园区 2018 年完成全区规模以上工业产值429.40亿元。全区汽车行业规上工业产值315亿元。东南汽车产量87679辆，产值75亿元，税收3.29亿元；奔驰汽车产量29164辆，产值111.47亿元，税收16.78亿元。完成税收37.4亿元。完成固定资产投资56.3亿元。外资实际到资4360万美元。社会消费品限额以上零售总额63.78亿元。4S店销售累计23434辆，销售金额（含税）42.3亿元。

项目建设有序推进。在建企业项目共39项，总建筑面积646377平方米。其中2017年结转项目共16项，总建筑面积197938.34平方米；新动工建成23项，总建筑面积462242平方米，基建总投资6.15亿元（其中新建5项，总建筑面积146378.33平方米，基建总投资1.31亿元；扩建18项，总建筑面积315863.54平方米，基建总投资4.83亿元）。

招商引资成果丰硕。全年落地18个产业项目，总投资60.03亿元，其中东南（福建）汽车工业有限公司新能源乘用车产能扩建项目，总投资32亿元，已备案16.03亿元、福建海通星升实业有限公司汽车内饰品相关辅件生产项目总投资5.74亿元等；继续服务好海通轩辕等已落地企业；增资裂变6个项目，其中六和汽车零部件生产项目，总投资3亿元，正道汽车配件（福州）有限公司4期扩建，总投资4.73亿元，泰全年产能400万台EPS永磁无刷马达生产线，总投资1.5亿元等。

管理服务优化升级。建立联席工作制度，解决企业报批困难。为企业办理各类证件等硬性服务上多方协调，找准工作的切入点和突破口，协调有关部门联合行动、合力解决。强化惠企政策宣传，引导企业稳进发展。解决企业发展最迫切的需求，以政策服务为着力点，切实加强惠企政策的宣传，打通服务企业发展最后一公里，助力惠企政策的落实到位。走访重点企业，提升服务质量，增进投资区与企业之间的联系。

（摘编：朱明清）

福清江阴经济开发区

福清江阴经济开发区为省级开发区。2018年，开发区完成规上工业产值263.76亿元，比增13.6%；完成固定资产投资72.06亿元，比增20%，完成工业固定资产投资58.76亿元，比增44.9%；完成外资实际到资5634.55万元；完成税收11.18亿元，比增127%。

招商引资成果喜人。2018年，园区跟踪对接缘泰石油、坤彩、天辰尼龙66等线索类项目62项，总投资约1515亿元。2018年，签订缘泰石油、康乃尔MDI、坤彩等项目投资合同20项，总投资约473.5亿元；累计完成33项招商项目备案，总投资468.14亿元；其中3亿元以上项目26项，总投资460.81亿元，超额完成“招商2018”行动任务。通过“腾笼换鸟”292亩，为优质项目腾出更大建设空间。在福清市率先制定《工业项目集约节约用地有关规定》，进一步提高土地利用集约、节约水平，规范工业企业落地门槛。

投资环境不断完善。园区配套建设2018年，园区启动建设赤厝220kV变电站工程、完成华兴路延伸段、华兴支路及原中化项目用地填方工程，以及林芝路水渠改线工程、港前路东段建设和应急消防池工程建设。保税港区4#、5#码头围网、新海关大楼围墙改造、国际物流区巡逻通道、海关监控中心升级改造工程完工，扩建进口汽车保税仓储堆场4.6万平方米。推进区内部分道路的路灯照明、消防栓、道路修复和绿化提升等一批园区基础配套项目建设，并抓紧推进加工贸易区和国际物流园内的道路、电力提升改造工程。继续实施东部填海工程，多方探讨东部物流园区填海造地的PPP建设方案，推进项目前期工作，为东部片区产业发展拓展承载空间。

项目建设有序推进。2018年全区列入省重点项目12项（重中之重5项）、福州市重点项目22项（重中之重6项），福清市重点项目28项。三峡风电产业园、新福兴新能源汽车玻璃产业园、友谊新材料科技工业园等42个项目建设快速推进。钰融科技福清危险废物综合利用处置中心、银河国际国际汽车城、福化环保福州市危固废处置中心及资源化利用、金风科技福清制造基地等17个项目建成投产。康乃尔MDI动工建设，中景石化聚丙烯热塑性弹性体等12个项目开展项目动建前期准备工作，部分项目取得突破性进展。天辰耀隆、中景石化等11家企业开展39项技改项目，总投资约13.3亿元。"抓促"行动完成37项亿元以上项目开工，18项亿元以上项目竣工，超额完成开竣工任务。江阴港区6-9号码头工程有序推进，13号A、B、C泊位工程、18#、19#泊位可研通过省发改委审查，开展项目核准工作。江阴港区15号-17号泊位开发合作框架协议6月正式签订。2018年，江阴港区集装箱吞吐量累计182.6万标箱，比增17.5%；港口货物吞吐量2626.67万吨，比增19%。园区配套建设2018年，园区启动建设赤厝220kV变电站工程、完成华兴路延伸段、华兴支路及原中化项目用地填方工程，以及林芝路水渠改线工程、港前路东段建设和应急消防池工程建设。保税港区4#、5#码头围网、新海关大楼围墙改造、国际物流区巡逻通道、海关监控中心升级改造工程完工，扩建进口汽车保税仓储堆场4.6万平方米。推进区内部分道路的路灯照明、消防栓、道路修复和绿化提升等一批园区基础配套项目建设，并抓紧推进加工贸易区和国际物流园内的道路、电力提升改造工程。继续实施东部填海工程，多方探讨东部物流园区填海造地的PPP建设方案，推进项目前期工作，为东部片区产业发展拓展承载空间。

自贸工作逐步完善。重点平台建设进一步完善整车进口综合服务平台，推动银河国际汽车产业园一期主体建成，银河国际与国内最大经销商新疆广汇达成长期合作协议，推动打造整车进口后市场。积极对接物产云商、香港工商联等实力较强的跨境电商企业。谋划国际中转集拼平台，推动福港集箱公司与日通公司开展深度合作。探索搭建化工油品交易平台，积极开展"建设江阴港区保税燃料油加注基地"前期可研论证。自贸举措创新对照福州片区管委会分解下达的5项重点试验任务，协调推动驻区关检部门探索推出在区外设立保税汽车保税展示交易平台等一系列创新举措。在省内率先启动"证照分离"试点工作。2018年新增注册企业448家，注册企业累计达4079家，注册资本916亿元。口岸通关环境优化制定《提升跨境贸易便利化水平专项行动实施细则》。培育壮大跨境电商平台，组织开展提升跨境贸易便利化水平专项行动。全力做好福州保税港区二期整改验收工作。2018年12月底，进口整体通关时间为25.29小时，较2017年全年压缩91.60%；出口整体通关时间为1.50小时，较2017年全年压缩72.47%。

（摘编：赵小真）

长乐经济开发区

长乐经济开发区为省级开发区。2018年，开发区完成规模以上工业总产值1051.99亿元，比上年增长5.9%；规模以上互联网相关、软件与信息服务业营业收入122.44亿元，比上年增长91%；规模以上企业两税合计上缴11.65亿元，比上年增长95.5%；固定资产投资153.36亿元，比上年增长13.6%。全年安排重点项目19项，年度计划投资34亿元，实际完成投资34.21亿元，完成年度计划100.6%。

基础设施日益完善。2018年，滨海二期路灯及供水工程完成工程总量50%，进入预埋路灯电缆管道阶段；滨旺路改造工程完成招投标，并动工建设；金纶大道拓改工程完成竣工验收工作；松下集中供热项目完工，并正式供气（试运营）。

项目建设稳步推进。2018年，共安排"抓项目、促发展"项目33项。其中，华源纺织技改、和盛塑业技改、恒鑫针织品项目等17个重点项目开工建设，开工率100%；大东海钢铁一期、中储粮松下库、和盛塑业污水管材生产技改等16个项目竣工投产。东南大数据产业园建设2018年，东南大数据产业园（含网龙片区）累计注册企业225家，注册总资本258亿元，其中年内注册企业95家，注册资本121亿元。实现年度销售总额149.11亿元，税收总额8.04亿元。是年，推动健康医疗大数据中心及产业园国家试点工程建设，安排45家企业入驻产业园研发楼一期，其中大数据企业33家，健康医疗大数据企业达22家；福州市批准的7个第三方实验室（精准医学），有4家落地产业园。8月3日，在中国电子信息产业发展研究院主办的第三届中国大数据产业生态大会上，东南大数据产业园被评为"2018年中国大数据明星产业园"。鑫海冶金破产重整鑫海公司破产重整作为福州地区第1例民营企业破产案件，涉及900多个债权人、10家银行，约43亿元债务。经区法院裁定批准重整计划，2018 年 1 月 28 日，点火投产，1 条生产线恢复生产。至年底，清偿职工债权 2619 笔，占清偿总笔数 93.8%；已清偿享有特定担保债权 92.34%；已清偿普通债权 98%。该案件进入结案阶段。

招商引资成效显著。2018 年，对接洽谈项目 217 个，收集项目线索 158 条，落地项目 67 个，总投资 277 亿元。阿里巴巴、腾讯、京东等企业入驻，并将区域总部设在滨海新城，移动、电信、联通等三大运营商以及北京网迅、湛华智能、新中冠等 27 个项目摘牌落地。牵头开展中国移动数字化服务产业园、福建联通云计算产业园、湛华科技等长乐区“数字福州”建设三年行动计划项目 27 个，年度总投资 10.64 亿元。

管理服务优化升级。行政服务中心滨海分中心，通过设立并联审批窗口、建立集中审查制度、优化建立审批环节、滨海项目快速办结，今年累计受理办结 3672 件，办结率 100%；进一步加快落实“证照分离”改革试点工作，在长乐区行政服务中心大厅正式开设福州新区长乐功能区窗口，受理长乐功能区范围内（含长乐经济开发区）企业“证照分离”有关事项，配合长乐区审改办等有关部门，共受理办结省级下放审批权限 218 件，受理办结市级下放经济权限 117 件。

（摘编：王增丰）

厦门海沧台商投资区

厦门海沧台商投资区为国家级开发区。基础设施日臻完善，“五纵八横”主干路网基本成型，国道 324 改线、灌新路、海翔大道实现通车，轨道 2 号线、第二西通道进展顺利，海沧疏港通道、芦澳路（马青路 - 翁角路段）开工建设。新增公共停车泊位 1073 个、充电桩 147 个、园林绿地 120.8 公顷、绿道 9.2 公里、健康步道 4 条。

产业特色效益凸显。集成电路产业实现突破，通富微电子一期顺利封顶，士兰 12 吋芯片、士兰化合物项目正式开工，芯舟科技、金柏科技等项目签约。集成电路设计产业园平台加快建设，引进设计类企业 15 家。举办首届中荷半导体产业合作论坛、第二届集微半导体峰会，吸引国内外 500 余家主流企业、投资机构参加。生物医药产业稳步增长，盛迪医药等 33 家企业顺利落户，生物医药产品注册数全省领先，万泰宫颈癌疫苗、艾德生物试剂盒等产品培育取得新突破。全年 45 家规模以上生物医药产业企业完成产值 142.3 亿元，同比增长 17%。与中国生物技术发展中心、国家医药卫生科技发展研究中心等“国字号”机构签订战略合作协议，将推动厦门生物医药产业进入全国、国际先进行列。新材料产业加快发展，厦钨新能源、金鹭硬质合金项目落户，总投资近 60 亿元；厦钨三元正极材料项目投产，厦顺四期建成投产，长塑双向拉伸尼龙薄膜领跑全球市场，凯纳石墨烯科研成果批量投入市场。全年 11 家规模以上新材料产业企业完成产值 181.6 亿元，同比增长 17.2%。传统产业加快升级，狄耐克等 9 个项目开工建设，IOI 棕榈油等 12 个项目竣工投产；沙迪克等 31 个增资扩产项目强力推进。实现建筑业产值 383.53 亿元，同比增长 17.7%。新增 7 家市级优质品牌，15 个产品初评入选省级名牌。推动 28 家企业实施 75 项标准化项目。

科技创新注重人才。1—11 月实现规上高新技术产业产值 669 亿元，占规上工业产值的 62%。财政投入科技扶持资金 7774 万元。专利授权量 1846 件、增长 56%，有效发明拥有量 1176 件、增长 18.3%。持续开展重点人才引进和提升工作，全年新增市级以上高层次人才 68 人，区级高层次人才 503 人，全区高层次人才总量保持全省各县区首位。发放各类补贴 1746 万元，人才公寓入住 960 人次。

项目建设扩容提质。编制东孚东片区等 6 个片区规划及公园、医疗等 4 个专项规划。马銮湾新城建设顺利推进，完成海绵城市马銮湾试点区三年建设任务。1—11 月征地 1643 亩、交地 3408 亩、拆迁 72 万平方米，有力保障项目用地需求。

招商引资成果丰硕。黄金珠宝产业园等项目正式落地。新增商事主体 1.1 万户。全年可完成合同外资 23 亿元，实际利用外资 8.3 亿元，引进 500 万元以上内资项目 1565 个，注册资本 253 亿元。同时，海沧台投区积极发挥投洽会平台作用，以商引商。促进项目签约，推动国家开发银行与厦门通富集成电路先进封装测试产业化基地（一期）签订投融资合作协议，诚幸堂牛磺熊去氧胆酸胶囊产业化及中药饮片生产项目等签约，为产业提速提供动能。推进合作洽谈，举办第二届2018集微半导体峰会，共吸引350余家企业代表和129家投资机构精英参会，营造浓厚的产业发展氛围。推动产业对接，组织芯舟科技等重点企业参加台资企业投资项目对接会，通过以商引商，进一步扩大投洽会成果。投洽会期间共生成意向项目18个。其中，生物医药类项目15个，电商物流类项目3个，集成电路类项目1个。初步对接瓦里安、康乐保、康迪斯、科惠等多个外资项目以及原力生命科学、柏恩思医学机器人等内资项目。

生态环保高度重视。2018年度公众对环境质量满意度全市第一，前三季度市容管理综合考评全市第一。建成区生活垃圾分类实现全覆盖，大件垃圾综合处理厂建成投用。落实“两违”联合巡查机制及网格责任制度，拆除“两违”99万平方米。国家食品安全示范城市创建扎实推进。道路交通安全综合整治行动深入开展。持续深化河长制，启动湖长制、山长制，形成水体、山体网格化管理格局。启动竹兰山生态修复工作、铁路沿线综合环境整治。

经济发展提质增效。2018年，全年实现地区生产总值676.11亿元，同比增长7.7%；实现规模以上工业增加值353.37亿元，同比增长8.9%。固定资产投资（不含农户）增幅同比下降4.1%；区财政总收入174.06亿元，同比下降3.3%；区级财政收入39.10亿元，同比增长0.7%。全年合同利用外资42.01亿元，实际利用外资9.54亿元。全区329家规模以上工业企业累计完成产值1174.79亿元，实现规模以上工业增加值353.37亿元，同比增长8.9%。年产值亿元以上的139家企业共完成产值1080.32亿元。实现城镇居民人均可支配收入49718元，同比增长8.7%；实现农村居民人均可支配收入27742元，同比增长9.2%。

（摘编：陈建闽）

厦门火炬高技术产业开发区

厦门火炬高技术产业开发区，1990年12月由国家科委和厦门市人民政府共同创办，1991年3月被国务院批准为首批国家级高新技术产业开发区，是全国四个以“火炬”冠名的国家高新区之一。2018年，厦门火炬高新区主要经济指标继续位居全市前列。全年工业总产值2729亿元，增速11.3%，高于全市2个百分点；规上工业增加值643.68亿元，增速9.6%，居全市第二位；固定资产投资230亿元，增速26.1%，居全市第二位；实际利用外资30.59亿元，居全市第一位；高新技术产业产值占全区规上工业总产值比重82.7%，高于全市10个百分点。软件与信息服务业营收首次突破1000亿元。园区综合实力再上新台阶。国家级高新区综合排名全国第15名，较上年跃升5位，连续4年争先进位。国家双创示范基地建设成效受到国务院办公厅表彰；火炬高新区招商服务中心公司化改制获省政府主要领导点赞，公司化运营管理机制在全省推广。

产值规模持续扩大。2018年，火炬高新区新增亿元以上企业27家，新增入区企业1752家，同比增长48.2%，企业总数达6565家。新增“五个一批”亿元以上项目138个，居全市第三，新增开工产业项目总数排名全市第一。软件与信息服务业蓬勃发展，厦门软件园全年新增注册企业945家，全年园区营收1001.2亿元，同比增长19.4%。全年净增国家级高新技术企业120家，总数达775家，占全市47.66%。新增瞪羚企业35家，总数达60家，位列全国第8位，比上年跃升3位。千亿产业链发展态势良好平板显示结构持续优化，半导体和集成电路产业、计算机与通讯设备产业保持高速增长。平板显示产业在工信部国家新型工业化示范基地细分评价中排名第一，被评为全国十大集成电路优秀产业园，软件园连续两年综合评价排名全国第七，成长性指标全国第一。

科技创新全面发展。创新创业亮点纷呈获批建设“大中小企业融通”特色载体，获财政部资金支持。新增美亚柏科、乾照光电2家国家级企业技术中心；天马微电子入选国家技术创新示范企业；3个专利获评二十届中国专利优秀奖；入选国家知识产权示范企业3家，知识产权优势企业4家。创业孵化不断升级厦门高新技术创业中心获得“中国技术创业协会科技创业孵化贡献奖”，是福建省唯一获奖的科技企业孵化器。新增市级专业科技企业孵化器4个，占全市57%，新增4个省级众创空间。3家国家级孵化器新增入孵企业230余家，孵化毕业36家。引才育才成效良好厦门高新技术创业中心入选国家创新人才培养示范基地。新引进和培育国家省市各类高层次人才410人（次），居全市第一，其中千人计划3人、台湾特聘专家54人；拨付各类人才创业扶持资金7608.65万元。搭建境外学生来厦实习通道，完成首批火炬台湾实习生计划。双创生态日益完善成立火炬高新区知识产权服务中心，协助乾照光电、弘信电子等企业开展专利导航等相关工作。加大“创新券”扶持力度和覆盖范围，新增26家高水平创新券服务机构。全面提升科易网技术交易运营成效，新促成115个技术项目落地，增长82%。设立清华大学半导体工业技术研究院，在以色列设立中以合作项目（厦门）孵化中心及高新区驻以色列办事处，协同市人才发展中心成功在硅谷举办厦门市第二届海外创业大赛。产业协作模式进一步优化，健康医疗大数据产业联盟全年增加会员8家，人工智能产业技术与应用联盟正式成立。

基础设施日臻完善。产业载体平台建设全面提速同翔高新技术产业基地起步区投资41亿元，新增636亩招商用地，已落户24个产业项目，园区集群效应初步呈现。厦门软件园三期建成面积160万平方米，入驻企业超1000家，员工突破2万人，全年实现营收176.1亿元。园区生活配套日臻完善嘉福人才公寓交房535套；厦门软件园三期人才公寓投入使用2771套，配套商家95家，开通18条公交（专线）线路，地铁1号线站点开通；火炬国际学校开工建设。

管理服务改革优化。进一步简化企业行政许可、备案材料，审批服务事项通过“智慧火炬”平台或市级平台，百分百实现“最多跑一趟”。加强“火炬政务协同系统”建设，19项区级政策兑现项目实现网上审批。2018年共走访企业2013家，协调解决企业困难和问题1927项。新开展的房易贷、税易贷业务，破解企业无抵押贷款难问题，覆盖中小企业600多家，融资余额累计超过6亿元。积极兑现政策扶持资金26.56亿元，助力产业快速发展。

（摘编：陈建闽）

厦门同安工业园区

厦门同安工业园区为为省级开发区，包括轻工食品工业区（美禾园）和旧城南工业区两个区块。2006年6月，国土资源部批准同安工业园区建设面积为350公顷，其中轻工食品工业园（美禾园）区块270公顷，城南区块80公顷。截至2018年底，园区共有工业企业280余家，其中规模以上企业46家。2018年，同安工业园区实现生产总值51.66亿元，同比增长5.2%，税收收入3.1亿元。规模以上工业企业完成工业产值155.95亿元，同比增长12.7%；规模以上企业实现增加值26.14亿元，同比增长5.3%。

科技创新增加投入。园区不断加强科技创新工作，持续增加科技投入经费，引导入园企业加强创新能力和研发投入，不断提高企业自主核心竞争能力水平，促进企业提升高质量发展水平积蓄内生动力，并取得了较好的成效。截至2018年末，园区省级及以上高新技术企业数达11家，同比增幅22.2%；2018年，园区高新技术企业主营业务收入16.36亿元，同比增长44.3%；园区规模以上工业企业研发经费占主营业务收入比重为0.8%，比上一年度增加0.21个百分点。

项目建设提升完善。园区配套设施相项目相对完善，近几年来主要对原有设施的提升改造项目为主。2018年，园区主要投入美禾园排水工程、美禾园美禾二路及美星五路等道路建设项目、工业区提升改造项目工程等5个项目，总投资约3900万元。

基础设施配套齐全。轻工食品工业区（美禾园）配有水、电、道路、通讯、有线电视等市政配套以及外口公寓、消防站、食品科技孵化园、食品检测中心、肉食品质量与安全控制国家重点实验室等服务配套设施。园区已建成18米以上道路约9.5公里，工业区内道路已经基本建成，交通条件较为顺畅。轻工食品工业区（美禾园）位于同安区西柯镇和新民镇交界地带，紧邻城市快速路和规划中的福厦高速铁路，距离福—厦高速公路后垵入口处 1 公里，是厦门市重点发展的航空、机电、食品三大专业化、集约化支柱产业基地之一，也是同安区承接厦门岛内国有企业异地搬迁改造的重要基地。工业区发展定位为以发展罐装食品、速冻果蔬、饮料及茶叶深加工、海洋药物、中药保健等轻工食品生产及配套的包装、配送为主，融工业、村庄整合及各类服务设施于一体，是环境优美、配套齐全的生态型工业区。城南工业区位于同安区城西南 5 公里处的新民镇东部，紧邻国道 324 线，往西 60 公里直抵漳州，往东 70 公里可达泉州，往南直通同集高速公路，距厦门机场、港口仅 20 公里，交通十分便捷。工业区主要发展以无污染、零排放的劳动密集型、技术密集型为主的综合性轻加工工业。

生态环保成效凸显。截至 2018 年末，园区用于防治水污染的集中治理设施和在线监控设备（含与生态环境部门平台联网）已建成并正常运行，涉水排污企业接管率和处理率达到 100%；园区固废和危废处置综合利用率达到 100%；园区单位规模以上工业增加综合能耗为 0.124 吨标准煤/万元，比上一年度降低 9.48%；截至 2018 年末，园区通过 ISO 14000 环境管理体认证企业 8 家。

管理服务机制完善。园区不断完善管理机制，提高管理与服务水平。2018 年，为确保同安工业园区巡查、管理、服务工作正常进行，经区政府同意，同安资产管理有限公司就承接园区管理服务工作具体事宜派驻公司人员入园驻点开展日常管理和服务工作，主要是对园区进行巡查，配合相关部门做好园区公共设施配套、市容环境、园林绿化和监督园区物业等各项管理工作。

（摘编：彭文荣）

厦门翔安工业园区

厦门翔安工业园区位于海翔大道以北，总规划用地面积约 55.08 平方公里，至 2019 年，已建成通用厂房面积约 200 万平方米，已开发面积约 18.76 平方公里，包括厦门火炬（翔安）产业区、厦门翔安工业集中区及翔同高新技术产业基地。至 2018 年末，工业区规模以上工业企业达 246 家，产值达 1220 亿元，初步形成了光电、软件、电子信息、电工行业、食品加工产业集群及轻工、精密装备制造等产业链。其中，翔安工业集中区于 2006 年 3 月，经福建省人民政府批准，原巷北工业区和银鹭工业区整合升级为厦门翔安工业园区，规划面积 1.56 平方公里。经建区十多年的持续发展，已扩成巷北、市头、银鹭、内厝等四大工业集中区，规划总面积 11.88 平方公里，至 2019 年，已开发面积达 6.47 平方公里。截至 2018 年底，已落户园区规模以上企业 80 家，实现产值 200 亿元以上，吸纳产业工人近 4 万人。新引进金草生物科技、延江新材料、等项目入驻。

翔安（银鹭）工业集中区规划面积约 6.6 平方公里。至 2019 年，该片区已开发面积 1.21 平方公里，入驻 17 家企业。该片区主要依托银鹭集团发展食品产业集群以及轻工、电子信息、装备制造等。2018 年集中区完成规模以上工业总产值 63 亿元。

翔安（巷北）工业集中区规划面积约 8.44 平方公里。至 2019 年，该片区已开发面积 3.53 平方公里，入驻 77 家企业。该片区是主要以高投资强度、高附加值、高技术含量、低污染、低能耗的电子电工配套、纺织服饰、仓储物流等多种产业协同发展的综合型工业园区。2019 年集中区完成规模以上工业总产值 50 亿元。

翔安（市头）工业集中区规划面积约 2.9 平方公里。至 2019 年，该片区已开发面积 1.07 平方公里，并入驻 19 家企业，重点发展电子信息、电力电工、装备制造等先进制造业，并与火炬（翔安）产业区形成产业链配套。

翔安（内厝）工业集中区规划面积约 4.34 平方公里，至 2019 年，该片区已开发 0.66 平方公里，计划建设集仓储、专业市场、配送物流业、物流信息服务及商务服务业为一体的现代物流中心。

（摘编：严志东）

东山经济技术开发区

东山经济技术开发区是 1993 年 1 月 20 日经国务院批准设立的国家级经济技术开发区，总规划面积 10 平方公里。随着东山建设美丽的生态旅游海岛目标的确立，东山县委、县政府大力推进开发区“两个百亿产业园”（玻璃及新材料产业园和海洋生物科技园）建设。2018 年，开发区完成规模工业产值 183.01 亿元，比增 10.8%；工业增加值完成 52.73 亿元，比增 11.5%；外贸出口总额完成 5.814 亿美元，比增 -12.8%；全社会固定资产投资 22.19 亿元，比增 11%；财政总收入完成 6.92 亿元，比增 -4.3%。其中，本级财政收入完成 3.9 亿元，比增 -6.8%。

基础设施逐步完善。南港东路超正段一公里道路已完成路面水泥混凝土铺设，达到通车条件，园区“三纵六横”路网格局初见雏形，解决企业生产所需的交通需求。园区一期监控（一期）工程开工建设，年底完成投入使用。供水、供电网络随着路网建设推进进一步延伸，能满足新开工项目施工用水、用电需要。国电投智慧能源项目进驻园区，将进一步完善园区基础设施建设，为园区提供全方位智慧能源一站式服务，满足了园区企业供能需求。长山尾污水处理厂已完成土建工程施工，正在进行设备安装，将于 2019 年初进行试运行及调试工作。污水处理厂配套 1#、2#泵站及污水管网工程的建设，将进一步完善园区内污水管网配套设施。城垵污水处理厂计划 2019 年 6 月份完成污水处理厂的土建工程，2019 年底完成设备安装工作。

项目建设因地制宜。海洋生态科技园受国家海洋督察影响，园区用地出让受限，部分已签约项目无法供地，严重制约了项目落地进程。东山经开区加强与县有关部门的沟通协调，确保已开工基础设施和工业企业项目建设不受影响，同时对已供地项目加强服务，督促项目业主做好前期工作，现已有人豪彩印和茂兴生物科技两家企业完成开工报建手续。加快推进退城入园工作，加大对企业走访和宣传力度，形成“退城一个、带动一批”的倍增效应。顺发、刘军水产等 5 家企业意向初步明确。协调建设临时污水排水管网，促进海尚水产顺利投产。玻璃及新材料产业园一是努力促使漳州伟安玻璃、汕头光耀玻璃、安东管业等在生产的项目加大生产力度，增加产值，力争达到规模企业。二是大力推动已动工的慧民电池、合声钢琴、德坤渔需等项目早日投产。三是尽力促进已签约的铜兴渔具、陈美桂渔具、张庆忠金属容器、江西新顿、光耀二期等项目加快做好前期准备工作，早日落地建设。四是全力促成洽谈项目早日签约。全方位跟踪单晶硅等项目，做好项目落地的各项协调服务工作，全力促成有意向投资的在谈项目早日签约。智慧能源项目开发区引进首家世界五百强企业——国电投“智慧能源项目”入驻海洋生物科技园。智慧能源项目于 2018 年 9 月 6 日签约，建成后将会进一步完善园区基础设施建设，一体化解决园区水、电、暖、气、干燥、除湿、生活热水等能源需求，该项目计划投资 20 亿元。

招商引资创新模式。坚持“走出去”和“请进来”相结合，以“走出去”为主，加强招商资源信息的收集整理，围绕经开区产业结构，把握龙头企业的投资热点和资本流向，加大对水产品精深加工、海洋生物医药和新型科技类产业等重点产业进行项目推介和重点招商。全年已签约海科园智慧能源项目、项目漳州元顺休闲用品项目、东山立宏贸易有限公司水产食品深加工项目、刘军水产品精深加工项目、辉达光伏玻璃砂项目、品匠智能玻璃家具项目、中商盛世通用厂房项目、海魁并购项目、豪达网具制品项目等 9 个项目，总投资 40.75 亿元。12 月底，东山县首家创国家级众创空间——海翔智谷众创空间在开发区成立。通过建立海翔智谷众创空间这一平台，能够更好地营造创新创业氛围，优化创新创业环境。推进通用厂房抓招商，产业集聚效应显现。与中商盛世建设产业发展有限公司签订两个园区标准化厂房开发项目协议，加快园区通用厂房的建设进程，吸引小微企业入驻，有效解决小企业起步发展难的问题。同时，实现集约用地，缓解园区用地紧张的压力，进一步优化资源配置，形成产业集聚，推动园区统一规划建设。

管理服务深化拓宽。坚持走访企业制度，及时了解企业问题，坚持每月至少 1 次走访企业，在走访活动中有针对性地邀请相关职能部门的工作人员，要求现场咨询、解答处理，将为企业服务带到企业和工地、带到生产一线，更实效快捷地解决企业问题，主动“下访”有效地减少或避免“上访”，促进企业建设发展。加强安全生产，建设平安园区。认真贯彻落实全国、省、市、县关于安全生产的电视电话会议和有关通知精神，按照区党委区管委会的安排部署，坚持“安全第一，预防为主，综合治理”的方针，建立健全“党政同责、一岗双责”，齐抓共管的安全生产责任体系，强化生产经营单位主体责任，按照“全覆盖、零容忍、细排查、重整治、促提升”的要求，组织对“一园两区”57家企业（其中，工贸企业24家、涉氨企业10家其中6家属于重大危险源、危化品5家、公共娱乐场所9家、在建工程6家、道路交通3家）在全区辖区内开展安全生产大排查大整治，配合有关职能部门深入开展了道路交通、“三合一”场所、危险化学品、涉氨制冷、食品安全、人员密集场所等为重点的专项整治及各种安全生产大检查、专项检查和打非治违专项行动。全区安全生产状况总体保持平稳态势。抓好项目挂钩，强化责任落实。强化领导帮扶企业，坚持每月召开重点项目建设调度会，对纳入全区调度的县重点项目建设情况进行调度，详细了解每个项目手续办理情况、工程进展情况、项目存在问题，对每个项目存在的问题进行认真梳理，并加以解决，突出精准施策，一企一策。

（摘编：严志东）

漳州招商局经济技术开发区

漳州招商局经济技术开发区创办于1992年12月28日，是交通部及福建省着眼于海峡两岸“三通”和实现祖国统一大业而实施的一项重大举措，由招商局集团主导经营管理，借鉴蛇口工业区开发的成功经验，打造“第二蛇口”。2010年4月，升级为国家级开发区。2018年，开发区实现地区生产总值43.83亿元，比增3.7%；一般公共预算收入16.84亿元，其中地方一般公共预算收入11.74亿元；规模工业总产值77.98亿元，比增8.3%；规模工业增加值18.26亿元，比增8%；外贸出口28.15亿元，比增8.1%；实际利用外资2亿元，比增100%；全社会消费品零售总额7.44亿元，比增0.1%；全社会固定资产投资46.79亿元。

产业特色结构优化。漳州开发区经过多年发展，已初步形成交通机械制造业、金属制造加工业、粮油食品加工业三大临港产业集群。在进一步发展壮大传统临港工业、港航物流产业的基础上，确立了打造临港高端智造、泛信息技术、智能汽车、大健康、文化旅游“五个百亿”产业集群方向，通过聚核（核心企业、主导产业）、聚链（横向、纵向）、聚网（内网、外网），园区搭台下的企业合作对接，产、学、研、金、介相互协同的创新型开放式合作，推动产业加快聚集。目前，以“芯云谷”、“创业广场”为主要载体的泛信息技术产业初步形成，海工装备制造跨代发展，临港产业优化升级。

基础设施加快建设。道路交通方面，区内建成“四横三纵”的交通路网，区外建成厦漳跨海大桥、招银疏港高速、沿海大通道（开发区段）、疏港公路等四通八达的交通路网，同时形成厦漳海上巴士、公交车、电召出租车、公共自行车等立体化出行体系；厦漳大桥于2018年9月8日起实行降费通行。市政配套方面，建成双电源供电、原水工程、净水厂、污水处理厂等一批基础配套，生产生活便利。智慧城市建设方面，投资2.6亿元建设智慧城市项目，以北斗技术全面支撑智慧城市建设，涵盖信息化基础设施、城市管理、城市安全、民生服务四个方面，以科技提升行政管理和居民生活品质。

项目建设成果丰硕。截至2018年底，双鱼岛累计完成投资超30亿元，填海造岛工程及市政一期基础设施已完成，具备二级开发条件；加快打造芯云谷双创平台，累计完成投资超10亿元，华为漳州云计算数据中心展示中心正式开放；积极实施“退二进三”，打造招商局创业广场，着力培育产业孵化器、加速器、众创空间等多种业态，A/VR数据中心、爱果冻、泰智会等产业孵化器已入驻运营；海韵冷链项目一期工程竣工，累计完成投资3.8亿元，已投入试运营。

招商引资政策助力。2018年，漳州开发区出台了《促进智能制造产业扶持办法》、《“芯云谷”信息技术服务产业园发展办法》等六项扶持办法，从政策层面助力招商工作。全年引进中关村e谷等招商引资项目31个，涵盖文化创意、互联网、先进制造业等高端产业业态，产业导向实现转型升级。举办中国虚拟现实教育创新大会、“创客中国”创新创业大赛专题赛、2018新一代人工智能高峰论坛等较具规模的招商引资论坛、研讨会等活动。

生态环保持续深化。大力推行绿色交通，纯电动公交车占比达96%，提前两年完成“电动福建”建设要求。持续开展“厕所革命”，新建公厕6座，改造老旧公厕2座，进一步健全完善城市服务空间。加快推进生态项目建设，完成南滨大道、招商大道沿线及支路景观提升，形成“一路一景”特色道路景观；完成静湖公园环湖步道、桃花源景观及公园人性化景观提升改造。加快打造香山湿地及山地道路特色景观工程，全年完成绿化美化提升面积近20万平方米。推行精细化市政管养，持续推进边坡修复工程，推进排洪沟清淤及市政设施维修等工程建设，提升极端天气应对能力。

管理服务转型升级。开发区管委会以构建精简高效服务型政府为核心，探索扁平化行政管理体制改革，推动政府转型，建立公共服务型政府管理体制。在机构改革方面，管委会通过合并、合署办公、撤销等形式从原先的20个部门精简至13个部门；在行政审批改革方面，梳理出审批和服务事项966项，公布“最多跑一趟”事项812项，“一趟不用跑”事项154项；此外，2018年还建成了便捷化、智慧化的“星级政务客厅”——“一站式”政务服务大厅，真正实现“一窗受理，集成服务”，达到“便民、利企、易政”目标。

（摘编：王增丰）

漳州高新技术产业开发区

漳州高新技术产业开发区于2013年12月20日经国务院批准（国函〔2013〕141号）升级为国家高新技术产业开发区，实行现行的国家高新技术产业开发区的政策。2018年，漳州高新区完成地区生产总值699.23亿元，同比去年增速达10.3%，占全市17%；实现规模以上工业增加值270.97亿元，同比去年增速达22.7%，占全市18%；区内固定资产投资总额394.63元，占全市的15%。其中，高新技术企业101家，省级以上创新研发平台机构包含重点实验室、国家工程（技术）研究中心、博士后科研工作站等共60个，省级以上创业服务平台机构众创空间、科技企业孵化器等共6个，有效发明专利478项，并拥有世界五百强企业5家。

产业特色突出重点。高新区深入实施创新驱动发展战略，重点打造“2+1”主导产业，即大健康、新材料和物联网集成电路新一代信息产业。通过“1+3个3”的模式加快集聚一批孵化器、加速器和产业园区，为产业转型升级打造国家级平台，实现高质量快速发展。积极谋划“古湖智慧谷”，规划集成电路产业园，总投资12亿元的中盟·科技园（一期）基本建成，引进中小型企业30多家，总投资15亿元的工业邻里、健康产业示范园、智能制造产业示范园等“一中心两示范园”产业平台建设步伐加快，集中成片打造特色产业平台，平台运营商招引和招商引资工作稳步推进。

科技创新多措并举。2018年，共有5家企业获得创新创业大赛奖项6个，其中省赛三等奖1个、市赛一等奖1个、市赛二等奖1个、市赛三等奖3个，获奖企业数量、质量均保持在各县（市、区、开发区）前列。落实科技奖励政策。经审核推荐，福建紫山集团股份有限公司获得省知识产权贷款贴息补助50万元，直管区内福建梦娇兰日用化学品有限公司、漳州金钥匙机械有限公司等福建省科技小巨人领军企业获科技小巨人研发费用加计扣除奖励81.9万元，福建路达交通设施有限公司、福建施化生物科技有限公司等3家企业获省级科技创新券补助17.2万元。落实区级双创奖励措施，兑现专利、软著等知识产权奖励121.5万元，兑现省市科技项目配套扶持经费80万元，兑现双创场地租金补助及住行补助等政策补助102.2万元。2018年多次组织企业参加高新技术企业认定申报培训，共有21家企业通过科技型中小企业评价，占全市通过评价企业数的11%；6家企业通过国家高新技术企业认定，比2017年净增5家，同比增长100%；新增福建省科技小巨人领军企业1家，新备案省级高新技术企业10家。物联网示范园通过漳州市众创空间备案，创立了物联网X产业学院漳州实践基地、物联网X产业加速器（漳州）、深圳市物联网智能技术应用协会漳州分会等，整合长三角、珠三角、漳州周边区域的产业资源和深物联的社会资源，汇集各地企业产业链培育发展漳州高新区物联网产业集群；甲骨文（漳州）技术人才双创基地获得2018年漳州市示范众创空间认定，对接互联网软件行业企业100余家，引入企业21家，其中已入驻企业14家，固定办公人员达200余人。

投资环境日新月异。漳州高新区着力“打基础聚地气、搭平台聚财气、造环境聚人气、建队伍聚士气”，营造良好的投资环境。一是区位条件优越。漳州高新区南依台湾海峡，北临龙岩，东接厦门，西靠汕头，位于福建省漳州市主城区跨江南扩区域，与老城区隔江相望，共享城市资源。二是内外交通便捷。综合交通枢纽城市优势明显，龙厦、厦深铁路贯穿全区，设有厦深铁路客运站和龙厦铁路草坂货运枢纽站。厦漳城际轨道R1、R3线的终点设在新区东北两个方位。厦漳同城大道于2018年10月份开通，漳州市九龙云巴沿厦漳同城大道、南江滨路布设，终于高新区武林村。漳龙高速、沈海高速复线、漳州南绕城高速等穿境而过，分布4个高速公路落地互通。区内道路主框架呈“三横六纵”分布，主干道南江滨路、圆山大道与厦漳同城大道相连接，构建厦漳半小时经济圈。三是配套设施齐全。总投资28.6亿元，投资建设博物馆、艺术馆、规划展示馆、图书馆、科技馆、歌剧院、奥林匹克体育中心，大大提升高新区文化生活品质。区内自来水厂、污水处理厂、电力、天然气等基础配套一应俱全，充分满足生产生活需要。四是生态人文优美。作为“田园都市、生态之城”的核心区，高新区在生态、人文等资源上具有明显的优势。圆山、凤凰山、天宝山群山环抱，九龙江绿水穿城而过，百花村、万亩荔枝海公园、水仙花公园、闽南文化生态走廊遍布域内，生态条件得天独厚。拥有千年古刹石狮岩、南山寺、颜厝千年古县城遗址以及朱熹讲学处等人文史迹，积淀了新城的历史文化底蕴。五是政务服务高效。创新设立“商务110”商机对接中心平台，完善“快速反应、部门联动、高效落实”的运转机制，为客企提供一站式的投资服务；在全省率先开展项目“会审制”改革，将投资建设项目涉及的准入、开工审查、竣工验收69个审批环节，简化为“准入会商、开工会审、竣工会审”3个会商会审程序，最大化促进项目建设提速提效；设立“益企办”服务中心，实行投资建设项目全程帮扶，实现招商引资高效对接。

招商引资成绩斐然。一是在招商成果方面，坚持一把手抓招商，区主要领导全年共带队前往北上广深等地对接招商12次，推动了半导体级别IC领域单晶硅项目、科拓智慧物联产业园等18个项目签约，总投资达67.1亿元。一年来，各项招商任务指标均超序时进度完成，其中新增在谈项目100多个，总投资近700亿元；签约项目31个，总投资87.25亿元；当年签约当年落地的亿元项目5个。二是在创新招商模式方面，不断完善优化“商务110”商机对接中心平台，进一步形成从商务对接到落地发展的全周期服务体系，不断升级VR招商模式，进行“互联网+招商”的整合，省商务厅在官网上作了“漳州高新区VR招商新模式，科技创新显成效”专题报道，成为全省、全市推广的经验做法；第三方招商出成果，通过购买服务的方式，搭建三个主导产业相对应的专业招商平台，集成电路产业运营商在成立短短半年的时间里对接20多个项目，总投资近200亿元；围绕产业链精准招商，以集成电路产业上游材料、设备和下游终端产品为切入点，成功签约IC级单晶硅棒、光刻胶、东方拓宇、科拓、方圆检测等项目。三是在全省开发区综合评价方面，在全省开发区综合发展水平评价考核中位居全省第十一位、排名漳州第一，工作成效获省、市商务部门高度认可，并获80万元评价奖励资金。四是在招商政策方面，结合高新区自身产业发展规划，相继出台《漳州高新技术产业开发区关于招商引资若干措施》、《漳州高新区关于扶持集成电路产业发展的若干措施》等各类扶持政策。

生态环保持续推进。全面提升高新区生态环境的“高颜值”，以南湖、荔枝海、水仙花海、龙江南路景观花带等为代表的一批生态精品进入成熟完善阶段。南湖先后引进洪树德陶艺馆、龙人古琴、天然石典、南山书院等项目，承办了“南湖之声”“非遗圩日”“2018中国漳州国际雕塑展”等大型文艺活动，文化内涵持续丰富充实。“生态+”建设的成功经验，受到国家、省、市有关领导的高度肯定，吸引了各地游客纷至沓来。据统计，一年来，南湖、荔枝海累计接待全国各地调研、学习团组830多批次，12600多人次，其中，部级以上166人次；“生态高新”的实施，带动全区生态配套持续提升。一年来，全区共新建雨污管道21.4公里，新增绿道10公里、公共绿地362亩，建成花海200亩、湿地公园150亩。

（摘编：黄国实）

漳州台商投资区

2018年，漳州台商投资区实现地区生产总值增长9.3%，总量突破300亿元大关，增幅高于全市0.6个百分点，排全市第三；18项主要经济指标中，有5项增幅位居全市前三，一般公共预算总收入、地方一般公共预算收入、进口总额、实际利用外资4项指标总量全市第一，实际利用外资规模在全省所有县市区、开发区中排名第二。外贸出口总量全市第二。地方一般公共预算收入、财政八项支出、限上零售业销售额3项指标增速全市第一；第三产业增加值指标增速全市排名第二；体现效益的一般公共预算总收入36.25亿元、地方一般公共预算收入23.9亿元，均连续两年全市第一。第三产业增加值占GDP比重提高0.8个百分点；新兴产业快速发展，规模工业高技术行业增长8.3%；规模工业企业效益指数达422.5%，高出全市平均水平63.9个百分点。

产业特色效益凸显。台商投资区是漳州最热的投资版块，发展势头好。近年来经济发展一直保持全市领先。2018年全年完成GDP300.73亿元（首次突破300亿元大关），增长9.3%，增幅位居全市第3位；规模以上工业总产值673.72亿元；规模以上工业增加值176亿元；固定资产投资254.9亿元；财政总收入36.25亿元，财政总收入总量连续两年位居全市第一。2018年全区用占全市1.27%的面积，贡献了全市7.7%的GDP、12%的规模工业产值、10.3%的财政收入、13.5%的出口、45.6%的实际利用外资，为全市发展大局作出了应有的贡献。

科技创新成效显著。全区现有工业企业1200多家（其中龙头企业11家，亿元企业74家），投资总额超千亿元，已形成特殊钢铁、汽车汽配、电子家电、食品工业、造纸及纸制品五大主导产业，重点引进培育新一代信息技术、高档数控机床和机器人、生物医药及高性能医疗器械等三个新兴产业，2018年，全区完成规模工业总产值达673.72亿元，增长9.4%。外贸转型加快，成为全市唯一的“2017年度福建省外贸转型升级示范县”。

基础设施日趋完善。漳州台商投资区地处漳州、厦门城市节点，到厦门机场、漳州市区只要30分钟路程，到厦门港只要15分钟，规划建设厦门地铁6号线漳州（角美）延伸段。

项目建设成果丰硕。坚持“一把手”抓招商，全年共洽谈项目38个，共签约20个项目，总投资约720亿元，增长206%；总投资200亿元的国贸智谷、总投资170亿元的新欧鹏教育、总投资160亿元的联盛纸业高端生活纸等龙头企业带头作用强，将为下一步打造产业集群增添活力。新业态占比达到近45%，涉及健康养老、文化旅游、总部经济、科创·双创等新业态。各类市场主体共1.98万户，注册资本金492亿元，分别增长25.9%和7.8%，净增加市场主体4041户，增长11.2%，每天净增11.07户。全区新增“五个一批”项目198个，继续保持全市前列，开发区第一，“五个一批”项目中呈现投资规模大、项目质量高的特点。10亿元以上项目40个，其中，50亿元以上的有8个，百亿元以上项目3个，“三高一少”的项目越来越多。

投资环境配套齐全。口岸联检机构健全，海关、国检都在这里设立角美工作站。成功设立保税物流中心B型，学校、医院、购物广场等配套齐全。政府服务优质，社会亲商敬商。行政审批在做“减法”，服务在做“加法”。享受中央支持福建跨越发展、海上丝绸之路核心区、生态文明示范区、对台、复制自贸区、国家经济技术开发区、福建省特殊经济区域台资企业资本项目管理便利化试点（全省仅4个）等政策叠加。先后出台企业技术改造、建筑业发展、大众创业、万众创新等多项扶持政策。成本较低。相比厦门，地价、水价、电价、人力和生产生活成本都较低。

招商引资明确重点。目前，漳州台投区从以

下方面重点招商：第一，围绕全区五大主导产业（特殊钢铁、汽车汽配、电子家电、食品工业、造纸及纸制品五大主导）重点招商；第二，引进更多创业创新人才在漳州台商投资区落户、更多创业、创新项目在漳州台商投资区孵化；第三，引进旅游科技、智能制造、生物科技和康养、文创、职业教育等新兴产业及服务业项目；第四，规划创建3大产业园及4大特色小镇。

生态环保狠抓治理。深入开展污染防治攻坚战，实现天更蓝、水更清、空气更清新、土地更洁净。以“八大攻坚战”为抓手，突出臭氧污染、VOC和建材石材加工、建筑施工、道路扬尘等专项治理。PM2.5、PM10平均浓度分别比上半年下降17.1%、19.1%，AQI（空气质量指数）下降11%。全面落实河（湖）长制，实施污水精细化纳管，投资3.2亿元，新建、扩建污水管网68公里，角美污水处理厂每天进水量已从中央环保督察时的0.2万吨提高到现在的4.5万吨左右。启动矿山生态修复，成为全国废弃矿山治理利用创新示范点。

管理服务改革优化。深化“放管服”改革，重新梳理“最多跑一趟”或“一趟不用跑”事项，形成第四批“最多跑一趟”办事清单364项。缩短审批和服务办理时限，网上办事云平台共办结16336件实现“让数据多跑路，让群众少跑腿”。推进“政证快”建设，打通为民办事“最后一公里”，共寄出146件。全面推行“多证合一”改革，将企业申请设立登记时间压缩至1个工作日，被漳州电视台和闽南日报作为典型事例宣传报道。加大招才引智，研究出台促进人才优先发展十二条措施，建立健全吸引优秀科技、工程与管理人才的竞争机制，为人才的发展创造良好环境。

（摘编：李　兵）

漳州金峰经济开发区

福建漳州金峰经济开发区是第一批通过国家发改委审核的省级重点开发区之一。2018年，开发区完成地区生产总值293.57亿元，比增9.3%；规模工业产值720.31亿元，比增11.2%；限上社零16.04亿元，比增25.3%；工业投资完成27.8亿元，占任务数36.66亿元的75.8%；技改投资完成25.76亿元，占任务数30.55亿元的84.3%。开发区在全省72个省级开发区综合发展水平评价排名第2位，在94个国家级和省级开发区中综合排名第12位，比上一年度排名靠前2位，综合评价奖励排名第9名（不含厦门）。

科技创新快速发展。开发区科技创新主要表现在新增高新技术企业、新增高技术产业企业、研发投入、R&D经费投入总量、发明专利申请量和专利授权量方面，以上各方面在2018年度芗城区“三抓三比、十项竞赛”考评中均保持争第势头。截至2018年底，拥有省级及以上创新研发平台机构数40个，拥有省级及以上创业服务平台机构数10个；高新技术企业主营业务收入占开发区“四上”企业主营收入比重由2017年的28.17%提升至41.44%（2018年数据由区统计局提供估值）；有效发明专利数由2017年的128个提升至163个；规模以上工业R&D经费占主营业务收入比重由2017年的0.73%提升至0.92%（2018年数据由区统计局提供估值），整体科技创新实力得到较大提升。

基础设施逐步完善。开发区主动脉——金塘路已全面开工建设，计划于2019年5月开始路基路面施工，力争年底完成全线管廊建设，争取2019年10月全面通车；另有宝石路、金珠路等6个道路工程正在建设；金安片区5条道路、三宝大道、金凤路等6个道路工程前期有序进行；实施南山工业园污水管网工程、北星片区截污工程、污水处理厂三期等11个污水管网配套项目，预计建成管网总长约25公里；同时，去年环保督察以来，开发区持续开展企业雨污水混接、错接排查工作，并努力督促企业落实雨污分流、截污纳管整改，截至2018年底，已通知151家企业进行整改，其中，98家企业已整改完成，29家企业正在整改，正在督促剩余24家企业整改。抓紧启动周边配套一是建设漳华路沿线物流集群，漳龙物流园一期、五洲城一期均已建成并投入运营，东马物流园开工建设，三宝物流园正在优化总平；二是建设民生项目，西部公交枢纽、大唐幸福里建设场面火热，明年可逐步投入使用，缓解开发区交通、住房问题；三是建设商贸服务民生项目，芝山安置房、石亭安置房、漳州软件园、金马广场、金峰中心广场等一批项目前期均有序推进。

项目建设重点推进。深化项目挂钩制度根据"项目建设年"摸排的80个项目的具体情况，为每个项目设置一名领导及一名干部具体挂点联系，要求深入项目单位，掌握熟悉情况，做好协调服务，为项目业主排忧解难。截至2018年底，共组织编制中南高科、三宝耐腐蚀热轧卷板等15个地块的控制性详细规划，软件园、金峰中心广场等6个地块正在办理；完成回声电子、三宝钢铁天然气工程等7宗161亩林地报批，中南二期、新宜地块等8宗643亩正在报批，其中东马北侧地块、三宝大道、中南高科一期C地块等4宗242亩预计年底前可以完成报批；完成中南高科、三宝耐腐蚀热轧卷板等5宗303亩土地报批，芝山安置地、五洲城二期等2宗180亩预计年底前可以完成报批；完成翔通宝达、顺兴食品等6宗456亩土地挂牌出让工作，聚丰、丰久等9宗393亩即将挂牌公告；完成金塘路、大唐幸福里、祥泰食品、威利钟表等23个项目施工许可证办理。强化项目问题导向用活芗城区金峰重点项目推进联席会、金峰重点产业项目推进周例会、重点项目现场协调会等会议制度，解决项目推进工程中存在的重点难题。2018年来，共组织芗城区金峰重点项目推进联席会议7次，重点产业项目推进周例会19次，现场推进会9次，围绕征迁遗留、林地报批、土地报批、规划审批等方面，共协调解决金塘路、中南高科一期、五洲城二期、芝山安置房等19个项目地块遗留问题。其中回声电子、聚丰高科、西部公交枢纽、东昌塑包等6个项目存在问题遗留时间达三年以上。积极开展园区建设竞赛根据《2018年"三抓三比、十项竞赛"工作方案》（漳委办〔2018〕18号）工作要求，从比基础设施建设、比项目聚集落地、比行政服务保障、比和谐绿色发展四个方面各项指标着手，结合"项目建设年"方案实施，营造全员投入工业园区竞赛工作的良好氛围，位列漳州市11个县（市、区）第1名（详见《中共漳州市委办公室　漳州市人民政府办公室关于2018年度"三抓三比、十项竞赛"考核结果的通报》漳委办〔2019〕17号）。

招商引资重点突出。按照《漳州金峰经济开发区产业发展规划》定位，绘好"招商图"，建立"项目库"，围绕高端装备制造业、电子信息产业、生物科技产业和现代服务业为核心的"3+1"产业链进行招商引资工作。主要领导先后至北京、上海、厦门、深圳、广州等地对接15次，考察洽谈了兴亚柔性电路板、新宜冷链等53个项目，今年共签约23个项目，总投资约76亿元。

生态环保重视设施。助推园区建设步伐为提升燃煤锅炉改造成效，金峰开发区主动联合燃气公司全面介入，共同参与，先后投入1400余万元，协助改造工业企业29家，铺设燃气管道9.53公里，目前管道已基本覆盖。开发区共推动三宝集团、康之味、信华食品等136家企业的139台燃煤锅炉改造，其中还注销淘汰的燃煤小锅炉73台，目前全区已无在用的10蒸吨及以下燃煤小锅炉。在淘汰落后产能的同时，金峰开发区还积极引导和鼓励企业大力使用绿色循环技术，着力通过大力推进产业转型升级、优化产业结构、创新绿色节能的方式推动高质量发展。开发区制定并印发《漳州金峰经济开发区核心区集中开展"散乱污"企业专项整治工作方案》（漳金管〔2018〕31号），开展"散乱污"企业专项整治工作，已全部完成74家涉及"散乱污"企业的排查工作并进行分类处置，同时制定并印发《漳州金峰经济开发区核心区家具制造行业环保问题专项整治工作方案》的通知（漳金管〔2018〕32号）及《漳州金峰经济开发区核心区化工、包装印刷行业大气整治工作方案》的通知（漳金管〔2018〕33号），开展家具、化工、包装印刷行业企业专项整治工作，已整理出相关企业清单并组织召开企业环保工作推进会，请环保监察大队工作人员指导企业落实整改。启动处理工程，提升园区承载能力目前，开发区已建成一座污水处理厂。漳州市西区污水处理厂厂区占地90亩，处理工程服务范围为芗城西区、金峰经济开发区及天宝石亭工业区。一期工程处理规模2万吨/日，于2008年5月投入使用；二期扩建及提标工程处理规模2万吨/日，于2017年8月通水试运行，出水水质十月份按GB 18918—2002一级A处理生产；三期扩建工程计划改进工艺，正在按处理规模4万吨/日进行可研编制，计划总投资约1亿元。污水处理厂装有在线监控装置，二十四小时自动连续监测 COD、氨氮、总磷指标，一点双传到省市国家平台。同时，污水处理厂委托龙海市叶绿有机肥有限公司处置污水处理设施产生的污泥，处置后污泥指标可达农用标准。除漳州市西区污水处理厂外，开发区已建成3座污水提升泵站，结合道路建设配套污水管约64000多米，集中处理辖区内企业的生产、生活污水。实施截污纳管，完善园区污水管网按照区委、区政府污染防治攻坚工作的统一部署，开发区积极开展截污纳管攻坚战，包括南山工业园污水工程、北星片区截污工程、污水处理厂三期等11个雨污水管网配套项目，预计建成管网总长约25公里。其中，道路污水管网工程7个，计划总投资约1.5亿元，已完成约13.5公里管网建设，预计2019年完工；污水临时处理工程2个，已建设完成，正在持续运行中；污水处理厂2个，计划总投资约2.65亿，正在开展前期工作，预计2021年完工。2018年7月份，开发区成立漳州市区内河水环境综合整治一线指挥部金峰开发区分部工作组，设立工作点，积极开展污染源整治攻坚工作。开发区委托博天环保公司协助对开发区地块污染源进行正向普查，对高坑溪、珠里溪、仙景溪、丰乐溪、恒坑溪等流域开展污染源逆向溯源排查。截至2018年底，已通知151家企业进行整改，其中113家企业已整改完成，21家企业正在整改，12家企业市政污水管道未接达，5家企业不纳入整改范围。整治施工扬尘，净化园区空气质量开发区制定并印发《关于开建筑施工扬尘防治攻坚战的工作方案》（漳金管〔2018〕18号），开展建筑施工扬尘专项整治。此外，召开辖区内由金峰管委会核发施工许可的在建项目建设、施工、监理等企业相关责任人会议，部署施工扬尘防治工作并提出工作要求。

管理服务务实高效。开发区69名干部职工挂钩服务辖区内229家企业，通过走访企业宣传惠企政策近百条，收集到诉求意见30余条。并在此基础上，及时帮助解决华仪、世卓等辖区内企业生产经营遇到的用水、用电等问题；协助傲农、尚成、永益康等企业补办不动产证，缓解企业融资问题。组织园区13家企业申报国家高新技术企业，12家申报省级高新技术企业，其中三宝钢铁、世卓、天趣、通用机器人、泰里斯等5家企业顺利入库备案省级高新技术企业；组织正兴、科华、长峰等20个项目获市级以上科技计划补贴1560.6万元。科华、正兴、东方科技等3家企业入选“福建省重点培育和发展的国际知名品牌”；科华、正兴、东方科技、万安实业等4家企业入选“福建省制造业单项冠军企业”；康之味、视瑞特、盈塑工业、科晖专用车等4家企业入选“省工业和信息化高成长企业”。

（摘编：赵小真）

漳州蓝田经济开发区

福建漳州蓝田经济开发区由蓝田、龙文两个省级工业区整合而成，总规划面积10.19平方公里，开发区按照城中有园、园中有城的建设理念，不断完善园区规划建设。2018年，开发区完成规模工业产值240.5亿元，同比增长11.3%；完成全社会固定资产投资54.6亿元，同比下降5.4%；完成限上消费品零售额（无石油）45.96亿元，同比增长8%；完成税收6.897亿元，同比下降3.8%。开发区现有各类企业520多家，总投资超400亿元，其中规模以上企业107家。在2018年工业园区竞赛排名中，蓝田开发区位居漳州市第四名。

产业特色突出重点。开发区产业布局为低能耗、轻污染及高新技术产业。经过几年的发展，着力打造食品饮料、家居日化、电子机械装备三大产业集群。开发区现拥有国家级高科技企业15家、国家火炬科技项目2个、博士后工作站2个、院士工作站6个。拥有中国驰名商标9个，省名牌产品、著名商标54个。

人才建设引进创新。开发区积极引进科技创新人才，构筑人才高地，目前共有福建省“海西产业人才高地”1个，漳州市产业人才高地3个，省级优秀人才1名，市首批福建省引进高层人次人才2名，获得“985工程”高校全日制毕业生来漳创业就业受补贴人员4人，市级优秀人才（含市优秀青年科技人才）共9名。

投资环境趋于完善。开发区围绕城市建设发展，提升宜业宜居水平，为产城融合发展提供了有力保障。道路建设方面，2018 年实施道路项目 11 个，新建道路里长 2.7 公里，园区路网进一步拓展。教育配套方面，总投资 3000 万元的龙文区机关幼儿园开园招生，总投资 1.2 亿元的开发区第二实验小学主体完成。人居配套方面，2018 年在建楼盘小区 7 个（含安置房项目 2 个），总投资 20.05 亿元，其中翼特丽景城二期等 3 个项目建成投用；同时，积极开展公租房申请，提供公共租赁住房 475 套。商业配套方面，引进开发区首家城市综合体——宝龙悦汇城市广场，项目总占地面积 103 亩，项目建成后，将形成具有一定区域影响力的商圈。

招商引资成绩喜人。全年共有中燃分布式能源、第三水厂、奥佳华、航天机电、和动力、青蛙王子、正德丰、红梅、孚美食品、创举医疗、宝龙悦汇广场等 21 个项目签约落地，总投资达 100.25 亿。联东 U 谷二次招商顺利，累计签约 105 户，其中 75 家入驻经营。

生态环保加速改造。排污管网建设，委托漳州市城市规划设计院对开发区污水专项规划进行设计编制，实现了开发区污水管网与漳州市中心城区污水管网相对接，将开发区污水排入东敦污水处理厂集中处理，2018 年新增污水管道 3600 米，累计建成污水管网 85.6 公里。加大水环境整治，委托专业环保机构为开发区环保管家，负责建立开发区内的企业环保设施及运行情况的数据库，同时进行园区企业污染源普查。全年检查相关涉水企业 126 家，整改 64 家；检查雨、污水井盖 1500 多个，雨水管总长 80 公里。夯实锅炉整治成果，查封停用 10 蒸吨及以下停用燃煤锅炉 16 台，涉及企业 14 家。

管理服务做新做实。2018 年，开发区委托第三方建设漳州蓝田经济开发区政企互动微信公众号，该平台设置有企业办事窗口、领导直通车、企业投诉等三个专栏，其中企业办事窗口开辟 24 个服务企业窗口做好人才服务工作，已有管委会干部职工、辖区企业负责人近 700 人，300 多家企业在该平台有效互动。充分利用蓝田开发区报、微信群、短信群发等多个平台，第一时间将有效信息传递给企业；组织相关人员深入企业，解说政策法规，帮助企业完成相关申报手续，协助企业争取上级各种补助金近 3000 万元。

（摘编：李　兵）

漳州古雷港经济开发区（绥安）

2018 年，漳州古雷港经济开发区实现工业增加值 78.42 亿元，比增 18.5%；实现固定资产投资 159.24 亿元，比增 0.6%；税收收入 10.15 亿元，比增 7.6%；出口创汇 32.67 亿元，比增 10.2%；实际利用外资 4020 万美元，比增 48.5%。

产业特色各有侧重。按照“各有侧重、突出特色、协调发展”的原则，对园区产业规划布局进行再优化再提升，突出产业特色，努力形成差异竞争、错位发展的良好态势。重点发展食品加工、轻纺制品、运动器材等三大主导产业，三大主导产业全年实现规模工业产值 155.38 亿元，占全部规模企业产值的 77%。

科技创新引导培育。深入开展工业园区建设、创新转型竞赛活动，积极引导、培育企业创品牌，鼓励企业进行技术创新。获批省级认定的院士专家工作站企业 2 家、省级技术转移机构 1 家，获批市级认定的创客空间、技术机构 4 家。其中泉丰食品、同溢堂药业等 3 家企业被确定为省级高新技术企业，绿力生物、美吉健身器材等企业累计获得发明专利 76 项。积极打造市级重点科技服务机构天康检测技术公司，为园区食品加工企业提供食品检测及相关技术服务。

基础设施重点建设。全区共投入基础设施建设 5 亿元，重点推进蓝理路、工业南路及周边配套道路改造提升工程建设，以及兴业路、麦埔路、麦亭路、南通路等道路建设，以及路绿化、美化、亮化工程等工程建设。

项目建设强力推进。全力以赴上项目、抓投资、促增长，深化推进“五个一批”项目工作，促开工项目 42 个，总投资 29 亿元；促投产项目 20 个，总投资 18.6 亿元；促增资项目 5 个，总投资 7.55 亿元。着力推进欧康化妆用具、和丰食品加工、圣元垃圾焚烧发电、鸿运服装加工、铭鑫混凝土搅拌建设、典雅雨伞加工、创盛金属制品加工、四通物流通用厂房、宜益农业机械制造、绿力卡拉胶加工、贝纳服装加工等市县重点项目开工建设。

招商引资全面开花。2018 年，开发区主要领导带队外出招商 13 次，参加市县集中签约活动 5 次，完成“每月主要领导组织开展招商活动”，“一季度一签约”的任务要求。共签约项目 35，完成年任务的 106%，总投资 30.21 亿元、总注册资本 8.03 亿元；其中签约项目落地数 23 个，落地率 66%；在谈项目 18 个，计划总投资 48 亿元，涉及生物医药、食品加工、电子信息、运动器材、机械设备等行业。

生态环保狠抓落实。实施环保设施建设项目数 11 个，目前已有 8 个项目竣工，完成各工业园区内已有地下管线的测量摸底工作，工业园区的污水管网规划总长度约 6.06 万米，其中已完成施工约 4.34 万米，在建 2771 米，拟设计施工约 1.45 万米；实施管网维护与改造，开展园区管网的清淤及修复工作。

管理服务多措并举。一是开展项目落地“问题清零”专项活动，重点解决征地拆迁难、报批报建难的问题，提高“追问题、解难题、促落地”的实效性。园区共梳理土地征迁难题 56 项，报批报建难题 35 项，分别由县委下达责任清单，各责任乡镇和部门限期解决，有效地促进 48 个项目落地投建；二是做好惠企政策宣传，深入开展企业调研，重点做好企业技改、创新转型、展会展销、出口补贴、增产增效等惠企政策宣传；三是帮助招工引工，今年共举办 7 场招聘会，为 60 多家企业招聘工人 1000 多名。

（摘编：于新光）

诏安工业园区

诏安工业园区是经国家发改委批准确认的福建省最南部的省级重点开发区，总规划面积 1.41 平方公里。2018 年，园区地区生产总值达 139.7 亿元，同比增长 10.9%；规模以上工业增加值 49.97 亿元，同比增长 9.8%；全区纳税总额 2.07 亿元，同比增长 34.4%；区内企业固定资产投资总额 5.47 亿元，同比增长 −48.7%；公共基础设施建设投资总额 1.55 亿元，同比增长 −75.9%；完成外贸出口额 6.39 亿元，同比增长 8.5%。在产业集聚方面，形成以婴童文化创意、富硒健康食品、轻工机械制造为主导产业，主导产业占园区总产值比率在 32.7% 以上。

产业特色重点突出。截至 2018 年底，园区入驻企业已达 200 多家，规模企业 55 家，婴童文化、食品加工、轻工机械三大产业特色凸显，2018 年产业占比分别是食品加工产业占 32%，轻工机械产业占 30%，婴童文化产业占 23%。其中，作为工业园首位产业的婴童文化产业已落户 19 家，全年完成产值 25 亿元，税收达 3600 万元。同时，以华元电力、大新电子为代表的电子轻工机械产业和以能裕食品、四海食品和溜溜果园为代表的富硒食品产业也持续发力，规模逐渐壮大。

科技创新凸现效益。园区科技创新能力强，期末高新技术企业数有 3 家，高新技术企业主营业务收入 30427.8 万元，同比增长 33.6%；期末创新创业平台数 1 个。期末拥有有效发明专利数 25 个。

基础设施加大投入。2018 年，园区共投入约 1.55 亿元，推进基础设施建设项目 13 个，包括兴业园通用厂房、婴童文化创意产业园形象门、赤水溪入河排污口污水处理、区内路网建设及绿化亮化等基础配套工程。

项目建设卓有成效。完善领导干部挂钩项目服务、一线干部考察挂钩项目服务等机制，采取现场办公、项目集中拉练等形式，解决项目建设过程中存在的问题及难题。2018 年，园区 16 个县级以上重点项目共完成投资 18.658 亿元，完成年任务 17.9 亿元的 104.23%。

投资环境不断完善。补齐文化服务配套针对园区规模拓展、管理服务任务加重等实际情况，园区投入 2000 多万元，建设建筑面积达 2850 平方米的县级党群活动中心及职工文体中心。该项目于 2018 年 8 月份揭牌使用，集办公服务、学习教育、交流展示于一体，辐射了园区 200 多家企业，惠及党员和职工 2 万余名。中心使用至今，共举办县级非公党建培训 1 次，园区基层党组织书记联席会 2 次，党员入党培训 1 次，开展支部活动 28 次。破解项目用地难题通过牵线搭桥，园区加大盘活闲置土地及厂房力度。2018 来，园区已成功对接 162.2 亩低效用地及 25559 平方米闲置厂房，将河星实业、山林实业、雅威彩印、云鞍塑胶等闲置资源变“闲”为宝。成立B区扩区征迁工作领导小组，配合深桥镇加大征迁对接力度，并对已征好的地块及时启动规划建设方案等前期工作，为新项目入驻提供载体。同时，打造兴业园通用厂房项目，节约集约用地。该项目总投资额1.2亿元，建筑面积约5万平方米，现已完成一栋综合楼和六栋标准厂房建设，正在进行招商对接。

招商引资精准到位。结合实际情况，园区遵循“精准招商”思路，从产业精准、区域精准、企业精准、方法精准、队伍精准上着手，促进招商引资提档升级。主要领导每月带领招商小分队分批次深入江苏、福州、厦门、潮汕、珠三角等地区，拜访当地的食品、婴童用品、光电产品等行业的龙头企业。同时，与专业招商中介机构建立长期合作关系，依托园区现有企业，以企引企、以商引商，挖掘人脉资源，提升招商实效。2018年，园区共引进新项目17个。

生态环保狠抓治理。按照全覆盖、零容忍、细排查、重整治的要求，园区集中整治全区企业及生产经营单位在环保领域违法违规行为，全面检查审批手续，对问题严重且拒不落实限期整改的企业和生产经营单位，视情节上报上级分别采取相应的强制措施。同时，以打赢蓝天保卫战、打好柴油货车污染治理、工业园区黑臭水体治理、工业园区环境卫生综合整治四大攻坚战为抓手，加大投入，建设长效管理机制，不断提升园区的卫生整洁和绿化工作，创建生态园区。

管理服务高效务实。截至2018年，讲堂已举办14次，进一步营造了良好的学习氛围。通过设立企业服务中心，一个窗口对外，为园区各类企业和新落户项目提供咨询、审批、代办、协调等一条龙服务，全力优化提升营商环境。2018年来，中心累计服务企业数74家，受理业务量542件，成功办结率100%。

（摘编：朱明清）

云霄常山经济开发区

一、常山华侨经济开发区

常山华侨经济开发区是福建省省级重点经济开发区。2018年，开发区经济增长稳中向好，主要经济指标序时或超序时完成进度，其中地区生产总值完成38.55亿元，增长8%；固定资产投资完成40.82亿元，增长12.5%；规模工业总产值完成79.39亿元，增长9%；规模工业增加值完成21.12亿元，增长8.7%；财政总收入完成2.59亿元，增长16.2%；地方财政收入完成1.55亿元，增长12%；外贸出口完成33.1亿元，增长6.7%；实际到资7743万元；社会消费品零售总额完成8.27亿元；城镇居民人均可支配收入32447元，增长8.5%；农村居民人均可支配收入16812元，增长9.5%。

基础设施推进完善。第一，市政设施不断完善。大力推进公共配套竞赛项目，完成投资8.9亿元，新增天然气管道9.5公里、污水管网10.5公里，扩容自来水供水规模1.5万吨/日，完成乌山片区供电设施建设，公共需求得到进一步满足。第二，人居环境不断优化。开展了农村人居环境整治、铁路沿线环境整治、“大棚房”问题专项整治和“两违”综合治理百日会战，以市场运作的方式推进城乡生活垃圾保洁清运一体化，在建美丽乡村2个，新建改造公厕5座，新增城市停车位102个，拆违面积5936平方米，宜居环境得到进一步强化。

项目建设赶超进度。“五个一批”项目、赶超项目、省市重点项目和“三抓三比、十项竞赛”项目是我区经济高质量发展的支撑项目。2018年，我区围绕“工作抓重点，重点抓竞赛，竞赛抓项目”，全力以赴抓项目、扩投资、促赶超。深化“五个一批”项目建设，新增入库项目49个，总投资76.1亿元。加快推动赶超任务重大项目漳州南部生活垃圾焚烧发电厂及配套建设，完成投资近4亿元，2019年正式投入使用。加快推进省市重点项目，14个省市重点项目全部开工建设，完成投资19.5亿元，完成年度计划的118.5%。抓好“十项竞赛”活动，实施项目53个，全部开工建设，完成投资28.3亿元，完成年度计划的127.3%。

招商引资持续推进。坚持“走出去”和“引进来”两手抓。每个月都落实“一把手”带队外出招商，开发区党政主要领导分别前往深圳、东莞、厦门等地招商22场次，走访60多家企业，接待来访客商100多人次，其中已签约6个项目，总投资37亿元，持续增强了发展后劲。

生态环保治理强化。一方面，打好污染防治攻坚战。以打赢蓝天保卫战、城市黑臭水体治理和杜塘水库饮用水源地保护等七大攻坚战为抓手，完成10项“三合一”督查反馈问题整改，集中全区力量打赢畜禽养殖整治攻坚战，污染源普查工作有序推进，完成国土绿化和森林质量提升2820亩，大气优良天数比例为97.4%，危险废物规范化管理达标率达100%，全面推进河湖长制工作，杜塘水库上游的水环境治理成效明显，水库水质基本达到三类或优于三类水质标准，生态环境得到改善。另一方面，城乡环境不断改善。坚持以“生态+”引领，践行“绿水青山就是金山银山”，全面落实党政领导环保目标责任制和河长制，持续开展“抓生态比城乡环境”，实施生态项目10个，完成投资5.6亿元，生态环境得到进一步优化。

二、云陵工业开发区

云陵工业开发区地处海峡西岸经济区闽南金三角，位于云霄县南部。2018年，开发区完成工业投资11.4亿元；完成技改投资9.8亿元；完成规模工业总产值30.1亿元；规模工业增加值8.7亿元；社会消费品零售总额2.4亿元；完成出口2.6亿元；实际利用外资（验资口径）914万美元；工业税收850万元。

产业特色优势突出。开发区紧紧围绕建设“国内知名的光电子应用产业集群”的目标定位，整合优势资源，重组生产要素，突出发展光电产业，以引办具有核心竞争力的LED企业、尤其是龙头企业为主，重点发展图形化蓝宝石衬底（PSS）、晶体材料、LED显示、LED照明应用等，带动上下游产业发展，延伸产业链，缩短产业配套半径，壮大产业规模；引进光伏太阳能、锂电子电池等新能源产业，带动开发区产业转型升级，做大云霄特色产业。

投资环境日趋完善。云霄县光电产业以云霄经济开发区为主载体，总规划面积13平方公里，功能定位为集产品研发、加工制造和产品流通于一体的高新技术产业开发区。依据功能定位要求和区位优势，按节能光电科技产业园区、普通工业园区、光电观景中心公园、铁路站埠商贸服务等总体规划，分步实施。第一期规划总用地为9966亩，主要发展LED、节能照明和太阳能光伏等新能源、新光源领域的新兴产业。目前，开发区已完成大规模场地平整和市政管网配套（污水处理厂）工程基本完成，园区实现道路、给水、排水（雨水、污水分离）、通信、电（双回路供电）、有线电视“七通一平”。第二期规划用地2800亩，与厦门市翔安区共建“云翔产业园”。第三期规划用地4500亩，建设光电学院和海峡光电产业园，在高铁客运站周边规划1000亩建设现代光电市场。

项目建设激发效益。延续项目竞赛精神，积极谋划生成新项目，深入挖掘项目潜力，切实激发项目效益。2018年，全区列入重点项目22个，计划总投资131.25亿元，年度计划投资26.85亿元，已完成投资29.1亿元。其中，市级重点项目7个，分别是沈海高速东侧道路工程项目、汉晶PSS项目、云霄电子商务服务中心、云霄回乡创业园基础设施项目、绿克食品加工项目、振牌海洋生物科技卡拉胶生产二期项目、利众诚食品加工项目。省级重点项目2个，分别是中福木业薄型纤维板生产项目、云霄经济开发区污水处理厂及管网配套工程。

招商引资赶超进度。加大招商引资力度，对项目的用地规模、投资强度、环境影响、企业效益等严格把控，致力于建设成为精品工业园区。2018年来，全年招商引资任务数5个，已签约项目6个，其中已落地项目1个：润万家食品项目。招商投资额任务数10亿元，完成18亿元。签约项目6个，分别是富兴通生物饲料生产项目、民安居建材市场项目、嘉和旭凯夹芯板生产项目、三兴建材城项目、豪哼电源制造项目和金农伟业果酱加工项目。

生态环保严格执行。加强杜塘水库周边库区辖区段环境综合整治，全面开展辖区内山美溪段水环境综合整治，水质得到明显改善。为解决开发区企业和居民的“用水难”问题，完成七星自来水源水管道工程建设，进一步完善城乡一体化供水体系，为云霄大抓工业、抓大工业添保障。

积极谋划和建设辖区农村污水 PPP 项目，全力维护辖区内农村饮水工程安全。巩固辖区生猪养殖污染整治成效。确保辖区内生猪年出栏总量控制指标，杜绝已拆除畜禽养殖场（户）返养反弹。全面落实“河长制”，努力实现“河畅、水清、岸绿、景美”的目标。把推进“河长制”与区内河流保护和治理、防汛等工作紧密结合起来，推动重点领域、重要区域取得突破。全面压实责任，积极开展巡河工作，强化工作措施，形成治管合力，共同推进江河湖库保护工作。

管理服务精准到位。重点加快高新技术创业服务中心建设，推进光电行业产品检测中心、孵化中心等平台的建设，不断提升公共产业技术服务能力。推动“四检合一”项目试点试验工作，通过整合辖区东山、诏安、云霄和常山开发区的农业、海洋渔业、市场监管、食品农产品检验检测机构等四个部门，将原属于多部门的机构、职能、设备、人员等整合为一个服务体系，实行“一套人马、一个机构、多个牌子”，试点“四地合一”。同时，根据区域特色，优化实验室布局，实行就近送样取证、专业分工检测、结果互认互通的检验检测服务流程，为企业提供更加便捷高效的“家门口”服务，实现“执法互助、信息互享、结果互认”，打造现代检验检测机构样本，精准服务区域产业发展取得成效。

（摘编：李　兵）

平和工业园区

平和工业园区为省级开发区。2018 年，园区共完成固定资产投资 28.28 亿元，完成规模工业产值 79.6 亿元；新引进项目 8 个，总投资 21.13 亿元；列入年度重点项目 10 个，完成投资 15.55 亿元；完成投资 0.5—1 亿元工业项目数 11 个，完成投资 1—5 亿元工业项目数 17 个。

产业特色日益凸显。2018 年在生产企业 53 家，在建项目 25 个，初步形成纸业、陶瓷、木业三大产业支柱。纸业有凤竹、益达、金泰、福之和和佳亿等 5 家企业。陶瓷业有鸿星（3 条生产线）、彩联（3 条生产线）、霹雳（2 条生产线）、澳利（2 条生产线）、侨丰（2 条生产线）、美艺陶（2 条生产线）、超优（1 条生产线）、华诚（3 条生产线）、万宝达（1 条生产线）等 9 家企业，配套优诺包装、宝利、群益和集友色料等 4 家企业，在建铭盛陶瓷、豪山陶瓷 2 个先进生态陶瓷生产线项目和辉艺色料配套项目，初步形成陶瓷产业群。木业有时时进、华能、溢祥、福和、坚毅、裕和皓月、东辉、万松等 8 家企业，西蝉木业产业园区目前主要在建项目有西蝉木业和鑫源祥木业等，形成生态木业产业群。

基础设施逐步完善。园区 2018 年计划投资 15017 万元，新建 5.143 公里园区主干道，实际完成投资 17298 万元；计划投资 11338 万元，新建 4.5 公里西蝉大道一期工程，实际完成投资 13057 万元；计划投资 1759 万元，新建 1.178 公里西蝉大道二期工程，实际完成投资 2034 万元；计划投资 980 万元，新建 1.2 公里上峰道路工程，实际完成投资 1141 万元；计划投资 10382.96 万元，新建 20 亩中晟天然气站，实际完成投资 11175 万元；计划投资 150 万元完善东区污水管网，实际完成投资 182 万元；计划投资 1900 万元新建污水处理厂排污口湿地公园，实际完成投资 2187 万元；投资 2900 万元对园区污水处理厂进行扩建及提标改造等。进一步完善覆盖全园区的路、电、水、热、气、网络及配套管网等公用基础设施，以及污水集中处置设施等。

招商引资注重乡情。园区围绕“五个一批”项目签约作为日常招商引资的核心任务，建立全方位、系统化的工作机制，充分利用蜜柚节、访乡贤等活动，一把手亲自抓招商，2018 年引进鑫源祥木业等亿元以上项目。

生态环保专项治理。园区开展环境卫生清理专项行动，对主次干道、村道、溪边垃圾堆放点进行彻底清运，对垃圾进行分类处理，对原垃圾填埋场进行覆土绿化，重新规划选址建设工业垃圾填埋场，召集辖区内 16 家有参运垃圾的个体户开会，要求垃圾一律不得乱倒，违者将处以扣车、扣工分、罚款等处理，并限时清理。污水处理厂 2013 年 2 月开始商业运营，设计处理能力 5000 吨/日。目前园区 29 家生产企业中已有 22 家按环评要求排放接入污水管网，接入污水处理厂的污水约 4500 吨/日，污水处理基本正常达标；污水处理厂完成重大工艺变更环评；投资68万元，由专业清理公司全面疏通污水管网6.7公里，造影在册，及时监测，对有被压扁的管道立即抢修、更换；东区污水管道铺设1.8公里与公路配套建设同步；8家陶瓷企业全部通过环保部门验收。再生资源企业目前通过吸气罩活性炭吸附废气处理尾气，基本达到排放标准；委托第三方公司华测公司作为日常大气监测方，定期监测大气排污是否超标，责令不符合排污标准的16家企业停产。

管理服务互联贯通。园区建设黄井新城商业服务项目，总投资5000万元，1—12月完成投资4537万元。投资38万元建设中小企业服务平台，网络平台包含资源门户网站、新闻资讯管理系统、政策资金管理系统、服务网城管理系统、培训活动管理系统、市平台数据互通互联、沟通工具系统、办公应用系统等，已完成全部投资38万元，公共服务平台已投入运行，并与市中小企业公共服务平台实现互联互通。贯彻落实支持企业发展的各项优惠政策，强化帮扶协调，推动企业技术创新、技术改造。深入重点企业，帮助企业解决融资、用工等问题，助力企业加快发展。强化培育引导，以技术创新、节能减排、循环经济为重点，加快中小微企业和高成长型企业培育。先后有华诚二期、金泰纸业扩建、超优陶瓷扩建、澳利软瓷砖等一批技改项目开工和即将开工建设，推动平和县技改工作的步伐。

（摘编：彭文荣）

长泰经济开发区

长泰经济开发区地创办于1998年，是国家发改委审核通过的第一批省级开发区之一、漳州市11个省级重点开发区之一，总面积22平方公里，规划工业开发面积12平方公里。全区注册落户工业企业236家，其中外资企业114家，内资企业122家，现有投产工业企业173家，规模企业84家，初步形成了体育用品、光电照明、机械制造等三大主导产业，拥有员工3.1万人，成为长泰工业经济发展的重要增长极。2018年，开发区实现规模工业产值336亿元，规模工业增加值83亿元，全社会固定资产投资49亿元；向上争取资金3116万元；外贸出口50亿元；签约项目26个，新批办内资企业14家，新批办外资项目2家；财政收入完成5.53亿元；新增规模工业企业5家。在2017年度全省100个省级以上重点开发区综合评价中，开发区排名第8位，在漳州市12个省级以上开发区发展水平中排名第3位，并荣获第十三届省级文明单位，被授予“全市非公企业和社会组织”党建示范点。

产业特色做强做大。开发区已初步形成了以鸿星尔克、元吉公司为代表的文体用品、以立达信公司为代表的电子信息、以新峰科技为代表的五金机械、以安安、华阳为代表的超细纤维等四大主导产业辅之以荣树为代表的纺织品、以长信纸业为代表的纸制品等产业，成为开发区经济发展的“领头羊”和重要增长极。今后开发区将以这些龙头企业为中心轴，进行产业链招商，努力形成产业集群，做强做大这些产业。

基础设施改造升级。一是商贸服务配套焕发新颜。2018年开发区促成凯悦广场、盛世嘉园等重新启动二期建设，推进兴博广场启动设计，推动兴泰公租房涉及的环保、消防等完成验收，顺利将378套公租房配租给立达信、俪人鞋业等16家企业，完成公租房商场对外出租招标工作，公租房商场正由有实力的专业运营商进行改造，将填补园区商业配套短板，为企业和群众提供优质的配套环境，对于企业招工、稳工、留工等具有重要的意义。二是教育医疗配套扩充补齐。2018年累计投入1500万元，加快推进兴泰中学一期工程1#教学楼建设，以及兴泰小学水泵房及室外管网配套建设，启动兴泰中学二期工程规划设计。投入500多万元，建设欧山村幼儿园，9月正式投入使用，有效解决该村适龄儿童异地就学困扰，并帮助周边企业缓解员工子女上学难问题；加快推进长泰县中医院用地规模调整、规划设计、林地报批等项目前期工作，力促项目早日建设。三是基础设施配套接二连三。2018年累计投入2500多万元，组织实施北环路南侧排洪渠开发区段一期、岩兴公路（陈积线）破损路面修复、园区绿化提升等6个为民办实事项目。继续推进聚牛山廉政文化公园建设，配合城建局改造工业园区污水管网、建设角泰线人行天桥，完善基础设施和公共服务设施配套。投入1200多万元，实施积山三角点到乐丫丫路段的路面白改黑改造工程，完成角泰线、积陈线重点路段中间隔离护栏设置，进一步提高园区道路交通安全水平。

项目建设平稳推进。2018年开发区完成22个重点项目全年完成投资10.3亿元,；新开工建设易辰达机械、中坤生物等10个项目，其中亿元以上项目8个，10亿元以上项目1个（立达信科技小镇）；新投产立达信光电、鸿星尔克二期等18个项目，其中亿元以上项目9家。

招商引资转变思维。开发区坚持“一把手”招商，主要领导每月组织1次以上外出招商，全年累计外出招商14次。积极转变招商思维，通过“零地招商”、“飞地招商”等方式，重点引进投资效益好、科技含量高、产业关联紧的项目。全年签约引进鑫晟新型建材、安迪科药业等26个项目（其中：新批办2000万以上民营企业14家），签约项目总投资额达60亿元，保持良好的招商势头。

生态环保成效显著。开发区生态环境不断提升优化，污染防治成效明显。18年，开发区投资140多万元，采取拓宽、清淤清杂、水草种植、沟底硬化等措施，消除兴吉路黑臭水体，提升辖区河道水质；投资500万元，推动2.5公里污水管网铺设，督促沿线企业接管排放，推进联信电子、华祥电源等企业完成污水处理设施改造提升；启动总投资2790万元的东区污水处理厂提标改造工程，促使排放标准由一级B提升到一级A；投资560万元，完成一体化提升泵站工程建设，达到一备一用，新增总磷、总氮等在线监控设备，顺利通过中央环保督查回头看及省、市定期的水质抽样检查。全年完成6家企业市政污水管网污水接管任务；投入50万元，开展积山、欧山9.6公里高低排渠清淤拓宽，清运淤泥1500多立方米；全面开展整治洗砂场、农业养殖污染治理等行动；全年恢复绿化植被165亩，减少水土流失污染河道。

管理服务措施得当。在社会事务管理权限上，福建长泰经济开发区除受托管理开发区发展工业、招商引资、项目建设和企业管理与服务外，还直接负责对所带村的管理，并按照属地管理原则，区管委会还直接负责环境保护、安全生产、市场监管、治安维稳、道路管网、绿化保洁等公共事务的日常管理与服务工作，同时，实行“以区带村”的管理模式。长泰经开区设有招商科、企管科、规建科等科室专门管理与服务企业，并设立了企业微信公众号、政企平台，专门用于政府扶持政策的宣传。

（摘编：黄国实）

华安经济开发区

华安经济开发区为省级经济开发区。2018年，开发区完成固定资产投资65亿元；规模以上工业总产值完成143亿元；规模以上工业增加值完成36亿元；规模以上企业新增9家，其中当年投产当年上规模5家，占全市的20%。财政总收入突破4亿元，其中地方级突破2个亿，达2.4亿元。

科技创新赶超进度。一是新增科技重大创新企业数，2018年规上工业企业R&D经费投入总量增长幅度达25.1%，超额完成市下达任务（20%），规上工业企业研发投入占GDP比重0.7%；二是新增高新技术企业数，新增4家国家高新技术企业，新增5家省级高新技术企业备案，新增2家省级科技小巨人企业。发明专利申请数31件，同比增长106.67%；专利加权量为33.2，同比增长79.66%。三是做好科技人才相关工作，积极组织4家企业业务人员4人参加高新技术企业认定和研发费用加计扣除培训、组织2家企业中国创新创业大赛培训会等各类科技培训活动。组织企业申报2018年度市级“首席科技官”、“双创之星”，开发区福建立兴食品有限公司邹少强获首批漳州“首席科技官”荣誉称号。

基础设施平稳推进。新建道路9条，（分别是江滨路、康下路、浦角线东西段、龙兰大道、九龙大道二期、26路、28路、33路和36路一期）总投资1.5亿元，总长6.8公里，其中5条完成建设。新建排洪渠3条（分别是康山至浦西沣洪渠、芹寨坂排洪渠和27路排水渠），总投资8200万元，总长7.2公里。新建3座污水提升泵站和长11公里的配套管网，总投资2600万元，目前正在试运行。

项目建设初具规模。全年促进新开工项目13个（分别是明劲木业、华美达建设工程、立洁工贸、鸿叶食品、高明实业、丰隆钢管、福士德工贸、恒憶工贸、卓逸二期、庆丰食品、名玻玻璃、盛霖家具、富清工贸），总投资16亿元。特别是万兴隆综合体、明劲木业、华美达交通这些大项目的投建，为今后开发区的发展奠定更坚强的基础。全年新投产项目14个（分别是日上锻造、元大体育、河峰机械、华园食品、恒利鑫建材、顺晟工贸、吉康新型建材、钜炜金属、华荣鑫业环保改扩建、徐钢重工、永固发、鑫通晟工贸、鼎企蜂业、东晶玻璃），总投资20亿元。尤其是日上锻造、元大体育这几个好项目、大项目的投产，将为开发区增加更多的税收。

招商引资成效显著。全年新引进项目20个，总投资20.5亿元，其中上亿元项目5个（中城投建筑3.5亿元、澳闽利康生物科技3亿元、国安达消防3亿元、永华食品1.8亿元、绿盛园食品1.8亿元）。特别是成功引进了中城投装配式建筑项目，实现引进央企"零"的突破。

管理服务精准高效。主要体现在打好"三个战"：第一，打好"突击战"，加强项目前期工作，指定专人进行材料整理上报，并全程跟踪负责；第二，打好"歼灭战"，加强管理力度，确保每天都有相关人员管理现场，及时处理影响项目建设及投产的问题；第三，打好"持久战"，持续加强资金保障，确保基础项目优先进行建设，不断完善路水气等各项配套。

（摘编：李　兵）

泉州经济技术开发区

泉州经济技术开发区是泉州市委、市政府直接开发建设的国家级经济技术开发区，开发范围包括清濛园区、国家级泉州出口加工区。2018年，开发区实现GDP 179.97亿元，比增10.2%；工业增加值156.85亿元，比增9.4%；第三产业增加值22.33亿元，比增17%；一般公共预算总收入16.47亿元；一般公共预算收入7.89亿元，比增7.1%；全社会固定资产投资比增24.5%；社会消费品零售额69.66亿元，比增18%；出口商品总值39.3亿元，比增9.9%；实际利用外资（验资口径）1.93亿元，比增20.2%。全区GDP、第三产业增加值、全社会固定资产投资、社会消费品零售总额增幅位居全市第一。

转型升级双管齐下。把产业升级作为经济增长的"动力源"，深入对接泉州市"1234"现代产业体系，围绕"结构调优、产业调高"目标，注重传统产业与新兴产业"双促进"。建设海丝智能机器人小镇、智能产业园、圣弗兰产业综合体、网商虚拟产业园等创新创业平台，引进集聚1765家互联网经济、工业设计、检验检测、创新金融、文化创意等新型业态，打造生产性服务业集聚区。深入实施"泉州制造2025"和"数控一代"示范工程，九牧王服装个性化服装智能生产线自动化率达65%以上。

项目建设超额完成。实行"一个项目、一套班子、一拼到底"，切实挂图作战、台账管理，抢时间、拼进度、争一流，实现进度赶在时序前、完成任务超计划。22个市级在建重点项目完成投资23.58亿元，完成年度计划115.05%；"5个一批"谋划任务超时序进度27个百分点，签约年度任务提前超额完成。大力实施"四控二罚"工程管理机制，实现重点项目建设进度提速、质量优质，目前，所有国有投资工程项目，均超时序进度提前完成，吉泰路及A区慢行道综合提升项目工期均缩短了1/3工期，有力确保开发区全社会固定资产投资增幅连续3年蝉联全市第一。

营商环境便捷高效。为深入推进"最多跑一趟"和"一趟不用跑"改革，按照"一个门、一个窗、一次光"的工作理念，及时发现和解决企业群众办事的痛点、难点、堵点，在全省率先设立"跑一趟办不成投诉中心"，凡企业、群众到管委会办事跑一次没办成的，均可投诉，有效倒逼相关部门第一时间采取有力措施对有关事项进行妥善处置。这一创新做法在全市推广，并作为典型经验上报国务院督查组。勇担试点改革。被列为全省19个"证照分离"改革试点地区之一，积极开展个体工商户全程电子化登记试点工作，推行手机终端智能化登记，全国领先、全省率先发放首批"微信智能化登记"营业执照，实现自助打照一年365天每天24小时不打烊。推进小餐饮备案试点，率先发出全省首张小餐饮备案材料确认通知书，有效破解了"准入不准营"的难题。

开启“企业申报、税务征收、税务与环保联合辅导、信息共享”的新征管模式，在全市率先开出第一张环保税发票。加大企业帮扶。稳步推进金改“三个平台”建设，累计实现挂牌企业672家，开展排污权交易业务18场次，累计成交1.11万吨，累计成交额3.2亿元。制定出台《2018年促进外贸出口平稳增长若干措施》《关于支持龙头企业加快发展的若干措施》《建贸供应链公司扶持政策》《关于进一步完善扶持建筑业发展壮大有关政策》等针对性政策，促进企业持续健康发展。抓好信贷风险监测预警，通过应急周转资金帮扶11家困难企业“过桥”转贷，涉及金额2.4亿元；促进银企对接，对区内规上工业企业、限上商贸企业开展融资需求调查，筛选推荐16家优质企业与银行对接。

土地利用深度开发。成功盘活土地512亩，占全区可开发利用土地面积的5.25%，占全区工业用地面积的12.4%；成功盘活厂房65.93万平方米，占全区厂房面积的8.7%，引进投资上亿元合同项目9个，总投资62.1亿元。

招商引资成果丰硕。坚持外资、民资、国资三资并举，三次产业齐头并进，招大引强，推进招商引资向招商选资转变，重点引进投资强度高、产出效益高、科技含量高、产业关联度高的“四高”项目，2.5产业园成功引进安记“大健康”、中成会“高新之家”等多个高新项目。积极组团参加第二届世界闽籍侨商对接会、“5·18”国际资本投资福建对接会、“9·8”投资贸易洽谈会，成功签约投资总额约4520万美元、合同利用外资4520万美元的诺奇研发升级项目，对接安记食品饮料研发合同项目和荣耀商务创业园二期意向项目，实际利用外资增速20.2%。成功对接入库13个民企项目，合同总投资额20.4亿元人民币，超额完成市里下达的15亿元民企对接任务，完成率高达136%。

生态环保持续治理。放大“绿色开发区”优势，抓好园区清洁生产、节能减排、污染防治、安全生产、应急管理等工作，全面提升园区基础设施。园区绿化率达40.5%，全区规模以上能耗总量同比下降14.4%，生活污染物总削减率达88.9%，垃圾无害化处理率达100%，开发区被省住建厅确定为泉州市全域开展垃圾分类的试点区，中心市区卫生考评连续7年全市第一名。持续抓好中央环保督察问题的整改落实，严格按要求完成清濛污水处理厂提标改造工程、建筑垃圾收纳场建设、雨污分流整改、管网清淤修复等工作，城市品位持续提升。

（摘编：林开龙）

泉州台商投资区

泉州台商投资区成立于2010年，为国家级台商投资区，也是泉州国家高新技术产业开发区的主园区。2018年，投资区完成地区生产总值291.83亿元、比增9.6%、超过赶超目标0.9个百分点，规上工业增加值比增8%，一般公共预算总收入完成17.28亿元、比增29.1%，一般公共预算收入完成10.01亿元、比增21.2%，两项收入增幅均位居全市第一，固定资产投资比增14.4%，社会消费品零售总额比增15.4%，出口商品总额比增14.7%，实际利用外资6.3亿元、超出年度目标4.85亿元，建筑业增加值比增14%。区级重点项目完成180.64亿元，市级重点项目完成97.91亿元。全区11项主要经济指标有9项高于全市水平、7项位居全市前列。

工业经济推动发展。全力稳增长、促转型，推动工业经济平稳发展。全年完成工业增加值191.50亿元，比增7.9%。25个工业大类中有21个行业实现增长；五大支柱产业完成规上工业产值665.1亿元，占全区规上工业产值的91.3%。新增各类市场主体4959户，比增46.1%。培育区级龙头企业24家、市级龙头企业38家、省级龙头企业1家。一是强化领导帮促。落实领导挂钩联系企业制。组织新春用工招聘会和赴外省招工，提供近万个工作岗位。组织78家企业参加境内外展会94场次。玖龙、文松、金百利受益于纸制品提价及高端纸品产量提升，销售增幅明显；科一超纤成为世界运动巨头耐克和阿迪达斯供应商，同时与美国通用和国内一汽大众汽车巨头合作。二是抓好政策落实。研究出台进一步激发民间有效投资活力促进经济持续健康发展若干措施。争取省、市“两化”融合、科技、外贸、用电等扶持资金3828.94万元，兑现区级扶强做优、产业集群、科技、专利、技改等奖励资金4478.26万元。采取“一对一”等方式跟踪服务，促进辉锐、华世、德润等一批企业尽快投产达产。三是促进转型提升。加大科技创新力度，制定出台一系列政策，实现产值过亿企业178家，2家总部企业开工建设，累计培育瞪羚企业和创新型企业7家，培育高新技术企业20家。技改投资比增84.6%。舒华生产线自动化提升项目等6个项目列入今年第一批省级重点技术改造项目。玖龙纸业、嘉泰鞋业等6个省级工业新增长点项目新增产值14.45亿元，完成全年目标237%。在高品医学检验建立市级新型研发机构和专家工作站，在稻香园、立亚新材建立市级专家工作站，在泉州装备制造研究所建立省级工程研究中心。受理人才申报泉州市高层次人才52人次、各类奖励补助380人次、兑现奖励补助285.35万元。设立海丝阅读空间、海丝两岸青年三创基地等7个“人才之家”。每万人口发明专利拥有量34.34件，比增213.6%。

第三产业优质增效。2018年第三产业完成增加值75.99亿元，比增13.7%，成为台投区经济增长新引擎。大旅游、大物流、大金融、大健康产业等新兴业态不断发展壮大，以“桥、街、镇、江、海”为依托，按照“四区、两心、一带”七大主功能区建设海丝文旅特色小镇。张坂乐活小镇已与陕西南飞鸿实业有限公司达成初步合作意向。百崎民族风情小镇已与中旅盟达成初步合作意向。全面实施“123”工程，打造“洛阳古桥共生艺术文化特区”。洛阳镇、东园镇和屿头村、秀涂村、黄岭村等2个镇、6个村被评为2018年度中国淘宝镇、淘宝村。房地产业实现投资、销售双丰收。1—12月全区房地产行业新增投资46亿元，同比增长71.24%，商品房累计销售面积49.17万平方米，同比增长70.02%。全年，水路运输行业总体平稳，货运周转量250.34亿吨公里，同比增长14.66%，位居全市第一。

重点项目超额完成。全区138个区级重点项目完成投资180.64亿元，完成年度计划的107.5%，其中在建项目投资177.12亿元，完成年度计划的112.4%。新开工海霞路等项目42个，完成年度计划的140%；建成（部分建成）张纬五路西延伸段等项目41个，完成年度计划的102.5%；27个省市重点项目投资97.91亿元，完成年度计划的130.8%，其中玖龙纸业65万吨高档牛卡纸扩建、中熙产业园（三期）等20个在建项目（考核类）累计完成投资92亿元，完成年度投资的131.2%。55个区本级征迁攻坚项目共完成房屋征迁174.26万平方米、征地（海）1.37万亩、坟墓拆除1.3万个。

招商引资多措并举。坚持大招商、招大商，突出对台招商，全年，共签订投资协议19个，总投资额约420亿元，引进白沙片区棚户区改造项目、台中产业小镇、泉州国际酒店、葳格国际学校等重大项目。重点跟踪洽谈项目29个，总投资超300亿元。一是营造全民招商氛围。下发2018年招商引资工作实施方案，将招商引资任务分解到各部门、各乡镇，明确由一把手负总责，形成全员招商工作局面。全年四个乡镇完成新增注册资金5000万元以上企业数量23个，区直各部门谋划项目92个。二是全力推动对台招商。引进台湾葳格教育，实现台湾高端教育资源首次成功对接。利用台湾妈祖联谊会在台影响力，规划500亩用地建设台中产业小镇，目前一期用地已完成招商，引进5家企业。发挥乡贤力量，积极推动东莞台资企业转移，目前，良强机械、展硕精密机械等2家东莞台资企业已经签约，颜氏企业正商洽。三是拓宽招商引资渠道。坚持“走出去”与“请进来”，积极组织参加厦洽会、珠三角广州招商会等活动，先后组织20次赴北京、上海等地考察企业，洽谈对接项目。继续发挥异地商会、乡贤作用，加强与台湾医事交流协会、妈祖联谊会等招商窗口的沟通，进一步拓宽招商引资渠道。四是全面梳理重点跟踪项目。围绕五大招商板块，梳理重点跟踪项目29个。洛阳海丝文旅小镇、烽火群英会、科龙山、中旅联百崎民俗小镇等文创旅游项目正积极进行方案设计。颐和彩蝶湾养生村等休闲养老项目正积极接洽。

生态环保扎实推进。18年开发区加强跟踪督促党政环保目标工作，各项工作按时序推进。45件（属实18件）中央环保督察组、12件省环保督察组移交的信访件全部整改完成。全区337家小石材加工企业实现整体退出不反弹。突出抓好饮用水源保护区环境问题整改。17 条河流（湖）全面推行河（湖）长制管理，河流断面水质、水生态、水环境面貌得到有效改善，亮点工作、经验总结获《中国水利报》《福建日报》《侨区快讯》等刊登。新增中国渔政 35399 执法船一艘，全面提升海洋生态环境和渔业资源保护综合执法水平。全年空气质量位居全市第二，达标率达 93.7%。垃圾无害化处理率达 100%。全区环境卫生考评连续 43 个月在全市排名第一。9 月底，全区 78 个行政村已全部完成生活垃圾治理常态机制建设，提前完成省、市任务目标。全区环境卫生考评综合成绩连续四年在全市排名第一。提前完成 3 年黄标车淘汰任务，进度全市第二，打造了台商区生态环境"高颜值"。

（摘编：陈建闽）

泉州高新技术产业开发区

泉州高新技术产业开发区为国家级开发区。分为江南园和石狮园。

一、江南园

自 2001 年 11 月开园建设，2010 年 11 月升级为国家高新区。先后获评"国家自主创新示范区""国家火炬计划泉州微波通信产业基地""中国汽车工程机械配件产业基地""全国先进科技产业园""国家知识产权试点园区""省级和谐劳动关系工业园区""省级安全园区"等荣誉称号。2018 年，高新区完成地区生产总值 153.6 亿元，税收收入 10.2 亿元，规模以上工业增加值 64.1 亿元。工业用地亩均产值达到 946.7 万元，亩均税收 23.1 万元。现有入驻企业 834 家，其中上市企业 9 家、高新技术企业 42 家、规模以上企业 206 家。截至 2018 年末，高新区已建成城镇建设用地面积 456.18 公顷，其中工业用地面积 295.58 公顷，工业用地固定资产投入强度为 339.1 万元/亩。

产业特色优势凸显。鲤城高新区以微波通信、数字安防、电子元器件、太阳能光伏为主的电子信息产业，以服装面料、纺织材料、成品鞋服为主的纺织鞋服产业，以工程机械"四轮一带"及整机制造为主的机械汽配产业等为三大支柱产业。

科技创新力度加大。科技创新服务中心截至 2018 年度已入驻新型产业技术研发机构 7 个、企业技术中心 11 个。组建产业技术创新战略联盟 5 个（国家级 1 个）、博士后科研工作站 3 个、科技企业孵化器 3 个、众创空间 4 个、生产力促进中心 1 个。2018 年财政对科技的实际投入额达到 3474 万元。

项目建设有序推进。高新区负责推进的重点项目进展顺利，累计完成投资 1.5 亿元；盛世城品、星河大厦按计划竣工投入使用；创投中心 2019 年 1 月份主体封顶，超序时月进度推进；上海大众汽车城一期正在施工扫尾，计划 2019 开业运营，同步启动二期工程建设；鸿星尔克员工宿舍用地完成"招拍挂"出让，安邦电子对接项目开业运营；海天商贸物流产业园已经和北京联东集团达成初步意向，计划合作开发锦田社区 106 亩工业用地。

招商引资效应初显。按照建设金融专业市场的要求，不断引进有品牌、有实力、有信誉的机构入驻，科技金融服务产品不断丰富，金融服务水平不断提高。截止 2018 年底，金融中心累计已签约入驻各类金融服务单位 70 多家，其中金融机构 5 家、类金融机构 10、增值服务等其他机构 60 家，聚集效应已初步显现。

生态环保全力推进。集中力量、全力推进南北二路渠黑臭水体整治工作。主体工程已建成投入运行，有效解决水体黑臭问题，水质得到明显改善，提升了渠道周边的环境状况，得到大部分群众的认可。委托华侨大学境保护设计研究所开展公众参与评议问卷调查，满意率 92.45%；省环保督查组、市专项督查组现场督查，随机调查满意率 100%，水质监测结果合格。

管理服务细致周到。高新区科技金融服务中心截至 2018 年累计帮助企业和个人实现融资 20 多亿元，成功化解超越公司、视通光电公司、光微电子公司、振声科技公司、文创科技公司金融风险。在中心一楼建设 24 小时自助行政服务区，设置自助服务一体机，推行全流程自助服务，为企业、群众办事提供全天候服务。

二、石狮园

2018 年，石狮高新区实现工业产值 311.5 亿元，同比增长 23.7%，首次突破 300 亿元，实现固定资产投资44.83亿元，同比增长4%；进出口总额29.5亿元，同比增长44.65%。

科技创新大力推动。高新区依托于两个省级科技企业孵化器，以建设福厦泉自主创新示范区为契机，大力推动科学技术创新。为鼓励创新创造，1月对辖区内31家2017年度知识产权表现优秀的企业进行表彰，共下发奖励资金83.8万元，9月举办知识产权专题培训班，园区企业代表近100人参加培训。2018年，园区专利授权量579件，同比增长94%，申请量998件，同比增长122%，有效发明专利累计152件，同比增加20.6%。园区现有国家高新技术企业19家。国家知识产权优势企业2家，省科技小巨人领军企业18家（其中3家企业今年获加计扣除专项奖励共计85.8万元），省级星火行业技术创新中心4家，省级企业工程技术研究中心3家，省创新型企业9家，省知识产权优势企业4家（其中1家企业获专项经费补助10万元）。

项目建设稳步推进。2018年，高新区有重点项目48个，总投资255.72亿元，其中基础设施项目23个，社会投资项目25个。基础配套设施项目：全年共有园区基础设施重点项目23个，总投资13.16亿元，年度计划投资2.16亿元。其中莲坂村旧桥改建、莲农路（镇前路至泰山东路段）、后湖一路（后湖路至石狮大道）修缮工程3个项目已完工；莲坂路改造、仙公山山体公园节点绿化改造等4个项目正在施工；高新区智能产业园东园绿化提升工程等2个项目准备进场施工；大厦溪渠道改线工程、后湖支路等9个项目正进行前期工作；服装机械综合物流园区填海造地项目、钢材综合物流园区填海造地项目等项目因国家政策原因或计划改变暂缓。社会投资项目：全年社会投资项目合计25个，总投资242.56亿元，年度计划投资37.07亿元。其中通达智能硬件三期、腾辉鞋饰生产项目、豪安特无缝提花机械制造项目等6个项目已完工投产；高新区现代物流产业项目等9个项目在建；千宏机械、电力工程设计办公基地等5个项目正进行前期手续。此外，后湖职工配套区、湖西邻里中心项目经市长办公会研究，将由市产投集团下属园区港口码头公司负责建设，目前正进行方案设计工作。

招商引资成效显著。高新区引进佳龙石化MX/PIA项目、石狮市振富针纺机械新项目、通达智能制造配套项目、佳龙石化年产40万吨低熔点PET双组份复合短纤项目、多能源互补泛能站、中益制药二期、东骏水产品、隆鑫铁路配件、胜佰龙体育用品、得宝染料二期、佳南热熔胶二期等项目，计划总投资达37亿元。其中光子技术产业：制定光子技术产业招商工作方案，形成光子技术产业招商流程，与超精密光学产业及装备平台项目等6个光子技术项目签订战略意向合作书；海洋食品园：有东升冷冻、长发其祥、鑫源海胜等9家企业已摘牌，总投资12.1亿元，用地已摘牌企业正进行前期手续办理。同时，高新区积极推进闲置厂房处置盘活，园区福诚、讯源五金、恒辉饰品、兴达电脑等已全部出租或整体转让，日鑫数码、春祥非织造布、宏基纽扣、双创中心等已部分完成出租。目前可用厂房已出租面积约19万平方米，出租率达75%以上。

（摘编：林开龙）

泉州综合保税区

泉州综合保税区2017年8月4日获海关总署批复同意正式封关监管运作，是目前国内所拥有的对外开放层次最高、政策最优惠、功能最齐全、通关最快捷、区位优势最明显的综合保税平台之一，是福建省目前除福建自贸区以外唯一的国家级海关特殊监管区域，是复制推广自贸区政策功能的主要载体，落实国家“一带一路”重要倡议、打造“海丝丝绸之路”先行区战略的重要平台。2018年，综保区完成规上产值70.41亿元，比2011年增长近10倍；全社会固定资产投资30900万元，比增26.2%；限上批发零售额59369万元，比增14.9%。外贸政策优势明显，保税物流业务增长迅猛，全年实现进出口总额26.25亿美元，同比增长71%，在全国65个综保区中排名第22位。

产业特色独具优势。航空维修、保税酒业已成为综保区内特色优势产业。区内航空维修业务持续保持强势增长态势，外贸政策优势明显，保税物流业务增长迅猛，2018年进出口报关总值达49.29亿元、同比增长74.4%；区内进口葡萄酒进出报关2412万千克，同比增长24.9%，总量占泉州市进口总量的80%以上，已成为泉州市最大的葡萄酒进口和分拨重要集散中心。

基础设施日臻完善。综保区建有6栋10.8万平方米标准厂房、监管仓库、验货平台、保税物流仓库等设施，建有专用11万伏变电站和两级供水加压泵站、日处理量1万吨的污水处理厂，可满足区内企业日常生产需求；区外建有综合服务大楼、3栋3.8万平方米宿舍楼、食堂、商业服务、文化、娱乐、体育、休闲设施等生活设施，可满足企业职工生活需求。园区环境优美，绿化绿地面积20多万平方米，累计栽种10万株（棵）树木。泉州海关入驻园区驻点监管，区内设立报关行等专门办事机构，入区企业享受叠加保税区、出口加工区、保税物流园区及口岸通关的所有政策功能，手续办理方便快捷。

投资环境配套齐全。综保区首期封关验收面积2.0472平方公里，区内基础设施“五通一平”（通路、通电、通信、给水、排水、场地平整）配套完善。区外规划配套面积2平方公里，主要用于区内产业配套及公共、行政、生活等配套服务设施建设。园区位于国道324线北侧，晋江市磁灶镇与紫帽镇交界处，地理区位优势明显、海陆空交通网络发达，距离泉州晋江国际机场15公里，紧邻福厦高铁晋江站，距泉三高速公路入口2公里，距沈海高速公路入口9公里，距泉州港后渚港区15公里，石湖港区30公里，深沪港区40公里，围头港区45公里。

招商引资成绩斐然。2018年，综保区主动融入国家“一带一路”重要倡议，积极推动福建省21世纪海上丝绸之路核心区建设，认真贯彻地方政府工作部署，紧抓升格综合保税区的有利契机，全力推动泉州综合保税区“两个基地”（保税加工制造基地、维修研发检测基地）、建设“三个中心”（“海丝”国际物流中心、跨境电子商务运营中心、进口商品展示交易中心）建设。至2018年底，全区累计引进项目63个，其中加工生产项目26个，商贸物流项目36个，房地产项目1个。项目总投资规模约30亿元（其中外资项目6个，合同外资6500万美元），主要涉及航空修造、高端印刷、电子元器件、陶瓷喷墨机械、五金制品、酒类食品、新型材料、贵金属加工、保税仓储物流等多个行业。

管理服务创新制度。综保区扎实推进机关效能建设，强化服务企业意识。深入推进园区制度建设，构建亲清政商关系，加强干部队伍建设，提升干部素质及服务意识，为企业开展服务工作实现制度化、常态化；坚持一线服务项目企业，为入区企业开展全方位“保姆式”服务，建立领导班子成员挂钩重点企业、困难职工制度，协同解决企业自身生产经营困难，协调企业与海关、国检、税务、外管等部门的联系；完善配套服务设施，加强园区物业管理服务，建立物业管理队伍，进行物业管理改革，对加工区安全保卫、卫生保洁、公共设施维护实行规范化管理；优化快捷通关环境，建立综保区管委会、驻区海关联动机制，实行全年24小时便捷通关，落实“多点报关”“集中报关”“个性化监管”“联合查验”等多项监管运作模式和服务措施，推广复制自贸区创新制度，全面提升园区服务水平。

（摘编：赵小真）

晋江经济开发区

晋江经济开发区为省级开发区，2005年被列入省级开发区示范区。开发区“一区多园”总规划面积83.44平方千米。2018年，开发区完成规上产值932.35亿元，比增16.4%；完成限上销售额297.20亿元，比增31.2%；完成零售额22.27亿元，比增25.7%；完成固定资产投资完成102.43亿，比增41.5%。在2017年度国家级和省级开发区综合发展水平评价中，蝉联省级开发区首位，位列参评的94个国家级和省级开发区的第九位；在2017年泉州高新区“一区多园”考核评价结果中，位列总排名第三。

产业特色初具规模。开发区已形成纺织、鞋服、食品饮料等规模化的优势产业。在此基础上，逐步引导光电新材料、精密机械、智能制造等新兴产业快速发展，推进传统产业与新兴产业共同发展。集聚一批如华宇织造、信泰科技、三六一度、安踏鞋材、利郎服饰、蜡笔小新、亲亲食品、恒安、三力机车、成达齿轮、金石能源等行业龙头企业。目前，开发区共有规模以上企业190家，上市企业12家，国家企业技术中心3家，国家级工业设计中心2家，省级院士工作站3家，省级高新技术企业32家，科技小巨人66家，瞪羚计划重点培育企业2家，省级重点实验室4家，泉州工程技术研究中心6家，泉州行业技术开发中心8家。

基础设施日臻完善。完成英源路、中源路等26条道路建设，打通灵山路、福盛路、肖二路等7条断头路，建成和修复梧垵溪食品园段污水干管工程、肖下南路等10.3公里市政管网；加快智慧园区、第八实验小学等3个配套项目建设，推动党群活动服务中心、五里幼儿园等4个项目建成投用，促成市医院经济开发区院区落户社区卫生服务中心，圆满完成亚洲杯足球赛赛事承办工作，第八实验幼儿园通过泉州市示范幼儿园验收；加强对大山后廉租房的管理，为园区职工提供745套公共租赁住房保障。新开通43路公交路线，恢复26路公交线路运行，实现6个直属园区公交全覆盖。

项目建设全力攻坚。全面梳理园区征迁遗留问题，成立专门工作组，分头对接灵源、永和、龙湖等相关镇街，组织保障性施工17场，全力保障第八实验小学、时尚园华宇织造等项目落地。开展“五个一批”项目攻坚推进活动，全力推动89个重点项目完成年度投资30.5亿元，超时序进度近9个百分点。其中，新增13个项目落地建设，21个项目（部分）建成投用；积极引导推动企业实行全方位的技术改造，扶持企业做大做强，47个重点技改项目完成年度投资任务11.68亿元。

招商引资精准定位。围绕开发区功能定位和产业发展规划，全力以赴做好招商引资。2018年，以烯电、HDT高效太阳能电池项目为依托，开展产业链上下游精准化招商，引进京通易购、足力健、港益等11个招商项目，承接4个市级征迁安置项目，跟踪服务新丝路、夜光达等重大招商项目落地。

生态环保持续治理。坚持“控源、截污、清淤”三同步，全面排查和清淤疏浚五里园174公里管网，启动安东园管网清淤排查，实现五里园、安东园322个地块全面完成雨污混流整改，食品园45个地块全部纳管处理；完成英塘支流、林格支流、樟井支流及梧垵溪食品园段的村级污水截污工程，污水全部截入市政管网。深化河长制，推进梧垵溪、坝头溪2条生态流域综合整治工程，落实污染源排查销号制度，整治河道12公里；以梧垵溪英塘支流河段创建星级河道为试点，着力打造开发区示范性河道。在全市率先推进清洁能源替代工作，推进热电集中供热长输管网建设，为106户企业提供高品质蒸汽；全面淘汰10蒸吨/小时以下燃煤锅炉，积极构建绿色生态园区。持续加大园区保洁管理力度，完成欣鑫路、林格菜市（灵石路）、灵翔路等重点干道区容区貌治理，实现建成区绿化、亮化全覆盖，开展流动摊位专项治理，园区环境卫生进一步改善，连续五年在晋江市环境卫生考评中保持前列。

管理服务优化升级。持续推行党政领导挂钩联系企业制度，实行每季度一次的党政商联席会议制度，畅通政府与企业沟通交流渠道；开展党代表工作室接访活动，点对点为企业党建号脉解惑。加大政策扶持力度，协助79家企业申报各类优惠政策补助，为50家电商园入驻企业减免租金。加快五里电商产业园建设，引进跨境电商人才50余名，组织4场新外贸企业宣传推广活动，为企业转型提供服务平台。抓牢要素保障，加快报批、征迁问题等历史欠账遗留问题化解。优化对企服务，试行新晋江人服务中心社会化托管，流动人口暂住登记31251人，录入计生信息30985条，协助完成居住证制卡2149张，接听580服务咨询专线百余次。成立国电（晋江）能源销售有限公司，组织35家企业参加2018年电力直购电交易，帮助企业兴寿更加优惠的用电服务。通过党政挂钩帮扶和借力党代表等举措，动员转入“口袋”党员86人，新建支部8个，新增美力艾佳、海纳机械2个党建品牌，推动6家企业将党建工作写入公司章程；创设“智慧园区党建”APP，调研出台首份镇级“评星晋级”文件《晋级经济开发区聘用非公有制企业党务干部四级五星管理办法》。组织开展“传承廉洁家风　弘扬廉洁清风”家庭助廉暨送春联活动、“七彩夏日　健康成长”开发区儿童青少年暑期成长夏令营活动、纪念建党97周年主题教育系列活动、“爱在园区·幸福你我”假面派对活动、第四届企业职工篮球赛等活动。

（摘编：朱明清）

洛江经济开发区

洛江经济开发区是省级经济开发区。原规划面积13.37平方公里，2010年12月获省政府批准扩区，总规划面积增至23.24平方公里，含塘西片区、双阳片区、河市片区、河市西片区、河市白洋片区五大片区。其中已建成投产的有四个园区共8.2平方千米。2018年，开发区完成地区生产总值1737688万元，比同期增长13.9%，财政收入155185万元，同比增长11.1%。实际利用外资金额2193万美元。

产业发展地位显现。带动作用日益增强，对区域经济的贡献份额日益提高。第二产业再上台阶。规模以上工业企业达到137家，工业总产值5110738万元，增长17%。智能装备制造加快聚集发展，机器人检测试验研发中心、微柏机器人等一批项目陆续投产运营，铁拓机械、精镁机械、维盾电气等一批项目新建、扩建，中力机电、众锦源精密机械、伍峰机械等一批项目顺利落地，21项产品列入泉州市“数控一代”示范项目产品，智能装备制造产业产值突破100亿元。高端传感器、氧化锆新材料、石墨烯生产及应用3条新兴产业链加速发展。加大科技型、创新型、成长型企业培育力度，新增高新技术企业5家、入库科技型中小企业15家；组织申报市级以上科技项目22个，信和新材料“工程机械涂料”通过福建省制造业单项冠军产品认定；新增授权专利907件，万人发明专利拥有量达9.21件；新获认定一批国家级、省级服务型制造示范企业（项目）和院士模范工作站、博士后科研工作站、博士后创新实践基地；获评全国科技创新百强区。实施和诚鞋业KUKA机器人全自动生产线等11个省市重点技改项目，推进传统产业生产线智能化、数字化改造，工艺制品、卫生用品行业产值分别增长27%、30%。

科技创新全力打造。强化龙头带动、示范引领，快速做大智能制造业规模，推动智能装备制造产值保持20%以上增长水平。力促三一筑工（泉州）建筑科技产业园落地、建设，引导机器人检测试验研发中心扩大功能、发挥效应，做大机器人产业。支持高端传感器产业发展，发挥西人马联合测控辐射带动作用，引进封装测试、物联网、人工智能等产业链项目，力促云箭集团、上海电科智能互感器等项目落地。培育本土龙头企业，做强新材料产业，力促氧化锆陶瓷及3D玻璃、石墨烯等生产应用规模化、产业化。推动铁拓机械改扩建、维盾电气自动化产品基地、精镁机械、中力机电等项目建成投产，力促众志新材料扩建工程、高端挖掘机制造、整杆式甘蔗联合收割机等项目动工建设。深化“数控一代”“智能一代”应用，推动纺织鞋服、工艺制品等行业加快技改，建设一批数字化车间、智能工厂。

基础设施提质升级。洛江区小总部经济区市政道路基础设施项目，2018年1月开工建设，预计2020年初完成塘西六路及塘西中路两条市政道路的施工，进一步推进小总部建筑业产业园区建设，开成形成高端城市总部经济综合体。朋虹街延伸工程（万虹路至滨江路段）市政工程铁路安全评估报告通过南昌铁路局审查，目前正在组织对本项目隧道工程涉铁部分（含既有线隧道）第三方监测实施单位进行招标。双阳片区城建项目。顺利完成道路“亮化”、“绿化”工程，道路畅通工程，城区防洪、排涝工程等。河市西片区一批市政道路加速推进。溪山东路、河西路、岭客路等园区道路加快建设，西环路双阳段、洛滨北路等项目启动建设。实施“4G＋网络升级”通信工程，新建100个站点、60个千兆小区。新建、优化电力线路83公里，完成103个配变台区建设。启动片区市政路网、水系和阳江学园建设前期工作。持续开展城市绿化提升三年行动，推进“一廊三环四带”城市生态连绵体系建设。

投资环境不断提升。开发区周边20千米半径范围内公路、水运、高铁等交通设施发达；开发区域内环保措施完整、设施完善；公共交通、医疗卫生、金融服务、教育和住房等基础设施、生活配套十分完善。区政府针对性地出台了《关于加快推进“数控一代”推进智能装备产业发展的实施意见》、《关于推进大众创业万众创新的实施意见》、《关于进一步推动产业转型升级的实施意见》等一系列政策措施。正在开发建设的河市西片区洛江智能装备产业园，总占地面积约5.54平方公里，2016年被确定为福建省智能制造试点示范基地，目前园区基础设施配套建设基本成熟，三一筑工、铁拓机械、劲力机械、伍峰机械等企业先后签约入驻，目前正加快对外招商，引进一批机器人与智能装备产业关键技术、核心智能测控装置及部件、重大智能制造企业入园，促进产业集聚发展，打造海峡西岸较具影响力的高端智能装备产业示范基地。

招商引资健全机制。组建招商办公室和专业招商队伍，出台《洛江区招商引资激励暂行规定》、《省级智能制造试点示范基地河市西片区项目入驻规定》及审核审批操作程序，围绕“3+3”产业发展方向，突出产业链招商、以商招商、委托招商，新引进、落地投建项目56个、总投资256亿元，三一筑工（泉州）建筑科技产业园等成功签约，实现建区以来产业招商的新突破。落实好“建筑业6条”，扩大现代建筑业规模，泉州绿色建筑产业园一期当年投建、当年投产，引进建筑业企业总数达116家，建筑业产值和纳税分别增长30%、52.4%。启动洛江小总部产业园建筑业园区建设，制定园区入驻指导意见，推进园区的招商步伐，重点引进特级、一级施工总承包和一级专业承包建筑业企业。

生态环保有效改善。强力抓好污染防治攻坚战，不折不扣落实环保督察问题整改。完善并落实“河（湖）长制”，科学划定洛阳江、河道岸线和生态保护蓝线，投入1.2亿元实施22个重点流域水环境综合整治项目；开展三个月水环境问题整治专项行动，普查清淤修复管网60公里，新建污水管网15.6公里，基本完成22个突出生态环境问题整治，区域水质稳定达标；组织实施洛江区污水管网配套工程PPP项目。开展大气污染防控百日攻坚行动，分析查证影响空气质量的污染源，推进工业企业、餐饮服务业、扬尘污染、交通运输等领域大气污染治理。编制土壤污染治理与修复规划，启动重点行业企业土壤污染地块调查，落实危险废物管理机制，治理水土流失2000亩。

管理服务优质便捷。弘扬“马上就办、真抓实干”优良作风，深入开展“领导干部一线办公”活动，协调解决发营企业发展困难，拨付各级扶持企业发展资金近伍千万元，帮助企业续贷1.15亿元。出台《洛江区提升营商环境行动实施方案》，实施营商环境“1+1+9+N”提升行动；加快“互联网+政务服务”平台建设，建成并开通24小时自助服务区，推进行政服务“一门一号一窗一网”，“一趟不用跑”“最多跑一趟”办件比例提升到98%。采取重点督查与专项督查相结合，持续提高落实效率和行政效能。

（摘编：刘海元）

永春工业园区

永春县工业园区为省级开发区，总体规划面积1.8万亩，首期已开发建设近8000亩。2018年入驻企业138家，其中规模以上工业企业80家，品牌企业主要有九牧良格公司、万家美针织、汇源果汁等，工业园区地区生产总值111.28亿元，比增9.1%，其中工业增加值95.04亿元，比增10.2%。各项税收收入2.2亿元，比增7.8%。出口总额14万元。

科技创新多措并举。积极构建政产学研合作机制，园区企业与东华大学、福州大学、华侨大学等高校学院建立产学研密切关系9家，创建技术研发中心12家，升级创办行业技术开发中心省级1个，市级3个。现迈特富纺织、雷恩生化、邦正体育用品等3家公司被评为“福建省高新技术企业”，专家以合作开发、技术入股、技术转让等方式与园区企业有效对接。创新派驻科技特派员，充分发挥项目管理优势，帮助受援企业（福建锦特新材料科技有限公司）主持组建企业科协，吸收会员24名，为公司输入“创新、品质、发展”理念，并积极联系技术力量，借用“外脑”。在建立校企合作、大学生实践基地的基础上，与高端学者合作，就高端非金属绳索/织带，在重工业车间、搬运起重、海洋工业及应急救援领域的应用方面研发新产品。

基础设施逐步完善。2018年投入3000万元推进园区重点项目建设，其中九牧永春智慧产业园首期基础设施建设于上半年完成，提前交付企业用地；完成南星地灾点整治项目工程、骏发公司道路改造工程；启动轻工西路建设工程。

招商引资效益凸现。2018年，全县招商新工业项目46家，计划投资总额17.315亿元，其中投资亿元以上的企业9家，投资5000万元—1亿元（不含）的企业8家，投资1千万—5千万（不含）的企业29家。2018年新入驻园区的工业企业22家，计划总投资8.965亿元。

投资环境优势显著。区位优势：位于永春县城中心东南部，地理位置极为优越，是泉州一小时经济圈的重要区域。交通区位优势明显，距泉州68公里、厦门120公里、福州185公里、三明180公里。莆永、泉三、厦沙高速公路贯穿全境。长泉快速铁路即将开通。石狮—德化城际交通轻轨正在规划建设。基础设施优势：按照“保护生态、结合地形、归整台地、高标准建设”的原则，高起点规划设计，高标准开发建设，为企业提供“七通一平”（通水、电、路、电讯、天然气、排污、排水，场地平整）入驻条件。人力资源优势：具有丰富的人力资源、优良的人员素质、成熟的培训体系、竞争力强的劳力成本。在永春师范学校、永春职业中专学校、县劳动服务中心等建立了技术工培训基地，还与湖南、山西等省市建立劳动力供需长效合作机制，为企业节省培训时间和成本。

生态环保加强约束。落实永春县生态红线，积极做好对接，将正在建设中的轻工新城智慧产业园基础设施工程项目用地中涉及的水源涵养、水土保持等临近红线用地，提供充分的《可行性研究报告》、《环境影响报告书批复函》、《农用地转用和土地征收批复》等佐证依据文件，上报县里调整和审批，同时，规范开展水土保持专项验收，做到有序合规开发工业用地；坚守环境质量底线，配合县环保局执法大队开展环保治污执法行动，共排查执法园区企业20家次，督促企业完善环保处理设施，做好运行记录，执行清洁生产；资源利用做到合理安排，充分论证，对边坡地、落差大的用地注意开挖程度，不盲目开发；严格执行《工业园区环评总体规划（报批稿）》，落实企业产业准入负面清单，坚决谢绝塑料产业进入园区，对保丽龙塑料制品生产企业责令限期搬迁。其次，软硬并举，夯实基础。配合全县桃溪流域整治和河长制工作，继续做好园区地下污水管网建设，新建园区支管排污管道2公里，完善排水排污设施，清理疏浚排水管泥沙沉积、排污管内污泥，彻底整治黑臭水体。对“三废一固”污染物进行专项整治，使园区的排污系统、管网操持畅通。同时，要求企业排污管道、雨水沟渠按规划图纸进行建设，实行雨污分流，并接入县城污水处理厂统一集中处理。做好污染源普查工作，全面清查园区投产企业，排查园区涉及污染源企业，按照使用化学原料、涉及产生污水等污染源严重程度，列出重点企业，片区干部按照网格化管理，开展日常监管和专项监管。对南德针织、万家美针织、鸿涛轻纺等企业自建污水处理系统，时常检查其设施运行情况，生产生活污水是否先行处理达标后再接入市政管网。配合县污水处理厂在线监测，对县污水处理厂按照“水十条”要求进行内业资料的规范，上报市商务局和省环保厅。对污水处理厂的污水处理设施运行和污泥脱水处理，以及日运行在线监测和监控装置情况进行不定期检查，发现进管污水异常或超标情况，及时反向排查企业，从尾水和源头做好把控。推行企业清洁生产和循环利用，要求园区在产企业生产车间实行清洁生产，对员工发放劳保用品，积极采用先进适用技术实施清洁生产技术改造，提升企业技术水平和核心竞争力，从源头预防和减少污染物产生。2018年，配合县水利局节水办对8家企业开展水平衡测试和节水宣传，完成《水平衡测试报告》等节水成果，现今泉永机械公司开展沉淀中水利用和美律科技公司箱包边角料再造超市货框等循环经济项目进展顺利。第三，加强环保执法和应急演练。督促园区企业落实环保“三同时”制度，加快环保的验收工作。组织园区100多家企业现场观摩，参与演练，提高应急响应能力。

（摘编：林开龙）

德化陶瓷产业园区

德化陶瓷产业园区为省级开发区，总面积8.98平方千米，于2006年被国家发展改革委命名为德化陶瓷产业园区。2018年，园区实现地区生产总值63亿元，规模以上工业增加值29亿元。累计入园企业1700家，纳税总额9.7亿元。园区形成了以陶瓷业为主导产业的发展模式，产业集聚水平高达 81%。

产业特色优势突出。德化陶瓷以“白”见长，瓷雕技艺享誉天下，是我国三大古瓷都之一、民窑的典型代表，早在宋元时期就成为“海上丝绸之路”的重要出口商品，被誉为“中国白的故乡、瓷艺术的摇篮”，被列入国家首批非物质文化遗产保护项目。是全国最大的陶瓷工艺品生产和出口基地，获评中国瓷都、中国民间文化艺术之乡、中国陶瓷历史文化名城，荣膺全球首个“世界陶瓷之都”。德化县曾先后荣膺“中国陶瓷之乡”“中国民间陶瓷艺术之乡”“中国瓷都”“中国陶瓷历史文化名城”“世界陶瓷之都”等称号，德化的日用工艺陶瓷产业集群被评为“中国百佳产业集群”。

基础设施配套完善。园区利用城市周边的山杂地集中建设工业项目区，请工业上山，利用荒坡开发“工业梯田”，使园区布局更加合理。园区集中抓好基础设施建设，包括交通、供电、供水、供气、电信、环卫、排水、污水和垃圾无害化处理、园林绿化等。基本形成设施配套、功能完善、布局合理、运行可靠的现代化园区基础设施体系，以便于筑巢引凤，发展壮大园区规模。

招商引资拓展新路。开发区招商引资模式为开发区管委会协同县招商办联合做好招商工作。园区管委会凭借园区集聚的独特优势，积极扩大对外招商新路，力争引进重大招商项目，辐射带动，提升园区整体品质。除传统陶瓷产业项目外，园区现已入驻的较大招商引资项目有美图（福建）铝业有限公司、泉州市健德建材实业有限公司等。此外园区内规划建设一玻璃制品产业园，现已有 4 家企业顺利落地建设，项目二期用地优先保证玻璃产业项目，以便玻璃产业逐步发展壮大，产生辐射效应。

生态环保持续治理。区内企业均采用自建地下污水管网的形式，建成后全部接入县污水处理厂集中处理。园区生活垃圾由当地镇政府环卫站负责统一清理；工业垃圾由企业出资定期运至县级垃圾填埋厂集中进行处理。园区规划建设瓷土集中加工区，建设瓷土集中加工区污水管网配套工程，将浐溪上游瓷土加工类企业集中规划进区，这样可减少浐溪源头污染，改善城乡居民生活环境。此外，园区开发建设过程中十分注重做好水土保持、绿化养护等各项工作，大力建设街边绿地、袖珍公园。园区内现有阳光公园、嘉裕公园、月亮湾公园等场所供辖区内群众休闲娱乐，整个园区发展环境良好。

管理服务增强意识。积极做好服务企业工作，加强对重点企业、重点项目的跟踪服务，通过定期走访联络，了解掌握企业生产经营状况，鼓励企业科技创新，提高核心竞争力，支持进园企业创新成长；进一步完善投资服务职能，指导和帮助企业用好、用活政策措施。完善基础配套设施，为企业提供良好发展环境。

（摘编：王增丰）

安溪经济开发区（城区工业园）

安溪经济开发区城区工业园，规划建设范围主要是城区及周边区域，涵盖凤城、城厢、参内和同美农场，总规划面积 3300 公顷，可开发面积 1850 公顷。2018 年，园区共有规模以上工业企业 120 家，实现产值 326.8798 亿元，比增 21.1%。

基础设施逐步完善。2018 年，园区累计完成用地报批 30.17 公顷，征用土地 32.61 公顷；林地报批 14.41 公顷；拆迁安置建筑物 3.24 万平方米；德苑工贸园片区农民集中住房建设项目（A、B 区）、参内洋中学苑安置房、参内参山丽苑安置房竣工交付使用，城厢涝港安置小区一期工程主体施工、安溪县中山大桥东片区城中村改造项目主体施工、富源小区安置房开工建设；建安片区延伸段二期工程、三安大桥及连接线工程、安溪双安浦口大桥工程、凤城镇美法村枫脚水泥路道路工程竣工投入使用，东二环石狮岩隧道左洞工程、参洋片区东西大道完成通车；德苑完全中学初中部已投入使用和南坪小学扩建工程主体完工；安溪金宝等品牌汽车 4S 店建成投入运营，海峡茶博园铁观音生态文化园景观示范区和停车场基本完成。

项目建设有序推进。2018 年，园区引进了泉州市特铝五金工业有限公司、泉州市智科五金科技有限公司等工业生产项目 18 个，用地面积

12.8207公顷；落户房地产开发项目4个，用地面积6.0037公顷；引进安溪普洛旺物流发展有限公司等仓储物流项目1个，用地面积1.0667公顷。百福豪城、铁观音山庄、永隆迎宾馆综合开发项目、润宇·欧洲城三期等10个项目（企业）投产（使用）或部分投产（使用）；佳友茶叶机械、溪禾山茶文化等12个新项目动工建设。

规划布局合理高效。根据规划建设和产业布局情况，园区规划城东、城南、城西和下长泰4大功能片区。其中，城东片区位于园区的东侧，是中心城市“东拓”的主要组成部分，规划面积780公顷，规划发展集茶叶精加工、交易、总部、研发、物流仓储、电子商务、文化交流、高等教育、观光旅游等功能为一体的城东茶业新城。城南片区位于县城南部，是中心城区“南扩”的主要组成部分，总规划用地面积830公顷，规划发展服装纺织等工业产业和酒店、金融服务、商业服务、房地产开发等第三产业为主的城南金融商务区，是安溪企业回归总部建设聚集地。城西片区位于西二环路沿线及周边区域，是中心城区“西进”的主要组成部分，总规划面积800公顷，规划发展商住、商贸、物流、家居工艺品等。下长泰片区位于省道308线沿线区域，规划用地面积890公顷，规划发展水暖卫浴、机电阀门、仓储物流等产业。

（摘编：朱明清）

南安经济开发区

南安经济开发区是省级工业园区，总规划用地含项目集中区面积约44.1平方公里，根据地理分布和产业规划分为三个工业园，即扶茂工业园、成功工业园、水暖工业园。2018年，实现生产总值420.9亿元，增速8%；工业总产值1043.94亿元（其中规上企业数125家，规上工业产值683.56亿元），完成工商税收10.38亿元；出口总额17.12亿元，进口总额10.1亿元。

产业特色重点突出。水暖厨卫、卫生陶瓷产业是南安经济开发区的重要支柱产业，水暖厨卫产业集群是福建省唯一一个被国家工信部确定为产业集群区域品牌建设试点。南安经济开发区被工信部确认为国家新型工业化产业示范基地，被国家质检总局批准建设“全国水暖卫浴知名品牌创建示范区”，水暖工业园被商务部认定为“国家外贸转型升级基地（水暖卫浴）”。南安经济开发区已成为全国发展潜力最大、配套最完整、名牌企业最集中的水暖厨卫生产基地，入选中国百佳产业集群和泉州市九大千亿产业集群。

科技创新成绩喜人。开发区现拥有高新技术企业16家，省级以上创新研发平台15家（其中，省级重点实验室1个，省级国家工程（技术）研究中心2个，国家级企业技术中心2个，省级企业技术中心4个，国家级工业设计中心1个，省级工业设计中心2个；九牧厨卫、天广消防、成功科技园3个博士后科研工作站，其中成功科技园区企业博士后工作站获评全国优秀等级），省级龙头企业3家，省级工业和信息化高成长企业5家，有效发明专利数199个。2018年，九牧厨卫入选全国供应链创新与应用试点城市和企业；申利卡铝业、洁通管业荣获省级“专精特新”认定企业；天广消防荣获省级服务型制造示范企业；银超卫浴、朗都卫浴、龙尔卫浴、宝成科技、佐蒙卫浴、永秀阀门等荣获国际注册商标企业。

投资环境配套完善。扶茂工业园：南安开发区的核心园区，总规划用地面积（含项目集中区）24.7平方公里，位于南安市区西北部，晋江西溪北岸。园区东邻泉三高速公路南安北互通，东隔檀林溪与观音山物流园区相连，南邻漳泉肖铁路南安火车站，隔漳泉肖铁路与南安市区城北组团相连。用地分属美林街道、省新镇和仑苍镇。区内现有县道金柳线南金路，通过南金路和东侧南安大道联系市区，国省干线纵三线（安溪—梅山段）、中心市区北环路、中部地区外环路均从本区通过。距泉州后渚港42公里，泉州高铁站32公里，晋江机场40公里、厦门国际机场80公里，正在建设中的兴泉铁路（江西赣州兴国—泉州）南安北站位于园区内，配套建有廉租房580套，恒大新城、源昌中央公园2大在建楼盘，南安市第十一小学（市直小学）和第六幼儿园（市直幼儿园）在建，交通便捷，配套设施完善，区位优势得天独厚。

成功工业园：规划面积2.5平方公里，位于南安市区西南溪美街道内，东至彭美社区、城南变，西至彭美水库、山园水库及山体，南至宣化村，规划中心市区南环路（国省干线横九线 G358 线，官桥至仑苍中心市区段），自东向西横贯通本区连接规划国省干线纵三线（乐峰至东田），距南同公路 500 米，省道 306 线 2 公里，离南安火车站 5 公里，距机场、港口、高速公路都在 1 小时圈内，交通四通八达，海陆空运输便捷通畅，配套建有房地产项目日昇新城和世茂璀璨新城，南安市柳城中学、南安市第八小学（在建）、南安北山森林公园等。水暖工业园：位于南安市西部仑苍镇内，紧邻扶茂工业园。总规划用地面积（含项目集中区）16.9 平方公里，按产业配套、工艺流程和生产特点分设“一城三园”，即中国水暖城、美宇阀门园、高新技术园、辉煌工业园。

随着茂盛路的建设，扶茂工业园已与水暖工业园串联在一起。

项目建设强力推进。扶茂工业园：截至 2018 年底，旧区现有企业（含个人户）1200 多家。新区已引进企业 46 家 57 个项目，计划总投资 100 多亿元，其中已投产企业 31 家，员工上万人，完成厂房和配套用房建设 130 多万平方米，预计 46 家企业全部达产后需要员工 4 万多人，初步形成以卫浴洁具、日用制品、消防器材等泛家居产业为主的综合园区。成功工业园：是南安开发区开发建设最早，集工业、商贸、公建为一体的高新科技型轻污染综合性的工业园区。已完成一、二、三期开发建设，引进天广消防、三叶集团、南安联城住工科技、南安市成功果蔬食品等 300 多家企业（个体户）入驻。区内南安电子商务产业园运作顺利，已有 79 家电商相关企业入驻，并获评 2017 年度泉州市电子商务示范园区。水暖工业园：全国规模最大、专业化程度最高的水暖工业区，入驻水暖阀门经销企业 1200 余家、水暖阀门生产企业 72 家。获中国名牌产品的企业 3 家、中国驰名商标 5 家（工商认定）、9 家企业被确定为南安市上市后备企业。中国水暖城被国家市场监督管理总局评为“全国 2017—2018 年度诚信示范市场”。

生态环境积极打造。一是切实抓好总体规划环评工作，开发区总体规划已获得省环保厅正式批复（闽环保评〔2018〕36 号）。二是严把项目入驻关，实施严格的环境准入制度。三是抓好环保“三同时”建设。四是完善污水设施建设。扶茂工业园和成功工业园污水统一由南安市污水处理厂处理，水暖工业园依托南安市西翼污水处理厂（总投资近亿元）提升污水处理能力。五是完善园区绿色规划，加速绿化建设。已完成茂盛路、茂华路、福飞北路、福昌北路、福源路等主次干道绿化景观工程建设。六是加强园区环境管理，聘请绿化养护队伍和专业保洁公司对园区绿化、道路环境进行保洁维护。七是认真落实抓好各级环保督察反馈意见整改工作。涉及园区共有 24 项，均已完成整改。

管理服务高效便捷。扶茂工业园：建有党群服务中心，为入驻企业和群众提供项目立项、规划设计、环评、工商、税务、土地报批、金融、人才、用工、商务、技术咨询等一条龙和“店小二”式服务。水暖工业园：投入 160 多万元建设中国水暖城党群综合服务中心，打造基层党员活动阵地和优质服务平台。

（摘编：赵小真）

惠安经济开发区（城南）

惠安经济开发区由惠南、城南、泉惠石化、台商创业基地五大园区组成，总规划面积 38 平方公里，主导产业为石雕石材、食品饮料、鞋服包袋、五金机械等四大工业主导产业。2018 年，开发区实现工业产值 288 亿元，完成固定资产投资 4.11 亿元，完成工商税收入库 2.46 亿元，完成限额以上商品零售额 1.9 亿元。

产业特色逐步凸显。入驻开发区的生产企业达 120 家，其中规模以上企业 40 家，从业人员 2.8 万人，形成了以鞋服箱包、机械建材、食品饮料为主导的轻工产品生产基地，拥有匹克、美可纸业、中绿粗粮王、起步等知名品牌。

基础设施配套完善。充分利用开发区紧邻县城的独特区位优势，结合开发区东拓及城南新区建设，调整开发区控规，引进与开发区发展相适应的商业综合体，建设能够满足企业外来工居住的房地产，丰富区内公交线路，侧重引进一批物流仓储企业进驻开发区，建设农产品批发市场、教育、医疗、商超、酒店等一批商业配套。通过完善开发区的功能配套，不断发展和壮大现代服务业，形成开发区发展新的业态。

项目建设有序推进。抓好年度重点项目建设，实施挂图作战法，及时协调解决项目建设过程中存在的突出问题，力促项目早日投建投产，重点项目建设按序时推进。

招商引资搭建平台。更新招商观念，转变招商方式，广泛收集招商信息，积极搭建对接平台，引进一批优质企业入驻开发区，其中中南高科·惠安城南创智产业谷项目计划总投资约30亿元，总占地面积约1000亩，分三期开发建设。详细排查摸清区内企业闲置的土地、厂房的具体情况，在盘活存量上下功夫，通过“腾笼换鸟”的方式，充分利用闲置土地和厂房引进新企业，以盘活存量提升增量，实现企业转型升级，提质增效。目前，已经盘活厂房面积147500平方米。

生态环保强力整治。完成开发区规划环评工作，加大对摆摊设点、占道经营现象的整治力度，切实整治乱倒垃圾、焚烧垃圾现象，开发区的卫生状况大为改观，每月考评分有较大提高。

管理服务优化升级。规范开发区各项制度，加强队伍建设，提升自身水平，增强服务能力，提高工作质量和办事效率。强化要素保障，深入企业宣传解读惠企政策，打通政策落实最后一公里。协调解决各类劳资纠纷22起，涉及员工人数210人，涉及工资金额137万元，切实保护企业和工人的合法权益。

（摘编：郑新贵）

惠安惠东工业园区

惠东工业园区是福建省重点工业园区之一。2018年，园区累计引进东方曼哈顿、裕忠ES纤维等7家企业，总投资36.1亿元，形成了食品制造、纸品制造、化纤制造和家具制造等四大主导产业，其产值占园区总产值92.5%，其中：上市公司2家、规上企业9家、年产值超亿元企业9家、税收超千万元4家，成为园区经济发展的主动力和财税收入的重要支柱。实现规模以上工业产值82.87亿元，完成固定资产投资10.65亿元，完成工商税收11334万元。产值、税收均同比去年有较大幅度增长，高于全县平均增长速度。

基础设施加大投入。园区坚持产城融合发展理念，坚持加大基础设施投入。2018年园区完成区间道路、路灯、绿化和污水处理厂等项目建设，引入一批超市、餐饮、游乐园、银行网点、公交首末站等商业设施入驻园区，加翔豪新城二期、国联·祥和苑等商住小区的竣工投用，园区基础设施配套和社会依托条件进一步完善，区位优势进一步凸显。

项目建设有序推进。园区积极协调化解项目用地、资金、用工、供电、供水等各类要素保障问题，推动园区项目建设。2018年园区列入县重点项目共有14个，总投资276400万元。其中回头客二期、麦王食品、家世比工业4.0电商产业园项目列入2018年省重点项目，惠东电商物流基地、惠东工业园区标准厂房和裕忠ES新材料项目分别列入第一、二、三季度重点开工项目。惠东建筑产业化基地、麦王食品、惠东工业园区标准厂房、启航二期、海峰灯饰、博海箱包、惠东电商物流基地、积力管道、国联祥和苑等9个项目开工建设，实现家世比家具、惠东建筑产业化基地、麦王食品、启航二期、宏腾包装、森达包装等6个项目竣工投产。

招商引资成效显著。全年完成招商项目25.2亿元。一是加强新产业和新业态招商，引入家世比工业4.0电商产业园、惠东电商物流基地、裕忠ES纤维等新产业和新业态项目，为园区产业转型奠定了基础。二是加强产业链精准招商，引进麦王食品、回头客食品二期、大高阀门、积力管道等项目，进一步壮大园区主导产业板块。三是加强商业配套项目招商，引入东方曼哈顿、国联祥和苑等商业项目，正式启动园区一期石井商业圈的开发建设，进一步完善园区配套设施。四是提高园区开发水平，拓展三期新材料区建设，引进总投资9.6亿元的裕忠ES纤维项目，园区的开发效益进一步提高。

生态环保严格执行一是实行严格的环保准入制度，从项目准入、建设及生产三个环节全程把控，对不符合要求的项目坚决不予准入，最大限度减少环境污染，促进园区绿色协调可持续发展；

二是落实全国污染源第二次普查，全面细致做好入户调查，为准确判断生态环境形势、加强污染源监管、改善生态环境质量提供科学依据和重要支撑；三是落实国家节能减排要求开展园区污水处理厂提标改造工程，对现状5000米^3/日规模进行提标改造，增加深度处理设施，排放标准由原来的一级B标准提升为一级A标准。

管理服务高效精准。园区坚持不懈推进“服务型园区”建设，深入推进“一线工作法”，进一步强化领导、部门及工作人员职责和责任，将工作任务和责任层层细化分解，突出“精准服务”，及时、全面掌握企业基本情况，动态了解企业生产经营状况，全力解决企业在生产建设中的实际困难。强化主动服务，实行入园企业手续资料全称代（协）办制度，及时高效为开发区企业办理需办理的行政审批等事项。贯彻落实中央和省市出台的一系列关于降低企业成本的措施，在普惠政策的基础上，精准出台回头客公司和家世比公司“一企一策”的奖扶措施，发挥政策正向激励作用，鼓励龙头企业提质增效、发展壮大，营造良好的企业成长环境。抓好安全生产工作。2018年园区与辖区内的33家企业签订了安全生产目标管理责任书，督促企业建立健全安全生产责任制。坚持按季度召开安全生产会，多次开展安全生产“大排查、大管控、大整治”工作，广泛开展安全生产月活动，督促企业开展安全生产风险分级管控体系建设。园区的雀氏、回头客、南王等3家企业完成了风险分级管控体系建设，累计投入专项资金1.6万元。

（摘编：肖启辉）

泉港石化工业园区

泉港石化工业园区为省级经济开发区，自2013年起连续六年跻身中国化工园区20强，2014年被国家发改委和财政部门确定为国家级循环化改造示范试点园区。园区规划面积为29.6平方千米，包含仙境、洋屿、氯碱、南山四个片区，现已入驻石化企业超40家。2018年，园区实现石化产值1010亿元，税收93.94亿元。新引进项目10个，总投资97.82亿元；新开工建设项目10个，总投资79.75亿元；新试、投产项目3个，总投资5.25亿元。

科技创新转型升级。园区严把石化项目准入关口，注重企业科技研发创新，着力引进高附加值立亚特种陶瓷材料先驱体产业化、新华福聚氨酯、天骄聚醚多元醇等项目，同时，加快园区落后产能设备的技改升级进度，2018年园区联合石化推动280万吨/年柴油加氢质量升级改造、汽油质量升级项目（GB Ⅵ）——新建30万吨/年烷基化装置、芳烃联合装置脱瓶颈及加氢裂化装置多产石脑油改造等项目技改进程，做好企业转型升级改造。借助福州大学泉港石化学院、福建师范大学泉港石化研究院、国家阀门检测中心、国家油品检测中心等一系列知名院校、科研、教育检测服务机构，为入园企业提供化工生产、研发的咨询服务，相应建成佑达精细电子化学新材料工程技术中心、丰鹏含银催化剂回收银新工艺研发实验室等一批省市级企业工程技术研究中心，加快园区科技创新推进力度，提升园区科技创新能力。

人才建设政策激励。园区紧紧围绕人才强区战略，采取政策取才、激励育才和搭建聚才平台等措施，加快建设以“两院两中心”为核心的石化人才服务支撑体系，实施创新驱动，致力打造成石化人才先行区。一方面大力实施“百名企业家素质提升工程”和石化领军人才培养工程，依托福建师范大学泉港石化研究院、福州大学石油化工学院（泉港校区）两个人才教育平台，建立高水平的技术研发支撑平台和人才储备体系，储备一批与产业结构相适应、与企业发展相协调的高层次人才，通过以老带新，加快人才引进、培养的进度，解决企业投产后人才需求；另一方面，建立“工作共商、组织共建、资源共享、活动共办、人才共用、干部共培”的工作机制，提升机关干部素质和能力，培养“复合型”人才。

基础设施配套齐全。交通物流便捷。福厦高速公路、铁路贯穿其中，进港铁路、化工铁路开通货运，漳泉肖铁路直达港区，实现港铁联运无缝对接，铁、陆联运优势凸显。为园区服务的肖厝港区是国家首批对台直航点，海岸线长56公里，拥有深水泊位36个，已建成千吨至10万吨的散货、集装箱多功能、液体化工码头等9座，尚有在建码头8座。总设计液体化工贮罐465万立方米，已建成液体化工贮罐达200万立方米。福建振戎石化液体保税仓库作为泉州关区唯一一家石化液体保税仓库坐落在园区洋屿片区。公用配套齐全。园区已先后累计投入资金30多亿元，现已形成了场地平整“十通一平”完善的配套条件。目前，园区蒸汽供应能力为2000吨/小时，工业和生活供水能力为10万吨/日，污水集中处理能力1.25万吨/日，远期规划10万吨/日，码头装卸能力为3057万吨，公用管廊达12.3公里，满足了区内企业的生产建设需要。

投资环境优势明显。园区已形成以福建联合石化炼油乙烯为龙头，以环氧乙烷、环氧丙烷、乙二醇、环己酮等中游项目为延伸，塑胶、塑料和橡胶等下游项目为配套的循环经济产业链；形成道路、供水、排水、供电、供气、供热、信息网络、大件运输、消防特勤、公用管廊和场地平整“十通一平”的完善配套条件；形成铁陆港联运，建成10万吨级、5万吨级及若干个千吨级至5万吨级的码头，200万立方米仓储面积便捷的交通物流；引进第三方安全生产专家团队严格监管入园企业规范的安全环保；实施领导挂钩联系企业、“一个项目、一位分管领导、一个跟踪服务小组”的“三个一”全过程跟踪服务机制、项目行政审批代办等优质的服务机制，不断提升自身硬件配套及投资软实力，具备承接大型石化企业来园投资的能力。

项目建设有力推进。园区力推入园石化项目建设投产进度，全年新增开工建设项目10个，即百宏石化年产250万吨PTA、路桥外加剂、蓝海博达油田新材料、立亚特种陶瓷材料先驱体产业化、通用环保型粘胶剂、丰鹏废催化剂综合利用、新立基沥青、钟山二期、佑达精细电子化学新材料、凯美特食品级二氧化碳及碳酸二甲酯等，总投资79.75亿元；新增试、投产项目3个，即钜港一期12万吨/年油脂废弃物综合利用、新华福聚氨酯、天骄聚合物聚醚多元醇（一期）等。

招商引资突出产业。现已招商引进石化企业超过40家，目前，园区仙境片区、洋屿片区、氯碱片区已基本招商完成，落户了联合石化炼化一体化、天原化工聚苯乙烯树脂、氯碱公司离子膜烧碱、振戎石化等从“油头”到“化尾”较为完善的上中下游石化产业，并配套相关仓储、码头公司，服务园区入驻企业，提供港口物流服务。南山片区作为园区今后产业项目发展的主战场，重点规划下游烯烃、芳烃等产业链条。2018年以来，园区引进百宏石化年产250万吨PTA、凯美特10万吨/年食品级二氧化碳及10万吨/年碳酸二甲酯等项目，总投资97.82亿元。现已初步招商形成了“环氧乙烷－乙二醇/乙（烷）氧基化物－表面活性剂－聚醚多元醇/聚氨酯”等高新产业链条，实现了园区做强上游，做精下游精细化工的产业模式，并不断提高产品附加值，提升企业产品市场竞争力。

生态环保积极应对。已建成福建联合石化炼化一体化项目公共安全应急救援指挥中心、环境监测监控中心等设施，正在规划建设省级区域性应急救援中心，实现日常运行、预案管理、监测预警、应急演练、应急处置、培训和宣传教育等功能，提高应对事故灾难的能力。开展细微颗粒物（PM2.5）自动监测，区内已建成污水处理厂、公共应急池等安全环保设施，并建立了安全环保第三方巡查机制，编制完成园区应急救援体系建设方案报告、总体应急预案和突发环境应急预案，应急指挥平台正在建设中。对企业安全隐患实行“零容忍”，开展园区及企业定期演练，有效提升应急处置和综合协调能力。

管理服务转变作风。制定出台《园区管理办法》，引入园区物业管理公司，强化科学有序管理，促进园区高效、协调和健康发展。设立应急救援中心机构并配备人员，采用招商模式确定园区消防服务公司，提高园区消防安全应急处置能力。组建南山片区巡查队伍，购置智能道闸系统设备、治安岗亭、隔离栏和交通信号灯等设备，实现园区封闭式管理，保障企业安全健康运营。着力转变作风，提高效率，为落地项目提供全程优质的服务，及时协调解决问题。实施项目行政审批代办制度，全方面做好项目审批服务的咨询、引导和代办工作。精简项目审批流程，部分项目审批实行“最多跑一趟、一趟不用跑”、即办件等形式，线上申请、办结、审批项目，极大的提高入驻企业的办事效率，缩短审批时限，为企业营造温馨高效的投资环境。

（摘编：王增丰）

泉惠石化工业园区

泉惠石化工业园区位于惠安县外走马埭垦区内，涉及东桥、净峰、辋川三个乡镇。该园区是湄洲湾石化基地的重要组成部分，规划面积33.8平方千米，2012年9月升格为省级开发区。2018年，园区完成规上工业产值637.5亿元，比增29.3%，完成全年任务的119%；完成固定资产投资108亿元，比增25%；完成工商税收收入（不含中化增值税、消费税、企业所得税，下同）约2.89亿元，增长27.3%，完成全年任务110%。园区在福建省开发区综合发展水平评价中名列前茅，入选中国化工潜力园区10强，并荣获省级文明单位称号。

项目建设大力推进。园区开展“项目攻坚2018”活动，对重点项目“挂图作战”，实行“一月一督查”制度，有效推动项目建设步伐。18个在建重点项目完成投资113.7亿元，占年度计划的119.4%。中化乙烯及炼油改扩建项目进入全面施工阶段，现场施工人员5000人，完成混凝土浇筑96119立方米，已完成打桩60476根，同步开展乙烯装置、中心控制室、动力中心等土建基础工程施工，全年完成投资97亿元。中化第二套炼化一体化项目规划新增2000万吨/年炼油规模并配套乙烯、芳烃装置，委托专业咨询机构开展方案研究工作。该项目回填工程涉及1.5万亩，其中B地块采用EPC方式先行开工，A地块完成可研编制，E地块启动可研编制。入驻的石化中下游项目中实现投产1个（长兴）、试生产1个（三星）、建成2个（惠兴、禾丰）、投建2个（洋屿、恒利达）。

基础设施加快建设。14个在建基础设施及公用工程项目加快推进，1—10月完成年度投资15.3亿元。其中：园区PPP项目累计完成吹填砂879万立方米、完成总量的80%，吹填泥420万立方米、完成总量的100%，回填土845万立方米、完成总量的53%；公用码头东1号泊位主体基本完工；公用管廊三期工程基础施工已完成，正进行承台和混凝土桁架建设。惠东应急备用水库项目累计完成库区土方开挖28万立方米，干渠标段将于年底开展初验工作。外走马埭海堤提级扩建工程完成1#堤全部完成外海侧抛石，防浪墙混泥土浇筑，堤后路回填土。鲤鱼岛闸完成水闸闸室基础开挖及底板浇筑，正在进行上下游铺盖的开挖；塘头闸启闭机房已封顶，大屿闸启闭机室已浇筑启闭平台。1#、2#预制场完成40%。

招商引资定位明确。编制《中化泉惠石化园区产业规划》，明确产业定位和招商方向。与中化泉州园区发展公司建立联合招商工作机制，充分利用“9·8投洽会”及市政府举办的“珠三角区域招商项目洽谈会”“京津冀区域招商洽谈会”等平台，采取以商招商、以策招商和隔墙工厂招商等方式，着力招大商、选优商。全年引进重大项目6个，总投资398亿元，包括中化泉州化纤项目、林德空分、中仓二期、嘉豪、廷润双极膜、聚醚多元醇等，其中中化泉州化纤项目总投资367亿元，分两期规划建设涤纶（800万吨PTA、900万吨PET等）和锦纶（150万吨CPL、150万吨聚己内酰胺等）两条产业链及配套设施，项目已完成可研报告编制和中化集团内部立项。

生态环保强化监管。全面落实环保安全工作措施，强化环保安全监管力度，全年共接受上级环保、安全工作检查、调研30次，较好地完成各项迎检任务。重点抓好环保督察问题整改，针对中央、省级环保督察反馈意见涉及园区的4个问题，立即分解细化，明确责任人、整改措施和整改期限，目前已完成问题整改3个，其余整改工作正在有序推进。其中：积极稳妥处理应急池系统工程阻工事件，保障项目施工秩序，目前项目施工现场已完成缓冲池、雨水箱涵、管理用房、水泥土搅拌桩、垂直防渗墙等施工及检测，正在进行应急池池底整平及边坡修整工作；抓好污染防治工作，组织开展第二次全国污染源普查工作，全面摸清园区各类污染源基本情况；督促企业落实环保主体责任，运用好污染物排放在线监测系统，严禁企业超标、超总量排污；加强大气环境监管，认真分析和运用东湖、五柳、东桥中学等3个大气环境监测站监测数据，落实好限制装卸油作业时间、严控室外喷涂、管控道路扬尘、加强日常巡查等措施，妥善处理群众环保投诉4个，环境质量动态监管力度进一步增强。抓好安全生产责任制落实，修订完善园区安全生产责任体系和管理体制，建成应急救援中心指挥平台，通过购买技术服务方式委托专业技术单位常态化开展隐患排查整治工作，全年已排查事故隐患193项，落实整改189项，整改率98%，其余4项正在积极整改中，有力地防范各类事故的发生。组织开展二甲苯泄露事故综合应急演练，举行安全生产、应急救护等专项培训4次，培训450多人次，有效提升园区企业和干部职工安全生产意识。

管理服务协调推动。召开专题协调会182次，有效解决企业经营和项目运作中遇到的困难和问题173个；注重惠及企业，汇编宣传25项惠企政策措施，协助邦丽达、中仑申报用电增效奖励资金46万元，协助邦丽达、中仑、三星申报科技创新奖励资金25万元，协助已投产企业申报房产税、土地使用税“即征即奖”48.43万元。积极理顺园区与周边镇村的关系，推动双方建立互惠合作、共同发展模式，大力创建和谐园区。支持群众就业，引导周边村集体兴办劳务合作社或者劳务公司，探索实行“公司+农户”模式，承接园区相关购买服务项目，目前园区绿化、环卫、安保等项目通过购买服务吸收周边镇村群众就业达100多人次。

（摘编：李　兵）

三明高新技术产业开发区（金沙园）

三明高新技术开发区是省级五个高新区之一，是三明市与沙县联合开发的重点建设项目。产业发展布局规划以光机电一体化、新型材料、生物工程、食品工业等产业作为高新技术产业发展方向。2018年，园区完成规模以上企业产值370.87亿元，比增14.1%；税收1.7亿元；27个县重点项目完成投资31.3亿元，闲置厂房二次招商12个，有效盘活闲置厂房6.12万平方米；“五个一批”完成谋划项目33个，签约项目24个，开工项目22个，投产项目15个，增资项目6个；新增规模以上企业5家；完成征地327亩，林地报批133.5亩，土地农转用报批95.9亩。工业企业用电量用电量8690万千瓦时，比增8.1%，其中规上企业累计用电量8530万千瓦时，比增8.4%。

科技创新成果丰硕。2018年，园区新增国家级高新技术企业4家（中机铸材、中机数控、云创集成、汇华内配），省级高新技术企业6家（中机铸材、中机数控、云创集成、汇华内配、新通源材料、宏盛塑料）；科技小巨人1家（机械研究总院海西分院有限公司）；获得福建省“专精特新”称号企业3家（华橡自控、宏盛塑料、海西分院）；2家进入创新创业大赛复赛（德普惠、中机精冲）；云创集成的云创工坊获得国家级众创空间荣誉、中机铸材在第十六届中国国际铸造博览会获得全国铸造装备创新奖和全国铸造材料金鼎奖。截至2018年12月，金沙园共有15家国家级高新技术企业，省高新技术企业6家，进入科技型中小企业库的企业14家，科技小巨人8家，省级高成长型企业4家，省知识产权优势企业3家，省科技型企业21家，省创新型企业和创新型试点企业共计7家。

投资环境配套完善。金沙园一期配套基础设施和生活设施一应俱全，商贸、物流、仓储等生产服务业支撑有力。金沙第二小学、金沙幼儿园、龙湖提升改造工程等民生工程投入使用。金沙园二期现已完成700亩土地平整和1.1公里主干路铺设，日处理量2.6万吨的二期污水处理厂已完成设计，日处理量1.3万吨的首期工程即将开工建设。

招商引资多措并举。坚持“走出去”“引进来”，采取小分队招商、龙头招商、以商招商、以智招商等方式，组织召开了沙县（福州）招商推介会、蒲公英生物医药专场招商会、沙县（厦门）招商推介会、沙县（上海）医疗器械产业园推介会等4场招商会，积极对接一批新项目、好项目。全年新引进的24个项目中，亿元以上项目15个，总投资31.8亿元。引进了高端绿色铸造、美信格医药等一批重点生物医药、高端装备项目，持续推进华闽医疗器械产业园，吸引医疗器械生产、流通项目入园。

安全环保积极响应。园区配合有关部门做好全国第二次污染源普查各项工作，积极走访收集、整理园区166家生产型企业的经纬度、地址、行业代码等信息。建立“企业自查、行业检查、政府督查”三个“全覆盖”机制，采取暗查暗访、随机抽查、“回头看”检查、交叉检查、聘请安全生产专家会诊等方式，检查生产经营单位72家次，排查一般安全隐患162条，已全部整改到位。

管理服务精准帮扶。开展企业“妈妈式”服务。2018年，县委、县政府提出了“妈妈式服务”工作机制，园区积极响应精神，安排专人专岗为入园企业、项目办理相关手续。截至目前，已办理了美信格生物医药项目、乐敏食品加工及冷链物流仓储中心建设项目等7家新入驻企业的工商注册、银行开户、项目备案、土地招拍挂相关手续。

（摘编：于新光）

三明经济开发区

三明经济开发区为省级开发区，包括吉口、贡川两个园区，规划面积约50平方公里。2018年，开发区实现规上工业总产值172.78亿元，同比增长20.6%；实现税收2.57亿元，同比增长9.6%；企业固投13.14亿元，同比增长46.9%；基础设施投资完成2.63亿元，同比增长30.8%。完成土地出让253亩、出让金3440万元，获批土地627亩，新增开发用地267亩。

科技创新打造平台。推进研究院建设，围绕打造区域性的自主研发平台、技术交流平台、成果转化平台和公共服务平台，为区域新能源产业的全面发展提供技术支撑的目标，成立三明市新能源产业技术研究院有限公司，并与厦门大学达成合作事宜。

基础设施配套完善。吉口稀土绿色循环经济产业园“七通一平”基本完成，具备项目入驻条件。吉口氟化工循环经济产业园“七通一平”工作全面铺开，已具备项目入驻条件。

项目建设有序推进。在建项目：三明厦钨新能源材料公司二期年产10000吨锂电池正极材料项目2018年8月正式投产。吉兴竹业公司高性能竹基纤维复合材料生产项目建成投产。新建项目：三钢集团三化公司年产5万吨电子级氟化氢项目于2018年11月开工。前期项目：厦钨新能源公司第四期年产10000吨锂电池正极材料项目启动前期工作。稀土冶炼分离项目，前期工作全面开展。

招商引资精准对接。园区针对稀土、新能源、氟产业项目实行“一企一策”，落实入园优惠政策。2018年，开发区借力中介招商、商会招商、平台招商等渠道，积极开展有针对性的精准招商活动，先后邀请40多家企业或行业协会来明考察对接。成功引进年产5万吨电子级氟化氢项目落户园区。一批与三化项目相关联的产业延伸聚集项目正在对接当中。银豹基金总投资3亿元，年产2000吨含氟表面活性剂等项目达成入园意向。

管理服务多措并举。一是抓制度建设。完善园区“三重一大”议事规则、健全园区土地征收、工程建设、资产管理等工作机制，用制度管人管事。二是抓安全生产。严格落实国家和省、市安全生产、环境保护有关规定，建立健全园区安全生产及环保管理有关规定、制度，定期组织开展安全生产环保工作检查和宣传教育，增强企业和员工安全生产和环保意识。三是抓服务企业。坚持为入园企业和项目提供全程保姆式服务，协助三化公司、智成天然气、新材料研究院等项目做好工商注册、规划、用地出让等前期工作；帮助厦钨新能源争取市科技研发项目资金，积极协调做好新上项目招工事宜；积极协调金牛水泥弃土场、搅拌站选址等工作；引导督促吉兴竹业健全安全管理制度、环评验收、锅炉改造。

（摘编：王增丰）

三明埔岭汽车工业园区

三明埔岭汽车工业园区由三明、永安市两级政府共同开发，为省级经济开发区，是福建省现有两个专业汽车工业园区之一，列入工信部《海西先进制造业发展规划》汽车产业的重点园区，是福建省重要的汽车产业发展平台和汽车及零部件制造业基地。园区规划面积20平方公里，分三期建设，现已开发面积6平方公里，分为埔岭地块和洛溪地块。目前，园区入驻企业30多家，规模以上企业达10家，其中整车生产企业2家和专用车生产企业3家，有重汽福建海西汽车有限公司、中科动力（福建）新能源汽车有限公司等重点企业，涵盖整车制造、专用车、零部件及其它汽车商贸物流企业，初步形成以海西汽车和中科动力为龙头，以商用车、新能源汽车、专用车为主导的产业配套体系。2018年，园区实现规上产值

69.30亿元，同比增长17.1%；实现税收2700万元；完成固定资产投资1.37亿元；实现外贸出口2887万美元。

产业特色重点打造。园区围绕“抓龙头、聚产业、强服务”的发展思路，发挥园区区位、产业优势，做强龙头，做大品牌，突出抓项目建设、突出抓招商引资、突出抓配套服务保障，做优营商环境，做大园区产业规模和经济总量，致力于发展整车及零部件产业，打造福建汽车制造基地，基本形成“一重一新一专一集聚区”产业格局，力促实现永安汽车产业跨越式发展。龙头企业总量持续放大。海西汽车公司生产同比增长23%，销售同比增长31%，其中国内销售同比增长71%，经营收入同比增长42.3%，湘、鄂、皖、苏等省市场占有率取得新突破；中科动力公司实现产销同比增长21.4%，经营收入同比增长20.9%，成功中标公安部交通管理装备供货项目，完成与北汽昌河合作生产无动力车身项目技术改造并实现量产。

科技创新成果丰硕。积极支持和鼓励企业开展技术创新，海西汽车公司、中科动力公司列入了省级转型升级、智能制造试点示范、高新技术、高成长企业。推动海西公司研发中心、工程中心和技术中心建设，2018年申请专利7项，其中发明专利2项，授权8项，取得知识产权管理体系证书、国家知识产权优势企业，取得国家新能源汽车生产资质。先后发布国五新产品公告49个，变更扩展公告443个，国六公告新产品申报11个，完成新能源汽车样车试制（1台H3纯电、1台H5油电混合）。推进中科动力技术创新、新产品开发，2018年新申请专利15项，其中发明专利2项，使用新型13项，与北汽昌河合作高速电动车项目获得国家工信部新能源汽车产品公告。永信智能科技公司研发出了全省首台充电桩，被国家知识产权局授予了5项专利，并已在永安市安装充电桩200多台。园区孵化众创空间已入驻新能源汽车配套项目研发团队3个（新能源汽车两档变速器项目、氢燃料电池项目、新能源专用车项目），累计为园区企业争取科技补助资金近200万元。

基础设施日趋完善。建成道路总长20公里，建成埔岭大道、吉山甲大道、洛溪大道、城东大道、洛溪环路（一期）、吉峰大道（一期）等主干道及吉山甲工业支路、吉洛支路等支线道路；通讯、供水、供电、污水处理等配套设施齐全，建有研发中心、保障性住房、人才公寓、职工文体中心、中海油LNG加气站以及通讯、供水、供电、污水处理等配套设施齐全。目前，拥有110kV变电站1座，日供10立方米加气站1座，日处理1000吨污水处理厂1家，标准化厂房（一、二期）4.4多平方米。2018年，基础设施建设方面，完成投资4536万元，汽车零部件集聚区标准化厂房（二期4幢）竣工，洛溪环路（一期）、吉洛支路建成通车。

项目建设进展顺利。全年实施建设项目12个，签约项目5个，中科动力两门两座微型电动汽车、海工车桥、轻中卡配送库项目建成投产。

招商引资发挥优势。充分发挥汽车专业园区优势，围绕龙头企业，突出龙头企业产业定位及上下游产业延伸，全年策划生成招商项目8个，赴福州、厦门、龙岩、北京、徐州等地开展专场招商6场，借助“6·18”“9·8”商贸交流平台，组织海西汽车等4家企业参展推介，成功在永安市举办汽车零部件专场招商对接会1场，省内外20余家汽车零部件配套企业参加，有效地扩大了园区的知名度，霞浦三沙华美公司、厦门日上公司等5家企业与海西汽车公司达成初步配套意向。全年签约落地项目5个，引进市外资金6.7亿元，超额完成年度任务目标。

生态环保持续治理。贯彻执行党和国家的环保方针、政策法律和法规，加强园区企业监管，定期检查园区自身及辖区内各企业污染排放及各类垃圾的清理和整治，完成第二次全国污染源普查，实现环保三级、四级网格间的网格化管理。吉山甲污水处理（跨区域输送）项目竣工验收，中科动力污水处理站建成投入使用，全年处理污水65477吨。

管理服务全面加强。加强效能建设，实行会议决定事项跟踪落实与定期通报制度，落实月工作“两单”制度，2010年以来完成档案规范整理794卷，为原汽车厂退休职工档案查询服务35人（次）。全年落实海西公司产品公告费补助、福迪公司生产资质申报奖励、中科动力生产资质申报奖励及品牌宣传补贴等总计约739.1万元；为园区企业提供人才住房20余套，其中为海西汽车公司提供免费期10年的高级人才住房10套，已累计为企业提供公租房210余套；将行车作为标准化厂房标准配备，不再另行收取租金；组织园区企业参加各类招聘活动，帮助园区企业招工录用300余人；引导企业通过厂房租赁的形式盘活闲置资源，顺利引进海鑫机械公司、省达康源电气公司等两家企业，盘活闲置厂房约1万平方米。全年组织观看警示教育片2次，开展安全生产大检查及复查活动16次，督促5家企业落实叉车注册、持证等。

（摘编：朱明清）

三明现代物流产业开发区

2009年9月，三明市委、市政府研究决定，启动三明现代物流产业开发区建设。2010年12月，经省政府批准（闽政文〔2010〕555号文件），同意设立三明现代物流产业开发区，纳入省级开发区管理。三明陆地港项目总规划建设用地面积约959.5亩，总投资约20亿元。三明陆地港物流园区于2011年11月启动，2013年正式投入使用，培育形成了“六仓一中心一堆场”八种业态，创造了跨关区集装箱转关、进口散货转关、海铁联运、区域通关、一体化通关、跨关区直通等多项福州关区的第一，使三明口岸成为福建省内陆口岸的先进。三明陆地港商贸区主要建设内容为专业市场、商业街、商务金融区、SOHO办公区等，其中专业市场一、二期已建成投入使用，引入港务进口商品直销中心、味民购跨境电商、电竞综合体验中心、进口酒三明分拨中心和企业办公区等业态，金融区一期建成交房，金融街及金融区二期基本完工。闽中快递物流园项目占地面积110亩，是集仓储、电子商务、配送、物流、办公等一体的现代综合性物流中心。项目利用传统港口仓储物流优势，采用“互联网+”创新经营理念，通过大力发展本地区电商快递业务，加快传统物流行业产业转型升级。新城广场项目总用地面积2.4万平方米，由2栋2至3层商业楼和1栋12层酒店组成，拟打造集住宿、办公、休闲餐饮、儿童娱乐、运动健身、教育培训为一体的商业综合体，目前已完成建设。2018年开发区地区生产总值为13774万元，税收收入为1573万元。

（摘编：李　兵）

尤溪经济开发区

尤溪经济开发区是省级开发区，控制性规划面积60000亩，分为城西园、埔头园、林坑园、城南园、仙山园、生态园等若干个工业园区，力争建成具有固定资产投资千万元以上企业500家、年工业产值500亿元以上、年税利40亿元以上、从业人员15万人的现代工业集中区，成为全县经济发展的增长区、体制与科技创新的实验区和城区拓展的带动区。2018年，开发区完成企业固定投资9亿元；规模以上工业产值158亿元，同比增幅16.3%；新增工业用地79公顷。工业企业用电量6亿千瓦时，占全县工业企业用电量72%以上。获2018年度全县综合评比第一名。

基础设施加快建设。城南园一平工程进展顺利，新增用地79公顷；城南安置区完成24户桩基工程，并完成配套施工水电安装；城南污水处理厂工程土建部分完成建设，工艺管道及设备按进度安装；配套的尾水排放工程已完成K0+000～K2+600段施工；污水处理厂西侧挡墙及边坡工程完成，应急池完成选址；城南园纬十西路道路工程开始施工；城南园4幢公租房完成施工及初验；1、3号楼完成配租；城西园桥头A区左侧地块开发进展顺利，部分楼盘已开盘发售；右侧地块成功拍卖，业主正在进行规划审批等开发前期工作；城西园人行道建设完成，路灯改造完成；城西污水处理厂投入运营。

项目建设稳步推进。区内工业固定资产投资项目14个，其中新入库6个，完成投资9亿元。2018年开发区内县“五个一批”重点项目20个，其中谋划项目7个、签约项目3个、开工项目6个、投产项目4个。其中6个开工项目完成投资约4.56亿元。其中尤溪隆源多品种纤维混纺纱生产项目完成投资1.1亿元，尤溪鑫森锦纶纤维生产项目二期完成投资1.2亿元均完成年度任务。城南园德为公司重组取得重大突破，建行贷款已全面化解，新公司丰帝锦纶已恢复满负荷生产；德坤染整审批通过专家评审和省环保厅环评处审查，待省厅批准。

招商引资紧握机遇。坚持“以诚感人、以信招商”，引进产业关联度强、带动作用大、科技含量高的项目入园，发挥大项目的“榕树效应”和“磁场效应”。2018 年紧紧抓住长乐新区建设产业转移等有利契机，新引进旭源纺织项目、康星实业、鑫威服装、格利尔印染、创益染整、纳绮纺织、华达茶叶等 7 个项目，计划投资总 55 亿元。正在跟踪的还有长乐佳宇纺织器材配件项目、红外线碳化设备组装项目、工业刀具制造项目等，以及部分长乐经编、工程机械底盘项目有望签约。

生态环保持续治理。致力绿色、环保开发区的建设工作，建立健全安全环保巡查制度、开展消防安全环保大排查大走访活动，主动落实整改国务院巡察组反馈的问题。城西污水处理厂投入运营，城南污水处理厂主体土建部分基本完成。新增绿化面积 25 公顷。

管理服务创新机制。持续推进与兴业银行尤溪支行合作的企业资产按揭贷款金融服务，新增企业按揭贷款 2710 万元，3 家企业获得贷款支持，缓解了企业资金压力，降低融资成本。创新服务体制，完成 5 个项目农转用审批，审批面积 781 亩；供地项目 5 个，供地面积 259.1 亩；工业项目办理土地使用权证 4 个，办证面积 209 亩；新备案项目 6 个。

（摘编：林开龙）

梅列经济开发区

福建梅列经济开发区为省级开发区，2018 年完成规模以上工业总产值 109.81 亿元，同比增长 12%；完成固定资产投资 37.99 亿元，同比增长 0.3%；完成基础设施建设投入 1.9 亿元，同比增长 18%。

基础设施加快建设。2018 年，园区累计投入基础设施建设资金超过 1.9 亿元，3 个完工项目（分别是新城大道、鹅坑河道水保工程和 380 平台道路改线工程）、4 个在建项目（分别是生活配套服务区 A 地块、信息经济产业园二期土石方、机械产业园土石方和 5 条市政道路建设项目）和 2 个开工建设（分别是第二供水工程和生活配套服务区 B、C 地块建设项目）整体进展良好，其中新城大道扫尾工程全面完成，4.9 千米园区主干道于年初正式通车，极大改善了园区的交通环境；生活配套服务区 A 地块已完成投资约 2000 万元，完成 5#楼基础及地下室施工；规划一路及鹅坑河道边坡环境整治项目完成投资约 1000 万元，完成排水渠修建及土方回填 40 万方，项目用地一期 11.3 公顷已完成农转用手续，二期正在办理农转用手续；第二供水工程项目已组建专班，委托设计院对工程项目前期专项工作编制方案。持续深化平台建设，共收储土地约 20 公顷，土地报批约 39.3 公顷（已批 5 公顷），林地报批约 2.7 公顷，供地约 24 公顷，其中挂牌出让 4 宗 8.7 公顷，土地出让金约 1477 万元，划拨供地 15.3 公顷。

项目建设超额完成。管委会按照“资源优选配置、要素优先保障、问题优先协调”原则，不断深化“五个一批”和“五比五晒”项目竞赛活动，每周对重点项目建设进度进行督导检查，确保项目能够按照时间节点完成建设进度。重点突出签约、开工、投产三个关键环节，组织专门力量主动与企业沟通联系，全程跟踪、全力跑办，提供全过程“保姆式”项目服务。截至 12 月底，“五个一批”项目竞赛年度任务已超额完成，共完成国投闽光、新创化建、吉福化工、石墨新材料和五条市政道路等 5 个项目开工；台明铸管（四期）和建祥科技等 2 个项目竣工投产；完成了国投闽光 6000 万元和企跃科技 6600 万元增资任务；完成了 5D 智造谷、伯纳激光和除尘布袋设备等 9 个签约项目。推进国家级循环化改造示范园区建设，抽调骨干专业人员成立循环化改造办公室，完成编制单位的招标工作，在原确定 9 个实施循环化改造项目基础上，拟增加国投闽光、宝顺次氧化锌提纯等项目 16 个。

招商引资围绕重点。园区紧紧依托小微企业创业园招商平台，围绕机械制造、智能装备和新型材料等领域，着力发挥小微创业园孵化功能、加速（过渡）功能作用，先后引进 5D 智造谷、抗震支架和轻钢别墅等 9 个项目，其中抗震支架、轻钢别墅等 6 个生产项目已投入试生产，重点是争取沈阳机床的 5D 智造谷和伯纳科技的激光切割钢材项目入驻，通过这两个平台型企业的落地，将有效提升园区的产业招商优势。加强项目落地，在年初完成国投（闽光）项目供地基础上，累计供地33.5公顷，其中，瑞云木业除尘布袋设备生产项目、明承工贸精选煤生产项目（京明公司异地搬迁）和骊腾扩建次氧化锌提纯项目等3个新上项目于9月完成土地摘牌，宝顺次氧化锌提纯扩建项目于11月完成土地出让，中燃公司、中海油公司门站及分输站项目已经初步商定供地价格。

管理服务落实到位。持续开展“进企业、解难题、促发展”活动，扎实推进“服务企业零距离”工作落实，建立开发区服务管理工作机制，量化班子成员和干部职工每月落实下企入户、项目建设、征地拆迁、安全生产和综治维稳等工作次数。对生产正常企业、半停产企业、停产企业进行摸底，对生产正常企业和半停产企业，落实挂包责任，由班子领导挂包38家规模工业企业，推动企业正常经营。注重融资帮扶，用足用好兴业担保公司的转贷资金，有效解决企业资金困难问题，全年共为21家企业办理企业转贷2.38亿元，有效提振企业家投资信心。扎实抓好园区安全生产，深入开展安全生产大检查活动，突出道路交通、建筑施工、危化品等重点部位安全管理，严格落实安全生产责任制，全年未发生一起重大安全生产事故。以围绕中心、服务大局为主线，持续开展生态环境保护及水土治理工作专项行动，2018年重点做好鹅坑河道边坡整治和蕉溪流域水质治理，大力推进环境保护工作。

（摘编：李　兵）

三元经济开发区

三元经济开发区于2002年12月经三明市人民政府批准设立，2003年4月8日正式组建三元区工业园管理委员会，为便于园区运作，同年8月成立了三明市金园开发有限公司，实行一套人马两块牌子管理体制，2006年5月经国家发改委审核，福建省人民政府正式批准为省级经济开发区，并更名为“福建三元经济开发区”。园区规划区位于三明市区西南部，处于沙溪沿岸星火产业带和205国道、鹰厦铁路、沙溪河“三线”繁荣带重要位置，规划总用地面积49.5平方公里，其中：市政府首期批准的规划面积9460亩。按照“高起点、高标准、园林化、生态型”规划建设要求，先后开发了荆东、汇华、竹洲、台江、吉口、渡头坪等工业小区。开发区的开发建设，从根本上解决了项目建设用地不足问题，实现了企业集中连片发展，进一步优化了经济布局和结构，初步形成了以电力、冶金、机械铸造为主的汇华工业小区，以生物制药为主的荆东生物医药工业小区；以轻纺、机加工为主的台江工业小区；以木制品加工为主的渡头坪工业小区；以食品精加工为主的竹洲工业小区。2018年开发区地区生产总值为1645000万元，规模以上工业增加值为416211万元，税收收入为8633万元。

（摘编：李　兵）

将乐经济开发区

将乐经济开发区是省级经济开发区，规划总面积为13.94平方公里，开发区下设二园：北郊工业园1.52平方公里，积善工业园12.42平方公里。2018年，开发区内91家规模以上企业完成工业总产值155.28亿元，企业固定资产投资25.12亿元，税收13195.21万元。新增规模以上工业企业19家。

项目建设加快推进。加快项目建设审批办证，帮助协调解决困难、问题，促进在建项目早投产、投产企业早达产。2018年在建项目33家，到2018年末建成投产或未建成部分投产项目12家（玉源春生物科技、宝盛食品、天源兴达生物科技、心怀蜜食品、万盛食品、玉井坊食品、赛园食品、炭都科技、慧思通三维技术、景韬机械、三华轴瓦、丰源资源再生利用）、抓紧推进30个（维德精密制造、景韬机械、金化成膜助剂、中研茶妆、宝盛食品、天源兴达生物科技、宝龙琼脂、万盛食品、玉井坊食品、赛园食品、华鸿第污水预处理、玉源春生物科技等30家企业）、前期准备12个（弗兰德压铸、奥仕新材料、铯铷科技、杰豪半固态、中国金属资源等12个项目）。截至2018年底，91家入驻企业投产或部分投产49家、在建30家、已签约待建12家。

招商引资重点突出。抓好半固态轻合金、精

细化工等产业链招商，重点打造轻合金特色产业。2018年，开发区共签约19个项目，投资总计50.878亿元。分别为：1. 集成电路生产项目，投资1.2亿元；2. 环保胶黏剂生产项目，投资4亿元；3. 家电智能生产线项目，投资1亿元；4. 三晶新材料高纯度硅材料提纯项目，投资0.65亿元；5. 台松工贸年产5000吨电子传感器棒材生产项目，投资0.3亿元；6. 德恒实业年产100万件铝合金产品项目，投资0.8亿元；7. 高端活塞自动化生产线成套设备项目，投资0.618亿元；8. 食品物流仓储项目，投资0.6亿元；9. 新型磺化系列产品生产项目，投资1亿元；10. 松香松节油生产项目，投资1.3亿元；11. 荧光增白剂项目，投资1.2亿元；12. 铝型材挤压生产项目，投资5.3亿元；13. 合盈化工醇酯十二成膜助剂生产项目，投资1.2亿元；14. 福建奥仕集团荧光增白剂生产及配套项目，投资11亿元；15. 弗兰德轻合金半固态压铸件生产项目，投资6.6亿元；16. 炭都环保竹炭基材项目，投资5亿元；17. 玉溪铯铷科技高纯度金属铯铷加工及注入设备生产项目，投资1.4亿元；18. 杰豪半固态泵压项目，投资0.65亿元；19. 福建金盈科技有限公司荧光增白剂生产及配套项目，投资2.76亿元；截至2018年底，开发区共有企业92家，从业人员9447人，其中：积善园76家，从业人员6931人；北郊工业园16家，从业人员2516人。

（摘编：郑新贵）

明溪经济开发区

明溪经济开发区为省级经济开发区，分为南、北两个分区，规划总面积约10.22平方公里，其中工业用地6100多亩。2018年，开发区实现规上工业总产值52.45亿元，比增15.2%；实现税收9020万元，比增23.7%；完成进出口总额2.6亿元，比增35.4%，现入驻高新技术企业4家，上市企业2家。

基础设施不断完善。保障项目用地，完成土地平整210亩；完善道路配套，完成道路绿化1公里，铺设给水管网1.5公里、排污管网1.5公里，完成工业污水处理厂道路亮化、锂电NMP纳米导电剂项目临时施工便道，积极推进工业集中区主干道北侧支路工程；保障项目用电，完成明溪县华联硅业有限公司扩建厂房杆线迁移、工业集中区新进项目临时用电工程，配合开展110kV雪峰变10kV氟新Ⅰ、Ⅱ回馈线新建工程；实现移动信号全覆盖，完成工业集中区移动信号基站建设；做好重点工程建设，完成工业污水处理厂化验室、新能源锂电池研发生产基地地面硬化和排水等附属设施建设。

项目建设加快推进。全方位服务跟进海斯福高端氟精细化学品项目，及时掌握项目进展，集中梳理解决问题，加快项目审批、环评、安评工作，2018年完成土建工程的90%。抓项目转型升级。推进南方制药“退城入园”和二期项目建设，多西他赛获得欧盟药品GMP证书；推动海西联合公司七氟烷、异氟烷药号申报，2019年启动地氟烷药号申报，将实现成品药生产；锦浪微胶囊发泡剂扩建项目正在安装调试；致格公司转型生产整装轻型动力锂电池。提升园区品质。2018年明溪氟新材料产业园被列入省里支持建设的氟化工专业园布局，为明溪县氟化工项目招商落地和推动氟产业发展奠定了良好的基础，推动闽西北氟化工产业绿色高效发展。

招商引资紧抓重点。围绕“新能源、新材料、新医药”产业，强化精准招商、点对点招商，主动走访山西长治、浙江杭州、广东深圳、福建泉州等地开展项目对接，新引进福瑞明德药业、格林韦尔科技、玮士迈科技、旻和医药、荣冠帽业、卓跃氟硅等6家企业入驻园区，总投资4.85亿元，补齐“三新”产业链条，形成产业规模集聚效应。

管理服务精准到位。通过购买第三方，聘请有资质的安全专业技术人员对开发区企业检查指导，进行隐患治理工作，实行检查闭环管理。完成明溪县工业污水处理厂阶段性竣工环保验收，制定了开发区网格化环境监管实施方案等，不定期对网格区域内进行非法排污的巡查和环境安全隐患排查等相关工作。

（摘编：黄国实）

清流经济开发区

2006年起步于清流国家级台湾农民创业园金星加工区，2012年升格为省级开发区，总规划面积13.7平方公里，按功能划分为“一区三园”，即城南工业园、金星工业园、氟新材料产业园。2018年，开发区实现规模工业总产值65.25亿元，较上年增长17%，规模以上工业增加值16.45亿元，比增32.5%，全年税收27014万元。全年共投产企业36家，其中，规模以上企业24家。

产业特色精准定位。按照“统筹规划、突出特色、协调发展”原则，抓好三大园区产业建设。城南工业园位于龙津镇城南片区，产业定位为以发展新能源、新材料、食品加工、轻纺、电子材料、生物科技、机械加工等二类、三类工业为主导的现代化生态产业区。金星工业园位于清流县嵩溪镇，产业定位为竹木加工、建材、机械加工、食品加工、有色金属冶炼和压延加工业和精细化工等二、三类工业为主等。氟新材料产业园产业定位为化工材料、有色金属冶炼新能源、新材料电子轻工、农林产品加工、氟新材料、精细化工等二、三类工业为主等。

科技创新初具规模。园区内企业注重科技研发投入，多家企业设有研发技术机构，期末国家级高新技术企业共有4家，高新技术企业主营业务收入45845万元；期末拥有的有效发明专利数达48个。

招商引资颇有成效。开发区主动打造“六最”营商环境，在落实省、市招商政策基础上全面落实县委县政府出台的《清流县招商引资若干规定（试行）》等招商政策，做好各项招商对接工作。2018年，签约且落地项目共计46个，合计投资额约20亿元，外资约750万美元，亿元以上项目2个。其中嵩溪金星园37个（家具项目36个），城南园6个，氟新材料园3个。

共建园区构筑平台。清流经济开发区根据集美（清流）共建产业园协议在城南工业园建设集美（清流）共建产业园小微双创基地，构筑共同发展平台。小微基地占地面积100亩，总投资约3亿元，已建成标准化厂房4栋，研发楼、宿舍及食堂各一栋。电子、轻工、智能制造、机电等为招商主打产业。截至2018年底已有6家小微企业入驻并投产，带动就业近500人。集美（清流）共建产业园在2018年福建省山海协作共建产业园考核评比中位列全省第三名，三明市同级别园区第一名。

（摘编：严志东）

建宁经济开发区

建宁经济开发区（前身为建宁县翔飞工业园区），始建于2007年3月，共分为6个组团，规划总面积15.27平方公里。2011年8月经省人民政府批准为省级经济开发区，更名为“建宁经济开发区”，批复启动区面积4平方公里。2018年开发区现有入驻企业40家，其中，规模以上企业29家，分别为：食品加工企业16家、造纸企业3家、非金属矿加工企业2家、生物质能源企业1家，其他企业18家。2018年，全区完成工业总产值46.75亿元，占年度计划的116.8%；完成固定资产投资9.68亿元，占年度计划的107.6%（其中：基础设施建设投资0.89万元）；实现税收7568万元，占年度计划的108.1%；新增开发土地面积300亩。

基础设施加快建设。持续大力实施开发区路网、路灯、管网、信息化平台建设和标准化厂房等基础设施建设项目，开发区基础设施投入6.27亿元（2018年投入0.89亿元），已建成标准厂房195000平方米；完善开发区道路4公里，雨污水管网8公里；完成征地4618亩，开发土地面积达3342亩；拥有企业服务中心大楼4200平方米、职工公寓30000平方米、配套文化场馆设施3000平方米。

招商引资重点推进。2018年，分别引进落户企业5家，即双祥包装、林森光电、科诺欣科技、明升机械、博宏铝业等一批企业先后入园。这些项目的入驻，增强了园区发展后劲力。按照县委县政府工作要求开展“解难题，促落实”攻坚行动，开发区积极行动起来，马上就干、真抓实干，按时完成明一国际、双祥包装等几个重点建设项目推进；其中纸箱包装印刷及配套产品生产项目，实现一季度完工投产。明一国际生态高新科技园一期建设项目已完成，同时液态奶生产线一期建设项目已封顶。源容生物无患子液态产品深加工项目，已完成洁净车间装修及设备安装调试，具备投产条件。

管理服务扎实有效。认真做好各项经济指标调度。按照生态文明建设的要求扎实做好招商引资、环保安全等工作。当好服务企业的全天候“保姆”，切实做到项目手续协助办理及服务跟踪；抓好挂钩联系企业服务机制，加大政策引领和企业扶持力度，真心实意为企业想办法、出思路、解难题，提升企业发展信心；抓好技改服务，重点是抓好明一国际、双祥等19家顺利投产的企业，帮助企业更好发展，促进企业增产增效。

（摘编：刘海元）

大田经济开发区

大田经济开发区原为京口工业集中区，成立于2008年9月；2012年6月，经省政府批准，升格为省级经济开发区。为扩大开发区规模，按照“一区多园”的建设模式，2017年，在轻纺新型材料为主的京口工业园基础上，新开发以装备制造为主的上京工业园、以非金属材料为主的罗丰工业园和以陶瓷产业为主的均溪工业园。按照“三打造、五坚持”的发展模式，以近期实现百亿产值、远期实现千亿产值为目标，打造产业聚集、配套完善、管理先进、运营高效的现代工业园。招商重点为轻纺新型材料生产项目：开发区采取“一个产品连一线、一个企业带一串、一个产业扩一片”的产业集群招商模式，全力打造以“超纤—无纺布—PU树脂—PU革—服装、鞋材、箱包”等产品为主导，上下游相互配套的轻纺新型材料生产基地。2018年开发区地区生产总值为67364万元，规模以上工业增加值为62364万元，税收收入为2520万元，实际利用外资585万元，出口总额46万元。

（摘编：李　兵）

宁化华侨经济开发区

宁化华侨经济开发区为省级开发区，按照“一区多园”、科学规划、优化布局的原则，设城南工业园、莲塘食品加工园、连屋生物产业园、城南化工园和闽赣物流园等五个专业园，总体规划面积28平方公里。其中城南工业园规划面积13.7平方公里，重点发展纺织服装、金属加工、家电制造、矿产品加工、新材料等产业；莲塘食品加工园规划面积3.8平方公里，重点发展农副产品精深加工业；连屋生物产业园规划面积5.7平方公里，重点发展生物萃取、生物制药等产业；精细化工园规划面积2.2平方公里，重点发展林产化工、精细化工类产业；闽赣物流园规划面积2.6平方公里，重点发展物流、仓储业。开发区于2004年正式启动建设，已建成区内路网互通，供电、给排水、电视、电话、宽带等设施配套齐全。2018年开发区地区生产总值为446780万元，规模以上工业增加值为135532万元，税收收入为5808万元，实际利用外资167万元，出口总额5098万元。

（摘编：李　兵）

泰宁工业园区

泰宁工业园区于2006年3月经省政府批准为省级工业开发区。园区为“一区三园”布局，“一区”即泰宁工业园区，“三园”即大洋坪、丰元、朱口三个工业园，规划面积18200亩（大洋坪7000亩、丰元1200亩、朱口10000亩）。其中，丰元和大洋坪工业园位于县城西北部，距县城约4公里、高速公路泰宁互通口9公里；朱口工业园位于朱口镇的东北部，距县城29公里。围绕工业“五品”思路，园区主要发展饮品、食品、药品（保健品）、竹制品、纺织五个产业，重点打造“醉泰宁”酒系列产品和旅游食品系列产品，延伸纺织和竹制品产业链，积极培育生物制药项目。2018年开发区地区生产总值为491065万元，规模以上工业增加值为116236万元，税收收入为2836万元。

（摘编：李　兵）

莆田高新技术产业开发区

莆田高新技术产业开发区是莆田市第一个国家级高新技术产业化基地，也是经科技部批准成立的全省六个国家火炬计划产业基地之一。2018年，高新区共聚集企业407家，其中规模以上企业176家，年产值超亿元企业112家，国家高新技术企业37家。2018年实现工业总产值781.3亿元，较上年同期增长11.2%。其中规模以上工业产值731.6亿元，较上年同期增长10.8%。在全国157家国家级高新区排名中位列102位（2017年），排名前进4位；在福建省开发区2017年度综合发展水平位列第七名，排名前进1位。

科技创新产研结合。一是推动威诺数控引进中国工程院院士林尚杨及团队，成立院士专家工作站。与中国机械总院共同承担国家重大专项项目，与莆田产业技术研究院共建装备制造产业公共测试实验中心，成立威诺博士后创新实践基地。二是推动云度新能源汽车引进中国工程院院士郭孔辉成立院士专家工作站，与华映科技成立汽车智能联合实验室。三是推动福联集成与中科院上海微系统与信息技术研究所建立合作关系联合攻克集成电路关键技术。四是成立中关村天合科技成果转化促进中心莆田分中心，为企业的转型升级牵线搭桥。

基础设施完善升级。2018年完成海防路主车道路沥青建设，完成东港路主车道道路粉拌桩、污水管道及道路路床平整。更换赤港污水泵站内污水泵2台、污水钢管及格栅一部；完成海防路、东港路林柄安置区污水管网疏通和污水管道铺设共2000米。

投资环境配套齐全。园区内道路形成“四横七纵”的棋盘式路网骨架，配套有海西研究院莆田分中心、海峡股权交易中心莆田分公司、省级科技企业孵化器、市级众创空间等众多配套服务机构。先后出台《关于实施人才“壶兰计划”的意见》、《扶持国家级研发机构暂行办法》、《扶持高新技术企业发展暂行办法》、《高新区人才引进培养奖励暂行办法》等政策，有力支撑企业提升创新水平，产业集群不断壮大。

招商引资重点突出。高新区主要发展电子信息、装备制造和食品加工三大主导产业。随着华佳彩高新技术面板、福联集成电路、云度新能源汽车、百威英博雪津等大项目的落地投产，高新区进一步填平补齐产业链条，向上下游延伸产业链条。电子信息产业集群建设上，重点推进合力泰模组、东之晖电容式触摸屏、贝特莱芯片等项目对接；装备制造产业集群建设上，重点推进云度汽车配件、华霆动力公司组装汽车用动力电池系统、欣旺达电动汽车电池系统研发及制造、金刚石环线切割等项目对接。

生态环保摸排治理。落实莆田市委市政府和涵江区委区政府关于木兰溪流域水质提升百日攻坚战行动方案的部署，成立领导工作小组，开展对园区内沿河、沿溪、沿沟的工业企业截污纳管情况进行调查摸底和督促整改，联合江口、三江口、国欢、赤港等乡镇、管委会共排查企业286家（包括厂中厂），已完成32家企业的整改，排污口封堵41个，督促企业自行截污纳管，实现污水全收集全处理。

管理服务尽职尽责。高新区实行处级领导挂钩企业责任制，为企业需求得到解决、项目建设快速推进提供全方位的保障。高新区领导及项目挂钩领导经常深入企业，了解掌握企业运营情况、困难需求，切实为华佳彩、万佳机车、安特、新时代数码、新世纪、福联、新能源汽车、德信、山河药业等企业在优惠政策兑现、项目建设、环保、用电、邻里纠纷等方面排忧解难；及时向企业及人才宣传优惠政策，并引导企业申报科技特派员、科技计划项目、高企等；作为福建省第一批售电示范园区，组织安特微电子、奇丰电子、启明鞋业、威特电子、钜能电力等10余家企业参与售电改革，企业将直接受益，降低成本；向企业定向预配租石西公租房，已有近120名。

（摘编：刘海元）

莆田湄洲湾北岸经济开发区

湄洲湾北岸经济开发区于1996年设立，2002年行政区划调整改设秀屿区，2007年4月29日划出“两镇一乡”（东埔镇、忠门镇、山亭乡）重新挂牌。开发区土地面积1370平方公里，其中陆域面积120平方公里，辖38个村（社区）。2018年，全区生产总值91.52亿元，增长6.7%。其中，第一产业增加值12.86亿元，增长3.2%；第二产业增加值52.56亿元，增长8.7%；工业增加值23.98亿元，增长23.8%；第三产业增加值26.1亿元，增长4.5%。规模以上工业总产值85.98元，增长30%。农林牧渔业总产值23.67亿元，增长4.7%。固定资产投资169.59亿元，增长21%。社会消费品零售总额14.5亿元，增长16.4%。外贸出口4.1亿元，增长42.7%。东吴港区实现港口货物吞吐量2072.44万吨，增长25.58%。一般公共预算总收入8.51亿元，增长6.1%。

基础设施加快建设。罗屿9#、10#号泊位于2018年6月通过新增外贸作业点验收并投入试运行，“印地希望”号和“天使海利”号等两艘25万吨级外轮相继靠泊9号泊位并顺利卸载，罗屿铁路支线于2018年7月开通运营，打通中西部出海新通道，总面积13.6万平方米的保税堆场于2018年9月获得海关许可。交通路网体系不断完善，加快推进荔港大道北岸段、金湖大道等一批城市道路建设，打通妈祖城、健康城及东吴港区连接线。完成荔港大道一、二期、金湖大道、交通组织路口渠化岛等绿化建设，完成利山公园、莆禧公园等一批城市公园和张厝、沁头、塔林等一批口袋公园建设，城市功能配套更加完善。港城新区污水处理厂提升改造工程投入试运营，铺设污水管网5公里。完成赛得利污水调节池改造、工业污水收集管网铺设，用于接收近期落地工业企业的废水，并启动中远期工业废水处理方案论证。

项目建设赶超进度。63个省市重点项目（含市直及跨县区）完成投资63.5亿元，完成年度计划的106.1%。投资额5000万元以上的“五个一批”入库项目达290个，总投资3380亿元。列入市建设美丽莆田三十大重点攻坚项目5个（7个子项目），完成投资15.6亿元，超序时3.3个百分点。列入市级开竣工项目22个，其中开工项目14个、开工率93%，竣工项目8个、竣工率100%。妈祖国际健康城、东吴作业区东1#、2#泊位扩能工程、两岸智能医疗制造产业园、碧桂园房地产开发三期、万兴新城等一批项目实现开工，湄洲湾港口铁路支线（北岸段）、荔港大道东吴段二期工程、疏港金湖大道工程、北岸医院、北岸污水处理厂及配套管网等一批项目实现竣工。

招商引资多措并举。策划生成了质子治疗中心、中交文旅港口项目、妈祖城酒店等57个招商项目，与美国新研集团、台湾长青胜肽生技、太阳树（厦门）生物、福建物泊物流等38个项目签订合作框架协议。实现两岸智能医疗制造产业园、福建物泊物流“56找货”无车（船）承运物流平台项目、中关村医学工程转化（福建）中心、中慧联石化交易中心等项目落地。大力发展总部经济，总部经济区实现封顶装修，全年新增总部企业161家，累计达642家，营业额比增54.78%，税收比增54.8%。大力培育跨越发展新动能，中关村医学转化（福建）中心实现开园运营，首批入驻企业15家。健康城启动区（6家专科医院和1个医技共享中心）加快建设，与5家高端专科医院签订意向合作协议，引进3家科研机构和医疗集团，9家医疗研发和生产企业，36家医疗总部企业进驻北岸。

（摘编：严志东）

仙游经济开发区

仙游经济开发区为省级开发区，地处莆田市南大门、湄洲湾南北岸湾底结合部。辖枫亭、郊尾、盖尾、园庄四个乡镇，区域总面积313.1平方公里，总体规划面积70平方千米，区内投入使用的500kV变电站1座、220kV变电站2座、110kV变电站2座，投入使用的日供水3万立方米的东溪供水工程以及日供水50万立方米的金钟水利枢纽工程。

基础设施改造升级。路网建设方面，枫笏路提升改造工程共分为四个标段，其中荷珠中桥与枫笏路西段已竣工，示范段已交工验收，拓宽段已基本完工。枫秀西路工程雨、污水管网各完成2公里建设，3公里路基已基本完成；已完成一座盖板涵建设，另外一座盖板涵建设和两座桥梁的桩基在建设中。塔东路市政工程全长约900米，道路工程已完成700米路面工程及雨水工程；电力迁改工程涉及海安橡胶、滨海化工及国网工七回线路杆线迁移，已完成海安橡胶及滨海化工共五回路专线杆线迁。交通安全方面，沙溪片区工业南路路灯工程已完工亮灯。排洪防涝方面，海安水闸已竣工验收并交付使用。

项目建设有序推进。2018 年列入重点项目 13 个，其中：在建重点项目 6 个、预备重点项目 1 个、前期重点项目 6 个。涉及重点产业项目 3 家，已开工建设项目 5 个（枫亭小城镇建设、开发区填海工程、正建精密、污水处理厂扩建、站前地块开发），正在推进和开展前期工作的项目 8 个（慈岳工业片区、开发区集中供热、滨海化工二期、填海地块招商、慈岳食品加工项目、原东亚地块招商、湄洲湾枫亭作业码头、蔡襄品牌合作）。在建重点项目，涉及正建精密目前 1#厂房已完成，2#厂房正在筹备建设。福建滨海化工有限公司与中国国储汇金资本管理有限公司签署增资扩股协议。蔡襄酒厂已被日晶玻璃并购，恢复生产。

招商引资精准定位。把大项目、好项目作为招商引资重点，实施定向招商，重点针对机械装备、电子信息、医药、食品等高新产业进行招商，带动产业升级。全年已签约项目 16 个，其中：意向合作项目 10 个：海安橡胶与西藏巨龙铜业战略合作、滨海化工与国储汇金增资扩股、奇爽食品、协诚系鑫锐新材料、华润东大医药、枇杷深加工、泰景装配式，南丰医药，福建聚力电机，泉州三兴机械工贸；已落地项目 6 个：绿色纤维产业园、仙游手机配件产业园、菲凡科级飞织鞋面、创扬实业飞织鞋面、瑞达玻璃转型升级、华腾鞋业合作。

生态环保卓有成效。流域整治方面，沧溪小流域整治工程，现已竣工并交付使用。环境绿化方面，已完成枫秀路西段、枫笏路道路绿化工程前期工作，项目总设计面积 6892.16 平方米。环保配套方面，污水处理厂二期扩容工程已完成施工图设计、图审、可研、用地报批及工程规划许可证等前期工作及技术交底，已完成 95% 的混凝土水泥桩；水解池钢筋搭接及绑扎完成，模板正在制作搭建；二沉池开挖及土方平整运输完成，进行池体建设。公共环境应急池完成招投标及监督手续办理，完成基坑支护桩建设，进行池体基础建设。枫亭污水处理厂配套污水管网建设已完成 4.1 公里的污水管网建设。枫慈溪污水干管工程已完成前期工作，移交县水务集团一并管理。污染源普查，已完成开发区南北片区污水接管情况普查，污染源情况普查；对开发区南北片区、枫亭集镇区的已建近 60 千米的雨污水管网进行普查，并对开发区已建设企业集约节约用地情况普查。

管理服务水平提高。深入企业加强惠企政策的宣传指导，引导企业做大做优增量，改造提升存量，争取上规模创品牌以项目建设壮大产业规模，实现园区产业在加快发展中优化经济结构，在优化经济结构中提升发展。实行项目责任制，由开发区干部挂钩重点项目、重点企业。经常性开展上门服务，做好与项目业主对接沟通，协调解决企业发展和项目实施中的各种困难和问题，不断提高服务质量和水平，促进企业做大做强。协调解决了日晶玻璃担保、海安橡胶和滨海化工电杆迁移、开发区企业骨干职工子女就学、益明纺织生活配套区建设等事项，为企业开拓市场、稳定运营提供良好服务。

（摘编：王增丰）

莆田华林经济开发区

莆田华林经济开发区为省级开发区，2018 年开发区主要任务是：管委会认真贯彻党的路线、方针和政策，坚持以习近平新时代中国特色社会主义思想为指导坚定不移贯彻新发展理念，以建设设施完善、环境优美、极具竞争优势、区位优势的一流开发区为目标，全面履行“规划、建设、管理、服务”职能，打造开发区管委会行为规范、运转协调、公开透明、廉洁高效、执政为民的良好形象。围绕上述任务，重点完成了以下工作：（1）制定华林经济开发区建设发展目标、经济发展中、长期规划、产业发展规划。（2）负责开发区内的统一规划、统一招商、统一开发、统一管理，协调管理开发区内社会治安综合治理工作。（3）负责开发区内道路、防洪排涝、给排水、排污、通讯、供电及其他基础设施的开发建设与管理。2018 年开发区地区生产总值为 1096833 万元，规模以上工业增加值为 760423 万元。

（摘编：王增丰）

武夷新区

武夷新区包括武夷山市全境，建阳区的潭城、童游、将口、崇雒、莒口、黄坑等乡镇、街道办事处，武夷山自然保护区涉及邵武市、光泽县的部分乡镇，土地面积约4132平方公里。现为南平市的政府驻地。截至2018年底，武夷新区累计完成投资831亿元，引进产业项目109个，总投资917亿元，筹集各类资金305.3亿元。2018年，新区筹资58.68亿元，完成固定资产投资126.7亿元，完成规模工业产值33.4亿元，比增19.9%；完成规模以上工业增加值9亿元，比增10.1%；规模工业企业税收3431.63万元，比增21.9%；规模工业企业用电量4966.9万千瓦时，比增77.2%。

科技创新完善业态。以科技创新引领全面振兴，通过不断完善业态布局，着力推进互联网、大数据、人工智能和实体经济深度融合，促使现代服务业等新兴产业不断涌现、快速成长，传统产业加速转型升级。引进商汤科技，建设人工智能小镇、设立超算中心、建设摩尔科技产业园，为新区开展“人工智能+大数据”产业规划顶层设计和高标准整体规划，打造高端人才和新技术产业聚集区。密切对接恩蕊集团与台达电子的半导体集成电路生产项目与宁波天擎的商业火箭研制基地项目，推动园区从传统工业向新型信息技术产业转型。

投资环境产城互动。武夷新区按照“高起点规划、高标准建设、高质量管理”理念，全面打造新区城市规划设计、景观风貌、建筑风格的新标杆，推进与建阳城区统筹规划和同城一体化发展，实现产城互动。2015年5月省政府出台《关于支持武夷新区绿色发展的若干意见》，在政策、资金、人才、体制等方面全力支持武夷新区开发建设。2017年南平市还出台了《南平市人民政府关于印发加快总部经济发展九条措施（试行）的通知》、《南平市重点产业人才引进培养实施办法》和《南平市支持绿色产业发展十条政策措施》。

基础设施配套完善。武夷新区既是南平的地理中心，又是闽浙赣三省交界的区域中心。机场方面，新建4D级国际旅游干线机场，作为福建三大干线枢纽机场。铁路方面，有合福高铁、峰福铁路，还有规划中的江西吉安到武夷新区至浙江温州的城际铁路。高速公路方面，已建成的有浦南、武邵、宁武3条高速，正在规划武夷新区经顺昌接厦沙的高速。

项目建设强力推进。园区已吸引浪潮集团、中软国际、台达等一系列行业内前列的企业入驻，中电光谷、商汤科技、恩蕊集成等重点项目也在进一步沟通对接中。1. 浪潮大数据产业园（一期）项目。位于武夷智谷软件园15#楼，占地面积4000平方米，已完成南平智慧城市运营管理中心场地搭建工作，并完成城市运行、政务服务、旅游发展、爱城市网等软件架构开发和数据对接。同时，智慧南平（一期）城市运行管理中心项目的可行性研究报告暨初步设计方案正在进行编制和完善；与当地高校联合成立南平市大数据采集处理中心；浪潮云获得福建省及南平市企业上云服务商身份，并在南平市经济和信息化委员会的指导下共同发起成立了“南平市工业互联网联盟”；南平爱城市网已上线20余项政务和公共服务；浪潮集团现正在与南平市金融机构及企业进行对接，有序推进南平一贷通业务试点工作的开展。2. 中国长城“自主可控适配中心”项目。鉴于目前国产CPU的核心IT产业链已经初步形成，国产整机开始“能用”向“好用”转变。中国长城联合国内众多厂家共同参与，更快的形成国产自主可控的生态圈；计划在南平设立适配中心项目，打造兼具自主创新能力和可持续发展能力的应用示范生态体系，对服务于区域升级和“网络强国”国家战略具有重要意义，现正在进行项目前期工作对接。3. 恩蕊集成项目。11月26日，南平市成立恩蕊集成项目工作推进小组。技术管理团队利用业内人脉接洽北京、上海、深圳、成都、西安、无锡等八个点的集成电路可靠性测试与失效分析业务，其中的即时性需求业务可以租用当地实验室设备开展，非即时性需求业务统一放在南平。4. 商汤科技项目。11月9日，商汤科技与南平市政府签订了战略合作协议；与商汤科技通过充分的沟通，已在商务、技术、项目选址上进行了全面对接，项目正有序开展。

（摘编：林开龙）

南平工业园区

南平工业园区是经福建省人民政府批准设立的省级开发区，规划面积8380公顷，位于南平中心城市市郊，高速公路、国道、高速铁路、货运铁路枢纽站，立体交通优势与城市依托明显，基础配套设施完善。目前，园区已建成长沙组团、塔下组团、水东组团、罗源组团、大横中心组团等5个组团，已形成机电制造、纺织服装为主与林产化工、食品加工为辅的产业格局。南平市委、市政府作出建设“延平新城”的重大战略决策，将南平工业园区管委会和江南新区管委会整合成立延平新城建设指挥部，将园区纳入延平新城发展战略，充分发挥延平山水景观优美、产业基础扎实、人文资源丰富、立体交通便利等优势，以产兴城、以城促产。园区规划范围内用地大部分是待开发地，发展空间广阔。产业定位及招商重点：园区目前已形成机电制造、纺织服装为主与林产化工、食品加工为辅的产业格局，招商重点结合延平新城机电制造与林产化工产业，开展产业链招商和专业园招商，重点打造延平新城机电装备专业园、白炭黑—林产工业循环经济专业园电池产业园三个百亿产值园区。各片区重点发展产业：（1）长沙组团：划分为机电制造产业和电子商贸物流园两大功能区，产业区主导产业为汽车配件、电子电器。（2）塔下组团：主导产业为电线电缆、铝制品加工、电池制造。（3）罗源组团：主导产业为农副食品加工、新型建材、机电一体化。（4）水东组团：主导产业为纺织服装。（5）文田—水井窠组团：主要布局机电装备制造、新型建材、纺织服装产业；（6）陈坑—瓦口组团：重点建设机电装备专业园和白炭黑—林产化工循环经济园。（7）大横中心组团：主要布局食品加工、机械电子、纺织服装、生物制药产业。2018年开发区地区生产总值为783669万元，规模以上工业增加值为624261万元，税收收入为94974万元，实际利用外资1200万元，出口总额63726万元。

（摘编：赵小真）

光泽工业园区

光泽工业园区为省级开发区，总规划面积23.4平方公里，分为和顺工业园、金岭工业园。2018年，园区共实现工业总产值100.94亿元，比上年增长23%，税收1.04亿元，比上年增30.1%，解决就业18210人。园区共入驻企业58家，其中已投产43家，在建13家，签订入园合同2家。其中食品加工企业18家，竹木精深加工企业16家，工艺箱包企业4家，生物类项目企业3家，汽车配件生产企业5家，电子类及电力配件生产企业2家，发电企业2家，其它企业8家。

产业特色突出重点。和顺工业园为食品加工专业园，以圣农集团为龙头，是我国规模最大、现代化程度最高的自繁、自养、自宰白羽肉鸡专业生产企业，已形成了集饲料加工、种鸡养殖、种蛋孵化、肉鸡饲养、肉鸡加工、食品深加工为一体的白羽肉鸡“全进链”的全产业链。金岭工业园作为承接发达地区产业转移，新上工业项目以及老企业提升改造后退城进园的集约化工业平台，是以食品加工为主导产业，以生物制药和传统资源加工为辅助产业的生态园区。

基础设施趋于完善。和顺工业园内水、电、路、讯等基础设施完善，已有农业产业化国家重点龙头企业、南方规模最大的联合型肉鸡生产加工企业圣农集团等企业入驻。金岭工业园已建成金岭110千伏专用变1座，已开发范围的道路、排水、排污、供水、供电、通讯已完善到位；建设标准厂房22幢，面积60000平方米，员工配套楼2幢，面积8160平方米；已开通城区至园区公交线路。

招商引资创新机制。2018年，全县完成招商引资合同项目58项，总投资98.6亿元，占市任务数276.2%；超2000万元招商引资开工项目37项，总投资68.3亿元，占市任务数176.2%。2018年“四比六促”招商项目考评成绩名列全市第四名，全年招商氛围浓厚，招商活动频繁，一批有特点、有亮点的新项目、大项目陆续开工、在建和竣工投产。一是创新考评细则。将“一把手”带队外出招商列入创业竞赛、绩效考评及四比六促考评指标，明确量化“一把手”全年外出招商次数、收集有效招商项目信息数、带客商来县考察次数等。全县各单位“一把手”共带队前往北京、杭州、深圳、福州等地招商60余次，对接洽谈了福建（光泽）中药产业园、中石油矿泉水二期、杰圣医疗器械、餐厨废弃物处理等30余个项目。二是创新工作机制。建立周动态、月签约、季通报机制，每周发布全县招商项目最新动态信息、每月举办招商项目集中签约仪式、每季度通报全县各单位招商任务完成情况及“一把手”带队外出招商情况；充分发挥招商专员作用，组建3人的招商专员小组，先后赴厦门、上海等多地进行点对点招商，参加招商推介会，取得积极成效。2018年，全县共发布招商项目动态信息130余条、举办项目集中签约仪式12场次、刊发全县招商工作完成情况通报四期。三是创新招商形式。充分利用异地商会作用，陆续在各地举办乡贤招商座谈会，并开展委托商会招商工作。目前已与福州光泽商会、北京光泽商会筹备组签订委托招商协议，并在北京、深圳、厦门、上海等地成功召开招商座谈会，邀请到会乡贤企业家150余人。

生态环保强力执行。和顺工业园投资近8000多万元建立4个污水处理厂，采用物化加生化相结合的处理工艺，每日可处理污水22000多吨，完成规划环境影响评价评审。金岭工业园绿化面积8.1万平方米，绿地率达31%，绿化覆盖率达36%。投资4000多万新建了日处理污水5000吨的金岭污水处理厂已投入试营运阶段。工业园启动新一轮土地集约利用评价、水土保持方案、地质灾害评估。为提高项目投资的可行性，项目落地决策的科学性和确定项目投资政策的合理性，对投资入驻工业园区的投资项目，实行联合审核制度，确定项目是否可以入园。同时，对新上项目坚决执行“四不批”政策：即环境影响评价不过关的不批、环境容量不允许的不批、区域或流域排污总量超标的不批、污染防治措施不可行的不批。入园项目均通过环评审查，按要求建设污水处理、粉尘处理、降噪处理设施，尤其是对用水量大，要求建设水循环利用系统，加强定期监测，主要污染物符合全县污染物排放总量控制要求，有关企业固体废物综合利用率指标达到国家标准。

管理服务健全措施。实行每周一例会制度，汇报工作、查找问题、提出对策。本着公开、公平、公正的原则，所有工程公开招标。加强施工管理，安排专人现场指导和督促，领导检查和监督，确保工程的进度和质量。建立重大事项的协调机制，设立园区建设联席会制度，定期不定期召开会议，协调解决园区项目建设和基础设施建设中的重大问题，建立入园企业高效服务机制，为入园企业提供“一站式、一条龙”服务。积极搭建银企合作平台，协助企业解决融资难问题，助推企业达产达效。

（摘编：王增丰）

建瓯工业园区

建瓯工业园区为省级开发区，中心区规划面积10平方公里，其中工业用地6.5平方公里、商住用地2平方公里、商贸中心0.5平方公里，休闲、绿地和公共设施用地1平方公里。2018年，园区实现生产总值108.19亿元，同比增长15.6%；规上工业企业实现总产值77.81亿元，同比增长2.4%；实现税收1.24亿元，同比增长6.9%；完成固定资产投资18.6亿元，同比降低22.5%。全年谋划项目18个，占全市总项目的17%；签约项目15个，占全市总签约项目的16.6%；开工项目10个，占全市的9.8%；竣工投产项目7个，占全市12.1%；超额完成全市“五个一批”项目任务。

产业特色优化布局。建瓯工业园区根据发展调整优化产业布局，形成城东园以竹木加工为主导，中药制造、林产化工、新能源、废纸再生利用、汽车物流相配套，专业市场等公共服务设施综合发展，兼有部分生活居住的城市新区；丰乐园以食品加工、机械制造、电子信息为主导；莲花坪园以竹木加工、农产品加工为主导的产业集群化布局，促进产业集中积聚组团发展。

科技创新不断加强。科技服务平台和创新服务平台建设不断加强，竹创新与公共服务支撑体系逐步完善，主要由建瓯笋竹科技特色产业基地、省级竹产品质量检测中心、省级高新技术企业孵化器、省级竹产业科技创新服务平台和省

“6·18”虚拟研究院竹产业分院组成的竹产业公共服务平台；与国家林业和草原局竹子研究开发中心共建的国家级竹产业技术研发中心等部分组成，建成“五大工程实验室”（竹材料工程、竹食品工程、竹能源化学品工程、竹工艺品工程、竹文化与健康工程），建立竹产业技术中试基地、竹产业人才培养基地和竹产品分析检测中心等“三大公共技术服务平台”。5月20日，由中国农业（博鳌）论坛组委会、国家林业和草原局竹子研究开发中心主办的、以“笋竹飘香，道地建州”为主题的笋竹产业高峰论坛在建瓯首次成功举办，中国科学院院士赵玉芬，联合国粮农组织国际黑土联盟主席韩贵清等涉农领域、笋竹行业的专家、学者、政府领导、企业家等300多人参加会议。中国农业（博鳌）论坛组委会授予“中国农业（博鳌）论坛建瓯秘书处”。园区全年新增省级高新技术企业2家；新增科技小巨人领军企业3家，新增省级科技型企业11家；新增各类专利245件，授权117件。全力打造新时代科特派制度，全国首家科技特派员学校揭牌成立，全年帮助企业引入高校院所、南平市级和建瓯市级科特派员59人，科技特派员团队6个，为企业申请20项专利，为企业创造产值2.2亿元。

基础设施改造升级。投入500多万元完善城东园多条道路建设，彻底打通“断头路”，实现园内建成区道路贯通全覆盖。F区新建道路、丰乐二期道路等一大批重点工程相继开工建设。配套设施日趋完善。投入700多万元完成全民健身活动中心；投入1700多万元完成莲花坪污水处理厂等项目建设并投入使用；投入100多万元完成204省道截污沟工程。投入80多万元对园区环境卫生进行整治，投入50多万元对园区路灯进行整体维修更换。

招商引资健全机制。成立园区招商服务部，主动对接企业，靠前服务，开展精准招商；完善园区议事规则和项目准入机制，大力推进项目落地。明确招商重点。建立洽谈招商项目库，在项目库中筛选出重点招商项目，突出招商重点，做好前期准备工作38项，对接重要客商团组73批，洽谈推进招商项目42项，引进了一批优质的产业项目：投资1.1亿元的万聚福体育科技弹性环保新型材料项目；投资4.6亿元的热电联产项目；投资1.2亿元的富升炭业年产8000吨竹炭和8000吨树脂炭项目；投资1.12亿元的福建全景木业有限公司的实木智能家居项目；投资1.15亿元的福建新绿源有限公司的汽车拆解项目；投资6540万元的欣翼竹木竹工艺品家居生产项目；投资4500万元的福建竺骏竹业有限公司的户外重竹新型产品项目；投资4300万元的荣欣工艺品生产项目；投资3000万元的富洋食品即食笋及绿色食品产业化生产项目。此外，另有诸如北京懿福新能源科技有限公司的新能源汽车生产项目、浙江钢泰装配式建筑钢结构项目等12个具有投资意向的项目正在积极对接洽谈中。全年实际利用外资7700万元，累计实现进出口61511.05万元。

管理服务创新机制。推行干部挂企，开启服务之窗，管委会帮助引导和扶持企业做强做大，推行干部派驻重点企业制度，知企业所想、帮企业所需、解企业所难，及时破解企业发展难题。创新工作机制，搭建便企之桥，细化梳理企业办事流程，设立“一站式”代办服务窗口，实行一次性告知、全程代办服务制度，安排专人到各职能部门为企业办理行政审批，最大限度缩短办理时间。同时，园区一站式代办服务中心与市行政服务中心建立了协作配合工作机制，开辟了绿色通道。

（摘编：李　兵）

顺昌工业园区

顺昌工业园区2015年9月9日经省政府批准设立，正式纳入省级经济开发区管理，总规划面积2.45平方公里，2016年5月9日以顺昌工业园区（郑坊）为主体，由泉州丰泽区和顺昌县共同投资，经省发改委、农业厅等部门联合批准设立产业园区——顺丰共建产业园区，推进山海协作建设发展。2018年，园区生产总值为500163万元，税收431.37万元。园区新建和续建基础设施项目8项，总投资34595万元，计划投资7985万元，实际完成投资8285万元，占年计划的105%，其中竣工项目5项，在建项目1项，前期项目2项；入驻企业12家，规上企业5家，规下企业1

家，停产1家（因园区主干道建设搬迁），新落地5家，已入驻企业亩均投资强度为100万元/亩以上。

产业特色布局合理。按照“三园一区”（光电产业园、食品产业园、竹产业园、综合服务区）功能布局建设，以欧浦登（顺昌）光学有限公司（交互式触控一体机、各类特种玻璃及触摸屏面板的拳头产品，84寸电容式触控教育玻璃黑板）和福建神农菇业股份有限公司（海鲜菇瓶栽一体化）为龙头的企业大力发展光电产业及食品产业，并以盈昌竹木及楚瑞竹木为骨干竹木企业，布局竹木产业链；推进各类研发中心、技术中心的建设，推进园区新型产业发展。

基础设施改造升级。2018年，污水处理厂、临时供水和园区主干道已完工，临时供水已运行，园区主干道及快速通道（园区段）已竣工通车，污水处理厂将委托运营（OM），产城融合路网工程已开工建设，标准厂房和公租房三期已完成EPC模式建设招投标，以项目建设推进基础设施配套改造升级。

招商引资精准定位。一是根据县委县政府出台《入园项目管理服务办法》等政策，围绕项目上下游供应商，精准定位客商需求，推进轻资产招商，引资入园促进协议项目开工建设（集中供热、优力特、榕昌技改、医药中间体、智圣氢设备、辰星荟聚、神农三期、竺福林、爱乐钢琴等项目相继落地）；二是以现有龙头企业为中心的神农、欧浦登积极推进企业增资扩产和延伸企业链条，形成产业集群。

生态环保积极推进。园区规划环评于2015年2月通过省环境保护厅审查，2015年9月经省政府批准成立顺昌工业园区（省级工业园区），按照“三园一区”功能布局建设，目前园区内企业12家（在建6家），日排放水量不到200吨；目前，日处理3500吨污水的顺昌县工业园区污水处理厂和配套管网工程完成建设，污水排放处理为一级A标准，并与省环保厅完成数据联网。建设上坚持产业结构优化，以发展食品生物、光电机械、竹木制品等特色产业为主，没有引进前端耗水量大的项目；保留自然山体，优化空间布局，实现生活区与生产区分离；积极推进企业使用清洁能源，没有新建小燃煤蒸汽锅炉；园区生态环保情况良好。

管理服务优质高效。根据工作需要，园区管委会设立党政办、规划建设股、企业服务股、环保监察股和安全生产股等5个内设机构，围绕建立高效运行机制的目标，健全完善园区议事、工作、请假、财务审批等相关制度，规范园区管理工作；设立园区企业服务中心，全天候为入园企业和落地项目提供服务。

（摘编：严志东）

政和经济开发区

政和经济开发区位于政和县石屯镇，规划面积25平方公里，其中启动区2平方公里。重点布局竹制品深加工、食品加工、机械制造等产业。2018年，开发区新增入驻企业19家，新增开工企业9家，新增投产企业20家；全年完成工业总产值31亿元，比增29.2%，规模以上工业总产值27.6亿元，比增28.3%；完成固定资产投资12.1亿元；实现税收4026万元，比增25.8%；实现工业用电量11127.6万千瓦时，比增81.83%。在省商务厅颁布的2017年度福建省国家级和省级开发区（全省94个）综合发展水平评价报告中，开发区位居南平市第3位、福建省第64位，综合发展水平提升10位。

基础设施不断完善。全年基础设施建设坚持高速、优质的发展要求，全年实施27项基础设施项目，开发区基础设施配套不断完善。自来水厂、污水处理厂、开发区道路标志标线和安防监控、红绿灯等16个项目投入运营；鸭母垄横二路道路工程、220千伏变电站、投资800万元的高压电网下地项目年内竣工投入使用，小微企业创业园标准化厂房、保障性安居工程3#楼、天然气供应系统如期或超额完成年度目标任务。

项目建设有序推进。致力于建设一座有归属感的新城，规划160.6亩用地用于建设商住教育综合体，开发限价商品房，配套幼儿园、小学，吸引周边乡镇居民入驻，就地转化为园区产业工人，破解园区企业用工不足问题。目前，幼儿园和小学作为教育综合体项目已启动实施，立项报批、土地变更和规划设计、地勘等前期工作正在进行。

招商引资多措并举。突出主导产业、重大项目、重点区域，强化“一把手”招商，通过以商招商、产业链招商、商会和理事会招商等方式，先后12次组织招商小分队外出招商，积极承接上海、浙东南和闽东地区、广州、深圳等地产业转移。全年接洽意向入园企业90多家，走访考察40多家，新增签约落地企业18家，总投资超20亿元。以现有龙头和骨干企业为中心，积极推进企业增资扩产和延伸企业链条，努力打造循环化产业平台，带动产业集群发展。

生态环保严格治理。一是建立健全环保机构，成立园区环保工作站，加强环境保护管理；二是严格监管已入园企业，项目投资合同中明确环保要求，要求已建成投产企业严格落实环保责任。按项目投资合同约定及环保相关规定，企业向环境排放的废水、废气、噪声、固体废物等污染物须达到环保排放标准。三是全面开展“一企一档”工作，收集企业环保方面信息，已初步建立数据库；四是加快园区总体规划环评工作，已完成扩区规划环评修编初步意见稿。

管理服务深化制度。全力秉承“企业建到哪里，服务就跟到哪里”的服务宗旨，践行“24小时办公，全天候服务”的服务承诺。再造项目审批流程，启动项目联合预审机制，严把项目入园关。一方面在招商过程中，组织生态环境、经信、供电等部门专业人员，赴意向入园企业所在地实地察看项目环境影响、工艺流程、税收贡献等情况；一方面项目落地后联合发改、经信、生态环境、应急管理等部门召开项目联合评审会，缩短审批时限，推动项目早落地、早开工、早投产。全年新增开工企业9家，新增投产企业20家，为企业代办行政审批事项70多项，协助17家企业完成环评审批，举办7场用工对接会，协调企业职工子女入学54人次；为企业提供担保过桥服务12笔3600多万元。

（摘编：肖启辉）

邵武经济开发区

邵武经济开发区位于市区南郊，创建于2003年2月，2006年8月经国家发改委审核确定，由福建省政府批准为省级开发区。园区规划面积26.85平方公里，毗邻市区，北距武夷山国际机场73公里、南离银川—福州高速公路入闽第一互通口仅20公里、武夷山—邵武高速公路横跨区内并设有2个互通口，316国道改线横穿园区，公路、铁路和集装箱联运业务承办方便，设立海关监管点，方便企业报关报检，交通便利，物流畅通。建区以来，开发区经过不懈努力，已成为邵武力度最大、发展势头最猛、带动作用最强的区域之一。目前已吸引王斌、杜氏、味家、现代、振达机械等企业进驻，初步形成了以林产加工、纺织服装、机械电子为主导的产业齐头并进的发展格局。开发区配套设施完善。电力资源充沛，现有供电能力220千伏安的安平变电站一座；供水充足，与市区供水系统相连，日供水量达3万吨的紫金山水厂已投产；道路管路网科学分布、全面互通；通讯设施畅通，广电、移动通信、互联网等覆盖全区，是闽北基础设施配套完善的多功能综合性产业园区之一。开发区产业发展目标是建成“产城融合”的多功能综合性产业园区。坚持质量第一、效益优先，以推进供给侧结构性改革为主线，依托资源禀赋和产业基础，主动融入南平绿色产业发展，推动传统产业转型升级，促进产城融合发展。开发区抢抓黄金发展机遇，全面贯彻落实邵武市委、市政府决策部署，坚持稳中求进工作总基调，大力开展招商引资和项目建设活动，巩固和提升“3+1”产业格局，加快推进“三区”战略升级版目标发展，重点抓好招商引资、项目建设、服务企业、产业转型升级、产城融合等工作，推动经开区经济社会稳定健康发展，努力将开发区建设成为林产加工和纺织服装的集聚区、产城融合的示范区。2018年开发区地区生产总值为341827万元，规模以上工业增加值为307645万元，税收收入为20334万元，实际利用外资8169万元，出口总额50387万元。

（摘编：李　兵）

浦城工业园区

浦城工业园区总规划面积66.14平方公里，包括主体区、浦潭生物专业园和荣华山产业组团（规划面积60平方公里）等片区。园区紧邻浦城县城，地理、交通条件优良，到武夷山、衢州机场均1个小时车程，到宁德三都澳港口约180公里。园区地处长三角、珠三角、海峡西岸等三个经济影响圈的叠合部，是长三角入闽的第一站，处在长三角和海峡西岸两个经济圈4小时“经济半径”的中心。园区内供水、排水、电、路、讯、电视“六通一平”已基本完成。荣华山组团是南平市直属三大开发区之一，已开发面积20平方公里，现已建成新型轻纺专业园、启动区综合园、机械制造产业园三个工业平台，具备“五通一平”（水、电、路、讯、气和土地平整）供地条件。产业定位和招商重点是：发展生物技术、食品加工、纺织箱包等产业，其中主体区、浦潭生物产业园、万安荣兴产业园重点规划发展生物技术、食品加工、竹木加工等产业，荣华山产业组团重点发展纺织箱包、机电制造等产业。2018年开发区地区生产总值为62752万元，规模以上工业增加值为52858万元，税收收入为5662万元，实际利用外资2000万元，出口总额56907万元。

（摘编：赵小真）

松溪经济开发区

松溪经济开发区于2011年8月经省政府批准纳入省级开发区管理。开发区距松溪县城中心2公里，松建高速公路穿境而过，自然环境优美，用地条件优越，道路交通便捷。园区规划用地7.76平方公里，包括城东园、旧县园、三和园三个组团建设，现已开发2800亩。开发区产业定位和招商重点是：以生物医药、机械电子、纺织服装等为主导产业，并以此为项目招商重点。2018年开发区地区生产总值为320136万元，规模以上工业增加值为77697万元，税收收入为5458万元，出口总额8699万元。

（摘编：李　兵）

龙岩经济技术开发区（龙岩高新区）

龙岩经济技术开发区设立于1998年7月，1999年5月经福建省人民政府批准为省级开发区，2012年3月2日经国务院批准升级为国家级经济技术开发区。2018年，开发区实现规模工业总产值261.1亿元、比增9.5%；规模以上工业增加值比增9.1%；财政总收入完成10.3亿元、比增8.7%，其中地方级财政收入完成5.8亿元、比增7.1%；500万元及以上固定资产投资完成44.5亿元、比增6.7%；限上商品销售额完成138.1亿元、比增36.6%。2018年国家级经开区综合发展水平考核中排名第141位，较去年提升36位。荣获第十三届省级文明单位、省级安全园区、龙岩市“创建第五届全国文明城市”成绩突出单等。成功创建国家新型工业化产业示范基地（军民融合）。

产业特色加快发展。深入实施机械产业、龙头企业“双培育”行动计划，推动园区主导产业加快发展。工程机械、专用车、环境科技三大主导产业累计实现产值209.9亿元、比增14.6%。100亿元培育企业4家（龙净环保、龙马环卫、龙工集团、新龙马）实现产值164.9亿元、比增23.3%；10—50亿元培育企业2家（宸华电池、环海环保）实现产值16亿元、比增28.7%。产值超亿元企业达40家，实现产值249.7亿元、比增23.4%。新增规模工业企业2家。3家市级、7家区级“一企一策”培育企业分别完成产值150.7亿元、25亿元、比增22.2%、25.4%。列入培育对象的24家成长型中小微企业完成产值40.5亿元，完成目标任务的140.6%，其中14家重点培育的成长型中小微企业完成产值36.8亿元，完成目标任务的144.5%。成功培育规模以上服务业8家、限上商贸企业3家、培育服务业龙头企业4家，珠江大厦总部经济入驻企业22家。组织中农批交易城项目申报省级服务业后备集聚示范区，龙合智能装备制造、畅丰专用汽车等2家企业获评2018年省级服务型制造示范企业。

科技创新大力培育。龙净环保、龙马环卫入选“2018中国环境企业50强”，龙净环保获评“国家级制造业单项冠军企业”，龙马环卫、卫东环保获评“省级制造业单项冠军企业（产品）”、固尔特矿用车获评2018年省级“专精特新”中小企业，新增10家省级科技小巨人领军企业。钰辰微电子、龙新三维阵列获省创新创业大赛决赛和全国行业总决赛“优秀企业”称号。成功申报“打造特色载体推动中小企业创新创业升级”工作，首批2500万资金已到位，与龙岩学院签订共建规模600万元的奇迈科技创新、专用车工程研发中心基金合作协议。全力推进专利申报工作，专利申请总量549件、比增26.7%，为33家企业申请经费补助190万元。

基础设施加快建设。全面启动高陂片区控制性详细规划编制工作，龙岩实验学校、平在3#路实现开工建设，加快高新区实验小学、富鑫标准厂房、上洋西路、龙溪邦西路等项目前期工作，北环路加快扫尾攻坚，平在片区交通路网、污水管网基本建成。

项目建设超额完成。全面完成市下达“五个一批”目标任务，成效位居全市前列，其中谋划、签约、开工、投产、增资分别完成21个、65个、17个、14个、9.5亿元，完成目标任务的161.5%、282.6%、170%、350%、273.8%；3个“重中之重”项目、14个省市重点项目分别完成投资19.91亿元、43.91亿元，占年度计划的120%、113.8%；实现90个开竣工项目，总投资298亿元。龙马环卫扩建项目一期建成投产，产能总体提升50%；龙工年产3000台履带式挖掘机、龙岩建筑工业化生产基地、越秀冷链物流项目投产。

招商引资成果喜人。充分利用“6·18”海峡交易会、“9·8”贸易洽谈会、“11·8”机械博览会等平台，签约项目65个，总投资约150亿元，其中10亿元以上项目4个、5—10亿元项目10个，完成目标任务数的282.6%，新签约项目开工53个，落地转化率81.5%，签约完成率、转化率均排名全市第二。今日头条内容审核中心、龙捷物流顺利落地。组织20余家企业参加“11·5”进出口博览会、3家企业参加“12·7”食品博览会。积极探索全民招商、委托招商、产业园招商等招商方式，与上海克莱登商务、深圳华盈城市信息签署委托招商协议。持续开展“腾笼换鸟”盘活闲置厂房，完成登记闲置厂房29家，总面积约30万平方米，实现引进入驻企业41家，二次利用厂房约21万平方米。

管理服务落实到位。市工业“十五条”、“二十一条”等系列惠企政策，组织29家企业申报省专项、市工业“十五条”“一企一策”等奖励资金4479万元，落实企业研发经费补助资金2413万元。持续完善与两区征地拆迁工作协作机制，完成房屋拆除179户7.73万平方米，市委“大督查大落实”1号督查令龙马环卫扩建项目二期提前3天全面完成征收任务。扎实开展“两违”专项整治行动，清理闲置土地372亩，出让用地216亩，拆除各类违建13.38万平方米，完成年度拆违任务的334.4%。推进依法行政、建设法治政府工作，无偿收回原凯鲍闲置土地，完成方明彩钢地块过户。实行党政班子成员挂钩7大片区，实现72家规模企业干部挂钩全覆盖，收到企业反应的困难问题116个，已办结111项，长期跟踪服务5项（招工、融资等持续性问题）。启用珠江大厦企业服务中心（行政服务中心）大厅，开设税务、商务、国土、规划等业务工作窗口，对企业进行“一站式服务”。12345便民服务平台（e龙岩）接收诉求件286件，及时回复率、满意率均为100%。

（摘编：赵小真）

龙岩高新技术产业开发区（长汀产业园区）

2015年2月5日国务院批复，龙岩高新技术产业开发区（长汀产业园区）为国家高新技术产业开发区，核准面积为2平方公里。长汀产业园区规划面积14.13平方公里，已建成面积10.12平方公里，下辖腾飞区、工业新区两个园区。其中腾飞区规划面积9.01平方公里，工业新区规划面积5.12平方公里，供地企业179家（腾飞区124家、工业新区55家），供地总面积7720亩。至2018年底，园区共落户企业336家，其中规模以上工业企业109家，亿元企业32家，从业人员近4万人。长汀产业园区党工委辖42个党组织，其中非公党支部34个。2018年，长汀产业园区实现工业企业产值232.6亿元，增加工业产值30.3亿元，比去年同期增长15%。（长汀产业园区规模以上工业企业占全县规模以上工业企业产值95.3%，拉动全县规模以上工业企业增长17.9%，贡献率

97.7%）。其中：规模以上工业企业实现产值220.7亿元，增加工业产值33.9亿元，比去年同期增长18.1%；规模以下工业企业实现产值11.9亿元，增加工业产值0.9亿元，比去年同期11亿元增长8.5%。

产业特色格局形成。主动承接经济发达地区的产业转移，持续引进天守纺织、安踏体育、华平纺织、南祥针织、盼盼食品、金龙稀土、宏鑫纺织、荣耀纺织等知名企业入驻，形成以纺织服装、稀土精深加工、文化旅游等三个主导产业，现代农业、医疗器械、电子商务等三个重点产业，新能源、健康养老等两个新兴产业的“332”产业新格局。

科技创新卓有成效。拥有中国名牌产品5个，中国驰名商标6件，省名牌产品15个，省著名商标10件，市知名商标22件，省级高新技术企业5家，福建省新产品1个，市级企业技术中心11个。

制度创新增强后劲。严格落实项目目标管理责任制和县级领导干部联系重点项目制度，强化领导干部联系项目、牵头部门实施项目的责任机制，健全完善重大项目储备库管理机制、协调联动推进机制、激励考评通报机制，增加项目带动实效，增强跨越发展后劲。

生态环保长远规划。2010年，请南京大学城市规划设计院编制《福建长汀经济开发区总体规划》（2010—2030），对环境保护原则和环境质量控制目标和保护措施作了详实的规划；在规划实施中，历届县委、县府以及园区高度重视环保工作，一方面，企业项目入驻必须符合规划要求，并经环境评估及审批机关审批，符合产业发展条件和环保要求；另一方面，园区坚持按规划10%面积用于公共绿化；用地企业绿化用地建设严格控制在15%—20%之间，与其它生产用地同步建设。

管理服务政策扶持。在优化营商环境方面，园区实行三级挂钩联系企业制度，由县各套班子领导分别挂钩重点项目或企业，县直部门领导作为企业联络员，产业园区工作人员挂钩园区所有企业和在建项目。对投资项目，实行证照办理一条龙“保姆式”服务，按照“一趟不用跑，最多跑一趟”要求，切实兑现政府把企业围墙外的事情办好办实的承诺。对于一些高新技术产业和技术含量较高的企业，县政府给予相应的厂房、设备补助以及贷款贴息等优惠政策，对重大投资项目实行“一企一策”，并积极引导帮忙企业向上争取各类扶持资金。

（摘编：于新光）

龙岩稀土工业园区

龙岩稀土工业园区建于2010年，规划总面积12.82平方公里，建设用地面积7.98平方公里，已纳入省级工业园区管理，为福建省重抓的20个产业基地（集群）之一，第二批福建省新型工业化产业示范基地。2018年，园区围绕打造“全国稀土产业基地”目标，践行“绿水青山就是金山银山”发展理念，加快园区开发建设，全力打好项目落地攻坚战，积极推动产业集聚发展。全年实现产值101亿元，比增26%。现有企业16家，其中省级高新技术企业一家。福建省长汀金龙稀土有限公司荣获2018年福建省工业和信息化省级龙头企业称号。截止2018年末，园区有效发明专利数7个，发明授权数13个。

基础设施大力推进。加快园区基础设施建设，已累计完成投资9亿元。其中，2018年稀土工业园完成基础设施建设投资6129万元，含中心大道道路工程A段，完成南湖小区、稀土大厦装修等。

项目建设成效显著。2018年持续推进“五个一批”，项目建设成效显著。其中签约4个项目：比路智能音圈马达及其配套项目；高性能纳米钛酸钡粉体产业化项目；年产1000吨高性能烧结钐钴稀土永磁材料项目（二期）；催化剂配套原料项目。开工4个项目：福建省卓尔科技股份有限公司的钐钴永磁材料项目（一期）；长汀比路电子有限公司的智能微型音圈马达项目；长汀雷生科技有限公司的激光及闪烁晶体项目；福建鸣友新材料有限公司热转印稀土新材料生产项目。建成3个项目：福建省卓尔科技股份有限公司的钐钴永磁材料项目（一期）正式投产；长汀比路电子音圈马达项目部分建成，于3月中旬投产（2条生产线）；福建贝思科电子材料股份有限公司高性能纳米钛酸钡粉体项目（一期）已试生产。谋划4个项目、增资完成1个项目。

招商引资盯紧契机。盯紧盯实军民融合深度发展的契机，积极争取军工企业支持。对接中国电科十一所闪烁（激光）晶体生产线项目，于2018年2月7日在福建（龙岩）稀土工业园区开工奠基，是首家入驻龙岩军工企业的投资性生产项目。

（摘编：李　兵）

武平工业园区

武平工业园区是省级工业园区，规划面积14.37平方公里，已建成面积3.5平方公里。2018年，园区实现总产值61.09亿元，同比增长3.9%；规模以上企业产值59.29亿元，同比增长3.4%；税收8784.65万元，同比增长67%；固定资产投资完成2.15亿元。其中，以不锈钢加工为重点的机械制造产业实现产值35.41亿元，同比增长15.1%。

科技创新交流学习。2018年，喜浪米业院士工作站正式落户武平工业园区，钢泓科技与龙岩学院共建实习交流平台，福思科技激光显示应用场景解决方案创新荣获中国创新创业大赛（福建赛区）初创组一等奖，新增省级小巨人领军企业1家（龙兴木业），众森、龙兴木业、吉美等3家企业列入2018省重点上市后备企业，龙兴科技被评定为省知识产权优势企业。

项目建设成效显著。园区新签约落户项目8个（晋博装配、象洞鸡屠宰冷链物流、伊万通、凝聚力、燚塑光电、山普科技、拓岩密封件、充电桩）、新开工项目7个（华衡、山普、星之谷、百香果出口基地、凝聚力照明、拓岩密封件、象洞鸡屠宰冷链物流），新竣工项目5个（福思科技、华衡、淘钢城、孵化器、金鲨），在建项目4个（娸洁、凝聚力、燚塑光电、山普科技）。金鲨、嘉喜、福思科技3个市“重中之重”项目实现投产，园区17个重点项目中，建成10个，在建4个，进行前期工作3个。

园区建设稳步推进。园区科技孵化器一期完成2.3万平方米孵化厂房改造，创业楼、运动场所等配套设施建成并投入使用，人才公寓、职工食堂、实训基地基本完成建设，完成土方平整约10万方；不锈钢产业园基础设施项目全面完成竣工验收，2018年产业园基础设施投入约8500万元。加强8家涉水企业污染源环境监管，消除环境污染隐患，实行污水管网接入及废水排放巡查监管，督促企业安装在线监测设施。6月中旬，完成园区企业全国环境污染源普查清查工作。12月底，第三附小（武平县集文小学）开工建设。

安全生产专项整治。园区开展安全生产专项整治和安全生产大检查6次，排查隐患112条，整改112条。通过安全生产“服务外包”工作模式，委托龙岩市桓安安全技术服务有限公司为企业进行2轮隐患排查，共发现隐患380条，整改380条。围绕深化平安武平和平安园区创建，开展扫黑除恶专项斗争工作。全年出宣传栏12期，印发材料500余份，举办法律培训3期，走访企业48家192次，调查核对流动人口6387人次。

（摘编：李　兵）

永定工业园区

永定工业园地处永定城区西南3公里，总体规划用地面积13.68平方公里，属省级工业园区。其中，一期规划6.32平方公里，分A、B、C三个组团，用地面积约9500亩，可利用土地存量约2000亩；二期规划7.36平方公里，是永定城区西拓及永定“三区两园”管理体制调整后工业再造的主要承载平台。园区规划定位以高科技型、环保型、劳动密集型及轻工业为主，按照“以产促城、以城兴产、产城融合”思路建设新型园区，重点发展光电信息、新材料和生物制药等产业。2018年，园区企业总数达43家（入驻光电信息产业园企业21家），其中工业企业41家（光电行业企业19家），已投产企业21家，规模以上工业企业8家。全年完成工业总产值10亿元，固定资产投资总额6亿元，创税1600余万元。

产业特色初具规模。光电信息产业园是永定工业园区重点打造的产业平台。项目总投资4.93亿元，规划用地152.21亩，规划建设16.58万平方米，包括建设14万平方米的标准工业厂房、研发中心和2.72万平方米的企业职工服务中心。项目分两期建设，目前，一期已全面竣工并投入使用，建筑面积9.94万平方米，其中，16栋标准厂房及研发中心建筑面积7.22万平方米，企业职工服务中心等配套服务建筑面积2.72万平方米；二期项目由温州置信集团投资建设，于2018年10月开工建设，总投资1.5亿元人民币，项目建成后，在公共部位明确、满足房屋独立使用的条件下，可按栋、按层或按单元（最小单元不得小于500平方米）进行产权分割登记和销售，入园企业主导产业为满足一类工业用地要求的计算机、通讯和其他电子设备制造业等类型的产业。按置信集团计划，到2020年6月可实现全部项目竣工。

项目建设有序推进。2018年，共实施重点项目16个，其中工业项目13个，基础设施项目3个；新开工工业项目13个，竣工项目11个。兄弟光缆、浩瀚芯电子等11个项目实现当年开工当年竣工投产。

土地利用盘活利用。2018年，共收回土地面积约700亩、建筑面积约6万平方米；报批林地690亩、土地169.5亩；完成土地场地平整面积近600亩。

招商引资优化创新。营商环境不断优化，园区建立干部联系服务项目的长效机制，将保姆式的服务贯穿于项目招引、落地、达产、政策兑现及持续发展的全过程中，使企业家在园区投资安心、生活舒心、发展放心。2018年，落户园区工业企业共7家（光电信息企业6家）总投资近10亿元，目前已全部竣工投产，租赁标准厂房面积约2万平方米；洽谈储备项目10个，2018年签约落户园区项目3个。

（摘编：彭文荣）

漳平工业园区

漳平工业园区原名为富山工业园区，2006年4月经国家发改委批准升格为省级工业园区，并正式更名为漳平工业园区。2004年以来，漳平工业园区不断拓展延伸，规划面积由原来的1平方公里扩大到17.8平方公里，区域由原来的菁城街道虎岗岭延伸到相邻的桂林、芦芝、和平、西园等乡镇（街道），初步形成富山轻工小区、和安机械小区、罗安食品加工区、西园工贸新区等片区，产业实力不断增强。

西园工贸新区：位于市区西北侧，距市中心5公里，距高速公路出口仅2.5公里，规划面积5.1平方公里。主要生产超纤革、无纺布、鞋材面料、电子产品、环保建材等。和安小区：地处市区北部，距市区约1.5公里，规划面积4.08平方公里。主要生产低速载重汽车、变形拖拉机、工程机械零部件、机械密封件、钢结构、节能等产品。富山轻工小区：地处市区东部，紧邻市区，规划面积2.14平方公里，主要生产服装、玩具等产品。罗安食品加工区：地处市区南部，距市中心2.5公里，规划面积3.3平方公里。主要生产冷冻蔬菜、姜糖等产品。芦芝化工小区：位于芦芝镇，距离市中心2公里，规划面积0.5平方公里，主要生产白炭黑、硫酸、水玻璃、氟钛酸钾、氟硼酸钾系列氟盐等化工产品。佛文化产业园区：位于和平镇，规划总面积为4686亩，分为A、B两区域，其中A区为漳平台商投资区和安工业小区，占地面积约4324亩；B区为和平镇园光禅寺周边，占地面积约362亩，主要生产与佛文化相关产品。2018年开发区地区生产总值为618641万元，规模以上工业增加值为308199万元，税收收入为21763万元，实际利用外资14904万元，出口总额127509万元。

（摘编：王增丰）

上杭工业园区

福建上杭工业园区成立于1997年8月，2006年9月经国家发改委审批核定为省级工业园区，位于上杭县城关南部。园区按“高起点、高标准、环保节约型”要求进行规划设计，总规划面积10平方千米。2018年，园区落户企业81家，其中规模以上企业29家，实现工业总产值399亿元。本年新开工的项目有宏拓机械制造、绿科建筑实训基地、紫金顺安物流、柯宁环保、紫盈珠宝、润发电子、锐美家等7个项目。本年新竣工项目有锐美家、宏拓机械、紫盈珠宝、润发电子、永谦电子、福建微波通通信技术、鑫昌龙新材料、太阳铜业8个项目。其中太阳铜业年产22万吨连铸连扎项目成为龙岩市首个百亿车间。

科技创新建立体系。2018年，依托工业园区为载体，以创建省级高新技术产业园区为契机构建以政府为引导，企业为主体、市场为导向、产学研有机结合的技术创新体系。加快推进申报省级高新技术产业园区工作。加大园区科技创新扶持力度，提高人才、技术、资本等综合创业服务能力，加快推进鑫昌龙尾矿综合利用研究实验基地项目建设。探索企业自主创新发展的有效路径。加快完善科创园建设，充分发挥“筑巢引凤”作用，为广大创新创业者提供良好的工作空间、网络空间、社交空间，提供办公配套、研发支持等服务。目前，已入孵企业13家，其中入驻科创园综合大楼的企业有8家，对具备研发能力企业提供孵化服务并签订孵化服务合同5家。其中金山锂科新材料已毕业落地；汉晶新材料项目已成功孵化，年产2万吨硅钛白粉项目已通过联审，即将落地生产；金谷生物公司被确定为福建农林大学植物保护学院专家服务站和实验基地；通图飞行学院AOPA无人机驾驶员培训点。2018年入驻企业争取人才补助资金约700万元。

基础设施有序推进。2018年，共完成各项工程用地12.71万平方米交地工作，迁移32座坟墓，完成黄竹村汀江绿道九仙湖沙场、杭永高速南互通、黄竹村等16户房屋等建（构）筑物拆迁补偿工作。其中完成永杭高速南互通接线至龙达路、江南路范围1.63万平方米的交地工作、沥青搅拌站竹岐头临时用地3.3万平方米范围的交地工作、上杭城区南互通连接线工程用地莲塘哩段、竹岐头段范围2.26万平方米的交地工作。对县医院整体搬迁项目周边道路工程用地5.52万平方米的交地工作。道路方面，完成了龙达路III期（腾达路至杭宁路）主体车道施工；龙达路III期（杭宁路至江南路）已完成工程施工及监理招标，正在申报工程规划许可；I1、I2（杭富路西侧）及H5等地块借土回填工程正在有序进行。

生态环保严格把关。2018年，以重要节假日、“安全生产月”、“质量月”“安全生产法宣传周”等活动为契机，以观看警示教育片、安全生产知识竞赛、标语、广播、专栏等多种形式组织开展宣传活动，集中宣传相关安全生产法律法规，组织企业负责人、安全管理人员和从业人员依法进行安全生产培训。分别组织了应急救护知识专项培训、职业病危害专项培训、安全生产法宣传周等，取得明显效果，同时园区严把新上项目环境准入门槛，对不符合产业政策和环境保护要求的，一律不予准入，持续提升空气环境质量，加强固体废物处理处置与污水监管，完善环保网格化监管体系，确保不出现环保安全问题。全年园区没有出现环保安全问题。

（摘编：朱明清）

连城工业园区

连城工业园区，坐落在风景秀丽的国家重点风景名胜区冠豸山城区西部，是省级工业园区。2018年，园区累计实现工业产值145.53亿元，比增35.3%；税收（不含免抵调库）7027.93万元，比增18.4%；固投228939万元。

产业特色重点突出。共引进锂电池生产企业9家，产业链日趋完善。其主要做法：一是“腾笼换鸟”。对“僵尸企业”、闲置低效用地采取协议租赁、转让嫁接、以商招商、产业链招商等方式，进行清理和盘活，共收回土地10余万平方米。如弘鑫、徐氏、巨利公司于兼并重组鑫晟大科技有限公司，建设锂电池钢壳及盖帽、方形锂电池、锰酸锂等三个项目，大大缩短项目建设周期。二是产业链招商。按照逐步完善锂电池产业链的思路，着力引进上、中、下游配套企业，引进上游原材料（兴龙新能高纯度硫酸锰项目）、中游正级材料（巨利新能源锰酸锂项目）、电解液（科得亿新能源锂离子电解液项目），下游配套材料（弘鑫新能源锂电池钢壳及盖帽、菲尔姆锂电池铝塑膜项目）、锂电池整装（国冠新能源圆柱形锂电池、徐氏新能源方形锂电池、冠盛新能源软包锂电池等生产项目），这些产品将为园区内冠睿电子、万乘智慧光电等关联企业生产手机、平板电脑、太阳能储能电池等产品提供货源，真正做到锂电池产业从无中生有到产业链延伸裂变。三是产业培育快。2017年4月第一个落户园区的锂电池产业项目—福建省兴龙新能材料有限公司年产3万吨高纯度硫酸锰项目竣工投产，在此后一年多时间里，连城县把锂电池产业作为“双培育”重要载体，有力推动落户企业迅速发展壮大，10 家落户“一园两区”的锂电池企业中，已投产 5 家，在建 4 家，新签约 1 家，在谈 5 家。计划引进锂电池企业 20 家，形成产值达百亿元的全省消费类储能类锂电池产业基地。

项目建设成果丰硕。新签约入园项目 18 个：总投资 12 亿元的菲尔姆锂电池膜产业化项目；总投资 5000 万元的世波光电玻璃盖板生产项目；总投资 2.8 亿元的徐氏新能源方型锂电池生产项目；总投资 6800 万元的绿能生物质能气碳联产项目；总投资 5000 万元的朝晖光电膜片深加工项目；总投资 3.5 亿元的冠盛软包锂电池生产项目；总投资 1 亿元的欧瑞得蓝宝石玻璃成品加工项目；总投资 4 亿元的巨利年产 1 万吨锰酸锂生产项目；总投资 7000 万元的弘鑫新能源锂电池钢壳及盖帽生产项目；总投资 5000 万元的地瓜干加工项目；总投资 10 亿元的苍南财富通地瓜干产业园项目；爱的二期 4 亿元的直流电机项目；白鸭石斛精滴丸项目；总投资 4 亿元扣式、针式电池项目；总投资 1 亿元的触摸屏生产线项目，总投资 18 亿元的年产 5 万吨锰镁合金生产项目，总投资 10 亿元的手机智能终端配套项目（柔性线路板及指纹识别、人脸识别模组等）；总投资 3.6 亿元的手机电池生产项目。

新开工项目 22 个：国冠新能源锂电池生产项目；中成钨钢棒生产项目；弘伟星辰新能源电子元器件生产项目；欧瑞得蓝宝石玻璃成品加工项目；胜球海峡声光科技示范基地项目；徐氏新能源方型锂电池生产项目；巨利年产 1 万吨锰酸锂生产项目；弘鑫新能源锂电池钢壳及盖帽生产项目；朝晖光电膜片深加工项目；福建省世波光电屏玻璃盖板生产项目；菲尔牡锂电池膜产业化项目；冠盛新能源年产 3000 万块软包锂电池项目；爱的二期项目；博文新材项目；景兴食品项目；绿园食品项目；连城地瓜干产业集团项目；宝佳食品（地瓜干）项目；总投资 6800 万元的绿能生物质能气碳联产项目；总投资 4 亿元扣式、针式电池项目；触摸屏生产线项目；锰镁合金生产项目。

新建成项目 14 个：国冠新能源锂电池生产项目；中成钨钢棒生产项目；弘伟星辰新能源电子元器件生产项目；胜球海峡声光科技示范基地项目；弘鑫新能源有限公司锂电池钢壳及盖帽生产项目；徐氏年产 1 亿只单体新能源方型锂电池生产项目；福建省世波光电屏玻璃盖板生产项目；欧瑞得蓝宝石玻璃深度加工项目；龙岩泰尔新材料生产项目；福农食品项目；中塑科技公司的手机配件项目；年产 50000 吨玻璃纤维的博文新材项目；总投资 4 亿元的巨利年产 1 万吨锰酸锂生产项目；朝晖光电膜片深加工项目。

管理服务多措并举。一是持续抓“重中之重”项目。制定重点工业项目建设情况进度计划表，主要领导亲自抓，分管领导牵头，为允升复合不锈钢管项目、锂电池膜产业化项目、中触二期、新能源锂电池生产项目、爱的电器年产 200 万台高性能直流水泵项目、力传生物中药饮片生产及天然植物提取加工项目、达米拉新型显示器智能化生产项目和冠睿电子终端产品及相关元器件生产等项目设立服务秘书，定期召开重点工业项目情况汇报会，及时了解项目进展情况，帮助解决项目建设过程中存在的困难，协助项目办理各项手续等服务工作。二是多措并举帮助企业招工。连城县政府专门出台“推进企业用工服务六项措施”，解决企业用工、子女就学、职工购房等问题。园区每月定期收集企业员工信息以及企业招聘信息，将企业招聘信息发布在园区网站、微信公众号和人社局以及城区内各大 LED 显示屏上。全年已帮助企业招工 2500 余人。同时积极宣传限价房、公租房、职工子女就学等园区用工就业的优惠政策，指导帮助符合条件的员工申请。三是积极做好政策兑现。园区全年已兑现各类补助总计 14521.368 万元（含亚琦物流园基础设施建设进度建奖励资金 7968 万元），总共 47 笔，其中已兑现设备搬迁补助和厂房装修补助资金共 23 笔，设备购置补助 6 笔，厂房租金补助 4 笔，基础设施建设进度建奖励资金 2 笔，基础设施建设补助 1 笔，税费 1 笔，研发平台建设资金 1 笔，契税、印花税补助 1 笔，企业扶持发展资金 1 笔，高新企业技术奖励 1 笔，兼并重组前期费用、并购贷款利息和房屋改造补助 1 笔，物流和产品补贴 1 笔，厂房建设补助 1 笔，盘活低效厂房及限定时间内实现项目竣工投产奖励 1 笔，创新基金 1 笔，项目建设补助资金1笔。四是基础设施不断完善。光电产业园的交通、环境卫生、围墙已完成，生活的便利店、餐饮、公交车已投入使用，完善园区的道路、绿化、路灯、夜景及海峡光电产业园职工活动中心等配套设施。加大对园区及园区企业的宣传，动员园区做好各企业的形象宣传，树品牌标志以及在莲冠大道两侧树部分重点企业的宣传牌，完善企业服务中心展厅工程和绿化亮化工程。

（摘编：郑新贵）

东侨经济技术开发区

东侨经济技术开发区位于福建省宁德市中心城区，1997年成立，行政级别县级。2012年12月经国务院批准，东侨经济开发区升级为国家级经济技术开发区，定名为东侨经济技术开发区，规划面积为19.7平方公里，实行现行国家级经济技术开发区政策。2018年，开发区完成地区生产总值204.11亿元，比增19.9%；一般公共预算总收入53.18亿元，其中，税收收入52.55亿元；规上工业增加值194.47亿元，比增29.9%；完成出口总值41.24亿元；实际利用外资2815万元，“当年度合同外资到资比例”位居全省县（市、区）和开发区的第13名。在全国国家级经开区综合评价中跃居第49名，在本次考核评价的全省国家级经开区中排名第一。

产业特色地位凸显。锂电新能源、生物医药产业主导地位凸显，实现产值265.6亿元，比增28.6%。宁德时代新能源获批国家高新技术产业标准化试点企业、工信部第三批制造业单项冠军企业，牵头成立电化学储能技术国家工程研究中心，跻身中国民营企业制造业500强，成为国内第三个、省内首个A股上市、创业板市值第一的“独角兽”。CATL动力电池装机量较上年翻一番。安发生物先后入榜第三批国家林业重点龙头企业、中国农业产业化龙头企业500强，获人社部批准设立博士后创新实践基地。企业创新能力持续提升，全年完成工业技改投入23.02亿元，占工业投资的91.7%。星宇科技被授予省级院士专家工作站，卓高新材料、东泰高分子材料、星光工贸等企业获批科技小巨人领军企业。出台扶持建筑业发展优惠政策，组建建筑行业协会，建成建筑业总部大楼，新增建筑企业30家，实现税收1.92亿元，比增15%。

投资环境改革创新。推进实施“多证合一”“证照分离”试点改革，实行重大项目一体化管理，促进行政提速增效。顺利完成国地税机构合并，进一步优化纳税服务。完成“一趟不用跑”和“最多跑一趟”事项123项，占办理事项的92.48%，企业注册登记审批时限压缩为2个工作日。推进网上办事大厅建设，进驻133个行政审批服务事项，三星级以上服务事项网上办事开通率达100%，实现实体政务大厅和网上服务平台流程融合。全年新增市场主体5404户，注册资本93.13亿元，其中新增企业1645户、比增48.33%，新增个体工商户3759户、比增106.77%，市场主体增速居全市首位。稳步推进售电侧改革试点工作，6家企业参与电力直接交易，节约用电成本3500多万元。出台《促进民营企业加快发展的实施细则》《进一步加快人才引进和培养的若干措施》等政策，人才发展环境持续优化。有406人入选市“天湖人才”，7人入选市第一批特支人才“百人计划”。

基础设施大力推进。全年完成城建项目投资5.21亿元，民生基础设施项目投资4.39亿元。新建和续建城市道路7.86公里，完成新华路、建工路一期、18号路“白改黑”工程。实施上汽宁德基地、新能源项目路网配套“大干100天，坚决打赢攻坚战”活动，全面推进疏港路三期、福宁北路三期、中科路（104国道至福宁北路）、工业路（鉴湖路至衢宁铁路）、鉴湖路等道路建设。新建和改造雨污水管网16.6公里，新增停车泊位112个、城市公厕7座。

项目建设扎实推进。重点项目建设顺利进展，宁德时代EV等15个省市在建重点项目，全年累计完成投资68.06亿元，完成年度计划的110%。时代新能源三期、华侨大厦、卓高二期等项目开工建设，厦钨正极材料项目一期建成投产。与古田县签署全面深化山海协作战略合作框架协议，落户大甲工业园区的杉杉负极材料项目正式投料试产。“五个一批”项目扎实推进，新增项目118个，总投资1418.85亿元，占年度计划的113%。

锂电新能源小镇加快建设，全年完成投资27.11亿元，超序时进度11个百分点，入选全国特色小镇高质量发展典型案例。

招商引资成果显著。全年签约项目28个，总投资190.73元，完成全年任务的159%，其中工业项目20个，总投资134.51亿元，完成全年任务的269%，两项目标任务完成率均居全市第一。新能源科技三期、凌云工业等一批好项目落地。

生态环保持续治理。实施城市净化绿化美化工程。完成福宁北路（金漳路以南路段）环境整治和绿化提升工程，赤鉴湖公园二期、福宁公园建成投用，新增公园绿地14.2公顷。河湖长制全面落实，编制东湖“一河（湖）一档一策”。实施黑臭水体专项整治攻坚行动，完成东湖北港、南大塘清淤治理和水质提升工程、南大塘排涝渠（福瑶路至四孔闸）工程，基本消除黑臭水体，水环境质量有效改善。实施城市夜景亮化工程，重点建筑照明、道路亮化、湖面景观全面提升，完成北部新区环湖夜景亮化。全面整治沿街商铺出摊占道、流动摊点违规经营现象，集中清理“僵尸车”、乱停乱放，开展主要路段交通严管专项整治，道路交通综合整治“三年提升工程”取得阶段性成效。实施中心城区环境卫生清扫保洁市场化运作。拆除“两违”面积2.87万平方米。

（摘编：李　兵）

宁德三都澳经济开发区

宁德三都澳经济开发区位于福建省沿海东北部宁德市境内，其地理位置正扼台湾海峡北口中，处于中国南北航线中点。开发区1992年设立，1998年列入省级开发区序列。2018年，开发区实现地区生产总值338653万元，比增13%，财政收入2669.64万元。

产业特色重点突出。开发区是以发展港口物流、临港工业、建材加工、海洋产业为主体的港口开发区。城澳作业区7.5公里岸线规划建设1～30万吨级泊位18个，开发区充分利用城澳口岸和区位优势，积极推进港口码头项目开发。

项目建设有序推进。主要建设项目有：海螺水泥项目，总投资10亿元人民币，第一期年产80万吨的散装水泥中转配送中心项目建成投产，年产值达3.68亿元，总部经济形成规模，2018年产品销售额达30亿元，计划在6#泊位扩建10万吨级散货码头，建设年产400万吨水泥粉磨站和物流集散基地。福建三都澳国际集装箱码头公司在城澳作业区1号泊位建设30万吨级矿石专用卸船码头，是省重点在建项目，总投资22.05亿元，累计投资1.5亿元，完成项目用地征地任务、项目报批、投标等前期工作，正在抓紧工程开工建设工作。宁德三都港港口发展有限公司城澳通用码头项目，是省重点在建项目，总投资6.7亿元，在城澳作业区8号、9号泊位建设一个3.5万吨级一个5万吨通用泊位，年计划吞吐量为330万吨，同步建设生产、工艺等配套设施，到2018年底累计完成投资2亿元。福建三都澳金磊港务有限公司通用码头项目，总投资9.7亿元，在城澳14号、15号泊位建设2个5万吨级通用泊位，完成项目可研批复，正委托进行初步设计，完成投资0.2亿元。福建国泰港口发展有限公司投资的福州港三都澳港区城澳作业区西1#泊位工程，总投资2.82亿元，拟建设1个5万吨级散货泊位码头，已完成岸线审批。三都澳城澳作业区机制砂生产项目，总建筑面积2.96万平方米，生产线6条，资源化利用后形成最大年产量1.28亿吨规模的机制砂石生产基地，建设厂房、生活办公用房、辅助车间用房，配套建设配电等辅助设施，项目总投资27.3亿元，已完成投资0.4亿元。

投资环境配套完善。区内的宁德港城澳作业区为对外开放一类口岸，海关、进出口检验检疫、边检等口岸查验机构健全。2018年开发区按照市委、市政府提出的“开发三都澳、建设新宁德”中心任务，围绕“港城一体、产城联运、宜业宜居”新蕉城建设目标，加快基础设施建设，城澳临时疏港公路、228国道城澳段等项目建设序时推进，开发区投资环境持续优化。

生态环保加强监督。开发区高度重视生态环境保护工作，坚持经济发展和生态环境保护并重，严格控制污染企业入区，加强对区内企业环保监督，督促企业严格按照项目环评要求落实环境保护措施，已实现开发区污水集中处理，完成污水处理设施在线监控安装工作。

管理服务强化意识。继续实行班子成员挂钩联系企业制度，强化项目服务力度，提高办事效率和服务水平，着力推进区内企业安全生产标准化建设，提升项目开发、园区管理水平。

（摘编：彭文荣）

福鼎工业园区

福鼎工业园区的前身为星火民营工业园区，于1998年9月由宁德市政府批准成立，2006年4月经省政府批准并报国家发改委审核为省级工业园区。下辖星火、文渡和双岳三个项目区，总体规划面积2.3万亩，已建成面积1万多亩，现有入园企业173家，投产企业129家（其中规上企业75家），在建企业29家，已挂牌落户企业15家。2018年，园区实现规模以上工业总产值147.7亿元，完成固定资产投资8.5亿元，其中基础设施和公共服务平台建设投资8800多万元，完成税收1.6亿元。

产业特色初步形成。园区已基本形成具有福鼎市产业特色的新型工业园区，其中星火项目区逐步形成以华益机车部件、丰泰化油器、晨冠乳业、誉达茶业等为龙头的汽摩配及食品加工产业园；文渡项目区形成以宏大特钢、欧荣布业、有氟密管阀等为龙头的特钢、泵阀、树脂、无纺布、PU革及上下游产品为主的产业园区；双岳项目区作为福鼎市新兴产业园区，已逐步形成以盈浩工艺、辉轮婴童、忠和生物、大力通用、鼎坤电子等为龙头的新型制造业、食品加工、高新技术产业为主导的产城一体化新型园区。

基础设施改造升级。2018年完成文渡项目区一、二期污水管网改造、污水应急池项目、文渡项目区集中供热项目、双岳项目区污水处理厂、双岳幼儿园、百胜山隧道左洞建设；福东大道、薛家山隧道连接线项目、温州大道、双岳溪改造、双岳项目区蛤蟆山、百叶岚山区域开发及土地整理等项目有序推进，平台承载能力显著提升。

项目建设有序推进。全年共有新建、续建项目29个（双岳19个、文渡10个），其中双岳项目区鼎坤电子、久盛标牌和文渡项目区集中供热一期、鳌峰铝业以及中基、双正阀门等9家企业（项目）已建成投产。双岳项目区闽浙台国际农贸城、百能数控、供销产业园，文渡项目区紧固件小微园以及金属制品、锻造、紧固件等项目建设有序推进。

土地利用有力盘活。全面推进低效土地和闲置厂房的盘活重组，积极开展“二次招商”，实现双岳项目区华正地块、星火项目区远大服饰及文渡项目区华泰皮革、德泰、伯特利、一泰印刷、郑源工艺等共计600亩闲置土地二次招商，吸引友力化油器、信泰阀门二期、丰财实业等10家企业入驻，计划投资约10亿元，保证园区土地集约利用。

招商引资成效显著。多次参加市委市政府组织的赴上海、杭州、广州等地进行招商洽谈及交流，切实加强项目对接，做好项目服务，招商成效有了显著提高。双岳、文渡项目区共引进中信重工、鸿辉机车、江南精机和品品香、偏光镜片、不锈钢、信泰阀门、丰顺紧固件等企业18家，用地面积共846亩，累计投资20多亿元。

生态环保有效整治。完成江南金属厂区内的DMF精馏残渣清运工作，完成文渡污水应急池、污水管网改造任务，对金属制造、阀门、合成革及下游产品企业的污水、废气、废物等污染进行有效整治。全面推进中央、省、宁德市环保“三合一”督查问题整改，文渡热电项目一期65吨、45吨两个锅炉按照整改时限要求已建设完成并实现供汽。配合全市污染源普查工作，不断提升环境质量，逐步建立科学的工业环境和安全稳定的企业生产屏障。

（摘编：赵小真）

古田工业园区

古田工业园区位于古田县城区西南面的局下、浣中、浣下、官江一带，距城区约2公里，总用地面积为249公顷，其中一期工程47.5公顷。园区根据现状用地控制情况与202省道衔接。区内现有一座35kV变电所，有4回35kV进出线，并将规划建设一座220kV古田变电站，位于本区东北方向古田县城300立方米高位水可向本区供水，是古田县最大的工业新区。2018年，园区实现地区生产总值35.2亿元，比增9%。规模以上工业增加值3亿元，比增8.9%。产业集聚水平93%。对外贸易出口总值11.3亿元，比增33%。税收收入0.9亿元，比增38.8%。企业固定资产投资总额0.3亿元，比增86.6%。

产业特色重点突出。2018年，东区集聚企业200家，主要为食用菌加工、销售、仓储和包装企业，包含规模以上企业21家，限上企业12家。西区物流园项目规划用地120亩，总投资5亿元，主要建设面积12万平方米的交易中心、博览中心、食用菌美食体验中心和物流仓储等。

基础设施日臻完善。2018年，东区厂房面积20多万平方米，供电、供水和道路建设趋于完善。9月，古田县政府第20次常务会议启动城西园区标准化厂房建设项目，总投资3.5亿元，用地面积90.4亩，建筑面积10.4平方米。建设6栋标准化丙类工业厂房和1栋配套用房，配套建设机动车停车位310个，设置6个电动汽车快速充电桩，非机动车停车位1011个。同时完善给排水、供电、道路、围墙及绿化等基础设施建设。建成后可缓解全县食用菌及其他农副产品精深加工企业发展的需求，预计产值可达30亿元。

项目建设转型升级。西区标准化厂房建设项目确定为古田县“建三圈、兴三业”战略结构布局的重点项目，该项目将为外来工业投资企业和中小工业企业集聚发展提供生产经营场所和发展平台，具有通用性、配套性和集约性特点。区内建设的综合性食用菌物流园将规范全县小散乱的交易市场，优化食用菌供应链的上下游环节，推动食用菌产业的转型升级。

生态环保卓有成效。东西区规划环保评估全部完成，污水集中治理设施建成并正常运行。固体废物与维修废物处置综合利用率达100%，单位规模以上工业增加值综合耗能指标为0.0051吨标准煤/万元，较上年的0.0053吨标准煤/万元下降0.02%，园区土地建成率57.9%，综合容积率1.5%。

（摘编：肖启辉）

柘荣经济开发区

柘荣经济开发区于2013年10月获省政府批准设立，规划面积4.4平方公里。开发区由富源综合区、下村生物医药循环经济产业园、砚山洋山海协作示范园等三个园区组成。以现代产业园区建设先进理念，本着“先规划后建设、先框架后配套”和“分步实施、适度超前”的原则，加快园区工业用地收储和基础设施改善，完善园区服务体系，打造主导产业聚集平台。开发区目前建成区面积1.6平方公里，入驻规上企业33家。2018年，开发区完成规上总产值55.53亿元，税收1.0326亿元，吸纳就业人数7973人。在全省94个经济开发区综合发展水平评比中，位居全省第45名、全市省级开发区第1名。

基础设施日趋完善。柘荣经济开发区具有独特的生态优势、产业优势和区位优势。开发区累计完成投资约6亿元，建成日供水5000吨自来水工程、6公里管网工程，硬化园区内主干道8.7公里，建设35kV变电站2座，及第二污水处理厂日处理能力5000吨。开发区内所有企业通讯网络畅通，水、电、路、雨污管网、电网、通讯等主要设施日趋完善。

项目建设赶超进度。开发区医药基地基础设施建设项目是省重点续建项目，总投资8亿元，2018年计划投资2亿元，重点建设兴业路、企业服务中心、1.6万平方米标准化厂房、电力杆线迁移项目，完成西源路及南部片区路网前期工作及收储工业用地600亩。2018年完成项目投资2.0042亿元，完成年度计划任务的100.2%。本草路建成通车、110kV太阳变电站建成即将投用，企业服务中心完成主楼六楼封顶，兴业路完成了龙溪中桥、雨污管网70%、路基土石方80%，1.6万平方米标准化厂房完成场地平整、土石方工程，电力杆线迁移项目完成12根基座；西源路、滨西南路、宝塔路延伸段完成勘察设计招标等前期工作，项目建议书、可研通过了发改部门的批复，并进入部分工业用地、临时用地报批。

招商引资围绕重点。亲商惠企，加人招商选资。完善新一轮招商引资优惠政策，加快土地收储，平抑用地价格，重点围绕生物医药等产业，积极开展产业链招商，2018 年先后组织小分队前往北京、河北安国、莆田涵江、厦门、温州瑞安等地开展招商活动，成功引进帝氏药业、青爱生物、时珍堂、汉广集团等项目，并与辰星药业、交能投资、济宁百特生物医药等 3 家药企达成投资意向。开发区加强与莆田高新区对接，成立山海协作领导小组，共同推进共建产业园区建设。

管理服务落实到位。统筹负责开发区建设的总体规划与实施；配合、协调被征地村、户的安置工作；按规划组织实施道路、供水、供电、排污等基础设施建设；负责经济开发区招商引资，落实各项优惠政策等。

（摘编：严志东）

霞浦经济开发区

霞浦经济开发区于 2014 年 1 月经省政府批准设立省级经济开发区，规划面积 5439 亩，主要产业定位为食品加工、不锈钢制品、电子电气、轻工制造业、现代物流等行业。截至 2018 年底，开发区已引进企业 69 家，总投入达 40 亿元，现有规模以上企业 22 家，限上企业 3 家，正在建设及筹建的项目 16 家；全年区内规模以上工业总产值 39.27 亿元，实现规模以上工业增加值 11.8 亿元。

基础设施完善配套。全年完成开发区三期路网长虹路、长德路、崇儒路、长春路四条路网建设累计投资 4900 多万元；完成开发区松山路与赤岸大道连接线道路建设；为便于开发区党政企之间的良好交流，促进企业安全生产，开发区先后投入近百万元建设开发区党群服务中心装修项目，安装了多媒体设备、产业宣传栏、开发区产品推广区和活动器材等；努力做好开发区“十通一平”完善工作，完善用电、用水、防洪排水和通讯等方面的配套建设，建成园区供气站和管网配套；近年来累计公共基础设施投入达 4.5 亿元，促进霞浦经济开发区生产和生活废水处理率达 100%，清洁能源使用率从 80% 提高到 88%，为园区绿色项目建设创造良好条件。

招商引资成果丰硕。为承接宁德市锂电新能源等四大产业，区内新引进在建重点项目 8 个（时代一汽动力电池、邦德超纤合成革、九华铜雕工艺等项目）；前期筹建项目 3 个（罗兰蒂锂电池新材料项目、昌荣水产品深加工项目、天意年产 200 吨海参精深加工项目），将为开发区高质量发展提供良好保障。时代一汽动力电池项目 2018 年正式落户霞浦经济开发区大沙片区，总规划产能 20GWh，总投资 60 亿元，达产后年可新增产值 200 亿元，项目分两期实施，一期项目占地面积 550 亩，计划投资 44 亿元，2020 年 9 月底前建成投产，预计年产能达 10GWh、实现全年新增产值 100 多亿元。

人才建设积极对接。在产学研方面积极与上海海洋大学、上海海洋国家大学科技园进行合作。组织企业负责人和财务人员进行专题培训；在企业用工方面，积极对接福州晋安区与闽江人才服务中心联系，并邀请各人才中心到开发区对企业进行考察，了解企业目前急需的各种类人才。对企业高管、技术人才在住房、子女就学、岗位津贴等方面，积极落实兑现省市县出台的优待政策。

生态环保严格执行。严格抓好各项目环保措施落实，力推不锈钢集中式污水处理厂的环保验收工作，全面实现大沙片区不锈钢集中式污水处理厂和邦德合成革基地污水处理厂的污水处理达标后全部回用不外排，入园企业的生活污水全部接入县城污水处理厂，安排资金投入园区水循环系统建设和园区绿化，努力建设省级绿色环保生态工业区。

管理服务精准帮扶。积极开展“转职能、转方式、转作风，加强服务基层、企业、项目发展”活动，成立了开发区精准帮扶工作队，定期或不定期深入开发区各企业走访调研，对项目企业存在的困难和历史遗留问题进行梳理和分类，建立台账，按照“一厂一议、一厂一策”等方式帮助企业解决发展问题。并以开展“三转一加强”活动为载体，大力推进行政服务满意工作，开展创建“平安园区”活动，加强警务建设和警备巡视力度，扎实做好防台防汛和减灾救灾工作。扎实开展开发区安全生产标准化建设，引导投产企业开展企业安全生产标准化建设，全面开展安全隐患排查整改工作，组织安监、消防、经信、质监、环保等联合执法，严格整治出租厂房非法生产经营活动。尽最大努力解决企业的审批、建设、用工、融资等难题，积极营造务实高效的行政服务环境。

（摘编：朱明清）

福安经济开发区

福安经济开发区为省级开发区，按照“项目兴区、招商强区、管理稳区”的基本方针，努力引进大项目、做强大企业、营造大环境，不断提升经济增长速度和质量，实现经济社会各项事业的全面协调可持续发展。2018 年开发区地区生产总值为 352183 万元，规模以上工业增加值为 217802 万元，税收收入为 14149 万元，出口总额 72938 万元。

狠抓招商扎实服务。明确招商引资主攻方向。按照产业聚集、节能环保、财税增收等标准和要求，引进国有大企业、大型民营企业集团来开发区设立生产制造基地、区域总部和技术开发中心。创新招商引资方式。深入研究发达地区的资本流向趋势和产业转移动态，延伸信息触角范围，找准结合点和切入点，充分发挥专业招商、产业招商、企业招商、以商招商的作用，积极走出去，主动上门招商、跟踪招商、以诚招商。强化招商落地服务。加强对招商引资项目的跟踪联络服务，狠抓合同履约率、资金到位率、项目开工率。做好闲置厂房招商。坚持招商与项目清理相结合，以现有闲置厂房对外招商，努力引进科技含量高、财税贡献多的大项目、好项目、外资项目，通过有效整合资源，尽快形成产能，提高经济总量。

项目建设强力推进。围绕签约项目抓开工。重点抓好投资 1 亿元和 2000 万元项目的开工建设。围绕开工项目抓竣工投产。重点推动重点在建项目的催建工作，及时了解在建项目施工过程中存在的矛盾和问题，超前运作，统筹安排，争取在第一时间内给予解决，确保项目及时投产。围绕投产项目抓增效。在抓好企业正常生产、有序经营的基础上，积极引导企业挖掘潜力，扩大生产经营规模，推动新兴主导产业的企业启动二期建设。

加强产业运行调度。认真做好主导产业和新兴产业生产经营、新增长点项目建设、新投产项目运行等情况的分析、监测和预警。突出抓好电机行业转型升级，推动技术创新型企业早日投产，辐射带动其他电机企业提升产品科技含量，提高市场竞争力，做强电机制造这一开发区传统优势产业，实现电机产业转型升级。

加大政策扶持力度。积极引导企业树立战胜困难的信心和决心。抢抓机遇，抓好当前国家、省有关扶持企业发展的优惠政策机遇，吃透文件精神，帮助寻找解决方法，使企业能够走出困境，加大技改投入，实现转型增效。积极推动银企合作，积极协调金融部门将信贷资金向优势产业、中小企业、技术改造投放。切实做好水电汽运等生产要素的综合协调，加快中小企业成长，推动更多企业“小进规”。

（摘编：严志东）

周宁县工业园区

周宁县工业园区为省级开发区，2018 年主要任务是：按照县委、县政府和上级部门的工作要求，结合县工业园区实际，紧紧抓住机遇，以招商引资为核心，以项目建设为重点，以落实资金和加强自身建设为保障，强力推进园区快速、高效发展。围绕上述任务，重点抓好以下工作：加大园区基础建设和招商工作力度；持续有序推进重点项目建设；规范园区各项管理，不断优化投资环境。2018 年园区地区生产总值为 53080 万元，规模以上工业增加值为 6592 万元，税收收入为 1587 万元，出口总额 1374 万元。

（摘编：李　兵）

屏南工业园区

屏南工业园区为省级开发区，2018 年园区主要任务是：立足三个省级工业集中区现有产业基础，对园区进行修编，通过科学布局，完善园区基础设施建设，推进集约以展，盘活闲置土地。围绕上述任务，重点抓好以下工作：争取完成 110kV 供电工程，10kV 迁杆改线工程；完成溪角洋工业园区东侧道路及边坡防护；基本完成溪角洋工业园区南侧道路路基。2018 年开发区地区生产总值为 13774 万元，规模以上工业增加值为 13300 万元，税收收入为 4412 万元，实际利用外资 10110 万元，出口总额 3931 万元。

（摘编：李　兵）

寿宁工业园区

寿宁工业园区为省级开发区，2018 年开发区的主要任务是：推进园区内的规划编制工作和基础配套设施建设；进行多形式招商选资，腾笼换鸟、盘活重组，引导老企业转型升级；对企业进行全方位跟踪服务。围绕上述任务，重点抓好以下工作：按照总规要求，做好土地开发利用、饮用水、垃圾处理、道路等项目的规划和设计；从源头开始把关，改变招商模式，对园区内的“僵尸”企业进行腾笼换鸟、盘活重组；开展政策宣传和服务工作，跟踪并落实招商引资优惠政策，推行项目跟踪“包办制”，为企业建成投产添砖加瓦。2018 年开发区地区生产总值为 105059 万元，规模以上工业增加值为 35435 万元，税收收入为 9667 万元，实际利用外资 5839 万元，出口总额 20360 万元。

（摘编：王增丰）

第五篇
品牌创建

国家电子商务进农村综合示范县福建省列入名单

2019年7月23日省商务厅消息，在2019年财政部、商务部、国家扶贫办联合组织的新一轮电子商务进农村综合示范县创建工作中，我省德化、建宁、尤溪、永泰、松溪、屏南、古田和浦城等8个县列入新一批国家电子商务进农村综合示范县。

电子商务进农村综合示范工作是商务扶贫的重要抓手。在本次示范创建中，德化县作为国务院办公厅确定的农村电商发展、扶贫带贫和产销对接成效突出的典型县，直接纳入示范并一次性获得全额资金支持；建宁、尤溪两县作为2015年获批的国家示范县，在示范绩效评价中成绩优秀，被予以正向激励，再次获得国家示范县支持资格；永泰等5个县均从省级电商示范县升格为国家级示范县。

此次创建工作后，我省国家级示范县达到27个。

（摘编：刘海元）

中国产业园区百强榜福建省入围产业园区

2019年5月13日省工信厅消息，工信部赛迪研究院日前发布《中国国家级产业园区发展竞争力百强研究白皮书》，揭晓了“中国国家级产业园区发展竞争力”百强榜，我省厦门火炬高新技术产业开发区、福州高新技术产业开发区、泉州高新技术产业开发区、福州经济技术开发区等4个园区上榜。

该百强榜主要面向375家国家级经济技术开发区和国家级高新技术产业开发区，从产业发展、创新能力、营商环境、生态宜居、区位交通等五个方面开展综合评价。

（摘编：吴汉良）

首批国家全域旅游示范区福建省入选名单

为贯彻落实《“十三五”旅游业发展规划》《国务院办公厅关于促进全域旅游发展的指导意见》关于创建国家全域旅游示范区的有关要求，文化和旅游部依据《国家全域旅游示范区验收、认定和管理实施办法（试行）》《国家全域旅游示范区验收标准（试行）》，开展了首批国家全域旅游示范区验收认定工作，确定了首批国家全域旅游示范区名单。2019 年 9 月 4 日文化和旅游部公示了首批国家全域旅游示范区名单。根据公示名单，首批共有 71 个全域旅游示范区通过验收认定。其中，福建有福州市永泰县、南平市武夷山市以及龙岩市武平县三地入选。

（摘编：李　兵）

首批国家农村产业融合发展试点示范园福建省入选名单

2019 年 2 月 15 日福建日报报道，近日，国家发改委等 7 部委确定了首批国家农村产业融合发展试点示范园名单，全国共认定 100 个示范园，我省武夷山市和建宁县入选。

武夷山市示范园属全国唯一的县级茶产业融合示范园，突出茶产业优势，努力推进产城融合，构建茶产业、茶经济、茶生态、茶旅游和茶文化互相共进、协调发展的现代茶产业体系。

建宁县示范园充分利用特色优势农业资源——建莲，打造多业态复合示范样板，计划实施农田建设、产业融合主体培育、农业产业链延伸、农业休闲旅游、建莲文化旅游、生态水利、森林山体生态保护项目等 7 大类 26 个项目。

（摘编：林汇智）

2019 中国民企 500 强入选闽企名单

2019 年 8 月 22 日，全国工商联公布 2019 中国民营企业 500 强榜单。今年福建省共 22 家企业入围，比 2018 年增加 2 家，数量居全国第 6 位。

此次上榜的 22 家闽企分别是：阳光龙净集团有限公司、正荣集团有限公司、青拓集团有限公司、福晟集团有限公司、融侨集团股份有限公司、永辉超市股份有限公司、福建永荣控股集团有限公司、恒申控股有限公司、三盛集团有限公司、融信（福建）投资集团有限公司、泰禾集团股份有限公司、盛屯矿业集团股份有限公司、福建省金纶高纤股份有限公司、宁德时代新能源科技股份有限公司、厦门禹洲集团股份有限公司、安踏体育用品集团有限公司、达利食品集团有限公司、福建恒安集团有限公司、三宝集团股份有限公司、福耀玻璃工业集团股份有限公司、福建圣农控股有限公司、厦门恒兴集团有限公司。

数据显示，上榜的 22 家福建民企营业收入总额 11655.08 亿元，在全国占比 4.09%；资产总额 18013.48 亿元，在全国占比 5.20%。

进入百强的企业数量从去年的 5 家增至 6 家，其中，阳光龙净以 2208.96 亿元的营收位列第 20 位，正荣、青拓、福晟、融侨、永辉超市分列第 27、46、56、88、93 位。

同期，全国工商联还发布 2019 中国民营企业制造业 500 强名单，福建省的青拓集团、永荣控股、恒申控股、金纶高纤、宁德时代、安踏体育、达利食品、恒安集团、三宝集团、福耀玻璃、捷联电子、祥兴箱包、百宏聚纤等 13 家企业上榜。阳光龙净、融侨集团、永辉超市、三盛集团、融信投资、泰禾集团、禹洲集团入围 2019 中国民营企业服务业 100 强。

（摘编：王增丰）

2019 中国品牌价值评价榜单福建荣登品牌

东南网2019年5月10日讯，2019中国品牌价值评价信息发布暨中国品牌建设高峰论坛9日在上海举行。论坛发布了2019中国品牌价值评价榜单，全国有598个品牌登上5亿元榜单，福建有52个品牌上榜，占全国的8%，上榜数量连续多年居全国前列。

52个进入5亿元榜单的福建品牌包括22个企业品牌、1个产品品牌、15个技术创新品牌、1个中华老字号品牌、13个区域品牌（地理标志产品）。在各分行业的榜单中，福建有多家企业位居所在行业前十。

在企业品牌轻工榜单中，福建恒安集团有限公司排名第5，品牌价值443.25亿元。

在企业品牌电子信息榜单中，福建星网锐捷通讯股份有限公司排名第7，品牌价值56.88亿元。

在企业品牌冶金有色榜单中，紫金矿业集团股份有限公司排名第5，品牌价值83.25亿元。

在企业品牌建筑建材榜单中，中建海峡建设发展有限公司排名第3，品牌价值103.06亿元。

在企业品牌农业榜单中，福建圣农发展股份有限公司排名第4，品牌价值27.59亿元。

在技术创新品牌榜单中，达利食品集团有限公司以202.39亿元的品牌价值位居榜首；福建泉州匹克体育用品有限公司排名第6，品牌价值51.28亿元。

在中华老字号品牌榜单中，漳州片仔癀药业股份有限公司以288.96亿元的品牌价值蝉联第2，品牌价值比上一年有了显著提升。

在地理标志产品区域品牌前110榜单中，福建省占了13个。其中，安溪铁观音、武夷岩茶分别蝉联第2、第5，建盏排名第22，正山小种排名第57，浦城薏米排名第59，政和白茶排名第61，建阳橘柚排名第73，政和工夫排名第75，福安巨峰葡萄排名第85，松溪绿茶排名第88，松溪红茶排名第94，建瓯锥栗排名第96，延平百合排名第110。

（摘编：李　兵）

中国农业品牌目录入选福建省区域公用品牌名单

2019年11月18日福建日报报道，从第十七届中国国际农产品交易会获悉，展会期间，农业农村部发布了中国农业品牌目录300个具有代表性的特色农产品区域公用品牌、100个农产品区域公用品牌价值评估榜单和影响力指数评价榜单。我省9个品牌上榜。

它们分别为永春芦柑、一都枇杷、建宁通心白莲、坦洋工夫、武夷山大红袍、福州茉莉花茶、建瓯锥栗、延平百合、顺昌海鲜菇。

《国务院关于促进乡村产业振兴的指导意见》及《农业农村部关于加快推进品牌强农的意见》提出，建立农业品牌目录制度，打造一批叫得响、过得硬、有影响力、有国际竞争力的中国农业品牌。

（摘编：朱明清）

国家林业标准化示范企业福建省入选名单

2019年1月8日，国家林业和草原局官网公布2018年国家林业标准化示范企业名单。福建金竹竹业有限公司、福建建宁孟宗笋业有限公司等两家福建企业入选。二者分别从事木竹藤及其制品与经济林产品产销。

为加快推进林业标准化工作，进一步提高林产品质量，不断形成生产管理服务标准化、市场竞争力强的林业企业，按企业自愿、政府引导的原则，在省级林业和草原、市场监督管理部门的推荐下，经专家评审，国家林业和草原局和国家标准化管理委员会确定115家企业为2018年国家林业标准化示范企业，期限自2019年1月至2021年12月。

（摘编：肖启辉）

第四批绿色制造福建省上榜绿色工厂名单

2019 年 9 月 2 日工业和信息化部办公厅下发《工业和信息化部办公厅关于公布第四批绿色制造名单的通知》（工信厅节函〔2019〕196 号）提出，第四批绿色制造名单。其中，绿色工厂 602 家、绿色设计产品 371 种、绿色园区 39 家、绿色供应链管理示范企业 50 家），现予以公布。

福建省入围名单如下：

1. 绿色工厂名单（28 家）：凤竹纺织、福光光电、厚德节能科技、三宝钢铁、三钢闽光、申远新材料、百川资源再生科技、闽发铝业、金龙稀土、圣农发展、圣农食品、福人集团邵武木业、福耀玻璃、福州京东方、宁德新能源科技、三六一度、瓮福紫金化工、信泰科技、兴业皮革、中仑塑业、金旸新材料、金龙客车、强力巨彩光电、松霖科技、正新海燕轮胎、正新实业、中坤化学、华联电子。

2. 绿色设计产品名单（5 种）：致杰科技的一体式智能坐便器、倍杰科技的分体式智能马桶盖、正新海燕轮胎的载重汽车子午线轮胎，宏发开关的塑料外壳式断路器、百霖净水的反渗透净水器 G3。

3. 绿色园区名单（1 家）：厦门火炬高技术产业开发区。

4. 绿色供应链管理示范企业名单（6 家）：捷联电子、云度新能源汽车、金强建材、雪人股份、保沣实业、戴尔（中国）。

（摘编：李　兵）

首批“中国森林康养林场”福建省入选名单

2019 年 10 月 24 日福建日报报道：近日，在陕西省西安市举行的中国林场协会森林康养专业委员会年会上，中国林场协会评选出首批 54 家“中国森林康养林场”。我省三明市郊国有林场、龙岩市永定仙岽国有林场在列。

此次入选的国有林场森林资源丰富，生态环境优美，距离城区较近，区位优势明显，地域文化深厚，基础设施较完善。按照要求，国有林场要以优质的森林资源为基础保障，坚持严格保护、科学利用，优化林种树种结构，促进林、医、养、旅、居、文、体等集成性的科技创新，实施跨界融合、产学研结合，按照现代企业制度规范运行，吸纳农村富余劳动力，培植地方绿色财政，切忌盲目跟风和大兴土木。

（摘编：彭文荣）

2019年（第26批）认定国家企业技术中心福建省名单

2020年1月16日福建省发展和改革委员会下发的《福建省发展和改革委员会关于转发2019年（第26批）认定国家企业技术中心名单的通知》（闽发改高技〔2020〕26号）提出，现将国家发展改革委、科技部、财政部、海关总署、税务总局《关于发布2019年（第26批）新认定及全部国家企业技术中心名单的通知》（发改高技〔2019〕2033号）转发给你们。请你们根据国家和省里有关规定，对辖区内各国家企业技术中心加强服务管理，引导相关企业加大研发投入，突破产业发展中的关键共性技术，积极开展重大科技成果的工程化和系统集成，确保各国家企业技术中心如期完成所提出的发展目标；加强协同创新，引导国家企业技术中心在构建各具特色和优势的区域创新体系、提升自主创新能力方面充分发挥行业引领作用。

2019年（第26批）新认定国家企业技术中心名单（福建省）

序号	企业名称	企业技术中心名称
1	天守（福建）超纤科技股份有限公司	天守（福建）超纤科技股份有限公司技术中心
2	福建广生堂药业股份有限公司	福建广生堂药业股份有限公司技术中心
3	福建福光股份有限公司	福建福光股份有限公司技术中心
4	福建榕基软件股份有限公司	福建榕基软件股份有限公司技术中心
5	漳州片仔癀药业股份有限公司	漳州片仔癀药业股份有限公司技术中心

分中心

序号	企业名称	企业技术中心名称
1	中铝瑞闽股份有限公司	中铝瑞闽股份有限公司技术中心

（摘编：吴汉良）

2019 中国软件营收百强入围闽企

2020 年 1 月 19 日，工业和信息化部正式发布《2019 年中国软件业务收入前百家企业发展报告》，福建星网锐捷通讯股份有限公司、福州福大自动化科技有限公司、新大陆科技集团有限公司、厦门市美亚柏科信息股份有限公司四家福建企业入围。

从排名上看，华为、海尔、阿里云、浪潮、海信、海康威视、小米、中国银联、南瑞、京东排名前十位。星网锐捷、福大自动化和新大陆这三家来自福州的企业均跻身前 50，分列第 26、39、40 位，美亚柏科排名第 99 位。

报告显示，本届软件百家企业由量增向质优阶段迈进，呈现“高毛利、高研发”的双高特征；企业稳定性与活跃性并存，新兴领域支撑力量显著增强；集聚效应和示范作用突出。本届软件百家企业 2018 年共完成软件业务收入 8212 亿元，比上届增长 6.5%，收入增长超 20% 的企业达三成多；百家企业全年实现利润总额 1963 亿元，比上届增长 14.6%；百家企业共投入研发经费 1746 亿元，比上届增长 12.6%，占全行业研发投入的 27.9%。

（摘编：吴汉良）

第三批国家工业遗产福建省入选名单

福建日报 12 月 24 日报道：经工业遗产所有权人自主申请、相关省（区、市）工业和信息化主管部门及有关中央企业推荐、专家评审、现场核查和网上公示等程序，工信部日前正式确定了 49 个厂区入围第三批国家工业遗产名单。我省泉州市的源和堂蜜饯厂、龙岩市的福建红旗机器厂榜上有名，这也是我省工业遗产项目首次入围国家工业遗产名单。

据了解，工信部推动的“国家工业遗产”认定申报工作，主要针对 1980 年前建成、具有鲜明工业特色和工业文化价值、主体保存良好、产权关系明晰的工业生产、储运和活动场所。

从数量与范围上来看，此次工业遗产认定工作力图寻求新的突破。从今年公示的 49 处来看，涵盖范围上升到 22 个省份，不仅覆盖了东北等传统工业区，更有西藏自治区等地的工业项目入围。而前两年以传统钢铁加工业、矿业为主，今年涌现了更多轻工业尤其是食品加工类型的工业遗产，如此次公示的名单中就有北京的度支部印刷局、山西的高平丝织印染厂、恒顺镇江香醋传统酿造区和泉州源和堂蜜饯厂等。

（摘编：李　兵）

国家级制造业单项冠军福建入选企业

2019年12月3日福建日报报道：工业和信息化部近日公布了第四批制造业单项冠军企业（产品）名单，确定64家企业和60个产品为第四批制造业单项冠军企业（产品），我省有2家企业入围新一批单项冠军示范企业，2家企业的产品成为新一批单项冠军产品。至此，福建国家级制造业单项冠军数量达22家，位列山东、浙江、江苏、广东之后，居全国第五位。

入围第四批单项冠军示范企业的福建企业是宁德新能源科技有限公司、福建长源纺织有限公司，他们的主营产品分别为消费类软包锂离子电池和非棉纱（化纤短纤纱、棉混纺纱）；福建联迪商用设备有限公司的智能POS终端、厦门金达威集团股份有限公司的辅酶Q10则入围新一批单项冠军产品。

制造业单项冠军企业（产品）是经企业自主申报、地方工业和信息化主管部门与中央企业推荐、行业协会限定性条件论证、专家组论证和网上公示等程序而产生的，之前已经公布了三批。

（摘编：刘海元）

国家小型微型企业创业创新示范基地福建省获评名单

2019年12月8日福建省工业和信息化厅下发的《福建省工业和信息化厅关于公布我省获评2019年度国家小型微型企业创业创新示范基地名单的通知》（闽工信中小〔2019〕182号）提出，根据《工业和信息化部关于公布2019年度国家小型微型企业创业创新示范基地名单的通告》（工信部企业函〔2019〕303号），省工信厅推荐上报的福建火炬高新技术创业园、泉州软件园云聚慧众创空间、金沙园小微企业创业基地、竹海电子商务创业园等4个基地被授予“国家小型微型企业创业创新示范基地”称号。

根据《福建省财政厅　福建省经济和信息化委员会关于下达2019年中小微企业发展专项转移支付资金的通知》（闽财企指〔2019〕16号）和《福建省经济和信息化委员会　福建省财政厅关于印发〈福建省工业和信息化发展专项转移支付资金管理指南〉的通知》（闽经信计财〔2017〕146号）等文件精神，请泉州市、南平市工信局商当地财政部门，从省级中小微企业发展专项转移支付资金中，分别给予泉州软件园云聚慧众创空间、竹海电子商务创业园100万元专项资金补助。福建火炬高新技术创业园、金沙园小微企业创业基地属已到期重新复核通过认定的示范基地，不再重复享受有关资金奖励政策。

（摘编：郭　鹭）

2019 福建企业 100 强榜单

2019 年 10 月 24 日福建省企业与企业家联合会、福建省广播影视集团、福建社会科学院下发的《关于发布 2019 福建企业 100 强榜单的公告》（闽企联〔2019〕27 号）提出，为贯彻落实习近平新时代中国特色社会主义思想和党的十九大精神，响应省委省政府号召，展示建国 70 周年福建企业发展的成就，引导全省企业特别是大型企业把握新机遇，转换新动能，积极投入新福建建设，培育发展具有国际竞争力的世界一流企业，省企业与企业家联合会会同福建省广播影视集团、福建社会科学院，依照中国企业联合会研究发布"中国企业 500 强"的做法，以 2018 年企业营业收入为基本标准，综合参考企业的其他经营指标，经评审委员会审定，推出"2019 福建企业 100 强、福建制造业企业 100 强、福建服务业企业 100 强"，现予以发布。

2019 福建企业 100 强榜单

排名	企业名称	属性	地区	行业	2018 营业收入（万元）
1	兴业银行股份有限公司	国有	福州	服务业	33729200
2	厦门建发集团有限公司	国有	厦门	服务业	28262119
3	厦门国贸控股集团有限公司	国有	厦门	服务业	27409582
4	厦门象屿集团有限公司	国有	厦门	服务业	24146079
5	阳光龙净集团有限公司	民营	福州	服务业	22089593
6	国网福建省电力有限公司	国有	福州	服务业	11149070
7	青拓集团有限公司	民营	宁德	制造业	10936476
8	紫金矿业集团股份有限公司	国有	龙岩	采掘业	10599425
9	福晟集团有限公司	民营	福州	建筑业	10026844
10	福建省冶金（控股）有限责任公司	国有	福州	制造业	8308867
11	永辉超市股份有限公司	民营	福州	服务业	7051665
12	福建省能源集团有限责任公司	国有	福州	制造业	6948526
13	戴尔（中国）有限公司	外资	厦门	制造业	6455212
14	福建联合石油化工有限公司	中外合资	泉州	制造业	5246924
15	中化泉州石化有限公司	国有	泉州	制造业	5037702
16	福建省农村信用社联合社	国有	福州	服务业	4897916
17	福建永荣控股集团有限公司	民营	福州	制造业	4014512

续表

排名	企业名称	属性	地区	行业	2018
					营业收入（万元）
18	恒申控股集团有限公司	民营	福州	制造业	4002426
19	福建石油化工集团有限责任公司	国有	福州	制造业	3884255
20	均和（厦门）控股有限公司	民营	厦门	服务业	3870144
21	三盛集团有限公司	民营	福州	服务业	3798690
22	融信（福建）投资集团有限公司	民营	福州	建筑业	3436650
23	福建三安集团有限公司	民营	泉州	制造业	3105838
24	盛屯矿业集团股份有限公司	民营	厦门	采掘业	3075433
25	厦门航空有限公司	国有	厦门	服务业	3013515
26	福建省金纶高纤股份有限公司	港资	福州	制造业	2986689
27	宁德时代新能源科技股份有限公司	民营	宁德	制造业	2961127
28	厦门路桥工程物资有限公司	国有	厦门	服务业	2955788
29	厦门港务控股集团有限公司	国有	厦门	服务业	2565670
30	福建省汽车工业集团有限公司	国有	福州	制造业	2495113
31	厦门禹洲集团股份有限公司	民营	厦门	建筑业	2430587
32	福建省电子信息（集团）有限责任公司	国有	福州	服务业	2423377
33	中建海峡建设发展有限公司	国有	福州	建筑业	2325413
34	中国移动通信集团福建有限公司	国有	福州	服务业	2267332
35	安踏体育用品集团有限公司	民营	泉州	制造业	2122510
36	厦门中骏集团有限公司	民营	厦门	制造业	2119584
37	达利食品集团有限公司	民营	泉州	制造业	2086356
38	福建恒安集团有限公司	民营	泉州	制造业	2051388
39	三宝集团股份有限公司	民营	漳州	制造业	2030637
40	福耀玻璃工业集团有限公司	民营	福州	制造业	2022498
41	福建建工集团有限责任公司	国有	福州	建筑业	1967405
42	福建圣农控股集团有限公司	民营	南平	制造业	1915175
43	福建捷联电子有限公司	民营	福州	制造业	1840000
44	福建高速公路集团有限公司	国有	福州	服务业	1636553
45	厦门天马微电子有限公司	国有	厦门	制造业	1515000
46	厦门恒兴集团有限公司	民营	厦门	服务业	1496719
47	中国电信股份有限公司福建分公司	国有	福州	服务业	1456924
48	龙岩烟草工业有限责任公司	国有	龙岩	制造业	1449795
49	厦门翔业集团有限公司	国有	厦门	服务业	1415367
50	福建省国有资产管理有限公司	国有	福州	服务业	1404414
51	厦门国际银行股份有限公司	国有	厦门	服务业	1323000
52	福建省交通运输集团有限责任公司	国有	福州	服务业	1291708

续表

排名	企业名称	属性	地区	行业	2018
					营业收入（万元）
53	福建省和顺碳素有限公司	民营	南平	制造业	1268757
54	中建四局建设发展有限公司	国有	厦门	建筑业	1250342
55	祥兴（福建）箱包集团有限公司	民营	福州	制造业	1210952
56	厦门烟草工业有限责任公司	国有	厦门	制造业	1176191
57	福建正祥投资集团有限公司	民营	福州	服务业	1156739
58	鹭燕医药股份有限公司	民营	厦门	服务业	1150089
59	兴业证券股份有限公司	国有	福州	服务业	1147065
60	厦门夏商集团有限公司	国有	厦门	服务业	1138177
61	福建奔驰汽车有限公司	中外合资	福州	制造业	1072404
62	福州京东方光电科技有限公司	国有	福州	制造业	1070000
63	宝钢德盛不锈钢有限公司	国有	福州	制造业	1042235
64	福建省闽南建筑工程有限公司	民营	泉州	建筑业	1032823
65	福建宁德核电有限公司	国有	宁德	制造业	1024286
66	安通控股股份有限公司	民营	泉州	服务业	1005753
67	中建鑫宏鼎环境集团有限公司	民营	厦门	建筑业	989438
68	中国人民财产保险股份有限公司福建省分公司	国有	福州	服务业	986266
69	厦门航空开发股份有限公司	民营	厦门	服务业	933932
70	福建福清核电有限公司	国有	福州	制造业	916595
71	中国（福建）对外贸易中心集团有限责任公司	国营	福州	服务业	890052
72	联盛纸业（龙海）有限公司	民营	漳州	制造业	883400
73	福建百宏聚纤科技实业有限公司	民营	泉州	制造业	860203
74	中交一公局厦门工程有限公司	国有	厦门	建筑业	858840
75	福建九鼎建设集团有限公司	民营	福州	建筑业	826600
76	中国华电集团有限公司福建分公司	国有	福州	制造业	823000
77	福建福欣特殊钢有限公司	民营	漳州	制造业	815258
78	冠城大通股份有限公司	民营	福建	建筑业	810853
79	厦门正新橡胶工业有限公司	外资	厦门	制造业	784717
80	福建省永富建设集团有限公司	民营	福州	建筑业	751124
81	福建一建集团有限公司	国有	三明	建筑业	722487
82	福建海峡银行股份有限公司	国有	福州	服务业	720465
83	平安银行股份有限公司福州分行	民营	福州	服务业	712166
84	福建省华荣建设集团有限公司	民营	福州	建筑业	703401
85	福建巨岸集团有限公司	民营	厦门	建筑业	690716
86	厦门宏发电声股份有限公司	民营	厦门	制造业	687977
87	大洲控股集团有限公司	民营	厦门	服务业	685792

续表

排名	企业名称	属性	地区	行业	2018 营业收入（万元）
88	福建省泷澄建设集团有限公司	民营	漳州	建筑业	650136
89	新大陆科技集团有限公司	民营	福州	制造业	649800
90	中国联合网络通信有限公司福建省分公司	国有	福州	服务业	647959
91	特步（中国）有限公司	民营	泉州	制造业	638317
92	福建省惠东建筑工程有限公司	民营	泉州	建筑业	634660
93	厦门市明穗粮油贸易有限公司	民营	厦门	服务业	624714
94	福建发展集团有限公司	民营	福州	建筑业	623841
95	厦门住宅建设集团有限公司	国有	厦门	服务业	620005
96	中城建设有限责任公司	民营	福州	建筑业	590729
97	厦门海沧投资集团有限公司	国有	厦门	服务业	589941
98	福建省长乐市山力化纤有限公司	民营	福州	制造业	584597
99	福建省永泰建筑工程公司	民营	福州	建筑业	582917
100	厦门市万科企业有限公司	民营	厦门	服务业	579281

2019 福建制造业企业 100 强榜单

排名	企业名称	属性	地区	2018 营业收入（万元）
1	青拓集团有限公司	民营	宁德	10936476
2	戴尔（中国）有限公司	外资	厦门	6455212
3	福建省三钢（集团）有限责任公司	国有	三明	5701599
4	福建联合石油化工有限公司	中外合资	泉州	5246924
5	中化泉州石化有限公司	国有	泉州	5037702
6	福建永荣控股集团有限公司	民营	福州	4014512
7	福建石油化工集团有限责任公司	国有	福州	3884255
8	福建三安集团有限公司	民营	泉州	3105838
9	盛屯矿业集团股份有限公司	民营	厦门	3075433
10	福建省金纶高纤股份有限公司	港资	福州	2986689
11	宁德时代新能源科技股份有限公司	民营	宁德	2961127
12	安踏体育用品集团有限公司	民营	泉州	2122510
13	厦门中骏集团有限公司	民营	厦门	2119584
14	福建达利食品集团有限公司	民营	泉州	2086356
15	福建恒安集团有限公司	民营	泉州	2051388
16	三宝集团股份有限公司	民营	漳州	2030637
17	福耀玻璃工业集团股份有限公司	民营	福州	2022498

续表

排名	企业名称	属性	地区	2018
				营业收入（万元）
18	厦门钨业股份有限公司	国有	厦门	1955679
19	紫金铜业有限公司	国有	龙岩	1893869
20	福建捷联电子有限公司	民营	福州	1840000
21	厦门金龙汽车集团股份有限公司	国有	厦门	1829052
22	合力泰科技股份有限公司	国有	莆田	1690435
23	厦门天马微电子有限公司	国有	厦门	1515000
24	长乐恒申合纤科技有限公司	民营	福州	1450578
25	龙岩烟草工业有限责任公司	国有	龙岩	1449795
26	福建省和顺碳素有限公司	民营	南平	1268757
27	祥兴（福建）箱包集团有限公司	民营	福州	1210952
28	厦门烟草工业有限责任公司	国有	厦门	1176191
29	福建福日电子股份有限公司	国有	福州	1098897
30	福建奔驰汽车有限公司	中外合资	福州	1072404
31	福州京东方光电科技有限公司	国有	福州	1070000
32	宝钢德盛不锈钢有限公司	国有	福州	1042235
33	福建宁德核电有限公司	国有	宁德	1024286
34	福建福海创石油化工有限公司	国有	漳州	969458
35	福建龙净环保股份有限公司	民营	福州	940200
36	福建福清核电有限公司	国有	福州	916595
37	福建星网锐捷通讯股份有限公司	国有	福州	913157
38	联盛纸业（龙海）有限公司	民营	漳州	883400
39	福建百宏聚纤科技实业有限公司	民营	泉州	860203
40	中国华电集团有限公司福建分公司	国有	福州	823000
41	福建福欣特殊钢有限公司	民营	漳州	815258
42	长乐力恒锦纶科技有限公司	民营	福州	788965
43	厦门正新橡胶工业有限公司	外资	厦门	784717
44	厦门宏发电声股份有限公司	民营	厦门	687977
45	福建实达集团股份有限公司	民营	福州	675957
46	福建申远新材料有限公司	民营	福州	650933
47	新大陆科技集团有限公司	民营	福州	649800
48	东南（福建）汽车工业有限公司	国有	福州	646004
49	特步（中国）有限公司	民营	泉州	638317
50	福建省长乐市山力化纤有限公司	民营	福州	584597
51	福建傲农生物科技集团股份有限公司	民营	漳州	576189
52	九牧集团有限公司	民营	泉州	571850

续表

排名	企业名称	属性	地区	2018
				营业收入（万元）
53	福建长源纺织有限公司	民营	福州	551319
54	奥佳华智能健康科技集团股份有限公司	民营	厦门	544703
55	福建炼油化工有限公司	国有	泉州	526089
56	百威雪津啤酒有限公司	民营	莆田	524325
57	福建盼盼食品有限公司	民营	泉州	517865
58	中铝瑞闽股份有限公司	国有	福州	517700
59	捷太格特转向系统（厦门）有限公司	外资	厦门	516957
60	福建友谊胶粘带集团有限公司	民营	福州	515233
61	福建南平太阳电缆股份有限公司	民营	南平	510461
62	百路达（厦门）工业有限公司	外资	厦门	508942
63	福建金源纺织有限公司	民营	福州	490611
64	厦门立达信绿色照明集团有限公司	民营	厦门	477166
65	漳州片仔癀药业股份有限公司	国有	漳州	476616
66	福建匹克集团有限公司	民营	泉州	456732
67	福建元成豆业有限公司	民营	福州	456077
68	明达实业（厦门）有限公司	外资	厦门	454942
69	华映科技（集团）股份有限公司	民营	福州	451779
70	福建天辰耀隆新材料有限公司	国有	福州	450520
71	福建省船舶工业集团有限公司	国有	福州	445770
72	福建安井食品股份有限公司	民营	厦门	425909
73	林德（中国）叉车有限公司	外资	厦门	418434
74	厦门轻工集团有限公司	国有	厦门	389764
75	福建省轻纺（控股）有限责任公司	国有	福州	371000
76	福州大通机电有限公司	民营	福州	364831
77	三棵树涂料股份有限公司	民营	莆田	358402
78	福建经纬新纤科技实业有限公司	民营	福州	353532
79	福建龙马环卫装备股份有限公司	民营	龙岩	344358
80	科华恒盛股份有限公司	民营	厦门	343693
81	福建省联盛纸业有限责任公司	民营	漳州	323961
82	正兴车轮集团有限公司	民营	漳州	314961
83	福建天马科技集团股份有限公司	民营	福州	307467
84	福建省东南电化股份有限公司	国有	福州	296823
85	开发晶照明（厦门）有限公司	国有	厦门	295961
86	厦门翔鹭化纤股份有限公司	外资	厦门	292665
87	厦门金达威集团股份有限公司	民营	厦门	287262

续表

排名	企业名称	属性	地区	2018
				营业收入（万元）
88	漳州旗滨玻璃有限公司	民营	漳州	264367
89	福建省万达汽车玻璃工业有限公司	民营	福州	254190
90	金强（福建）建材科技股份有限公司	民营	福州	252734
91	厦门强力巨彩光电科技有限公司	民营	厦门	249845
92	厦门中禾实业有限公司	民营	厦门	241550
93	锐珂（厦门）医疗器材有限公司	外资	厦门	236966
94	莆田市永丰鞋业有限公司	民营	莆田	228058
95	福建联迪商用设备有限公司	民营	福州	227734
96	厦门弘信电子科技股份有限公司	民营	厦门	224887
97	福建祥鑫股份有限公司	民营	福州	221885
98	厦门 TDK 有限公司	外资	厦门	219677
99	福建机电（控股）有限责任公司	国有	福州	211073
100	中纺粮油（福建）有限公司	国有	漳州	209250

2019 福建服务业企业 100 强榜单

排名	企业名称	属性	地区	2018
				营业收入（万元）
1	兴业银行股份有限公司	国有	福州	33729200
2	厦门建发集团有限公司	国有	厦门	28262119
3	厦门国贸控股集团有限公司	国有	厦门	27409582
4	厦门象屿股份有限公司	国有	厦门	23400757
5	国网福建省电力有限公司	国有	福州	11149070
6	永辉超市股份有限公司	民营	福州	7051665
7	福建省农村信用社联合社	国有	福州	4897916
8	福建省福化工贸股份有限公司	国有	福州	4493845
9	均和（厦门）控股有限公司	民营	厦门	3870144
10	三盛集团有限公司	民营	福州	3798690
11	融信（福建）投资集团有限公司	民营	福州	3436650
12	厦门航空有限公司	国有	厦门	3013515
13	厦门路桥工程物资有限公司	国有	厦门	2955788
14	厦门禹洲集团股份有限公司	民营	厦门	2430587
15	中建海峡建设发展有限公司	国有	福州	2325413
16	中国移动通信集团福建有限公司	国有	福州	2267332
17	福建省高速公路集团有限公司	国有	福州	1636553

续表

排名	企业名称	属性	地区	2018
				营业收入（万元）
18	中国电信股份有限公司福建分公司	国有	福州	1456924
19	厦门翔业集团有限公司	国有	厦门	1415367
20	厦门国际银行股份有限公司	国有	厦门	1323000
21	中建四局建设发展有限公司	国有	厦门	1250342
22	福建正祥投资集团有限公司	民营	福州	1156739
23	厦门宝拓资源有限公司	民营	厦门	1151426
24	鹭燕医药股份有限公司	民营	厦门	1150089
25	兴业证券股份有限公司	国有	福州	1147065
26	厦门夏商集团有限公司	国有	厦门	1138177
27	福建省闽南建筑工程有限公司	民营	泉州	1032823
28	安通控股股份有限公司	民营	泉州	1005753
29	中建鑫宏鼎环境集团有限公司	民营	厦门	989438
30	中国人民财产保险股份有限公司福建省分公司	国有	福州	986266
31	厦门航空开发股份有限公司	民营	厦门	933932
32	中国（福建）对外贸易中心集团有限责任公司	国营	福州	890052
33	中交一公局厦门工程有限公司	国有	厦门	858840
34	福建九鼎建设集团有限公司	民营	福州	826600
35	福建省永富建设集团有限公司	民营	福州	751124
36	福建一建集团有限公司	国有	三明	722487
37	福建海峡银行股份有限公司	国有	福州	720465
38	平安银行股份有限公司福州分行	民营	福州	712166
39	福建省华荣建设集团有限公司	民营	福州	703401
40	福建巨岸集团有限公司	民营	厦门	690716
41	大洲控股集团有限公司	民营	厦门	685792
42	福建省泷澄建设集团有限公司	民营	漳州	650136
43	中国联合网络通信有限公司福建省分公司	国有	福州	647959
44	福建省惠东建筑工程有限公司	民营	泉州	634660
45	厦门市明穗粮油贸易有限公司	民营	厦门	624714
46	福建发展集团有限公司	民营	福州	623841
47	厦门住宅建设集团有限公司	国有	厦门	620005
48	中城建设有限责任公司	民营	福州	590729
49	厦门海沧投资集团有限公司	国有	厦门	589941
50	福建省人力资源服务有限公司	国有	福州	585681
51	福建省永泰建筑工程公司	民营	福州	582917
52	厦门市万科企业有限公司	民营	厦门	579281

续表

排名	企业名称	属性	地区	2018
				营业收入（万元）
53	厦门海澳集团有限公司	民营	厦门	567890
54	福建省中马建设工程有限公司	民营	福州	563914
55	福建省璟榕工程建设发展有限公司	民营	福州	556507
56	福建省东霖建设工程有限公司	民营	泉州	540167
57	福建省投资开发集团有限责任公司	国有	福州	540054
58	泉发建设股份有限公司	民营	泉州	535809
59	福建省九龙建设集团有限公司	民营	厦门	521164
60	福建省二建建设集团有限公司	国有	福州	515289
61	福建路港（集团）有限公司	民营	泉州	507971
62	福建网龙计算机网络信息技术有限公司	民营	福州	503754
63	泉州银行股份有限公司	国有	泉州	492988
64	中国工艺福建实业有限公司	国有	厦门	479525
65	中铁十七局集团第六工程有限公司	国有	厦门	450654
66	华特控股集团有限公司	民营	厦门	422380
67	福建宏盛建设集团有限公司	民营	福州	405208
68	厦门经济特区房地产开发集团有限公司	国有	厦门	402579
69	福建联美建设集团有限公司	国有	厦门	398588
70	泉州市燃气有限公司	民营	泉州	395978
71	福建广电网络集团股份有限公司	国有	福州	393567
72	厦门特房建设工程集团有限公司	国有	厦门	392348
73	中铁二十二局集团第三工程有限公司	国有	厦门	385351
74	厦门源昌城建集团有限公司	民营	厦门	370336
75	厦门银祥集团有限公司	民营	厦门	368057
76	鑫东森集团有限公司	民营	厦门	362020
77	福建海峡人力资源股份有限公司	国有	福州	353400
78	厦门建霖健康家居股份有限公司	外资	厦门	352959
79	中核工建设集团第四工程局有限公司	国有	泉州	339054
80	恒晟集团有限公司	民营	厦门	331013
81	福建省旅游发展集团有限公司	国有	福州	330923
82	海峡出版发行集团有限责任公司	国有	福州	324700
83	福建省百盛建设发展有限公司	民营	福州	322655
84	厦门嘉联恒进出口有限公司	民营	厦门	322207
85	厦门盛元集团有限公司	民营	厦门	308592
86	漳州发展股份有限公司	国有	漳州	306777
87	福建省医药集团有限责任公司	国有	福州	305800

续表

排名	企业名称	属性	地区	2018
				营业收入（万元）
88	中闽百汇零售集团有限公司	民营	厦门	305082
89	鑫泰建设集团有限公司	民营	厦门	301745
90	福建国航远洋运输（集团）股份有限公司	民营	福州	301668
91	福建东百集团股份有限公司	民营	福州	299700
92	厦门中联永亨建设集团有限公司	民营	厦门	273227
93	新中冠智能科技股份有限公司	民营	福州	271695
94	厦门市建筑科学研究院集团股份有限公司	民营	厦门	271570
95	福建泉州市嘉晟供应链有限公司	民营	泉州	271500
96	顺通达集团有限公司	民营	厦门	255687
97	福州港务集团有限公司	国有	福州	241769
98	福建三叶集团有限公司	民营	泉州	230658
99	盛辉物流集团有限公司	民营	福州	229787
100	厦门源昌集团有限公司	民营	厦门	227997

（摘编：肖启辉）

2019 福建省民营企业 100 强名单

2019 年 11 月 19 日，由福建省工商联、福州市人民政府主办的 2019 福建省民营企业 100 强发布暨福州市招商推介系列活动在福州举行，会上发布了“2019 福建省民营企业 100 强”和“2019 福建省民营企业制造业 50 强”榜单。

“2019 福建省民营企业 100 强”是以 2018 年营业收入总额的高低为标准进行排名，选取前 100 名企业，评选结果和分析内容均以企业填报数据为依据，并在此基础上选取出福建民营企业制造业 50 强。

截至 2018 年底，福建省民营企业 114.15 万家，占全省企业数的 92.36%；规模以上民营企业 1.4 万家，约占全省规模以上企业的 80%。数据显示，福建省民营经济增加值占全省 GDP 的 70%，提供了 70.5% 的税收，贡献了 73% 的科技成果，吸纳了 82% 的就业，福建是名副其实的民营经济大省。

2019 福建省民营企业 100 强名单

序号	企业名称	地区	所属行业	营业收入（万元）
1	阳光龙净集团有限公司	福州市	综合	22089593
2	正荣集团有限公司	福州市	综合	14580001
3	青拓集团有限公司	宁德市	黑色金属冶炼和压延加工业	11036402
4	福晟集团有限公司	福州市	综合	10026844
5	融侨集团股份有限公司	福州市	房地产业	7535750
6	永辉超市股份有限公司	福州市	零售业	7051665
7	福建永荣控股集团有限公司	福州市	化学纤维制造业	4014512
8	恒申控股集团有限公司	福州市	化学纤维制造业	4002426
9	均和（厦门）控股有限公司	厦门市	综合	3870144
10	三盛集团有限公司	福州市	房地产业	3798690
11	融信（福建）投资集团有限公司	福州市	房地产业	3436650
12	泰禾集团股份有限公司	福州市	房地产业	3098492
13	盛屯矿业集团股份有限公司	厦门市	有色金属矿采选业	3075433
14	福建省金纶高纤股份有限公司	福州市	化学纤维制造业	2986688
15	宁德时代新能源科技股份有限公司	宁德市	电气机械和器材制造业	2961126
16	厦门禹洲集团股份有限公司	厦门市	房地产业	2430587
17	安踏体育用品集团有限公司	泉州市	皮革、毛皮、羽毛及其制品和制鞋业	2410004

续表

序号	企业名称	地区	所属行业	营业收入（万元）
18	达利食品集团有限公司	泉州市	食品制造业	2086356
19	福建恒安集团有限公司	泉州市	造纸和纸制品业	2051388
20	名城企业管理集团有限公司	福州市	房地产业	2032268
21	三宝集团股份有限公司	漳州市	黑色金属冶炼和压延加工业	2030638
22	福耀玻璃工业集团股份有限公司	福州市	非金属矿物制品业	2022499
23	福建圣农控股集团有限公司	南平市	畜牧业	1915175
24	厦门恒兴集团有限公司	厦门市	批发业	1909876
25	福建捷联电子有限公司	福州市	计算机、通信和其他电子设备制造业	1844264
26	祥兴（福建）箱包集团有限公司	福州市	其他制造业	1210953
27	福建省闽南建筑工程有限公司	泉州市	房屋建筑业	1032823
28	盈众控股集团有限公司	厦门市	零售业	937243
29	厦门航空开发股份有限公司	厦门市	批发业	933932
30	福建百宏聚纤科技实业有限公司	泉州市	化学纤维制造业	860203
31	厦门宏发电声股份有限公司	厦门市	计算机、通信和其他电子设备制造业	835368
32	冠城大通股份有限公司	福州市	综合	810853
33	福建省永富建设集团有限公司	福州市	房屋建筑业	751124
34	大洲控股集团有限公司（及关联企业）	厦门市	综合	685792
35	厦门宝拓资源有限公司	厦门市	批发业	665325
36	福建吴航不锈钢制品有限公司	福州市	黑色金属冶炼和压延加工业	655595
37	新大陆科技集团有限公司	福州市	软件和信息技术服务业	649787
38	特步（中国）有限公司	泉州市	皮革、毛皮、羽毛及其制品和制鞋业	638317
39	福建省惠东建筑工程有限公司	泉州市	房屋建筑业	634660
40	福建亿鑫钢铁有限公司	福州市	黑色金属冶炼和压延加工业	630932
41	福建省长乐市山力化纤有限公司	福州市	化学纤维制造业	584598
42	福建傲农生物科技集团股份有限公司	漳州市	农副食品加工业	576189
43	九牧集团有限公司	泉州市	非金属矿物制品业	571850
44	福建长源纺织有限公司	福州市	纺织业	551319
45	奥佳华智能健康科技集团股份有限公司	厦门市	专用设备制造业	544703
46	福建省九龙建设集团有限公司	厦门市	房屋建筑业	521164
47	福建盼盼食品有限公司	泉州市	食品制造业	517865
48	福建南平太阳电缆股份有限公司	南平市	电气机械和器材制造业	510461
49	福建网龙计算机网络信息技术有限公司	福州市	软件和信息技术服务业	503754
50	厦门中联永亨建设集团有限公司	厦门市	房屋建筑业	493428
51	福建金源纺织有限公司	福州市	纺织业	490611
52	厦门立达信绿色照明集团有限公司	厦门市	电气机械和器材制造业	477381

续表

序号	企业名称	地区	所属行业	营业收入（万元）
53	福建龙麟集团有限公司	龙岩市	非金属矿物制品业	458043
54	福建元成豆业有限公司	福州市	农副食品加工业	456077
55	华特控股集团有限公司	厦门市	石油加工、炼焦和核燃料加工业	422380
56	厦门三安光电有限公司	厦门市	其他制造业	412900
57	福建省融旗建设工程有限公司	福州市	土木工程建筑业	411946
58	弘信创业工场投资集团股份有限公司	厦门市	商务服务业	387208
59	厦门银祥集团有限公司	厦门市	农副食品加工业	367647
60	三棵树涂料股份有限公司	莆田市	化学原料和化学制品制造业	358402
61	福建七匹狼实业股份有限公司	泉州市	纺织服装、服饰业	351703
62	福建龙马环卫装备股份有限公司	龙岩市	专用设备制造业	344358
63	科华恒盛股份有限公司	厦门市	计算机、通信和其他电子设备制造业	343692
64	福建省长乐市新华源纺织有限公司	福州市	纺织业	340464
65	鼎丰集团（中国）有限公司	厦门市	综合	334855
66	厦门永同昌集团有限公司	厦门市	综合	324978
67	福建省联盛纸业有限责任公司	漳州市	造纸和纸制品业	323206
68	福建巨岸建设工程有限公司	莆田市	房屋建筑业	320043
69	新中冠智能科技股份有限公司	福州市	互联网和相关服务	315942
70	福建中绿投资有限公司	厦门市	食品制造业	309476
71	福建国航远洋运输（集团）股份有限公司	福州市	水上运输业	301668
72	厦门盈趣科技股份有限公司	厦门市	计算机、通信和其他电子设备制造业	277873
73	福建泉州市嘉晟供应链有限公司	泉州市	批发业	271499
74	福建省长乐市华源纺织有限公司	福州市	纺织业	260433
75	厦门强力巨彩光电科技有限公司	厦门市	计算机、通信和其他电子设备制造业	249845
76	福建省凯景投资集团有限公司	福州市	房地产业	247870
77	福建匹克集团有限公司	泉州市	纺织服装、服饰业	234983
78	福建三叶集团有限公司	泉州市	批发业	230658
79	福建金牛水泥有限公司	三明市	其他制造业	225209
80	盛辉物流集团有限公司	福州市	道路运输业	224718
81	福建鸿星尔克体育用品有限公司	泉州市	皮革、毛皮、羽毛及其制品和制鞋业	222739
82	中晟海峡建设有限公司	泉州市	房屋建筑业	221425
83	华厦眼科医院集团股份有限公司	厦门市	专业技术服务业	212327
84	福建德胜能源有限公司	福州市	石油加工、炼焦和核燃料加工业	194507
85	祥龙集团	福州市	皮革、毛皮、羽毛及其制品和制鞋业	192133
86	福建龙峰纺织科技实业有限公司	泉州市	纺织业	186965
87	福建恒利集团有限公司	泉州市	造纸和纸制品业	184047

续表

序号	企业名称	地区	所属行业	营业收入（万元）
88	泉舜集团有限公司	厦门市	房地产业	176437
89	厦门保沣实业有限公司	厦门市	金属制品业	174822
90	福建福鼎海鸥水产食品有限公司	宁德市	农副食品加工业	169492
91	福建奋安铝业有限公司	福州市	有色金属冶炼和压延加工业	162257
92	通达（厦门）科技有限公司	泉州市	皮革、毛皮、羽毛及其制品和制鞋业	161963
93	乔丹体育股份有限公司	厦门市	橡胶和塑料制品业	161369
94	厦门市美亚柏科信息股份有限公司	厦门市	软件和信息技术服务业	160058
95	福建省百凯经编实业有限公司	泉州市	纺织业	159329
96	利郎（中国）有限公司	泉州市	纺织服装、服饰业	158220
97	福建联德企业有限公司	宁德市	有色金属冶炼和压延加工业	157414
98	兴业皮革科技股份有限公司	泉州市	皮革、毛皮、羽毛及其制品和制鞋业	154477
99	厦门福慧达果蔬股份有限公司	厦门市	农业	152970
100	福建天马科技集团股份有限公司	福州市	农副食品加工业	150618

2019 福建省民营企业制造业 50 强名单

序号	企业名称	地区	所属行业	营业收入（万元）
1	青拓集团有限公司	宁德市	黑色金属冶炼和压延加工业	11036402
2	福建永荣控股集团有限公司	福州市	化学纤维制造业	4014512
3	恒申控股集团有限公司	福州市	化学纤维制造业	4002426
4	福建省金纶高纤股份有限公司	福州市	化学纤维制造业	2986688
5	宁德时代新能源科技股份有限公司	宁德市	电气机械和器材制造业	2961126
6	安踏体育用品集团有限公司	泉州市	皮革、毛皮、羽毛及其制品和制鞋业	2410004
7	达利食品集团有限公司	泉州市	食品制造业	2086356
8	福建恒安集团有限公司	泉州市	造纸和纸制品业	2051388
9	三宝集团股份有限公司	漳州市	黑色金属冶炼和压延加工业	2030638
10	福耀玻璃工业集团股份有限公司	福州市	非金属矿物制品业	2022499
11	福建捷联电子有限公司	福州市	计算机、通信和其他电子设备制造业	1844264
12	祥兴（福建）箱包集团有限公司	福州市	其他制造业	1210953
13	福建百宏聚纤科技实业有限公司	泉州市	化学纤维制造业	860203
14	厦门宏发电声股份有限公司	厦门市	计算机、通信和其他电子设备制造业	835368
15	福建吴航不锈钢制品有限公司	福州市	黑色金属冶炼和压延加工业	655595
16	特步（中国）有限公司	泉州市	皮革、毛皮、羽毛及其制品和制鞋业	638317
17	福建亿鑫钢铁有限公司	福州市	黑色金属冶炼和压延加工业	630932
18	福建省长乐市山力化纤有限公司	福州市	化学纤维制造业	584598

续表

序号	企业名称	地区	所属行业	营业收入（万元）
19	福建傲农生物科技集团股份有限公司	漳州市	农副食品加工业	576189
20	九牧集团有限公司	泉州市	非金属矿物制品业	571850
21	福建长源纺织有限公司	福州市	纺织业	551319
22	奥佳华智能健康科技集团股份有限公司	厦门市	专用设备制造业	544703
23	福建盼盼食品有限公司	龙岩市	食品制造业	517865
24	福建南平太阳电缆股份有限公司	南平市	电气机械和器材制造业	510461
25	福建金源纺织有限公司	福州市	纺织业	490611
26	厦门立达信绿色照明集团有限公司	厦门市	电气机械和器材制造业	477381
27	福建龙麟集团有限公司	龙岩市	非金属矿物制品业	458043
28	福建元成豆业有限公司	福州市	农副食品加工业	456077
29	华特控股集团有限公司	厦门市	石油加工、炼焦和核燃料加工业	422380
30	厦门三安光电有限公司	厦门市	其他制造业	412900
31	厦门银祥集团有限公司	厦门市	农副食品加工业	367647
32	三棵树涂料股份有限公司	莆田市	化学原料和化学制品制造业	358402
33	福建七匹狼实业股份有限公司	泉州市	纺织服装、服饰业	351703
34	福建龙马环卫装备股份有限公司	龙岩市	专用设备制造业	344358
35	科华恒盛股份有限公司	厦门市	计算机、通信和其他电子设备制造业	343692
36	福建省长乐市新华源纺织有限公司	福州市	纺织业	340464
37	福建省联盛纸业有限责任公司	漳州市	造纸和纸制品业	323206
38	厦门盈趣科技股份有限公司	厦门市	计算机、通信和其他电子设备制造业	277873
39	福建省长乐市华源纺织有限公司	福州市	纺织业	260433
40	厦门强力巨彩光电科技有限公司	厦门市	计算机、通信和其他电子设备制造业	249845
41	福建匹克集团有限公司	泉州市	纺织服装、服饰业	234983
42	福建金牛水泥有限公司	三明市	其他制造业	225209
43	福建鸿星尔克体育用品有限公司	泉州市	皮革、毛皮、羽毛及其制品和制鞋业	222739
44	福建德胜能源有限公司	福州市	石油加工、炼焦和核燃料加工业	194507
45	祥龙集团	福州市	皮革、毛皮、羽毛及其制品和制鞋业	192133
46	福建龙峰纺织科技实业有限公司	泉州市	纺织业	186965
47	福建恒利集团有限公司	泉州市	造纸和纸制品业	184047
48	厦门保沣实业有限公司	厦门市	金属制品业	174822
49	福建福鼎海鸥水产食品有限公司	宁德市	农副食品加工业	169492
50	福建奋安铝业有限公司	福州市	有色金属冶炼和压延加工业	162257

（摘编：李　兵）

福建省营业收入前300家工业企业（2019年）

位次	企业名称	位次	企业名称
1	国网福建省电力有限公司	31	厦门烟草工业有限责任公司
2	福建联合石油化工有限公司	32	宝钢德盛不锈钢有限公司
3	中化泉州石化有限公司	33	福建罗源闽光钢铁有限责任公司
4	紫金矿业集团黄金冶炼有限公司	34	福建锦江科技有限公司
5	戴尔（中国）有限公司	35	冠捷显示科技（厦门）有限公司
6	宁德时代新能源科技股份有限公司	36	福建三宝特钢有限公司
7	福建青拓镍业有限公司	37	福建泉州闽光钢铁有限责任公司
8	福建省三钢（集团）有限责任公司	38	泉州明恒纺织有限公司
9	宁德新能源科技有限公司	39	中海福建天然气有限责任公司
10	宸美（厦门）光电有限公司	40	福州京东方光电科技有限公司
11	福建鼎信科技有限公司	41	福建省长汀金龙稀土有限公司
12	宸鸿科技（厦门）有限公司	42	福建奔驰汽车有限公司
13	福建青拓实业股份有限公司	43	联盛纸业（龙海）有限公司
14	福建三宝钢铁有限公司	44	福建甬金金属科技有限公司
15	正兴车轮集团有限公司	45	安踏体育用品集团有限公司
16	福建捷联电子有限公司	46	福建宁德核电有限公司
17	紫金铜业有限公司	47	福建省石狮市通达电子有限公司
18	厦门天马微电子有限公司	48	福建宏旺实业有限公司
19	福建省金纶高纤股份有限公司	49	福建申远新材料有限公司
20	戴尔（厦门）有限公司	50	长乐力恒锦纶科技有限公司
21	长乐恒申合纤科技有限公司	51	福建福清核电有限公司
22	特步（中国）有限公司	52	纬恒（福建）轻纺有限公司
23	翔鹭石化（漳州）有限公司	53	福建中锦新材料有限公司
24	龙岩烟草工业有限责任公司	54	福建吴航不锈钢制品有限公司
25	友达光电（厦门）有限公司	55	福建元成豆业有限公司
26	连江清禄鞋业有限公司	56	福建百宏聚纤科技实业有限公司
27	中铜东南铜业有限公司	57	福建省辉源金属制品有限公司
28	福建福欣特殊钢有限公司	58	厦门银鹭食品集团有限公司
29	联想移动通信科技有限公司	59	福建龙净环保股份有限公司
30	福建鼎信实业有限公司	60	福建大东海实业集团有限公司

续表

位次	企业名称	位次	企业名称
61	飞毛腿（福建）电子有限公司	97	福建上杭太阳铜业有限公司
62	金莱克（中国）体育用品有限公司	98	捷太格特转向系统（厦门）有限公司
63	福建圣农发展股份有限公司	99	漳州立达信光电子科技有限公司
64	柯林（福建）服饰有限公司	100	福建美明达鞋业发展有限公司
65	捷星显示科技（福建）有限公司	101	九牧厨卫股份有限公司
66	福建省长乐市山力化纤有限公司	102	锐捷网络股份有限公司
67	中国重汽集团福建海西汽车有限公司	103	中铝瑞闽股份有限公司
68	石狮市佳龙石化纺纤有限公司	104	福耀玻璃工业集团股份有限公司
69	福建省金燕海洋生物科技股份有限公司	105	泉州市燃气有限公司
70	福建罗源小蕉轧钢有限公司	106	福建三钢小蕉实业发展有限公司
71	华阳电业有限公司	107	明达实业（厦门）有限公司
72	厦门太古飞机工程有限公司	108	福建公元食品有限公司
73	福建长源纺织有限公司	109	福建省东鑫石油化工有限公司
74	福建亿鑫钢铁有限公司	110	福建省长乐市泰源纺织实业有限公司
75	南靖万利达科技有限公司	111	福建省晋江市浩沙制衣有限公司
76	福建省长乐市锦源纺织有限公司	112	福建经纬新纤科技实业有限公司
77	福建华锦实业有限公司	113	福建傲农生物科技集团股份有限公司
78	厦门金龙联合汽车工业有限公司	114	申鹭达股份有限公司
79	莆田市鑫龙鞋业有限公司	115	泉州福海粮油工业有限公司
80	福建华峰新材料有限公司	116	福建凯邦锦纶科技有限公司
81	福建省联盛纸业有限责任公司	117	新大陆数字技术股份有限公司
82	福建圣农食品有限公司	118	稻兴电子科技（厦门）有限公司
83	泉州市泉港富兴钢板有限公司	119	厦门太古发动机服务有限公司
84	厦门厦钨新能源材料有限公司	120	福建省闽发铝业股份有限公司
85	莆田市永丰鞋业有限公司	121	福建圣农发展（浦城）有限公司
86	百威雪津啤酒有限公司	122	漳州鼎鑫工贸有限公司
87	福建省晋江福源食品有限公司	123	福建欧美龙体育用品有限公司
88	福建金源纺织有限公司	124	国投云顶湄洲湾电力有限公司
89	福建景丰科技有限公司	125	漳州蒙发利实业有限公司
90	福建泉州宝辉珠宝首饰有限公司	126	福建南平太阳电缆股份有限公司
91	福建省长乐市第二棉纺织厂	127	福建天辰耀隆新材料有限公司
92	厦门金龙旅行车有限公司	128	紫金矿业集团股份有限公司
93	福建恒利集团有限公司	129	福州旭福光电科技有限公司
94	福建省中江石化有限公司	130	厦门海峡黄金珠宝产业园有限公司
95	珠穆朗玛（中国）有限公司	131	仙游县元生智汇科技有限公司
96	福建中景石化有限公司	132	福州龙福食品有限公司

续表

位次	企业名称	位次	企业名称
133	三明厦钨新能源材料有限公司	169	晋江市慷慨橡塑制品有限公司
134	林德（中国）叉车有限公司	170	福建省鸿山热电有限责任公司
135	福建省南平铝业股份有限公司	171	盈丰食品股份有限公司
136	厦门银祥油脂有限公司	172	厦门三安光电有限公司
137	祥达光学（厦门）有限公司	173	厦门盈趣科技股份有限公司
138	厦门市三安半导体科技有限公司	174	中平神马（福建）科技发展有限公司
139	华能国际电力股份有限公司福州电厂	175	福建凯航再生资源有限责任公司
140	福建固美金属有限公司	176	福建泉州群发包装纸品有限公司
141	金保利（泉州）科技实业有限公司	177	福建铂阳精工设备有限公司
142	辉煌水暖集团有限公司	178	福建龙麟集团有限公司
143	路达（厦门）工业有限公司	179	福州翔隆纺织有限公司
144	福建新华源纺织集团有限公司	180	福建省石狮市通达电器有限公司
145	福建省国联混凝土有限责任公司	181	福建翔升纺织有限公司
146	厦门正新橡胶工业有限公司	182	厦门厦顺铝箔有限公司
147	福建华电可门发电有限公司	183	福州吴航钢铁制品有限公司
148	匹克（中国）有限公司	184	福建龙峰纺织科技实业有限公司
149	欧浦登（顺昌）光学有限公司	185	福建星网锐捷通讯股份有限公司
150	福建图图服饰有限公司	186	福建佳新创辉集团有限公司
151	福建正麒高纤科技股份有限公司	187	泉州华星燃气有限公司
152	福建德通金属容器股份有限公司	188	厦门 ABB 开关有限公司
153	福建大唐国际宁德发电有限责任公司	189	福建唐源合纤科技有限公司
154	福建省永安万年水泥有限公司	190	泉州星竹鞋材有限公司
155	国电泉州热电有限公司	191	赛得利（福建）纤维有限公司
156	福建省晋江市陈埭安盛鞋服有限公司	192	石狮市斯舒郎体育用品有限公司
157	蜡笔小新（福建）食品工业有限公司	193	福建力道鞋服有限公司
158	宝宸（厦门）光学科技有限公司	194	福建荣盛钢结构实业有限公司
159	万利（中国）有限公司	195	漳州旗滨玻璃有限公司
160	神华福能发电有限责任公司	196	福建省长乐市正隆纺织有限公司
161	福建上润精密仪器有限公司	197	三六一度（中国）有限公司
162	福建省闽中有机食品有限公司	198	厦门固杰科技有限公司
163	福州大通机电有限公司	199	福建莱克石化有限公司
164	福建省源威涤锦科技有限公司	200	福建佳通轮胎有限公司
165	腾龙芳烃（漳州）有限公司	201	厦门 ABB 低压电器设备有限公司
166	龙工（福建）机械有限公司	202	福建晶安光电有限公司
167	达利食品集团有限公司	203	福建青拓上克不锈钢有限公司
168	福建恒利纸业有限公司	204	泉州市闽泰华工艺品有限公司

续表

位次	企业名称	位次	企业名称
205	厦门正新海燕轮胎有限公司	241	普立优高分子（福建）有限公司
206	福建冠睿电子科技有限公司	242	上海电气风电设备莆田有限公司
207	漳州大北农农牧科技有限公司	243	泉州鸿圣轻工有限公司
208	福建省长乐市华源纺织有限公司	244	泉州华尔宝树脂有限公司
209	福建森源家具有限公司	245	福建三宏环保科技有限公司
210	福建战地吉普户外服饰有限公司	246	厦门亿联网络技术股份有限公司
211	漳州天福茶业有限公司	247	福建亚伦电子电器科技有限公司
212	福建乐隆隆食品科技有限公司	248	福建省马尾造船股份有限公司
213	晋江市锦福化纤聚合有限公司	249	奥佳华智能健康科技集团股份有限公司
214	福建南平南孚电池有限公司	250	华昌珠宝有限公司
215	福建东海漆业有限公司	251	福建省辉源达钢铁制品有限公司
216	厦门金鹭特种合金有限公司	252	福建南安市万家美针织有限公司
217	福建省长乐市华亚纺织有限公司	253	福建申利卡铝业发展有限公司
218	中宇建材集团有限公司	254	金冠（中国）食品有限公司
219	福建源盛纺织服装城有限公司	255	福建时代包装材料有限公司
220	厦门翔鹭化纤股份有限公司	256	安踏（中国）有限公司
221	福建祥鑫股份有限公司	257	中港（福建）水产食品有限公司
222	福建省谋成水泥发展有限公司	258	厦门钨业股份有限公司
223	米亚索乐装备集成（福建）有限公司	259	晋江新奥燃气有限公司
224	泉州来亚丝卫生用品有限公司	260	厦门华特集团有限公司
225	莆田新飞天鞋业有限公司	261	泉州欣林包袋有限公司
226	泉州闽华电器有限公司	262	泉州源利鞋材有限公司
227	中海福建燃气发电有限公司	263	福建长德蛋白科技有限公司
228	厦门宝钢精密钢材科技有限公司	264	华辉科技（中国）有限公司
229	金强（福建）建材科技股份有限公司	265	福建万华实业有限公司
230	福建晋江天然气发电有限公司	266	福州恒展电子有限公司
231	福建东山县海之星水产食品有限公司	267	福建省天然气管网有限责任公司
232	三六一度（福建）体育用品有限公司	268	福建顺昌和兴实业有限公司
233	福建金德尚黄金有限公司	269	福建万鸿纺织有限公司
234	腾龙特种树脂（厦门）有限公司	270	漳州顶津食品有限公司
235	福建省莆田荔兴轻工实业有限责任公司	271	福建宝华鞋业有限公司
236	福建金磊纺织有限公司	272	福州摩实达电子科技有限公司
237	泉州东风鞋帽有限公司	273	连天红（福建）家具有限公司
238	福建鸿圣箱包有限公司	274	福建东山县顺发水产有限公司
239	厦门松下电子信息有限公司	275	福建源光电装有限公司
240	福建龙马环卫装备股份有限公司	276	福建省长乐金沙港纺织有限公司

续表

位次	企业名称	位次	企业名称
277	福州通尔达电线电缆有限公司	289	锐珂（厦门）医疗器材有限公司
278	福建省信达光电科技有限公司	290	长乐聚泉食品有限公司
279	福建新福达汽车工业有限公司	291	漳平红狮水泥有限公司
280	漳州片仔癀药业股份有限公司	292	福建省海安橡胶有限公司
281	福建省万达汽车玻璃工业有限公司	293	厦门 TDK 有限公司
282	福建省闽华电源股份有限公司	294	东南（福建）汽车工业有限公司
283	福州兴广恒玻璃有限公司	295	中纺粮油（福建）有限公司
284	福建三山（集团）南平市钢铁有限公司	296	福建省清流县东莹化工有限公司
285	漳州市旭利照明电器有限公司	297	开发晶照明（厦门）有限公司
286	玖龙纸业（泉州）有限公司	298	福建联迪商用设备有限公司
287	福建思嘉环保材料科技有限公司	299	晋江市七彩狐服装织造有限公司
288	荣兴（福建）特种钢业有限公司	300	石狮市大帝集团有限公司

（摘编：郭　鹭）

福建省建筑业总产值前300家企业（2019年）

位次	企业名称	位次	企业名称
1	中建海峡建设发展有限公司	31	福建省东霖建设工程有限公司
2	福建六建集团有限公司	32	福建一建集团有限公司
3	福建建工集团有限责任公司	33	福建省日誉建设集团有限公司
4	福建省泷澄建设集团有限公司	34	中铁二十二局集团第三工程有限公司
5	中建四局第四建筑工程有限公司	35	福建省兴岩建设集团有限公司
6	中建海峡（厦门）建设发展有限公司	36	中交三航（厦门）工程有限公司
7	福建省永泰建筑工程公司	37	名筑建工集团有限公司
8	福建省闽南建筑工程有限公司	38	厦门中联永亨建设集团有限公司
9	福建九鼎建设集团有限公司	39	福建来宝建设集团有限公司
10	福建省永富建设集团有限公司	40	中建协和建设有限公司
11	中交建宏峰集团有限公司	41	福建省融旗建设工程有限公司
12	中交一公局厦门工程有限公司	42	福建省惠五建设工程有限公司
13	福建省华荣建设集团有限公司	43	福建省安泰建筑工程有限公司
14	中建鑫宏鼎环境集团有限公司	44	福建巨岸建设工程有限公司
15	福建省九龙建设集团有限公司	45	福建省涵城建设工程有限公司
16	中城建设有限责任公司	46	福建卓越建设工程开发有限公司
17	海峡宏基建工集团有限公司	47	福建华航建设集团有限公司
18	福建宏盛建设集团有限公司	48	福建成森建设集团有限公司
19	福建闽清一建建设发展有限公司	49	福建省民益建设工程有限公司
20	福建发展集团有限公司	50	福建省荔隆建设工程有限公司
21	福建省惠东建筑工程有限公司	51	福建新华夏建工有限公司
22	福建省第五建筑工程公司	52	中核工建设集团第四工程局有限公司
23	中铁一局集团厦门建设工程有限公司	53	中铁二十四局集团福建铁路建设有限公司
24	福建路港（集团）有限公司	54	福建远舟港湾建设工程有限公司
25	福建省二建建设集团有限公司	55	福建七建集团有限公司
26	厦门特房建设工程集团有限公司	56	福建联泰建设工程有限公司
27	福建磊鑫（集团）有限公司	57	福建省兴创建设集团有限公司
28	福建金鼎建筑发展有限公司	58	福建森正建设有限公司
29	泉发建设股份有限公司	59	厦门源昌城建集团有限公司
30	福建璟榕工程建设发展有限公司	60	中建诺成有限公司

续表

位次	企业名称	位次	企业名称
61	中铁十七局集团第六工程有限公司	97	福建华建工程建设有限公司
62	福建省同源建设工程有限公司	98	福建省杭辉建设工程有限公司
63	中建三局（厦门）建设有限公司	99	福建恒盛建筑集团有限公司
64	福建省百盛建设发展有限公司	100	中大（福建）工程建设集团有限公司
65	中国水利水电第十六工程局有限公司	101	向阳建设实业有限公司
66	福建才溪建设集团有限公司	102	中建远南集团有限公司
67	福建省八方建筑工程有限公司	103	福建登凯成龙建设集团有限公司
68	福建惠丰建筑工程有限公司	104	宏禹建设有限公司
69	福建荣建集团有限公司	105	中铁（厦门）投资有限公司
70	中建凯源集团有限公司	106	海环科技集团股份有限公司
71	新纪建工集团有限公司	107	福建省海天建设工程有限公司
72	方圆建设集团有限公司	108	福建省晓沃建设工程有限公司
73	中晟海峡建设有限公司	109	中建（福建）建设有限公司
74	福建博业建设集团有限公司	110	中东建设集团有限公司
75	恒晟集团有限公司	111	飞阳建设工程有限公司
76	鑫泰建设集团有限公司	112	福建省利恒建设工程有限公司
77	福建省工业设备安装有限公司	113	福建大华鑫建设工程有限公司
78	中铁海峡建设集团有限公司	114	福建省长鸿建筑工程有限公司
79	福建省恒基建设股份有限公司	115	福建弘祥建设工程有限公司
80	福建省雄盛建筑工程有限公司	116	中交四航局第五工程有限公司
81	福建省五洲建设集团有限公司	117	福建巨铸建筑工程有限公司
82	中建力天集团有限公司	118	福建省亿方建设工程有限公司
83	福建拓海建设工程有限公司	119	福建省禹澄建设工程有限公司
84	中建富林集团有限公司	120	福建省榕源建设工程有限公司
85	福建省透堡建筑工程有限公司	121	福州市城投建筑有限公司
86	福建省中马建设工程有限公司	122	莆田中建建设发展有限公司
87	福州市第三建筑工程公司	123	中城投集团第八工程局有限公司
88	福建铭泰集团有限公司	124	永太建设集团有限公司
89	福建省隆盛建设工程有限公司	125	福建省隧道工程有限公司
90	福州建工（集团）总公司	126	中建大闽台建设发展有限公司
91	福州市一建建设股份有限公司	127	中铁（福州）投资有限公司
92	福建三建工程有限公司	128	福建旭建市政园林工程有限公司
93	福建省顺安建筑工程有限公司	129	中交鹭建有限公司
94	福建路桥建设有限公司	130	福建省南安市第一建设有限公司
95	福建永东南建设集团有限公司	131	泉州亿兴电力工程建设有限公司
96	福建省泉州市东海建筑有限公司	132	福建第一公路工程集团有限公司

续表

位次	企业名称	位次	企业名称
133	福建省中嘉建设工程有限公司	169	福建泉润建设工程有限公司
134	福建省水利水电工程局有限公司	170	龙岩市西安建筑工程有限公司
135	福建泉州市二建工程有限公司	171	中国电建集团福建工程有限公司
136	恒富建设集团有限公司	172	福建筑兆建设有限公司
137	福建祥荣建设投资集团有限公司	173	福建省泰宏建设工程有限公司
138	福建省惠三建设发展有限公司	174	中建八达建设有限公司
139	乐嘉建设工程有限公司	175	福建中凯建设工程有限公司
140	中建旷博（福建）有限公司	176	福建省国筑建设工程有限公司
141	福建省高华建设工程有限公司	177	福建省金通建设集团有限公司
142	福建省国泰建设有限公司	178	中庚汇建设发展有限公司
143	福州第七建筑工程有限公司	179	福建省闽楚建设工程有限公司
144	厦门树鑫建设集团有限公司	180	恒亿集团有限公司
145	福建省交建集团工程有限公司	181	厦门市建安集团有限公司
146	中汇建筑集团有限公司	182	福建建中建设科技股份有限公司
147	大成工程建设集团有限公司	183	厦门市大方舟建设有限公司
148	福建联美建设集团有限公司	184	漳州市建筑工程有限公司
149	厦门海投工程建设有限公司	185	福建互助建筑工程有限公司
150	福建中浩市政园林有限公司	186	中建华鸿建设发展有限公司
151	中建闽泰建设开发有限公司	187	福建上杭广厦建设有限公司
152	福建冶地恒元建设有限公司	188	中磐建设集团有限公司
153	福建省中木建设集团有限公司	189	福建省惠一建设工程有限公司
154	福建省盛威建设发展有限公司	190	福建省恒鼎建筑工程有限公司
155	福建联谊建筑工程有限公司	191	福建兴万祥建设集团有限公司
156	中建八局（厦门）建设有限公司	192	福建省实盛建设工程有限公司
157	闽晟集团城建发展有限公司	193	厦门华宇众城建设工程有限公司
158	福建省高速公路养护工程有限公司	194	福建胜奇工程建设有限公司
159	神州建设集团有限公司	195	福建晟亿集团有限公司
160	福能联信建设集团有限公司	196	福建省吴航建筑工程有限公司
161	福建省隆恩建设集团有限公司	197	福州铁建建筑有限公司
162	紫金矿业建设有限公司	198	福州亿力电力工程有限公司
163	厦门市吉兴集团建设有限公司	199	福建省汀江水电工程有限公司
164	福建普尔泰集团有限公司	200	海峡建工集团有限公司
165	福建省龙津建筑工程有限公司	201	福建省永泰县第三建筑工程有限公司
166	福建勤马集团有限公司	202	福建省桃城建设工程有限公司
167	福建恒声建设集团有限公司	203	福建大舟建设集团有限公司
168	厦门安能建设有限公司	204	厦门电力工程集团有限公司

续表

位次	企业名称	位次	企业名称
205	福建省嘉晟建设发展有限公司	241	福建屹立建设工程有限公司
206	福建省惠裕建设工程有限公司	242	福建九翔龙建设工程有限公司
207	福建省邮电工程有限公司	243	福建省高德工程建设有限公司
208	福建蓝海市政园林建筑有限公司	244	厦门思总建设有限公司
209	厦门集三建设集团有限公司	245	厦门市政工程有限公司
210	福建京源建设工程有限公司	246	福建博成建筑工程有限公司
211	福建华轩建设有限公司	247	福建红珊瑚景观建设有限公司
212	砖文建设集团有限公司	248	福建省麒麟建设工程集团有限公司
213	福建省中禹水利水电工程有限公司	249	福建省昊立建设工程有限公司
214	福建省世新工程营造有限公司	250	厦门卓毅建筑工程有限公司
215	海峡福环建工集团有限公司	251	福建省明丰建设集团有限公司
216	福建中冶永行建设工程有限公司	252	福建省榕圣市政工程股份有限公司
217	福建省明通建设集团有限公司	253	福建省宏旺建设有限公司
218	福建华通路桥建设有限公司	254	亿晟建设有限公司
219	中星联丰建设集团有限公司	255	福建省福新建设工程有限公司
220	福建省涵禹建设工程有限公司	256	福建省顺天亿建设有限公司
221	中国电建集团航空港建设有限公司	257	福建省新华都工程有限责任公司
222	厦门鲁班源房屋营造有限公司	258	福建汇达建筑工程有限公司
223	福建呈星建设工程有限公司	259	华辉建工集团有限公司
224	广田建设工程有限公司	260	福建省上杭县宏庄建筑工程有限公司
225	福建永旺建设集团有限公司	261	锦禾建设集团有限公司
226	聚煌集团有限公司	262	福建中联建设工程有限公司
227	福建创邦建筑工程有限公司	263	福建兴港建工有限公司
228	凯辉集团（福建）有限公司	264	福建海瑞工程建设有限公司
229	福建省汤头建筑工程有限公司	265	宏晖建设工程有限公司
230	福建省送变电工程有限公司	266	至永建设集团有限公司
231	福建承昌建设工程有限公司	267	福州闽铄水利水电工程有限公司
232	福建省莆田市联发建筑工程有限公司	268	福建闽东建工投资有限公司
233	福建省崇禹水利水电建设工程有限公司	269	福建广耀建设工程有限公司
234	福建省龙祥建设集团有限公司	270	华宇（福建）置业集团有限公司
235	福建众诚建设工程有限公司	271	福建新纪建设集团有限公司
236	宇旺建工集团有限公司	272	福建省华舜水利水电工程有限公司
237	福建省冠辉建设工程有限公司	273	福州闽龙铁路工程有限公司
238	仙游县建工投资集团有限公司	274	福建永宏建设工程有限公司
239	泉州市亿民建设发展有限公司	275	福建省晋南建设集团有限公司
240	福建平祥建设工程有限公司	276	福建省樟榕建设工程有限公司

续表

位次	企业名称	位次	企业名称
277	福建省盛达建设有限公司	289	福建省燕城建设工程有限公司
278	福建省筑信建设集团有限公司	290	福建地矿建设集团公司
279	福建省东风建筑工程有限公司	291	福建实联建设有限公司
280	福建星原建设工程发展有限公司	292	亿耀（福建）建设有限公司
281	福建省浦口建筑工程有限公司	293	福建省天钧建设发展有限公司
282	中港城建（福建）建设发展有限公司	294	武夷隆鑫集团有限公司
283	福建省新越建工有限公司	295	福建鑫远建工有限公司
284	福建国辉建设工程有限公司	296	福建西南建设有限公司
285	福州市中霖工程建设有限公司	297	福建金田建设工程有限公司
286	福建省华实建设工程有限公司	298	中锦骏业建设有限公司
287	福建金川建筑工程有限公司	299	三明客家源建设工程有限公司
288	福建省鑫茂建设发展有限公司	300	福建正宇市政园林工程有限公司

（摘编：郭　鹭）

福建省主营业务收入前300家贸易企业（2019年）

位次	企业名称	位次	企业名称
1	厦门国贸集团股份有限公司	31	中国石化销售有限公司福建石油分公司
2	厦门象屿物流集团有限责任公司	32	厦门象屿化工有限公司
3	厦门信达股份有限公司	33	盛屯金属有限公司
4	福建省福化工贸股份有限公司	34	福建达利发展有限公司
5	福建闽光云商有限公司	35	盛屯矿业集团股份有限公司
6	中石化森美（福建）石油有限公司	36	福建省烟草公司福州市公司
7	福建兴大进出口贸易有限公司	37	漳州路桥物资发展有限公司
8	福建中烟工业有限责任公司	38	厦门黄金投资有限公司
9	福建炼油化工有限公司	39	厦门建发物资有限公司
10	厦门海翼国际贸易有限公司	40	福建传祺海油石化有限公司
11	福建闽海石化有限公司	41	海峡石化产品交易中心有限公司
12	厦门建发矿业资源有限公司	42	晋江锦兴贸易有限公司
13	中化石油成品油销售有限公司	43	福建三钢国贸有限公司
14	厦门象屿铝晟有限公司	44	厦门港务贸易有限公司
15	厦门象屿速传供应链发展股份有限公司	45	福建省烟草公司漳州市公司
16	厦门建发金属有限公司	46	泉州展志钢材有限公司
17	福化工贸（漳州）有限公司	47	斐乐服饰有限公司
18	建发物流集团有限公司	48	福州民天实业有限公司
19	厦门建发纸业有限公司	49	福安市青拓商贸有限公司
20	中国石油天然气股份有限公司福建销售分公司	50	厦门航空开发股份有限公司
21	成大物产（厦门）有限公司	51	斐乐体育有限公司
22	厦门京东东和贸易有限公司	52	福建湛华智能科技有限公司
23	中石化化工销售（福建）有限公司	53	福建永辉超市有限公司
24	永辉超市股份有限公司	54	均和（厦门）能源有限公司
25	均和（厦门）控股有限公司	55	福建百纳实业有限公司
26	福建阳光集团有限公司	56	福建省榕江进出口有限公司
27	福建省烟草公司泉州市公司	57	厦门市信达安贸易有限公司
28	福清中金有色金属材料有限公司	58	厦门市明穗粮油贸易有限公司
29	福建信通贸易有限公司	59	晋江辉豪化工有限公司
30	厦门建发物产有限公司	60	福建省烟草公司厦门市公司

续表

位次	企业名称	位次	企业名称
61	福建华锦贸易有限公司	97	福清江阴港银河国际汽车进出口贸易有限公司
62	福建力聚物流有限公司	98	厦门金圆产业发展有限公司
63	福建闽侯永辉商业有限公司	99	鑫东森集团有限公司
64	中化石油福建有限公司	100	厦门同歆贸易有限公司
65	福建青企实业有限公司	101	福建省烟草公司南平市公司
66	厦门海峡供应链发展有限公司	102	福建省烟草公司龙岩市公司
67	青拓集团有限公司	103	福建恒安集团厦门商贸有限公司
68	厦门安踏电子商务有限公司	104	福建南方建材发展有限公司
69	厦门建发轻工有限公司	105	福建匹克能源有限公司
70	福建永荣控股集团有限公司	106	平潭青拓金属材料有限公司
71	晋江市大长江钢管实业有限公司	107	福建锦江泓晟贸易有限公司
72	中国工艺福建实业有限公司	108	福建省烟草公司莆田市公司
73	龙工（中国）机械销售有限公司	109	厦门象屿农产品有限责任公司
74	厦门特步投资有限公司	110	紫金矿业物流有限公司
75	厦门建发原材料贸易有限公司	111	均和（厦门）供应链管理有限公司
76	厦门万翔物流投资有限公司	112	福建国海燃料有限公司
77	福建省超盛化工工贸有限公司	113	福建申远贸易有限公司
78	厦门乔丹发展有限公司	114	福州麦多万嘉超市有限公司
79	厦门合兴包装印刷股份有限公司	115	福建新华发行（集团）有限责任公司
80	国投京闽（莆田）工贸有限公司	116	紫金矿业集团（厦门）金属材料有限公司
81	福州喜盈门实业有限公司	117	福建泉州市嘉晟供应链有限公司
82	厦门建发化工有限公司	118	厦门西海控股有限公司
83	象屿宏大供应链有限责任公司	119	晋江市恒丰进出口贸易有限公司
84	福建山福国际能源有限责任公司	120	福建三棵树建筑材料有限公司
85	中拓（福建）实业有限公司	121	厦门象盛镍业有限公司
86	厦门路桥国际贸易有限公司	122	福建省路路达石油制品有限公司
87	厦门宝拓资源有限公司	123	福建嘉木沥青有限公司
88	福建省烟草公司三明市公司	124	厦门市嘉晟对外贸易有限公司
89	全骏达实业有限公司	125	福建省烟草公司宁德市公司
90	均达升（厦门）控股有限公司	126	厦门禹港有限公司
91	厦门安踏有限公司	127	厦门恒兴集团有限公司
92	厦门国贸纸业有限公司	128	上杭县紫金金属资源有限公司
93	厦门信和达电子有限公司	129	厦门海易航供应链物流有限公司
94	中国航油集团福建石油有限公司	130	晋江市进出口有限公司
95	厦门嘉晟供应链股份有限公司	131	国药控股福州有限公司
96	福建省长乐市创造者锦纶实业有限公司	132	宁德海螺水泥有限责任公司

续表

位次	企业名称	位次	企业名称
133	福建福泰钢铁有限公司	169	福建省粮油食品进出口集团有限公司
134	莆田市众鞋网络科技有限公司	170	福建达亿贸易有限公司
135	隆鑫集团（福建）有限公司	171	厦门路桥工程物资有限公司
136	新中冠智能科技股份有限公司	172	福建亚升石化有限公司
137	厦门建发能源有限公司	173	厦门世拓矿业有限公司
138	福州开发区新电燃料有限公司	174	福建苏闽石油有限公司
139	泉州港丰能源有限公司	175	福建盛世欣兴格力贸易有限公司
140	泰地集团（厦门）石油有限公司	176	厦门育哲集团有限公司
141	福建苏宁易购商贸有限公司	177	厦门元庆生贸易有限公司
142	厦门嘉联恒进出口有限公司	178	福州开发区益商贸易有限公司
143	福建省长乐市中海石化储运有限责任公司	179	福建省晋江市长城石化有限公司
144	昌富利（厦门）有限公司	180	福建长隆石油化工有限公司
145	福建新孚能源有限公司	181	漳州兴路贸易有限公司
146	紫森（厦门）供应链管理有限公司	182	福建联众化工有限公司
147	厦门信和达供应链有限公司	183	厦门大正贸易有限公司
148	厦门象屿同道供应链有限公司	184	厦门金资金属有限公司
149	福清市众汇汽车进出口贸易有限公司	185	厦门金钼电子科技有限公司
150	厦门宏发电声科技有限公司	186	福建世德久晟贸易有限公司
151	福建昊润石化有限公司	187	厦门恒兴晟贸易有限公司
152	厦门宝达纺织有限公司	188	神华（福建）能源有限责任公司
153	晋江裕福集团有限公司	189	厦门启铭贸易有限公司
154	福州中宝汽车销售服务有限公司	190	中国石油天然气股份有限公司福建泉州销售分公司
155	漳州市龙文区好又鲜贸易有限公司	191	厦门瑞悦隆供应链管理有限公司
156	漳州市龙文区鲜鲜旺贸易有限公司	192	晋江宝华钢材有限公司
157	瑞幸咖啡（中国）有限公司	193	福建三木建设发展有限公司
158	福建东铭国际贸易有限公司	194	厦门盛屯金属销售有限公司
159	恒浩能源（厦门）有限公司	195	福建高速中化石油有限公司
160	福州麒铠商贸发展有限公司	196	福州开发区恒成实业有限公司
161	福建闽讯实业有限公司	197	鹭燕医药股份有限公司
162	厦门晟茂有限责任公司	198	福建省福农农资集团有限公司
163	厦门新纸源电子商务有限公司	199	国药控股福建有限公司
164	福建省南安市华龙石油有限公司	200	连江县永盛恒诚供应链管理合伙企业（普通合伙）
165	厦门夏商国际贸易有限公司	201	福建同春药业股份有限公司
166	福建阳光集团厦门进出口有限公司	202	厦门大亮贸易有限公司
167	福建省润通汽车销售服务有限责任公司	203	福建科宝金属制品有限公司
168	福建省三明钢联有限责任公司	204	福清市驰辰汽车进出口贸易有限公司

续表

位次	企业名称	位次	企业名称
205	厦门翔熙供应链管理有限公司	241	福州开发区鸿宇实业有限公司
206	厦门航开保税贸易有限公司	242	福建省建筑材料设备有限责任公司
207	厦门三裕丰能源有限公司	243	中国石油天然气股份有限公司华南化工销售厦门分公司
208	厦门信息集团商贸有限公司	244	中海石油福建新能源有限公司
209	中粮粮油厦门有限公司	245	泉州晟创商贸有限公司
210	莆田启峰木业有限公司	246	福建华峰贸易有限公司
211	福建省福能物流有限责任公司	247	泉州新华都购物广场有限公司
212	福州智硕商贸发展有限公司	248	福建虹鑫实业有限公司
213	厦门融银贸易有限公司	249	福建省莆田富力进出口有限公司
214	福建省平行进口汽车交易中心有限公司	250	福州展志钢铁有限公司
215	福州联合闽津茶业有限公司	251	冠捷（福州保税区）贸易有限公司
216	厦门誉联集团有限公司	252	连江县一福再生资源有限公司
217	晋江市新长江精密钢管制造有限公司	253	住重中骏（厦门）建机有限公司
218	坤健控股（厦门）有限公司	254	道普（厦门）石化有限公司
219	荣鑫盛（厦门）商贸有限公司	255	福州德英杰贸易有限公司
220	福建漳龙三宝进出口有限公司	256	福建省南平市立远贸易有限公司
221	紫金矿业集团黄金珠宝有限公司	257	厦门华铸实业有限公司
222	福州永力通汽车贸易有限公司	258	福州朴朴电子商务有限公司
223	厦门市鹭欣嘉贸易有限公司	259	福州钜森实业有限公司
224	福州中维实业有限公司	260	厦门建益达有限公司
225	厦门启润实业有限公司	261	厦门伟美义贸易有限公司
226	中国石油天然气股份有限公司福建福州销售分公司	262	漳州大正企业发展有限公司
227	福建青拓再生资源开发有限公司	263	中国厦门国际经济技术合作公司
228	厦门艾德蒙电子科技有限公司	264	厦门市锋荣达贸易有限责任公司
229	福建华峰实业有限公司	265	龙骏信息科技有限公司
230	厦门海投经济贸易有限公司	266	福建省宝旺进出口贸易有限公司
231	厦门欧美勒贸易有限公司	267	厦门合兴供应链管理有限公司
232	福建和锦贸易有限公司	268	福建九州通医药有限公司
233	福建三安集团有限公司	269	福州鹭燕医药有限公司
234	晋江昌博贸易有限公司	270	中矿（宁德）有限公司
235	厦门芗江进出口有限公司	271	福建闽侯苏宁贸易有限公司
236	福建佳兆燃料油有限公司	272	福州轻工进出口有限公司
237	福州锦泽化纤有限公司	273	福州威石艺术品贸易有限公司
238	新储（厦门）农业有限公司	274	中国卷烟销售公司厦门卷烟调拨站
239	厦门鑫通贸易有限公司	275	福建省医药有限责任公司
240	福建亿汇化工有限公司	276	厦门博钦贸易有限公司

续表

位次	企业名称	位次	企业名称
277	厦门夏商农产品集团有限公司	289	福州新港石化有限公司
278	厦门建发农产品有限公司	290	福建璟旭宏发有限公司
279	福州朝畅贸易有限公司	291	泉州亲亲商贸有限公司
280	华米（永安）企业管理有限公司	292	中国石油天然气股份有限公司福建厦门销售分公司
281	厦门上国石材有限公司	293	厦门万翔网络商务有限公司
282	福建汇丰物流有限公司	294	厦门夏商粮食发展有限公司
283	福建斯兰供应链服务有限公司	295	启润物流（厦门）有限公司
284	福建省福润水泥销售有限公司	296	厦门展志钢铁有限公司
285	福建星之宝汽车销售服务有限公司	297	厦门市东之星汽车销售有限公司
286	福州福杭电子有限公司	298	北新集团厦门国际贸易有限公司
287	厦门安踏贸易有限公司	299	福州天赐建材有限公司
288	漳州伊莱福食品有限公司	300	厦门国林林产品有限公司

（摘编：郭　鹭）

福建省2019年第一批入库备案省级高新技术企业名单

一、2019年第一批入库备案省级高新技术企业名单

2019年11月11日福建省科学技术厅、福建省工业和信息化厅、福建省财政厅下发的《福建省科学技术厅、福建省工业和信息化厅、福建省财政厅关于公布福建省2019年第一批入库备案省级高新技术企业名单的通知》（闽科高〔2019〕39号）提出，根据《省级高新技术企业扶持办法》（闽政办〔2017〕141号）和《福建省级高新技术企业备案实施细则（试行）》（闽科高〔2018〕10号）文件有关规定，经企业申报，各设区市、平潭综合实验区备案管理部门组织专家评审、提出入库推荐名单，省备案管理部门对拟入库企业名单进行审核、公示。现将公示无异议的福建省2019年第一批518家企业入库备案的省级高新技术企业名单予以公布。

2019年第一批入库备案省级高新技术企业名单

序号	地　区	企业名称	证书编号
1	福州市/鼓楼区	福建慧政通信息科技有限公司	SG20190001
2	福州市/鼓楼区	福建易联众医疗信息系统有限公司	SG20190002
3	福州市/鼓楼区	福建大馅饼网络科技有限公司	SG20190003
4	福州市/鼓楼区	福建中信创投发展有限公司	SG20190004
5	福州市/鼓楼区	福建京力信息科技有限公司	SG20190005
6	福州市/鼓楼区	佰策发展有限公司	SG20190006
7	福州市/鼓楼区	福建酷智科技有限公司	SG20190007
8	福州市/鼓楼区	智汇公产（福建）软件科技有限公司	SG20190008
9	福州市/鼓楼区	福建天础信息科技有限公司	SG20190009
10	福州市/鼓楼区	福州百洲信息技术有限公司	SG20190010
11	福州市/鼓楼区	福州沸点物联网科技有限公司	SG20190011
12	福州市/鼓楼区	福州合拍网络科技有限公司	SG20190012
13	福州市/鼓楼区	福州安护科技有限公司	SG20190013
14	福州市/鼓楼区	福建东方锐智信息科技集团有限公司	SG20190014
15	福州市/鼓楼区	福州鸿运闽水通讯技术有限公司	SG20190015
16	福州市/鼓楼区	福建省应急通信运营有限公司	SG20190016
17	福州市/鼓楼区	福州海存量数据科技有限公司	SG20190017
18	福州市/鼓楼区	福建图易信息科技有限公司	SG20190018

续表

序号	地区	企业名称	证书编号
19	福州市/鼓楼区	福建网诚信达信息科技有限公司	SG20190019
20	福州市/鼓楼区	福建新动力软件有限公司	SG20190020
21	福州市/鼓楼区	福建富民云咖信息科技有限公司	SG20190021
22	福州市/鼓楼区	福建互医健康科技有限公司	SG20190022
23	福州市/鼓楼区	福建维众信诚网络科技有限公司	SG20190023
24	福州市/鼓楼区	福州初壹共和文化传播有限公司	SG20190024
25	福州市/鼓楼区	福建图讯信息技术有限公司	SG20190025
26	福州市/鼓楼区	福州达远电子科技开发有限公司	SG20190026
27	福州市/鼓楼区	福建英迈软件有限公司	SG20190027
28	福州市/鼓楼区	福州思派信息技术咨询有限公司	SG20190028
29	福州市/鼓楼区	福建智涵信息科技有限公司	SG20190029
30	福州市/鼓楼区	福建闽图科技有限公司	SG20190030
31	福州市/鼓楼区	福建晟洲信息科技有限公司	SG20190031
32	福州市/鼓楼区	福建恒丰源消防安全科技有限公司	SG20190032
33	福州市/鼓楼区	福州花谷科技有限公司	SG20190033
34	福州市/鼓楼区	福州海云信息技术有限公司	SG20190034
35	福州市/鼓楼区	福建网格信息科技股份有限公司	SG20190035
36	福州市/鼓楼区	福州译国译民翻译服务有限公司	SG20190036
37	福州市/鼓楼区	福州点金信息技术有限公司	SG20190037
38	福州市/鼓楼区	福州福田工艺品有限公司	SG20190038
39	福州市/鼓楼区	福州阿凡达科技有限公司	SG20190039
40	福州市/鼓楼区	福建锐华有限公司	SG20190040
41	福州市/鼓楼区	福建省天正信息资讯工程有限公司	SG20190041
42	福州市/鼓楼区	福州天地同人信息科技有限公司	SG20190042
43	福州市/鼓楼区	福建省卡友实业有限公司	SG20190043
44	福州市/鼓楼区	福建省新通网络科技有限公司	SG20190044
45	福州市/鼓楼区	福建永鹏融和科技有限公司	SG20190045
46	福州市/鼓楼区	福州领头虎软件有限公司	SG20190046
47	福州市/鼓楼区	福建禾润源电子科技有限公司	SG20190047
48	福州市/鼓楼区	福建米多多网络科技有限公司	SG20190048
49	福州市/鼓楼区	福建中科多特健康科技有限公司	SG20190049
50	福州市/鼓楼区	福建金地勘测规划有限公司	SG20190050
51	福州市/鼓楼区	福建卓融信息技术有限公司	SG20190051
52	福州市/鼓楼区	福州市灵创电子科技有限公司	SG20190052
53	福州市/鼓楼区	福建地三方空间信息技术有限公司	SG20190053
54	福州市/鼓楼区	福建睿思特科技股份有限公司	SG20190054

续表

序号	地区	企业名称	证书编号
55	福州市/鼓楼区	福建用心信息科技有限公司	SG20190055
56	福州市/鼓楼区	福建超汇信息技术有限公司	SG20190056
57	福州市/鼓楼区	毅立达（福建）科技股份有限公司	SG20190057
58	福州市/鼓楼区	福州空中邮车网络科技有限公司	SG20190058
59	福州市/鼓楼区	福州瑞博智视智能设备有限公司	SG20190059
60	福州市/鼓楼区	福州泰文信息科技有限公司	SG20190060
61	福州市/鼓楼区	福建医联康护信息技术有限公司	SG20190061
62	福州市/鼓楼区	福建炎信信息技术有限公司	SG20190062
63	福州市/鼓楼区	福建瀚鑫网络科技有限公司	SG20190063
64	福州市/鼓楼区	福州康泰生物科技有限公司	SG20190064
65	福州市/鼓楼区	福建省君邦正业科技有限公司	SG20190065
66	福州市/鼓楼区	福建银雁金融服务外包有限公司	SG20190066
67	福州市/鼓楼区	中诺（福建）数码信息有限公司	SG20190067
68	福州市/鼓楼区	福建恒顺电力工程有限公司	SG20190068
69	福州市/鼓楼区	福建中振网络科技有限公司	SG20190069
70	福州市/鼓楼区	福建思亿电子科技有限公司	SG20190070
71	福州市/鼓楼区	福建青网网络科技有限公司	SG20190071
72	福州市/鼓楼区	福建小知大数信息科技有限公司	SG20190072
73	福州市/鼓楼区	福州市博讯网络科技有限公司	SG20190073
74	福州市/台江区	福州刷新网络技术服务有限公司	SG20190074
75	福州市/台江区	福建宇邦科技有限公司	SG20190075
76	福州市/台江区	福建商付通信息科技有限公司	SG20190076
77	福州市/台江区	福州宝威电子有限公司	SG20190077
78	福州市/台江区	福建啄木鸟环境科技有限公司	SG20190078
79	福州市/台江区	福建亿策金点在线教育科技有限公司	SG20190079
80	福州市/台江区	福建省秦蜂网络科技有限公司	SG20190080
81	福州市/台江区	福州东辰新科投资有限公司	SG20190081
82	福州市/台江区	福州创安恒业信息技术有限公司	SG20190082
83	福州市/台江区	福建鑫力智能科技有限公司	SG20190083
84	福州市/台江区	福建兴网纵横网络科技有限公司	SG20190084
85	福州市/台江区	福州翰林在线教育发展有限公司	SG20190085
86	福州市/台江区	福建众智精图信息技术有限公司	SG20190086
87	福州市/台江区	福建德辉信息科技有限公司	SG20190087
88	福州市/台江区	福建新中泰电子科技有限公司	SG20190088
89	福州市/台江区	福建冠锐网络技术有限公司	SG20190089
90	福州市/台江区	福建易行通信息科技有限公司	SG20190090

续表

序号	地区	企业名称	证书编号
91	福州市/台江区	福建四新电力科技有限公司	SG20190091
92	福州市/台江区	福州云元素网络科技有限公司	SG20190092
93	福州市/台江区	福建融之家金融信息服务有限公司	SG20190093
94	福州市/台江区	福州玩呗网络科技有限公司	SG20190094
95	福州市/台江区	福州江闽仪器技术有限公司	SG20190095
96	福州市/台江区	福建星烽信息科技有限公司	SG20190096
97	福州市/台江区	福建健康管家网络科技有限公司	SG20190097
98	福州市/台江区	福州视创电子有限公司	SG20190098
99	福州市/台江区	福建沃虎电子商务有限公司	SG20190099
100	福州市/台江区	福建中榕信环保工程有限公司	SG20190100
101	福州市/台江区	福建中控普惠信息科技有限公司	SG20190101
102	福州市/台江区	福建三鸿电子有限公司	SG20190102
103	福州市/台江区	福建喜购宝信息科技有限公司	SG20190103
104	福州市/台江区	福建博观信息技术有限公司	SG20190104
105	福州市/台江区	福州科融电子科技有限公司	SG20190105
106	福州市/台江区	福建金三洋控股有限公司	SG20190106
107	福州市/台江区	福建亚拉拉特网络科技服务股份有限公司	SG20190107
108	福州市/台江区	福州聚印象影视传媒有限公司	SG20190108
109	福州市/台江区	福建省泛地缘信息科技有限公司	SG20190109
110	福州市/台江区	福建耀美斯坦利机电科技有限公司	SG20190110
111	福州市/台江区	福建沃充物联网科技有限公司	SG20190111
112	福州市/台江区	福州万宇信息科技有限公司	SG20190112
113	福州市/台江区	福州七日电子科技有限公司	SG20190113
114	福州市/台江区	福州汉森小伙伴网络科技有限公司	SG20190114
115	福州市/仓山区	福州立顺通智能设备有限公司	SG20190115
116	福州市/仓山区	六和敬（福建）信息技术有限公司	SG20190116
117	福州市/仓山区	福州市恒晟弹簧有限公司	SG20190117
118	福州市/仓山区	福州美扬光电有限公司	SG20190118
119	福州市/仓山区	福州在源景观设计有限公司	SG20190119
120	福州市/仓山区	福州客家网络科技有限公司	SG20190120
121	福州市/仓山区	福建福启网络科技有限公司	SG20190121
122	福州市/仓山区	天迈极光（福建）科技有限公司	SG20190122
123	福州市/仓山区	福州需求侧电力科技有限公司	SG20190123
124	福州市/仓山区	福州创光明电子科技有限公司	SG20190124
125	福州市/仓山区	福建嘉壹自动化工程有限公司	SG20190125
126	福州市/仓山区	福建福行天下物流有限公司	SG20190126

续表

序号	地区	企业名称	证书编号
127	福州市/仓山区	福建中星华宸电子设备有限公司	SG20190127
128	福州市/仓山区	福州天地众和信息技术有限公司	SG20190128
129	福州市/仓山区	福建家先生互联网服务有限公司	SG20190129
130	福州市/仓山区	福建航空装备维修中心	SG20190130
131	福州市/仓山区	福建瑞敏捷顺工业智能装备有限公司	SG20190131
132	福州市/仓山区	福建睿取教育科技有限公司	SG20190132
133	福州市/仓山区	福州陆海工程咨询有限公司	SG20190133
134	福州市/仓山区	福州爱国者之星光电科技有限公司	SG20190134
135	福州市/仓山区	福建宏泰教育有限公司	SG20190135
136	福州市/仓山区	福建凌智信息科技有限公司	SG20190136
137	福州市/仓山区	福建腾博新材料科技有限公司	SG20190137
138	福州市/仓山区	福建省远乐电气科技有限公司	SG20190138
139	福州市/仓山区	福建有伦农业科技发展有限公司	SG20190139
140	福州市/仓山区	福州富茨系统技术有限公司	SG20190140
141	福州市/仓山区	中物智福股份有限公司	SG20190141
142	福州市/仓山区	福州普洛机械制造有限公司	SG20190142
143	福州市/仓山区	福建中研机电科技有限公司	SG20190143
144	福州市/仓山区	福州诚控电气有限公司	SG20190144
145	福州市/仓山区	福州银河星空网络科技有限公司	SG20190145
146	福州市/仓山区	福州鑫桥信息科技有限公司	SG20190146
147	福州市/仓山区	福建速汇宝网络科技有限公司	SG20190147
148	福州市/仓山区	福州鸿传信息技术有限公司	SG20190148
149	福州市/仓山区	福建碧霞环保科技有限公司	SG20190149
150	福州市/仓山区	福州泰尔隆电气设备有限公司	SG20190150
151	福州市/仓山区	福建索佳艺陶瓷有限公司	SG20190151
152	福州市/仓山区	福建吉雅电力工程咨询有限公司	SG20190152
153	福州市/仓山区	福建亿佰互联科技有限公司	SG20190153
154	福州市/仓山区	福州和声钢琴股份有限公司	SG20190154
155	福州市/仓山区	福州一能电气科技有限公司	SG20190155
156	福州市/仓山区	福州蓝帆电子技术服务有限公司	SG20190156
157	福州市/仓山区	福建华业信息技术有限公司	SG20190157
158	福州市/仓山区	福州良正机械有限公司	SG20190158
159	福州市/仓山区	福建省随缘信息科技有限公司	SG20190159
160	福州市/仓山区	福建海图智能科技有限公司	SG20190160
161	福州市/仓山区	福州迪亚瑞节能科技有限公司	SG20190161
162	福州市/仓山区	福建诚博自动化科技有限公司	SG20190162

续表

序号	地区	企业名称	证书编号
163	福州市/仓山区	福建三诚网络科技有限公司	SG20190163
164	福州市/仓山区	福建三合智能装备有限公司	SG20190164
165	福州市/仓山区	福州屏山制药有限公司	SG20190165
166	福州市/仓山区	福州东方智慧网络科技有限公司	SG20190166
167	福州市/仓山区	福建逐云网络科技有限公司	SG20190167
168	福州市/仓山区	福州坤锐空间信息技术有限公司	SG20190168
169	福州市/马尾区	福建共益安全环保科技有限公司	SG20190169
170	福州市/马尾区	福建飞毛腿动力科技有限公司	SG20190170
171	福州市/马尾区	福州大同实业有限公司	SG20190171
172	福州市/马尾区	福州春笋网络科技有限公司	SG20190172
173	福州市/马尾区	福建中之银电子科技有限公司	SG20190173
174	福州市/马尾区	福建中科中欣智能科技有限公司	SG20190174
175	福州市/马尾区	福建科杰物联网科技有限公司	SG20190175
176	福州市/马尾区	福建海上风电运维服务有限公司	SG20190176
177	福州市/马尾区	福建翰坤互联网科技有限公司	SG20190177
178	福州市/马尾区	福州顺游网络科技有限公司	SG20190178
179	福州市/马尾区	福建安贝通科技有限公司	SG20190179
180	福州市/马尾区	福建麦格数码科技有限公司	SG20190180
181	福州市/马尾区	福建国信立联信息科技有限公司	SG20190181
182	福州市/马尾区	福建东南西北网络科技有限公司	SG20190182
183	福州市/马尾区	福州星海湾软件有限公司	SG20190183
184	福州市/马尾区	福建中移智慧物联科技有限公司	SG20190184
185	福州市/马尾区	福水智联技术有限公司	SG20190185
186	福州市/马尾区	福州十方网络科技有限公司	SG20190186
187	福州市/马尾区	福建融银信息技术服务有限公司	SG20190187
188	福州市/马尾区	福建有点内容文化传媒有限公司	SG20190188
189	福州市/马尾区	福建福日照明有限公司	SG20190189
190	福州市/晋安区	福建极推科技有限公司	SG20190190
191	福州市/晋安区	福建省申伯仕门业有限公司	SG20190191
192	福州市/晋安区	福州趋势信息技术开发有限公司	SG20190192
193	福州市/晋安区	福州长盛亿电子科技有限公司	SG20190193
194	福州市/晋安区	福州猫和鼠信息科技有限公司	SG20190194
195	福州市/晋安区	福州旺星人智能科技有限公司	SG20190195
196	福州市/晋安区	福州传世网络科技有限公司	SG20190196
197	福州市/晋安区	福州云联畅想软件科技有限公司	SG20190197
198	福州市/晋安区	福建梦田农业科技有限公司	SG20190198

续表

序号	地区	企业名称	证书编号
199	福州市/晋安区	福州百润环保科技有限公司	SG20190199
200	福州市/晋安区	福建盈方网络科技有限公司	SG20190200
201	福州市/晋安区	福州小稻草信息科技有限公司	SG20190201
202	福州市/晋安区	福建荣宏光电科技有限公司	SG20190202
203	福州市/晋安区	福建正康智能科技有限公司	SG20190203
204	福州市/晋安区	福州索普电子科技有限公司	SG20190204
205	福州市/晋安区	福建掌购网络科技有限公司	SG20190205
206	福州市/晋安区	福州创荣软件科技有限公司	SG20190206
207	福州市/晋安区	福建盛冠信息科技有限公司	SG20190207
208	福州市/晋安区	福建中信网安信息科技有限公司	SG20190208
209	福州市/晋安区	福州安盟电子信息技术有限公司	SG20190209
210	福州市/晋安区	福建省格物智图信息技术有限公司	SG20190210
211	福州市/晋安区	福建锐杰信息技术有限公司	SG20190211
212	福州市/晋安区	福建奥拓美科技有限公司	SG20190212
213	福州市/晋安区	福建文昌三力机电设备有限公司	SG20190213
214	福州市/晋安区	福州物博科技发展有限公司	SG20190214
215	福州市/闽侯县	福建华夏蓝新材料科技有限公司	SG20190215
216	福州市/闽侯县	福州百力安检测技术有限公司	SG20190216
217	福州市/闽侯县	福州利福高新材料有限公司	SG20190217
218	福州市/闽侯县	福建腾宇电气有限公司	SG20190218
219	福州市/闽侯县	福建世纪东海集团有限公司	SG20190219
220	福州市/闽侯县	福建画王烫印机有限公司	SG20190220
221	福州市/闽侯县	福州易户外网络科技有限公司	SG20190221
222	福州市/闽侯县	福建麦特新铝业科技有限公司	SG20190222
223	福州市/闽侯县	福建元晟汽车配件科技有限公司	SG20190223
224	福州市/闽侯县	福建创新食品科技有限公司	SG20190224
225	福州市/闽侯县	福州市闽侯振兴炜业机械有限公司	SG20190225
226	福州市/连江县	福州英迪特智能科技有限公司	SG20190226
227	福州市/连江县	福州奇新食品有限公司	SG20190227
228	福州市/连江县	福建省城投科技有限公司	SG20190228
229	福州市/闽清县	福州市凯达生态农业有限公司	SG20190229
230	福州市/闽清县	福建省闽清双棱竹业有限公司	SG20190230
231	福州市/闽清县	福州鑫洋机械制造有限公司	SG20190231
232	福州市/闽清县	福建欣弘机电设备有限公司	SG20190232
233	福州市/闽清县	福州恒术信息科技有限公司	SG20190233
234	福州市/永泰县	爱普（福建）科技有限公司	SG20190234

续表

序号	地区	企业名称	证书编号
235	福州市/永泰县	福建省代码力量网络科技有限公司	SG20190235
236	福州市/福清市	福建省宏港纺织科技有限公司	SG20190236
237	福州市/福清市	福建优立盛油脂有限公司	SG20190237
238	福州市/福清市	福建顺景机械工业有限公司	SG20190238
239	福州市/福清市	福州和特新能源有限公司	SG20190239
240	福州市/福清市	福州宇隆光电科技有限公司	SG20190240
241	福州市/福清市	中领心泉（福建）空气饮用水科技有限公司	SG20190241
242	福州市/福清市	福清轩朗光电科技有限公司	SG20190242
243	福州市/福清市	福建天擎科技有限公司	SG20190243
244	福州市/福清市	福清市巨利塑胶制品有限公司	SG20190244
245	福州市/福清市	福建冠城瑞闽新能源科技有限公司	SG20190245
246	福州市/福清市	福清市永春混凝土外加剂有限公司	SG20190246
247	福州市/福清市	福建福强精密印制线路板有限公司	SG20190247
248	福州市/长乐区	福建未来智创环保科技有限公司	SG20190248
249	福州市/长乐区	福州周壹云智能科技有限公司	SG20190249
250	福州市/长乐区	长乐佳宇纺织器材有限公司	SG20190250
251	福州市/长乐区	福建福瑞康信息技术有限公司	SG20190251
252	福州市/长乐区	福州金珂光学科技有限公司	SG20190252
253	福州市/长乐区	福建省银河服饰有限公司	SG20190253
254	福州市/长乐区	福建和瑞基因科技有限公司	SG20190254
255	福州市/长乐区	福建齐衡科技有限公司	SG20190255
256	福州市/福州高新技术产业开发区	福州慧校通教育信息技术有限公司	SG20190256
257	福州市/福州高新技术产业开发区	福州宇科信息技术有限公司	SG20190257
258	福州市/福州高新技术产业开发区	福州友爱互动信息科技有限公司	SG20190258
259	福州市/福州高新技术产业开发区	福建海创光电有限公司	SG20190259
260	福州市/福州高新技术产业开发区	福建汽致信息科技有限公司	SG20190260
261	福州市/福州高新技术产业开发区	福建天蕊光电有限公司	SG20190261
262	福州市/福州高新技术产业开发区	福建天普发展集团有限公司	SG20190262
263	福州市/福州高新技术产业开发区	福建中程锐铂电力科技有限公司	SG20190263
264	福州市/福州高新技术产业开发区	福建泰金科技有限公司	SG20190264
265	福州市/福州高新技术产业开发区	中影智能技术发展（福建）有限公司	SG20190265
266	福州市/福州高新技术产业开发区	中国检验认证集团福建有限公司	SG20190266
267	福州市/福州高新技术产业开发区	福建省建研工程顾问有限公司	SG20190267
268	福州市/福州高新技术产业开发区	福建省恒圆金服科技有限公司	SG20190268
269	福州市/福州高新技术产业开发区	福建巨昂信息技术有限公司	SG20190269
270	福州市/福州高新技术产业开发区	福州思博网络科技有限公司	SG20190270

续表

序号	地区	企业名称	证书编号
271	福州市/福州高新技术产业开发区	福建逸百家信息科技有限公司	SG20190271
272	福州市/福州高新技术产业开发区	福州书境文化传媒有限公司	SG20190272
273	福州市/福州高新技术产业开发区	福建中青汽车技术有限公司	SG20190273
274	福州市/福州高新技术产业开发区	福建省海西细胞生物工程有限公司	SG20190274
275	福州市/福州高新技术产业开发区	福建省建筑工程质量检测中心有限公司	SG20190275
276	福州市/福州高新技术产业开发区	福建畅享出行网络科技有限公司	SG20190276
277	福州市/福州高新技术产业开发区	福州一起威客信息科技有限公司	SG20190277
278	福州市/福州高新技术产业开发区	福建智恒软件科技有限公司	SG20190278
279	宁德市/蕉城区	福建蓝海节能科技有限公司	SG20190279
280	宁德市/蕉城区	宁德智己策略文化传播有限公司	SG20190280
281	宁德市/蕉城区	福建省嘉盟网络科技有限公司	SG20190281
282	宁德市/霞浦县	霞浦县城市频道网络科技有限公司	SG20190282
283	宁德市/周宁县	福建呈祥机械制造有限公司	SG20190283
284	宁德市/福安市	怡捷（福建）电子科技有限公司	SG20190284
285	宁德市/福安市	福建铨一电源科技有限公司	SG20190285
286	宁德市/福安市	福建海西标准化技术服务事务所有限公司	SG20190286
287	宁德市/福安市	福安市亿微电子科技有限公司	SG20190287
288	宁德市/福鼎市	福鼎市福海化油器有限公司	SG20190288
289	宁德市/福鼎市	福建博艺材料科技有限公司	SG20190289
290	宁德市/福鼎市	福建力宝动力机械有限公司	SG20190290
291	宁德市/东侨经济技术开发区	福建所思达勘测设计院有限公司	SG20190291
292	宁德市/东侨经济技术开发区	福建省中艺网络科技有限公司	SG20190292
293	宁德市/东侨经济技术开发区	福建春辉生物工程有限公司	SG20190293
294	莆田市/城厢区	福建省亚明食品有限公司	SG20190294
295	莆田市/城厢区	莆田市城厢区恒鑫鞋材有限公司	SG20190295
296	莆田市/城厢区	福建省锐拓信息科技有限公司	SG20190296
297	莆田市/涵江区	福建钜能电力有限公司	SG20190297
298	莆田市/荔城区	福建荔建工程技术有限公司	SG20190298
299	莆田市/荔城区	莆田市盛唐信息技术有限公司	SG20190299
300	莆田市/荔城区	莆田市雷腾激光数控设备有限公司	SG20190300
301	莆田市/湄洲岛国家旅游度假区管委会	福建省智慧城市大数据运营有限公司	SG20190301
302	泉州市/鲤城区	福建优至盾安防技术有限公司	SG20190302
303	泉州市/鲤城区	泉州市永进机械配件有限公司	SG20190303
304	泉州市/鲤城区	泉州市三川通讯技术有限公司	SG20190304
305	泉州市/鲤城区	泉州市齐论教育科技有限公司	SG20190305
306	泉州市/鲤城区	泉州市宏宇机械制造有限公司	SG20190306

续表

序号	地区	企业名称	证书编号
307	泉州市/鲤城区	福建省网动网络科技有限公司	SG20190307
308	泉州市/鲤城区	福建茂荣睿智信息科技有限公司	SG20190308
309	泉州市/丰泽区	泉州豪杰信息科技发展有限公司	SG20190309
310	泉州市/丰泽区	福建省天杰信息科技有限公司	SG20190310
311	泉州市/丰泽区	福建赚赚圈信息科技有限公司	SG20190311
312	泉州市/丰泽区	全城淘信息技术服务有限公司	SG20190312
313	泉州市/丰泽区	泉州市几米信息科技有限公司	SG20190313
314	泉州市/丰泽区	福建省福海环保科技有限公司	SG20190314
315	泉州市/丰泽区	福建和通电气有限公司	SG20190315
316	泉州市/丰泽区	福建锋冠科技有限公司	SG20190316
317	泉州市/丰泽区	福建省天伦之美科技有限公司	SG20190317
318	泉州市/丰泽区	泉州华腾信息技术有限公司	SG20190318
319	泉州市/丰泽区	泉州凯杰科技有限公司	SG20190319
320	泉州市/丰泽区	泉州市三年二班网络科技有限公司	SG20190320
321	泉州市/丰泽区	福建腾博信息技术有限公司	SG20190321
322	泉州市/丰泽区	福建精研智通信息科技有限公司	SG20190322
323	泉州市/丰泽区	泉州竹风软件有限公司	SG20190323
324	泉州市/丰泽区	福建省中正兄弟体育产业发展有限公司	SG20190324
325	泉州市/丰泽区	泉州市睿云智能科技有限公司	SG20190325
326	泉州市/丰泽区	福建省华宝智能科技有限公司	SG20190326
327	泉州市/丰泽区	泉州云卓科技有限公司	SG20190327
328	泉州市/丰泽区	泉州世纪通锐信息技术有限公司	SG20190328
329	泉州市/丰泽区	泉州匹克鞋业有限公司	SG20190329
330	泉州市/丰泽区	泉州市拓科信息技术有限公司	SG20190330
331	泉州市/丰泽区	泉州众鑫达信息科技有限公司	SG20190331
332	泉州市/丰泽区	泉州市优拓信息技术有限公司	SG20190332
333	泉州市/丰泽区	福建省微讯信息技术有限公司	SG20190333
334	泉州市/丰泽区	福建省科达信息技术有限公司	SG20190334
335	泉州市/丰泽区	福建省联创电气设备有限公司	SG20190335
336	泉州市/丰泽区	泉州市纳德信息科技有限公司	SG20190336
337	泉州市/洛江区	泉州禾伦织造有限公司	SG20190337
338	泉州市/洛江区	西人马联合测控（泉州）科技有限公司	SG20190338
339	泉州市/洛江区	泉州东驰电子技术有限公司	SG20190339
340	泉州市/泉港区	福建港盛再生资源科技有限公司	SG20190340
341	泉州市/泉港区	福建德惠天下网络科技有限公司	SG20190341
342	泉州市/泉港区	福建省宇诚环保科技有限公司	SG20190342

续表

序号	地区	企业名称	证书编号
343	泉州市/惠安县	泉州源利鞋材有限公司	SG20190343
344	泉州市/惠安县	福建鸿耀同创软件科技有限公司	SG20190344
345	泉州市/惠安县	福建按按通信息科技有限公司	SG20190345
346	泉州市/安溪县	安溪新唐信家俱有限公司	SG20190346
347	泉州市/安溪县	福建乐百慧信息技术有限公司	SG20190347
348	泉州市/安溪县	泉州市唯达五金工贸有限公司	SG20190348
349	泉州市/安溪县	泉州市数字云谷信息产业发展有限公司	SG20190349
350	泉州市/安溪县	福建鼎珂光电科技有限公司	SG20190350
351	泉州市/安溪县	福建群龙开关有限公司	SG20190351
352	泉州市/永春县	泉州锦林环保高新材料有限公司	SG20190352
353	泉州市/永春县	福建科福材料有限公司	SG20190353
354	泉州市/德化县	福建省德化县腾兴陶瓷有限公司	SG20190354
355	泉州市/德化县	福建省德化县欣德益现代家用有限公司	SG20190355
356	泉州市/德化县	福建省德化博龙陶瓷有限公司	SG20190356
357	泉州市/德化县	福建省德化县祥晖陶瓷有限公司	SG20190357
358	泉州市/德化县	福建倍思达生物有限公司	SG20190358
359	泉州市/德化县	泉州市德化县恒峰陶瓷有限公司	SG20190359
360	泉州市/德化县	福建省德化佳诚陶瓷有限公司	SG20190360
361	泉州市/德化县	福建省泉州市契合工贸有限公司	SG20190361
362	泉州市/德化县	福建省德化县继裕陶瓷有限公司	SG20190362
363	泉州市/德化县	福建省德化县尚品陶瓷有限公司	SG20190363
364	泉州市/德化县	德化东华陶瓷有限公司	SG20190364
365	泉州市/德化县	福建省德化县华泰陶瓷有限公司	SG20190365
366	泉州市/石狮市	石狮真发齿轮有限公司	SG20190366
367	泉州市/石狮市	华韩（泉州）新型面料开发有限公司	SG20190367
368	泉州市/石狮市	福建中益制药有限公司	SG20190368
369	泉州市/石狮市	福建华昊信息技术咨询有限公司	SG20190369
370	泉州市/石狮市	石狮市瑞鹰纺织科技有限公司	SG20190370
371	泉州市/石狮市	福建省感创精密机械有限公司	SG20190371
372	泉州市/石狮市	石狮市七彩虹植绒印花有限公司	SG20190372
373	泉州市/石狮市	福建省和达智能科技有限公司	SG20190373
374	泉州市/晋江市	晋江万兴隆染织实业有限公司	SG20190374
375	泉州市/晋江市	晋江市龙兴隆染织实业有限公司	SG20190375
376	泉州市/晋江市	福建省沣澄环境评估服务有限公司	SG20190376
377	泉州市/晋江市	晋江达康电子有限公司	SG20190377
378	泉州市/晋江市	晋江市维丰织造漂染有限公司	SG20190378

续表

序号	地区	企业名称	证书编号
379	泉州市/晋江市	泉州市明众达智能设备有限公司	SG20190379
380	泉州市/晋江市	福建省漫鱼动漫科技有限责任公司	SG20190380
381	泉州市/晋江市	福建省力霸机械科技有限公司	SG20190381
382	泉州市/晋江市	晋江凯燕新材料科技有限公司	SG20190382
383	泉州市/晋江市	晋江市曙光机械有限公司	SG20190383
384	泉州市/晋江市	晋江力绿食品有限公司	SG20190384
385	泉州市/晋江市	晋江市福普机械设备有限公司	SG20190385
386	泉州市/晋江市	泉州邦尼生物科技有限公司	SG20190386
387	泉州市/晋江市	福建省国巨智能科技有限公司	SG20190387
388	泉州市/晋江市	福建井和科技有限公司	SG20190388
389	泉州市/晋江市	泉州市旭麟机械制造有限公司	SG20190389
390	泉州市/晋江市	晋江金飞鞋材有限公司	SG20190390
391	泉州市/晋江市	晋江市陆钢塑料机械有限公司	SG20190391
392	泉州市/晋江市	晋江市鑫铭鞋材科技有限公司	SG20190392
393	泉州市/南安市	泉州市因泰电池有限公司	SG20190393
394	泉州市/南安市	福建省三辉消防器材有限公司	SG20190394
395	泉州市/南安市	福建省双龙消防科技有限公司	SG20190395
396	泉州市/南安市	泉州科发卫浴有限公司	SG20190396
397	泉州市/南安市	福建省中能泰丰节能环保科技有限公司	SG20190397
398	泉州市/南安市	九牧厨卫股份有限公司	SG20190398
399	泉州市/南安市	南安市捷佳液压机械有限公司	SG20190399
400	泉州市/泉州经济技术开发区	泉州市信昌精密机械有限公司	SG20190400
401	泉州市/泉州经济技术开发区	福建省沉瑜香香文化开发有限公司	SG20190401
402	泉州市/泉州经济技术开发区	福建省国鼎检测技术有限公司	SG20190402
403	泉州市/泉州经济技术开发区	泉州森鹤电子有限公司	SG20190403
404	泉州市/泉州台商投资区	坦帕（福建）电气有限公司	SG20190404
405	泉州市/泉州台商投资区	华电智网（福建）电力科技有限公司	SG20190405
406	泉州市/泉州台商投资区	福建德普乐能源科技有限公司	SG20190406
407	泉州市/泉州台商投资区	福建立亚新材有限公司	SG20190407
408	泉州市/泉州台商投资区	福建美天环保科技有限公司	SG20190408
409	泉州市/泉州台商投资区	泉州市超捷三维科技有限公司	SG20190409
410	漳州市/芗城区	福建金正丰金属工业有限公司	SG20190410
411	漳州市/芗城区	福建宸为电子科技有限公司	SG20190411
412	漳州市/芗城区	漳州水仙药业股份有限公司	SG20190412
413	漳州市/芗城区	漳州力展电子科技有限公司	SG20190413
414	漳州市/芗城区	漳州市万维网聚网络科技有限公司	SG20190414

续表

序号	地区	企业名称	证书编号
415	漳州市/芗城区	漳州广友通信工程有限公司	SG20190415
416	漳州市/芗城区	福建泛达建设科技有限公司	SG20190416
417	漳州市/龙文区	福建漂读网络科技有限公司	SG20190417
418	漳州市/龙文区	漳州市祥鸿包装机械有限公司	SG20190418
419	漳州市/龙文区	福建德丰智能装备有限公司	SG20190419
420	漳州市/龙文区	漳州市力天环境工程有限公司	SG20190420
421	漳州市/龙文区	漳州市恒美印象网络科技有限公司	SG20190421
422	漳州市/龙文区	福建鸿鹏电力勘察设计有限公司	SG20190422
423	漳州市/龙文区	漳州政友软件技术有限公司	SG20190423
424	漳州市/龙文区	青蛙王子（福建）婴童护理用品有限公司	SG20190424
425	漳州市/龙文区	漳州天启文化传播有限公司	SG20190425
426	漳州市/龙文区	漳州捷安达电子有限公司	SG20190426
427	漳州市/云霄县	福建鼎厨王厨具有限公司	SG20190427
428	漳州市/诏安县	福建大北农水产科技有限公司	SG20190428
429	漳州市/长泰县	福建蓝海黑石新材料科技有限公司	SG20190429
430	漳州市/长泰县	斯达康（福建）五金科技有限公司	SG20190430
431	漳州市/长泰县	漳州鑫华成机械制造有限公司	SG20190431
432	漳州市/东山县	福建省东山县辉永泰体育用品实业有限公司	SG20190432
433	漳州市/南靖县	漳州市溢绿农业开发有限公司	SG20190433
434	漳州市/南靖县	品翔电子元件（漳州）有限公司	SG20190434
435	漳州市/南靖县	福建兴恒机械科技有限公司	SG20190435
436	漳州市/南靖县	福建省南云包装设备有限公司	SG20190436
437	漳州市/南靖县	漳州利阳机械设备有限公司	SG20190437
438	漳州市/平和县	福建省闽联合农业服务有限公司	SG20190438
439	漳州市/平和县	中宝（福建）食品科技有限公司	SG20190439
440	漳州市/龙海市	多麦（福建）食品有限公司	SG20190440
441	漳州市/龙海市	福建纬龙机械制造有限公司	SG20190441
442	漳州市/漳州高新技术产业开发区	博慧电子科技（漳州）有限公司	SG20190442
443	漳州市/漳州高新技术产业开发区	福建成达玻璃有限公司	SG20190443
444	漳州市/漳州台商投资区	嘉文丽（福建）化妆品有限公司	SG20190444
445	龙岩市/新罗区	龙岩市宏瑞建材有限公司	SG20190445
446	龙岩市/新罗区	龙岩市佳诚机械有限公司	SG20190446
447	龙岩市/新罗区	龙岩市联发信息有限公司	SG20190447
448	龙岩市/新罗区	龙岩卓越机械有限公司	SG20190448
449	龙岩市/新罗区	龙岩市有容软件科技有限公司	SG20190449
450	龙岩市/新罗区	龙岩易为电子技术有限公司	SG20190450

续表

序号	地区	企业名称	证书编号
451	龙岩市/新罗区	福建新视博信息技术有限公司	SG20190451
452	龙岩市/新罗区	龙岩市中远方舟网络科技有限公司	SG20190452
453	龙岩市/新罗区	福建五一信息技术有限公司	SG20190453
454	龙岩市/新罗区	龙岩水发环境发展有限公司	SG20190454
455	龙岩市/新罗区	龙岩市龙腾窑炉设备有限公司	SG20190455
456	龙岩市/新罗区	龙岩市亿联信息科技有限公司	SG20190456
457	龙岩市/新罗区	福建瑞祺新材料有限公司	SG20190457
458	龙岩市/新罗区	龙岩市华众机械有限公司	SG20190458
459	龙岩市/新罗区	福建卡卡智能电子科技有限公司	SG20190459
460	龙岩市/新罗区	龙岩金品机械制造有限公司	SG20190460
461	龙岩市/新罗区	龙岩市有道电子有限公司	SG20190461
462	龙岩市/新罗区	龙岩市耐思科技信息有限公司	SG20190462
463	龙岩市/新罗区	龙岩众宇科技有限公司	SG20190463
464	龙岩市/新罗区	龙岩市山和机械制造有限公司	SG20190464
465	龙岩市/新罗区	龙岩市山水测绘有限公司	SG20190465
466	龙岩市/新罗区	福建省高创建设工程有限公司	SG20190466
467	龙岩市/新罗区	福建省富亚龙挂车制造有限公司	SG20190467
468	龙岩市/上杭县	上杭县紫金佳博电子新材料科技有限公司	SG20190468
469	龙岩市/上杭县	龙岩市锐美家装饰材料有限公司	SG20190469
470	龙岩市/上杭县	福建金山锂科新材料有限公司	SG20190470
471	龙岩市/上杭县	大地生机（福建）农业发展有限公司	SG20190471
472	龙岩市/上杭县	福建紫金选矿药剂有限公司	SG20190472
473	龙岩市/武平县	龙岩岳凯科技有限公司	SG20190473
474	龙岩市/武平县	福建省力菲克生物技术有限公司	SG20190474
475	龙岩市/武平县	龙岩金时裕电子有限公司	SG20190475
476	龙岩市/武平县	龙岩市鸿图线路板有限公司	SG20190476
477	龙岩市/连城县	连城县丰海竹木业有限公司	SG20190477
478	龙岩市/漳平市	福建省捷雷通讯有限公司	SG20190478
479	龙岩市/漳平市	龙岩市金恒机械制造有限公司	SG20190479
480	龙岩市/龙岩经济技术开发区	福建卫东新能源股份有限公司	SG20190480
481	龙岩市/龙岩经济技术开发区	龙岩市中鑫质检技术服务有限公司	SG20190481
482	龙岩市/龙岩经济技术开发区	龙岩市九龙水泵制造有限公司	SG20190482
483	龙岩市/龙岩经济技术开发区	福建龙夏电子科技有限公司	SG20190483
484	龙岩市/龙岩经济技术开发区	福建兴方舟科技有限公司	SG20190484
485	龙岩市/龙岩经济技术开发区	龙工（福建）挖掘机有限公司	SG20190485
486	龙岩市/龙岩经济技术开发区	福建云端智能科技有限公司	SG20190486

续表

序号	地区	企业名称	证书编号
487	龙岩市/龙岩经济技术开发区	龙岩兰博湾环保科技有限公司	SG20190487
488	龙岩市/龙岩经济技术开发区	易之泰生物科技（龙岩）有限公司	SG20190488
489	龙岩市/龙岩经济技术开发区	顺裕（龙岩）混凝土有限公司	SG20190489
490	三明市/梅列区	三明市蓝天机械制造有限公司	SG20190490
491	三明市/梅列区	百特（福建）智能装备科技有限公司	SG20190491
492	三明市/明溪县	福建省致格新能源电池科技有限公司	SG20190492
493	三明市/明溪县	福建泰丰医药化工有限公司	SG20190493
494	三明市/清流县	清流县点金农业科技发展有限公司	SG20190494
495	三明市/宁化县	宁化行洛坑钨矿有限公司	SG20190495
496	三明市/尤溪县	福建永洁金属建材有限公司	SG20190496
497	三明市/尤溪县	福建天闽绿色建筑产业有限公司	SG20190497
498	三明市/尤溪县	福建省尤溪仙锦药业有限公司	SG20190498
499	三明市/沙县	中机精冲科技（福建）有限公司	SG20190499
500	三明市/沙县	福建未来药业有限公司	SG20190500
501	三明市/将乐县	福建省福瑞华安种业科技有限公司	SG20190501
502	三明市/将乐县	福建首创嘉净环保科技有限公司	SG20190502
503	三明市/泰宁县	福建财通信息科技有限公司	SG20190503
504	三明市/永安市	永安市泰启力飞石墨烯科技有限公司	SG20190504
505	三明市/永安市	永安市兴业机械有限公司	SG20190505
506	三明市/永安市	福建省有竹科技有限公司	SG20190506
507	南平市/延平区	福建慧智物联网产业发展有限公司	SG20190507
508	南平市/建阳区	福建省庄禾竹业有限公司	SG20190508
509	南平市/建阳区	福建天福化工有限公司	SG20190509
510	南平市/建阳区	福建三朵云网络科技有限公司	SG20190510
511	南平市/浦城县	福建锐信合成革有限公司	SG20190511
512	南平市/浦城县	光隶新能源（南平）科技有限公司	SG20190512
513	南平市/松溪县	福建畅宏工艺品有限公司	SG20190513
514	南平市/松溪县	福建省亿达精密铸造有限公司	SG20190514
515	南平市/松溪县	福建华韵竹木有限公司	SG20190515
516	南平市/松溪县	福建闽瑞新合纤股份有限公司	SG20190516
517	南平市/政和县	福建省奥农竹业开发有限公司	SG20190517
518	南平市/政和县	福建竹家女工贸有限公司	SG20190518

二、2019 年第一批更名高新技术企业名单

2019 年 6 月 2 日福建省科学技术厅、福建省财政厅、国家税务总局福建省税务局下发的《福建省科学技术厅 福建省财政厅 国家税务总局福建省税务局关于公布福建省 2019 年第一批更名高新技术企业名单的通知》（闽科高〔2019〕13

号）提出，根据《高新技术企业认定管理办法》（国科发火〔2016〕32号）和《高新技术企业认定管理工作指引》（国科发火〔2016〕195号）的有关规定，现对2019年第一批29家企业变更高新技术企业名称予以公布，其高新技术企业证书编号和有效期不变。

各高新技术企业可于6月15日后，携带原高新技术企业证书原件和单位介绍信，至省高新技术创业服务中心，领取更名后的高新技术企业证书。

2019年第一批更名高新技术企业名单

序号	原企业名称	拟更名企业名称	证书编号	发证日期
1	福建海源自动化机械股份有限公司	福建海源复合材料科技股份有限公司	GR201835000584	2018/11/30
2	福建海源三维打印高科技有限公司	福建海源三维高科技有限公司	GR201635000117	2016/12/1
3	福建科创光电有限公司	科创光电（莆田）有限公司	GR201635000451	2016/12/1
4	福建德运科技股份有限公司	福建德运科技有限公司	GR201635000021	2016/12/1
5	福建省交通规划设计院	福建省交通规划设计院有限公司	GR201635000282	2016/12/1
6	福建省长乐市长源纺织有限公司	福建长源纺织有限公司	GR201735000097	2017/10/23
7	福建三锋汽车饰件有限公司	福建福耀汽车饰件有限公司	GR201735000355	2017/11/30
8	福州艾迪莫网络科技有限公司	福建艾迪莫网络科技有限公司	GR201835000057	2018/11/30
9	福建三元达网络技术有限公司	安科讯（福建）科技有限公司	GR201835000843	2018/11/30
10	福建晨轩电子科技有限公司	福建晨轩信息科技有限公司	GR201835000866	2018/11/30
11	智立方（福建）信息技术有限公司	英迈斯（福建）信息技术有限公司	GR201835000901	2018/11/30
12	福州海景科技开发有限公司	福建海景科技开发有限公司	GR201635000218	2016/12/1
13	福建特力惠信息科技股份有限公司	特力惠信息科技股份有限公司	GR201635000245	2016/12/1
14	福建新大陆电脑股份有限公司	新大陆数字技术股份有限公司	GR201735000496	2017/11/30
15	福建天创信息科技股份有限公司	福建天创信息科技有限公司	GR201735000588	2017/11/30
16	莆田市恒达机电实业有限公司	福建恒而达新材料股份有限公司	GR201735000150	2017/10/23
17	百威英博雪津啤酒有限公司	百威雪津啤酒有限公司	GR201835000663	2018/11/30
18	泉州依时利信息科技有限公司	福建依时利信息科技有限公司	GR201735000648	2017/11/30
19	福建易达纳米材料科技有限公司	福建易达新材料股份有限公司	GR201735000369	2017/11/30
20	福建省云天支付服务有限公司	云天软件科技有限公司	GR201835000386	2018/11/30
21	福建博纯材料有限公司	博纯材料股份有限公司	GR201635000084	2016/12/1
22	福建省德化协发光洋陶器有限公司	陆升（福建）集团有限公司	GR201635000119	2016/12/1
23	漳州佰科智能科技股份有限公司	福建佰优诺智能科技股份有限公司	GR201635000350	2016/12/1
24	漳州市佰利源印刷有限公司	福建佰利源科技有限公司	GR201735000582	2017/11/30
25	漳州华锐光电科技有限公司	漳州华锐锂能新能源科技有限公司	GR201835000041	2018/11/30

续表

序号	原企业名称	拟更名企业名称	证书编号	发证日期
26	福建省玛塔农业发展有限公司	福建玛塔生态科技有限公司	GR201735000612	2017/11/30
27	漳州凯邦电子有限公司	福建凯邦电子有限公司	GR201835000795	2018/11/30
28	福建望诚电子有限公司	福建心智信息科技有限公司	GR201635000323	2016/12/1
29	福建省亿翔电力设备有限公司	福建省广骏电力科技有限公司	GR201835000590	2018/11/30

（摘编：于新光）

福建省2019年第二批入库备案省级高新技术企业名单

一、2019年第二批入库备案省级高新技术企业名单

2019年12月16日福建省科学技术厅、福建省工业和信息化厅、福建省财政厅下发的《福建省科学技术厅、福建省工业和信息化厅、福建省财政厅关于公布福建省2019年第二批入库备案省级高新技术企业名单的通知》（闽科高〔2019〕41号）提出，根据《省级高新技术企业扶持办法》（闽政办〔2017〕141号）和《福建省级高新技术企业备案实施细则（试行）》（闽科高〔2018〕10号）文件有关规定，经企业申报，各设区市、平潭综合实验区备案管理部门组织专家评审、提出入库推荐名单，省备案管理部门对拟入库企业名单进行审核、公示。现将公示无异议的福建省2019年第二批634家企业入库备案的省级高新技术企业名单予以公布。

福建省2019年第二批入库备案省级高新技术企业名单

序号	地　区	企业名称	证书编号
1	福州市/鼓楼区	福州探索网络科技有限公司	SG20190519
2	福州市/鼓楼区	福州聪电堡智能科技有限公司	SG20190520
3	福州市/鼓楼区	福州信达永益质量技术服务有限公司	SG20190521
4	福州市/鼓楼区	福建中企移动技术有限公司	SG20190522
5	福州市/鼓楼区	福建久丰信息科技有限公司	SG20190523
6	福州市/鼓楼区	福州昊宇信息技术有限公司	SG20190524
7	福州市/鼓楼区	福建幻视文化科技有限公司	SG20190525
8	福州市/鼓楼区	福建省万鼎能源科技有限公司	SG20190526
9	福州市/鼓楼区	福建道勤空间信息科技有限公司	SG20190527
10	福州市/鼓楼区	福建智天下建设发展有限公司	SG20190528
11	福州市/鼓楼区	福建金正福电子科技有限公司	SG20190529
12	福州市/鼓楼区	福建省枢建通信技术有限公司	SG20190530
13	福州市/鼓楼区	福州云狐文化传播有限公司	SG20190531
14	福州市/鼓楼区	福建省榕壹网络科技有限公司	SG20190532
15	福州市/鼓楼区	福建福禾电力科技有限公司	SG20190533
16	福州市/鼓楼区	福建省鼎志信息技术有限公司	SG20190534
17	福州市/鼓楼区	福建易通商联信息技术有限公司	SG20190535
18	福州市/鼓楼区	福州音之源文化艺术有限公司	SG20190536

续表

序号	地　区	企业名称	证书编号
19	福州市/鼓楼区	福州熠和微电子有限公司	SG20190537
20	福州市/鼓楼区	福州市百宇晟网络科技有限公司	SG20190538
21	福州市/鼓楼区	华东勘测设计院（福建）有限公司	SG20190539
22	福州市/鼓楼区	福州德佳信息科技有限公司	SG20190540
23	福州市/鼓楼区	福州安达信息技术有限公司	SG20190541
24	福州市/鼓楼区	福建合能科技有限公司	SG20190542
25	福州市/鼓楼区	福建省智协教育科技发展有限公司	SG20190543
26	福州市/鼓楼区	福建远福信息科技有限公司	SG20190544
27	福州市/鼓楼区	福建六十度物联科技有限公司	SG20190545
28	福州市/鼓楼区	福州易软信达信息科技有限公司	SG20190546
29	福州市/鼓楼区	福州行健网络技术有限公司	SG20190547
30	福州市/鼓楼区	福州玖叁医药软件技术服务有限公司	SG20190548
31	福州市/鼓楼区	福建万瑞达信息科技有限公司	SG20190549
32	福州市/鼓楼区	福建省石油化学工业设计院	SG20190550
33	福州市/鼓楼区	福建金海洋自动化科技有限公司	SG20190551
34	福州市/鼓楼区	福建纵横联信信息科技有限公司	SG20190552
35	福州市/鼓楼区	福建丰意电气设备有限公司	SG20190553
36	福州市/鼓楼区	福建省地信数据科技有限公司	SG20190554
37	福州市/鼓楼区	福州东青信息科技有限公司	SG20190555
38	福州市/鼓楼区	数字驱动（福州）科技有限责任公司	SG20190556
39	福州市/鼓楼区	福州华纳信息科技有限公司	SG20190557
40	福州市/鼓楼区	福建思创天下网络科技有限公司	SG20190558
41	福州市/鼓楼区	福建博电工程设计有限公司	SG20190559
42	福州市/鼓楼区	福建华超信息科技有限公司	SG20190560
43	福州市/鼓楼区	福建科图勘测规划有限公司	SG20190561
44	福州市/鼓楼区	仟佰度计量检测有限公司	SG20190562
45	福州市/鼓楼区	福州云尚金麟信息科技有限公司	SG20190563
46	福州市/鼓楼区	福建创投环保科技有限公司	SG20190564
47	福州市/鼓楼区	福州金网际信息科技有限公司	SG20190565
48	福州市/鼓楼区	福建科劲测绘服务有限公司	SG20190566
49	福州市/鼓楼区	福建无限工场信息技术有限公司	SG20190567
50	福州市/鼓楼区	福州新网互联信息科技有限公司	SG20190568
51	福州市/鼓楼区	福州华亨通讯信息有限公司	SG20190569
52	福州市/鼓楼区	福建众天环保科技有限公司	SG20190570
53	福州市/鼓楼区	福州易标软件有限公司	SG20190571
54	福州市/鼓楼区	福州夸克市场信息研究有限公司	SG20190572

续表

序号	地　区	企业名称	证书编号
55	福州市/鼓楼区	福建易正天心软件科技有限公司	SG20190573
56	福州市/鼓楼区	福州晨丰科技有限公司	SG20190574
57	福州市/鼓楼区	福州近道教育咨询有限公司	SG20190575
58	福州市/鼓楼区	福州汉斯曼产品质量技术服务有限公司	SG20190576
59	福州市/鼓楼区	福州乐观科技有限公司	SG20190577
60	福州市/鼓楼区	福建省电子信息应用技术研究院有限公司	SG20190578
61	福州市/鼓楼区	福建灵动互动文化传媒有限公司	SG20190579
62	福州市/鼓楼区	阿里兄弟（福建）信息技术有限公司	SG20190580
63	福州市/鼓楼区	福州鸿远网络科技有限公司	SG20190581
64	福州市/鼓楼区	福建锐宇智能科技有限公司	SG20190582
65	福州市/鼓楼区	福州联创汇通网络科技有限公司	SG20190583
66	福州市/鼓楼区	福州祥泰电子有限公司	SG20190584
67	福州市/鼓楼区	福建闽大科技有限公司	SG20190585
68	福州市/鼓楼区	福建省创科讯达通信科技有限公司	SG20190586
69	福州市/鼓楼区	福建省广电智能系统集成工贸有限公司	SG20190587
70	福州市/鼓楼区	福州人资通信息技术有限公司	SG20190588
71	福州市/台江区	福建杭润科技有限公司	SG20190589
72	福州市/台江区	福州百诚互联信息技术有限公司	SG20190590
73	福州市/台江区	福州天诺电子工程有限公司	SG20190591
74	福州市/台江区	亿联盟（福建）科技有限公司	SG20190592
75	福州市/台江区	福州浩普软件技术开发有限公司	SG20190593
76	福州市/台江区	福建恒智信息技术有限公司	SG20190594
77	福州市/台江区	福建云阅网络科技有限公司	SG20190595
78	福州市/台江区	福州市沃达物联电子科技有限公司	SG20190596
79	福州市/台江区	福州辉聚网络科技有限公司	SG20190597
80	福州市/台江区	福州弘宇信合通信技术有限公司	SG20190598
81	福州市/台江区	福建枫叶游戏有限公司	SG20190599
82	福州市/台江区	福州贸牛超人网络有限公司	SG20190600
83	福州市/台江区	福建美亚爱见康健康管理有限公司	SG20190601
84	福州市/台江区	福建启初软件有限公司	SG20190602
85	福州市/台江区	福州钓鼎生物科技有限公司	SG20190603
86	福州市/台江区	福建合码通信息服务有限责任公司	SG20190604
87	福州市/台江区	福州华政信息咨询有限公司	SG20190605
88	福州市/台江区	福州佳鼎软件有限公司	SG20190606
89	福州市/台江区	福州永鸿鑫环保科技有限公司	SG20190607
90	福州市/台江区	福建益氿软件科技有限公司	SG20190608

续表

序号	地　区	企业名称	证书编号
91	福州市/台江区	福建至简智能科技有限公司	SG20190609
92	福州市/台江区	福建福莱航空科技有限公司	SG20190610
93	福州市/台江区	福州威创极客信息技术有限公司	SG20190611
94	福州市/台江区	福州市大吕网络科技有限公司	SG20190612
95	福州市/台江区	福州思路电子有限公司	SG20190613
96	福州市/台江区	福建康之力电气设备有限公司	SG20190614
97	福州市/台江区	福州市建筑工程检测中心有限公司	SG20190615
98	福州市/台江区	福建易安充网络科技有限公司	SG20190616
99	福州市/台江区	福建宏泰仁顺信息科技有限公司	SG20190617
100	福州市/台江区	福州博奕通信息科技有限公司	SG20190618
101	福州市/台江区	福州万悉地网络科技有限公司	SG20190619
102	福州市/台江区	福建优创汇禾信息技术有限公司	SG20190620
103	福州市/台江区	福建天堃科技有限公司	SG20190621
104	福州市/台江区	福建明点信息技术有限公司	SG20190622
105	福州市/台江区	福州市随乐软件有限公司	SG20190623
106	福州市/台江区	福建博丰物联科技有限公司	SG20190624
107	福州市/台江区	福州蝶创信息技术有限公司	SG20190625
108	福州市/仓山区	福州君善品电子有限公司	SG20190626
109	福州市/仓山区	福建百信信息技术有限公司	SG20190627
110	福州市/仓山区	福建春伦集团有限公司	SG20190628
111	福州市/仓山区	福州众为电子科技有限公司	SG20190629
112	福州市/仓山区	福建省普华电力科技有限公司	SG20190630
113	福州市/仓山区	福建科斯特电气科技有限公司	SG20190631
114	福州市/仓山区	福建新创电力科技有限公司	SG20190632
115	福州市/仓山区	福州英迪格成像技术有限公司	SG20190633
116	福州市/仓山区	福州百特环保设备有限公司	SG20190634
117	福州市/仓山区	福州三矩机电设备有限公司	SG20190635
118	福州市/仓山区	福建合力信科技有限公司	SG20190636
119	福州市/仓山区	福州云端时代信息科技有限公司	SG20190637
120	福州市/仓山区	福建奥瑞斯机器人工程技术有限公司	SG20190638
121	福州市/仓山区	福建联其新材料有限公司	SG20190639
122	福州市/仓山区	福建赢诚嘉业信息科技有限公司	SG20190640
123	福州市/仓山区	福州元捷信息技术有限公司	SG20190641
124	福州市/仓山区	福州鑫微创网络科技有限公司	SG20190642
125	福州市/仓山区	福州日宏电子有限公司	SG20190643
126	福州市/仓山区	福建鲁班智慧信息科技有限公司	SG20190644

续表

序号	地 区	企业名称	证书编号
127	福州市/仓山区	福州福睿科光电有限公司	SG20190645
128	福州市/仓山区	福建富源通管业科技有限公司	SG20190646
129	福州市/仓山区	福州莱斯特塑料焊接科技有限公司	SG20190647
130	福州市/仓山区	福建圈子互联网金融服务有限公司	SG20190648
131	福州市/仓山区	福建肯特机电有限公司	SG20190649
132	福州市/仓山区	福建诺博特自动化设备有限公司	SG20190650
133	福州市/仓山区	福建佳厨厨具有限公司	SG20190651
134	福州市/仓山区	福州腾企光电有限公司	SG20190652
135	福州市/仓山区	福州联合智业技术咨询有限公司	SG20190653
136	福州市/仓山区	福州超邮智能科技有限公司	SG20190654
137	福州市/仓山区	福州美生活网络科技有限公司	SG20190655
138	福州市/仓山区	福州弘耀光电技术有限公司	SG20190656
139	福州市/仓山区	福州锐创工业设计有限公司	SG20190657
140	福州市/仓山区	福建浩凡网络科技有限公司	SG20190658
141	福州市/仓山区	福州东方富达企业管理服务有限公司	SG20190659
142	福州市/仓山区	福建中科智汇数字科技有限公司	SG20190660
143	福州市/仓山区	福州市锐网信息技术有限公司	SG20190661
144	福州市/仓山区	福州亿软科技有限公司	SG20190662
145	福州市/仓山区	福州建电成套设备有限公司	SG20190663
146	福州市/仓山区	福州瀚天光电科技有限公司	SG20190664
147	福州市/仓山区	福建省尚飞制衣有限公司	SG20190665
148	福州市/仓山区	福建嘉恒信息科技有限公司	SG20190666
149	福州市/仓山区	福建乔明电器科技有限公司	SG20190667
150	福州市/仓山区	福州德科精密工业有限公司	SG20190668
151	福州市/仓山区	福州渠成自动化设备有限公司	SG20190669
152	福州市/仓山区	福建创诚网络科技有限公司	SG20190670
153	福州市/仓山区	福建汉广网络科技有限公司	SG20190671
154	福州市/仓山区	福州康福特机械设备有限公司	SG20190672
155	福州市/仓山区	福建省商银信息科技有限公司	SG20190673
156	福州市/仓山区	福州冠维实业有限公司	SG20190674
157	福州市/仓山区	福建长基科技发展有限公司	SG20190675
158	福州市/仓山区	福州汉思信息技术有限公司	SG20190676
159	福州市/马尾区	福建兴大宇轻工制品有限公司	SG20190677
160	福州市/马尾区	福建兴中艺轻工制品有限公司	SG20190678
161	福州市/马尾区	福州开发区创达电子有限公司	SG20190679
162	福州市/马尾区	福建在一起伴侣商务服务有限公司	SG20190680

续表

序号	地　区	企业名称	证书编号
163	福州市/马尾区	福建建中建设科技有限责任公司	SG20190681
164	福州市/马尾区	福州友洗智能物联网科技有限公司	SG20190682
165	福州市/马尾区	福建中量智汇科技有限公司	SG20190683
166	福州市/马尾区	福建闽总建设工程有限公司	SG20190684
167	福州市/马尾区	福建颐和盛智能科技有限公司	SG20190685
168	福州市/马尾区	福州欣翔威电子科技有限公司	SG20190686
169	福州市/马尾区	福建龙锋云科技股份有限公司	SG20190687
170	福州市/马尾区	福建铂语物联科技有限公司	SG20190688
171	福州市/马尾区	福建福日电子股份有限公司	SG20190689
172	福州市/马尾区	福建车媒通网络科技有限公司	SG20190690
173	福州市/马尾区	海峡富民生质检技术服务有限公司	SG20190691
174	福州市/马尾区	福建杨振华 851 生物科技股份有限公司	SG20190692
175	福州市/马尾区	福州万舸动力设备有限公司	SG20190693
176	福州市/马尾区	福州讯丰信息技术有限公司	SG20190694
177	福州市/马尾区	福州高博信息技术服务有限公司	SG20190695
178	福州市/马尾区	福州爱豆信息科技有限公司	SG20190696
179	福州市/马尾区	福州骐驭智慧城市信息技术有限公司	SG20190697
180	福州市/马尾区	福州福光电子有限公司	SG20190698
181	福州市/马尾区	中建海峡建设发展有限公司	SG20190699
182	福州市/马尾区	福州超宏自动化设备有限公司	SG20190700
183	福州市/马尾区	福建华冠物联科技有限公司	SG20190701
184	福州市/马尾区	福建大同电子科技有限公司	SG20190702
185	福州市/晋安区	福建嘉盟财税咨询服务有限公司	SG20190703
186	福州市/晋安区	福州尚品尚家网络技术有限公司	SG20190704
187	福州市/晋安区	福州钛米环保科技有限公司	SG20190705
188	福州市/晋安区	福建赛福食品检测研究所有限公司	SG20190706
189	福州市/晋安区	汉纱合纺（福州）新材料科技有限公司	SG20190707
190	福州市/晋安区	福建华韵影音工程有限公司	SG20190708
191	福州市/晋安区	福建明旺能源科技有限公司	SG20190709
192	福州市/晋安区	福州为尔科技有限公司	SG20190710
193	福州市/晋安区	福建省江南顺达线缆有限公司	SG20190711
194	福州市/晋安区	福建闽仪自动化设备有限公司	SG20190712
195	福州市/晋安区	福建联畅网络科技有限公司	SG20190713
196	福州市/晋安区	福建锦绣商务电子科技有限公司	SG20190714
197	福州市/晋安区	福建比木建筑科技有限公司	SG20190715
198	福州市/晋安区	福建西伯力环保科技有限公司	SG20190716

续表

序号	地　区	企业名称	证书编号
199	福州市/晋安区	福州福瑞医学检验实验室有限公司	SG20190717
200	福州市/晋安区	福州正城铅封有限公司	SG20190718
201	福州市/晋安区	福州智慧城信信息科技有限公司	SG20190719
202	福州市/晋安区	福州上华防火设备有限公司	SG20190720
203	福州市/晋安区	金创建设集团有限公司	SG20190721
204	福州市/晋安区	福州鼎新高压电器有限公司	SG20190722
205	福州市/晋安区	福建飞虎无人机有限公司	SG20190723
206	福州市/晋安区	福州晟鑫机械有限公司	SG20190724
207	福州市/晋安区	福建双诚电气有限公司	SG20190725
208	福州市/晋安区	福建图宇燎原信息技术有限公司	SG20190726
209	福州市/晋安区	福州帅宝生物科技有限公司	SG20190727
210	福州市/晋安区	福建伍百里互联网科技有限公司	SG20190728
211	福州市/晋安区	福州黄金屋教育科技有限公司	SG20190729
212	福州市/闽侯县	福建长远通风设备有限公司	SG20190730
213	福州市/闽侯县	福建五翔实业股份有限公司	SG20190731
214	福州市/闽侯县	福州鑫弘哲电子科技有限公司	SG20190732
215	福州市/闽侯县	福建黑狮润滑油有限公司	SG20190733
216	福州市/闽侯县	福州市富恒新材料有限公司	SG20190734
217	福州市/闽侯县	福州超一工艺品有限公司	SG20190735
218	福州市/闽侯县	福建深兰环境科技有限责任公司	SG20190736
219	福州市/闽侯县	福州瑞诚鞋材模具有限公司	SG20190737
220	福州市/闽侯县	福建省瑞亿机械制造有限公司	SG20190738
221	福州市/连江县	福建日日红电线电缆有限公司	SG20190739
222	福州市/连江县	海环科技集团股份有限公司	SG20190740
223	福州市/连江县	福建省恒创电子有限公司	SG20190741
224	福州市/连江县	福建恒捷实业有限公司	SG20190742
225	福州市/连江县	福建民恩科技有限公司	SG20190743
226	福州市/罗源县	福建金闽再造烟叶发展有限公司	SG20190744
227	福州市/罗源县	福建源鑫建材有限公司	SG20190745
228	福州市/罗源县	福建榕工环保机械股份有限公司	SG20190746
229	福州市/罗源县	福建江海苑园林工程有限公司	SG20190747
230	福州市/永泰县	福建红蝠科技有限公司	SG20190748
231	福州市/永泰县	福建利尼尔智能科技有限公司	SG20190749
232	福州市/永泰县	政信云（福州）数据技术有限公司	SG20190750
233	福州市/福清市	福清市万联网络技术服务有限公司	SG20190751
234	福州市/福清市	福建华冠光电有限公司	SG20190752

续表

序号	地　　区	企业名称	证书编号
235	福州市/福清市	华唐时代科技（福建）有限公司	SG20190753
236	福州市/福清市	福建御冠食品有限公司	SG20190754
237	福州市/福清市	福建瑞虹贾卡实业有限公司	SG20190755
238	福州市/福清市	福建坪方数建筑材料有限公司	SG20190756
239	福州市/福清市	福清鑫铭电子科技有限公司	SG20190757
240	福州市/福清市	福建小飞科技有限公司	SG20190758
241	福州市/福清市	福建德佳胶粘科技有限公司	SG20190759
242	福州市/福清市	福清市迪川包装有限公司	SG20190760
243	福州市/福清市	福建龙翔水产食品有限公司	SG20190761
244	福州市/福清市	福建省小海豚新能源科技有限公司	SG20190762
245	福州市/福清市	福建奋安智能门窗系统有限公司	SG20190763
246	福州市/长乐区	福州长鑫电动工具有限公司	SG20190764
247	福州市/长乐区	福建犀牛智慧科技有限公司	SG20190765
248	福州市/长乐区	福州米鱼信息科技有限公司	SG20190766
249	福州市/长乐区	长乐聚泉食品有限公司	SG20190767
250	福州市/长乐区	商田科技有限公司	SG20190768
251	福州市/长乐区	明一国际营养品集团有限公司	SG20190769
252	福州市/福州高新技术产业开发区	福建八萃网络科技有限公司	SG20190770
253	福州市/福州高新技术产业开发区	福建田多多信息技术有限公司	SG20190771
254	福州市/福州高新技术产业开发区	福建巨纵科技发展有限公司	SG20190772
255	福州市/福州高新技术产业开发区	福建伊特先进智能科技有限公司	SG20190773
256	福州市/福州高新技术产业开发区	福州凌云数据科技有限公司	SG20190774
257	福州市/福州高新技术产业开发区	福建大旭光电有限公司	SG20190775
258	福州市/福州高新技术产业开发区	福州乐酷互动网络科技有限公司	SG20190776
259	福州市/福州高新技术产业开发区	福建思域电子商务有限公司	SG20190777
260	福州市/福州高新技术产业开发区	福建科融世纪信息科技有限公司	SG20190778
261	福州市/福州高新技术产业开发区	福建万业电气科技有限公司	SG20190779
262	福州市/福州高新技术产业开发区	阿吉安（福州）基因医学检验实验室有限公司	SG20190780
263	福州市/福州高新技术产业开发区	福建亿万嘉电力科技有限公司	SG20190781
264	福州市/鼓楼区	福建汇讯物联网科技有限公司	SG20190782
265	平潭综合实验区/平潭综合实验区	福建平潭瑞谦智能科技有限公司	SG20190783
266	平潭综合实验区/平潭综合实验区	福建新通途信息技术有限公司	SG20190784
267	平潭综合实验区/平潭综合实验区	福建省平潭县水产良种实验有限公司	SG20190785
268	平潭综合实验区/平潭综合实验区	福建民本信息科技有限公司	SG20190786
269	平潭综合实验区/平潭综合实验区	携船网（福建）航运科技有限公司	SG20190787
270	平潭综合实验区/平潭综合实验区	平潭综合实验区宇通达科技发展有限公司	SG20190788

续表

序号	地　区	企业名称	证书编号
271	平潭综合实验区/平潭综合实验区	平潭海创智汇科技有限公司	SG20190789
272	平潭综合实验区/平潭综合实验区	平潭迈康生物科技有限公司	SG20190790
273	宁德市/古田县	福建鑫豪高新材料科技有限公司	SG20190791
274	宁德市/古田县	古田县恒春农业开发有限公司	SG20190792
275	宁德市/古田县	福建福泉鑫生物科技有限公司	SG20190793
276	宁德市/屏南县	屏南县乙天生物科技有限公司	SG20190794
277	宁德市/柘荣县	福建柘参生物科技股份有限公司	SG20190795
278	宁德市/柘荣县	宁德市益智源农业开发有限公司	SG20190796
279	宁德市/福安市	福建飞森动力有限公司	SG20190797
280	宁德市/福安市	福建天宜电器有限公司	SG20190798
281	宁德市/福鼎市	巨龙光学（福建）有限公司	SG20190799
282	宁德市/福鼎市	福建闽威实业股份有限公司	SG20190800
283	宁德市/福鼎市	福鼎市溥昱电子科技有限公司	SG20190801
284	宁德市/东侨经济技术开发区	奥弗锐（福建）电子科技有限公司	SG20190802
285	宁德市/东侨经济技术开发区	宁德凯利能源科技有限公司	SG20190803
286	莆田市/城厢区	福建省莆田市荔城纸业有限公司	SG20190804
287	莆田市/城厢区	莆田市城厢区福瑞科技电子有限公司	SG20190805
288	莆田市/城厢区	莆田市燎原包装印刷有限公司	SG20190806
289	莆田市/涵江区	方家铺子（莆田）绿色食品有限公司	SG20190807
290	莆田市/涵江区	福建省展讯地理信息有限公司	SG20190808
291	莆田市/涵江区	福建华佳彩有限公司	SG20190809
292	莆田市/涵江区	福建省黑石精密机械有限公司	SG20190810
293	莆田市/涵江区	莆田市涵江华源电子有限公司	SG20190811
294	莆田市/涵江区	福建海峡纺织科技股份有限公司	SG20190812
295	莆田市/涵江区	福建长城华兴玻璃有限公司	SG20190813
296	莆田市/涵江区	莆田市华睿机械有限公司	SG20190814
297	莆田市/涵江区	莆田市涵江区怡佳电子有限公司	SG20190815
298	莆田市/涵江区	福建莆田荣龙精密机械有限公司	SG20190816
299	莆田市/荔城区	莆田浩步鞋业有限公司	SG20190817
300	莆田市/荔城区	中光科技（福建）有限公司	SG20190818
301	莆田市/荔城区	兴安药业有限公司	SG20190819
302	莆田市/荔城区	莆田市科龙环保技术有限公司	SG20190820
303	莆田市/荔城区	莆田市远航包装饰品有限公司	SG20190821
304	莆田市/秀屿区	福建华峰运动用品科技有限公司	SG20190822
305	莆田市/秀屿区	福建省凯明电器有限公司	SG20190823
306	莆田市/秀屿区	福建省恒艺终端展柜有限公司	SG20190824

续表

序号	地　区	企业名称	证书编号
307	莆田市/秀屿区	福建佳通轮胎有限公司	SG20190825
308	莆田市/仙游县	福建省仙游县南丰生化有限公司	SG20190826
309	莆田市/仙游县	一鼎（福建）生态园林建设有限公司	SG20190827
310	泉州市/鲤城区	泉州市晟彩光电科技有限公司	SG20190828
311	泉州市/鲤城区	福建一道文化产业集团有限公司	SG20190829
312	泉州市/鲤城区	泉州巨力重型工程机械有限公司	SG20190830
313	泉州市/鲤城区	泉州联拓机械有限公司	SG20190831
314	泉州市/鲤城区	泉州市万泉电气设备有限公司	SG20190832
315	泉州市/鲤城区	泉州市安太电子科技有限公司	SG20190833
316	泉州市/鲤城区	福建汇顺检测集团有限公司	SG20190834
317	泉州市/鲤城区	泉州瑞森电子有限公司	SG20190835
318	泉州市/鲤城区	泉州联兴发针织织造有限公司	SG20190836
319	泉州市/鲤城区	福建汇鑫环保科技有限公司	SG20190837
320	泉州市/鲤城区	泉州市恒通机械配件有限公司	SG20190838
321	泉州市/鲤城区	泉州江新机械有限公司	SG20190839
322	泉州市/鲤城区	福建辰康农林科技有限公司	SG20190840
323	泉州市/鲤城区	泉州海硕自动化设备有限公司	SG20190841
324	泉州市/鲤城区	福建星连电子有限公司	SG20190842
325	泉州市/鲤城区	福建诚晨信息科技有限公司	SG20190843
326	泉州市/鲤城区	福建省华彩电子科技有限公司	SG20190844
327	泉州市/鲤城区	福建中科易讯科技有限公司	SG20190845
328	泉州市/鲤城区	泉州市明创电子科技有限公司	SG20190846
329	泉州市/鲤城区	泉州大昌纸品机械制造有限公司	SG20190847
330	泉州市/鲤城区	福建省泉州市森隆电讯有限公司	SG20190848
331	泉州市/鲤城区	泉州鲤城区铭宏机械有限公司	SG20190849
332	泉州市/丰泽区	泉州市云品三维科技有限公司	SG20190850
333	泉州市/丰泽区	泉州市上晴信息科技有限公司	SG20190851
334	泉州市/丰泽区	泉州云点三维科技有限公司	SG20190852
335	泉州市/丰泽区	泉州市易达信息科技有限公司	SG20190853
336	泉州市/丰泽区	中纺检测（福建）有限公司	SG20190854
337	泉州市/丰泽区	福建至道科技有限公司	SG20190855
338	泉州市/丰泽区	福建省商通电子商务有限公司	SG20190856
339	泉州市/丰泽区	泉州市道正智能科技有限公司	SG20190857
340	泉州市/丰泽区	泉州万卓网络技术有限公司	SG20190858
341	泉州市/丰泽区	泉州海维软件有限公司	SG20190859
342	泉州市/丰泽区	福建省领航信息科技有限公司	SG20190860

续表

序号	地　　区	企业名称	证书编号
343	泉州市/丰泽区	泉州市青果网络科技有限公司	SG20190861
344	泉州市/丰泽区	泉州市米图网络科技有限公司	SG20190862
345	泉州市/丰泽区	福建闽投信息科技有限公司	SG20190863
346	泉州市/丰泽区	福建神豆信息科技有限公司	SG20190864
347	泉州市/丰泽区	泉州市速腾网络科技有限公司	SG20190865
348	泉州市/丰泽区	福建锐远档案技术服务有限公司	SG20190866
349	泉州市/丰泽区	福建烟草机械有限公司	SG20190867
350	泉州市/洛江区	泉州市河兴陈列用品有限公司	SG20190868
351	泉州市/洛江区	福建久信科技有限公司	SG20190869
352	泉州市/洛江区	泉州市旺达五金制品有限公司	SG20190870
353	泉州市/洛江区	泉州天智合金材料科技有限公司	SG20190871
354	泉州市/洛江区	泉州市卓锐针织机械有限公司	SG20190872
355	泉州市/洛江区	泉州汇成针织有限公司	SG20190873
356	泉州市/洛江区	泉州市福昇精密机械有限公司	SG20190874
357	泉州市/泉港区	泉州容大机械有限公司	SG20190875
358	泉州市/泉港区	泉州市微网网络科技有限公司	SG20190876
359	泉州市/泉港区	福建中科职业健康评价有限公司	SG20190877
360	泉州市/泉港区	福建纳川管业科技有限责任公司	SG20190878
361	泉州市/惠安县	泉州市鼎丰针织机械有限公司	SG20190879
362	泉州市/惠安县	福建省锐力精密机械有限公司	SG20190880
363	泉州市/惠安县	福建佳成电力有限公司	SG20190881
364	泉州市/惠安县	福建美可纸业有限公司	SG20190882
365	泉州市/惠安县	华尔嘉（泉州）机械制造有限公司	SG20190883
366	泉州市/惠安县	泉州市范特西智能科技有限公司	SG20190884
367	泉州市/惠安县	泉州金石金刚石工具有限公司	SG20190885
368	泉州市/惠安县	千亿设计集团有限公司	SG20190886
369	泉州市/惠安县	福建省启航起重设备有限公司	SG20190887
370	泉州市/惠安县	福建锐翔体育科技股份有限公司	SG20190888
371	泉州市/惠安县	泉州市华实橡塑科技有限公司	SG20190889
372	泉州市/安溪县	福建省安溪县兴安金属有限公司	SG20190890
373	泉州市/安溪县	福建省万家利洁具工贸有限公司	SG20190891
374	泉州市/永春县	泉州市永春伟全电子有限公司	SG20190892
375	泉州市/永春县	福建省西斯特环保材料科技有限责任公司	SG20190893
376	泉州市/永春县	泉州市金胜生态农业有限公司	SG20190894
377	泉州市/永春县	福建省耀诚玻璃科技有限公司	SG20190895
378	泉州市/德化县	福建省德化县晖德陶瓷有限公司	SG20190896

续表

序号	地　区	企业名称	证书编号
379	泉州市/德化县	福建省德化县联达陶瓷有限公司	SG20190897
380	泉州市/德化县	德化县嘉祥陶瓷有限公司	SG20190898
381	泉州市/德化县	福建省德化县宝瑞陶瓷有限公司	SG20190899
382	泉州市/德化县	福建省德化祥裕陶瓷文化有限责任公司	SG20190900
383	泉州市/德化县	福建省德化县嘉威陶瓷有限公司	SG20190901
384	泉州市/德化县	福建省德化县宏达陶瓷有限公司	SG20190902
385	泉州市/德化县	福建瑞凡轻工有限公司	SG20190903
386	泉州市/德化县	德化县祥山大果油茶有限公司	SG20190904
387	泉州市/德化县	福建省德化县宝艺陶瓷有限公司	SG20190905
388	泉州市/石狮市	宏基钮扣（石狮）有限公司	SG20190906
389	泉州市/石狮市	石狮市润泰环保科技有限公司	SG20190907
390	泉州市/石狮市	福建省狮鑫物流集团有限公司	SG20190908
391	泉州市/石狮市	石狮市天马数控设备有限公司	SG20190909
392	泉州市/石狮市	石狮市隆宝机械有限公司	SG20190910
393	泉州市/石狮市	福建恒春织造有限公司	SG20190911
394	泉州市/石狮市	石狮冠盛机械有限公司	SG20190912
395	泉州市/石狮市	汉马（福建）机械有限公司	SG20190913
396	泉州市/石狮市	石狮市安明电子有限公司	SG20190914
397	泉州市/石狮市	石狮市深宝新型环保材料有限公司	SG20190915
398	泉州市/石狮市	石狮市洪顺印染机械制造有限公司	SG20190916
399	泉州市/石狮市	泰鑫化纤（中国）有限公司	SG20190917
400	泉州市/石狮市	石狮市龙兴隆染织实业有限公司	SG20190918
401	泉州市/石狮市	福建石狮晨光化纤染织有限公司	SG20190919
402	泉州市/石狮市	福建省海兴凯晟科技有限公司	SG20190920
403	泉州市/石狮市	石狮市佰旺五金有限责任公司	SG20190921
404	泉州市/石狮市	泉州市顺辉数控科技有限公司	SG20190922
405	泉州市/石狮市	石狮市龙翔五金塑料制品有限公司	SG20190923
406	泉州市/石狮市	石狮佳南热熔胶有限公司	SG20190924
407	泉州市/石狮市	石狮市卓诚机械自动化设备有限责任公司	SG20190925
408	泉州市/石狮市	泉州众成测绘有限公司	SG20190926
409	泉州市/石狮市	福建省劲安节能监测技术有限公司	SG20190927
410	泉州市/石狮市	石狮嘉鸿电气有限公司	SG20190928
411	泉州市/石狮市	皇宝（石狮）实业有限公司	SG20190929
412	泉州市/晋江市	泉州市佰誉机械科技有限公司	SG20190930
413	泉州市/晋江市	晋江信路达机械设备有限公司	SG20190931
414	泉州市/晋江市	泉州红晟鞋业有限公司	SG20190932

续表

序号	地　　区	企业名称	证书编号
415	泉州市/晋江市	泉州市创绿机械工贸有限公司	SG20190933
416	泉州市/晋江市	福建朝旭新能源科技有限公司	SG20190934
417	泉州市/晋江市	泉州鑫泰鞋材有限公司	SG20190935
418	泉州市/晋江市	晋江市精帛针织机械有限公司	SG20190936
419	泉州市/晋江市	鸿安（福建）机械有限公司	SG20190937
420	泉州市/晋江市	福建裕泰织造有限公司	SG20190938
421	泉州市/晋江市	晋江亿兴机械有限公司	SG20190939
422	泉州市/晋江市	展宏（福建）板业发展有限公司	SG20190940
423	泉州市/晋江市	晋江市明海精工机械有限公司	SG20190941
424	泉州市/晋江市	晋江新建兴机械设备有限公司	SG20190942
425	泉州市/晋江市	福建智铭鞋业有限公司	SG20190943
426	泉州市/晋江市	福建凯达集团有限公司	SG20190944
427	泉州市/晋江市	晋江市中辉印刷包装有限公司	SG20190945
428	泉州市/晋江市	泉州市卓亦丽织造有限公司	SG20190946
429	泉州市/晋江市	晋江市银鑫拉链织造有限公司	SG20190947
430	泉州市/晋江市	泉州市同兴反光材料有限公司	SG20190948
431	泉州市/晋江市	泉州市博格森机械科技有限公司	SG20190949
432	泉州市/晋江市	晋江市博铭激光科技有限公司	SG20190950
433	泉州市/晋江市	福建五持恒科技发展有限公司	SG20190951
434	泉州市/晋江市	晋江兴泰制罐有限公司	SG20190952
435	泉州市/晋江市	梅花（晋江）伞业有限公司	SG20190953
436	泉州市/晋江市	大发科技集团有限公司	SG20190954
437	泉州市/晋江市	泉州市六源印染织造有限公司	SG20190955
438	泉州市/晋江市	晋江鹏盛机械有限公司	SG20190956
439	泉州市/晋江市	福建华泰集团股份有限公司	SG20190957
440	泉州市/晋江市	泉州市合协软件技术有限公司	SG20190958
441	泉州市/晋江市	泉州联成机械有限公司	SG20190959
442	泉州市/晋江市	青艺（福建）烫画科技有限公司	SG20190960
443	泉州市/晋江市	熊仔动漫有限公司	SG20190961
444	泉州市/晋江市	福建省辅城网络科技有限公司	SG20190962
445	泉州市/晋江市	婴舒宝（中国）有限公司	SG20190963
446	泉州市/晋江市	泉州市夜景辉反光材料有限公司	SG20190964
447	泉州市/晋江市	福建跃升机械有限公司	SG20190965
448	泉州市/晋江市	泉州宏泰机械有限公司	SG20190966
449	泉州市/晋江市	福建晋江市山水鞋材有限公司	SG20190967
450	泉州市/晋江市	晋江市石达塑胶精细有限公司	SG20190968

续表

序号	地　　区	企业名称	证书编号
451	泉州市/晋江市	泉州市恒达隆针织机械有限公司	SG20190969
452	泉州市/晋江市	福建省骏旗机械工贸有限公司	SG20190970
453	泉州市/晋江市	福建森亿织造有限公司	SG20190971
454	泉州市/晋江市	晋江市达胜纺织实业有限公司	SG20190972
455	泉州市/晋江市	晋江利友鞋业有限公司	SG20190973
456	泉州市/晋江市	晋江浩铭机械有限公司	SG20190974
457	泉州市/晋江市	福建北电新材料科技有限公司	SG20190975
458	泉州市/晋江市	晋江凯基高分子材料有限公司	SG20190976
459	泉州市/晋江市	福建省恺思智能设备有限公司	SG20190977
460	泉州市/晋江市	泉州弘正机械有限公司	SG20190978
461	泉州市/晋江市	福建省华志新材料科技有限公司	SG20190979
462	泉州市/晋江市	福建省百代兴机械制造有限公司	SG20190980
463	泉州市/晋江市	晋江嘉豪模具有限公司	SG20190981
464	泉州市/晋江市	晋江恒盛玩具有限公司	SG20190982
465	泉州市/晋江市	晋江市达亿经编织造有限公司	SG20190983
466	泉州市/晋江市	福建雨丝梦洋伞实业有限公司	SG20190984
467	泉州市/晋江市	晋江市科协机电设备有限公司	SG20190985
468	泉州市/晋江市	晋江玖富隆鞋业有限责任公司	SG20190986
469	泉州市/南安市	泉州市泉航工程机械有限公司	SG20190987
470	泉州市/南安市	福建省邦手氟塑制品有限公司	SG20190988
471	泉州市/南安市	泉州市正域数码科技有限公司	SG20190989
472	泉州市/南安市	福建章乐电缆有限公司	SG20190990
473	泉州市/南安市	泉州市成裕机械设备有限公司	SG20190991
474	泉州市/南安市	泉瓦特斯阀门有限公司	SG20190992
475	泉州市/南安市	福建省泉州市江南冷却器厂	SG20190993
476	泉州市/南安市	福建省时代天和实业有限公司	SG20190994
477	泉州市/泉州经济技术开发区	泉州市甲申九鼎机械有限公司	SG20190995
478	泉州市/泉州经济技术开发区	泉州市科立信智能科技有限公司	SG20190996
479	泉州市/泉州经济技术开发区	福建铁工机智能机器人有限公司	SG20190997
480	泉州市/泉州经济技术开发区	泉州百世盾信息技术有限公司	SG20190998
481	泉州市/泉州经济技术开发区	泉州市依科达半导体致冷科技有限公司	SG20190999
482	泉州市/泉州经济技术开发区	福建海西滤水龙头研究中心有限公司	SG20191000
483	泉州市/泉州经济技术开发区	福建省白云电力科技有限公司	SG20191001
484	泉州市/泉州台商投资区	泉州智慧果技术服务有限公司	SG20191002
485	泉州市/泉州台商投资区	福建省宏实建设工程质量检测有限公司	SG20191003
486	泉州市/泉州台商投资区	福建万春光电科技有限公司	SG20191004

续表

序号	地　　区	企业名称	证书编号
487	泉州市/泉州台商投资区	泉州市丰阳精密模具有限公司	SG20191005
488	泉州市/泉州台商投资区	泉州永聚兴塑胶原料有限公司	SG20191006
489	泉州市/泉州台商投资区	泉州市洁强道路设施有限公司	SG20191007
490	泉州市/泉州台商投资区	福建省君安特种装备有限公司	SG20191008
491	漳州市/芗城区	生意通信息技术服务（福建）有限公司	SG20191009
492	漳州市/芗城区	漳州市和泰工程检测有限公司	SG20191010
493	漳州市/芗城区	福建省铭诚工贸有限公司	SG20191011
494	漳州市/芗城区	漳州市新天一网络科技有限公司	SG20191012
495	漳州市/芗城区	漳州四合软件开发有限公司	SG20191013
496	漳州市/芗城区	漳州顶竹通讯技术有限公司	SG20191014
497	漳州市/芗城区	漳州坤元网络科技有限公司	SG20191015
498	漳州市/芗城区	漳州非常网络科技有限公司	SG20191016
499	漳州市/芗城区	漳州市向荣电脑科技有限公司	SG20191017
500	漳州市/芗城区	新佳美（漳州）日用品有限公司	SG20191018
501	漳州市/芗城区	漳州通正勘测设计院有限公司	SG20191019
502	漳州市/芗城区	漳州汉旗乐器有限公司	SG20191020
503	漳州市/芗城区	漳州市威华电子有限公司	SG20191021
504	漳州市/芗城区	漳州市兴方圆软件开发有限公司	SG20191022
505	漳州市/龙文区	漳州市德恒电子有限公司	SG20191023
506	漳州市/龙文区	福建国安质检技术服务有限公司	SG20191024
507	漳州市/龙文区	漳州怡嘉化妆品有限公司	SG20191025
508	漳州市/龙文区	漳州无极药业有限公司	SG20191026
509	漳州市/龙文区	漳州鸿荣精细化工有限公司	SG20191027
510	漳州市/龙文区	漳州建晟家具有限公司	SG20191028
511	漳州市/龙文区	漳州信天宇软件科技有限公司	SG20191029
512	漳州市/龙文区	漳州亿漫信息技术有限公司	SG20191030
513	漳州市/龙文区	漳州市艾科索兰电子有限公司	SG20191031
514	漳州市/龙文区	漳州时利和电子有限公司	SG20191032
515	漳州市/漳浦县	福建美一食品有限公司	SG20191033
516	漳州市/漳浦县	漳州钜宝生物科技有限公司	SG20191034
517	漳州市/漳浦县	漳浦玮柏自行车有限公司	SG20191035
518	漳州市/漳浦县	福建诚昊信息科技有限公司	SG20191036
519	漳州市/漳浦县	漳浦彩露华化妆品有限公司	SG20191037
520	漳州市/漳浦县	福建众安达工程技术有限公司	SG20191038
521	漳州市/漳浦县	漳州大唐生物科技有限公司	SG20191039
522	漳州市/诏安县	福建省福果农业综合开发有限公司	SG20191040

续表

序号	地　区	企业名称	证书编号
523	漳州市/诏安县	漳州市泓旺工艺品有限公司	SG20191041
524	漳州市/诏安县	福建海德宝生物科技有限公司	SG20191042
525	漳州市/长泰县	福建新永发塑胶模具有限公司	SG20191043
526	漳州市/长泰县	福建省兴岩建设集团有限公司	SG20191044
527	漳州市/长泰县	劲能（福建）车用空调有限公司	SG20191045
528	漳州市/长泰县	福建益百利包装材料有限公司	SG20191046
529	漳州市/长泰县	漳州市祥豪涂料工贸有限公司	SG20191047
530	漳州市/长泰县	福建奥斯福电力系统有限公司	SG20191048
531	漳州市/长泰县	东方醒狮新动力电池有限公司	SG20191049
532	漳州市/长泰县	福建新特新金属工业有限公司	SG20191050
533	漳州市/东山县	东山腾新食品有限公司	SG20191051
534	漳州市/南靖县	漳州庆峰机械设备有限公司	SG20191052
535	漳州市/南靖县	漳州市皓康生物科技有限公司	SG20191053
536	漳州市/南靖县	福建奥利高塔复合肥有限公司	SG20191054
537	漳州市/南靖县	漳州杰成五金制品有限公司	SG20191055
538	漳州市/南靖县	福建恒丰生物科技有限公司	SG20191056
539	漳州市/南靖县	漳州万利达科技有限公司	SG20191057
540	漳州市/平和县	漳州玉露食品科技股份有限公司	SG20191058
541	漳州市/平和县	福建省百得利实业有限公司	SG20191059
542	漳州市/平和县	福建宝寨木业有限公司	SG20191060
543	漳州市/华安县	福建泳力泰针织机械有限公司	SG20191061
544	漳州市/华安县	闽台龙玛直线科技股份有限公司	SG20191062
545	漳州市/华安县	福建省中延菌菇业股份有限公司	SG20191063
546	漳州市/龙海市	龙海市安得马富机械有限公司	SG20191064
547	漳州市/龙海市	福建省卡尔顿食品有限公司	SG20191065
548	漳州市/龙海市	龙海市大华涂料有限公司	SG20191066
549	漳州市/龙海市	漳州科益工贸有限公司	SG20191067
550	漳州市/龙海市	漳州市汇晶信息科技有限公司	SG20191068
551	漳州市/龙海市	福建省德鑫机械制造有限公司	SG20191069
552	漳州市/漳州高新技术产业开发区	漳州东荣工贸有限公司	SG20191070
553	漳州市/漳州高新技术产业开发区	福建欧柏亚日化有限公司	SG20191071
554	漳州市/漳州高新技术产业开发区	漳州华康信息科技有限公司	SG20191072
555	漳州市/漳州高新技术产业开发区	漳州金蝶奇思软件有限公司	SG20191073
556	漳州市/漳州高新技术产业开发区	中娱互动（福建）网络科技有限公司	SG20191074
557	漳州市/漳州台商投资区	福建省新益源电缆有限公司	SG20191075
558	漳州市/漳州台商投资区	漳州语轩展示货架有限公司	SG20191076

续表

序号	地　　区	企业名称	证书编号
559	漳州市/漳州台商投资区	双鹰（漳州）精密五金制品有限公司	SG20191077
560	漳州市/漳州台商投资区	漳州市鸿源电子工业有限公司	SG20191078
561	漳州市/漳州市常山华侨经济开发区	漳州捷达新精密模具有限公司	SG20191079
562	漳州市/漳州市常山华侨经济开发区	福建欣亿达实业有限公司	SG20191080
563	漳州市/漳州招商局经济技术开发区	漳州爱果冻信息科技有限公司	SG20191081
564	龙岩市/新罗区	福建桓兴材料科技有限公司	SG20191082
565	龙岩市/新罗区	龙岩赛科德传动部件制造有限公司	SG20191083
566	龙岩市/新罗区	福建龙兰环保科技有限公司	SG20191084
567	龙岩市/新罗区	龙岩市易力特机械制造有限公司	SG20191085
568	龙岩市/新罗区	龙岩市山力工程液压有限公司	SG20191086
569	龙岩市/新罗区	福建省利航建设有限公司	SG20191087
570	龙岩市/新罗区	龙岩九鼎生物科技有限公司	SG20191088
571	龙岩市/长汀县	福建亿来实业有限公司	SG20191089
572	龙岩市/长汀县	福建省远山惠民生物有限公司	SG20191090
573	龙岩市/上杭县	上杭鑫昌龙实业有限公司	SG20191091
574	龙岩市/上杭县	福建省希望生物科技有限公司	SG20191092
575	龙岩市/上杭县	龙岩索利普智能科技有限公司	SG20191093
576	龙岩市/上杭县	福建微波通通信技术有限公司	SG20191094
577	龙岩市/武平县	福建创隆纺织有限公司	SG20191095
578	龙岩市/连城县	福建连城兰花股份有限公司	SG20191096
579	龙岩市/连城县	福建万恒精密刀具有限公司	SG20191097
580	龙岩市/连城县	福建省中慧捷成电子科技有限公司	SG20191098
581	龙岩市/漳平市	福建易工专用汽车制造有限公司	SG20191099
582	龙岩市/漳平市	福建福迩金生物科技有限公司	SG20191100
583	龙岩市/龙岩经济技术开发区	福建汇天软件科技有限公司	SG20191101
584	龙岩市/龙岩经济技术开发区	耐普（龙岩）汽车附件有限公司	SG20191102
585	三明市/梅列区	福建省辰杰电子商务有限公司	SG20191103
586	三明市/三元区	福建三明金氟化工科技有限公司	SG20191104
587	三明市/三元区	三明市人人创意文化传媒有限公司	SG20191105
588	三明市/明溪县	福建博诺安科医药科技有限公司	SG20191106
589	三明市/清流县	福建省展化化工有限公司	SG20191107
590	三明市/大田县	福建清航装备科技有限公司	SG20191108
591	三明市/尤溪县	福建省尤溪县红树林木业有限公司	SG20191109
592	三明市/尤溪县	福建省尤溪永丰茂纸业有限公司	SG20191110
593	三明市/沙县	福建华杰电气科技有限公司	SG20191111
594	三明市/沙县	福建省开诚机械有限公司	SG20191112

续表

序号	地　　区	企业名称	证书编号
595	三明市/沙县	圣智（福建）热处理有限公司	SG20191113
596	三明市/将乐县	福建省宝树鞋楦有限公司	SG20191114
597	三明市/将乐县	福建泰达高新材料有限公司	SG20191115
598	三明市/建宁县	建宁县绿农农业开发有限公司	SG20191116
599	三明市/建宁县	建宁县天源食品有限公司	SG20191117
600	三明市/建宁县	建宁县绿源果业有限公司	SG20191118
601	三明市/建宁县	福建信龙农产品开发有限公司	SG20191119
602	三明市/永安市	福建海工车桥制造有限公司	SG20191120
603	三明市/永安市	永安市永福混凝土工程有限公司	SG20191121
604	三明市/永安市	永安市博源工贸有限责任公司	SG20191122
605	三明市/永安市	永安市鸿盛工贸有限公司	SG20191123
606	南平市/延平区	福建俊达装配材料有限公司	SG20191124
607	南平市/延平区	福建盛汇达机电科技有限公司	SG20191125
608	南平市/延平区	福建省南平市闽科通信有限公司	SG20191126
609	南平市/延平区	福建山海电力设备有限公司	SG20191127
610	南平市/延平区	福建绿洲固体废物处置有限公司	SG20191128
611	南平市/延平区	福建省和顺碳素有限公司	SG20191129
612	南平市/建阳区	福建省建阳金石氟业有限公司	SG20191130
613	南平市/建阳区	福建南平青松化工有限公司	SG20191131
614	南平市/顺昌县	福建省龙创农业科技有限公司	SG20191132
615	南平市/顺昌县	福建省顺昌县威仕达电源科技有限公司	SG20191133
616	南平市/顺昌县	福建省顺昌县饶氏佰钰食品有限公司	SG20191134
617	南平市/浦城县	福建汉阳光能科技有限公司	SG20191135
618	南平市/浦城县	福建华大利合成革有限公司	SG20191136
619	南平市/光泽县	南平喔喔喔电子科技有限公司	SG20191137
620	南平市/光泽县	福建中联纸业有限公司	SG20191138
621	南平市/光泽县	福建省光泽县江宇星海节能科技有限公司	SG20191139
622	南平市/松溪县	福建龙竹工贸有限公司	SG20191140
623	南平市/松溪县	福建省广通电控有限公司	SG20191141
624	南平市/政和县	福建省竹家缘工贸有限公司	SG20191142
625	南平市/政和县	福建省碧诚工贸有限公司	SG20191143
626	南平市/政和县	政和县深山茶叶机械有限公司	SG20191144
627	南平市/政和县	政和县瑞昌工艺品有限公司	SG20191145
628	南平市/政和县	福建天华工贸有限公司	SG20191146
629	南平市/政和县	福建省元诚机车部件有限公司	SG20191147
630	南平市/政和县	福建省瑞祥竹木有限公司	SG20191148

续表

序号	地　区	企业名称	证书编号
631	南平市/邵武市	福人集团森林工业有限公司	SG20191149
632	南平市/邵武市	邵武永太高新材料有限公司	SG20191150
633	南平市/邵武市	福建臣盛建材有限公司	SG20191151
634	南平市/建瓯市	福建明良食品有限公司	SG20191152

二、2019 年第二批更名高新技术企业名单

2019 年 8 月 5 日福建省科学技术厅、福建省财政厅、国家税务总局福建省税务局下发的《福建省科学技术厅　福建省财政厅　国家税务总局福建省税务局关于公布福建省 2019 年第二批更名高新技术企业名单的通知》（闽科高〔2019〕21 号）提出，根据《高新技术企业认定管理办法》（国科发火〔2016〕32 号）和《高新技术企业认定管理工作指引》（国科发火〔2016〕195 号）的有关规定，现对 2019 年第二批 15 家企业变更高新技术企业名称予以公布，其高新技术企业证书编号和有效期不变。

各高新技术企业可于 8 月 6 日后，携带原高新技术企业证书原件和单位介绍信，至省高新技术创业服务中心（福州市工业路 611 号福建火炬高新技术创业园主楼南区九层 905 室），领取更名后的高新技术企业证书。

2019 年第二批更名高新技术企业名单

序号	原企业名称	拟更名企业名称	证书编号	发证日期
1	福建达米拉数码科技有限公司	连城县达米拉数码科技有限公司	GR201735000521	2017/11/30
2	福建新武夷制药股份有限公司	水仙药业（建瓯）股份有限公司	GR201635000023	2016/12/01
3	福建金山都发展有限公司	福建金山都种业发展有限公司	GR201635000475	2016/12/01
4	福建省长乐市航港针织品有限公司	福建航港针织品有限公司	GR201635000103	2016/12/01
5	泉州市泉建工程施工图审查有限公司	福建垒智施工图审查有限公司	GR201735000694	2017/11/30
6	威迪亚（长泰）科技有限公司	长泰铱科科技有限公司	GR201635000068	2016/12/01
7	福州奇子网络科技有限公司	福州奇子科技股份有限公司	GR201835000124	2018/11/30
8	泉州市海创机械制造有限公司	福建海创智能装备股份有限公司	GR201635000232	2016/12/01
9	南安市德林机械制造有限公司	德林智能科技有限公司	GR201835000443	2018/11/30
10	泉州丰泽鸿益建材机械有限公司	福建鸿益机械有限公司	GR201735000719	2017/11/30
11	泉州公田软件有限公司	福建省公田软件股份有限公司	GR201735000606	2017/11/30
12	福建省软众数字传媒股份有限公司	福建省软众数字科技股份有限公司	GR201635000254	2016/12/01
13	福建省艺根新型装饰材料股份有限公司	福建艺根科技股份有限公司	GR201635000352	2016/12/01
14	福州汇航电子科技有限公司	汇航科技有限公司	GR201835000881	2018/11/30
15	福建钦榕环保科技有限公司	环德（福建）环保科技有限公司	GR201835000684	2018/11/30

（摘编：于新光）

福建省2019年农业产业化省级重点龙头企业增补名单

2019年12月31日福建省农业农村厅、福建省发展和改革委员会、福建省财政厅、福建省商务厅、福建省林业局、福建省海洋与渔业局、中国人民银行福州中心支行、国家税务总局福建省税务局、中国证监会福建监管局、福建省地方金融监督管理局、福建省供销合作社联合社联合下发的《福建省农业农村厅等11部门关于公布2019年农业产业化省级重点龙头企业增补名单的通知》(闽农综〔2019〕163号)提出，根据省农业农村厅等11部门联合印发的《福建省农业产业化省级重点龙头企业认定和运行监测管理办法》的有关规定，报经省政府同意，2019年增补农业产业化省级重点龙头企业244家，现将名单予以公布。至此，我省农业产业化省级重点龙头企业数量达到926家。

省级重点龙头企业是指以农产品生产、加工或流通为主业，通过合同、合作、股份合作等利益联结方式直接与农户紧密联系，使农产品生产、加工、销售有机结合、相互促进，在规模和经营指标上达到规定标准并经省农业产业化联席会议审定、省政府批准后认定的农业企业。

福建省2019年农业产业化省级重点龙头企业增补名单

福州市（37家）

1. 福建花巷营养科技股份有限公司
2. 福建宏达盛农业发展有限公司
3. 久泰现代农业有限公司
4. 福州巨业食品有限公司
5. 福州东升茶厂
6. 福州市帮利茶业有限责任公司
7. 福州市长乐区雪美农业开发有限公司
8. 福建省福州外贸食品冷冻厂有限公司
9. 福建省辉业食品集团有限公司
10. 福清市兆华水产食品有限公司
11. 福建御冠食品有限公司
12. 福清市恒泰水产食品有限公司
13. 福建永诚农牧科技集团有限公司
14. 福清华信食品有限公司
15. 福建省宝成水产养殖有限公司
16. 福建鸭嫂食品有限公司
17. 福建天彬农业发展有限公司
18. 福州市滨海园林绿化有限公司
19. 福清市文华实业有限公司
20. 福建省悦盛农牧有限公司
21. 福州新兴家居用品有限公司
22. 福州昌育农业开发有限公司
23. 福建中新永丰实业有限公司
24. 福州奇新食品有限公司
25. 福建亿达食品有限公司
26. 福州海汇生物科技实业有限公司
27. 福州海天蓝水产有限公司
28. 连江县顺达水产冷冻有限公司
29. 福建省连江县宏裕水产有限公司
30. 福建同一农牧有限公司
31. 福州市凯达生态农业有限公司
32. 闽清金德福食品有限公司
33. 闽清航华木业有限公司
34. 福建省茶粉粉干有限公司
35. 闽清县金沙大龙湾生态养殖有限公司
36. 罗源生春源茶业有限责任公司

37. 福建省卢峰茶业有限公司

厦门市（5 家）

38. 厦门山国饮艺茶业有限公司
39. 厦门市晟宝良品米业发展有限公司
40. 厦门塔斯曼生物工程有限公司
41. 厦门宏祥食品有限公司
42. 厦门市江平生物基质技术股份有限公司

莆田市（7 家）

43. 福建汇鲜生态农业发展有限公司
44. 莆田市长丰米业有限公司
45. 莆田市涵江区江夏芦荟开发有限公司
46. 莆田市东盛现代农业有限公司
47. 莆田市莆罐食品工业有限公司
48. 莆田市中天现代农业发展有限公司
49. 莆田市以兴养殖有限公司

泉州市（28 家）

50. 泉州荣祺食品有限公司
51. 泉州市虹岩茶业有限公司
52. 益海嘉里（泉州）粮油食品工业有限公司
53. 信豪（福建）水产有限公司
54. 福建省力豪现代农业有限公司
55. 福建省晋江市东石白沙水产品加工二厂（普通合伙）
56. 福建省晋江市双桥面粉有限公司
57. 福建久久王食品工业有限公司
58. 泉州鑫盛食用菌科技有限公司
59. 晋江市豪泰农业发展有限公司
60. 福建海顺渔业有限公司
61. 晋江市汇利电子商务有限公司
62. 福建清秀市政园林集团有限公司
63. 泉州市天马山生态茶业发展有限公司
64. 南安市诗山小五台养殖有限公司
65. 南安市绿亿食用菌种植有限公司
66. 福建南安市绿兴食用菌有限公司
67. 泉州市九仙斛生物科技有限公司
68. 福建帝峰生态茶业发展有限公司
69. 泉州润山生态农业综合开发有限公司
70. 南安市鼎盛养殖有限公司
71. 福建省吴记生物开发有限公司
72. 南安市金竺农林综合发展有限责任公司
73. 惠安瑞芳食品有限公司
74. 福建兴全香业有限公司
75. 泉州永春达盛香业股份有限公司
76. 福建省春秋农林科技有限公司
77. 福建集盛鸽业发展有限公司

漳州市（59 家）

78. 漳州市同发生态农业有限公司
79. 漳州市好亦鲜食品有限公司
80. 漳州市金峰食品工业有限公司
81. 漳州市珍桂食品有限公司
82. 福建绿泉食品有限公司
83. 漳州德立信农业有限公司
84. 漳浦县进丰冷冻食品有限公司
85. 漳浦丰滋雅食品有限公司
86. 福建暖春酒业股份有限公司
87. 诏安县瑞梅食品有限公司
88. 漳州万通食品有限公司
89. 福建省诏安福益食品有限公司
90. 福建省宝智水产科技有限公司
91. 福建省景生农业开发有限公司
92. 漳州市顺兴达食品有限公司
93. 福建裕健龙生态农业有限公司
94. 福建硒来乐生态农业有限公司
95. 福建鸿森畜禽养殖有限公司
96. 东山县启昌冷冻加工有限公司
97. 福建百汇绿海现代农业科技有限公司
98. 福建世野食用菌股份有限公司
99. 漳州福星茶业开发有限公司
100. 福建金永鹏农业科技有限公司
101. 漳州市溢绿农业开发有限公司
102. 南靖县和泰竹业有限公司
103. 福建源兴生态农业科技有限公司
104. 福建成发农业开发有限公司
105. 福建海华农业开发有限公司
106. 福建金明食品有限公司
107. 福建葛园生物科技有限公司
108. 福建奥利高塔复合肥有限公司
109. 中宝（福建）食品科技有限公司
110. 平和县三绿果蔬有限公司
111. 福建省平和县荣源农副产品有限公司
112. 漳州玉露食品科技股份有限公司
113. 福建省东鲁畜牧有限公司

114. 福建省中延菌菇业股份有限公司
115. 福建岩湖茶业有限公司
116. 漳州市君柳湖生态农业有限公司
117. 福建立兴食品有限公司
118. 福建星光食品有限公司
119. 龙海市顺源水产科技有限公司
120. 罗汉峰（漳州）檀香有限公司
121. 福建恒兴饲料有限公司
122. 龙海市绿兴果蔬有限公司
123. 龙海市永利来食品有限公司
124. 福建嘉穗米业有限公司
125. 福建省万鑫绿化工程有限公司
126. 龙海市恒隆园艺有限公司
127. 龙海德盛水产食品有限公司
128. 漳州市百冠国兰有限公司
129. 福建麦得隆食品有限公司
130. 福建麦香园食品有限公司
131. 童城（福建）营养食品有限公司
132. 云霄县金牧园家庭农场有限公司
133. 福建粤海饲料有限公司
134. 福建港恒泰生物科技有限公司
135. 福建港舜泰生物科技有限公司
136. 福建友福百草园农业开发有限公司

三明市（24 家）

137. 福建省江南农庄食品有限公司
138. 福建省三明市强胜农牧有限公司
139. 福建德威食品有限公司
140. 托斯卡纳（福建）葡萄庄园有限公司
141. 建宁县绿源果业有限公司
142. 福建鑫锦宏农牧开发有限公司
143. 福建九龙湖生物科技有限公司
144. 福建省大丰山禽业发展有限公司
145. 三明市清龙生态兰花有限公司
146. 福建峨嵋祥鑫生态笋竹食品有限公司
147. 福建省泰宁永信农牧发展有限公司
148. 福建营丰农牧发展有限公司
149. 福建省华农食品有限公司
150. 福建省沙县宏苑茶业有限公司
151. 福建省沙县恒兴米业有限公司
152. 沙县恒通木业有限公司
153. 福建艾迪科食品有限公司
154. 福建省友定白茶有限公司
155. 宁化县河龙贡米米业有限公司
156. 福建南方牧业有限公司
157. 福建省田伯生物肥有限公司
158. 尤溪久泰现代农业发展有限公司
159. 福建省原色纯香生物科技有限公司
160. 福建三明华达茶叶有限公司

南平市（29 家）

161. 南平市福源畜牧发展有限公司
162. 南平元力活性炭有限公司
163. 福建和翼生态茶叶发展有限公司
164. 邵武市裕富竹木制品有限公司
165. 福建永同盛农业发展有限公司
166. 福建新创立家居用品有限公司
167. 福建正标竹木有限公司
168. 武夷山元生泰生物科技有限公司
169. 武夷山市桃渊茗茶叶科学研究所有限公司
170. 武夷山市九龙袍茶业有限公司
171. 武夷山市其云岩茶有限公司
172. 福建省建瓯市坡田粮油发展有限公司
173. 福建省建瓯市苑北茶叶有限公司
174. 福建驰宇装饰材料有限公司
175. 福建居怡竹木业有限公司
176. 福建雅风竹木业有限公司
177. 福建省长盛竹木有限公司
178. 福建省顺昌县云路祥农业发展有限公司
179. 福建华天农牧生态股份有限公司
180. 福建浦之玉米业有限公司
181. 福建承天农林科技发展有限公司
182. 政和县瑞昌工艺品有限公司
183. 福建东平高粱酿造有限公司
184. 福建省瑞祥竹木有限公司
185. 福建欣和农林科技发展有限公司
186. 福建省奥农竹业开发有限公司
187. 圣农发展（政和）有限公司
188. 福建省碧城工贸有限公司
189. 福建省隆合茶业有限公司

龙岩市（7 家）

190. 龙岩中洋日用品有限公司
191. 福建省龙岩市华龙饲料有限公司

192. 欧麦香（福建）食品有限公司
193. 龙岩市福欣牧业发展有限公司
194. 福建省越丰农产品有限公司
195. 福建漳平市德诺林业有限公司
196. 福建仁记竹业有限公司

宁德市（48 家）

197. 宁德市海扬食品有限公司
198. 福建省海上茶香茶业有限公司
199. 福建嘉丰农业发展有限公司
200. 福建江南茶业有限公司
201. 宁德市畲家金闽红茶叶有限公司
202. 福建承科水产实业有限公司
203. 福建省闽宏农业发展有限公司
204. 福建省峻山野农业发展有限公司
205. 福建省益禾农业发展有限公司
206. 金唐（福建）健康科技有限公司
207. 福建福泉鑫生物科技有限公司
208. 福建省周宁县绿立茶业开发有限公司
209. 周宁县莲峰生态农业发展有限公司
210. 寿宁县天池峰茶业有限公司
211. 寿宁县瑞兴农牧业开发有限公司
212. 寿宁县梦之乡农业综合开发有限公司
213. 福建永和春农业综合发展有限公司
214. 福建川久农业发展有限公司
215. 寿宁县闽轩茶叶有限公司
216. 寿宁县叶叶香茶厂
217. 寿宁县满堂宏茶业有限公司
218. 福建大南山茶业有限公司
219. 寿宁县锦山茶业有限公司
220. 福建福安五洲水产有限公司
221. 福建宝丰源茶业有限公司
222. 福安市艾绿茶业有限公司
223. 福安市红新茶业有限公司
224. 福建省果之道供应链有限公司
225. 福建九骅农业有限公司
226. 福建融盛食品有限公司
227. 宁德东狮山现代农业有限公司
228. 福建福寿长生态农业有限公司
229. 福建张一元茶业有限公司
230. 中食北山（福建）酒业有限公司
231. 福建省大沁茶业有限公司
232. 福建康来颜茶业有限公司
233. 福建顺茗道茶业有限公司
234. 福建广林福茶业有限公司
235. 福建省董德茶业有限公司
236. 福鼎市云鼎茶业有限公司
237. 远古大荒（福建）控股有限公司
238. 福建省裕荣香茶业有限公司
239. 福鼎市芳茗茶业有限公司
240. 福建省霞浦县黄渔国食品有限公司
241. 福建皓大工贸有限公司
242. 霞浦县目海茶业有限公司
243. 福建省北极星生物科技有限公司
244. 宁德市海鸿水产有限公司

（摘编：郑新贵）

福建省2019年省级家庭农场示范场名单

2019年省级家庭农场示范场名单

2019年8月15日福建省农业农村厅、福建省财政厅下发的《福建省农业农村厅　福建省财政厅关于公布2019年省级家庭农场示范场名单的通知》（闽农综〔2019〕97号）提出，根据省农业农村厅、省财政厅《关于开展2019年度省级家庭农场示范场评定工作的通知》（闽农综〔2018〕187号）要求，经各地组织推荐申报、专家评审、公示，现认定福清市阿奇家庭农场等142家家庭农场为2019年省级家庭农场示范场，有效期三年。现予以公布。

1. 福清市阿奇家庭农场
2. 福清市枫桥家庭农场
3. 福清市杨玲辉家庭农场
4. 福清市一都水上农家家庭农场
5. 福清市悠然家庭农场
6. 连江县东湖镇廖以法家庭农场
7. 连江县东岱镇龙山德新家庭农场
8. 连江县深耕家庭农场
9. 罗源县起步镇幸福怡家家庭农场
10. 闽清县雄江万喜家庭农场
11. 永泰县莱旺旺家庭农场
12. 永泰县洑口紫山天明家庭农场
13. 永泰县富友家庭农场
14. 晋安区逍遥谷家庭农场
15. 厦门市集美区桔子花开家庭农场
16. 芗城区洋中家庭农场
17. 芗城区宜鲜家庭农场
18. 芗城区少聪家庭农场
19. 漳浦县高达家庭农场
20. 漳浦县石榴镇安后家庭农场有限公司
21. 云霄县盛牧家庭农场
22. 云霄县金勾椅家庭农场
23. 云霄县高山湖家庭农场
24. 云霄县智辉家庭农场
25. 云霄县福元水果家庭农场
26. 东山县朝昌盛种养家庭农场
27. 诏安县沈文瑞家庭农场
28. 诏安县森达家庭农场
29. 诏安县秋金家庭农场
30. 诏安县沈泽斌家庭农场
31. 诏安县丰硕家庭农场
32. 诏安县洪东家庭农场
33. 诏安县沈镇平家庭农场
34. 诏安县怀勇家庭农场
35. 南靖县旺旺家庭农场
36. 南靖县溪根家庭农场
37. 南靖县绿秀园家庭农场
38. 平和县芦溪楼石坪家庭农场
39. 平和县胜勇家庭农场
40. 平和县大溪镇威豪生态家庭农场
41. 平和县三平晟文家庭农场
42. 华安县老农民家庭农场
43. 长泰县梁克山农牧家庭农场
44. 长泰县纳宇家庭农场
45. 安溪县吾新家庭农场
46. 安溪县湖上瑞和园家庭农场
47. 安溪县荣景家庭农场
48. 永春县横口乡月华家庭农场
49. 永春县百果园家庭农场
50. 永春县丽园家庭农场
51. 德化县佩元家庭农场

52. 德化县蓝氏家庭农场
53. 德化县峻美家庭农场
54. 南安市戴加约家庭农场
55. 南安市眉山乡北尖山家庭农场
56. 南安市向阳乡历山家庭农场
57. 永安市小陶镇天然园家庭农场
58. 永安市兵哥家庭农场
59. 明溪县业昇家庭农场
60. 清流县嵩溪镇罗耀焱家庭农场
61. 清流县嵩溪健宇家庭农场
62. 宁化县中沙乡神龙家庭农场
63. 宁化县治平赖氏生态家庭农场
64. 宁化县中沙乡石门村板山顶家庭农场
65. 宁化县淮土镇嘉辉家庭林场
66. 建宁县诚信家庭农场
67. 建宁县年丰家庭农场
68. 建宁县兴旺家庭农场
69. 泰宁县南会村顺安家庭农场
70. 泰宁县裕平家庭农场
71. 将乐县井垅智兰脐橙家庭农场
72. 将乐县金池果蔬家庭农场
73. 将乐县天应家庭农场
74. 沙县高桥陆传清家庭农场
75. 沙县昌森家庭林场
76. 福建尤溪县麒麟欣家庭农场
77. 尤溪县天地洋家庭农场
78. 尤溪县洋中宏蓝家庭农场
79. 大田县邱良智家庭农场
80. 大田县上京镇曾垂贤家庭农场
81. 仙游县钟山九鲤百香园家庭农场
82. 仙游县度尾月荷四季生态家庭农场
83. 延平区淘果园火龙果生态家庭农场
84. 延平区旺荣家庭农场
85. 延平区乐在其中家庭农场
86. 建阳区国城家庭农场
87. 建阳区田友家庭农场
88. 建阳区佳禾家庭农场
89. 邵武市华香家庭农场
90. 邵武市建坪家庭农场
91. 武夷山市来福家庭农场
92. 武夷山市祥羊生态养殖家庭农场
93. 武夷山市夷峰家庭农场
94. 建瓯市小桥镇秀和源家庭农场
95. 顺昌县高阳义忠家庭农场
96. 顺昌县高阳乡茂荣家庭农场
97. 浦城县昌兴家庭农场
98. 浦城县木垅井家庭农场
99. 浦城县渴食垄家庭农场
100. 浦城县大王山生态家庭农场
101. 光泽县管密森海家庭农场
102. 光泽县荣腾种植家庭农场
103. 松溪县魏氏家庭农场
104. 松溪县奇才糖蔗家庭农场
105. 松溪县荷花鱼家庭农场
106. 政和县黄龙果蔬家庭农场
107. 政和县鑫如家庭农场
108. 政和县永信家庭农场
109. 邵武市大埠岗勇云家庭农场
110. 邵武市肖家坊镇塘家庄家庭农场
111. 新罗区真红家庭农场
112. 新罗区林魁彪家庭农场
113. 新罗区乡间果芙家庭农场
114. 龙岩市永定区庆椿家庭农场
115. 龙岩市永定区景兴家庭农场
116. 永定区香香家庭农场
117. 上杭县下都艺龙家庭农场
118. 上杭县蛟洋镇兴鼎丰家庭农场
119. 武平县快乐家庭农场
120. 长汀县礼庄家庭农场
121. 长汀县红山州龙家庭农场
122. 连城县北团森鸿家庭农场
123. 漳平市溪南镇赐田生态家庭农场
124. 漳平市双洋镇海光家庭农场
125. 漳平市菁坑明生家庭农场
126. 蕉城区八都碧桂庄家庭农场
127. 宁德市蕉城区洋中田园家庭农场
128. 古田县果丰家庭农场
129. 古田县瑞盛家庭农场
130. 屏南县田安健养家庭农场
131. 寿宁县凤阳镇津农家庭农场
132. 寿宁县武曲镇兴源家庭农场
133. 福安市汾阳家人家庭农场

134. 柘荣县零距离家庭农场
135. 柘荣县山后家庭农场
136. 霞浦县周石发家庭农场
137. 宁德市蕉城区漳湾王坑祥进春家庭农场
138. 柘荣县林斌斌家庭农场
139. 福安市好姐妹家庭农场
140. 柘荣县永丰泰家庭农场
141. 柘荣县兴鑫家庭农场
142. 宁德市蕉城区虎贝邦华家庭农场

2019 年第二批省级家庭农场示范场名单

2019 年 12 月 16 日福建省农业农村厅、福建省财政厅下发的《福建省农业农村厅　福建省财政厅关于公布 2019 年第二批省级家庭农场示范场名单的通知》（闽农综〔2019〕109 号）提出，根据福建省农业农村厅、福建省财政厅《关于开展 2019 年第二批省级家庭农场示范场评定工作的通知》（闽农综〔2019〕109 号），经各地组织推荐申报、专家评审、复核、公示等环节，现认定福州市长乐区文武砂丰之瑞生态家庭农场等 189 家家庭农场为 2019 年第二批省级家庭农场示范场，有效期 3 年。现予以公布。

1. 福州市长乐区文武砂丰之瑞生态家庭农场
2. 长乐玉田利顺家庭农场
3. 罗源县霍口乡绿之梦家庭农场
4. 闽清县梅溪镇宜涵月家庭农场
5. 闽清县白樟鹿松坑家庭农场
6. 闽侯县甘蔗良橙美景家庭农场
7. 诏安县煌炜家庭农场
8. 诏安县北济缘佛手果家庭农场
9. 诏安县刘有聪家庭农场
10. 诏安县满园丰家庭农场
11. 诏安县傅细娟家庭农场
12. 诏安县森玲家庭农场
13. 诏安县绿色万家家庭农场
14. 南靖县岩前山生态家庭农场
15. 南靖县玉泉家庭农场
16. 南靖县创源家庭农场
17. 南靖县佳华家庭农场
18. 南靖县绿满田家庭农场
19. 南靖县洋川家庭农场
20. 南靖县福承家庭农场
21. 南靖县凤华家庭农场
22. 南靖县康地福家庭农场
23. 南靖县二九张家庭农场
24. 南靖县相庄家庭农场
25. 南靖县柯南山家庭农场
26. 南靖县北坡丰畅家庭农场
27. 南靖县异金香家庭农场
28. 南靖县番华家庭农场
29. 平和县凯新家庭农场
30. 平和县大溪镇梅山家庭农场
31. 平和县蜘蛛埔家庭农场
32. 平和县峨眉山云端果蔬家庭农场
33. 平和县奇盛家庭农场
34. 平和县育信家庭农场
35. 平和县砚佳园家庭农场
36. 东山县朝辉种养家庭农场
37. 东山县陈城镇绿秋蔬菜种植家庭农场
38. 东山县喜忠种养家庭农场
39. 东山县康美镇孙福桂家庭农场
40. 东山县开文水产养殖家庭农场
41. 东山县港居种植家庭农场
42. 华安县绿园山家庭农场
43. 华安县秀玉家庭农场
44. 华安县荣兴家庭农场
45. 芗城区凯海家庭农场
46. 云霄县草塘家庭农场
47. 漳浦美满家庭农场
48. 漳浦县清桂家庭农场有限公司
49. 漳浦县赤土乡幼珠家庭农场
50. 南安市阳泊岭家庭农场
51. 南安市黑峰家庭农场
52. 南安丰州绿森家庭农场
53. 南安市向前家庭农场
54. 南安市帝景家庭农场
55. 石狮市恒农盛家庭农场
56. 永春县达埔顺泰家庭农场
57. 永春县湖洋镇泉态家庭农场
58. 永春县桃城高洋家庭农场
59. 永春达埔荣玲家庭农场

60. 永春县芳丽家庭农场
61. 安溪县观朴家庭农场
62. 安溪县春华秋实生态家庭农场
63. 安溪县湖上飞新大阁家庭农场
64. 安溪县虎邱祥泰家庭农场
65. 安溪县雪梨园家庭农场
66. 安溪县城厢云川家庭农场
67. 德化县秀丽水果种植家庭农场
68. 德化县优寨家庭农场
69. 永安市曹远镇江坑家庭农场
70. 永安市霞岭星星家庭农场
71. 明溪县心晴家庭农场
72. 清流县嵩口丰收家庭农场
73. 清流县里田乡优明家庭农场
74. 清流县余朋乡鑫财家庭农场
75. 宁化县桂美园家庭农场
76. 宁化县方田乡嘉烨生态家庭农场
77. 建宁县和鑫源家庭农场
78. 建宁县里心镇宏垒家庭农场
79. 建宁县恒德家庭农场
80. 建宁县上庄家庭农场
81. 建宁县孝廉家庭林场
82. 建宁县春花家庭农场
83. 将乐县玉珍百香果生态家庭农场
84. 将乐县汤远康茶叶家庭农场
85. 将乐县华明种植家庭农场
86. 将乐县林生平食用菌家庭农场
87. 沙县红硕家庭农场
88. 沙县高桥镇克洲家庭农场
89. 沙县高砂振灿家庭农场
90. 尤溪县中仙乡阿尔玛家庭农场
91. 尤溪县溪尾乡岐瑞源家庭农场
92. 尤溪县梅仙镇强宏家庭农场
93. 尤溪县溪尾乡城漫家庭农场
94. 大田县茶山家庭农场
95. 大田县梅山乡吴树长家庭农场
96. 大田县王春家庭农场
97. 大田县桃源镇增添家庭农场
98. 仙游县度尾源绿家庭农场
99. 仙游县郊尾中宏现代家庭农场
100. 延平区西芹镇群众家庭农场
101. 延平区阿财家庭农场
102. 延平区乡土家庭农场
103. 延平区塔前镇友高家庭农场
104. 延平区天一家庭农场
105. 建阳区小湖红有家庭农场
106. 邵武市和平晴雨天家庭农场
107. 邵武市大埠岗金奎家庭农场
108. 邵武市鑫夷家庭农场
109. 邵武市盛世家庭农场
110. 邵武市和平哦欧生态家庭农场
111. 邵武市野熊家庭农场
112. 武夷山市李余生态家庭农场
113. 武夷山市康勤林下养殖家庭农场
114. 建瓯市新荣家庭农场
115. 建瓯市吉阳镇岩溪家庭农场
116. 建瓯市东峰镇明忠家庭农场
117. 顺昌县岚下乡凤金家庭农场
118. 顺昌县双溪玉山家庭农场
119. 顺昌县有兴苗木家庭农场
120. 顺昌县大干镇鸿泰家庭农场
121. 浦城县亿家园生态家庭农场
122. 浦城县畲源家庭农场
123. 浦城县元之蓝家庭农场
124. 光泽县润田水稻种植生态家庭农场
125. 松溪县红豆家庭农场
126. 松溪县森春家庭农场
127. 政和县原始部落家庭农场
128. 政和县稻香家庭农场
129. 政和县石屯润权家庭农场
130. 政和县玉锦家庭农场
131. 政和县汉农家庭农场
132. 龙岩市新罗区雅兴家庭农场
133. 新罗区龙盛家庭农场
134. 新罗区超业家庭农场
135. 新罗区月东家庭农场
136. 永定区万金丰家庭农场
137. 永定区振新家庭农场
138. 永定区南湖山家庭农场
139. 永定区宏源生态家庭农场
140. 龙岩市永定区鸿升家庭农场
141. 龙岩市永定区育仁家庭农场

142. 龙岩市永定区明宇种植生态家庭农场
143. 龙岩市永定区树达家庭农场
144. 上杭县天平架家庭农场
145. 上杭县稔田镇十二排生态休闲家庭农场
146. 上杭县稔田镇国泰家庭农场
147. 上杭县鑫明种养殖家庭农场
148. 上杭县中都醉乡田家庭农场
149. 上杭县泮境乡灵生家庭农场
150. 上杭县月柚缘生态家庭农场
151. 上杭县古田镇永欣家庭农场
152. 武平县兆红家庭农场
153. 武平县民主罗六家庭农场
154. 武平县中堡鑫园家庭农场
155. 武平县中堡榕伟家庭农场
156. 武平县中赤镇合家欢家庭农场
157. 长汀县仁仕家庭农场
158. 长汀县锦鑫家庭农场
159. 长汀县麦地哩家庭农场
160. 长汀县兰秀家庭农场
161. 长汀县星辉家庭农场
162. 长汀县绿湖家庭农场
163. 长汀县馆前吉晟家庭农场
164. 长汀县馆前富达家庭农场
165. 连城县罗坊乡晟宏葛根种植家庭农场
166. 连城县宣和少华生态种植家庭农场
167. 连城县莒溪鸿丰花木种植家庭农场
168. 连城县宣和客家妹家庭农场
169. 连城县揭乐九龙百果庄园家庭农场
170. 连城县枫山家庭农场
171. 漳平市赤水镇民利水稻种植家庭农场
172. 漳平市溪南镇前坪村兰田家庭农场
173. 漳平市聚朋家庭农场
174. 漳平市江夏家庭农场
175. 漳平市官田陈新发花木家庭农场
176. 屏南县双溪镇昌隆农场
177. 屏南县阳光家庭农场
178. 屏南县苏珠桃家庭农场
179. 周宁县大发家庭农场
180. 周宁县德天家庭农场
181. 周宁县启瑞源家庭农场
182. 福安市桂林园家庭农场
183. 柘荣县惠春家庭农场
184. 柘荣县荣源家庭农场
185. 霞浦县丰登家庭农场
186. 福鼎市店下津柚福家庭农场
187. 福鼎市店下南洋山果蔬种植家庭农场
188. 福鼎市店下诚信家庭农场
189. 福鼎市店下禾丰家庭农场

（摘编：林开龙）

2019 年福建省工业和信息化省级龙头企业名单

2019 年 6 月 18 日福建省工业和信息化厅下发的《福建省工业和信息化厅关于发布 2019 年福建省工业和信息化省级龙头企业名单的通知》（闽工信投资〔2019〕98 号）提出，为贯彻落实《福建省人民政府办公厅关于印发新一轮促进工业和信息化龙头企业改造升级行动计划（2018—2020 年）》（闽政办〔2018〕50 号），经企业申报、各有关单位审核推荐和网上公示，现将福建省能源集团有限责任公司等 443 家 2019 年福建省工业和信息化省级龙头企业（含子公司）名单予以发布。

2019 年福建省工业和信息化省级龙头企业名单

<table>
<tr><th>序号</th><th>企业名称</th><th>所在地区</th><th>大类行业</th><th>细分行业</th></tr>
<tr><td>1</td><td>福建省能源集团有限责任公司</td><td>福州</td><td rowspan="14">煤炭开采和洗选业</td><td rowspan="14">煤炭开采和洗选业</td></tr>
<tr><td>2</td><td>福建煤电股份有限公司</td><td>龙岩</td></tr>
<tr><td>3</td><td>福建省永安煤业有限责任公司</td><td>三明</td></tr>
<tr><td>4</td><td>福建省鸿山热电有限责任公司</td><td>泉州</td></tr>
<tr><td>5</td><td>福建晋江天然气发电有限公司</td><td>泉州</td></tr>
<tr><td>6</td><td>福建省福能新能源有限责任公司</td><td>莆田</td></tr>
<tr><td>7</td><td>福建南纺有限责任公司</td><td>南平</td></tr>
<tr><td>8</td><td>福建水泥股份有限公司</td><td>福州</td></tr>
<tr><td>9</td><td>福建水泥股份有限公司炼石水泥厂</td><td>南平</td></tr>
<tr><td>10</td><td>福州炼石水泥有限公司</td><td>福州</td></tr>
<tr><td>11</td><td>福建永安建福水泥有限公司</td><td>三明</td></tr>
<tr><td>12</td><td>福建安砂建福水泥有限公司</td><td>三明</td></tr>
<tr><td>13</td><td>福建省永安金银湖水泥有限公司</td><td>三明</td></tr>
<tr><td>14</td><td>福建省福能龙安热电有限公司</td><td>宁德</td></tr>
<tr><td>15</td><td>益海嘉里（泉州）粮油食品工业有限公司</td><td>泉州</td><td>农副食品加工业</td><td>谷物磨制</td></tr>
<tr><td>16</td><td>福建元成豆业有限公司</td><td>福州</td><td>农副食品加工业</td><td>饲料加工</td></tr>
<tr><td>17</td><td>福建傲农生物科技集团股份有限公司</td><td>漳州</td><td rowspan="3">农副食品加工业</td><td rowspan="3">饲料加工</td></tr>
<tr><td>18</td><td>漳州傲农牧业科技有限公司</td><td>漳州</td></tr>
<tr><td>19</td><td>龙岩傲农饲料有限公司</td><td>龙岩</td></tr>
<tr><td>20</td><td>福州傲农生物科技有限公司</td><td>福州</td><td>农副食品加工业</td><td>饲料加工</td></tr>
<tr><td>21</td><td>福建长德蛋白科技有限公司</td><td>福州</td><td>农副食品加工业</td><td>饲料加工</td></tr>
<tr><td>22</td><td>福建天马科技集团股份有限公司</td><td>福州</td><td>农副食品加工业</td><td>饲料加工</td></tr>
</table>

续表

序号	企业名称	所在地区	大类行业	细分行业
23	漳州大北农农牧科技有限公司	漳州	农副食品加工业	饲料加工
24	福州开发区高龙饲料有限公司	福州	农副食品加工业	饲料加工
25	泉州福海粮油工业有限公司	泉州	农副食品加工业	植物油加工
26	中纺粮油（福建）有限公司	漳州	农副食品加工业	植物油加工
27	福建康宏股份有限公司	福州	农副食品加工业	植物油加工
28	福州集佳油脂有限公司	福州	农副食品加工业	植物油加工
29	福建圣农控股集团有限公司	南平	农副食品加工业	屠宰及肉类加工
30	福建圣农发展股份有限公司	南平		
31	福建圣农发展（浦城）有限公司	南平		
32	福建圣农食品有限公司	南平		
33	欧圣实业（福建）有限公司	南平		
34	福建欧圣农牧发展有限公司	南平		
35	福建海圣饲料有限公司	南平		
36	天怡（福建）现代农业发展有限公司	莆田	农副食品加工业	屠宰及肉类加工
37	福建容和盛食品集团有限公司	龙岩	农副食品加工业	屠宰及肉类加工
38	福建正大食品有限公司	龙岩	农副食品加工业	屠宰及肉类加工
39	龙岩正大有限公司	龙岩		
40	福建东山县顺发水产有限公司	漳州	农副食品加工业	水产品加工
41	福建福鼎海鸥水产食品有限公司	宁德	农副食品加工业	水产品加工
42	福建新福水产集团有限公司	漳州	农副食品加工业	水产品加工
43	福州旭煌食品有限公司	福州	农副食品加工业	水产品加工
44	漳州市东好水产食品有限公司	漳州	农副食品加工业	水产品加工
45	福建新华东食品有限公司	漳州	农副食品加工业	水产品加工
46	漳州泉丰食品开发有限公司	漳州	农副食品加工业	水产品加工
47	阿一波食品有限公司	泉州	农副食品加工业	水产品加工
48	福建省红太阳精品有限公司	莆田	农副食品加工业	水产品加工
49	如意情集团股份有限公司	厦门	农副食品加工业	蔬菜加工
50	福建省晋江福源食品有限公司	泉州	食品制造业	焙烤食品制造
51	达利食品集团有限公司	泉州	食品制造业	焙烤食品制造
52	蜡笔小新（福建）食品工业有限公司	泉州	食品制造业	糖果、巧克力制造
53	福建久久王食品工业有限公司	泉州	食品制造业	糖果、巧克力制造
54	福州龙福食品有限公司	福州	食品制造业	方便食品制造
55	福建安井食品股份有限公司	厦门	食品制造业	方便食品制造
56	福建紫山集团股份有限公司	漳州	食品制造业	罐头食品制造
57	安发（福建）生物科技有限公司	宁德	食品制造业	其他食品制造
58	百威英博雪津啤酒有限公司	莆田	酒、饮料和精制茶制造业	酒的制造

续表

序号	企业名称	所在地区	大类行业	细分行业
59	漳州天福茶业有限公司	漳州	酒、饮料和精制茶制造业	精制茶加工
60	厦门烟草工业有限责任公司	厦门	烟草制品业	卷烟制造
61	福建长源纺织有限公司	福州	纺织业	棉纺织及印染精加工
62	福建金源纺织有限公司	福州	纺织业	棉纺织及印染精加工
63	福建省长乐市锦源纺织有限公司	福州	纺织业	棉纺织及印染精加工
64	福州翔隆纺织有限公司	福州	纺织业	棉纺织及印染精加工
65	福建龙峰纺织科技实业有限公司	泉州	纺织业	棉纺织及印染精加工
66	福建新华源发展集团	福州	纺织业	棉纺织及印染精加工
67	福建省长乐市新华源纺织有限公司	福州		
68	福建省长乐市华源纺织有限公司	福州		
69	福建省长乐市恒源纺织有限公司	福州		
70	福建经纬集团有限公司	福州	纺织业	棉纺织及印染精加工
71	福建省长乐市第二棉纺织厂	福州	纺织业	棉纺织及印染精加工
72	福建省长乐市华亚纺织有限公司	福州	纺织业	棉纺织及印染精加工
73	福建省长乐市正隆纺织有限公司	福州	纺织业	棉纺织及印染精加工
74	福建省宏鑫纺织有限公司	龙岩	纺织业	棉纺织及印染精加工
75	福建锦程高科实业有限公司	福州	纺织业	化纤织造及印染精加工
76	福建华峰新材料有限公司	莆田	纺织业	针织或钩针编织物及其制品制造
77	信泰（福建）科技有限公司	泉州	纺织业	针织或钩针编织物及其制品制造
78	福建浔兴拉链科技股份有限公司	泉州	纺织业	产业用纺织制成品制造
79	福建源盛纺织服装城有限公司	福州	纺织服装、服饰业	机织服装制造
80	福州融裕行纺织织造有限公司	福州		
81	福州茂盛投资有限公司	福州		
82	福建柒牌时装科技股份有限公司	泉州	纺织服装、服饰业	机织服装制造
83	九牧王股份有限公司	泉州	纺织服装、服饰业	机织服装制造
84	才子服饰股份有限公司	莆田	纺织服装、服饰业	机织服装制造
85	利郎（中国）有限公司	泉州	纺织服装、服饰业	机织服装制造
86	莆田市金利莱斯服饰织造有限公司	莆田	纺织服装、服饰业	机织服装制造
87	福建七匹狼实业股份有限公司	泉州	纺织服装、服饰业	机织服装制造
88	晋江七匹狼服装制造有限公司	泉州		
89	福建利瑶纺织制衣有限公司	泉州	纺织服装、服饰业	机织服装制造
90	晋江市七彩狐服装织造有限公司	泉州	纺织服装、服饰业	针织或钩针编织服装制造
91	福建宏远集团有限公司	泉州	纺织服装、服饰业	针织或钩针编织服装制造

续表

序号	企业名称	所在地区	大类行业	细分行业
92	福建南安市万家美针织有限公司	泉州	纺织服装、服饰业	针织或钩针编织服装制造
93	兴业皮革科技股份有限公司	泉州	皮革、毛皮、羽毛及其制品和制鞋业	皮革鞣制加工
94	福建瑞森皮革有限公司	泉州		
95	祥兴（福建）箱包集团有限公司	福州	皮革、毛皮、羽毛及其制品和制鞋业	皮革制品制造
96	特步（中国）有限公司	泉州	皮革、毛皮、羽毛及其制品和制鞋业	制鞋业
97	连江清禄鞋业有限公司	福州	皮革、毛皮、羽毛及其制品和制鞋业	制鞋业
98	安踏体育用品集团有限公司	泉州	皮革、毛皮、羽毛及其制品和制鞋业	制鞋业
99	莆田市鑫龙鞋业有限公司	莆田	皮革、毛皮、羽毛及其制品和制鞋业	制鞋业
100	安踏（中国）有限公司	泉州	皮革、毛皮、羽毛及其制品和制鞋业	制鞋业
101	贵人鸟股份有限公司	泉州	皮革、毛皮、羽毛及其制品和制鞋业	制鞋业
102	莆田启明鞋业有限公司	莆田	皮革、毛皮、羽毛及其制品和制鞋业	制鞋业
103	三六一度（中国）有限公司	泉州	皮革、毛皮、羽毛及其制品和制鞋业	制鞋业
104	乔丹体育股份有限公司	泉州	皮革、毛皮、羽毛及其制品和制鞋业	制鞋业
105	泉州鸿荣轻工有限公司	泉州	皮革、毛皮、羽毛及其制品和制鞋业	制鞋业
106	莆田市辉特体育用品有限公司	莆田	皮革、毛皮、羽毛及其制品和制鞋业	制鞋业
107	福建协丰鞋业有限公司	莆田	皮革、毛皮、羽毛及其制品和制鞋业	制鞋业
108	三六一度（福建）体育用品有限公司	泉州	皮革、毛皮、羽毛及其制品和制鞋业	皮鞋制造
109	福建鸿星尔克体育用品有限公司	泉州	皮革、毛皮、羽毛及其制品和制鞋业	皮鞋制造
110	莆田市来克体育用品有限公司	莆田	皮革、毛皮、羽毛及其制品和制鞋业	皮鞋制造
111	莆田市永丰鞋业有限公司	莆田	皮革、毛皮、羽毛及其制品和制鞋业	皮鞋制造
112	福建东方猎狼服装织造有限公司	莆田	皮革、毛皮、羽毛及其制品和制鞋业	皮鞋制造
113	福建华峰运动用品科技有限公司	莆田	皮革、毛皮、羽毛及其制品和制鞋业	其他制鞋业

续表

序号	企业名称	所在地区	大类行业	细分行业
114	莆田标准木业有限公司	莆田	木材加工和木、竹、藤、棕、草制品业	木材加工
115	福建省永安林业（集团）股份有限公司	三明	木材加工和木、竹、藤、棕、草制品业	人造板制造
116	福建森源家具有限公司	三明		
117	联盛纸业（龙海）有限公司	漳州	造纸和纸制品业	造纸
118	玖龙纸业（泉州）有限公司	泉州	造纸和纸制品业	造纸
119	福建省青山纸业股份有限公司	三明	造纸和纸制品业	造纸
120	晋江冠朗集团有限公司	泉州	造纸和纸制品业	造纸
121	泉州华祥纸业有限公司	泉州		
122	福建省晋江优兰发纸业有限公司	泉州		
123	福建希源纸业有限公司	泉州		
124	福建省联盛纸业有限责任公司	漳州	造纸和纸制品业	造纸
125	福建恒利纸业有限公司	泉州	造纸和纸制品业	纸制品制造
126	中天（中国）工业有限公司	泉州	造纸和纸制品业	纸制品制造
127	怡佳（福建）卫生用品有限公司	泉州	造纸和纸制品业	纸制品制造
128	福建恒安集团有限公司	泉州	造纸和纸制品业	纸制品制造
129	晋江恒安家庭生活用纸有限公司	泉州		
130	晋江恒安心相印纸制品有限公司	泉州		
131	福建恒安卫生材料有限公司	泉州		
132	福建恒安家庭生活用品有限公司	泉州		
133	恒安（中国）卫生用品有限公司	泉州		
134	恒安（中国）纸业有限公司	泉州		
135	福建省三福古典家具有限公司	莆田	文教、工美、体育和娱乐用品制造业	雕塑工艺品制造
136	舒华体育股份有限公司	泉州	文教、工美、体育和娱乐用品制造业	体育用品制造
137	厦门钢宇工业有限公司	厦门	文教、工美、体育和娱乐用品制造业	体育用品制造
138	福建联合石油化工有限公司	泉州	石油、煤炭及其他燃料加工业	精炼石油产品制造
139	中化泉州石化有限公司	泉州	石油、煤炭及其他燃料加工业	精炼石油产品制造
140	福建石油化工集团有限责任公司	福州	化学原料和化学制品制造业	基础化学原料制造
141	福建省东南电化股份有限公司	福州		
142	福建湄洲湾氯碱工业有限公司	泉州		
143	福建省福橡化工有限责任公司	泉州		
144	福建福海创石油化工有限公司	漳州		

续表

序号	企业名称	所在地区	大类行业	细分行业
145	5 腾龙芳烃（漳州）有限公司	漳州	化学原料和化学制品制造业	基础化学原料制造
146	福建天辰耀隆新材料有限公司	福州	化学原料和化学制品制造业	基础化学原料制造
147	三明厦钨新能源材料有限公司	三明	化学原料和化学制品制造业	基础化学原料制造
148	瓮福紫金化工股份有限公司	龙岩	化学原料和化学制品制造业	基础化学原料制造
149	福建省清流县东莹化工有限公司	三明	化学原料和化学制品制造业	基础化学原料制造
150	福建榕昌化工有限公司	南平	化学原料和化学制品制造业	基础化学原料制造
151	三棵树涂料股份有限公司	莆田	化学原料和化学制品制造业	涂料制造
152	福建中锦新材料有限公司	莆田	化学原料和化学制品制造业	合成材料制造
153	福建中景石化有限公司	福州	化学原料和化学制品制造业	合成材料制造
154	福建省中江石化有限公司	福州	化学原料和化学制品制造业	合成材料制造
155	腾龙特种树脂（厦门）有限公司	厦门	化学原料和化学制品制造业	合成材料制造
156	长春化工（漳州）有限公司	漳州	化学原料和化学制品制造业	合成材料制造
157	中仑塑业（福建）有限公司	泉州	化学原料和化学制品制造业	合成材料制造
158	福建元力活性炭股份有限公司	南平	化学原料和化学制品制造业	专用化学产品制造
159	南平元力活性炭有限公司	南平		
160	福建省南平市元禾化工有限公司	南平		
161	福建青松股份有限公司	南平	化学原料和化学制品制造业	专用化学产品制造
162	福建省金鹿日化股份有限公司	泉州	化学原料和化学制品制造业	日用化学产品制造
163	厦门金达威集团股份有限公司	厦门	医药制造业	化学药品原料药制造
164	厦门金达威维生素有限公司	厦门		
165	漳州片仔癀药业股份有限公司	漳州	医药制造业	中成药生产
166	福建片仔癀化妆品有限公司	漳州	医药制造业	中成药生产
167	赛得利（福建）纤维有限公司	莆田	化学纤维制造业	纤维素纤维原料及纤维制造

续表

序号	企业名称	所在地区	大类行业	细分行业
168	恒申控股集团有限公司	福州	化学纤维制造业	锦纶纤维制造
169	长乐恒申合纤科技有限公司	福州		
170	长乐力恒锦纶科技有限公司	福州		
171	福建申远新材料有限公司	福州		
172	福建锦江科技有限公司	福州	化学纤维制造业	锦纶纤维制造
173	福建凯邦锦纶科技有限公司	福州	化学纤维制造业	锦纶纤维制造
174	福建景丰科技有限公司	福州	化学纤维制造业	锦纶纤维制造
175	福建恒捷实业有限公司	福州	化学纤维制造业	锦纶纤维制造
176	福建万鸿纺织有限公司	福州	化学纤维制造业	锦纶纤维制造
177	福建省金纶高纤股份有限公司	福州	化学纤维制造业	涤纶纤维制造
178	福建百宏聚纤科技实业有限公司	泉州	化学纤维制造业	涤纶纤维制造
179	福建省长乐市山力化纤有限公司	福州	化学纤维制造业	涤纶纤维制造
180	福建正麒高纤科技股份有限公司	泉州	化学纤维制造业	涤纶纤维制造
181	福建经纬新纤科技实业有限公司	福州	化学纤维制造业	涤纶纤维制造
182	厦门翔鹭化纤股份有限公司	厦门	化学纤维制造业	涤纶纤维制造
183	晋江市锦福化纤聚合有限公司	泉州	化学纤维制造业	涤纶纤维制造
184	福建逸锦化纤有限公司	泉州	化学纤维制造业	涤纶纤维制造
185	福建佳通轮胎有限公司	莆田	橡胶和塑料制品业	橡胶制品业
186	福建省海安橡胶有限公司	莆田	橡胶和塑料制品业	橡胶制品业
187	正新（漳州）橡胶工业有限公司	漳州	橡胶和塑料制品业	橡胶制品业
188	建新轮胎（福建）有限公司	三明	橡胶和塑料制品业	橡胶制品业
189	厦门长塑实业有限公司	厦门	橡胶和塑料制品业	塑料制品业
190	厦门建霖健康家居股份有限公司	厦门	橡胶和塑料制品业	塑料制品业
191	厦门英仕卫浴有限公司	厦门		
192	厦门百霖净水科技有限公司	厦门		
193	厦门阿匹斯智能制造系统有限公司	厦门		
194	漳州建霖实业有限公司	漳州		
195	福融辉实业（福建）有限公司	福州	橡胶和塑料制品业	塑料制品业
196	福建百宏高新材料实业有限公司	泉州	橡胶和塑料制品业	塑料制品业
197	福建恒杰塑业新材料有限公司	福州	橡胶和塑料制品业	塑料制品业
198	天守（福建）超纤科技股份有限公司	龙岩	橡胶和塑料制品业	塑料制品业
199	福建龙麟集团有限公司	龙岩	非金属矿物制品业	水泥、石灰和石膏制造
200	福建龙麟环境工程有限公司	龙岩		
201	漳浦龙麟水泥有限公司	龙岩		
202	龙岩市华麟混凝土有限公司	龙岩		

续表

序号	企业名称	所在地区	大类行业	细分行业
203	漳平红狮水泥有限公司	龙岩	非金属矿物制品业	水泥、石灰和石膏制造
204	大田红狮水泥有限公司	三明	非金属矿物制品业	水泥、石灰和石膏制造
205	龙海红狮水泥有限公司	漳州	非金属矿物制品业	水泥、石灰和石膏制造
206	漳州紫金建材有限公司	漳州	非金属矿物制品业	水泥、石灰和石膏制造
207	南安红狮水泥有限公司	泉州	非金属矿物制品业	水泥、石灰和石膏制造
208	福建塔牌水泥有限公司	龙岩	非金属矿物制品业	水泥、石灰和石膏制造
209	福建塔牌矿业有限公司	龙岩	非金属矿物制品业	水泥、石灰和石膏制造
210	福建金牛水泥有限公司	三明	非金属矿物制品业	水泥、石灰和石膏制造
211	将乐金牛水泥有限公司	三明	非金属矿物制品业	水泥、石灰和石膏制造
212	三明金牛水泥有限公司	三明	非金属矿物制品业	水泥、石灰和石膏制造
213	南平金牛水泥有限公司	三明	非金属矿物制品业	水泥、石灰和石膏制造
214	福州金牛水泥有限公司	三明	非金属矿物制品业	水泥、石灰和石膏制造
215	溪石集团发展有限公司	泉州	非金属矿物制品业	砖瓦、石材等建筑材料制造
216	金强（福建）建材科技股份有限公司	福州	非金属矿物制品业	砖瓦、石材等建筑材料制造
217	南安市水头康利石材有限公司	泉州	非金属矿物制品业	砖瓦、石材等建筑材料制造
218	福耀玻璃工业集团股份有限公司	福州	非金属矿物制品业	玻璃制造
219	福建省万达汽车玻璃工业有限公司	福州	非金属矿物制品业	玻璃制造
220	漳州旗滨玻璃有限公司	漳州	非金属矿物制品业	玻璃制造
221	莆田市日晶玻璃制品有限公司	莆田	非金属矿物制品业	玻璃制品制造
222	九牧厨卫股份有限公司	泉州	非金属矿物制品业	陶瓷制品制造
223	福建福欣特殊钢有限公司	漳州	黑色金属冶炼和压延加工业	炼钢
224	福建大东海实业集团有限公司	福州	黑色金属冶炼和压延加工业	炼钢
225	福建顺昌和兴实业有限公司	南平	黑色金属冶炼和压延加工业	炼钢
226	福建省三钢（集团）有限责任公司	三明	黑色金属冶炼和压延加工业	炼钢
227	福建罗源闽光钢铁有限责任公司	福州	黑色金属冶炼和压延加工业	炼钢
228	福建泉州闽光钢铁有限责任公司	泉州	黑色金属冶炼和压延加工业	炼钢
229	三宝集团股份有限公司	漳州	黑色金属冶炼和压延加工业	炼钢
230	福建三宝钢铁有限公司	漳州	黑色金属冶炼和压延加工业	炼钢
231	福建三宝特钢有限公司	漳州	黑色金属冶炼和压延加工业	炼钢
232	宝钢德盛不锈钢有限公司	福州	黑色金属冶炼和压延加工业	炼钢
233	福州吴航钢铁制品有限公司	福州	黑色金属冶炼和压延加工业	炼钢

续表

序号	企业名称	所在地区	大类行业	细分行业
234	福建吴航不锈钢制品有限公司	福州	黑色金属冶炼和压延加工业	炼钢
235	福建青拓镍业有限公司	宁德	黑色金属冶炼和压延加工业	炼钢
236	福建鼎信实业有限公司	宁德	黑色金属冶炼和压延加工业	炼钢
237	福建青拓实业股份有限公司	宁德	黑色金属冶炼和压延加工业	炼钢
238	福建甬金金属科技有限公司	宁德	黑色金属冶炼和压延加工业	钢压延加工
239	福建宏旺实业有限公司	宁德	黑色金属冶炼和压延加工业	钢压延加工
240	福建三钢小蕉实业发展有限公司	三明	黑色金属冶炼和压延加工业	钢压延加工
241	福建天尊新材料制造有限公司	三明		
242	福建天尊铸业有限公司	三明		
243	福建凯景新型科技材料有限公司	漳州	黑色金属冶炼和压延加工业	钢压延加工
244	福建青拓设备制造有限公司	宁德	黑色金属冶炼和压延加工业	钢压延加工
245	福建青拓上克不锈钢有限公司	宁德	黑色金属冶炼和压延加工业	钢压延加工
246	首钢凯西钢铁有限公司	漳州	黑色金属冶炼和压延加工业	钢压延加工
247	福建省辉源金属制品有限公司	泉州	黑色金属冶炼和压延加工业	钢压延加工
248	福建省明光新型材料有限公司	三明	黑色金属冶炼和压延加工业	钢压延加工
249	福建鼎信科技有限公司	宁德	黑色金属冶炼和压延加工业	钢压延加工
250	福建统一马口铁有限公司	漳州	黑色金属冶炼和压延加工业	钢压延加工
251	福建联德企业有限公司	宁德	黑色金属冶炼和压延加工业	铁合金冶炼
252	紫金矿业集团股份有限公司	龙岩	有色金属冶炼和压延加工业	常用有色金属冶炼
253	紫金铜业有限公司	龙岩		
254	紫金矿业集团黄金冶炼有限公司	龙岩		
255	福建紫金铜业有限公司	龙岩		
256	福建省闽发铝业股份有限公司	泉州	有色金属冶炼和压延加工业	有色金属压延加工
257	中铝瑞闽股份有限公司	福州	有色金属冶炼和压延加工业	有色金属压延加工

续表

序号	企业名称	所在地区	大类行业	细分行业
258	厦门钨业股份有限公司	厦门	有色金属冶炼和压延加工业	有色金属压延加工
259	厦门金鹭特种合金有限公司	厦门		
260	厦门虹鹭钨钼工业有限公司	厦门		
261	厦门嘉鹭金属工业有限公司	厦门		
262	厦门朋鹭金属工业有限公司	厦门		
263	宁化行洛坑钨矿有限公司	三明		
264	福建省长汀金龙稀土有限公司	龙岩		
265	厦门厦钨新能源材料有限公司	厦门		
266	福建省南平铝业股份有限公司	南平	有色金属冶炼和压延加工业	有色金属压延加工
267	福建省南铝板带加工有限公司	南平		
268	福建省华银铝业有限公司	南平		
269	厦门厦顺铝箔有限公司	厦门	有色金属冶炼和压延加工业	有色金属压延加工
270	福建奋安铝业有限公司	福州	有色金属冶炼和压延加工业	有色金属压延加工
271	福建固美金属有限公司	泉州	有色金属冶炼和压延加工业	有色金属压延加工
272	福建祥鑫股份有限公司	福州	有色金属冶炼和压延加工业	有色金属压延加工
273	福建冠盖金属包装有限公司	莆田	金属制品业	集装箱及金属包装容器制造
274	昇兴集团股份有限公司	福州	金属制品业	集装箱及金属包装容器制造
275	漳州中集集装箱有限公司	漳州	金属制品业	集装箱及金属包装容器制造
276	路达（厦门）工业有限公司	厦门	金属制品业	建筑、安全用金属制品制造
277	厦门松霖科技股份有限公司	厦门	金属制品业	建筑、安全用金属制品制造
278	百路达（厦门）工业有限公司	厦门	金属制品业	建筑、安全用金属制品制造
279	福建申利卡铝业发展有限公司	泉州	金属制品业	金属表面处理及热处理加工
280	福建省威盛机械发展有限公司	泉州	通用设备制造业	金属加工机械制造
281	林德（中国）叉车有限公司	厦门	通用设备制造业	物料搬运设备制造
282	福建联迪商用设备有限公司	福州	通用设备制造业	文化、办公用机械制造
283	玉晶光电（厦门）有限公司	厦门	通用设备制造业	文化、办公用机械制造
284	龙工（福建）机械有限公司	龙岩	专用设备制造业	采矿、冶金、建筑专用设备制造
285	福建晋工机械有限公司	泉州	专用设备制造业	采矿、冶金、建筑专用设备制造

续表

序号	企业名称	所在地区	大类行业	细分行业
286	永春县泉永机械配件有限公司	泉州	专用设备制造业	采矿、冶金、建筑专用设备制造
287	福建龙净环保股份有限公司	龙岩	专用设备制造业	环境保护专用设备制造
288	福建龙净脱硫脱硝工程有限公司	厦门		
289	龙岩龙净环保机械有限公司	龙岩		
290	厦门龙净环保技术有限公司	厦门		
291	东南（福建）汽车工业有限公司	福州	汽车制造业	汽车整车制造
292	福建奔驰汽车有限公司	福州	汽车制造业	汽车整车制造
293	厦门金龙联合汽车工业有限公司	厦门	汽车制造业	汽车整车制造
294	厦门金龙旅行车有限公司	厦门	汽车制造业	汽车整车制造
295	中国重汽集团福建海西汽车有限公司	三明	汽车制造业	汽车整车制造
296	福建龙马环卫装备股份有限公司	龙岩	汽车制造业	改装汽车制造
297	正兴车轮集团有限公司	漳州	汽车制造业	汽车零部件及配件制造
298	华安正兴车轮有限公司	漳州		
299	厦门日上集团股份有限公司	厦门	汽车制造业	汽车零部件及配件制造
300	厦门新长诚钢构工程有限公司	厦门		
301	厦门日上钢圈有限公司	厦门		
302	厦门日上金属有限公司	厦门		
303	新长诚（漳州）重工有限公司	漳州		
304	福州六和机械有限公司	福州	汽车制造业	汽车零部件及配件制造
305	厦门金龙汽车集团股份有限公司	厦门	汽车制造业	汽车零部件及配件制造
306	厦门金龙汽车车身有限公司	厦门		
307	云集（福建）实业有限公司	福州	铁路、船舶、航空航天和其他运输设备制造业	铁路运输设备制造
308	福建省船舶工业集团有限公司	福州	铁路、船舶、航空航天和其他运输设备制造业	船舶及相关装置制造
309	福建省马尾造船股份有限公司	福州		
310	厦门船舶重工股份有限公司	厦门		
311	福建东南造船有限公司	福州		
312	福建福宁船舶重工有限公司	宁德	铁路、船舶、航空航天和其他运输设备制造业	船舶及相关装置制造
313	福人木业（福州）有限公司	福州		
314	福人木业（莆田）有限公司	莆田		
315	福建福船一帆新能源装备制造有限公司	漳州		
316	福人集团森林工业有限公司	南平		
317	上海电气风电设备莆田有限公司	莆田	电气机械和器材制造业	电机制造
318	厦门 ABB 开关有限公司	厦门	电气机械和器材制造业	输配电及控制设备制造

续表

序号	企业名称	所在地区	大类行业	细分行业
319	厦门宏发电声股份有限公司	厦门	电气机械和器材制造业	输配电及控制设备制造
320	厦门宏发电力电器有限公司	厦门		
321	厦门宏发电力电子科技有限公司	厦门		
322	厦门精合电气自动化有限公司	厦门		
323	厦门宏发汽车电子有限公司	厦门		
324	厦门金越电器有限公司	厦门		
325	厦门宏发开关设备有限公司	厦门		
326	厦门宏远达电器有限公司	厦门		
327	漳州宏发电声有限公司	漳州		
328	厦门宏发信号电子有限公司	厦门		
329	厦门科华恒盛股份有限公司	厦门	电气机械和器材制造业	输配电及控制设备制造
330	漳州科华技术有限责任公司	漳州		
331	阳光中科（福建）能源股份有限公司	泉州	电气机械和器材制造业	输配电及控制设备制造
332	福州大通机电有限公司	福州	电气机械和器材制造业	电线、电缆制造
333	福建南平太阳电缆股份有限公司	南平	电气机械和器材制造业	电线、电缆制造
334	福建上杭太阳铜业有限公司	龙岩		
335	福建南平太阳铜业有限公司	南平		
336	宁德新能源科技有限公司	宁德	电气机械和器材制造业	电池制造
337	宁德时代新能源科技股份有限公司	宁德	电气机械和器材制造业	电池制造
338	飞毛腿（福建）电子有限公司	福州	电气机械和器材制造业	电池制造
339	福建南平南孚电池有限公司	南平	电气机械和器材制造业	电池制造
340	福建省闽华电源股份有限公司	泉州	电气机械和器材制造业	电池制造
341	漳州蒙发利实业有限公司	漳州	电气机械和器材制造业	家用电力器具制造
342	厦门华联电子股份有限公司	厦门	电气机械和器材制造业	家用电力器具制造
343	宁化月兔科技有限公司	三明	电气机械和器材制造业	家用电力器具制造
344	奥佳华智能健康科技集团股份有限公司	厦门	电气机械和器材制造业	家用电力器具制造
345	厦门蒙发利电子有限公司	厦门		
346	厦门蒙发利健康科技有限公司	厦门		
347	漳州灿坤实业有限公司	漳州	电气机械和器材制造业	家用电力器具制造
348	福建铂阳精工设备有限公司	泉州	电气机械和器材制造业	非电力家用器具制造
349	戴尔（中国）有限公司	厦门	计算机、通信和其他电子设备制造业	计算机整机制造
350	戴尔（厦门）有限公司	厦门	计算机、通信和其他电子设备制造业	计算机整机制造
351	福建捷联电子有限公司	福州	计算机、通信和其他电子设备制造业	计算机外围设备制造

续表

序号	企业名称	所在地区	大类行业	细分行业
352	福建省电子信息（集团）有限责任公司	福州	计算机、通信和其他电子设备制造业	计算机、通信和其他电子设备制造业
353	福建星网锐捷通讯股份有限公司	福州	计算机、通信和其他电子设备制造业	计算机、通信和其他电子设备制造业
354	福建省星云大数据应用服务有限公司	福州	计算机、通信和其他电子设备制造业	计算机、通信和其他电子设备制造业
355	福建升腾资讯有限公司	福州	计算机、通信和其他电子设备制造业	计算机、通信和其他电子设备制造业
356	四创科技有限公司	福州	计算机、通信和其他电子设备制造业	计算机、通信和其他电子设备制造业
357	福建闽东电机股份有限公司	宁德	计算机、通信和其他电子设备制造业	计算机、通信和其他电子设备制造业
358	三禾电器（福建）有限公司	宁德	计算机、通信和其他电子设备制造业	计算机、通信和其他电子设备制造业
359	福建福强精密印制线路板有限公司	福州	计算机、通信和其他电子设备制造业	计算机、通信和其他电子设备制造业
360	福州瑞华印制线路板有限公司	福州	计算机、通信和其他电子设备制造业	计算机、通信和其他电子设备制造业
361	厦门美图移动科技有限公司	厦门	计算机、通信和其他电子设备制造业	通信设备制造
362	国脉科技股份有限公司	福州	计算机、通信和其他电子设备制造业	通信设备制造
363	厦门亿联网络技术股份有限公司	厦门	计算机、通信和其他电子设备制造业	通信设备制造
364	福建省石狮市通达电器有限公司	泉州	计算机、通信和其他电子设备制造业	广播电视设备制造
365	厦门强力巨彩光电科技有限公司	厦门	计算机、通信和其他电子设备制造业	广播电视设备制造
366	厦门强力巨彩显示技术有限公司	厦门	计算机、通信和其他电子设备制造业	广播电视设备制造
367	冠捷显示科技（厦门）有限公司	厦门	计算机、通信和其他电子设备制造业	非专业视听设备制造
368	新大陆科技集团有限公司	福州	计算机、通信和其他电子设备制造业	非专业视听设备制造
369	新大陆数字技术股份有限公司	福州	计算机、通信和其他电子设备制造业	非专业视听设备制造
370	福建新大陆支付技术有限公司	福州	计算机、通信和其他电子设备制造业	非专业视听设备制造
371	福建新大陆自动识别技术有限公司	福州	计算机、通信和其他电子设备制造业	非专业视听设备制造
372	福建新大陆软件工程有限公司	福州	计算机、通信和其他电子设备制造业	非专业视听设备制造
373	福建新大陆通信股份有限公司	福州	计算机、通信和其他电子设备制造业	非专业视听设备制造
374	南靖万利达科技有限公司	漳州	计算机、通信和其他电子设备制造业	非专业视听设备制造
375	福州瑞芯微电子股份有限公司	福州	计算机、通信和其他电子设备制造业	集成电路制造
376	宸美（厦门）光电有限公司	厦门	计算机、通信和其他电子设备制造业	显示器件制造
377	友达光电（厦门）有限公司	厦门	计算机、通信和其他电子设备制造业	显示器件制造
378	宸鸿科技（厦门）有限公司	厦门	计算机、通信和其他电子设备制造业	显示器件制造
379	厦门天马微电子有限公司	厦门	计算机、通信和其他电子设备制造业	显示器件制造

续表

序号	企业名称	所在地区	大类行业	细分行业
380	华映科技（集团）股份有限公司	福州	计算机、通信和其他电子设备制造业	显示器件制造
381	华映光电股份有限公司	福州		
382	福州华映视讯有限公司	福州		
383	福建华冠光电有限公司	福州		
384	福州京东方光电科技有限公司	福州	计算机、通信和其他电子设备制造业	显示器件制造
385	祥达光学（厦门）有限公司	厦门	计算机、通信和其他电子设备制造业	显示器件制造
386	厦门三安光电有限公司	厦门	计算机、通信和其他电子设备制造业	半导体照明器件制造
387	开发晶照明（厦门）有限公司	厦门	计算机、通信和其他电子设备制造业	半导体照明器件制造
388	福建天电光电有限公司	泉州	计算机、通信和其他电子设备制造业	半导体照明器件制造
389	漳州立达信光电子科技有限公司	漳州	计算机、通信和其他电子设备制造业	光电子器件制造
390	漳州立达信灯具有限公司	漳州		
391	漳州立达信光电有限公司	漳州		
392	福州高意通讯有限公司	福州	计算机、通信和其他电子设备制造业	光电子器件制造
393	厦门盈趣科技股份有限公司	厦门	计算机、通信和其他电子设备制造业	其他电子器件制造
394	长鸿光电（厦门）有限公司	厦门	计算机、通信和其他电子设备制造业	电子元件及电子专用材料制造
395	泉州嘉德利电子材料有限公司	泉州	计算机、通信和其他电子设备制造业	电子元件及电子专用材料制造
396	厦门弘信电子科技股份有限公司	厦门	计算机、通信和其他电子设备制造业	电子元件及电子专用材料制造
397	米亚索乐装备集成（福建）有限公司	泉州	计算机、通信和其他电子设备制造业	电子元件及电子专用材料制造
398	宝宸（厦门）光学科技有限公司	厦门	仪器仪表制造业	光学仪器制造
399	福建雨丝梦洋伞实业有限公司	泉州	其他制造业	日用杂品制造
400	福建兴达船业有限公司	福州	金属制品、机械和设备修理业	铁路、船舶、航空航天等运输设备修理
401	晋江太古飞机复合材料有限公司	泉州	金属制品、机械和设备修理业	铁路、船舶、航空航天等运输设备修理
402	福建宁德核电有限公司	宁德	电力、热力生产和供应业	电力生产
403	华阳电业有限公司	漳州	电力、热力生产和供应业	电力生产
404	福建华电可门发电有限公司	福州	电力、热力生产和供应业	电力生产

续表

序号	企业名称	所在地区	大类行业	细分行业
405	神华福能发电有限责任公司	泉州	电力、热力生产和供应业	电力生产
406	福建晋江热电有限公司	泉州		
407	神华福能（福建雁石）发电有限责任公司	龙岩		
408	福建大唐国际宁德发电有限责任公司	宁德	电力、热力生产和供应业	电力生产
409	国投云顶湄洲湾电力有限公司	莆田	电力、热力生产和供应业	电力生产
410	福建太平洋电力有限公司	莆田	电力、热力生产和供应业	电力生产
411	中海福建燃气发电有限公司	莆田	电力、热力生产和供应	电力生产
412	国电福建电力有限公司	福州	电力、热力生产和供应业	电力供应
413	中海福建天然气有限责任公司	莆田	燃气生产和供应业	燃气生产和供应业
414	泉州安通物流有限公司	泉州	多式联运和运输代理业	运输代理业
415	中国厦门外轮代理有限公司	厦门	多式联运和运输代理业	运输代理业
416	厦门国贸泰达保税物流有限公司	厦门	多式联运和运输代理业	运输代理业
417	福建省交通运输集团有限责任公司	福州	装卸搬运和仓储业	装卸搬运
418	福建省海运集团有限责任公司	福州		
419	中国福州外轮代理有限公司	福州	装卸搬运和仓储业	装卸搬运
420	厦门市顺丰速运有限公司	厦门	邮政业	快递服务
421	四三九九网络股份有限公司	厦门	互联网和相关服务	互联网信息服务
422	厦门网宿有限公司	厦门	互联网和相关服务	互联网信息服务
423	福建中海创集团有限公司	福州	软件和信息技术服务业	软件和信息技术服务业
424	福州福大自动化科技有限公司	福州		
425	厦门信息集团有限公司	厦门	软件和信息技术服务业	软件和信息技术服务业
426	厦门信息港建设发展股份有限公司	厦门		
427	厦门路桥信息股份有限公司	厦门		
428	咪咕动漫有限公司	厦门	软件和信息技术服务业	软件开发
429	福建网龙计算机网络信息技术有限公司	福州	软件和信息技术服务业	软件开发
430	国网信通亿力科技有限责任公司	厦门	软件和信息技术服务业	软件开发
431	福建亿榕信息技术有限公司	福州		
432	福建网能科技开发有限责任公司	福州		
433	中电福富信息科技有限公司	福州	软件和信息技术服务业	软件开发
434	厦门市美亚柏科信息股份有限公司	厦门	软件和信息技术服务业	软件开发
435	厦门美亚中敏科技有限公司	厦门	软件和信息技术服务业	软件开发
436	厦门安胜网络科技有限公司	厦门		
437	南威软件股份有限公司	泉州	软件和信息技术服务业	软件开发

续表

序号	企业名称	所在地区	大类行业	细分行业
438	厦门亿力吉奥信息科技有限公司	厦门	软件和信息技术服务业	软件开发
439	福建榕基软件股份有限公司	福州	软件和信息技术服务业	软件开发
440	福建榕基软件工程有限公司	福州	软件和信息技术服务业	软件开发
441	福建天晴数码有限公司	福州	软件和信息技术服务业	软件开发
442	厦门美图之家科技有限公司	厦门	软件和信息技术服务业	软件开发
443	富春科技股份有限公司	福州	软件和信息技术服务业	软件开发

（摘编：吴建翰）

福建省新型工业化产业示范基地（第八批）名单

2019年2月22日福建省工业和信息化厅下发的《福建省工业和信息化厅关于公布福建省新型工业化产业示范基地（第八批）名单的通知》提出，根据省工信厅《关于印发福建省新型工业化产业示范基地申报创建工作办法的通知》（闽经信综合〔2016〕195号）和《关于组织申报2018年度省级新型工业化产业示范基地的通知》（闽经信函产业〔2018〕662号），经各设区市工信部门组织推荐，省工信厅初审、专家评审、现场核查、公示，确定福安不锈钢新材料园区、晋江鞋服纸制品园区、南靖闽台精密机械园区为福建省新型工业化产业示范基地（第八批），现予以公布。有关事项通知如下：

一、各新型工业化产业示范基地要按照上报的创建工作方案和产业发展规划，推进自主创新和技术改造、两化融合、节能环保、安全生产、公共服务平台建设等方面的工作，完善产业配套和服务环境，不断提升发展质量和水平，使示范基地切实成为带动工业转型升级、推动工业做大做强的重要载体和骨干力量。

二、各地要加强对新型工业化产业示范基地发展的指导，及时协调解决示范基地发展中遇到的困难和问题，研究制定相关配套政策，加大要素和资源保障，支持示范基地的创建和发展。

（摘编：林开龙）

2019 年度福建省工业企业质量标杆名单

2019 年 11 月 25 日福建省工业和信息化厅下发的《福建省工业和信息化厅关于发布 2019 年度省级工业企业质量标杆名单的通知》（闽工信科技〔2019〕175 号）提出，根据《福建省工业和信息化厅关于开展 2019 年质量标杆活动的通知》（闽工信科技〔2019〕122 号），经企业申请、有关单位推荐和专家评审，经研究，确定福建恒安集团有限公司等 15 家企业的质量管理典型经验为 2019 年度省级质量标杆。

各质量标杆所在企业应以此为契机，进一步提升质量管理能力，深度提炼各具特色的做法；积极配合地方工信主管部门开展经验交流、学习对标等活动，分享先进管理经验；继续学习和应用先进的质量品牌管理方法，创造新经验，取得新成绩。

2019 年福建省工业企业质量标杆经验将在省工信厅门户网站公布，供广大企业学习。各有关单位应积极组织开展本地区（行业）的质量标杆学习实践活动，在全国和全省质量标杆中选择适合本地区（行业）企业学习的典型经验，组织开展宣传、推广等活动。

2019 年度福建省工业企业质量标杆名单

（排名不分先后）

序号	“质量标杆”名称
1	中铝瑞闽股份有限公司基于 TPQMS 系统实施全流程质量管控的经验
2	福建龙溪轴承（集团）股份有限公司实施质量问题归零管理方法的经验
3	福建福光股份有限公司实施两用技术融合质量管理模式的经验
4	福建恒安集团有限公司实施智慧质量管理的卫生用品智能制造经验
5	漳州片仔癀药业股份有限公司实施体验馆营销模式创新品牌培育的经验
6	长乐恒申合纤科技有限公司实施“吊牌”带动品牌的非终端产品品牌质量管理经验
7	福建七匹狼实业股份有限公司实施基于供应商协同的快速交付运营管理模式的经验
8	龙岩市海德馨汽车有限公司基于物联网的特种车辆服务质量提升经验
9	福建省长汀盼盼食品有限公司实施军事化模式助推质量管理体系运行的经验
10	厦门国宇健康管理中心有限公司实施健康体检控制系统及控制方法的经验
11	莆田市涵江区依吨多层电路有限公司应用智慧工业平台引领产品质量提升的经验
12	漳州市恒丽电子有限公司实施精益生产改革项目的经验
13	泉州匹克鞋业有限公司实施基于态极技术创新提升质量管理的经验
14	福建品品香茶业有限公司实施卓越绩效管理模式的经验
15	福建味家生活用品制造有限公司打造工业设计中心并实施两化融合创新发展的经验

（摘编：于新光）

2019年福建省首台（套）重大技术装备与智能制造装备认定名单

2019年12月27日福建省工业和信息化厅下发的《福建省工业和信息化厅关于公布2019年福建省首台（套）重大技术装备与智能制造装备认定名单的通知》（闽工信函装备〔2019〕664号）提出，根据《福建省首台（套）重大技术装备认定和扶持实施细则》（闽经信装备〔2017〕91号）和《关于开展2019年度福建省首台（套）重大技术装备与智能制造装备认定申报工作的通知》（闽经信装备〔2019〕60号）要求，经各地市推荐、评审和公示，认定"HFE型高温超净电袋复合除尘器"等4个产品为国内首台（套）重大技术装备；"6.7MW直驱永磁风力发电机组"等23个产品为省内首台（套）重大技术装备；"EPB/TBM双模盾构机"等8个产品为省内首台（套）智能制造装备，现予以公布。

重大技术装备是制造业的脊梁，具有新技术密集、系统成套复杂、附加值高、带动性大等特点，是衡量核心竞争力的重要标志。各设区市工信部门要按照《福建省人民政府关于加快发展智能制造九条措施的通知》（闽政〔2015〕36号）和《福建省首台（套）重大技术装备认定和扶持实施细则》（闽经信装备〔2017〕91号）有关规定，认真落实首台（套）项目扶持资金，加大首台（套）产品推广示范应用力度。

2019年福建省首台（套）智能制造装备认定名单

序号	企业名称	产品及型号	认定意见
1	厦门厦工中铁重型机械有限公司	EPB/TBM双模盾构机	省内首套智能制造装备
2	科华恒盛股份有限公司	10MW/54.2MWH储能系统（PCS+升压仓及电池集装箱系统）	省内首套智能制造装备
3	科华恒盛股份有限公司	1500V高功率2.5MW集中式逆变升压一体机化设备	省内首台智能制造装备
4	厦门福信光电集成有限公司	台阶电极自动检查机G4A系列（SL-18-G4A）	省内首台智能制造装备
5	厦门攸信信息技术有限公司	家用雕刻机1号智能装配生产线UMS-PCZPJ1-02	省内首套智能制造装备
6	林德（中国）叉车有限公司	林德搬运机器人无人驾驶工业车辆——林德搬运机器人L-Matic及其调度管理系统Kiwi	省内首套智能制造装备
7	厦门特盈自动化科技股份有限公司	全自动五轴圆孔点胶机AM496D	省内首套智能制造装备
8	福建浩达智能科技股份有限公司	浩达牌HD-10.0K次氯酸钠发生器	省内首台智能制造装备

2019 年福建省首台（套）重大技术装备认定名单

序号	企业名称	产品及型号	认定意见
1	福建龙净环保股份有限公司	HFE 型高温超净电袋复合除尘器	国内首台重大技术装备
2	福建星海通信科技有限公司	V/UHF 抗干扰多路耦合器	国内首台重大技术装备
3	福建建阳龙翔科技开发有限公司	LCY－2634 型半钢林业（农用）轮胎成型机组	国内首套重大技术装备
4	福建龙净脱硫脱硝工程有限公司	ASC 干式超净装置（ASC－30）	国内首套重大技术装备
5	福建金风科技有限公司	6.7MW 直驱永磁风力发电机组	省内首台重大技术装备
6	福建麦特新铝业科技有限公司	铝合金无需化学品熔剂精炼的自洁净熔炼炉 MTX－JX－60	省内首台重大技术装备
7	厦门厦金机械股份有限公司	超重型 52 吨轮胎式叉装机（XJ998－52E）	省内首台重大技术装备
8	厦门宏发工业机器人有限公司	TT52E 点火线圈生产线	省内首套重大技术装备
9	厦门五星珑科技有限公司	WXL－120P 型 SLM 智能金属 3D 打印机	省内首台重大技术装备
10	厦门海普锐科技股份有限公司	SPC－31/32 线缆自动化加工机	省内首套重大技术装备
11	厦门金龙联合汽车工业有限公司	非公路用无人驾驶微循环电动小巴（阿波龙）XMQW43BEVS	省内首台重大技术装备
12	厦门锐传科技有限公司	智能变频脉冲电源控制柜 RIFEP－901－2.0A/72KV	省内首套重大技术装备
13	盛发环保科技（厦门）有限公司	SF－JJQ－3.0 高效节能废水蒸发结晶器	省内首套重大技术装备
14	厦门市三熠智能科技有限公司	全自动锯片激光切割机（型号：SY18－FA8009）	省内首台重大技术装备
15	厦门超旋光电科技有限公司	放映机激光光源，K300，300001m	省内首台重大技术装备
16	厦门航天思尔特机器人系统股份公司	铝合金模板机器人全自动生产线 SRT－LM-BZDHSCX	省内首套重大技术装备
17	厦门鼎铸智能设备有限公司	RD－5040－S 型圆盘式双工位低压铸造机	省内首台重大技术装备
18	漳州佳龙科技股份有限公司	ZBX－100 码垛机器人全自动包装生产线	省内首套重大技术装备
19	福建纬龙机械制造有限公司	DG90 集装箱空箱堆高机（叉车）	省内首台重大技术装备
20	福建南方路面机械有限公司	NFI1313 履带移动破碎站	省内首台重大技术装备
21	福建铁拓机械有限公司	RLBC2000 节能型沥青混合料厂拌热再生设备	省内首套重大技术装备
22	福建泉工股份有限公司	策尼特 940 免托板制砖生产线	省内首套重大技术装备
23	福建晋工机械有限公司	JGM937 挖掘机	省内首台重大技术装备
24	泉州市劲力工程机械有限公司	铁路换枕掏碴多功能机 JG100L	省内首台重大技术装备
25	泉州恒毅机械有限公司	两面移圈罗纹电脑提花机 38" X14GX45F	省内首台重大技术装备
26	福建兴翼机械有限公司	全自动智能环保型地坪磨抛机 XY850Z2/L 800 ㎜	省内首台重大技术装备
27	福建长江工业有限公司	全自动高效低压铸造机 DYLM－5040－D	省内首台重大技术装备

（摘编：吴建翰）

2019年福建省智能制造试点示范企业与样板工厂（车间）项目认定名单

2019年12月27日福建省工业和信息化厅下发的《福建省工业和信息化厅关于公布2019年福建省智能制造试点示范企业与样板工厂（车间）项目认定名单的通知》（闽工信函装备〔2019〕663号）提出，根据《福建省人民政府关于加快发展智能制造九条措施的通知》（闽政〔2015〕36号）和《福建省工业和信息化厅关于开展2019年福建省智能制造试点示范企业与样板工厂（车间）项目认定申报工作的通知》（闽工信函装备〔2019〕376号）要求，经各地市推荐、评审和公示，认定福建奋安铝业有限公司等32家企业为2019年省智能制造试点示范企业；“福州第8.5代新型半导体显示器件生产线项目”等6个项目为2019年省智能制造样板工厂（车间）项目，现予以公布。

智能制造是加快发展先进制造业的主攻方向。各设区市工信部门要按照《福建省人民政府关于加快发展智能制造九条措施的通知》（闽政〔2015〕36号）有关规定，认真落实省智能制造样板工厂（车间）项目年度扶持资金；加强对智能制造试点示范企业的服务和支持，引导企业推广应用智能制造新模式。

2019年福建省智能制造试点示范企业认定名单

序号	企业名称	项目名称
1	福建奋安铝业有限公司	高精尖铝制品智能车间示范项目
2	福建龙溪轴承（集团）股份有限公司	高端关节轴承智能制造项目
3	德化县万盛陶瓷有限公司	自动化日用陶瓷生产线技术及信息化技术改造项目
4	福建晋江天然气发电有限公司	2号车间控制和燃烧系统智能改造项目
5	厦门华联电子科技有限公司	电子器件贴片智能制造示范项目
6	福建龙氟化工有限公司	无水氟化氢及氟盐化工智能工厂项目
7	福建浔兴拉链科技股份有限公司	拉链电镀全自动数字化生产车间
8	晋江市兴泰无纺制品有限公司	新增8000吨无纺布智能制造项目
9	福建省晋华集成电路有限公司	晋华存储器生产线建设项目
10	福州新密机电有限公司	全自动垂直造型、浇铸件生产项目
11	福建天马科技集团股份有限公司	特种水产配合饲料智能制造工厂（年产4万吨）
12	福建省福联集成电路有限公司	国产砷化镓射频芯片智能制造生产线
13	福建德尔科技有限公司	智能制造样板工厂项目
14	福建南平南孚电池有限公司	电池生产智能制造试点示范
15	福建省耀诚玻璃科技有限公司	耀诚玻璃深加工智能制造生产线建设项目

续表

序号	企业名称	项目名称
16	南安市南益电脑针织有限公司	年产 1000 万件毛衣
17	三明福特科光电有限公司	高精度光学元件全自动智能抛光生产线项目
18	厦门松霖科技股份有限公司	高端卫浴产品智能工厂试点示范
19	福建晋工机械有限公司	工程机械变速箱智能制造及智能化检验检测
20	福建晶安光电有限公司	晶安光电蓝宝石衬底智能制造示范项目
21	福建福田纺织印染科技有限公司	年针织布漂染加工 19500 吨、印花加工 6600 吨
22	福州市鸿生建材有限公司	高性能商品混凝土及装配式 PC 智能工厂
23	福建诚安蓝盾实业有限公司	全屋定制及智能家具制造
24	漳州宏发电声有限公司	年产 65000 万只继电器项目
25	泉州利昌新材料科技有限公司	年生产 pp 合成纸 3 万吨
26	漳州大北农农牧科技有限公司	基于工业云平台的 5W 智能饲料生产项目
27	天守（福建）超纤科技股份有限公司	超纤材料数字化生产车间
28	漳州立达信灯具有限公司	大灯具配套产品及模具技改项目
29	晋江海纳机械有限公司	年产 20 条全伺服婴儿纸尿裤生产线项目
30	九牧王股份有限公司	西裤第二代智能制造生产车间
31	漳州旗滨玻璃有限公司	一至八线优质浮法、超白光伏及镀膜生产线
32	福建省华昂体育用品有限公司	制鞋智能自动化生产线技改项目

2019 年福建省智能制造样板工厂（车间）项目认定名单

序号	企业名称	项目名称
1	福州京东方光电科技有限公司	福州第 8.5 代新型半导体显示器件生产线项目
2	福建省福联集成电路有限公司	国产砷化镓射频芯片智能制造生产线
3	福建兰天包装材料有限公司	新型多层高阻隔、多功能塑料软包装材料项目
4	福建武夷山水食品饮料有限公司	武夷山水智能工厂创建项目
5	福建龙溪轴承（集团）股份有限公司	高端关节轴承智能制造项目
6	大通互惠集团有限公司	高端阀门装备柔性智能制造新模式应用

（摘编：李　兵）

2019 年福建省“专精特新”中小企业名单

2019 年 8 月 29 日福建省工业和信息化厅、福建省财政厅下发《福建省工业和信息化厅、福建省财政厅关于公布 2019 年福建省“专精特新”中小企业名单的通知》（闽工信中小〔2019〕133 号）提出，根据《福建省经济和信息化委员会福建省财政厅关于印发〈福建省“专精特新”中小企业认定管理暂行办法〉的通知》（闽经信中小〔2017〕113 号）、《福建省人民政府关于支持全省中小企业发展十条措施的通知》（闽政〔2018〕17 号）、《福建省工业和信息化厅、福建省财政厅关于开展 2019 年福建省“专精特新”中小企业认定申报工作的通知》（闽工信中小〔2019〕46 号）等文件精神，经企业自愿申报、设区市审核推荐、省工信厅审核并公示后，认定福建海屹舰船设备有限公司等 185 家企业为 2019 年福建省“专精特新”中小企业。现将名单予以公布，并就有关事项通知如下：

一、落实奖励政策

对经认定的福建省“专精特新”中小企业，由省工信厅、省财政厅联合授予“福建省‘专精特新’中小企业”称号、颁发牌匾，并由所在设区市工信、财政部门统筹省中小微企业发展专项转移支付资金和设区市相关资金按规定优先兑现奖励资金（厦门市可参照执行）。各设区市工信、财政部门要确保奖励资金按规定及时拨付到位，切实打通政策落实“最后一公里”，增强我省“专精特新”中小企业发展信心。资金拨付中，各设区市工信、财政部门要按规定做好排重工作并按照“惠企政策项目管理系统”要求，完善资金拨付程序。

二、加大政策支持

各设区市工信、财政部门要精心抓好辖区内“专精特新”中小企业跟踪服务工作，在资金奖励、融资支持、技术改造、品牌认定、市场开拓、管理提升等方面加大政策支持，引导企业专注主业、重视研发、提升质量，培育一批细分领域专精特新“小巨人”企业，持续为我省工业经济发展提供新动能。

三、抓好运行监测

为精准做好“专精特新”中小企业的跟踪培育和服务工作，省工信厅将省级“专精特新”中小企业纳入中小企业运行监测体系。获得认定的 185 家省级“专精特新”中小企业须于 2019 年 9 月底前登录工信部“全国中小企业生产经营运行监测平台”（网址：sme. miit. gov. cn/baosong）完成注册，于 2019 年 10 月 15 日前完成首月数据报送，并指定专人负责，往后于每月 15 日前完成数据报送工作。此外，获得认定的企业要登录福建省“专精特新”中小企业培育平台（网址：zjtx. fujiansme. com），于每季度后第一个月 15 日前填报生产经营情况数据等信息。各设区市工信部门要认真组织辖区内“专精特新”中小企业做好注册和数据报送工作。

四、加强动态管理

按照《福建省“专精特新”中小企业认定管理暂行办法》规定，省工信厅、省财政厅对省级“专精特新”中小企业实行动态管理，每三年复核一次，对复核不合格的企业，将取消其称号。各设区市工信、财政部门要加强对本辖区内“专精特新”中小企业的跟踪管理，在“专精特新”中小企业发生更名、重组、重大违法违规事件后，应按规定及时做好报告工作。

2019年福建省“专精特新”中小企业名单

序号	所属地市	企业名称
一、符合专业化条件67家		
1	福州	福建海屹舰船设备有限公司
2	福州	福州超宏自动化设备有限公司
3	福州	福建省三丰纺织器材有限公司
4	福州	福建通宇电缆有限公司
5	福州	福州市鸿生建材有限公司
6	福州	福建源鑫环保科技有限公司
7	福州	福建省轻工机械设备有限公司
8	福州	福建北卡科技有限公司
9	厦门	施爱德（厦门）医疗器材有限公司
10	厦门	厦门弘翰实业有限公司
11	厦门	厦门美乐镁装饰材料有限公司
12	厦门	厦门艾尔普斯汽车零配件有限责任公司
13	厦门	厦门佰事兴新材料科技有限公司
14	厦门	厦门讯亨电子科技有限公司
15	厦门	厦门联创达科技有限公司
16	厦门	厦门航天思尔特机器人系统股份公司
17	厦门	厦门集微科技有限公司
18	厦门	厦门网中网软件有限公司
19	厦门	厦门易功成信息技术有限公司
20	厦门	厦门蓝斯通信股份有限公司
21	漳州	福建世卓电子科技有限公司
22	漳州	漳州市桥南印刷有限公司
23	漳州	漳州科虹电子有限公司
24	漳州	漳州和品工贸有限公司
25	漳州	福建凯思达电子有限公司
26	漳州	漳浦县达川食品工业有限公司
27	漳州	福建玛塔生态科技有限公司
28	漳州	漳州鑫华成机械制造有限公司
29	漳州	品翔电子元件（漳州）有限公司
30	漳州	漳州巨铭石墨材料有限公司
31	漳州	漳州庆峰机械设备有限公司
32	漳州	三实电器（漳州）有限公司
33	泉州	嘉亨家化股份有限公司
34	泉州	福建省蓝深环保技术股份有限公司
35	泉州	晋江东风橡胶有限公司
36	泉州	福建优安纳伞业科技有限公司
37	泉州	福建飞通通讯科技股份有限公司
38	泉州	石狮正源水产科技开发有限公司
39	泉州	福建省中能泰丰节能环保科技有限公司
40	泉州	泉州科发卫浴有限公司
41	泉州	福建省鼎泰光电科技有限公司
42	泉州	泉州嘉德利电子材料有限公司
43	泉州	福建省乔东新型材料有限公司
44	泉州	泉州精准机械有限公司
45	三明	福建铜浪建材科技发展有限公司
46	三明	三明市金圣特种钢有限公司
47	三明	福建中科宏业化工科技有限公司
48	三明	福建硅光通讯科技有限公司
49	莆田	福建省仙游县南丰生化有限公司
50	莆田	福建益明纺织有限公司
51	莆田	福建省莆田嘉裕华制鞋工业有限公司
52	莆田	国投云顶湄洲湾电力有限公司
53	莆田	福建省港达玻璃制品有限公司
54	南平	南平市建阳区汽车锻压件厂
55	南平	福建省安达电器制造有限公司
56	龙岩	龙工（福建）铸锻有限公司
57	龙岩	龙岩市佳诚机械有限公司
58	龙岩	星河电路（福建）有限公司
59	龙岩	龙工（福建）液压有限公司
60	龙岩	福建欣隆环保股份有限公司
61	龙岩	龙岩市新罗联合铸造有限公司
62	龙岩	龙岩安特环保有限公司
63	龙岩	龙岩市融耀机械工业有限公司
64	宁德	宁德市大裕精密铸造有限公司
65	宁德	福建蓝海节能科技有限公司
66	宁德	宁德凯利能源科技有限公司
67	宁德	福建铨一电源科技有限公司
二、符合精细化条件59家		
1	福州	福建仙芝楼生物科技有限公司
2	福州	福州真兰水表有限公司
3	福州	长威信息科技发展股份有限公司

续表

序号	所属地市	企业名称
4	福州	福建和盛塑业有限公司
5	福州	福建大力新型建材科技有限公司
6	福州	福建省宏港纺织科技有限公司
7	福州	福建友谊胶粘带集团有限公司
8	福州	福建天辰耀隆新材料有限公司
9	福州	福建天马科技集团股份有限公司
10	福州	福建富得巴机电实业有限公司
11	福州	福州海创光学有限公司
12	福州	福州中澳科技有限公司
13	福州	福建礼恩科技有限公司
14	福州	福建榕基软件工程有限公司
15	福州	福州宜美电子有限公司
16	厦门	厦门维优智能科技有限公司
17	厦门	瀚天天成电子科技（厦门）有限公司
18	厦门	厦门大一互科技有限公司
19	厦门	厦门奇霖工业有限公司
20	厦门	厦门容大合众电子科技有限公司
21	漳州	漳州市宏香记食品有限公司
22	漳州	润美纸业（福建）有限公司
23	漳州	漳州市英姿钟表有限公司
24	漳州	福建省卡尔顿食品有限公司
25	漳州	瑞联电路板（福建）有限公司
26	漳州	福建鸿大革业有限公司
27	漳州	福建科之杰新材料有限公司
28	泉州	福建科立讯通信有限公司
29	泉州	福建新源重工有限公司
30	泉州	福建泉州凹凸精密机械有限公司
31	泉州	金维他（福建）食品有限公司
32	泉州	福建爱乡亲食品股份有限公司
33	泉州	百安消防科技有限公司
34	泉州	泉州市华茂机械设备有限公司
35	泉州	福建集泰塑胶有限公司
36	泉州	泉州锦林环保高新材料有限公司
37	泉州	福建省德化同鑫陶瓷有限公司
38	泉州	安记食品股份有限公司
39	三明	三明市金财软件服务有限公司
40	三明	福建吉兴竹业有限公司
41	三明	福建省富强石材有限公司
42	三明	福建奥翔体育塑胶科技股份有限公司
43	莆田	莆田市荔城区黄石庆川机械厂
44	南平	福建铭塔玩具股份有限公司
45	南平	福建顺昌虹润精密仪器有限公司
46	南平	福人集团森林工业有限公司
47	南平	武夷山正华竹木制品有限公司
48	南平	福建易扬食品有限公司
49	南平	福建省建瓯市天茂塑胶有限公司
50	南平	福建竹家女工贸有限公司
51	南平	福建省政和县华艺竹木业制品有限公司
52	南平	福建省九竹工贸有限公司
53	南平	武夷山市桃渊茗茶叶科学研究所有限公司
54	龙岩	福建德尔科技有限公司
55	龙岩	龙岩畅丰专用汽车有限公司
56	龙岩	连城县丰海竹木业有限公司
57	宁德	宁德卓高新材料科技有限公司
58	宁德	福建万达电机有限公司
59	宁德	福建省银象电器有限公司
三、符合特色化条件 39 家		
1	福州	福建票付通信息科技有限公司
2	福州	福建医联康护信息技术有限公司
3	福州	福建网能科技开发有限责任公司
4	福州	福建花巷营养科技股份有限公司
5	福州	福建安吉达智能科技有限公司
6	福州	福建中信网安信息科技有限公司
7	福州	福建省博特生物科技有限公司
8	福州	福州米立科技有限公司
9	福州	福建厚德节能科技发展有限公司
10	福州	光隆精密工业（福州）有限公司
11	厦门	厦门游动网络科技有限公司
12	厦门	厦门智宇信息技术有限公司
13	厦门	厦门普为光电科技有限公司
14	厦门	厦门大恒科技有限公司
15	漳州	福建美一食品有限公司

续表

序号	所属地市	企业名称	序号	所属地市	企业名称
16	漳州	漳州市华威电源科技有限公司	39	宁德	福鼎市福海化油器有限公司
17	泉州	福建讯网网络科技股份有限公司	四、符合新颖化条件20家		
18	泉州	泉州开普勒车用电机有限公司	1	福州	福建凯米网络科技有限公司
19	泉州	万维智能科技有限公司	2	福州	福建中电合创电力科技有限公司
20	泉州	福建省闽安机械制造有限公司	3	厦门	厦门快商通信息技术有限公司
21	泉州	泉州华数机器人有限公司	4	厦门	厦门熙重电子科技有限公司
22	泉州	晋江市顺昌机械制造有限公司	5	厦门	厦门小歪科技有限公司
23	泉州	福建兴翼机械有限公司	6	厦门	厦门天锐科技股份有限公司
24	泉州	福建科达衡器有限公司	7	厦门	红相股份有限公司
25	三明	中机数控科技（福建）有限公司	8	漳州	漳州万宝能源科技有限公司
26	三明	福建金杨科技股份有限公司	9	泉州	南安市捷佳液压机械有限公司
27	三明	福建南方制药股份有限公司	10	泉州	福建科福材料有限公司
28	三明	福建省祥云生物科技发展有限公司	11	泉州	福建省宏科电力科技有限公司
29	三明	福建省田伯生物肥有限公司	12	泉州	福建省南鸿通讯科技有限公司
30	莆田	莆田市新华丰电子塑胶有限公司	13	泉州	晋江国盛新材料科技有限公司
31	莆田	福建省飞阳光电股份有限公司	14	三明	福建鑫森合纤科技有限公司
32	莆田	方家铺子（莆田）绿色食品有限公司	15	莆田	福建海山机械股份有限公司
33	莆田	福建越特新材料科技有限公司	16	龙岩	龙岩亿丰机械科技有限公司
34	南平	福建省祥福工艺有限公司	17	龙岩	臻富（福建）果汁食品有限公司
35	龙岩	连城县福农食品有限公司	18	宁德	福建立松金属工业有限公司
36	龙岩	龙岩新奥生物科技有限公司	19	宁德	福建欧美达电器有限公司
37	龙岩	福建瑞森新材料股份有限公司	20	平潭	宗仁科技（平潭）有限公司
38	宁德	福建京科科技有限公司			

（摘编：唐启阳）

2019 年第二批福建省“专精特新”中小企业名单

2019 年 12 月 17 日福建省工业和信息化厅、福建省财政厅下发的《福建省工业和信息化厅、福建省财政厅关于公布 2019 年第二批福建省“专精特新”中小企业名单的通知》（闽工信中小〔2019〕184 号）提出，根据《福建省经济和信息化委员会　福建省财政厅关于印发〈福建省“专精特新”中小企业认定管理暂行办法〉的通知》（闽经信中小〔2017〕113 号）、《福建省人民政府关于支持全省中小企业发展十条措施的通知》（闽政〔2018〕17 号）、《福建省工业和信息化厅　福建省财政厅关于开展 2019 年第二批福建省“专精特新”中小企业认定申报工作的通知》（闽工信中小〔2019〕144 号）等文件精神，经企业自愿申报、设区市审核推荐、省工信厅审核并公示后，认定福建瑞达精工股份有限公司等 128 家企业为 2019 年第二批福建省“专精特新”中小企业。现将名单予以公布，并就有关事项通知如下：

一、落实奖励政策

对经认定的福建省“专精特新”中小企业，由省工信厅、省财政厅联合授予“福建省‘专精特新’中小企业”称号、颁发牌匾，并由所在设区市工信、财政部门统筹省中小微企业发展专项转移支付资金和设区市相关资金按规定优先兑现奖励资金（厦门市可参照执行）。各设区市工信、财政部门要确保奖励资金按规定及时拨付到位，切实打通政策落实“最后一公里”，增强我省“专精特新”中小企业发展信心，并按照“惠企政策项目管理系统”要求，完善资金拨付程序。

二、加大政策支持

各设区市工信、财政部门要精心抓好辖区内“专精特新”中小企业跟踪服务工作，在资金奖励、融资支持、技术改造、品牌认定、市场开拓、管理提升等方面加大政策支持，引导企业专注主业、重视研发、提升质量，培育一批细分领域专精特新“小巨人”企业，持续为我省工业和信息化高质量发展提供新动能。

三、抓好运行监测

为精准做好“专精特新”中小企业的跟踪培育和服务工作，省工信厅将省级“专精特新”中小企业纳入中小企业运行监测体系。获得认定的 128 家省级“专精特新”中小企业须于 2019 年 12 月底前登录工信部“全国中小企业生产经营运行监测平台”（网址：sme. miit. gov. cn/baosong）完成注册，于 2020 年 1 月 15 日前完成首月数据报送，并指定专人负责，往后于每月 15 日前完成数据报送工作。此外，获得认定的企业要登录福建省“专精特新”中小企业培育平台（网址：zjtx. fujiansme. com），于每季度结束后的第一个月 15 日前填报生产经营情况数据等信息。各设区市工信部门要认真组织辖区内“专精特新”中小企业做好注册和数据报送工作，加强跟踪督促，按时、保质、保量抓好中小企业生产运行监测工作。

四、加强动态管理

按照《福建省“专精特新”中小企业认定管理暂行办法》规定，省工信厅、省财政厅对省“专精特新”中小企业实行动态管理，每三年复核一次，对复核不合格的企业，将取消其称号。各设区市工信、财政部门要加强对本辖区内“专精特新”中小企业的跟踪管理，在“专精特新”中小企业发生更名、重组、重大违法违规事件后，应按规定及时做好报告工作。

2019 年第二批福建省“专精特新”中小企业名单

序号	属地	企业名称
一、符合专业化条件 56 家		
1	福州	福建恒捷实业有限公司
2	福州	福建创合电气股份有限公司
3	福州	福州福强精密有限公司
4	福州	长乐佳宇纺织器材有限公司
5	厦门	厦门市科力电子有限公司
6	厦门	厦门艾美森新材料科技股份有限公司
7	厦门	厦门海迈科技股份有限公司
8	厦门	厦门普诚科技有限公司
9	厦门	厦门思泰克智能科技股份有限公司
10	厦门	厦门唯恩电气有限公司
11	厦门	厦门市宇笙包装机械有限公司
12	厦门	格雷诺（厦门）开关有限公司
13	厦门	厦门爱谱生电子科技有限公司
14	漳州	漳州合益塑料有限公司
15	漳州	漳州杰安塑料有限公司
16	漳州	漳州震东机械有限公司
17	漳州	福建航天机电集团有限公司
18	漳州	立和（漳州）实业有限公司
19	漳州	福建善诚木业科技有限公司
20	漳州	福建绿泉食品有限公司
21	漳州	福建菲达阀门科技股份有限公司
22	漳州	长泰县海力机械制造有限公司
23	漳州	漳州中集集装箱有限公司
24	漳州	万宝龙（漳州）金属制品有限公司
25	泉州	福建烟草机械有限公司
26	泉州	泉州市德源轴承实业有限公司
27	泉州	福建福源凯美特气体有限公司
28	泉州	福建普斯特服饰有限公司
29	泉州	福建冠泓工业有限公司
30	泉州	福建省伟志兴体育用品有限公司
31	泉州	泉州市凯鹰电源电器有限公司
32	泉州	福建省泉州万龙石业有限公司
33	泉州	泉州金百利包装用品有限公司
34	泉州	福建智铭鞋业有限公司
35	泉州	福建雨丝梦洋伞实业有限公司
36	泉州	晋江市华伦世家服饰有限公司
37	泉州	福建省三星电气股份有限公司
38	泉州	泉州协升科技有限公司
39	三明	福建三明金氟化工科技有限公司
40	三明	三明市丰润化工有限公司
41	三明	三明厦钨新能源材料有限公司
42	三明	福建和其昌竹业股份有限公司
43	三明	福建省永安轴承有限责任公司
44	三明	福建省开诚机械有限公司
45	三明	福建中工塑胶有限公司
46	三明	三明建华纺织有限公司
47	莆田	福建省中伟体育用品有限公司
48	南平	福建省顺昌县威仕达电源科技有限公司
49	龙岩	龙岩市金恒机械制造有限公司
50	龙岩	龙岩市锐美家装饰材料有限公司
51	龙岩	福建百花化学股份有限公司
52	龙岩	龙岩德煜照明有限公司
53	龙岩	福建中晶科技有限公司
54	宁德	宁德东恒机械有限公司
55	宁德	福安市亿隆电器有限公司
56	宁德	有氟密管阀集团有限公司
二、符合精细化条件 34 家		
1	福州	福建瑞达精工股份有限公司
2	福州	福建省尚飞制衣有限公司
3	福州	福建经纬新纤科技实业有限公司
4	福州	鸿盛家具（福建）有限公司
5	福州	福建省创隆电器科技有限公司
6	福州	福建宝丰管桩有限公司
7	福州	福州长庚医疗器械有限公司
8	厦门	厦门坤锦电子科技有限公司
9	漳州	漳州市恒丽电子有限公司
10	漳州	福建省漳州安泰铝材有限公司
11	漳州	鑫威铝业（漳州）有限公司
12	漳州	漳州东荣工贸有限公司
13	泉州	福建众益太阳能科技股份公司
14	泉州	泉州新日成热熔胶设备有限公司

续表

序号	属地	企业名称	序号	属地	企业名称
15	泉州	高科环保工程集团有限公司	10	福州	福建泉牌阀门科技股份有限公司
16	泉州	福建北峰通信科技股份有限公司	11	福州	福州瑞华印制线路板有限公司
17	泉州	伟志股份公司	12	厦门	厦门美亚商鼎信息科技有限公司
18	泉州	泉州恒利达工程机械有限公司	13	厦门	厦门科牧智能技术有限公司
19	泉州	泉州市晋源消防水暖有限公司	14	泉州	福建泉成机械有限公司
20	泉州	百润（中国）有限公司	15	泉州	泉州鑫豪工程机械科技有限公司
21	泉州	福建省德化县晖德陶瓷有限公司	16	泉州	易宝（福建）高分子材料股份公司
22	泉州	福建省统仕金属制品有限公司	17	泉州	华英阀业有限公司
23	泉州	福建鹏翔实业有限公司	18	泉州	福建省金鹿日化股份有限公司
24	泉州	福建省耀诚玻璃科技有限公司	19	泉州	福建环宇通信息科技股份公司
25	泉州	泉州雷恩生化有限公司	20	泉州	泉州众志新材料科技有限公司
26	泉州	玖龙纸业（泉州）有限公司	21	泉州	福建华清电子材料科技有限公司
27	三明	三明市三菲铝业有限公司	22	泉州	福建省德化县冠鸿陶瓷有限公司
28	三明	福建省沙县金沙白炭黑制造有限公司	23	泉州	福建省太古陶瓷有限责任公司
29	三明	福建省尤溪百营木业有限公司	24	三明	福建三农新材料有限责任公司
30	莆田	莆田市城厢区福瑞科技电子有限公司	25	莆田	莆田市诺斯顿电子发展有限公司
31	南平	福建利树股份有限公司	26	南平	福建省幸福生物科技有限公司
32	南平	福建省鑫森炭业股份有限公司	四、符合新颖化条件 12 家		
33	南平	福建省顺昌县升升木业有限公司	1	福州	福建随行软件有限公司
34	龙岩	福建连城健尔聪食品有限公司	2	福州	福建省力得自动化设备有限公司
三、符合特色化条件 26 家			3	厦门	威士邦（厦门）环境科技有限公司
1	福州	福建施可瑞医疗科技股份有限公司	4	厦门	爱德森（厦门）电子有限公司
2	福州	安明斯智能股份有限公司	5	厦门	厦门芯阳科技股份有限公司
3	福州	福州欣联达电子科技有限公司	6	漳州	漳州长峰电脑设备有限公司
4	福州	福建福大北斗通信科技有限公司	7	漳州	漳州雅宝电子有限公司
5	福州	福建省福信富通网络科技股份有限公司	8	泉州	晋江市凯嘉机器制造有限公司
6	福州	福建春伦集团有限公司	9	泉州	石狮市七彩虹植绒印花有限公司
7	福州	福州交通信息投资运营有限公司	10	泉州	福建省南安市巨轮机械有限公司
8	福州	福州佳软软件技术有限公司	11	三明	福建科源新材料股份有限公司
9	福州	福建海源三维高科技有限公司	12	宁德	福建闽光电机制造有限公司

（摘编：唐启阳）

福建省首批建设培育产教融合型企业名单

2019年12月26日福建省发展和改革委员会、福建省教育厅、福建省人力资源和社会保障厅发布《关于福建省首批建设培育产教融合型企业名单的通告》提出，根据省发改委、教育厅、人社厅印发的《关于开展产教融合型企业建设培育工作的通知》（闽发改社会〔2019〕637号），经过企业自愿申报、专家复核评审、省级部门评议程序，首批建设培育的产教融合型企业名单已于2019年12月18日至25日通过省发改委、教育厅、人社厅官网向社会公示，公示期无异议。现将名单向社会予以通告。

序号	企业名称
FJ00001	新大陆数字技术股份有限公司
FJ00002	福建新奇特车业服务有限公司
FJ00003	福建中锐网络股份有限公司
FJ00004	福建兴航机械铸造有限公司
FJ00005	福建金创利信息科技发展股份有限公司
FJ00006	福建金科信息技术股份有限公司
FJ00007	东南（福建）汽车工业有限公司
FJ00008	厦门大拇哥动漫股份有限公司
FJ00009	福建富民云咖信息科技有限公司
FJ00010	福建大华鑫建设工程有限公司
FJ00011	福建伟海电力工程有限公司
FJ00012	厦门唯科模塑科技有限公司
FJ00013	福建紫金工程技术有限公司
FJ00014	国脉科技股份有限公司
FJ00015	聿华工程设计（厦门）有限公司
FJ00016	利郎（中国）有限公司
FJ00017	飞毛腿（福建）电子有限公司
FJ00018	福建国锐中科光电有限公司
FJ00019	福建盼盼食品有限公司
FJ00020	福建建利达工程技术有限公司

（摘编：于新光）

福建省第三批制造业单项冠军企业（产品）名录

2019年9月19日福建省工业和信息化厅下发的《关于公布福建省第三批制造业单项冠军企业（产品）名录的通告》（闽工信产业〔2019〕143号）提出，为贯彻落实《工业和信息化部制造业单项冠军企业培育提升专项行动实施方案》，引导我省制造业企业专注于细分产品市场的创新、产品质量提升和品牌培育，提升我省制造业核心竞争力，推动产业迈向中高端，带动福建制造走向全国乃至全球，根据《福建省制造业单项冠军企业（产品）管理实施细则》（闽经信产业〔2017〕159号），经企业自主申报，设区市工信部门、省属企业推荐，专家论证和网上公示等程序，确定了福建省第三批制造业单项冠军企业（产品）名录，现予公布。

福建省第三批制造业单项冠军企业（产品）名单

一、单项冠军企业（13家）

序号	企业名称	主营产品
1	福建捷联电子有限公司	液晶显示器
2	福州大通机电有限公司	漆包线
3	福州福耀模具科技有限公司	汽车玻璃包边注塑模具
4	福建恒杰塑业新材料有限公司	塑料硬管
5	福建坤彩材料科技股份有限公司	珠光材料
6	厦门强力巨彩光电科技有限公司	LED显示屏
7	晶宇光电（厦门）有限公司	LED芯片
8	厦门艾美森新材料科技股份有限公司	新型环保气垫保护包装系统（智能充电设备及其薄膜耗材）
9	清源科技（厦门）股份有限公司	光伏支架
10	阳光中科（福建）能源股份有限公司	单晶太阳能电池（P型）
11	泉州佰源机械科技股份有限公司	圆型纬编机
12	星河电路（福建）有限公司	高多层高精密电路板
13	龙合智能装备制造有限公司	属具

二、单项冠军产品（38个）

序号	主营产品	企业名称
1	故障指示器	福建奥通迈胜电力科技有限公司
2	内燃发电机组	福建永强力加动力设备有限公司

续表

序号	主营产品	企业名称
3	新能源汽车电池箱冲压钣金结构件	福建骏鹏通信科技有限公司
4	医用脚轮	福建施可瑞医疗科技股份有限公司
5	压敏型双面特种胶粘带	福建友和胶粘科技实业有限公司
6	可保级使用的铝轧制锭（扁锭）	福建麦特新铝业科技有限公司
7	溅射耙材	福建阿石创材料股份有限公司
8	马口铁易拉罐	昇兴集团股份有限公司
9	聚丙烯双向拉伸塑料薄膜	福融辉实业（福建）有限公司
10	楼宇对讲系统	厦门立林科技有限公司
11	视频免取卡收费系统	厦门科拓通讯技术股份有限公司
12	公共车辆自动灭火装置	中汽客汽车零部件（厦门）有限公司
13	铝制易开盖	厦门保沣实业有限公司
14	无菌包用铝箔	厦门厦顺铝箔有限公司
15	白车身	厦门金龙汽车车身有限公司
16	风油精	漳州水仙药业股份有限公司
17	超细纤维合成鞋革	安安（中国）有限公司
18	低温客车漆	漳州鑫展旺化工有公司
19	数字卫星接收机	泉州天地星电子有限公司
20	智能化船载 AIS 终端设备	福建飞通通讯科技股份有限公司
21	太阳能草坪灯	福建众益太阳能科技股份公司
22	陶瓷电容器	福建火炬电子科技股份有限公司
23	沥青混合料厂拌热再生设备	福建铁拓机械有限公司
24	叉装车	福建省威盛机械发展有限公司
25	全伺服婴儿拉拉裤生产线	晋江海纳机械有限公司
26	小型轮式挖掘机	福建新源重工有限公司
27	板式预热器	福建立信换热设备制造股份公司
28	混凝土砌块（砖）成型机	福建群峰机械有限公司
29	鞋面用经编网布	信泰（福建）科技有限公司
30	建筑幕墙石材产品	福建省凤山石材集团有限公司
31	六氟异丙基甲醚	三明市海斯福化工有限责任公司
32	钴酸锂电池材料	三明厦钨新能源材料有限公司
33	聚四氟乙烯（PTFE）分散树脂	福建三农新材料有限责任公司
34	七轴复合式龙门加工中心	福建省威诺数控有限公司
35	纳米二氧化硅	福建远翔新材料股份有限公司
36	碱性电池部件－集流体（铜针）	南平华孚电器有限公司
37	轿车钢制皮带轮	福建威而特旋压科技有限公司
38	动力式泵	三禾电器（福建）有限公司

（摘编：黄国实）

福建省循环经济示范企业名单（第二批）

2019年3月4日福建省工业和信息化厅下发的《关于公布福建省循环经济示范企业名单（第二批）的通知》（闽工信环资〔2019〕40号）提出，为加快我省循环经济发展，落实国家《循环发展引领行动》提出的目标要求，省工信厅组织有关部门、专家开展第二批循环经济示范试点企业评估验收，根据验收结论，经研究，确定紫金铜业有限公司等4家企业为福建省循环经济示范优秀企业，福建源鑫环保科技有限公司等27家为福建省循环经济示范企业，现将31家企业名单予以公布。

福建省循环经济示范企业名单（第二批）

序号	企业名称	属地	序号	企业名称	属地
示范优秀企业			12	福建华锦实业有限公司	莆田
1	紫金铜业有限公司	龙岩	13	三棵树涂料股份有限公司	莆田
2	华润水泥（龙岩雁石）有限公司	龙岩	14	福建中锦新材料有限公司	莆田
3	福建华峰新材料有限公司	莆田	15	莆田市涵江区依吨多层电路有限公司	莆田
4	赛得利（福建）纤维有限公司	莆田	16	福建佳通轮胎有限公司	莆田
示范企业			17	福建太平洋电力有限公司	莆田
1	福建源鑫环保科技有限公司	福州	18	福建闽瑞新合纤股份有限公司	南平
2	福建恒杰塑业新材料有限公司	福州	19	福建省鑫森炭业股份有限公司	南平
3	福建奋安铝业有限公司	福州	20	福建邵化化工有限公司	南平
4	福建钰融科技有限公司	福州	21	武夷山市美华实业有限公司	南平
5	福清市洪裕塑胶有限公司	福州	22	武夷山正华竹木制品有限公司	南平
6	厦门翡联塑胶科技有限公司	厦门	23	华润水泥（龙岩）有限公司	龙岩
7	蓝保（厦门）水处理科技有限公司	厦门	24	福建省金怡丰工贸有限公司	龙岩
8	厦门绿洲环保产业股份有限公司	厦门	25	福建省长汀盼盼食品有限公司	龙岩
9	福建奥翔体育塑胶科技股份有限公司	三明	26	福建三达节能新材股份有限公司	龙岩
10	中机焊业科技（福建）有限公司	三明	27	宁德新能源科技有限公司	宁德
11	福建省有道贵金属材料科技有限公司	三明			

（摘编：赵小真）

福建省循环经济试点单位（第三批）名单

2019年10月26日福建省工业和信息化厅下发的《福建省工业和信息化厅关于公布福建省循环经济试点单位（第三批）名单及有关事项的通知》（闽工信节能〔2019〕160号）提出，为推进我省循环经济示范企业和园区循环化发展，2019年省工信厅继续开展第三批循环经济试点单位遴选工作，经组织专家评审和公示，现将列入福建省循环经济试点的51家企业和8个园区名单予以公布，并就有关工作要求通知如下：

一、完善实施方案

各设区市、平潭综合实验区工信部门要指导试点单位修改完善循环经济试点实施方案并于12月31日前报送省工信厅（纸质材料2份同时附电子版光盘1张）。试点单位在编制方案时，要按照编制指南要求进一步明确发展循环经济的目标、任务重点和措施等。

二、认真组织实施

各试点单位要加快组织实施方案的实施，有序落实各项目标任务。有关部门要加强对试点工作的日常跟踪和指导，对试点建设出现的问题及时研究，协调解决试点工作需要的各项建设条件。

三、跟踪管理及验收工作

要建立试点工作进展情况报送和跟踪管理制度，加强对试点工作调研服务，并定期汇总上报工作推进情况。实施方案项目建设达成预期目标90%以上的试点单位可向所在地设区市工信局提出验收申请，省工信厅组织专家对试点单位实施情况进行评估验收，对验收通过的试点单位予以公告。

福建省循环经济试点单位（第三批）名单

序号	列入试点单位名称	属地
一、企业51家		
1	福建冠城瑞闽新能源科技有限公司	福州市
2	福建宝利特科技股份有限公司	福州市
3	中铝瑞闽股份有限公司	福州市
4	东北理光（福州）印刷设备有限公司	福州市
5	福建申远新材料有限公司	福州市
6	厦门宏鹭升建筑新材料有限责任公司	厦门市
7	厦门森露达环保科技有限公司	厦门市
8	厦门华金龙建材有限公司	厦门市
9	金旸（厦门）新材料科技有限公司	厦门市
10	厦门长塑实业有限公司	厦门市
11	吉特利环保科技（厦门）有限公司	厦门市
12	联盛纸业（龙海）有限公司	漳州市
13	漳州三利达环保科技股份有限公司	漳州市
14	福建省神悦铸造股份有限公司	漳州市
15	漳州仂元工业有限公司	漳州市
16	漳浦县宏森工贸有限公司	漳州市
17	福建省旺发新能源科技有限公司	漳州市
18	德化县鑫源再生资源有限公司	泉州市
19	信泰（福建）科技有限公司	泉州市
20	国投闽光（三明）城市资源有限公司	三明市
21	中机铸材科技（福建）有限公司	三明市
22	三明南方金圆环保科技有限公司	三明市
23	福建益明纺织有限公司	莆田市
24	福建省亚明食品有限公司	莆田市
25	福建永荣科技有限公司	莆田市

续表

序号	列入试点单位名称	属地	序号	列入试点单位名称	属地
26	中海福建天然气有限责任公司	莆田市	44	金绿源（中国）生物科技有限公司	龙岩市
27	国投云顶湄洲湾电力有限公司	莆田市	45	龙合智能装备制造有限公司	龙岩市
28	南平元力活性炭有限公司	南平市	46	龙岩市小娘坑矿业有限公司	龙岩市
29	瀚蓝（南平）固废处理有限公司	南平市	47	福建华夏合成革有限公司	宁德市
30	福建味家生活用品制造有限公司	南平市	48	闽东赛岐经济开发区福华轧钢有限公司	宁德市
31	福人集团森林工业有限公司	南平市	49	福建霞浦德一能源有限公司	宁德市
32	顺昌凯弘新能源管理有限公司	南平市	50	福建鑫磊晶体有限公司	宁德市
33	福建春驰集团新丰水泥有限公司	龙岩市	51	安波电机（宁德）有限公司	宁德市
34	福建省永定闽福建材有限公司	龙岩市	二、园区8家		
35	福建恒龙新型建材有限公司	龙岩市	1	晋江市经济开发区（安东园）	泉州市
36	福建豪邦化工有限公司	龙岩市	2	邵武市经济开发区	南平市
37	福建龙氟化工有限公司	龙岩市	3	南平工业园区白炭黑——林产化工循环经济专业园	南平市
38	福建德尔科技有限公司	龙岩市			
39	福建荣耀纺织有限公司	龙岩市	4	漳平工业园区管委会	龙岩市
40	福建华平纺织服装实业有限公司	龙岩市	5	福鼎市龙安开发区	宁德市
41	福建莲龙科技股份有限公司	龙岩市	6	福建寿宁工业园区	宁德市
42	福建赛特新材股份有限公司	龙岩市	7	福建仙游经济开发区	莆田市
43	福建漳平市德诺林业有限公司	龙岩市	8	莆田市黄石工业园区	莆田市

（摘编：于新光）

福建省装配式钢结构生产基地名单（第一批）

2019 年 11 月 14 日福建省住房和城乡建设厅办公室下发的《关于公布福建省装配式钢结构生产基地（第一批）的通知》（闽建办筑函〔2019〕43 号）提出，为便于建筑市场各方主体及时掌握我省装配式钢结构生产基地情况，按照省厅办公室《关于组织推荐装配式钢结构生产基地的函》（闽建办筑函〔2019〕39 号），经省建筑业协会组织推荐，现将我省钢结构生产基地名单（第一批）予以公布。鼓励建筑市场各方主体根据工程项目建设的需要，实地考察基地情况并择优选择。

福建省装配式钢结构生产基地名单（第一批）

<table>
<tr><th>序号</th><th>基地名称</th><th>基地地址</th><th>重型钢构年设计生产能力（万吨）</th></tr>
<tr><td>1</td><td>中建海峡建设发展有限公司装配式钢结构生产基地</td><td>福建省福州市闽清县云龙乡后陇村</td><td>6</td></tr>
<tr><td>2</td><td>福建博那德钢结构生产基地</td><td>福建省福州市长乐区文岭镇前董村文鹤路168 号</td><td>6</td></tr>
<tr><td>3</td><td>金强国家装配式建筑产业基地</td><td>福建省福州市长乐区潭头镇金福路二刘村路段 3#厂房 1 层（金强工业园）</td><td>5</td></tr>
<tr><td>4</td><td>福建和谐钢结构工程有限公司连江钢构件生产基地</td><td>福建省福州市连江县东湖镇飞石岗工业区</td><td>6</td></tr>
<tr><td>5</td><td>福建榕都钢结构生产基地</td><td>福建省福州市连江县坑园镇兴港路 3 号</td><td>6</td></tr>
<tr><td>6</td><td>福建省工业设备安装有限公司基地</td><td>福建省泉州市泉港区界山镇鹅头村福建省工业设备安装有限公司基地</td><td>5</td></tr>
<tr><td>7</td><td>荣盛重工钢结构装配式建筑产业基地</td><td>福建省泉州市泉港区普安工业区、前黄工业区</td><td>8</td></tr>
<tr><td>8</td><td>万成钢结构生产基地</td><td>福建省泉州市南安霞美镇埔当工业区</td><td>5.1</td></tr>
<tr><td>9</td><td>恒隆钢结构产业基地</td><td>福建省泉州市南安康美镇雪峰经济开发区</td><td>5.2</td></tr>
<tr><td rowspan="2">10</td><td rowspan="2">泉州市中骄构件制造有限公司装配式钢结构生产基地</td><td>基地 1：福建省泉州市台商投资区惠南工业区（张坂镇）</td><td rowspan="2">5.2</td></tr>
<tr><td>基地 2：福建省泉州市惠安县紫山镇美仁工业区</td></tr>
<tr><td>11</td><td>新长诚华安工厂</td><td>福建省漳州市华安经济开发区</td><td>15</td></tr>
<tr><td>12</td><td>福建鑫晟钢业装配式建筑产业基地</td><td>福建省漳州市长泰县兴泰开发区</td><td>5</td></tr>
<tr><td>13</td><td>福建十八重工钢结构生产基地</td><td>福建省漳州市云霄县列屿镇疏港路 18 号</td><td>6</td></tr>
</table>

续表

序号	基地名称	基地地址	重型钢构年设计生产能力（万吨）
14	福建省凯第杭萧钢构生产基地	福建省漳州市高新区靖城园区	H 型钢梁 1.5 万吨 箱型钢 0.5 万吨 钢管束 6 万吨
15	福建省日誉建设集团有限公司钢结构生产基地	福建省漳州市九湖镇工业园区内	5
16	龙岩市杰新钢结构工程有限公司钢结构生产基地	福建省龙岩经济技术开发区联发路 1 号	5
17	福建联泰建设工程有限公司钢结构生产基地	福建省龙岩市上杭县临城镇南岗工业园区黄竹路 8 号	6
18	住宅产业化（三明）生产基地	福建省三明市梅列区小蕉工业园兴业五路 19 号	6
19	飞阳钢构生产基地	福建省莆田市涵江区石庭工业区内	5
20	福建省马尾造船股份有限公司	福建省福州市连江县琯头镇粗芦岛船政大道一号	8
21	福建东南造船有限公司	福建省福州市经济技术开发区建设路 7 号	5.5
22	福建福宁船舶重工有限公司	福建省福安市甘棠镇奎住村	6
23	厦门船舶重工股份有限公司	福建省厦门市海沧区排头路	5.5
24	福建福船一帆新能源装备制造有限公司	福建省漳州市六鳌镇新厝村	20
25	福建天重钢结构生产基地	基地 1：福建省厦门市集美区北部工业区东林路 1111 号 基地 2：福建省漳州市长泰县兴泰开发区积山村塘边 1026 号	5.2

（摘编：陈闽声）

福建省第四批省级新型研发机构名单

2019年9月16日福建省科学技术厅下发的《福建省科学技术厅关于公布第四批省级新型研发机构的通知》（闽科政〔2019〕5号）提出，为贯彻落实《福建省人民政府办公厅关于鼓励社会资本建设和发展新型研发机构若干措施的通知》（闽政办〔2016〕145号）精神，根据《福建省科学技术厅关于组织申报第四批省级新型研发机构的通知》（闽科政〔2019〕1号）要求，在自主申报、省级主管单位或设区市科技局推荐的基础上，经组织专家评审、实地核查和公示后，确定福建省建筑科学研究院有限责任公司等32家单位为我省第四批省级新型研发机构。名单如下：

福建省第四批省级新型研发机构名单

（排名不分先后）

序号	单位名称	所属地市
1	福建省建筑科学研究院有限责任公司	省属
2	福建新大陆自动识别技术有限公司	福州市
3	福建省永正工程质量检测有限公司	
4	福州瑞芯微电子股份有限公司	
5	智恒科技股份有限公司	
6	福建亿榕信息技术有限公司	
7	长威信息科技发展股份有限公司	
8	福建仙芝楼生物科技有限公司	
9	福建星网视易信息系统有限公司	
10	福建省环境工程有限公司	
11	福州物联网开放实验室有限公司	
12	厦门艾德生物医药科技股份有限公司	厦门市
13	西人马（厦门）科技有限公司	
14	厦门优迅高速芯片有限公司	
15	厦门亿力吉奥信息科技有限公司	
16	厦门路桥信息股份有限公司	
17	厦门市巨龙软件工程有限公司	
18	厦门彼格科技有限公司	
19	厦门泓益检测有限公司	
20	厦门奥普拓自控科技有限公司	

续表

序号	单位名称	所属地市
21	厦门快商通科技股份有限公司	厦门市
22	锐骐（厦门）电子科技有限公司	
23	莱必宜科技（厦门）有限责任公司	
24	漳州市英格尔农业科技有限公司	漳州市
25	福建恒新源计量检测有限公司	
26	福建佳友茶叶机械智能科技股份有限公司	泉州市
27	天守（福建）超纤科技股份有限公司	龙岩市
28	龙合智能装备制造有限公司	
29	福建逢兴机电设备有限公司	
30	安发（福建）生物科技有限公司	宁德市
31	宁德市富发水产有限公司	
32	福建海源新材料科技有限公司	南平市

（摘编：郭　鹭）

福建省2019年省级科技成果产业化基地和产学研合作示范基地名单

2019年11月29日福建省科学技术厅下发的《福建省科学技术厅关于公布2019年省级科技成果产业化基地和产学研合作示范基地名单的通知》（闽科成〔2019〕6号）提出，根据《福建省科学技术厅关于组织申报2019年省级科技成果产业化基地和产学研合作示范基地的通知》（闽科成函〔2019〕31号），经评估和研究，确定福建省马尾造船股份有限公司等13家单位为2019年省级科技成果产业化基地；确定福建省水产研究所等22家单位为2019年省级产学研合作示范基地。

省级科技成果产业化基地和产学研合作示范基地要不断探索和创新产学研合作以及科技成果转化和产业化的模式与路径，充分发挥示范带动作用，进一步促进产学研合作和科技成果产业化，为相关产业和区域经济发展作出更大贡献。

2019年省级科技成果产业化基地和产学研合作示范基地名单

省级科技成果产业化基地（13家）

序号	申报单位	推荐单位
1	福建省马尾造船股份有限公司	福建省船舶工业集团有限公司
2	福建联迪商用设备有限公司	福州市科学技术局
3	中铝瑞闽股份有限公司	福州市科学技术局
4	漳州立达信光电子科技有限公司	漳州市科学技术局
5	漳州大北农农牧科技有限公司	漳州市科学技术局
6	福建晋工机械有限公司	泉州市科学技术局
7	福建众益太阳能科技股份公司	泉州市科学技术局
8	莆田市汇龙海产有限公司	莆田市科学技术局
9	福建省亚明食品有限公司	莆田市科学技术局
10	福建青松股份有限公司	南平市科学技术局
11	天守（福建）超纤科技股份有限公司	龙岩市科学技术局
12	福建龙马环卫装备股份有限公司	龙岩市科学技术局
13	福建广生堂药业股份有限公司	宁德市科学技术局

省级产学研合作示范基地（22 家）

序号	申报单位	推荐单位
1	福建省水产研究所	福建省海洋与渔业厅
2	福建省农业科学院畜牧兽医研究所	福建省农业科学院
3	中国科学院城市环境研究所	中国科学院城市环境研究所
4	华侨大学计算机科学与技术学院	华侨大学
5	福建师范大学环境科学与工程学院	福建师范大学
6	泉州师范学院化工与材料学院（化学与生命科学学院）	泉州师范学院
7	福建工程学院土木工程学院	福建工程学院
8	闽江学院海洋学院	闽江学院
9	三明学院机电工程学院（物理与机电工程系）	三明学院
10	龙岩学院化学与材料学院	龙岩学院
11	宁德师范学院化学与材料学院	宁德师范学院
12	福建马坑矿业股份有限公司	福建省冶金（控股）有限责任公司
13	东南（福建）汽车工业有限公司	福建省汽车工业集团有限公司
14	福人集团有限责任公司	福建省船舶工业集团有限公司
15	福建省东南电化股份有限公司	福建石油化工集团有限责任公司
16	福建省福抗药业股份有限公司	福州市科学技术局
17	福建三宝钢铁有限公司	漳州市科学技术局
18	福建火炬电子科技股份有限公司	泉州市科学技术局
19	福建海峡科化股份有限公司	三明市科学技术局
20	福建省鑫森炭业股份有限公司	南平市科学技术局
21	福建中意铁科新型材料有限公司	龙岩市科学技术局
22	安发（福建）生物科技有限公司	宁德市科学技术局

（摘编：彭文荣）

福建省 2019 年技术先进型服务企业认定名单

2019 年 10 月 11 日福建省科学技术厅、福建省财政厅、国家税务总局福建省税务局、福建省商务厅、福建省发展和改革委员会下发《关于公布福建省 2019 年技术先进型服务企业认定名单的通知》提出，根据《福建省技术先进型服务企业认定管理办法（试行）》（闽科高〔2018〕2 号），福建省技术先进型服务企业认定管理机构开展了 2019 年技术先进型服务企业认定工作，认定福州龙腾简合网络技术有限公司、福州天极数码有限公司、福建福昕软件开发股份有限公司、福州爱立德软件技术有限公司等 4 家企业为福建省 2019 年技术先进型服务企业，现予以公布。

（摘编：严志东）

福建省 2019 年省级技术转移机构名单

2019 年 11 月 26 日福建省科学技术厅下发的《福建省科学技术厅关于公布 2019 年省级技术转移机构名单的通知》（闽科成〔2019〕5 号）提出，为加强我省技术转移体系建设，根据《福建省技术转移机构管理办法（暂行）》要求，经评估和研究，确定福建工程学院技术转移中心等 12 家机构为 2019 年省级技术转移机构。

2019 年省级技术转移机构名单

序号	申报单位	推荐单位
1	福建工程学院技术转移中心	福建工程学院
2	福州市景和企业管理咨询有限公司	福州市科技局
3	福州物联网开放实验室有限公司	
4	福州禹云信息科技有限公司	
5	福建首信企业管理咨询有限公司	
6	泉州师范学院技术转移中心	泉州市科技局
7	泉州中研知识产权管理有限公司	
8	南安市装备制造业协会	
9	三明市氟化工产业技术研究院	三明市科技局
10	机械科学研究总院（福建）创新中心	
11	福建紫金矿冶测试技术有限公司	龙岩市科技局
12	福建省微生物研究所	福建省科技厅

（摘编：赵小真）

2019 年福建省星创天地名单

2019 年 6 月 28 日福建省科学技术厅下发的《福建省科学技术厅关于公布 2019 年福建省星创天地名单的通知》（闽科星〔2019〕2 号）提出，根据《福建省星创天地管理细则（暂行）》及《福建省科学技术厅关于开展 2019 年福建省星创天地认定工作的通知》（闽科星函〔2019〕3 号）的要求，省科技厅组织开展了省级星创天地评审认定工作。经各有关部门推荐、形式审查、专家评审、公示等程序，确定 21 家省级星创天地，现将名单予以公布。

2019 年福建省星创天地名单

序号	星创天地名称	运营单位名称	负责人	推荐单位
1	农林金山星创天地	福建农林大学金山学院	肖知亮	福建农林大学
2	福师美星创天地	福建师范大学化学与材料学院	卢玉栋	福建师范大学
3	相思岭星创天地	福清市相思岭农创农业发展有限公司	林孔谈	福州市科技局
4	海峡青创小镇星创天地	福建省汇众创新创业研究院	林清香	福州市科技局
5	龙岩市农业科技星创天地	龙岩市农业科学研究所	林金虎	龙岩市科技局
6	武平县百家姓联合社农业科技星创天地	武平县百家姓农民专业合作社联合社	曾菊英	龙岩市科技局
7	金桂荔枝星创天地	南安市码头金桂荔枝专业合作社	戴种平	泉州市科技局
8	智汇谷星创天地	泉州市金胜生态农业有限公司	尤长胜	泉州市科技局
9	泉州百福花卉星创天地	泉州市百福生物科技有限公司	杜清洁	泉州市科技局
10	鸿盛星创天地	晋江鸿盛果蔬综合特色农产品有限公司	吴汉走	泉州市科技局
11	东狮山星创天地	宁德东狮山现代农业有限公司	董夫果	宁德市科技局
12	兰蕙同心星创天地	福建明台农业投资有限公司	邱如永	三明市科技局
13	仙芝科技星创天地	仙芝科技（福建）股份有限公司	张俏霞	南平市科技局
14	鑫昌现代农业星创天地	福建省鑫昌农业科技发展有限公司	蔡淑忠	南平市科技局
15	承天星创天地	福建承天农林科技发展有限公司	傅建明	南平市科技局
16	北岩庄星创天地	建瓯市前锋果蔬专业合作社	余钱锋	南平市科技局
17	武夷学院万里茶道星创天地	武夷学院	王　波	南平市科技局
18	仁山星创天地	南平市建阳区山溪葡萄专业合作社	林远兴	南平市科技局
19	大自然星创天地	南平市延平区大自然农产品专业合作社	祖兴洪	南平市科技局
20	惠津星创天地	建瓯市惠津翠冠梨专业合作社	刘兆辉	南平市科技局
21	味家星创天地	福建味家生活用品制造有限公司	谢凤莲	南平市科技局

（摘编：赵小真）

福建省省级科技企业孵化器核定名单

2019年5月14日福建省科学技术厅下发的《福建省科学技术厅关于公布省级科技企业孵化器核定名单的通知》（闽科高函〔2019〕76号）提出，为落实《关于科技企业孵化器　大学科技园和众创空间税收政策的通知》（财税〔2018〕120号）相关要求，确保优惠政策落实到位，根据科技部火炬中心《关于落实科技企业孵化器　大学科技园和众创空间税收政策相关工作的通知》（国科火字〔2018〕140号）要求，经各市科技管理部门审核，福建省留学人员创业园等33家省级科技企业孵化器通过核定并予以公布。希望各地科技管理部门要进一步加强科技企业孵化器的管理和服务工作，优化政策环境，持续提升科技企业孵化器的建设质量。

省级科技企业孵化器核定名单

序号	所在地	孵化器名称	运营单位	统一社会信用代码
1	福州	福建省留学人员创业园	福建省留学人员创业园管理中心	123500004880067206
2	福州	金山大道高新技术企业孵化器	福州活力孵化器管理有限公司	9135010406659549XD
3	福州	福州留学人员创业园	福州高新区投资控股有限公司	913501006830965571
4	福州	闽清陶瓷科技孵化器	闽清县陶瓷科技孵化器有限公司	91350124054337573U
5	福州	福建省集成电路产业孵化器	福建省经济和信息化技术中心	12350000MB0399445F
6	福州	福建鑫点梦谷创业园	福建鑫点梦谷创业园有限公司	91350100MA2XNBE56W
7	福州	摩天之星孵化器	福州市摩天之星企业孵化器管理有限公司	91350100MA34AC2C4R
8	福州	牧马人孵化器	福建牧马人企业管理有限公司	91350105MA2XNMNC0F
9	福州	中国科学院海西育成中心	福建中科资产管理有限公司	91350100696637420F
10	福州	特力林孵化器	福建特力林孵化器管理有限公司	91350100M0001BEG6B
11	漳州	漳州圆山创业园	漳州圆山创业服务有限公司	91350600M00010LJ55
12	漳州	海投（长泰）科创中心	海投（漳州）科技发展有限公司	913506250622513743
13	漳州	漳州市金峰众创园	漳州市金峰启达创业服务有限公司	91350602MA34AG8J09
14	漳州	漳州市高新技术创业孵化基地	漳州市科技开发服务中心	123506001565012904
15	泉州	石狮国家高新区创新创业中心	石狮高新技术产业开发区管理服务中心	123505810774377967
16	泉州	晋江市创意创业创新科技孵化基地	晋江市创意创业创新园开发建设有限公司	91350582597854569C
17	泉州	泉港石化高新技术孵化基地	泉州市湄港湾石化科技孵化基地开发建设有限公司	91350505669293503W
18	泉州	安溪科技企业孵化器	安溪科技企业孵化器有限公司	91350524M00005TQ1J

续表

序号	所在地	孵化器名称	运营单位	统一社会信用代码
19	泉州	泉州软件园孵化器	泉州天九孵化器管理有限公司	913505030982762826
20	泉州	华侨大学（丰泽）创新创业园	福建省华创启达投资有限公司	91350503MA2Y6XPT0U
21	泉州	福建海峡两岸安成青年创业园	福建省德化安成陶瓷有限公司	91350526557583274R
22	泉州	泉州鲤城区高新技术创业孵化器	泉州市鲤城区生产力促进中心（鲤城区高新技术创业服务中心）	12350502741694652M
23	泉州	泉州领 SHOW 天地综合型孵化器	福建省泉州市兴世纪旅游文化有限公司	913505005509958158
24	泉州	海峡两岸科技孵化基地	石狮市高新技术创业服务中心	1235058148952401XF
25	三明	三明市生物技术孵化器	三明市三真生物科技有限公司	91350400724218822R
26	三明	中节能海西（三明）节能环保产业孵化器	中节能海西（三明）绿建科技有限公司	91350427081630927D
27	三明	福建中博模具产业孵化园	福建中博模具产业孵化有限公司	91350400559574398Y
28	三明	三明市高新技术创业服务中心	三明市高新技术创业服务中心	12350400489724820R
29	三明	金沙园科技企业孵化器	机械科学研究总院海西（福建）分院有限公司	913504270603757361
30	莆田	莆田市高新区科技企业孵化器	莆田市高新技术产业开发区创业服务中心	12350303759383828H
31	南平	南平市科技创新创业孵化基地	南平市大闽科技孵化器有限公司	91350784MA2XTC7C41
32	龙岩	福建龙腾新能源汽车专业孵化器	福建龙腾新能源汽车研究院有限公司	91350822098131585T
33	平潭	平潭台创园科技企业育成中心	平潭大闽孵化器管理有限公司	91350128MA345AMA2T

（摘编：赵小真）

首批福建省省级工业设计研究院名单

2019 年 11 月 19 日福建省工业和信息化厅下发的《福建省工业和信息化厅关于公布首批福建省省级工业设计研究院名单的通知》（闽工信服务〔2019〕173 号）提出，根据《福建省经济和信息化委员会关于印发福建省省级工业设计研究院培育创建工作方案的通知》（闽经信服务〔2018〕242 号）和《福建省工业和信息化厅会关于公布第一批福建省省级工业设计研究院培育名单的通知》（闽工信服务〔2018〕41 号），经企业自愿申报、设区市审核推荐、省工信厅审核并公示后，将陶瓷工业设计研究院（福建）有限公司确认为福建省省级工业设计研究院，现予以公布。

（摘编：林开龙）

福建省 2019 年省级示范物流园区名单

一、2019 年省级示范物流园区名单

2019 年 7 月 15 日福建省工业和信息化厅下发的《福建省工业和信息化厅关于公布 2019 年省级示范物流园区名单的通知》（闽工信服务〔2019〕113 号）提出，经研究，同意将福建安踏物流信息科技有限公司申报的安踏一体化物流产业园区列为 2019 年省级示范物流园区。

按照我省有关规定，由泉州市工信局从省工业和信息化发展专项转移支付相关资金中予以奖励。

二、2019 年第二批省级示范物流园区名单

2019 年 12 月 19 日福建省工业和信息化厅下发《福建省工业和信息化厅关于公布 2019 年第二批省级示范物流园区名单的通知》（闽工信函服务〔2019〕645 号）提出，经研究，同意将象屿物流配送中心（申报单位：厦门象屿物流配送中心有限公司）、菜鸟网络晋江园区（申报单位：晋江传云物联网技术有限公司）列为 2019 年第二批省级示范物流园区。

按照我省有关规定，菜鸟网络晋江园区由泉州市工信局从省工业和信息化发展专项转移支付资金中予以 100 万元奖励，象屿物流配送中心由厦门市财政参照奖励。

（摘编：陈建闽）

第一批福建省工业旅游示范基地培育名单

2019 年 1 月 17 日福建省工业和信息化厅、福建省文化和旅游厅下发的《福建省工业和信息化厅、福建省文化和旅游厅关于公布第一批福建省工业旅游示范基地培育名单的通知》（闽工信函服务〔2019〕55 号）提出，根据《福建省经济和信息化委员会、福建省旅游发展委员会关于组织推荐省工业旅游示范基地培育名单的通知》（闽经信函服务〔2018〕616 号）要求，省工信厅、文旅厅组织开展省工业旅游示范基地培育工作。经研究，将明一国际营养品集团有限公司等 37 家企业列入第一批省工业旅游示范基地培育名单，现予以公布。

各设区市、平潭综合实验区工信部门、文旅部门要强化对培育对象的建设指导，推动其进一步加强自身工业旅游设施建设和人员培训，不断提升知名度和美誉度，增强竞争力，并于 2019 年 8 月 30 日前将列入第一批培育名单的企业开展工业旅游情况总结报送省工信厅。省工信厅、文旅厅将从稳定运营、工业和旅游业融合发展绩效突出的培育对象中遴选省工业旅游示范基地，持续推动工业与旅游深度融合发展。

第一批福建省工业旅游示范基地培育名单

序号	企业名称	属　地
1	明一国际营养品集团有限公司	福州市
2	福建春伦集团有限公司	福州市
3	青岛啤酒（福州）有限公司	福州市
4	厦门荣兴达户外装备科技有限公司	厦门市
5	厦门三圈电池有限公司	厦门市
6	厦门古龙酱文化园	厦门市
7	漳州市恒丽电子有限公司	漳州市
8	漳州天福茶叶有限公司	漳州市
9	福建永源酿酒有限公司	漳州市
10	福建省诏安县绿源食品有限公司	漳州市
11	福建哈龙峰茶叶有限公司	漳州市
12	漳州光照人茶叶有限公司	漳州市
13	九牧厨卫股份有限公司	泉州市
14	泉州英良石材有限公司	泉州市
15	福建泉州南星大理石有限公司	泉州市
16	福建日晟园林古建工程有限公司	泉州市

续表

序号	企业名称	属　地
17	福建永春顺德堂食品有限公司	泉州市
18	永春县达埔彬达制香厂有限公司	泉州市
19	福建永春老醋醋业有限公司	泉州市
20	福建泉州顺美集团有限责任公司	泉州市
21	七匹狼中国男装博物馆	泉州市
22	福建磊艺石业有限公司	泉州市
23	福建省茶艺世家茶具有限公司	泉州市
24	福建省泉州龙鹏集团有限公司	泉州市
25	德化县如瓷生活文化有限公司	泉州市
26	福建三钢闽光股份有限公司	三明市
27	福建省富强石材有限公司	三明市
28	福建省莆田盐场有限公司	莆田市
29	福建省仙游县鲁艺古典家具有限公司	莆田市
30	百威英博雪津啤酒有限公司	莆田市
31	福建省三福古典家具有限公司	莆田市
32	福建省幸福生物科技有限公司	南平市
33	福建盈盛号文化产业有限公司	宁德市
34	福建新坦洋集团股份有限公司	宁德市
35	福建宁德核电有限公司	宁德市
36	福建省天湖茶业有限公司	宁德市
37	六妙白茶股份有限公司	宁德市

（摘编：彭文荣）

第六篇
专业人才

福建省高级专业技术资格人员名单

2019年10月12日福建省人力资源和社会保障厅下发《关于批准确认曾毓群等57位同志高级专业技术资格的通知》（闽人社批复〔2019〕518号）：根据《职称评审管理暂行规定》（人社部令第40号）、《关于分类推进人才评价机制改革的指导意见》、《关于深化职称制度改革的实施意见》、《福建省人民政府办公厅关于进一步深化科技人员职称评价改革的若干意见》（闽政办〔2016〕1号）精神，经研究，批准确认由福建省第二届特殊人才高级职称认定（评审）委员会认定（评审）通过的曾毓群等57位同志高级专业技术资格，资格确认时间为2019年10月12日，人员名单如下：

一、享受教授、研究员待遇高级工程师

（一）福州市

陈晓辉　福建新大陆通信科技股份有限公司

GAO TENG　福州物联网开放实验室有限公司

李有财　福建星云电子股份有限公司

高　峰　福州融圣环保设备有限公司

朱授恩　同天（福建）石墨烯科技有限公司

谢加良　福建北卡信息科技有限公司

（二）厦门市

郭劲军　厦门畅享信息技术有限公司

周北川　中科云创（厦门）科技有限公司

陈碧勇　厦门南讯软件科技有限公司

严友春（YANYOUCHUN）　IOI（厦门）油脂科技有限公司

梁旭鸣　厦门云识科技有限公司

苏晓翔　厦门丝柏科技有限公司

Dong Xu（许东）　厦门市三安集成电路有限公司

张中英　厦门三安光电有限公司

涂庆镇　厦门多彩光电子科技有限公司

郑翔骥　厦门惠尔洁卫浴科技有限公司

蔡伟龙　厦门三维丝环保股份有限公司

程　源　厦门市安美捷生物工程有限公司

蒋玉雄　厦门高容新能源科技有限公司

张　虎　西石（厦门）科技有限公司

陈洪亮　厦门志煊生物科技有限公司

朱少彬　厦门福流生物科技有限公司

王全胜　厦门信德科创生物科技有限公司

（三）泉州市

阙小鸿　黑金刚（福建）自动化科技股份公司

（四）莆田市

蔡志煌　福建省利邦环境工程有限公司

瞿亚平　福建永荣科技有限公司

（五）龙岩市

许万强　福建永强岩土股份有限公司

陈晓济　福建易动力电子科技股份有限公司

（六）宁德市

胡天喜　三祥新材股份有限公司

郑　捷　福建省宁德市好顺水产有限公司

周瑞发　宁德市南海水产科技有限公司

（七）试点龙头企业

曾毓群　宁德时代新能源科技股份有限公司

梁成都　宁德时代新能源科技股份有限公司

王汉春　九牧厨卫股份有限公司

潘仁湖　福建龙净环保股份有限公司

二、研究员（自然科学）

（一）厦门市

庞继景　厦门大学附属厦门眼科中心

三、高级工程师

（一）福州市

高钦泉　福建帝视信息科技有限公司

李　根　福建帝视信息科技有限公司

张义锦　福建新大陆自动识别技术有限公司

Christine Tan Pek Boey　福州物联网开放实验室有限公司

林　源　福建基源生物医药有限公司

（二）厦门市

黄志炜　厦门市美亚柏科信息股份有限公司

周成祖　厦门市美亚柏科信息股份有限公司

陈建成　厦门盈趣科技股份有限公司

陈方毅　厦门美柚信息科技有限公司

苏木清　厦门环资矿业科技股份有限公司

（三）泉州市

袁瑞鸿　福建天电光电有限公司

（四）漳州市

薛从福　焙之道食品（福建）有限公司

（五）三明市

朱吉洪　福建海西联合药业有限公司

（六）兴业银行

陈　强　兴业银行股份有限公司

四、高级经济师

（一）厦门市

郭沛礽　英奎教育科技（厦门）有限公司

（二）龙岩市

董维寿　连城县中触电子有限公司

（三）宁德市

姜海洪　青拓集团有限公司

（四）海峡人才市场

李国平　福建广生堂药业股份有限公司

五、高级工艺美术师

（一）厦门市

吴志勇　建窑（厦门）陶瓷有限公司

（二）南平市

陆金喜　南平市曜变陶瓷研究院

六、高级畜牧师

（一）南平市

郭怀顺　福建圣农发展股份有限公司

（摘编：刘海元）

福建省正高级会计师任职资格人员名单

2019 年 11 月 29 日福建省人力资源和社会保障厅下发《关于批准确认陈青等 29 位同志正高级会计师职务任职资格的通知》（闽人社批复〔2019〕615 号）：经研究，批准确认由省 2019 年正高级会计师评审委员会评审通过的陈青等 29 位同志正高级会计师职务任职资格。任职资格确认时间为 2019 年 11 月 29 日，请予公布，名单如下：

一、省文化和旅游厅（1 人）

省图书馆：陈　青

二、省交通运输厅（2 人）

省交通建设发展中心：吴德庆

省交通规划设计院：缪革兵

三、省市场监督管理局（1 人）

省锅炉压力容器检验研究院：张征

四、省煤田地质局（1 人）

郭芳兴

五、省海洋与渔业局（2 人）

利用世界银行贷款项目办公室：宋　群

省淡水水产研究所：郭秀妹

六、省林业局（1 人）

省林业调查规划院：林秋妹

七、省地质矿产勘查开发局（1 人）

省地质调查研究院：王小红

八、省人民政府外事办公室（1 人）

省外事服务中心：章昌源

九、福建农林大学（1 人）

黄振胜

十、福建商学院（1 人）

薛红兵

十一、海峡人才市场（1 人）

福建博思软件股份有限公司：郑升尉

十二、福建省轻纺（控股）有限责任公司（1 人）

郑剑军

十三、福建省机电（控股）有限责任公司（1 人）

王　嵘

十四、福建省交通运输集团有限责任公司（1 人）

刘　燊

十五、福建省投资开发集团有限责任公司（1 人）

陈　杰

十六、福建省高速公路集团有限公司（1 人）

省高速技术咨询有限公司：陈智光

十七、厦门市（5 人）

厦门市中医院：李志兰

中共厦门市委党校：许巧伦

福建奥元集团有限公司：秦晓路

厦门轨道交通集团有限公司：凌斌忠

四三九九网络股份有限公司：戴建宏

十八、漳州市（1 人）

漳州市医院：郭永林

十九、泉州市（3 人）

泉州师范学院：吴小玲

黎明职业大学：陈乙江

泉州市第一医院：林翠珑

二十、南平市（1 人）

武夷学院：龚文华

二十一、龙岩市（1 人）

龙岩学院：宋晓红

（摘编：吴汉良）

福建省正高级工艺美术师任职资格人员名单

2019年10月14日福建省人力资源和社会保障厅下发《关于批准确认陈礼忠等8位同志正高级工艺美术师任职资格的通知》(闽人社批复〔2019〕523号):经研究,批准确认2018年度福建省工艺美术系列正高级专业技术职务评审委员会评审通过的陈礼忠等8人正高级工艺美术师的任职资格。任职资格确认时间为2019年10月14日,现予公布,名单如下:

一、省直单位(2人)

福建师范大学福清分校:陈礼忠

福建省工艺美术研究院:黄忠忠

二、福州市(3人)

福州雕刻工艺品总厂:郑幼林、郑则评

罗源盛世寿山石有限公司:潘惊石

三、莆田市(3人)

湄洲湾职业技术学院:张建华

福建腾晖工艺有限公司:郑春辉

莆田市善艺李氏工艺有限公司:李凤荣

(摘编:郑新贵)

福建省高级工程师职务任职资格人员名单

施振宝等 31 位高级工程师职务任职资格人员名单

2019 年 2 月 13 日福建省人力资源和社会保障厅下发的《关于批准确认施振宝等 31 位同志高级工程师职务任职资格的通知》（闽人社批复〔2019〕64 号）提出，经研究，批准确认由省工程技术人员汽车船舶专业高级职务任职资格评委会评审通过的施振宝等 31 位同志高级工程师职务任职资格。任职资格确认时间为 2019 年 2 月 13 日，现予公布，名单如下：

一、福建省交通运输厅（1 人）

福建省船舶检验局：施振宝；

二、福建省船舶工业集团有限公司（17 人）

福建省马尾造船股份有限公司：徐迟；

福建东南造船有限公司：刘立群、王秋芳、余娟、邱正凤；

福建福宁船舶重工有限公司：陈涛；

厦门船舶重工股份有限公司：吴玉华、王能华、王小路、林其瀚、杨儒志、肖陈俊；

福建省福船海洋工程技术研究院有限公司：翁康强、杨程、吴丽丽；

福船院厦门分公司：刘剑锋；

福建省新能海上风电研发中心有限公司：李达；

三、福建省汽车工业集团公司（4 人）

东南（福建）汽车工业有限公司：翁武泉、赵崇焱、任庆锐、张强；

四、云度新能源汽车股份有限公司（3 人）

福建省汽车工业集团云度新能源汽车股份有限公司：赵明、严鑫、樊君；

五、海峡人才市场（2 人）

福州海诚船舶工程有限公司：林健、邱炎；

六、厦门市（2 人）

厦门瀚盛游艇有限公司：谢启栋、刘天峰；

七、漳州市（1 人）

漳州吉兴汽车销售有限公司：钟云刚；

八、龙岩市（1 人）

龙岩畅丰专用汽车有限公司：卢森加。

徐健等 31 位高级工程师职务任职资格人员名单

2019 年 3 月 25 日福建省人力资源和社会保障厅下发的《关于批准确认徐健等 31 位同志机械专业高级工程师职务任职资格的通知》（闽人社批复〔2019〕110 号）提出，经研究，同意确认由省非公有制企业高级专业技术职务考核委员会考核并审议通过的徐健等 31 位同志机械专业高级工程师任职资格。任职资格确认时间为 2019 年 3 月 25 日，请予公布，名单如下：

一、福州市（3 人）：徐健、李安全、张清苏

二、厦门市（2 人）：陈益明、陈卿雁

三、漳州市（1 人）：张镇江

四、泉州市（9 人）：张宇、王育生、李炳红、司天宇、杨兴财、黄进忠、邹少华、苏志伟、魏永福

五、龙岩市（3 人）：张玉巍、林炘明、余红波

六、所属商会（12 人）：陈雪萍、卓光进、卢国水、张小荣、张科、蔡郭华、涂广立、林福团、范作昌、林金枝、王生、王振铃

七、宁德时代新能源科技股份有限公司（1人）：田伟

刘辉等12位高级工程师职务任职资格人员名单

2019年3月25日福建省人力资源和社会保障厅下发的《关于批准确认刘辉等12位同志电子专业高级工程师职务任职资格的通知》（闽人社批复〔2019〕109号）提出，经研究，同意确认由省非公有制企业高级专业技术职务考核委员会考核并审议通过的刘辉等12位同志电子专业高级工程师职务任职资格。任职资格确认时间为2019年3月25日，请予公布，名单如下：

一、福州市（1人）：刘辉

二、厦门市（1人）：张庆国

三、漳州市（4人）：黄渊斌、许惠锋、陈宝盛、曹克信

四、所属商会（6人）：郑明生、曹长东、李峰、陈文忠、肖光哲、翟红志

吴艳强等28位高级工程师职务任职资格人员名单

2019年3月25日福建省人力资源和社会保障厅下发的《关于批准确认吴艳强等28位同志管理专业高级工程师职务任职资格的通知》（闽人社批复〔2019〕111号）提出，经研究，同意确认由省非公有制企业高级专业技术职务考核委员会考核并审议通过的吴艳强等28位同志管理专业高级工程师职务任职资格。任职资格确认时间为2019年3月25日，请予公布，名单如下：

一、厦门市（2人）：吴艳强、林云燕

二、漳州市（5人）：林莲英、胡豪云、林琳艺、黄溪福、黄文

三、泉州市（4人）：朱耀辉、叶立锋、张会琴、乐振窍

四、南平市（1人）：杜锦祥

五、所属商会（14人）：吴营、詹淑贞、林明德、郑国新、罗德林、吴克义、陈桂友、许景、冯德钦、邱允滔、甘木林、郑幼华、薛理德、林寿水

六、宁德新能源科技有限公司（1人）：黄永辉

七、宁德时代新能源科技股份有限公司（1人）：崔宁

吴仕健等211位高级工程师任职资格人员名单

2019年3月25日福建省人力资源和社会保障厅下发的《关于批准确认吴仕健等211位同志建筑专业高级工程师任职资格的通知》（闽人社批复〔2019〕108号）提出，经研究，同意确认由省非公有制企业高级专业技术职务考核委员会考核并审议通过的吴仕健等211位同志建筑专业高级工程师任职资格。任职资格确认时间为2019年3月25日，请予公布，名单如下：

一、土木工程施工高级工程师（119人）

（一）福州市（26人）：吴仕健、黄春建、郑琰（市政）、张传锋（市政）、侯锋波、张宪强、缪义华（市政）、黄周魁（市政）、陈清（路桥）、林莹（市政）、雷奇、高扬健、吴子峰、方政华、汪文祥、张炜、胡宗榕、刘启成、郑霞芳、何钦、叶猛（装饰装修）、黄国宾（市政）、范协波、吴书灵、曾强、张楠

（二）厦门市（5人）：纪英谊、陈永荣、倪文进、谢劲松、黄永前

（三）漳州市（3人）：许志明、蔡文全、刘艺辉

（四）泉州市（33人）：郑智敏（路桥）、刘永平（市政）、曾剑波、吴志阳（路桥）、林贤烘（市政）、黄伟平、康家耀、庄文虎、曾南强、李振校、张群峰、赖家彬（市政）、赖清鸿、潘成凯（装饰装修）、黄鸿国（路桥）、苏建斌、吴端奕、王庆河、郭文山、庄志勇、王建辉、李水拨、黄加福、吴繁超、陈聪白、李思宁、吴炳忠、张德荣、朱素平、林修通、杨文彬、张金贵、蒋清泰

（五）三明市（3人）：吴胜木、黄步玉（市政）、杨伟（路桥）

（六）莆田市（2人）：陈坚（房建）、陈振文（市政）

（七）南平市（14人）：林玲、黄恒兵、陈招娣、蒋心坤（房建）、陈志凌（房建）、林建华、叶林平（路桥）、胡宗林（市政）、胡凤勤（市政）、洪经文、陈兴盛、邓有焕、陈庆忠、郑群智

（八）龙岩市（14人）：阙灿荣、张万芳、陈森华、杨兴明、罗水生（路桥）、谢文发、卢健生（房建）、林永青、阙华春、曾应雄、倪敏勇、黄财炜、施兴清、欧政（市政）

（九）宁德市（3人）：游潋艳、詹其庄、潘世银

（十）所属商会（16人）：杨永清、刘旭晶、苏营（路桥）、方正（路桥）、陈金龙（市政）、曾华议（路桥）、姚新（路桥）、许连发（路桥）、杨辉斌（路桥）、黄龙海（路桥）、黄又水（路桥）、李世启（路桥）、黄清池（路桥）、黄衍東（路桥）、黄衍明（路桥）、程建新（路桥）

二、建筑设备安装高级工程师（5人）

（一）泉州市（2人）：陈奕举（弱电）、吴志成（给排水）

（二）三明市（2人）：张定淦（电气）

（三）莆田市（1人）：刘依杰

（四）龙岩市（1人）：陈锦明（给排水）

三、建筑工程管理高级工程师（65人）

（一）福州市（17人）：王群芳、陈金元、周明安、林瑜、戴海寿、郭德顺、郑才源、侯斌辉、程美兰、吴大林、何雪亭、龚纯峰、周建政、李修坤、颜海雨、洪林伟、倪兆进

（二）厦门市（5人）：林勇民、曾庆月、刘占强、林文敏、方耀生

（三）漳州市（4人）：姚光钊、曾新乾、林伟松、陈毅军

（四）泉州市（20人）：杨劲、程仲阳、王晓亮、龚世昆、万美育、陈越、蔡志成、吴长光、杜毅鹏、黄辉煌、李良培、庄衡衡、陈国雄、林梅明、陈东郁、陈建忠、孙伟强、江细扬、林建强、郑德炜

（五）三明市（2人）：吴新成、瞿玲姬

（六）莆田市（3人）：唐加寿、黄伟华、谢建成

（七）南平市（3人）：叶翔、郑胜键、孟建仁

（八）龙岩市（5人）：沈秀琴、黄光峰、郭丽红、吴强洪、王伟超

（九）宁德市（5人）：陆宁利、曾信乾、周明后、沈智华、王世水

（十）所属商会（1人）：许起平

四、园林绿化高级工程师（21人）

（一）福州市（12人）：林祥章、刘雁、陈美、陈长城、刘飞、张盛旺、吴俊傲、李长清、杨素洁、林祥权、汤二木、章伟财

（二）厦门市（2人）：蔡桂兰、黄来辉

（三）漳州市（4人）：王科英、陈艺月、石若强、黄勇

（四）龙岩市（2人）：罗秀清、郭华江

（五）所属商会（1人）：朱超萍

五、建筑工程造价高级工程师（1人）

漳州市（1人）：巫永华

黄贤松等174位高级工程师职务任职资格人员名单

2019年4月22日福建省人力资源和社会保障厅下发《关于批准确认黄贤松等174位同志高级工程师职务任职资格的通知》（闽人社批复〔2019〕164号）：经研究，批准确认由省工程技术人员林业专业高级职务任职资格评委会评审通过的黄贤松等174位同志高级工程师职务任职资格。任职资格确认时间为2019年4月22日，现予公布，名单如下：

一、省林业局（10人）

福建省林业调查规划院：黄贤松、岳新建、李法玲、赵国帅、崔永红、薛来华

福建省林业勘察设计院：刘诚、吴志勇

福建三明林业学校：黄建辉

福建省林业科技试验中心：李秀娟

二、厦门市（3人）

厦门市翔安区土地储备与建设服务中心：叶机械

厦门市翔安区林政资源管理站：卓培杰

厦门市绿化管理中心：吴凤芳

三、漳州市（17人）

福建省长泰岩溪国有林场：周建清、杨雪山、

蔡林泰

福建省龙海九龙岭国有林场：姚李彬

福建省南靖国有林场：吴淑玲

福建省龙海林下国有林场：李瑞聪

福建省华安西陂国有林场：黄秋燕

漳州市速生丰产林基地管理中心：李阿池

漳州台商投资区角美镇林业站：曾素娇

龙海市林业技术指导站：杨亚蓉、高亚清

平和县林业局规划队：赖宝乾

平和县林业执法大队：张伟民、陈福平

华安县林业局马坑林业管理站：曾喜荣

东山县林业规划设计队：朱国富

东山县西埔镇林业工作站：王旺生

四、泉州市（17 人）

福建戴云山国家级自然保护区管理局：欧阳锦彰

福建省惠安赤湖国有防护林场：李秀明

福建省永春碧卿国有林场：黄羽、林狄显

福建省南安罗山国有林场：肖珍彪

泉州市林业有害生物防治检疫站：黄金玲

泉州市林业行政执法支队：叶思敏

泉州市林木种苗站：林达恒

南安市罗东镇林业工作站：黄金辉

惠安县森林病虫防治检疫站：黄远清

惠安县营林技术指导站：庄晓芳

安溪县森林动植物病虫害防治检验检疫站：王再生

安溪县长坑林业工作站：李俊荣

安溪县官桥林业工作站：李成林

德化县林业技术设计室：邓瑞明

德化县雷峰林业工作站：苏玉坦

德化县上涌林业工作站：陈逸旗

五、莆田市（2 人）

莆田市园林科学研究中心：史梅娟

莆田市涵江区大洋林业站：林国芳

六、三明市（32 人）

福建省三明市郊国有林场：蒋红

福建省尤溪国有林场：林秀华

三明市三元区林业局：涂振伟

三明市梅列区绿化委员会办公室：陈玉鲁

三明市梅列区城区林业工作站：魏增庆

永安市绿化委员会办公室：邓林富

永安市林业局城区林业站：林家杉

沙县林业科技推广中心：陈奋林

沙县林业工作总站：花爱梅

沙县木材经营总公司：林慧娟、孙镛花

沙县林业执法大队：陈联森

沙县林业调查设计中心：李德江

沙县林业工作总站：肖日红

沙县国有林场：茅隆森

沙县林业执法大队：罗志梁

将乐县余坊林业站：汤承芳

将乐县高唐林业站：翁训清

将乐县漠源林业站：张金芳

宁化县林业局湖村林业站：谢永琳

宁化县森林病虫害防治检疫站：伍玉英

尤溪县林业行政执法大队：陈彪

尤溪县林业局坂面林业站：陈家生、卢秀贞

尤溪县林业局城关林业站：吴玉珍

尤溪县林业规划队：蔡荣民

大田县林业产权管理服务中心：叶德扬

大田县林业科技推广中心：乐景传

大田县林木种苗管理站：林芳浩

建宁县均口镇林业站：高应龙

建宁县林业局造林营林股：徐水根

建宁县林业规划队：卢应贤

七、南平市（49 人）

福建省南平葫芦山国有林场：饶兴元

福建省建阳范桥国有林场：童聿娟

福建省浦城石陂国有林场：李瑞仁

福建省浦城寨下国有林场：黄兴发

福建省政和国有林场：陈仁清

福建省光泽县官桥国有林场：王琪龙

福建省顺昌县高阳国有林场：詹旋常

福建省邵武市阳光苗圃有限公司：程相庭

南平市延平区赤门林业站：郑孔明

南平市延平区林业局科学技术中心：何小敏

南平市延平区林业局森林防火办：林花明

南平市延平区林业综合行政执法大队：曹祖旺、胡玉燕

南平市延平区峡阳林业站：郑汉阳

南平市延平区夏道林业站：庄超

南平市建阳区回龙林业站：程金良

南平市建阳区童游林业站：暨柳华

南平市建阳区小湖林业站：葛义盛

南平市数字林业管理中心：陈荣

南平茫荡山国家级自然保护区管理处：魏长源

建瓯市迪口林业站工作站：吴信富

建瓯市东游林业工作站：邵靖、黄丽娟、王向前、徐素萍

建瓯市林海森林采伐调查设计服务中心：刘安强

建瓯市小桥林业工作站：张志英

邵武市林业规划设计队：李泽忠

邵武市森林病虫害防治检疫站：林金锁

邵武市林业局卫闽林业工作站：石金城

邵武市林业局吴家塘林业工作站：王鸿

邵武市林业局肖家坊林业工作站：陈建平

邵武市林业局沿山林业工作站：程书建

邵武市林业科学技术推广中心：陈永志

武夷山市崇安林业工作站：倪伟星

武夷山市国营苗圃：林庆水

武夷山市森林病虫防治检疫站：黄金发

武夷山市森林资源管理站：林久光

武夷山市星村林业工作站：欧阳涛

武夷山市兴田林业工作站：何国勇

武夷山市洋庄林业工作站：苏德厚

光泽县不动产登记中心：阮召群

光泽县李坊林业工作站：吴永芳

光泽县寨里林业工作站：邓春凤

顺昌县林业执法大队：郑治林

顺昌县森林病虫防治检疫站：周兴

浦城县富岭林业工作站：曾建华、李群

政和县林业局铁山林业工作站：刘明伟

八、龙岩市（17 人）

福建省武平南坊国有林场：王晓琴

福建省连城邱家山国有林场：江海滨

龙岩市永定区林业局坎市林业站：简振忠

连城县北团林业管理站：罗道松

连城县国有林场：林增忠、吴晓杰

连城县花卉管理站：余玉英

连城县莲峰林业管理站：江长胜

连城县林木种苗站：邹海南

连城县林业执法大队：林斌

连城县庙前林业管理站：罗水钧

连城县森林病虫害防治检疫站：黄镛生

连城县森林资源管理站：邱昆明

连城县森威林业有限责任公司：黄小玲

武平县木竹检验中心：周巧莲

武平县森林资源资产评估中心：刘永华

武平县中山河国家湿地公园管理处：肖飞

九、宁德市（27 人）

福建省古田国有林场：卓宁化、马昭旭

福建省寿宁景山国有林场：刘卫东

福建省霞浦国有林场：林少华

福建省周宁国有林场：陈贵德

福建省周宁林业检查站：陈明寿

福建省周宁县林业局礼门林业工作站：阮双兴

宁德市蕉城区三都林业工作站：张明

宁德市林木种苗站：沈敬理

宁德市林业科研与技术推广中心：林爱玉

宁德市林业执法支队：李芳

宁德市森林资源管理中心站：翁国庆

福安市瓜溪桫椤省级自然保护区管理处：余小琴

福安市林业综合行政执法大队：阮杰旺

霞浦县林业局柏洋林业站：万本清

霞浦县林业局三沙林业站：周劲松

古田县黄田林业站：余华田

古田县林业执法大队：吴巧英

古田县平湖林业站：韦美华

屏南县林业局代溪林业站：吴少惠

屏南县林业局屏城林业站：陆茂华

屏南县林业局寿山林业站：魏生清

寿宁县林业局坑底林业工作站：连其祥

寿宁县林业局南阳林业工作站：卢逢义

寿宁县林业局平溪林业工作站：李式镜

寿宁县林业局森林资源管理站：陈敏

周宁县绿化防火处纠服务中心：许妙洋

李天宣等 97 位高级工程师职务任职资格人员名单

2019 年 5 月 29 日福建省人力资源和社会保

障厅下发的《关于批准确认李天宣等97位同志高级工程师职务任职资格的通知》（闽人社批复〔2019〕217号）提出，经研究，批准确认由省工程技术人员机械专业高级职务任职资格评委会评审通过的李天宣等97位同志高级工程师职务任职资格。任职资格确认时间为2019年5月29日，现予公布，人员名单如下：

一、福建省机电控股有限责任公司（10人）

福建海峡科化股份有限公司：谢怀坤、吴彩洪、于升日、池致超、王南焰、陈光祥

福建兵工装备有限公司：冒建军

福建闽东新科技工业有限公司：李天宣、陈锦燕

福建省机电建筑设计研究院：黄晓吉

二、共青团福建省委员会（1人）

福建省交通规划设计院：严锦尧

三、省教育厅（1人）

福建水利电力职业技术学院：李中胜

四、省卫健委（1人）

福建省肿瘤医院：唐天梅

五、省国资委（9人）

福建福光股份有限公司：何武强、张世忠

福建源发电力勘察设计有限公司：陈进兴

福建宏瑞建设工程有限公司：郑章杰

福州银安技术工程有限公司：黄林发

泉州亿兴电力有限公司：廖炳荣

平潭综合实验区管廊投资管理有限公司：刘照

中国建筑技术集团有限公司福建设计分院：李志斌

中建富林集团有限公司：刘永平

六、福建省高速公路有限责任公司（2人）

福建省高速公路信息科技有限公司：彭代亮

三明福银高速公路有限责任公司：吴健

七、福建省冶金（控股）有限责任公司（1人）

厦门创云精智机械设备股份有限公司：翁建建

八、福建省能源集团有限责任公司（1人）

福能联信建设集团有限公司：涂旺成

九、福建建工集团总公司（2人）

福州万山电力咨询有限公司：林建建、周颖

十、福建省船舶工业集团有限公司（1人）

福建省马尾造船股份有限公司：曾金柱

十一、海峡人才市场（26人）

福建永福电力设计股份有限公司：苗琰、林钰梅、陈佳旺

福建永福电通技术开发有限公司：孙胜宪

福建海源自动化机械股份有限公司：林项武

福建快科城建增设电梯股份有限公司：王旭东

福建闽冠伟业智能科技有限公司：王庭国

福建迅达电梯有限公司：王强

福建万润新能源科技有限公司：雷学国

福建省劳安设备技术开发中心：陈宏意

福建省两岸照明节能科技有限公司：庄礼瑜

福建省特种设备检验研究院：张秀彬、林生富

福建省亿力建设工程有限公司福建电力调试分公司：叶国义、肖世挺、杨金城、王敬峰

福建省机械工业联合会：郑世燚

福州万山电力咨询有限公司：林权

昆山岱德机械工程有限公司：丘营生

库森建设工程有限公司：陈松锦

中国石化福建福州石油分公司：张招

天一同益电气股份有限公司：朱永波

泉州华祥纸业有限公司：周勇

泉州亿兴电力有限公司：魏敏

泉州亿盛电力工程监理有限公司：卢辉旺

十二、漳州市（2人）

漳州盈创信息科技有限公司：刘德山

漳州旗滨玻璃有限公司：黄敏

十三、龙岩市（1人）

福建紫金铜业有限公司：李健

十四、三明市（2人）

福建省永安轴承有限责任公司：陈金地

厦工（三明）重型机器有限公司：郑陈岗

十五、南平市（5人）

福建南平天和机械制造有限公司：葛盛凯

福建南电电机有限公司：应恒晶、杨顺喜

福建南平太阳电缆股份有限公司：连春洵

福建省南平闽延电力建设有限公司顺昌分公司：廖美辉

十六、福建龙净环保股份有限公司（18人）

叶兴联、林华鑫、杨振煌、詹亮亮、吴勇文、温志强、谢敏、熊兴勤、罗跃嘉、程小峰、曾晓芳、潘云梅、张忠平、余华龙、曹惠荣、钟育昌、

毛春华、钟至光

十七、福建龙溪轴承（集团）股份有限公司（9人）

许志宏、陈伍钦、孙建平、汤亚军、郑钻斌、陈高容、刘文水、杨茂藻、陈浩

十八、宁德时代新能源科技股份有限公司(3人)

姚己华、李耀、田伟

十九、九牧厨卫股份有限公司（1人）

董平莉

二十、云度新能源汽车股份有限公司（1人）

林金海

黄加庆等46位高级工程师职务任职资格人员名单

2019年5月29日福建省人力资源和社会保障厅下发的《关于批准确认黄加庆等46位同志高级工程师职务任职资格的通知》（闽人社批复〔2019〕216号）提出，经研究，批准确认由省工程技术人员能源专业高级职务任职资格评委会评审通过的黄加庆等46位同志高级工程师职务任职资格。任职资格确认时间为2019年5月29日，现予公布，人员名单如下：

一、福建省能源集团有限责任公司（28人）

福建煤电股份有限公司：黄加庆、吴慕腾、吴国强、马鑫辉

福建省永安煤业有限责任公司：杨文杰、章进烨、章基、连占建、周乐平、连泉洪、许建雄、张发炜

福建晋江天然气发电有限公司：洪宗妙、刘小华、樊斌、郑溢强

福建省鸿山热电有限责任公司：蔡志群、葛政城、李卫福、李智伟、王永伟

福建福能东南热电有限责任公司：曹美龙

福建省福能晋南热电有限公司：潘金谋

福建省华厦能源设计研究院有限公司：王啸飞、江寰

福建水泥股份有限公司：冯辉、陈玉文、吴燕鳌

二、福建省煤田地质局（5人）

福建省煤田地质勘查院：杨生吉、肖其申

福建省196地质大队：林明义、王绪辉

福建省121地质大队：赵文君

三、福建建工集团总公司（3人）

福建建工建材科技开发有限公司：李兵、施发军

福建省建筑科学研究院：魏晓丹

四、海峡人才市场（6人）

福建省亿力建设工程有限公司福建电力调试分公司：邓先洪

福建永福电力设计股份有限公司：翁丽娟

中国城市建设研究院有限公司：陈景翔

中国城市建设研究院有限公司福建分院：林文锋

福建中天电力咨询有限公司：詹可筹

福州建迪混凝土有限公司：袁思计

五、莆田市（1人）

莆田市海宏混凝土有限责任公司：曾冲盛

六、漳州市（1人）

福建东远建材有限公司：丘德林

七、龙岩市（1人）

福建蓝田水泥有限公司：林才强

八、三明市（1人）

大田县太华煤矿：陈永卿

刘涛等184位高级工程师职务任职资格人员名单

2019年8月9日福建省人力资源和社会保障厅下发的《关于批准确认刘涛等184位同志高级工程师职务任职资格的通知》（闽人社批复〔2019〕384号）提出，经研究，批准确认由省工程技术人员交通专业高级职务任职资格评委会评审通过的刘涛等184位同志高级工程师职务任职资格。任职资格确认时间为2019年8月9日，现予公布，人员名单如下：

一、福建省交通运输厅（59人）

1. 福建省港航管理局（2人）

福建省港航勘察设计研究院：刘涛、胡杰

2. 福建省交通建设质量安全监督局（2人）：肖冰、申晓彤

3. 福建省交通规划设计院有限公司（20人）：

林茂盛、谢连冲、夏晨野、孙廷龄、黄韬、郭秋峰、张步龙、郭琳、杨刚毅、许焕新、苏享戊、翁国栋、陈阿凯、林键、余岩、夏士添、刘兆屯、王赟、钟城建、叶小虎

4. 福建省交通运输人才职业服务中心代理人员（35 人）

福建路桥建设有限公司：蔡耿、陈多

福建省道桥建设有限公司：张风坤

福建省交设工程试验检测有限公司：范建方

福建省交通建设工程监理咨询有限公司：詹帅

福建省交通建设工程试验检测有限公司：刘芳、魏振

福建省交通科学技术研究所：宋敏芳、连菁、卞晖、林耀、赖新、陈朝栩、何祖辉、肖芳芳、郑福山、林堃、廖大刚

福建省宇浩建设工程有限公司：姚锐

福建四航建设发展有限公司：董德强

福州东南绕城高速公路有限公司：许传烨、张勇

福州交建高速公路养护有限公司：杨芳

福州路信公路设计有限公司：蔡成奇、刘必炜

福州闽大建设工程有限公司：周良肖

海峡（福建）交通工程设计有限公司：林信武

连江县交通建设发展有限公司：张闽

南平通辉工程咨询设计有限公司：陆小立

宁德屏古高速公路有限责任公司：林乾弟

宁德沙埕湾跨海高速公路有限责任公司：周薇

莆田湄渝高速公路有限责任公司：刘华敏

泉州达顺高速公路建设有限公司：吴金建

泉州市福通工程监理咨询有限公司：张楠

中铁十七局集团第六工程有限公司：林美辉

二、福建省海洋与渔业局（2 人）

福建省水产设计院：刘守国、郑丽娜

三、福建省交通运输集团有限责任公司（4 人）

福建省港航建设发展有限公司：杨大波、钱琴

福建省港口工程有限公司：陈喜

福建省莆田涵江港口建设发展有限公司：杨志文

四、福建建工集团总公司（6 人）

福建省金通建设集团有限公司：陈伟健

福建新路达交通建设监理有限公司：戴伟民

福州中咨工程咨询有限公司：郭冬平

石狮市规划设计院有限公司：郑伟斌

中国武夷实业股份有限公司：林圣源、程海

五、福建省高速公路集团有限公司（29 人）

福建省福宁高速公路有限责任公司：谢龙

福建省福泉高速公路有限公司：刘荣荣

福建省高速公路达通检测有限公司：李寒、温龙辉、兰兴荣

福建省高速公路集团有限公司：施燕秒

福建省高速公路集团有限公司福州管理分公司：陈英毅

福建省高速公路集团有限公司龙岩管理分公司：廖艳芳、钟福章

福建省高速公路集团有限公司南平管理分公司：谢文君

福建省高速公路集团有限公司泉州管理分公司：杨志军、吴文生、魏一科

福建省高速公路集团有限公司漳州管理分公司：朱烨豪、陈迅、陈德路

福建省高速公路融通投资有限公司：钱勇

福建省高速公路信息科技有限公司：郑昱、黄水金

福建省高速公路养护工程有限公司：刘林荣、伍赵亮、王金斌

福建省高速技术咨询有限公司：代松航、韩飞

福建省高速路桥工程有限公司：杨洪鸿

三明福银高速公路有限责任公司：陈翔、郑虹、谢江平、陈至坤

六、福建省招标采购集团有限公司（8 人）

福建省交通建设工程监理咨询有限公司：余敏、吴建业、马荣建、何锋、林瑜、彭晓琼、李光星

福建省陆海建设管理有限公司：林明

七、中国海峡人才市场（5 人）

福建省闽西交通工程有限公司：林胜欣

福建路信交通建设监理有限公司：陈秋云

福建省鑫煌建设发展有限公司：张景杭

福建省迅捷交通科技有限公司：邹黎明

福建永福电力设计股份有限公司：陈志冰

八、厦门市（1 人）

厦门轨道交通集团有限公司：章志刚

九、漳州市（7 人）

福建省漳州市公路局：贾凌雁、林志凌

福建省漳州市公路局长泰分局：黄浩川

福建漳发建设有限公司：张小青

漳州市城市建设投资开发有限公司：林国宾

漳州通平漳武高速公路有限公司：卢春灿

漳州通正勘测设计院有限公司：吴建军

十、泉州市（11 人）

福建第一公路工程集团有限公司：洪天鹿、谢能华、陈应龙、陈绍钦

福建省泉州市公路局：许雯瑜

福建省泉州市公路局石狮分局：陈旭辉

晋江市路桥建设开发有限公司：蔡家宝

泉州市交通建设工程试验检测有限公司：欧思猛

泉州市交通投资有限责任公司：潘文栋

泉州市铁路建设办公室：谢档良

泉州台商投资区市政管理有限责任公司：王学敏

十一、三明市（14 人）

福建省海盛交通投资有限公司：黄海

福建省华明路桥建设有限公司：黄林水、蒋长锦

福建省三明市交通建设有限公司：郑秋兰

福建亿达工程勘察设计研究院有限公司：黄其拥

清流县交通建设工程质量安全监督管理站：罗华英

三明昌盛公路工程有限公司：蒋光森

三明市高远公路建设开发有限责任公司：蒋光炜

三明市公路局：李小辉、李高良

三明市公路局建宁分局：王振礼

三明市公路桥隧养护管理中心：魏建彬

三明厦沙高速公路有限责任公司：谢子明

泰宁县交通运输局：龚春富

十二、莆田市（1 人）

莆田市公路局物资供应站：郭剑平

十三、南平市（19 人）

福建弘沁工程勘察设计有限公司：胡凤鉴、张祖荣、余自强

福建南平路桥养护工程有限公司：陈捷、王灵、黄亮

福建省南平市高速公路有限责任公司：李玲娜

福建省南平市公路局武夷山分局：傅芝兰

福建新路达交通建设监理有限公司：林洪法、李丽琴、蒋思、高信华

南平高速建设有限公司：陈守继、卓丽娜、徐有文

南平高速咨询监理有限公司：郭镌

南平通辉工程咨询设计有限公司：陈新玉

南平武沙高速公路有限责任公司：黄章佳

武夷山市交通建设工程质量监督站：吴瀚

十四、龙岩市（10 人）

福建省龙岩市城市建设投资发展有限公司：叶军云

福建省闽西交通工程有限公司：翁绳杰、曹旺升、袁健生

龙岩东环高速公路有限责任公司：刘永周

龙岩市公路工程处：陈石彦

龙岩市公路局上杭分局：林新宝

龙岩市公路局漳平分局：阙初林

龙岩市新宇公路工程有限公司：刘锦香

上杭县城市建设发展有限公司：林一剑

十五、宁德市（7 人）

福鼎市交通建设质量监督所：蔡永真

古田县交通建设质量安全监督所：李文键

宁德沙埕湾跨海高速公路有限责任公司：陈叶强、马速

宁德市交通工程勘察设计院：余清华

宁德市交通经济发展中心：李晟

宁德市路桥建设有限公司：杨骁鹏

十六、平潭综合实验区（1 人）

平潭综合实验区公路管理局：石敏

李师炜等 78 位高级工程师职务任职资格人员名单

2019 年 8 月 19 日福建省人力资源和社会保障厅下发的《关于批准确认李师炜等 78 位同志高级工程师职务任职资格的通知》（闽人社批复〔2019〕415 号）提出，经研究，批准确认由省工

程技术人员环保专业高级职务任职资格评委会评审通过的李师炜等78位同志高级工程师职务任职资格。任职资格确认时间为2019年8月19日，现予公布，人员名单如下：

一、省生态环境厅直属事业单位（19人）

福建省环境监测中心站：李师炜、林云杉、张福旺、朱美洁

福建省国家大气环境背景值武夷山监测站：林少茜

福建省福州环境监测中心站：吴捷、何芸菁、肖盛、黄盛楠、张敏艳

福建省漳州环境监测中心站：王少蓉、陈乙平

福建省泉州环境监测中心站：佘日新、陈秋兰、谢瑞加、刘如东

福建省莆田环境监测中心站：胡晋伟

福建省辐射环境监督站宁德分站：张合金

福建省辐射环境监督站泉州分站：陆智新

二、共青团福建省委员会（4人）

福建省环境保护设计院有限公司：陆荣华、汪惠阳、蔡兆亮、许静

三、省海洋与渔业局（1人）

福建省海洋环境与渔业资源监测中心：任保卫

四、省水利厅（1人）

福建省水利水电勘测设计研究院：许彦

五、福建建工集团（2人）

福建中榕信环保工程有限公司：陈兆雄

嘉园环保有限公司：林有胜

六、省能源集团（2人）

福建省华厦能源设计研究院有限公司：陈振亮、黄世光

七、福建龙净环保股份有限公司（4人）

福建龙净环保股份有限公司：黄城富、金玉健、杨丁、蔡幼兰

八、海峡人才市场（22人）

福建大湖环保技术有限公司：梁正敏

福建省固体废物处置有限公司：林晨

福建省海峡建筑设计规划研究院：林祥

福建省环境工程有限公司：龙沛沛

福建省环境监测中心站：唐晓城

福建省环境科学研究院：姜炳棋、黄镜钊、陈巧俊

福建省金皇环保科技有限公司：潘永钢、陈建、陈晓芳、方磊

福建省龙源环境工程技术有限公司：欧智超

福建省伟邦市政环保工程设计研究院有限公司：林四发

福建省鑫泽环保设备工程有限公司：曾连辉

福建省致青生态环保有限分司：杨祖沐

福州城建设计研究院有限公司：张帆

福州东航环保科技有限公司：余朝云

湖北君邦环境技术有限责任公司：韩晓锐

嘉园环保有限公司：郑力飞、卓瑞锋

中检集团福建创信环保科技有限公司：林浩

九、漳州市（13人）

漳州市环境应急与事故调查中心：钟春棋、杨钟贤、郭龙发

漳州市环境影响评价技术中心：叶友贤

漳州市固体废物与化学品环境管理技术中心：蔡添寿

漳州市龙文环境监测站：陈海滨

华安县环境监察大队：李培珍

华安县生态建设办公室：陈桂珍

漳州市南靖环境监测站：吴勇强

平和县环境监测站：叶碧香

漳州市长泰环境监测站：蔡建锋、林文明

长泰县环保局林墩环保站：徐建成

十、泉州市（6人）

泉州市固体废物与化学品环境管理技术中心：陈剑峰

泉州市地质环境监测中心：林皆敏

鲤城区环境监测站：林奕艺

泉州市洛江区环境监测站：谢莹莹

惠安县环境监测站：钟惠荣

德化县环境监测站：陈彩云

十一、三明市（2人）

将乐县环境监测站：范淑芬

尤溪县环境监测站：詹明生

十二、南平市（1人）

南平市延平环境监测站：张俊轩

十三、宁德市（1人）

寿宁县环境监测站：叶本利

陈立春等144位高级工程师职务任职资格人员名单

2019年11月22日福建省人力资源和社会保障厅下发《关于批准确认陈立春等144位同志高级工程师职务任职资格的通知》（闽人社批复〔2019〕592号）：经研究，批准确认由省工程技术人员水利水电专业高级职务任职资格评委会评审通过的陈立春等144位同志高级工程师职务任职资格。任职资格确认时间为2019年11月22日，现予公布，人员名单如下：

一、福建省水利厅（32人）

1. 福建省水利水电勘测设计研究院：陈立春、林斌、蒲松、陈志雄、王燕、谢芳、李豪

2. 福建省九龙江北溪水资源调配中心（原福建省九龙江北溪管理局）：张才武、史惠华

3. 福建省溪源水库管理处：何敏儿

4. 福建省水土保持试验站：卢顺发

5. 福建省水利投资开发集团有限公司：潘春硕、曾志杰、陈秋元、关玉春、何东、刘敬峰、吴火灵、严立炜、张懿周、郑兰、郑小龙、钟钦明、赖洪前、卢佳艺、翁凌云、陈佳、陈尧、严新曼、沈勇彬、孙坚勇、李明忠

二、福建省国资委（1人）

兴锋盈（福建）集团有限公司：陈真锋

三、海峡人才市场（8人）

1. 福建润闽工程顾问有限公司：刘俊伟、杨俊

2. 福建省建江水利水电设计咨询有限公司：石磊

3. 福建省永川水利水电勘测设计院有限公司：夏守宝

4. 福建省汇闽水利水电工程发展有限公司：陈剑

5. 莆田市水利水电勘测设计院有限公司：徐立清、林志敏、叶丹

四、漳州（14人）

1. 漳州市水土保持监测站：林秀琳

2. 漳州市水利水电工程质量监督站：李书华

3. 漳州市南一水库管理局：王汉华

4. 漳州市水利水电勘测设计有限公司：贾绍莲、杨起榕、吴耿峰、李华武

5. 诏安县亚湖水库管理处：林崇池

6. 长泰县水利局水利水电技术队：张丽娇

7. 云霄县水土保持委员会办公室：蔡建城

8. 长泰县水利局水利水电技术队：陈阿芬、王伟明

9. 漳浦县水利局水利管理工作站：李幼燕

10. 福建宏宇工程管理有限公司：蔡铁力

五、泉州（32人）

1. 泉州市水利局总工程师办公室：许槐阳

2. 泉州市水利水电工程局：陈能文、陈荣杰

3. 泉州市水政水资源管理站：袁哲

4. 泉州市水利水电勘测规划设计有限公司：钟华芳、吴华阳

5. 泉州水利投资有限公司：赖坚成

6. 泉州市水利建设站：刘诗雄

7. 泉州市石壁水库管理处：吕文灿、傅俊杰、张峰、王润新

8. 泉州湄洲湾南岸供水有限公司：李文锋

9. 泉州市山美水库管理处：李秋萍、林伟华

10. 泉州市山美灌区管理处：谢杰阳

11. 山美水库晋江市灌区管理处：林冬萍

12. 安溪县村内水库管理处：林文土

13. 福建省安溪县人民政府防汛抗旱指挥部办公室：张国明

14. 惠安县惠女菱溪陈田库区管理所：陈小玲、陈志刚、陈红阳、吴志雄

15. 南安市水利电力管理站：叶能超

16. 晋江市市区水系运行综合调度中心：陈明星

17. 晋江市晋东水利管理站：蔡旺发

18. 晋江市人民政府防汛抗旱指挥部办公室：洪礼东

19. 福建路港（集团）有限公司：黄金星、方正、苏营、徐庆祥、林李珍

六、莆田（6人）

1. 莆田市水利局水利建设站：张福泉

2. 福建省莆田市东方红水库管理处：唐俊雄

3. 莆田市水利水电勘测设计院有限公司：陈荣府、吴建华

4. 仙游县水利局：方剑生、林众明

七、三明（18 人）

1. 三明市水利工程站：陈玉雪

2. 三明市水电工作站：郑徽峰

3. 福建省明兴工程建设有限公司：夏世元

4. 三明市水利水电工程有限公司：张广福、林彬

5. 大田县水政水资源管理站：严志垦

6. 大田县水利工作站：苏晋代、刘珍超

7. 尤溪县河务管理中心：陈俊广

8. 尤溪县梅仙镇水利水电管理站：陈晓云

9. 永安市水利水电工程质量监督站：赖月媚

10. 泰宁县水利水电工作站：卢远兴、潘志明、张桂珍

11. 福建省水利投资集团（沙县）水务有限公司：林从建

12. 沙县水利水电工程质量监督站：张昌盛

13. 沙县灾情预警测报中心：吴文辉

14. 宁化县堤防工程管理处：吴玲霞

八、南平（15 人）

1. 南平市水利水电管理站：陈荣华

2. 南平市水利水电技术中心：卢永春、黄炎东

3. 福建省南平市水利电力工程处：赵震虎

4. 福建省顺昌谟武水电有限责任公司：林翠琴

5. 顺昌县水利电力管理站：吴培莲

6. 建瓯市水利水电技术推广中心：徐雅珍

7. 建瓯市洋后水库管理处：张扬强

8. 南平市建阳区水利技术队：杨惠华、范世华

9. 南平市建阳区黄坑镇水利工作站：刘鸿坤

10. 浦城县水北街镇“三农”服务中心：蔡祎强

11. 浦城县万安乡三农服务中心：刘建华

12. 松溪县水利水电管理站：杨佳丽

13. 光泽县水利电力技术队：郑政枞

九、龙岩（8 人）

1. 福建省长汀县水土保持站：谢炎敏

2. 漳平市水利工作站：林坤灵

3. 漳平市水利工程质量监督站：李胜鹏

4. 连城县水利水电管理站：江彬

5. 武平县城厢镇水利工作站：钟友珍

6. 福建安澜水利水电勘察设计院有限公司：夏泽荣

7. 福建亿水工程勘察设计有限公司：张启伟

8. 福建省汀江水电工程有限公司：伯小平

十、宁德（10 人）

1. 宁德市水资源与河务管理中心：黄剑

2. 寿宁县水利电力技术队：刘高华

3. 宁德市蕉城区水利局电力技术队：谢宁燕

4. 古田县电力技术队：汪敏容、黄兴国

5. 古田县水利工程质量监督站：陈东光

6. 霞浦县水利电力管理站：刘清辉

7. 霞浦县水利电力技术队：张杰

8. 福安市湾坞镇水利工作站：陈二忠

9. 柘荣县水利水电局水利电力技术队：林超

沈钦龙等 13 位高级工程师职务任职资格人员名单

2019 年 11 月 26 日福建省人力资源和社会保障厅下发《关于批准确认沈钦龙等 13 位同志高级工程师职务任职资格的通知》（闽人社批复〔2019〕614 号）：经研究，批准确认由省工程技术人员水产专业高级职务任职资格评委会评审通过的沈钦龙等 13 位同志高级工程师职务任职资格。任职资格确认时间为 2019 年 11 月 26 日，现予公布，人员名单如下：

一、漳州市（1 人）

诏安县水产技术推广站：沈钦龙

二、泉州市（1 人）

南安市水头镇农业服务中心：黄种溪

三、三明市（8 人）

宁化县安乐畜牧兽医水产站：邱文彬

清流县水产技术推广站：李春仁

清流县水产技术推广站：黄长水

清流县水产技术推广站：余远长

清流县水产技术推广站：杜聪致

尤溪县溪尾畜牧兽医水产站：林昭丰

大田县湖美乡水产技术推广站：林长全

永安市燕南畜牧兽医水产站：刘家楷

四、宁德市（2 人）

福建省闽东水产研究所：谢友佺

宁德市蕉城区水产技术推广站：陈庆荣

五、平潭综合实验区（1 人）

平潭综合实验区海洋与渔业技术中心：林小华

甘熹等 794 位高级工程师职务任职资格人员名单

2019 年 12 月 25 日，福建省人力资源和社会保障厅下发的《关于批准确认甘熹等 794 位同志高级工程师职务任职资格的通知》（闽人社批复〔2019〕680 号）提出，经研究，批准确认由福建省 2018 年度工程技术人员土建专业高级技术职务评审委员会评审通过的甘熹等 794 位同志高级工程师职务任职资格。任职资格确认时间为 2019 年 12 月 25 日，现予公布，人员名单如下：

一、省发改委（1 人）

福建省公共资源交易中心：甘熹

二、省交通厅（9 人）

1. 福建省交通规划设计院有限公司：陈佳莹、郭志杏、程峰、林文、李志强、项立榕

2. 福建省环资岩土工程有限公司：余清华

3. 福建省交通规划设计院：李阳

4. 福建省福大土木工程建设监理有限公司：叶雄忠

三、省教育厅（2 人）

1. 福建船政交通职业学院：郑国和

2. 福建理工学校：吴春龙

四、省水利厅（1 人）

福建省水利水电勘测设计研究院：马千帆

五、省住建厅（3 人）

1. 福建省建设工程质量安全监督总站：郭中智

2. 福建省建设工程造价管理总站：金捷

3. 福建省建设信息中心：杨露

六、省地矿局（7 人）

1. 福建省地质工程勘察院：刘正铭、林剑飞

2. 福建省闽南地质大队：彭军

3. 福建地矿建设集团公司：何烨、陈昱、陈斌、舒海峰

七、省林业局（2 人）

福建省林业勘察设计院：颜少耕、陈昭阳

八、省煤田地质局（2 人）

1. 福建东辰综合勘察院：杨春发

2. 福建省 121 地质大队：卢德灿

九、团省委（4 人）

1. 福建建工集团有限责任公司：连长胜

2. 福建省集泰建筑设计有限公司：章静

3. 福建省粮食工程设计院：王锐

4. 福建恒固建设有限公司：丘喜宁

十、省卫生健康委员会（1 人）

福建省肿瘤医院：林凤登

十一、中国电信股份有限公司福建分公司（1 人）

丘华兰

十二、省招标采购集团公司（1 人）

庄香东

十三、省水利投资开发集团公司（1 人）

福建省供水有限公司：郑建荣

十四、省能源集团公司（9 人）

1. 福建绿美园林工程有限公司：赵子阳

2. 福能联信建设集团有限公司：胡永生、蓝威嘉、韦信续

3. 福建联美建设集团有限公司：熊冠海、叶艺聪、卢铭臻、郭文伟

4. 福建省华厦能源设计研究院有限公司：林国锋

十五、省机电（控股）公司（1 人）

福建省机电建筑设计研究院：林群

十六、省国资委（5 人）

1. 厦门特房建设工程集团有限公司：涂玉坤

2. 厦门住总建设工程监理有限公司：范先明

3. 福建省城乡建设股份有限公司：毛家丰

4. 福建省京闽工程顾问有限公司：阮裕清

5. 福州三盛置业有限公司：王芳

十七、省高速公路集团公司（1 人）

三明福银高速公路有限责任公司：方向宇

十八、福建龙净环保股份有限公司（1 人）

王宏旺

十九、福建中医药大学（1 人）

真义旺

二十、福建工程学院（2 人）

胡赛强、张建

二十一、福建建工集团总公司（74 人）

1. 福建建工集团有限责任公司：涂雄鹏、杨旸、杨飞、林俊圣、郑勇庆、严生龙、陈明文、林新炎、陈基泰、陈克汤、苏幼珍、徐信卫、程彬、刘少晗、郑舒娜、郑福金

2. 福建建工集团漳州建设有限公司：陈旭

3. 福建七建集团有限公司：黄永亮、陈行、周灿淮、肖辉、郑淑娟

4. 福建省建科工程技术有限公司：李峰、陈祥希、蔡仲华、詹德勇

5. 福建省建研工程顾问有限公司：何超亮、洪晓珍、陈致富、陈立樟、江辉、杨锌钰

6. 福建省建筑工程质量检测中心有限公司：吴晓静、黄圣铨、林君、刘勇、刘铎、郭永添、郑景祥、黄世平、张明灿、刘明、刘文彬、张灿民、林洁、黄勤钲、徐秀华、陈培福、王金权、路俊杰

7. 福建省建筑科学研究院有限责任公司：皮魁升

8. 福建省建筑设计研究院有限公司：伍国诞、陈晨、陈宝燕、宋智华、黄佳坤、李林峰、陈庆懋、马文华、许绍先、吴俊雄、吴谦诚、关宏德、林捷、罗林生、潘振眉、高沛云、李剑敏

9. 厦门象屿港湾开发建设有限公司：郭世锋

10. 厦门兴南洋信息技术有限公司：郑章毓

11. 中国武夷实业股份有限公司：上官登森、林家栋、丁红亮、吴瑞辉

二十二、福建省建工集团总公司（人才中心 219 人）

1. 北京东方华太建筑设计工程有限责任公司福州分公司：程建成

2. 北京中建建筑设计院有限公司：林河

3. 福建安华发展有限公司：何金文

4. 福建百禾市政建筑设计有限公司：郑东

5. 福建博海工程技术有限公司：黄勤锋、徐伟

6. 福建博业建设集团有限公司：何英

7. 福建辰曦建筑装饰工程有限公司：周兴官

8. 福建诚正工程造价咨询有限公司：黄韦荣

9. 福建大地景观有限公司：罗金昌

10. 福建发达建筑工程有限公司：李文焕

11. 福建泛易园林建设有限公司：余素毅

12. 福建丰本建设工程有限责任公司：郭清火

13. 福建福大建筑设计有限公司：上官伟华

14. 福建高能建设工程有限公司：曾山

15. 福建工程建设监理有限公司：刘灿、叶军

16. 福建工大工程咨询管理有限公司：陈勇、娄金平、刘林

17. 福建工大岩土工程研究所有限公司：高子平

18. 福建海川工程监理有限公司：林瑜

19. 福建和盛达建筑工程有限公司：郭大垅

20. 福建恒固建设有限公司：陈礼桐

21. 福建弘祥建设工程有限公司：洪朝曦

22. 福建华东岩土工程有限公司：张旭

23. 福建华航建设集团有限公司：陈猛、郑友

24. 福建华建工程建设有限公司：施杰

25. 福建华益工程造价咨询有限公司：王秀熔

26. 福建华筑工程设计有限公司：邱英

27. 福建汇福建设工程公司：黄锦烽

28. 福建汇景生态环境股份有限公司：周彩玉

29. 福建嘉博联合设计股份有限公司：洪志

30. 福建建工集团有限责任公司：廖建明、吴欢欢

30. 福建建盛工程管理有限公司：黄亭

31. 福建金帝装饰工程发展有限公司：陈振达

32. 福建金霞生态园林股份有限公司：陈夏威

33. 福建璟榕工程建设发展有限公司：曾凤满

34. 福建九鼎工程质量检测有限公司：张璐

35. 福建巨岸建设工程有限公司：叶立峰、陈锋

36. 福建开辉市政建设有限公司：付胜

37. 福建来宝建设集团有限公司：黄俊生

38. 福建利嘉投资有限公司：朱世永

39. 福建荔建工程技术有限公司：高伟杰

40. 福建联审工程管理咨询有限公司：吴宾迎

41. 福建联盛建筑设计院有限公司：李建华

42. 福建联信建设工程有限公司：邹炳全

43. 福建六建集团有限公司：谢昌业、陈鸿挺、李我明

44. 福建泷澄集团设计院有限公司：黄乃春

45. 福建路港（集团）有限公司：吴建水

46. 福建路桥建设有限公司：张李斌

47. 福建鹭冠建设工程有限公司：徐度栋

48. 福建绿融建设工程有限公司：林文聪

49. 福建闽东建设发展有限公司：施雯雯

50. 福建闽华晟工程管理有限公司：何镇义

51. 福建闽华洋建设监理有限公司：徐水斌、郑思慧

52. 福建瑞楷建设工程有限公司：胡跃武

53. 福建三合园林工程有限公司：戴永其

54. 福建升恒建设集团有限公司：郑建林

55. 福建昇华工程造价咨询有限公司：陈雪

56. 福建省百川建设发展有限公司：柯杰华

57. 福建省城乡规划设计研究院：陈乐群、杨勇、陈象艺、吴均、许志鹏、郑新春、谢树锐、陈志成、刘茂华、林志福

58. 福建省二建建设集团有限公司：冉启华、方祺林

59. 福建省涵城建设工程有限公司：何宇洪

60. 福建省华荣建设集团有限公司：李丽清

61. 福建省集泰建筑设计有限公司：张添鑫、张小贞

62. 福建省建福工程管理有限公司：许贤灼

63. 福建省建榕勘测设计有限公司：刘建湘

64. 福建省建设人才与科技发展中心：庄碧英

65. 福建省建筑工程质量检测中心有限公司：林洪

66. 福建省金霞生态园林景观工程有限公司：苏裕鸿

67. 福建省坤秀建设工程有限公司：陈秀明

68. 福建省兰竹生态景观工程有限公司：陆良成

69. 福建省荔隆建设工程有限公司：陈磊

70. 福建省泷澄建设集团有限公司：胡秀强

71. 福建省民建人防建筑设计有限公司：任舒雯

72. 福建省闽地建筑设计院：许媛媛

73. 福建省闽武建筑设计院有限公司：梁宝荣、林森

74. 福建省闽武长城岩土工程有限公司：关海燕、李鹏凌

75. 福建省明通建设集团有限公司：康艳萍

76. 福建省明信德工程咨询有限公司：余昌盛

77. 福建省乾华建设工程有限公司：苏醒

78. 福建省榕圣市政工程股份有限公司：赵霞

79. 福建省融旗建设工程有限公司：陈孙灿

80. 福建省实盛建设工程有限公司：林明

81. 福建省顺安建筑工程有限公司：林智勇

82. 福建省汤头建筑工程有限公司：刘平如

83. 福建省五建装修装饰工程公司：黄田土、陈文龙

84. 福建省协兴建设有限公司：倪连森

85. 福建省新茂泰工程项目管理有限公司：蔡振铭、陈顺德

86. 福建省浔益建筑工程有限公司：郑友缎

87. 福建省英城建设工程有限公司：许史铭

88. 福建省永富建设集团有限公司：罗兴荣、胡敬铨、吴子峰

89. 福建省永泰建筑工程公司：鄢崑

90. 福建省永正工程质量检测有限公司：陈李锋

91. 福建省禹澄建设工程有限公司：李海龙

92. 福建省长希园林建设工程有限公司：陈丹凤

93. 福建省招标中心有限责任公司：毛祚照

94. 福建省中景建筑设计院有限公司：林文峰

95. 福建盛越建设有限公司：江仁军

96. 福建天马电子有限公司：李灵杰

97. 福建天正装修工程有限公司：何凌玲

98. 福建武夷山太谷奥特莱斯置业有限公司：兰翔

99. 福建新时代项目管理有限公司：叶翁强

100. 福建印象生态发展有限责任公司：卢航群

101. 福建永鼎设计装饰工程有限公司：唐勤

102. 福建永东南建设集团有限公司：黄妹玲

103. 福建永宏建设工程有限公司：叶永定

104. 福建裕龙建筑工程有限公司：余仙梅

105. 福建元博信息科技有限公司：吴莉莉

106. 福建漳龙建投集团有限公司：余阿期

107. 福建正宇市政园林工程有限公司：熊开华

108. 福建中冶永行建设工程有限公司：倪灵光、乐小燕

109. 福建卓越建设工程开发有限公司：李天兴

110. 福州成建工程监理有限公司：林链基、林荣

111. 福州城建设计研究院有限公司：李捷、傅星炜

112. 福州电力设计院有限公司：徐铃燕

113. 福州东南眼科医院（金山新院）有限公司：张文钦

114. 福州高新区投资控股有限公司：陈振兴

115. 福州冠林智能系统集成有限公司：张留原

116. 福州禾鑫园林工程有限公司：丁晓莹

117. 福州市城乡规划设计院有限公司：薛祥成

118. 福州市城乡建设发展有限公司：刘冰

119. 福州晋建工程造价咨询有限公司：黄可青

120. 福州三江口建设发展有限责任公司：王静

121. 福州市鼓楼建筑工程集团公司：许晨辉

122. 福州万山电力咨询有限公司：肖秋云

123. 福州市建筑设计院：叶玲青

124. 福州市建筑安装工程集团有限公司：林美秋

125. 福州市一建建设股份有限公司：郑惠玲

126. 翰林（福建）勘察设计有限公司：陈邦孝

127. 广州市科城规划勘测技术有限公司：吴灵铃

128. 福州朱薛陈建筑设计事务所（普通合伙人）：刘晓玲

129. 广田建设工程有限公司：林孝泉

130. 福州信源工程造价咨询有限公司：陈亮、刘杰

131. 福州中夏房地产开发有限公司：赖银芳

132. 建盟设计集团有限公司：沈一慧

133. 宏晖建设工程有限公司：张沅、林辉

134. 江西有色建设集团有限公司：郑益雄

135. 晋江艺森建筑工程有限公司：叶福裕

136. 江苏新世纪消防安全技术工程有限公司：赖敏方

137. 恒锋信息科技股份有限公司：陈使

138. 弘柏峰（厦门）建设工程有限公司：陈亚翔

139. 垒智设计集团有限公司：苏荣德

140. 南京市消防工程有限公司：何延华

141. 名筑建工集团有限公司：叶章铭

142. 南安市城市建设投资集团有限责任公司：苏婉芳

143. 平潭鼎新房地产发展有限公司：高仁国

144. 泉州市五洲园艺绿化工程有限公司：王春兰

145. 泉州市德泓机电设备有限公司：郑艳政

146. 泉州台商投资区城市建设发展有限公司：傅桢、张升峙

147. 千易建设集团有限公司：邓富华

148. 厦门百城建设投资有限公司：巫明辉

149. 厦门安能建设有限公司：叶光庆

150. 厦门海投建设监理咨询有限公司：张观锦

151. 厦门国贸竹坝旅游投资有限公司：庄伟

152. 厦门华炀智能化系统工程有限公司：张发兴

153. 厦门基钰建设有限公司：庄永清

154. 厦门科之杰建设工程有限公司：叶吉喜

155. 厦门鹭恒达建筑工程有限公司：林克育、郭汉杰

156. 厦门市同安区第一建筑工程公司：刘曙光

157. 厦门市翔天盛建设集团有限公司：张树锋

158. 厦门市银城建筑工程有限公司：阙华峰

159. 厦门市杏林建发工程监理有限公司：柯志彬

160. 厦门特房建设工程集团有限公司：何艳红

161. 厦门欣途工程技术有限公司：郑旻

162. 厦门长实建设有限公司：吕小飞

163. 上海开艺设计集团有限公司：郭小王

164. 上海高科工程咨询监理有限公司：王洪海

165. 鑫中坤建设工程有限公司：齐孝忠

166. 禹峰建设有限公司：吴崑宇

167. 信和置业（漳州）有限公司：林水根

168. 中国建筑第四工程局有限公司：陈燕梅

169. 中国瑞林工程技术股份有限公司：江智伟

170. 中城建设有限责任公司：江瑞笛

171. 中国武夷实业股份有限公司：蔡海龙

171. 中建旷博（福建）有限公司：黄丽琴、雷少英

172. 中建力天集团有限公司：蔡章林

173. 中建三局集团有限公司：郭景致

174. 中誉设计有限公司：林文胜、陈国柱

175. 中铁科建工程有限公司：陈新木

176. 中星联丰建设集团有限公司：孟令超、翁志媛、詹福善

177. 福州市规划设计研究院：石敏魁、卢遵培

178. 福建武夷建工建设发展有限公司：施星旺

二十三、中国海峡人才市场（145 人）

1. 博亚（福建）建筑设计有限公司：魏双水

2. 福建博成建筑工程有限公司：吴正锋

3. 福建博宇建筑设计有限公司：温华秀

4. 福建富彬工程项目管理有限公司：林思强

5. 福建诚正工程造价咨询有限公司：张育景

6. 福建冠云鑫建设工程有限公司：沈左爱

7. 福建弘审工程造价咨询有限公司：许德青

8. 福建国脉科学园开发有限公司：刘常涛

9. 福建嘉博联合设计股份有限公司：陈游锋、郑志东、陈向如、余华峰

10. 福建经福建筑设计工程有限公司：林清思

11. 福建华源阳光工程管理有限公司：刘建伟

12. 福建九鼎工程质量检测有限公司：戴礼荣

13. 福建景尚建筑环境设计工程有限公司：黄巾

14. 福建璟榕工程建设发展有限公司：宋伟立

15. 福建九恒创新建设有限公司：黄建文

16. 福建六建集团有限公司：张辉、郭晓梅、王炎、徐庆友、林春园、韩赐福、檀敏

17. 福建绿色生态发展股份有限公司：冯梅

18. 福建其祥勘测有限公司：肖其勇

19. 福建莆田泰源工程有限公司：黄庆荣

20. 福建农林大学：王春放

21. 福建清华建筑设计院有限公司：杨艳秋

22. 福建省城乡综合开发投资有限责任公司：钟远志

23. 福建榕卫招标有限公司：刘利斌

24. 福建省合道建筑设计有限公司：林勇、张建霞

25. 福建省华地建筑设计有限公司：何世阳

26. 福建省涵城建设工程有限公司：陈锦添

27. 福建省惠和城市规划设计有限公司：罗德祥

28. 福建省惠一建设工程有限公司：杨加兴

29. 福建省华荣建设集团有限公司：庄有橥

30. 福建省建设工程质量安全监督总站：廖胜贤

31. 福建省建筑轻纺设计院：郭年、詹年敖

32. 福建省建专岩土工程有限公司：吴金耀

33. 福建省林业勘察设计院：陈国盛、肖玉珍

34. 福建省闽南建筑工程有限公司：黄杰龙

35. 福建省麒麟建设工程集团有限公司：范明东

36. 福建省永正工程质量检测有限公司：刘荣寿、叶洪、许华聪、李瑞、陈杨利、陈永杰、刘达羽、邱振鸿、刘达宝

37. 福建省腾达园林工程有限公司：熊巧芳

38. 福建省新茂泰工程项目管理有限公司：许元辉

39. 福建省裕如丰建设工程有限公司：林开棋

40. 福建晟鑫宝建设工程有限公司：吴秋滨

41. 福建省直房地产开发公司：吴杰

42. 福建西海岸建筑设计院：史志敏

43. 福建舜天绿艺园林工程有限公司：陈丽金

44. 福建信通捷网络科技股份有限公司：王雅蓉

45. 福建岩土工程勘察研究院有限公司：张运利

46. 福建印象生态发展有限责任公司：林文超

47. 福建亿兴电力设计院有限公司：张志捷、陈平

48. 福建永福电力设计股份有限公司：傅心荣、李碧青、王翔、吴黎明

49. 福建永宏建设工程有限公司：周安

50. 福建越众日盛建设咨询有限公司：杨炳煌

51. 福建中航建工有限公司：杨景浩

52. 福建中园市政景观发展有限公司：林强、张燕华

53. 福建中设工程咨询有限公司：揭小锋

54. 清融辉建设工程质量检测有限公司：邓彪星

55. 福州城建设计研究院有限公司：陈虎、丁锟、黄勇、叶均磊、王楠、陈军

56. 福州轨道交通设计院有限公司：林峰

57. 福州瀚辰景观设计有限公司：范益星

58. 福州弘泰工程造价咨询有限公司：陈巧巧

59. 福州精业建筑工程设计咨询有限公司：陈建永

60. 福州华筑建筑设计事务所：杨英语

61. 福州市鼓楼区财政投资评审中心：郑丽珍

62. 福州市规划设计研究院：王莹、黄秀玲、赵芳、梁冠巍、黄妙玲、郑瑞、罗伦敦、陈金、黄海龙、周益群、陈凤、蔡志超、汪欢、朱德武、秦为将、严其辉、邱集锋、郑敏捷

63. 福州市建设发展集团有限公司：方友谊

64. 福州市勘测院：郑俊清、王迪

65. 福州市自来水有限公司：龚珑聪

66. 福州中天建工程管理有限公司：廖如芸

67. 福州首开榕泰置业有限公司：林永华

68. 广州博厦建筑设计研究院有限公司：吴向军

69. 广州市科城规划勘测技术有限公司：陈震

70. 建盟设计集团有限公司：吴恩谷

71. 恒锋信息科技股份有限公司：陶英、杨志钢、陈华朗

72. 宏晖建设工程有限公司：陈晨

73. 龙鼎天（福建）建设发展有限公司：丁振顺

74. 平潭综合实验区市政园林有限公司：孙剑春

75. 泉州市东海投资管理有限公司：卓智文

76. 泉州市燃气有限公司：林俊杰

77. 融侨集团股份有限公司：张宝华

78. 厦门诚实工程咨询有限公司：林秋滨

79. 厦门圭鑫工程质量检测有限公司：楼增锋

80. 厦门海投建材有限公司：曾水金

81. 厦门高诚信工程技术有限公司：张先斌

82. 厦门中平公路勘察设计院有限公司：黄怡君

83. 厦门市集美城市发展有限公司：陈榕南

84. 厦门基业衡信咨询有限公司：夏平

85. 神州建设集团有限公司：王景慰

86. 时代建筑设计（福建）有限公司：侯建兵

87. 水立方建设集团股份有限公司：陈章秀

88. 漳浦臻阳房地产开发有限公司：张锋

89. 中国城市建设研究院有限公司：涂敏敏、林练、李富果、崔阳

90. 中国建筑东北设计研究院有限公司福州分公司：吴俊杰

91. 中智海峡科技有限公司：郑跃华

92. 中国瑞林工程技术股份有限公司：周为恺

二十四、漳州市（58 人）

1. 福建大农景观建设有限公司：余剑明

2. 福建继昌建筑工程有限公司：游振华、方素惠、陈文松

3. 福建建盛工程管理有限公司：郑素贤

4. 福建海西恒业建设管理有限公司：郑小良

5. 福建泷澄集团设计院有限公司：吴国跃

6. 福建荣冠环境建设集团有限公司：刘瑞贤

7. 福建荣信环境建设集团有限公司：张志坚、赖芦东

8. 福建省晨铭建设有限公司：何俊英

9. 福建省华裕建设工程有限公司：吴贵贤

10. 福建瑞宇工程咨询有限公司：周丽芳

11. 福建省建宇建设有限公司：杨明环

12. 福建省日誉建设集团有限公司：郑艺辉

13. 福建省泷澄建设集团有限公司：吴志远、郭迎春

14. 福建长泰经济开发区管理委员会：陈相权

15. 福建省悦诚建设工程有限公司：沈开周

16. 福建晏圣工程管理有限公司：陈明辉

17. 云霄县城乡规划设计室：方海宝

18. 云霄县建设工程质量安全监督站：郑辉欢

19. 漳浦县建设工程质量监督站：陈建明

20. 漳州高新技术产业开发区市政公用事业管理处：张鑫

21. 漳州九龙江圆山投资有限公司：何少华

22. 漳州城投金峰发展有限公司：吴旺根

23. 漳州古城保护开发有限公司：林宝玲

24. 漳州市城市规划设计有限公司：李洪滨、康超、姜志恒、陈晗杰、蔡俊煌、李文娟、朱丹

25. 漳州钱隆房地产开发有限公司：徐进平、王晋勇

26. 漳州市风景园林中心：魏保枝

27. 漳州市城市建设投资开发有限公司：张艳军

28. 漳州市发展新型建筑材料管理处：刘耀明

29. 漳州市建设工程造价站：吴菊英

30. 漳州市建筑安全监察站：吴秀波

31. 漳州市捷茂房地产开发有限公司：姚政本

32. 漳州市龙文佳宝混凝土工程有限公司：林辉跃

33. 漳州市龙文发展有限公司：郑圳强

34. 漳州市龙文区建工造价安全管理站：唐志溪

35. 漳州市五建工程有限公司：陈超宇

36. 漳州市市政工程中心：柯亭森、吴锦香

37. 漳州市芗城工业加工区开发总公司：林秀娥

38. 漳州新鸿基混凝土有限公司：卢建

39. 漳州圆山新城建设有限公司：孙国伟

40. 长泰县城乡规划管理办公室：邱志慧

41. 长泰县村镇规划建设管理站：陈典范

42. 长泰县第二建筑有限公司：徐福星

43. 长泰县园林管理处：洪嫦莉

44. 诏安县村镇建设规划管理站：吴培春

45. 长泰县建设工程造价管理站：肖秀琴

46. 长泰县建设工程质量监督站：郑勇龙

二十五、泉州市（80人）

1. 安溪县村镇建设管理站：谢燕玲

2. 德化陶瓷产业园区发展服务中心：郑梅英

3. 德化县建设工程质量监督站：曾一烜

4. 德化县民益建设投资有限公司：陈建雄

5. 福建省第五建筑工程公司：蔡志芳、叶毅辉、郑真观、刘永坚、阮伟明、出育民、苏文艺、陈周、王清海、庄寿疆、杨晓鹏、傅炳烟、黄煌都、郭志征、汪文达、傅俊旭、林振华、陈文华、吴鹏

6. 福建隆恩建筑装饰工程有限公司：黄长流

7. 福建省华地建筑设计有限公司：曹孙胜、黄文锋

8. 福建省高德工程建设有限公司：吴文冲

9. 福建省富诚工程管理有限公司：范少晞

10. 福建省闽南建筑工程有限公司：曾鹏飞

11. 福建省闽宇建设工程有限公司：杨亚聪

12. 福建省泉州市第一建设有限公司：陈丰仁

13. 福建省南安市第一建设有限公司：叶盛俊

14. 华城建设集团有限公司：曾振强

15. 福建中信达工程项目管理有限公司：陈任萍

16. 福建石狮城市投资建设集团有限责任公司：周清侨

17. 建利建材（泉州）有限公司：陈细章

18. 惠安县村镇建设管理站：黄海农

19. 晋江市城乡规划局总工程师办公室：颜才添

20. 晋江市创意创业创新园开发建设有限公司：陈东郁

21. 晋江市建设工程招标投标中心：魏荣丰

22. 晋江市林业和园林绿化局总工室：蔡海斌

23. 晋江市市政工程建设有限公司：黄金龙

24. 晋江市建筑工程质量监督站：柳振辉、叶其钦、巫向前

25. 龙腾建设集团有限公司：尤雄雄

26. 凯亿建设工程有限公司：黄成宗

27. 泉州市城市规划设计研究院：袁文扬、骆崧涛

28. 泉州市城乡规划局总工程师办公室：董毓莎

29. 泉州市丰泽区市政建设管理中心：阮秀聪

30. 泉州市丰泽区新型建筑材料推广管理中心：吴景诏

31. 泉州市公园管理中心：辛国川

32. 泉州市环境卫生管理处：黄志锋

33. 泉州市建设工程造价管理：王金星

34. 泉州市排水管理中心：黄强

35. 泉州市建设工程质量监督站：葛霞波、肖宇婷

36. 泉州市市政工程管理处：洪长青、庄建鹏

37. 泉州市祥恒建筑工程有限公司：戴方艺

38. 泉州市泉港区建设工程质量监督站：张建忠

39. 泉州市园林管理局：黄晓波、陈璐、林晴、王晖龙

40. 泉州市住房和城乡建设局总工程师办公室：陈向道

41. 泉州市自来水有限公司：陈佳榕

42. 泉州台商投资区城市建设发展有限公司：何永江、蔡燕峰、杨洁琼

43. 泉州台商投资区建设工程质量安全监督

站：陈杰冬、危启银

44. 泉州中润园林绿化工程有限公司：潘伟龙

45. 耀华园林股份有限公司：李文荣、巫升远

46. 中建远南集团有限公司：黄志河、何俊杰

47. 泉州台商投资区政府投资项目评审中心：庄小香

48. 石狮市城市建设服务中心：洪家滨

二十六、三明市（63 人）

1. 大田县村镇建设管理站：高超巧

2. 大田县均溪镇村建站：余明月

3. 大田县桃源镇村镇规划建设服务中心：陈建光

4. 福建超平建筑设计有限公司：陈存林

5. 福建金鼎建筑发展有限公司：骆金海、邹长勇

6. 福建东宇建设有限公司：林庆欧

7. 福建丹霞城市建设投资有限公司：黎发平

8. 福建三明市政工程有限公司：李金猛

9. 福建三明市第一建设工程有限公司：俞和传

10. 福建省枞煊建设工程有限公司：郭恭森

11. 福建省东南建筑设计院：张云、池金构、黄鑫

12. 福建省国泰建设有限公司：郑国清

13. 福建省广厦工程咨询有限公司：乐朝明

14. 福建省蓝图监理咨询有限公司：刘生灯

15. 福建省明建工程咨询有限公司：张莹

16. 福建省恒方建设有限公司：张航航

17. 福建省三明市宏景园林工程有限公司：刘力玮

18. 福建省三明市华宁建设发展有限公司：廖荣贵

19. 福建省尤溪县管前镇村镇建设规划管理站：王业铿

20. 福建省中禹水利水电工程有限公司：郑兴荣

21. 福建同力建筑设计院有限公司：吴继升

22. 福建一建集团有限公司：陈慧兰、陈胜、王毅嵘、彭传富、王子富、陈其豪、汪宏

23. 福建中部建设发展有限公司：陈飞

24. 华宇（福建）置业集团有限公司：纪生晖、张焕林

25. 闽晟集团城建发展有限公司：宁平平

26. 建宁县建筑业站：王德生

27. 清流县建设工程质量监督站：伍玉春

28. 明溪县建筑业管理站：黄志超

29. 三明高新技术产业开发区金沙管理委员会沙县金沙园综合服务中心：李强

30. 三明春城建设工程有限公司：陈春娣

31. 三明市城乡规划设计研究院：姚丽瑛、陈合武、朱少君

32. 三明盛达市政建设有限公司：郭尚贤

33. 三明市第一医院：翁鹏

34. 三明市园林中心：陈新艳、俞廖江、林文明

35. 三明市市政工程养管中心：张立家

36. 三元区建设行业安全生产监督管理站：张子山

37. 沙县城乡规划勘测设计室：吴志裕、朱剑林、张昌成

38. 沙县村镇建设管理站：陈邦民

39. 沙县建设工程质量监督站：李峰、邓菀翔、邓毅平

40. 尤溪县台溪乡村镇建设规划管理站：邱亨河

41. 永安市城乡规划设计中心：陈首杷、张德云

42. 尤溪县测绘管理站：肖振东

43. 尤溪县财政投资评审中心：余增明

44. 尤溪县城区管理办公室：詹传斌

二十七、莆田市（12 人）

1. 福建巨岸建设工程有限公司：陈朝阳、纪新疆

2. 福建莆田泰安混凝土有限公司：石联灯

3. 福建省顺安建筑工程有限公司：雷建宁

4. 莆田市城市园林服务有限公司：吴尧芳

5. 莆田市城厢区村镇建设管理站：谢伟英

6. 莆田市涵江区房屋征收办公室：吴俊程

7. 仙游县城乡规划委员会办公室：郑志贤

8. 仙游县建设工程质量安全监督站：颜宗发

9. 仙游县市政管理中心：张文清

10. 仙游县土地储备中心：董建斌

11. 仙游县自然资源局基层国土资源所：陈维贤

二十八、龙岩市（36 人）

1. 福建宝来建筑工程有限公司：江启荣
2. 福建博海工程技术有限公司：罗火通
3. 福建才溪建设集团有限公司：雷炎春
4. 福建冠达建设工程有限公司：李达全
5. 福建景日建设工程有限公司：钟阳辉
6. 福建联泰建设工程有限公司：陆伟
7. 福建龙地建设发展有限公司：陈丽清
8. 福建荣建集团有限公司：阙吉祥
9. 福建瑞晟建设工程造价咨询有限公司：林杰、连慧练
10. 福建尚达建设工程有限公司：洪珊娜
11. 福建省宏晟建工有限公司：许永兴、童章羽
12. 福建省龙岩市城市建设投资发展有限公司：修海金
13. 福建省龙岩市城乡规划设计院：余兰兰
14. 福建省龙岩市第二医院：黄秀英
15. 福建省长汀县规划设计院：马莉娜
16. 福建新华夏建工有限公司：江荣龙、沈洪鹰
17. 恒亿集团有限公司：罗玉斌
18. 连城县城市规划管理中心：邹天明、张昌湖、童金树
19. 龙岩凯宇建筑工程有限公司：郑志良
20. 龙岩市城乡规划设计院：谢克龙
21. 龙岩市国城置地有限责任公司：陈雁、赖良安
22. 龙岩市环境卫生管理处：陈惠燕
23. 龙岩市土地发展经营有限公司：林森福
24. 龙岩市雅景园林工程有限公司：熊泳生
25. 龙岩市园林管理局：陈峰
26. 上杭古田建设发展有限公司：刘定益
27. 上杭县城市建设发展有限公司：黄发新
28. 武平县财政投资评审中心：李芳连
29. 长汀县建设工程质量安全监督站：李文贵、陈淦洪

二十九、南平市（34 人）

1. 浦城县建设工程质量安全监督站：雷汾、陈骥
2. 南平市城乡规划设计研究院：程千火、叶洪健
3. 建瓯市城乡规划设计室：叶性兴
4. 浦城县城市建设规划管理办公室：陆晓斌
5. 武夷山市村镇规划建设管理站：王晓钢
6. 武夷山市东溪水库管理局：徐骏
7. 武夷山市自然资源空间规划处：谢小丽、李津
8. 邵武市园林管理处：邹勇琦
9. 南平市建设培训中心：张立新
10. 南平市政府办机关后勤管理服务中心：黄晓斌
11. 武夷山风景名胜区后勤保障中心：彭德芳
12. 光泽县杉城公用事业经营管理有限公司：张晓明
13. 建瓯市环境卫生管理处：黄长源
14. 建瓯市园林市政处：陈建兴
15. 南平市新城建设投资公司：郑祖奴
16. 邵武市市政工程维护管理处：黄鹏、苏东
17. 武夷山市市政维护管理处：石屏
18. 福建省睿翼建设有限公司：叶翔
19. 邵武市建兴工程造价咨询有限公司：李世文
20. 南平市建设工程造价管理站：林军
21. 建瓯市建设工程质量安全监督站：余泉华
22. 南平市建设工程质量安全监督站：陈超、叶彤
23. 邵武市建设工程质量安全监督站：吴潭
24. 福建正山建设工程有限公司：魏建兵
25. 福建省武夷山市公共资源交易中心：张系明
26. 南平高速开发有限公司：兰祎
27. 邵武市环境卫生管理处：朱建新、林旺建
28. 武夷山旅游（集团）有限公司：郑仕武

三十、宁德市（15 人）

1. 福安市村镇建设管理站：黄艳
2. 福安市建设工程造价管理站：林凯
3. 福建八闽置业有限公司：龚纯和
4. 福建省九建建筑工程有限公司：张晓明、王建斌、杨孝钦

5. 宁德市城建集团有限公司：程美雅

6. 宁德市城市建设投资开发有限公司：吴智敏

7. 宁德市城乡规划局总工程师办公室：谢思超

8. 宁德市村镇建设管理站：潘建

9. 宁德市公共资源交易中心：郑庆林

10. 屏南县建设工程造价管理站：张燕

11. 屏南县住房保障管理中心：卓晨辉

12. 厦门中平公路勘察设计院有限公司：袁娇如

13. 柘荣县固定资产投资审计中心：陈绥夷

三十一、平潭综合实验区党群工作部（3 人）

1. 平潭综合实验区建设工程造价管理站：林圣凤

2. 平潭综合实验区金井湾片区项目建设服务中心：杨常清

3. 平潭综合实验区岚城投资开发有限公司：康强

郑厦君等 48 位高级工程师职务任职资格人员名单

2019 年 12 月 27 日福建省人力资源和社会保障厅下发《关于批准确认郑厦君等 48 位同志高级工程师职务任职资格的通知》（闽人社批复〔2019〕676 号）：经研究，批准确认由 2018 年度福建省电子专业高级工程师评审委员会评审通过的郑厦君等 48 位同志高级工程师职务任职资格。任职资格确认时间为 2019 年 12 月 27 日，现予公布，人员名单如下：

一、福建省教育厅

福建省教育管理信息中心：郑厦君

二、福建省国资委

福建奔特信息技术有限公司：郭伟林

三、福建省广播影视集团

福建省广播影视集团：阮安、张桂洪、李平川、陈猛、齐玥、黄国政

福建省广播电视传输发射中心：樊进

福建省广播电视传输发射中心一〇一台：陈加佳

福建省广播电视传输发射中心四〇一台：林晓斌

福建省广播电视传输发射中心七〇一台：林仙照

四、福建省电子信息（集团）有限责任公司

锐捷网络股份有限公司：陈镇、董吉华、陈剑锋、陈国鹏、刘贤兵、林聚承、黄如希、袁智荣、郑伟忠、林镜华

福建星网锐捷通讯股份有限公司：郑一鸣

福建福光股份有限公司：林孝同

五、福建广电网络集团股份有限公司

福建广电网络集团股份有限公司福州分公司：蔡明耿

六、福建工程学院

福建工程学院：甘振华

七、新大陆数字技术股份有限公司

福建新大陆自动识别技术有限公司：苏孝利

八、中国海峡人才市场

福建教育电视台：徐宗莺

广东省电信规划设计院有限公司福州分公司：林航

福州瑞芯微电子股份有限公司：杨培杉、陈秋华

飞毛腿（福建）电子有限公司：方乐

福州高意通讯有限公司：王艳丽、李阳、王向飞

福建星网锐捷通讯股份有限公司：吴建钟

福建省特种设备检验研究院：杨静

福州理工学院：吕念芝

冠捷显示科技（厦门）有限公司：苏晓霞、陈云妹、张伟斌、黄油益

九、福州市

福州市“智慧福州”管理服务中心：曾伟东

十、三明市

宁化县广播电视转播台（高山转播台）：张洪春

宁化县图书馆：黄榕慧

十一、南平市

南平广播电视台：翁学庆

福建闽航电子有限公司：张惠华

十二、宁德市

宁德市环境信息中心：阙华

易志辉等68位高级工程师职务任职资格人员名单

2019年12月30日福建省人力资源和社会保障厅下发《关于批准确认易志辉等68位同志高级工程师职务任职资格的通知》（闽人社批复〔2019〕679号）：经研究，批准确认由2018年度福建省工程技术人员测绘专业高级技术职务评审委员会评审通过的易志辉等68位同志高级工程师职务任职资格。任职资格确认时间为2019年12月30日，现予公布，人员名单如下：

一、测绘专业（57人）

（一）福建省自然资源厅（1人）

福建省国土资源信息中心：易志辉

（二）福建省地质矿产勘查开发局（2人）

福建省地质测绘院：朱世勇、张辉

（三）福建省测绘地理信息发展中心（2人）

1. 福建省测绘院：刘小华

2. 福建省基础地理信息中心：佘安娜

（四）福建省煤田地质局（4人）

福建省国土测绘院：周日圣、张锦根、齐宇、何初露

（五）福建建工集团（2人）

福建省建筑设计研究院有限公司：肖火云、陈捷敏

（六）福建省招标采购集团（1人）

福建经纬测绘信息有限公司：徐永进

（七）海峡人才市场（20人）

1. 福州市勘测院：包忠聪、蔡仁杰、陈昕、方林彬、何名灯、胡敏、黄栋荣、黄磊、黄丽娟、江雪松、童敏杰、赵鸿鑫、杨启明、曾磊

2. 福州闽地勘测规划有限公司：李海飞

3. 德化县自然资源局：余宾清

4. 福建省建江水利水电设计咨询有限公司：李鑫

5. 福建博海工程技术有限公司：林彬

6. 福州陆海工程咨询有限公司：王梁

7. 硕威工程科技股份有限公司：田俊哲

（八）厦门市（8人）

1. 厦门市测绘与基础地理信息中心：陈志明、吴梦曦

2. 厦门精图信息技术有限公司：蒋世峰、刘子立、刘果

3. 厦门精位文化地理信息有限公司：杜闽

4. 福建省华微信息技术有限公司：陈序稳

5. 厦门亿力吉奥信息科技有限公司：杨润

（九）漳州市（4人）

漳州市测绘设计研究院：许森泉、洪晓毅、卢隽、蔡惠琴

（十）泉州市（3人）

1. 泉州市土地开发整理中心：黄晓峰

2. 泉州市房地产测绘队：朱定军

3. 德化县土地储备中心：张章强

（十一）龙岩市（3人）

龙岩市勘察测绘大队：钟伟华、曹晓元、陈均

（十二）三明市（3人）

1. 三明市测量队：曹俊彦

2. 三明华地测绘工程有限公司：田勐

3. 大田县国土资源局测量队：吴成普

（十三）南平市（2人）

1. 武夷山中天新图测绘工程有限公司：刘国海

2. 建瓯市建安街道国土资源所：范耀武

（十四）宁德市（2人）

1. 宁德市蕉城区土地测绘规划队：傅琼瑶

2. 周宁县住房和城乡建设局：肖勇杰

二、土地规划利用专业（11人）

（一）福建省地质矿产勘查开发局（1人）

福建省地质工程勘察院：张明花

（二）海峡人才市场（2人）

1. 福建同鑫源工程服务有限公司：黄树荣

2. 北京金房兴业测绘有限公司：胡争辉

（三）厦门市（1人）

厦门市湖里区土地房屋征收事务管理中心：郑荣跃

（四）漳州市（1人）

长泰县土地开发整理中心：杨爱龙

（五）三明市（1人）

尤溪县测绘管理站：朱村

（六）南平市（5人）

1. 南平市土地收购储备中心：张华

2. 建瓯市国土资源监察大队：陈英姿

3. 顺昌县土地整理中心：张铭海

4. 顺昌县自然资源局建西国土资源所：陈晓静、吴志勇

卢熙等45位高级工程师职务任职资格人员名单

2019年12月31日福建省人力资源和社会保障厅下发的《关于批准确认卢熙等45位同志高级工程师职务任职资格的通知》（闽人社批复〔2019〕683号）提出，经研究，批准确认由2018年度福建省科技管理专业高级工程师评审委员会评审通过的卢熙等45位同志高级工程师职务任职资格。任职资格确认时间为2019年12月31日，现予公布，人员名单如下：

一、福建省工业和信息化厅

福建省节能监察（监测）中心：卢熙

二、福建省发展和改革委员会

福建省经济信息中心：戴小颖

三、福建省投资开发集团有限责任公司

福建省投资开发集团有限责任公司：李江烨

四、福建省能源集团有限责任公司

福建省福能晋南热电有限公司：丘蔚锋

福建省华厦能源设计研究院有限公司：马建雯

福建省鸿山热电有限责任公司：官小文

福建省能源集团财务有限公司：林名涛

五、福建省汽车工业集团有限公司

东南（福建）汽车工业有限公司：黄瑞芳

福建省汽车工业集团有限公司福汽租赁公司：梁荣光

六、福建省电子信息（集团）有限责任公司

福建省星云大数据应用服务有限公司：贺培

七、福建省船舶工业集团有限公司

福建省船舶工业集团有限公司：朱德志

八、福建省农村信用社联合社

福建省农村信用社联合社：郭超年、陶然、马胜蓝

九、中国海峡人才市场

福建通航航空产业有限公司：陈湃

福建省为民安全工程师咨询服务中心：吴华伟

中国检验认证集团福建有限公司：高杰、高鹏

平潭综合实验区城市投资建设集团有限公司：陈曦

十、新大陆数字技术股份有限公司

福建新大陆自动识别技术有限公司：宋辉

新大陆数字技术科技股份有限公司：刘小扬

十一、福建龙净环保股份有限公司

福建龙净环保股份有限公司：林冰

十二、福州市

福清市城头镇农业服务中心：薛从兴

闽侯县白沙镇农业服务中心：李圣明

十三、漳州市

福建龙溪轴承（集团）股份有限公司：陈晋辉

漳州片仔癀药业股份有限公司：郭玉瑜、林锦霞、吴亚滨

闽南日报社：车学泓

云霄县环境监测站：郑柏秦

十四、泉州市

泉州市政府投资项目评审中心：施汉英

泉州市环境卫生管理处：陈志轩

泉州市食品药品执法支队洛江大队：陈培榕

南安市市场监督执法大队：黄婷婷

南安市质量计量检测所：陈仁杰

晋江市技术市场管理站：苏灵均

南安市广播电视台：戴云杰

十五、三明市

三明市科学技术情报研究所：罗崇林

将乐县生产力促进中心：李克明

十六、南平市

武夷山市经济科技情报研究所：连清秀

浦城县河滨街道三农服务中心：潘荣翠

十七、龙岩市

龙岩市数字龙岩建设办公室：林开荣

漳平市煤炭管理局：黄荣锦

十八、宁德市

宁德市中医院：王贞波

福建古田药业有限公司：张清国

（摘编：王增丰）

福建省高级经济师职务任职资格人员名单

2019年3月25日福建省人力资源和社会保障厅下发《关于批准确认江志成等28位同志高级经济师职务任职资格的通知》（闽人社批复〔2019〕107号）：经研究，同意确认由省非公有制企业高级专业技术职务考核委员会考核并审议通过的江志成等28位同志高级经济师职务任职资格。任职资格确认时间为2019年3月25日，现予公布，名单如下：

一、福州市（4人）

江志成、杨汝佳、郑丽娟、蔡礼堂

二、厦门市（1人）

陈佳庆

三、漳州市（1人）

林丽萍

四、泉州市（10人）

江秋发、杨成龙、吴凤婷、洪巧凤、林文佳、侯晴霏、陆猷良、侯马飞、黄复望、黄峥嵘

五、南平市（1人）

杨大发

六、龙岩市（1人）

蓝能旺

七、所属商会（9人）

蓝天辉、李卫宏、曾忠诚、黄卫东、李贵生、苏晓明、郑兰瑛、吴运良、蒋国兴

八、福建圣农发展股份有限公司（1人）

杨虹

（摘编：严志东）

福建省高级审计师职务任职资格人员名单

郭士林等3位高级审计师职务任职资格人员名单

2019年1月22日福建省人力资源和社会保障厅下发《关于批准确认郭士林等3位同志高级审计师职务任职资格的通知》（闽人社批复〔2019〕31号）：经研究，批准确认由省审计专业高级职务任职资格评委会评审通过的郭士林等3位同志高级审计师职务任职资格，任职资格确认时间为2019年1月22日，现予公布，名单如下：

一、福建省农村信用社联合社（2人）

郭士林、占如冰

二、泉州市（1人）

施欣欣

郑锦花等12位高级审计师职务任职资格人员名单

2019年12月30日福建省人力资源和社会保障厅下发《关于批准确认郑锦花等12位同志高级审计师职务任职资格的通知》（闽人社批复〔2019〕678号）：经研究，批准确认由省审计专业高级职务任职资格评委会评审通过的郑锦花等12位同志高级审计师职务任职资格，任职资格确认时间为2019年12月30日，现予公布，名单如下：

一、福建省卫健委

福建省肿瘤医院：郑锦花

二、福建中医药大学

福建中医药大学附属人民医院：丘伟芬

三、福建师范大学

王晶晶

四、福建省农村信用社联合社

张洁

五、海峡出版发行集团有限责任公司

沈绢绢

六、中国海峡人才市场

福建六建集团有限公司：梁正英

七、厦门市

厦门市思明区经济责任审计中心：陈彬彬

八、泉州市

泉州市丰泽区审计举报中心：张惠松

九、三明市

三明市三元区政府投资审计中心：邓玉英

十、莆田市

莆田市荔城区审计局：陈晓琼

十一、南平市

武夷山市固定资产投资审计中心：吴海燕

十二、宁德市

宁德市蕉城区固定资产投资审计中心：林智亮

（摘编：林开龙）

福建省高级会计师任职资格人员名单

杨金林等153位高级会计师职务任职资格人员名单

2019年8月27日福建省人力资源和社会保障厅下发《关于批准确认杨金林等155位同志高级会计师职务任职资格的通知》(闽人社批复〔2019〕427号):经研究,批准确认由省会计专业高级职务评审委员会(事业类)评审通过的杨金林等155位同志高级会计师职务任职资格。任职资格确认时间为2019年8月27日,现予公布,名单如下:

福建省教育厅(1人):杨金林

中共福建省委宣传部(1人):陈莹

福建省民政厅(1人):潘宇

省工业和信息化厅(1人):林运宏

省林业厅(1人):车东

省水利厅(1人):林月泉

福建省卫生健康委员会(4人):林曦、袁桂花、熊磊、齐燕心

省市场监督管理局(1人):陈艳

省地质矿产勘查开发局(2人):李异萍、吴勇强

省煤田地质局(1人):杨雪莉

省科学技术协会(1人):张秀玉

海峡人才市场(2人):朱凌芳、任巧琳

福建省广播影视集团(1人):邹霖

福建省供销合作社联合社(1人):陈清珠

福州大学(1人):林亚男

福建农林大学(1人):杨明丽

福建医科大学(7人):陈玲玲、傅涓、李文聪、钱晶晶、林晖静、亓麟、胡枫

福建中医药大学(2人):吴灵喜、周菁

福建广播电视大学(1人):王晓敏

平潭综合实验区党工委(1人):张强

福州市(9人):吴赛红、刘传宝、詹霖枫、李林久、张赛林、李丽、杜锦蓉、郭晓萍、林清云;

厦门市(25人):黄雁萍、郑惠平、郭瑛、林惠琼、张伟、陈丽娜、陈璘、陈成龙、郭佩琳、陈为职、陈文裕、林丽霞、张太山、马少英、刘水曼、林清秀、陈春龙、林小专、郑海南、柯伟玲、黄荣林、陈昭、林晓玫、林慧、蓝永超;

漳州市(7人):李冬云、黄妙玲、黄亚宾、黄靖、林振福、李玲、林艳芬;

泉州市(14人):黄秋月、张智斌、林坤明、陆享玲、林丽榕、张玉明、蔡美忍、蔡丽玲、陈雅慧、苏荣华、谭晓杰、孙翠蓉、洪清流、杨志庆;

莆田市(5人):黄杜钦、林国顺、田国树、林素娥、林梅娜;

三明市(17人):陈鹏飞、田起顺、蒋智敏、周冬妹、陈铧、林正书、李宗荣、张春玉、余月华、巫桂轩、杨会娟、林进栖、陈彩芹、吴宝华、邓桂玲、林良增、连艺;

南平市(28人):侯良风、黄荣辉、赖燕芳、吴建随、周碧蓉、魏丹玉、游文茹、周丽平、魏荣珠、连大红、王丽婵、段芹莉、周水财、黄玉荣、吴凌青、郑桃妹、钟萍萍、邱慧斌、方文军、罗映华、黄益明、何小英、叶英妹、吴建萍、雷丽英、崔心汶、郭周慧、余连华;

龙岩市(8人):李璇、廖华英、杨贯英、章熠虹、袁亚鸿、陈素兰、刘德连、郑琼玲;

宁德市(8人):黄云珍、黄仙玲、张宜锋、

郑雅琴、余雪琴、袁芳、冯英、叶菁菁。

林恒丰等2位高级会计师职务任职资格人员名单

（中直单位委托评审）

中科院福建物构所：林恒丰

福建省地震局所属厦门地震勘测研究中心：林婉玲

唐杰等324位高级会计师职务任职资格人员名单

2019年9月5日福建省人力资源和社会保障厅下发《关于批准确认唐杰等341位同志高级会计师职务任职资格的通知》（闽人社批复〔2019〕455号）：经研究，批准确认由省会计系列高级职务任职资格评审委员会（企业类）评审通过的唐杰等341位同志高级会计师职务任职资格。任职资格确认时间为2019年9月5日，现予公布，名单如下：

福建省水利厅（3人）：唐杰、黄莺、张海龙；

福建省国资委（4人）：王群斌、黄秀娟、涂智龙、陈琪；

福建省市场监督管理局（1人）：吴丽丽

福建省煤田地质局（1人）：陈芳料

海峡人才市场（32人）：陈学术、詹立方、沈绢绢、李碧歌、陈密涵、陈燕青、张其聪、林映珍、张瑾红、林岚、王芳、方芳、赵建辉、肖涵、李玉环、王丽娟、王惠英、徐闽、陈小霞、黄莉娟、林巧娟、郭忠雄、宋钦云、蔡丹红、林琛、吴清金、沈镇松、叶晓娟、林歆、王伟、朱瑛、郑仙萍；

共青团福建省委（3人）：郭晓金、刘志文、任玉荣；

福建省农村信用社联合社（5人）：郭士林、高剑峰、李荣贵、周长贵、王剑松；

福建省轻纺（控股）有限责任公司（1人）：崔青华

福建石油化工集团有限责任公司（1人）：夏万里

福建省机电（控股）有限责任公司（1人）：吕永铭

福建省交通运输集团有限责任公司（3人）：曾林梅、张舫、魏文萍；

福建省冶金（控股）有限责任公司（4人）：郑香梅、杜肖兰、张磊、姚伟鸿；

福建省电子信息（集团）有限责任公司（6人）：陈颖、徐燕惠、李寅彦、江业杭、黄秀珍、陈显标；

福建建工集团有限责任公司（7人）：王曦凌、罗泽文、徐颖、池凤燕、施哲理、胡杰、温文峰；

福建省船舶工业集团有限公司（1人）：卢梅珍

福建省汽车工业集团有限公司（1人）：江美霞

中国（福建）对外贸易中心集团（1人）：林晖

福建省能源集团有限责任公司（8人）：陈捷、连超布、李应芳、魏智雄、黄贤红、邓婧雯、季芳、徐美春；

福建省投资开发集团有限责任公司（5人）：霍蕾、蔡伟平、黄英、易团辉、林陈赞；

福建省高速公路集团有限公司（3人）：连翔、朱志清、庄火木；

福建省旅游发展集团有限公司（1人）：邱霖

福建新华发行（集团）有限责任公司（1人）：李茜

福建省招标采购集团有限公司（1人）：黄国蓉

平潭综合实验区党工委（1人）：陈兆敏

福州市（19人）：曾芳、黄拔铣、林秀文、林苏秦、陈罡、柯桂汶、魏国女、兰孝春、范金山、林杰、陈华、张大方、陈拓、周仕逵、杨延辉、穆冰、林海英、杨琴、毛玉霞；

厦门市（120人）：严闽川、张天翼、林一真、徐碧烟、陈小玉、沈明华、周小青、谢世伟、吴同泉、潘璟、胡义芳、陈海量、王彩娥、梁万龙、华叶飞、黄蔚、李斐斐、唐一兵、崔燕萍、罗海燕、焦正春、欧阳玉丽、方沂、叶海溶、连玉环、沈忠朋、张昳、朱旻、黄小闽、吴珊珊、黄红英、黄哲生、黄小芳、林炳汉、高建生、施丽婷、谢丽红、张琼云、吴行铭、陈善蛟、江永养、陈金龙、叶永其、李付丹、庄东阳、黄月瑜、刘凯、杨映武、吴雅兰、王碧云、苏彩芬、许建英、潘恒智、王智峰、林浩、林棋、吴晶晶、颜双桂、肖大展、林月秀、杨军、刘芳、许东升、张龙辉、陈燕坤、洪淑端、张莉霞、徐锦枝、沈婷婷、李翠平、张光珍、张黛菲、裴素平、李伟、覃洁华、何松林、万骞、陈秀清、陈冠英、季燕、王霞、李龙、蔡圣、苏华江、刘枫、江南、郑秀梅、陈慧南、曾勤、曾红毅、黄碧珠、苏元兴、黄健芳、吴绍辉、池凤娟、徐千远、杨柳燕、康东逵、钟梅兰、雷君、张凯、林小芬、元晓芳、马中璇、钟能烽、王银花、李炳森、欧斌、林秋菊、张霞、仇宏华、汪蕙璇、吴朝华、潘锴、杨富强、王兴锦、罗传潞、刘燕、余舒音、魏鹭兰；

漳州市（9人）：张智勇、张蓁、何权英、陈育红、张巧闽、游荣德、陈建龙、朱桂笋、林伟雄；

泉州市（18人）：陈朝辉、叶巧丽、潘银菊、吴家辉、黄仁寿、庄碧强、郭婉真、张燕茹、许远东、郑旭晖、吕秀里、杭伟存、王晓艺、刘玲平、邹小平、简义龙、林双庆、杨胜雄；

莆田市（5人）：林婷、蔡金霞、张妹玉、吴俊钦、詹美媛；

三明市（8人）：游祖发、罗兴联、谢志诚、陈宜炬、曾龙妹、徐静、张丽香、姜媚珍；

南平市（12人）：曾长华、相敏、李金华、唐小聪、谢泰新、谢小珍、官益超、林锶、吴雪梅、林惠峰、陈书静、欧咸清；

龙岩市（33人）：李桂金、郑希煌、吴卫荣、游华群、吴红辉、傅龙贞、吴岚如、邱俊文、石芸、李德贞、郭玲、刘建国、陈文静、黄阳美、曾育洪、郭亮亮、陈春芳、陈瑞芳、林爱萍、陈家娟、薛福连、林耿燕、傅海坤、卢闽兆、雷晓华、黄春霞、涂秀环、许小玲、饶小芳、欧婷婷、罗长湧、吴隽、何鼎顺；

宁德市（5人）：缪芳、瞿恩慈、刘翔、苏惠玉、尹雪。

洪琳等17位高级会计师职务任职资格人员名单

（中直单位委托评审）

中国移动通信集团福建有限公司（2人）：洪琳、徐雯婕；

中国银行股份有限公司福建分公司（1人）：林龙腾

中国邮政集团公司福建分公司（5人）：杨铁、易金明、胡晓清、胡继红、黄艳；

中国邮政储蓄银行股份有限公司福建省分行（1人）：黄幼凤；

中国电信股份有限公司福建分公司（6人）：蔡潮汛、陈芳徽、曾茜、林君欣、连丽、林永干；

中储粮集团福建分公司（1人）：李剑彬

中国铁塔股份有限公司（1人）：周正文

（摘编：于新光）

福建省农业技术高级职务任职资格名单

2019年8月14日福建省人力资源和社会保障厅下发《关于批准确认黄永等198位同志农业技术高级职务任职资格的通知》（闽人社批复〔2019〕402号）：经研究，批准确认由省第二十三届农业技术高级职务评审委员会评审通过的黄永等198位同志农业技术高级职务任职资格。任职资格确认时间为2019年8月14日，现予公布，人员名单如下：

一、福州市（14人）

高级农艺师：黄　永、林宜远、郑寿龙、黄　艳、康文斌、林宜茂

高级畜牧师：郑　义、吴国安

高级兽医师：陈小丽、游　莺、张珠棋

高级农经师：陈美娟、高明芳、陈尚勇

二、厦门市（2人）

高级农艺师：洪志鸿、洪丽红

三、宁德市（24人）

高级农艺师：徐琼芳、卓　敏、冯毕生、姜起惠、王毓光、叶于俊、江映锦、黄少强、林丽清、林清菊、宋丹丹、吴钟晗、叶平阳、郭凯年、钟新菊、邓福新、吴丽容

高级兽医师：关秋莺、叶建良、陈　铖、林丽平、兰加花、郭　星

高级农经师：陈文婷

四、莆田市（3人）

高级农艺师：陈铸洪

高级农经师：郑明聪、陈双华

五、泉州市（18人）

高级农艺师：王智卿、黄安妮、黄荣元、林毅芳、苏桂亿、林竹根、张发栋、黄丽珍、林珍珠、陈飞燕

高级兽医师：黄长春、卓鸿璘、张阿娥、黄文生、张文全

高级农经师：程龙桂、陈建福、马金星

六、漳州市（10人）

高级农艺师：黄溪华、陈金发、林保平、朱东煌、陈清海、赖跃先

高级兽医师：梁志松、吴福强

高级农经师：陈　华、庄益丁

七、龙岩市（13人）

高级农艺师：黄金成、王庆祥、钟有兴、谢世彪、林天照、刘幼玲、邱金忠、邱建钧

高级兽医师：许建康、林太明

高级农经师：周秀銮、刘庆添、罗焕意

八、三明市（58人）

高级农艺师：李齐向、林炜乐、余宗良、李先民、高世富、余道君、胡永灯、黄福亮、黄胜梁、彭秀金、范兴攸、曾慧莹、范　胜、张燕平、姜桂梅、张欣荣、黄锦乾、罗胜龙、李美芳、涂　婷、郭　毓、吴素芳、陈昌铭、俞煜光、谢德华、夏临华、蒋兴铀、连明祥、肖修刚、余作煌、陈桂芳、阮承莲、郑金耀、张帮华

高级兽医师：李宝兰、何芳兴、林素尾、邱成文、吴以金、游文明、范祥录、陈秀群、冯美贵、李珠娣、黄继明、刘燕平、余松青、刘时来、张初诺

高级农经师：赖佩新、陈晓玲、钟　勇、赖七秀、邓彩琴、江林泉、范丽萍、曹连毅、游瑞斌

九、南平市（52人）

高级农艺师：刘龙钦、游东斌、黄富生、杨志英、饶溶晖、余冬林、危崇智、朱星良、李儒庆、张嫩珠、傅青山、何宝金、徐樟明、张良权、林景仙、潘用辉、林祖平、叶金发、徐汉云、邓祖云、陈志国、陈美华、周日平、黄忠彬、胡菲

飞、赖培忠、蔡桂辉、丁伟辉、陈若明、叶丽荣、江永盛、郑琳城、陈瑞英、刘秋生

高级兽医师：范斯敏、吴节英、杜结胜、邱丽娟、赵立武、吴　斌、何志强、何植辉、王睿、吴家平、林雪琴、谢梦奇、李荣正

高级农经师：方秀萍、杜名顺、姜贵斌、施照南、余清华

十、平潭综合实验区（2人）

高级农艺师：陈丽云

高级兽医师：王秀珍

十一、省农业农村厅（2人）

高级畜牧师：任播杨、王舒宁

（摘编：朱明清）

福建省船舶系列高级专业技术职务任职资格名单

2019年4月4日福建省人力资源和社会保障厅下发《关于批准确认张伟航等10位同志海洋船舶系列高级专业技术职务任职资格的通知》（闽人社批复〔2019〕135号）：根据《交通运输部办公厅关于公布全国海洋船舶系列高级专业技术职务任职资格2018年度评审结果的通知》（交办人教〔2018〕177号），现将由全国海洋船舶系列高级专业技术职务任职资格评审委员会评审通过的张伟航等10位同志船舶系列高级专业技术职务任职资格予以公布，任职资格确认时间2019年4月4日，名单如下：

一、高级船长（3人）

福建省人力资源服务有限公司厦门分公司：张伟航

福建省海运集团有限责任公司：谢活钦、蔡炎东

二、高级轮机长（2人）

福建省海运集团有限责任公司：范怀谷

厦门海隆对外劳务合作有限公司：杨思干

三、高级引航员（5人）

湄洲湾港引航站：许瑞祥

厦门港引航站：池晓明、李华平、梁肇基

福州港引航站：韩孝銮

（摘编：彭文荣）

福建省企业政工系列高级政工师任职资格名单

2019年10月8日福建省人力资源和社会保障厅下发《关于批准确认叶丹等43位同志企业政工系列高级政工师任职资格的通知》（闽人社批复〔2019〕509号）：经研究，批准确认福建省企业政工系列高级专业技术职务任职资格评审委员会评审通过的叶丹等43位同志的高级政工师任职资格。任职资格确认时间为2019年10月8日，现予公布，名单如下：

一、福建日报社

叶丹

二、福建建工集团有限责任公司

杨永芳、丁燕青

福建七建集团有限公司：张海燕

三、福建省汽车工业集团有限公司

魏兴福

四、福建省投资开发集团有限责任公司

厉娜

福建省华兴集团有限责任公司：林子红

五、福建省交通运输集团有限责任公司

莆田港务集团有限公司：徐艳

六、福建省高速公路集团有限公司

福州管理分公司：谢翔

福建省高速技术咨询有限公司：吕晓赟

七、福建省船舶工业集团有限公司

福建省马尾造船股份有限公司：黄克雄

八、福建省能源集团有限责任公司

福建煤电股份有限公司：汤家有、陈庆能

福建省天湖山能源实业有限公司：吴碧波、陈英阳

福建省福能电力燃料有限公司：林松

福建省能源集团财务有限公司：陈光龙

福建福能社区商业管理有限公司：罗春源

福建省福能集团总医院：郑丽英

福建省鸿山热电有限责任公司：霍福钧

九、福建省冶金（控股）有限责任公司

福建省三钢（集团）有限责任公司：黄飞

福建三钢闽光股份有限公司：蒋莲莲

福建省南平铝业股份有限公司：徐锋

十、福州市

福州广播电视台：何南、陈燕、董建东

十一、厦门市

厦门轨道交通集团有限公司：曾锦红

厦门安居集团有限公司：钟兴弘

厦门港务物流有限公司：张碧水

厦门海沧城建集团有限公司：陈华真

厦门公交集团有限公司：刘跃国、曾添福、薛泽雄、姚扁福、吴宝民

厦门航空有限公司：蔡顺驰

十二、泉州市

泉州华联集团有限公司：张家平

泉州广播电视台：吕良湖、黄君蓉、郑达云、孙海滨

十三、三明市

尤溪县闽中茶叶市场有限公司：张扬美

十四、宁德市

福建省白马船厂：陈浩

（摘编：肖启辉）

福建省高级工艺美术师任职资格人员名单

王慰清等32位同志高级工艺美术师职务任职资格名单

2019年3月25日福建省人力资源和社会保障厅下发《关于批准确认王慰清等32位同志高级工艺美术师职务任职资格的通知》（闽人社批复〔2019〕112号）：经研究，同意确认由省非公有制企业高级专业技术职务考核委员会考核并审议通过的的王慰清等32位同志高级工艺美术师职务任职资格。任职资格确认时间为2019年3月25日，现予以公布，名单如下：

一、泉州市（31人）：王慰清、吴志好、郑煌祥、何志昆、蒋志昆、吴知贤、黄庆发、黄春火、谢万年、黄连福、林德时、唐艺森、陈明辉、谢锦贤、苏建忠、李月华、李秀丽、陈清云、林厚堂、林金锻、林星炬、温文杰、曾朝晖、庄桂顺、柯国镇、曾世成、陈建雄、王庆花、林文海、黄锦仙、张美丽

二、所属商会（1人）：林辉

连紫华等19人高级工艺美术师任职资格名单

2019年12月23日福建省人力资源和社会保障厅下发《关于批准确认连紫华等19位同志高级工艺美术师任职资格的通知》（闽人社批复〔2019〕661号）：经研究，批准确认2018年度福建省工艺美术系列高级职称评审委员会评审通过的连紫华等19人高级工艺美术师的任职资格。任职资格确认时间为2019年12月23日，现予公布，名单如下：

一、中国海峡人才市场（3人）

福建省工艺美术研究院：连紫华、赖庆光

福州奔客邦文化传播有限公司：程伟杰

二、厦门市（4人）

厦门银集达环境工程有限公司：林灵月

厦门惟艺漆线雕艺术有限公司：蔡超荣

厦门路桥景观艺术有限公司：张棣南

厦门松霖科技股份有限公司：陈志达

三、泉州市（4人）

德化县陶瓷文化研究中心：郭志刚

福建省德化职业技术学校：苏志强

泉州工艺美术职业学院：郑振雷

晋江大白科技有限公司：尹艳梅

四、莆田市（2人）

莆田市善艺李氏工艺有限公司：李洪

莆田市金山雕塑研究院：林文锋

五、南平市（4人）

建瓯市老根世家家居有限公司：张木芳

武夷山市闽越陶瓷艺术研究所：杨义东

南平市建阳区御窑陶瓷研究所：黄文勇

浦城县剪花嫂剪纸坊：周冬梅

六、宁德市（2人）

福建省华一设计有限公司：陈鸣宇

福鼎市金太姥根雕工艺厂：池长主

（摘编：郭　鹭）

福建省技校系列副高级职务任职资格名单

2019 年 4 月 4 日福建省人力资源和社会保障厅下发《关于批准确认吴丽彬等 30 人技校系列副高级职务任职资格的通知》（闽人社批复〔2019〕133 号）：经研究，批准确认 2017 年度福建省技工院校高级专业技术职务任职资格评审委员会评审通过的吴丽彬等 30 人技校系列副高级职务任职资格。任职资格确认时间为 2019 年 4 月 4 日，现予以公布，名单如下：

一、高级讲师（21 人）

（一）省人社厅

福建省技师学院：吴丽彬、肖锦龙

福建省第二高级技工学校：吴杰、温慧

（二）福建省移民开发局

福建工程移民职业技术学校：陈雪梅

（三）福州市

福州第一技师学院：许峰、唐亚

（四）厦门市

厦门技师学院：郑晓亮、傅子权、孙礼亮

（五）宁德市

宁德技师学院：江素云、王伟红、刘影秋

（六）泉州市

泉州市高级技工学校：张映雪、傅鸽治

（七）龙岩市

龙岩技师学院：黄春耀、肖杰、翁小莉、林海

（八）三明市

永安市技工学校：黄庆江

（九）南平市

南平市闽北高级技工学校：谢建沿

二、高级实习指导教师（9 人）

（一）省人社厅

福建省技师学院：黄亮、陈冲

福建省第二高级技工学校：方元林、王钧浚

（二）福州市

福州第一技师学院：高国栋

（三）厦门市

厦门技师学院：林雪纷、杨菲

（四）龙岩市

龙岩技师学院：郭祖红

（五）三明市

永安市技工学校：张河东

（摘编：陈建闽）

第二批福建省建筑产业现代化专家库专家名单

2019年3月27日福建省住房和城乡建设厅办公室下发的《关于公布第二批福建省建筑产业现代化专家库专家名单的通知》（闽建办筑〔2019〕3号）提出，为进一步推进我省装配式建筑高质量发展，充分发挥行业专家在建筑产业现代化实施中的技术指导作用，满足装配式建筑评价和技术论证的需要，经各设区市建设局推荐，省住建厅确定陈硕等317人入选福建省建筑产业现代化专家库，现将名单予以公布。

第二批福建省建筑产业现代化专家库专家名单

一、建筑设计（66人）

序号	姓　名	单　　位	职　　务	职称/执业	地区	备　注
1	陈　硕	福州市规划设计研究院	副院长	教高（二级）	福州	
2	黄书敏	福州市建筑设计院	副总建筑师	高工/一级注册建筑师	福州	
3	陈乐明	福州市建筑设计院	主任建筑师	高级建筑师/一级注册建筑师	福州	
4	许育能	福州市建筑设计院	所总建	高级建筑师/一级注册建筑师	福州	
5	杨大东	福州市建筑设计院	副总建筑师、副院长	高级建筑师/一级注册建筑师	福州	
6	林　海	福建博那德科技园开发有限公司	装配式建筑事业部总经理	日本RCCM（教高）	福州	
7	张万龙	中建海峡建筑发展有限公司	院长	高工	福州	
8	王少雄	福建博宇建筑设计有限公司	副总经理、产业化中心负责人	高工/一级注册建筑师	福州	
9	郑再良	福州国伟建设设计有限公司	副总建筑师	高工/一级注册建筑师	福州	
10	王　灏	福建省建筑轻纺设计院	副所长	高级建筑师/一级注册建筑师	福州	
11	邓安妮	福建省建筑轻纺设计院	院副总建筑师、副所长	高工/一级注册建筑师	福州	
12	周　密	福建省建筑轻纺设计院	所长	高级建筑师/一级注册建筑师	福州	
13	苏　丹	福建省建筑轻纺设计院	副所长	高工/一级注册建筑师	福州	
14	杨陶生	北京蓝图工程设计有限公司福州分公司	总建筑师	高工/一级注册建筑师	福州	

续表

序号	姓 名	单 位	职 务	职称/执业	地区	备 注
15	曾 光	厦门合立道工程设计集团股份有限公司	室主任	高工	厦门	
16	李 静	厦门合立道工程设计集团股份有限公司	常务副总建筑师	一级注册建筑师	厦门	
17	史学艳	厦门合立道工程设计集团股份有限公司	主任建筑师	工程师	厦门	
18	李 宁	厦门佰地建筑设计有限公司	副总建筑师	高工	厦门	
19	蔡福锦	中元（厦门）工程设计研究院有限公司	副院长	高工	厦门	
20	涂 斌	中元（厦门）工程设计研究院有限公司	副院长	教高	厦门	
21	刘玲玲	厦门华旸建筑工程设计有限公司	总建筑师	高工	厦门	
22	林 申	厦门中建东北设计院有限公司	总建筑师	教高	厦门	
23	廖英明	万地联合工程设计有限公司	副总建筑师/副总工	高工	厦门	
24	范爱仁	厦门东厦设施工图审查有限公司公司	审查师	高工	厦门	
25	万 猛	厦门合立道施工图审查有限公司	审查师	高工	厦门	
26	彭军芝	厦门市建筑科学研究院集团股份有限公司	所长	教高	厦门	
27	吴端伟	厦门市建设工程施工图审查所	总建筑师	高工	厦门	
28	张福敦	建盟设计集团有限公司	总经理	高工	厦门	
29	韩小博	上海城乡建筑设计院有限公司厦门分公司	分院院长	工程师	厦门	
30	张 健	漳州市城市规划设计研究院	分院院长	高工	漳州	
31	韩晓宇	漳州市城市规划设计研究院	分院副院长	高工	漳州	
32	刘大铭	福建漳龙施工图审查有限公司	施工图审查师	高工	漳州	
33	吴远钦	漳州市建设工程施工图咨询审查有限公司	审查师	高工	漳州	
34	熊天海	漳州市建设工程施工图咨询审查有限公司	审查师	高工	漳州	
35	杨宏杰	福建汇筑工程设计有限公司	副总经理	高工	漳州	
36	薛仁锋	漳州市城市规划设计研究院	副总建筑师	高工	漳州	
37	王东华	漳州市城市规划设计研究院	分院总工	工程师	漳州	
38	王传壁	方圆建设集团有限公司	建筑总工	工程师	泉州	
39	肖凌志	华侨大学建筑工程施工图审查事务所	副总工	工程师	泉州	
40	陈国胜	泉州市住宅建筑设计院	所长	高工	泉州	
41	肖 峻	惠安县建设总工程师室	主任	高工	泉州	建筑、结构

续表

序号	姓 名	单 位	职 务	职称/执业	地区	备 注
42	许碧忠	福建省闽武建筑设计院有限公司	总工程师	高工	泉州	
43	刘徐平	三明市建筑工程施工图设计文件审查中心	主任	高工/一级注册建筑师	三明	
44	黄劲峰	三明市建筑工程施工图设计文件审查中心	副主任	高工/一级注册建筑师	三明	
45	王明奕	三明市建筑工程施工图设计文件审查中心	副主任	高工/一级注册建筑师	三明	
46	张 志	福建省东南建筑设计院	副院长	高级工程师	三明	
47	陈玉玲	福建省东南建筑设计院	主任	工程师	三明	
48	李志强	福建中恒华筑建设设计有限公司	总经理	高工/一级注册建筑师	莆田	
49	张志航	莆田市城乡规划设计研究院	所长	高工	莆田	
50	杨海鹰	莆田市城乡规划设计研究院		高工	莆田	
51	翁 忠	莆田市建筑设计有限公司	总建造师	高工/一级注册建筑师	莆田	
52	郭剑青	莆田市方正建筑施工图审查咨询有限公司	副经理	高工/一级注册建筑师/一级注册结构工程师	莆田	
53	王 巍	莆田市建筑施工图设计文件审查中心	审查师	高工一级注册结构工程师	莆田	
54	陈少雄	莆田市建筑施工图设计文件审查中心	审查师	高工一级注册结构工程师	莆田	
55	陈飞鹏	水立方建设集团股份有限公司		工程师	莆田	
56	林学松	水立方建设集团股份有限公司		高工	莆田	
57	黄金党	水立方建设集团股份有限公司		工程师/二级建筑师	莆田	
58	郑漳强	水立方建设集团股份有限公司		高工/一级注册建筑师	莆田	
59	陈光雨	水立方建设集团股份有限公司		工程师/一级注册建筑师	莆田	
60	潘喜锋	福建省南方建筑设计有限公司	总工	工程师	莆田	
61	学仕榕	水立方建设集团股份有限公司	一级建筑师	工程师/一级注册建筑师	莆田	
62	彭忠伟	福建省林业职业技术学院	系副主任	副教授	南平	建筑、施工
63	阮慈清	宁德市建筑工程施工图审查中心		高工	宁德	
64	李建峰	福建省宁德市建筑设计研究院	副院长、技术负责人、总工	高工	宁德	
65	孙叔崇	福鼎市建筑设计院	院长	高工	宁德	
66	徐世宁	福鼎市建筑设计院	副院长	高工	宁德	

二、结构设计（96 人）

序号	姓　名	单　　位	职　　务	职称/执业	地区	备　注
1	曾志攀	福建省建筑设计研究院有限公司	总工	教高/一级注册结构	福州	
2	何　敏	福建省新广厦工程设计研究院有限公司	院长	教高	福州	
3	郭　彬	福建省建筑设计研究院有限公司	总工	教高/一级注册结构	福州	
4	林缄光	福建省建筑设计研究院有限公司	专业院院长	教高/一级注册结构	福州	
5	黄　滨	福州市建筑设计院	院副总工	教高/一级注册结构	福州	
6	胡贤忠	福州国伟建设设计有限公司	总工	教高/一级注册结构	福州	
7	林珠清	上海聿華工程设计（厦门）有限公司	总工	高工/一级注册结构师	福州	
8	黄景铭	中建海峡建筑发展有限公司	科技与设计管理部总经理	高工/一级注册结构	福州	
9	罗贤亮	中建海峡建筑发展有限公司	海峡院总工程师	高工/一级注册结构	福州	
10	潘家惠	中建海峡建筑发展有限公司建筑规划设计研究院	党总支书记	高工	福州	
11	徐　毅	福州市建筑设计院	所总工	高工/一级注册结构	福州	
12	林秀英	福州市建筑设计院	副所长	高工/一级注册结构	福州	
13	宋晓姝	福州市建筑设计院	主任工程师	高工/一级注册结构	福州	
14	何雁斌	福州市建筑设计院	所总工	高工/一级注册结构	福州	
15	吴　享	福州市建筑设计院	所总工	高工/一级注册结构	福州	
16	陈家春	福建省建筑轻纺设计院	结构设计师	高工/一级注册结构	福州	
17	吴建夷	福建省建筑轻纺设计院	主任工程师	高工/一级注册结构	福州	
18	王钦华	福建博宇建筑设计有限公司	结构总工	高工/一级注册结构	福州	
19	陈广耀	福建博宇建筑设计有限公司	结构一所所长	高工/一级注册结构	福州	
20	苏　斌	福建博宇建筑设计有限公司	副总工程师、副所长	高工/一级注册结构	福州	
21	洪晓晖	福建建工集团有限责任公司设计分公司	常务副总经理	高工/一级注册结构	福州	
22	刘天乐	福州国伟建设设计有限公司	主任工程师	高工/一级注册结构	福州	
23	李明炎	福建省建筑轻纺设计院	结构设计	高工	福州	
24	林　实	上海聿華工程设计（厦门）有限公司	设计总监	工程师	福州	
25	洪　志	福建嘉博联合设计股份有限公司	工业化建筑设计所所长	中级/一级注册结构	福州	
26	陈　耀	福建嘉博联合设计股份有限公司	工业化建筑设计所副所长	工程师	福州	
27	石晓航	福建经福建筑设计工程有限公司	结构主任设计师	工程师/一级注册结构	福州	
28	陈　润	福建省建筑轻纺设计院	结构工程师	工程师	福州	

续表

序号	姓 名	单 位	职 务	职称/执业	地区	备 注
29	杨金忠	福建博那德科技园开发有限公司	副总经理	机械工程师	福州	
30	蔡仁武	福建省城投科技有限公司	部品部件研发部经理	工程师	福州	
31	陈志伟	福建省城投科技有限公司	项目负责人	工程师	福州	
32	方雅君	福建省建筑设计研究院有限公司	分院副总工程师	高级工程师	福州	电气
33	张雅杰	福建省建筑设计研究院有限公司	职员	工程师	福州	
34	丁立群	厦门佰地建筑设计有限公司，	结构总工程师	高工	厦门	
35	王志峰	厦门佰地建筑设计有限公司	结构副总工程师	高工	厦门	
36	匡子佑	厦门合立道工程设计集团股份有限公司	装配设计院、院长助理	高工	厦门	
37	陈国春	中元（厦门）工程设计研究院有限公司	总工程师	高工	厦门	
38	赖艳芳	中元（厦门）工程设计研究院有限公司	结构所所长	高工	厦门	
39	甘彤霞	中元（厦门）工程设计研究院有限公司	结构所副所长	高工	厦门	
40	辜晟杰	中元（厦门）工程设计研究院有限公司	结构所副所长	高工	厦门	
41	汤德英	厦门华旸建筑工程设计有限公司	结构总工	高工	厦门	
42	张 武	厦门华旸建筑工程设计有限公司	主任	高工	厦门	
43	吴必辉	厦门中建东北设计院有限公司	总工程师	高工	厦门	
44	黄伟鹏	厦门中建东北设计院有限公司	副总工程师	高工	厦门	
45	郭天祥	厦门上城建筑设计有限公司	结构院院长	高工	厦门	
46	邓志宏	悉地（苏州）勘察设计顾问有限公司厦门分公司	副总经理	高工	厦门	
47	刘胜海	万地联合工程设计有限公司	副总工	高工	厦门	
48	廖文彬	福建天正建筑工程施工图审查事务有限公司	副总经理	教高	厦门	
49	罗 军	厦门东厦设施工图审查有限公司	总工程师	教高	厦门	
50	周家齐	厦门东厦设施工图审查有限公司	审查师	高工	厦门	
51	郭 立	厦门市建设工程施工图审查所	审查师	高工	厦门	
52	钱钧珑	厦门市建设工程施工图审查所	审查师	高工	厦门	
53	黎 文	厦门合立道施工图审查有限公司	总工程师	高工	厦门	

续表

序号	姓　名	单　　位	职　　务	职称/执业	地区	备　注
54	李胜利	厦门合立道施工图审查有限公司	审查师	高工	厦门	
55	王志勇	北京东方筑中建设规划设计有限公司漳州分公司	副总结构师	高工	漳州	
56	郭文坤	漳州市建设工程施工图咨询审查有限公司	审查师/总经理	高工	漳州	
57	林建明	漳州市建设工程施工图咨询审查有限公司	审查师	高工	漳州	
58	蔡欣欣	漳州市建设工程施工图咨询审查有限公司	审查师/副总经理	高工	漳州	
59	曾祥源	福建汇筑工程设计有限公司	董事长	高工	漳州	
60	郑燕标	福建汇筑工程设计有限公司	总工程师	高工	漳州	
61	张江鑫	漳州市城市规划设计研究院	结构主任	高工	漳州	
62	饶秀云	漳州市建筑安全监察站	副站长	高工	漳州	
63	陈鸿祥	福建省泷澄建筑工业有限公司	结构设计	工程师	漳州	
64	王智屏	福建建工集团有限责任公司	总工办主任	高工	泉州	
65	李清辉	福建联盛建筑设计院有限公司	专业技术负责人	工程师	泉州	
66	黄水木	博亚（福建）建筑设计有限公司	副总工程师	高工	泉州	
67	许志龙	福建省闽武建筑设计院有限公司	结构总工	高工	泉州	
68	张熏展	方圆建设集团有限公司	装配式建筑所所长	工程师	泉州	
69	叶　桦	华侨大学建筑工程施工图审查事务所	副所长	高工	泉州	
70	李建辉	泉州市住宅建筑设计院	结构总工程师	高工	泉州	
71	徐林方	泉州市住宅建筑设计院	结构专业负责人	工程师	泉州	
72	陈朝煌	华侨大学建筑工程施工图审查事务所	审查师	高工	泉州	
73	苏明辉	福建省建惠建筑科技有限公司	副总经理	工程师	泉州	
74	林梨珍	泉州市城市规划设计研究院	副院长/总工	高工	泉州	
75	曾尚红	福建省绿筑钢结构工程有限公司	结构技术总监	高工	泉州	钢构
76	蔡美爱	三明市建筑工程施工图设计文件审查中心		高工/一级注册结构师	三明	
77	曾念童	三明市建筑工程施工图设计文件审查中心		高工/一级注册结构师	三明	
78	谢天福	三明市建筑工程施工图设计文件审查中心	总工	高工/一级注册结构师	三明	结构、施工
79	张明生	福建省东南建筑设计院		高级工程师	三明	
80	张　云	福建省东南建筑设计院	结构所所长	工程师/二级注册结构师	三明	

续表

序号	姓　名	单　　位	职　　务	职称/执业	地区	备　注
81	邹元铸	莆田市城乡规划设计研究院	副总工	高工	莆田	
82	江国洪	福建省南方建筑设计有限公司	经理	高工	莆田	
83	方丽建	莆田市建筑设计有限公司		高工/一级注册结构师	莆田	
84	林国章	莆田市建筑设计有限公司	总工	高工/一级注册结构师	莆田	
85	吴必胜	莆田市建筑设计有限公司	技术负责人	高工/一级注册结构师	莆田	
86	陈　望	水立方建设集团股份有限公司	工程师	工程师	莆田	
87	杨少亮	水立方建设集团股份有限公司	工程师	工程师	莆田	
88	游立峰	水立方建设集团股份有限公司		高工/一级注册结构师	莆田	
89	卢建国	水立方建设集团股份有限公司		高工/一级注册结构师	莆田	
90	李志忠	福建省荣德胜建设发展有限公司	副经理	高工	南平	结构、施工
91	吴王强	宁德市建筑工程施工图审查中心	结构总工程师	高工/一级注册结构师	宁德	
92	陈健勇	宁德市建筑工程施工图审查中心	审查师	高工/一级注册结构师	宁德	
93	左起祯	福建省宁德市建筑设计研究院	副院长	高工/一级注册结构师	宁德	
94	王成光	福鼎市建筑设计院	副院长	高工/一级注册结构师	宁德	
95	陈惦芬	福鼎市建筑设计院	副院长	高工/二级注册结构师	宁德	
96	刘泽敏	宁德市建筑工程施工图审查中心		高工/一级注册结构师	宁德	

三、施工（103 人）

序号	姓　名	单　　位	职　　务	职称/执业	地区	备　注
1	王　耀	中建海峡建筑发展有限公司	副总经理	教高	福州	
2	陈宇峰	福建建工集团有限责任公司	技术中心副总经理	教高	福州	
3	陈忠凯	福建六建集团有限公司	执行总裁兼总工程师	高级工程师	福州	
4	周永祥	中建海峡建筑发展有限公司	装配式建筑事业部总经理	高工	福州	
5	李　峻	福建六建集团有限公司	副总工程师兼技术与信息管理中心总经理	高工	福州	
6	曾庆友	福建建工集团有限责任公司福州分公司	总工	高工	福州	
7	戴忆帆	福建省二建建设集团有限公司	技术中心主任	高工	福州	
8	沈延弘	福建建工集团有限责任公司闽南分公司	总工	高工	福州	
9	林章凯	福建建工集团有限责任公司福州分公司	总工办副主任	高工	福州	
10	陈　恩	中建海峡建筑发展有限公司	装配式建筑事业部副总经理	工程师/一级建造师	福州	

续表

序号	姓 名	单 位	职 务	职称/执业	地区	备 注
11	陈 成	中建海峡建筑发展有限公司	科技与设计管理部副总经理	工程师/一级建造师	福州	
12	朱 飞	福州市坊巷建筑工程有限公司	企业技术负责人	高工	福州	
13	陈 耀	福建地矿建设集团公司	总经理兼总工	高工	福州	
14	张 涛	福建地矿建设集团公司	副总工/总工办主任	高工	福州	
15	曲 晟	福建建工集团有限责任公司福州分公司	项目经理	高工	福州	
16	郑福金	福建建工集团有限责任公司闽南分公司	项目经理	工程师/一级建造师	福州	
17	卓致恩	金强控股集团有限公司	技术经理	工程师/一级建造师	福州	
18	张 峰	中建海峡建筑发展有限公司	企业技术中心执行经理	工程师	福州	
19	马萃斌	福建省城投科技有限公司	施工总监	—	福州	
20	陈建山	海沧区建设工程质量安全监督站	站长	高工	厦门	
21	杨挺杰	中建海峡（厦门）建设发展有限公司	总工程师	高工	厦门	
22	杨海峰	中建海峡（厦门）建设发展有限公司	技术经理	高工	厦门	
23	陈助冬	福建省工业设备安装有限公司	分公司经理	高工	厦门	
24	林丁末	福建省工业设备安装有限公司	分公司经理	高工	厦门	
25	殷 正	福建省工业设备安装有限公司	分公司副经理	高工	厦门	
26	魏建彪	中建三局集团有限公司厦门分公司	分公司总工	高工	厦门	
27	吴国来	福建省九龙建设集团有限公司项目	总工、副总	高工	厦门	
28	祝国梁	中建四局第四建筑工程有限公司	总工程师	高工	厦门	
29	庄景峰	厦门鹏诚建筑工程有限公司	总工程师	高工	厦门	
30	刘扬喜	厦门海投工程建设有限公司	总工程师	高工	厦门	
31	梁国辉	厦门市万科企业有限公司	科筑能力中心负责人	高工	厦门	
32	张 萌	厦门特房建设工程集团有限公司	副总工程师	高工	厦门	
33	许 航	中建钢构有限公司	装配式建筑事业部总经理	高工	厦门	
34	杨克红	厦门源昌城建集团有限公司	副总工	高工	厦门	
35	陈 辉	厦门长实建设有限公司	副总工程师	高工	厦门	
36	张党生	福建省泷澄集团有限公司	总工程师	高工	漳州	
37	郑东明	福建省兴岩建设集团有限公司	总工程师	高工	漳州	
38	何伟雄	凯第建筑工程有限公司	总经理	高工	漳州	
39	黄镇海	福建省天钧建设发展有限公司	项目经理	高工	漳州	

续表

序号	姓　名	单　　位	职　　务	职称/执业	地区	备　注
40	王文龙	漳州市建设工程质量监督站	副科长	高工	漳州	
41	苏立新	福建七建集团有限公司	总经理	高工	漳州	
42	黄韩毅	福建七建集团有限公司	分公司经理	高工	漳州	
43	黄胜水	福建七建集团有限公司	技术中心主任	高工	漳州	
44	吴永顺	福建七建集团有限公司	分公司副经理	高工	漳州	
45	涂振毅	福建七建集团有限公司	副总工	高工	漳州	
46	洪明勇	福建建超建设集团有限公司	装配部经理	工程师	漳州	
47	陈　斌	福建鑫晟钢业有限公司	副总经理	工程师	漳州	
48	胡靖华	福建荣冠环境建设集团有限公司	集团总工	工程师	漳州	
49	张文键	漳州市建筑安全监察站	站长	高工	漳州	
50	郑志鹏	漳州市建筑安全监察站	副站长	高工	漳州	
51	郑永锦	漳州市建筑安全监察站	监督工程师	工程师	漳州	
52	吴秀波	漳州市建筑安全监察站	监督工程师	工程师	漳州	
53	王晓斌	漳州市建筑安全监察站	监督工程师	工程师	漳州	
54	吴文彪	漳州市建筑安全监察站	监督工程师	工程师	漳州	
55	何辉城	漳州市建设工程质量监督站	科长	高工	漳州	施工、构件
56	刘清才	福建省第五建筑工程公司	副总工程师	高工	泉州	
57	李建梁	福建省第五建筑工程公司	副总工程师	高工	泉州	
58	黄跃明	福建省第五建筑工程公司福建新时代项目管理有限公司	项目经理总工程师、总监	高工	泉州	
59	林晓东	福建新时代项目管理有限公司	项目总监	高工	泉州	
60	黄玉萍	中建远南集团有限公司	总工程师	高工	泉州	
61	陈志昆	福建省闽南建筑工程有限公司	总工程师	高工	泉州	
62	王育民	福建省惠东建筑工程有限公司	工程部主管	工程师	泉州	
63	邱惠永	福建经发物联网科技有限公司	副总经理	工程师	泉州	
64	黄哲熹	福建省建惠建筑科技有限公司	总经理	工程师	泉州	
65	何俊杰	福建省建惠建筑科技有限公司	副总经理	工程师	泉州	
66	陈东军	惠安县建设工程造管理站	站长	高工	泉州	
67	黄少华	洲建集团有限公司	法人兼总经理	工程师	泉州	装修、集成房
68	吴理想	洲建集团有限公司	造价部经理	工程师	泉州	装修、集成房
69	陈贤玻	福建省东霖建设工程有限公司	总经理	高工	泉州	
70	陈军军	福建省东霖建设工程有限公司	项目经理	工程师	泉州	智能化
71	林仲喜	福建省第五建筑工程公司	主任工程师	高工	泉州	
72	陈达毅	福建省茂盛建设工程有限公司	建筑设计	工程师	泉州	装修、集成房

续表

序号	姓名	单位	职务	职称/执业	地区	备注
73	柯夷茂	福建省茂盛建设工程有限公司	结构设计	工程师	泉州	装修、集成房
74	吴潘隆	福建一建集团有限公司	直属项目管理部经理	高工	三明	
75	杨　淼	福建一建集团有限公司	副总工程师技术部经理	高工/一级建造师	三明	
76	张丽鹇	福建三明杭萧钢构有限公司	技术负责人	工程师/二级建造师	三明	
77	张云海	福建三明杭萧钢构有限公司	副经理	工程师/二级建造师	三明	
78	张玉萍	福建建祥建筑科技有限责任公司	营销部负责人	高工/一级建造师	三明	施工、构件
79	施金明	福建建祥建筑科技有限责任公司	董事长	高工/一级建造师	三明	施工、构件
80	陈建胜	水立方建设集团股份有限公司		一级建造师	莆田	热工电力
81	庄海河	水立方建设集团股份有限公司		工程师/一级建造师	莆田	
82	张　晖	水立方建设集团股份有限公司		高工/一级建筑师	莆田	
83	苏文扬	水立方建设集团股份有限公司		高工	莆田	
84	陈家兴	水立方建设集团股份有限公司		工程师	莆田	
85	刘建国	水立方建设集团股份有限公司		高工/一级注册规划师	莆田	
86	翁吓彝	水立方建设集团股份有限公司		工程师/一级建造师	莆田	
87	刘元林	水立方建设集团股份有限公司		工程师/一级建造师	莆田	
88	苏志雄	中交建宏峰集团有限公司		高工	莆田	
89	林凤彝	中交建宏峰集团有限公司		高工	莆田	
90	方汉章	福建建灿科技有限公司	总经理	工程师	南平	
91	鄢尧强	南平市新城市政工程有限公司	副经理	工程师	南平	
92	张　勇	福建永龙建设工程有限公司	董事长	高工	南平	
93	班苏波	福建省高坪建设工程有限公司	经理	工程师	南平	
94	林村华	福建惠丰建筑工程有限公司	总经理	高工	龙岩	
95	欧劲羽	恒亿集团有限公司	总监	高工	龙岩	
96	高　赟	宁德市住房和城乡建设局		工程师	宁德	施工、构件
97	林建军	东侨建设局	建筑业科负责人	高工	宁德	施工、建筑设计
98	刘锦华	宁德市散装水泥和新型建材管理办公室	主任	高工	宁德	施工、构件
99	魏春泉	宁德市住房和城乡建设局	建筑业科负责人	高工	宁德	施工、构件
100	陈志伟	宁德市市政建设管理中心	科员	工程师	宁德	建筑设计、施工
101	张建春	宁德市住建局和城乡建设局	正科级	高工	宁德	施工、构件
102	李文涛	宁德市建设工程质量安全监督站	技能鉴定站负责人	工程师	宁德	施工、构件
103	林建安	宁德市住房和城乡建设局	工程管理科负责人	高工	宁德	施工

四、构件生产（52 人）

序号	姓　名	单　　位	职　　务	职称/执业	地区	备　注
1	陈　珑	福建省城投科技有限公司	总经理	高级建筑师、一级注册建筑师	福州	
2	林　武	福建建工环海房屋制造集团有限公司	总经理	高工	福州	
3	林毅华	中国武夷肯尼亚建筑工业化有限公司	常务副总经理	高工	福州	
4	方　禹	福建建泰建筑科技有限责任公司	总经理	高工	福州	
5	陈庸璇	福建省城投科技有限公司	总工	高工/一级注册结构工程师	福州	
6	洪日桂	福建建泰建筑科技有限责任公司	副总经理	高工	福州	
7	王培新	中建海峡建筑发展有限公司中建科技（福州）有限公司	总工程师	工程师	福州	
8	张　羽	福建博那德科技园开发有限公司	总经理	—	福州	
9	林志坚	福建博那德科技园开发有限公司	总工程师	高工	福州	
10	王　涛	福建博那德科技园开发有限公司	工艺技术经理	—	福州	
11	张曙光	福建博那德科技园开发有限公司	技术经理	工程师	福州	
12	林　威	福建建泰建筑科技有限责任公司	总经理助理生产部经理	高工	福州	
13	刘　刚	福建鸿生高科环保科技有限公司	副总裁	工程师	福州	
14	陈星瑞	福建鸿生高科环保科技有限公司	副总经理	工程师	福州	
15	金旺洲	福建鸿生高科环保科技有限公司	副总经理	工程师	福州	
16	尤仲鹏	厦门智欣建材集团有限公司	技术副总	高工	厦门	
17	陈振法	厦门智欣建材集团有限公司	副总工程师	高工	厦门	
18	李文禹	厦门智欣建工科技有限公司	生产副总	高工	厦门	
19	蔡清程	中交三航（厦门）工程有限公司	预制构件厂副厂长、总工	高工	厦门	
20	刘晓燕	中交三航（厦门）工程有限公司	预制场副经理	高工	厦门	
21	潘舒苑	中交三航（厦门）工程有限公司	预制场副经理	高工	厦门	
22	李婵夕	中铁科建工程有限公司	研究院副院长	工程师	厦门	
23	叶代英	中建钢构有限公司福建分公司	总工程师	工程师	厦门	
24	李长太	厦门市建筑科学研究院集团股份有限公司	副所长	高工	厦门	

续表

序号	姓　名	单　　位	职　　务	职称/执业	地区	备　注
25	刘荣旭	厦门美益集团福建美益预制构件有限公司	执行总经理	工程师	厦门	
26	张　毅	漳州市建设工程质量监督站	科长	高工	漳州	
27	范庆祥	福建省泷澄建筑工业有限公司	技术部经理	工程师	漳州	
28	卢扬生	福建省泷澄建筑工业有限公司	设计部经理	助工	漳州	施工、构件
29	林江鹏	福建省兴岩建筑科技有限公司	技术工程师	助工	漳州	
30	曾俊煌	福建建超建设集团有限公司	厂长		漳州	
31	洪龙泉	福建建超建设集团有限公司	生产部经理	助工	漳州	
32	陈国红	福建省第五建筑工程公司	工程管理部副主任	高工	泉州	钢结构
33	庄建宁	福建省闽惠建筑科技有限公司	生产厂长兼总工程师	高工	泉州	
34	陈育新	泉州市建筑产业化有限责任公司	董事长	高工	泉州	
35	陈兴海	泉州市建筑产业化有限责任公司	副总经理	高工	泉州	
36	赖永祥	泉州市建筑产业化有限责任公司	副总经理	高工	泉州	
37	陈志昆	福建省闽南建筑工程有限公司	总工程师	高工	泉州	
38	黄哲熹	福建省建惠建筑科技有限公司	总经理	工程师	泉州	
39	何俊杰	福建省建惠建筑科技有限公司	副总经理	工程师	泉州	
40	丁剑辉	福建省建惠建筑科技有限公司	总经理助理	工程师	泉州	
41	苏明辉	福建省建惠建筑科技有限公司	副总经理	工程师	泉州	
42	邱惠永	福建经发物联网科技有限公司	副总经理	工程师	泉州	
43	张国清	泉州市高时新型建材有限公司	厂长	工程师	泉州	
44	林元彬	泉州市高时新型建材有限公司	技术经理	工程师	泉州	工程造价
45	骆金海	福建金鼎建筑发展有限公司	副总经理	高工/一级建造师	三明	
46	张增池	福建金鼎建筑发展有限公司	研发中心主任	高工/注册造价师	三明	
47	严孝彩	福建金鼎建筑发展有限公司	技术中心主任	高工/一级建造师	三明	
48	黄元春	福建三明杭萧钢构有限公司	副总经理	工程师	三明	
49	伊晓青	福建三明杭萧钢构有限公司	经理	工程师/二级建造师	三明	
50	潘俊儒	福建建工集团有限责任公司	副经理	高工	南平	
51	张遵义	福建建豪建筑科技有限责任公司	副总经理	高工	龙岩	
52	林俊圣	福建建豪建筑科技有限责任公司	生产部副经理	工程师	龙岩	

（摘编：赵小真）

福建省环卫行业专家名单

2019 年 5 月 13 日福建省住房和城乡建设厅办公室下发的《关于公布全省环卫行业专家库名单的通知》（闽建办管〔2019〕6 号）提出，为充实完善全省环卫行业专家库，经个人申报、相关单位推荐、省住建厅审查公示及邀请，决定将白良成等 88 名专家调整入选我省环卫行业专家库，现将名单予以公布。

福建省环卫行业专家名单

一、生活垃圾处理及环境卫生作业与管理领域

序号	姓　名	性别	职　　称	工作单位	备　注
1	白良成	男	教授级高级工程师	中国城市建设研究院有限公司	特邀专家
2	陈海滨	男	教授	华中科技大学环境科学与工程学院	特邀专家
3	郭祥信	男	教授级高级工程师	中国城市建设研究院有限公司	特邀专家
4	刘建国	男	教授	清华大学环境学院	特邀专家
5	刘晶昊	男	教授级高级工程师	中国城市建设研究院有限公司	特邀专家
6	聂永丰	男	教授	清华大学环境学院	特邀专家
7	徐海云	男	教授级高级工程师	中国城市建设研究院有限公司	特邀专家
8	徐文龙	男	教授级高级工程师	中国建设科技有限公司	特邀专家
9	赵由才	男	教授	同济大学环境科学与工程学院	特邀专家

注：按照姓氏排序

二、生活垃圾处理领域

序号	姓名	性别	职　　称	工作单位	备　注
1	赵修锦	男	教授级高级工程师	中国城市建设研究院有限公司福建分院	
2	张　波	男	高级工程师	中国城市建设研究院有限公司	
3	徐长勇	男	高级工程师	中国城市建设研究院有限公司	
4	陈　冰	女	高级工程师	中国城市建设研究院有限公司	
5	王习平	男	高级工程师	中国城市建设研究院有限公司福建分院	
6	卢川鑫	男	高级工程师	中国城市建设研究院有限公司福建分院	
7	曹　华	女	高级工程师	中国城市建设研究院有限公司福建分院	
8	张华光	男	高级工程师	中国城市建设研究院有限公司福建分院	

续表

序号	姓名	性别	职　　称	工作单位	备　注
9	周林凡	男	高级工程师	中国市政工程中南设计研究总院有限公司	
10	林文辉	男	高级工程师	中国市政工程中南设计研究总院有限公司福建分院	
11	林振芳	男	高级工程师	福建省环境科学研究院	
12	石发聚	男	高级工程师	福州市城市管理委员会	
13	刘　春	女	高级工程师	厦门市环境卫生管理处	
14	林忠平	男	高级工程师	厦门市环境卫生管理处	
15	鲁　健	男	高级工程师	厦门市环境卫生管理处	
16	李旭玲	女	高级工程师	厦门市环境卫生管理处	
17	庄秋惠	女	高级工程师	厦门市环境卫生管理处	
18	杨　曼	女	高级工程师	厦门市环境卫生管理处	
19	林毅民	男	高级工程师	漳州市环境卫生中心	
20	吕荣谋	男	高级工程师	泉州市环境卫生管理处	
21	钟卫元	男	高级工程师	龙岩市环境卫生管理处	
22	吴逸波	男	高级工程师	平潭综合实验区环境卫生管理所	
23	甄　理	男	高级工程师	厦门市环境能源投资发展有限公司	
24	黄世清	女	高级工程师	厦门市环境能源投资发展有限公司	
25	苏伟鹏	男	高级工程师	厦门市环境能源投资发展有限公司	
26	苏　兵	男	高级工程师	厦门市环境能源投资发展有限公司	
27	朱　强	男	高级工程师	厦门市环境能源投资发展有限公司	
28	邹顺平	男	高级工程师	厦门市环境能源投资发展有限公司	
29	谢小明	男	高级工程师	厦门市环境能源投资发展有限公司	
30	曾庆龙	男	高级工程师	厦门市环境能源投资发展有限公司	
31	王海滨	男	高级工程师	南平延鸿环保电力有限公司	
32	唐静珍	男	高级工程师	福建省环境保护股份公司	
33	吴端桂	男	高级工程师	福建省环境保护股份公司	
34	陈龙腾	男	高级工程师	福州市红庙岭垃圾焚烧发电有限公司	
35	徐　峰	男	高级工程师	福建海峡环保集团股份有限公司	
36	林　瑛	女	高级工程师	福建海峡环保集团股份有限公司	
37	朱煜煊	男	高级工程师	圣元环保股份有限公司	
38	江历英	女	高级工程师	圣元环保股份有限公司	
39	王易安	男	高级工程师	圣元环保股份有限公司	
40	阎爱周	男	高级工程师	圣元环保股份有限公司	
41	王铁军	男	高级工程师	圣元环保股份有限公司	
42	陈文钰	男	高级工程师	圣元环保股份有限公司	
43	林文峰	男	高级工程师	圣元环保股份有限公司	
44	洪育彬	男	高级工程师	南安市圣元环保电力有限公司	
45	汪云保	男	高级工程师	圣元环保股份有限公司	
46	韩立贺	男	高级工程师	瀚蓝（漳州）固废处理有限公司	

续表

序号	姓名	性别	职　称	工作单位	备　注
47	高　震	男	高级技师	瀚蓝（晋江）固废处理有限公司	
48	何加焰	男	高级工程师	瀚蓝（福清、惠安）固废处理有限公司	
49	刘军晓	男	高级工程师	厦门市联谊吉源环保工程有限公司	
50	郭秀芳	女	高级工程师	厦门市联谊吉源环保工程有限公司	
51	梅顺启	男	高级经济师	福建省明信德工程咨询公司	
52	叶舒帆	男	高级工程师	大田卫斯特环保院士工作站	

三、环境卫生作业与管理领域

序号	姓　名	性别	职　称	工作单位	备　注
1	白云龙	男	教授级高级工程师	福建龙马环卫装备股份有限公司	
2	许模强	男	高级工程师	中国城市建设研究院有限公司福建分院	
3	谢德玲	女	高级工程师	中国城市建设研究院有限公司福建分院	
4	刘木龙	男	高级工程师	厦门市环境卫生管理处	
5	王　琦	男	高级工程师	厦门市翔安区市容环境卫生管理处	
6	陈伟献	男	高级工程师	漳州市环境卫生中心	
7	徐延德	男	高级经济师	漳州市环境卫生中心	
8	高秀云	女	高级工程师	漳州市环境卫生中心	
9	何　娴	女	高级经济师	漳州市环境卫生中心	
10	李占林	男	高级工程师	漳州市环境卫生中心	
11	许景源	男	高级工程师	泉州市环境卫生管理处	
12	黄建双	男	高级工程师	泉州市环境卫生管理处	
13	黄廷夫	男	高级工程师	泉州市环境卫生管理处	
14	郑捷敏	女	高级经济师	莆田环境卫生管理处	
15	黄艳芹	女	高级工程师	邵武市环境卫生管理处	
16	黄文龙	男	高级工程师	邵武市市政工程维护管理处	
17	张璐桢	女	高级工程师	龙岩市环境卫生管理处	
18	张桂潮	男	高级工程师	福建龙马环卫装备股份有限公司	
19	黄秋芳	男	高级工程师	福建龙马环卫装备股份有限公司	
20	黄　彪	男	高级工程师	福建龙马环卫装备股份有限公司	
21	黄耀武	男	高级工程师	福建龙马环卫装备股份有限公司	
22	刘友胜	男	高级工程师	福建龙马环卫装备股份有限公司	
23	李鸣鹏	男	高级工程师	福建东飞环境集团有限公司	
24	陈永正	男	高级经济师	漳州环境集团有限公司	
25	黄雪嫔	女	高级经济师	漳州环境集团有限公司	
26	李朝晖	男	高级工程师	厦门海沧城建集团有限公司	
27	王　峰	男	高级工程师	福建名盛美洁环境工程有限公司厦门分公司	

（摘编：黄国实）

福建省城镇燃气行业专家名单

2019年4月17日福建省住房和城乡建设厅办公室下发的《关于重新梳理公布城镇燃气专家的通知》（闽建办城函〔2019〕34号）提出，为更好地发挥我省城镇燃气行业专家在政策研究、规划评审、技术审查、燃气应急处置中的参谋指导作用，根据自愿申报、单位推荐、省厅筛选，重新梳理、核对了一批城镇燃气行业专家，现将增补后的名单共143名，同第一、二批专家名单一并发布。

福建省城镇燃气行业专家名单（规划评审类）

序号	地区	姓　名	性别	职　称	职　务	专业专长	业务工作年限	申报专业类型	工作单位
1	福州	陈国云	男	高工	副主任	城市燃气	30	规划评审类	福州市液化石油气管理处
2		肖柱斌	男	经济师	总经理	工程建设及规划	27	规划评审类	福建省安然燃气投资有限公司
3		李玉蓉	男	高工	技术顾问	化工工艺及压力管道设计	30	规划评审类	
4		范志勇	男	工程师	部门负责人	物理化学	14	规划评审类	福建省安然燃气有限公司
5		余晓燕	女	高工	/	工程测量（城镇规划）	16	规划评审类	福建省石油化学工业设计院
6		林玉春	女	高工	公用工程室主任	总图规划	16	规划评审类	
7		柳　虹	女	高工	项目经理	化工工艺、城镇燃气	40	规划评审类	
8		施恭盛	男	教授级高工	副院长	石油化工工艺设计	25	规划评审类	
9		黄晓杰	男	燃气高工	部门经理	燃气工程技术	29	规划评审类	福州华润燃气有限公司
10		谢振钦	男	高工	/	城市燃气	33	规划评审类	
11		杨立新	男	高工	助总	燃气工程技术	30	规划评审类	
12		吕园园	女	工程师	副主管	燃气安全	7	规划评审类	

续表

序号	地区	姓　名	性别	职　称	职　务	专业专长	业务工作年限	申报专业类型	工作单位
13	福州	马爱民	男	工程师	部门经理	燃气工程	29	规划评审类	福州华润燃气有限公司
14		林健周	男	工程师	科员	燃气	10	规划评审类	福州市液化石油气管理处
15		郑崇仁	男	高工	退休	燃气工程	24	规划评审类	华润（南京）市政设计有限公司福州分院
16	厦门	林道清	男	高工	设计公司总经理	燃气	25	规划评审类	厦门华润燃气有限公司
17		赖文沁	男	高工	总经理助理	燃气工程	25	规划评审类	
18		陈长太	男	工程师	经理助理	燃气设计	10	规划评审类	
19		李建杭	男	高工	部门经理	城镇燃气	22	规划评审类	
20		王明宇	男	中级物流师	部门经理	汽车加气维修	16	规划评审类	福建新捷天然气有限公司
21		柳　安	男	工程师	副总	生产管理	11	规划评审类	中海石油福建新能源有限公司
22		林　毅	男	工程师	总经理	工程	10	规划评审类	
23		尹英南	女	高工	副总	安全管理	23	规划评审类	
24		卢艳华	女	高工	主管	城镇燃气输配设计	21	规划评审类	厦门华润燃气工程设计有限公司设计室主管
25		杨荣毅	男	工程师	/	城市燃气	8	规划评审类	思明区燃气管理中心
26		苏自勇	男	高工	副总经理	化工工艺	35	规划评审类	厦门市九安安全检测评价事务所有限公司
27	漳州	黄诗宏	男	工程师	副总经理	管道燃气运营、工程建设	24	规划评审类	漳州安然燃气有限公司
28		杨伟波	男	高工	科长	城市燃气	17	规划评审类	漳州市燃气管理处
29		徐宏伟	女	高工	科长	燃气	25	规划评审类	
30		钟永华	男	工程师	总助	建筑环境与设备工程	11	规划评审类	漳州安然燃气有限公司角美分公司
31		罗水星	男	高工	总经理	燃气、热力工程	32	规划评审类	漳浦安然燃气有限公司

续表

序号	地区	姓　名	性别	职　称	职　务	专业专长	业务工作年限	申报专业类型	工作单位
32	泉州	刘　柱	男	正高工程师	常务副总经理	城市燃气高压管网项目工程、LNG 工程项目、燃气规划与技术	26	规划评审类	泉州市燃气有限公司
33		陈小华	男	工程师	副总工程师	工程项目管理、燃气专业技术管理	9	规划评审类	
34		曾祥平	男	工程师	无	燃气行业安全管理	10	规划评审类	泉州市城市管理行政执法局
35		汪俊宁	男	高工	副站长	城镇燃气政策研究、瓶装燃气行业安全生产监管	12	规划评审类	
36		林金登	男	工程师	站长（已退休）	燃气管理	19	规划评审类	安溪县燃气管理站
37	三明	陈　挺	男	工程师	煤气厂厂长	化工工艺	21	规划评审类	三明中燃城市燃气发展有限公司
38		魏辉耀	男	工程师	运营部经理	化工工艺、燃气涉及	30	规划评审类	
39		林　纬	男	注安	部门经理	安全生产管理	26	规划评审类	
40		陈　挺	男	工程师	厂长	化工工艺	22	规划评审类	
41		尤金坤	男	高工	城建科副科长	城镇燃气政策研究、项目规划审查	11	规划评审类	永安市住房和城乡规划建设局
42		颜海程	男	工程师	副经理	化工工艺、城市燃气	28	规划评审类	三明慧基能源有限公司
43	莆田	谢建通	男	高工	总工	项目规划与建设	13	规划评审类	旷远能源股份有限公司
44		陈银耀	男	高工	设计所所长	燃气输配系统设计	23	规划评审类	
45		陈黎星	男	工程师	设计所副所长	油气储运工程	11	规划评审类	
46		张　恒	男	高级燃气工程师	工程总监	燃气工程管理	21	规划评审类	
47		姜升科	男	高工	总裁	熟悉机械设备技术、擅长企业管理	28	规划评审类	
48		吴　伟	男	工程师	部门经理	机电工程	5	规划评审类	中海油莆田新能源有限公司
49	南平	粘孝姆	男	工程师	退休	建筑系总图设计	20	规划评审类	邵武住建局
50		单　超	男	高工	总经理	城市燃气	29	规划评审类	邵武市宜燃天然气有限公司
51		刘　铭	男	工程师	副总经理	燃气管道及设备	19	规划评审类	
52		陈　争	男	工程师	工程技术部主管	城市燃气工程	13	规划评审类	福建中海石油福建新能源有限责任公司顺昌分公司

续表

序号	地区	姓　名	性别	职　称	职　务	专业专长	业务工作年限	申报专业类型	工作单位
53	宁德	吴志成	男	工程师	董事长	燃气	19	规划评审类	宁德安然燃气有限公司
54		李亚楠	男	工程师	工程技术部主任	城市燃气与热力工程	15	规划评审类	宁德新奥燃气有限公司
55	龙岩	邹道懋	男	工程师	总经理	燃气	13	规划评审	新地能源工程技术有限公司

福建省城镇燃气行业专家汇总表（应急抢险类）

序号	地区	姓　名	性别	职　称	职　务	专业专长	业务工作年限	申报专业类型	工作单位
1	福州	郑开山	男	工程师	/	燃气、燃气具	36	应急抢险类	福州市液化石油气管理处
2		张子钢	男	经济师	副总经理	燃气输配，生产运营	24	应急抢险类	福建省安然燃气投资有限公司
3		林德辉	男	工程师	安全运营部总经理	化工机械、燃气输配	40	应急抢险类	
4		吴志成	男	工程师	项目公司董事长	燃气	24	应急抢险类	
5		莫海元	男	工程师	工程总监	燃气管线敷设及抢险工作	8	应急抢险类	福州开发区安然燃气有限公司
6		林裔海	男	/	运营总监助理	生产运营工作管理	10	应急抢险类	长乐安然燃气有限公司
7		唐文炳	男	/	部门经理	液化气安全运营管理	5	应急抢险类	福建润闽能源有限公司
8		黄文辉	男	工程师	助理总经理	液化气安全生产管理	18	应急抢险类	
9		郑建富	男	工程师	厂长	液化气生产管理	12	应急抢险类	
10		刘进福	男	/	副总经理	燃气工程技术、应急抢险抢修	14	应急抢险类	闽清广安天然气有限公司
11		吴素芳	女	高工	经理	燃气、化工专业	30	应急抢险类	福建闽能燃气有限公司
12		付亦玮	女	高工	/	石油化工工艺设计	24	应急抢险类	福建省石油化学工业设计院
13		黄红坚	女	高工	/	工艺设计	25	应急抢险类	
14		李　清	男	高工	技术人员	燃气、化工工艺、管道	14	应急抢险类	
15		何洪星	男	高工	/	管道应力分析	12	应急抢险类	

续表

序号	地区	姓　名	性别	职　称	职　务	专业专长	业务工作年限	申报专业类型	工作单位
16	福州	陈壮志	男	工程师	部门经理	机械制造、燃气	34	应急抢险类	福州华润燃气有限公司
17		陈　峰	男	高工	助理总经理	燃气	26	应急抢险类	
18		谢振钦	男	高工	/	城市燃气	33	应急抢险类	
19		严永锋	男	高工	副经理	燃气	27	应急抢险类	
20		王　榕	男	工程师	管网运行部副经理	/	26	应急抢险类	
21		黄祖培	男	燃气高工	分公司经理	燃气运行、建设管理	29	应急抢险类	
22		徐　琦	男	高级调压工	管网运行部副经理	/	25	应急抢险类	
23		黄　明	男	高工	总调度长	燃气	29	应急抢险类	
24		何宝香	男		部门经理	燃气输配运行	29	应急抢险类	
25		吴文晖	男		部门经理	燃气	20	应急抢险类	
26		陈壮志	男	工程师	副总	机械制造、燃气	32	应急抢险类	
27		项　军	男	工程师	总经理	煤化工	29	应急抢险类	福州安然居管道燃气有限公司
28		庄　毅	男	注安	经理	管网运行管理	10	应急抢险类	
29	厦门	冯　阳	男	高工	书记	燃气	25	应急抢险类	厦门华润燃气有限公司
30		姚悦睿	女	高工	退休	燃气	25	应急抢险类	
31		赵莲苹	女	高工	车用部副经理	液化石油气瓶装及汽车加气	25	应急抢险类	
32		林敬艺	男	工程师	管网部经理	管道燃气	25	应急抢险类	
33		陈春籍	男	工程师	燃气事业部经理	燃气安全管理及应急处置	9	应急抢险类	
34		林文琦	女	工程师	副总经理	燃气安全管理及应急处置		应急抢险类	厦门中油鹭航油气有限公司
35		肖　建	男	工程师	科员	燃气基础理论	11	应急抢险类	厦门市燃气管理中心
36		戴振华	男	工程师	科员	燃气输配	6	应急抢险类	
37		朱邵涌	男	工程师	科员	安全评价、燃气管理	7	应急抢险类	思明区燃气管理中心
38		邱枫劲	男	工程师	安技部经理	燃气安全管理及应急处置	21	应急抢险类	厦门中油鹭航油气有限公司
39		高建军	男	经济师		燃气生产运营	12	应急抢险类	中石油福建厦门销售分公司
40		缪小斌	男	高工	副总经理	化工工艺、燃气	24	应急抢险类	福建新捷天然气有限公司
41		张伦华	男		主任	安全管理	20	应急抢险类	中石化森美（福建）石油有限公司厦门分公司

续表

序号	地区	姓　名	性别	职　称	职　务	专业专长	业务工作年限	申报专业类型	工作单位
42	厦门	王　宁	女	高工	副总经理	城市燃气	25	应急预案类	中海石油福建新能源有限公司
43		杨细全	男	高工	总经理	工艺设备	20	应急预案类	
44		黄元福	男	高工	总经理	设备管理	10	应急预案类	
45		徐　斌	男	工程师	经理	安全管理	10	应急抢险类	厦门华润燃气有限公司
46		许贤良	男	高工	部门经理	车用燃气生产供应	6	应急抢险类	
47		王建安	男	高工	副经理	燃气输配	24	应急抢险类	
48		郑景蔚	男	工程师	经理	燃气输配	23	应急抢险类	
49		黄正顺	男	高工	经理	安全管理	26	应急抢险类	
50		蔡　俊	男	工程师	副经理	燃气应急抢修	10	应急抢险类	
51		陈　巍	男	工程师	部门经理	化工工艺	10	应急抢险类	
52		邓　强	男	工程师	副经理	燃气输配	7	应急抢险类	
53		卢　超	男	工程师	副经理	工程	22	应急抢险类	
54		郑育华	男	高工	副经理	化工机械	26	应急抢险类	
55		陈福仁	男	工程师	会长	电力应用化学	40	应急抢险类	厦门市集美区燃气安全协会
56		刘鹏昌	男	工程师	站长	液化石油气事故救援	15	应急抢险类	厦门集顺石油液化气有限公司
57		罗乃森	男	工程师	安全经理	安全类	12	应急抢险类	厦门市杏泰液化气有限公司
58		尹　非	男	工程师	主办	机电工程、加气站施工、技术和设备管理	10	应急抢险类	福建新捷天然气有限公司
59		邱有富	男	高工	总经理	安全工程	22	应急抢险类	厦门市九安安全检测评价事务所有限公司
60	漳州	张裕光	男	工程师	总监助理	管道燃气运营	11	应急抢险类	漳州安然燃气有限公司
61		李臻荣	男	工程师	安监经理	处置（预防）燃气生产事故抢险	35	应急抢险类	
62		吴金勇	男		科员	燃气	17	应急抢险类	漳州市城市管理局
63		王湘华	男	工程师	总经理	土木工程	13	应急抢险类	福建省闽昇燃气有限公司
64		王宏昌	男	工程师	总经理	管道燃气运营、应急管理	15	应急抢险类	漳州安然燃气有限公司云霄分公司
65		彭　刚	男	工程师	总助	危险化学	20	应急抢险类	福建省大东石油化工有限公司
66		苏长敏	男	助工	安全经理	车用加气．燃料	5	应急抢险类	中海油（漳州）新能源有限公司
67		许物王	男	高工		城镇燃气安全管理	10	应急抢险类	龙海市燃气管理站
68	泉州	谢　平	男	注安工程师	安全经理	计算机信息管理、燃气安全管理	11	应急抢险类	泉州昭商石化有限公司

续表

序号	地区	姓　名	性别	职　称	职　务	专业专长	业务工作年限	申报专业类型	工作单位
69	泉州	高　欣	男	高工	副总经理	燃气安全管理（事故调查）、燃气工程建设及运营管理	26	应急抢险类	泉州市燃气有限公司
70	泉州	仲昭华	男	工程师	总经理助理	工程建设管理、汽车加气业务经营管理	25	应急抢险类	泉州市燃气有限公司
71	泉州	汪俊宁	男	高工	副站长	城镇燃气政策研究、瓶装燃气行业安全生产监管	12	应急抢险类	泉州市城市管理行政执法局
72	泉州	郭德法	男	工程师	经理	长期从事与液化石油气的储运和使用相关工作	23	应急抢险类	泉州润闽液化石油气有限公司
73	泉州	林世章	男	工程师	运营部副总监	化工仪表及自动化	19	应急抢险类	福建华星石化有限公司
74	泉州	陈金塔	男	注安工程师	副总经理	化工机械	20	应急抢险类	福建华星石化有限公司
75	三明	程天敏	男		安全监察部经理	城镇管道燃气安全运营管理	10	应急抢险类	永安安然管道燃气有限公司
76	莆田	黄剑锋	男	化工高级工程师	副总裁	运营管理	12	应急抢险类	旷远能源股份有限公司
77	莆田	林楠冰	男	工程师	调度监控中心主任	燃气运营与应急抢险	8	应急抢险类	旷远能源股份有限公司
78	莆田	罗　瑞	男	工程师	/	城镇燃气安全、运营、应急	10	应急抢险类	旷远能源股份有限公司
79	莆田	郭明亮	男	经济师	分公司副总	燃气安全生产、运营	10	应急抢险类	旷远能源股份有限公司上杭分公司
80	莆田	林智雄	男	化工高级工程师	主任	化工工艺	12	应急抢险类	莆田市燃气管理处
81	南平	许青松	男	高工	董事长	燃气建设经营	12	应急抢险类	大中石油集团有限公司
82	南平	单　超	男	高工	总经理	城市燃气	29	应急抢险类	邵武市宣燃天然气有限公司
83	南平	刘　铭	男	工程师	副总经理	燃气管道及设备	19	应急抢险类	邵武市宣燃天然气有限公司
84	南平	何腾锋	男	工程师	总经理	精通液化气运营及工艺流程	18	应急抢险类	福建省邵武市液化气有限公司
85	南平	王福阳	男	高工	总经理	城市燃气	20	应急抢险类	建瓯华润燃气有限公司
86	宁德	彭顺天	男	工程师	站长	瓶装燃气生产安全管理	26	应急抢险类	宁德市弘生燃气有限公司
87	龙岩	陈雁雁	男	工程师	工程总监	城市燃气施工	11	应急抢险类	长汀港华燃气有限公司
88	平潭	刘正大	男	/	工程部经理	燃气工程建设管理，燃气设备运行、维护	10	应急抢险类	平潭华润燃气有限公司

（摘编：李　兵）

2019 年“八闽工匠年度人物”名单

由福建省总工会联合福建广播影视集团发起的2019年“八闽工匠年度人物”选树宣传活动，2019年3月全面启动以来，经过自下而上推荐、初选、评委会评选等环节，组委会办公室经过认真审核材料、广泛征求意见、反复对比遴选，产生30位2019年“八闽工匠年度人物”候选人。由相关领域知名专家组成的专家评委会，经过严格评审、充分讨论、综合评分，结合网络投票，最终产生出10位2019年“八闽工匠年度人物”，省总工会于2019年9月1日发布，名单如下：

2019 八闽工匠年度人物名单

（按姓氏笔画排列）

马红星　福建福清核电有限公司电工、高级技师，全国技术能手。

30年来，马红星长期奋战在核电工作的一线，在电气领域不断求索，提出新的电气设计方案，改写了沿用数十年的国外核电技术；他首次利用实时数字仿真建模方法，攻克了国内核电领域共有的技术难题；10项的发明设计不仅有效保障核电安全电源的可靠、发电输电的高效，更助力中国核电“走出去”战略和国家“一带一路”建设。

语录：“攻克技术要有韧劲，问题越难，越要钻研。”

冯振波　国网福建省电力有限公司福州供电公司运检部输电带电作业一班班长、高级技师，全国劳动模范。

2000多公里的高压输电线路、6000多个铁塔、53座变电站，是冯振波的工作岗位；在大山顶端的铁塔上，在离地四五百米的高空飞车里，他谱写着普通带电工的传奇；凭借着对技术的刻苦钻研和大胆创新，他从普通学徒工一路走到了高级技师，持续创新，拥有20余项发明，其中8项为国家专利，被誉为“金牌带电工”。

语录：“把自己从事的专业工作做到最好，做到极致。”

冯鸿昌　厦门集装箱码头集团有限公司电动装卸机械维修工、高级技师，全国劳动模范、中华技能大奖获得者。

从业22年，冯鸿昌从一个来自山村的外来工跻身高级技师行列，成为熟练掌握现代化港口机械维修、监造工艺的“技术状元”。他带领班组建立完备的机械设备履历和技术资料，将大型设备的完好率大幅度提升；他监造数亿元的大型设备，提出近百条整改建议，让外国专家叹服：“新一代中国工人也是技术行家！”

语录：“努力，创造价值！”

孙国伟　马尾造船股份有限公司电焊班长，福建省五一劳动奖章、全国优秀农民工、福建省金牌工人。

从业17年，孙国伟经历考验无数，精湛的技艺就是他制胜的关键。每一道焊缝就是一件艺术品，他所追求的焊接是要完美。只有初中学历的他，在一个五六平方米的小空间里，用他手里的焊枪火花，焊出了代表国际焊工最高水平的美国ABS焊接协会的6GR焊接证书。

语录：“我愿意用一辈子雕琢焊工技艺。”

陈清河　安溪劳模创新工作基地领衔人、工艺美术大师，全国劳动模范。

陈清河，安溪藤铁工艺之父。他带领安溪竹编产业实现3次转型升级，将传统的竹编发展为一个拥有上万名从业人员的家居工艺文化产业集群，成为安溪经济的一大支柱产业。他的身上几乎浓缩了中国企业家的成长史，他的故事背后有着时代的波澜，也有着匠人可敬、匠心可佩的执着与坚守。

语录："耐得住寂寞，经得起磨炼。"

张肇宏 福建联合石油化工有限公司仪表团队协调员、高级技师，全国劳动模范。

从一般工人到仪表维修高级技师，张肇宏已经在福建联合石化度过28个春秋。懂技术、爱技术、善研究、善琢磨，张肇宏和他的仪表维修团队被其他工友亲切地称为"仪表110"。以张肇宏名字命名的"劳模创新工作室"拥有26项创新科技成果、14篇论文，致力创新创效，为这家年产值千亿的企业保驾护航。

语录："有准备、有思想、敢创新、敢拼搏。"

林玉登 福建上润精密仪器有限公司装配钳工、高级技师，全国五一劳动奖章获得者、福建省技术能手。

大山深处走出来的林玉登，从一名零基础的技术工人成长为权威高级技师，拥有了以自己名字命名的国家级技能大师工作室。他带队完成的CH31计时跑秒机芯模具，打破日本在该领域的垄断地位；他指导生产的智能显示控制仪，助力"神舟"系列宇宙飞船及国内外多种卫星的成功发射。

语录："没有'最精'，只有'更精'。"

郑春晖 郑春晖木雕工作室艺术总监、工艺美术大师，福建省劳动模范。

作为非遗传承人，郑春辉大胆创新、积极探索、另辟蹊径，用刻刀刻出诗意家园。他以沉稳、灵动的手法，赋予作品古朴浑厚、深沉润泽、别有风韵的艺术效果，把中国山水画和古典诗词的意蕴与形态丰富的沉香木融合在一起，用精湛的雕刻技法开创了山水木雕全新的意境。

语录："传承、探索、创新。"

黄景图 漳州招商局码头有限公司主修工、高级技师，福建省劳动模范。

黄景图是港口设备的守护者，凭借着勤学苦研的劲，他从普通维修工成长为对付各种器械疑难杂症的"机械医师"，靠着大胆创新和丰富的经验智慧，创造了"破解数个连国外专家都无法攻坚的难题"的历史。2013年以来，他带领的"劳模创新工作室"实现了各类技术创新400余项，创造出的经济效益以千万元计。

语录："有手工，吃不空。"

雷跃 厦门太古飞机工程有限公司无损检测首席工程师。

21年的飞机无损检测职业生涯里，雷跃和他的团队创造了国内3000余架次飞机无损检测"零漏检"记录。他从维修单位无损检测工程师到我国航空航天领域专家组成员，从一名新型技术应用的实践者与推动者到参与航空航天领域检测标准的制定，成为中国民航无损检测领军者。

语录："做技术的领跑者和尖端技术的传播者。"

（摘编：黄国实）

第七篇
区域概况

2019年福州市发展概况

2019年，在以习近平同志为核心的党中央坚强领导下，在省委、省政府和市委的直接领导下，福州市以习近平新时代中国特色社会主义思想为指导，全面贯彻党的十九大和十九届二中、三中、四中全会精神，认真落实习近平总书记对福建、福州工作的重要讲话和重要指示批示精神，凝心聚力、攻坚突破、奋勇争先，各项工作都取得了新的进展。根据第四次全国经济普查以及省统计局对福州市地区生产总值的初步修订结果，全市地区生产总值突破9200亿元，同口径增长8.6%；一般公共预算总收入1095亿元，下降2%（剔除减税降费因素，同口径增长9.2%）；地方一般公共预算收入668亿元，下降1.8%（剔除减税降费因素，同口径增长8.1%）；出口总额1803亿元，增长10.2%；实际利用外资60亿元，增长8.3%；社会消费品零售总额5116亿元，增长9.5%；城镇居民人均可支配收入47791元，增长7.5%；农村居民人均可支配收入21069元，增长8.5%；固定资产投资增长10%；居民消费价格总水平上涨2.5%；城镇登记失业率2.7%。完成省下达的减排降碳任务。

农　业

全市农林牧渔业总产值增长3.6%，粮食安全省长责任制考核全省第一。新建设施农业2775亩，建设全国数字农业试点2个，新增省级现代农业智慧园2个、省级农业物联网应用基地6个，闽清梅溪镇、福清一都镇入选全国“一村一品”示范村镇，实现所有乡镇市级科技特派员全覆盖。海洋生产总值突破2600亿元，福州（连江）国家远洋渔业基地获批，福州海洋研究院挂牌成立，深海“振渔1号”“福鲍1号”养殖试验进展顺利，更新改造远洋渔船67艘，首艘磷虾捕捞船赴南极作业，福州金鱼获国家农产品地理标志认证。农村生活污水处理率达86%、无害化厕所普及率达97.9%，新改建农村公路209.6公里，93个重大水利项目完成年度投资计划，所有建制村通客车。打造美丽乡村400个，整治裸房3026栋，657个村完成“村植千树”，晋安九峰村、前洋村成为省级示范样板。整治提升高速公路、高速铁路沿线人居环境931公里。整治违建坟墓6万余台。治理水土流失13万亩。完成补充耕地1.2万亩。全面消除薄弱村。少数民族聚居区、革命老区、海岛等欠发达地区加快发展。援宁援藏援疆、东西部扶贫协作等工作深入开展，福州与定西扶贫劳务协作模式入选联合国“全球减贫案例”。

工　业

产业转型持续加快，规上工业增加值增长8.6%。引进富士康工业互联、华为鲲鹏生态创新中心等产业项目1918个，动建蓝谷海工装备、罗源闽光H型钢等产业项目1377个，建成奔驰技改、西门子研发中心等产业项目471个，培育兴业信托、慧连无车承运等产业平台203个，新增规上工业企业超400家、国家级高新技术企业396家、省级科技小巨人领军企业127家、省级“专精特新”企业59家、上市企业3家。技改投资增长20%，民间投资增长5.1%，13家民营企业入选中国民营企业500强，811家工业企业实现“上云上平台”，纺织化纤产业总产值突破3000亿元，轻工食品产业总产值突破2000亿元，规上工业总产值突破万亿大关。数字经济规模达3500亿元，东南大数据产业园新注册企业133家，马尾物联网产业基地新引进关联企业51家，新增区块链企业22家，新建升级版标准厂房65.7万平方米，成立5G、城市大脑等产业联盟。通过“榕博汇”等活动引进高层次人才2000人，新培养高技能人才6000人。成功举办第二届数字中国建设峰会，荣获2019中国领军智慧城市奖。

建筑业

旗山湖、晋安湖全面开挖，晋安河直排闽江通道建成投用，修复排水管网1130公里，城区内涝治理初见成效。新建永久截污管道60公里、雨污水管网472公里，清除内河淤泥39万立方米，城区99条主干河道、23条支流黑臭水体治理基本完成。全市造林绿化6.6万亩，中心城区种植乔木7万株，提升林荫大道62条，新建串珠公园102个、滨河绿道100.8公里，完成拆墙透绿535处、边角地绿化238处，“绿进万家、绿满榕城”专项行动有效展开。实施连片旧屋区改造45个、老旧小区整治80个、立面景观整治157个、小街巷整治98条，利用零星地块建设街头小公园105个，市民居住环境得以改善。实施橘园洲东桥头、三环跨福飞路高架等城区缓堵项目381个，南台大道主线、环岛路主线等172条新改扩建市政道路竣工通车，交通健康指数上升6.9%，高峰延时指数下降3.4%。更新公交车519辆，优化公交线路67条，改建公交站台101个，新建公共充电桩2011台、公共停车泊位1.5万个，开通地铁公交接驳专线11条，城市公交体系进一步完善。新建自来水供水管网327公里、燃气管网179公里、公厕320座，完成市区路灯节能增亮综合改造，启动城市大脑建设，城市公用设施进一步健全。实施缆化下地550项，整治沿街箱柜1548个，拆除围挡240万平方米，规范电动自行车管理，实施闽江沿线规划管控，城市精细化管理水平持续提高。建设垃圾分类屋（亭）4747座，红庙岭焚烧发电厂三期、餐厨垃圾处置厂等9个项目建成投用，五城区生活垃圾分类全面推开。清理批而未供土地3.9万亩，处置“两违”1238万平方米，一批历史遗留问题得到有效解决。冶山、新店遗址公园建设全面提速。屏山公园、于山公园完成改造。上下杭、朱紫坊、烟台山历史风貌区基本修复。马尾船政文化城启动建设。温麻、和平街、昙石山等15个特色历史文化街区即将建成开放。中山路、池后弄、浮头街等51条传统老街巷得到保护整治。严复故居、宏琳厝等135处文物和历史建筑完成保护修缮。滨海新城落地国电投氢能等产业项目133个，建成数字中国会展中心等基础设施项目22个，路网水网电网绿网初步形成，规划体系不断完善。三江口片区落地亚升集团总部等产业项目8个，建成三江口大桥等基础设施项目12个。长乐机场第二跑道立项获批，福州港集装箱吞吐量突破340万标箱，地铁2号线开通运营，绕城高速东南段等4个高速公路项目建成通车，城际铁路F1线（福州火车站—长乐机场）动工建设，城市承载能力日益增强。

服务业

三产增加值增长9.5%。新增限上商贸企业836家、企业总部126家。中安绿色等一批供应链金融项目加快建设，京东、拼多多等一批跨境电商项目快速落地，东街口、东二环泰禾等一批重点商圈持续提升，朴朴、永辉生活等一批新零售企业迅速壮大，福清永鸿文化旅游城、永泰水上乐园等一批旅游项目竣工开业，兴银理财正式开业，海峡基金港上线运营。全年展览面积达136万平方米、增长20%。接待游客9630万人次。福州新区承接省级行政许可审批事项17项，完成重点项目投资超2200亿元。滨海新城探索建立扁平高效、权责统一的管理模式。自贸区福州片区推出创新举措92项，完成重点试验任务200项，6项试点经验在全国推广。完成生态文明体制改革任务17项。国家自主创新示范区福州片区推出创新举措6项。国资国企主要经济指标持续保持两位数增长。成功举办海交会、海丝博览会、丝路国际电影节、海丝国际旅游节等重大活动。成功举办海峡青年节等两岸文化交流活动45场。出台促进两岸经贸合作6条措施，琅岐至马祖南竿客运航线开通运营，连江向马祖船运供水工程正式启用。闽东北协同发展区建设稳步推进，长平高速全线贯通，平潭海峡公铁大桥顺利合龙。榕港澳、闽浙赣皖、泛珠三角区域协作不断深入。名城保护全面提速，成功举办福州古厝保护与文化传承论坛，成功申办第44届世界遗产大会。鼓岭旅游度假区获评全国新兴森林旅游地。永泰庄寨建筑群入选第八批全国重点文物保护单位。福州茉莉花茶窨制工艺入选国家级非遗代表性项目保护实践优秀案例。

2020年发展目标

根据市委统一部署，2020年福州市工作总体要求是：以习近平新时代中国特色社会主义思想为指导，全面贯彻党的十九大和十九届二中、三中、四中全会精神，坚决贯彻党的基本理论、基本路线、基本方略，增强“四个意识”、坚定“四个自信”、做到“两个维护”，紧扣全面建成小康社会目标任务，坚持稳中求进工作总基调，坚持新发展理念，坚持以供给侧结构性改革为主线，坚持以改革开放为动力，坚持高质量发展，坚决打赢三大攻坚战，全面做好“六稳”工作，以“数字福州”“海上福州”“平台福州”建设为主攻方向，开展“抓项目促跨越”专项行动，确保全面建成小康社会和“十三五”规划圆满收官，奋力推动新时代有福之州、幸福之城建设迈上新台阶、实现新跨越。经济社会发展的主要预期目标是：地区生产总值增长8%，地方一般公共预算收入增长3%，固定资产投资增长10%，社会消费品零售总额增长9.5%，进出口总额增长3%，实际利用外资增长3%，城镇居民人均可支配收入增长7.5%，农村居民人均可支配收入增长8%，居民消费价格总水平涨幅控制在3%以内，城镇登记失业率控制在3.5%以内。

一、农业

发展特色现代农业，落实粮食安全省长责任制，确保粮食种植面积基本稳定在121万亩以上，新增高标准农田14万亩，力争七大优势特色产业全产业链总产值超过2000亿元。发展品牌农业，启动金鱼产业园、茉莉花茶产业园建设，新增“三品一标”农产品22个、省级以上“一村一品”示范村40个，培育市级以上农业产业化龙头企业320家。发展设施农业，推进福清台湾农民创业园、长乐现代龙眼产业园等农业产业园建设，新建优质农产品标准化示范基地32个、设施农业2000亩以上。发展休闲农业，推进长乐牛仔梦幻田园、晋安禾意农业产业基地、永泰幸福庄园等项目建设，打造乡村旅游精品示范村10个、休闲农业示范点10个。发展农产品精深加工，推动闽清竹材精深加工、胜田食品等项目建设，建成农产品产地初加工中心25个。发展林下经济，推动永泰丹云三叶青、闽清东桥铁皮石斛等项目建设，新增林下经济示范基地10个以上。发展现代渔业，推广连江深海海工装备养殖模式，建设福州（连江）国家远洋渔业基地，建设人工鱼礁，打造“海洋牧场”，办好渔业周·渔博会。扎实推进乡村振兴，打造省级乡村振兴重点县6个、特色乡镇15个、示范村145个，建设一批中级版、高级版示范村典型。新建美丽乡村174个、提升200个，实现美丽乡村建设全覆盖。加快霍口水库、“一闸三线”、“高水高排”等78项重大水利设施项目建设，治理水土流失10万亩。打造数字乡村试点示范村20个以上。

二、工业

强化创新驱动，发挥国家自主创新示范区福州片区改革“试验田”作用。支持省创新实验室、重点实验室、工程研究中心、新型研发机构等创新平台建设，打造晋安湖、旗山湖两个“三创园”，培育省级以上高新技术企业300家、“专精特新”企业50家、科技小巨人领军企业50家，新增市级以上众创空间15家、行业技术创新中心5家、知识产权示范优势企业50家。持续开展人才提质聚榕专项行动，组建人才发展联盟和高校合作联盟，引进培养高层次、高技能人才1万人以上、技工人才2万人以上。壮大先进制造业，推动企业技改，实施技改项目100项以上，完成技改投资800亿元以上。推动企业上市，力争12家以上企业进入上市程序。推动企业“上云上平台”，力争新增“上云”企业450家。推动强链补链工程，加快万华化学基地、天际汽车、长城服务器等重点项目落地动建，增强产业链韧性。推动16个重要产业基地发展，做大钢铁、汽车、纺织、化纤等产业集群。推动工业园区改造，提升园区基础设施，建成升级版标准厂房55万平方米以上。推动阿石创二期、星云电子二期、飞毛腿锂电池、博那德一体化等重点项目加快进度，力争新型显示、集成电路、化工新材料等战略性新兴工业产业规模突破3000亿元。

三、建筑业

加快建设新区新城，全面提速滨海新城建设，加快长乐机场第二跑道、东南快速通道等80个基础设施项目建设，加快复寅精准医学创新中心、研发楼四期、京东物流园等60个产业项目建设，加快临空经济区“一核五片”6个百亿组团建设，争取获批福州空港综合保税区。高标准建设三江口片区，加快文化旅游城、道庆洲过江通道、马航洲湿地公园、嘉里中心等100个重点项目建设，打造樟岚、梁厝、下洋、清富四大片区。扎实开展国家城乡融合发展试验区建设。继续推动闽江口、福清湾、江阴湾等3个组团开发建设，加快福州新区与平潭一体化发展。提升老城宜居品质，围绕10个重要门户、10个重要片区、10条重要线路，开展10个专项行动，落实城市品质提升项目2157个。继续推进连片旧屋区改造，加快同晖地块、洋下新村、三叉街新村等106个旧屋区、城中村改造项目建设进度。继续推进老旧小区整治，新启动整治项目60个。继续推进城区缓堵工程，落实福马路提升改造、站东互通改造等188个缓堵项目。完善城市基础设施，加快福平铁路、福厦客专等铁路建设。加快地铁4号线、5号线、城际铁路F1线建设，建成地铁1号线二期、6号线长乐段，推动地铁2号线马尾延伸段工可获批。建成长福高速、莆炎高速福州段。加快洪塘大桥、城区北向第二通道、工业北路延伸线南段等96个市政道路项目建设。新改扩建市政道路100公里、国省道147公里。新增公共停车泊位5000个、新能源公交车235辆，优化公交线路40条，新增地铁公交接驳专线15条，改造公交站台100个。实施饮用水安全“六个100%”工程，新建自来水供水管网50公里、燃气管网50公里。

四、服务业

提升现代服务业，建设宜家家居、摩天轮文旅综合体等重点项目240个，力争三产增加值增长9.3%。推进消费升级，鼓励网络消费、绿色消费、智能消费，促进工业品下乡、农产品进城，挖掘内需潜力、释放消费需求。推进总部经济发展，力争新增企业总部50家以上。推进新零售业态扩张，支持谊品生鲜等新零售企业扩大规模，加快7-11等品牌连锁便利店建设。推进商圈“智慧化”改造，推广东街口智慧商圈模式，提升城区重点商圈智慧化水平。推进夜间经济发展，积极开发闽江夜游、晋安河夜游等项目，鼓励苏万宝、东二环泰禾等商圈延时经营，提升历史文化街区开发运营水平，打造泛三坊七巷、泛上下杭等夜间经济示范区。推进物流枢纽建设进程，加快福清公路港、盛辉智慧物流园等项目建设。推进跨境电商建设，支持海运快件中心、中云誉金等项目做大，加快亚联、敦煌网等项目落地。推进金融业集聚，加快发展数字金融、科技金融、绿色金融等各类金融，支持市金控集团、海峡银行做大做强，守住不发生系统性金融风险底线，力争金融业增加值突破千亿。推进旅游业提升，持续建设国家森林旅游示范城市，支持县（市）区创建省级全域旅游示范区，建成海丝国际旅游中心，力争接待游客超1亿人次。推进会展业做大，办好首届中国（福州）食品博览会、首届中国（福州）装备制造业博览会等大型展会。推进“农+超”扩面，提升改造农贸市场20个，实现“农+超”改造工作拓展到县（市）城关及重点街镇。

（摘编：赵小真）

2019年厦门市发展概况

2019年是中华人民共和国成立70周年。厦门市坚持以习近平新时代中国特色社会主义思想为指导，全面贯彻落实党的十九大和十九届二中、三中、四中全会精神，坚持稳中求进工作总基调，坚持新发展理念，着力稳增长、促改革、调结构、惠民生、防风险、保稳定，全力落实“六稳”措施，推进高质量发展落实赶超，经济社会保持平稳健康发展。全年地区生产总值增长8%左右；固定资产投资增长9%；财政总收入1328.5亿元，增长1.7%，其中，地方级财政收入768.3亿元，增长1.8%；城乡居民人均可支配收入增幅高于经济增速；居民消费价格上涨3%；完成年度节能减排任务。

农 业

2019年厦门市深入实施乡村振兴战略，完成乡村振兴项目投资306亿元。都市现代农业产业集群营业收入增长11.1%。完成92个村庄规划编制，乡村振兴示范村建设成效明显。完成全市“大棚房”和农地非农化问题专项整治。完成1049个自然村农村生活污水治理。在全省率先完成农村集体产权制度改革试点工作。农民人均可支配收入居全省第一。

工 业

先进制造业规模壮大，规上工业增加值增长8.6%。323个亿元以上产业项目完成投资超过360亿元，厦钨新能源材料等227个在建项目加快建设，士兰半导体、通富微电子等33个项目投产。生物医药、新型功能材料产业集群入选首批国家级战略性新兴产业集群。中国人工智能大赛在厦门市永久落户，人工智能产业水平位居全国第八。获批中国软件特色名城。质量工作获国务院表扬。创新能力显著提升，国家自主创新示范区新推出创新举措15项。火炬高新区获评国家知识产权示范园区。高新技术产业增加值增长10.4%，占规上工业增加值67.1%。净增国家级高新技术企业300家左右，累计超过1900家。建立“三高”企业培育库，首批入库企业2079家。新增众创空间48家、科技企业孵化器10家，新培育企业1500家。与浙江大学等16家院所签署战略合作协议，厦门半导体工业技术研究院等5个新型研究院落地建设。能源材料福建省创新实验室启动建设。新增国家级企业技术中心4家、工业设计中心2家。每万人拥有有效发明专利数量达32.8个，国际专利申请占全省近一半。招智引才工作取得新进展，柔性引进人才5300多人，引进高校毕业生5.1万人，引进留学人员增长25.1%。

建筑业

稳步推进“岛内大提升、岛外大发展”建设。岛内策划生成首批30个重大项目，总投资2269亿元；东部城中村整村改造顺利实施，签约率90%以上，完成拆迁361万平方米，安置房开工建设1019套。改造老旧小区70个。岛外新城基地建设提速提效，重大片区分别制定三年行动规划，总投资超6000亿元，完成年度投资超1530亿元；一批骨干路网加速形成，学校、医院、保障房等一批公建配套全面铺开，中航锂电、华为鲲鹏生态基地等一批重大产业项目落地建设，产城融合更加紧密，人气商气加速聚集。基础设施建设取得重大进展，新机场立项和总规获批，航站区轨道工程等关键项目启动建设，机场大道等骨干项目加快推进。轨道交通1号线稳定运营，2号线开通运营，3号线、4号线、6号线建设按序时推进。第二西通道主隧道贯通，第二东通道加速推进，同安大道等提升改造工程竣工。长泰枋洋水利枢纽工程基本建成，具备蓄水条件。汀溪水库群至翔安输水支线、西水东调管道一期等重点水利工程竣工。新建改造供水管网82公里，完成燃气管线建设100.5公里，投用输变电工程10个、线路64.1公里。城市治理更加精细，大力整治高铁高速等重要通道沿线环境，完成房屋整治1584栋。全面完成违建别墅整治自查自纠工作。拆除“两违”801.1万平方米。东坪山整治提升取得阶段性成果。开展房屋安全隐患排查专项行动，整治危房4237栋。国土空间总体规划编制走在全国前列，清理盘活“批而未供”土地22.7平方公里，处置“供而未用”土地6.3平方公里。加快推进22条综合治堵措施，完成247处道路安全隐患整治，打通8条断头路，提高翔安隧道等7条主干道路限速。厦门绿色交通获评中华环境奖。入围中国智慧城市十强，“i厦门”荣获2019中国智慧城市创新示范奖。

服务业

现代服务业快速发展，成功举办第28届金鸡百花电影节，带动影视产业异军突起。金融业快速发展，引进金融项目43个，总投资738.9亿元。新增境内上市公司2家，累计49家；新增境外上市公司4家，累计27家；新增“新三板”挂牌企业3家，累计130家。黄金珠宝产业园正式开园。旅游会展业营业收入增长17.3%，接待国内外游客1亿人次，增长12.5%，举办商务会议和展览9000多场。中远海运、中旅邮轮运营总部落户厦门，首艘国内豪华邮轮“鼓浪屿”号从厦门港起航。现代物流业增长12.6%，集装箱吞吐量保持全球第14位，入选港口型国家物流枢纽城市。社会消费品零售总额增长12.2%。服务外包示范城市综合评价位居全国第六。自贸试验区建设加速推进，更好发挥“保税+”“金融+”等特色优势，新推出全国首创创新举措19项，累计达82项。加快建设14个重点产业平台，融资租赁、进口酒总量居全国前列。在全国率先开展集成电路保税研发试点，获批国家“芯火”双创基地。中欧（厦门）班列开行班次增长32%。“丝路海运”航线开行1575航次。国际集拼货值增长46.8%。跨境金融区块链服务平台业务量位居全国第四。对外开放步伐加快，实际使用外资134.2亿元，增长25%。进出口贸易总额6412.9亿元，增长6.9%，其中出口增长5.7%。对“海丝”沿线国家出口增长14%。实施外国人144小时过境免签政策。成功举办“丝路海运”国际合作论坛、闽港“一带一路”高峰研讨会、万国邮联跨境合作全球大会、厦门国际海洋周等重大对外交流活动。外事侨务服务发展力度加大，厦门与港澳交流合作持续深化。闽西南协同发展区27个厦门市牵头项目完成投资252.5亿元。对台交流合作更加紧密，落实在厦台胞台企同等待遇政策，出台45条措施，打造两岸融合发展示范区。新批台资项目874个，增长10.1%。海峡两岸投资基金落户厦门。“小三通”客运量182万人次。国家级海峡两岸交流基地增至3家。厦金通电、通气、通桥前期工作取得积极进展。成功举办海峡论坛、文博会、旅博会、工博会、海图会等两岸交流活动。

2020年发展目标

2020年是全面建成小康社会和“十三五”规划收官之年。厦门市坚持以习近平新时代中国特色社会主义思想为指导，全面贯彻党的十九大和十九届二中、三中、四中全会精神，坚决贯彻党的基本理论、基本路线、基本方略，深入贯彻落实习近平总书记对福建、厦门工作的重要指示批示精神，增强“四个意识”、坚定“四个自信”、做到“两个维护”，紧扣全面建成小康社会目标任务，坚持稳中求进工作总基调，坚持新发展理念，坚持以供给侧结构性改革为主线，坚持以改革开放为动力，坚持抓招商促发展，推动高质量发展，坚决打赢三大攻坚战，全面做好“六稳”工作，统筹推进稳增长、促改革、调结构、惠民生、防风险、保稳定，加快建设高素质高颜值现代化国际化城市，为全国全省发展大局作出新的更大贡献。发展的主要预期目标为：地区生产总值增长

7.5%左右，固定资产投资增长7.5%，财政总收入和地方级财政收入分别增长3%和2.5%，社会消费品零售总额增长10%，城镇、农村居民人均可支配收入分别增长8%和8.5%，居民消费价格涨幅控制在3.5%左右，完成国家和省下达的节能减排任务。

一、农业

坚持农业农村优先发展，健全城乡融合发展体制机制，促进农村进步、农业升级、农民增收。加快美丽乡村建设，继续开展农村人居环境整治“一革命四行动”，实现全市农村生活污水治理全覆盖。推进城乡基础设施互联互通，提高农村公路、供水、供电、通信等保障能力，实现村庄高速宽带100%覆盖、农网供电可靠率达100%、农村自来水普及率达95%。力促农业提质增效，大力推进农村土地经营权有序流转，提高规模化专业化经营水平。大力发展优势特色农业，积极发展设施农业，提升农产品精深加工水平，推动一二三产融合发展。稳定粮食生产，提升生猪生态养殖水平，全力保障市场供应。推进农村集体产权制度改革，加强集体资产监管。提高乡村治理水平，健全现代乡村社会治理体制，坚持自治、法治、德治相结合，加强农村思想道德建设和公共文化建设，大力推进农村移风易俗，积极培育文明乡风、良好家风、淳朴民风，打造善治乡村。

二、工业

持续壮大实体经济，加快高质量发展落实赶超。贯彻“巩固、增强、提升、畅通”八字方针，持续推进供给侧结构性改革，加快产业结构优化升级，努力构建现代化经济体系。推进先进制造业高质量发展。实施“百亿龙头成长计划”，切实提升产业链群的价值链效益链。实施投资促进计划，加快天马6代线、中航锂电等一批项目建设，力促厦钨永磁电机、盈趣科技创新园等一批项目竣工投产。实施增资扩产计划，开展技改专项行动，强化用地、融资、审批服务等要素保障。实施互联网与制造业深度融合计划，创建一批智能车间和智慧工厂，促进“厦门制造”向“厦门智造”转变。加快“三高”企业倍增发展，进一步完善高新技术企业全周期梯次培育体系，发展一批“专精特新”企业，净增国家级高新技术企业300家。加强企业技术需求、经营需求、人才需求三张清单收集办理，扩大“无需申报、直接兑现”政策覆盖，进一步集中科技资金扶持重点企业和项目。打造新经济发展高地，全力推动制造业和服务业数字化转型，大力发展大数据、云计算和5G通信等新技术新产业新业态新模式，努力在发展数字经济、平台经济、智能经济等方面率先实现突破。加快实施工业互联网、电子商务、家政服务等12大领域平台发展行动，高标准规划建设环东海域新经济产业园，持续壮大新材料、半导体和集成电路、生物医药等战略性新兴产业，建设一批新经济载体，促进新经济蓬勃发展。抓好国家自主创新示范区建设，发挥高新区、双创示范基地带动作用，培育一批新型研发机构、科技企业孵化器、专业化众创空间，激发大众创业万众创新活力。策划实施10项创新举措，深入推进“双自联动”。深化科技体制改革，加强知识产权创造、保护和运用，组织实施20个重大技术攻关和成果转化示范项目，加大全社会研发投入。全面开展质量提升行动，加快建设质量强市。

三、建筑业

持续落实跨岛发展战略，构建高颜值城市新格局。深入推进岛内外一体化，优化城市空间布局，提升城市发展能级，增强中心城市集聚辐射带动能力。推进岛内大提升，围绕城市功能再造，优化城市规划和设计，加快实施六大领域30个重大项目建设，提升中心城区服务功能。加快疏解非核心功能，大力发展金融、科技服务、商贸消费等现代服务业，加快打造现代服务业万亿产业集群；依托自创区、自贸试验区、火炬高新区，加快打造高新技术产业集聚区。有序推进“三旧”改造，对老城区开展“以留为主、改拆为辅”有机更新，对城中村实行整村拆迁或更新提升，加快旧厂房改造，加大“工改工”更新力度。推进岛外大发展，坚持高起点、高标准、高层次、高水平，按照“一年有突破、两年见成效、三年大变样”的目标，推动岛外新城和重大片区建设提速提质提效。围绕功能定位，统筹各新城（片区）规划设计，推动城市风貌与自然景观和谐统一。围绕产城融合，大力推进软件园三期、海沧集成电路产业园、翔安临空产业区等园区建设，引进更多带动力强的先进制造业和现代服务业项目，打造现代产业发展新高地。围绕聚集人气商气，加快完善学校、医院、商业综合体等公共服务设施配套，提高生活便利性。围绕生态优先，加快流域治理、生态修复、景观绿化等公共项目建设，提高环境舒适度。加快重大基础设施建设，开工建设新机场主体工程，全面加快航空公司基地、滨海东大道等配套项目建设。基本建成轨道交通3号线，加快推进4号线和6号线建设。巩固提升国际航运中心枢纽地位，整合提升东渡、海沧、刘五店各港区功能。畅通城市组团连接通道，开工建设滨海西大道改造提升等项目，建成第二西通道。加快建设福厦高铁。加快建设一批水源连通工程和水厂新改扩建工程。全面开展5G通信网络建设，岛内区域、岛外核心城区、重要产业园区实现5G网络覆盖。提升城市治理水平，实施新一轮环境提升行动，大力实施高铁高速公路沿线、综合交通枢纽、主要街区、市政绿化、水环境整治、公厕改造、老旧小区改造等七大提升工程。保持打击“两违”高压态势，坚决查处新增“两违”。强化“门前三包”考评，开展流动摊贩无序经营、户外违规广告店招等专项治理。继续加快一批交通治堵项目建设。推进闽西南协同发展区建设，推动对口协作常态化运作，完善对口协作机制，有效发挥闽西南城市协作开发集团和发展投资基金作用，加快各类协作项目建设。

四、服务业

力促现代服务业提质增效，深化国家服务业综合改革试点，推动生产性服务业向专业化和价值链高端延伸，推动生活性服务业向高品质和多样化升级。引进一批区域性总部和职能型总部，提升总部经济能级。加快建设港口型国家物流枢纽，发展采购分拨、智能仓储、城际城市配送等新业态，推动线上线下融合发展。拓展跨境电商供应链，提升海外仓功能，开展结汇便利化试点。壮大旅游会展产业，塑造“海上花园·诗意厦门”城市形象，引进国际一流旅游和会展项目，打造新时代文化旅游会展名城。加快建设金融强市，建好金融科技集聚区等一批重大平台，大力引进金融机构总部、地方金融机构、金融科技企业，提升金融资产规模和运行效益。规范发展区域性股权市场，与上交所、深交所共建资本市场服务基地，提升上市公司质量，推动企业扩大直接融资。加快金融改革创新，推进国家促进科技与金融结合试点城市建设，做优金融特色业务，增加制造业中长期融资，更好缓解企业融资难、融资贵问题。促进内外贸平稳增长，引导企业开拓多元化出口市场，扩大高附加值产品出口。做强做优跨境电商综合试验区、服务外包示范城市等试点，推动货物贸易和服务贸易、双边贸易和双向投资、贸易和产业协调发展。推动消费稳定增长，大力发展夜间经济，全面提升中山路等重点商圈、重点街区商业品位，建成投用一批高端消费综合体，加快发展品牌连锁便利店，全力打造消费中心城市。打造海丝战略支点城市，加快建设互联互通枢纽，打造“丝路海运”“丝路飞翔”品牌，做大国际中转和集拼业务，加密“一带一路”航线。加快建设经贸合作枢纽，与“一带一路”国家、金砖国家扩大合作，用好海丝投资基金、“一带一路”知识产权运营基金。加快建设海洋合作枢纽，推进厦门海洋国际合作中心等项目建设，加强海洋生态保护、科技创新等合作，打造海洋经济发展示范区。加快建设人文合作枢纽，深化国际友城合作，促进文明交流互鉴。扩大与香港、澳门交流合作，鼓励海外侨胞回厦投资兴业。提升自贸试验区发展水平，坚持以制度创新为核心，探索实施自由港的某些政策，构建高层次开放发展新格局。加快建设国际贸易单一窗口3.0版，进一步提高通关效率。全面落实外商投资准入负面清单，加快推进“证照分离”改革全覆盖试点工作。实施重点平台三年行动方案，提高特色平台国际影响力，做大做强新兴平台。加快培育区块链金融服务、艺术品保税仓储等新业务。全力大招商招大商，抓住国家扩大开放领域、大幅放宽市场准入机遇，全力办好第21届中国国际投资贸易洽谈会，滚动更新招商地图和目标企业库，强化全要素保障和全链条服务，聚焦高能级项目精准发力，着力引进一批企业总部，一批投资10亿元以上重大产业项目，一批世界500强、央企等项目，推动更多优质项目落地开工、建成投产，保持抓招商促发展强劲势头。

（摘编：吴汉良）

2019 年漳州市发展概况

2019 年是中华人民共和国成立 70 周年，是决胜全面建成小康社会、坚持高质量发展落实赶超的关键一年。在以习近平同志为核心的党中央坚强领导下，在省委、省政府和市委的正确领导下，漳州市深入学习贯彻习近平新时代中国特色社会主义思想、党的十九大和十九届二中、三中、四中全会精神，认真落实习近平总书记在参加十三届全国人大二次会议福建代表团审议时的重要讲话精神，按照省委十届八次九次全会、市委十一届九次十次全会的部署，坚持稳中求进工作总基调，深化供给侧结构性改革，打好三大攻坚战，扎实做好“六稳”工作，加快高质量发展落实赶超，推进“大抓工业、抓大工业”，全力建设工业新城，富美新漳州建设取得新成效。全市地区生产总值完成 4741.83 亿元，增长 7.3%（快报数）；一般公共预算总收入 356.2 亿元，增长 1.2%，地方一般公共预算收入 219.41 亿元，增长 0.3%；规模工业增加值 1767.06 亿元，增长 9.1%；固定资产投资增长 0.1%；外贸进出口 725.8 亿元，增长 4.6%；实际利用外资 38.1 亿元；社会消费品零售总额 1222.30 亿元，增长 9.8%；居民消费价格指数（市辖区）上涨 2.7%；城镇居民人均可支配收入 38975 元，增长 8.3%；农村居民人均可支配收入 19885 元，增长 9.3%；城镇登记失业率 2.43%；人口自然增长率 6.1‰；节能减排降碳年度目标顺利实现。

农　业

实施特色现代农业“六百工程”，新增、续展 89 个“三品一标”农产品，新增 2 家国家级、59 家省级农业产业化龙头企业，建成 26.1 万亩高标准农田，粮食生产保持稳定。开展“百路千村”专项行动，深化“两违”综合治理，处置“两违”面积 823.2 万平方米。智慧城管一期建成投用，垃圾分类工作有序推进。实施乡村振兴战略，推进 114 个美丽乡村建设，“345”示范工程成为全省典范，科技特派员制度在全省率先实现“三个全覆盖”。开展农村人居环境整治“一革命四行动”，深化“两高”沿线环境整治，新建改造城乡公厕 460 座，整治裸房 9882 栋，配备在册农村保洁员 8507 名。建设县乡村三级快递物流配送体系，全市共拓展农村快递物流站点 1352 个。

工　业

实施“大抓工业、抓大工业”三年行动计划，成立重大工业项目统筹协调领导小组，出台支持工业招商引资、加快工业设计产业发展、加强金融服务工业发展、工业厂房产权分割等政策，兑现省市各类奖励扶持资金 3.1 亿元，新增新上规模工业企业 177 家；完成工业投资 1060 亿元、增幅位居全省第三；规模以上工业增加值增幅位居全省第二。做大做强主导产业和龙头企业，片仔癀药业列入国家技术创新示范企业，龙轴集团获得国防科学技术进步二等奖，三宝集团进入中国民营企业 500 强，联盛纸业、福欣特钢等 9 家企业上榜福建百强企业，古雷开发区获评中国化工潜力园区 10 强第一位。加快推动“漳州制造”智能升级，培育智能制造企业 107 家。推动数字技术与实体经济深度融合，完成 400 家工业企业“上云上平台”。成功举办海峡两岸（漳州）工业设计创新大赛、中国（蓝光杯·漳州）钟表设计大赛。紧盯项目强实体，产业结构调整优化。落实重大项目建设推进机制，新增“五个一批”项目1276个、总投资6430亿元，85个省赶超重大项目、148个省级重点项目、596个市级重点项目均超额完成年度投资计划，百亿项目中沙（古雷）乙烯获批列入国家石化产业规划布局，漳州核电和云霄抽水蓄能电站开工投建，金龙客车实现首车下线。积极融入闽西南协同发展区建设，签订《厦漳经济合作区合作备忘录》，40个重点协作项目有序推进。三次产业结构由11.1∶47.8∶41.1调整为10.1∶48.8∶41.1。深入实施创新驱动发展战略，出台支持研发创新平台建设8条措施，成立装备制造、钢铁、食品等5家产业技术研究院，培育省级以上企业技术中心33家，国家高新技术企业达到241家，国家级工业设计中心实现零的突破，全市研发投入增长29.2%、位居全省第二。

建筑业

探索“多规合一”，编制《漳州市中心城区城市双修专项规划》。实施交通畅通工程，厦门地铁6号线漳州（角美）延伸段正式开工，福厦（漳）客专顺利推进，云平高速、后石港区3#泊位等一批重点工程竣工投用，新改扩建城市道路184.7公里、农村公路225公里，中心城区路网密度提升至7.6公里/平方公里。新建燃气管网295.3公里、公共停车泊位6296个。持续推进“五湖四海”生态项目建设，新增公园绿地3166亩、绿道175.7公里，完成造林绿化15.55万亩。推进黑臭水体整治示范城市建设，新建污水管网187.8公里，常山、蒲姜岭二期垃圾焚烧发电厂投入运行。稳步推进老旧小区、农贸市场改造提升，开工建设保障性安居工程15133套，解决不动产权证办理历史遗留问题4904套，办理既有住宅增设电梯80部。

服务业

积极应对经济下行压力和中美贸易摩擦等外部环境影响，严格落实减税降费政策，全年减免税费约48亿元，完成清理拖欠民营企业、中小企业账款年度任务；进一步提振实体经济发展信心，全市新增各类市场主体78827户，增长19.5%；出台稳外贸12条措施，完善口岸收费目录清单，大幅压缩整体通关时间，外贸进出口平稳运行。探索海峡两岸融合发展新路，积极开展台胞金融授信试点，台资企业资本便利化管理试点范围扩大到全市，新批台资项目63个、合同利用台资23亿元。成功举办农博会·花博会、中国食品名城（漳州）食品交易会、“漳州味·世界行”等活动，漳台合作、对外开放持续深化。编制《漳州市全域旅游发展总体规划》，新开辟精品旅游线路21条，接待游客人次和旅游总收入分别增长17.9%、27.1%。有效防范化解金融风险，全市不良贷款率1.17%，降幅位居全省前列，政府债务余额严控在核定限额内。

2020年发展目标

2020年是全面建成小康社会和“十三五”规划收官之年，既是决胜期，也是攻坚期。漳州市以习近平新时代中国特色社会主义思想为指导，全面贯彻党的十九大和十九届二中、三中、四中全会精神，坚决贯彻党的基本理论、基本路线、基本方略，增强“四个意识”、坚定“四个自信”、做到“两个维护”，紧扣全面建成小康社会目标任务，坚持稳中求进工作总基调，坚持新发展理念，坚持以供给侧结构性改革为主线，坚持以改革开放为动力，全面做好“六稳”工作，强化产业支撑，强化项目带动，强化需求牵引，强化放权赋能，强化三大攻坚，强化民生导向，统筹推进稳增长、促改革、调结构、惠民生、防风险、保稳定，加快打造工业新城、建设富美新漳州，奋力当好新时代新福建建设先锋，确保全面建成小康社会和“十三五”规划圆满收官，得到人民认可、经得起历史检验。全市经济社会发展主要预期目标是：地区生产总值增长7.5%—8%；一般公共预算总收入增长2.5%左右，地方一般公共预算收入增长2%左右；固定资产投资增长8%左右；规模工业增加值增长9.8%左右；外贸进出口增长5%左右；实际利用外资增长5%左右；社会消费品零售总额增长9.5%左右，居民消费价格指数（市辖区）涨幅控制在3.5%左右；城镇登记失业率控制在3.6%以内；城镇和农村居民人均可支配收入分别增长9.4%、9.7%左右；全面落实节能减排降碳目标任务。

一、农业

做强做优特色现代农业，整合优化资源、资金、人才、技术，建设一批示范带动性强的现代农业产业园、省级现代农业智慧园和农业产业化联合体。深入实施特色现代农业“六百工程”，新建优质农产品标准化示范基地55个、农产品初加工中心43个，培育市级农业产业化龙头企业20家，力争新认证“三品一标”34个，培育“一村一品”特色农业产业示范村60个，建设漳台农业融合发展示范基地11个。加强高标准农田建设，巩固提升粮食产能，稳定生猪生产，确保存栏107万头以上。用好“蜜柚节”“兰花节”“茶王赛”等活动载体，借力电商平台，促进工业品下乡、农产品进城。推进一产“接二连三”，提升农产品精深加工水平；健全农产品批发市场体系，扩大农村物流覆盖面；充分挖掘农村旅游消费潜力，发展休闲农林渔业，延长产业链，提升价值链。认真落实国家农业可持续发展试验示范区建设任务，坚持“三减量、三利用、三提升”，整市推进畜禽粪污资源化高质高效利用，推动农业绿色发展。扎实做好动（植）物疫病防控工作。稳步推进乡村振兴战略，加强分类指导，继续实施“345”示范工程，突出规划引领，加快试点村规划编制和修订。实施科技特派员百企千村工程，推动人才下沉、科技下乡、服务“三农”。深入抓好农村人居环境整治三年行动，扎实开展“一革命四行动”，新建改造农村公路100公里、公厕162座，完成9400户三格化粪池新建改造任务，推动乡村公路、水利、能源等基础设施改造升级。着力整治村容村貌，改善“两高”沿线环境，完成农村“三线”规整，持续推进“四旁”绿化，建设50个裸房整治示范村。严格执行“一户一宅”政策，规范农村住宅审批。健全农村保洁员制度，完善农村垃圾治理长效机制，持续抓好农村污水治理，实现村庄生活污水治理全覆盖。

二、工业

坚持工业引领，聚合资源建设工业新城。打造一流绿色生态石化基地，支持古雷申报国家级经济开发区，坚持“油头带动、链条延伸、设施配套”，推动古雷成为工业新城建设的重中之重。全力保障古雷PX、PTA安全稳定运行，加快推动中沙（古雷）乙烯项目开工建设，力争古雷炼化一体化一期项目年内投产。全面提速古雷精细化工园规划建设，先期连通福海创邻二甲苯—腾龙化学苯酐—春达化工增塑剂/新阳不饱和聚酯树脂产品链，力争引入工程塑料、己内酰胺下游、腈纶氨纶精纺下游等产业链，促进石化全产业链发展。加快建设码头、热电厂、污水处理厂等公共设施配套，推进增量配电改革试点，探索组建供电联合体，提升园区服务配套水平。定位高新壮大先进制造业，深化供给侧结构性改革，全力实施“1144”工程，加快四大主导产业转型升级，推动四大战略性新兴产业突破关键技术，增强核心竞争力。深化百亿龙头、千亿产业集群培育，继续研究出台专项产业培植政策，精准扶持制造业单项冠军和隐形冠军、科技小巨人领军企业、“专精特新”中小企业发展，新培育形成若干千亿产业集群和一批百亿龙头企业。开展新一轮技改专项行动，实施100个投资5000万元以上的技改项目，力争技改投资增长15%。推动先进制造业和现代服务业深度融合，大力发展智能制造、服务型制造，争创一批省级服务型制造示范企业。推进工业互联网“一三百千”工程，鼓励装备制造、电子信息等产业“触网上云”，运用数字化、网络化、智能化手段提升传统产业。提升开发区产业承载能力，深化开发区体制机制改革，理顺园区管委会职责，组建开发运营公司，探索园区社会事务市场化运作模式。开展工业园区标准化试点建设，围绕主导产业需求完善道路、供能、污水处理等公共设施，做好科技、物流、生活等配套，提升园区生产生活生态承载力，精心打造“生态园区”“智慧园区”“创新园区”等产城融合示范区。围绕产业基础选准产业门类，加快推进工业企业“退城入园”改造提升，构建特色凸显、区域联动、错位发展的园区格局。

三、建筑业

突出项目支撑，扩大重点领域有效投资。高质高效推进“五个一批”项目。用好国家加强固定资产投资项目资本金管理政策，完善正向激励机制，安排重点项目641个、总投资6871亿元，其中年度计划投资1626亿元。强化重大项目攻坚，健全市级重点项目分级挂钩、协同推进机制，加快推进漳州核电、云霄抽水蓄能电站等一批百亿级重大项目建设，力促250个重点项目开工建设。建立专项债券项目库、补短板投资项目库，精心谋划“十四五”重大项目，强化项目跟踪管理和储备接续。完善要素协同保障机制，提升批而未供和闲置土地处置成效，全力保障重大产业项目用地用林用海需求，促进有效投资持续放量增长。扩大基础设施投资，实施新一轮基础设施补短板工程，加快推进福厦（漳）客专、厦门地铁6号线漳州（角美）延伸段、港尾铁路、漳武高速、联十一线、LNG码头及配套管网工程等项目建设，统筹做好漳汕高铁、厦漳泉城际铁路R1线、沈海高速漳州段改扩建工程等前期工作。继续实施一批补短板工程包和十大惠民特色工程包，加强市政管网、城市停车场等基础设施建设，新建改造供水、污水、雨水管网各120公里，燃气管网100公里，公共停车泊位2000个，改造完成老旧小区63个，确保交通运输、水利、环保、市政等重点领域投资不低于去年。提前布局新型基础设施建设，加大人工智能、大数据、物联网、5G等基础设施投入。

四、服务业

持续深化改革，构建开放型经济新体制。拓展对外开放深度广度，认真落实中央实施更大范围、更宽领域、更高层次的全面开放政策，提高服务业等领域开放水平。全面实施外商投资准入前国民待遇加负面清单管理制度，积极引导外资投向新开放领域，保护外资企业合法权益，促进内外资企业公平竞争。主动融入海丝核心区建设，启动新一轮贸易投资自由化便利化改革，深化开放型经济新体制建设。注重发挥侨乡优势，加强与“一带一路”沿线国家科技、文化、旅游等领域合作，讲好漳州故事、传播漳州声音、展现漳州魅力，吸引海外侨胞回漳投资兴业。着力稳外贸、扩出口、拓市场。积极帮助企业应对经贸摩擦和贸易壁垒，支持更多企业参与AEO国际互认合作，扩大出口信用保险覆盖面，加快出口退税进度，帮助企业稳预期、稳信心、稳运行、稳经营。拓展国际贸易单一窗口功能，提高原产地证书、商事证明、货物暂准进口单证册等签发效率，推动口岸通关提速降费。积极拓展多元国际市场，大力发展外贸新业态和新兴服务业，支持企业参加境外展会，深挖“一带一路”沿线国家、金砖国家和欧洲、东盟等市场潜力，引导单一外向型企业积极拓展国内市场。利用好中国国际进口博览会和厦洽会溢出效应，提高进口及投资的质量和水平。探索漳台融合发展新路。充分发挥漳州对台优势，积极探索“新四通”“小四通”对接洽谈新路径，努力打造台胞台企登陆的“第一家园”。全面落实各级惠台政策，优化市台胞台商服务中心和其他台胞服务窗口建设，全方位鼓励支持台胞来漳就业、创业，更好满足台胞在教育、购房、就医、参加“五险一金”等方面的实际需求，推动更多领域对台先行先试。在用好台资企业资本项目管理便利化试点政策的基础上，推动漳台农渔业、冷链物流等领域的标准互认、采认，支持台企在漳设立第三方检验检测和认证机构。加强对台产业合作园区建设，推进漳台农业、食品、石化、特殊钢铁、精密机械等产业深度融合。实施台湾人才引进工程、乡情亲情延续工程，深化对台文化交流，促进两岸同胞心灵契合。聚力营造更优发展环境，以实施《外商投资法》《优化营商环境条例》为契机，全面实行市场准入负面清单，对标国内外一流水平，打造市场化、法治化、国际化营商环境。深化“放管服”改革，严格执行改革后的工程建设项目审批制度，全面推行“e政务”，提高网上办事大厅和漳州通APP“一网通办”水平，力争“一趟不用跑”事项占比78%以上。深化商事制度改革，推进“证照分离”改革，企业开办时间压缩至3个工作日以内。落实落细减税降费政策，进一步清理涉企收费，降低企业用电、用气、物流和制度性交易成本。严格市场监管、质量监管、安全监管，健全覆盖全社会的征信体系。完善创业投资高质量发展支持政策，继续打造一批“双创”支撑平台，推动大中小企业融通发展。落实研发费用加计扣除等激励政策，充分调动创新主体积极性。深化国资国企和集体企业改革，继续推动“双百行动”、国企混改及员工持股试点。

（摘编：于新光）

2019年泉州市发展概况

2019年泉州市以习近平新时代中国特色社会主义思想为指导，坚持稳中求进工作总基调，践行新发展理念，传承弘扬“晋江经验”，“作答时代命题、聚力赶超攻坚”，“五个泉州”建设迈出新步伐。经济运行实现稳中有进，全面落实“六稳”政策措施，全市生产总值增长8%左右，规模以上工业增加值增长8.5%，第三产业增加值增长8%，主要指标增长平稳。精准帮扶企业发展。组织实施支持民营企业健康发展一揽子政策措施，兑现惠企资金45.5亿元，估算减税降费120亿元。市、县领导“一对一”挂钩联系163家龙头企业，落实“领导干部一线办公”活动周、党政领导与企业家恳谈会制度，设立“政策面对面”平台，开通“12345”企业服务热线，政企保持良性互动。强力推进“项目攻坚2019”。完善项目推进机制，成立要素服务保障专项攻坚组，组织开展“春季攻坚行动”、年中“七个专项攻坚”，推动解决一批久拖未决的项目征迁问题；460个在建重点项目完成投资1400亿元，开工86个、竣工80个；新签约产业项目332个、总投资2557亿元，“五个一批”考评稳居全省前列。

农　业

推动农业高质量发展，启动实施农业“五百”示范项目，新增省级农业产业化龙头企业28家、优质农产品标准化示范基地34家、农产品产地初加工中心23家、“三品一标”认证农产品42个、特色产业示范村40个。茶叶、水产、食用菌等10个优势特色产业全产业链产值1852亿元，增长6.7%；安溪入选首批国家现代农业产业园。农村科技特派员实现乡镇“全覆盖”。农田水利设施不断完善，建成高标准农田16.5万亩，开工白濑水利枢纽主体工程。深化农村人居环境整治，扎实推进“一革命四行动”，农村公厕、生活污水处理设施、三格化粪池建设和农房（裸房）整治等任务全面完成。永春入选全国推进美丽乡村经营管护机制改革试点县。加强全市流域水环境保护，落实河湖长制，新建改造污水管网219公里，小流域、近岸海域水质达到省定目标，县级以上13个饮用水水源地水质达标率保持100%。完成植树造林9.7万亩、水土流失治理36.2万亩、矿山生态修复63.9万平方米。泉州成为国家节水型城市，新增鲤城入选国家生态文明建设示范区。

工　业

加快传统产业改造提升，出台推进制造业高质量发展的意见，实施龙头企业“扩能生根”项目64个，推广数字化、智能化生产线120条，培育省级智能制造试点示范（样板工厂）14个，新增“上云上平台”企业超1000家；建材家居、工艺制品、纸业印刷等产业增加值实现两位数增长；承办全国传统产业改造提升泉州现场会。提高自主创新能力。落实研发费用税前加计扣除、高新技术企业所得税优惠等政策，新增高新技术企业超200家、科技小巨人领军企业123家，新增发明专利1653件，成为国家知识产权运营服务体系建设重点城市。获批国家级海峡两岸集成电路产业合作试验区，三安、矽品等重大项目陆续投产，集成电路、半导体产业链条初现雏形，泉州芯谷投融资体制进一步完善。培育壮大军民融合产业，对接落地一批导航测控、机器人、新材料等项目，新增“民参军”企业18家。制定数字泉州建设三年行动方案，成立5G产业发展联盟，启动5G网络规划编制和基站建设，入选全国首批50个5G商用城市。夯实平台和人才支撑。泉州装备所获批国家级重大创新平台，落地建设福建化学工程创新实验室、中科院海上丝绸之路时间中心、中科院大学智能制造学院、福州大学微电子研究院、天津大学集成电路研究院。深入推进人才“港湾计划”，实施改进人才服务“八条措施”，创新人才住房、子女入学等公共服务跨县域保障机制，新认定高层次人才7508人、团队9个，开展高层次人才自主认定试点企业113家；引进产业急需高校毕业生1.04万人，新认定技能人才3.7万人。

建筑业

开展“城市建设提速年”活动，环湾建成区面积达230平方公里，城镇化率达67.5%。统筹建设古城新城，古城“七个一”示范工程有序推进，中山路示范段改造提升、小山丛竹公园建设接近尾声，爱国路、奎霞巷等断头路打通，“东亚之窗”文创园正式开园。北峰丰州西华洋、台商区白沙、晋东等片区改造开发加快；泉州大剧院、东海工人文化宫、市图书馆新馆投用。15个在建重点医疗项目有序推进，市老年医院、德化县医院医技楼投入使用，市一院城东院区二期病房大楼、光前医院综合病房大楼等主体工程完工；135家基层医疗卫生机构完成达标建设。福厦客专、兴泉铁路泉州段启动架梁铺轨；厦漳泉城市联盟路泉州段主体工程基本完工，洛江至永春段高速公路接刺桐路北拓前期工作加快推进。后渚大桥东桥头互通工程竣工通车，火车站综合交通枢纽顺利投用。加快提升城市面貌。深化交通廊道沿线环境综合整治，37条城乡重要通道景观风貌持续提升，百崎湖、九十九溪等23个“山水田园城市”项目启动实施，桃花山至观音山绿廊、大坪山步行环线、绿道二期工程向市民开放。实施200个老旧小区整治提升，分类处置安全隐患房屋，推动烂尾项目复工。整治积水节点36处，消除黑臭水体5条，改造农贸市场9家。突出抓好精细管理。制定并实施城市管理精细化标准，出台老旧小区住宅加装电梯扶持措施。依法有序推进垃圾分类工作，进一步扩大试点社区范围，实现学校全覆盖，开工餐厨垃圾处理厂，建成晋江、石狮飞灰填埋场。推动城市交通综合整治，新增停车位近万个，开展国家电动自行车管理提升试点。全市共拆除“两违”415万平方米，清理批而未供、闲置土地2.9万亩，“大棚房”、违建别墅整治成效明显。建成市社会福利中心（一期），实现街道、重点乡镇居家社区养老服务照料中心全覆盖。基本建成保障性安居工程1.62万套。

服务业

持续开展“第三产业提升年”活动。服务业百大项目完成投资175亿元，新增现代服务业集聚示范区6个。全市3A级以上物流企业突破100家，国际邮件互换局启动运营，快递业务量12亿件、增长24%。全市完成旅游总收入1307.6亿元、增长20%。开展促进消费专项行动，全市社会消费品零售总额3780亿元、增长11%，网络零售额1797亿元、增长27%，德化成为国家电子商务进农村综合示范县。有为应对中美贸易摩擦影响。实施外贸经营主体培育“双十、双百、双千”工程，对出口美国企业全覆盖调研、“一对一”帮扶，举办海丝国际品牌博览会、品牌“境外行”“海丝行”等系列展销活动，外贸出口逆势增长20%。市场采购贸易方式出口货值达170亿元，获批全国首个预包装食品出口试点。坚决防范化解重大风险。设立上市公司纾困基金，“一企一策”帮扶重点风险大户，推进互联网金融风险专项整治，不良贷款率连续4年下降。依法合规清理隐性债务，有效防范化解政府债务风险。开展“营商环境提升年”活动，在全省率先创建企业开办“零费用”城市，全市市场主体突破100万家，网商产业园入驻市场主体达8.6万家；建成市政务数据汇聚与共享应用平台（一期）和“互联网+政务服务”市县乡村四级一体化平台，市政务信息网云平台投入运行。深化金融服务实体经济改革，出台金融服务民营和小微企业政策，在全省率先实施金融支持民营企业“白名单”、政策性融资担保“负面清单”等措施，入选全国深化民营和小微企业金融服务综合改革试点城市。获批设立全省首家市场化征信机构，开启两岸民间征信机构首次合作。实施制造业贷款增量增速提升工程，各项贷款余额增长11.9%。深化国企改革，初步完成市属国企公司制改制，支持在产业引导、片区改造、古城提升、民生保障中发挥积极作用，市属国企资产总额达1450亿元。深化海丝先行区建设，密切与海丝沿线国家（地区）经贸合作，贸易总额增长21%，其中出口增长31%，获批国家跨境电子商务综合试验区。打响港澳青年精英故乡行品牌，与海外侨社、侨领联络联谊更加密切，友城间实质性交往持续深化。泉州晋江国际机场旅客吞吐量突破840万人次，国际旅客突破100万人次，国际航线数位居全国地级市第二。新开通海丝沿线国家（地区）海上航线6条，港口货物吞吐量1.25亿吨、集装箱250万标箱。成功举办第四届海丝国际艺术节。深化对台交流合作。推动台胞台企同等待遇政策落地；出台支持泉金客运航线发展措施，客运量超14万人次；累计向金门供水超500万立方米，完成金门供水保障工程项目可研编制工作。新增全国重点文物保护单位13处，启动26项文物保护工程，完成国保单位监测和智慧用电系统建设，建成泉州市文物数据库。成功举办国际大体联足球世界杯赛、第十一届市运会。第18届世界中学生运动会筹备工作进展顺利。

2020年发展目标

2020年泉州市创新发展“晋江经验”，突出经济要稳、城市要聚、民生要实、机制要活，奋力作答“三个时代命题”，有为推进高质量发展落实赶超，更好完成收官任务，科学编制“十四五”规划，加快推动“五个泉州”建设再上新台阶。经济社会发展主要预期目标是：全市生产总值增长7%—7.5%，农林牧渔业总产值增长2%以上，工业增加值增长7.5%左右，第三产业增加值增长8%左右；一般公共预算总收入增长3%，地方一般公共预算收入增长2.5%；固定资产投资增长7.5%左右；实际利用外资增长2%，进出口总额增长3%；社会消费品零售总额增长9%，居民消费价格涨幅控制在3.5%左右；居民收入和经济同步增长；完成节能减排降碳任务。

一、农业

发展特色现代农业，落实粮食安全行政首长责任制，抓好“米袋子”“菜篮子”，稳定粮食播种面积135万亩，保障生猪生产和供给。持续推进农业“五百”示范项目，做大做强10个优势特色产业；推动一二三产深度融合，扶持农产品、海产品深加工，发展农村电商、冷链物流、休闲农业等业态。完善科技特派员制度，培训新型职业农民5000人。完善农田水利设施，建设高标准农田16万亩以上，开工永春马跳水库主体工程、闽江防洪工程德化段（二期），加快建设白濑水利枢纽主体工程，基本建成晋江防洪工程（二期）、七库连通工程惠女至菱溪段、陈田至泗洲段主体工程。推进美丽乡村建设，完成全市村庄分类和145个试点村村庄规划编制，打造14条乡村振兴示范线路，带动50个重点村集中连片提升发展。抓实“一革命四行动”，推动农村公厕基本全覆盖、生活垃圾治理常态化，确保农村生活污水处理率70%以上，持续提升村容村貌。深入实施县乡道路安全生命防护工程，建设“四好农村路”；巩固提升农村饮水安全，治理水土流失20万亩。

二、工业

实施140个制造业重点项目、总投资2256亿元，力争投产30个以上，着力建设制造强市。深化高新产业建链。实施“金种子”行动，围绕三安、矽品、西人马等龙头企业，加快招引延伸上下游产业链条，抓好慧芯激光、中石光芯等项目，建设泉州芯谷、洛江智谷、开发区新型显示产业园，努力铸造集成电路、化合物半导体、传感器、光电子等产业链。深化传统产业强链。围绕纺织服装、鞋业、建材家居等优势产业，扶持龙头企业改造提升，培育认定产业龙头300家以上；推进产品、工艺、管理赋能，实施重点技改项目200个以上，推广“数控一代”示范产品100个，培育智能化标杆工厂、数字化车间15个，推动石墨烯、高分子化学等新材料在传统产业中的研发应用。改造提升一批小微产业园，推动铸造、石材、水暖、印染、电镀、石雕等行业集中集约发展，开工建设南安高端铸造园。引导企业开展“手拉手”产能对接，完善大中小企业紧密协作的产业生态圈。大力发展装配式建筑，做大做强建筑业。深化重化产业补链。加快泉港、泉惠两个园区建设招商，延伸发展石化新材料、精细化工、电子化学，建成投产中化乙烯、逸锦化纤、烯石新材料、百宏 PTA 等项目；建好福建化学工程创新实验室，突破一批关键共性技术难题。加快发展轻工装备、建筑装备产业，抓好三一筑工、东风重工、中信重工等项目。实施创新驱动战略，持续推进国家自主创新示范区建设，力争高新技术企业达 900 家、研发经费支出增长 20% 以上，规上高新技术产业产值增长 20%。启动建设“泉州科学城”，支持中科院海上丝绸之路时间中心建设大科学装置、时空大数据产业园，开工中科院大学智能制造学院，再引进 1—2 家“国字号”研发机构。用好国家军民两用技术交易平台，推动军民融合产业加快发展。加快数字经济发展，深入实施数字泉州建设三年行动，组织实施 44 个重点项目。深化“泉企上云”工程，新增“上云上平台”企业 1000 家，在传统优势产业领域整合提升若干个工业互联网示范平台，扶持发展一批软件、大数据、信息服务等产业龙头企业，培育泉州软件园、EC 产业园等 10 个左右数字经济示范园区。完善数字基础设施，启动工业互联网标识解析二级节点建设，设立 5G 基站 1 万个以上，打造 5G 移动 + 光纤宽带“双千兆”城市。

三、建筑业

开展“项目攻坚 2020”，全年实施在建重点项目 482 个、总投资 8352 亿元，力争开工 90 个、竣工 90 个。攻坚基础设施补短板工程，实施综合交通、电力能源、市政设施、农林水利等领域重点项目 206 个，年度投资 452 亿元、增长 13%，扭转基础设施投资放缓态势。攻坚产业项目招商，梳理对接 20 个以上总投资超 20 亿元的大项目、好项目，动态推动 100 个重点外资项目履约到资。加快推进与海丝沿线互联互通，抓好石井 16# – 17#、石湖 5# – 6#、斗尾 7#等泊位码头建设；启动泉州晋江国际机场扩能改造工程。加快环湾核心区建设，抓好重点片区城市设计，加快北峰丰州西华洋、东海后埔、后渚、江南、城东南滨江、晋东等片区开发改造，提升两江入海口展示面。加快古城“七个一”示范工程建设，抓好龙头山文化中心、闽南传统文化研学基地等项目，有序推进古街巷微改造。抓好九十九溪、蚶江湿地公园等项目建设，持续开展城乡重要通道绿化改造提升；每个县（市、区）新建 1 个以上面积不小于 90 亩的城市综合性公园，新建改造 10 个以上面积不小于 500 平方米的社区公园、口袋公园，全市新建改造公园绿地面积 100 公顷以上。加快中环城路建设，确保城东至北峰通道通车，抓紧优化鲤城站前大道南延至池峰路、晋江世纪大道北延至池峰路的路段设计；力争开工泉州大桥拓改工程，加快轨道交通、洛阳江大桥拓改以及东海、百崎、金屿通道工程等项目前期。构建一重环湾快速通道，加快打通晋江西滨路至石狮大道段。构建中心市区至县域市政大道，往西力争开工建设武荣大桥，加快打通江滨南路旧金鸡桥闸段，改造完成省道 307 线及其连接的县道 335 复线。

四、服务业

推动第三产业提质扩量，滚动实施服务业百大项目，建成 15 个以上。深化国家级服务型制造示范城市建设，出台实施快递集聚布局规划，加快建设一批快递区域总部、分拨中心和快递产业园，开工中国物流泉州综合园、顺丰创新产业园，培育无车承运人公共服务平台；扶持发展总部经济、工业设计、网络批发、会展经济等业态。推动文化旅游融合发展，深入实施“一社一游一点”提升工程，抓好晋江梧林古村落、台商区八仙过海、安溪云岭茶业庄园、德化石牛山等项目开放运营，串好旅游景点线路，讲好泉州故事，力争全市旅游总收入增长 20%。大力促进消费增长，深入推进放心消费行动，实施商业设施、农贸市场改造提升工程，支持县（市、区）培育精品商圈、时尚街区、夜间经济示范区和主题展会。深入实施制造业贷款增量增速提升工程，推动银税互动、云电贷等增户扩面，大力发展供应链金融，全年增存 450 亿元、增贷 700 亿元；设立创新创业创造投资基金、科技成果转化基金，支持建设海丝基金小镇，新增上市公司 3—5 家。

（摘编：陈建闽）

2019 年三明市发展概况

2019 年深入学习贯彻习近平新时代中国特色社会主义思想和党的十九大、十九届二中、三中、四中全会精神，认真贯彻落实习近平总书记在参加十三届全国人大二次会议福建代表团审议时的重要讲话精神，按照省委省政府和市委决策部署，做实“四篇文章”、推进“四个着力”、深化“五比五晒”，经济持续稳中向好、社会保持和谐稳定。初步统计，全市生产总值 2570 亿元左右，增长 7.8%—8.0%；规模以上工业增加值增长 8.8%；一般公共预算收入 168.41 亿元，增长 1.63%；地方一般公共预算收入 107.76 亿元，增长 0.11%；固定资产投资增长 9.5%；外贸出口 169.5 亿元，增长 3%；社会消费品零售总额 649 亿元，增长 10.2%；城镇居民人均可支配收入 37825 元，增长 8.5%；农村居民人均可支配收入 18178 元，增长 9.5%；居民消费价格总水平上涨 2.6%。永安保持福建省县域经济发展“十强”县（市），清流、建宁、宁化进入福建省县域经济发展“十佳”县，沙县成为全省县域集成改革试点县，泰宁入选全国旅游发展典型案例。

农　业

着力发展特色农业，高优粮食、绿色林业、精致园艺、生态养殖、现代烟草等五大特色现代农业产业实现产值 1550 亿元、增长 10.7%，新增“三品一标”农产品 63 个，连续 21 年实现全市耕地占补平衡，粮食安全省长责任制考核连续 3 年获省政府通报表扬，泰宁获评国家农产品质量安全县。加快发展一批特色乡村，7 个县（市）、12 个乡镇、110 个村纳入省级乡村振兴试点示范，启动沙县夏茂镇、将乐高唐镇乡村振兴综合试验示范乡镇建设；加快实施“一革命五行动”，全市乡镇生活污水处理设施、行政村垃圾处理常态机制均实现全覆盖，农村户厕无害化普及率 92.7%，建成“四好”农村路 247 公里，改善农村公路通行条件 1179 公里，全省乡村生态振兴现场会在三明市召开。尤溪洋中镇省级“小城市”改革试点和 5 个省级特色小镇建设持续推进。闽江流域山水林田湖草生态保护修复试点项目建设有序推进，持续深化河湖长制，率先在全省开展钢铁烧结机脱硝试点，完成国土绿化和森林经营面积 222.1 万亩、治理水土流失面积 53.8 万亩。

工　业

百亿龙头企业“金娃娃”培育工作成效良好，三钢集团位列 2019 中国企业 500 强第 311 位、福建制造业百强企业第 3 位，福建一建集团进入 2019 福建百强企业和福建服务业百强企业榜单、首次荣获中国建设工程鲁班奖，福建金牛水泥进入福建民营企业百强榜单。明溪生物医药、将乐轻合金、尤溪纺织、大田机械铸造等特色产业持续壮大。做实老工业基地文章，实施百亿龙头企业、千亿主导产业行动计划，实施“一业一策”“一企一策”，制定出台支持钢铁与装备制造、新材料、文旅康养、特色现代农业四个主导产业加快发展“一业一策”政策措施，与三钢、厦钨等 99 家龙头企业分别签订“一企一策”扶持政策，钢铁与装备制造、新材料产业增加值分别增长 8.9%、18.1%，全市新入规模以上工业企业 96 家；强化科技创新支撑，制定出台《三明市进一步加快人才集聚若干措施》和《进一步推进三明市农科院加快创新发展十条措施》，三明市特色的机械科学研究总院海西分院、氟化工产业技术研究院、石墨烯研究院、新能源产业技术研究院、中国医药工业研究总院三明分院、三明农科院六大科技研发平台建设成效良好，北京石墨烯研究院福建产学研协同创新中心在三明市挂牌成立，获评4家省级院士专家工作站，全市新认定国家高新技术企业46家，高技术产业增加值增长15.8%。全力推动市区产业强起来，加强9个专业特色工业园区建设，151个市区经济重点项目有76个开工建设、54个建成或部分建成，完成投资108.4亿元，市区GDP、工业增加值、地方公共财政收入占全市比重持续提高。组织开展重点产业招商引资专项行动，出台《重点产业招商引资专项工作方案》《三明市招商引资项目引荐人奖励办法》，组建驻外招商联络组，建立专班推进重中之重招商项目工作机制，开展闽西南、珠三角、京津冀、上海等八场专项招商活动，全年新增签约项目1032个、总投资1412亿元。

建筑业

计划总投资277亿元的莆炎高速永泰梧桐至尤溪中仙段具备通车条件、尤溪中仙至建宁里心段加快建设，计划总投资166亿元的兴泉铁路三明段、计划总投资84.18亿元的浦梅铁路三明段顺利推进。计划总投资105亿元的三钢集团转型升级项目有10个建成投产，其中总投资18亿元的三钢闽光云商平台2019年销售额突破400亿元；计划总投资35.7亿元的厦钨新能源项目三期、计划总投资31亿元的三化氟化工项目一期、计划总投资17.2亿元的明一乳业乳制品加工项目、计划总投资12.2亿元的翔丰华项目二期、计划总投资10亿元的三农氟化工项目二期等建成投产或部分投产；计划总投资30亿元的科顺新型防水材料一期、计划总投资11亿元的中科再生金属等项目落地开工。2019年度48个、总投资51.19亿元的“城市双修”项目建设进展顺利，沙溪沿河两岸21公里公共自行车道基本形成闭环，贵溪洋生态湿地公园启动建设，城市建成区路网密度达8.26公里/平方公里、提前2年达到省定目标，市区后山10个地质灾害点整治有序推进，实施12个老旧小区微改造，推进市区51个拆墙透绿工程和道路、供排水、照明等基础设施更新提升，劲松路和育才路绿道连接线、市区沙溪两岸河滩地整治、仙人谷植物园、列东污水处理厂搬迁扩建等一批项目建成。市完成棚户区改造2057套。全实施教育补短板项目70个，新增中小学学位5090个、幼儿园学位6570个。实施医疗卫生补短板项目68个，新增床位360张，新建居家养老服务照料中心24个、农村幸福院80个。市中西医结合医院医技病房综合楼、市妇幼保健院综合大楼改造等项目投入使用，闽西北区域医疗中心启动实施。全市新增停车泊位5779个、新（改）建公厕159座、整治农贸市场23座、治理背街小巷132条、治理物业管理难小区51个。积极融入闽西南协同发展区建设，18个重大协同项目完成投资95.65亿元，泉三高端装备产业园签约项目28个、总投资71亿元，厦明火炬新材料产业园签约项目6个、总投资21.8亿元。

服务业

做实绿色生态文章，大力发展文旅康养产业，制定出台《三明市发展全域森林康养产业的意见》，赴厦门、上海开展文旅康养专场招商推介，成功举办森林康养产业发展论坛，与北京林业大学、省林业局签署森林康养合作框架协议，绿都四季行持续开展，全市游客接待量和旅游总收入分别增长17%、25%。打好金融风险防范攻坚战，“一企一策”推进重点信贷风险化解，全市不良贷款率降到1.3%以下、为近五年最低，全市贷款余额突破1500亿元，争取地方政府债券资金62.04亿元，地方政府债务控制在省定限额范围内。对外开放持续深化，成功举办第15届林博会，积极推动明台交流，主动融入海丝核心区建设，复制推广福建自贸区第六批创新成果11项，创新“单一窗口”出口信保服务机制，出口“一带一路”沿线国家和地区50亿元、占全市出口总额29.6%。认真办理市人大代表建议233件、市政协提案275件。深化“放管服”改革，深入开展“六最”营商环境对标活动，取消、下放市直部门行政许可或公共服务事项18项、46项，房建市政、交通、水利工程项目审批时间压缩至90个工作日以内，不动产登记业务办理时限压缩至5个工作日，企业开办时间压缩至3.5个工作日，“一趟不用跑”和“最多跑一趟”事项达1173项，占审批和服务事项92.58%，共有工程建设项目审批时间、不动产登记办理时间、进出口整体通关时间、获得用水时间等18个对标项目全省最优。建立政务服务“好差评”制度，“e三明”连接网上便民服务事项94项，开通全程网办事项36项，开通“随手拍”功能，注册用户55万。出台支持民营企业加快发展21条、金融服务实体经济12条措施，建立融资担保、涉金融案件企业“白名单”制度，帮助企业解决难题514项，落实减税降费19.53亿元，降低企业成本18.5亿元，清理拖欠民营企业中小企业账款3.7亿元。

2020年发展目标

2020年三明市以习近平新时代中国特色社会主义思想为指导，做实“四篇文章”、推进“四个着力”、深化“五比五晒”，加快建设“机制活、产业优、百姓富、生态美”的新三明，确保全面建成小康社会和“十三五”规划圆满收官。发展的主要预期目标是：地区生产总值增长7.5%左右；地方一般公共预算收入增长2%；固定资产投资增长8%；外贸出口增长3%；实际利用外商直接投资增长3%；社会消费品零售总额增长10%；居民消费价格涨幅3%左右；城镇登记失业率控制在4.2%以内；城镇居民人均可支配收入增长8.5%，农村居民人均可支配收入增长9.5%；完成节能减排降碳目标。

一、农业

着力发展乡村特色产业，做强做优高优粮食、绿色林业、精致园艺、生态养殖、现代烟草五大特色现代农业产业，争创国家级农产品质量安全市、国家级现代种业产业园，力争新建优质农产品标准化示范基地40个、新增“三品一标”农产品40个，加快恢复生猪生产，扎实做好非洲猪瘟防控，坚守耕地红线，落实耕地保护目标责任制和粮食安全责任制，稳定粮食生产面积240万亩；积极发展农业生产性服务业，培育一批休闲观光、文化旅游、民宿餐饮等新产业新业态，加快发展农村电子商务和快递业务，推动一、二、三产业融合发展。着力改善农村人居环境，继续实施农村人居环境整治三年行动，抓好“一革命五行动”，突出“两高”沿线环境综合整治，加快农村公路提档升级、水利等设施建设，抓好历史文化名镇名村、传统村落、民族特色村的保护和传承，打造一批“望得见山、看得见水、记得住乡愁”的美丽乡村。着力培育新型职业农民，引导外出农民工、退伍军人、大中专毕业生返乡创业创新，打造科技特派员工作升级版，鼓励各类科技人才投身乡村振兴。着力强化试点先行示范，继续抓好12个省级乡村振兴特色乡镇、110个省级乡村振兴试点村建设，全面推进沙县夏茂镇、将乐高唐镇乡村振兴综合试验示范乡镇创建工作，推动更多乡镇争创省级乡村振兴重点特色乡镇。

二、工业

进一步推进老工业基地转型升级，落实落细“一企一策”“一业一策”措施，继续支持三钢集团加快成长为千亿企业集团和厦钨新能源、福建一建集团等9家企业加快发展为百亿龙头企业，力争主营收入超10亿元企业达57家；着力推动钢铁和装备制造产业提质增效，加快三钢新增200万吨产能置换、克劳斯玛菲高端注塑机等项目建设，持续引进一批装备制造、模具加工、汽车零部件生产等相关产业；推动新材料产业倍增发展，加强矿产资源整合，着力推动石墨产业向高端石墨和石墨烯应用产品链拓展，稀土产业加快突破分离指标瓶颈，氟新材料产业加强市内企业分工协作，争创国家氟新材料创新基地；加快创新型城市建设，继续抓好抓实六大科技研发平台，全面落实《三明市进一步加快人才集聚若干措施》，探索人才“编制池”做法，实施“双高”培育工程，新增高新技术企业20家以上、高成长培育企业30家以上。进一步做强市区产业，提升9个专业特色工业园区和泉三高端装备产业园、厦明火炬新材料产业园两个共建园区建设水平，推进开发区体制机制创新，建成投产信息产业园车载模组、台氟科技等项目。突出真招商招真商，坚持既合算又合规，强化市县联动招商、“一把手”招商、产业链招商、集群招商等机制，更好发挥驻外办、驻外商会、沪明乡亲联谊会、招商顾问等作用，持续加强央企、省企、民企、外企对接，推动国家开发投资集团循环经济产业园、中国通用集团竹天丝等一批合作项目加快落地，力争全年签约项目投资总额达1200亿元。主动对接海丝核心区建设，大力支持钢铁、工程机械、汽车、纺织、林竹、种业等优势产能产品和龙头企业“走出去”，培育进出口规模超亿元企业10家以上。

三、建筑业

推动项目集中开竣工，实施市级以上重点项目310个，统筹抓好一批新增长点、投资拉动点和服务业重点项目，持续跟进三明核电、抽水蓄能发电、入明高铁等重大项目前期工作，精心组织“十四五”规划编制和重点项目谋划，力争全市新增“五个一批”项目1500个以上。进一步做美市区环境，持续深化“城市双修”，加快推进贵溪洋生态湿地公园、麒麟山绿道连接线、餐厨垃圾处置等项目建设，开展23个老旧小区微改造和37个拆墙透绿工程，完成军分区后山、新亭路等市区东侧后山地灾隐患点治理，新增公共停车泊位900个以上、新建改造农贸市场10个以上，扩大小区物业管理覆盖面，加大市区垃圾分类推进力度。进一步做优市区公共服务，推进沪明小学、三元区新东霞小学等8个市区教育补短板项目今年秋季投入使用，探索推行市区小学积分制入学制度，持续打造市区优质教育高地；加快闽西北区域医疗中心建设，着力推进特色专科建设，不断提升市区医疗服务水平。进一步做大市区空间，加大力度推进市区与沙县同城化，持续推进市区与永安一体化，加快北部新城、南部新城开发和徐碧旧村、荆东片区旧城改造提升，统筹抓好洋溪、陈大、莘口、岩前、贡川等市区周边小城镇开发建设；持续把生态新城作为市区未来发展的重要载体，加快推进生态新城康养城、市第一医院生态新城分院、市委党校迁建、国家级研学实践教育营地等项目建设，积极争取国家级举重训练基地落户。

四、服务业

加快推进万寿岩—格氏栲创国家4A级景区、三明郊野国家地质公园综合开发、三钢工业旅游景区提升等项目建设，打造市区特色商圈，培育城市“夜经济”。进一步发挥绿色生态优势，大力发展全域旅游和森林康养等产业，加快推进三明和泰宁、尤溪全国森林康养基地试点和市级森林康养示范基地建设，策划推出一批特色旅游精品，打响“中国绿都·最氧三明”品牌。做实财税金融工作，落实财源培植20条措施，强化项目融资服务，支持企业通过上市、发债扩大直接融资规模，年内新增信贷150亿元以上、新增企业发债15亿元以上。发挥消费基础作用，抓好规模以上服务业培育工作，进一步优化城乡消费环境，促进消费转型升级。推进绿色金融改革，从“绿色贷款、绿色基金、绿色保险、绿色债券”四位一体进行全面创新，争创国家绿色金融改革创新试验区。深化市属国企改革发展，健全完善国有企业薪酬、决策和人事管理等制度，推进股权多元化和混合所有制改革，做强做优做大国有资本。深化林权制度改革，推广“按揭贷”“福林贷”等林业普惠性贷款，探索林业“投保贷”一体化，推进“林票”制度改革，促进林业资源资本化。全面落实农村集体土地承包关系“两不变一稳定”政策，积极稳妥开展农村土地“三权分置”改革，推动土地、林地经营权有序流转，形成多种经营形式并存的格局。以更高水平扩大对外开放，进一步抓好福建自贸区创新成果的复制推广，加快推动三明陆地港与福州、厦门等区域通关一体化合作，进一步压缩通关时间，做好A类保税物流中心、空港临时口岸等项目前期工作，打造自贸区“外溢效应”重要承接地。全面落实国家放宽市场准入举措和省上有效利用外资20条措施，积极对接台湾百大企业、行业龙头企业，密切与港澳台、海外华侨华人及社团的联系，加强与国外友城交流合作，拓展国际交往新格局，办好第16届林博会，用好三明台湾青年创业基地、清流台湾农民创业园等平台，吸引更多港澳台同胞和海外侨胞来明创业、兴业、就业。

（摘编：朱明清）

2019 年莆田市发展概况

2019 年莆田市深入学习贯彻习近平新时代中国特色社会主义思想、党的十九大和十九届二中、三中、四中全会精神，认真贯彻落实习近平总书记在参加十三届全国人大二次会议福建代表团审议时的重要讲话精神和治理木兰溪的重要理念，全面落实党中央国务院、省委省政府和市委决策部署，坚持稳中求进工作总基调，坚持新发展理念，深化供给侧结构性改革，打好三大攻坚战，扎实做好“六稳”工作，奋力推进高质量发展落实赶超，较好完成了年初确定的目标任务。初步统计，地区生产总值 2613 亿元、增长 8.1%；一般公共预算总收入 226.39 亿元、增长 0.2%，地方一般公共预算收入 143.12 亿元、增长 1.5%；固定资产投资增长 9%；社会消费品零售总额 845 亿元、增长 10.7%；外贸出口总额 224 亿元、与上年持平；实际利用外资 9 亿元、增长 65.1%；居民人均可支配收入 3.04 万元、增长 8.8%；城镇登记失业率 1.82%；居民消费价格指数 3% 以内。

农　业

践行习近平总书记治理木兰溪的重要理念，编制《木兰溪流域水污染防治规划》，落实《莆田市东圳库区水环境保护条例》，全面排查整治入河排水口，木兰溪 9 条省控主要汇水小流域Ⅰ—Ⅲ类水质比例由 55.6% 提升至 77.8%，木兰溪园头桥站获选全国首批“最美水站”，莆田荣获全国第三批城市黑臭水体治理示范城市、国家蓝色海湾整治项目城市。大气污染热点网格监管模式获评全国十佳“2019 年度智慧环保创新案例”，优良天数比例由 89.9% 提高至 97.8%。坚决抓好中央生态环保督察整改，工艺全国先进的工业固废处置项目建成投用，一批群众反映强烈的违建项目、违规砖厂、餐饮油烟污水等问题得到有效解决。

工　业

全面加快产业转型升级。出台园区高质量发展 9 条措施，实施园区改造提升“十个一”工程；成立北理工东南信息技术研究院，搭建中电工业互联网研究院、黑马莆田分院、莆商领袖商学院、鞋业创新服务中心等创新载体，设立中国家具品牌集群联合秘书处，新认定国家级高新技术企业 37 家、省科技小巨人领军企业 4 家，R&D 投入占比提高至 1.23%，“一实一虚”平台不断夯实。新兴产业规模迅速扩大，上市公司合力泰总部迁驻莆田，华佳彩高新面板、上海电气、HDT 高效太阳能、元生智汇等产能加速释放，CPL 一期、PA6 二期等项目实现投产，杰木科技、绿色纤维产业园等一批好项目势头良好，新型功能材料集群入围国家战略性新兴产业集群，电子信息、高端装备规上产值分别增长 15%、20%。平台经济蓬勃发展，成为全省唯一平台经济示范区，先行出台 10 条帮扶措施，率先开通集群服务系统，建立“白名单”制度，56 家平台企业累计交易额超 1000 亿元、税收超 10 亿元；新业态新模式不断涌现，世界级工业观光旅游区落户雪津啤酒小镇，京东全球工艺美术品交易平台落户仙作工艺小镇，全省首家珠宝行业淘宝直播基地落户上塘。

建筑业

积极融入闽东北协同发展区，高起点规划建设三大片区，巩固提升全国文明城市成果。城市功能配套更加完善，福莆宁城际铁路F2线控制性工程开工建设，壶公路一期、滨溪北路等市政道路竣工投用，东南沿海最大的40万吨级铁矿石码头建成投用，一批断头路顺利打通，新改扩建城市道路62公里，新增人行天桥6座；玉湖公园、绶溪公园二期启动区基本建成，新建绿道40公里、口袋公园36个，实现城区“300米见绿、500米见园”；建成全域公共自行车系统，骑行量突破2600万人次，群众出行更加绿色便捷；城市规划展示馆建成开馆。城市更新改造有序推进，实施历史文化街区、传统建筑、传统村落修缮整治工程，新增中国传统村落2处，建成棚改5909套，改造提升11个老旧小区。乡村人居环境不断提升，“百村示范”及12个示范区（带）加快建设，新改建城乡公厕196座、农村三格化粪池6.97万户，乡镇污水处理设施实现全覆盖。

服务业

把稳增长摆在更加突出的位置，与企业同舟共济、砥砺前行，出台稳鞋企促升级新10条、稳外贸15条等惠企政策，建立鞋企“白名单”“莆田亲企云”“百名干部挂百企”、行业微信群等制度，建设普惠金融信息服务平台，设立20亿元产业投资基金，兑现减税降费29亿元，规上工业利润总额增长20%，占工业产值四分之一的鞋业逆势上扬，产值增长10%以上，带动全市工业产值增长9%左右。把扩大内需作为稳大盘的重要举措，新增债券额度78.97亿元，新增“五个一批”项目1000个，先进制造业投资增长20%、技改投资增长26%；出台激发居民消费潜力6条措施，改造提升一批专业市场和传统商圈，大力发展新零售新业态，网络商品零售额增长16%以上。守住金融风险防控底线，健全防范化解政府隐性债务风险的制度与政策体系，政府性债务规模、债务率实现双下降；处置不良贷款成效显著，全市不良率降至2%以内。坚持把改革开放作为推动发展的关键一招，统筹推进重点领域改革，在全国首创“自己‘批’、网上办”开卷式审批服务模式，96%审批服务事项实现“一趟不用跑”“最多跑一趟”，在全国率先推行食品药品“证照同办”审批改革；荣获全国第二批社会信用体系建设示范城市，信用监测排名从第223位提升至第16位；成立8家混合所有制企业，推动民营资本参与市属国企改革发展；完成企业化管理事业单位改革。对外开放步伐加快，开通对台商贸海运航线，成功实现对台铁矿石保税和海上直航常态化，第二届“一带一路”电子商务国际合作高峰论坛、第四届中国电商讲师大赛全国总决赛成功举办，跨境电商通关服务平台成立运营。积极探索海峡两岸融合发展新路，成功举办海峡论坛·妈祖文化活动周、纪念妈祖信俗列入世界非物质文化遗产10周年和台湾渔船直航湄洲30周年等活动，设立大陆首家台胞医保服务中心，新增创业就业和实习实训台胞505人、台企24家。

2020年发展目标

2020年是全面建成小康社会和“十三五”规划收官之年，既是决胜期，也是攻坚期。莆田市工作的总体要求是：以习近平新时代中国特色社会主义思想为指导，全面贯彻党的十九大和十九届二中、三中、四中全会精神，坚决贯彻党的基本理论、基本路线、基本方略，深入贯彻习近平总书记对福建工作的重要讲话重要指示批示精神和治理木兰溪的重要理念，增强“四个意识”、坚定“四个自信”、做到“两个维护”，紧扣全面建成小康社会目标任务，坚持稳中求进工作总基调，坚持新发展理念，坚持以供给侧结构性改革为主线，坚持以改革开放为动力，突出开放招商、强化项目带动，扎实推动高质量发展落实赶超，坚决打赢三大攻坚战，全面做好“六稳”工作，统筹推进稳增长、促改革、调结构、惠民生、防风险、保稳定，保持经济运行在合理区间，努力在营造良好发展环境、推动两岸融合发展、做好老区脱贫奔小康工作上奋力先行，加快建设美丽莆田，确保全面建成小康社会和“十三五”规划圆满收官，得到人民认可、经得起历史检验。主要目标是：地区生产总值增长8%左右，规上工业增加值增长8.5%；一般公共预算总收入增长2.5%，地方一般公共预算收入增长2%；固定资产投资增长9%；进出口增长3%，实际利用外资增长5%；

社会消费品零售总额增长11.5%，居民消费价格总水平涨幅3%左右；R&D投入增长20%；城镇登记失业率3%以内；城乡居民人均可支配收入增长9%；完成节能减排降碳目标。

一、农业

培育现代农业新优势。坚决守住耕地红线，推进高标准农田建设，大力实施粮食安全工程，确保农产品有效供给。做大做强优势特色农业，建设16个优质农产品标准化示范基地，建成15个农产品商品化处理中心，新增10个“三品一标”农产品，培育15个“一村一品”特色产业示范村。因地制宜新建一批规模化标准猪场，保障生猪供应。推动海水养殖业转型升级，发展远洋渔业，建设以南日岛海上田园综合体为核心，集远洋捕捞、靠泊装卸、冷链物流等多功能于一体的现代海洋渔业综合开发示范区。加快发展民宿经济、文创旅游、养生健康、运动休闲等新业态，推动农村一、二、三产业深度融合。激发农村改革新活力。深入实施科技特派员制度，进一步壮大科技特派员队伍，把创新的动能扩散到田间地头。全面开展农村全域土地综合整治，推进农田集中连片、建设用地集中集聚、空间形态高效集约。全面推进农村宅基地及住房确权登记，开展宅基地和农民房屋使用权适度放活试点。深化农村集体资产股份制改革，健全农村产权交易服务机制。创新“+互联网”乡村服务模式，线上打造乡村振兴综合服务平台，线下建设一批乡村邻里服务中心，推动更多资源要素向乡村流动。建设美丽乡村升级版。深入开展“一革命四行动”，全面完成农村人居环境综合整治三年行动各项任务。新建城乡公厕136座、旅游厕所50座。推动“绿盈乡村”创建，加快农村生活污水管网建设，建设三格化粪池7万户，推进农村污水有效收集、终端处理、湿地回用。推动农村生活垃圾“干湿”分类，健全城乡一体化生活垃圾收运处置体系。争创一批国家卫生县城（乡镇）和省级卫生乡镇、村（社区）。完成植树造林和森林经营15万亩。提升铁路和高速公路沿线环境整治水平。建设“四好”农村路，新改建农村公路50公里。

二、工业

加快制造业高质量发展。以优势龙头企业为牵引，强化产业链招商，组织实施30个重点项目、培育壮大10个龙头企业、建设10个示范工程，推动新一代信息技术、现代新能源、医疗健康、化工新材料、高端装备等战略性新兴产业提速发展，打造国家新能源产业创新示范区、5G产业制造基地、3C产业园、高端医械制造基地、国际绿色涂料城等。开展新一轮技改专项行动，实施50项省级重点技改项目、100项市级重点技改项目，在鞋服、工艺美术、食品加工等领域加快推进“机器换工”、数字化技术及装备深度应用，打造10家以上智能制造示范企业。实施“三品”战略，强化个性化品牌和区域品牌建设，打造莆田智造新名片。积极发展大数据、人工智能、卫星应用、5G、区块链等技术和产业，建设东南工业互联网应用推广中心、东南算力产业园、中国数字传媒基地。推进园区高质量发展。以“一国五省”6个园区为主体，明确产业主攻方向，整合园区各类资源，实施“亩均论英雄”行动，多措并举，大力盘活低效用地和闲置空间，实现园区亩均税收和增加值分别增长10%以上；创新园区运营和投融资机制，设立园区发展基金，用足管好园区基础设施专项债；全面完成“十个一”工程，实现“办事不出区、产业配套齐、创新动能强、创业空间足、居住条件好、生活配套全、就学就医优”目标，让园区成为高质量发展的主战场，让主战场享有高质量的公共服务。高标准建设特色小镇，提升产业集聚能力和运营水平，创新与工业园区、产业互联网平台的联动发展模式，使小镇产业更特、成色更足。

三、建筑业

重点推进新建福厦铁路、福莆宁城际铁路F2线、沈海高速扩容二期、江涵大桥等重大基础设施互联互通项目，着力在产业配套协作、生态保护联防联治、公共服务共建共享等方面取得实质性进展。编制国土空间规划，科学划定“三区三线”，推动城市发展从增量建设为主转向存量提质改造与增量结构调整并重，从“有没有”转向“好不好”。深入实施“东拓南进西联北优”发展战略，“东拓”以大学城片区为依托，打造新型产业科创研发中心，推动创意孵化、智能制造、商务办公等协同布局。“南进”以高铁片区为枢纽，打造区域会展中心，推动教育培训、医疗健康、商贸物流等协同布局。“西联”以木兰片区为引领，打造沿木兰溪“新经济走廊”，带动仙游城区功能优化。“北优”以城区西北山脉为重点，加快山水生态修复和森林公园建设，提高城市宜居度。建成木兰大道一期、纵三线等城市对外交通干道，加快建设木兰大道三期、八二一街南伸、文献路东拓、九华路东伸等城市主次干道和高铁站综合交通枢纽工程，新改扩建城市道路60公里。挖掘利用公共交通资源，优化道路交通微循环，完善公共自行车站点系统，新建人行天桥6座，新增公共停车泊位5000个以上。加快绶溪公园二期、儿童公园、木兰陂世遗公园、会展中心酒店、喜来登酒店、香格里拉酒店等服务设施建设。认真实施《莆田市城市生态绿心保护条例》，持续开展园林绿化提升行动，加快迎宾大道、城港大道两侧绿道建设，新建口袋公园35个，新增公园绿地70公顷、绿道40公里。大力推进海绵城市建设，实施城镇污水处理提质增效行动，新改建城镇污水管网60公里。

四、服务业

推动服务业高质量发展。整合提升物流园区，发展智慧物流、智慧仓储、共享仓储等现代物流业。培育壮大会展经济，完善会展中心周边配套服务，举办国际化、专业化会展。建好跨境通电商中心、京东数字经济产业园、上塘直播基地，搭建网红直播平台、电商交流合作高端平台，推动电子商务发展模式创新、规模壮大。引导重点企业工贸分离，实现销售额100亿元；大力引进总部型企业，实现总部经济营业额100亿元；积极发展商圈经济，新增限上商贸业、规上服务业企业300家。充分利用现有公建设施，叠加文化娱乐体育元素，植入商业新模式新业态，点亮“夜莆田”。推动文旅产业融合发展，以湄洲岛为龙头，以妈祖文化、特色民俗、工艺鉴赏等为品牌，策划十大旅游精品线路，开发十大“莆田好礼”，举办“莆田元宵一月欢腾”等活动，全力支持湄洲岛创成国家5A级旅游景区，接待游客量、旅游总收入分别增长20%以上。做大做强平台经济示范区。推进大数据、人工智能、区块链技术应用，跨界整合要素，引导交叉赋能，促进裂变聚变，实现年交易额突破2000亿元。落实落细配套政策，积极争取国家电子发票试点，壮大物泊科技、豆讯、智慧U站、药械网等29家“白名单”平台，争取年纳税亿元以上平台突破10家，年纳税总额20亿元左右。成立平台经济发展专项资金和行业引导基金，推动金融机构创新产品，更加全面便捷高效地服务平台发展。发挥平台引流功能，落地一批区域总部、结算中心，把“流量”经济转化为“留量”经济，让平台经济成为高质量发展的新引擎。推动港口高质量发展。整合港口资源，优化港口布局，强化分工合作，推动湾区“港产城创”一体建设。加强现代信息技术与港口发展深度融合，促进港口与供应链上下游互联互通，提升港口信息服务与协同创新能力，打造现代化“数字港口”。积极融入“丝路海运联盟”，加强与江西、湖南、台湾和海丝沿线港口城市的深度合作，打造联接内陆公铁货运体系与远洋运输体系的枢纽。发挥物泊科技等新型资源配置平台的带动作用，建设东南铁矿石大宗散货交易中心，争取设立大宗商品交易所铁矿石期货交割库，发展转口贸易、出口贸易和期货贸易。大力实施海丝核心区提升行动，成立丝路电商创新服务中心，打通跨境贸易快速化、便利化通道，支持企业在境外设立海外仓、保税库，大力发展外贸新业态和新兴服务贸易，培育外贸竞争新优势。全面贯彻外商投资法及配套法规，完善招商服务机制，提高使用外资质量，新增外商投资企业50家以上。做好外事、港澳和侨务工作，增进经贸合作与人文交流。加快建设湄洲岛轮渡第二通道、对台客滚直航等重大联通项目。积极争取国家特许政策，大力引进台湾医疗人才，落地一批产业项目，全力打造海峡两岸生技和医疗健康产业合作区。

（摘编：陈建闽）

2019年南平市发展概况

2019年南平市坚持以习近平新时代中国特色社会主义思想为指导，深入贯彻习近平总书记对福建、对南平工作的重要讲话和指示批示精神，打好三大攻坚战，落实“六稳”工作要求和省委“三四八”机制，深化“四比六促”“项目提升年”活动，加快绿色发展推动高质量发展落实赶超，富美新南平建设迈出了新步伐。全市生产总值可突破1980亿元，同口径增长约7%；一般公共预算总收入149.1亿元、增长1%；地方一般公共预算收入96.2亿元、增长1.8%；固定资产投资增长5%；外贸出口118.3亿元、增长5.2%，实际利用外资5.5亿元；社会消费品零售总额728亿元、增长10.3%；城镇居民、农村居民人均可支配收入3.5万元、1.7万元，分别增长8.1%、8.6%。节能减排降碳完成年度目标。

农　业

现代绿色农业逐步做强，加快推进国家农业可持续发展试验示范区建设，不断加大“五节一循环模式”示范推广力度，深入实施“五百工程”，新增省级农业产业化重点龙头企业29家、“三品一标”农产品26个、农产品初加工中心30个、优质农产品示范基地47个、省级“一村一品”示范村54个。圣农白羽肉鸡祖代鸡培育取得重大突破，完全实现国产化。聚力乡村振兴，“三农”工作加快推进。开展“机关联乡村、党建促振兴”活动，实施“十大工程”，成立振兴乡村基金，打造“1带N点”示范模式，126个乡村振兴示范村、21个民企带村共建村和3个圆梦村示范加快推进，新增国家级农业产业强镇2个、全国乡村旅游重点村1个、省首批“金牌旅游村”4个。突出精准脱贫，开展市县乡三级领导干部住村蹲点调研，解决了一批老区苏区脱贫奔小康问题；持续开展医疗扶贫慈善救助、“百企帮百村”等活动，圣农以“公司+村办企业+农户”模式有效助推扶贫；实施“五个一百”示范带动工程，创新运用“七销扶贫”形式，推动贫困群众的产品变商品、收成变收入，顺昌、浦城和松溪脱贫摘帽，政和达到脱贫退出标准，贫困村全部脱贫出列，建档立卡贫困户全部脱贫。开展人居环境整治大会战，新建改造乡村公厕478座、三格化粪池3.5万户，拆除乱建乱搭9.6万平方米、整治农房2.9万栋，基本实现乡镇污水处理设施全覆盖，36个高铁沿线村环境综合整治扎实推进。改善农村生产生活条件，治理水土流失39.6万亩，连续20年实现耕地占补平衡，解决4.2万人的农村饮水安全问题，新改建农村公路351公里，松溪获评“四好农村路”全国示范县。积极应对多轮暴雨洪水灾害，发扬不畏艰险、连续作战的精神，有效抵御雨带叠加、雨势凶猛的汛情，全力开展抗灾救灾和灾后恢复重建，转移安置受灾群众9.8万人次，灾后重建购房已签约136户、分散重建321户、集中重建144户，受灾群众实现温暖过冬。全面落实河湖长制，巩固畜禽养殖污染整治成果，境内3条主要河流水质状况优，16个集中式生活饮用水水源地水质达标率100%，森林覆盖率提升至78.29%。

工　业

先进制造业向高端化发展，3家企业被认定为国家绿色工厂，52家企业通过国家两化融合管理体系贯标评定，6家企业项目入选省级智能制造重点项目库，新增省级高成长培育企业36家、制造业单项冠军企业（产品）2家、“专精特新”中小企业18家。生物产业高位嫁接，成功推动新武夷制药、元力股份、青松股份与国内外知名企业开展战略合作，贤邦医药、圣维生物、光泽中药产业园等9个项目建成或部分建成投产，浦潭生物专业园加速发展。数字信息产业持续培育，编制完成人工智能产业发展规划，超200家企业入驻武夷智谷软件园，浪潮大数据、商汤科技等入园企业加快发展，数字信息产业增加值增长11%。项目集聚能力提升，按照“专业化、生态化、城市化”的要求，进一步完善园区基础设施和公共服务配套，闽北经济开发区入选国家首批双创特色载体，2个园区列入省第三批循环经济示范试点。清理整顿盘活闲置土地1.4万亩，全市省级工业园区平均工业用地固定资产投资强度增长18.6%，工业用地亩均税收增长27%。

建筑业

项目建设质效提升。深入开展“项目提升年”活动，新增“五个一批”项目2108个、总投资3422亿元，南平和4个县（市）分别获得全省“五个一批”项目正向激励综合考评奖励。坚持“市领导挂钩重大项目”“千名干部服务千个重点项目”机制，持续开展每月项目集中开竣工活动，69个在建赶超重大项目完成投资111亿元，328个省市在建重点项目完成投资410亿元，34个投资工程包完成投资135亿元，佳龙国际旅游度假区、建瓯利树循环经济能源岛、邵武永和新型环保制冷剂、顺昌浙商出口家具产业园、政和中国白茶城等97个重点项目开工建设，三元硅胶和生物质碳棒、建阳恒亮蛋鸡、松溪无纺布等重大产业项目建成投产。衢宁铁路进入铺轨阶段，武沙高速、温武吉铁路等重大前期项目取得突破性进展，顺邵高速建成通车，全市高速公路通车总里程达1045公里，持续保持全省第一。各县（市、区）持续做好市政基础、公共服务设施建设和景观风貌提升，新建改建城市道路140.7公里、绿道150.8公里、管网528.5公里，加快实施一批公共停车场、农超市场、城市公园等补短板项目，城市功能颜值显著提升，城市管理日趋精细，3个县（市）列入国家生态文明建设示范县（市）。

服务业

旅游产业竞争力提升，主动融入“全福游、有全福”，成功举办第三届旅发大会，开展“请到武夷来吃茶”“醉美武夷·向往的民宿”等活动，武夷山获批首批国家全域旅游示范区，新增四星级旅游饭店3家、四星级乡村旅游休闲集镇2个，旅游接待总人数5875万人次、增长17.7%，旅游总收入958亿元、增长21.3%。健康养生产业稳步发展，32个先行示范项目完成投资15.3亿元，光泽健康养老中心、松溪生态养老康复项目等开工建设，武夷山荣昌汇、建瓯百龄帮颐养中心、政和湖屯休闲健身项目竣工。文化创意产业更富活力，南平文化创意产业园、建阳考亭旅游文化度假区等项目加快推进，印象大红袍公司获全国文化企业30强提名，文化创意产业增加值增长14.7%。“三大创新”深入推进亮点纷呈。注重顶层设计，成功召开绿色发展研讨会、新时代生态文明治理现代化高峰论坛，凝聚专家和各方智慧，助推绿色发展。“武夷品牌”走出南平，探索“1+N”母子品牌运作模式，建立健全“武夷山水”品控体系，“武夷品牌”宣介活动在北京、上海、深圳成功举办，“武夷山水”连续两年在中国区域品牌联盟评选中位列前三。“生态银行”成效初显，推动自然资源全域化整合、市场化运作、多元化增值，形成顺昌“森林”、武夷山五夫“文化”、建阳“建盏”、延平巨口“古厝”等多种“生态银行”运作模式，并设立全省首家“林权+金融”模式的绿昌融资担保公司。“水美经济”拓展延伸，创新“商、居、文、体、游”一体的水岸经济模式，建设安全生态水系58公里，水美南平项目完成投资82.6亿元。水利部水规总院以南平为样板，编制《水美城市建设规划导则》，为全国推广制定标准。探索南台融合发展新路，落实“两个同等待遇”，积极推动南台绿色建筑、农业等领域行业标准采认；与台湾南投开展乌龙茶文化交流与合作，与台湾金门签订旅游战略合作协议，成立“同心公司”，共同打造两岸“同心同源”系列产品。主动融入“一带一路”海丝核心区、闽东北协同发展区建设，成功举办闽浙赣皖福州经济协作区第二十一次市长联席会，用好“武夷之友”平台，增进与台港澳青年间的交流。南平与韩国密阳市、北京市东城区缔结友好市（区）关系；武夷山与法国波尔多市、凯阳市在茶、酒、文化等领域开展全方位务实合作。推进武夷山航空口岸扩大开放，年出入境人数达7万余人、增长170%。持续实施文艺“五个一百”工程，“万里茶道”成功列入中国世界文化遗产预备名单，朱子祭祀大典启动申报国家级非遗，成功举办武夷山国际马拉松赛、中国龙舟公开赛、全国郊野钓鱼大赛等活动，10个县（市、区）全部列入第一批革命文物保护利用片区。

2020年发展目标

2020年南平市坚持以习近平新时代中国特色社会主义思想为指导，科学编制“十四五”规划，加快建设“机制活、产业优、百姓富、生态美”新南平，确保全面建成小康社会和“十三五”规划圆满收官，得到人民认可、经得起历史检验。发展的主要预期目标：全市生产总值增长7—7.5%；一般公共预算总收入增长3%，地方一般公共预算收入增长2.5%；固定资产投资增长7.5%；外贸出口增长3%；社会消费品零售总额增长10%，居民消费价格总水平涨幅3%左右；城镇登记失业率控制在3.8%以内；城镇居民人均可支配收入增长8%，农村居民人均可支配收入增长8.5%；完成节能减排降碳任务。

一、农业

现代绿色农业重点加快规模化、高效化，力争设立浦城国家级杂交水稻种子生产基地、光泽国家级现代农业产业园，加快建设国家级农业可持续发展试验示范区、五夫国家级田园综合体、顺昌省级食用菌产业园，打造肉鸡、笋竹加工等一批超百亿产业集群。加快建立茶叶公共品牌，健全原产地保护、质量价格控制、产品强制标识管理体系，推动茶产业健康可持续发展。实施乡村振兴示范行动，围绕解决城乡发展不平衡不充分问题，努力打造美丽、文明、善治、殷实乡村。建设各具特色的美丽乡村，加快推进农村人居环境整治三年行动，大力实施“一革命四行动”，抓好乡村振兴“1带N点”、圆梦村等示范村建设，打造省级乡村振兴重点县7个、特色小镇12个、试点村110个、精品示范线路19条。建设民风淳朴的文明乡村，拓展建设新时代文明实践中心，传承发展优秀乡土文化，深入开展移风易俗活动，不断丰富农民群众文化生活。建设产业兴旺的殷实乡村，大力实施“五百工程”，加快农村三产融合，新建72个农产品产地初加工中心，新增30个“三品一标”农产品，新培育20个“一村一品”特色产业示范村。抓好“米袋子”“菜篮子”，严格落实粮食安全行政首长责任制，坚持藏粮于地、藏粮于技，巩固提升粮食产能，保障生猪等农副食品供应。严格落实路长制，加快建设“四好农村路”，推进边远小弱建制村错车道建设和建制村通客车提升工程，持续实施农村饮水安全巩固提升工程，让农民生活更加幸福。

二、工业

开展绿色产业集聚行动，不断优化产业结构，推动产业链向中高端延伸，产品结构向高科技、高附加值、绿色环保方向转变。加快传统产业转型升级。先进制造业重点改造提升机械电子、纺织服装等传统产业，滚动实施148项市级重点工业投资项目，大力发展智能制造、服务型制造和绿色制造，打造氟新材料、电线电缆、铝加工等一批超百亿产业集群。数字信息产业重点推进武夷智谷软件园、物联网产业生态园、“金山银山”生态云平台、农业大数据中心等建设，充分发挥浪潮、商汤、华为、微医等企业优势，大力发展人工智能、集成电路、区块链、物联网、云计算等新兴产业，深入实施工业互联网“十百千万”工程，推动企业上云上平台，产业增加值增长12%以上。生物产业依托丰富的中草药资源和医药中间体，大力引进片仔癀、海正药业、华海药业等上市药企，加快建设浦潭生物专业园，力争新增产值超10亿元企业1家以上，5—10亿元的骨干企业6家以上。做强实体经济，深化“实体经济服务月”活动和“百名局长帮扶百家企业”“互联互派互学”机制，加快实施重点龙头企业、小巨人领军企业和重点产业集群培育计划，支持一批骨干企业增资扩产、转型升级、上市融资，力争“专精特新”中小企业培育库的企业超500家。做实数字经济，加快数字产业化、产业数字化，推动数字经济与实体经济深度融合，利用互联网新技术新应用对现有产业进行全方位、全角度、全链条的改造，提高全要素生产率，释放数字技术对经济发展的放大、叠加、倍增作用。深入实施创新驱动战略，完善创新激励与企业财税贡献、产值、研发投入等绩效指标挂钩机制，支持企业联合高校、科研院所等共建产业技术创新联盟，高标准建设省级新型研发机构和省级重点实验室，着力突破一批“卡脖子”核心关键技术。构建高技术企业成长加速机制，新增国家高新技术企业10家以上。

三、建筑业

加快编制《水美南平现代化规划》，建设滨水景观带和水岸经济带，力争全年水美城乡项目完成投资60亿元，亲水旅游、临水康养、滨水体育等新业态项目完成投资20亿元。强力推进“五个一批”项目建设，全年计划实施重点项目455个，力争在建重点项目完成投资415亿元。持续加大基础设施建设力度，推动衢宁铁路竣工通车，开通武夷山北城互通和延平塔前互通，开工建设武沙高速公路，争取温武吉铁路完成可研报告、昌福（厦）高铁列入国家中长期铁路网规划，推动武夷山机场迁建和上浦、浦松高速公路等重大项目早日获批实施。聚力抓好重大产业项目，开工建设三爱富氟新材料、武夷山五峰九院文旅综合体等一批项目，加快建设海德福高性能氟材料、蒙正生物制药等一批项目，建成投产武夷山百万吨饮用天然水、建瓯大庄竹业、浦城永芳合成香料生产等一批项目，增强发展新动能。高标准建设美丽宜居活力新南平。加快推动武夷新区与建阳区同城化发展、与武夷山市联动发展、与延平区均衡发展，带动其他县（市）协同发展，打造新南平城市发展新格局。以争创全国文明城市为契机，坚持“新城强功能、老城补短板、新老城互通”的原则，统筹加快武夷新区、建阳区、延平区基础设施和基本公共服务设施建设，着力补齐县域城市棚户区、老旧小区、污水管网改造、停车场建设等短板。武夷新区和建阳区重点实施滨江西路中段、闽越大道、云谷小区二期、市民公园二期、“十纵十横”交通路网、体育中心等项目；延平区重点推进南福路快速通道、南平港延平新城港区、九峰隧道、瓦口洋湿地公园、工业路“白改黑”、延平湖开发、延平站及延平西站周边综合开发等项目建设，确保投入只增不减、标准更高。

四、服务业

旅游产业围绕环武夷山国家公园来谋篇布局，通过国家公园的品牌效应，促进旅游提档升级。舞好旅游龙头，持续优化武夷山旅游发展股份公司股权结构，强化市场化运营，构建企业发展与群众利益双赢机制。提升旅游产品，加快打造闽北特色民宿、精品度假酒店以及最美马拉松赛道、大红袍茶文化之旅等一批差异化的旅游精品，推动观光型旅游向休闲度假旅游转变。强化精准营销，打破固有营销利益格局，运用网红直播、VR全景、摄影大赛等宣传模式，加大高铁沿线、主要航线通达城市营销力度，推进智慧旅游，力争全年接待游客人数超6000万人次，实现旅游业总收入超千亿元。健康养生产业重点依托“健共体”，大力发展融医疗、康复、预防于一体的全链条康养产业，推进武夷彭祖健康小镇、邵武二都特色中医药森林康养小镇、政和高山中医健康养生养老基地等项目建设。文化创意产业重点依托朱子文化、建盏建本文化等，推动武夷山国际影视文创园、朱子博物院、建盏小镇、圣农小镇等项目建设。加快实施新兴产业倍增计划，做精回归经济。以乡亲乡情为纽带，精准对接异地商会、海内外乡贤，引导资本、资源、人才、信息、技术等要素回归集聚，力争全年引资引智30个项目，强化“保姆式”服务，确保留得住、发展好、能带动，形成雁阵和裂变效应。做活夜间经济，引导发展夜间消费集聚区，加快建设一批城市综合体，打造免费品茗、特色美食、旅游购物、休闲娱乐等夜间经济特色街区，延平、建阳、邵武、武夷山、建瓯打造夜间经济示范城市，其他县培育1个以上特色街区。

（摘编：郑新贵）

2019 年龙岩市发展概况

2019 年龙岩市坚持以习近平新时代中国特色社会主义思想为指导，深入学习贯彻习近平总书记对福建、龙岩工作的重要指示批示精神，增强“四个意识”、坚定“四个自信”、做到“两个维护”，按照中央、省委经济工作会议部署，持续打好三大攻坚战，全面推进“一市两区三组团”“五基地六产业七景区”建设，扎实开展“产业发展项目建设年”活动，奋力推进高质量发展落实赶超，全面建成小康社会取得新的重大进展。全市生产总值 2635 亿元、增长 7.6% 左右，固定资产投资增长 8%，一般公共预算总收入 324.9 亿元、增长 9.5%，地方一般公共预算收入 155.6 亿元、增长 2.9%，城镇居民人均可支配收入 38800 元、增长 8.5%，农村居民人均可支配收入 18750 元、增长 9.3%。

农　业

特色现代农业提质发展。七大优势特色农业全产业链产值 760 亿元。休闲农业旅游 950 万人次，连城培田入选首批全国乡村旅游重点村。新认证“三品一标”农产品 202 个，新增地理标志保护农产品 3 个。龙岩国家农业科技园区通过科技部验收，上杭成功创建国家级农产品质量安全示范县，漳平台创园在全国考评中连续三年获得第一名。深入推进乡村振兴，农业农村稳步发展，农村人居环境整治成效明显。“一革命四行动”顺利实施，无害化卫生厕所普及率达 95.3%，完成农房整治 169 万平方米，乡镇污水处理设施实现全覆盖，武平东留镇“垃圾兑换超市”做法在全省推广。铁路、高速公路沿线环境综合整治成效明显，拆除“空心房”10.5 万平方米，新建扩建绿地 20 万平方米。制定实施村庄规划编制导则，进一步规范村庄建设。1 个镇和 4 个村被评为全国乡村治理示范村镇，7 个村入选第七批中国历史文化名村，35 个村入选第五批中国传统村落名录。脱贫攻坚取得决定性进展。建档立卡贫困人口全部脱贫，贫困村、市级扶贫开发重点乡镇全部摘帽退出，省级扶贫开发工作重点县可如期退出。加快补齐农村基础设施短板，农村饮水安全工程巩固提升、新增受益人口 6.7 万人，新改建农村公路 360 公里、改造危桥 56 座。在全省率先实现“路长制”全覆盖，上杭获评“四好农村路”全国示范县。加强水环境治理管护，全市 3 条主要流域水质均为Ⅰ—Ⅲ类，82 条小流域中有 77 条达Ⅰ—Ⅲ类水质标准、同比提升 24.4%。城市空气质量优良天数比例达 99.7%，保持全省前列。完成水土流失治理 45.8 万亩，新增矿山恢复治理 1684 亩，实施万里安全生态水系项目 26 个。加快煤炭去产能，关闭退出年产 9 万吨及以上煤矿 28 家。生态建设展现新亮点，全市森林覆盖率达 78.9%，保持全省第一。龙岩地质公园正式列入世界地质公园候选名单，龙岩现代林业科技示范园成为全省首个国家级林业科技示范园区，武平中山河、漳平南洋国家湿地公园建设试点通过验收，永定、长汀成功创建全国绿化模范单位，上杭获评国家生态文明建设示范县和国家园林县城，长汀获评国家林下经济示范县。

工　业

加快“五基地六产业七景区”建设，重点产业增势良好。产业加快转型提升，深入开展“双培育”行动，制定实施工业十八条、文旅产业六条、“一企一策”等政策措施，优势产业进一步发展壮大。有色金属、机械装备两大工业主导产业产值分别达到910亿元、530亿元，新材料新能源、数字产业强劲增长。烟草产业产值达到150亿元，高技术产业增加值增长14%。企业持续成长壮大。全市新增产值亿元以上企业20家、新增国家级高新技术企业50家、“专精特新”小巨人企业3家，210家企业“上云上平台”。市级60家重点培育工业企业产值增长18%，百家成长型中小微工业企业产值增长38%。龙净环保入选中国机械工业百强企业，紫金矿业获评国家知识产权示范企业，紫金铜业获省政府质量奖。卓越新能源在科创板成功上市。项目带动成效显著，“五个一批”项目、省市重点项目均超额完成年度投资任务，常青三元前驱体、鑫鹭钨业等一批重大产业项目竣工投产或开工建设。扎实开展产业园区建设升级行动，实施配套设施项目45个，建成标准化厂房123万平方米，保障项目加快落地实施。组织开展“百日攻坚大会战”，83个重点项目实现净地交付。成功举办文化旅游、数字经济等八场重点产业对接会，全年新签约项目436个、总投资1378亿元，其中10亿元以上项目35个。

建筑业

全力推进“一市两区三组团”建设，城市发展打开新局面。发展空间进一步拓展。推动新罗、永定和经开区、厦龙合作区融合发展，开发建设东肖生态新城、北部“未来城”，加快实施城际快速通道、莆永高速坎市互通等“互联互通”项目。“三组团”建设全面铺开，共征收土地1.7万亩，新签约项目48个、总投资306亿元。龙雁组团同步推进三创产业园、数智科创园、龙净智慧环保产业园、智能制造产业园建设，引进新兴纺织等一批项目。高坎组团完成文秀产业园一期土地征收，国动通信等重大项目签约落地。古蛟组团启动建设古田梅花山文旅康养试验区，古田至小池快速通道建成通车。全市新建改造城市道路102公里、绿道135公里、管网506公里，新增城市公共停车位4500个，完成一批交通拥堵节点和易涝点整治。中心城区龙岩大道高架桥主塔顺利封顶，龙岩大道南段二期开工建设，龙腾路改造将于春节前全面完成。火车站北站房周边道路及环境综合整治取得明显成效。华龙社区等棚户区改造取得突破性进展。积极融入闽西南协同发展区和粤港澳大湾区，进一步拓宽对外通道，厦蓉高速改扩建龙岩段建成通车，龙龙铁路龙岩段、靖永高速开工建设。龙岩新机场选址进入评审阶段。新罗、武平被列为第二批全国新时代文明实践中心试点县。上杭连续四年跻身全省县域经济实力十强县，长汀、连城、武平入选全省县域经济发展十佳县。建筑业产值达到1230亿元。

服务业

2019年龙岩市服务业新增规上服务业企业32家、限上商贸企业78家。实施全域旅游发展规划，打造七大特色景区，54个在建项目全年完成投资超50亿元，全域旅游PPP项目获得国开行200亿元授信。全年接待游客5490万人次，文旅康养产业总收入突破1000亿元。武平入选首批国家全域旅游示范区。深化重点领域改革，创新活力加速释放。市属国有企业进一步优化整合，企业总数精简一半，营业收入增长超20%，新增融资245亿元。加大“放管服”改革力度，82%审批服务事项实现“一窗受理”，手机端可办事项新增181项。政务服务等营商环境评价指标居全省前列，登记注册市场主体同比增长13.2%。深化工程建设项目审批制度改革，政府性投资项目审批时限压缩至84个工作日以内，社会投资项目压缩至65个工作日以内。组建“一站式”惠企政策兑现专区，企业申报优惠政策只进“一扇门”。落实减税降费政策，减轻企业税费负担35亿元，清理拖欠民营企业中小企业账款2.2亿元，减征各类保险基金3.2亿元。

2020年发展目标

2020年是全面建成小康社会和“十三五”规划收官之年。习近平总书记十分关心闽西发展，多次作出重要指示批示。去年全国“两会”期间，习近平总书记亲临福建代表团审议时发表重要讲话，强调“要饮水思源，决不能忘了老区苏区人民。要梳理排查、抓紧工作，确保老区苏区在全面建成小康社会进程中一个都不掉队”。习近平总书记对老区苏区发展寄予殷切期望，中央和省的支持越来越有力，这都为新时代新龙岩建设带来重大机遇、注入强大动力，也是对龙岩的巨大鼓舞和有力鞭策。龙岩市江全面做好“六稳”工作，统筹推进稳增长、促改革、调结构、惠民生、防风险、保稳定，深入推进“一市两区三组团”“五基地六产业七景区”建设，全力推动高质量发展落实赶超，确保全面建成小康社会和“十三五”规划顺利收官，为“十四五”发展打好基础。全年经济社会发展主要预期目标是：全市生产总值增长7.2—7.5%；一般公共预算总收入增长3%，地方一般公共预算收入增长3%；固定资产投资增长7.5%；实际利用外资增长6%；社会消费品零售总额增长9.5%；城镇登记失业率控制在4.2%以内；城镇居民人均可支配收入增长8.5%，农村居民人均可支配收入增长9.3%；完成节能减排降碳任务。

一、农业

聚力推进乡村振兴，加快农业农村现代化。进一步压实责任、精准施策，深入实施乡村振兴战略，加快补齐“三农”领域短板，提高实现全面建成小康社会目标的成色。大力发展特色现代农业，培育做大一批农业龙头企业，推进现代农业产业园建设，提高农产品精深加工水平，力争七大优势特色农业全产业链产值830亿元。稳定粮食生产。鼓励发展规模化、生态化生猪养殖。培育壮大新型农业经营主体，发挥新农人协会作用，发展适度规模经营。借助网络媒体，加强特色农产品宣传推介，打响“红古田”“土楼农业”农产品区域品牌。完善金融机构服务“三农”激励约束机制，推进农村产权抵押贷款试点。深入实施科技特派员制度，促进科技、信息、管理等要素向农业农村集聚。积极发展休闲观光农业、乡村旅游等业态，实施一批农家民宿、农耕体验等特色乡村旅游项目，促进一、二、三产业融合发展。优化乡村人居环境。全面完成农村人居环境整治三年行动，提升农村污水垃圾常态化治理水平，农村生活污水治理率达70%以上，新建改造农村公厕177座，完成“空心房”、裸房整治70万平方米，进一步规范新房建设。实施农村道路、水利、电力、网络等提升工程，加快农村客运网络覆盖，高质量建设“四好农村路”。落实饮用水水源保护条例，扩大农村集中式供水覆盖面，提升农村饮水安全水平。持续推进铁路、高速公路沿线环境、安全综合整治。加强历史文化名城名镇名村及传统村落、古建筑、古民居保护利用。开展“殡葬服务设施建设三年攻坚”行动，推进农村移风易俗。

二、工业

加快制造业提质发展，坚持龙头带动，开展重点工业项目攻坚，推动重点产业发展壮大。有色金属产业，围绕打造金铜产业生产示范基地和创建国家稀土绿色生态循环经济产业园区，加快建设“稀金精工”特色小镇，重点发展金铜精深加工和稀土永磁材料、发光材料、催化材料，推进紫金铜业40万吨扩改、卓尔科技稀土高性能钐钴永磁等重大项目建设，力争产业产值突破1000亿元。机械装备产业，围绕建设国家专用车与应急产业生产示范基地，发展环保机械、工程机械、新能源专用车及核心部件材料，引进各类专用车生产项目，推进龙工12万吨锻件、龙马环卫高端环卫装备等重大项目建设，力争产业产值600亿元以上。新材料新能源产业，围绕打造新材料新能源产业基地，发展氟化工、锂电新能源、硬质合金材料，推进天甫半导体级电子材料、时代思康含氟新能源材料、新型锂盐研发生产等重大项目建设，力争产业产值300亿元以上。传统优势产业，开展技改专项行动，加快转型升级步伐，提高产品附加值，力争烟草产业实现产值150亿元以上、建材产业实现产值275亿元以上、建筑业实现产值1350亿元以上。深化“一企一策”，精准支持龙头企业和高成长企业发展壮大，力争新增亿元以上企业30家、规模以上企业80家。深化园区建设升级行动，实施工业园区高质量发展行动，通过三年努力，力争全市规上工业企业入园比例达到80%、主导产业产值占园区工业总产值比重达到60%以上、省级以上工业园区高新技术企业数年均增长30%以上，打造产城融合发展新区、现代化产业聚集区、科技创新功能区、体制机制创新区。坚持“产业化、生态化、生活化”，加快完善园区基础设施和教育、医疗、文化、商贸等配套设施，各县（市、区）年内新建标准化厂房15万平方米以上。大力发展“飞地工业”，稳步发展工业地产。加快国家军民融合新型工业化产业示范基地建设，推进军民融合深度发展。

三、建筑业

围绕“一市两区三组团”建设，突出“产城人”核心要素，加快构建国土空间规划体系，统筹推进基础设施和公共服务均等化、可及性，构建城市发展新格局。完善市本级与新罗区、永定区、经开区协调联动发展机制，优化办事机构设置和职能管理，调整下放一批行政权力和公共服务事项清单。深化分领域财政事权和支出责任划分改革。统筹推进公共服务、产业协作、资源要素同城配置，加快实施一批同城化路网项目，建成通车永杭高速、龙湖大道、永定大道，推动永定区更好融入中心城市。加快组团开发建设，完善支持组团发展的政策措施，持续抓好“三组团”规划设计、基础建设、招商引资、落地项目、促进融合等工作，拓展建设空间，提供发展载体。龙雁组团，市、区合作成立组团开发公司，推进龙雁组团和厦龙合作区融合发展。重点抓好数字经济产业园主体项目和学校、医院、人才房等配套设施，确保鑫鹭钨业、卓越三期等项目竣工投产，龙净智慧环保产业园、新兴纺织、235国道雁石至铁山段等项目开工建设。高坎组团，重点推进文秀产业园开发建设，完善园区道路等基础设施，莆永高速坎市互通建成通车，城际快速通道、国动通信南方基地、中联云港土楼云谷等项目开工建设，打造通信信息产业小镇。支持和推动经开区产业园区提升建设水平。古蛟组团，全面推进古田梅花山文旅康养试验区建设，加快建设“一台戏”、古田国防教育主题公园、古田干部学院生态分院、全国中小学生研学实践营地、古田山庄二期等项目。支持蛟洋工业区扩容提升，创建国家级循环经济园区。加快东肖生态新城和北部“未来城”建设，以基础设施提升带动片区开发，进一步拉开中心城市框架。持续实施道路畅通工程和绿化美化提升工程，全市新建改造城市道路100公里，中心城区建成龙岩大道高架桥、华莲西路一期等一批道路，加快龙岩大道南段二期等项目和公园、绿道建设，实施罗桥、罗龙西路等拥堵节点改造，新增公共停车位2500个以上。推进城乡供水一体化，持续实施城市供水水质和污水处理提升三年行动，加快建设万安溪引水工程，开工建设北翼水厂，新建改造供水管网100公里、污水管网100公里，城市污水处理率达95%以上，巩固中心城区黑臭水体整治成果。推进县级以上城市建成区生活垃圾强制分类，加快建设厨余垃圾处理厂、垃圾焚烧发电厂，确保中心城市、县（市、区）生活垃圾无害化处理率分别达99%、98%以上。加大棚户区改造和安置房建设力度，全市改造提升老旧小区72个。坚持以产兴城、以城促产，推动各县（市）立足资源禀赋和文化底蕴，培育优势产业和特色经济，推进城区、园区、景区相互配套、相互融合。支持上杭江滨宜居城市、武平闽粤赣边山水园林精品城市、长汀国家历史文化名城、连城山水旅游度假城市、漳平“一江两岸”精美城市建设，打造具有地域特征、现代内涵和人文特色的县域城市。

四、服务业

促进服务业提速增效，实施服务业“三比一看”提升行动，突出抓好新增长点培育，力争实现第三产业增加值1200亿元以上，新增规上服务业企业50家、限上商贸企业50家。围绕打造红色文化之城、生态康养之城、国际性全域旅游目的地，发挥红色、生态、客家优势，突出“一县一特色”，推进全域旅游项目实施，加快红炭山健康养老基地等养老产业项目建设，支持“文化旅游”+剧场演出、+民俗体验等业态发展，打响“红色圣地·客家祖地·养生龙岩”品牌，力争文旅康养产业总收入1300亿元以上。大力发展夜间经济，加快打造一批夜间特色街区、观光景区和购物商圈，中心城区及各县（市、区）至少打造1条特色街区，打响“夜龙岩”品牌。加快公路港、陆地港等物流园区建设，引进大型物流企业入驻，大力发展第三方物流、冷链物流、供应链物流，推动跨境电商加快发展。推进家政服务标准化、职业化，培育一批家政服务品牌企业。积极引进大型实体、网络零售龙头企业，支持服务业企业创建品牌、壮大规模。

（摘编：肖启辉）

2019年宁德市发展概况

2019年是中华人民共和国成立70周年，是宁德市发展历程中具有重要意义的一年。习近平总书记参加十三届全国人大二次会议福建代表团审议时对宁德工作予以肯定，并亲自给寿宁下党乡乡亲们回信，为新时代新宁德发展擘画美好蓝图，极大地鼓舞了全市人民。宁德市坚持以习近平新时代中国特色社会主义思想为指导，全面贯彻党的十九大和十九届二中、三中、四中全会精神，认真落实习近平总书记重要讲话重要指示批示精神，按照省委省政府和市委的决策部署，坚持稳中求进工作总基调，坚持新发展理念，坚持高质量发展落实赶超，全面实施“一二三”发展战略，经济社会发展又迈上新台阶，有望提前一年完成赶超任务。预计省里考核的12项主要经济指标中，9项指标增幅超过全省平均水平，6项增幅居全省第一。全市生产总值增长10%；一般公共预算总收入221.58亿元，地方一般公共预算收入126.8亿元，分别增长10.3%、5.3%；进出口总值418亿元、增长18%；实际利用外资增长10%；固定资产投资增长6.5%；社会消费品零售总额669亿元、增长10%；城镇登记失业率2.72%；城镇居民人均可支配收入35900元、增长9%；农村居民人均可支配收入17680元、增长9.5%。

农　业

制定实施乡村振兴规划和“1+5”政策措施，开启从摆脱贫困向乡村振兴跃升的新征程。坚持“抓两头带中间”，确定省级特色乡镇12个、试点村110个，甄选产业薄弱村306个，发放各类产业专项资金1.8亿元，选派首批乡村振兴指导员28名、选认科技特派员829名进驻乡村第一线。特色农业“五化并进”。农林牧渔业总产值564亿元、增长4%。全省乡村产业振兴推进会在福安召开，特色产业“五化”发展经验在全省推广。新增农业产业化国家级重点龙头企业2家、“三品一标”55个。福鼎国家农村综合性改革试点试验工作加快推进。古田获批创建国家现代农业产业园，寿宁获批创建国家农村产业融合发展示范园，霞浦入选国家城乡融合发展试验区。农村土地承包经营权确权登记基本完成。划定水稻生产功能区62.4万亩，建成高标准农田19.22万亩，粮食总产量46.95万吨。海上养殖综合整治取得决定性成果，完成禁养区渔排清退总任务的92%，提前完成藻类清退总任务，分别完成渔排和藻类升级改造总任务的89%、99%，成为全国水产养殖高质量绿色发展典型案例。治理水土流失20.2万亩，超额完成废弃矿山年度复绿任务。“一革命四行动”纵深推进，全国农村人居环境整治暨厕所革命现场会在宁德市召开。

工　业

工业发展势头强劲。规上工业增加值增长14.7%，工业用电量增长23.2%，增幅均居全省第一。一般公共预算总收入和地方一般公共预算收入税性比重分别达88%、79%，均居全省第一。四大主导产业按下“快进键”、跑出“加速度”，增加值增长40%，对规上工业增加值贡献率达130%。产值超百亿企业达7家、近百亿企业2家。吸引集聚了世界500强企业8家、中国民企500强企业11家、上市企业37家，呈现出龙头更强、链条更长、“朋友圈”更大的良好发展态势。锂电新能源产业实现产值700亿元、增长44.3%，两家龙头企业齐头并进、加速扩张，产品市场占有率连续三年位居全球第一。宁德时代获评全国智能制造标杆企业和省政府质量奖，新能源科技获评国家制造业单项冠军示范企业和国家级绿色工厂。新能源科技湖西产业园数码项目二期、厦钨一期、思客琦智能装备项目建成投产，厦钨二期、青美能源动力电池材料等产业链项目加快建设。不锈钢新材料产业实现产值1200亿元、增长14.6%，青拓集团跃居中国民企500强第46位和福建民企制造业50强首位，主导制定的6项不锈钢技术标准正式发布，市场竞争力和行业话语权进一步增强。青拓不锈钢无缝钢管一期、奥展不锈钢产业示范园一期建成投产。铜材料产业实现产值150亿元，中铜40万吨铜冶炼项目产能加速释放，正威铜基材料项目签约落地，产业链延伸迈出关键一步。上汽宁德基地及31家配套供应商项目仅用17个月建成投产，标志着我市正式迈入汽车工业新时代。鼓励传统产业创新发展，星宇科技在港股主板上市，时代电机项目建成投产。品品香茶业获评全国“专精特新”小巨人企业，福海化油器等15家企业被认定为省“专精特新”中小企业，三禾电器动力式泵被评为省制造业单项冠军产品。科技创新驱动有力。全市研发投入增长62.2%，增幅连续三年居全省第一。新增专利申请5005件、增长14.1%，授权2967件、增长16.8%，增幅均居全省第二。新认定省级以上高新技术企业28家、科技小巨人领军企业9家。高技术产业增加值增长45%，增幅居全省第一。宁德时代荣获省科技进步一等奖。福建能源器件科学与技术创新实验室获批创建。三祥新材获批创建省锆材料工程研究中心，力捷迅药业获批创建省高端药物制剂山海协作创新中心，青拓集团省不锈钢创新中心通过专家评审。东侨国家级经济技术开发区综合考核全国排名从第153位跃升至第49位、居全省第一。交通完备、配套齐全的现代化三屿汽车城如期建成。锂电新能源小镇建设全面展开，发展经验成为全国典型。

建筑业

积极融入闽东北协同发展区建设，确定宁德（福安）至福州长乐机场城际铁路建设方案。衢宁铁路宁德段率先完成架梁铺轨。漳湾作业区7#泊位建成投用，湾坞作业区8#泊位开工建设。沈海复线宁德段全线贯通，打通了第二条南北向大通道。沙埕湾跨海公路路基主体工程基本建成。宁古高速开工建设。建成国省干线93.1公里、农村公路241公里。新增502辆荣威新能源汽车投入农村客运，全面实现“村村通客车”。城市南北向交通瓶颈正在突破，福宁北路延伸段、七都溪特大桥、疏港路一级主干道建成通车。主城区主干道7个交叉路口完成优化改造。新增路外公共停车位744个、充电桩750个。东湖塘25孔闸改造全面完成。人民广场、东湖南岸公园二期、镜台山公园登山道建成开放。新建公办幼儿园14所，新增普惠性民办幼儿园90所。新认定义务教育管理标准化学校58所，完成270所乡村小规模学校标准化建设。宁德一中新校区完成主体工程。宁德职业技术学院新校区一期建成投用。宁德师范学院二级医学院、市妇幼保健院（儿童医院）、市康复医院综合病房楼、市中医院医养结合项目开工建设，闽东医院门急诊综合大楼建成投用。建成“双达标”基层医疗卫生机构55个。

服务业

现代服务业加速成长。服务业增加值增长10%。成功引进正威东南总部、智享无限总部。漳湾临港物流园一期、好运神海无车承运人企业投入运营。港口货物吞吐量突破4000万吨、增长22%，增幅居全省第二；集装箱吞吐量超13万标箱、增长35%，增幅居全省第一。新增限上贸易企业219家。电子商务网络零售额216亿元、增长32.2%。屏南、古田入选国家电子商务进农村综合示范县。第九届宁德世界地质公园文化旅游节成功举办。全市接待游客3838万人次、增长18%，旅游总收入437亿元、增长27%。扩大开放步伐加快。积极开拓“一带一路”沿线国家和地区新兴市场，提前一年完成整体通关时间减半任务，全市出口总值增长28%，增幅居全省第一。三沙港区扩大开放通过国家级验收，漳湾作业区8#9#10#码头获批延续临时开放，白马港区12#13#泊位获批对外开放。第十届海峡两岸电机电器博览会和第十一届海峡论坛·两岸乡村农田水利建设交流会、陈靖姑文化旅游节成功举办。国家普惠金融改革试验区获批创建。地级市综合信用指数全国排名从上年初第223位跃升至第76位。不良贷款余额和不良贷款率连续五年实现“双下降”。成功引进招商银行、深圳前海勤智资本、上汽股权投资、中信建投证券。金融机构本外币存贷款余额双双突破2000亿元，分别增长11.5%、15.1%，增幅均居全省第一。制造业融资余额达362亿元、增长45.8%。小微企业贷款余额突破300亿元。

2020年发展目标

2020年宁德市经济社会发展的主要预期目标是：全市生产总值增长9%左右；规上工业增加值增长12%以上；一般公共预算总收入增长6%，地方一般公共预算收入增长3%；固定资产投资增长7.5%左右；进出口总值增长10%；实际利用外资增长5%；社会消费品零售总额增长9.5%；城镇登记失业率控制在4%以内；城镇居民人均可支配收入增长8.5%，农村居民人均可支配收入增长9%；完成年度各项节能减排任务。

一、农业

发展特色现代农业。坚持做大规模，发挥农产品优势区和现代农业产业园、农民创业园作用，完善乡村产业发展用地政策，鼓励有市场、有实力的企业参与农业开发，新增农业产业化市级龙头企业50家、农产品产地初加工中心77个、农民合作社示范社20家、家庭农场30家以上，推动一产“接二连三”融合发展。坚持做足特色，围绕“一县一特色”，实施“一乡一业”“一村一品”工程，扶持蕉城大黄鱼、福安葡萄、霞浦海参、古田银耳、柘荣太子参、福鼎黄栀子、屏南周宁高山冷凉花卉、寿宁富硒富锌等特色农产品发展壮大，打造形成2个产值超两百亿、5个产值超百亿、2个产值近百亿的“8+1”特色产业全产业链。加快推进茶树品种和低产低质茶园改造、优质蔬菜和食用菌标准化示范基地、水产和中药材良种繁育基地等15类产业项目建设。坚持做优品牌，总结推广“福鼎白茶”“下乡的味道”等品牌运作模式，大力培育“国字号”区域公共品牌和企业品牌，新增绿色食品、有机农产品和农产品地理标志20个以上。抓好“米袋子”“菜篮子”，加强副食品基地建设，保障重要农产品供给，建设高标准农田12.8万亩，巩固提升粮食产能。扩大农业保险覆盖面，增强农业抗风险能力。改善农村人居环境。按照“五留四绿三优化”要求，完成11个省级试点村庄规划编制，创建绿盈乡村1282个。完成县级城乡供水一体化专项规划编制，实施农村饮水安全巩固提升工程79个。推动“一革命四行动”从行政村向自然村延伸，全面完成农村人居环境整治三年行动各项任务。新建改建公厕377座，完成自然村户厕改造1.3万户以上。建成投用农村生活污水收集处理设施85个，建立健全运维管护长效机制。推动城乡垃圾一体化处理、市场化运作，扩大农村生活垃圾干湿分类试点范围。建设“三沿一环”景观带5400亩。加强“四好农村路”建设，推进道路交通安全隐患治理，加快推动城乡客运电动化，持续改善交通出行环境。

二、工业

加速主导产业集群扩张。着眼今后“万亿工业”发展目标，按照“龙头企业—产业链—产业集群—制造业基地”的思路，种好“产业树”、壮大“产业林”，确保今年再造1个千亿产业集群，力争百亿产值企业增加到10家、十亿产值企业增加到30家。着力打造“中国智造”锂电新能源产业集群，建成投产宁德时代三期、开工建设四期、抓紧推进五期项目前期，建成投产新能源科技三期第一批、开工建设三期第二批和四期、抓紧推进五期项目前期。建成投产厦钨二期、开工三期项目，建成投产青美能源动力电池材料、莱普冲压件注塑件项目，加快建设格林美循环产业园等产业链项目，实现锂电新能源产业产值超千亿元，继续领跑全球。着力打造“全国一流”新能源汽车产业新地标，大力推动上汽宁德基地导入新车型，引进二三级配套供应商，布局发展汽车半导体芯片、驱动电机、自动驾驶、智能控制等产业，实现产值超百亿元。着力打造“最具竞争力”不锈钢新材料产业基地，开工建设奥展不锈钢产业示范园二期项目，建成投产青拓设备制造项目，推进沙湾片区不锈钢深加工、不锈钢中厚板及配套项目前期，实现产值1350亿元。着力打造“链条完善”铜材料产业集群，推动中铜项目达产达效，开工建设正威铜基材料项目，加快延伸精深加工产业链条，实现产值170亿元。落实锆镁新材料产业发展六条措施，开工建设三祥科技园二期液态金属、镁合金项目，推动锆镁新材料在不锈钢、汽车配套、锂电池领域应用，加快培育形成宁德新的主导产业。推动传统产业优化升级。落实新一轮技改行动计划，实施35项重点技改项目。鼓励电机电器、汽摩配企业参与主导产业发展，建成投产时代电机总部基地、亚南电机新能源机电成套设备基地项目。支持船用动力电池系统研发。建成投产广生堂制剂国际产业化项目，开工建设古田药业生物科技制药项目、安诺康生物科技园。建成投产瑞幸咖啡屏南烘焙基地，加快宁德大黄鱼产业园、霞浦林虾智能水产养殖及深加工项目建设。大力培育“双高”企业和“专精特新”企业，新增省级以上高新技术企业30家以上。确保全市研发投入增长22%以上。

三、建筑业

统筹开发福宁湾及溪南半岛、东冲半岛，建成投产时代一汽一期项目，开工建设时代科士达储能设备、罗兰蒂锂电池新材料等项目，大力发展滨海旅游、商贸物流产业。加快开发沙埕湾，建成投产国泰华荣电解液、鼎盛精品钢一期等项目，加快建设邦普产业园项目，开工建设天赐电解液等项目，加强闽浙边贸产业联动。深化山海产业协作，建成投产周宁、柘荣不锈钢产业园和屏南时代二期、德茂车用无纺布项目，开工建设古田杉杉二期等项目，打造湾区宁德“一小时产业配套圈”。着力打通大通道、建设大港口，建成投用衢宁铁路、上汽铁路专用线，复工建设白马铁路支线，推动宁德（福安）至福州长乐机场城际铁路先行段开工建设，深化温福高铁、漳湾港铁路专用线项目前期工作。建成投用沙埕湾跨海公路通道工程，全面加快宁古高速建设，开工建设宁上高速霞浦至福安段，继续推进沈海高速宁德段扩容工程前期工作。开工建设漳湾作业区18#－21#和鼎盛精品钢项目配套码头，加快建设湾坞作业区8#、杨岐作业区16#泊位和三都澳深水航道二期工程，持续推进溪南作业区1#2#泊位前期工作。开工建设二级渔港5个、三级渔港6个。加快建设周宁抽水蓄能电站、霞浦核电1#机组，开工建设宁德核电5#6#机组。新建续建1个500千伏、11个220千伏、20个110千伏输变电工程。建成海西天然气二期管网罗源至福鼎段。完成赛江流域防洪三期主体工程，力争开工建设上白石水利枢纽工程。推行“一区多园”管理模式，打造形成2个千亿开发区。开工建设装配式建筑产业基地项目，推广运用装配式建造方式，支持建筑业企业提升资质等级。

四、服务业

促进现代服务业跨界融合，扶持正威东南总部、智享无限总部等龙头企业发展，引进培育一批区域总部、结算中心、工业设计中心等新业态。主动融入国家数字经济创新发展试验区建设，积极推进云计算、大数据、物联网、人工智能等新兴产业布局。推动现代物流业专业化、规模化发展，建成投用安吉上汽宁德物流中心，加快建设国际物流中心（B保）、市水陆联运中心、电商配送中心、台水集散中心保税仓及冷链物流交易中心。引导更多龙头企业实施主辅分离，新增限上贸易企业100家以上。大力发展精品旅游、体验旅游，推广“古村落＋文创”“白茶＋文化”“摄影＋民宿”等新模式。推动宁德世界地质公园扩园提质，支持屏南创建国家全域旅游示范区。办好第十届宁德世界地质公园文化旅游节、第十二届海峡论坛·陈靖姑文化旅游节，力争全市游客总量增长13%，旅游总收入增长16%。培育一批示范商圈、特色街区、精品夜市。实施公共体育服务工程，建成冰上运动场馆，推动体育场馆市场化运营，鼓励发展赛事经济。增强金融服务供给。推进宁德国家普惠金融改革试验区建设，设立市县普惠金融服务中心和乡村普惠金融服务站点，打通金融服务“最后一公里”。创建10个信用乡镇、100个信用村。

（摘编：赵小真）

2019 年平潭综合实验区发展概况

2019 年是新中国成立 70 周年，也是习近平总书记来岚视察 5 周年。平潭综合实验区坚持以习近平新时代中国特色社会主义思想为指导，深入贯彻落实习近平总书记对平潭的重要指示批示精神，牢牢把握“一岛两窗三区”战略定位，坚持稳中求进工作总基调，坚持新发展理念，扎实做好“六稳”工作，统筹推进稳增长、促改革、调结构、惠民生、防风险、保稳定，握指成拳深化攻坚行动，心无旁骛实施“八大工程”，奋力推动经济社会高质量发展。初步统计，完成地区生产总值 280.4 亿元，增长 9.1%；一般公共预算总收入 70.8 亿元，增长 17%，其中上划中央收入 25.3 亿元，增长 14.5%；地方一般公共预算收入 45.5 亿元，增长 18.4%；固定资产投资与上年度持平；社会消费品零售总额 75 亿元，增长 9.2%；进出口总额 95.4 亿元，增长 61.6%；实际利用外资 13.8 亿元；城镇登记失业率 3.25%；城镇居民人均可支配收入 41780 元，增长 8.1%；农村居民人均可支配收入 17460 元，增长 9.1%；节能减排完成省政府下达指标。

农　业

特色农业打出品牌，“岚坤牌”甘薯获中国绿色食品博览会金奖，“平潭紫菜”获批“农产品地理标志”，粮食安全基础进一步夯实。实施乡村振兴战略规划，获批首批国家城乡融合发展试验区，上楼村、红卫村等 20 个村列入省级乡村振兴工作试点村。农村集体产权制度改革基本完成。农村交通更加通达，乡镇实现 100% 通二级路、建制村实现 100% 通公交，完成农村示范路建设 100 公里，获评“四好农村路”全省示范县。人居环境整治力度加大，实施农村“厕所革命”，新建和改造城乡公厕 86 座，建设改造三格化粪池 2000 户，4 个离岛实现生活垃圾无害化处理，基本完成农村污水治理一期工程。坚决打好精准脱贫攻坚战，区定扶贫开发对象 241 户 838 人全部脱贫，脱贫攻坚质量和水平显著提升。通过一年来的努力，全面建成小康社会取得了新的重大进展。

工　业

国企改革不断深化，成功并购一家上市公司，国企资产突破 900 亿元。通过一年来的努力，经济发展实现“速度、质量、效益”相统一。新增国家级、省级高新技术企业 14 家。

建筑业

项目攻坚加码加力，128 个重点项目加快推进，70 个重点项目开工建设，海峡公铁大桥加快铺轨，长平高速（平潭段）全线贯通。实施岚商回归工程，传统优势产业加速回归，新增建筑业企业 206 家、航运企业 19 家，累计签约岚商项目 65 个，总投资额 476 亿元。进一步强化规划引领，高质量完成《平潭综合实验区国土空间规划（2018—2035）》编制工作，并获省委省政府审议通过。投入逾 60 亿元用于城市基础设施建设。坚持生态优先，坚决打好污染防治攻坚战，“麒麟活脉”“绿岛花城”项目有序推进，建设安全生态水系 22.4 公里，新增绿化 1.35 万亩，空气质量综合指数位居全省首位，荣获“国家森林城市”称号。市政道路加速成网，高铁中心站站前广场城市综合体和周边路网建设加快推进，新建城市道路 13

条、改建市政道路 4 条，城市交通“中梗阻”之弊逐步突破。市政配套更加完善，完成金井新城夜景提升工程，新客运站投入运营，餐厨垃圾处理厂正式启用，新建和改造城区供水、污水管网 67 公里，建成 3 个市民休闲公园。城市管理逐步规范，基本建成 2 个立体停车场、1 个地下停车场，新增车位 730 个，处置“两违”22.8 万平方米，完成省下达年度目标 152%。基本建成棚改安置房 1943 套、公共租赁房 1488 套，新增 20 家农村幸福院、2 个社区居家养老服务照料中心。

服务业

第三产业在地区生产总值中占比达 61%，产业结构持续优化，对经济增长贡献率达到 97.6%。三大主导产业加快发展，总部企业营业收入超百亿元，跨境电商、海运快件进出口高速增长，全年旅游收入增长超过 25%。新兴产业加快培育，竹屿湾影视基地投入使用，115 家影视机构入驻，腾讯智慧旅游、豚首互娱等数字企业落地。国际旅游岛加快建设，扎实推进全域旅游示范区建设，获评中国最美文化生态旅游名区、中国体育旅游十佳目的地。创新运营模式，大力招大商、招好商，引进华侨城集团、世茂集团、佳源集团，打造竹屿湾欢乐南岛、大练海峡恋岛、南寨山开发等文旅综合项目。拓展乡村旅游，东美古村、磹水风韵古村完成首期改造提升，北港文创村获评首批全国乡村旅游重点村。完善景区配套，持续推进重点景区改造提升，建成一批生态停车场、旅游厕所、观景平台。挖掘文化内涵，抓紧抢救词明戏、闽剧等地方特色传统文化，壳丘头考古遗址公园入选全国重点文物保护单位，南岛语族考古文化研究影响力不断扩大。打响“平潭蓝”品牌，成功举办旅游嘉年华系列活动，沙滩排球、风筝冲浪、自行车赛等高端运动赛事常态化开展。全年接待游客 580 万人次，增长 20%。两岸融合走深走实，大力推动应通尽通、平潭先通，新增“平潭—高雄”客货直航航线，全年往来两岸旅客超过 19 万人次，台胞占 60% 以上。两岸经贸合作更加紧密，累计进口农渔产品货值突破 4 亿元，增长 2.6 倍，对台进出口贸易额 19.5 亿元，增长 24%，新增台企 170 家。对台职业资质和行业标准采认持续扩大，已直接采信 95 小项台湾职业资格，60 多家台企落地备案。社会融合持续深化，启动建设台胞社区，设立全国首个“一站式”台胞台企服务中心，全国首创向台胞发放金融信用证书，台胞使用“麒麟卡”超过 1500 张。民间互动频繁活跃，成功举办第八届共同家园论坛、第四届海峡两岸村里长交流会等两岸交流活动 40 多场次，两岸融合治理试点村居扩大至 55 个。改革开放纵深推进，坚持大胆闯、大胆试、自主改，全年新推出 60 项改革创新举措，其中全国首创 17 项。金井口岸跻身国家一类口岸行列，获批跨境电商综合试验区，14 项通关便利化措施在全省推广，从平潭口岸赴台旅游实现即办即通。实施便民服务“一窗通办”，群众办事平均等候时间缩短至 19 分钟，90% 以上便民事项办结时间控制在 30 分钟以内。

2020 年发展目标

2020 年发展的主要预期目标是：地区生产总值增长 9%，力争更快一些；一般公共预算总收入增长 12%；地方一般公共预算收入增长 12%；固定资产投资增长 10%；进出口总额增长 15%；实际利用外资增长 10%；社会消费品零售总额增长 10%，居民消费价格涨幅控制在 3% 左右；城镇居民人均可支配收入增长 8.5%，农村居民人均可支配收入增长 9.5%；生态指标完成或超额完成省下达的任务。

一、农业

积极发展特色现代农渔业，培育标准化现代养殖基地。挖掘整合重点景区、旅游重点项目周边乡村资源，催生一批新的旅游特色村。继续推进“四好农村路”建设，持续打好人居环境整治攻坚战，积极推进 118 个建制村污水处理设施建设，“修旧如旧”改善乡村自然景观。大力发展农村集体经济。严格落实粮食安全省长责任制，保障粮食安全。开展新型职业农民和失地失海农民培训，支持各类人才返乡下乡创新创业。统筹推进离岛基础设施、教育、医疗卫生、文化体育等社会事业发展，提升离岛群众生产生活水平。以

“20字方针”引领乡村振兴，扎实推进国家城乡融合发展试验区建设，突出抓好20个乡村振兴试点村、7个乡村振兴样板村，以点带面加快实施乡村振兴战略。

二、工业

大力发展新兴产业，加快建设新兴产业园区、蓝色科技园区、码族部落数字经济协同创新园区，完善园区配套设施。加强知识产权保护，布局发展大数据、大健康、海洋科技等高新技术产业及战略性新兴产业，新培育10家高新技术企业。扶持一批优质企业发展，推动宸鸿科技、宗仁科技、瑞谦智能等实体项目扩大运营规模。发挥竹屿湾影视基地作用，用足用好“影视20条”政策，探索试行台湾影视业者设立独资影视公司，吸引更多两岸影视机构落地。

三、建筑业

全力推动重大项目建设，持续扩大有效投资，推出331个重点项目、54个“三重”项目，新开工90个、建成或投产80个项目。福平高铁、长平高速建成通车，以崭新姿态拥抱“高铁时代”。加快竹屿湾欢乐南岛、大练海峡恋岛、海洋科技文化中心、闽江口水资源配置（一闸三线）工程等重点项目建设，适时启动海峡三通道、环岛西路、游艇码头、智能轨道交通规划及试验段等项目前期工作。发挥区属国企主力军作用，进一步盘活用好存量国有资产。强化招商引资，力争新签约项目80个，新引进投资额3000万元以上项目300个。继续推进金井新城建设，启动南北街历史文化街区改造工程，建成高铁中心站城市综合体、国际会展中心等一批地标性建筑。加快建设麒麟大道东段、和平大道二期等干线道路以及30条市政道路，联通5条“断头路”，逐步完善城市交通路网。进一步优化公交线路，增加公交站点，增设公交专线，让群众出行更加方便。加快全岛城乡供水一体化建设，持续推进污水设施建设、供水管网改造，新建停车泊位500个以上。

四、服务业

加强全方位旅游营销、品牌宣传，拓展与海丝国家、沿海地区、港澳台地区旅游合作，力争全年接待游客750万人次以上、增长28%，旅游总收入85亿元、增长25%。总部经济产业重点做长平台经济链，培育一批平台雏鹰企业，新落地平台型总部经济企业10家以上。航运物流产业重点做特商贸流通产业链，扩大台湾农渔产品、对台小额贸易、跨境电商直购出口等业务，进出口货值力争突破50亿元。着力构建两岸共同市场先行区，完善金井、澳前口岸配套设施，巩固两岸海上客货直航航线，打造“经贸合作畅通”海上黄金通道。推动建设两岸冷链物流产业合作城市，拓展海运快件、跨境电商业务，培育保税加工、转口贸易新业态。推动《海峡两岸服务贸易协议》部分条款在平潭先行先试。建成对台中药材贸易中心。加快建设闽台农渔业融合发展产业园区、台湾农渔产品交易市场，力争交易额突破10亿元。积极深化区域协同，落实好省“双轮驱动”区域发展战略及闽东北协同发展区规划，加强基础设施、物流贸易、平台经济、旅游等领域合作，逐步推进教育、医疗卫生和文体资源共建共享。积极推动与福州新区一体化发展，强化“三区”叠加政策辐射，探索与长乐区共建电子商务产业园、平潭数据中心。

（摘编：黄国实）

第八篇
经济数据

说明：本篇内容摘自《2020福建统计年鉴》，采用近3年的数据（除说明外）。

（摘编：赵小真）

全省法人单位数和从业人员数（2019年）

项　　目	法人单位数（个）			从业人员数（万人）
		单产业法人	多产业法人	
按登记注册类型分	**941290**	**921351**	**19939**	**1793.72**
内资	926938	907577	19361	1628.04
国有	36747	33497	3250	122.20
集体	7359	6703	656	12.61
股份合作	375	319	56	5.68
联营	324	322	2	0.47
国有联营	38	38		0.08
集体联营	97	96	1	0.15
国有与集体联营	28	28		0.03
其他联营	161	160	1	0.21
有限责任公司	25809	24088	1721	227.67
国有独资公司	2191	1960	231	33.80
其他责任有限公司	23618	22128	1490	193.87
股份有限公司	2090	1634	456	47.23
私营	775297	763564	11733	1140.59
私营独资	51455	51060	395	39.71
私营合伙	10260	10204	56	9.15
私营有限责任公司	708780	697746	11034	1065.61
私营股份有限公司	4802	4554	248	26.12
其他	78937	77450	1487	71.59
港澳台商投资	9647	9332	315	105.69
合资经营（港或澳、台资）	2309	2213	96	22.58
合作经营（港或澳、台资）	76	73	3	0.58
港、澳、台商独资经营	7092	6895	197	77.82
港、澳、台商投资股份有限公司	98	84	14	4.23
其他港澳台商投资	72	67	5	0.48
外商投资	4705	4442	263	59.99
中外合资	1315	1243	72	14.49
中外合作	33	32	1	0.51
外商独资	3189	3019	170	40.13

续表

项目	法人单位数（个）	单产业法人	多产业法人	从业人员数（万人）
外商投资股份有限公司	80	66	14	3.31
其他外商投资	88	82	6	1.55
按机构类型分	**941290**	**921351**	**19939**	**1793.72**
企业	819712	804242	15470	1602.47
事业单位	26728	25534	1194	79.15
机关	7717	5876	1841	34.35
社会团体	16479	16436	43	8.08
其他	70654	69263	1391	69.67
按行业分	**941290**	**921351**	**19939**	**1793.72**
农、林、牧、渔业	51198	51080	118	43.98
农业	26884	26837	47	24.70
林业	5960	5930	30	5.99
畜牧业	7378	7362	16	5.19
渔业	6161	6149	12	4.85
农、林、牧、渔服务业	4815	4802	13	3.25
采矿业	1569	1532	37	6.91
煤炭开采和洗选业	120	114	6	2.37
石油和天然气开采业				
黑色金属矿采选业	227	215	12	1.18
有色金属矿采选业	167	162	5	0.61
非金属矿采选业	998	984	14	2.70
开采辅助活动	38	38		0.02
其他采矿业	19	19		0.03
制造业	135042	133765	1277	541.18
农副食品加工业	5485	5398	87	25.14
食品制造业	3976	3907	69	18.93
酒、饮料和精制茶制造业	5117	5034	83	13.26
烟草制品业	11	10	1	0.59
纺织业	5055	5015	40	29.79
纺织服装、服饰业	9704	9597	107	49.85
皮革、毛皮、羽毛及其制品和制鞋业	10566	10506	60	69.63
木材加工和木、竹、藤、棕、草制品业	5476	5433	43	15.51
家具制造业	4272	4239	33	10.67
造纸和纸制品业	3553	3532	21	12.08
印刷和记录媒介复制业	2969	2929	40	7.50

续表

项　　目	法人单位数（个）			从业人员数（万人）
		单产业法人	多产业法人	
文教、工美、体育和娱乐用品制造业	9341	9271	70	32.23
石油加工、炼焦和核燃料加工业	250	244	6	1.38
化学原料和化学制品制造业	3492	3437	55	12.78
医药制造业	670	654	16	4.29
化学纤维制造业	231	231		4.28
橡胶和塑料制品业	6788	6750	38	23.98
非金属矿物制品业	16995	16883	112	47.16
黑色金属冶炼和压延加工业	493	487	6	7.52
有色金属冶炼和压延加工业	660	647	13	6.32
金属制品业	10794	10720	74	23.93
通用设备制造业	7171	7114	57	18.34
专用设备制造业	6548	6493	55	16.43
汽车制造业	1740	1724	16	12.06
铁路、船舶、航空航天和其他运输设备制造业	871	868	3	4.15
电气机械和器材制造业	4395	4351	44	24.31
计算机、通信和其他电子设备制造业	3551	3482	69	34.76
仪器仪表制造业	1016	996	20	4.09
其他制造业	2126	2114	12	6.90
废弃资源综合利用业	656	648	8	1.09
金属制品、机械和设备修理业	1070	1051	19	2.23
电力、热力、燃气及水生产和供应业	6424	6228	196	16.40
电力、热力生产和供应业	5202	5068	134	13.18
燃气生产和供应业	172	141	31	0.80
水的生产和供应业	1050	1019	31	2.42
建筑业	45252	42563	2689	443.64
房屋建筑业	13407	12035	1372	291.18
土木工程建筑业	8729	7943	786	77.30
建筑安装业	3924	3726	198	10.16
建筑装饰和其他建筑业	19192	18859	333	65.00
批发和零售业	317458	313146	4312	212.11
批发业	181867	180011	1856	123.61
零售业	135591	133135	2456	88.50
交通运输、仓储和邮政业	19662	18885	777	45.18
铁路运输业	39	37	2	0.08
道路运输业	11239	10956	283	24.71

续表

项目	法人单位数（个）	单产业法人	多产业法人	从业人员数（万人）
水上运输业	1206	1163	43	3.28
航空运输业	123	115	8	3.01
管道运输业	7	7		0.01
多式联运和运输代理业	4341	4197	144	5.04
装卸搬运和仓储业	1731	1694	37	3.84
邮政业	976	716	260	5.21
住宿和餐饮业	14732	14093	639	28.09
住宿业	5126	4980	146	13.13
餐饮业	9606	9113	493	14.96
信息传输、软件和信息技术服务业	46518	46083	435	43.65
电信、广播电视和卫星传输服务	802	724	78	5.90
互联网和相关服务	8305	8233	72	7.33
软件和信息技术服务业	37411	37126	285	30.42
金融业	3773	3263	510	27.06
货币金融服务	1332	1074	258	10.26
资本市场服务	1314	1298	16	1.22
保险业	505	285	220	14.84
其他金融业	622	606	16	0.74
房地产业	21837	20631	1206	42.50
房地产业	21837	20631	1206	42.50
租赁和商务服务业	99757	98293	1464	97.54
租赁业	7233	7137	96	5.85
商务服务业	92524	91156	1368	91.69
科学研究和技术服务业	40404	39532	872	33.90
研究和试验发展	7519	7474	45	4.31
专业技术服务业	17463	16734	729	21.19
科技推广和应用服务业	15422	15324	98	8.40
水利、环境和公共设施管理业	6225	6083	142	12.23
水利管理业	647	627	20	0.68
生态保护和环境治理业	947	926	21	0.99
公共设施管理业	4064	3971	93	10.25
土地管理业	567	559	8	0.31
居民服务、修理和其他服务业	17847	17445	402	21.34
居民服务业	7770	7555	215	10.50
机动车、电子产品和日用产品修理业	7097	6963	134	5.76

续表

项　　目	法人单位数（个）	单产业法人	多产业法人	从业人员数（万人）
其他服务业	2980	2927	53	5. 08
教育	22422	21397	1025	66. 03
教育	22422	21397	1025	66. 03
卫生和社会工作	6777	6623	154	21. 17
卫生	5087	4946	141	19. 54
社会工作	1690	1677	13	1. 63
文化、体育和娱乐业	25113	24806	307	20. 32
新闻和出版业	335	327	8	0. 74
广播、电视、电影和影视录音制作业	2980	2930	50	2. 84
文化艺术业	8710	8638	72	5. 88
体育	3163	3079	84	2. 53
娱乐业	9925	9832	93	8. 33
公共管理、社会保障和社会组织	59280	55903	3377	70. 49
中国共产党机关	1543	1407	136	2. 45
国家机构	14881	13035	1846	40. 62
人民政协、民主党派	271	259	12	0. 34
社会保障	262	256	6	0. 37
群众团体、社会团体和其他成员组织	24966	24906	60	12. 57
基层群众自治组织	17357	16040	1317	14. 14

各设区市按机构类型分的法人单位数（2019 年）

单位：个

地　区	法人单位数	企业法人	事业法人	机关法人	社团法人	其他法人
福建省	941290	819712	26728	7717	16479	70654
福州市	174456	153771	4616	1275	4338	10456
厦门市	188781	182683	1271	444	1228	3155
莆田市	62711	55597	2029	458	833	3794
三明市	44734	30957	2895	1010	1638	8234
泉州市	243683	224684	4169	1087	3398	10345
漳州市	78912	63662	3939	1084	1227	9000
南平市	53527	38301	3712	865	1364	9285
龙岩市	40763	30820	1964	679	1378	5922
宁德市	53723	39237	2133	815	1075	10463

各设区市按营业状态分的企业法人单位数（2019 年）

单位：个

地 区	企业法人单位数	营 业	停业（歇业）	筹 建	其 他
福建省	819712	678091	38846	96600	6175
福州市	153771	125465	6559	20874	873
厦门市	182683	157107	9934	14676	966
莆田市	55597	39545	958	15046	48
三明市	30957	26284	2177	2392	104
泉州市	224684	189508	8598	24960	1618
漳州市	63662	52064	2497	8956	145
南平市	38301	31135	2561	4166	439
龙岩市	30820	26018	1586	1391	1825
宁德市	39237	30965	3976	4139	157

各设区市按行业门类分的法人单位数（2019 年）

单位：个

项 目	福建省	福州市	厦门市	莆田市	三明市	泉州市	漳州市	南平市	龙岩市	宁德市
农、林、牧、渔业	51198	6208	1515	2269	7228	6668	7092	7342	3638	9238
采矿业	1569	51	10	18	534	232	132	149	356	87
制造业	135042	13461	21757	7105	5321	56094	12369	6704	4279	7952
电力、热力、燃气及水生产和供应业	6424	642	171	161	1285	831	789	838	1021	686
建筑业	45252	11547	8884	2511	1827	9501	3857	2742	2024	2359
批发和零售业	317458	52597	69037	30658	9998	94992	22726	13172	11806	12472
交通运输、仓储和邮政业	19662	4134	5156	728	1089	3601	1945	1157	883	969
住宿和餐饮业	14732	3234	4127	878	448	2966	1160	582	652	685
信息传输、软件和信息技术服务业	46518	12745	15829	2316	1105	7801	2393	1577	1372	1380
金融业	3773	1263	1216	92	149	453	183	134	140	143
房地产业	21837	4656	4906	1168	1128	4432	2058	1246	1084	1159
租赁和商务服务业	99757	25492	24624	4377	2886	23748	6663	4478	3022	4467
科学研究和技术服务业	40404	10565	10594	1971	1545	7673	3276	1723	1424	1633
水利、环境和公共设施管理业	6225	1006	919	353	620	992	880	560	419	476
居民服务、修理和其他服务业	17847	4020	5322	888	579	3423	1370	818	640	787
教育	22422	4073	4690	1573	1152	4128	2842	1381	1387	1196
卫生和社会工作	6777	1816	782	330	585	1051	616	717	455	425
文化、体育和娱乐业	25113	5158	6518	1164	983	5749	1920	1429	1110	1082
公共管理、社会保障和社会组织	59280	11788	2724	4151	6272	9348	6641	6778	5051	6527
国际组织										

各设区市按登记注册类型分的企业法人单位数（2019 年）

单位：个

地　区	企业法人单位数	内资企业	#国有企业	#集体企业	#股份合作企业
福建省	819712	805368	2577	4008	339
福州市	153771	150871	611	1041	55
厦门市	182683	177607	183	190	39
莆田市	55597	55170	77	192	21
三明市	30957	30680	265	470	27
泉州市	224684	221126	360	637	40
漳州市	63662	62240	318	454	73
南平市	38301	38063	403	457	27
龙岩市	30820	30524	155	304	34
宁德市	39237	39087	205	263	23

地　区	#联营企业	#有限责任公司	#股份有限公司	#私营企业	港澳台商投资企业	外商投资企业
福建省	104	25729	2079	769865	9642	4702
福州市	31	5501	635	142846	1886	1014
厦门市	15	6463	421	170197	3317	1759
莆田市	6	3324	144	51397	291	136
三明市	7	1303	123	28478	202	75
泉州市	17	3548	230	216227	2570	988
漳州市	6	1679	146	59552	948	474
南平市	13	1163	114	35782	146	92
龙岩市	5	1279	154	28552	210	86
宁德市	4	1469	112	36834	72	78

主要年份就业基本情况

项　　目	2010	2018	2019
就业人员合计（万人）	**2241.59**	**2791.37**	**2781.26**
第一产业	636.54	584.98	548.85
第二产业	820.89	982.23	909.65
第三产业	784.16	1224.15	1322.76
就业人员构成（%）			
第一产业	28.4	21.0	19.7
第二产业	36.6	35.2	32.7
第三产业	35.0	43.8	47.6

续表

项　　目	2010	2018	2019
按城乡分就业人数（万人）			
城镇非私营单位就业人员	**507.14**	**705.36**	**639.58**
#国有单位	155.51	155.75	147.14
集体单位	16.58	9.97	9.32
股份合作单位	8.14	5.41	5.47
联营单位	1.95	0.45	0.32
有限责任公司	87.40	332.76	276.30
股份有限公司	31.28	51.17	52.97
港澳台商投资单位	110.25	87.61	84.33
外商投资单位	81.88	55.50	48.58
城镇私营和个体从业人员	**338.64**	**691.24**	**833.32**
乡村就业人员	**1395.81**	**1394.77**	**1308.35**
城镇非私营单位在岗职工人数（万人）	485.94	588.80	522.82
国有单位	145.74	128.45	118.99
城镇集体单位	15.38	7.55	6.66
其他经济	324.83	452.79	397.16
私营单位从业人员数（万人）	**362.67**	**579.79**	**617.59**
城镇登记失业人数（万人）	**14.49**	**17.33**	**16.81**
城镇登记失业率（%）	**3.77**	**3.71**	**3.50**

城镇非私营单位企业、事业、机关年末在岗职工人数

单位：万人

年　份	总　计			
		企　业	事　业	机　关
2017	566.62	455.58	76.43	32.19
2018	588.80	477.25	75.75	33.10
2019	522.82	407.65	75.74	33.93

城镇非私营单位企业、事业、机关在岗职工含劳务派遣人员平均工资

年　份	平均货币工资（元）				指数（上年=100）			
	总　计	企　业	事　业	机　关	合　计	企　业	事　业	机　关
2017	69029	63578	90614	93891	109.3	107.5	112.8	116.6
2018	76266	69939	101857	107169	110.5	110.0	112.4	114.1
2019	84374	77020	111146	112462	110.6	110.1	109.1	104.9

城镇非私营单位从业人员平均劳动报酬（2019 年）

单位：元

项　　　目	单位从业人员	在岗职工	劳务派遣人员	其他从业人员
合　计	**81814**	**87117**	**58066**	**56546**
按企事业机关分				
企业	75384	78465	61906	60254
事业	105976	116863	50633	39276
机关	106713	128508	46516	38576
按国民经济行业分				
农、林、牧、渔业	51430	64591	36718	22859
采矿业	61314	60062	99019	68664
制造业	71641	71600	60486	92491
电力、热力、燃气及水生产和供应业	119694	128380	68142	51331
建筑业	64846	65818	61506	64442
批发和零售业	82363	84072	60094	68165
交通运输、仓储和邮政业	90085	93558	69366	54885
住宿和餐饮业	46387	46648	49291	37374
信息传输、软件和信息技术服务业	124370	126897	70158	94147
金融业	116732	173602	83150	44222
房地产业	81052	83526	57568	46095
租赁和商务服务业	62639	65659	48127	41335
科学研究和技术服务业	118649	124193	76120	59562
水利、环境和公共设施管理业	62162	67133	41359	35423
居民服务、修理和其他服务业	66063	67087	50975	56294
教育	96557	104712	47526	36420
卫生和社会工作	119961	127791	62951	61996
文化、体育和娱乐业	84160	93254	47049	36344
公共管理、社会保障和社会组织	106176	127501	46858	37764
按三次产业分				
第一产业	51430	64591	36718	22859
第二产业	70108	71486	61501	66536
第三产业	95811	105315	53443	44688

城镇非私营单位在岗职工含劳务派遣人员平均工资（2019 年）

单位：元

行　　业	在岗职工平均工资	国有单位	集体单位	其他单位
合　计	**84374**	**111211**	**79508**	**76019**
按企事业机关分				
企业	77020	102299	63278	75972
事业	111146	112805	98182	95902
机关	112462	112687	85940	93505
按国民经济行业分				
农、林、牧、渔业	61785	65800	43930	48183
采矿业	61117	53403	58305	63983
制造业	71297	98692	82671	71136
电力、热力、燃气及水生产和供应业	125627	96285	38031	128890
建筑业	64935	79221	63027	64512
批发和零售业	83311	123622	39386	81280
交通运输、仓储和邮政业	90909	85199	49160	92045
住宿和餐饮业	46676	54736	33626	46290
信息传输、软件和信息技术服务业	124902	116186	61847	125462
金融业	169030	150950	231092	174890
房地产业	82669	73600	51919	83550
租赁和商务服务业	64124	66874	48120	64050
科学研究和技术服务业	121195	127738	122854	116593
水利、环境和公共设施管理业	64577	71551	46091	61121
居民服务、修理和其他服务业	66815	82956	59130	65939
教育	101280	109153	100044	71121
卫生和社会工作	122947	130399	85808	89870
文化、体育和娱乐业	88407	101031	66133	72581
公共管理、社会保障和社会组织	111509	111944	98052	90369
按三次产业分				
第一产业	61785	65800	43930	48183
第二产业	70476	82030	70857	70282
第三产业	100826	112636	82826	89609

私营单位从业人员平均劳动报酬

单位：元

项　　目	2010	2018	2019	2019 年比上年增长（%）
合　计	**21039**	**52930**	**57141**	**8.0**
按国民经济行业分				
农、林、牧、渔业	18670	40488	41032	1.3
采矿业	20428	48945	54269	10.9
制造业	20082	52325	56924	8.8
电力、燃气及水的生产和供应业	21435	38695	44688	15.5
建筑业	23914	55760	59959	7.5
交通运输、仓储和邮政业	21681	50855	58038	14.1
信息传输、计算机服务和软件业	27749	78363	81306	3.8
批发和零售业	21512	48181	52206	8.4
住宿和餐饮业	16881	40428	44796	10.8
金融业	32156	58423	64487	10.4
房地产业	24411	54779	56501	3.1
租赁和商务服务业	20618	50329	57330	13.9
科学研究、技术服务和地质勘查业	23329	56024	64121	14.5
水利、环境和公共设施管理业	18073	40299	46284	14.9
居民服务和其他服务业	19168	41385	44235	6.9
教育	24306	38301	43723	14.2
卫生、社会保障和社会福利业	23527	53030	59677	12.5
文化、体育和娱乐业	19582	38296	42862	11.9
公共管理和社会组织	17113			
按三次产业分				
第一产业	18670	40488	41032	1.3
第二产业	20940	53948	58417	8.3
第三产业	21502	50088	54882	9.6

农 业

农村基层组织和劳动力情况

项　　目	2010	2018	2019
农村基层组织情况			
乡（镇）政府（个）	929	926	925
乡政府	334	281	271
镇政府	595	645	654
村民委员会（个）	14434	14388	14335
自来水受益村数（个）	12592	13723	13825
通有线电视村数（个）		13959	14018
通宽带村数（个）		14280	14283
农村劳动力资源情况			
乡村劳动力资源总数（万人）	**1579. 32**	**1653. 56**	**1645. 59**
乡村从业人员（万人）	**1395. 81**	**1424. 69**	**1414. 86**
按性别分			
男	752. 57	765. 42	761. 05
女	643. 23	659. 26	653. 81
#农林牧渔业从业人员	623. 73	582. 16	577. 23

农业机械化情况

项　　目	2010	2018	2019
农业机械动力（万千瓦）	**1206. 16**	**1228. 27**	**1237. 73**
柴油发动机	891. 66	778. 26	767. 66
汽油发动机	64. 01	162. 47	177. 15
电动机	250. 47	287. 51	292. 91
其他机械	0. 03	0. 02	0. 02
农业机械拥有量			
大型拖拉机（台）		251	308
大型拖拉机动力（万千瓦）		2. 07	2. 59
中型拖拉机（台）		5070	5144
中型拖拉机动力（万千瓦）		19. 72	20. 95
小型拖拉机（台）	107739	87524	84730
小型拖拉机动力（万千瓦）	107. 02	95. 15	94. 06
联合收割机（台）	4411	10122	10328
联合收割机动力（万千瓦）	15. 48	41. 02	42. 68

续表

项　　目	2010	2018	2019
机动脱粒机（台）	93484	97526	99478
养殖渔船（艘）		22418	21853
捕捞渔船（艘）		26022	24154
机电井（眼）	17866	316053	316132

农业生产条件

年　份	农业机械动力（万千瓦）	耕地灌溉面积（千公顷）	化肥施用量（吨）	农药使用量（吨）	农村用电量（万千瓦小时）	农用塑料薄膜使用量（吨）
2017	1232.42	1064.84	1163227	52167	3883797	62415
2018	1228.27	1085.18	1107377	49143	4038675	60002
2019	1237.73	1076.78	1062630	45477	4179238	58507

农业基础设施

项　　目	2010	2018	2019
1. 农业机械使用			
机耕地面积（千公顷）	908.68	901.55	922.43
机械播种面积（千公顷）	25.77	174.67	216.78
机械收获面积（千公顷）	222.74	509.90	557.42
2. 化肥施用量（万吨）			
按折纯量计算	121.04	110.74	106.26
氮肥	47.74	41.94	39.93
磷肥	17.06	15.53	14.88
钾肥	24.67	21.91	20.77
复合肥	31.56	31.36	30.68
3. 农用塑料薄膜使用量（万吨）	**5.71**	**6.00**	**5.85**
#地膜使用量	2.66	3.14	3.10
4. 农用柴油使用量（万吨）	**83.17**	**82.37**	**81.25**

农作物播种面积

单位：千公顷

年　份	合　计	粮食作物	#谷物	#稻谷	非粮作物	#油料作物
2017	1592.10	833.22	660.19	628.59	758.88	72.46
2018	1621.42	833.51	653.23	619.61	787.91	75.42
2019	1648.03	822.43	634.00	599.23	825.60	77.51

水产品养殖面积

单位：千公顷

项　　目	2010	2018	2019
总　计	**231.47**	**248.01**	**250.06**
海水养殖	137.64	162.11	163.71
#滩涂养殖	55.21	47.99	47.00
淡水养殖	93.83	85.90	86.35
#池塘养殖	34.36	34.50	35.16
湖泊养殖	0.80	0.62	0.63
河沟养殖	4.91	3.96	3.88
水库养殖	51.63	43.42	43.33

年末各类园林水果实有面积

单位：公顷

项　　目	2010	2018	2019
园林水果合计	**425824**	**331792**	**344079**
#柑　橘	77007	50103	52776
龙　眼	53284	32351	31038
荔　枝	27390	15409	13945
香　蕉	19583	11321	11628
枇　杷	26365	19613	19679
菠　萝	2123	1229	899
橄　榄	8436	8154	8308
柿	16009	8625	9228
桃	18071	10963	11554
李	27079	24302	25140
梨	18141	13753	13949
葡　萄	5659	9672	9905
杨　梅	13799	9014	9394

农林牧渔业总产值和指数

年　份	农林牧渔业总产值（亿元）					农林牧渔业总产值指数（1952 年 = 100）				
	总产值	#农业	#林业	#牧业	#渔业	总指数	#农业	#林业	#牧业	#渔业
2017	3947.16	1527.00	327.73	750.49	1202.05	2039.3	1110.3	4667.9	2841.9	6827.0
2018	4229.52	1653.45	389.00	718.42	1318.20	2110.9	1162.7	4860.7	2781.0	7173.8
2019	4636.56	1774.77	417.33	914.39	1361.68	2187.1	1209.1	5062.1	2796.3	7485.6

农林牧渔业分类产值和增速

项　　目	数值（万元）		比上年增长（%）	
	2018	2019	2018	2019
农林牧渔业总产值（万元）	**42295209**	**46365647**	**3.5**	**3.6**
农业产值	**16534486**	**17747696**	**4.7**	**4.0**
谷物及其他作物	2399974	2489579	2.7	-1.6
谷物	1308512	1290981		
薯类	358778	365435		
油料	218435	243495		
豆类	77847	81097		
棉花	66	54		
麻类	8	9		
糖料	33687	30811		
烟草	234463	309494		
其他农作物	168177	168203		
蔬菜、食用菌及花卉盆景园艺作物	8110338	8769037	4.4	4.6
#蔬菜	4789255	5206549		
食用菌	2168448	2294074		
花卉	854330	941966		
水果、坚果、茶、饮料和香料作物	5327899	5822914	6.0	5.3
#水果	2876950	3355957		
园林水果	2790069	3242825		
果用瓜	86881	113132		
茶叶	2360433	2372212		
香料原料	1076	1794		
中草药材	696275	666166	6.6	6.0
林业产值	**3889991**	**4173334**	**4.1**	**4.1**
林木的培育和种植	382952	419455	-3.1	6.5
木竹采运	1720978	1704466	7.6	2.2
#村及村以下	1257502	1176490		
林产品	1786061	2049413	2.6	5.5
牧业产值	7184247	9143868	-2.1	0.5
牲畜饲养	493393	545811	4.8	6.5
牛	175399	197978		
羊	178230	204808		
奶类	139765	143025		
#牛奶	130840	133218		
猪的饲养	2362319	3318786	-11.5	-9.0

续表

项　　目	数值（万元）		比上年增长（%）	
	2018	2019	2018	2019
家禽饲养	4111242	5029336	3.7	5.4
肉禽	3502568	4256199		
禽蛋	608674	773137		
捕猎野兽、野禽	33708	38989	-16.9	-3.6
其他畜牧业	183584	210946	11.7	0.0
渔业产值	13182040	13616754	5.1	4.3
海水产品	11322733	11616927	5.0	4.2
淡水产品	1859307	1999827	5.4	5.3
农林牧渔服务业产值	1504446	1683997	5.8	6.1

主要农业产品产量

单位：万吨

年　份	粮　食	油　料	蔬　菜	园林水果
2017	487.15	19.55	1292.18	601.14
2018	498.58	21.24	1366.70	639.82
2019	493.90	22.03	1437.33	681.61

粮食总产量及单产

年　份	粮食总产量（万吨）		粮食单产（公斤/亩）	
	产　量	#稻　谷	产　量	#稻　谷
2017	487.15	393.19	390	417
2018	498.58	398.31	399	429
2019	493.90	388.79	400	433

非粮作物总产量及单位播种面积产量

年　份	总产量（万吨）				单产（公斤/亩）			
	油　料	花　生	甘　蔗	烤　烟	油　料	花　生	甘　蔗	烤　烟
2017	19.55	18.73	26.37	11.62	180	186	3559	147
2018	21.24	20.32	26.13	10.68	188	195	3552	147
2019	22.03	21.04	26.25	9.40	190	196	3620	125

茶叶园林水果实有面积及产量

年　份	面积（千公顷）		产量（万吨）	
	茶　叶	园林水果	茶　叶	园林水果
2017	207.11	310.45	39.49	601.14
2018	210.89	331.79	41.83	639.82
2019	219.81	344.08	43.99	681.61

各类茶叶、园林水果、食用菌产量

单位：吨

项　　目	2010	2018	2019
茶叶	**258289**	**418337**	**439931**
#红茶	12765	49012	52455
绿茶	97054	126175	127656
青茶	140022	215855	227323
园林水果	**4950288**	**6398230**	**6816149**
#柑桔	1038022	901185	972689
龙眼	200967	256108	202642
荔枝	127584	142683	90952
香蕉	605545	420757	447917
枇杷	247500	304931	315209
菠萝	25113	23909	16955
橄榄	61166	131562	139221
柿	97226	103097	114852
桃	157890	142457	151584
李	205776	307952	333623
梨	157860	174669	190986
苹果	309		15
葡萄	100444	208422	218361
杨梅	110240	161497	147177
食用菌	**762663**	**1262792**	**1333623**
#蘑菇	341758	383256	385355
香菇	92345	129522	134873
白木耳	30589	44314	45146
黑木耳	35491	63606	71098

林业牧业水产品产量

年　份	造林面积（千公顷）	肉类总产量（万吨）	猪出栏数（万头）	奶类产量（万吨）	水产品产量（万吨）
2017	8.09	264.91	1606.10	13.54	744.57
2018	6.52	256.06	1421.34	14.31	782.12
2019	9.98	255.15	1297.26	14.99	814.58

主要林产品产量

项　　目	2010	2018	2019
木材产量（万立方米）	1455.38	1423.78	1453.81
毛竹采伐量（万根）	26602	59501	61304
篙竹采伐量（万根）	14787	31767	31572
油桐籽（吨）	23244	29009	29408
油茶籽（吨）	94815	199477	215540
乌桕籽（吨）	532	419	421
棕片（吨）	14847	17424	17762
松脂（吨）	87758	115706	119746
笋干（吨）	215123	393662	417374
山苍籽（吨）	12174	16166	16146
板栗（吨）	80793	84404	86677

主要畜禽产品产量

项　　目	2010	2018	2019
肉类产量（万吨）	**192.61**	**256.06**	**255.15**
#猪肉	155.36	113.12	103.03
牛肉	1.69	1.94	2.14
羊肉	1.62	2.04	2.22
禽肉	31.44	136.76	141.87
兔肉	1.85	1.41	1.62
牛奶产量（万吨）	**12.91**	**13.82**	**14.46**
羊奶产量（万吨）	**0.33**	**0.49**	**0.52**
蜂蜜产量（万吨）	**0.86**	**1.58**	**1.65**
禽蛋产量（万吨）	**30.54**	**44.32**	**48.58**
猪出栏数（万头）	**2080.38**	**1421.34**	**1297.26**
出栏率（%）	151.4	154.2	162.2
羊出栏数（万头）	**118.47**	**144.28**	**155.86**
出栏率（%）	125.2	162.1	163.5
牛出栏数（万头）	**16.80**	**17.87**	**19.57**
家禽出栏数（万只）	**23662.83**	**95537.65**	**99437.77**
家兔出栏数（万只）	**1321.13**	**937.77**	**1066.87**

淡水产品产量

单位：万吨

项　　目	2010	2018	2019
淡水产品产量	**74.16**	**87.08**	**91.05**
#养殖产量	65.97	80.09	83.94
按类别分			
#淡水鱼类	62.68	71.91	75.46
虾蟹类	5.10	8.41	9.63
贝类	4.84	4.76	4.75
主要品种产量			
淡水鳗	8.75	9.60	10.15
草鱼	13.84	16.77	17.44
鲢鱼	6.21	7.45	7.82
鲤鱼	5.08	5.81	6.01
罗非鱼	11.08	11.71	12.07

海水产品产量

单位：吨

项　　目	2010	2018	2019
海水产品产量	**5132598**	**6950449**	**7235282**
#鱼类	1787085	2004670	1882461
虾蟹类	388610	507055	500244
贝类	2221429	3068398	3274846
藻类	599357	1120449	1189338
#海水养殖产量	**3038990**	**4788297**	**5107162**
#鱼类	170308	391007	429386
虾蟹类	95816	202077	212338
贝类	2171544	3028196	3237735
藻类	598225	1118653	1187581
主要品种产量			
大黄鱼	75660	169027	189454
带鱼	240362	150909	150737
鲳鱼	62817	64797	59800
鲫鱼	15425	11659	11341
马鲛鱼	54226	41814	40822
鲷鱼	76902	99992	101940
鲐鱼	62656	306294	251188
鳗鱼	70186	62671	60065

续表

项　　目	2010	2018	2019
墨鱼	30085	33397	36462
海蜇皮	11819	14423	13409
对虾	72282	151438	158944
毛虾	56383	58093	49909
梭子蟹	89261	113880	110108
蛏	193708	279485	300755
蛤	288793	433699	472651
蚶	37469	61458	65260
牡蛎	1456106	1894204	2012589
海带	452096	768304	803131
紫菜	51313	74628	80758

工　业

主要年份工业总产值

单位：亿元

年份	总计	#国有企业	#集体企业	#轻工业	#重工业
2017	50061.66	135.58	128.00	25111.30	24950.36
2018	57732.35	142.54	132.81	29502.35	28230.01
2019	63172.56	100.69	216.76	32062.10	31110.46

工业总产值指数

年份	工业总产值指数（1952＝100）					工业总产值本年比上年增长（%）				
	总计	#国有企业	#集体企业	#轻工业	#重工业	总计	#国有企业	#集体企业	#轻工业	#重工业
2017	1068291.8	136333.2	13792967.3	728773.7	3589425.1	7.8	43.8	3.3	9.1	4.5
2018	1168711.2	145331.2	14289514.1	795820.9	3937599.3	9.4	6.6	3.6	9.2	9.7
2019	1271775.3	157940.4	15668708.7	854992.7	4345140.4	8.8	8.7	9.7	7.4	10.3

规模以上工业企业主要指标

单位：亿元

年份	企业单位数（个）	资产总计	流动资产合计	主营业务收入	利润总额	税金总额
2017	17348	34591.63	17494.17	45658.46	3221.82	1493.86
2018	17347	36858.81	18968.09	50640.07	4180.27	1613.05
2019	18373	39551.81	20046.89	56787.62	4326.54	1503.65

规模以上工业企业主要经济指标

单位：亿元

年份	固定资产原价				固定资产合计				主营业务收入	
	合计	国有	集体	其他	合计	国有	集体	其他	合计	国有
2017	17685.00	234.81	14.25	17435.94	10530.68	123.90	6.93	10399.85	45658.46	117.19
2018	20143.13	191.81	42.22	19909.10	10902.29	99.13	24.97	10778.19	50640.07	73.65
2019	21474.87	67.32	75.02	21332.53	10849.95	47.35	21.40	10781.19	56787.62	42.40

年份	主营业务收入		利税总额				利润总额			
	集体	其他	合计	国有	集体	其他	合计	国有	集体	其他
2017	105.07	45436.20	4715.68	4.38	7.16	4704.14	3221.82	0.18	3.82	3217.82
2018	162.73	50403.69	5793.33	8.31	11.57	5773.45	4180.27	5.34	7.29	4167.64
2019	216.57	56528.64	5830.19	5.74	10.00	5814.46	4326.54	4.48	6.26	4315.79

规模以上工业企业主要经济效益指标

年份	总资产贡献率（%）	资产负债率（%）	流动资产周转次数（次/年）	工业成本费用利润率（%）	全员劳动生产率（元/人）	产品销售率（%）
2017	14.61	51.95	2.64	7.55	273389	97.13
2018	16.68	51.58	2.70	8.93	288928	97.27
2019	15.55	50.65	2.87	8.17	316727	97.15

规模以上工业企业单位数

单位：个

项目	2010	2018	2019
合计	**19227**	**17347**	**18373**
按轻重分			
轻工业	10654	10171	10642
重工业	8573	7176	7731
按注册类型分			
内资企业	13524	14020	15109
港澳台商投资企业	3705	2181	2103
外商投资企业	1998	1146	1161
按经济类型分			
国有	273	127	122
集体	584	95	81
其他	18370	17125	18170
#外商及港澳台商投资	5703	3327	3264
按经济组织分			
独资	5631	2772	2728
合作、合伙	681	168	134
股份有限公司	444	708	611
有限责任公司	12471	13699	14900
按规模分			
大型	124	451	451
中型	2116	2699	2538
小型	16987	13144	14191
微型		1053	1193

规模以上工业企业主要工业产品产量

年　份	化学纤维（万吨）	原煤（万吨）	发电量（亿千瓦小时）	粗钢（万吨）	水泥（万吨）	化学肥料（万吨）	汽车（辆）	移动通信手持机（万部）	微型计算机设备（万部）
2017	674.38	1107.00	2062.63	1882.85	8444.19	24.01	281198	578.25	998.42
2018	694.88	918.87	2342.54	2100.70	8783.18	68.16	239457	1362.14	1183.63
2019	849.31	831.72	2406.44	2390.28	9443.13	90.27	169475	1802.92	2192.40

规模以上工业企业产品产量

项　　目	2010	2018	2019
原煤（吨）	24427250	9188727	8317199
铁矿石原矿量（吨）	23272585	20678899	18942331
硫铁矿（折硫35%）（吨）	99177	418365	384940
原盐（吨）	333929	229984	218298
配混合饲料（吨）	4830171	9008548	9448297
食用植物油（吨）	1684343	2112446	2263179
罐头（吨）	2032091	3161780	2979613
啤酒（千升）	1887767	1502750	1581156
软饮料（吨）	3869623	6558563	8092001
精制茶（吨）	103310	290807	288580
卷烟（万箱）	168.75	171.03	175.80
纱（吨）	1847365	5692147	5809122
布（万米）	312003	1079394	1027549
棉布（万米）	39708	79511	89630
棉混纺交织布（米）	110002	581000	508308
纯化纤布（米）	162292	418883	429612
印染布（万米）	391229	562377	561902
毛线（吨）	5020	1653	906
服装（万件）	292273	472008	530003
轻革（平方米）	43511617	27293033	34040714
皮革鞋靴（万双）	114358	189601	205456
人造板（立方米）	9979320	15463601	22224292
胶合板	4248677	9479959	14443612
纤维板	1936396	2258064	2399672

续表

项　　目	2010	2018	2019
刨花板	2075427	1145679	1189223
机制纸及纸板（吨）	4320636	7714140	8051297
焦炭（吨）	1430462	1741830	2019226
硫酸（折100%）（吨）	597822	2266877	3426459
盐酸（含量31%以上）（吨）	70749	199891	173730
烧碱（折100%）（吨）	201120	370605	389755
纯碱（吨）	177867	249400	290660
合成氨（吨）	1021305	630538	585596
农用化肥（吨）	578746	681608	902684
#氮肥（吨）	553717	512260	616690
#尿素（吨）	329370	352	
磷肥（吨）	25028	169348	285994
油漆（吨）	319064	990527	1296898
塑料（吨）	1524961	3249061	3830255
合成洗涤剂（吨）	39705	220789	235931
化学原料药（吨）	7266	20714	20019
中成药（吨）	6534	21861	25801
化学纤维（吨）	2061509	6948837	8493097
轮胎外胎（条）	27876136	42066676	35746001
塑料制品（吨）	1663088	4495432	5336145
水泥（吨）	59212000	87831847	94431346
砖（万块）	303443	2158018	2784900
花岗石板材（平方米）	145464187	88479131	73909228
平板玻璃（重量箱）	27653500	49494791	51139411
生铁（吨）	5588053	9823080	10380801
粗钢（吨）	10868830	21006964	23902775
钢材（吨）	13405616	29159450	37376565
铁合金（吨）	240768	203702	169113
十种有色金属（吨）	138774	477617	734056
金属切削机床（台）	3146	8989	13868
起重机械（吨）	4655	13186	13640

续表

项　　目	2010	2018	2019
叉车（台）	11081	20970	20682
泵（台）	8358576	3968621	3840436
气体压缩机（台）	50472	71048	61035
轴承（万套）	11108	14346	15306
汽车（辆）	194963	239457	169475
#载货汽车	8005	33001	38174
改装汽车（辆）	16222	9368	11630
民用钢质船舶（载重吨）	727031	948388	832630
交流电动机（千瓦）	5827571	4145500	3574416
变压器（千伏安）	5728012	8249785	11015053
电力电缆（千米）	105487	152464	215025
电话单机（台）	8452845	2147385	1823319
微型电子计算机（台）	7382707	11836288	21923992
集成电路（万块）	1158.40	20283.20	95587.70
彩色电视机（台）	9031009	9794931	7908489
照相机（台）	4510909	1276639	1028134
钟（台）	85595769	112079904	108262218
发电量（万千瓦小时）	13563200	23425429	24064379
#水电	4536900	2314724	2969460

规模以上工业企业

项　　目	企业单位数（个）	资产总计	负债合计	固定资产原价	固定资产净值
合　计	**18373**	**395518138**	**200325905**	**214748667**	**115158395**
#国有控股企业	503	95406366	55324814	71690274	42994439
#亏损企业	1181	37330245	24296295	20684048	13466163
按轻重分					
轻工业	10642	159338604	72993205	69067050	35409425
重工业	7731	236179533	127332700	145681617	79748970
按经济类型分					
国有	122	23680502	13934224	26677800	13945825
集体	81	668675	311555	846012	268619
股份	1600	104824991	56206517	54566472	34369101
私营	13295	143892114	67833699	65610282	34223377
外商及港澳台商投资	3264	122394794	62031320	67033638	32340374
其他	10	22372	3491	13549	10925
按登记注册分					
内资企业	15109	273123344	138294585	147715029	82818021
港、澳、台商投资	2103	69709038	33226972	33034445	15146403
外商投资企业	1161	52685756	28804348	33999193	17193971
按经济组织分					
独资企业	2728	82064332	39343711	42474355	20206283
合作、合伙	134	1155006	453301	681176	308070
股份有限公司	611	65442820	30013102	17550814	10236693
有限责任公司	14900	246855980	130515791	154042322	84407348
按规模分					
大型企业	451	152139966	82876030	88427921	49394693
中型企业	2538	110432265	54168770	58704609	31292359
小型企业	14191	119358831	57266284	64432008	32468794
微型企业	1193	13587077	6014821	3184129	2002548
按行业分					
煤炭开采和洗选业	56	1281957	481553	681294	362208
石油和天然气开采业					
黑色金属矿采选业	68	1064830	553823	1040221	571065
有色金属矿采选业	41	560091	210839	570296	226710
非金属矿采选业	168	1361431	371789	1193281	462809
其他采矿业					

主要指标（2019 年）

单位：万元

所有者权益合计	营业收入	主营业务收入	利润总额	利税总额	所得税费用	应交增值税
193740570	**575525228**	**567876166**	**43265388**	**58301922**	**3660926**	**9578393**
40020513	62870093	61613736	3539142	8179085	599957	2252502
12967919	21696691	20488228	−2062513	−1767747	−32325	162519
85482734	287293250	284217411	23146692	30595733	1589647	4439553
108257836	288231978	283658755	20118696	27706189	2071279	5138839
9743078	17389680	17188719	481536	2928106	44840	719940
352903	2724009	2671043	87159	137798	5480	30515
48515618	89667320	86852381	6889555	9622983	732327	1983173
75254735	292773491	290880066	21703147	27623126	1396268	4466845
59825765	172802820	170116050	14090514	17976038	1481996	2377605
18882	75721	75721	4619	4681		13
133914805	402722408	397760116	29174874	40325884	2178930	7200788
36226910	97760468	96368620	8540843	10502222	875985	1449176
23598855	75042351	73747429	5549671	7473816	606011	928429
42407089	121743623	120075753	10315299	12477258	1030696	1586590
696374	2820573	2806115	192812	250736	20218	41435
35304479	41840915	40187517	4589586	5561778	354075	734220
115332629	409120117	404806780	28167692	40012149	2255937	7216149
69263936	164568648	162004314	14257636	21083391	1375015	3461264
56262997	160726984	157816188	12748137	16140577	1195639	2533632
62093256	232106835	230618051	14943899	19431586	979563	3332534
6120382	18122761	17437612	1315716	1646368	110710	250963
776067	950010	924574	62553	133621	16270	51491
499697	2321519	2315148	58417	116547	6980	41788
347460	813906	808663	56798	98850	9176	17283
965150	3160691	3157504	194223	301414	16025	50215

续表

项　　目	企业单位数（个）	资产总计	负债合计	固定资产原价	固定资产净值
农副食品加工业	1175	15493417	7250283	6519447	3708557
食品制造业	632	9839769	3323603	3399748	1957960
酒、饮料和精制茶制造业	575	6289252	2356581	3576421	1805278
烟草制品业	7	2568189	767003	1548158	796240
纺织业	985	17470906	8239925	9648054	4418756
纺织服装、服饰业	1378	14329588	5410105	4808574	2218984
皮革、毛皮、羽毛及其制品和制鞋业	1342	18708423	9019814	7359613	4319286
木材加工和木、竹、藤、棕、草制品业	829	4040040	1730970	3234766	1027194
家具制造业	373	2822283	1377796	1025855	498278
造纸和纸制品业	455	10050808	5880214	4569323	2532968
印刷和记录媒介复制业	264	2376266	1034820	1004436	485899
文教、工美、体育和娱乐用品制造业	1019	8384814	3401967	3775815	1785188
石油、煤炭及其他燃料加工业	43	11049372	6762943	9799802	4886911
化学原料和化学制品制造业	750	19758351	11645634	11277564	7099722
医药制造业	178	4318923	1305882	2024312	883577
化学纤维制造业	104	8528646	5141676	6549927	2979578
橡胶和塑料制品业	868	11629338	5465504	6333550	3134124
非金属矿物制品业	1819	28580092	13301876	12585888	6274402
黑色金属冶炼和压延加工业	140	12067244	7001663	6832969	4095958
有色金属冶炼和压延加工业	144	19176155	10661385	5268862	3319830
金属制品业	906	10288474	4892108	4830129	2406775
通用设备制造业	654	10162649	4104183	3501809	1734153
专用设备制造业	625	9672607	5106151	3488408	1570310
汽车制造业	378	9679716	5396023	5083789	2558521
铁路、船舶、航空航天和其他运输设备制造业	167	3461358	2229302	1265300	721324
电气机械和器材制造业	708	25552778	13110223	6886687	3863367
计算机、通信和其他电子设备制造业	709	37425791	19091086	18190498	10368547
仪器仪表制造业	192	2094005	782702	542735	292923
其他制造业	153	1566022	540223	415838	239888
废弃资源综合利用业	77	776294	434016	290722	179318
金属制品、机械和设备修理业	29	1161539	378677	717116	402127
电力、热力生产和供应业	233	44071008	27360340	50386408	28182030
燃气生产和供应业	52	2779400	1544083	1782991	1179582
水的生产和供应业	77	5076312	2659142	2738064	1608048

所有者权益合计	营业收入	主营业务收入	利润总额	利税总额	所得税费用	应交增值税
8095875	34877169	34469936	2730533	3147504	85347	321990
6438641	18195903	18140401	1904811	2294855	139974	323595
3905916	11434198	11376545	965924	1301930	72905	205998
1801186	2959689	2889007	98890	2047582	29942	288295
9171600	34109404	33913994	2007776	2452490	100537	328766
8887452	26448961	26333319	2107140	2710690	144800	473731
9640323	42499169	42369025	3757855	4778755	285239	783719
2207892	14806384	14793058	713405	956794	27823	176652
1429258	6539830	6524738	444189	566610	34405	91248
4099497	12875092	12699835	1086298	1389343	58954	247790
1340331	4583076	4559850	313262	406528	14848	68387
4905027	22467212	22421071	1804049	2283494	95720	347536
4277354	15515904	15467507	1009856	2975631	57097	890678
8163325	24864347	24700021	1939516	2380462	147722	329201
2923493	4043886	4028034	597279	748215	75826	121478
3346151	14304490	13577465	724367	817310	29792	56289
6078149	19535610	19150473	1158880	1549161	105484	283797
15136201	44423822	44098108	4095077	5379417	281495	976650
5053091	22377872	21630089	1680532	1980620	185678	247425
8496640	26183262	25604913	1927674	2254307	267668	262116
5363309	17706707	17353041	1064651	1368055	73291	225006
6009069	14519857	14433692	1303761	1565630	88791	186180
4554974	11568334	11485675	817739	1092499	85454	205790
4274035	13131308	12880858	862838	1158110	123776	177483
1221922	3028731	3008723	44956	134786	13379	62588
12412693	25017888	24308518	2865439	3382399	329357	392884
18244472	45310175	43890120	2123008	2599896	267984	344420
1307863	2780541	2765643	204507	260631	16836	45126
1023166	2789908	2782791	174057	229947	11443	42582
337069	2014224	1930388	66133	235114	7882	150950
782862	2067150	2063445	177615	194639	16613	8389
16570877	20389608	20267853	1703418	2529030	259684	707864
1235317	4015296	3914643	309106	334696	60368	17282
2417170	894095	837498	108860	144359	16362	25731

大中型工业企业

项　　目	企业单位数（个）	资产总计	负债合计	固定资产原价	固定资产净值
合　计	**2989**	**262572230**	**137044799**	**147132529**	**80687052**
煤炭开采和洗选业	11	806771	275223	390530	163450
石油和天然气开采业					
黑色金属矿采选业	5	659289	380881	571456	435343
非金属矿采选业	9	501002	35507	192971	169537
其他采矿业					
农副食品加工业	149	7484382	3273358	3130377	1823212
食品制造业	117	5671888	1631356	1797802	977255
酒、饮料和精制茶制造业	77	3366463	1354618	1780578	979158
烟草制品业	6	2551492	755459	1350068	789651
纺织业	209	10680912	5026368	6272423	2870810
纺织服装、服饰业	272	9458307	3081727	3069020	1442603
皮革、毛皮、羽毛及其制品和制鞋业	441	13144276	6305215	4868877	2891736
木材加工和木、竹、藤、棕、草制品业	55	1160780	512493	581235	285441
家具制造业	54	1506070	774544	417091	234171
造纸和纸制品业	69	6261472	3831850	3370390	1925406
印刷和记录媒介复制业	27	1021409	410857	324653	180822
文教、工美、体育和娱乐用品制造业	182	4086991	1872684	1647611	870973
石油、煤炭及其他燃料加工业	6	10323366	6433047	9610726	4762922
化学原料和化学制品制造业	66	12841376	8445455	7303419	5165249
医药制造业	32	2557512	611012	981294	452960
化学纤维制造业	33	7087387	4330353	5935260	2645736
橡胶和塑料制品业	115	5838786	2523076	3812433	1903454
非金属矿物制品业	265	14760175	6471783	6117367	2985506
黑色金属冶炼和压延加工业	31	8698907	5796982	4805458	2768035
有色金属冶炼和压延加工业	30	18097978	10038293	4807421	3019506
金属制品业	81	4809913	2116422	1863258	1007813
通用设备制造业	77	5208705	2022153	1672053	818838
专用设备制造业	62	4822424	2740905	1080227	543418
汽车制造业	67	6979624	4250285	3614093	1912873
铁路、船舶、航空航天和其他运输设备制造业	22	2373114	1667101	659851	435633
电气机械和器材制造业	125	19640536	10120489	5350782	3052392
计算机、通信和其他电子设备制造业	198	31357531	15849788	16309658	9304925
仪器仪表制造业	20	689585	175948	223269	119096
其他制造业	35	891568	313391	169322	83527
废弃资源综合利用业	1	10654	1992	1872	737
金属制品、机械和设备修理业	6	800819	223081	594620	330399
电力、热力生产和供应业	17	31810935	20800211	39491729	21622260
燃气生产和供应业	6	1925944	1076041	1359984	848351
水的生产和供应业	10	2634402	1503697	1470277	836550

主要经济指标（2019 年）

单位：万元

所有者权益合计	营业收入	主营业务收入	利润总额	利税总额	所得税费用	应交增值税
125526933	**325295632**	**319820503**	**27005773**	**37223969**	**2570653**	**5994896**
531548	369011	343716	11077	43340	12707	22799
278408	568448	563041	21334	43032	4578	15664
465495	256351	256021	55813	63990	4120	5775
4211025	14046856	13808584	1521922	1709851	36784	151357
4040531	8880233	8862977	1173949	1401824	90802	194960
2011844	5428603	5395311	506044	723532	54052	131245
1796033	2921481	2850799	98352	2045899	29942	287252
5654544	19191616	19155563	1253919	1513527	77597	193812
6376089	15275942	15170202	1406788	1786797	113988	298479
6839060	28650385	28579292	2455891	3180232	240344	553458
648287	3126208	3122817	175784	249592	7502	53423
731524	2983726	2974124	241782	291055	19918	35797
2429622	7239307	7083852	758219	942471	36347	152288
610552	1572042	1562255	103946	141729	3522	28094
2214306	9708245	9670604	729950	934131	49640	152177
3890320	14296895	14250939	946780	2891848	53482	874335
4395921	11096296	10977914	1182467	1371011	71493	139431
1946499	2010789	2002302	397794	493572	52859	78895
2757035	11888461	11184354	634649	714850	28332	47536
3315709	8479230	8355117	573860	785520	64143	151044
8288391	17529715	17265784	2082735	2611772	156805	411451
2901925	17101931	16522087	1120369	1319360	96912	164013
8059685	18188533	17624308	1853312	2150036	258449	240850
2693491	6020866	5922363	406767	510952	43932	77297
3186552	6472666	6419442	785092	897234	60508	81752
2081519	3926242	3861077	280750	396457	47669	91423
2729339	8680990	8493913	605444	817482	91938	116657
706013	1457768	1443963	－42239	－2014	5834	28701
9520046	17893820	17223055	2444541	2823866	292337	286135
15507742	36947265	35997094	1690957	2066737	239223	269182
513637	931733	925196	72981	94579	7778	18922
578177	1638655	1638334	96157	128267	7886	26556
8662	132782	132782	10576	21129	2585	9397
577738	1279776	1277270	102549	112127	13896	3003
11010724	16615190	16522434	998665	1664436	150282	581223
849904	2047582	1967551	199079	208335	35417	5223
1130705	354888	330365	33052	50381	3435	11783

国有控股工业企业

项　　目	企业单位数（个）	资产总计	负债合计	固定资产原价	固定资产净值
合　计	**503**	**95406366**	**55324814**	**71690274**	**42994439**
按隶属关系分					
中央企业	86	42382550	29179076	43584425	26218024
地方企业	417	53023816	26145738	28105849	16776416
按轻重分					
轻工业	94	6202764	1902766	2749705	1551214
重工业	409	89203603	53422048	68940569	41443225
按规模分					
大型企业	39	58631522	36198236	46067116	28315033
中型企业	87	17865627	9464443	12569774	6550761
小型企业	333	15063152	8202539	11151845	6891342
微型企业	44	3846066	1459595	1901539	1237303
按行业分					
#煤炭开采和洗选业	10	802677	266211	313277	158864
黑色金属矿采选业	4	625806	375354	534692	401190
有色金属矿采选业	8	178933	52761	233240	81702
非金属矿采选业	12	562375	83299	221486	174929
农副食品加工业	17	195720	162450	88955	55856
食品制造业	10	518225	167164	114595	76350
酒、饮料和精制茶制造业	9	127386	40184	102732	54489
烟草制品业	6	2551492	755459	1350068	789651
纺织服装、服饰业	5	46202	6875	17410	6678
木材加工和木、竹、藤、棕、草制品业	5	432617	296844	252202	155710
造纸和纸制品业	4	494907	152610	340209	133974
印刷和记录媒介复制业	10	219503	67533	80924	23838
石油、煤炭及其他燃料加工业	3	6029354	4282644	2803598	1898352
化学原料和化学制品制造业	23	1749654	1020034	1367934	881521
医药制造业	11	967335	150935	146384	71921
化学纤维制造业	3	156489	118051	150776	87475
非金属矿物制品业	48	1161400	535151	635628	332061
黑色金属冶炼和压延加工业	8	5392754	2381182	3450397	2028201
有色金属冶炼和压延加工业	15	10635425	5250447	2046526	1317252
金属制品业	7	101226	55949	26607	16136
通用设备制造业	12	614177	262673	195333	113254
专用设备制造业	9	729469	502057	152743	71776
汽车制造业	15	3560867	2503880	1862437	941513
铁路、船舶、航空航天和其他运输设备制造业	9	2196318	1653288	627041	440404
电气机械和器材制造业	13	703312	510955	209329	149137
计算机、通信和其他电子设备制造业	31	9256912	4674483	5580210	4033320
废弃资源综合利用业	6	122799	86010	35752	23706
金属制品、机械和设备修理业	5	133506	78088	44148	27908
电力、热力生产和供应业	120	38819746	25431964	45194986	26338628
燃气生产和供应业	8	1692113	931114	1221929	738331
水的生产和供应业	47	4376597	2337044	2155443	1295027

主要经济指标（2019 年）

单位：万元

所有者权益合计	营业收入	主营业务收入	利润总额	利税总额	所得税费用	应交增值税
40020513	**62870093**	**61613736**	**3539142**	**8179085**	**599957**	**2252502**
13064754	25805551	25506693	1032375	3895919	145239	1448172
26955759	37064543	36107043	2506768	4283167	454718	804330
4299997	5572423	5419363	394471	2431071	87442	355227
35720516	57297670	56194373	3144672	5748014	512515	1897275
22433285	35049375	34442735	1512309	5481870	199932	1740510
8401183	11352371	11083266	798566	1116779	169433	246315
6860500	13181905	12966006	761663	1019615	140998	190173
2325545	3286443	3121730	466605	560822	89594	75504
536466	240832	215419	10735	38767	7291	20625
250452	314985	309579	20748	40825	4585	14880
126171	291097	287617	35220	63781	5705	12790
479076	140245	137327	30101	39767	5892	6027
33270	672851	641436	-4194	-984	473	1684
351061	131511	128870	6119	11392	2222	4174
87202	119302	118090	10998	22090	2212	5853
1796033	2921481	2850799	98352	2045899	29942	287252
39327	35039	34934	5133	9219	419	3182
135774	296948	296189	-11412	-6029	-16	3730
342297	214240	209075	13632	19620	1258	4431
151970	111948	103458	17345	21599	2907	3399
1746710	5026678	4996289	108265	1176513	29039	701643
829319	1576287	1546981	60144	102928	19016	29052
816400	478042	476665	209313	250724	36270	35420
38438	285526	262464	-15211	-14395		28
620328	1145280	1115894	153081	205502	25229	43064
3011572	6792805	6579260	677741	820495	142440	118137
5384978	9519342	9285916	398703	593604	12564	161107
45277	326288	325982	2096	4952	2028	2339
349570	299391	280283	43304	51336	5489	5992
227412	290985	280305	-113483	-106144	1044	4291
1056988	3579755	3496723	138316	262502	30827	45276
543031	681976	668153	-93945	-89348	-1502	1430
178196	533416	527330	12653	16559	3890	1837
4582428	5456634	5352455	156380	233581	-6282	53557
36789	130557	49345	3628	17516	656	12345
55418	166509	165311	8206	9876	321	1183
13249062	18402085	18301670	1335056	2079554	191219	644221
760999	1735075	1664737	123037	128133	28007	1779
2039553	572286	526115	72421	95490	9805	16057

规模以上外商及港澳台投资工业

项　　目	企业单位数（个）	资产总计	负债合计	固定资产原价	固定资产净值
合　计	**3264**	**122394794**	**62031320**	**67033638**	**32340374**
按登记注册类型分					
港、澳、台商投资企业	**2103**	**69709038**	**33226972**	**33034445**	**15146403**
合资经营企业	457	16906768	9319827	6903671	3475028
合作经营企业	9	107668	46744	39140	16772
独资企业	1590	47382039	21417074	23795727	10676955
股份有限公司	47	5312564	2443328	2295907	977649
外商投资企业	**1161**	**52685756**	**28804348**	**33999193**	**17193971**
中外合资经营企业	305	17763588	10161313	16320790	7922050
中外合作经营企业	12	440365	184125	313450	131580
外资企业	813	32076073	17022967	16461518	8494451
外商投资股份有限公司	31	2405731	1435943	903435	645890
按轻重分					
轻工业	2158	61750021	29235696	26482064	12890992
重工业	1106	60644772	32795624	40551574	19449382
按规模分					
大型企业	209	48830554	24810091	28238791	12666410
中型企业	845	44396786	23030866	25940639	13571985
小型企业	2062	26110767	12800149	12558179	5931000
微型企业	148	3056686	1390213	296028	170979
按行业分					
有色金属矿采选业	2	5372	697	3784	2018
非金属矿采选业	5	42840	8374	22856	13874
其他采矿业					
农副食品加工业	139	3862536	2003552	1882425	969923
食品制造业	111	3934853	980363	996719	526311
酒、饮料和精制茶制造业	54	2506617	1341498	1306043	685688
烟草制品业					
纺织业	221	5667242	2598940	3015868	1278836

企业主要经济指标（2019 年）

单位：万元

所有者权益合计	营业收入	主营业务收入	利润总额	利税总额	所得税费用	应交增值税
59825765	**172802820**	**170116050**	**14090514**	**17976038**	**1481996**	**2377605**
36226910	**97760468**	**96368620**	**8540843**	**10502222**	**875985**	**1449176**
7520620	23415744	23039827	1886351	2455106	221693	389726
60924	317241	317219	15091	19507	867	3035
25803112	68890206	68165500	6380502	7665783	625973	972744
2842254	5137277	4846075	258900	361826	27453	83671
23598855	**75042351**	**73747429**	**5549671**	**7473816**	**606011**	**928429**
7444449	24930673	24560825	1619711	2736928	159953	347032
256240	584969	577319	60530	74973	14136	11475
14928380	46330546	45458802	3533667	4279400	393489	531394
969787	3196164	3150483	335763	382515	38433	38528
32220767	91325470	89831737	8739594	10605980	778992	1408662
27604998	81477349	80284313	5350921	7370057	703004	968943
24020463	73842092	72968230	6491976	8474851	725747	986263
21365918	56084236	54896501	4378446	5516210	506112	816576
13310508	40240481	39621401	3074034	3785977	241757	533151
1128877	2636011	2629918	146058	198999	8380	41615
3172	29238	29238	450	1369		471
34466	159603	159423	10299	24739	360	8156
1840873	7312589	7240178	760343	819700	19434	47025
2935146	6091874	6077602	839056	992164	59888	130147
1156621	3223205	3182360	285315	427582	37607	84365
3066923	8298276	8149607	527724	654063	28757	89252

续表

项　目	企业单位数（个）	资产总计	负债合计	固定资产原价	固定资产净值
纺织服装、服饰业	392	6663001	2412854	2757914	1256713
皮革、毛皮、羽毛及其制品和制鞋业	338	10178865	4732046	3841243	2039703
木材加工和木、竹、藤、棕、草制品业	35	357690	128372	241745	77568
家具制造业	53	726756	384284	274702	130766
造纸和纸制品业	85	5111154	3218692	1872279	1008123
印刷和记录媒介复制业	26	385450	164660	209960	90160
文教、工美、体育和娱乐用品制造业	227	2814063	1164764	1424938	661429
石油、煤炭及其他燃料加工业	7	4279934	2077584	6726726	2825295
化学原料和化学制品制造业	111	6896018	5411795	4107410	3081145
医药制造业	39	1236855	343187	533939	296378
化学纤维制造业	31	3789436	2471511	3148960	1307876
橡胶和塑料制品业	181	5779484	2691808	3667249	1712540
非金属矿物制品业	153	5787920	3082729	2701738	1492856
黑色金属冶炼和压延加工业	19	2831502	1826668	1971236	1161318
有色金属冶炼和压延加工业	25	2533496	1589326	1487550	937533
金属制品业	125	3923403	1923207	1577006	805570
通用设备制造业	107	3411582	1363555	1346065	559913
专用设备制造业	124	2048523	961900	781023	340645
汽车制造业	134	5531239	3081762	2905313	1427552
铁路、船舶、航空航天和其他运输设备制造业	24	392334	172497	185359	79446
电气机械和器材制造业	143	9256290	4441465	2928015	1454147
计算机、通信和其他电子设备制造业	182	13821364	8401100	7900010	3189828
仪器仪表制造业	37	551057	134313	217123	102833
其他制造业	65	1149005	392120	226927	107304
金属制品、机械和设备修理业	10	960768	308652	637141	341360
电力、热力生产和供应业	25	4600886	1537631	5180039	1800014
燃气生产和供应业	18	967306	503225	509887	356619
水的生产和供应业	13	323854	143515	417611	204886

所有者权益合计	营业收入	主营业务收入	利润总额	利税总额	所得税费用	应交增值税
4242570	10730484	10645555	891216	1139817	75938	194375
5429838	19963293	19915342	2210637	2672901	189591	359819
229318	780125	776717	47839	71244	2254	20779
342472	1391261	1386684	83982	110763	7990	22387
1830309	3743698	3585795	385067	480690	33753	76944
220790	463327	461586	34456	45517	2920	8637
1617011	6411346	6373810	507861	612281	27007	70976
2202350	8904244	8887516	812706	1678062	20810	162613
1466973	5949480	5851946	511662	616302	53492	64984
805673	922544	915946	153903	192818	20716	32461
1290943	5140641	4703217	127562	165416	19839	28244
3087673	7004826	6704874	430540	603090	45255	125110
2692302	5761508	5739816	595975	742838	49998	109152
1004834	4589828	4558228	266584	327520	15346	49181
944170	4185286	4130765	302956	341853	38398	27651
1999017	3871480	3760270	208154	261350	27290	37951
2004064	4560142	4525179	512253	609487	47580	71210
1086622	2448411	2422936	240997	301013	32250	46992
2449476	7707567	7557519	575067	780420	107282	118037
219837	486175	481739	33589	48465	5538	11425
4814824	10708077	10570360	1517917	1729205	247243	155959
5376283	24243556	23734433	458196	607123	131622	98995
416744	865701	864129	57802	73238	7102	13401
756886	1671487	1669525	104041	139178	7588	28186
652117	1603697	1601191	109339	118895	12417	3849
2927622	2142783	2102167	358142	437136	87402	64753
464081	1261018	1182573	124197	136650	16740	7835
180338	142901	134700	5427	12028	2181	4999

规模以上工业企业主要经济效益指标（2019 年）

单位:%

项目	总资产贡献率	资产负债率	流动资产周转次数（次/年）	工业成本费用利润率
合计	**15.55**	**50.65**	**2.87**	**8.17**
#国有控股企业	9.78	57.99	2.30	6.14
按轻重分				
轻工业	19.81	45.81	3.06	8.84
重工业	12.67	53.91	2.70	7.52
按经济类型分				
国有	13.46	58.84	3.79	3.15
集体	22.24	46.59	10.23	3.33
股份	10.21	53.62	2.17	8.27
联营	27.16	14.70	4.20	10.63
私营	20.01	47.14	3.56	8.04
外商及港澳台商投资	15.24	50.68	2.40	8.90
其他	21.46	15.60	8.23	6.50
按登记注册分				
内资企业	15.69	50.63	3.14	7.86
港、澳、台商投资企业	15.60	47.67	2.34	9.53
外商投资企业	14.76	54.67	2.48	8.06
按经济组织分				
独资企业	15.62	47.94	2.48	9.22
合作、合伙	22.01	39.25	4.33	7.39
股份有限公司	9.01	45.86	1.23	12.09
有限责任公司	17.23	52.87	3.50	7.47
按规模分				
大型企业	14.63	54.47	2.32	9.57
中型企业	15.49	49.05	2.77	8.64
小型企业	17.11	47.98	3.62	6.91
微型企业	12.61	44.27	2.45	7.81
按行业分				
煤炭开采和洗选业	10.35	37.56	1.78	6.94
石油和天然气开采业				
黑色金属矿采选业	12.84	52.01	9.31	2.61
有色金属矿采选业	18.43	37.64	7.92	7.68
非金属矿采选业	22.84	27.31	7.15	6.66
其他采矿业				

续表

项　　目	总资产贡献率	资产负债率	流动资产周转次数（次/年）	工业成本费用利润率
农副食品加工业	21.15	46.80	3.79	8.48
食品制造业	23.65	33.78	3.20	11.53
酒、饮料和精制茶制造业	21.38	37.47	3.87	9.39
烟草制品业	79.61	29.87	1.63	8.64
纺织业	15.38	47.16	3.50	6.28
纺织服装、服饰业	19.21	37.75	3.17	8.70
皮革、毛皮、羽毛及其制品和制鞋业	26.24	48.21	3.82	9.71
木材加工和木、竹、藤、棕、草制品业	25.06	42.85	6.57	5.08
家具制造业	20.59	48.82	3.67	7.33
造纸和纸制品业	14.18	58.50	2.16	9.18
印刷和记录媒介复制业	18.08	43.55	3.73	7.33
文教、工美、体育和娱乐用品制造业	28.11	40.57	4.78	8.79
石油、煤炭及其他燃料加工业	27.83	61.21	4.13	7.46
化学原料和化学制品制造业	13.23	58.94	2.72	8.42
医药制造业	17.71	30.24	1.61	17.32
化学纤维制造业	11.61	60.29	3.41	5.34
橡胶和塑料制品业	14.05	47.00	3.08	6.34
非金属矿物制品业	19.53	46.54	2.93	10.13
黑色金属冶炼和压延加工业	16.95	58.02	3.93	8.09
有色金属冶炼和压延加工业	12.80	55.60	2.87	7.89
金属制品业	13.72	47.55	2.86	6.42
通用设备制造业	16.05	40.38	2.25	9.88
专用设备制造业	11.88	52.79	1.86	7.68
汽车制造业	12.52	55.75	2.33	7.11
铁路、船舶、航空航天和其他运输设备制造业	5.44	64.41	1.29	1.51
电气机械和器材制造业	13.14	51.31	1.41	12.91
计算机、通信和其他电子设备制造业	7.49	51.01	2.05	4.88
仪器仪表制造业	13.01	37.38	2.17	7.90
其他制造业	15.20	34.50	2.90	6.68
废弃资源综合利用业	31.86	55.91	4.23	3.41
金属制品、机械和设备修理业	17.58	32.60	3.66	9.38
电力、热力生产和供应业	7.46	62.08	3.13	9.07
燃气生产和供应业	12.12	55.55	5.57	8.17
水的生产和供应业	3.32	52.38	0.72	13.28

建筑业和房地产投资

建筑企业基本情况

年份	单位数（个）	#国有	#集体	从业人员（万人）	#国有	#集体	总产值（亿元）	#国有	#集体
2017	4668	81	35	464.50	19.95	4.99	10478.31	539.32	97.06
2018	5581	78	33	488.76	22.76	5.35	11941.56	635.62	129.06
2019	6082	83	26	457.00	21.84	6.41	13164.44	743.52	169.39

年份	资产合计（亿元）	利润总额（亿元）	税金总额（亿元）	房屋建筑面积（万平方米）		按总产值计算的劳动生产率（元/人）
				施工面积	竣工面积	
2017	5663.92	341.85	366.77	65711.82	16895.04	225584
2018	6703.65	393.80	451.45	72704.00	17644.24	244332
2019	7051.54	387.81	417.27	76606.34	17810.53	269231

建筑企业主要经济指标

项目	2010	2018	2019
企业单位数（个）	**2606**	**5581**	**6082**
建筑业总产值（亿元）	**3062.17**	**11941.56**	**13164.44**
建筑业竣工产值	1742.46	5919.16	5953.71
房屋施工面积（万平方米）	**28406.86**	**72704.00**	**76606.34**
#本年新开工	14349.31	24959.34	23872.14
房屋竣工面积（万平方米）	**9095.78**	**17644.24**	**17810.53**
#住宅	5474.72	11509.56	11752.55
年末从业人员（万人）	**229.57**	**488.76**	**457.00**
全员劳动生产率（元/人）			
按总产值计算	134520	244332	269231
工资总额（亿元）	**713.35**	**3088.42**	**2868.30**
财务指标（亿元）			
资本金合计	511.59	1738.66	1751.81
流动资产年末数	1321.15	5415.35	5856.23
固定资产原值	327.21	714.45	698.76
企业总收入	2816.29	10284.93	10878.45
工程结算收入	2801.82	10176.50	10796.44
工程结算成本	2512.58	9260.61	9870.58
利润总额	87.91	393.80	387.81

续表

项　　　目	2010	2018	2019
#工程结算利润	168.45	757.87	508.59
利税总额	195.61	845.25	805.08

国有经济建筑企业主要经济指标

项　　　目	2010	2018	2019
企业单位数（个）	**93**	**78**	**83**
建筑业总产值（亿元）	**448.16**	**635.62**	**743.52**
建筑业竣工产值	167.59	310.16	297.50
房屋施工面积（万平方米）	**3063.41**	**2369.81**	**3192.65**
#本年新开工	1417.80	697.36	1039.63
房屋竣工面积（万平方米）	**498.51**	**737.17**	**713.35**
#住宅	376.06	541.46	484.86
年末从业人员（万人）	**29.32**	**22.76**	**21.84**
全员劳动生产率（元/人）			
按总产值计算	158901	279251	180852
工资总额（亿元）	**88.03**	**157.72**	**132.18**
财务指标（亿元）			
资本金合计	44.25	70.82	70.77
流动资产年末数	221.40	480.17	535.21
固定资产原值	59.54	63.79	64.87
企业总收入	424.75	502.73	540.13
工程结算收入	420.07	494.97	535.27
工程结算成本	386.16	463.77	508.25
利润总额	5.42	13.38	9.73
#工程结算利润	19.06	16.09	18.41
利税总额	19.20	28.49	18.33

集体经济建筑企业主要经济指标

项　　　目	2010	2018	2019
企业单位数（个）	**73**	**33**	**26**
建筑业总产值（亿元）	61.44	129.06	169.39
建筑业竣工产值	43.29	66.42	100.65
房屋施工面积（万平方米）	**884.06**	**1654.51**	**1914.65**
#本年新开工	339.27	554.62	515.12
房屋竣工面积（万平方米）	**277.51**	**224.56**	**253.83**

续表

项　　目	2010	2018	2019
#住宅	196.10	157.67	224.27
年末从业人员（万人）	**4.21**	**5.35**	**6.41**
全员劳动生产率（元/人）			
按总产值计算	137908	241355	271852
工资总额（亿元）	**13.95**	**32.29**	**36.54**
财务指标（亿元）			
资本金合计	9.97	9.61	10.13
流动资产年末数	33.75	37.56	43.88
固定资产原值	6.50	3.76	3.00
企业总收入	51.92	90.76	102.90
工程结算收入	51.61	90.41	102.72
工程结算成本	46.52	85.59	98.02
利润总额	1.10	2.46	2.07
#工程结算利润	3.05	2.97	3.27
利税总额	3.02	4.31	3.52

各种资质等级建筑企业主要经济指标（2019 年）

项　　目	合计	总承包	一级及以上	二级	三级	专业承包	一级	二级	三级及不分等级
企业单位数（个）	**6082**	**4591**	**376**	**797**	**3418**	**1491**	**268**	**842**	**381**
建筑业总产值（亿元）	**13164.44**	**12199.46**	**7346.14**	**2555.15**	**2298.18**	**964.97**	**482.03**	**281.35**	**201.59**
建筑业竣工产值	**5953.71**	**5566.79**	**3529.04**	**1070.04**	**967.72**	**386.92**	**157.70**	**123.68**	**105.54**
房屋施工面积（万平方米）	**76606.34**	**75041.16**	**53735.58**	**12995.83**	**8309.75**	**1565.18**	**669.11**	**357.30**	**538.77**
#本年新开工	23872.14	23270.33	15039.78	4607.79	3622.75	601.82	226.31	221.62	153.89
房屋竣工面积（万平方米）	**17810.53**	**16890.23**	**10822.92**	**3534.27**	**2533.05**	**920.30**	**478.11**	**114.88**	**327.31**
#住宅	11752.55	11151.15	7966.00	2133.22	1051.92	601.41	291.57	27.57	282.27
年末从业人员（万人）	**457.00**	**425.14**	**243.36**	**93.22**	**88.56**	**31.86**	**14.52**	**10.60**	**6.74**
全员劳动生产率（元/人）									
按总产值计算	269231	267920	280057	264756	238099	286989	307594	252689	297690
工资总额（亿元）	**2868.30**	**2657.84**	**1655.81**	**594.77**	**407.27**	**210.45**	**103.99**	**66.40**	**40.06**
财务指标（亿元）									
资本金合计	1751.81	1492.07	611.66	425.27	455.13	259.74	111.76	95.77	52.21
流动资产年末数	5856.23	5220.03	3082.86	1281.71	855.46	636.20	329.38	181.55	125.27
固定资产原值	698.76	608.86	297.93	172.11	138.82	89.90	37.63	29.12	23.15

续表

项　　目	合计	总承包				专业承包			
			一级及以上	二级	三级		一级	二级	三级及不分等级
企业总收入	10878.45	9938.20	6087.82	2287.54	1562.83	940.25	508.83	268.35	163.07
工程结算收入	10796.44	9870.38	6064.95	2256.68	1548.76	926.06	502.56	263.86	159.64
工程结算成本	9870.58	9061.48	5648.52	2041.67	1371.30	809.10	437.86	230.94	140.30
利润总额	387.81	347.02	188.70	89.04	69.27	40.79	24.48	9.48	6.83
#工程结算利润	508.59	425.44	208.32	114.94	102.17	83.15	45.44	23.13	14.58
利税总额	805.08	730.48	396.82	189.10	144.56	74.60	43.74	19.27	11.59

按行业分建筑企业主要经济指标（2019 年）

项　　目	房屋建筑业	土木工程建筑业	建筑安装业	建筑装饰和其他建筑业
企业单位数（个）	**3232**	**1704**	**336**	**810**
建筑业总产值（亿元）	**9426.04**	**3083.50**	**255.75**	**399.15**
建筑业竣工产值	4367.81	1303.33	122.31	160.25
房屋施工面积（万平方米）	**69565.00**	**6490.32**	**73.94**	**477.08**
#本年新开工	20878.19	2651.27	45.81	296.86
房屋竣工面积（万平方米）	**15517.59**	**2154.03**	**35.13**	**103.77**
#住宅	10487.50	1180.13	17.37	67.56
年末从业人员（万人）	**337.20**	**99.50**	**7.23**	**13.08**
全员劳动生产率（元/人）				
按总产值计算	272171	255115	344229	278321
工资总额（亿元）	**2088.74**	**650.82**	**45.16**	**83.57**
财务指标（亿元）				
资本金合计	1070.46	490.52	81.40	109.43
流动资产年末数	3943.86	1390.18	244.20	277.99
固定资产原值	376.71	251.03	37.11	33.92
企业总收入	7625.50	2609.33	266.56	377.07
工程结算收入	7571.24	2596.34	256.49	372.37
工程结算成本	6956.95	2365.76	221.76	326.11
利润总额	270.26	92.22	10.37	14.97
#工程结算利润	307.59	141.18	25.48	34.34
利税总额	576.96	181.63	19.61	26.88

按经济类型分建筑企业主要经济指标（2019 年）

项　　目	国有经济	集体经济	港澳台经济	外商经济	其他经济
企业单位数（个）	**83**	**26**	**19**	**4**	**5950**
建筑业总产值（亿元）	**743.52**	**169.39**	**32.69**	**1.90**	**12216.93**
建筑业竣工产值	297.50	100.65	7.21	2.03	5546.32
房屋施工面积（万平方米）	**3192.65**	**1914.65**	**69.78**	**18.78**	**71410.49**
#本年新开工	1039.63	515.12	10.99	8.07	22298.32
房屋竣工面积（万平方米）	**713.35**	**253.83**	**9.00**	**7.65**	**16826.70**
#住宅	484.86	224.27	8.97		11034.45
年末从业人员（万人）	**21.84**	**6.41**	**1.11**	**0.12**	**427.52**
全员劳动生产率（元/人）					
按总产值计算	180852	271852	266787	127129	277502
工资总额（亿元）	**132.18**	**36.54**	**7.72**	**1.15**	**2690.72**
财务指标（亿元）					
资本金合计	70.77	10.13	4.19	3.59	1663.13
流动资产年末数	535.21	43.88	14.27	17.57	5245.30
固定资产原值	64.87	3.00	0.79	1.53	628.58
企业总收入	540.13	102.90	33.78	15.26	10186.38
工程结算收入	535.27	102.72	33.66	15.25	10109.55
工程结算成本	508.25	98.02	31.94	12.42	9219.95
利润总额	9.73	2.07	0.63	1.30	374.08
#工程结算利润	18.41	3.27	0.79	2.38	483.75
利税总额	18.33	3.52	1.56	1.74	779.93

房屋竣工建筑面积

单位：万平方米

项　　目	竣工面积		
	2015	2018	2019
合　计	**16631.27**	**17644.24**	**17810.53**
住宅房屋	10715.31	11509.56	11752.55
商业及服务用房屋	1150.74	1214.47	1354.85
商厦房屋（批发和零售用房）	498.94	524.07	578.38
宾馆用房屋（住宿用房）	126.68	56.14	99.50
餐饮用房屋（餐饮用房）	30.6	9.15	3.31
商务会展用房屋	59.22	38.29	23.90
其他商业及服务用房屋（居民服务业用房）	435.31	586.83	649.76
办公用房屋	969.45	1029.12	1047.27

续表

项　　目	竣工面积		
	2015	2018	2019
科研、教育、医疗用房屋	527.54	617.08	527.00
科学研究用房屋	59.19	75.45	32.17
教育用房屋	374.83	427.06	401.47
医疗用房屋（卫生医疗用房）	93.52	114.58	93.38
文化、体育、娱乐用房屋	140.22	147.41	193.47
厂房及建筑物	2898.59	2966.35	2707.84
#厂房	1256.84	1343.38	1365.42
仓库	106.89	110.21	79.06
其他未列明的房屋建筑物	122.53	50.03	148.48

各设区市建筑企业数（2019 年）

单位：个

地　区	合计	总承包				专业承包			
			一级及以上	二级	三级		一级	二级	三级及不分等级
全　省	**6082**	**4591**	**376**	**797**	**3418**	**1491**	**268**	**842**	**381**
福州市	1434	973	92	199	682	461	75	239	147
厦门市	897	533	92	122	319	364	64	211	89
莆田市	507	458	35	46	377	49	1	36	12
三明市	498	473	27	73	373	25	3	10	12
泉州市	875	548	69	105	374	327	95	171	61
漳州市	451	342	18	72	252	109	5	89	15
南平市	493	455	4	39	412	38	8	15	15
龙岩市	543	473	30	92	351	70	13	38	19
宁德市	384	336	9	49	278	48	4	33	11

各设区市建筑企业从业人员数（2019 年）

单位：人

地　区	合计	总承包				专业承包			
			一级及以上	二级	三级		一级	二级	三级及不分等级
全　省	**4570026**	**4251396**	**2433568**	**932196**	**885632**	**318630**	**145197**	**106034**	**67399**
福州市	1726856	1603790	947882	325106	330802	123066	58280	34177	30609
厦门市	767841	696830	470871	131174	94785	71011	30067	21956	18988

续表

地　区	合计	总承包	一级及以上	二级	三级	专业承包	一级	二级	三级及不分等级
莆田市	267580	265714	174424	43594	47696	1866	3	1247	616
三明市	297617	295086	119271	78197	97618	2531	914	269	1348
泉州市	610825	543791	402137	78688	62966	67034	41598	20267	5169
漳州市	244125	228403	96973	69901	61529	15722	426	10879	4417
南平市	110651	101118	8011	49616	43491	9533	3468	3452	2613
龙岩市	466931	445534	201026	126397	118111	21397	9199	9698	2500
宁德市	77600	71130	12973	29523	28634	6470	1242	4089	1139

各设区市建筑企业房屋施工情况（2019 年）

单位：万平方米

地　区	房屋建筑竣工面积	房屋建筑施工面积	本年新开工
全　省	17810. 53	76606. 34	23872. 14
福州市	7013. 93	35635. 81	10021. 80
厦门市	1931. 21	11174. 64	3117. 58
莆田市	1402. 99	5240. 81	1968. 16
三明市	905. 32	3924. 62	1410. 20
泉州市	3190. 39	9573. 82	3371. 25
漳州市	1081. 00	3308. 39	1042. 30
南平市	376. 42	1155. 55	289. 22
龙岩市	1747. 60	5817. 99	2461. 10
宁德市	161. 67	774. 72	190. 54

各设区市建筑企业总收入（2019 年）

单位：万元

地　区	企业总收入	工程结算收入	#工程结算成本	#工程结算利润	其他业务收入	#其他业务利润
全　省	**108784533**	**107964422**	**98705814**	**5085916**	**820112**	**59643**
福州市	39671772	39184289	36231736	1682548	487483	33841
厦门市	20331211	20236340	18862209	832474	94871	9796
莆田市	6305253	6190742	5480316	378274	114511	124
三明市	6189132	6181152	5551656	241456	7981	－727
泉州市	17266897	17226847	15413303	1044086	40050	8396
漳州市	4868017	4833643	4433932	220622	34374	3441

续表

地 区	企业总收入	工程结算收入	#工程结算成本	#工程结算利润	其他业务收入	#其他业务利润
南平市	1887154	1865266	1659629	107774	21888	710
龙岩市	10569296	10554823	9514041	509844	14472	3879
宁德市	1695800	1691320	1558992	68837	4480	184

各设区市建筑企业利税总额（2019 年）

单位：万元

地 区	利税总额	#利润总额	#工程结算税金及附加	产值利税率（%）	资产利税率（%）
全 省	**8050811**	**3878119**	**1497336**	**6.1**	**11.8**
福州市	2429187	1159182	383321	5.2	8.8
厦门市	1061924	520268	206478	4.3	8.2
莆田市	627578	295426	144278	7.8	15.4
三明市	660084	272044	143798	8.1	20.5
泉州市	1586879	817422	299179	8.0	17.9
漳州市	379235	200147	63869	5.4	8.2
南平市	198915	101053	34350	10.1	13.7
龙岩市	990748	459809	206897	7.8	27.5
宁德市	116261	52769	15166	5.6	7.4

房地产开发企业（单位）主要情况

项 目	2010	2018	2019
企业个数（个）	**3634**	**3351**	**3519**
内资企业	2926	3043	3208
#国有	216	384	370
集体	52	26	22
港澳台商投资企业	529	217	213
外商投资企业	179	91	98
土地开发及购置（万平方米）			
土地购置面积	1540.42	1286.82	1031.70
本年完成投资（亿元）	**1818.86**	**4940.34**	**5673.13**
#住宅	975.13	3456.86	4076.31
本年实际到位资金（亿元）	2631.31	6551.03	6873.76
#国内贷款	432.46	856.00	822.32
利用外资	18.17	3.58	22.57

续表

项　　目	2010	2018	2019
自筹资金	1099.64	2660.60	2871.84
房屋建筑面积（万平方米）			
施工面积	14189.73	32825.97	34140.18
本年房屋竣工面积	2242.47	3739.02	2882.29
本年新开工面积	4679.56	7205.35	6398.36
#住宅	3399.53	5073.73	4615.00
商品房销售面积（万平方米）	**2575.62**	**6213.40**	**6456.13**
#住宅	2139.26	4781.58	5073.73

房地产开发企业（单位）投资和销售情况

年　份	本年完成投资（亿元）		商品房销售额（亿元）		商品房销售面积（万平方米）	
		#住宅		#住宅		#住宅
2017	4794.23	3236.51	5705.19	4202.00	5854.05	4526.13
2018	4940.34	3456.86	6579.49	5074.52	6213.40	4781.58
2019	5673.13	4076.31	6938.79	5685.25	6456.13	5073.73

房地产开发投资完成情况

年　份	企业个数（个）	本年完成投资（亿元）	施工面积（万平方米）	竣工面积（万平方米）	商品房销售面积（万平方米）	商品房销售额（亿元）
2017	3240	4794.23	31939.55	4266.69	5854.05	5705.19
2018	3351	4940.34	32825.97	3739.02	6213.40	6579.49
2019	3519	5673.13	34140.18	2882.29	6456.13	6938.79

按各类分组房地产开发投资

单位：亿元

项　　目	2010	2018	2019
完成投资额	**1818.86**	**4940.34**	**5673.13**
按登记注册类型分			
国有	128.22	27.49	118.63
集体	27.66	0.04	0.38
股份合作	2.86		
联营	0.55		
有限责任公司	705.67	1900.11	2977.24
股份有限公司	58.05	51.95	25.26
私营企业	586.39	2653.02	2168.41
港澳台商投资企业	227.76	219.02	295.25

续表

项　　目	2010	2018	2019
外商投资企业	70.15	88.71	87.02
其他企业	11.55		0.95
按构成分			
建筑工程	877.89	2495.12	3060.19
安装工程	53.72	264.51	234.26
设备工器具购置	9.39	53.75	66.80
其他费用	877.85	2126.96	2311.88
按工程用途分			
商业营业用房	162.33	457.63	450.01
住宅	975.13	3456.86	4076.31
办公楼	49.67	215.55	272.72
其他	631.72	810.30	874.09
按隶属关系分			
中央	9.23	9.56	105.65
地方	1809.62	4930.78	671.13
其他			4896.35

按工程用途分房地产开发投资

单位：亿元

年　份	本年完成投资	住　宅	#别墅、高档公寓	办公楼	商业营业用房	其　他
2017	4794.23	3236.51	151.31	282.37	555.87	719.48
2018	4940.34	3456.86	138.64	215.55	457.63	810.30
2019	5673.13	4076.31	91.83	272.72	450.01	874.09

商品房竣工面积

单位：万平方米

年　份	房屋竣工面积	住　宅	#别墅、高档公寓	办公楼	商业营业用房	其　他
2017	4266.69	2891.33	49.48	144.64	390.35	840.38
2018	3739.02	2347.24	87.79	261.45	374.56	755.78
2019	2882.29	1813.90	28.47	177.59	367.91	522.88

商品房销售面积

单位：万平方米

年　份	商品房销售面积	住　宅	#别墅、高档公寓	办公楼	商业营业用房	其　他
2017	5854.05	4526.13	146.14	354.25	412.26	561.41
2018	6213.40	4781.58	182.37	304.59	457.83	669.40
2019	6456.13	5073.73	126.03	331.17	425.93	625.30

房地产开发施工、竣工和销售情况（2019 年）

项　　目	合　计	住宅	#90 平方米以下	#90—144 平方米	#144 平方米以上	#别墅、高档公寓	办公楼	商业营业用房	其　他
房屋施工面积（万平方米）	**34140.18**	**22456.97**	**5685.67**	**13993.98**	**2777.32**	**749.18**	**2030.75**	**3253.89**	**6398.57**
#新开工面积	6398.36	4615.00	1053.38	3202.29	359.33	75.99	201.67	331.54	1250.16
房屋竣工面积（万平方米）	**2882.29**	**1813.90**	**362.47**	**1195.45**	**255.98**	**28.47**	**177.59**	**367.91**	**522.88**
商品住宅竣工套数（万套）	**16.43**		**5.33**	**9.82**	**1.28**	**0.16**			
竣工房屋价值（亿元）	**905.27**	**579.32**	**127.34**	**362.01**	**89.97**	**8.92**	**57.21**	**119.89**	**148.86**
出租房屋面积（万平方米）	**113.89**	**11.52**	**1.52**	**7.08**	**2.92**	**2.92**	**14.16**	**62.80**	**25.40**
商品房销售面积（万平方米）	**6456.13**	**5073.73**	**1074.16**	**3499.03**	**500.54**	**126.03**	**331.17**	**425.93**	**625.30**
#现房销售面积	804.31	453.92	99.93	240.47	113.53	16.68	30.81	145.44	174.13
期房销售面积	5651.82	4619.81	974.24	3258.56	387.01	109.34	300.36	280.48	451.17
商品房销售额（亿元）	**6938.79**	**5685.25**	**1442.23**	**3481.61**	**761.42**	**189.43**	**425.47**	**472.73**	**355.33**
#现房销售额	679.31	410.11	77.20	188.78	144.14	24.08	43.64	145.22	80.34
期房销售额	6259.48	5275.15	1365.03	3292.83	617.28	165.35	381.83	327.51	274.99
商品住宅销售套数（万套）		**47.15**	**14.01**	**30.45**	**2.68**	**0.71**			
年末待售面积（万平方米）	**1862.04**	**532.54**	**97.34**	**247.67**	**187.53**	**50.40**	**145.52**	**482.23**	**701.75**
#待售 1－3 年	665.27	191.84	35.09	111.84	44.91	7.50	81.43	168.13	223.88
待售 3 年以上	835.49	195.54	28.97	70.37	96.20	35.48	36.17	230.81	372.97

交通运输和邮电通信业

主要年份各类运输总量

年　份	客运量（万人）	旅客周转量（亿人公里）	货运量（万吨）	货物周转量（亿吨公里）
2017	54118	1086.22	132252	6785.16
2018	51435	1153.28	136974	7652.89
2019	49379	1190.02	133693	8296.62

交通运输业基本情况

项　　目	2010	2018	2019
铁路营业长度（公里）	**2110**	**3509**	**3509**
公路通车里程（公里）	**91015**	**108901**	**109785**
#高速公路	2350	5155	5347
内河通航里程（公里）	**3245**	**3245**	**3245**
客运量（万人）	**77153**	**51435**	**49379**
铁路	3640	12096	12741
公路	70714	34081	31199
水运	1444	1929	1821
航空	1356	3330	3618
旅客周转量（亿人公里）	**648.76**	**1153.28**	**1190.02**
铁路	137.70	385.20	396.25
公路	346.68	212.04	189.99
水路	2.14	2.75	2.66
航空	162.23	553.29	601.13
货运量（万吨）	**66159**	**136974**	**133693**
铁路	3765	3518	4086
公路	45575	96576	87317
水运	16803	36854	42263
航空	16	27	28
货物周转量（亿吨公里）	**2983.52**	**7652.89**	**8296.62**
铁路	184.20	147.35	191.61
公路	578.32	1289.52	962.48
水路	2218.88	6209.37	7135.60
航空	2.12	6.64	6.94
全社会机动车拥有量（辆）	**7249619**	**10427044**	**11189434**
#汽车	1996529	6239188	6812772

续表

项　　目	2010	2018	2019
沿海主要港口货物吞吐量（万吨）	**32687.01**	**55806.88**	**59483.99**
福州港	7124.79	17876.32	21255.49
厦门港	12728.05	21719.93	21343.91
泉州港	8455.37	7839.73	7458.88
漳州港	1202.47		
湄州湾港	1755.99	8370.89	9425.71
宁德港	1420.33		

运输线路长度（年底数）

单位：公里

项　　目	2010	2018	2019
铁路营业长度	**2110**	**3509**	**3509**
#电气化长度	1498	2872	2883
公路通车里程	**91015**	**108901**	**109785**
#绿化里程	45906	94487	94946
#养护里程	91009	108901	109785
按行政等级分			
国道	4206	10727	10875
省道	6151	5427	5520
县道	13485	15124	15151
乡道	35676	41905	42104
专用公路	486	123	123
按技术等级分			
#等级路里程合计	70655	92464	93753
高速公路	2351	5155	5347
一级	603	1351	1477
二级	7373	10887	11148
三级	6419	8502	8814
四级	53910	66568	66968
内河通航里程	**3245**	**3245**	**3245**

各类运输工具拥有量（年底数）

项　　目	2010	2018	2019
公路			
全社会机动车拥有量（辆）	7246919	10427044	11189434
#民用汽车	1996529	6239188	6812772

续表

项 目	2010	2018	2019
#载客汽车	1502963	5456288	5983444
大型	24704	35682	35619
中型	39736	23568	22012
小型	1384498	5360949	5893693
微型	54025	36089	32120
载货汽车	451130	747687	793208
重型	64942	130040	140999
中型	47062	21243	20085
轻型	329155	594600	630946
微型	9971	1804	1178
水路			
内河			
客轮			
艘数（艘）	319	171	165
载客量（客位）	9395	6877	7702
货轮			
艘数（艘）	722	406	288
净载重量（吨）	313962	236963	158132
沿海			
客轮			
艘数（艘）	259	244	214
总吨（吨位）	16617	26819	24455
载客量（客位）	15259	21561	20334
货轮			
艘数（艘）	952	898	949
总吨（吨位）	2593122	5912104	6611367
净载重量（吨）	4061378	8798884	9759191
远洋			
货轮			
艘数（艘）	91	59	54
总吨（吨位）	818337	1176529	1102970
净载重量（吨）	1297002	1831354	1616380

铁路运输情况

年 份	营业长度（公里）	旅客发送量（万人）	旅客周转量（亿人公里）	货物发送量（万吨）	货物周转量（亿吨公里）
2017	3187	11624	373. 61	3175	135. 90
2018	3509	12096	385. 20	3518	147. 35
2019	3509	12741	396. 25	4086	191. 61

公路运输情况

年 份	公路通车里程（公里）	汽车数（辆）	客运量（万人）	旅客周转量（亿人公里）	货运量（万吨）	货物周转量（亿吨公里）
2017	108012	5582343	37585	227. 83	95599	1214. 05
2018	108901	6239188	34081	212. 04	96576	1289. 52
2019	109785	6812772	31199	189. 99	87317	962. 48

水路运输情况

年 份	内河航运里程（公里）	#通航里程	客运量（万人）	旅客周转量（亿人公里）	货运量（万吨）	货物周转量（亿吨公里）
2017	3955	3245	1925	2. 78	33453	5429. 82
2018	3955	3245	1929	2. 75	36854	6209. 37
2019	3955	3245	1821	2. 66	42263	7135. 60

民用航空情况

年 份	空港数（个）	旅客发送量（万人）	货物发送量（万吨）	旅客周转量（万人公里）	货物周转量（万吨公里）
2017	6	2983. 98	24. 72	4819880	53948
2018	6	3329. 82	26. 98	5532934	66423
2019	6	3618. 06	27. 71	6011270	69365

民用汽车拥有量

年 份	民用汽车总计（辆）	载客汽车				
			大 型	中 型	小 型	微 型
2017	5582343	4864625	33241	25037	4767594	38753
2018	6239188	5456288	35682	23568	5360949	36089
2019	6812772	5983444	35619	22012	5893693	32120

年份	载货汽车	重型	中型	轻型	微型	其他汽车	机动车驾驶员（万人）	#汽车
2017	683473	115143	21236	544741	2353	34245	1184.85	931.76
2018	747687	130040	21243	594600	1804	35213	1260.00	1017.37
2019	793208	140999	20085	630946	1178	36120	1342.74	1105.65

私人汽车拥有量

单位：辆

年份	私人汽车	载客汽车	大型	中型	小型	微型
2017	4928775	4438450	410	4664	4396505	36871
2018	5452399	4935482	374	4279	4896731	34098
2019	5914008	5380036	376	3566	5346021	30073

年份	载货汽车	大型	中型	小型	微型	其他汽车
2017	471448	27181	12253	429756	2258	18877
2018	498746	27844	11684	457487	1731	18171
2019	516944	27295	10495	478031	1123	17028

沿海港口货物吞吐量

单位：万吨

年份	总计	福州港	厦门港	泉州港	宁德港	湄州湾港	漳州港	吞吐总量指数（以1950年为100）
2017	51995.49	14838.16	21116.25	7809.64		8231.45		155582.8
2018	55806.88	17876.32	21719.93	7839.73		8370.89		166987.4
2019	59483.99	21255.49	21343.91	7458.88		9425.71		177990.2

邮电通信业务情况

年份	邮电业务总量（亿元）	邮政业务总量	电信业务总量	函件（亿件）	固定电话用户（万户）	移动电话用户（万户）
2017	1289.86	392.86	897.00	1.16	781.75	4295.03
2018	2523.03	499.04	2026.70	0.93	732.73	4553.52
2019	3880.76	646.01	3234.74	0.48	763.71	4720.32

邮电业务总量

年 份	邮电业务总量（亿元）	电信业务总量（亿元）	快递业务量（万件）	集邮业务（万枚）	互联网用户（万户）	（固定）互联网宽带接入用户（万户）	移动互联网用户（万户）
2017	1289.86	897.00	166110.69	5112.36	4882.36		
2018	2523.03	2026.70	211613.44	3591.30	5474.00		
2019	3880.76	3234.74	261951.28	2803.00		1779.04	3915.80

电信主要通信能力

年 份	局用交换机容量（万门）	移动电话交换机容量（万户）	移动电话基站（个）	光缆线路长度（公里）	
					长途光缆线路总长度
2017	280	5614	231161	1261460	23483
2018	278	7418	231133	1556948	25336
2019	90	8637	290227	1589606	24733

邮政业网点及邮递路线

项 目	2017	2018	2019
营业网点（处）	9308	10255	8902
快递营业网点	7916	8782	7257
信筒信箱（个）	8239	7584	7351
农村投递路线（公里）	98721	102319	116760
城市投递路线（公里）	41005	41175	75353
邮政总长度（单程）（公里）	456716	712096	683020
#航空邮路	386390	585766	585766
汽车邮路	69992	125997	96984

注：2012 年起，航空、汽车邮路不含 EMS 部分。

设区市交通运输业基本情况（2019 年）

项 目	客运量（万人）	旅客周转量（亿人公里）	货运量（万吨）	货物周转量（亿吨公里）	全社会机动车拥有量（万辆）	
						汽 车
福建省	**33019.85**	**192.6**	**129579.61**	**8098.1**	**1118.94**	**681.28**
福州市	9295.62	47.6	30841.82	2745.3	173.39	145.93
#平潭	778.34	4.3	4692.51	631.4	7.55	5.83
厦门市	4889.04	21.6	31671.67	2352.1	166.44	140.53
莆田市	1901.66	21.7	4309.95	59.6	74.57	38.77
三明市	1650.37	8.8	8406.66	79.5	68.75	31.08

续表

项　　目	客运量（万人）	旅客周转量（亿人公里）	货运量（万吨）	货物周转量（亿吨公里）	全社会机动车拥有量（万辆）	汽　车
泉州市	4081.28	31.2	28665.74	2455.6	273.80	160.18
漳州市	1671.31	11.8	7603.24	92.9	116.43	60.88
南平市	1888.50	13.0	4013.75	92.5	76.53	29.25
龙岩市	2013.29	11.7	7797.07	97.2	108.62	46.88
宁德市	5628.77	25.3	6269.70	123.5	60.41	27.78

设区市邮电通信业务基本情况（2019 年）

项　　目	邮政业务总量（亿元）	电信业务总量（亿元）	固定电话用户（万户）	移动电话用户（万户）	（固定）互联网宽带接入用户（万户）	移动互联网用户（万户）	快递业务（万件）	邮路总长度（单程）（公里）
福建省	**646.01**	**3234.74**	**763.71**	**4720.32**	**1779.04**	**3915.80**	**261951.28**	**683020**
福州市	119.13	785.40	168.77	1034.09	386.78	840.97	47580.77	320261
#平潭	1.35	29.10	5.98	40.49	17.00	35.63	244.43	362
厦门市	102.25	510.22	110.73	648.77	236.33	559.33	42616.03	252031
莆田市	55.50	229.14	54.63	339.69	131.91	283.55	15557.23	1625
三明市	11.14	153.78	41.05	263.19	102.75	217.10	3303.17	5511
泉州市	273.27	739.37	161.42	1032.98	385.03	865.38	121653.40	86279
漳州市	38.26	313.53	77.09	524.11	186.73	426.96	16330.53	3332
南平市	13.27	158.35	41.61	281.77	107.45	230.83	3860.37	5257
龙岩市	13.28	162.01	63.49	281.76	116.30	230.69	4092.19	4526
宁德市	19.92	182.98	44.93	313.96	125.76	260.98	6957.58	4199

批发零售、住宿餐饮和旅游业

社会消费品零售总额

年　份	社会消费品零售总额（亿元）	社会消费品零售总额指数	
		以上年为 100	以 1950 为 100
2017	15393.90	112.3	399823.0
2018	17178.37	111.6	446202.4
2019	18896.83	110.0	490822.7

限额以上批发零售与住宿餐饮业企业基本情况

项　　目	2017	2018	2019
法人企业（个）	**14390**	**15625**	**18828**
批发和零售业	12473	13566	16404
住宿和餐饮业	1917	2059	2424
批发和零售业（亿元）			
商品购进总额	25582.61	29063.79	34477.53
商品销售总额	28556.93	33737.85	39334.09
商品库存总额	1509.67	1454.68	1753.40
住宿和餐饮业营业收入（亿元）	413.86	482.44	570.51

限额以上批发和零售企业基本情况（2019 年）

单位：万元

项　　目	法人企业（个）	商品购进额	商品销售额	#批发额	期末商品库存额
合　计	**16404**	**344775325**	**393340945**	**307810934**	**17533953**
批发业	9169	287952867	324215699	303219921	13001464
按登记注册类型分					
内资企业	8905	269413248	303060086	284886291	11886363
#国有企业	54	5155126	7015440	6997466	308749
集体企业	23	262300	290781	274317	26505
有限责任公司	1222	105898040	113789235	110202243	5471146
股份有限公司	57	25217099	25840332	23677410	930155
私营企业	7545	132812910	156046033	143674921	5149501
其他企业	4	67774	78265	59934	307
港澳台商投资企业	155	10491247	11730393	11289649	704886
外商投资企业	109	8048371	9425220	7043982	410215

续表

项　　目	法人企业（个）	商品购进额	商品销售额	#批发额	期末商品库存额
按行业分					
农、林、牧、渔产品批发	280	5963966	6488919	6045314	876575
食品、饮料及烟草制品批发	1064	24934315	29836909	27297380	1623497
米、面制品及食用油批发	140	3643042	3990348	3793249	612887
烟草制品批发	17	8252371	10385265	10385265	271892
纺织、服装及家庭用品批发	2146	37725096	49092719	45140732	1354976
服装批发	596	8920295	11538601	10741904	465378
日用家电批发	101	985620	1107217	986591	106507
文化、体育用品及器材批发	270	7994745	8717359	8124964	281520
医药及医疗器材批发	432	7132171	7989552	7517950	821147
矿产品、建材及化工产品批发	3485	176391745	190008225	180884234	6236036
煤炭及制品批发	252	24797109	25565081	25377592	1076798
石油及制品批发	247	20753134	24714594	20607136	502542
金属及金属矿批发	811	75021339	77613093	76842109	2419242
建材批发	1226	26702918	29661725	28091736	1012318
化肥批发	79	1488743	1637011	1618555	170331
机械设备、五金产品及电子产品批发	1136	18918568	21732411	18501019	1442092
汽车及零配件批发	237	5593409	6058093	4099125	412292
计算机、软件及辅助设备批发	100	1342273	1505682	1410635	88448
贸易经纪与代理	41	2128997	2228574	2218369	57260
其他批发业	315	6763265	8121032	7489959	308362
零售业	7235	56822459	69125246	4591013	4532489
按登记注册类型分					
内资企业	7052	51012784	61757402	4128909	4062640
#国有企业	16	104562	119874	2844	6261
集体企业	66	420514	512136	83563	10745
有限责任公司	914	13767045	15716287	1230395	1255757
股份有限公司	24	1289673	1786205	189189	41256
私营企业	6023	35406192	43586179	2622165	2748261
其他企业	4	19369	28933	722	175
港澳台商投资企业	95	2316113	2990840	267667	249302
外商投资企业	88	3493562	4377004	194436	220547
按行业分					
综合零售	628	8470645	9859320	202974	562482
百货零售	188	2068936	2791086	79013	111432

续表

项目	法人企业（个）	商品购进额	商品销售额	#批发额	期末商品库存额
超级市场零售	307	5790520	6315972	49686	416052
食品、饮料及烟草制品专门零售	1246	4667769	5941005	525618	318572
纺织、服装及日用品专门零售	424	3422133	4541683	465410	410545
服装零售	138	1258203	1699695	177827	135293
文化、体育用品及器材专门零售	260	2105537	2709338	373575	217606
图书、报刊零售	18	549388	536299	246878	85337
医药及医疗器材专门零售	182	1078265	1302286	89353	129640
西药零售	136	890979	1063328	68188	97022
中药零售	38	176637	207355	2763	29268
汽车、摩托车、零配件和燃料及其他动力销售	1590	20243419	24053320	1557590	1700715
汽车新车零售	1094	15934788	18304248	718581	1342700
机动车燃油零售	284	2943725	3955282	640021	66633
家用电器及电子产品专门零售	640	3547608	4299061	252010	203109
家用视听设备零售	45	295085	333399	3284	15147
日用家电零售	297	1896514	2434707	48975	109779
计算机、软件及辅助设备零售	160	552025	663094	86742	21071
通信设备零售	91	530107	583809	80599	38530
五金、家具及室内装饰材料专门零售	652	4076611	4948496	201301	354099
货摊、无店铺及其他零售业	1613	9210473	11470737	923183	635722

限额以上批发和零售企业财务状况（2019 年）

单位：万元

项目	主营业务收入	营业成本	税金及附加	营业利润
合　计	**353854050**	**334701596**	**1349805**	**6444967**
批发业	292108104	279688370	1090762	4845877
按登记注册类型分				
内资企业	272654428	261619542	1058868	4392064
#国有企业	6307772	4830787	643129	653486
集体企业	272507	256607	550	1850
有限责任公司	101908989	99461493	154378	1014387
股份有限公司	22739988	22455178	14393	351611
私营企业	141351513	134551057	246171	2365034
其他企业	73660	64419	247	5696
港澳台商投资企业	10684594	10113987	15211	194889
外商投资企业	8769081	7954841	16683	258923

续表

项　　目	主营业务收入	营业成本	税金及附加	营业利润
按行业分				
农、林、牧、渔产品批发	5854757	5645454	7329	42890
食品、饮料及烟草制品批发	26523332	24058783	740541	1288530
米、面制品及食用油批发	3686974	3553875	3439	80811
烟草制品批发	8675407	7452692	701505	791886
纺织、服装及家庭用品批发	45443542	42525783	63956	877242
服装批发	10772558	9721853	20839	341913
日用家电批发	991680	947688	2774	18452
文化、体育用品及器材批发	8004339	7637665	11189	174348
医药及医疗器材批发	7201116	6575247	17671	183021
矿产品、建材及化工产品批发	169729868	165290747	166738	1923207
煤炭及制品批发	22403597	21836871	23121	128815
石油及制品批发	22437416	21741022	23535	351751
金属及金属矿批发	68606456	67419839	45182	650483
建材批发	26989390	25761604	50477	591679
化肥批发	1489428	1415448	1887	21911
机械设备、五金产品及电子产品批发	19972567	18858874	40383	308778
汽车及零配件批发	5351571	5190075	12826	-5456
计算机、软件及辅助设备批发	1361223	1279116	2013	20750
贸易经纪与代理	2089064	2028079	2264	35764
其他批发业	7289518	7067738	40690	12097
零售业	61745946	55013227	259043	1599091
按登记注册类型分				
内资企业	55626669	49904112	238174	1285398
#国有企业	106873	97828	352	588
集体企业	493337	437122	1904	15348
有限责任公司	13954948	12639545	41642	179033
股份有限公司	1477873	1427503	5076	-25152
私营企业	39560847	35272652	189135	1114931
其他企业	25749	23252	35	406
港澳台商投资企业	2752681	2177550	10617	70279
外商投资企业	3366596	2931565	10252	243414
按行业分				
综合零售	8591591	7487919	42263	275881
百货零售	2510207	2136271	21347	42730
超级市场零售	5361751	4734195	17487	208178

续表

项　　目	主营业务收入	营业成本	税金及附加	营业利润
食品、饮料及烟草制品专门零售	5429476	4529170	41135	364431
纺织、服装及日用品专门零售	4193928	3439807	15251	137956
服装零售	1514282	1242460	4322	33251
文化、体育用品及器材专门零售	2443292	2106637	18665	122789
图书、报刊零售	452174	374822	2441	20963
医药及医疗器材专门零售	1173220	980306	4460	14722
西药零售	952621	810074	3535	16450
中药零售	190913	147794	809	-2844
汽车、摩托车、零配件和燃料及其他动力销售	21082882	20003748	58668	200456
汽车新车零售	16368607	15576189	46544	118178
机动车燃油零售	3089760	2895927	7418	34155
家用电器及电子产品专门零售	3731308	3383097	12853	74314
家用视听设备零售	308119	283939	507	10815
日用家电零售	2062537	1860636	5853	28559
计算机、软件及辅助设备零售	578436	520106	2120	22276
通信设备零售	531030	495385	1128	4896
五金、家具及室内装饰材料专门零售	4486768	3970686	36550	161187
货摊、无店铺及其他零售业	10613481	9111857	29197	247355

限额以上批发和零售企业主要效益指标（2019 年）

单位：%

项　　目	资产负债率	销售毛利率	经营费用率	成本费用利润率
合　计	**63.4**	**5.4**	**4.3**	**1.9**
批发业	64.2	4.3	3.2	1.8
按登记注册类型分				
内资企业	64.2	4.0	3.0	1.7
#国有企业	22.0	23.4	5.5	12.2
集体企业	82.0	5.8	5.6	0.9
有限责任公司	64.1	2.4	2.4	1.1
股份有限公司	56.9	1.3	2.3	1.5
私营企业	68.1	4.8	3.3	1.8
其他企业	25.0	12.5	4.5	8.4
港澳台商投资企业	60.3	5.3	5.4	1.9
外商投资企业	70.3	9.3	7.8	3.5
按行业分				
农、林、牧、渔产品批发	60.1	3.6	3.4	1.1

续表

项　　目	资产负债率	销售毛利率	经营费用率	成本费用利润率
食品、饮料及烟草制品批发	49.7	9.3	5.7	5.1
米、面制品及食用油批发	78.2	3.6	3.4	2.6
烟草制品批发	17.4	14.1	4.9	9.8
纺织、服装及家庭用品批发	51.4	6.4	4.6	2.1
服装批发	67.2	9.8	6.7	3.8
日用家电批发	79.9	4.4	5.3	1.9
文化、体育用品及器材批发	63.5	4.6	3.2	2.3
医药及医疗器材批发	65.2	8.7	6.3	2.6
矿产品、建材及化工产品批发	69.5	2.6	2.1	1.2
煤炭及制品批发	65.9	2.5	2.3	0.6
石油及制品批发	57.8	3.1	2.2	1.6
金属及金属矿批发	71.4	1.7	1.7	1.0
建材批发	72.5	4.5	3.2	2.2
化肥批发	80.4	5.0	3.6	1.6
机械设备、五金产品及电子产品批发	65.6	5.6	4.7	1.7
汽车及零配件批发	63.2	3.0	4.9	-0.1
计算机、软件及辅助设备批发	60.3	6.0	4.8	1.6
贸易经纪与代理	72.6	2.9	2.9	1.8
其他批发业	81.4	3.0	2.6	1.3
零售业	58.8	10.9	9.5	2.7
按登记注册类型分				
内资企业	60.7	10.3	8.6	2.4
#国有企业	65.0	8.5	7.9	0.9
集体企业	46.1	11.4	8.0	3.2
有限责任公司	62.7	9.4	9.6	1.4
股份有限公司	51.5	3.4	7.1	-1.7
私营企业	61.1	10.8	8.4	2.9
其他企业	73.3	9.7	8.0	1.6
港澳台商投资企业	64.8	20.9	20.3	2.7
外商投资企业	48.1	12.9	14.7	7.2
按行业分				
综合零售	56.5	12.8	15.2	3.1
百货零售	70.2	14.9	15.8	1.4
超级市场零售	51.1	11.7	15.6	3.8
食品、饮料及烟草制品专门零售	30.8	16.6	10.2	7.2
纺织、服装及日用品专门零售	62.4	18.0	14.2	3.4

续表

项　　目	资产负债率	销售毛利率	经营费用率	成本费用利润率
服装零售	67.1	18.0	15.0	2.3
文化、体育用品及器材专门零售	42.8	13.8	8.6	5.4
图书、报刊零售	38.5	17.1	14.1	5.0
医药及医疗器材专门零售	65.7	16.4	16.4	1.4
西药零售	63.7	15.0	14.5	1.8
中药零售	73.3	22.6	25.1	-1.0
汽车、摩托车、零配件和燃料及其他动力销售	66.8	5.1	5.3	1.0
汽车新车零售	74.0	4.8	5.2	0.7
机动车燃油零售	42.0	6.3	6.7	1.1
家用电器及电子产品专门零售	64.1	9.3	7.4	2.1
家用视听设备零售	56.3	7.8	4.1	3.7
日用家电零售	66.4	9.8	8.6	1.4
计算机、软件及辅助设备零售	42.3	10.1	5.8	4.0
通信设备零售	71.3	6.7	6.7	0.9
五金、家具及室内装饰材料专门零售	56.9	11.5	7.2	3.7
货摊、无店铺及其他零售业	61.2	14.1	12.0	2.5

亿元以上商品交易市场主要经济指标（2019年）

项　　目	市场数（个）	摊位数（个）	营业面积（平方米）	市场成交额（万元）
总计	**109**	**49044**	**3077703**	**14883949**
按经营环境分				
封闭式	89	42547	2822417	13251433
露天式	6	1092	59787	875192
其他	14	5405	195499	757324
按营业状态分				
常年营业	108	49016	3076203	14872549
季节性营业	1	28	1500	11400
其他				
按经营方式分				
批发（或以批发为主）	46	25789	2189235	12325173
零售（或以零售为主）	63	23255	888468	2558776
按市场类别分				
综合市场	48	25061	790972	4474318
生产资料综合市场	1	200	5100	10300
工业消费品综合市场	3	5705	71638	860369
农副产品综合市场	36	14710	324008	2091440

续表

项　　目	市场数（个）	摊位数（个）	营业面积（平方米）	市场成交额（万元）
其他综合市场	8	4446	390226	1512209
专业市场	61	23983	2286731	10409631
生产资料市场	7	1853	369728	1645323
农产品市场	29	9077	721594	5255306
食品饮料及烟酒市场	3	2770	97221	227121
纺织、服装、鞋帽市场	5	5506	299809	1090501
日用品及文化用品市场				
黄金、珠宝、玉器等首饰市场	4	1862	242569	1040743
电器、通讯器材、电子设备市场	1	719	38000	95724
医药、医疗用品及器材市场	1	28	1500	11400
家具、五金及装饰材料市场	6	1736	423230	466170
汽车、摩托车及零配件市场	4	380	67600	566087
花、鸟、鱼、虫市场	1	52	25480	11256
旧货市场				
其他专业市场				

亿元以上商品交易市场成交情况（2019 年）

项　　目	出租摊位数（个）	市场成交额（万元）
总　计	**43062**	**14883949**
粮油、食品类	20835	7762304
饮料类	2883	369618
烟酒类	320	316457
服装、鞋帽、针纺织品类	9001	1874270
服装类	7262	1513248
鞋帽类	975	145735
针纺织品类	764	215287
化妆品类	77	10963
金银珠宝类	1419	955241
日用品类	1063	217443
五金、电料类	584	47821
体育、娱乐用品类	96	67703
书报杂志类	2	42
电子出版物及音像制品类	7	358
家用电器和音像器材类	374	60551
中西药品类	85	15911
#西药类	4	2238

续表

项　　目	出租摊位数（个）	市场成交额（万元）
中草药及中成药类	76	12845
文化办公用品类	577	88690
家具类	676	286232
通讯器材类	89	5797
煤炭及制品类		
木材及制品类	478	75770
石油及制品类	2	63
化工材料及制品类	11	2685
金属材料类	117	402433
建筑及装潢材料类	2482	1507725
机电产品及设备类	129	5108
汽车类	374	566087
种子饲料类	180	37486
棉麻类		
其他类	1201	207191

限额以上住宿业企业基本情况（2019 年）

项　　目	法人企业（个）	床位数（个）	餐位数（位）
住宿业	1152	276684	447639
按登记注册类型分			
内资企业	1058	243731	372871
#国有企业	40	8565	15614
集体企业	6	714	1639
有限责任公司	156	51296	81631
股份有限公司	14	3067	3095
私营企业	841	179439	270030
港澳台商投资企业	59	18382	53390
外商投资企业	35	14571	21378
按行业分			
#旅游饭店	670	190541	346936
一般旅馆	451	72770	70975
民宿服务	7	1683	1203
其他住宿业	24	11690	28525

限额以上餐饮业企业基本情况（2019 年）

项　　目	法人企业（个）	年末餐饮营业面积（平方米）	餐位数（位）
餐饮业	1272	2223007	565166
按登记注册类型分			
内资企业	1230	1887787	483715
#国有企业	4	4945	1538
集体企业	2	10020	2100
有限责任公司	79	146705	53529
股份有限公司	1	706	110
私营企业	1144	1725411	426438
港澳台商投资企业	24	153077	34227
外商投资企业	18	182143	47224
按行业分			
正餐服务	1140	1829846	440103
快餐服务	58	290520	100195
饮料及冷饮服务	24	23675	3041
餐饮配送及外卖送餐服务	24	22845	6349
其他餐饮业	26	56121	15478

限额以上住宿业和餐饮业企业经营情况（2019 年）

单位：万元

项　　目	营业额	客房收入	餐费收入	商品销售额	其他收入
合　计	**5705125**	**1271240**	**4098159**	**155814**	**179912**
住宿业	2816174	1195404	1395947	89041	135783
按登记注册类型分					
内资企业	2337838	993938	1156248	78445	109208
#国有企业	86819	38963	35857	520	11479
集体企业	12274	3852	8255		167
有限责任公司	678529	279495	341945	17426	39663
股份有限公司	28598	16438	9857	1	2303
私营企业	1521600	650378	757442	60344	53436
港澳台商投资企业	321792	133505	168552	5347	14388
外商投资企业	156544	67960	71148	5250	12187
按行业分					
#旅游饭店	2180407	852080	1142299	73055	112973
一般旅馆	590152	314767	239844	14194	21347
民宿服务	6942	3130	2389	1107	317

续表

项　　目	营业额	客房收入	餐费收入	商品销售额	其他收入
其他住宿业	38673	25426	11416	685	1146
餐饮业	2888951	75837	2702212	66773	44129
按登记注册类型分					
内资企业	2259509	69583	2094676	56896	38354
#国有企业	8404	859	4367	3159	18
集体企业	3251	112	2880		259
有限责任公司	154336	11365	131751	8282	2938
股份有限公司	592		592		
私营企业	2092927	57246	1955087	45455	35140
港澳台商投资企业	238069	1379	229923	5955	812
外商投资企业	391372	4875	377613	3922	4962
按行业分					
正餐服务	1997996	75813	1861243	43633	17307
快餐服务	711817		699103	7895	4820
饮料及冷饮服务	77970		70058	6595	1317
餐饮配送及外卖送餐服务	39237		18313	960	19963
其他餐饮业	61931	24	53495	7690	723

限额以上住宿和餐饮业企业主要财务指标（2019 年）

单位：万元

项　　目	主营业务收入	营业成本	税金及附加	营业利润
合计	**5438892**	**3163619**	**64731**	**192630**
住宿业	2678022	1348731	42170	38413
按登记注册类型分				
内资企业	2230476	1171246	34387	39074
#国有企业	82833	35223	781	-1684
集体企业	11935	8536	134	862
有限责任公司	643433	301318	11586	6903
股份有限公司	25174	7162	312	1813
私营企业	1457664	817548	21303	30960
港澳台商投资企业	305713	117728	5074	1390
外商投资企业	141833	59757	2709	-2051
按行业分				
#旅游饭店	2073299	1013560	34165	4874
一般旅馆	560778	305643	7603	32342

续表

项　　目	主营业务收入	营业成本	税金及附加	营业利润
民宿服务	6843	7400	140	-1188
其他住宿业	37101	22128	263	2385
餐饮业	2760870	1814888	22561	154217
按登记注册类型分				
内资企业	2167384	1541679	21633	109249
#国有企业	7722	4171	69	933
集体企业	3171	2094	165	594
有限责任公司	146476	92807	1158	2519
股份有限公司	558	234	2	-4
私营企业	2009457	1442372	20239	105207
港澳台商投资企业	228618	86930	329	15626
外商投资企业	364868	186279	599	29342
按行业分				
正餐服务	1916380	1303271	20232	116000
快餐服务	675783	405420	1397	37761
饮料及冷饮服务	72049	48339	309	-6154
餐饮配送及外卖送餐服务	38047	27401	137	274
其他餐饮业	58612	30456	487	6337

限额以上批发和零售业连锁企业基本经营情况（2019 年）

项　　目	连锁总店数（个）	年末门店数（个）			年末营业面积（平方米）	年末从业人员（人）	商品销售总额（万元）
			直营店	加盟店			
总　计	**179**	**12382**	**7692**	**4690**	**10251945**	**144163**	**17413395**
批发业	10	1227	290	937	378662	5620	522810
零售业	169	11155	7402	3753	9873283	138543	16890585
按登记注册类型分							
内资企业	160	8976	4414	4562	3112893	54403	5585281
#国有企业	6	210	210		195249	1952	721821
有限责任公司	65	2113	1895	218	1144247	19430	1983163
股份有限公司	13	1208	481	727	622493	4335	1215307
私营企业	75	5423	1814	3609	1110986	28259	1593222
港澳台商投资企业	3	584	465	119	100749	1591	35398
外商投资企业	16	2822	2813	9	7038303	88169	11792716

限额以上住宿和餐饮业连锁企业基本经营情况（2019 年）

项　　目	连锁总店数（个）	连锁门店数（个）	直营店	加盟店	营业面积（平方米）	年末从业人员（人）	营业收入（万元）
总　计	**23**	**821**	**677**	**144**	**253243**	**29710**	**457069**
住宿业							
餐饮业	23	821	677	144	253243	29710	457069
按登记注册类型分							
内资企业	15	329	185	144	48428	5131	120445
#有限责任公司	6	124	41	83	28301	3221	94262
私营企业	9	205	144	61	20127	1910	26184
港澳台商投资企业	4	160	160		86941	8823	121440
外商投资企业	4	332	332		117874	15756	215183

入境游客人数

单位：人次

年　份	合　计	外国人	台湾同胞	港澳同胞	#香港同胞
2017	7754066	2928733	3132741	1692592	1523146
2018	9012403	3441938	3634961	1935504	1722028
2019	9582756	3732298	3876409	1974049	1735036

注：2000 年起合计项含接待海外一日游游客人数。

接待游客人数及旅游收入

年　份	入境旅游人数（人次）	#外国人	国际旅游外汇收入（万美元）	国内旅游人数（万人次）	国内旅游收入（亿元）	国内游客人均花费（元）
2017	7754066	2928733	758803	37534	4571	1218
2018	9012403	3441938	909162	45139	6033	1337
2019	9582756	3732298	1024348	52697	7393	1403

入境外国游客人数

单位：人次

国别（地区）	2017	2018	2019
合　计	**2928733**	**3441938**	**3732298**
亚洲小计	**1848225**	**2205587**	**2447527**
#日本	429246	395819	402769
菲律宾	130415	128474	148893

续表

国别（地区）	2017	2018	2019
新加坡	301589	330029	375140
泰国	46757	50260	71135
印度尼西亚	87355	110532	125055
马来西亚	442061	534660	622773
美洲小计	**439290**	**510542**	**534026**
#美国	315287	363662	387726
加拿大	73972	81815	78756
欧洲小计	**433969**	**466796**	**484471**
#英国	69883	72020	80629
法国	46779	47572	53733
德国	69094	71940	67545
意大利	41501	40660	43696
俄罗斯	41359	47138	49638
大洋洲小计	**125027**	**149596**	**158850**
#澳大利亚	81087	100043	106058
新西兰	27001	31077	34473
非洲小计	**82222**	**109417**	**107424**

国内旅游人数及旅游收入

项　　目	2017	2018	2019
国内旅游者人数（万人次）	**37534. 00**	**45138. 93**	**52697. 08**
住宿设施接待人数	15446. 41	17798. 79	20442. 93
居民家庭接待人数	3459. 48	4417. 20	5212. 22
一日游游客人数	18628. 18	22922. 93	27041. 92
国内旅游收入（亿元）	**4570. 77**	**6032. 95**	**7393. 43**
外省游客消费	2327. 09	3011. 85	3394. 37
本省多日游游客消费	1535. 40	2010. 35	2605. 38
一日游游客消费	708. 28	1010. 75	1393. 68

国内游客消费构成

单位:%

项　　目	2017	2018	2019
交给旅行社	5. 5	5. 1	5. 5
长途交通	21. 7	22. 7	21. 9
住宿	22. 5	22. 7	19. 8
餐饮	17. 5	17. 1	17. 5

续表

项目	2017	2018	2019
购物	16.0	16.1	17.3
游览	6.5	6.1	6.5
娱乐	5.2	4.5	5.8
市区交通	4.0	4.1	3.8
邮电通讯			
其他	1.1	1.6	1.8

国内游客构成

单位:%

项目	2017	2018	2019
按性别分			
男	52.5	49.2	48.7
女	47.5	50.8	51.3
按年龄分			
14岁以下	1.0	1.4	1.3
15—24岁	30.2	31.6	31.0
25—44岁	57.6	56.3	55.8
45—59岁	10.1	9.7	10.6
60岁以上	1.1	1.0	1.2
按旅游目的分			
休闲观光度假	77.3	79.8	78.8
探亲访友	7.0	6.1	6.8
公务	6.7	5.6	6.6
经商	1.1	0.7	0.8
会议			
医疗	0.8	0.7	0.8
宗教朝拜	2.6	2.6	1.9
文化科技交流			
其他	4.4	4.5	4.3
按出游方式分			
单位组织	6.9	6.6	7.3
旅行社	3.9	3.4	3.2
个人亲友结伴	86.7	88.0	87.5
其他	3.2	2.0	2.0

各设区市国际旅游外汇收入

单位：万美元

地　区	2017	2018	2019
福州市	150076	180638	220559
厦门市	334758	389671	423821
莆田市	41055	41229	48904
三明市	7169	9726	11719
泉州市	135166	178411	178892
漳州市	50195	57202	79335
南平市	25765	31963	33887
龙岩市	11180	15421	20403
宁德市	2801	3413	4702
平潭综合实验区	639	1488	2127

各设区市入境游客人数

单位：人次

地　区	2017	2018	2019
福州市	1314816	1619542	1734022
厦门市	3260269	3595810	3765050
莆田市	449281	468560	554651
三明市	77705	95589	104261
泉州市	1452592	1780388	1762125
漳州市	610788	703945	813381
南平市	370262	464815	493592
龙岩市	164086	194664	252569
宁德市	40067	48164	55035
平潭综合实验区	14200	40926	48070

金融保险

金融机构人民币各项存款和贷款余额

单位：亿元

年　份	各项存款	住户存款	财政存款	各项贷款	#短期贷款	中长期贷款
2017	42794.79	16583.08	1361.81	40484.93	14040.45	25317.11
2018	44677.70	18278.38	1305.78	45173.87	14726.54	28439.09
2019	48754.92	20954.92	1017.18	51396.64	16552.98	32205.10

金融机构年末人民币分项存贷款余额（2019 年）

单位：亿元

项　　目	数值	比上年增长（%）
金融机构各项存款余额	48754.92	9.1
境内存款	48199.27	9.0
住户存款	20954.92	14.6
活期存款	9907.47	12.2
定期存款	5960.48	10.1
结构性存款	1036.61	-19.2
非金融企业存款	14338.22	6.1
企业活期存款	5200.68	1.9
企业定期存款	1275.97	-4.5
企业保证金存款	1462.63	29.2
企业结构性存款	2292.06	-7.8
政府存款	7961.38	6.3
财政性存款	1017.18	-22.1
非银行业金融机构存款	3927.58	8.5
境外存款	555.65	17.0
金融机构各项贷款余额	51396.64	13.8
境内贷款	51195.76	13.8
住户贷款	25227.50	17.7
短期贷款	8249.79	24.1
个人消费贷款	5696.35	25.6

续表

项　　目	数值	比上年增长（%）
个人经营性贷款	2553.43	20.8
中长期贷款	16977.71	14.8
个人消费贷款	13234.02	14.0
个人经营性贷款	3743.69	18.0
非金融企业及机关团体贷款	25734.85	9.4
短期贷款	8303.20	2.8
单位经营贷款	7344.49	0.7
单位固定资产贷款	80.28	12.1
单位并购贷款	30.66	726.5
贸易融资	841.04	19.8
中长期贷款	15227.39	11.5
单位经营贷款	2702.86	16.4
单位固定资产贷款	12114.89	11.1
单位并购贷款	316.15	-1.3
贸易融资	93.49	-11.7
融资租赁	87.03	51.8
票据融资	2096.33	23.5
各项垫款	20.90	-35.3
非银行业金融机构贷款	233.41	341.0
境外贷款	200.88	19.5

商业保险业务情况

单位：万元

项　　目	2005	2010	2015	2018	2019
保险费收入	**1490886**	**4236124**	**7775781**	**10814264**	**11747656**
财产保险	413723	1327403	2745518	3440568	3825003
#机动车辆险	273882	981696	2070193	2341765	2455859
企业财产险	45813	84930	124024	143091	158155
家庭财产险	2109	8965	14044	25563	26524
人身保险	1077163	2908721	5030263	7373696	7922653
人寿保险	927841	2616312	4081091	5623298	5850023
健康保险	121248	228322	784114	1515772	1839379
意外伤害	28074	64086	165058	234626	233251

续表

项 目	2005	2010	2015	2018	2019
有效保单赔款及给付金额	**405525**	**1028986**	**2450773**	**3462672**	**3641924**
财产保险	272304	654417	1472506	1941317	2245098
#机动车辆险	173923	460282	1068129	1325636	1445703
企业财产险	56455	75590	92346	86271	70104
家庭财产险	743	9198	9729	12854	14791
人身保险	133221	374569	978267	1521355	1396826
人寿保险	89362	271750	729538	1119674	840964
健康保险	33285	82822	210014	349853	506089
意外伤害	10575	19997	38716	51827	49773

商业保险系统机构和人员数（2019 年）

项 目	财产保险公司			人寿保险公司		
	机构数（个）	职工人数（人）	代理制销售人员数（人）	机构数（个）	职工人数（人）	代理制销售人员数（人）
保险公司	**1080**	**20510**	**37631**	**1398**	**15254**	**221747**
#省级分公司	46	3817	2124	47	5110	3567
中心支公司	150	7571	7181	131	5395	21595
支公司	417	6828	20475	277	3073	75791
营业部	6	145	1891	3	69	924
营销服务部	459	1694	5911	939	1428	119818

各设区市商业保险业务情况（2019 年）

单位：万元

地 区	保险费收入	财产保险	#机动车辆险	#企业财产险	#家庭财产险	人身保险	人寿保险	健康保险	意外伤害
福建省	**11747656**	**3825003**	**2455859**	**158155**	**26524**	**7922653**	**5850023**	**1839379**	**233251**
福州市	3432755	1064929	552491	55899	3862	2367826	1648967	646735	72125
厦门市	2266752	849716	561944	42233	3336	1417036	1073659	300787	42590
莆田市	643161	180396	129233	4812	1657	462765	349407	102375	10983
三明市	523069	157688	104175	5302	1407	365381	295258	61829	8293
泉州市	2403846	710195	542640	23592	7711	1693652	1280197	363737	49717
漳州市	816482	302577	209915	9037	1954	513906	380961	114677	18268
南平市	533218	174526	104443	5620	1460	358692	283837	66951	7904
龙岩市	613133	241798	154802	6430	2858	371335	279491	79899	11945
宁德市	515240	143178	96217	5230	2278	372061	258247	102388	11426

地 区	有效保单赔款及给付金额	财产保险	#机动车辆险	#企业财产险	#家庭财产险	人身保险	人寿保险	健康保险	意外伤害
福建省	**3641924**	**2245098**	**1445703**	**70104**	**14791**	**1396826**	**840964**	**506089**	**49773**
福州市	1011106	586968	355724	18037	1284	424139	197238	215238	11663
厦门市	788141	526974	362295	18653	569	261167	173155	77487	10524
莆田市	199676	112771	74172	1508	647	86905	44478	39732	2696
三明市	165539	101542	58375	5307	2751	63997	51318	10068	2611
泉州市	647586	391487	287495	9013	3049	256098	181703	64727	9669
漳州市	284200	191076	113371	4956	1019	93124	68139	20265	4721
南平市	177121	117614	59308	7245	1888	59506	43328	14114	2064
龙岩市	210539	142655	83050	3265	2125	67883	47550	17089	3244
宁德市	158016	74009	51913	2120	1458	84007	34055	47371	2581

商业保险公司业务经济技术指标（2019 年）

单位：亿元

项 目	保险金额	保费收入	赔款及给付
财产保险公司	**653271.67**	**382.50**	**224.51**
#企业财产险	30285.16	15.82	7.01
家庭财产险	10635.18	2.65	1.48
机动车辆险	97979.83	245.59	144.57
船舶险	2434.71	3.09	1.70
货物运输险	13939.63	3.70	1.84
特殊风险保险	1663.36	2.65	0.57
建筑、安装工程	2533.43	3.20	2.00
责任险	85749.45	19.99	9.89
信用险	2617.14	10.89	5.88
保证保险	1086.82	22.36	12.27
农业险	1181.94	6.08	5.12
人寿保险公司	**259807.69**	**792.27**	**139.68**
人身保险	**33287.96**	**585.00**	**84.10**
个人业务	29004.32	583.20	80.71
团体业务	4283.64	1.80	3.38
健康险	**156426.46**	**183.94**	**50.61**
人身意外伤害险	**70093.26**	**23.33**	**4.98**

对外经济

对外经济基本情况

项　　目	2010	2018	2019
海关货物进出口总额（亿元）	**7363.88**	**12357.29**	**13307.35**
出口总额	4839.73	7624.07	8281.55
进口总额	2524.15	4733.21	5025.81
进出口差额	2315.57	2890.86	3255.74
海关货物进出口总额（亿美元）	**1087.80**	**1875.76**	**1930.86**
出口总额	714.93	1156.85	1201.83
初级产品	52.98	108.78	99.24
工业制品	661.95	1048.08	1102.59
进口总额	372.87	718.90	729.03
初级产品	102.41	334.38	409.09
工业制品	270.45	384.52	319.88
进出口差额	342.06	437.95	472.80
外商直接投资			
新签合同数（个）	1139	2419	2391
合同投资金额（亿美元）	73.76	159.18	160.54
实际利用外资（亿美元）	58.03	44.55	46.10
外商投资企业工商注册情况			
年末注册数（个）	17886	30144	31608
投资总额（亿美元）	1248.31	2786.95	2974.71
注册资本（亿美元）	693.58	1638.44	1765.59
对外承包工程（亿美元）			
合同金额	0.86	6.41	17.34
完成营业额	2.35	10.85	10.18
对外劳务合作（亿美元）			
劳务人员合同工资总额	2.06	7.86	6.93
劳务人员实际收入总额	2.32	8.87	8.51

进出口总额

单位：亿美元

年　份	进出口总额（亿美元）			进出口总额（亿元）		
		出　口	进　口		出　口	进　口
2017	1710.35	1049.32	661.03	11590.98	7113.92	4477.06
2018	1875.76	1156.85	718.90	12357.29	7624.07	4733.21
2019	1930.86	1201.83	729.03	13307.35	8281.55	5025.81

按主要贸易方式分进出口商品贸易额（2019 年）

项　　目	总计（万元）	总计（万美元）
出口总额	**82815459**	**12018318**
#一般贸易	59265645	8605826
来料加工贸易	1309053	189844
进料加工贸易	13056660	1894705
保税监管场所进出境货物	2706824	392050
海关特殊监管区域物流货物	4384086	634941
进口总额	**50258054**	**7290309**
#一般贸易	37776134	5478970
来料加工装配贸易	1055415	153031
进料加工贸易	6384660	926068
来料加工装配进口的设备	293	42
外商投资企业作为投资进口的设备、物品	117906	17188
保税监管场所进出境货物	3068317	446145
海关特殊监管区域物流货物	1276160	185021
海关特殊监管区域进口设备	7244	1059

按企业性质分进出口商品贸易额（2019 年）

项　　目	总计（万元）	总计（万美元）
进出口总额	**133073513**	**19308627**
出口总额	**82815459**	**12018318**
#国有企业	8084706	1170980
集体企业	375450	54474
私营企业	49475033	7182328
外商投资企业	24637042	3576397
进口总额	**50258054**	**7290309**
#国有企业	17129861	2482524
集体企业	241629	35163
私营企业	14519986	2106423
外商投资企业	18091725	2626502

进出口主要分类情况（2019 年）

项　　目	总计（万元）	总计（万美元）
进出口总额	**133073513**	**19308627**
出口商品总额	**82815459**	**12018318**
初级产品	6839285	992384

续表

项　　目	总计（万元）	总计（万美元）
工业制品	75976174	11025934
进口商品总额	**50258054**	**7290309**
初级产品	28214487	4090944
工业制品	22039485	3198774
机电产品进出口	**40949244**	**5943783**
出口总额	30134652	4373555
进口总额	10814592	1570228
高新技术产品进出口	**17421965**	**2529034**
出口总额	9790900	1421007
进口总额	7631066	1108027
外商投资企业进出口	**42728767**	**6202900**
出口总额	24637042	3576397
进口总额	18091725	2626502
一般贸易进出口	**97041779**	**14084796**
出口总额	59265645	8605826
进口总额	37776134	5478970
加工贸易进出口	**21805788**	**3163649**
出口总额	14365713	2084549
进口总额	7440075	1079100

按主要国别（地区）分进出口商品贸易额（2019 年）

国别（地区）	出口总额（万元）	出口总额（万美元）	进口总额（万元）	进口总额（万美元）
总计	82815459	12018318	50258054	7290309
亚洲	39283316	5700558	24626229	3575184
#中国香港	5020443	727439	73229	10574
中国澳门	34643	5048	1273	181
中国台湾	3329220	482793	4156274	603985
日本	4402746	639234	2126056	308386
菲律宾	5514303	798668	573007	83048
泰国	1902626	276309	1075256	155911
马来西亚	2051312	297672	1588336	229817
新加坡	1260537	183146	349900	50625
阿拉伯联合酋长国	1191064	173228	134132	19421
欧洲	16610426	2410313	6409704	929435
#德国	2932517	425796	1103604	160155
法国	1071865	155473	326511	47190

续表

国别（地区）	出口总额（万元）	出口总额（万美元）	进口总额（万元）	进口总额（万美元）
意大利	1212610	176082	281846	40883
芬兰	87798	12733	172642	25001
英国	2072685	300878	359246	52263
丹麦	244838	35528	37361	5415
瑞典	332980	48430	87090	12644
瑞士	78954	11450	792875	114624
西班牙	1123385	162975	345240	49973
北美洲	16353427	2374211	3752456	544662
#加拿大	1271737	184708	1377699	199864
美国	15081436	2189466	2358702	342487
大洋洲	1761643	255263	6498643	942137
#澳大利亚	1408864	204148	5580189	808894
拉丁美洲及非洲	8806647	1277974	8931110	1293295

按类分进出口总额（2019 年）

项　　目	出口总额（万元）	出口总额（万美元）	进口总额（万元）	进口总额（万美元）
一、初级产品	**6839285**	**992384**	**28214487**	**4090944**
食品及活动物	6002375	870690	3538715	513002
活动物			5678	825
肉及肉制品	95763	13875	198394	28636
乳品及蛋品	11463	1667	571552	82961
鱼、甲壳及软体类动物及其制品	3791297	550475	713439	102932
谷物及其制品	25734	3719	500550	72715
蔬菜及水果	1319864	191029	407220	59024
糖、糖制品及蜂蜜	167522	24271	42935	6218
咖啡、茶、可可、调味料及其制品	368366	53453	40723	5887
饲料	13573	1969	891747	129701
杂项食品	208792	30233	166476	24103
饮料及烟类	74620	10842	334857	48514
饮料	61475	8940	333243	48281
烟草及其制品	13145	1903	1614	234
非食用原料	506408	73531	15610346	2260853
生皮及生毛皮	1115	164	145603	21181
油籽及含油果实	1461	213	1340903	194284
生橡胶	7802	1130	248169	36056

续表

项　　目	出口总额（万元）	出口总额（万美元）	进口总额（万元）	进口总额（万美元）
软木及木材	54469	7883	1463319	212392
纸浆及废纸	4983	723	1132425	164870
纺织纤维（羊毛条除外）及其废料	145323	21185	64739	9413
天然肥料及矿物（煤、石油及宝石除外）	88943	12960	1594016	231317
金属矿砂及金属废料	33524	4759	9522377	1376974
其他动、植物原料	168790	24514	98796	14366
矿物燃料、润滑油及有关原料	230497	33643	8481397	1232549
煤、焦炭及煤砖	188588	27582	2185400	318727
石油、石油产品及有关原料	41864	6055	5097072	739863
天然气及人造气	44	6	1198925	173960
动植物油、脂及蜡	25385	3679	249172	36026
动物油、脂	12091	1742	17925	2601
植物油、脂	6296	920	220439	31854
已加工的动植物油、脂及动植物蜡	6998	1017	10807	1572
二、工业制品	**75976174**	**11025934**	**22039485**	**3198774**
化学成品及有关产品	3125092	454062	4456138	647948
有机化学品	360180	52305	1561495	227424
无机化学品	604932	88127	205727	29849
染料、鞣料及着色料	70270	10234	99363	14445
医药品	212043	30823	16478	2376
精油、香料及盥洗、光洁制品	298920	43329	125408	18200
肥料	312470	45519	1	
初级形状的塑料	363689	52761	1843081	267856
非初级形状的塑料	529650	76844	210137	30509
其他化学原料及产品	372236	54017	393900	57208
按原料分类的制成品	16955955	2463916	4521258	655499
皮革、皮革制品及已鞣毛皮	135552	19676	191479	27872
橡胶制品	444896	64633	92144	13375
软木及木制品（家具除外）	1016943	147425	23240	3373
纸及纸板；纸浆、纸及纸板制品	890940	129448	199376	28978
纺纱、织物、制成品及有关产品	5594818	813631	904111	131685
非金属矿物制品	3596164	522453	415236	60247
钢铁	1309895	190171	1316427	191098
有色金属	1006414	146375	1150131	165595
金属制品	2960333	430102	229114	33276

续表

项　　目	出口总额（万元）	出口总额（万美元）	进口总额（万元）	进口总额（万美元）
机械及运输设备	20472309	2970586	8452482	1226969
动力机械及设备	1588892	230488	780673	113384
特种工业专用机械	1387216	201491	776676	113094
金工机械	160150	23261	98808	14371
通用工业机械设备及零件	2771695	402187	605548	87895
办公用机械及自动数据处理设备	1828993	265403	1016370	147496
电信及声音的录制及重放装置设备	4683724	679869	578840	83923
电力机械、器具及其电气零件	5602162	812566	3873536	562061
陆路车辆（包括气垫式）	1654511	240298	437893	63618
其他运输设备	794966	115022	284139	41126
杂项制品	34916129	5065641	2833516	411428
活动房屋、卫生、水道、供热及照明装置	1994548	289837	19966	2918
家具及其零件、褥垫及类似填充制品	3311432	480718	140396	20373
旅行用品、手提包及类似品	1740294	253021	6668	970
服装及衣着附件	9332650	1352913	53728	7798
鞋靴	8080932	1171784	57959	8405
专业、科学及控制用仪器和装置	2078176	301821	1729314	251346
摄影器材、光学物品及钟表	1034891	149978	546480	79345
未列名杂项制品	7343208	1065569	279006	40273
未分类的商品及交易品	506690	71729	1776092	256930

人民币汇率（年平均价）

单位：元

年　份	100 美元	100 日元	100 港元	100 欧元
2017	675. 18	6. 02	86. 64	763. 03
2018	661. 74	5. 99	84. 43	780. 16
2019	689. 85	6. 33	88. 05	772. 55

外商直接投资合同数和合同金额

年　份	合同数（项）				合同外资金额（万美元）			
		合资企业	合作企业	独资企业		合资企业	合作企业	独资企业
2017					1487858	461952	2660	1006257
2018					1591814	391376	1426	1180204
2019					1605398	464225	248	1065516

按行业分外商直接投资合同数

单位：个

年 份	总 计	农 业	工 业	建筑业	交通运输仓储及邮电通信业	批发和零售贸易餐饮业	其他服务业
2017	2041	57	212	33	21	631	1087
2018	2419	107	276	28	26	737	1245
2019	2391	71	276	17	29	745	1253

按行业分外商直接投资合同金额

单位：万美元

年 份	总 计	农 业	工 业	建筑业	交通运输仓储及邮电通信业	批发和零售贸易餐饮业	其他服务业
2017	1487858	25612	397418	99249	18704	102566	844309
2018	1591814	52312	492241	33099	25668	211578	776916
2019	1605398	22265	310031	4758	17487	348630	902227

分国别（地区）外商直接投资合同数和合同金额

国别（地区）	2017	2018	2019
合同数（个）	**2041**	**2419**	**2391**
#中国香港	530	684	531
中国澳门	25	50	43
中国台湾	1074	1316	1382
日本	15	23	16
菲律宾	6	5	20
泰国	5	3	2
马来西亚	42	39	33
新加坡	51	39	53
印度尼西亚	4	8	4
德国	9	3	10
法国	3	4	6
英国	13	16	14
加拿大	19	20	23
美国	49	53	40
澳大利亚	22	16	12
合同金额（万美元）	**1487858**	**1591814**	**1605398**
#中国香港	803295	945726	1129009
中国澳门	2034	4748	7145
中国台湾	307108	221977	225491

续表

国别（地区）	2017	2018	2019
日本	4994	4257	13038
菲律宾	1002	184	2352
泰国	643	683	-100
马来西亚	11943	1541	19148
新加坡	39126	116136	65333
印度尼西亚	2172	-189	354
德国	5464	157	-2637
法国	28	52	179
英国	11320	4116	4507
加拿大	11805	41301	3699
美国	14148	15778	6279
澳大利亚	2552	5873	1691

实际利用外商直接投资金额

单位：万美元

年　份	合　计			
		合资企业	合作企业	独资企业
2017	857672	265543	1306	471358
2018	445477	154603	202	259092
2019	460953	110641	291	313507

分国别（地区）实际利用外商直接投资金额

单位：万美元

国别（地区）	2010	2018	2019
总　计	**580279**	**445477**	**460953**
亚洲			
#中国香港	354634	249171	298274
中国澳门	5156	62	1588
中国台湾	23805	9054	9793
印度尼西亚	1883	33	10
日本	6287	7165	679
新加坡	25545	11122	26808
韩国	3254	3218	2342
泰国	153	33	20
欧洲			
#英国	1007	90	1167

续表

国别（地区）	2010	2018	2019
德国	1443	339	134
法国	278		
俄罗斯		19	
拉丁美洲			
#巴哈马	1769		
开曼群岛	12662	60692	20361
墨西哥	957		
英属维尔京群岛	42153	12886	12081
北美洲			
#加拿大	1099	117	979
美国	5096	3486	2580
大洋洲			
#澳大利亚	1823	32	82
新西兰	336		

外商投资企业工商注册数

单位：个

项　　目	2017	2018	2019
总　计	**28264**	**30144**	**31608**
按企业登记注册类型分			
#中外合资	4739	5380	5963
中外合作	140	133	132
外商独资	16474	17388	18164
按行业分			
农、林、牧、渔业	745	812	826
采矿业	34	34	34
制造业	10689	10247	9890
电力、燃气及水的生产和供应业	213	218	217
建筑业	265	291	289
交通运输、仓储和邮政业	637	662	675
信息传输、计算机服务和软件业	1243	1399	1434
批发和零售业	6650	7165	7800
住宿和餐饮业	1325	1387	1435
金融业	429	505	455
房地产业	1075	1070	1076
租赁和商务服务业	2547	3150	3472

续表

项　　目	2017	2018	2019
科学研究、技术服务和地质勘查业	1566	2123	2697
水利、环境和公共设施管理业	109	116	116
居民服务和其他服务业	230	242	257
教育	32	53	64
卫生、社会保障和社会福利业	25	46	59
文化、体育和娱乐业	448	614	805
其他行业	2	10	7
按国别（地区）分			
#中国香港	8976	9228	9311
中国澳门	445	466	489
中国台湾	6815	8049	9137
日本	433	432	419
英国	103	114	120
德国	82	76	78
加拿大	190	200	222
美国	646	651	661
澳大利亚	208	214	205

外商投资企业工商注册资本金

单位：万美元

项　　目	2017	2018	2019
总　计	**15026839**	**16384415**	**17655891.27**
按企业登记注册类型分			
#中外合资	5499040	5995632	6759959
中外合作	95412	93726	95790
外商独资	8430865	9262721	9702058
按行业分			
农、林、牧、渔业	290674	336736	350585
采矿业	26936	25936	24270
制造业	6516630	6616701	6770426
电力、燃气及水的生产和供应业	256481	256137	265232
建筑业	224018	262598	266790
交通运输、仓储和邮政业	406839	422068	435148
信息传输、计算机服务和软件业	264928	331362	445483
批发和零售业	1249412	1411428	1335161
住宿和餐饮业	152260	199198	318301

续表

项　　目	2017	2018	2019
金融业	499104	547584	468733
房地产业	1209355	1255992	1564289
租赁和商务服务业	2516375	2992761	3442412
科学研究、技术服务和地质勘查业	785832	1034122	1301987
水利、环境和公共设施管理业	144210	149199	133079
居民服务和其他服务业	164527	169922	194926
教育	21833	23664	23784
卫生、社会保障和社会福利业	23737	63985	172391
文化、体育和娱乐业	273567	282960	140878
其他行业	119	2062	2017
按国别（地区）分			
#中国香港	8906249	9823928	10772879
中国澳门	147890	154852	163969
中国台湾	1623114	1906749	2105367
日本	150116	158175	184669
英国	161644	168490	168300
德国	53301	53279	48351
加拿大	54497	95566	101379
美国	227542	235849	223318
澳大利亚	117799	124470	52428

外商投资企业工商注册投资总额

单位：万美元

项　　目	2017	2018	2019
总计	**26072064**	**27869529**	**29747115**
按企业登记注册类型分			
#中外合资	10537604	10985537	12293013
中外合作	177411	178465	180529
外商独资	14478945	15768727	16308470
按行业分			
农、林、牧、渔业	477715	518733	525965
采矿业	54668	52168	51020
制造业	12684424	12896877	13313063
电力、燃气及水的生产和供应业	774777	775424	715237
建筑业	405910	482713	482483
交通运输、仓储和邮政业	787524	800466	824484

续表

项　　目	2017	2018	2019
信息传输、计算机服务和软件业	500139	579414	708278
批发和零售业	1926947	2149863	1826692
住宿和餐饮业	257139	393582	454530
金融业	373712	471624	406370
房地产业	2140853	2200389	2908038
租赁和商务服务业	3469202	3799726	4411616
科学研究、技术服务和地质勘查业	1105920	1597948	2021605
水利、环境和公共设施管理业	331193	325429	274164
居民服务和其他服务业	320382	319322	344976
教育	59080	60912	61031
卫生、社会保障和社会福利业	53643	96026	204605
文化、体育和娱乐业	348669	346069	210160
其他行业	169	2844	2799
按国别（地区）分			
#中国香港	15244547	16424954	17996485
中国澳门	232051	241278	252677
中国台湾	2333658	2623998	2878763
日本	320140	331363	411151
英国	230974	237896	235139
德国	123668	123702	110810
加拿大	81051	194552	200858
美国	388355	395698	361150
澳大利亚	141330	147077	74467

涉外税收主要指标

单位：万元

年　份	合　计	工商统一税	外商投资企业和外国企业所得税	个人所得税	城市房地产税	车船使用牌照税	其他各税
2017	11452717	7585350	2390552	427001	190182	4928	854704
2018	11866512	7808392	2559616	496225	204706	5178	792395
2019	11254806	7383525	2501123	537759	208224	5166	619009

对外承包工程和劳务合作主要指标

年份	对外承包工程合同金额（万美元）	劳务人员合同工资总额（万美元）	年末在外人数（人）		
				承包工程	劳务合作
2017	131113	63631	75944	4518	71426
2018	64107	78644	64045	3400	60645
2019	173362	69306	68168	2581	65587

各设区市进出口商品总额（2019 年）

年份	进出口总额（万元）	进出口总额（万美元）	出口总额（万元）	出口总额（万美元）	进口总额（万元）	进口总额（万美元）
福州市	25266087	3674123	18040464	2625522	7225623	1048601
厦门市	64134114	9302413	35303173	5120655	28830941	4181758
莆田市	3925316	569632	2304272	334419	1621044	235213
三明市	1844682	267818	1766491	256438	78192	11381
泉州市	21118163	3061637	14534960	2105750	6583203	955886
漳州市	7259087	1053040	4695771	681290	2563316	371750
南平市	1218734	176754	1139789	165295	78945	11460
龙岩市	3039800	439608	1798820	260290	1240980	179317
宁德市	4266999	618451	2842466	412298	1424533	206153
平潭综合实验区	1000530	145153	389254	56362	611276	88790

各设区市外商直接投资合同数

单位：项

年份	福州市	厦门市	莆田市	三明市	泉州市	漳州市	南平市	龙岩市	宁德市
2017	362	1145	23	27	196	121	10	33	20
2018	514	1215	37	45	280	120	21	54	25
2019	310	1322	41	30	314	109	36	50	20

各设区市外商直接投资合同金额

单位：万美元

年份	福州市	厦门市	莆田市	三明市	泉州市	漳州市	南平市	龙岩市	宁德市
2017	586287	481683	2002	16026	68777	101942	22974	30317	7944
2018	397233	714111	14901	49253	181596	116530	17471	17304	9200
2019	393993	514164	49154	45768	225256	85587	43710	28380	25580

各设区市实际利用外商直接投资金额

单位：万美元

年　份	福州市	厦门市	莆田市	三明市	泉州市	漳州市	南平市	龙岩市	宁德市
2017	198525	237830	45413	18441	159194	121662	23446	32788	6708
2018	77987	172500	12629	3978	59584	82305	5807	4482	1814
2019	94116	197995	13370	1941	64112	55246	8147	4784	2080

各设区市国民经济主要指标

地区生产总值（2019 年）

单位：亿元

地　区	地区生产总值	第一产业	第二产业	第三产业	工业	建筑业	人均 GDP（元）
全　省	**42395.00**	**2596.23**	**20581.74**	**19217.03**	**16170.45**	**4482.03**	**107139**
福州市	**9392.30**	**526.47**	**3830.99**	**5034.84**	**2610.31**	**1241.22**	**120879**
福州市辖区							
鼓楼区	1916.75		373.84	1542.91	110.50	263.51	260782
台江区	538.60		87.55	451.05	5.82	81.96	111511
仓山区	824.87	1.65	333.79	489.43	272.94	62.37	97387
马尾区	576.26	5.76	339.14	231.36	230.05	109.53	219946
晋安区	884.80	7.38	261.76	615.67	171.64	90.42	101294
长乐区	951.52	58.44	605.93	287.15	560.91	45.19	127806
福清市	1150.15	100.55	604.25	445.35	477.77	126.76	86935
闽侯县	740.22	45.71	394.53	299.98	317.41	77.40	101053
连江县	591.56	137.64	249.05	204.87	190.04	70.83	99171
罗源县	303.40	46.18	170.28	86.94	151.31	19.22	140463
闽清县	329.17	34.31	180.78	114.07	79.38	103.84	135739
永泰县	282.62	52.94	134.43	95.25	21.69	112.80	111048
平潭县	282.85	35.90	80.64	166.31	7.65	73.18	61489
厦门市	**5995.04**	**26.49**	**2493.99**	**3474.56**	**1908.94**	**613.99**	**142739**
厦门市辖区							
思明区	1896.46	2.69	313.50	1580.27	82.01	231.49	186110
海沧区	796.87	1.64	480.70	314.53	400.77	79.93	201483
湖里区	1297.29		549.52	747.77	419.19	159.27	126134
集美区	789.37	2.99	386.31	400.06	320.91	65.41	109029
同安区	551.23	10.46	298.72	242.05	279.72	19.00	86535
翔安区	663.83	8.71	465.23	189.89	406.34	58.89	167634
莆田市	**2595.39**	**123.65**	**1377.98**	**1093.76**	**1094.55**	**286.10**	**89342**
莆田市辖区							
城厢区	475.64	9.86	180.92	284.85	114.50	66.70	109720
涵江区	545.22	15.44	356.31	173.46	295.58	61.46	111840
荔城区	565.79	17.58	309.21	239.00	242.76	67.06	107975
秀屿区	475.22	59.94	242.69	172.59	193.07	50.05	79869
仙游县	533.52	20.83	288.85	223.85	248.62	40.83	61679

续表

地　区	地区生产总值	第一产业	第二产业	第三产业	工业	建筑业	人均 GDP（元）
三明市	**2601.56**	**303.11**	**1402.92**	**895.52**	**1044.37**	**362.56**	**100641**
三明市辖区							
梅列区	343.94	5.35	168.35	170.24	145.76	22.66	183434
三元区	238.96	12.67	146.57	79.72	105.47	41.37	116284
永安市	431.65	35.93	264.93	130.80	220.67	44.75	120742
明溪县	107.34	20.04	53.60	33.70	35.68	18.00	104212
清流县	147.18	23.19	81.16	42.83	42.85	38.52	107823
宁化县	195.14	28.24	89.11	77.79	49.04	40.56	67876
大田县	217.81	43.39	115.62	58.79	103.61	12.38	67747
尤溪县	215.05	50.19	84.45	80.42	71.39	13.36	59325
沙县	314.04	31.42	190.98	91.65	139.53	52.54	134495
将乐县	157.96	19.64	80.92	57.40	59.54	21.66	102905
泰宁县	99.51	14.51	49.75	35.26	30.40	19.47	86160
建宁县	132.97	18.56	77.49	36.92	40.44	37.29	109890
泉州市	**9946.66**	**218.61**	**5855.27**	**3872.78**	**5167.98**	**695.92**	**114067**
泉州市辖区							
鲤城区	648.41	0.19	341.88	306.34	314.86	27.14	146038
丰泽区	723.85	1.84	155.34	566.67	90.53	64.96	122065
洛江区	282.10	5.20	183.47	93.43	154.78	28.69	129109
泉港区	720.99	11.08	576.54	133.37	510.66	66.02	214581
石狮市	917.84	25.06	429.78	463.00	379.63	50.31	132349
晋江市	2546.18	20.43	1586.89	938.86	1511.75	81.97	120387
南安市	1295.44	30.55	770.36	494.53	711.44	59.56	85847
惠安县	1318.11	32.88	961.22	324.00	783.77	177.77	129163
安溪县	731.49	52.58	377.38	301.53	311.62	65.94	71296
永春县	484.10	25.17	305.58	153.35	269.18	36.49	103439
德化县	278.15	13.62	166.83	97.69	129.77	37.07	93810
漳州市	**4741.83**	**480.90**	**2315.26**	**1945.67**	**1862.24**	**457.10**	**92074**
漳州市辖区							
芗城区	771.36	11.21	335.27	424.87	250.04	85.23	128271
龙文区	361.36	6.00	138.30	217.05	100.80	37.50	185121
龙海市	1100.46	79.22	641.77	379.47	486.51	155.26	114661
云霄县	260.72	37.32	124.30	99.09	109.52	14.78	62068
漳浦县	520.30	83.68	188.57	248.05	158.35	34.30	61061
诏安县	284.87	51.66	138.21	95.01	123.57	14.64	45456
长泰县	357.74	18.14	247.81	91.79	208.84	38.97	156903

续表

地　区	地区生产总值	第一产业	第二产业	第三产业	工业	建筑业	人均 GDP（元）
东山县	257.68	38.03	132.30	87.35	105.21	27.09	114372
南靖县	374.84	69.60	185.13	120.11	161.99	23.14	106459
平和县	276.68	52.37	89.31	135.00	73.83	15.47	52913
华安县	175.83	33.67	94.29	47.87	83.57	10.71	105573
南平市	**1991.57**	**315.43**	**831.32**	**844.82**	**611.55**	**220.13**	**74036**
南平市辖区							
延平区	405.83	34.60	173.90	197.33	82.84	91.15	86072
建阳区	248.52	39.73	108.23	100.56	86.45	21.83	76232
邵武市	244.25	30.18	117.66	96.40	94.88	22.83	88018
武夷山市	207.12	27.76	82.09	97.26	64.78	17.32	87024
建瓯市	291.72	51.72	120.14	119.86	96.97	23.24	64044
顺昌县	133.18	20.74	56.74	55.70	48.49	8.28	69362
浦城县	166.62	35.65	60.22	70.74	47.74	12.51	55540
光泽县	114.53	43.14	38.67	32.72	32.88	5.80	83294
松溪县	81.54	14.11	33.00	34.43	22.18	10.83	66292
政和县	98.27	17.79	40.66	39.82	34.33	6.34	58146
龙岩市	**2678.96**	**288.23**	**1218.00**	**1172.73**	**838.39**	**379.61**	**101476**
龙岩市辖区							
新罗区	946.50	49.05	463.18	434.27	356.94	106.24	128165
永定区	267.05	35.78	108.88	122.39	60.71	48.17	73975
漳平市	259.05	35.22	113.36	110.47	80.75	32.61	107269
长汀县	289.75	38.05	132.10	119.60	91.18	40.92	72167
上杭县	402.46	55.20	171.70	175.56	94.73	76.97	107467
武平县	255.49	37.08	110.75	107.66	71.32	39.43	92400
连城县	258.66	37.85	118.03	102.78	82.76	35.27	104932
宁德市	**2451.70**	**313.33**	**1256.01**	**882.36**	**1032.12**	**225.40**	**84251**
宁德市辖区							
蕉城区	679.37	41.29	418.52	219.56	349.80	69.06	149312
福安市	569.01	51.65	361.97	155.40	316.89	45.50	98616
福鼎市	418.04	58.46	229.66	129.91	194.93	35.17	77128
霞浦县	254.61	67.44	70.11	117.06	52.71	17.64	54462
古田县	196.80	46.85	52.05	97.89	38.29	13.78	59277
屏南县	89.45	14.50	24.73	50.22	17.10	7.66	62995
寿宁县	100.57	16.73	40.05	43.79	24.71	15.35	55718
周宁县	72.44	7.88	26.48	38.08	14.54	11.93	58891
柘荣县	71.42	8.53	32.44	30.45	23.15	9.32	78483

地区生产总值指数（2019 年）

单位：以上年为 100

地　区	地区生产总值	第一产业	第二产业	第三产业	工业	建筑业	人均 GDP
全　省	**107.6**	**103.5**	**108.3**	**107.3**	**108.7**	**106.4**	**106.7**
福州市	**107.9**	**103.8**	**107.8**	**108.3**	**108.6**	**105.7**	**106.9**
福州市辖区							
鼓楼区	107.6	100.0	106.8	107.7	108.7	105.9	107.9
台江区	108.4	100.0	102.3	109.5	105.0	102.1	108.7
仓山区	108.4	100.5	108.3	108.5	108.7	106.4	106.3
马尾区	105.2	103.6	103.9	107.2	105.2	100.8	104.6
晋安区	107.6	103.7	105.8	108.4	108.6	99.6	107.3
长乐区	107.7	103.8	108.6	106.4	108.6	108.2	106.2
福清市	107.6	104.0	108.7	106.8	108.6	109.5	106.6
闽侯县	107.9	104.0	109.6	105.9	108.9	113.8	106.0
连江县	107.5	104.7	107.6	109.5	108.3	105.4	106.4
罗源县	108.5	104.0	108.9	110.3	108.8	109.6	106.3
闽清县	109.6	104.7	108.3	113.1	108.7	108.0	108.5
永泰县	110.8	104.0	110.7	115.8	107.4	111.5	110.6
平潭县	108.1	102.2	97.5	115.3	103.6	96.8	107.0
厦门市	**107.9**	**100.7**	**109.7**	**106.6**	**108.4**	**115.1**	**104.3**
厦门市辖区							
思明区	107.2	121.6	112.9	106.1	105.2	116.8	106.4
海沧区	107.8	96.1	108.2	107.4	108.3	107.4	99.7
湖里区	108.3	100.0	112.4	105.3	110.3	118.7	108.6
集美区	107.7	103.5	108.3	106.9	106.9	118.6	102.2
同安区	108.3	100.7	107.1	110.4	106.1	130.8	101.3
翔安区	109.3	94.5	109.4	110.1	110.2	103.1	101.8
莆田市	**106.6**	**102.8**	**107.3**	**106.2**	**108.5**	**102.3**	**106.4**
莆田市辖区							
城厢区	106.1	103.8	106.9	105.7	109.5	101.9	106.0
涵江区	106.1	104.3	105.8	107.0	106.6	101.3	106.0
荔城区	106.8	102.4	108.0	105.5	109.4	102.2	106.6
秀屿区	106.5	101.7	109.0	104.9	110.2	103.5	106.3
仙游县	107.5	104.8	107.4	108.0	107.9	103.3	107.3
三明市	**108.0**	**103.8**	**109.0**	**108.0**	**108.7**	**110.2**	**107.6**
三明市辖区							
梅列区	110.3	103.5	108.1	112.7	108.2	108.0	108.8
三元区	107.6	103.5	109.0	105.9	108.5	110.2	107.1

续表

地　区	地区生产总值	第一产业	第二产业	第三产业	工业	建筑业	人均 GDP
永安市	107.5	103.1	109.4	105.1	109.1	111.1	107.1
明溪县	108.5	103.3	109.9	109.7	108.7	112.7	108.5
清流县	107.9	103.8	108.9	108.2	109.2	108.6	108.3
宁化县	108.7	104.2	109.9	109.2	109.3	110.7	108.4
大田县	106.8	103.3	108.5	106.1	108.2	111.0	106.3
尤溪县	106.6	104.4	108.7	105.6	108.3	111.1	106.3
沙县	107.7	104.1	108.8	106.7	108.7	108.9	107.2
将乐县	108.7	104.5	109.8	108.4	109.5	110.8	107.9
泰宁县	107.8	103.4	109.3	107.7	108.3	110.9	106.9
建宁县	108.2	104.2	109.4	107.9	108.4	110.5	109.1
泉州市	**108.0**	**102.4**	**108.3**	**107.8**	**108.6**	**105.5**	**107.4**
泉州市辖区							
鲤城区	109.0	106.1	108.2	110.0	108.1	109.1	108.2
丰泽区	107.2	95.2	102.8	108.5	101.6	105.1	105.0
洛江区	108.8	103.4	110.4	105.5	112.1	100.0	107.8
泉港区	107.6	101.6	108.1	105.9	107.8	110.7	107.3
石狮市	107.6	97.6	105.3	110.5	104.9	108.6	107.3
晋江市	108.0	98.1	108.3	107.7	108.3	106.3	107.6
南安市	108.0	105.5	108.1	108.0	108.5	102.9	107.6
惠安县	108.7	103.7	108.8	108.8	109.4	105.7	108.2
安溪县	107.9	104.1	108.3	108.0	109.0	104.3	107.4
永春县	108.2	103.8	108.9	107.3	110.9	93.2	107.8
德化县	108.5	103.7	109.9	106.5	109.1	113.4	107.7
漳州市	**106.5**	**103.9**	**107.6**	**105.5**	**109.0**	**101.2**	**105.8**
漳州市辖区							
芗城区	106.6	105.4	106.8	106.5	109.1	99.0	106.2
龙文区	107.2	100.3	109.3	106.0	109.3	107.6	106.5
龙海市	106.9	102.9	108.2	105.3	109.0	102.6	106.1
云霄县	104.5	103.8	106.7	101.7	107.8	97.1	105.9
漳浦县	107.2	103.9	105.2	109.9	109.7	95.9	105.7
诏安县	104.4	104.4	108.3	98.8	109.1	99.7	103.7
长泰县	106.3	105.7	106.9	104.6	108.2	98.2	105.4
东山县	106.3	103.1	108.3	104.6	109.2	103.3	105.6
南靖县	106.9	104.1	109.1	105.1	109.3	107.4	106.1
平和县	105.4	104.8	107.6	104.2	109.2	99.1	104.8

续表

地　区	地区生产总值	第一产业	第二产业	第三产业	工业	建筑业	人均 GDP
华安县	107.1	104.1	108.2	106.9	109.1	100.6	107.1
南平市	**106.0**	**103.4**	**105.8**	**107.1**	**107.1**	**101.8**	**105.8**
南平市辖区							
延平区	105.4	105.6	103.9	106.7	106.7	101.1	106.3
建阳区	104.5	103.5	103.0	106.7	105.9	91.2	102.7
邵武市	105.2	103.4	103.0	108.8	103.2	102.2	105.2
武夷山市	107.8	104.3	108.0	108.8	108.5	105.8	107.6
建瓯市	106.2	103.9	106.6	107.0	108.8	96.9	106.2
顺昌县	107.6	104.6	108.2	108.1	108.6	106.0	107.3
浦城县	107.4	102.3	111.4	106.9	109.2	122.2	107.2
光泽县	104.7	101.0	109.9	103.9	108.4	121.4	103.9
松溪县	106.5	104.0	107.5	106.6	108.7	104.8	106.0
政和县	105.7	102.8	107.5	105.1	108.8	100.2	105.4
龙岩市	**107.1**	**103.4**	**108.2**	**106.7**	**107.9**	**108.9**	**107.1**
龙岩市辖区							
新罗区	106.6	103.4	107.5	105.7	107.4	108.0	106.0
永定区	106.1	103.2	106.0	106.9	103.5	110.0	106.5
漳平市	106.0	103.2	107.8	104.9	107.3	109.3	106.2
长汀县	107.4	103.5	108.8	106.9	108.5	109.4	107.5
上杭县	108.6	103.7	109.4	109.1	110.1	108.4	108.7
武平县	107.4	103.5	108.7	107.2	108.8	108.6	107.6
连城县	108.4	103.2	110.5	107.8	110.4	110.6	108.6
宁德市	**109.2**	**103.8**	**112.2**	**107.1**	**114.2**	**101.9**	**109.1**
宁德市辖区							
蕉城区	116.5	101.1	123.3	107.8	128.1	100.0	115.0
福安市	110.0	104.0	111.3	109.1	112.6	101.2	109.9
福鼎市	101.2	104.9	97.7	106.7	98.0	95.4	101.1
霞浦县	105.1	104.3	104.6	106.0	104.6	104.6	105.1
古田县	107.3	104.0	118.4	103.3	123.9	102.4	107.7
屏南县	110.5	104.7	121.1	107.3	122.9	116.5	110.1
寿宁县	107.7	104.1	110.4	106.6	113.9	104.1	108.3
周宁县	110.7	104.7	118.3	107.0	117.5	119.4	110.2
柘荣县	110.4	104.0	112.7	109.8	114.8	106.6	111.0

城镇单位在岗职工（含劳务派遣人员）平均工资（2019 年）

单位：元

地　区	在岗职工平均工资	国　有	城镇集体	其　他	在岗职工平均工资比上年增长（%）
全　省	**84374**	**111211**	**79508**	**76019**	**10.6**
福州市	**88952**	**113272**	**83183**	**82572**	**6.9**
福州市辖区	92178	116493	87950	86664	7.6
鼓楼区	97108	119427	77912	92348	4.2
台江区	94105	141477	59925	83007	19.5
仓山区	84065	107418	78417	77800	8.4
马尾区	92875	108612	73385	91376	10.4
晋安区	93818	112818	146499	83712	9.1
长乐区	76529	97593	54235	71867	7.1
福清市	76075	89594	101128	72564	-0.6
闽侯县	102339	135430	64525	77904	16.9
连江县	82725	95565	83005	73963	11.7
罗源县	72091	98236	50101	63935	2.7
闽清县	78400	93786	46268	76617	-0.9
永泰县	71254	94185	52916	65588	
平潭县	89644	120168	67257	64383	14.3
厦门市	**97779**	**170030**	**93056**	**85449**	**14.8**
厦门市辖区	97779	170030	93056	85449	14.8
思明区	107047	188182	83412	88129	10.7
海沧区	85023	150798	77333	78723	9.2
湖里区	111669	153773	65921	105348	35.4
集美区	89770	167788	86360	77721	12.7
同安区	83811	136362	127667	71560	10.1
翔安区	81992	169872	126730	73944	15.0
莆田市	**70204**	**91736**	**87872**	**64390**	**7.3**
莆田市辖区	71069	96544	97400	65228	6.8
城厢区	85160	107571	127536	72069	6.9
涵江区	61941	90102	60278	60638	1.8
荔城区	65214	89166	65035	63279	2.1
秀屿区	74005	84681	72719	70537	14.6
仙游县	63734	75478	98526	55413	7.2
三明市	**86559**	**96123**	**62264**	**76998**	**9.3**
三明市辖区	94843	105697	87843	88511	8.3
梅列区	104331	103705	97867	105104	13.0

续表

地　区	在岗职工平均工资	国　有	城镇集体	其　他	在岗职工平均工资比上年增长（%）
三元区	81840	111017	52093	72893	20.9
永安市	82143	100878	41590	65411	7.7
明溪县	84454	90016	49858	70739	22.2
清流县	81826	94360	66155	51503	12.9
宁化县	100724	105418	27244	94364	27.3
大田县	73950	84474	51606	51725	6.3
尤溪县	82322	93365	92267	59704	10.1
沙县	75449	86731	62138	65637	1.4
将乐县	78147	84981	55682	58795	3.0
泰宁县	94645	96229		86705	10.1
建宁县	75390	84486	64758	65497	9.8
泉州市	**72321**	**111390**	**82408**	**64132**	**9.7**
泉州市辖区	81696	110751	82642	69535	9.3
鲤城区	74854	96985	87065	64268	19.6
丰泽区	96716	131672	71417	81206	40.6
洛江区	62304	113266	94926	55296	7.1
泉港区	76791	89011	17884	69827	6.2
石狮市	71679	131076	85031	66625	16.2
晋江市	73550	134186	94815	66062	13.5
南安市	68930	96710	59571	62876	10.3
惠安县	63652	106730	90609	59065	2.7
安溪县	70496	113485	96212	63941	6.6
永春县	59601	107111	46570	50427	4.5
德化县	61989	81441	50833	50498	11.9
漳州市	**83421**	**104995**	**90028**	**73226**	**11.9**
漳州市辖区	87187	125707	80776	71790	12.4
芗城区	88923	129948	81603	70670	12.1
龙文区	81561	105996	45083	74952	16.2
龙海市	88778	106878	150539	83136	14.4
云霄县	74100	83523	40566	63453	10.9
漳浦县	77978	86520	76183	72742	5.9
诏安县	69118	90420	78158	54988	10.2
长泰县	74385	107368	70043	66213	9.9
东山县	89123	106055	82406	68203	7.2
南靖县	84030	104693	65864	70956	9.8

续表

地　区	在岗职工平均工资	国　有	城镇集体	其　他	在岗职工平均工资比上年增长（%）
平和县	82972	85274	76512	79587	22.8
华安县	81664	103707	75145	70016	6.6
南平市	**76230**	**90645**	**59476**	**61773**	**8.9**
南平市辖区	79151	96617	56150	65410	7.0
延平区	79389	99580	52653	66994	7.0
建阳区	78570	91887	61342	59495	7.3
邵武市	72833	86450	64749	63134	11.5
武夷山市	75698	85625	64447	63671	10.9
建瓯市	75976	88369	61353	59055	6.6
顺昌县	76491	89869	54721	52579	10.5
浦城县	74836	90579	58938	58672	12.2
光泽县	83227	90897	59241	48209	12.7
松溪县	68195	84416	49667	41481	1.7
政和县	65362	77180	69957	51224	9.4
龙岩市	**78850**	**96621**	**73053**	**66088**	**12.5**
龙岩市辖区	88703	102457	88064	76313	14.0
新罗区	91260	107372	93992	78836	12.3
永定区	77972	88637	48073	59601	21.3
漳平市	61488	90254	52244	52093	9.9
长汀县	68377	90254	60632	59019	14.3
上杭县	82647	98743	87623	73083	12.7
武平县	72287	95587	54028	46230	9.3
连城县	71769	76703	60608	61237	8.8
宁德市	**82982**	**83995**	**56985**	**82756**	**13.7**
宁德市辖区	93649	96129	73112	92440	14.8
蕉城区	93649	96129	73112	92440	14.8
福安市	84337	81471	36215	87567	6.8
福鼎市	73817	84565	54968	67242	10.1
霞浦县	74161	71202	51912	86162	22.5
古田县	70127	81026	60346	55787	9.3
屏南县	84151	85872	84134	77742	12.9
寿宁县	70666	76499	19082	58980	2.2
周宁县	74568	74441	20000	75335	21.4
柘荣县	73254	75829	39250	68166	9.6

金融机构货币存贷款余额（2019 年）

单位：亿元

地　区	金融机构人民币各项存款余额	#非金融企业存款	住户存款	金融机构人民币各项贷款余额	#短期贷款	#中长期贷款
全　省	**48754. 92**	**14338. 22**	**20954. 92**	**51396. 64**	**16552. 98**	**32205. 10**
福州市	**15367. 47**	**4758. 16**	**6027. 11**	**17137. 37**	**3700. 40**	**12764. 72**
福州市辖区	11956. 66	4141. 42	3882. 08	14156. 13	3019. 86	10480. 76
鼓楼区						
台江区						
仓山区						
马尾区	741. 64	170. 43	419. 96	723. 00	174. 49	526. 72
晋安区						
长乐区	948. 48	218. 77	530. 86	1035. 84	470. 73	541. 91
福清市	1340. 41	243. 35	913. 89	1025. 21	255. 02	762. 22
闽侯县	655. 69	136. 25	344. 22	508. 05	115. 30	390. 01
连江县	450. 49	47. 82	315. 85	466. 69	89. 86	376. 22
罗源县	146. 33	19. 59	92. 45	210. 09	55. 64	153. 06
闽清县	166. 76	16. 3	133. 09	101. 23	36. 36	64. 87
永泰县	169. 34	22. 02	108. 4	144. 34	27. 92	116. 39
平潭县	481. 79	131. 41	237. 13	525. 63	100. 44	421. 19
厦门市	**11095. 94**	**4464. 13**	**3062. 21**	**11041. 56**	**3429. 52**	**6905. 55**
厦门市辖区	11095. 94	4464. 13	3062. 21	11041. 56	3429. 52	6905. 55
思明区						
海沧区						
湖里区						
集美区						
同安区						
翔安区						
莆田市	**2020. 95**	**298. 34**	**1380. 05**	**1969. 50**	**570. 87**	**1386. 68**
莆田市辖区	1613. 88	270. 85	1054. 54	1695. 72	476. 83	1207. 13
城厢区						
涵江区						
荔城区						
秀屿区						
仙游县	407. 08	27. 49	325. 51	273. 78	94. 04	179. 55
三明市	**1890. 59**	**375. 04**	**1066. 82**	**1523. 33**	**414. 16**	**1033. 10**
三明市辖区	600. 31	185. 72	233. 12	592. 78	146. 53	392. 93

续表

地　区	金融机构人民币各项存款余额	#非金融企业存款	住户存款	金融机构人民币各项贷款余额	#短期贷款	#中长期贷款
梅列区						
三元区						
永安市	223.14	38.19	146.7	205.37	67.72	135.29
明溪县	87.97	12.41	51.26	33.03	14.01	18.17
清流县	73.33	12.47	43.38	38.88	14.06	24.23
宁化县	161.95	22.07	96.06	87.54	17.80	67.09
大田县	126.68	15.09	86.52	95.92	30.61	63.47
尤溪县	161.50	13.55	126.4	124.78	39.23	79.02
沙县	197.61	51.58	124.73	182.27	42.32	135.09
将乐县	93.94	10.53	63.58	66.59	16.09	49.51
泰宁县	76.30	6.26	45.74	49.03	12.94	34.59
建宁县	87.86	7.17	49.31	47.14	12.85	33.71
泉州市	**7647.23**	**1983.08**	**4290.6**	**7110.15**	**2518.30**	**4159.21**
泉州市辖区	2409.65	740.55	1015.26	2704.28	801.35	1615.38
鲤城区						
丰泽区						
洛江区						
泉港区						
石狮市	722.86	126.28	491.11	701.57	280.08	401.12
晋江市	1793.11	543.93	1027.26	1503.15	647.88	813.59
南安市	1082.22	183.41	767.47	844.54	355.60	468.99
惠安县	683.95	227.47	367.42	504.51	152.40	297.94
安溪县	501.74	101.12	340.61	476.48	141.82	332.50
永春县	234.72	24.32	167.27	154.01	48.55	100.90
德化县	218.98	36	114.2	221.60	90.62	128.78
漳州市	**3147.40**	**783.56**	**1770.14**	**2917.67**	**857.51**	**1967.12**
漳州市辖区	1236.65	458.04	525.15	1261.01	392.56	786.97
芗城区						
龙文区						
龙海市	602.73	135.16	360.52	712.98	136.42	571.46
云霄县	159.52	22.87	112.31	118.21	36.60	81.11
漳浦县	357.13	78.93	217.91	296.59	74.76	220.95
诏安县	145.13	13.62	106.27	95.57	44.40	51.04
长泰县	153.28	24.85	96.38	104.17	40.17	63.23
东山县	106.39	12.99	77.99	117.92	32.79	85.05

续表

地　区	金融机构人民币各项存款余额	#非金融企业存款	住户存款	金融机构人民币各项贷款余额	#短期贷款	#中长期贷款
南靖县	141.30	13.58	97.12	83.00	39.39	41.86
平和县	181.20	16.34	130.67	95.37	42.00	52.18
华安县	64.06	7.18	45.82	32.86	18.43	13.26
南平市	**2022.73**	**398.83**	**1225.32**	**1533.00**	**440.32**	**1044.34**
南平市辖区	800.77	205.22	410.04	753.40	182.58	538.52
延平区						
建阳区	253.82	73.26	140.23	236.46	42.44	193.49
邵武市	210.17	41.02	132.65	152.65	45.35	105.84
武夷山市	187.14	30.29	120.92	150.54	37.59	110.88
建瓯市	251.78	38.36	178.18	155.53	44.51	110.17
顺昌县	116.65	15.02	82.88	76.34	23.51	45.76
浦城县	187.87	22.56	133.94	84.45	31.11	50.73
光泽县	91.58	22.06	52.8	70.56	34.92	35.63
松溪县	74.92	10.59	52.04	42.21	18.42	21.82
政和县	101.85	13.7	61.87	47.33	22.33	24.99
龙岩市	**2095.92**	**569.23**	**1085.82**	**2123.29**	**629.45**	**1443.52**
龙岩市辖区	1211.20	382.01	564.77	1415.66	352.45	1027.63
新罗区						
永定区	173.02	26.88	113.08	122.96	41.07	81.87
漳平市	138.43	18.9	90.79	109.71	40.24	69.27
长汀县	207.18	29.24	127.45	156.49	61.27	93.30
上杭县	296.16	101.01	146.57	225.01	89.63	122.79
武平县	135.91	23.05	86.64	121.74	44.40	77.33
连城县	107.04	15.02	69.59	94.68	41.46	53.21
宁德市	**2035.26**	**592.21**	**1015.6**	**2000.95**	**453.18**	**1432.95**
宁德市辖区	837.81	414.16	224.2	725.02	142.66	507.89
蕉城区						
福安市	282.08	56.46	179.92	257.14	48.16	179.33
福鼎市	282.43	48.95	197.66	463.42	76.12	386.09
霞浦县	163.68	19.62	103.28	183.56	53.90	129.46
古田县	187.79	19.82	131.51	154.95	47.78	102.25
屏南县	78.81	9.83	52.01	80.95	25.89	54.65
寿宁县	79.22	7.12	54.56	51.37	29.33	21.54
周宁县	71.19	8.47	44.32	46.67	13.64	29.86
柘荣县	52.24	7.77	28.14	37.89	15.70	21.89

主要农产品产量（2019 年）

单位：吨

地　区	粮　食	油　料	蔬　菜	食用菌	茶　叶	园林水果	肉　类	水产品
全　省	**4938996**	**220345**	**14373288**	**1333623**	**439931**	**6816149**	**2551507**	**8145762**
福州市	**468813**	**52167**	**4106955**	**239383**	**42399**	**837424**	**167695**	**2715228**
福州市辖区	72268	1917	838258	8218	2298	56697	26287	314902
鼓楼区								95620
台江区								
仓山区			39789			1364		4512
马尾区	1642	49	40900			10671	2522	26644
晋安区	2835		142885	590	2157	6016	3866	906
长乐区	67791	1868	614684	7628	141	38646	19899	187220
福清市	103317	30828	762695	2961	452	123855	40616	542849
闽侯县	56621	2292	1130219	22099	1686	158217	43127	21236
连江县	40925	766	122152	4737	12498	28423	11687	1169106
罗源县	32581	289	130978	148006	7753	57845	10207	207855
闽清县	52194	2780	481277	30076	3284	170683	13835	7109
永泰县	93697	6477	580214	23286	14428	238668	12216	10920
平潭县	17210	6818	61162			3036	9720	441251
厦门市	**24332**	**4122**	**557477**	**28982**	**1577**	**66579**	**31757**	**74662**
厦门市辖区	24332	4122	557477	28982	1577	66579	31757	74662
思明区								49332
海沧区	347	48	35991			3308	874	1457
湖里区								
集美区	1218	182	44852	14	4	29021	1474	7146
同安区	12574	1409	250537	2480	1560	25871	12276	3643
翔安区	10193	2483	226097	26488	13	8379	17133	13084
莆田市	**182997**	**39099**	**624999**	**37646**	**3721**	**190041**	**94612**	**979833**
莆田市辖区	100073	31098	510185	11416	793	79670	70530	964546
城厢区	11894	2225	17912	1	41	22126	32419	57024
涵江区	22552	2336	92600	11415	733	36675	10990	57500
荔城区	25753	3627	331863		19	19823	9543	87975
秀屿区	39874	22910	67810				17578	762047
仙游县	82924	8001	114814	26230	2928	110371	24082	15287
三明市	**930924**	**13064**	**1877128**	**139789**	**46104**	**842368**	**186435**	**111786**
三明市辖区	19070	365	171205	1971	540	138104	21633	2560
梅列区	3812	173	46198	568	20	41651	4934	1330
三元区	15258	192	125007	1403	520	96453	16699	1230

续表

地　区	粮　食	油　料	蔬　菜	食用菌	茶　叶	园林水果	肉　类	水产品
永安市	63369	1172	298426	6639	2176	99172	22499	13170
明溪县	79114	1663	94209	8019	3335	58547	7594	7680
清流县	78676	1989	100361	3087	2288	73525	11937	26249
宁化县	174780	2920	168578	8128	5340	17921	19869	10300
大田县	86155	1034	480207	20230	12831	97518	22000	8120
尤溪县	133800	824	220496	45306	12453	99526	26751	10100
沙县	74073	1227	167733	8251	3908	97813	27592	8360
将乐县	76112	877	69763	17141	721	29267	10934	4855
泰宁县	57033	704	25362	13613	852	1326	7795	13250
建宁县	88742	289	80788	7404	1660	129649	7831	7142
泉州市	**489759**	**45586**	**971183**	**93661**	**87134**	**139475**	**178289**	**1069982**
泉州市辖区	22490	5510	72883	147	515	7483	19056	103701
鲤城区	238	27	9813	57		355	173	85
丰泽区	210	71	5456	46	3	446	66	13887
洛江区	10887	2355	29133		90	3657	9857	1598
泉港区	11155	3057	28481	44	422	3025	8960	88131
石狮市	4836	625	27142	88		2433	25	408340
晋江市	23252	6909	192388	9460		4413	5505	245483
南安市	150738	8175	116416	17232	1166	23518	68849	57460
惠安县	54456	20029	71646	1265	39	2453	27714	251069
安溪县	87367	3213	246892	1056	73428	11179	24376	1587
永春县	88322	574	132330	62673	10446	63941	16354	875
德化县	58298	551	111486	1740	1540	24055	16410	1467
漳州市	**408181**	**32230**	**2326746**	**402909**	**55932**	**3457727**	**343960**	**2029642**
漳州市辖区	3383	642	82256	39967	425	57738	19207	19802
芗城区	2932	550	42047	39067	158	56064	14838	11706
龙文区	451	92	40209	900	267	1674	4369	8096
龙海市	49824	1800	258776	166455	145	179091	43655	421188
云霄县	49291	2697	175744	17629	1474	275326	15158	260376
漳浦县	110514	13397	691659	39788	310	204194	50692	399871
诏安县	70285	5393	278761	7383	13055	241860	25731	435740
长泰县	37974	2894	140521	4656	2776	115099	16863	24305
东山县	8863	2319	71250			8457	4418	440617
南靖县	36227	1642	329807	86839	7344	302747	126836	17587
平和县	24268	361	192255	8020	11683	1911061	21411	6625
华安县	17552	1085	105717	32172	18720	162154	19988	3531

续表

地　区	粮　食	油　料	蔬　菜	食用菌	茶　叶	园林水果	肉　类	水产品
南平市	**1157794**	**11022**	**1435382**	**144264**	**75537**	**366601**	**851355**	**87232**
南平市辖区	264516	1650	389846	33553	6096	53210	77239	18307
延平区	57477	742	183671	14537	172	11628	61500	9164
建阳区	207039	908	206175	19016	5924	41582	15739	9143
邵武市	176425	4128	103565	12301	9257	10691	22271	16729
武夷山市	98140	1649	147405	10780	20782	18762	12920	6598
建瓯市	208393	1153	301929	9509	16348	199546	25938	12991
顺昌县	45169	309	47662	61428	244	70928	12957	4579
浦城县	205842	1428	90997	3594	1886	1719	220199	10329
光泽县	60706	383	79067	4710	1321	1524	408562	11000
松溪县	49815	170	110364	7451	7310	4416	6190	4927
政和县	48788	152	164547	938	12293	5805	65077	1772
龙岩市	**806745**	**16724**	**1489440**	**48991**	**23234**	**407078**	**621099**	**60285**
龙岩市辖区	147626	3370	259672	3607	2691	170846	244359	10368
新罗区	49520	2063	124875	1396	1065	15915	162731	6070
永定区	98106	1307	134797	2211	1626	154931	81628	4298
漳平市	59833	992	242806	24755	12450	52935	29840	6106
长汀县	167671	4470	246591	5391	1835	17562	76012	11787
上杭县	154410	2897	348586	4657	1721	95787	142337	8040
武平县	152803	1135	165372	7577	3153	52132	78193	12521
连城县	124402	3860	226413	3004	1384	17816	50358	11463
宁德市	**469451**	**6331**	**983978**	**197998**	**104293**	**508856**	**76306**	**1017112**
宁德市辖区	30828	1458	106186	431	10306	38714	11796	211147
蕉城区	30828	1458	106186	431	10306	38714	11796	211147
福安市	75126	1876	282043	6911	25117	212794	9751	101200
福鼎市	60887	292	174460	16995	29172	40195	5454	221618
霞浦县	41663	1656	113883	6260	7035	65939	8972	456282
古田县	114061	432	76548	125294	935	97508	13836	18402
屏南县	45799		66526	22131	584	11730	12030	2955
寿宁县	52038	113	97615	11876	19074	28980	5306	2239
周宁县	26104	328	42418	2332	6819	9812	5538	2041
柘荣县	22945	176	24299	5768	5251	3184	3624	1228

农作物播种面积（2019 年）

单位：千公顷

项　目	农作物播种面积	粮食作物	稻　谷	薯　类	豆　类	非粮作物
全　省	**1648.03**	**822.43**	**599.23**	**148.50**	**39.93**	**825.60**
福州市	**255.87**	**84.30**	**38.99**	**37.14**	**6.23**	**171.58**
福州市辖区	42.79	12.16	5.58	6.51	0.06	30.63
鼓楼区						
台江区						
仓山区	1.92					1.92
马尾区	2.29	0.27	0.14	0.12	…	2.02
晋安区	6.34	0.43	0.08	0.34	0.01	5.91
长乐区	32.24	11.46	5.36	6.05	0.04	20.78
福清市	55.55	18.50	6.70	9.97	1.69	37.05
闽侯县	49.93	10.78	4.99	4.17	1.14	39.15
连江县	13.46	7.05	4.23	2.17	0.58	6.41
罗源县	13.96	6.05	3.08	2.35	0.59	7.91
闽清县	28.34	9.35	6.33	2.01	0.93	18.98
永泰县	42.33	16.81	8.06	6.54	1.09	25.52
平潭县	9.52	3.60	0.01	3.43	0.16	5.92
厦门市	**22.10**	**4.01**	**1.88**	**1.75**	**0.12**	**18.09**
厦门市辖区	22.10	4.01	1.88	1.75	0.12	18.09
思明区						
海沧区	1.26	0.06	0.05	0.01	0.01	1.19
湖里区						
集美区	2.64	0.20	0.14	0.06	0.01	2.44
同安区	9.40	2.15	1.30	0.53	0.07	7.24
翔安区	8.81	1.59	0.40	1.15	0.03	7.22
莆田市	**65.84**	**30.11**	**18.03**	**8.11**	**2.78**	**35.73**
莆田市辖区	44.78	16.77	7.62	6.74	1.77	28.01
城厢区	3.28	1.89	1.01	0.46	0.21	1.39
涵江区	8.68	3.68	2.78	0.62	0.24	5.00
荔城区	15.83	4.35	2.88	1.00	0.45	11.48
秀屿区	16.98	6.84	0.96	4.66	0.87	10.14
仙游县	21.06	13.34	10.41	1.37	1.00	7.72
三明市	**299.47**	**158.90**	**119.09**	**18.50**	**10.60**	**140.56**
三明市辖区	9.55	3.03	2.18	0.39	0.26	6.52
梅列区	3.39	0.69	0.38	0.14	0.08	2.71

续表

项　　目	农作物播种面积	粮食作物	稻　谷	薯　类	豆　类	非粮作物
三元区	6.15	2.34	1.80	0.25	0.18	3.81
永安市	22.76	10.46	8.27	0.80	0.65	12.30
明溪县	24.88	14.10	9.06	1.58	2.46	10.78
清流县	39.36	14.60	9.33	2.24	1.50	24.77
宁化县	53.26	31.23	21.09	3.03	3.62	22.03
大田县	38.23	16.04	9.83	4.30	1.00	22.19
尤溪县	34.35	22.27	17.45	3.72	0.44	12.09
沙县	21.30	11.67	9.84	1.01	0.19	9.62
将乐县	18.94	12.09	10.68	0.67	0.21	6.85
泰宁县	14.20	9.51	8.15	0.52	0.07	4.70
建宁县	22.64	13.91	13.20	0.24	0.22	8.73
泉州市	**159.68**	**85.87**	**55.34**	**27.75**	**1.28**	**73.81**
泉州市辖区	8.97	3.86	1.66	1.77	0.10	5.10
鲤城区	0.42	0.05	0.01	0.03	0.01	0.37
丰泽区	0.47	0.05	0.01	0.04		0.43
洛江区	3.84	1.79	0.93	0.60	0.04	2.05
泉港区	4.24	1.98	0.71	1.11	0.06	2.26
石狮市	3.02	1.07	0.10	0.90	0.05	1.95
晋江市	15.76	3.59	0.48	2.67	0.15	12.16
南安市	36.32	25.32	22.04	3.06	0.13	11.00
惠安县	20.71	10.65	3.18	6.57	0.49	10.07
安溪县	34.17	18.10	9.69	7.92	0.25	16.08
永春县	24.71	14.34	11.70	2.58	0.06	10.37
德化县	16.02	8.94	6.49	2.27	0.04	7.08
漳州市	**172.36**	**60.62**	**46.98**	**8.24**	**2.79**	**111.74**
漳州市辖区	4.82	0.63	0.27	0.15	0.21	4.19
芗城区	2.87	0.56	0.27	0,09	0.21	2.30
龙文区	1.95	0.07		0.06	0.01	1.88
龙海市	21.51	7.20	5.88	1.13	0.02	14.31
云霄县	17.14	7.07	6.20	0.65	0.19	10.07
漳浦县	49.46	15.84	11.69	2.91	0.88	33.62
诏安县	22.31	10.26	8.82	1.01	0.38	12.05
长泰县	12.46	5.88	3.05	0.35	0.67	6.58
东山县	4.96	1.36	0.05	1.26	0.05	3.60
南靖县	20.72	5.79	5.35	0.18	0.22	14.93

续表

项　　目	农作物播种面积	粮食作物				非粮作物
			稻　谷	薯　类	豆　类	
平和县	10.20	4.04	3.61	0.23	0.10	6.16
华安县	8.78	2.55	2.06	0.37	0.06	6.23
南平市	**293.78**	**184.16**	**148.94**	**12.80**	**8.88**	**109.62**
南平市辖区	66.71	41.31	35.95	2.26	0.98	25.40
延平区	20.43	9.88	8.08	0.68	0.55	10.55
建阳区	46.28	31.43	27.87	1.58	0.43	14.85
邵武市	45.04	30.90	22.07	3.51	2.06	14.14
武夷山市	26.04	14.76	12.49	0.80	0.69	11.28
建瓯市	49.50	33.05	22.15	3.42	3.87	16.45
顺昌县	12.53	7.81	6.72	0.28	0.39	4.71
浦城县	42.22	31.21	27.90	0.93	0.55	11.01
光泽县	19.19	9.71	9.16	0.16	0.24	9.48
松溪县	14.18	7.62	6.60	0.24	0.02	6.56
政和县	18.37	7.78	5.91	1.21	0.08	10.58
龙岩市	**210.63**	**125.13**	**111.27**	**9.88**	**2.26**	**85.49**
龙岩市辖区	39.06	23.57	21.69	0.84	0.11	15.49
新罗区	14.05	7.74	6.55	0.31	0.05	6.31
永定区	25.01	15.83	15.14	0.53	0.06	9.18
漳平市	21.11	9.21	8.35	0.70	0.08	11.90
长汀县	40.11	24.89	21.37	2.47	0.70	15.22
上杭县	44.03	23.80	21.38	1.47	0.67	20.24
武平县	34.05	23.82	23.14	0.38	0.25	10.23
连城县	32.26	19.84	15.33	4.02	0.45	12.41
宁德市	**168.30**	**89.33**	**58.72**	**24.32**	**4.99**	**78.97**
宁德市辖区	12.56	6.22	3.81	1.98	0.29	6.35
蕉城区	12.56	6.22	3.81	1.98	0.29	6.35
福安市	35.70	15.93	7.75	6.59	1.53	19.76
福鼎市	30.23	12.66	5.57	5.28	1.58	17.57
霞浦县	17.53	8.24	4.13	3.53	0.48	9.29
古田县	25.51	19.71	17.72	1.74	0.16	5.80
屏南县	12.39	7.75	6.82	0.66	0.10	4.65
寿宁县	16.97	10.14	5.94	3.22	0.63	6.83
周宁县	8.16	4.57	3.46	0.83	0.17	3.60
柘荣县	9.25	4.12	3.52	0.49	0.06	5.13

规模以上工业增加值增速（2019 年）

单位:%

地　区	工业增加值比上年增长	轻工业	重工业
全　省	**8.8**	**7.6**	**10.2**
福州市	**8.7**	**9.0**	**8.5**
福州市辖区	8.1	7.4	11.3
鼓楼区	8.8	5.6	9.4
台江区	5.0	2.2	8.2
仓山区	8.7	10.6	6.2
马尾区	5.2	4.1	13.0
晋安区	8.7	8.3	9.4
长乐区	8.9	7.2	16.6
福清市	8.7	12.6	6.4
闽侯县	8.7	16.2	3.8
连江县	8.3	4.5	16.8
罗源县	8.8	-2.5	10.1
闽清县	8.8	15.3	7.9
永泰县	8.0	10.2	4.8
平潭县	3.1	-51.2	16.8
厦门市	**8.6**	**6.1**	**9.8**
厦门市辖区	8.6	6.1	9.8
思明区	5.1	-0.4	6.2
海沧区	8.5	8.5	8.5
湖里区	10.5	3.6	11.4
集美区	6.8	0.3	10.9
同安区	6.0	10.0	
翔安区	10.4	11.5	10.2
莆田市	**8.6**	**6.7**	**13.1**
莆田市辖区	8.7	7.3	11.9
城厢区	9.9	9.2	12.1
涵江区	6.9	5.0	11.2
荔城区	9.8	8.7	17.5
秀屿区	10.9	9.4	12.1
仙游县	8.2	4.4	19.5
三明市	**8.8**	**9.9**	**6.9**
三明市辖区	8.4	10.9	4.9
梅列区	8.2	12.3	4.7

续表

地　区	工业增加值比上年增长	轻工业	重工业
三元区	8.7	10.4	5.1
永安市	9.1	11.1	4.3
明溪县	8.9	9.1	8.4
清流县	9.3	10.3	7.1
宁化县	9.5	10.3	8.9
大田县	8.3	9.2	4.8
尤溪县	8.5	15.5	6.1
沙县	8.8	9.0	8.5
将乐县	9.7	10.2	9.0
泰宁县	8.5	9.2	7.9
建宁县	8.6	8.2	9.0
泉州市	**8.6**	**7.7**	**10.2**
泉州市辖区	7.9	6.0	9.9
鲤城区	8.1	7.3	11.9
丰泽区	-2.3	-4.2	0.9
洛江区	12.9	13.3	11.6
泉港区	7.8	-1.4	10.3
石狮市	4.7	-0.6	20.1
晋江市	8.6	8.0	11.0
南安市	6.3	4.9	7.2
惠安县	11.4	14.6	7.5
安溪县	9.0	7.6	11.5
永春县	11.0	10.9	11.2
德化县	9.1	7.3	17.9
漳州市	**9.1**	**5.4**	**13.2**
漳州市辖区	9.3	1.1	14.1
芗城区	9.1	-7.8	15.5
龙文区	9.7	7.4	13.9
龙海市	9.3	7.2	12.6
云霄县	5.2	1.0	10.3
漳浦县	10.6	2.0	19.5
诏安县	9.4	9.5	9.0
长泰县	8.4	11.0	6.2
东山县	9.5	10.6	4.1
南靖县	9.6	7.4	11.4

续表

地　区	工业增加值比上年增长	轻工业	重工业
平和县	9.4	4.1	15.1
华安县	9.2	12.5	6.6
南平市	**7.1**	**11.7**	**0.4**
南平市辖区	4.5	10.4	-2.5
延平区	6.7	14.9	2.1
建阳区	2.1	7.1	-3.5
邵武市	0.8	8.7	-9.1
武夷山市	7.6	8.2	0.1
建瓯市	8.0	8.9	6.6
顺昌县	8.1	13.2	5.7
浦城县	8.5	7.3	15.3
光泽县	7.0	7.1	5.6
松溪县	7.8	7.3	9.0
政和县	8.2	6.0	13.2
龙岩市	**8.2**	**5.6**	**9.8**
龙岩市辖区	7.1	4.9	8.0
新罗区	7.6	7.2	7.9
永定区	3.5	-12.7	8.4
漳平市	7.7	5.7	9.0
长汀县	9.2	5.0	12.5
上杭县	10.9	-11.6	11.6
武平县	9.3	6.8	10.5
连城县	11.2	9.4	13.2
宁德市	**14.6**	**19.5**	**12.7**
宁德市辖区	46.8	41.7	123.9
蕉城区	53.8	37.6	147.5
福安市	12.3	-28.7	14.4
福鼎市	-19.0	-23.3	-18.3
霞浦县	-13.0	-16.4	-3.0
古田县	14.0	17.4	10.5
屏南县	21.3	27.1	19.4
寿宁县	12.3	-4.0	25.0
周宁县	16.4	-10.8	42.0
柘荣县	10.0	8.9	11.7

规模以上工业企业主要财务指标（2019 年）

单位：亿元

地　区	固定资产净值	流动资产合计	营业收入	利润总额	利税总额
全　省	**11515.84**	**20046.89**	**57552.52**	**4326.54**	**5830.19**
福州市	**2597.84**	**3682.95**	**9996.41**	**595.12**	**770.07**
福州市辖区	1021.90	1772.94	5481.27	266.85	349.60
鼓楼区	306.20	133.24	452.30	6.68	21.08
台江区	1.63	15.88	9.17	0.82	1.03
仓山区	69.87	309.99	952.18	40.78	66.41
马尾区	93.28	387.62	761.16	26.21	35.31
晋安区	44.35	123.38	578.07	18.64	28.98
长乐区	506.58	802.84	2728.38	173.74	196.80
福清市	942.51	1060.60	1851.13	114.84	147.59
闽侯县	153.27	374.99	1114.08	59.50	93.94
连江县	208.34	219.28	726.27	112.41	120.06
罗源县	155.99	150.47	508.07	13.43	19.28
闽清县	61.06	67.15	221.50	26.22	35.36
永泰县	23.10	21.06	67.78	2.54	4.31
平潭县	31.67	16.46	26.31	-0.67	-0.06
厦门市	**1501.52**	**3948.59**	**6678.77**	**357.80**	**552.90**
厦门市辖区	1501.52	3948.59	6678.77	357.80	552.90
思明区	194.87	244.22	400.73	26.28	37.79
海沧区	308.01	910.14	1306.59	105.82	210.78
湖里区	143.83	805.53	1836.62	92.64	109.67
集美区	178.22	699.71	914.20	60.15	82.39
同安区	198.89	592.33	922.24	48.71	68.08
翔安区	477.70	696.67	1298.39	24.20	44.18
莆田市	**745.22**	**979.52**	**3645.82**	**306.23**	**382.51**
莆田市辖区	651.00	791.36	2961.25	255.53	321.77
城厢区	78.93	89.41	429.18	31.66	39.26
涵江区	181.98	202.76	1041.45	92.60	126.37
荔城区	42.23	219.04	724.37	43.67	55.10
秀屿区	347.85	280.15	766.24	87.60	101.03
仙游县	94.22	188.16	684.57	50.70	60.74
三明市	**658.18**	**783.20**	**5011.70**	**197.65**	**269.98**
三明市辖区	267.09	218.15	1209.00	84.78	115.03
梅列区	157.96	153.49	723.88	50.53	66.23
三元区	109.13	64.66	485.12	34.25	48.80

续表

地　区	固定资产净值	流动资产合计	营业收入	利润总额	利税总额
永安市	119.38	166.36	1090.77	20.20	30.68
明溪县	17.38	17.80	140.30	6.56	8.63
清流县	21.30	20.80	153.55	18.21	21.93
宁化县	27.85	17.50	167.50	6.06	8.50
大田县	56.39	58.04	503.92	6.29	13.50
尤溪县	33.28	59.13	345.02	6.66	10.62
沙县	52.93	152.85	863.35	32.38	38.58
将乐县	25.99	37.62	222.42	5.89	8.79
泰宁县	19.10	16.71	122.00	3.56	4.72
建宁县	17.49	18.23	193.86	7.07	8.99
泉州市	**2706.08**	**5144.84**	**17332.59**	**1470.80**	**2029.04**
泉州市辖区	820.77	1032.09	3892.40	312.40	463.34
鲤城区	297.01	447.20	1175.90	63.11	91.22
丰泽区	19.88	86.30	196.48	24.38	28.40
洛江区	98.09	121.51	604.07	71.32	78.68
泉港区	405.78	377.08	1915.96	153.59	265.04
石狮市	256.77	423.64	1251.91	81.76	101.88
晋江市	437.31	1978.52	5125.76	321.95	450.19
南安市	231.80	811.01	2580.09	243.90	288.73
惠安县	657.74	559.81	2483.02	282.75	453.27
安溪县	227.35	185.78	890.24	119.78	138.19
永春县	37.88	102.50	790.20	94.60	109.84
德化县	36.48	51.49	318.97	13.66	23.60
漳州市	**1228.61**	**2106.94**	**6275.27**	**658.49**	**785.75**
漳州市辖区	233.97	358.40	1329.26	133.63	165.46
芗城区	187.73	247.43	985.42	102.13	126.60
龙文区	46.24	110.97	343.84	31.50	38.86
龙海市	344.42	623.06	1633.32	163.55	201.35
云霄县	32.04	78.84	323.41	30.29	34.25
漳浦县	300.34	356.14	592.30	67.63	77.26
诏安县	54.30	90.20	375.55	46.39	52.14
长泰县	91.47	197.83	628.03	70.30	84.92
东山县	41.33	105.35	373.12	29.91	37.63
南靖县	61.11	169.47	539.05	68.25	75.02
平和县	23.22	44.05	226.97	20.16	25.02
华安县	46.40	83.60	254.27	28.36	32.71

续表

地　区	固定资产净值	流动资产合计	营业收入	利润总额	利税总额
南平市	**417.91**	**565.54**	**2153.82**	**174.45**	**217.50**
南平市辖区	150.81	208.51	616.39	37.14	51.84
延平区	117.50	119.11	340.75	18.53	27.00
建阳区	33.31	89.40	275.64	18.61	24.84
邵武市	48.29	87.30	382.77	33.50	45.23
武夷山市	16.27	24.28	150.51	5.57	6.87
建瓯市	25.19	60.42	304.01	14.45	20.30
顺昌县	24.86	31.43	176.51	9.70	11.54
浦城县	47.87	43.64	181.67	20.34	23.55
光泽县	58.05	63.23	149.69	37.08	37.80
松溪县	9.73	20.48	94.58	8.19	10.01
政和县	36.84	26.26	97.70	8.48	10.38
龙岩市	**517.44**	**1044.13**	**3025.57**	**179.91**	**362.34**
龙岩市辖区	283.26	563.34	1258.45	73.70	217.58
新罗区	217.68	501.30	1102.38	66.88	206.21
永定区	65.58	62.04	156.06	6.82	11.38
漳平市	61.70	78.73	224.79	18.19	24.81
长汀县	30.74	59.86	258.09	27.23	41.07
上杭县	88.57	252.84	848.53	24.79	33.33
武平县	30.14	50.72	192.35	18.85	24.53
连城县	23.02	38.64	243.36	17.15	21.01
宁德市	**1143.05**	**1791.18**	**3432.58**	**386.09**	**460.10**
宁德市辖区	402.74	973.81	1187.53	174.06	203.02
蕉城区	402.74	973.81	1187.53	174.06	203.02
福安市	181.41	498.72	1379.38	142.25	156.58
福鼎市	479.84	195.49	570.23	48.15	72.35
霞浦县	26.55	52.23	106.49	6.11	7.93
古田县	16.23	23.83	59.60	5.09	6.67
屏南县	12.94	13.00	13.12	1.15	1.89
寿宁县	11.98	14.46	45.12	3.40	4.23
周宁县	4.07	5.36	14.23	0.74	1.02
柘荣县	7.29	14.28	56.88	5.15	6.41

运输邮电基本情况（2019 年）

单位：公里

地　区	农村投递路线总长度	公路通车里程	地　区	农村投递路线总长度	公路通车里程
全　省	**116760**	**109785**	三元区		605
福州市	**15067**	**12300**	永安市	1447	1776
福州市辖区	3420	2011	明溪县	550	1155
鼓楼区			清流县	803	948
台江区			宁化县	989	1526
仓山区		114	大田县	1493	1806
马尾区		242	尤溪县	1446	2651
晋安区		506	沙县	1536	1261
长乐区	1704	1150	将乐县	802	1216
福清市	3327	2141	泰宁县	531	952
闽侯县	3044	1754	建宁县	835	1109
连江县	1147	1255	**泉州市**	**31049**	**17740**
罗源县	1180	994	泉州市辖区	4263	1505
闽清县	1024	1538	鲤城区		181
永泰县	1010	1966	丰泽区		316
平潭县	916	641	洛江区		512
厦门市	**12180**	**2182**	泉港区		496
厦门市辖区		2182	石狮市	1138	553
思明区		68	晋江市	9581	2022
海沧区		214	南安市	8278	3370
湖里区		66	惠安县	3047	1147
集美区		291	安溪县	1996	4127
同安区		1063	永春县	1623	2703
翔安区		481	德化县	1124	2314
莆田市	**4927**	**6554**	**漳州市**	**12650**	**12596**
莆田市辖区	3320	3842	漳州市辖区	2318	688
城厢区		706	芗城区		374
涵江区		1200	龙文区		314
荔城区		637	龙海市	2780	1553
秀屿区		1298	云霄县	563	811
仙游县	1607	2712	漳浦县	2274	1696
三明市	**11309**	**15393**	诏安县	984	1270
三明市辖区	878	992	长泰县	506	1079
梅列区		387	东山县	806	429

续表

地　区	农村投递路线总长度	公路通车里程
南靖县	1181	2041
平和县	765	1656
华安县	473	1373
南平市	**9911**	**16027**
南平市辖区	2575	3761
延平区		2251
建阳区	1324	1509
邵武市	827	1721
武夷山市	843	1358
建瓯市	1204	2616
顺昌县	869	1268
浦城县	1221	1977
光泽县	614	1095
松溪县	436	820
政和县	1291	1412
龙岩市	**8668**	**14752**
龙岩市辖区	2341	4126
新罗区		2263
永定区	982	1864
漳平市	1376	2131
长汀县	1285	2559
上杭县	1185	2134
武平县	1465	1748
连城县	1017	2054
宁德市	**10999**	**12240**
宁德市辖区	997	1258
蕉城区		1258
福安市	2715	2164
福鼎市	1191	1688
霞浦县	2037	1480
古田县	1154	1650
屏南县	758	938
寿宁县	924	1415
周宁县	625	948
柘荣县	598	697

第九篇
涉企政策

福建省人民政府关于印发推进国有资本投资、运营公司改革试点实施方案的通知

闽政〔2019〕9号

各设区市人民政府、平潭综合实验区管委会，省人民政府各部门、各直属机构：

现将《关于推进国有资本投资、运营公司改革试点实施方案》印发给你们，请认真组织实施。

福建省人民政府

2019年6月22日

（此件主动公开）

关于推进国有资本投资、运营公司改革试点实施方案

推进国有资本投资、运营公司改革试点，是以管资本为主改革国有资本授权经营体制的重要举措。根据《国务院关于推进国有资本投资、运营公司改革试点的实施意见》（国发〔2018〕23号，以下简称《实施意见》）等文件要求，按照省委和省政府工作部署，制定本实施方案。

一、总体要求

（一）指导思想

全面贯彻习近平新时代中国特色社会主义思想和党的十九大精神，坚持社会主义市场经济改革方向，坚定不移加强党对国有企业的领导，着力创新体制机制，完善国有资产管理体制，深化国有企业改革，促进国有资产保值增值，推动国有资本做强做优做大，切实发挥国有企业在深化供给侧结构性改革和推动全省经济高质量发展中的带动作用。

（二）目标任务

构建国有资本投资、运营主体，改革国有资本授权经营体制，完善国有资产管理体制。发挥国有资本投资、运营公司平台作用，促进国有资本合理流动，优化国有资本投向，将国有资本集中到我省三大主导产业、战略性新兴产业、现代服务业和基础设施产业。实行国有资本市场化运作，提高国有资本配置和运营效率，更好服务我省坚持高质量发展落实赶超战略需要。试点先行，大胆探索，尽快形成可复制、可推广的经验和模式。

二、试点内容

（一）功能定位

国有资本投资公司主要以服务国家和全省战

略、提升产业竞争力为目标，主要投资和发展优势产业和战略性新兴产业。通过开展投资融资、产业培育和资本运作等，发挥投资引导和结构调整作用，推动产业集聚和资源整合，化解过剩产能和转型升级，优化国有资本布局结构，培育核心竞争力和创新能力，着力提升国有资本控制力、影响力。国有资本投资公司建立以战略和财务为主的管控模式，保持对国有资本的战略控制和财务约束。

国有资本运营公司主要以提升国有资本运营效率、提高国有资本回报为目标，以财务性持股为主，主要持有和运营竞争领域的国有股权，通过股权运作、基金投资、培育孵化、价值管理、有序进退等方式，盘活国有资产存量，推进持股企业改革改制，发展混合所有制经济，建立市场化的资本投资、分红、流转机制，增强国有资本的流动效率和增值能力，引导带动社会资本共同发展，实现我省国有资本合理流动和保值增值。国有资本运营公司建立财务管控模式，注重国有资本流动和财务收益。

（二）组建方式

按照《实施意见》要求，结合我省实际，国有资本投资、运营公司可采取改组和新设两种方式设立，并通过无偿划转或市场化方式重组整合相关国有资产和股权，增加资产规模，提升运营能力。

（三）组建程序

省国有资产监管机构指导国有资本投资、运营公司结合实际制定切实可行的试点方案，试点方案报省国有资产监管机构审核通过后，由省国有资产监管机构按程序报省政府审批，经省政府批复同意后，开展试点工作。

（四）授权机制

1. 省国有资产监管机构授权模式。省政府授权省国有资产监管机构依法对国有资本投资、运营公司履行出资人职责。按照“一企一策”原则，厘清省国有资产监管机构与国有资本投资、运营公司的权责边界，研究制定监管清单和责任清单，有序推进向国有资本投资、运营公司的授权，相关管理要求和运行规则通过国有资本投资、运营公司组建方案及公司章程予以明确。省国有资产监管机构负责对国有资本投资、运营公司进行考核和评价，并定期向省政府报告。

2. 省政府直接授权模式。省政府直接授权国有资本投资、运营公司对授权范围内的国有资本履行出资人职责。国有资本投资、运营公司定期向省政府报告年度工作情况，重大事项及时报告。省政府直接对国有资本投资、运营公司进行考核和评价等。

省政府或省国有资产监管机构主要从战略规划、业务管理、工资总额、选人用人、股权激励、产权管理、重大财务事项等方面，整体或部分授予国有资本投资、运营公司董事会更多自主决策权，并根据国有资本投资、运营公司的试点实施情况，对授权内容进行动态调整。国有资本投资、运营公司可选取法人治理结构健全的权属企业开展授权经营试点，依据产权关系整体或逐步授予试点权属企业资产受益、重大决策、选择管理者等权利，增大权属企业的自主权，激发企业内部活力。

（五）治理结构

国有资本投资、运营公司不设股东会，设立党组织、董事会、经理层，规范公司治理结构，建立健全权责对等、运转协调、有效制衡的决策执行监督机制，充分发挥党组织的领导作用、董事会的决策作用、经理层的经营管理作用。

1. 党组织。组建国有资本投资、运营公司时同步设立党组织，根据实际需要设立专门的党务工作机构，按照我省相关规定配备党务工作人员。坚持党对国有资本投资、运营公司的领导，把党组织的职责权限、机构设置、运行机制、基础保障等党建工作要求写入公司章程。把加强党的领导和完善公司治理统一起来，充分发挥党组织把方向、管大局、保落实的作用。坚持党管干部原则与董事会依法产生、董事会依法选择经营管理者、经营管理者依法行使用人权相结合。党组织书记、董事长一般由同一人担任。对于重大经营管理事项，党组织研究讨论是董事会、经理层决策的前置程序。省管的国有资本投资、运营公司一般应按照我省相关规定设立专职抓党建工作的党组织副书记。纪检监察机关向国有资本投资、运营公司派驻纪检监察机构。

2. 董事会。国有资本投资、运营公司设立董事会，每届任期三年，根据授权，负责公司发展战略和对外投资，经理层选聘、业绩考核、薪酬管理，向所持股企业派出董事等事项。董事会成员一般为9—13人，由执行董事、外部董事、职工董事组成。外部董事应在董事会中占多数，职工董事由职工代表大会选举产生。董事会设董事长1名，可设副董事长。董事会应设立专门委员会，一般可设立战略投资委员会、提名委员会、薪酬与考核委员会、审计与风险控制委员会，对董事会负责，为董事会决策提供意见、建议，其中薪酬与考核委员会、审计与风险控制委员会应由外部董事组成。省国有资产监管机构授权的国有资本投资、运营公司的执行董事、外部董事由省国有资产监管机构按法定程序委派。省政府直接授权的国有资本投资、运营公司执行董事、外部董事（股权董事）由省政府委派，董事长、副董事长由省政府按法定程序从董事会成员中指定。

3. 经理层。国有资本投资、运营公司的经理层根据董事会授权负责国有资本日常投资运营。董事长与总经理原则上不得由同一人担任。

国有资本投资、运营公司党组织、领导班子及其成员的管理，以改组的企业集团为基础，根据具体情况区别对待。其中，由省管企业改组组建的国有资本投资、运营公司，其领导班子及其成员由省委管理；由非省管的国有企业改组组建的国有资本投资、运营公司，其领导班子及其成员按照干部管理权限确定。

（六）运行模式

1. 组织架构。国有资本投资、运营公司按照市场化、规范化、专业化的要求，建立职责清晰、精简高效、运行专业、与自身功能定位相适应的管控模式，具体负责战略规划、制度建设、资源配置、资本运营、财务监管、风险管控和绩效评价等事项。

2. 履职行权。国有资本投资、运营公司应积极推动所持股企业建立规范、完善的法人治理结构，并通过股东大会表决、委派董事、监事等方式行使股东权利。

3. 选人用人机制。国有资本投资、运营公司要建立派出董事、监事候选人员库，由董事会下设的提名委员会根据拟任职公司情况提出差额适任人选，报董事会审议、任命。

4. 财务监管。国有资本投资、运营公司应当严格按照国家有关财务制度规定，加强公司财务管理，防范财务风险。督促所持股企业加强财务管理，落实风险管控责任，提高运营效率。

5. 收益管理。国有资本投资、运营公司按照有关法律法规和公司章程，对所持股企业的利润分配进行审议表决，及时收取分红，并依规上交国有资本收益和使用管理留存收益。

6. 考核机制。国有资本投资公司对所持股企业考核侧重于执行公司战略和资本回报状况。国有资本运营公司对所持股企业考核侧重于国有资本流动和保值增值状况。

（七）监督与约束机制

整合出资人监管与审计、纪检监察、巡视等监督力量，建立监督工作会商机制，按照事前规范制度、事中加强监控、事后强化问责的原则，加强对国有资本投资、运营公司的统筹监督，提高监督效能。纪检监察机构加强对国有资本投资、运营公司党组织、董事会、经理层的监督，强化对国有资本投资、运营公司领导人员廉洁从业、行使权力等的监督。国有资本投资、运营公司要建立内部常态化监督审计机制和信息公开制度，加强对权力集中、资金密集、资源富集、资产聚集等重点部门和岗位的监管，依法依规、及时准确地披露公司信息，建设阳光国企，主动接受社会监督。

三、实施步骤

国有资本投资、运营公司试点工作应分级组织、分类推进、稳妥开展。

（一）试点先行

2019年，省国资委选择2家所出资企业改组为国有资本投资公司和国有资本运营公司，省财政厅等部门可根据实际情况新设或由所出资企业改组方式设立国有资本投资、运营公司，根据本实施方案要求开展首批试点工作。

（二）逐步推广

首批试点取得一定成效和经验后，进一步扩大试点范围，并根据试点企业实施情况进行动态调整。

（三）完善提升

试点工作达到一定程度后，根据实际情况，对试点范围、试点方式等内容进行完善和提升，使国有资本投资、运营公司成为一种成熟高效的国有企业运行方式。

四、组织实施

（一）强化组织领导

在省国企改革领导小组的统一领导下，由省国有资产监管机构牵头负责，各成员单位加强沟通配合，积极稳妥加快推进我省国有资本投资、运营公司试点工作。各有关部门要统一思想，齐抓共管，及时研究解决改革中的重点难点问题，积极为国有企业改革创造良好的环境条件，促进国有企业做强做优做大。

（二）完善支持政策

国有资本投资、运营公司所属国有及国有控股企业中，符合条件的可优先支持同时开展混合所有制改革、员工持股、职业经理人制度、薪酬差异化分配等改革试点，充分发挥各项改革工作的综合效应。严格落实国有企业重组整合涉及资产评估增值、土地变更登记和国有资产无偿划转等方面的税收优惠政策，简化工商税务登记、变更程序。

（三）总结推广经验

根据试点进展情况及时总结经验，尽快形成可复制、可推广的经验和模式。

各设区市人民政府、平潭综合实验区管委会对本地区国有资本投资、运营公司试点工作负责，要紧密结合本地区实际情况，具备条件的可制定本地区改革试点实施方案，报省国有企业改革领导小组备案。

福建省人民政府关于加快推进农业机械化和农机装备产业转型升级的实施意见

闽政〔2019〕8号

各市、县（区）人民政府，平潭综合实验区管委会，省人民政府各部门、各直属机构，各大企业，各高等院校：

为贯彻落实《国务院关于加快推进农业机械化和农机装备产业转型升级的指导意见》（国发〔2018〕42号）精神，现结合我省实际，制定本实施意见。

一、目标要求

以习近平新时代中国特色社会主义思想为指导，紧紧围绕高质量发展落实赶超，立足福建丘陵山区特点，以服务乡村振兴战略、满足农业生产需要为目标，以科技创新、机制创新、政策创新为动力，补短板、强弱项、促协调，突出解放劳动力，有效减轻农民劳动强度，推动农机装备产业向高质量发展、农业机械化向全程全面高质高效升级，为实现农业农村现代化夯实基础。

到2020年，农机装备产业科技创新能力加快提升，全省农机总动力超过1250万千瓦，农机具配置结构进一步优化，农机作业条件加快改善，农机社会化服务领域加快拓展，农机使用效率进一步提升。全省农作物耕种收综合机械化率达到70%，水稻机插秧，甘薯、马铃薯、花生种植与收获等薄弱环节机械化实现突破，水稻生产基本实现全程机械化；茶叶、水果、蔬菜、食用菌、林竹等重点特色经济作物的全程机械化生产体系基本建立；设施农业、畜牧养殖、水产养殖和农产品初加工等机械化取得明显进展。

到2025年，农机装备产业进入高质量发展阶段，科技创新能力较大提升，全省农机总动力达到1350万千瓦。农业机械化进入全程全面高质高效发展阶段，全省农作物耕种收综合机械化率达到75%，水稻生产实现全程机械化；薄弱环节机械化重点突破；茶叶、水果、蔬菜、食用菌、林竹等重点特色经济作物综合机械化率达到50%；设施农业、畜牧养殖、水产养殖和农产品初加工机械化率总体达到50%。

二、加快推动农机装备产业转型升级

（一）提升农机装备自主创新能力

将农机装备研发列入省科技计划项目，重点支持适宜丘陵山区作业的中小型农机装备、特色经济作物生产、海淡水养殖、农产品加工、畜禽粪污资源化利用、新能源农机等装备的关键技术研发。支持农机科研院所与高校、农机企业等加强合作，创建特色农机装备等创新中心、产业技术创新联盟，推动产学研推用深度融合。［责任单位：省工信厅、发改委、科技厅、农业农村厅、林业局、海洋渔业局等，各市、县（区）人民政府、平潭综合实验区管委会。省级单位列第一位者为牵头单位，下同］

（二）支持农机装备产业做优做强

支持农机装备企业实施新一轮技术改造，对符合条件的项目给予技术改造相关奖励、补助，对经认定属于国内或省内首台（套）农机装备给予补助。引导农机企业走“专精特新”发展之路，积极培育在细分农机领域居全国前列的“单项冠军”企业。加大先进适用农机技术及产品引进力度，重点对接引进一批行业龙头项目和产业链补短板项目。推动支持先进优势农机技术及产品

“走出去”，开拓省外、国际市场，服务“一带一路”建设。[责任单位：省工信厅、发改委、科技厅、农业农村厅等，各市、县（区）人民政府、平潭综合实验区管委会]

（三）深化闽台农机装备交流合作

加强与台湾农机同业公会互联互动，学习借鉴台湾农机装备发展先进技术经验。积极创建闽台农业融合发展（农机）产业园，吸引台湾农机企业来闽发展，支持台资企业在闽投资生产适宜丘陵山区作业的农机装备。在闽投资的台资农机企业，同等享受福建省惠台相关政策。[责任单位：省农业农村厅、工信厅、台港澳办、商务厅等，各市、县（区）人民政府、平潭综合实验区管委会]

三、持续推进农业生产全程全面机械化

（四）实施农作物和特色优势农业产业全程机械化推进行动

按照全程全面要求，每年扶持建设一批水稻、甘薯、马铃薯、花生等农作物生产全程机械化示范基地，总结形成具有丘陵山区特点的农作物生产全程机械化解决方案。大力扶持茶叶、水果、蔬菜、食用菌、畜禽、水产、林竹等特色优势农业产业及设施农业、农产品初加工全程机械化技术攻关与示范推广，探索形成全产业链全程机械化技术规范、技术模式。重点推广果树修剪和采摘，蔬菜栽植和收获，食用菌自动化生产流水线，畜牧养殖饲喂料、环境控制，水产养殖饲饵料、养殖藻类栽培收获、养殖水环境控制，林竹采伐，农产品初加工等机械装备和技术。积极引导有条件的县（市、区）率先创建国家级农作物生产全程机械化示范县。到2020年，建成100个农作物、特色优势农业产业生产全程机械化示范基地，到2025年，建成500个示范基地。[责任单位：省农业农村厅、财政厅、林业局、海洋渔业局等，各市、县（区）人民政府、平潭综合实验区管委会]

（五）推动智慧农机示范应用

推进物联网、大数据、移动互联网、智能控制、卫星定位等信息技术在农机装备和农机作业上的应用。积极推广机具二维码识别、农业物联网等信息技术。推进“互联网+农机作业”，加快农机作业监测、作业订单服务等智慧农机服务平台的推广应用。支持农作物精准耕作、畜禽水产智慧养殖、园艺作物智能生产等数字农机示范基地和特色现代农机智慧园建设。[责任单位：省农业农村厅、数字办、工信厅、林业局、海洋渔业局等，各市、县（区）人民政府、平潭综合实验区管委会]

四、加快提升农机社会化服务能力

（六）发展农机社会化服务组织

大力发展适应小农户需求的多元化多层次农机社会化服务组织，通过政府购买服务、以奖代补、先服务后补助等方式，支持农机服务组织承担农业生产性服务和促进农业绿色发展的农机服务。积极扶持培育一批上万亩规模、全程机械化服务的农机服务组织，到2020年，培育200家上规模、全程机械化服务的农机服务组织，到2025年，培育500家上规模、全程机械化服务的农机服务组织。[责任单位：省农业农村厅、财政厅等，各市、县（区）人民政府、平潭综合实验区管委会]

（七）加强农机服务机制创新

鼓励组建农业生产联合体，形成“市场主体+小农户”的利益联结和分享机制。推动农机服务业态创新，扶持建设“全程机械化+综合农事”服务中心，向小农户提供全过程“一站式”综合服务。探索建立农机服务质量评价机制以及信用记录，维护市场各方合法权益。[责任单位：省农业农村厅、财政厅、市场监管局等，各市、县（区）人民政府、平潭综合实验区管委会]

（八）夯实农机化公共服务基础

健全农机管理机构，充实县乡农机岗位人员，改善基层农机化公共服务机构基础设施和技术装备，强化基层农机化技术推广、教育培训、质量监督、安全监理和信息宣传等公共服务的功能建设。鼓励科技特派员深入生产一线，开展试验示范、技术培训，推广适用的农机农艺新技术。[责任单位：各市、县（区）人民政府、平潭综合实验区管委会，省农业农村厅、科技厅、财政厅等]

五、大力改善农机作业基础条件

（九）实施农田“宜机化”改造

加快制修订高标准农田建设、农村土地综合整治等方面的制度、标准、规范和实施细则，明确田间道路、下田坡道、田块长度宽度与平整度等“宜机化”要求，推行农田大小并整、调整布局、理顺沟渠等利于机械化作业的改造建设，切实改善丘陵山区中小型农机通行和作业条件。[责任单位：省农业农村厅、财政厅、市场监管局等，各市、县（区）人民政府、平潭综合实验区管委会]

（十）改善农机作业配套设施条件

落实设施农用地、新型农业经营主体建设用地、农业生产用电等相关政策，支持农机服务组织生产条件建设。加强县级统筹规划，在年度建设用地指标中，优先安排农机合作社等新型农业经营主体建设用地，并按规定减免相关税费。对从事农业生产的个人和农业生产经营组织建设的机库棚给予补助。[责任单位：省农业农村厅、财政厅、自然资源厅、税务局等，各市、县（区）人民政府、平潭综合实验区管委会]

六、着力加强农机人才培养

（十一）加强农业工程人才培养

加大农业工程学科建设力度，引导高等院校积极设置农机相关专业，扩大农业工程技术技能人才培养规模。加大对农机人才培养的支持力度，引导相关高校面向农业机械化、农机装备产业转型升级开展新工科研究与实践，构建产学合作协同育人项目实施体系。[责任单位：省教育厅、工信厅、农业农村厅等，各市、县（区）人民政府、平潭综合实验区管委会]

（十二）注重农机实用型人才培训

加强业务管理培训，积极培养复合型农机化管理人才，以县乡技术人员为重点，培养业务精通、技术过硬的农机化技术人才队伍。实施新型职业农民培育工程，加大对农机合作社带头人、农业生产一线“农机土专家”及小农户的培训力度。[责任单位：省农业农村厅、工信厅等，各市、县（区）人民政府、平潭综合实验区管委会]

七、积极落实扶持政策

（十三）加大财政支持力度

省级财政每年安排专项资金，主要用于产品累加补贴和本省特色农业机械补贴，支持建设农作物生产全程机械化示范基地、特色优势农业产业全程机械化技术攻关与试验示范项目、建设“全程机械化＋综合农事”服务中心、培育农机社会化服务组织、改善全省县乡农机化公共服务基础设施和技术装备、推进机械化信息化智能化融合发展、农机装备产业转型升级和其他农业机械化发展事业等。各市、县（区）也要加大资金统筹力度，支持农业机械化和农机装备产业转型升级。[责任单位：省财政厅、农业农村厅、发改委、工信厅、科技厅等，各市、县（区）人民政府、平潭综合实验区管委会]

（十四）创新完善农机购置补贴政策

全面实行农机购置补贴产品准入市场化改革，优化机具种类范围，扩大购机补贴品目，对进口农机产品按同等条件享受补贴，对农业生产关键薄弱环节所需机具及先进适用、绿色高效智能、成套配套等装备实行不超过20%的省级财政累加补贴，加大对丘陵山区中小型农机具的补贴力度。开展省级农机新产品补贴试点，支持高性能和特色、复式农机新装备示范推广。[责任单位：省农业农村厅、工信厅、财政厅、商务厅、林业局、海洋渔业局、市场监管局、民航福建监管局等，各市、县（区）人民政府、平潭综合实验区管委会]

（十五）落实税收金融保险优惠政策

农业机械耕作服务按规定适用增值税免征政策；从事农技推广、农机作业和维修等农、林、牧、渔服务业项目的所得，免征企业所得税；批发和零售的农机，免征增值税。农机融资租赁服务按规定适用增值税优惠政策。鼓励金融机构针对权属清晰的大型农机装备等开展抵押贷款并适当降低融资成本，充分利用互联网和大数据等先进科技构建农业征信体系，灵活开发各类信贷产品和提供个性化融资方案，合规审慎地开展面向新型农业经营主体的农机融资租赁业务和信贷担保服务，鼓励有条件的地方对购买大型农机装备贷款进行贴息。鼓励选择重点农机品种，支持开展农机保险，推进农机政策性保险工作。[责任单位：省税务局、人行福州中心支行、福建银保监局，省农业农村厅、工信厅、财政厅等，各市、县（区）人民政府、平潭综合实验区管委会]

八、加强组织领导

（十六）建立健全组织实施机制

建立由省农业农村厅和工信厅为召集人、省直相关单位为成员的联席会议制度，协调推进农业机械化与农机装备产业发展工作，完善粮食安全省长责任制等政府目标考核中的农业机械化内容，落实部门责任，加强经费保障，形成工作合力；梳理解决突出问题，研究制定政策措施，推动落实重点工作。重大问题及时向省政府报告。［责任单位：省农业农村厅、工信厅、发改委、科技厅、教育厅、财政厅、自然资源厅、交通运输厅、商务厅、国资委、税务局、林业局、海洋渔业局、市场监管局、人行福州中心支行、福建银保监局、民航福建监管局等］

（十七）压实市县政府责任

各市、县（区）要参照省里成立相应的组织协调推进机制。将加快推进农业机械化作为推进农业农村现代化的重要内容，纳入本地区经济社会发展规划，完善粮食安全省长责任制等政府目标考核中的农业机械化内容，落实经费保障，强化绩效考核，推进各项工作落实。［责任单位：各市、县（区）人民政府、平潭综合实验区管委会等］

（十八）发挥政府与市场良性互动作用

依靠市场力量和农民的创造性，及时发现和总结推广典型经验做法。深入推进“放管服”改革，促进政务信息公开，优化推广服务，保障农机安全生产。充分发挥行业协会作用，服务引导农机行业转型升级。加强舆论引导，宣传表彰先进，树立标杆榜样，努力营造加快推进农业机械化和农机装备产业转型升级的良好氛围。［责任单位：省农业农村厅、工信厅、发改委，各市、县（区）人民政府、平潭综合实验区管委会］

《福建省人民政府关于促进农业机械化和农机工业又好又快发展的实施意见》（闽政〔2012〕25号）同时废止。

福建省人民政府

2019 年 6 月 6 日

（此件主动公开）

福建省人民政府关于促进天然气协调稳定发展的实施意见

闽政〔2019〕1号

各设区市人民政府、平潭综合实验区管委会，省人民政府各部门、各直属机构，各大企业，各高等院校：

为贯彻落实《国务院关于促进天然气协调稳定发展的若干意见》（国发〔2018〕31号），促进我省天然气协调稳定发展，现提出如下实施意见。

一、总体要求

（一）指导思想

以习近平新时代中国特色社会主义思想为指导，全面贯彻党的十九大和十九届二中、三中全会精神，统筹推进“五位一体”总体布局和协调推进“四个全面”战略布局，按照党中央、国务院关于深化石油天然气体制改革的决策部署和加快天然气产供储销体系建设的任务要求，进一步推动和完善天然气基础设施建设、促进市场开发、提高供气安全可靠性，实现我省天然气产业协调稳定发展。

（二）基本原则

1. 销储并重，平衡稳定。促进天然气产业上中下游协调发展，构建资源引进多元化、管网布局完善、储气调峰设施配套、运行安全可靠的海西天然气产供储销体系。立足资源供应实际，统筹推进天然气有序利用。

2. 市场主导，统筹规划。顺应油气体制机制改革，规范市场秩序。以市场化手段为主做好供需平衡，形成市场化竞争机制。落实天然气发展规划，加快天然气基础设施建设，推动设施公平开放。

3. 以气定改，保障民生。推进煤炭替代，坚持“以气定改”、循序渐进。落实责任，强化监管问责，确保民生用气稳定供应。

二、主要任务

（一）加快完善多元化LNG引进渠道

推动设施公平开放，拓展LNG引进渠道，完善供应体系。LNG引进坚持长约、现货两手抓，发挥好现有LNG接收站储备周转能力，有计划引进具有市场竞争力的LNG现货资源，满足市场增量需求。（责任单位：上游供气企业负责，省发改委、工信厅按职责分工协调落实）

（二）加快构建多层次储备体系

建立以LNG接收站为主、城镇集约规模化储气设施为辅、管网互联互通、应急供气互供互保的多层次储气系统。按照到2020年上游供气企业形成不低于其年合同销售量10%的储气能力（责任单位：上游供气企业负责，省工信厅督促落实）、城镇燃气企业形成不低于其年用气量5%的储气能力、各设区市（含平潭综合实验区）形成不低于保障本行政区域3天日均消费量的储气能力的要求，落实储气设施规划和建设。（责任单位：城镇燃气企业，各设区市人民政府、平潭综合实验区管委会负责，省住建厅指导）

（三）加快天然气基础设施建设和互联互通

按照“一张网、多气源、互联通、市场化”的海西天然气管网体系建设要求，完善海西天然气管网建设规划，做好与国家天然气发展规划和天然气基础设施互联互通重点工程的衔接，争取从国家层面协调加强福建与周边省份的供气合作。（责任单位：省发改委、工信厅按职责分工负责）

按照莆田秀屿 LNG 接收站新增 5、6 号储罐 2019 年投产、漳州 LNG 接收站 2021 年投产和海西天然气管网二期工程力争 2021 年底前分期投产、海西管网与西三线互联互通工程漳州联络线 2019 年 10 月投产和福州联络线 2020 年 10 月投产的目标要求，加快推动工程前期和建设工作，协同开展管线规划选址、用地、环评、水保审批等事宜。（责任单位：上游供气企业负责，省发改委、自然资源厅、生态环境厅、水利厅、林业局等相关部门按职责分工协调落实）结合国家沿海 LNG 码头规划布局，积极推动后续 LNG 接收站的前期工作。（责任单位：相关企业负责，各设区市人民政府、平潭综合实验区管委会，省发改委、交通运输厅、自然资源厅、生态环境厅、水利厅、林业局等部门按职责分工指导）

（四）落实城镇燃气储气设施建设

地方政府和城镇燃气企业储气设施，按集约化规模化运营的要求统筹规划建设，鼓励各类投资主体参与合资合作，尽量降低成本、减少安全隐患。［责任单位：城镇燃气企业落实，各市、县（区）人民政府、平潭综合实验区管委会和省住建厅按职责分工负责］认真梳理现有储气能力，通过规划建设至 2020 年仍无法达标的，可通过向上游供气企业购买储气能力、异地租用、发展可中断用户等方式予以落实。（责任单位：各设区市人民政府、平潭综合实验区管委会，城镇燃气企业、上游供气企业负责，省工信厅、住建厅按职责分工协调落实）加强储气能力建设情况跟踪，对推进不力、违法失信的地方政府和企业等实施约谈问责或联合惩戒。（责任单位：省工信厅、住建厅、发改委，各设区市人民政府、平潭综合实验区管委会按职责分工负责）

（五）促进天然气市场协调发展

为促进全省天然气市场的协调发展，以 2020 年天然气“县县通”为目标，进一步加快内陆非管输地区市场开发，推动 LNG 卫星站建设，提升槽运能力。远期有序推进支线管道替代 LNG 卫星站。［责任单位：上游供气企业、城镇燃气企业、各市、县（区）人民政府、平潭综合实验区管委会负责，省工信厅、住建厅、发改委按职责分工协调落实］制订印尼资源年度气量调度分配方案时，要统筹考虑内陆非管输地区市场开发需求。（责任单位：省工信厅牵头，省发改委、住建厅，中海福建天然气有限公司配合）

（六）推进小型 LNG 船舶运输

根据市场发展需求，依据国家制定的 LNG 罐箱多式联运相关法规政策和标准规范，发展沿海、内河小型 LNG 船舶运输。［责任单位：省交通运输厅牵头，各市、县（区）人民政府、平潭综合实验区管委会配合］

三、工作机制

（一）建立天然气发展综合协调机制

成立省促进天然气协调稳定发展工作领导小组，协调解决工作推进中的重大问题。领导小组日常工作由省发改委负责，省工信厅、省住建厅等部门按职能分工抓好落实。

（二）建立天然气供需预测预警机制

加强对国际天然气市场的预测和研判。统筹考虑经济发展、城镇化进程、能源结构优化、环境治理、价格承受力等因素，科学预测天然气发展需求，处理好供需矛盾。（责任单位：上游供气企业负责，省发改委、工信厅按职责分工协调落实）建立天然气供需预警机制，健全信息通报和反馈机制，确保与周边省份市场之间、省内供气企业之间、中下游用户之间供需信息及时、有效对接。（责任单位：上游供气企业、城镇燃气企业，省工信厅分工负责）

（三）建立天然气发展统筹推进机制

按照“宜电则电、宜气则气、宜煤则煤”的原则推进大气污染防治。“煤改气”坚持“以气定改”、循序渐进。（责任单位：各设区市人民政府、平潭综合实验区管委会负责，省工信厅、生态环境厅、发改委按职责分工协调落实）按照“宜管则管、宜站则站”的原则，管网和 LNG 卫星站建设并重开发市场。（责任单位：上游供气企业、城镇燃气企业分工负责，省发改委、住建厅按职责分工协调落实）进一步规范天然气购销合同制度，以市场为导向，鼓励签订中长期合同。（责任单位：上游供气企业、城镇燃气企业负责，省工信厅指导）

（四）建立健全天然气需求侧管理和调峰机制

研究制定调峰用户管理办法，建立健全分级

调峰用户制度，按照确保安全、提前告知、充分沟通、稳妥推进的原则实施分级调峰。结合设施公平开放，支持大工业用户自主选择气源，依法依规签订资源直供合同。鼓励发展可中断大工业用户和可替代能源用户，发挥好终端用户调峰能力。[责任单位：各市、县（区）人民政府、平潭综合实验区管委会，省工信厅、住建厅按职责分工负责]

（五）完善天然气供应保障应急体系

充分发挥煤电油气运保障协调机制作用，完善天然气供应保障应急体系。（责任单位：省工信厅负责）落实各设区市人民政府、平潭综合实验区管委会的民生用气保供主体责任，严格按照“压非保民”原则做好分级保供预案和用户调峰方案。（责任单位：各设区市人民政府、平潭综合实验区管委会负责）建立天然气保供成本合理分摊机制，相应应急保供支出由保供不力的相关责任方全额承担，参与保供的第三方企业可获得合理收益。[责任单位：各市、县（区）人民政府、平潭综合实验区管委会，省工信厅、发改委按职责分工负责]

（六）完善天然气价格机制

结合下游市场稳定和发展实际需要，兼顾福建 LNG 产业链各环节利益，进一步完善福建 LNG 价格联动机制。加强输配环节成本核算和价格监管，努力降低输配价格。燃气电厂年度调节气量适用于内陆市场开发，所需气量在年度调节方案中予以明确统筹考虑。（责任单位：省发改委、工信厅按职责分工负责，省税务局指导协调相关税收问题）

（七）强化天然气安全运行机制

上游供气企业和城镇燃气企业要切实落实安全生产主体责任，建立健全安全生产工作机制，落实好项目建设和生产运营各环节的安全制度。加强管道保护工作，加大巡查力度，及时排查消除安全隐患。各级人民政府切实落实属地管理责任，严格日常监督检查和管理，加强重大风险安全管控，指导供气企业建立健全应急处置工作机制，完善应急预案，加强应急演练，确保供气安全可靠。（责任单位：相关供气企业承担主体责任，各设区市人民政府、平潭综合实验区管委会承担属地管理责任，省工信厅、住建厅、应急厅按职责分工指导和监督）

福建省人民政府
2019 年 2 月 1 日

（此件主动公开）

福建省人民政府办公厅关于清理规范政府定价经营服务性收费的通知

闽政办〔2019〕51 号

各市、县（区）人民政府，平潭综合实验区管委会，省人民政府各部门、各直属机构，各大企业，各高等院校：

为全面深化“放管服”改革，健全主要由市场决定价格的机制，进一步降低实体经济成本，持续优化营商环境，激发市场活力，根据国家发展改革委《关于进一步清理规范政府定价经营服务性收费的通知》（发改价格〔2019〕798 号）要求，经省政府研究，现将我省清理规范政府定价经营服务性收费有关事项通知如下：

律师服务、APEC 商务旅行卡代办服务、因私出国签证综合服务、智能卡补卡工本费（包括 5 项：高速公路不停车电子标签、加油 IC 卡、闽通卡、数字电视机顶盒 IC 卡、公交和地铁 IC 卡）、国有产权交易服务、政府投资建设或控股的粮食农副产品等专业批发市场服务、公共体育服务、林业中介服务、道路（除高速公路外）清障施救服务、机动车安全技术检验和工况法排气检测服务、部分供用电服务、民航机场延伸服务共 16 项收费，由现行政府定价改为实行市场调节价，退出《福建省定价目录》；高速公路清障救援服务收费由行政事业性收费转为政府定价经营服务性收费。2019 年 12 月 1 日起执行。

各地政府和省直有关部门要切实加强事中事后监管，加强对取消政府定价政策的跟踪督导，建立健全价格行为规则规范，引导价格合理形成，重点督导政策的落实、执行和运行情况，督促经营者做到明码标价、收费公示、自我约束、公平竞争。同时加强价格监测预警，关注舆情反映，及时了解市场价格动态和市场运行变化情况，做好应急处置。要强化市场价格秩序监管，依法查处价格垄断和价格欺诈等价格违法行为，维护正常的市场价格秩序。

福建省人民政府办公厅

2019 年 11 月 22 日

（此件主动公开）

福建省人民政府办公厅转发省住建厅等八部门关于福建省保障建设用砂规范发展指导意见的通知

闽政办〔2019〕41号

各市、县（区）人民政府，平潭综合实验区管委会，省人民政府各部门、各直属机构，各大企业，各高等院校：

省住建厅、自然资源厅、工信厅、水利厅、生态环境厅、发改委、市场监管局、福建海事局制定的《福建省保障建设用砂规范发展指导意见》已经省政府研究同意，现转发给你们，请认真组织实施。

福建省人民政府办公厅

2019年8月16日

（此件主动公开）

福建省保障建设用砂规范发展指导意见

省住建厅　省自然资源厅　省工信厅　省水利厅

省生态环境厅　省发改委　省市场监管局　福建海事局

为深入贯彻习近平生态文明思想，落实新发展理念，坚持保护优先、保障有力、科学规划、合理利用，进一步规范机制砂、河砂、海砂等建设用砂资源利用，保障建设用砂供应和工程质量，促进经济建设和生态保护协调发展，现结合我省实际，制定保障建设用砂规范发展的指导意见。

一、推进机制砂产业发展

（一）加快机制砂矿山选址出让

根据各地机制砂需求量统筹做好机制砂矿山选址出让，以就地平衡为主，实行闽东北、闽西南协同发展区联供。机制砂矿山选址要符合生态保护红线、矿产资源规划禁采区和各类保护地的要求，避让相关环境敏感区域。鼓励支持国有大型企业参与机制砂项目的投资、生产和经营，进一步规范既有小规模机制砂生产企业，推动机制砂产业由粗放化向集约化、规模化转变。机制砂矿山完成地质报告和“三合一”方案评审后，机制砂矿山审批登记管理机关同级政府要在30日内研究采矿权出让方案等相关工作，确保2019年底前完成全省机制砂矿山计划项目选址出让。

责任单位：各有关市、县（区）人民政府，省自然资源厅、住建厅、工信厅、生态环境厅、林业局

（二）加快机制砂项目落地建设

属地政府要建立工作专班，落实“一项目一协调”机制，有力推进机制砂项目建设。各相关主管部门要加强指导，做好可研、立项、环评、采矿许可、用林、用地、安全生产许可等审批服务。对列入年度省重点项目和省自然资源、住建部门确定的年度重点推进的机制砂项目，纳入省重中之重项目协调机制，必要时提请省政府重大项目月度协调会调度。

2019 年，推动规模化机制砂项目落地，新增机制砂年产能 1500 万立方米；2020 年，实现全省机制砂矿山计划项目投产，累计新增机制砂年产能 5000 万立方米；2021 年，累计新增机制砂年产能 7000 万立方米，实现全省建设用砂供需基本平衡，形成规范有序的砂料市场体系。

责任单位：各有关市、县（区）人民政府，省住建厅、自然资源厅、发改委、生态环境厅、应急厅、林业局

（三）坚持高标准开采和高质量生产

机制砂矿山要按照绿色矿山建设标准实行“绿色开采、绿色生产”，及时做好相应的生态修复。采用先进设备机械化开采和清洁生产工艺，严格按照机制砂产品标准组织生产，建立规范化的产品检验流程。加强机制砂生产企业产品质量管理，严格产品溯源管理，产品质量经检验合格并具有合格证后方可销售。推动创建若干年产 500 万立方米以上的现代化机制砂绿色矿山示范基地；打造一批装备先进、生产控制智能化、环保效果好、管理水平高的精品砂料产业化示范工程。

责任单位：各有关市、县（区）人民政府，省住建厅、自然资源厅、工信厅、应急厅、生态环境厅、市场监管局

（四）规范机制砂生产企业管理

工信部门负责落实国家机制砂产业政策，制定我省规范机制砂产业发展的相关政策措施，促进技术进步与结构优化。应急管理部门负责加强对矿山企业安全生产的指导和管理。自然资源部门负责矿山开采期间矿产资源开发利用的监督管理，依法查处非法违法勘查、开采行为。市场监管部门配合有关部门查处流通领域的无照经营违法行为。生态环境部门依法对机制砂生产企业环境违法行为进行查处。住建、交通运输、铁路、水利等行业主管部门负责对行业内工程项目的机制砂进场质量和机制砂预拌混凝土（砂浆）质量进行抽查抽测。

责任单位：各有关市、县（区）人民政府，省工信厅、应急厅、自然资源厅、生态环境厅、住建厅、交通运输厅、水利厅、发改委、市场监管局

二、科学合理利用河砂

（五）科学开采河砂，确保河道安全

按照“采补相对平衡、年度总量控制”原则，根据各地河道特性，结合河道、航道疏浚，科学制定相应的河道采砂规划。严控采砂年度总量，严控河道采砂许可。河砂供应要优先满足省内需求，保障高铁、核电等重点工程建设需要。拓宽河砂来源，鼓励支持用砂紧缺地区从境外砂源丰富地区合法合规进口合格河砂。

责任单位：各有关市、县（区）人民政府，省水利厅、商务厅、交通运输厅、福建海事局

三、依法依规使用海砂资源

（六）加强海砂资源勘查利用

有序开展海砂资源的勘查工作，探明可供出让的海砂资源储量。在相关地质报告、矿产资源开发利用方案、生态恢复治理方案、海域使用论证、通航环境影响分析、海砂开采环境影响评价和海砂采矿权出让收益评估、海域使用权价值评估等前期工作完成后，依法组织采矿权、海域使用权公开招标拍卖挂牌出让。鼓励支持国有大型企业参与海砂开采。

责任单位：省自然资源厅、生态环境厅、福建海事局，各有关市、县（区）人民政府，平潭综合实验区管委会

（七）加强海砂开采作业监管

开采主体取得采矿权、海域使用权后，要依法编制施工通航安全保障方案并通过技术评审，及时办理水上水下施工许可证，推进海砂项目建设。属地政府要及时完成海砂开采区域的海域清理。有关行业主管部门要加强对海砂开采总量、开采运输过程的管控，采取有效措施，减少海底泥沙扩散污染和船舶施工带来的水体污染，降低采砂施工和通航安全风险，建立完善海砂开采管理长效机制。

责任单位：各有关市、县（区）人民政府，平潭综合实验区管委会，省自然资源厅、福建海事局

（八）严格控制海砂使用范围

严禁将海砂违规用于建设工程结构用砂。住建、交通运输、铁路、水利等行业主管部门要加强工程施工现场和商品混凝土生产用砂来源监管，发现违规使用海砂的要依法依规处理。回填工程用砂量在1000万立方米以上的港口、码头、机场等大型项目，要在设计阶段明确用砂来源，鼓励使用海砂回填。

责任单位：省住建厅、交通运输厅、水利厅、发改委，各有关市、县（区）人民政府，平潭综合实验区管委会

四、鼓励砂料资源回收利用

（九）合理利用建设项目场地内部砂石料

建设项目在其用地红线范围内，因工程需要进行开山、掘进和平整场地所形成的砂石料，用于供应项目自身使用的，不需办理采矿许可证和缴交资源费用；多余的砂石料要依法依规处置。

责任单位：各有关市、县（区）人民政府，省自然资源厅、住建厅、交通运输厅、水利厅、发改委

（十）利用废弃矿山生产机制砂

落实废弃矿山生态环境综合治理工程包政策，对列入省级投资工程包的废弃矿山治理项目，复绿工程所产生的砂石料，可用于生产机制砂。砂石料、机制砂收益经县级人民政府组织核定后冲抵复绿工程合同价款。

责任单位：各有关市、县（区）人民政府，省自然资源厅、工信厅

（十一）鼓励一般固体垃圾资源化利用

推动建筑垃圾和一般固体废物资源化再生利用，鼓励从建筑垃圾和一般固体废物中分离、回收砂石料，依法依规使用，确保工程质量。

责任单位：各有关市、县（区）人民政府，省住建厅、工信厅

五、坚决打击非法违法采砂

（十二）严厉打击机制砂矿山非法违法开采

由省自然资源厅牵头，联合生态环境、公安、应急、林业等部门依法查处无证开采、越界开采、环评手续不全、破坏生态环境、违法占林毁林等行为，依法及时取缔关闭非法矿山，责令限期修复生态环境。涉嫌非法采矿、破坏性采矿、非法毁林、非法排放污染物等刑事犯罪的，公安部门要加快侦办，形成震慑。加强民用爆炸物品监管，严防用于非法采矿。加强安全生产监管，遏制机制砂矿山重特大生产安全事故发生，依法查处不符合安全生产条件组织生产的行为，对经停产停业整顿后仍不具备安全生产条件的矿山依法关闭。

责任单位：省自然资源厅、生态环境厅、公安厅、林业局、应急厅，各有关市、县（区）人民政府

（十三）加大河道非法违法采砂整治力度

开展严厉打击非法采砂专项行动，水利、公安、交通运输、自然资源、住建等部门，采取“盯采砂、查运砂、清砂场、核用砂”方式，联动快速查堵利益链条，依法精准打击。运用河湖长制平台，发挥各级河湖长和河道专管员作用，落实水政执法和河道专管员巡河联动机制，提高我省河道采砂监管水平。

责任单位：省水利厅、公安厅、交通运输厅、自然资源厅、住建厅、市场监管局、福建海事局，各有关市、县（区）人民政府

（十四）严厉打击非法违法盗采海砂

建立“海上一把抓、岸上再分家”“海陆联动、溯源追查”联合执法机制，严厉打击在我省管辖海域内违法开采海砂破坏海洋生态环境行为，特别是在海底电缆管道保护区和海洋生态敏感区内的违法采砂活动。坚决取缔涉砂“三无”船舶，严格查处采运海砂船舶不适航、船员不适任、配员不足、证书不齐等违法行为，严惩海域采砂犯罪活动。加快“打击海砂执法联动信息化平台”建设，逐步提升为全省海上管理平台，各涉海部门共建共享共用。

责任单位：各有关市、县（区）人民政府，平潭综合实验区管委会，省自然资源厅、海洋渔业局、生态环境厅、住建厅、交通运输厅、公安厅、福建海事局、福建海警局

六、加强组织保障

（十五）强化组织领导

全省建设用砂生产使用管理工作由省住建厅

牵头，省直相关部门按职责分工、各司其责、密切配合。省住建厅会同省自然资源厅、工信厅、水利厅、生态环境厅、公安厅、发改委、应急厅、交通运输厅、商务厅、财政厅、市场监管局、林业局、海洋渔业局、福建海事局、福建海警局等相关部门，建立厅际联席会议制度，定期召开协调会，通报工作进展，及时协调解决相关问题，每季度将全省建设用砂生产使用管理情况汇总上报省政府。各市、县（区）人民政府要落实属地管理责任，建立相应机制，保障建设用砂规范发展。

（十六）落实要素保障

机制砂项目所需工业用地，可采取长期租赁、先租后让、租让结合、弹性出让等多种方式供地，各市、县（区）人民政府要加强项目用地保障。按照“属地管理、分级负责”原则，各级政府要合理保障矿产资源勘查等工作所需资金，对机制砂、海砂项目的前期调查和勘查工作以及各专项整治行动提供保障。各级政府和有关部门要对机制砂生产企业予以政策扶持。

（十七）推动长效管理

由省住建厅牵头，加快制定出台福建省建设用砂生产使用管理办法，建立全省建设用砂溯源信息管理平台，完善规范“三砂”生产使用管理体系。各相关部门要建立跟踪推进机制，进一步加强长效管理，共同营造规范有序的砂料市场体系。

福建省人民政府办公厅关于印发新时代“数字福建·宽带工程”行动计划的通知

闽政办〔2019〕1号

各市、县（区）人民政府，平潭综合实验区管委会，省人民政府各部门、各直属机构，各大企业，各高等院校：

经省政府研究同意，现将《新时代“数字福建·宽带工程”行动计划》印发给你们，请认真组织实施。

福建省人民政府办公厅

2019年1月11日

（此件主动公开）

新时代“数字福建·宽带工程”行动计划

为贯彻落实党中央、国务院网络强国战略部署，深化新时代“数字福建”建设，加快构建我省高速、移动、安全、泛在的新一代信息通信基础网络，支撑福建经济社会高质量发展，制定本行动计划。

一、主要目标

以高速光纤网络、4/5G移动网络、移动物联网（NB－IoT）和互联网协议第六版（IPv6）、工业互联网等新一代信息基础设施建设为重点，发挥各基础电信企业和铁塔公司的建设主体作用，加大投资建设力度，营造良好发展环境，促进城乡数字鸿沟逐步缩小，提速降费、信息惠民作用进一步凸显，网络强省影响力显著提升。

2019年，新增100M及以上固定互联网宽带接入端口180万个，固定宽带家庭用户规模达1700万户，其中100M以上用户达1360万户，占比达80%。新建4G基站2.5万个，4G用户达4000万户，占比达85%。在福州、厦门地区启动5G基站建设。NB－IoT站址达3.8万个。

2020年，新增100M及以上固定互联网宽带接入端口190万个，固定宽带家庭用户规模达1800万户，其中100M以上用户达1530万户，占比达85%。新建4G基站2万个，4G用户达4200万户，占比达88%。5G网络覆盖城市重点区域及公共交通路段。NB－IoT站址达4.2万个。

二、主要任务

（一）建设高水平全光网络

构建高速骨干光纤网络。优化福建省互联网骨干网间的互联架构，提高网间互联带宽和互联质量。充分发挥福州国家级互联网骨干直联点的数据交换口岸作用，推进各骨干互联单位的互联互通和资源共享，全面提高我省大数据产业重点园区出口带宽。到2020年底，互联网省际出口带宽达26T，网间互联带宽达到双向800G。

责任单位：省通信管理局，各基础电信企业

实施千兆光网城市建设。全面推进新建住宅小区和商业楼宇落实国家光纤到户标准，深度优化楼宇内移动信号覆盖，打造一批全国领先的“数字经济”共享小区。推进铁塔基站、路灯、监控、交通指示等各类杆塔资源及电力铁塔资源的双向开放共享，推动具有“一杆多用”功能的城市智慧灯杆建设和改造。新城区超前规划建设通信管道，既有住宅小区和商用楼宇分片区、分批次开展光纤到户改造，落实共建共享要求，确保平等接入和用户自由选择权。推进工业互联网标识解析二级节点建设，打造低时延、高可靠、广覆盖的工业互联网网络基础设施，支撑工业互联网发展。到2020年底，全省城市用户具备1000Mbps接入能力。

责任单位：各设区市人民政府、平潭综合实验区管委会，省通信管理局、省住建厅、省公安厅、省交通运输厅，省电力公司、各基础电信企业、铁塔公司

深入实施百兆光纤进农村。推进“美丽乡村”建设，加强农村通信线路、基站设施治理，落实农村杆线规整，重点村居、交通线路周边通信环境全面改善，新设通信设施先进、绿色、共享的长效机制初步建立。深化电信普遍服务试点，在100%光纤进行政村的基础上，逐步向条件成熟的20户以上自然村延伸。深入推进网络提速降费，重点降低农村用户宽带接入资费，提升农村地区宽带用户普及率。通过推进农村信息化示范村建设，为农村党建、安全、教育、防灾等信息化建设提供保障，促进农村信息消费水平升级。到2020年底，农村宽带用户具备100Mbps接入能力。

责任单位：各设区市人民政府、平潭综合实验区管委会，省通信管理局、省住建厅、省财政厅、省工信厅、省发改委，各基础电信企业、铁塔公司

（二）发展新一代移动通信网络

深化4G网络覆盖。在公路、市政道路、铁路、地铁、路灯杆、监控杆、公交车站等公共设施中建设优化4G网络，提升高铁、地铁、高速公路、重要内河航道、物流集散地等交通干线沿线4G网络覆盖质量。实施农村、山区、海岛等偏远地区4G网络“除盲补点”建设。到2020年，条件成熟的20户以上自然村基本实现4G网络覆盖。

责任单位：各设区市人民政府、平潭综合实验区管委会，省通信管理局、省交通运输厅、省铁办，各基础电信企业、铁塔公司、中国铁路南昌局集团有限公司

加快推动5G网络试点和布局建设。由铁塔公司组织各地市公司，统筹基础电信企业建设需求，以5G网络站址布局为重点，制定各地市移动通信铁塔站址建设规划。自然资源、住房和城乡建设、信息化、环境保护、交通运输、通信管理、供电等单位要积极协助电信运营企业开展基站选址建设和网络实验。2019年，在福州、厦门等地区启动5G基站选址规模化建设，推进小微基站和室内分布系统建设。2020年，5G移动通信网络建设全面开展，城市重点区域及场所基本实现5G信号覆盖。

责任单位：各设区市人民政府、平潭综合实验区管委会，省通信管理局、省自然资源厅、省住建厅、省工信厅、省生态环境厅、省交通运输厅，省电力公司、各基础电信企业、铁塔公司

拓展NB-IoT网络覆盖。进一步拓展全省NB-IoT网络覆盖广度和深度，将网络覆盖由城区逐步向乡镇、农村地区延伸。深化各基础电信企业和信息技术服务商及互联网企业合作，充分发挥基础电信企业平台资源、数据资源和渠道资源，重点推进面向智慧城市、重点行业和民生服务等领域的重大应用工程建设。到2020年底，全省NB-IoT基站数达4.2万个。

责任单位：各设区市人民政府、平潭综合实验区管委会，省通信管理局、省工信厅，各基础电信企业、铁塔公司

（三）推动网络IPv6升级改造

同步推进通信网络基础设施和应用基础设施IPv6升级改造。加快电子政务外网IPv6升级改造工作，提升网络基础设施服务能力。到2020年底，全省各数据中心、内容分发网络（CDN）及云服务平台均完成IPv6改造，支持IPv6业务接入。市场驱动的良性发展环境日臻完善，IPv6活跃用户在互联网用户中的占比超过50%。

责任单位：省通信管理局、省经济信息中心，各基础电信企业

三、保障措施

（一）加强组织领导

省通信管理局、省数字办牵头建立新时代“数字福建·宽带工程”行动计划推进工作协调组，协调推进各项任务实施建设，确保各项工程按期完成。市、县级政府要建立相应的工作协调机制，积极帮助解决信息通信基础网络建设和发展过程中面临的实际问题。

责任单位：各设区市人民政府、平潭综合实验区管委会，省通信管理局、省数字办

（二）加强统筹规划

各地政府要组织编制通信基础设施专项规划，合理布局光缆、通信局房、基站等各类通信设施，有关内容纳入相关控制性详细规划。各地在市政道路、轨道交通、风景区、客运场站、住宅小区、商业区等项目规划建设时，要同步规划和建设各类通信基础设施。各地城乡规划主管部门在编制各类法定城乡规划的过程中，涉及通信铁塔及相关站址配套设施的，要征求当地通信管理部门或铁塔公司意见；涉及通信管道、机房、综合管廊等通信基础设施的，要征求当地通信管理部门或电信企业意见。

责任单位：各设区市人民政府、平潭综合实验区管委会，省自然资源厅、省通信管理局

（三）开放资源共享

除法律法规另有规定外，全省各级政府机关，国有企事业单位，高校，博物馆、图书馆、体育馆、专业会展场馆等公共场馆，旅游景点、交通枢纽等各类公共场所以及各等级公路、城市道路、铁路、地铁、路灯杆、监控杆、公交车站等各类公共设施要向通信网络设施建设开放，提供场地和用电便利，支持基站选址建设。交通、铁路、市政等部门要为电信企业在省内高速公路、港口、桥梁、机场、地铁、高铁红线内的信息通信基础设施建设和使用地下管廊提供便利支持，规范资源租费。各级住建主管部门督促建设、设计、施工等企业严格落实新建住宅小区和商业楼宇光纤到户国家标准，将基站、室分、配线管网、设备间和机房等通信基础设施等同于水、电、气纳入建筑物的必备配套建设中，与建筑物同步设计、实施、验收；督促物业服务企业支持配合住宅小区光纤、基站、室分、机房等设施的建设维护，严禁收取进场费、接入费、协调费、分摊费等不合理费用。

责任单位：各设区市人民政府、平潭综合实验区管委会，省住建厅、省交通运输厅、省铁办，中国铁路南昌局集团有限公司

（四）落实要素保障

各地政府要将信息通信基础设施建设纳入当地城乡发展规划、土地利用总体规划，合理安排用地，保障建设需要，优先纳入土地利用年度计划。新建基站用地，可直接取得政府供应土地，也可采取配建等方式使用土地。公安部门要联合通信管理部门从严依法惩处破坏信息基础设施、阻挠信息基础设施建设维护、妨碍应急通信保障及通信设施抢修救险等违法行为。

责任单位：各设区市人民政府、平潭综合实验区管委会，省自然资源厅、省公安厅

中共福建省委农村工作领导小组办公室 福建省农业农村厅 福建省自然资源厅 福建省发展和改革委员会 福建省财政厅 关于转发中央农办等五部门统筹推进村庄规划工作意见的通知

闽委农办〔2019〕3号

各市、县（区）党委农办、农业农村局、自然资源局、发展改革委（局）、财政局，平潭综合实验区农村发展局、环境与国土资源局、经济发展局、财政金融局：

现将《中央农办、农业农村部、自然资源部、国家发展改革委、财政部关于统筹推进村庄规划工作的意见》（农规发〔2019〕1号）转发给你们，并提出如下要求，请一并贯彻落实。

一、加强分工协作

党委农村工作部门、农业农村部门负责乡村规划统筹协调工作。自然资源主管部门负责推动村庄规划编制和实施管理工作。发改部门负责组织编制乡村振兴战略规划或实施方案。财政部门负责加大村庄规划工作的财政保障力度。

二、明确任务要求

一要加快县域村庄分类、村庄布局。各县（市、区）要结合县级乡村振兴战略规划，基本明确集聚提升类、城郊融合类、特色保护类、搬迁撤并类等村庄分类，对于看不准、暂不能分类的村庄，列入待定类。同时，分类建立指导目录，作为今后县域产业发展、基础设施建设和公共服务配置、村庄布局的依据。力争到2019年底，基本完成村庄分类工作；到2020年底，结合国土空间规划编制在县域层面基本完成村庄布局工作。二要分类开展村庄规划编制。村庄规划要按照“多规合一”的工作要求，坚持因地制宜、分类推进、聚焦重点、务实规划、从容建设，不一哄而上、面面俱到、贪大求全。对集聚提升类、城郊融合类等类型村庄，规划应统筹资源保护、生态修复、文化传承、经济发展、村庄建设、基础设施和公共服务设施配置、防灾减灾等内容。对特色保护类村庄，应在上述要求基础上，增加特色保护、空间品质规划设计等。对搬迁撤并类或未明确发展类型的村庄，可在县、乡镇国土空间规划中明确村庄国土空间用途管制规则和建设要求。各地可结合本地实际，探索符合地方实际的规划方法。三要有序推进村庄规划编制工作。2019年底优先开展乡村振兴试点村的规划编制或修订工作；力争到2020年底，有条件、有需求的村庄基本完成村庄规划编制工作。已经编制村庄规划、村土地利用规划等规划的，应对已编制的规划进行评估，符合要求的，经县级人民政府同意，可不再另行编制；需补充完善的，完善后按程序报批。鼓励各地结合实际，在乡（镇）域范围内，以一个或若干个行政村为单元开展村庄规划编制工作。四要统筹谋划村庄发展。按照节约集约用地原则，推进“一户一宅”和“建新拆旧”，合理确定村庄居民点宅基地规模，加快盘活宅基地存量。充分考虑当地建筑文化特色和居民生活习惯，因地制宜提出住宅建设设计和村庄景观风貌控制要求。深入挖掘乡村历史文化资源，重视历史文化保护，提出历史文化景观整体保护措施。围绕农村一二三产融合发展，统筹谋划村庄产业发展，合理安排产业用地布局。

三、强化工作保障

一要加强组织领导。2019 年 6 月底前各县（市、区）要建立县级党委政府主要领导负责的乡村规划编制委员会，并编制工作方案，报省农业农村厅备案。各县（市、区）乡村规划编制委员会具体负责全县乡村振兴战略规划和村庄规划编制工作领导、统筹协调、经费保障和成果审查论证等工作。村庄规划由乡镇党委政府具体负责组织编制。规划成果上报县级人民政府批准前，需经乡村规划编制委员会审查通过。二要优化技术服务。自然资源、住建等部门要搭建乡村规划综合服务平台，开展村庄规划示范创建。三要充分发挥村民主体作用。村庄规划编制过程中，应充分听取村民诉求，获取村民支持。规划文本形成后，应组织村民充分发表意见，参与集体决策。规划报送审批前，应经村民会议或者村民代表会议审议，并在村庄内公示，确保规划符合村民意愿。四要强化督查考核。将村庄规划工作情况纳入市县党政领导班子和领导干部推进乡村振兴战略实绩考核范围，作为下级党委政府向上级党委政府报告实施乡村振兴战略进展情况的重要内容。

中共福建省委农村工作领导小组办公室
福建省农业农村厅
福建省自然资源厅
福建省发展和改革委员会
福建省财政厅
2019 年 3 月 22 日

（此件主动公开）

各设区市企业政策选编

福州市人民政府关于加快培育一批产业基地打造新经济增长点的意见

榕政综〔2019〕34 号

各县（市）区人民政府，市直各委、办、局（公司），市属各高等院校，自贸区福州片区管委会：

为发展壮大先进制造业，增强省会经济综合实力和核心竞争力，实现赶超目标任务，将一批产业基地打造成为新增长点，推动建设现代产业体系，提出如下意见。

一、指导思想

以习近平新时代中国特色社会主义思想和党的十九大精神为指导，围绕打造“142”重点产业集群，坚持龙头企业带动，实施“强产业补链条”计划，补齐产业链薄弱环节，着力培育发展有特色、有优势、成长性好的 16 个产业基地，到 2020 年，产业基地工业总产值（主营收入）力争实现 8550 亿元，为促进我市产业结构战略性调整、加快建设现代化经济体系、推进高质量发展实现赶超提供产业支撑。

二、产业基地建设目标任务

（一）纺织化纤产业

1. 化纤产业基地。依托长乐滨海工业区、临空经济区，以金纶高纤、力恒锦纶、锦江科技、恒申合纤、凯邦锦纶等企业为龙头，辐射发展连江可门开发区聚酰胺一体化下游化纤产业，巩固全国最大锦纶民用长丝生产基地地位，不断提升化纤产品差别化率，打造化纤产业基地。重点加快引进纺织新技术、新设备，着力推进立华智纺、长源功能性纱线智能化等项目加快建设，发展一批差异化、功能性纺织新项目。到 2020 年，化纤产业基地工业总产值突破 1000 亿元。（责任单位及责任人：长乐区许南吉书记、蔡劲松区长，市工信局王国晓局长）

2. 纺织产业基地。依托长乐滨海工业区、临空经济区，以锦源纺织、长源纺织、金源纺织、金磊纺织、翔隆纺织、华冠纺织等企业为龙头，巩固全国最大的化纤混纺纱生产基地优势地位，重点发展新型纺纱技术，提高无卷化、无结头纱、无梭布、精梳纱、紧密纺高支纱产品比重，拓展产品应用领域，促进服装、家纺、产业用面料和功能性纺织品的发展。推进立华智纺、长源功能性纱线智能化等项目加快建设，策划生成一批差异化、功能性纺织新项目。到 2020 年，纺织产业基地工业总产值力争突破 800 亿元。（责任单位及责任人：长乐区许南吉书记、蔡劲松区长，市工信局王国晓局长）

3. 经编花边产业基地。依托福州新区长乐功能区，以东龙针纺、德盛、永丰、宏港、源达等企业为龙头，重点培育优势品牌，提高工艺水平，不断调整家纺、产业用纺织品比重。推广应用鑫港纺机等本地产高品质设备，加快恒申卡尔迈耶设备研发生产，推动长乐华伟针织纺织一体化项目、恒申高档针织纺织品等项目建设。到 2020 年，经编花边产业基地工业总产值力争突破 400 亿元。（责任单位及责任人：长乐区许南吉书记、蔡劲松

区长，市工信局王国晓局长）

（二）电子信息产业

4. 显示产业基地。重点依托融侨经济技术开发区，上游以旭福光电、旭友电子为龙头，中游以京东方光电、华映科技为龙头，下游以捷联电子、捷星显示科技为龙头，打造全产业链显示产业基地。重点发展高纯度靶材、驱动IC等项目，填补关键原材料空白；促进液晶显示面板、液晶显示模组、柔性显示器件等项目集聚发展；进一步丰富拓展产品类型，发展大尺寸、高清晰电视和显示器，引进智能手机等智能终端项目。加快推进京东方二期柔性显示项目、中诺通讯智能手机项目。到2020年，显示产业基地工业总产值突破1000亿元。（责任单位及责任人：福清市王进足书记、张帆市长，市工信局王国晓局长）

5. 光电芯片产业基地。重点依托福州高新区海西园，以瑞芯微电子、中科光芯、宏旭科技、华科光电、福顺微电子、高意科技、熔城半导体、福顺半导体等企业为龙头，打造"中国光芯"产业基地。充分利用光电芯片、光电器件技术领先优势，加快引进国际顶尖人才来榕集聚，培育发展具有自主知识产权的高端光电子芯片、光电子器件产品，抢抓发展机遇，拓宽应用领域，引领光电子产业发展，重点引进第三代半导体、人工智能芯片以及芯片封装测试项目。加快高意科技、熔城半导体、兆元光电等项目建设，推动福顺微电子、福顺半导体等企业实施技术改造和工艺改进，促进比特大陆AI芯片研发设计等项目落地和瑞芯微电子打造AI智能化解决方案。到2020年，光电芯片产业工业产值达到100亿元。（责任单位及责任人：市工信局王国晓局长，福州高新区管委会许舜举书记、黄建雄主任，鼓楼区朱训志书记、仓山区蔡战胜书记、梁栋区长，晋安区刘卓群书记、张定锋区长）

6. 物联网产业基地。重点依托马尾区，以上润精密、新大陆、福光股份、腾景光电、协成智慧、国脉科技、星海通信、新大陆、福水智联、慧翰微电子、冠林科技、创高安防、志品技术、中量智汇等企业为龙头，建设国家新型工业化产业示范基地（电子信息·物联网）、全国电子信息（微电子物联网）产业知名品牌示范区、福建省物联网产业人才聚集基地。重点聚焦智能家居、智能交通、智能管网、车联网等物联网应用服务领域，以国家级窄带物联网开放实验室建设、物联网产业园建设为抓手，着力促进与物联网应用相关的产品与设备研发，建设智慧城市、智慧社区等应用示范工程。到2020年，物联网产业基地主营业务收入力争突破400亿元。（责任单位及责任人：马尾区赵学峰书记、陈曾勇区长，市工信局王国晓局长）

7. 大数据产业基地。重点依托东南大数据产业园，以中电数据健康医疗项目、网龙网络公司、贝瑞基因、360网络安全基地等企业为龙头，打造大数据产业基地。重点加快引进一批上下游产业链项目，做实做强健康医疗、融合创新和VR等产业。推动大数据产业与传统产业融合发展，以推广行业应用为重点，在若干重点区域、行业中开展典型应用示范，突出发展政务、金融、电商、物流、医疗健康、影视及物联网、北斗卫星等大数据应用产业，实现云计算产品与服务的产业化。到2020年，大数据产业基地实现主营业务收入突破200亿元。（责任单位及责任人：市大数据委张青雅主任，长乐区许南吉书记、蔡劲松区长）

8. 软件信息产业基地。重点依托福州软件园，以福大自动化、网龙、瑞芯微、风灵创景、榕基、福富、伊时代、博思、顶点、福昕、四创等企业为龙头，不断提升"中国软件特色名城"实力和地位，着力推动工业控制、动漫游戏、IC设计、移动互联网、信息安全、金融、办公自动化、防灾减灾等重要领域、重点行业的嵌入式和应用软件的研发，带动下游应用产业发展。重点推动北京软交所福建工作中心、华为软件开发云、福建省超级计算中心等项目加快建设。到2020年，软件信息产业实现主营业务收入力争达到1600亿元。（责任单位及责任人：市工信局王国晓局长，鼓楼区朱训志书记及相关县区领导）

（三）机械装备产业

9. 新能源汽车产业基地。重点依托青口投资区，以奔驰汽车、东南汽车为龙头，打造新能源汽车产业基地。重点做大产业规模，提高汽车零部件本地化配套能力。着力引进氢燃料电池、动力锂电池、电机、电控、汽车电子及充电设施、制氢加氢等项目。加快推进奔驰新能源汽车、东南汽车新能源汽车、雪人氢燃料电池、冠城瑞闽、万润新能源项目、大东海汽车板材项目、中铝瑞闽汽车轻量化用铝合金板带材项目、新福兴新能源汽车玻璃等项目加快建设。到2020年，新能源汽车产业工业总产值达到600亿元。（责任单位及责任人：闽侯县李永祥书记、林颖县长，市工信局王国晓局长）

10. 风电装备产业基地。重点依托福建三峡海上风电产业园，以金风科技等企业为龙头，打造风电装备产业基地。重点引进电机、叶片、风机结构件等项目，形成完善的风电装备产业链。加快推进金风科技、江苏中车、中国水电四局、东方风电和LM风能等项目加快建设。到2020年，风电装备产业基地工业总产值力争突破50亿元。（责任单位及责任人：福清市王进足书记、张帆市长，市工信局王国晓局长）

11. 海洋工程装备产业基地。重点依托连江粗芦岛船舶修造基地，以马尾造船厂、东南造船厂、华东造船厂等企业为龙头，打造海洋工程装备产业基地。重点加快引进一批上下游配套项目，发展高技术船舶和海洋工程装备，服务海上工程作业和深海养殖业发展，促进海上福州建设。到2020年，海洋工程装备产业基地工业总产值力争突破100亿元。（责任单位及责任人：市工信局王国晓局长，马尾区赵学峰书记、陈曾勇区长，连江县周应忠书记、郑立敏县长，罗源县何杰民书记、孙利县长）

（四）冶金建材产业

12. 罗源湾千亿钢铁产业基地。重点依托罗源湾经济开发区，以宝钢德盛、闽光钢铁、亿鑫钢铁、吴航不锈钢等企业为龙头，打造罗源湾千亿钢铁产业基地。重点发展不锈钢400系产品和机械、汽车、化工及新兴产业所需的特种钢产品；加快建设不锈钢下游产业园，引进一批大型压延、表面处理企业及高端厨具、医疗器械、高端装备等精深加工企业，推进不锈钢下游产业聚集化发展。重点推进宝钢德盛1780热轧不锈钢、大东海高端绿色精品钢铁技改、罗源闽光产能置换、泰铭不锈钢等项目建设。到2020年，钢铁产业基地工业总产值超过700亿元。（责任单位及责任人：市工信局王国晓局长，罗源县何杰民书记、孙利县长，长乐区许南吉书记、蔡劲松区长）

13. 新型建材产业基地。重点依托闽清白金工业园和长乐、罗源新型建材产业园，以中国建筑海峡（闽清）绿色建筑科技产业园项目、金强建材、博那德科技园等企业为龙头，打造新型建材产业基地。推动闽清陶瓷产业结构优化升级，不断转变发展方式，加强品牌建设，提高产品附加值。重点发展新型生态环保建筑材料，扩大混凝土预制构件、能消音耐火风管、复合墙板、轻钢房屋等，研发更加生态环保的建筑材料。到2020年，新型建材产业基地工业总产值力争达到550亿元。（责任单位及责任人：市工信局王国晓局长，闽清县许用贵书记、陈忠霖县长，长乐区许南吉书记、蔡劲松区长，罗源县何杰民书记、孙利县长）

（五）轻工食品产业

14. 水产品加工基地。重点依托连江经济开发区和福清龙田开发区，以海壹食品、百洋食品、海欣食品等企业为龙头，打造水产品加工产业基地。充分发挥福州远洋渔业优势和连江县水产大县资源优势，围绕绿色、休闲、方便、速食等方面要求，推进水产品加工机械化、标准化生产，提高水产品加工能力，发展壮大具有特色的水产品加工业。到2020年，水产品加工基地工业总产值达到450亿元。（责任单位及责任人：市工信局王国晓局长，福清市王进足书记、张帆市长，连江县周应忠书记、郑立敏县长）

（六）石油化工产业

15. 化工新材料产业基地。重点依托江阴化工新材料专区，和连江可门开发区，以中景石化为龙头，重点推进丙烷脱氢制丙烯、聚丙烯、聚丙烯薄膜以及双氧水、环氧丙烷等产业链延伸项目。以申远新材料、天辰耀隆等企业为龙头，着力引进合成氨、苯胺、制氢、环己酮等己内酰胺产业链项目，重点推进申远新材料二期、中国石化南京化学精细化工产业基地、天辰耀隆扩能、福化天辰煤制气等重点项目建设，打造世界最大的己内酰胺生产基地。以康乃尔MDI、东南电化TDI为龙头，着力引进下游聚氨脂生产项目。到2020年，化工新材料产业基地工业总产值将超过500亿元，其中江阴化工新材料专区化工产业总产值将突破400亿元。（责任单位及责任人：福清市王进足书记、张帆市长，连江县周应忠书记、郑立敏县长，市工信局王国晓局长）

（七）生物医药产业

16. 生物医药研发生产基地。重点依托福州高新区和江阴港城经济区，以福抗药业、丽珠集团等企业为龙头，加强与各大科研院所的产学研合作，重点开发引进细胞工程、发酵工程和酶工程、海洋药物等现代医药生物技术，提高生物医药研发及市场化水平；以生物医药产业园为平台，依托博奥医学基因检测、迈新生物医疗检测等项目，重点发展基因检测产业；以克里贝尔—中欧生物技术产业园为平台，重点发展分子诊断产业，加快发展生物医学分析仪器、可快速诊断的家庭用医疗保健仪器、物理治疗及康复设备。到2020年，生物医药研发生产基地工业总产值超过100亿元。（责任单位及责任人：市工信局王国晓局长，福州高新区管委会许舜举书记、黄建雄主任，福清市王进足书记、张帆市长，仓山区蔡战胜书记、梁栋区长）

三、保障措施

（一）加大政策扶持

1. 深入贯彻落实《中共福州市委福州市人民政府印发福州市推动新一轮经济创新发展十项政策的通知》（榕委发〔2017〕5号），对属于产业基地内的企业和项目符合申报条件的给予优先扶持，及时兑现各项政策，确保资金按时足额到位。

责任单位：市直有关部门，各县（市）区人民政府

2. 积极争取中央、省级预算内专项资金扶持，对落户产业基地符合申报条件的项目纳入国家重大项目库管理，指导企业做好专项资金的申报工作。

责任单位：市直有关单位，各县（市）区人民政府

3. 各牵头单位要认真抓好产业基地的建设推进工作，市政府将为各产业基地举行揭牌仪式，并按一线考核干部的办法对在产业基地建设推进工作中作出重大贡献的同志予以褒奖。

责任单位：市直有关部门，各县（市）区人民政府

（二）强化龙头引领

4. 坚持扶优扶强、龙头带动，进一步完善市县联动服务龙头企业工作机制和领导挂钩帮扶机制，做大做强现有龙头企业。落实《福建省人民政府关于进一步推进创新驱动发展七条措施的通知》（闽政〔2018〕19号），用好用足研发费用加计扣除、企业研发费用分段补助、企业技术改造补助等创新激励政策，鼓励企业加大研发创新投入。支持龙头企业牵头组建技术联盟和产业联盟，促进协同制造和协同创新，提升产业创新能力和发展水平。

责任单位：市直有关部门，各县（市）区人民政府

5. 支持龙头企业开展跨所有制、跨区域资源整合，对龙头企业参与全球资源整合配置，实现境内外高端品牌并购，联合兼并优势企业，给予前期费用及并购贷款贴息支持。

责任单位：市工信局、市商务局、市财政局，各县（市）区人民政府

6. 发挥领军型企业引领、集聚、支撑作用，支持成长型企业做优、做大、做强；培育一批主营业务突出、竞争力强以及具有良好发展前景的“专精特新”中小企业、制造业单项冠军企业（产品）和“双高龙头”企业。

责任单位：市工信局、市科技局，各县（市）区人民政府

（三）突出链条延伸

7. 以产业集群主导产业为基础，按照“缺什么引什么、弱什么补什么”原则，发布重点招商项目目录，引导资本投向产业链的高端环节和关键缺失环节。支持骨干企业提高市内产业链配套率，带动全市制造业企业新进入其产业链或采购系统。

责任单位：市投促局、市工信局、市商务局，各县（市）区人民政府

8. 精准对接世界500强、民企500强、台湾百大企业、行业龙头企业，落实推动新开放领域重点产业精准招商工作指导意见，实施民企产业项目第三方招商引资奖励政策，积极开展产业链招商，持续对接生成一批具有较强引领性、带动

性、根植性的产业龙头项目和产业链“补短板”项目，引导集群产业链上下游延链、补链、壮链。

责任单位：各县（市）区人民政府，市投促局、市商务局、市工信局、市财政局

（四）鼓励集聚发展

9. 落实《福建省人民政府关于促进开发区高质量发展的指导意见》（闽政〔2018〕15 号），坚持“高起点、高标准、布局合理、适度超前”的原则，将产业园区列入本地区产业发展规划，与城乡规划、土地利用总体规划等有机衔接，根据区域特点和资源环境承载能力，对重点产业和重点区域进行合理规划布局，发挥比较优势，确定主攻方向，创新管理体制机制，实行差异化发展，打造一批竞争力强、各具特色的专业园区。

责任单位：各县（市）区人民政府，市工信局、市发改委、市商务局、市自然资源和规划局、市生态环境局

（五）完善服务配套

10. 支持符合条件的产业基地重大储备项目纳入各级重点建设项目库管理，通过“一季一督查、一月一协调”，专题协调解决产业集群重点项目建设问题。加强产业集群统计监测，及时跟踪产业集群发展态势。

责任单位：市发改委、市工信局、市统计局，各县（市）区人民政府

11. 加强产业集群与金融机构、投资基金等对接合作，鼓励金融机构依托集群设立分支机构或创新符合产业集群特点的金融产品。设立和引入各类创业投资机构、投资基金，对成长性企业特别是有上市及“新三板”挂牌愿景的企业进行风险投资和股份制改造。

责任单位：市地方金融监管局、人行福州中心支行，各县（市）区人民政府

12. 强化品牌培育，大力实施“三品”战略，加快工业品牌示范企业、区域品牌建设试点，对产业集群所在地的工业品牌、区域品牌、地理标志等给予适当奖励。

责任单位：市工信局、市市场监管局、市财政局，各县（市）区人民政府

附件：福州市加快培育一批产业基地打造新经济增长点的意见任务分解表

福州市人民政府

2019 年 2 月 10 日

厦门市人民政府关于印发加快创新驱动发展若干措施的通知

厦府〔2019〕144号

各区人民政府，市直各委、办、局，各开发区管委会：

现将《厦门市加快创新驱动发展的若干措施》印发给你们，请认真组织实施。

厦门市人民政府
2019年5月13日

（此件主动公开）

厦门市加快创新驱动发展的若干措施

为深入贯彻习近平新时代中国特色社会主义思想和党的十九大精神，实施创新驱动发展战略，全力打造“高素质的创新创业之城”，全面加快福厦泉国家自主创新示范区厦门片区建设，根据《福建省人民政府关于进一步推进创新驱动发展七条措施的通知》精神，进一步加大政策扶持力度，健全创新机制，以高质量科技供给不断增强经济创新力和竞争力，推动我市产业高质量发展。提出如下措施：

（一）激励企业加大研发投入

深入实施“普惠与重点”相结合的企业研发费用补助政策，引导企业加大研发投入，增强市场核心竞争力。根据企业年度享受税前加计扣除政策的研发费用数额，按照基础补助和增量补助相结合的方式予以扶持。其中，基础部分按10%、增量部分按12%补助。对主营业务收入20亿元及以上、且年度研发经费投入在5000万元及以上的大型企业，补助最高限额为800万元；其他企业最高限额为250万元。（责任单位：市科技局、市财政局）

（二）鼓励行业领军企业承担国家级创新项目

支持行业领军企业（位居全国行业前三）牵头承担实施国家重大科技专项和重点研发计划项目，根据《福建省人民政府关于进一步推进创新驱动发展七条措施的通知》（闽政〔2018〕19号）的规定，按企业所获得国家实际资助额1∶1的比例给予配套奖励。配套奖励资金扣除省级奖励，其余部分由市和项目所在区按现行财政体制分担，国家资助金额以及省、市、区配套资金之和不超过项目总投入。（责任单位：市科技局、市财政局，各区政府、火炬管委会）

（三）鼓励建设高水平创新载体

对经确认的省、市级重点实验室，依托民营企业建设的，给予一次性200万元资助；依托高校、科研院所、医疗机构和其他法人单位建设的，给予一次性100万元资助。经绩效考核评估优良的省市级重点实验室，分别给予50万元、20万元奖励。对新获批建设的与厦门产业紧密结合的国家重点实验室、国家技术创新中心、国家工程研究中心、国家临床医学研究中心，给予一次性1000万元资助；经国家考核评估优秀的，给予一次性200万元奖励。同一级别的多种类型研发机构，按就高不重复原则享受相关财政资助资金。（责任单位：市科技局、市发改委、市财政局）

（四）鼓励创办新型研发机构

围绕生物医药、物联网、大数据、集成电路、人工智能、新材料和新能源等重点领域，国内外高校、科研院所、企事业单位和社会团体等各类创新主体在厦建设市场化运作、具有独立法人资格新型研发机构的，给予一次性100万元初创期建设经费补助；经确认为重大研发机构的，一次性补足至500万元。给予研发机构非财政资金新购入科研仪器、设备和软件的购置经费50%后补助，5年内新型研发机构最高3000万元、重大研发机构最高5000万元（非独立法人的最高2000万元）。其中，重大研发机构仪器设备等补助超出3000万元部分，市区按照现行财政体制分担。

新型研发机构每成功孵化一家国家级高新技术企业，给予20万元奖励。重大研发机构每两年进行一次评估，根据评估结果给予最高不超过500万元的绩效奖励。初始投入额达1亿元以上的特别重大研发机构，可按“一事一议”方式予以扶持。

（责任单位：市科技局、市财政局、市发改委、市工信局，各区政府、火炬管委会）

（五）支持建设福建省实验室

按照省政府部署，积极争取在能源与环境材料、生物医药、海洋科学、集成电路等我市具有比较优势的领域和产业建设福建省实验室。按照国家、省实验室建设要求，在实验室用地、用房、基础设施、人才引进和成果转化等方面予以政策和资源支持。经批准建设的省实验室，以“院（校）地合作模式”建设的，市财政提供省实验室建设总投入的50%经费；以“院（校）企合作模式”建设的，市财政提供省实验室建设总投入的30%经费。省实验室运行经费由市政府商参建单位共同投入，省、市财政每年提供不少于5000万的运行经费并列入年度财政预算，连续支持5年。（责任单位：市科技局、市财政局、市发改委、市工信局、市教育局）

（六）鼓励建设科技企业孵化器

对新认定的省、市级科技企业孵化器给予100万元一次性奖励（省级与市级不重复奖励），国家级科技企业孵化器补足至300万元。新建设或改扩建科技企业孵化器、专业化科技企业孵化器内配套建设的公共技术服务平台，按《厦门市促进科技企业孵化器发展实施办法》（厦科联〔2017〕59号）给予一次性补贴。鼓励科技企业孵化器培育高新技术企业，对在孵或当年毕业企业获得国家高新技术企业认定，按照每家20万元的标准给予孵化器一次性奖励。（责任单位：市科技局、市财政局）

（七）大力培育高新技术企业

健全“科技型中小微企业—市级高新技术企业—国家级高新技术企业—科技小巨人领军企业”的“全周期”梯次培育体系。对备案为市级高新技术企业且之前未认定为国家级高新技术企业的，给予一次性5万元奖励；对认定为国家级高新技术企业（含重新认定）的，给予一次性10万元奖励；对认定为市级科技小巨人领军企业的，给予一次性20万元奖励。本条款所述奖励每家企业可分别享受一次，同一年度市级高新技术企业奖励和国家级高新技术奖励可同时享受，科技小巨人领军企业奖励按拨付当年度“就高、不重复”原则享受。（责任单位：市科技局、市财政局）

（八）推动建立科技金融体系

按照“政府引导、市场运作、风险共担”的原则，积极打造为科技型中小微企业服务的专业融资增信平台。与担保公司、保险公司和银行签订合作协议，单户企业最高可获得2000万元的科技担保贷款和300万元的科技保证保险贷款。设立总额4000万元的科技担保贷款、科技保证保险贷款风险补偿金，承担贷款本金损失的40%。市财政安排专项经费，对科技担保贷款的实缴利息给予总额20%的补贴，对科技保证保险贷款的实缴利息给予总额30%的补贴。同时，积极指导设立科技金融专营机构，要求机构专建、产品专创、流程专设、审批专派、资源专配、考核专列、人员专管、风险专控等一系列专项政策，确保科技金融专营机构能够专业、专注的开展科技型中小微企业投融资业务。积极探索通过中小企业债券、税收信用贷款、投贷联动、银保联动等方式解决科技型中小微企业融资难题。积极培育和推动科技型中小企业登陆资本市场，拓宽直接融资渠道。

壮大科技成果转化与产业化基金、科技创业种子暨天使投资基金规模，鼓励、引导各类市场化股权投资机构投资我市科技型中小微企业，给予开办、经营、投资多方面奖励，提供风险补助，以及企业、个人方面税收优惠。

加强科技保险对创新保障力度，拓展科技保险种类，提高企业保险意识。对科技型企业投保相关科技保险给予保费40%比例补贴，每家企业每年补贴最高30万元。

（责任单位：市科技局、市金融监管局、市财政局、厦门银保监局，火炬管委会）

（九）鼓励开展知识产权运营

支持创新主体开展知识产权导航、分析评议、布局、风险预警、运营和综合管理等活动，每年选择本市重点发展产业中的一至两个重点领域开展以上活动，每个项目安排最高30万元的资金支持；“双创”基地、产业联盟、特色园区和高校院所（含新型研发机构）等开展知识产权运营活动成效显著的，分别给予最高20万元至100万元不等的一次性奖励；对完成培育高价值专利组合或专利池的牵头单位，根据培育成效按单个培育项目给予最高300万元奖励。鼓励企业运用综合专利、商标、版权等知识产权多样化组合策略，全方位、立体化覆盖产品、技术、工业设计等的知识产权。鼓励企业通过“标准必要专利”主导或参与建立国际标准、国家标准、行业标准。（责任单位：市市场监管局、市财政局）

漳州市人民政府关于印发漳州市加强金融服务工业发展若干措施的通知

漳政综〔2019〕77 号

各县（市、区）人民政府，漳州、常山、古雷开发区管委会，漳州台商投资区、漳州高新区管委会，市直各单位，各金融机构：

《漳州市加强金融服务工业发展的若干措施》已经市委、市政府研究同意，现印发给你们，请认真贯彻执行。

漳州市人民政府

2019 年 12 月 11 日

（此件主动公开）

漳州市加强金融服务工业发展的若干措施

为积极推进我市金融供给侧结构性改革，切实增强金融对工业企业的服务质效和服务能力，构建综合金融服务体系，有效缓解企业融资难、融资贵问题，加快落实市委、市政府“大抓工业、抓大工业”的决策部署，支持工业企业做强做优做大，促进工业经济高质量发展，结合我市实际，制定如下措施。

一、激励金融机构增加信贷资源投入

（一）引导银行业加大工业贷款的投放力度。按季通报银行业机构工业贷款余额，对工业贷款余额同比增长且贡献较大的银行进行奖励。年末按“工业贷款余额排名 ×30% + 工业贷款增量排名 ×30% + 工业贷款增速排名 ×40%”公式计算总排名，设置一等奖一名、二等奖二名、三等奖三名，由市级财政分别奖励 100 万元、70 万元、50 万元，并对获奖的银行业机构授予年度“服务工业发展突出贡献银行”荣誉。政府相关部门可将该排名结果作为依法合规开展财政性资金管理、国企融资比选以及政府重点项目战略合作选择的参考依据。

（二）持续发挥政府增信措施作用。鼓励各银行业金融机构持续深化与政策性融资担保公司及保险公司的业务合作，充分发挥政策性担保和贷款保证保险的风险增信作用，有效解决中小型制造业企业抵（质）押物不足、信用保证能力弱等难题。对开展政策性融资担保贷款和贷款保证保险业务的金融机构，由市级财政按照当年贷款发放额度的 1% 给予奖励，单个机构合计最高不超过 50 万元。

（三）鼓励银行业开辟工业贷款审批的绿色通道。银行业金融机构按照风险可控原则，积极向上级行争取下放工业贷款审批权限，提高工业企业金融服务效率；推广预授信、平行作业、简化年审等方式，积极开展“限时服务承诺”，缩短获贷时间，提高授信审批效率。优化利率定价管理，合理确定利率水平，努力降低企业融资成本。

（四）培育银企互动融合发展的长效机制。深化联合授信、银团、债委会等工作机制，提升对重大项目的金融服务质量和风险防控能力。对采取联合授信、银团等方式发放的工业贷款，在办理抵（质）押登记等有关手续时予以优先办理。支持银行根据民营工业企业实际需求发放1年期以上中长期贷款，鼓励银行与企业构建稳定、和谐、共赢的长期银企关系。

（五）创新工业企业信贷产品服务。鼓励金融机构开展供应链融资及知识产权、股权、仓单等质押贷款业务，推广“银税互动”“银电互动”“技改专项贷款”等金融创新产品，按市场化方式自主选择建立“贷款+保险+财政风险补偿”的专利权质押融资模式。创新增信服务模式，帮助信用良好的优质企业实现首笔融资，破解“首贷”难题。鼓励银行业机构发挥金融全牌照优势，为我市工业企业提供综合金融服务。

（六）发挥保险融资增信功能。鼓励我市有资质的保险公司开展出口信用保险业务，支持企业利用出口信用保险保单融资，探索建立中小微统保平台，提高我市企业出口信用保险的覆盖程度。支持保险公司优先为符合条件的中小微企业办理信用保证保险业务，引导银行业金融机构对相关企业给予贷款优惠政策。

二、支持工业企业并购重组

（一）对通过司法拍卖取得我市工业用地、厂房、机器设备等银行不良信贷资产的，按该交易所产生的地方财政贡献（不含土地出让金）对承接企业给予奖励；通过资产管理公司转让取得的奖励减半；单个企业最高不超过200万元。该奖励在承接企业（含由承接企业在我市新设的企业）开工生产且在我市年上缴税费达500万元以上的年度一次性给予兑现。

（二）鼓励我市企业通过并购重组等方式做强做优，对符合条件的企业并购项目，金融机构、股权投资基金要优先给予资金支持；推动发展前景良好的优质企业、优质资产实施市场化“债转股”，助力企业整合资源、改善资产负债结构，稳妥降低企业杠杆率。

三、引导企业充分运用多层次资本市场

（一）加大企业上市挂牌推动力度。在执行我市现行企业上市扶持政策的基础上，补充以下条款：

1. 工业企业拟在科创板上市的，按完成股份制改造、证券交易所受理、中国证监会注册、成功上市且募集资金70%以上投资于本市等四个时间节点，分阶段分别奖励60万元、300万元、300万元、340万元。全市首家在科创板上市的工业企业，追加一次性奖励500万元。

工业企业自设立之日起5年内或自迁入我市之日起3年内在境内成功上市的，追加一次性奖励500万元。

市域外的境内上市公司将注册地和纳税登记地迁入我市的，经评定后给予一次性奖励1500万元。

本条款资金奖励40%由市级财政承担，60%由受益财政承担。

2. 上市公司个人股东（股东性质为合伙制股权投资企业的，包括其合伙人）依法依规在本市证券机构开户、减持限售股的，按其股权转让形成的地方财政贡献，参照省内周边地区标准就高给予补助。

3. 市域外迁入的境内上市公司、完成实质性股份制改造的拟上市工业企业，自其首次盈利或完成市场监管部门核准变更登记的次年起3年内，按每年环比新增地方财政贡献给予奖励。

4. 股份制工业企业通过海峡股权交易中心实施股权登记托管的，给予50%费用补助，单家企业补助金额最高不超过3万元。

5. 拟上市工业企业引进曾在市域外企业担任董事会秘书或财务总监且在任期间成功推动企业在境内上市的高层次融资人才，自企业进入福建证监局辅导备案当年起3年内，按企业税前支付该人才全年薪酬的30%给予补助，每人每年补助最高不超过30万元。

（二）稳步推进企业发行债券融资。鼓励有条件的企业通过债券市场拓宽直接融资渠道，优化融资结构。鼓励银行机构、证券公司、保险公司、融资担保公司共同创新企业发债信用增进模式，提高民营工业企业债券市场接受度。民营工业企业成功发行优先股、可转债券、中期票据、短期融资、公司债、企业债、私募债、可续期债、资产证券化产品等的，按债券规模的1%予以贴息补助，每家企业每年最高不超过100万元。

（三）支持企业应用期货工具管理风险。支持有条件的工业企业设立期货交割厂库（仓库），积极应用期货工具管理经营风险。企业设立期货交割厂库的，3年内每年奖励5万元；设立期货交割仓库的，3年内每年奖励2万元。

四、增强股权投资机构在漳投资动力

（一）股权投资企业投资我市非上市企业且全市累计投资金额达3000万元以上的，由各被投资企业注册地受益财政按其在当地投资额1%的比例给予奖励；被投资企业属于战略性新兴产业的，奖励比率按1.5%执行。获得奖励的股权投资企业在3年内不得退出该被投资企业。

（二）股权投资企业吸引所投市域外企业将注册地和纳税登记地迁入我市的，由被投企业迁入地受益财政按实际股权投资额的2%给予奖励；被投资企业属于战略性新兴产业的，奖励比率按3%执行。

（三）股权投资企业投资我市主导产业或战略性新兴产业，因投资失败导致清算或减值退出而形成项目投资损失的，由被投资企业注册地受益财政按其实际投资损失金额20%给予风险补助。单个项目补助额最高为200万元，同一股权投资企业申请风险补助金额累计不超过500万元。

五、鼓励类金融机构发挥融资功能

（一）融资担保公司为我市工业企业提供贷款担保的，按年度担保额的0.8%比例予以风险补偿。

（二）融资租赁公司（包括金融租赁公司，下同）为我市工业企业提供融资租赁服务的，由该工业企业注册地财政按融资额的1%给予奖励；融资租赁公司非我市法人企业的，奖励比例按0.5%执行。融资租赁公司购入我市工业企业生产的设备用于租赁业务的，设备制造企业注册地财政按照合同实际支付金额的1%给予融资租赁公司奖励。同一家融资租赁公司每年累计奖励不超过300万元。

（三）商业保理公司为我市企业提供国内保理业务、国际保理业务的，分别按照每笔保理融资金额的0.5%、1%比例给予奖励，每笔最高10万元，每家商业保理公司每年累计奖励不超过200万元。

（四）鼓励小额贷款公司面向中小微工业企业提供信贷服务，按其对小微企业年度贷款余额比上年净增加额的0.3%给予风险补偿，每家小额贷款公司每年累计补偿不超过100万元。

（五）支持工业企业参与供应链金融服务，依托其供应链核心企业地位带动上下游企业开展应收应付账款融资业务。对于以系统对接方式接入中国人民银行征信中心中征应收账款融资服务平台的工业供应链核心企业，给予20万元系统开发补助。

六、优化机制提升综合服务能力

（一）建立健全市县两级联动协同机制。各县（市、区）、开发区（投资区、高新区）应根据本辖区具体情况指定有关部门牵头负责推动金融服务工业发展的各项工作，强化辖区金融工作专业力量配置和队伍建设，聚力上市后备企业资源的挖掘、培育、服务，努力缓解企业融资难、融资贵问题，并每季度向市地方金融监管局报送辖区内金融服务工业发展的进展情况。

（二）充分发挥漳州综合金融服务平台信息资源整合功能。鼓励企业、金融机构、类金融机构以及征信、资产评估等中介机构运用平台加强信息和资源对接，积极拓展平台与金融、税务、海关、司法、市场监管、电力等部门的信息对接渠道，逐步构建覆盖企业全生命周期融资需求的综合金融服务体系。

七、其他说明事项

（一）本政策所称股权投资企业、融资租赁公司、商业保理公司、小额贷款公司，原则上指注册地和纳税登记地均在我市并经政府相关部门或行业协会依法批准设立或备案的相关机构。

（二）对于市县两级财政资金参股或认缴出资的股权投资企业，享受扶持政策时需相应扣除折算财政出资的部分。鼓励股权投资企业约定将其按第四条第（一）（二）款获得的奖励让利给其委托管理的股权投资管理企业。

（三）除第三条第（一）款外，我市现有市级政策与本政策类同的，同一机构、同一项目按“就高不重复”的原则享受。

各县（市、区）、开发区（投资区、高新区）可根据辖区实际制定配套扶持措施，加大金融服务工业发展的政策扶持力度。

（四）享受本政策奖励或补助的相关企业和机构，应当承诺十年内不迁离漳州。享受本政策奖励或补助的机构及个人不履行承诺的义务或者采取弄虚作假等手段骗取优惠政策的，除责令限期纠正外，取消享受优惠政策资格，并收回已享受的奖励或补助。

（五）本政策涉及的各项财政资金，如无特别说明，均由企业注册地受益财政承担。其中市级财政承担部分，由市地方金融监管局负责组织初审，经市级财政会稿后，报市政府批准后兑现。

（六）本政策自发布之日起实施，有效期三年，由市地方金融监管局负责组织实施。有效期届满后，有效期内已满足奖励和补助条件的，政策延续至执行完毕。

泉州市人民政府关于加速高新技术企业培育发展若干措施的通知

泉政文〔2019〕42号

各县（市、区）人民政府，泉州开发区、泉州台商投资区管委会，市人民政府各部门、各直属机构，各大企业，各高等院校：

为深入实施创新驱动发展战略，加快推进福厦泉国家自主创新示范区泉州片区建设，着眼我市高科技企业、科技型企业家两个核心，加快培育壮大一批、孵化生成一批、改造提升一批、对接转化一批、引进落地一批高新技术企业，确保到2021年底，全市高新技术企业突破1000家，培育战略性新兴产业成长性企业200家，做大做强做优我市高新技术产业，特制定以下措施：

一、加快培育壮大一批高新技术企业

完善高新技术企业梯度培育和奖励机制，每年择优遴选100～200家科技型企业作为重点培育对象，纳入高新技术企业培育库，实行动态管理、分类培养、精准支持。对省级高新技术企业培育库入库企业，给予最低20万元、最高不超过200万元奖励；对省级高新技术企业培育库中通过国家高新技术企业认定的，给予一次性补助20万元；所需奖补资金，扣除省级分担补助部分，其余补助资金由市、县两级财政按1：1分摊。支持中介机构为企业申报高新技术企业提供培训、指导等服务，对在泉州注册向我市企业出具专项审计报告并成功通过高新技术企业认定的专审机构，当年通过高新技术企业认定数量超过3家的部分，每增加1家补助5千元，对每家中介机构当年补助金额最高不超过10万元。（责任单位：市科技局、财政局，各县（市、区）人民政府，泉州开发区、泉州台商投资区管委会）

二、加快孵化生成一批高新技术企业

支持各类创新创业孵化基地和众创空间建设，积极推动“孵化＋创投”“创业导师＋持股孵化”“创业培训＋天使投资”“互联网＋”等孵化服务模式创新，吸引更多新兴产业项目来泉孵化，培育生成一批高新技术企业。落实《福建省人民政府关于进一步推进创新驱动发展七条措施的通知》（闽政〔2018〕19号），省级以上科技孵化器培育国家高新技术企业，孵化期内每培育1家，省里按政策给予奖励5万元。市级科技企业孵化器培育国家高新技术企业，孵化期内每培育1家，按照每家5万元的标准给予所在孵化器一次性奖励。（责任单位：市科技局、财政局）

三、加快运用高新技术改造提升一批传统优势企业

用科技赋能改进提升传统优势企业，通过加快创新转型升级为高新技术企业。推动一批规模以上工业企业通过加强研发投入和技术改造，升级成为高新技术企业；推动一批规模以下高新技术企业提高发展速度和发展质量，壮大成为规模以上企业。对企业年产值在5000万元以上、研发经费内部支出占主营业务收入比重超过5%，且符合《泉州市进一步支持民营企业健康发展行动方案》（泉委办发〔2018〕34号）相关要求的，在享受已有研发经费分段补助的基础上，按其研发经费内部支出超出上一年度的增量部分再给予10%的绩效奖励，最高可达500万元，所需经费按原有政策比例分担。（责任单位：市科技局、财政局，各县（市、区）人民政府，泉州开发区、泉

州台商投资区管委会）

四、加快对接转化促成一批高新技术企业

落实科技成果使用、处置和收益权改革政策，激励科技人员创新创业，支持和鼓励科技人员离岗创业实施科技成果转化或以转让的方式支持企业提升技术创新能力。支持企业主动承接和转化科研机构、高校具有实际应用价值的科技成果，重视原创技术或前沿性技术的储备，构建以市场为导向、企业为主体的开放创新网络。我市企业向非关联单位购买国内（含港、澳、台地区）一类知识产权和国外发明专利技术在泉州实施转化，且实际交易额50万元以上的，按照实际支付技术交易额的6%给予奖励，单个项目最高不超过100万元，单个企业每年奖励金额最高不超过300万元。（责任单位：市科技局、财政局，各县（市、区）人民政府，泉州开发区、泉州台商投资区管委会）

五、加快引进落地一批高新技术企业

瞄准化合物半导体、新型陶瓷、精细化工、石墨烯、智能装备、生物医药等战略性新兴产业，大力引进项目龙头高科技企业。鼓励泉商回归创新创业，支持泉商利用并引进海内外优质科技资源和人才，创办一批高新技术企业。对外地高新技术企业整体迁入我市，在有效期内完成落户并在我市完成营业收入超过1000万元的，给予一次性补助100万元，补助资金由市、县两级财政按1∶1分摊。（责任单位：市科技局、财政局，市工商联，各县（市、区）人民政府，泉州开发区、泉州台商投资区管委会）

六、加大对高新技术企业科技金融支持力度

鼓励银行业机构创新金融产品和服务，拓展科技信用贷款、专利权质押贷款等业务，增加科技金融风险补偿资金投入，发挥市高新技术产业发展基金的融资支持作用，优先将符合条件的高新技术企业及后备企业纳入市高新技术产业发展基金支持对象，满足其信贷需求。对瞪羚企业培育库入库企业给予贷款贴息支持。引导市产业股权投资基金及子基金投资高新技术企业及后备企业。（责任单位：市金融监管局、财政局、科技局，在泉各银行业机构）

七、支持高新技术企业创新发展

鼓励高新技术企业做大做强，实现高质量发展，对年度工业产值超过10亿元且增速达15%以上的产业龙头企业、年度工业产值超过5000万元且增速达25%以上的高成长企业，按《泉州市进一步支持民营企业健康发展行动方案》（泉委办发〔2018〕34号）相关规定，由受益财政给予奖励。对增资扩产的高新技术企业，在年度用地计划指标中优先安排，在各类科技计划和技改专项中，提高其项目评审权重，优先给予立项支持。（责任单位：市工信局、财政局、科技局、资源规划局）

八、支持高新技术企业科技创新人才团队建设

鼓励高新技术企业面向国内外引进高层次人才团队，重点引进掌握高新技术领域关键核心技术，具有国际国内或行业先进水平的人才团队，每个团队最高给予300万元经费支持；对有突出贡献和重大影响力的引进高层次人才（团队），可“一事一议”予以支持。支持高层次人才创新创业，对拥有持续创新成果的泉州市高层次人才，每年组织人才创新创业项目立项补助，每个项目最高给予50万元科研经费补助。（责任单位：市科技局、人社局、财政局，各县（市、区）人民政府，泉州开发区、泉州台商投资区管委会）

九、支持高新技术企业“民参军”“军转民”

鼓励高新技术企业积极承接“军转民”技术转化成果，支持高新技术企业进入“大防务、大安全”军民融合科研、生产及维修领域，促进军民融合产业发展。对高新技术企业新取得武器装备科研生产单位保密资格认证、武器装备科研生产许可证认证、装备承制单位资格认证的，给予适当奖励。对高新技术企业承担的军民融合科技创新项目，优先给予立项支持。（责任单位：市委军民融合办，市科技局、财政局）

十、支持高新技术企业加强知识产权运营和保护

鼓励高新技术企业及后备企业与高校、科研院所、中介机构协作开展专利技术创造与运用，在泉高等院校、市级以上新型科研机构等每年转让或许可专利给市内5家以上企业，且每项专利转让或许可的合同金额10万元以上（以专利包方式交易的按1项专利计算）的，按每项合同金额的10%给予奖励，每个单位最高不超过5万元。对企业开展专利权质押贷款进行贴息补助，贴息比例为同期银行贷款基准利率的30%，低于基准利率的以实际利率的30%为准，贴息时间从计算贴息之日起最长不超过2年，每家企业每年享受贴息资金总额最高不超过30万元，已享受其他各级政府贴息补助的企业不重复补助。对通过《企业知识产权管理规范》（GB/T29490－2013）标准认定的高新技术企业给予一次性补助8万元。（责任单位：市知识产权局、财政局、科技局）

以上措施自发文之日起实施，有效期至2021年12月31日止，由泉州市科学技术局会同有关部门负责解释。《泉州市人民政府关于加快培育高新技术企业若干措施的通知》（泉政文〔2017〕136号）同时废止。

泉州市人民政府

2019年6月10日

三明市人民政府关于印发三明市促进建筑业高质量发展十条措施的通知

明政〔2019〕9号

各县（市、区）人民政府，市直各单位：

《三明市促进建筑业高质量发展十条措施》已经市政府常务会议研究同意，现印发给你们，请认真组织实施。

三明市人民政府

2019年9月4日

（此件主动公开）

三明市促进建筑业高质量发展十条措施

为促进我市建筑业加快发展，进一步提升建筑业发展水平，根据《国务院办公厅关于促进建筑业持续健康发展的意见》（国办发〔2017〕19号）、《住房和城乡建设部办公厅关于支持民营建筑企业发展的通知》（建办市〔2019〕8号）、《福建省人民政府办公厅关于促进建筑业持续健康发展的实施意见》（闽政办〔2017〕136号）等文件精神，结合我市实际，提出如下措施：

一、鼓励企业资质晋升

对新获得国家认定的建筑业施工总承包序列特级和一级企业资质的本地企业，分别奖励300万元、50万元；对新获得国家认定的建筑业专业承包序列一级企业资质的本地企业，奖励10万元；对新晋升为工程勘察综合甲级资质、工程设计综合甲级资质的本地企业奖励300万元；对新晋升工程设计行业甲级资质的本地企业奖励50万元；对新晋升工程勘察、设计专业甲级资质的本地企业奖励20万元；对新晋升甲级监理企业的本地企业奖励20万元。

二、鼓励企业创优争先

（一）实行“优质优价”政策。房屋建筑和市政基础设施工程按分部分项工程费（不含工程设备费）与单价措施项目费之和乘以相应的优质工程增加费费率计算优质工程增加费，并在招标文件、施工合同的相应条款中列明（优质工程增加费率按以下标准执行：国家级5%、省级3%、市级1%）。

（二）对本地建筑业企业总承包的本地项目获得鲁班奖、国家优质工程金质奖、詹天佑奖、国家优质工程奖、省级优质工程（含华东片区建设工程质量监督工作年会示范样板工程）的，分别给予50万元、40万元、40万元、30万元、20万元奖励。

（三）对企业在完成产值、缴纳税收、科技进步、抗洪抢险、慈善事业、社会奉献等方面表现突出的，由市政府每年给予通报表扬；对表现优异、业绩特别突出的，给予专项表扬。

三、积极财税扶持政策

（一）外来建筑业企业在我市承接工程并在本市注册分公司或独立核算的分支机构，年度缴纳企业所得税100万元（含）以上的，由受益财政按设立分公司（分支机构）对比不设分公司（分支机构）新增企业所得税构成地方留成部分的70%予以奖励；若符合总部经济条件的，按照总部经济财政优惠政策执行。

（二）鼓励外出经营的本地建筑业企业回本市缴纳企业所得税等相关税收。本地建筑业企业在辖区外承接工程项目，年度在我市实现缴纳企业所得税达到100万元（含）以上的，由受益财政按企业回本市缴纳企业所得税构成地方留成部分的70%予以奖励；已和政府签订奖励协议的企业，可按原协议标准执行。

（三）本地建筑业企业在本地承接工程项目，年度在我市缴纳企业所得税达到100万元（含）以上的，对比前三年缴纳企业所得税平均数的环比增量部分，由受益财政按构成地方留成部分的70%予以奖励。

四、鼓励房地产开发企业选择本地施工企业

我市非政府投资房地产项目在满足资质许可的条件下，选择本市建筑业企业施工的，由受益财政给予房地产开发企业补贴，金额为该项目施工企业缴纳企业所得税构成地方留成部分的20%。

五、积极引进外地建筑业企业

积极引进施工总承包特级、一级资质企业，鼓励市外建筑业企业将注册地迁入我市，重点引进具有公路、铁路、港航、水利、电力工程施工总承包和桥梁、隧道工程专业承包一级资质的企业。引进企业书面承诺5年内不离开的，迁入奖励原则上参照本地企业资质晋级奖励政策予以奖励。

六、规范小规模工程承发包行为

各县（市、区）建立健全辖区企业库，建立准入退出机制，实施负面清单，实行动态管理，及时向社会公布并实时推送至所在地公共资源交易中心。各县（市、区）政府投资未达到国家规定的依法必须招标规模标准的工程勘察、设计、施工、监理项目即“小规模工程”（“小规模工程”指施工单项合同估算价在400万元以下；重要设备、材料等货物的采购，单项合同估算价在200万元以下；勘察、设计、监理等服务的采购，单项合同估算价在100万元以下）可从各县（市、区）企业库中通过简易招标办法选择队伍承接（市管工程使用项目所在地企业库）。

七、减轻企业资金压力

（一）推动银企合作，对符合条件的建筑业企业可稳步提高授信额度，对本地建筑业企业在市内外承接政府投资（或政府投资占主体）项目、符合信贷政策和贷款条件的，企业可凭工程施工合同和施工许可证向我市的开户银行申请贷款。

（二）对建设领域四类保证金（投标保证金、履约保证金、工程质量保证金、农民工工资保证金），允许企业通过保函、担保或保险方式提供，相关部门和建设单位不得拒绝；为保证政府投资项目建设资金落实到位，凡建设单位要求承包企业提供履约担保的，必须对等提供工程款支付担保。本地二级及以上施工企业试行年度投标保证金制度。

八、及时拨付工程款项和办理工程竣工验收

建设、施工单位及财政、审计部门要严格执行《福建省房屋建筑和市政基础设施工程价款结算暂行办法》（闽财建〔2007〕157号）规定，确保按规定时限完成工程款结算工作，遏制变相拖欠工程款的行为。施工单位提交竣工验收报告后，建设单位必须按照国务院《建设工程质量管理条例》规定及时办理工程竣工验收。已竣工验收或者虽未经竣工验收但建设单位擅自使用的工程，建设单位不得以存在质量争议为由不办理工程竣工结算。对拒不结算工程款或拖欠工程款的建设单位，列入不诚信单位予以曝光，不得批准其新项目开工。

九、优化市场环境

严禁对本地企业跨县（市、区）承接业务设置准入条件和排斥、限制条款，已设立准入“门槛”的应及时各自进行清理，确保实现全市建筑业企业共同发展。

大力整治建筑工地周边治安环境，依法严厉惩处在项目建设过程中强买强卖、强揽工程、恶意讨薪等扰乱建筑市场秩序的违法犯罪行为。加强建筑领域行政执法工作，坚决打击围标串标、违法分包、非法转包等违法违规行为。凡建筑施工企业发生转包、挂靠、违法分包、串标、恶意投诉等违法违规行为，不得享受本措施的有关优惠政策。

十、其他相关规定

（一）对辖区内有实力的建筑业企业，各有关县（市、区）可制定“一企一策”扶持政策。各县（市、区）在奖励扶持方面出台的政策与本文不一致的，按照“就高不就低”原则扶持，未出台相关扶持政策应按本文扶持政策执行。

（二）同一申请事项（如资质、税收）根据本措施获得多个同类别奖励或是享受其他相关政策时，按照就高原则享受一次，不重复享受；单个企业年度享受的补助资金不超过企业税收对我市地方财力贡献额；已获得奖励的建筑业企业从获得奖励之日起5年不得离开我市，否则退回全部奖励金及相应同期银行贷款基准利率的利息。

（三）对本措施涉及的各项奖励、补助资金，由企业注册地所在县（市）全额承担；对企业注册地在梅列区、三元区的，由所在地财政统一按本措施先行兑现，市财政按照受益比例通过财政上下级结算承担。

（四）扶持政策涉及资质等级的须由住建主管部门审核，涉及财税奖励的须由税务部门提供纳税签证。具体兑现奖励的申报审批程序等另行制定操作办法。

本措施由市住建局、财政局负责解释，自发文之日起实施，试行两年，《三明市人民政府关于贯彻落实省政府进一步扶持建筑业发展壮大的十条措施的实施意见》（明政〔2015〕7号）与本措施不一致的，以本措施为准。执行中如遇上级有关政策重大调整的，所涉及条款视情况及时调整。

莆田市人民政府关于实施园区标准化建设推进高质量发展若干措施的通知

莆政综〔2019〕60号

各县（区）人民政府、北岸管委会，市直有关单位，各工业园区（开发区、工业集中区）管委会：

为打好产业基础高级化、产业链现代化的攻坚战，推动形成优势互补高质量发展的区域经济布局，标准化打造高质量发展载体，凸显园区的支撑带动、引领示范作用。经市委、市政府研究同意，制订以下工业园区标准化体系及相关措施，请认真贯彻执行。

一、总体要求

坚持以习近平新时代中国特色社会主义思想为引领，围绕主导产业重在“强”、新兴产业重在“培”、传统产业重在“优”的发展方向，切实抓好“一实一虚”两大平台建设，扎实推进园区高质量发展三年行动计划。以特色化、专业化、集群化为引领，增强工业园区集聚产业发展的载体作用，把园区打造成为产业链和产业集群发展的主要平台，建设成为产城融合的引领示范，为建设美丽莆田提供有力支撑。

二、建立园区标准化体系

建立工业园区（含开发区、工业集中区，以下统称“园区”）标准化体系。各县（区）政府、北岸管委会、全市工业园区管委会是实施标准化体系的责任主体，要对照标准，看齐先进，从园区规划、土地集约、产出效益、基础设施、生活配套、管理服务等六个方面加强建设。市直相关部门从规划评审、项目评估等方面予以指导把关。市园区办组织专业机构对园区标准化体系建设情况开展评价，对达不到标准的园区予以限期整改或撤销归并。

责任单位：市工信局，市直有关部门，各县（区）政府、北岸管委会

三、优化园区机构配置

各县（区）政府、北岸管委会要加强园区机构编制配置。探索国家级开发区党工委书记由市分管领导兼任，省级开发区（北岸经济开发区除外）党工委书记由所在县（区）分管领导兼任。园区内设机构及下属企事业单位干部管理权限下放给园区。按照每个县（区、管委会）不超过2个园区的原则，整合园区机构和编制，各县（区、管委会）重点打造一个标准化产业园区。创新选人用人机制，工业园区管理干部可实行聘任制、竞争上岗制、绩效考核制；允许实行兼职兼薪、年薪制、协议工资制等多种分配方式。鼓励工业园区引进需要的台港澳、外籍专家及技术人员。

责任单位：各县（区）政府、北岸管委会，市委组织部、编办

四、强化经济服务职能

各县（区）政府、北岸管委会要按照省促进开发区高质量发展的相关规定，突出园区管委会的经济服务职能，理顺园区安全生产、环保等社会管理职责。各园区经所在县（区）政府批准可自行制定扶持企业发展的政策措施，增强园区吸引力。各园区要推行“互联网+政务服务”，依托莆田市线上线下一体化政务服务平台，深化工程建设项目审批制度改革，促进项目审批提速增效；要成立专门队伍，为企业提供全过程代办服务；全面推行项目审批全程网办，让企业实现“一趟不用跑”，办事不出园区。各园区根据主导产业情

况，精选行业知名专家建立专家库，为企业提供全方位专业服务。各县（区）政府、北岸管委会要牵头做好工业园区区域评估工作，园区环境影响评价、水土保持方案、地质灾害危险性评估、压覆重要矿产资源评估等事项统一评估，园区内投资项目共享或使用区域评估报告。

责任单位：各县（区）政府、北岸管委会，市行政服务中心、工信局

实行“管委会 + 公司”管理模式。设立园区运营公司，对现有园区开发建设主体进行资产重组、股权结构调整优化，与央企、国企、外资、民资等各类社会资本合作，承担土地厂房回购再利用、招商引资、投融资、专业化服务等职能。各县（区、管委会）可通过财政注资、资产划转、财政奖励、授权经营等方式支持运营公司发展。园区运营公司回购土地厂房所产生的市、县（区、管委会）既得财力，予以全额补助。由莆田兴发集团联合县（区）国有企业，率先在试点园区开发建设园区基础设施、公共服务设施及服务综合体，探索园区开发建设运营新模式。

责任单位：各县（区）政府、北岸管委会，市国资委、财政局

五、加大资金保障力度

建立园区财政预算和独立核算制度，给予园区与所在县（区、管委会）财权、事权对等的税收和土地收益分成，对园区内工业用地出让缴交的土地出让收入，由各县（区、管委会）按不低于50%比例奖励园区；对园区内商服配套用地出让收入，经扣除法定费金和必要的用地成本后，市、县（区）两级分成部分全额奖励园区；对园区内企业当年度地方税收贡献额比上年超过10%部分，按市、县（区）两级既得财力给予园区全额奖励。市金控公司会同各县（区）政府、北岸管委会设立园区发展基金，会同市直相关部门建立基金投资项目库，实行市场化运作，重点参与土地厂房回购、基础设施、标准化厂房建设、公共服务配套设施等投资。各县（区）政府、北岸管委会要成立专门服务工业园区的工业土地收储机构。允许对具备土地独立分宗条件的工业物业产权进行分割办证，用以引进优质项目，提升企业融资能力。各园区要成立园区担保公司，由市、县（区）中小企业再担保公司参股，为中小企业融资提供担保。建立工业园区诚信企业白名单，重点保障信贷需求。推广供应链金融、应收账款融资、园区贷等业务，拓展工业园区发展产业集群的投融资渠道。

责任单位：各县（区）政府、北岸管委会，市财政局、自然资源局、金融办、人行、银保监局

六、做强做大主导产业

按照“主导产业重在强”的要求，注重深化内涵、拓展外延，集中资源发展主导产业，将鞋服产业、电子信息产业、化工（纺织化纤）新材料产业、工艺美术产业、食品加工产业打造成千亿产值产业集群，将高端装备产业、医疗健康产业、能源产业打造成500亿产值产业集群。各园区要立足各自产业发展定位，着力扶持拓展优势行业领域，科学确立1—2个园区主导产业，集中力量，有序推进。要编制行业发展路线图，强化建链补链强链延链，加速形成产业群体竞争优势和规模效益，推动产业智能化、绿色化、高端化、链条化发展，构建良好互动的产业生态圈。

责任单位：各县（区）政府、北岸管委会，市发改委、工信局

七、突出龙头品牌带动

围绕绿色发展、链化发展、集群发展，采取“扶”和“引”相结合的方式，加大产业链招商和龙头招商力度，对接引进行业领军优势企业，嫁接国内外战略投资方，建立项目评估制度，提高招商引资质量，发挥龙头带动效应。采取股权改制、企业重组、兼并收购等方式，积极引进行业关联度大的上市企业、知名企业。依托龙头企业集聚中小企业产业链协作配套，力争每个园区培育1个以上产值超百亿元龙头企业产业园。各园区要立足主导产业，支持产业龙头、单项冠军等争创知名品牌，鼓励中小企业抱团创牌、联盟发展，积极推进专精特新、科技创新型企业上市，争取每个园区在企业上市和知名品牌创建上有所突破。

责任单位：各县（区）政府、北岸管委会，市发改委、工信局、金融办。

八、推进园区试点创新

以高新技术产业开发区、仙游经济开发区、秀屿临港工业园（湄洲湾国投经济开发区、木材

加工区）为试点，赋予园区充分的财权、事权。各县（区、管委会）可结合实际，选择辖区内的园区开展试点。各园区要搭建创新平台，营造创新发展氛围，在管理体制机制、园区开发运营、弹性供地、招商引资等方面探索创新，率先突破，形成示范。各园区要积极探索5G与工业互联网建设应用新模式，实施一批“上云上平台”、“智能+”等企业示范项目，积极探索智慧园区试点建设。建立容错纠错机制，鼓励园区大胆改革创新，对成效明显的，在干部使用、资金奖励等方面予以正向激励。

责任单位：各县（区）政府、北岸管委会，市委组织部，市工信局

九、开展分类考核评价

每年度设立2000万元园区高质量发展正向激励专项资金，用于园区综合发展水平评价工作和正向激励奖励等方面，各县区、北岸管委会每年度各出资100万元，其余部分由市财政补齐。每年由市园区办会同市直相关部门和第三方机构对全市园区综合发展水平进行考核评价。园区考核评价分为A、B、C、D四类，考核结果送市委、市政府。对获评A类的园区，园区党工委、管委会年度绩效列为优秀（北岸经济开发区获A类园区，在市对县（区）年度绩效考评中，予以1分正向激励加分），所在县（区）没有C类及以下园区的县（区）分管领导年度考核直接定为优秀；获评B类以上的园区，园区发展基金优先予以支持，并按照考核评价得分排名，分档给予500万元、300万元、200万元正向激励奖励，奖励资金的30%可作为绩效奖金发放给聘用的管理团队人员。对C类以下园区限期整改，所在县（区）分管领导和园区领导班子成员不得参与评先评优。

责任单位：市工信局、效能办、财政局，各县（区）政府、北岸管委会

凡以前规定与本通知规定不一致的，按本通知规定执行。法律、法规另有规定的除外。

附件：莆田市工业园区标准化体系（略）

莆田市人民政府

2019年9月12日

南平市人民政府关于促进南平市氟新材料产业加快发展的意见

南政综〔2019〕132号

各县（市、区）人民政府，武夷新区管委会，市人民政府各部门、各直属机构：

《关于促进南平市氟新材料产业加快发展的意见》已经市政府第61次常务会议研究同意，现印发给你们，请认真抓好贯彻落实。

南平市人民政府

2019年11月18日

（此件主动公开）

关于促进南平市氟新材料产业加快发展的意见

为加快氟新材料产业绿色高效发展，推动氟新材料产业做大做强，培育成为南平市高质量发展落实赶超的“金娃娃”，根据省工信厅等四部门《关于促进我省氟化工产业绿色高效发展的若干意见》（闽工信石化〔2018〕29号）和《南平市加快培育重点龙头企业和小巨人领军企业促进产业集群发展的十三条措施》（南委发〔2018〕12号）文件精神，结合南平实际，特制定如下意见。

一、明确培育目标

支持氟新材料产业实现集群发展，力争到2020年氟新材料产业产值达150亿元，2025年产值达300亿元，2035年产值争取达1000亿元。

二、加强产业规划

（一）优化产业布局

支持有产业基础、资源优势的邵武市、顺昌县、浦城县发展氟新材料产业，其他县（市、区）原则上不再新上氟化工项目，采取“飞地政策”，鼓励集中集聚。集中力量把邵武金塘工业园区培育为福建省发展氟新材料全产业链的专业示范园区，打造成为全国氟新材料产业的重要承载地和集聚区。在园区外不再新建氟化工项目，园区外现有氟化工项目不再扩大规模，并鼓励逐步搬迁入园。

责任单位：市发改委、工信局，邵武市、顺昌县、浦城县政府

（二）高标准打造专业园区

按照既分工协作又差异化发展的原则，进一步完善园区氟新材料产业发展规划，鼓励引导邵武金塘工业园区、顺昌金山新材料产业园、浦城锦城新材料工业园结合当地实际，实现园区间的分工协作，促进氟新材料产业向特色化、链条化发展。园区要高起点规划、高水平设计、高标准建设，必须配套完善的污水集中处理、集中供热、固废综合处置、危化品应急救援等基础设施；要

提升应急救援能力，强化应急救援队伍建设和应急物资储备，邵武市金塘工业园区要建设高标准、规范化的南平市级危化品应急救援基地。

责任单位：市发改委、工信局、生态环境局、应急局、商务局，邵武市、顺昌县、浦城县政府

（三）高标准发展氟新材料产业链

坚持招商选资，高标准引进项目，招氟新材料的深加工项目、招产业链延伸项目，重点招央企、大型国企、上市公司和国内500强、省内100强民营企业等行业龙头企业，杜绝引进“小、散、乱”项目（企业）。培育壮大具有良好发展潜力的氟新材料生产和加工企业，发展高端氟烷烃、含氟聚合物及其加工品（氟树脂、氟橡胶、氟塑料、氟膜材料等）、含氟精细化学品、含氟电子化学品等，提升附加值。原则上不再新建氟化氢（HF，企业下游深加工产品配套自用、电子级及湿法磷酸配套除外）、氟盐、氯碱等初级产品项目，园区内氟新材料产业集群重点骨干企业配套建设自用的原料除外，原则上不得对外销售。

责任单位：市发改委、工信局、生态环境局、应急局，邵武市、顺昌县、浦城县政府

三、优化资源配置

（一）强化资源保障

氟新材料产业集群发展所需矿石和原料采取“以需定产”方式开发利用，涉及开采总量控制的矿产资源，由市自然资源局积极向省上争取扩大资源配额。在安排市级地质勘查专项资金时向萤石找矿倾斜，鼓励和支持现有大中型萤石矿企业对矿山深部范围开展深部找矿，力争取得新的找矿突破；严格执行《萤石行业准入标准》，促进采选矿企业向产业化、集中化转变。同时，制定资源管控措施，严禁无序开采，严厉打击无证非法采矿，鼓励萤石矿石、矿粉优先供应本地氟新材料生产企业，确保有限资源在本地得到最大化、最高效开发利用。根据环保安全的要求，鼓励现有氢氟酸企业生产的氢氟酸就地用于氟新材料下游加工。

责任单位：市自然资源局、工信局，有关县（市、区）政府

（二）提高资源利用水平

鼓励国有企业和氟新材料相关重点企业参与或入股萤石矿产资源开发，按照生态银行理念，依法依规评估资源价值，支持有实力的国有企业，尤其是市（县、区）属国有企业，用摘牌新立矿业权或入股延续（变更）矿业权的方式，参与投资合作闽北萤石矿产资源开发。鼓励持有采矿证的企业从我市现有符合氟新材料产业政策企业中自主选择企业参股，以提高萤石矿资源综合利用效率。鼓励萤石开采企业采取先进的采选矿工艺，提高萤石资源的开采回采率、选矿回收率、综合利用率。

责任单位：市国资委、自然资源局、工信局，有关县（市、区）政府

四、加大扶持力度

（一）对重点建设项目给予用地优惠

对新引进固定资产投资5亿元以上（含5亿元）的氟新材料和高端含氟精细化学品项目，且符合《福建省人民政府办公厅关于建立地价调节机制促进海峡西岸经济区产业结构调整的通知》（闽政办〔2009〕135号）规定的，实行优惠的地价政策；固定资产投资10亿元以上（含10亿元）的重大项目，项目所在地县市政府可采取“一事一议”方式给予奖励。

责任单位：市自然资源局、工信局、财政局，邵武市、顺昌县、浦城县政府

（二）加大对引进项目的奖励

做好招商引资工作，争取更多高端氟新材料项目落地和早日投产，对于企业法人、经社团登记的商会、协会或社会服务组织（不含政府部门事业单位和自然人）协助我市新引进的氟新材料项目符合国家（鼓励类）、福建省产业政策和环保要求，实际投资额5亿元及以上（省扶贫开发重点县新引进投资额3亿元及以上）的，在省财政按引进项目首期核准或备案固定资产投资额给予引资人一次性奖励，单个项目最高奖励不超过100万元的基础上，市县财政按现行财政体制配套给予不超过50万元奖励。

责任单位：市工信局、财政局，邵武市、顺昌县、浦城县政府

（三）实行飞地政策

对县级招商项目（含新引进、现有企业增资扩产、技术改造项目），引入至邵武市、顺昌县、

浦城县，在项目建设期产生的建安税收按属地原则归“飞入地”所有。项目投产运营后产生的所有税收自投产之日起前5年“飞出地”和“飞入地”按5：5分成，6—10年“飞出地”和“飞入地”按3：7分成，10年之后所有税收归属“飞入地”所有。招商引资项目出台相关优惠政策由“飞出地”和“飞入地”按税收分成比例承担。对“飞入”项目产生的地方生产总值、固定资产投资、规模以上工业总产值、规模以上工业增加值、进出口总额等各项经济指标，在建设期和运营期均归属“飞入地”统计。特殊项目采取“一事一议”方式协商解决。

责任单位：市财政局、统计局，各县（市、区）政府

（四）鼓励新建扩能

落实《南平市加快培育重点龙头企业和小巨人领军企业促进产业集群发展的十三条措施》（南委发〔2018〕12号），鼓励重点产业集群新建扩能。对重点产业集群新建固定资产总投资1亿元以上的产业链上下游配套项目，项目完工投产后，按照项目设备投资额的10%给予补助。对重点产业集群实施的技改项目优先安排奖补，对年度设备投资额达500万元及以上的项目，按照年度设备投资额的10%给予补助。以上奖励，单个企业最高不超过300万元。

责任单位：市工信局、财政局，邵武市、顺昌县、浦城县政府

（五）鼓励做大做强

对重点产业集群的骨干企业，产值首次突破10亿元且税收达到1000万元的，奖励30万元；产值首次突破30亿元且税收达到3000万元的，再奖励30万元。

责任单位：市工信局、财政局，邵武市、顺昌县、浦城县政府

（六）专项政策扶持

省上关于支持低碳发展、省外中标、两化融合、增产增效、技术改造、创新创造、智能制造等工业发展的切块资金，以及本市有关主管部门用于扶持工业发展的项目资金，对符合条件的氟新材料生产企业按规定给予支持。

责任单位：市工信局、财政局、市直有关部门

（七）外贸出口扶持

积极培育出口产业集群，鼓励氟新材料工业园区企业提高国际市场竞争力，开展产业升级、品牌培育，参加境内外各类展会，扩大进出口规模，对企业在品牌创建、产品升级、参展促展、产品运输等方面给予扶持。

责任单位：市商务局、财政局

（八）加快项目审批

对符合行业准入条件和入园条件的氟新材料生产企业投资项目审批手续，开辟“绿色通道”，优化审批流程，缩短审批时限，加快项目落地。

责任单位：邵武市、顺昌县、浦城县政府，市行政服务中心管委会

五、优化金融服务

（一）支持设立氟新材料产业投资基金

支持南平市及所在地县（市）政府设立产业投资基金，鼓励国企参股成长性好、核心竞争力强且入驻邵武市金塘工业园区、顺昌金山新材料产业园、浦城锦城新材料工业园的氟新材料龙头骨干企业，助力氟新材料产业发展壮大。

责任单位：市财政局、国资委，邵武市、顺昌县、浦城县政府

（二）加大金融支持

优先推荐高成长性、科技含量高的氟新材料生产企业申报国家、省上重点项目资金支持，争取国家、省上贴息贷款及银行贷款扶持，优先享受园区企业资产按揭贷款、企业应急转贷基金。各金融机构要积极落实《南平市加快培育重点龙头企业和小巨人领军企业促进产业集群发展的十三条措施》要求，大力开展股权、自主知识产权质押等信贷业务，加大对邵武金塘工业园区、顺昌金山新材料产业园、浦城锦城新材料工业园金融支持力度，保障企业发展所需资金。大力推广“供应链金融”融资模式，依托氟新材料产业龙头企业解决上下游企业融资需求。将符合条件的氟新材料企业优先纳入市重点上市后备企业，推动其到境内外资本市场上市、挂牌。支持企业通过股权、债券等融资方式，拓宽融资渠道。鼓励有资质企业以及重点园区服务平台，为氟化工产业化及新型应用项目提供融资租赁（含厂房、设备）服务。

责任单位：市金融监管局、发改委、工信局，人行南平中心支行、南平银保监分局，邵武市、顺昌县、浦城县政府

六、鼓励创新升级

（一）鼓励产学研合作

加强与中科院上海有机化学研究所、中国工程物理研究院、浙江化工研究院、福州大学等科研机构的交流合作，深入开展氟新材料技术研发，加快项目孵化、科研成果转化及传统企业生产工艺改造提升，打造涵盖小试、中试、检测等重点实验室和人才公共实训基地，为南平市氟新材料产业发展提供强有力的技术支撑。在武夷学院设立氟新材料研究所，在邵武市金塘工业园区设立氟新材料工程中心，市财政给予一定专项经费补助，共享创新成果、前沿技术。

责任单位：市发改委、科技局、工信局、财政局，武夷学院，邵武市、顺昌县、浦城县政府

（二）支持建设氟新材料企业创新平台

鼓励氟新材料企业积极申报科技型中小企业、科技小巨人领军企业、知识产权优势企业、高新技术企业等科技创新品牌；支持氟新材料重点企业设立氟新材料研发中心，对氟新材料行业新认定的国家、省级重点实验室、工程研究中心、企业技术中心、新型研发机构等科技创新平台，按照相关政策予以奖补。支持符合条件的氟新材料企业享受高新技术企业所得税优惠、税前研发费用加计扣除、科技小巨人领军企业研发费用加计扣除奖励、研发费用分段补助等政策。

责任单位：市工信局、发改委、科技局、财政局、税务局，邵武市、顺昌县、浦城县政府

七、强化人才支撑

（一）鼓励人才引进

将从事氟新材料产业相关的化工、安全、环保等专业人才列入紧缺人才目录，享受市委、市政府《关于加强南平市人才工作的十条措施》《关于进一步激发本土人才干事创业活力的二十条措施》《南平市重点产业人才引进培育实施办法》等人才政策措施。

责任单位：市委人才办、市人社局、工信局、科技局

（二）实施专业教育

依托有关院校，面向氟新材料产业制定教育培训计划，扩大产业专业人才及产业技术工人培训计划，加强武夷学院和职业技术院校专业教师配备，加快专业实训场地建设及设备添置。实行“订单式”的教育培养，武夷学院、闽北职业技术学院和南平技师学院等院校要积极创造条件，创办氟化工专业或“专班”，每年有一定生源数实行定向培养，满足氟新材料生产企业对专业人才和产业技术工人的需求。

责任单位：武夷学院、闽北职业技术学院、南平技师学院，市教育局、人社局

八、依法依规加强监管

（一）加强环境监管

加强环境执法，严格氟新材料企业大气、污水、固体废物、危险废物的环境监管，督促企业落实污染防治主体责任；开展环境信用评价，借助信息共享联动机制，守信联合激励，失信联合惩戒，保障环保守法企业合法权益，促进绿色可持续发展。强化地方政府主体责任，落实属地管理和环境保护目标责任，完善突发环境事件应急预案，并加强与部门、企业的应急联动处置工作，确保环境安全。

责任单位：市生态环境局，邵武市、顺昌县、浦城县政府

（二）加强安全监管

应急管理部门负责指导协调突发事件应急救援，氟新材料产业园区所属地方政府安全监管机构负责园区安全生产监督管理工作，督促企业落实安全生产主体责任，建立安全风险管控和隐患排查治理双重预防机制。

责任单位：市应急局，邵武市、顺昌县、浦城县政府

本意见涉及的奖补资金，除有特别说明外，涉及税费的按现行财政体制承担，其余由市、县（市）两级财政按照3∶7的比例承担；涉及原有奖励政策的，按原文件规定执行。

龙岩市人民政府关于推动军民融合产业高质量发展十条措施的通知

龙政综〔2019〕47号

各县（市、区）人民政府，龙岩经开区（龙岩高新区）、厦龙合作区管委会，市直各单位：

为深入贯彻实施国家军民融合发展战略，加快推动龙岩军民融合产业高质量发展，特制定以下措施：

一、强化项目落地实施

对上年度生产设备投资300万元以上的军民融合新建工业项目，按上年度实际完成生产设备投资额的2%给予叠加补助，单个项目最高不超过200万元。

对上年度生产设备投资200万元以上的军民融合技改工业项目，按上年度实际完成生产设备投资额的2%给予叠加补助，单个项目最高不超过200万元。对纳入省重点技改项目库的军民融合项目，优先推荐安排技改专项补助或技改基金扶持。

对粤港澳大湾区、闽西南协同发展区等市外新搬迁转移至市内的军民融合工业项目按上年度实际完成生产设备投资额的2%给予叠加补助，单个项目最高不超过200万元。

二、培育重点示范企业

建立军民融合企业授牌制度，政府部门、金融机构优先支持军民融合授牌企业，对首次认定为市级、省级军民融合企业的，分别给予一次性奖励3万元、5万元。

实施军民融合重点企业培育计划，对纳入培育计划的军民融合新建或技改项目，按上年度实际完成生产设备投资额的2%给予叠加补助，单个项目最高不超过200万元。

三、加快产业园区发展

实施军民融合产业帮扶共建行动，鼓励各地与部队、军工集团结对帮扶共建产业，对项目落地、技术合作、民品参军等取得实质性成效的，给予一次性奖励100万元。

加快国家新型工业化军民融合产业示范基地建设，支持各地围绕“一基地多园区”打造军民融合特色产业园，对新评定为省级、国家级军民融合产业示范基地的，分别给予一次性奖励50万元、100万元。

对新落地实施的军民融合项目，优先安排年度计划用地指标，允许按土地等别对应全国工业用地出让最低价标准的70%执行招拍挂出让。对经批准提高土地利用率和增加容积率的军民融合工业项目用地，不再增收土地出让金，免收城市基础设施配套费用。

四、促进军地协同创新

对与军工科研院所合作在我市共建技术研发中心或成果转化中心的，按照新增研发设备实际投资额的20%给予叠加补助，单个项目最高不超过100万元。

对与军工科研院所合作开发军民两用技术并在我市落地产业化的，按实际交易费用的20%给予叠加补助，单个项目最高不超过100万元。

对利用军工科研院所技术力量进行智能化车间或生产线改造以提高生产效率的，按智能化生产改造设备实际投资额的20%给予叠加补助，单个项目最高不超过100万元。

对成功承接军品预研任务的，按相关部门拨

付预研经费的20%给予叠加补助，单个项目最高不超过100万元。

对成功申报国防专利的，给予一次性10万元奖励，单家企业年奖励最高不超过50万元。

对成功参与军用标准编制的，单项标准给予一次性奖励5万元，单家企业年奖励最高不超过50万元。

五、扶持拓展军品市场

实施民品参军资质提升工程，对新通过军队物资工程服务供应商库、中国船级社认证等分别给予一次性奖励3万元；对新取得武器装备科研生产保密资质、质量管理体系认证的分别给予一次性奖励10万元；对新取得武器装备承制单位资格、科研生产许可的分别给予一次性奖励30万元。

对承担市外军工配套任务及部队、军工企业物资采购的，“民参军”技术产品类合同按执行期内实际履约金额的3%给予一次性奖励，单家企业年奖励最高不超过200万元；其他合同按执行期内实际履行金额的1%给予一次性奖励，单家企业年奖励最高不超过100万元。

鼓励公安、司法、法院、检察院、海关、税务、市场监督管理、卫生、农业、林业、交通等国务院批准的专业制服产品部门以及部队演习、战备、抢险救灾等重大行动给养保障应急任务在明确采购需求、制定采购规则时兼顾军民融合发展需求，同等条件下优先支持采购军民融合企业产品及服务。

六、鼓励参展参赛参训

经市国防科工办确认，对参加国家部委、军委部门、省委机关等主办的军民融合产业展会的，每家企业单场次按实际产生参展费用给予5万元以内补助。

对参加国家部委、军委部门等主办的军民融合赛事的，成功入围后给予一次性奖励10万元，获得奖项后再给予1：1配套资金奖励，单次赛事奖励最高不超过30万元。

鼓励各军民融合机构、企业牵头开展参军资质培训、项目（技术、产品）对接会等军民融合业务活动，经市国防科工办确认后单场次给予一次性奖励6万元，单家机构（企业）年内奖励不超过30万元。

七、创新企业融资服务

对已开工建设的军民融合项目，按其向商业银行贷款实际投入项目建设所支付利息的30%进行贴息补助，单个项目年补助最高不超过50万元。

对各地设立军民融合产业引导基金推动军民融合产业发展的，给予一次性奖励30万元。鼓励各类产业基金投资军民融合工业项目，按其实际投入项目资金的1%给予一次性奖励，单个项目最高不超过100万元。

对为军民融合授牌企业提供担保的融资担保机构，按为军民融合企业融资担保年度平均余额的5‰给予奖励，单家机构年奖励最高不超过100万元。

鼓励金融机构创新实施军民融合贷款品种，增加军民融合企业贷款，对军民融合贷款比重及增幅同步纳入金融机构年度考评，给予适当加分奖励。

八、支持军企兼并重组

鼓励军工企业对我市工业企业就地进行股权收购、参与增资扩股等股权合作，支持我市企业积极参与军工企业改制重组或成立科研生产联合体，除享受相关补助政策外，再按其实际出资额的2%予以叠加补助，单个项目最高不超过200万元。

本条所涉补助资金市级财政承担60%，项目所在县（市、区）、龙岩经开区承担40%。

九、强化军地人才支撑

加大军民融合人才（团队）引进力度，把军工高层次人才作为全市急需紧缺人才对象纳入市县人才工作重点，按倾斜支持原则，优先获得省市人才项目奖励资助，享受居留落户、住房保障、子女入学、医疗保障、职称评聘等相关优惠政策待遇。

鼓励聘请军代表（含退役）或军工专家作为企业发展顾问，经市国防科工办确认后每人每年给予奖励3万元。

十、个案扶持重大项目

对带动能力强、产业链条长的军民融合龙头企业重点项目，实行“一事一议”“一企一策”重点扶持。

附则：

1. “龙岩市军民融合企业”是指工商注册和税务关系在龙岩，军工集团直接投资或股权合作、军工技术落地产业化或直接参与部队军企装备物资配套采购的企业。“龙岩市军民融合企业”由市国防科技工业办公室审核认定后，给予授牌。

2. 为执行本通知有关措施，必要时可采取政府购买服务方式委托第三方中介机构开展技术、审计、评审等专业服务，所需资金由市级军民融合产业发展专项扶持资金承担；同时为减轻小微工业企业负担，对于补助资金在10万元（含）以下的小微工业企业项目需要专项审计的，由市级军民融合产业发展专项扶持资金承担审计费用。

3. 本措施所涉奖补政策不影响企业享受其他政策，本措施除参展、贴息外所涉补助政策同一年度同一企业不重复享受，当年度已获省级技改基金扶持的项目不再享受本文技改政策。

4. 除鼓励企业参展补助外，其他补助政策资金由市级财政承担60%，项目所在县（市、区）、龙岩经开区、厦龙合作区承担其余40%。各县（市、区）、龙岩经开区、厦龙合作区可结合各自实际，加大政策扶持力度。

5. 上述措施与以往政策有不一致的，按本措施执行，执行期限暂定为2019至2020年。

6. 本措施由市国防科工办会同市财政局负责解释，具体实施细则另行制定。

龙岩市人民政府
2019年4月25日

（此件主动公开）

宁德市人民政府关于印发宁德市深远海试验养殖扶持政策的通知

宁政文〔2019〕228号

蕉城、福安、福鼎、霞浦县（市、区）人民政府、东侨经济技术开发区管委会，市直有关单位：

《宁德市深远海试验养殖扶持政策》已经市委、市政府研究通过，现印发给你们，请遵照执行。

宁德市人民政府

2019年12月12日

（此件主动公开）

宁德市深远海试验养殖扶持政策

发展深远海养殖对保护海洋生态环境、推动海洋养殖产业转型升级等意义重大，为鼓励养殖企业先行先试，特制定深远海试验养殖扶持政策。

一、实行保费财政补助

试验养殖期间，连续三年由财政对养殖设施财产保险保费和养殖生产环节保险保费予以全额补助，其中：单套养殖设施年保费各级财政补助总额不超过500万元；单个养殖企业养殖生产环节年保费各级财政补助总额不超过500万元。保费补助资金先从中央及省级财政保费补助资金中安排，不足部分由市级和养殖企业所在县（市、区）财政各承担一半。

二、支持申报上级专项补助资金

市县财政、发改、海洋渔业、科技、工信等部门密切配合养殖设施所有者和试验养殖企业，积极向上争取深远海养殖各类专项补助资金，其中：养殖设施装备补助资金由设施所有权人受益，用于抵减养殖设施建设成本，减轻试验养殖企业的租金负担；养殖生产补助资金由试验养殖企业受益，以减少试验养殖生产成本。

三、建立确权办证技术服务绿色通道

各县（市、区）政府、东侨开发区管委会、市直各有关部门要对深远海试验养殖开通办证等服务绿色通道。其中：自然资源管理部门负责协调养殖海域场址的选划，海洋与渔业部门负责养殖技术指导，养殖海域属地政府负责做好养殖海域使用权证、养殖证确权发证和养殖辅助工作船的指标审批、相关证件登记颁发等工作。

试验养殖开始时间从养殖设施正式下水之日起算。本扶持政策从发布之日起施行，由市财政局、市海洋与渔业局负责解释。

平潭综合实验区管委会印发《平潭综合实验区关于扶持高星级酒店业发展的若干措施（试行）》的通知

岚综管综〔2019〕85号

各片区项目建设指挥部，区直各单位，各乡镇人民政府，各区属国企：

现将《平潭综合实验区关于扶持高星级酒店业发展的若干措施（试行）》已经2019年区党工委第15次委员会议研究同意，现印发给你们，请认真贯彻执行。

平潭综合实验区管委会

2019年5月16日

平潭综合实验区关于扶持高星级酒店业发展的若干措施（试行）

为进一步贯彻落实国务院批复的《平潭国际旅游岛建设方案》、省政府《关于贯彻落实平潭国际旅游岛建设方案的实施意见》、省委省政府《关于进一步加快平潭开放开发的意见》以及我区关于促进旅游产业发展的决策部署，规范和明确我区扶持酒店业发展的各项政策措施，加快推进平潭高星级酒店建设，提升我区旅游服务水平，改善投资环境，特制定本措施。

一、适用对象

本《措施》实施之日起立项新建、在我区注册纳税、独立核算酒店项目投资额度（投资额在5亿元及以上人民币），按五星级旅游饭店及以上标准建设的高星级酒店。

二、优惠措施

（一）用地保障。高星级酒店项目所需的建设用地，优先安排建设指标，通过招标、拍卖或挂牌方式出让。土地出让金允许在半年内分期缴纳，首次缴纳不低于全部出让价款的50%。

（二）贷款贴息补助。新建高星级酒店向银行贷款部分给予30%的财政贴息补助，贴息的贷款资金不大于3亿元，贷款贴息年限不超过3年，贷款期利率按国家同期贷款基准利率计算（以中国人民银行公布为标准），贴息在酒店封顶后、酒店投入运营后各兑现50%。

（三）经营贡献奖励。在我区投资建设且建成对外营业的高星级酒店，其营业缴纳的所得税和增值税地方留成部分，五年内按50%的比例给予奖励。

（四）品牌奖励。对与国际品牌酒店管理公司签订5年及以上委托管理合同且正式冠名的酒店，按顶级奢华、奢华、豪华、高端、精选分档给予一次性奖励：对引入顶级奢华档品牌的酒店，一次性奖励1500万元；对引入奢华档品牌的酒店，一次性奖励1200万元；对引入豪华档品牌的酒店，一次性奖励1000万元；对引入高端档品牌的酒店，一次性奖励800万元；对引入精选档品牌的酒店，一次性奖励600万元。（国际酒店管理品牌指导目录详见附件。）

（五）评星奖励。在我区投资建设且建成对外营业，并经国家星评委评定通过获得五星级酒店资格的，前三家给予一次性专项奖励。第一家奖励3000万元，第二家奖励1500万元，第三家奖励1200万元。

（六）公共服务配套优惠。优先配套建设供水、供电、燃气、道路、网络、绿化等相关基础设施，并给予以下支持：一是按项目用地范围内企业自持部分的建筑面积应征城市建设配套费标准予以等额补助，专项用于项目基础配套建设；二是项目用地范围与主干道之间的周边绿化，由政府给予配套建设并负责日常养护；三是用水（指特种用水）不实行超定额累计加价，可按实计取；四是有线电视的资费按市场调节价的50%收取；五是用电可按一般工商业或工业电价择低收取。

（七）提升改造奖补。对本《措施》实施前已建或已取得项目建设用地而待建的酒店（不含土地出让合同等约定应建五星级酒店），通过提升改造，并经国家星评委评定通过获得五星级酒店资格的，给予一次性运营奖励1000万元。引入国际品牌酒店管理公司并签订5年及以上委托管理合同且正式冠名的，按本《措施》第二点“优惠措施”第（四）项的相关规定予以相应奖励扶持。

（八）其他优惠。符合本《措施》要求的高星级酒店企业，经实验区认定为重点产业企业的，其人才引进、子女就学、住房保障等优惠政策按我区统一规定执行。

三、管理要求

（一）在我区享受优惠措施的高星级酒店建设项目，土地使用权若需转让给不再符合本《措施》规定的优惠对象的，应退回政府已发的全部奖励金，补缴已优惠的相关费用。

（二）在我区享受优惠政策的高星级酒店建设项目，项目业主必须承诺在土地出让合同约定的交付土地之日起1年内动工建设。项目主体工程按合同约定履行。装修及附属设施建设原则上应在主体竣工之日起1年内全部完成，如有特殊情况，经批准可延期1年。

（三）在我区投资建设的高星级酒店建设项目，未能在约定时间开工建设、未经依法批准超过约定时间完成建设项目、未经相关行政主管部门验收合格或擅自变更许可内容的，不得享受优惠措施。

（四）享受我区优惠政策的酒店企业，如发现违法违规或违反资金使用方向的行为，取消该企业申报扶持奖补的资格，并追回其违规使用的扶持奖补资金，按照有关规定给予严肃处理。

（五）本《措施》所列优惠政策与区内其他优惠政策如有重复，企业可择优申报，但不得重复享受。

四、资金安排

（一）本《措施》涉及的各项奖励、补助资金，由区财政局安排资金至区行政审批局产业奖补专门账户，统一兑付。

（二）奖补资金的兑现实行“一站式”服务，由区行政服务中心一表申请、一口受理、一章审批、统一支付。

五、其他

（一）本《措施》自发布之日起实施，有效期至2025年12月31日。

（二）本《措施》由平潭综合实验区旅游行政主管部门会同区财政主管部门负责解释。

附件：平潭综合实验区引进国际一线酒店管理公司高端品牌指导目录（略）

第十篇
表彰奖励

2018年度国家科学技术奖福建省获奖名单

2019年1月8日在北京举行的国家科学技术奖励大会上，福建7项成果获2018年度国家科学技术奖。其中，厦门大学郑南峰等人主持完成的《金属纳米材料的表面配位化学》获国家自然科学奖二等奖；厦门钨业股份有限公司方奇、杨金洪参与完成的《基于硫磷混酸协同浸出的钨冶炼新技术》获国家技术发明奖二等奖；厦门亿力吉奥信息科技有限公司和国网福建省电力有限公司参与的《复杂大电网时空信息服务平台关键技术与应用》、福建省农业科学院土壤肥料研究所参与完成的《我国典型红壤区农田酸化特征及防治关键技术构建与应用》、厦门金龙联合汽车工业有限公司参与完成的《基于共用架构的汽车智能驾驶辅助系统关键技术及产业化》、新大陆科技集团有限公司参与完成的《城市集中式再生水系统水质安全协同保障技术及应用》以及福建傲农生物科技集团股份有限公司参与完成的《猪抗病营养技术体系创建与应用》等5项成果获国家科学技术进步奖二等奖。

（摘编：吴汉良）

2018年度福建省科学技术奖获奖名单

2019年9月30日福建省人民政府下发《福建省人民政府关于2018年度省科学技术奖励的决定》（闽政文〔2019〕171号）主要内容如下：

为深入贯彻习近平新时代中国特色社会主义思想和党的十九大精神，大力实施创新驱动发展战略，营造有利于创新创业创造良好发展环境，根据《福建省科学技术奖励办法》的有关规定，省科学技术奖励委员会组织对2018年度福建省科学技术奖进行评审，经省委研究，省政府决定对2018年度在科学技术进步活动中作出重要贡献的科学技术人员和组织给以奖励，为获奖者颁发奖状、证书和奖金。具体如下：

一、授予厦门大学黄本立院士、福建省农业科学院植物保护研究所张艳璇研究员福建省科学技术重大贡献奖。

二、授予“细胞感知营养物质与能量的分子机制”等4项成果福建省自然科学奖一等奖，授予“微分方程的高效算法”等4项成果福建省自然科学奖二等奖，授予“复杂模糊非合作博弈理论模型与方法”等11项成果福建省自然科学奖三等奖。

三、授予“环保高效节能半封闭螺杆压缩机”等3项成果福建省技术发明奖三等奖（一、二等奖空缺）。

四、授予“超高分辨率液晶显示关键技术开发及产业化”等24项成果福建省科学技术进步奖一等奖，授予“智能光色调控高品质LED健康照明关键技术及其产业化”等58项成果福建省科学技术进步奖二等奖，授予“多功能2.5Gbps双闭环突发模式收发芯片研发与产业化”等91项成果福建省科学技术进步奖三等奖。

希望获奖的科技工作者再接再厉，奋发进取，再创佳绩。全省科技工作者要向获奖者学习，不忘初心、牢记使命，继续发扬求真务实、勇于创新的精神，不断提高自主创新能力，为坚持高质量发展落实赶超、加快新时代新福建建设作出新的更大贡献。

2018年度福建省科学技术奖获奖名单

序号	项目名称	完成单位	完成人
一、科学技术重大贡献奖（2人）			
黄本立（厦门大学）			
张艳璇（福建省农业科学院植物保护研究所）			
二、自然科学奖（19项）			
一等奖			
1	细胞感知营养物质与能量的分子机制	厦门大学	林圣彩、林舒勇、张宸崧、李　阳、叶志云
2	羧酸配体构筑的晶态多孔材料及其功能化	中国科学院福建物质结构研究所	曹　荣、吴明燕、袁大强、黄远标、李伟金

续表

序号	项目名称	完成单位	完成人
3	碳链与金属的螯合化学	厦门大学	夏海平、张 弘、朱 军、朱从青、王铜道
4	小菜蛾基因组的研究	福建农林大学、深圳华大基因科技服务有限公司	尤民生、杨 广、何玮毅、谢 苗、岳 震
二等奖			
1	微分方程的高效算法	厦门大学	沈 捷
2	基于分子水平的新型光催化材料的可控合成及作用机制	福州大学	吴 棱、李朝晖、梁诗景、毕进红、付贤智
3	类分子筛功能材料研究	中国科学院福建物质结构研究所	张 健、王 飞、张海霞、康 遥、谭衍曦
4	新型宿主因子在流感等病毒致病过程中的功能研究	福建农林大学、中国科学院微生物研究所	陈吉龙、王 松、池晓娟、高 福、陈玉海
三等奖			
1	复杂模糊非合作博弈理论模型与方法	福州大学	李登峰、费 巍、洪防璇、南江霞、刘家财
2	新型光电子材料的设计、制备及其应用	福建师范大学	赖发春、黄志高、林丽梅、钟克华、郑卫峰
3	杂环化合物的绿色构筑	华侨大学	崔秀灵、程国林、沈金海、王雪松
4	基于仿生识别体系的生物传感	厦门大学	杨朝勇、朱 志、宋彦龄、官志超、柯国梁
5	多光子诊断信息及其在临床医学中的应用研究	福建师范大学	陈建新、卓双木、谢树森、朱小钦、郑莉琴
6	碳纳米复合体系的电荷输运调控与电子器件应用研究	福州大学	李福山、杨尊先、吴朝兴、陈 伟
7	基于新型凝胶电解质和杂化电极的超级电容器研究	华侨大学	吴季怀、范乐庆、余海君、林建明、黄妙良
8	三维点云智能化目标检测的理论与方法	厦门大学、福州大学	李 军、陈一平、温程璐、方莉娜、程 明
9	浮游植物营养代谢、珊瑚共生及赤潮生消的生态过程及基因调控	厦门大学	林森杰、林 昕
10	林木代谢速率调控机理研究	福建师范大学	程栋梁、钟全林、徐朝斌
11	白斑综合症病毒的感染机制及其与宿主的相互作用研究	国家海洋局第三海洋研究所	李 钫、阮灵伟、施 泓、杨 丰、徐丽美
三、技术发明奖（3项）			
一等奖、二等奖（空缺）			
三等奖			
1	环保高效节能半封闭螺杆压缩机	福建雪人股份有限公司	林汝捷、魏德强、张功旺
2	节省使用空间的鞋类自动化生产线及鞋类自动化制作方法	黑金刚（福建）自动化科技股份公司	阙小鸿、阙 凯、阙 宇、杨昆欣、胡勇胖

续表

序号	项目名称	完成单位	完成人
3	一种大尺寸下穿通道双向预制节段拼装构筑方法	厦门市市政工程设计院有限公司、厦门市市政建设开发有限公司、中交第三航务工程局有限公司厦门分公司	傅重龙、高庆丰、黄国苏、欧阳永金、蔡清程
四、科学技术进步奖（173 项）			
一等奖（24 项）			
1	超高分辨率液晶显示关键技术开发及产业化	福州大学、福建捷联电子有限公司	郭太良、林志贤、陈旭彪、叶　芸、张永爱、陈恩果、钟连生、姚剑敏、杨尊先、林金堂
2	大规模云计算数据中心网络高性能交换系统	锐捷网络股份有限公司、清华大学、中国信息通信研究院、中国移动通信有限公司研究院、北京星网锐捷网络技术有限公司	吴治国、李国辉、李　丹、何　申、赵　锋、黄米青、王肖军、陈　武、文　权、黄金思
3	海底电缆实时在线监测关键技术及应用	国网福建省电力有限公司福州供电公司、华北电力大学、福建和盛高科技产业有限公司	吴飞龙、赵丽娟、郑小莉、吴文庚、林雪倩、王庆华、杨力帆、李永倩、王力群、杨　帆
4	城市交通多源感知与智能计算的研究和推广	厦门大学、福州大学、厦门卫星定位应用股份有限公司、中国科学院地理科学与资源研究所、长威信息科技发展股份有限公司	王　程、吴　升、江培舟、陆　锋、范晓亮、臧　彧、林韶军、苏敏咸、陈龙彪、赵志远
5	跨媒体舆情感知理论与关键技术	厦门大学、清华大学、厦门市美亚柏科信息股份有限公司、腾讯科技（上海）有限公司	纪荣嵘、高　跃、滕　达、黄飞跃、吴运声
6	TFT－LCD 用高品质 ITO 靶材关键技术及应用	福建阿石创新材料股份有限公司、福建工程学院、福州大学、福州京东方光电科技有限公司	戴品强、陈钦忠、张　科、陈本宋、尹明格、田　君、邵艳群、洪春福、董天松、林志河
7	三元动力电池关键安全技术开发与产业化	宁德时代新能源科技股份有限公司	林永寿、陈小波、付成华、张　磊、柳　娜、项延火、马　林、王　鹏、金海族、姜　亮
8	客车涂装整体解决方案与涂料国产化关键技术及应用	厦门大学、福建鑫展旺集团有限公司、厦门金龙旅行车有限公司、金龙联合汽车工业（苏州）有限公司、上海申龙客车有限公司、湖南中车时代电动汽车股份有限公司	戴李宗、谢平展、彭东庆、邱远红、何建辉、邓建军、许一婷、谢永立、林静宇、袁丛辉
9	复杂稀贵金属物料精准分离关键技术与装备	紫金铜业有限公司、紫金矿业集团股份有限公司	衷水平、吴健辉、张永锋、林泓富、张焕然、廖元杭、陈　杭、王俊娥、吴思鸿、邱发强

续表

序号	项目名称	完成单位	完成人
10	高难工业污水关键处理单元的核心技术及其应用	福建工程学院、中科天龙（厦门）环保股份有限公司、同济大学、福建华东水务有限公司、福州城建设计研究院有限公司	蒋柱武、傅太平、王学江、吴德礼、翁仁贵、魏忠庆、蔡孝光、陈礼洪、谢　丽
11	面向工业废水重金属处理的环境纳米技术的研究与应用	中国科学院福建物质结构研究所、韶关市雅鲁环保实业有限公司、新疆德安环保科技股份有限公司	林　璋、王瑞虎、吴智诚、洪杨平、李新雄、李超然
12	魔芋精深加工关键技术研究与产业化	福建农林大学、华南农业大学、西南大学、蜡笔小新（福建）食品工业有限公司、湖北一致魔芋生物科技股份有限公司、广东喜之郎集团有限公司	庞　杰、吴春华、孙远明、张盛林、钟　耕、张甫生、吴先辉、邓荣华、袁　萍、孙佳江
13	二次纤维制备及其应用关键技术研发与产业化	福建农林大学、陕西科技大学、福建希源纸业有限公司、福建省轻工机械设备有限公司、联盛纸业（龙海）有限公司、广州华工环源绿色包装技术股份有限公司	陈礼辉、苗庆显、余仕发、黄六莲、张安龙、曹石林、刘　凯、柯吉熊、李　艳、吴江楠
14	多肢组合结构设计理论及产业化关键技术	福建工程学院、福州大学、福建省建筑科学研究院、福建省永富建设集团有限公司	韦建刚、欧智菁、吴庆雄、陈　誉、夏　坚、林上顺、黄冀卓、陈宝春、林　文、杨　艳
15	再生骨料混凝土高性能化关键技术及工程应用	福州大学、福建江夏学院、中建海峡建设发展有限公司	罗素蓉、王国杰、王雪芳、郑建岚、吴志鸿、蒋国平、陈亚亮、庹明贝、代学灵、吴文达
16	菌草生态循环产业关键技术研究与应用	福建农林大学、北京大学	林占熺、林兴生、刘　斌、林冬梅、林　辉、梁学武、杨宝学、李　晶、苏德伟、刘朋虎
17	小菜蛾抗药性适合度代价及药剂减量增效技术研究与应用	福建省农业科学院植物保护研究所、福建农林大学、山东惠民中联生物科技有限公司、漳州绿州农业发展股份有限公司	魏　辉、顾晓军、田厚军、陈艺欣、陈　勇、游　泳、陈丽玲、张学军、赵建伟、黄卫刚
18	花生抗黄曲霉优质高产育种与分子育种技术的研究和应用	福建农林大学、仲恺农业工程学院、广西壮族自治区农业科学院经济作物研究所	庄伟建、郑奕雄、陈　华、唐荣华、张　冲、蔡铁城、邓　烨、官德义、蔡来龙、熊发前
19	南方林木重要害虫生防真菌资源开发与防控技术创新应用	福建省林业科学研究院、福建农林大学、尤溪县森林病虫害防治检疫站、福建省林业有害生物防治检疫局、明溪县森林病虫害防治检疫站	何学友、邱君志、蔡守平、詹祖仁、王玲萍、黄金水、杨　希、蔡国贵、曾丽琼、林曦碧
20	番鸭呼肠孤病毒病活疫苗创制及应用	福建省农业科学院畜牧兽医研究所	陈少莺、胡奇林、程晓霞、林锋强、陈仕龙、江　斌、程由铨、朱小丽、工　励、陈美光

续表

序号	项目名称	完成单位	完成人
21	干眼发病机制的研究及诊疗体系的创立与应用	厦门大学、复旦大学附属眼耳鼻喉科医院、中山大学中山眼科中心	刘祖国、李　炜、徐建江、梁凌毅、吴护平、李　程、洪佳旭、胡皎月、廖　怿、陈延平
22	肝细胞癌早期诊断和预后判断的分子标志物筛选及临床应用	福建医科大学孟超肝胆医院（福州市传染病医院）、福建医科大学附属第一医院、第二军医大学东方肝胆外科医院、福建医科大学	刘景丰、刘小龙、王红阳、曾永毅、陈　磊、黄爱民、曾金华、蔡志雄、郑爱仙、邢晓华
23	连枷胸救治的创新研究	中国人民解放军联勤保障部队第909医院	易云峰、陈检明、焦昌结、钟　京、陈松林、余小平、郭军华、宋志明
24	遗传易感性与乙型肝炎病毒感染对非酒精性脂肪性肝病的影响研究	福建医科大学	林　旭、彭仙娥、吴云丽、胡志坚、陈婉南、林建银
二等奖（58项）			
1	智能光色调控高品质LED健康照明关键技术及其产业化	厦门大学、厦门多彩光电子科技有限公司、厦门立达信照明有限公司、厦门华联电子股份有限公司	陈　忠、郑剑飞、吴挺竹、许建兴、陈　杰、曾人杰、郭伟杰
2	具备自学习功能的楼寓智能系统研发与产业化	集美大学、厦门立林科技有限公司、厦门大学	许志龙、王远春、刘菊东、汤光耀、钟建华、黄种明、陈毅城
3	电子式互感器可靠性检测关键技术及工程应用	国网福建省电力有限公司莆田供电公司、中国电力科学研究院有限公司、国网陕西省电力公司电力科学研究院、国网福建省电力有限公司经济技术研究院、三峡大学	叶国雄、庄建煌、成　林、林瑞宗、刘　翔、童　悦、吴经锋
4	电网事故风险动态辨识与主动控制技术及应用	国网福建省电力有限公司经济技术研究院、四川大学、中国电力科学研究院有限公司、国网四川省电力公司经济技术研究院、国网福建省电力有限公司电力科学研究院	刘友波、林　毅、林章岁、许立雄、余金涛、陈金祥、李再华
5	核电高占比省级电网核电安全高效运行关键技术与应用	国网福建省电力有限公司电力科学研究院、国网福建省电力有限公司、中国电力科学研究院有限公司、国电南瑞科技股份有限公司、华北电力科学研究院有限责任公司、福建宁德核电有限公司	江　伟、徐泰山、余秀月、刘　强、黄　霆、于大海、万芳茹
6	海量监控视频智能化分析关键技术研究与应用	国网福建省电力有限公司信息通信分公司、福建亿榕信息技术有限公司、福州大学、国网冀北电力有限公司信息通信分公司、国网福建省电力有限公司、南京南瑞信息通信科技有限公司	蔡宇翔、苏江文、于元隆、蔡力军、吴　飞、余金涛、周　晟

续表

序号	项目名称	完成单位	完成人
7	沿海地区新能源微电网高可靠供电关键技术与应用	国网福建省电力有限公司电力科学研究院、中国电力科学研究院有限公司、华南理工大学、厦门大学、厦门科华恒盛股份有限公司、许继电源有限公司	范元亮、陶以彬、李相俊、杨　苹、桑丙玉、吴　涵、孟　超
8	新一代智能 POS 终端	福建联迪商用设备有限公司	苏　龙、胡长发、吴　旋、董金磊、陈扬剑、叶国华、黄立清
9	网络安全威胁预警关键技术及系统	福建六壬网安股份有限公司、福州大学、中电福富信息科技有限公司	王　琦、刘延华、蔡滨海、苏晓明、林子忠、陈旺茂、林　崟
10	金龙客车车联网与智慧运营监控科技平台	厦门金龙联合汽车工业有限公司	周方明、柯志达、陈卫强、苏　亮、彭振文、刘强生、黄雄栋
11	RK322X 多媒体智能家居通用 SoC 芯片	福州瑞芯微电子股份有限公司	陈丽君、熊　伟、罗　宁、陈　辉、廖裕民、黄　涛、郑应勇
12	高性能锂离子电池低温石墨负极材料的开发与产业化	福建翔丰华新能源材料有限公司	周鹏伟、赵东辉、宋宏芳、白　宇、李新禄
13	夹层炉外压制成型及设备技术研究与产业化	福耀玻璃工业集团股份有限公司	周遵光、郑宗法、卓光进、陈道鼎、林　涛、李振芳、杨金城
14	高性能碳纤维复合芯导线工程化关键技术及应用	国网福建省电力有限公司电力科学研究院、全球能源互联网研究院有限公司、国网福建省电力有限公司莆田供电公司、国网福建省电力有限公司福州供电公司、国网福建省电力有限公司泉州供电公司、中复碳芯电缆科技有限公司	何州文、林德源、刘　辉、蔡建宾、陈　新、郭敬东、刘　强
15	双向拉伸尼龙薄膜的智能制造技术开发与功能化应用	厦门长塑实业有限公司、厦门理工学院	郑　伟、刘跃军、陈　曦、林新土、林凤龙、谢建达、陈剑洪
16	航空航天钛合金结构件加工用高精密整体刀具	厦门金鹭特种合金有限公司、厦门钨业股份有限公司	李凌祥、文　晓、鄢国洪、邹伶俐、李友生、陈荣德、蒋志金
17	关键液压元件研发及其在液压挖掘机中的应用	福州大学、龙工（福建）挖掘机有限公司、龙工（上海）精工液压有限公司	陈淑梅、陈　超、陈传铭、郑可文、黄　惠、余红波、白永刚
18	异型薄壁铝合金型材制造关键技术及在轻量化汽车中的应用	福建省南平铝业股份有限公司、厦门金龙旅行车有限公司、福建工程学院、福建省闽铝轻量化汽车制造有限公司	周　策、林光磊、郑云鹏、张东贵、刘　琼、陈永敏、闵爱武
19	节能型纯平智能坐便器技术研究及产业化	厦门优胜卫厨科技有限公司	方奕敏、许海涛、陈联进、吴爱民、江长发

续表

序号	项目名称	完成单位	完成人
20	沥青混合料再生设备关键技术研究与应用	福建泉成机械有限公司	张小峰、田超常、龚万毅、朱志刚、黄兴煜、何伟川、庄主红
21	高品质气缸套绿色数字化制造关键技术与应用	三明学院、中原内配集团股份有限公司、郑州机械研究所有限公司、中原内配集团安徽有限责任公司、福建汇华集团东南汽车缸套有限公司、北京航空航天大学	高　浩、李克锐、黄德松、党增军、吴　龙、王延忠、纪贤灿
22	智能化高清摄像镜头光学参量和光学MTF在线自动检测装置	福州锐景达光电科技有限公司	孙　宏、王　昆、江化娜、黄思尚、黄志亮、杨光聪、高　艳
23	间歇染色色泽在线测量关键技术及应用	华侨大学、福建凤竹纺织科技股份有限公司、黎明职业大学、浩沙实业（福建）有限公司	金福江、汤仪平、张　鑫、周丽春、李振卓、付春林、黄彩虹
24	鞋及鞋材等轻纺产品质量控制与提升关键技术研究与应用	福建出入境检验检疫局检验检疫技术中心、莆田出入境检验检疫局综合技术服务中心、四川出入境检验检疫局检验检疫技术中心	李小晶、童玉贵、唐振华、闵宝乾、陈旻实、俞凌云、吴孟茹
25	LED灯自动化生产工艺关键技术研发与应用	漳州立达信光电子科技有限公司、漳州市立达信绿色照明有限公司	李江淮、李永川、董永哲、曾茂进、王其远、陈金锥、曹亮亮
26	胶原基生物材料的开发研究、产业化和临床推广应用	福建省博特生物科技有限公司、福建吉特瑞生物科技有限公司	张其清、刘玲蓉、张　瑗、王临钊、袁　平、邢永振、李学敏
27	乌龙茶加工配套技术创新及关键技术装备研发与产业化	福建农林大学、福建省安溪县韵和机械有限公司、武夷星茶业有限公司、华祥苑茶业股份有限公司、福建八马茶业有限公司	孙威江、薛志慧、林馥茗、林清矫、陈志丹、邵静娜、黄　艳
28	即食米饭加工关键技术的研发与应用	福建农林大学、福建御厨食品有限公司、福建立兴食品有限公司	郭泽镔、曾绍校、佟　健、陈秉彦、邹少强、卢　旭、林解本
29	鲍鱼深加工及综合利用关键技术创新与产业化应用	福建农林大学、莆田市汇龙海产有限公司、海欣食品股份有限公司、福建省亚明食品有限公司	田玉庭、张龙涛、林玉雨、蒋荣龙、郑亚凤、徐　晖、吴其明
30	锦纶织物低耗水经轴连续循环染色关键技术及产业化	浩沙实业（福建）有限公司、东华大学	付春林、候爱芹、王　忠、高爱芹、谢孔良、常向真、施鸿雁
31	高性能聚酰胺6切片的开发与产业化应用	福建锦江科技有限公司	陈　飞、刘冰灵、金志学、张瑞瑞、霍显海、郑祥盘、吴道斌
32	工业大型臭氧发生器	福建新大陆环保科技有限公司	姚向阳、吴志军、侯凌颖、张元晖、李永熙、陈　健、张良波

续表

序号	项目名称	完成单位	完成人
33	车载儿童约束系统集成关键技术与产业化	厦门理工学院、福建麦凯智造婴童文化股份有限公司	韩　勇、陈治宇、王丙雨、王　方、潘　迪、周水庭、彭　倩
34	轻量化车身防撞系统及乘员防护关键技术研发与产业化应用	厦门理工学院、东南（福建）汽车工业有限公司、厦门金龙汽车座椅有限公司	唐友名、许　苘、于冯淼、薛　清、张　义、宋名洋、刘　瑞
35	近海渔业生产安全保障关键技术与应用	闽江学院、启东市杨成电子有限公司、福州市海洋与渔业技术中心、苏州新阳升科技股份有限公司、武汉理工大学、京信通信系统（中国）有限公司福建分公司	初秀民、何　伟、杨德明、陈添铮、谢　灏、李玉良、徐建德
36	新成岩法透水性地基防渗堵漏处理关键技术与应用	厦门安能建设有限公司、华侨大学、厦门清能旺科技有限公司、福建闽清一建建设发展有限公司、浙江省隧道工程公司、福建省茂宏建设工程有限公司	陈新泉、陈星欣、李旺雷、吕虎波、唐　珺、阚　晋、缪子超
37	大型公共建筑的结构安全监测与评估关键技术及应用	福州大学、厦门大学、中建海峡建设发展有限公司、中国建筑科学研究院有限公司、福建省建筑科学研究院、福建工程学院	姜绍飞、雷　鹰、王　耀、张靖岩、张　伟、沈　圣、麻胜兰
38	海洋环境下高性能混凝土制备关键技术及其产业化	厦门理工学院、厦门路桥翔通股份有限公司、厦门路桥翔通建材科技有限公司	陈昌萍、何富强、杨顺荣、李春龙、陈吓敏、钱长照、张祥敏
39	海绵城市系统平衡理论与建设关键技术研究及示范	厦门市城市规划设计研究院、中国水利水电科学研究院、中联环股份有限公司	刘家宏、王　浩、关天胜、邵薇薇、丁相毅、吴连丰、杨志勇
40	混凝土面板堆石坝变形与渗流安全指标体系创建及其应用	华电宁德电力开发有限公司、河海大学、福建省水力和清洁能源发电工程学会	郑志太、郑东健、吴金荣、徐世元、阮洪松、黄昌生、包腾飞
41	集成分布式水文模型的流域管理云平台及其洪旱模拟与预警应用	福建师范大学、四创科技有限公司	陈兴伟、张德健、吴杰峰、黄　敏、高　路、刘梅冰、单森华
42	福建省新一代天气雷达网气象灾害监测预警防御关键技术及应用	福建省气象科学研究所、福建省气象台、龙岩市气象局、福建省大气探测技术保障中心、厦门市气象局	陈秋萍、张深寿、冯宏芳、李　栋、吴陈锋、周乐照、冯晋勤
43	福建省二叠纪含煤区深部煤炭赋存特征与找煤模式	福建省煤田地质局	陈泉霖、邓瑞锦、王仁山、何仲秋、张蔚语、刘东辉、余芝华
44	莲雾良种选育及产业化配套技术研究与应用	福建省农业科学院果树研究所、福建省亚热带植物研究所、福建省农业科学院农业工程技术研究所	许家辉、魏秀清、谢志南、章希娟、赖瑞云、许　玲、陆东和
45	丝瓜耐褐变育种技术创新与新品种选育	福建省农业科学院作物研究所、福州市蔬菜科学研究所	温庆放、陈　铣、朱海生、薛珠政、花秀凤、李永平、刘建汀

续表

序号	项目名称	完成单位	完成人
46	黄秋葵种质资源挖掘与创新利用	福建省农业科学院亚热带农业研究所（甘蔗所）、福建省农业科学院作物研究所	洪建基、余文权、赖正锋、曾日秋、邱珊莲、姚运法、练冬梅
47	高优低镉姬松茸新品种“福姬77”选育与产业化关键技术	福建省农业科学院科技干部培训中心、福建农林大学国家菌草工程技术研究中心、福建省农业科学院农业生态研究所、福建省农业科学院土壤肥料研究所、福建省食用菌技术推广总站、中国农业科学院农业资源与农业区划研究所	雷锦桂、刘朋虎、王义祥、肖淑霞、胡清秀、叶　菁、任丽花
48	长粒优质杂交水稻泰丰优2098等7个品种选育与应用	福建省农业科学院水稻研究所、广东省农业科学院水稻研究所	涂诗航、周　鹏、王　丰、郑　铁、董瑞霞、游晴如、张水金
49	红掌新品种选育及产业化关键技术研究与应用	福建省林业科技试验中心、福建农林大学、阳光国际集团科技发展有限公司、厦门市江平生物基质技术股份有限公司、泉州市泉美生物科技有限公司、福建洋塔园艺有限公司	陈孝丑、陈发兴、陈　春、李　雪、林成立、江瑞荣、张毅智
50	应对脆弱环境的山区及沿海森林资源优化经营遥感量化模拟及示范	福建农林大学、福建省水土保持试验站（福建省水土保持监测站）、三明学院	刘　健、余坤勇、汪水前、李增禄、陈善沐、谢依达、姚　雄
51	金线莲优良种质选育及仿生态栽培关键技术研究与应用	福建省邵武市二都国有林场、福建省林业科学研究院、福建师范大学、邵武市林业科学技术推广中心	张海燕、肖祥希、肖华山、杨开兴、王　涵、余孟杨、李凤玉
52	生猪健康养殖中疫病防控与生物饲料关键技术的研究与应用	龙岩学院、福建龙岩金和动物饲料有限公司、福建龙岩闽雄生物科技股份有限公司	杨小燕、黄翠琴、戴爱玲、罗　建、刘建奎、郑新添、陈　敏
53	福建省遗传性出生缺陷的早期筛查、诊断与治疗技术研究	福建省妇幼保健院（福建省妇儿医院）	林　元、徐两蒲、黄海龙、林　娜、王　燕、吴小青、何德钦
54	一类糖靶向制剂应用于术中肿瘤微小病灶定位显像和光热治疗	厦门大学附属中山医院、厦门大学抗癌研究中心、厦门生光生物科技有限公司	苏新辉、韩守法、吴选俊、吴淑琪、罗芳洪、陈陆馗、刘平果
55	选择性支气管封堵术治疗难治性气胸技术体系构建与临床应用	福建医科大学附属第二医院	曾奕明、张华平、陈晓阳、杨栋勇、陈云峰、刘华玲、林辉煌
56	肺栓塞及其慢性化进展的基础与临床系列研究	福建医科大学附属第一医院	邓朝胜、吴达文、杨闽霞、陈云飞、丁海波、吕晓婷、张巧仙
57	交感神经调控促进术后康复的机制与临床策略	中国人民解放军联勤保障部队第900医院	陈国忠、王丽萍、吴黄辉、吴晓智、陈东生、柯慧华、郭晓明
58	胃肿瘤预后评价体系的优化与创新	福建医科大学附属协和医院	郑朝辉、李　平、黄昌明、谢建伟、陆　俊、王家镔、林建贤

续表

序号	项目名称	完成单位	完成人
三等奖（91 项）			
1	多功能 2.5Gbps 双闭环突发模式收发芯片研发与产业化	厦门优迅高速芯片有限公司	林永辉、林少衡、章可循、葛军华、李发明
2	双面卷对卷微细线路挠性印制电路板技术开发及产业化	厦门弘信电子科技股份有限公司、厦门工科自动化设备有限公司	李毅峰、何耀忠、续振林、黄冬荣、王　毅
3	双磁势多回路大功率继电器的研究与产业化	厦门宏发电声股份有限公司	朱艺青、谭忠华、刘金枪、陈文榜
4	基于时频融合的亚微秒级大规模电力同步网关键技术研究及工程应用	国网福建省电力有限公司信息通信分公司、国网冀北电力有限公司信息通信分公司、中国电力科学研究院有限公司、国网浙江省电力有限公司信息通信分公司	林福国、李　信、胡昌军、张明扬、周　晟
5	基于多源定位综合感知的商用车节能减排技术及应用	厦门雅迅网络股份有限公司、中国重汽集团福建海西汽车有限公司	涂岩恺、陈茹涛、肖振隆、何金涛、周庆金
6	基于公共通信的电力能效互动及能源监管技术研究与应用	国网信通亿力科技有限责任公司	陈　宏、黄文思、邹保平、黄长贵、谢国荣
7	高效永磁伺服电机系统的研发及产业化	中国科学院福建物质结构研究所、福建亚南电机有限公司	汪凤翔、卢友文、梁泊山、柯栋梁、林玉祥
8	主动配电网规划与运行一体化关键技术及工程应用	国网福建省电力有限公司厦门供电公司、四川大学、国网福建省电力有限公司电力科学研究院、国网北京市电力公司	吴文宣、刘俊勇、刘文亮、陈金祥、陈国伟
9	智能变电站二次系统自动检测关键技术及应用	国网福建省电力有限公司电力科学研究院、中国电力科学研究院有限公司、南瑞集团有限公司、江苏凌创电气自动化股份有限公司	唐志军、窦仁晖、翟博龙、林国栋、戴太文
10	基于云计算的省地县三级电网调控联合培训仿真体系开发与应用	国网福建省电力有限公司、中国电力科学研究院有限公司、国网福建省电力有限公司福州供电公司、国网福建省电力有限公司漳州供电公司	林静怀、陈郑平、任晓辉、范海威、邓　勇
11	快充型高能量密度锂离子电池研发与产业化	宁德新能源科技有限公司	高　潮、方占召、郑　强、龚美丽、袁庆丰
12	基于数据及控制平台共享的智能小水电控制系统研究	福建省水利水电勘测设计研究院、福建省力得自动化设备有限公司	吴　健、汪晓强、陶波梅、陈明凯、郑奠明
13	输配电线路台风灾害快速预警与抗风检测技术及应用	国网福建省电力有限公司电力科学研究院、福州大学	陈　彬、廖福旺、郭晓君、黄海鲲、许　军
14	用于企业产品设计的云平台关键技术研发与应用	南威软件股份有限公司、厦门大学、福建省纳金网信息技术有限公司、厦门理工学院	侯济恭、姚俊峰、郭振宇、黄孕宁、游建友
15	GSZH－AA 水表集成户外显示器系统	智恒科技股份有限公司	李贵生、林开荣、李骁韬、谢远勇、郑文辉
16	Teleware 国土资源一张图管理系统及其应用	福建特力惠信息科技股份有限公司	陈曙光、彭清新、张江辉、高建清、苏子仙

续表

序号	项目名称	完成单位	完成人
17	运用大数据技术的智能化法院服务平台	福建榕基软件股份有限公司、福建师范大学	陈明平、邓松高、肖如良、李达取、马　圣
18	海洋探测无人系统协同关键技术及其应用推广	华侨大学、哈尔滨工程大学、福建北斗星河通信有限公司、天津深之蓝海洋设备科技有限公司	蔡绍滨、王　伟、高振国、陈爱泉、魏建仓
19	视觉感知增强计算关键技术的研究及应用	福州大学、福建省福信富通网络科技股份有限公司、厦门图特动漫科技有限公司	黄立勤、兰诚栋、刘漳辉、李　勇、陆　翔
20	融合知识图谱的医疗保障基金监管平台关键技术	厦门理工学院、易联众信息技术股份有限公司	林开标、郭晓昌、卢洪满、卢　萍、潘才色
21	基于云计算技术的智慧养老服务管理平台研究与应用	恒锋信息科技股份有限公司	魏晓曦、欧霖杰、陈榕魁、陈朝学、欧莉莉
22	输配电价改革下电网公司产出预测及财务风险管控和模拟技术与应用	福建网能科技开发有限责任公司、国网能源研究院有限公司、华东电力试验研究院有限公司、国网天津静海供电有限公司	郑厚清、罗义钊、贾德香、岳红权、朱文广
23	城镇中低压配电网物联网关键技术及工程应用	福建奥通迈胜电力科技有限公司、闽江学院	吴孝彬、林文忠、徐士华、赵　晖、邵振华
24	改性单体法合成长丝专用高压缩比聚四氟乙烯分散树脂的新工艺研究	福建三农新材料有限责任公司、三明学院	徐万鑫、念保义、徐美燚、程　伟、赵　炎
25	热熔聚酯单组份长丝研发与产业化	厦门翔鹭化纤股份有限公司	刘龙敏、吴铁城、刘志麟、郑　铮
26	建筑化学外加剂结构设计与智能制造关键技术及产业化	福建科之杰新材料有限公司、科之杰新材料集团有限公司、厦门市建筑科学研究院集团股份有限公司、厦门天润锦龙建材有限公司	郭鑫祺、蒋卓君、官梦芹、李乐民、温庆如
27	混凝土多相体系高效水化调控关键技术及产业化研究	科之杰新材料集团有限公司、福建径坊建造工程有限公司、厦门市建筑科学研究院集团股份有限公司	方云辉、张小芳、柯余良、赖广兴、赖华珍
28	氟硼酸转化膜铝箔的小圆柱磷酸铁锂电池	福建师范大学、漳州万宝能源科技有限公司	童庆松、黄子欣、吴永文、吴友星、王　彤
29	环保节能组合式储罐清洗装置	福建省迅达石化工程有限公司	王龙添、王龙波、王龙真、王龙聪、王泉生
30	薄型罐盖用5182合金板材的研究开发	中铝瑞闽股份有限公司	李谢华、黄瑞银、朱志斌、邱龙涛、陈国生
31	复杂环境下应急抢险移动式大流量泵站关键技术及应用	厦门理工学院、福建侨龙应急装备有限公司	欧阳联格、林志国、周水庭、赖东琼、阙彬元
32	工业生产传热传质工序减排降耗关键技术与装备	厦门烟草工业有限责任公司、福建中烟工业有限责任公司	吴玉生、周跃飞、林荣欣、徐建燎、王道铨
33	电梯物联网智慧监管和公共服务平台的研究与应用	闽江学院、东南和创（厦门）电梯安全科技有限公司、厦门市特种设备检验检测院、福州大学	郑祥盘、陈瑞品、黄学斌、钟舜聪、伏喜斌

续表

序号	项目名称	完成单位	完成人
34	智慧型物联网汽车衡关键技术与应用	福建工程学院、福州科杰电子衡器有限公司、福建科杰物联网科技有限公司	梁　泉、洪　秀、叶仙平、梁卫抗、张顺淼
35	I系列智能电泵	三禾电器（福建）有限公司、宁德职业技术学院、福建工程学院	施秋铃、郭　健、洪斯玮、陈从俭、叶宗贤
36	智能环保型沥青混合料搅拌设备	福建铁拓机械有限公司	蔡志勇、陈聪永、王俊峰、赖　鹏、郭丕贤
37	全伺服婴儿训练裤生产设备	泉州市汉威机械制造有限公司	林秉正、尤永生、余占波、陈子斌、高奇晖
38	过程校验仪的研制及其应用	福建顺昌虹润精密仪器有限公司	林善平、陈志扬、张学典、魏小东、杨　飞
39	高效益中小牛鞋面革绿色关键工艺设计、优化及其应用	兴业皮革科技股份有限公司	温会涛、李银生、梁永贤、但卫华、孙辉永
40	脱胎漆器的淡彩薄料制备关键技术及应用	福建工程学院、福州斯马特家居饰品有限公司、泉州信息工程学院	上官俊华、李静玲、叶晓云、许琼琦、黄立杰
41	高品质湿水柔韧乳霜原纸的研制	福建恒安集团有限公司、恒安（中国）纸业有限公司	林一速、王　伟、戴　飞、张富山、孙晓丽
42	废不锈钢衬纸制浆关键性技术及在高档薄型包装纸中的应用	福建省晋江优兰发纸业有限公司	张　俊、邱甜甜、杨晓日、甘木林、陈长兴
43	肉鸡加工副产物的高值化利用关键技术与产业化	福州大学、福建圣农食品有限公司	倪　莉、张　雯、刘志彬、周　红、马荣池
44	肉制品加工过程品质提升及化学危害物控制关键技术	厦门银祥集团有限公司、江南大学、泉州师范学院、厦门华厦学院	陈　洁、张志刚、曾茂茂、郑宗平、郭凤仙
45	杏鲍菇高值化加工及综合利用技术创新与应用	福建省农业科学院农业工程技术研究所	陈君琛、赖谱富、李怡彬、郑恒光、黄大松
46	基于食源性组分多维结构干预的水产蛋白制品新型加工技术及产业化	福建安井食品股份有限公司、江南大学	周文果、范大明、黄建联、阮东娜、叶伟建
47	高性能锦纶6分纤母丝生产工艺的研发	长乐力恒锦纶科技有限公司	陈立军、刘　智、李云华、吴　兴、丁闪明
48	氨纶废液生产再生型氨纶丝的研究与开发	长乐恒申合纤科技有限公司	谷德强、蒋同德、陈　利
49	纸塑复合材料清洁回收制备生态复合板的关键技术研发及产业化示范	福建师范大学、漳州市陆海环保产业开发有限公司、福建师范大学福清分校	陈庆华、钱庆荣、肖荔人、江凤凤、周为明
50	含铜酸性废水资源化利用关键技术与工业化应用	紫金矿业集团股份有限公司	陈景河、邹来昌、江　城、王国标、黄怀国
51	微细粉尘控制专用水刺覆膜高性能滤料关键技术及产业化	厦门三维丝环保股份有限公司	蔡伟龙、郑智宏、王　巍、郑锦森、张静云
52	养殖污水的安全利用阈值与调控关键技术研究及集成应用	福建省农业科学院农业工程技术研究所、福建工程学院、福建莆田鸿达牧业有限公司、福州大学	陈　彪、牛　佳、魏云华、黄　婧、肖艳春
53	露天金属矿深孔爆破安全高效开采关键技术研究	福建省新华都工程有限责任公司	崔年生、黄　敏、郑明艺、夏鹤平、杨　清
54	福建暴雨和台风延伸期预报及其风险评估关键技术与应用	福建省气候中心	高建芸、张容焱、吴　滨、游立军、池艳珍

续表

序号	项目名称	完成单位	完成人
55	节能与安全大客车关键技术研发与产业化	厦门金龙旅行车有限公司、厦门理工学院	陈笃廉、彭　倩、林剑健、韩锋钢、陆　军
56	空间扭背索斜拉桥建造关键技术	漳州市通顺交通建设有限公司、福州大学、苏交科集团股份有限公司	汤少青、曾玲玲、陈康明、马　虎、陈夏生
57	海洋环境大跨径组合梁斜拉桥结构耐久性相关技术研究	福建省交通建设工程监理咨询有限公司、泉州湾跨海大桥有限责任公司、中交第二航务工程局有限公司、江苏法尔胜缆索有限公司	齐云慧、王文清、颜明煌、黄　跃、方二宝
58	超宽混合梁扭背索斜拉桥建造关键技术研究	福建省交通建设质量安全监督局、中交第二航务工程局有限公司、中交第二公路勘察设计研究院有限公司、漳州市交通建设工程质量安全监督局	林国仁、马琼锋、金　晶、胡义新、朱　玉
59	公路隧道软岩大变形灾害致灾机理及处治技术研究	福建省交通规划设计院、福州大学	刘秋江、黄　明、王文洪、郑　斌、邓　涛
60	基于岩土控制变形分析法的软弱围岩隧道开挖及变形控制技术研究	福建省高速公路集团有限公司、莆田湄渝高速公路有限责任公司、长安大学	林剑飞、唐勇三、叶　飞、蔡　勇、张子永
61	山岭高速公路边坡防减灾关键技术与信息化研究	龙岩古武高速公路有限责任公司、同济大学、中铁十七局集团第六工程有限公司	许建聪、张勇全、陈向阳、邱军伟、邱礼球
62	全自动智能环保型地坪磨抛机	福建兴翼机械有限公司、福建博业建设集团有限公司、福建省禹澄建设工程有限公司、福建协顺建筑工程有限公司	叶根翼、江明洪、叶允平、徐化新、洪文聪
63	混凝土与钢管混凝土结构抗火性能评估关键技术及应用	华侨大学、湖南大学、福建农林大学、福建省建筑科学研究院	霍静思、王玲玲、廖飞宇、刘艳芝、曾　文
64	平潭岛雨洪资源高效利用关键技术	福建省水利水电科学研究院、中国科学院地理科学与资源研究所、济南大学	吴泽华、曲丽英、林明财、康辉平、张新民
65	鲜食黄桃品种选育及产业化关键技术研究与集成推广	福建省农业科学院果树研究所、建宁县绿源果业有限公司、建宁县经济作物技术推广站	黄新忠、张长和、陈小明、宁仲根、张　诚
66	橄榄优质新品种选育与丰产增效关键技术集成应用	福建农林大学、福州市经济作物技术站	佘文琴、许长同、潘鹤立、潘东明、肖振林
67	鹤望兰种质创新与产业化应用	福建省农业科学院作物研究所、福建荣信环境建设集团有限公司	钟淮钦、樊荣辉、林　兵、黄敏玲、叶秀仙
68	无患子种质资源收集评价与产业化关键技术应用	福建省农业科学院果树研究所、福建源华林业生物科技有限公司、福建省源容生物科技有限公司、福建三明林业学校	姜翠翠、叶新福、卢新坤、翁学煌、范繁荣
69	金线莲高效繁育及仿生栽培技术研究与示范	福建农林大学、福建虎伯寮生物集团有限公司、福建大用投资有限公司	邹小兴、梁冠巍、郑惠成、黄钦府、肖春梅
70	马尾松种质评价及速生、高产脂良种选育	福建省大田桃源国有林场（福建大田七星湖森林公园管理中心）、福建省林业科学研究院、福建省永安国有林场、福建省邵武卫闽国有林场	郑仁华、黄德龙、苏顺德、魏永平、甘振栋
71	中亚热带珍稀植物群落林窗更新过程及恢复技术研究	福建农林大学、福建省三明莘口格氏栲自然保护区管理站	刘金福、何中声、洪　伟、郑世群、施友文

续表

序号	项目名称	完成单位	完成人
72	闽粤樗提升杉木马尾松人工林质量关键技术研究与应用	沙县林业科技推广中心、三明市罗卜岩自然保护区管理站、南平市林业局速生丰产林基地办公室、福建省沙县官庄国有林场	洪宜聪、黄茂根、黄健韬、陈爱平、乐兴钊
73	多不饱和脂肪酸与丁酸盐系列产品的研发与应用	龙岩新奥生物科技有限公司、龙岩学院、新奥（厦门）农牧发展有限公司	赖州文、黄燕平、杨晓静、章　亮、黄艺珠
74	基于精准营养的高效环境友好型大黄鱼系列配合饲料的研发与应用	福建天马科技集团股份有限公司、厦门大学、福建天马饲料有限公司	张蕉南、艾春香、陈加成、胡　兵、杨　欢
75	海藻浒苔用作水产饲料添加剂的研究与开发	集美大学	黎中宝、李文静、陈　强、黄永春、李元跃
76	种植体软硬组织界面改性的系列研究	福建医科大学附属口腔医院	陈　江、吴　东、黄文秀、周　麟、赖颖真
77	2 型糖尿病神经精神疾病相关因素的分析	福建省立医院	蔡梁椿、黄惠彬、梁继兴、李连涛、陈　刚
78	灌注液体为驱动力影响消化内镜微创诊治效果的研究	中国人民解放军联勤保障部队第 909 医院	张鸣青、苏军凯、刘　将、李仙丽、吕新芝
79	人参皂苷改善阿尔茨海默病认知功能的作用及机制研究	福建医科大学附属协和医院	黄天文、陈丽敏、张　静、朱元贵、杨璐萌
80	肌腱、韧带创伤后腱止点界面调控和修复机制的研究	中国人民解放军联勤保障部队第 900 医院	韩雪松、李　蓓、肖　杰、王万明
81	以炎性反应为靶点在防治缺血性脑血管病中的系列研究	福建医科大学附属协和医院	涂献坤、石松生、陈春美、陈建屏、王春华
82	婴幼儿血管瘤综合治疗的方法改进	中国人民解放军联勤保障部队第 900 医院	王　烈、宋洪涛、夏　印、张敏新、张再重
83	脊柱退变相关血管病发病机理、影像诊断与介入治疗	中国人民解放军联勤保障部队第 909 医院	欧阳林、丁真奇、郑德泉、康两期、何　平
84	基于康复训练的多学科疗法治疗缺血性脑血管病临床应用与基础研究	福建医科大学附属协和医院	刘　楠、陈鸿宾、张逸仙、李　菁、江信宏
85	乳腺癌精准诊断和治疗的研究与临床应用	福建省肿瘤医院	吴秀凤、陈　刚、叶星明、胡　丹、彭　伟
86	Nrf2/ARE 通路在环境毒物致神经毒性中的作用及分子机制	福建医科大学、华中科技大学	李煌元、石　年、吴思英、林　炜、王章敬
87	中医药改善睡眠作用的研究体系的建立与实施	厦门市医药研究所、黑龙江中医药大学	许光辉、黄莉莉、陈少玫、李廷利、罗友华
88	基于信号通路的肾康灵干预儿童原发性肾病综合征的机制研究	福建中医药大学附属人民医院、福建中医药大学	郑　健、艾　斯、林　青、宋艳芳、林　雄
89	复方片仔癀肝宝的研发及产业化	漳州片仔癀药业股份有限公司、福建中医药大学	黄进明、洪　绯、于　娟、赵锦燕、罗志毅
90	基于肾主骨的绝经后骨质疏松症肾虚证骨代谢紊乱的基础与应用研究	福建中医药大学、中国人民解放军联勤保障部队第 900 医院、福建中医药大学附属第二人民医院	梁文娜、李灿东、高碧珍、李西海、林雪娟
91	健康 + 标准体系下环保水性涂料及绿色涂装解决方案的开发与推广	三棵树涂料股份有限公司	企业技术创新工程项目

（摘编：赵小真）

2019 年福建省五一劳动奖状、奖章和工人（五一）先锋号名单

2019 年 4 月 25 日，从省总工会获悉，“五一”前夕，我省评选表彰一批省五一劳动奖先进集体与个人。省总工会授予福州市水环境建设开发有限公司等 78 个单位福建省五一劳动奖状，授予姚兴南等 229 名职工福建省五一劳动奖章，授予福州京东方光电科技有限公司第 8.5 代新型半导体显示器件项目开发团队等 127 个企业集体福建省工人先锋号，授予福州市公路局福清分局东张公路站等 103 个机关事业集体福建省五一先锋号。

今年评选表彰的集体和个人均为我省经济持续健康发展和社会大局稳定作出突出贡献，具有鲜明的时代特征，同时面向基层一线，一批高技能人才、工匠人才、艰苦岗位职工、敬业公务人员、脱贫攻坚一线人员在评选中脱颖而出。其中，一线职工和专业技术人员 126 人，占 55%；科教人员 52 人，占 22%；女职工 86 人，占 38%；农民工 26 人，占 11%。从地域上看，表彰的集体和个人覆盖我省所有市、县（区）；从行业分布上看，基本涵盖各行各业各条战线，并体现福建特色，首次授予 2 位在闽台籍人士省五一劳动奖章荣誉称号。详细名单如下：

福建省五一劳动奖状名单（78 个）

福州市

福州市水环境建设开发有限公司
飞毛腿（福建）电子有限公司
福建省烟草公司福州市公司
国家税务总局福州市鼓楼区税务局
智恒科技股份有限公司
中国银行股份有限公司福清分行
福州港务集团有限公司
福州市劳动就业管理中心
福州市仓山区培智学校
福建省福州第三中学

厦门市

厦门友朋四方物业管理有限公司
厦门长天企业有限公司
厦门市同安区人民法院
厦门象屿速传供应链发展股份有限公司
厦门市文化馆
中国厦门外轮代理有限公司
厦门特工开发有限公司

漳州市

三宝集团股份有限公司
大闽食品（漳州）有限公司
漳州卫生职业学院
龙海市交通运输局
漳州万宝能源科技有限公司
国家税务总局华安县税务局
漳州市公安局台商投资区分局

泉州市

福建荣盛钢结构实业有限公司
福建百宏聚纤科技实业有限公司
福建省闽发铝业股份有限公司
中国共产党永春县委员会组织部
太阳海（福建）制衣有限公司
泉州台商投资区行政服务中心管理委员会
中共福建省泉州市纪律检查委员会
泉州医学高等专科学校
福建省高速公路集团有限公司泉州管理分公司

三明市

福建省清流县东莹化工有限公司

宁化县总医院

福建水利电力职业技术学院

建宁县公安局

国家税务总局沙县税务局

三明学院

三明市中西医结合医院

莆田市

福建永荣科技有限公司

莆田市公安局城厢分局交警大队

国家税务总局仙游县税务局

莆田市湄洲湾北岸经济开发区财政局

晔晨集团（福建）有限公司

莆田市荔城区住房和城乡建设局

南平市

福建长富乳品有限公司

福建省南平师范学校附属小学

南平市中心血站

中共南平市委办公室

国家税务总局松溪县税务局

龙岩市

瓮福紫金化工股份有限公司

中国共产党龙岩市永定区委员会统一战线工作部

龙岩市新罗区农业农村局

武平县妇幼保健院

龙岩市不动产登记中心

福建省公安厅交警总队龙岩高速公路支队

宁德市

宁德时代新能源科技股份有限公司

中国人民银行古田县支行

福建省屏南县第一中学

国家税务总局周宁县税务局

国网福建省电力有限公司福安市供电公司

福鼎市实验小学

平潭综合实验区

福建平潭农村商业银行股份有限公司

省直机关

中共福建省委党校福建行政学院

福建省纤维检验局

福建省动物疫病预防控制中心

福建省煤田地质勘查院

福建省林业调查规划院

央企省企产业系统

福建华电邵武发电有限公司

南昌铁路公安局福州公安处

中国铁路二十四局集团福建铁路建设有限公司

中国建设银行股份有限公司福建省分行

兴业银行股份有限公司南平分行

福建船政交通职业学院

福建省第八批援藏工作队

福建江夏学院

中建远南集团有限公司

福建省五一劳动奖章名单（229 名）

福州

姚兴南　福建思嘉环保材料科技有限公司技术课课长

张瑞琴（女）　福州市鼓楼区环境卫生管理处业务科科长

陈鲤萍（女）　国家税务总局福州市台江区税务局纳税服务股股长

董秀玉（女）　福州市仓山区教师进修学校教科室主任

石青萍（女）　福建省福州第七中学英语教师

汤海凤（女）　福州市钱塘小学德育处主任

董晴（女）　福建医大附一护养中心名誉副院长、福建省世纪菁华教育投资有限公司法人、小星星连锁幼儿园名誉园长

蒋永美（女）　福建朝日环保科技开发有限公司采购部副经理

曹春新　福州市长乐区公安局金峰派出所所长

董永建　福建省长乐第一中学信息技术教师

李章平　中国共产党福清市纪律检查委员会第二纪检监察室主任

俞裕文　福清市公安局刑侦大队街面犯罪侦察一队副队长（挂职福清市公安局音西派出所案审三队负责人）

符　磊　福建奔驰汽车有限公司党委书记、执行副总裁

刘水琼　福州明芳汽车部件工业有限公司生产部经理

吴其法　连江县广播电视事业发展中心记者

陈劲成　福建雄江黄楮林国家级自然保护区管理处科研宣教科科长

任丽飞（女）　罗源县凤山镇闽凤社区居民委员会副主任

卢　巍　中国移动通信集团福建有限公司福州分公司职员

林　重　福建省马尾造船股份有限公司生产管理部项目副经理

孙梓清　东南（福建）汽车工业有限公司副技术长

李涛　福建星网锐捷通讯股份有限公司云方案研发部经理

刘文刚　福建天辰耀隆新材料有限公司重排分厂厂长

翁秀英（女）　福建彩食鲜供应链管理有限公司物流配送中心主管兼永辉慈善专员

王文静（女）　平安银行股份有限公司福州分行运营管理部经理

林　武　福州市公路局永泰分局小坪公路站站长

黄华辉　福州金顺保洁服务有限公司管理员

夏让欣　福建省水利投资开发集团有限公司党委书记、董事长

镇千金（女）　福建榕基软件股份有限公司财务总监

赵舒妮（女）　福州教育学院附属第四小学教科室主任

黄小靖　福州市第一医院普外科主任

杨　晓（女）　福州市园林局党委书记、局长

李白蕾（女）　福州日报社记者

何泽舜　福州市水利局水利建设与管理处副主任科员

林　芸（女）　福州市发展和改革委员会协调督查处处长

何士涛　福州市公安局刑事侦查支队技术处副处长兼警犬训导队队长

张颖华（女）　国家税务总局福州市税务局社会保险费和非税收入科副主任科员

黄向红（女）　福州市第二医院护理部主任

陈苏萍（女）　福州市仓山区实验小学办公室副主任

厦门

邹春龙　品谱（厦门）工业有限公司工程部维修技术员

谢锦盛　厦门厦钨新能源材料有限公司锂材制造部经理

林碧玲（女）　厦门市五缘实验幼儿园园长、书记

沈志刚　厦门市湖里区五通社区居民委员会社区党委副书记、居委会主任

郑庆辉　厦门市思明区劳动人事争议仲裁院院长（抽调滨海片区土地征收指挥部工作）

黄　芸（女）　厦门市瑞景小学英语教师

程法祥　路达（厦门）工业有限公司抛光技术部机器人编程员

杨　杰　厦门市集美区人民法院司法警察大队政治委员

陈瑜谦（女）　厦门市同安区人民政府祥平街道办事处经济管理员

赖巧英（女）　厦门保沣实业有限公司总裁办主任

彭玉珊（女）　厦门市翔安区教师进修学校音乐教研员

许旭波　厦门集装箱码头集团有限公司总经理

陈　珣（女）　厦门大学附属中山医院妇产科副主任医师

姚　博　厦门市公安局海沧分局刑事侦查大队副大队长

杨成祥　厦门建发汽车有限公司售后部首席技师

蔡一珺（女）　厦门航空有限公司空中乘务部客舱经理

龚　宁　中国邮政集团公司厦门市分公司调研员

林朝辉　厦门烟草工业有限责任公司卷接机机组长

王　宏　厦门船舶重工股份有限公司副总工艺师

陈小海　厦门中联永亨建设集团有限公司质检员

陈智猛　厦门市教育科学研究院数学科主任

许翠艳（女）　中国人民财产保险股份有限公司厦门市分公司出单中心主管

陈真真（女）　福建省厦门实验小学数学教师

漳州

陈启明　港荣泰（福建）生物科技有限公司金针菇机械化瓶栽生产技术员

张小敏（女）　福建安麟智能科技股份有限公司行政文员

潘进格（女）　漳州市龙文区人民检察院二级检察官

徐子杰　龙海市行政服务中心管理委员会综合股干事

林蔼蔡　漳浦县市场监督管理局办事员

吴有林　福建傲农生物科技集团股份有限公司董事长、总裁

吴耀钦　东山县司法局樟塘司法所司法助理员

陈淑贞（女）　诏安县行政服务中心管理委员会主任科员

曾凤英（女）　中国邮政储蓄银行股份有限公司平和县支行客户经理

李炎春　福建工程学院数理学院党政办主任（挂职华安县沙建镇上樟村党支部第一书记）

洪树棠　长泰县公安局武安派出所所长

黄江峰　国家税务总局南靖县税务局局长

周志强　联盛纸业（龙海）有限公司生产经理

陈一秀（女）　国家税务总局漳州市税务局社会保险费和非税收入科副科长

袁　滨　漳州市农业科学研究所食用菌研究室项目负责人

林晓红（女）　漳州城市职业学院园林园艺系副主任

邹瑞荣（女）　龙溪师范学校附属小学数学教师

游淑华（女）　福建省漳州第一中学英语教师

岳鹏翔　大闽食品（漳州）有限公司研究员

郭晶晶（女）　福建古雷港口经济开发有限公司职员

许晋平　平和县自然资源局土地开发整理中心主任

泉州

庄良辉　中石化森美（福建）石油有限公司泉州分公司财务部经理

林雪玉（女）　泉州市鲤城区人民政府鲤中街道办事处社会事务办主任兼安办主任

洪碧清（女）　泉州市丰泽区东湖街道松林社区居民委员会党委书记、居委会主任

陈乘顺　泉州市公安局丰泽分局刑侦大队大队长

高国强　福建铁拓机械有限公司生产总监

张河水　福建省泉州市泉港第一中学数学教师

洪彦伟　石狮市人民法院执行庭副庭长

蔡志群　福建省鸿山热电有限责任公司发电部值长

陈海鹏　石狮市湖滨街道总工会工会干事

傅贵华（女）　福建省麦都食品发展有限公司技术中心副主任

李　苏　安踏（中国）有限公司质量中心总监、技术中心主任

柯天启　晋江市英林镇人民政府规划建设办公室主任

罗明芳（女）　晋江市人民检察院金融和知识产权犯罪检查部负责人

黄燕霞（女）　福建省闽旋科技股份有限公司研发部技术员

刘劲松　南安市工业学校计算机、机电技术应用教师

李斌凤（女）　福建泉城特种装备科技有限公司研发部技术员

林友达　福建群峰机械有限公司机加车间主任

吴德强　福建丰盈园林古建工程有限公司董事长

王烈平　惠安县螺阳艺兴工艺厂雕刻工人

吴国雄　福建省惠安职业中专学校书法教师

王美芳（女）　安溪县沼涛实验小学语文教师

鲁本利（女）　福建泉州闽光钢铁有限责任

公司机动部副部长

郭艳娜（女） 安溪县人民检察院侦查监督科科长

洪新典 中国共产党永春县纪律检查委员会办公室科员

吕德文 永春县下洋镇人民政府林业工作站站长

郑雄彭 福建省德化县飞天陶瓷艺术研究所艺术总监

李桂婷（女） 福建省德化县职业技术学校美术教师

卢文扁 泉州市公安局交通警察支队经济技术开发区大队大队长

白孝均 玖龙纸业（泉州）有限公司生产值长

陈为藩 中国共产主义青年团泉州市委员会机关党总支专职副书记

张彩云（女） 中共泉州市委市直机关工作委员会正科级组织员

王璞宣（女） 国家税务总局泉州市税务局第一税务分局副局长

高颖秋（女） 泉州广播电视台新媒体发展研究中心主任兼经济生活频率总监

黄 柠（女） 泉州师范学院附属小学副校长、工会主席

郑乃吉 福建经贸学校校长

曾小玲（女） 中国邮政集团公司泉州市分公司投递员

尹 刚 福建省集英保安集团有限公司党委委员、纪委书记

黄文新 永春县农村信用合作联社党委书记、理事长

邱俊杰 泉州颐和医院有限公司筹备处主任

三明

张松辉 福建省三钢（集团）有限责任公司炼钢厂生产组副组长

郑凌峰 永安市林业局党委书记、局长

傅燕珠（女） 明溪县盖洋中心小学语文教师

邓建东 清流县总医院内二科主任

黄源平 宁化月兔科技有限公司行政主管

杨桂兰（女） 福建省福源建莲开发有限公司挑拣工

叶雪娥（女） 福建省泰宁县下渠乡中心小学校长

李儒辉 三明市公路局将乐分局养护工

赵艳清（女） 沙县第三中学英语教师

章晓龙 大田县公安局刑事侦查大队重案中队指导员

傅学仁 福建台明铸管科技股份有限公司董事长

梁生亮 三明市康复疗养院党支部书记

张勇昌 三明市交通建设集团有限公司副总工程师

罗鸣灶 三明日报社记者部副主任

王新华 三明市公安局刑事侦查支队副支队长

张海娟（女） 尤溪县特殊教育学校校长

莆田

冯华英（女） 国投湄洲湾港口有限公司技术部控制管理人员

马自强 福建省海安橡胶有限公司管理部经理

郭秋桥 莆田市公安局荔城分局党委委员、交警大队长

雷明珠（女） 中交建宏峰集团有限公司总裁助理

吴丽茹（女） 中科华宇（福建）科技发展有限公司实验员

郑美妹（女） 莆田第六中学生物教师

曹尚操 福建华佳彩有限公司研发中心基层主管

林艺龙 福建莆田电商投资管理股份有限公司研发经理

王 丹（女） 莆田市中南洋木业有限公司销售经理

陈素琴（女） 福建省仙游县总医院护士长、工会主席

王华育 中共湄洲岛非公有制企业和社会组织工作委员会办公室干部

蔡朝云 莆田市建设工程质量安全监督站园林监督室主任

方光宇 国网福建省电力有限公司莆田供电公司南日岛供电所所长

陈丽华（女） 莆田第一中学副校长

林爱琼（女） 莆田市运输管理处运输站（场）管理科主任科员

王新芳 莆田中建建设发展有限公司副总经理

李锦煌 仙游县农村信用合作联社综合部经理

南平

黄国强 福建圣农发展股份有限公司设备部员工

郑玲峰 国网福建省电力有限公司南平供电公司调控中心副主任

黄 震 福建武夷交通运输股份有限公司工会副主席

方世国 南平元力活性炭有限公司开发部主任

饶仲燕（女） 中国工商银行股份有限公司邵武支行业务部副主任

薛吉峰 南平市人民政府信访局接访科科长

林振清 建瓯市竹类科研所林业高级工程师

黄 芳（女） 国家税务总局顺昌县税务局办公室主任

兰学文 松溪县公安局交通警察大队政勤中队指导员

谢建娘（女） 武夷学院人文教育学院中文系教师

潘 凌（女） 福建省南平第一中学教务处副主任

林秋芳（女） 福建省南平市人民医院针灸科主任

张建光 武夷山市立医院骨科主任

温兆果 福建南纺有限责任公司纺织厂厂长

刘淑娇（女） 福建省建阳武夷味精有限公司精制车间主任

李 晔 仙芝科技（福建）股份有限公司董事长

龙岩

闵龙林 福建龙马环卫装备股份有限公司车间主任

谢祥英 龙岩市公路局新罗分局适中公路站站长

陈道先 紫金矿业集团股份有限公司紫金山金铜矿铜矿第三选矿厂选矿车间磨浮运转一班班组长

林丹霓（女） 龙岩市新罗区广播电视宣传中心播音员主持人

阙金梅（女） 龙岩市永定区教师进修学校教研员

李建平 龙岩市公安局永定分局刑侦大队副大队长

周志攀 福建省烟草公司龙岩市公司党组书记、经理

刘梓富 武平县林业局计划财务股股长

钟菊文 福建省武平县土壤肥料技术站农艺工

邹海忠 连城县良种繁殖场党支部书记

钟桂芳（女） 连城县自然资源局政策法规与监察股股长

陈椿水 长汀县农业农村局畜牧技术推广站站长

钟福福 长汀县林业局森林资源管理站副站长

杨兴泼 国网福建省电力有限公司漳平市供电公司灵地乡供电所技术员

陈文标 龙岩市公路局漳平分局和平公路站道班工人

丘友青 龙岩技师学院数控加工技术实习指导教师

徐 霓（女） 福建省龙环环境工程有限公司公厕管理员

宁德

刘 志 宁德新能源科技有限公司项目工程师

黄震标 春润（福建）农业发展有限公司技术员

陈 静（女） 古田县环境监察大队专技人员

李关发 屏南县经济作物技术推广站技术员

程树春 周宁县动物卫生监督所职工

龚惠珍（女） 寿宁县公安局鳌阳派出所综合中队副中队长

王银燕（女） 中国农业发展银行宁德分行行长

丁国龙 国网福建省电力有限公司福鼎市供电公司职工

陈 锋 霞浦县农业农村局产业推进股技术人员

蔡海虹（女） 霞浦县实验小学语文教师

周昌荣　宁德市第五中学教务处副主任

余红辉　中共古田县委党校教务处副主任

薛立刃（女）　福安市实验小学教育集团综合实践教师、集团工会主席

邱　健　福鼎市医院中医科主任

吴锦新　柘荣县公安局交警大队副大队长

王育平　宁德市星宇科技有限公司总工程师

平潭综合实验区

刘运杰　中铁大桥局集团第四工程有限公司福平铁路 FPZQ—3 标项目经理部党工委书记

陈春美　平潭综合实验区医院神经外科负责人

省直机关

项裕兴　福建日报社要闻编辑部副主任

郑少泉　福建省农业科学院果树首席专家

余　颖　福建省档案馆保管利用处主任科员

张美洁（女）　福建省直屏东幼儿园园长、党支部书记

庄树裕　福建省地质调查研究院地质环境调查所副所长

王颂捷　福建省公安厅办公室研究室副主任

陈孝湘　中国电建集团福建省电力勘测设计院有限公司电网分公司线路结构室副主任

余华龙　福建省纪委监委第十二纪检监察室副处级纪检监察员

陈小玮（女）　福建省歌舞剧院交响乐团副团长

谢小丹（女）　中国烟草总公司福建省公司烟叶处主任科员

央企省企产业系统

王锦文　福建建工集团有限责任公司钢结构工程分公司安全质量部经理

陈海清　中国邮政集团公司福州市分公司华林营业部揽投站经理

陈良龙　福建医科大学附属协和医院心内科科主任

陈为新　福建省工艺美术研究院研究员

吴君心　福建省肿瘤医院腹部放疗科科主任

李　喆　国家开发银行福建省分行客户三处副处长

沈慧琴（女）　莆田市荔城区第二实验幼儿园教师

欧阳恩山　联通（福建）产业互联网有限公司董事长

翁训龙　中国水利水电第十六工程局有限公司项目经理

王道荣　寿宁县农村信用合作联社下党信用社副主任

陈新星（女）　福建师范大学马克思主义学院思政课教师

王潮端（女）　人民银行福州中心支行支付结算处支付工具管理科科长

陈仕源　中建海峡建设发展有限公司福州海峡文化艺术中心项目执行经理

欧丽彬（女）　福建省清洗保洁行业协会福建省清洗保洁行业工会联合会秘书长兼工会主席

福建省工人先锋号名单（127 个）

福州

福州京东方光电科技有限公司第 8.5 代新型半导体显示器件项目开发团队

福州中美捷恩西电子科技有限公司制造中心板卡组

中铁十七局集团第六工程有限公司福州地铁应急保障中心

永泰县农村信用合作联社龙峰分社

东南（福建）汽车工业有限公司小修线

福州航空有限责任公司乘务队卓越组

中铁电气化局集团有限公司城铁公司福建分公司福州市轨道交通 2 号线设备系统总承包项目部

福建六建集团有限公司华润万象城三期工程项目部

福州大北农生物技术有限公司猪瘟脾淋苗组

福建博思软件股份有限公司福州惠民资金网建设班组

中建三局第一建设工程有限责任公司福州市鼓台中心区水系综合治理项目部

中交第二航务工程局有限公司福州市马尾大桥及其接线工程项目管理总部

福州万山电力咨询有限公司配电设计部

中建商品混凝土（福建）有限公司长通厂生产科

福建省华荣建设集团有限公司经营管理部

金陵药业股份有限公司福州梅峰制药厂 QC 科

国网福建省电力有限公司闽清县供电公司运检部变电运维站

厦门

瑞华高科技电子工业园（厦门）有限公司生产部组装组

厦门亿联网络技术股份有限公司中国区销售

同致电子科技（厦门）有限公司 BCM 自动化车间

厦门艾德生物医药科技股份有限公司研发部

厦门美科安防科技有限公司技术中心

厦门市集美城发环卫有限公司石鼓路、印斗路道路保洁班组

厦门市烟草公司第一分公司行动大队

厦门市欧佰力工贸有限公司无纺布组

厦门乾照光电股份有限公司品管部产品检验组

厦门太古飞机工程有限公司基地维修航电大气数据测试小组

厦门纵横集团建设开发有限公司轨道割接团队

中国联合网络通信有限公司厦门市分公司厦门片区优化中心

厦门五福印务有限公司印模甲班

厦门泓园建设有限公司工程部

中国工商银行股份有限公司厦门市分行厦门自贸试验区分行

漳州

漳州片仔癀药业股份有限公司产品销售部

漳州安然燃气有限公司生产运营部

漳州市恒丽电子有限公司恒丽电子钟表装配班组

漳浦县烟草专卖局稽查大队

福建美一食品有限公司研发品管部

海峡彩亮（漳州）光电有限公司设备科

福建兴和投资发展集团有限公司投资经营部

福建省兴岩建设集团有限公司模板班组

漳州统实包装有限公司制盖生产部压盖课

漳州市古雷迎宾馆有限公司餐饮部

漳州科能电器有限公司 ODM 装配班组

泉州

福建铁拓机械有限公司售后服务部

泉州喜盈门企业管理有限公司工程部

泉州市泉港区山腰盐场埭港工区

美佳爽（中国）有限公司自动化车间

晋江五店市传统街区运营有限公司联合基层工会

福建恒安集团有限公司提案改善委员会

南安南发毛织有限公司 P. A. C. E 教育中心

南安协进建材有限公司技术综合部

中国移动通信集团福建有限公司惠安分公司网络部

福建起步儿童用品有限公司人力资源部

泉州市凯鹰电源电器有限公司机涂车间

福建泉州闽光钢铁有限责任公司动力厂热力车间

福建兴隆香业有限公司调香车间

泉州市烟草公司德化分公司综合办

德化龙窑文化旅游开发有限公司三班洞上陶艺村职工“三创基地”

泉州经济技术开发区市政服务有限公司保洁部

泉州中车唐车轨道车辆有限公司调试一班

泉州市公交集团有限责任公司社区巴士“小白”

福建晋江热电有限公司发电运行四值

三明

福建翔丰华新能源材料有限公司 C 车间组

国网福建省电力有限公司永安市供电公司运检部电气试验班

福建三凯建筑材料有限公司技术部

机械科学研究总院（将乐）半固态技术研究所有限公司中试车间

福建省青山纸业股份有限公司青纸机电工程有限公司

三明惊石食品有限公司精加工车间

福建省三钢（集团）有限责任公司烧结厂北区电仪班

三明市第一医院医院改革办公室

三明市丰润化工有限公司机电车间

宁化县行洛坑钨矿有限公司选钼细泥车间

莆田

福建省汽车工业集团云度新能源汽车股份有限公司焊装车间调整工段

国网福建省电力有限公司仙游县供电公司榜

头供电所

福建佳通轮胎有限公司半钢制造部 B 区成型处 B 班

中国移动通信集团福建有限公司莆田分公司网络部

国网福建省电力有限公司湄洲岛供电公司配电运检班

南平

福建南平太阳电缆股份有限公司市场支持部

国网福建省电力有限公司南平供电公司杨真变电运维班

福建味家生活用品制造有限公司小家具车间

中国太平洋人寿保险股份有限公司南平中心支公司营运部

福建省高速公路集团有限公司南平管理分公司武夷山管理中心武夷山服务区

福建华宇集团有限公司油漆车间

中国邮政集团公司福建省顺昌县分公司城关投递部

国网福建省电力有限公司浦城县供电公司九秋运维站

光泽刺桐红村镇银行有限公司营业部

福建华韵竹木有限公司生产部

福建省政和县源鑫矿业有限公司地质组

龙岩

福建威而特旋压科技有限公司技术部

紫金矿业集团股份有限公司紫金山金铜矿机电厂

长汀安踏体育用品有限公司裁剪组

福建三堡酿酒有限公司销售部

武平县农村信用合作联社南门信用社

国网福建省电力有限公司武平县供电公司计量班

连城天一温泉度假村有限公司餐饮部

龙岩市烟草公司连城分公司文川烟草站

中国移动通信集团福建有限公司漳平分公司政企客户部

福建环海环保装备股份有限公司配套制造事业部一工段综合班组

宁德

福建白莲花涂料有限公司乳胶漆生产车间

周宁县直机关幼儿园大班年段

福建省高速公路集团有限公司宁德管理分公司高速公路车辆通行费寿宁征收管理所

福安市白云山风景名胜区旅游开发有限公司售票班组

福建鼎信科技有限公司 1780mm 生产车间

福建闽东电力股份有限公司福鼎发电分公司检修维保处

福建闽东电力股份有限公司霞浦发电分公司三级电站运行管理处

平潭综合实验区

平潭综合实验区交通投资集团有限公司工程部

平潭融彦人力资源有限公司人力资源市场部

平潭综合实验区港务发展有限公司澳前台货码头分公司

中铁隧道集团四处有限公司长平公路 2 标项目部

省直机关

厦门航空有限公司福州分公司配餐部

央企省企产业系统

福建宁德核电有限公司机械部

中国电信股份有限公司福建分公司网络运营支撑中心

中国移动通信集团福建有限公司市场经营部家庭业务拓展中心（新业务中心）

中国人民银行福州中心支行国库处

中国工商银行股份有限公司福建省分行人力资源部（党委组织部）

中国银行股份有限公司福建省分行行政事业机构部

中国农业银行股份有限公司福建省分行农户金融部

中国人寿保险股份有限公司福建省分公司个险销售部

福建大唐国际宁德发电有限责任公司发电部运行四值

福建联合石油化工有限公司机械设备部综合维修模块

福建省东南电化股份有限公司硝氢车间氢化丁班

福建省高速公路集团有限公司龙岩管理分公

司古田服务区

福建福清核电有限公司运行二处

福建投资集团（福清）水务有限公司水质监测部

福建大舟建设集团有限公司建筑瓦工

福建省昊立建设工程有限公司工程技术质量部

莆田市城市园林服务有限公司绶溪公园游客服务中心

福建省五一先锋号名单（103 个）

福州

福州市公路局福清分局东张公路站

福州市台江区后洲街道社区卫生服务中心

福州市晋安区人民政府办公室

国家税务总局福州经济技术开发区税务局第一税务分局

福州市鼓楼区商务局商贸服务业科

闽侯县医院急诊科

连江县互联网新闻中心“海连江”编辑部

闽清县财政局国库支付中心

罗源县总工会职工服务中心

国家税务总局福州市长乐区税务局第一税务分局

福建医科大学附属口腔医院种植一科

闽江学院美术学院漆艺团队

福州市第二医院重症医学科

福州市机关事务管理局市直机关东部办公区管理中心

福州市公安局地铁分局罗汉山站派出所

福州市台江第三中心小学体育教研组

厦门

厦门市思明区市容环境卫生管理处垃圾分类管理科

国家税务总局厦门市海沧区税务局办公室

厦门市翔安区人力资源和社会保障局厦门市翔安区劳动保障监察大队

厦门市园林植物园引种驯化班

厦门理工学院现代工程训练中心

漳州

国家税务总局龙海市税务局办税服务厅

云霄县城市综合管理局城建监察大队城管二中队

诏安县公安局交通警察大队车辆管理所

东山县人力资源和社会保障局劳动就业管理中心

南靖县城市管理局城建监察大队

漳州招商局经济技术开发区第一医院急诊科

泉州

泉州市鲤城区人民法院执行局

石狮市行政服务中心管理委员会便民服务中心

晋江市财政局晋江市人民政府财政投资项目评审中心

南安市交通运输局行政服务中心窗口

永春县交通运输局工会委员会

中共泉州市委组织部组织科

泉州华中科技大学智能制造研究院机器人事业部

泉州市山美水库管理处安全监控调度中心

三明

三明市公安局三元分局白沙派出所

国家税务总局三明市梅列区税务局第一税务分局（办税服务厅）

国家税务总局明溪县税务局第一税务分局（办税服务厅）

福建省清流县人民检察院公诉部

宁化县总工会职工服务中心

建宁县人民政府行政服务中心管理委员会行政服务中心

尤溪县总医院内二科

大田县总医院医养服务中心

三明市看守所管教中队

三明市交通综合行政执法支队交通执法服务中心

三明市中级人民法院诉讼服务中心

莆田

莆田市荔城区镇海街道总工会便民服务中心

莆田中山中学九年级段

莆田市城厢区人民检察院案件管理科

莆田市城厢区人民法院灵川法庭

莆田涵江医院体检科

仙游县妇幼保健院 B 超室

莆田市秀屿区教育局驻区行政服务中心窗口

莆田第十三中学数学组

莆田市湄洲岛城市管理行政执法局市容中队

莆田市住房和城乡建设局驻市行政服务中心窗口

莆田第二中学体育教研组

莆田市公路局秀屿分局东庄公路站

莆田市行政服务中心管理委员会莆田市投资项目审批代办服务中心

南平

福建省南平市第一医院重症医学科

南平市房产交易中心业务科

南平市延平区人民法院刑事审判庭

南平市建阳第一医院急诊科

南平市中级人民法院执行局

武夷山市行政服务中心管理委员会行政服务中心服务大厅

龙岩

上杭县人民法院才溪人民法庭

龙岩市新罗区交通运输局农村公路管理所

中共长汀县委办公室总值班室

龙岩市公路局永定分局城关公路站

漳平市总医院呼吸肾内科

福建省龙岩市人民政府办公室e龙岩办公室

福建省特种设备检验研究院龙岩分院承压室

宁德

宁德市公路局蕉城分局霍童公路站

国家税务总局宁德市蕉城区税务局第一税务分局

古田县行政服务中心管理委员会行政服务中心

古田县环卫处清运班

屏南县市场监督管理局行政审批股

福安市公安局公安窗口

柘荣县公安局出入境管理大队

福鼎市民政局城乡低保与医疗救助中心

霞浦县行政服务中心房管所窗口

宁德市公安局大门山派出所环东湖国家湿地公园巡防队

省直机关

福建省奥林匹克体育中心国民体质测试与运动指导站

福建省财政厅办公室

福建省人大常委会环境与城乡建设工作委员会业务处

福州海关长乐机场海关旅检岗

福建省水文水资源勘测局水质监测科

福建省商务厅自贸试验区综合协调处

福建省广播影视集团东南卫视台海资讯部

福建省人民政府外事办公室出国管理处

福建省产品质量检验研究院电磁兼容研发测试共享实验室

福建省海洋环境与渔业资源监测中心环境与生态资源室

福建省人民政府信访局来访接待处

央企省企产业系统

民航福建安全监督管理局适航维修处

福建师范大学福清分校财务处

三明医学科技职业学院工程与设计学院服装技能培训工作室

泉州师范学院音乐与舞蹈学院

闽江学院计算机与控制工程学院物联网技术与应用教学与科研团队

福建医科大学附属第二医院超声医学科

福州第一技师学院实训中心

宁德师范学院党政办公室

福建商学院外国语学院

（摘编：赵小真）

第十六届福建青年五四奖章标兵、第十六届福建青年五四奖章集体标兵、2018年度福建省十佳共青团员、2018年度福建省十佳共青团干部、2018年度福建省五四红旗团委标兵、2018年度福建省五四红旗团（总）支部标兵名单

2019年5月4日，共青团福建省委在《福建日报》公布一批青年榜样和团委（团支部）榜样，他们获得了第十六届福建青年五四奖章标兵、第十六届福建青年五四奖章集体标兵、2018年度福建省十佳共青团员、2018年度福建省十佳共青团干部、2018年度福建省五四红旗团委标兵、2018年度福建省五四红旗团（总）支部标兵。名单如下：

一、第十六届“福建青年五四奖章标兵”

（以姓氏笔画为序）

庄丽芬（女）　泉州市南音传承中心国家一级演员、福建省曲艺家协会副主席

孙庆福　中科院福建物质结构研究所研究员

李　珣　厦门大学附属第一医院检验科副主任

余海燕（女）　古田县鹤塘明艳茶叶合作社负责人

陈国照　厦门天马微电子有限公司经理

林煜屾　福建省人民政府发展研究中心主任科员、公职律师

卓光辉　石狮市公安局一级警员

郑美龙　福建晋江天然气发电有限公司点检工程师、第二团支部书记

黄日涵　华侨大学国际关系学院副教授

蔡标兵　福州市台江区鲲鹏青少年事务服务中心主任

二、第十六届“福建青年五四奖章集体标兵”

（共10个，排名不分先后）

福州航空乘务队

中国科学院海西研究院泉州装备制造研究所

福建省农业农村厅农产品质量安全监管处

福州大学合成氨催化剂工程创新团队

三明市中级人民法院立案庭

福建省建新医院传染病区

福州市青年创业促进会

厦门好猫生态文明推广中心

福建中闽海上风电有限公司

福建省农村信用社联合社96336客户服务中心

三、2018年度“福建省十佳共青团员”

（共10名，以姓氏笔画为序）

叶大扬　福建师范大学传播学院2015级广播电视编导专业学生

李伟建　南平市延平区炉下镇人民政府综治办负责人

张剑雄　泉州师范学院软件学院16级软开（2）班学生

林小敏（女）　漳州市东山县樟塘镇港西村网格信息管理员

郑丽荫（女）　莆田学院临床医学院2015级临床医学专业151班级学生

洪志刚　海沧区人民政府东孚街道办事处工

程师

徐　冉　宁德时代新能源科技股份有限公司工程师

黄思来　三明市尤溪县西滨镇党委办干事

程　琦　福州水务平潭引水开发有限公司工程一部科员、助理工程师

温晓明　闽西职业技术学院2016级信息与制造学院电气自动化技术班学生

四、2018年度“福建省十佳共青团干部”

（共10名，以姓氏笔画为序）

邓欣妍（女）　中国进出口银行福建省分行团委书记

兰莉芸（女）　集美大学团委书记

危烨虹（女）　厦门船舶重工股份有限公司团委书记

杨小强　福建省人民检察院法律政策研究室四级高级检察官团总支书记

吴　京　团福州市台江区委书记

张文斌　厦门市翔安区内厝镇团委书记

林　檬　团南平市委宣传部部长

郑家婧（女）　国投云顶湄洲湾电力有限公司团委书记

黄　睿　平潭综合实验区公安局团委书记

傅志忠　团诏安县委办公室主任、诏安县霞葛镇五通村驻村第一书记

五、2018年度“福建省五四红旗团委标兵”

（共10个，排名不分先后）

闽江学院团委

石狮市青创城团工委

莆田市仙游县度尾镇团委

国网将乐县供电有限公司团委

长汀县童坊镇团委

福建省财政厅直属单位团委

厦门大学经济学院团委

福建奔驰汽车有限公司团委

中国人民财产保险股份有限公司龙岩市分公司团委

福建省地质测绘院团委

六、2018年度“福建省五四红旗团（总）支部标兵”

（共10个，排名不分先后）

厦门市集美区和欣社工服务中心团支部

漳州市房产交易中心团支部

泉港区鸠林中学团总支部

三钢动能公司供电（供水）团支部

南平市光泽县华桥乡吴屯村团支部

连城县塘前乡上琴村团支部

柘荣县人民法院团支部

福建省人民防空办公室机关团支部

福建医科大学医学技术与工程学院2015级四年制康复治疗学团支部

国电泉州热电有限公司运行团支部

（摘编：赵小真）

2019年福建省三八红旗手标兵、三八红旗手（集体）名单

2019年2月27日福建省妇联决定，授予黄銮英等10人福建省三八红旗手标兵，授予吴梦妤等199人福建省三八红旗手，授予福州市旗汛口幼儿园“旗智社团”等100个单位福建省三八红旗集体荣誉称号，名单如下：

福建省三八红旗手标兵名单（10名）

黄銮英　福州市罗源县起步镇下长治村党支部组织委员

付　虹　厦门市图书馆副馆长、副研究馆员

黄丽玲　泉州跃茂皮塑有限公司董事长

张丽华　三明学院资源与化工学院副院长、福建省资源环境监测与可持续经营利用重点实验室副主任

李少霞　莆田市湄洲妈祖祖庙董事会秘书长

李秀妃　南平市顺昌县高阳乡朱台村党支部书记、村主任

马雪梅　龙岩市长汀县益达农业发展有限公司法人代表

郑诗斌　宁德市公共交通有限公司驾驶员

许红琳　福建省统计局贸易外经处副调研员、高级统计师

任　希　福建省建筑设计研究院有限公司总建筑师

福建省三八红旗手名单（199名）

福州市（24名）

吴梦妤　台江区宁化街道社区卫生服务中心党支部书记、主任

刘云平　仓山区行政服务中心管理委员会主任、区人民政府办公室副主任（兼）

黄巧曦　福州第十中学副校长

陈惠珍　福州经济技术开发区市政公用事业管理处党总支书记、副主任

程　民　闽侯县商务局副局长

程　清　长乐第一中学德育处督导、中共长乐第一中学第一支部书记

夏　金　福清市城关小学校长、正高级教师、特级教师

陈丽琴　罗源县凤山镇机关工会主席、社区办主任

张雪容　闽清县梅溪镇党委副书记

黄丹晶　福州高新区妇工委副主任、南屿镇妇联主席

陈月香　福州市动物疫病预防控制中心高级兽医师

孙秀娟　福州广播电视台《福州新闻》栏目责任编辑

钱黎芳　晋安区委组织部部务会议成员、常务副部长

林　静　福州市金门同胞联谊会秘书长

林　穆　福州市城乡建设委员会党办主任

潘云苓　福州市第一医院中西医结合肿瘤内科主任医师

刘　燕　福州华侨中学党委书记、校长

朱　玲　闽侯县人民法院党组书记、代理院长

何晓斌　福州市文化广电新闻出版局文物保护处处长

王　静　福州市科学技术局人事处副处长

蒋佩琪（台胞）　福建连江桃园体育娱乐有限公司副董事长

吴文靖　福州乐加教育培训学校校长

鄢继恩　鼓楼区洪山镇锦江社区党委书记、主任

周　梅　福清市三山镇宣传统战委员

厦门市（13 名）

纪小琴　思明区盈翠社区党委书记、妇联主席

王迎春　厦门市湖里区人民法院禾山人民法庭庭长

李佩珍（台胞）　厦门市海沧区海沧街道青礁村台胞社区主任助理

牛建平　厦门市第二医院神经内科主任、主任医师、教授

邵　真　厦门同安国有资产投资有限公司副总经理、同安文化旅游发展公司总经理

黄锦英　厦门市翔安区第一实验小学党支部书记、校长

万文蓉　厦门市中医院培训部主任、主任医师

王象红　厦门国贸金融控股有限公司总经理

谢志芳　厦门市教育科学研究院基教室主任、高中历史教研员

庄凤华　厦门华夏国际电力发展有限公司设备部电气专业主管

徐　雁　厦门市发展和改革委员会投融资处主任科员

于　翔　厦门航空有限公司空中乘务部副总经理

夏江平　厦门市江平生物基质技术股份有限公司董事长

漳州市（19 名）

陈燕惠　芗城区巷口街道党工委书记

陈珊芬　龙文区教师进修学校副校长

黄凤英　龙海市东泗乡东泗村主任

蔡燕斌　漳浦县官浔镇党委书记

蔡亚华　云霄县实验幼儿园党支部书记

黄妙龄　漳州诏安正禾有机农业有限公司总经理

谢婉丝　东山县铜陵镇桥雅社区居委会党支部书记

郑艺娟　南靖县特殊教育学校少先队副总辅导员

曾祥莹　平和县育英小学教师

吕海云　华安县新圩镇政府便民服务中心主任

蔡金莲　长泰县第二实验幼儿园园长

陈晓玲　漳州农村商业银行股份有限公司台商投资区支行副行长

李雪映　漳州南太武实验小学一级教师

汤穗穗　漳州市村镇建设管理站科员

方彩虹　漳州二中教师

杨武勤　漳州市纪委监委组织部副部长

蔡三梅　漳州市统计局高级统计师

卢淑蓉　漳浦县卢淑蓉剪纸艺术馆负责人

黄毅芳　漳州市学前教育研究会理事

泉州市（24 名）

连　洁　鲤城区委文明办主任

李黎萌　丰泽区司法局党组书记、局长

吴远凤　洛江区双阳街道新阳社区党支部书记

庄燕华　厦门市聚贤庄房地产营销代理有限公司董事长

林伊莎　石狮市青创城电子商务园区有限责任公司总经理

钟文玲　晋江市妇联党支部书记、主席

丁秀德　泉州三鑫织造有限公司总经理

黄柳霖　南安市委人才办专职副主任、南安市妇联兼职副主席

王英珠　泉州市顺发实业有限公司董事长

杨嘉红　福建省中嘉建设工程有限公司董事长

陈梅阳　惠安县山霞镇鹰园村党支部书记、村主任

谢惠华　安溪县妇女儿童活动中心副主任

许婷婷　安溪县教育系统党委专职副书记

林　康　永春县湖洋镇人民政府镇长

郑琳珊　永春县国土资源局科员

池珠香　泉州市顺美集团有限公司副总经理

庄颜瑜　福建省沉瑜香香文化开发有限公司董事长

李嫣红　泉州台商投资区湖东实验幼儿园园长

谢宝缘　福建医科大学附属第二医院护理部副主任、副主任护师

杨亚红　泉州市发改委社会事业科科长

孙志英　泉州市五中英语教研组组长、高级教师

林菊雅　泉州市委组织部党群机关干部管理科科长

陈秀贞 泉州泉港涂岭红茶叶专业合作社负责人

肖源红 福建三晋司法鉴定所主任

三明市（18名）

连秀明 梅列区实验幼儿园园长

刘 薇 福建恒大特钢机械有限公司总经理

张金艳 三明市第二医院产科主任

洪桂贤 永安市大湖镇上甲村党支部书记、村委会主任

余小妹 大田县职业中专学校招就处副主任

姜 明 国网福建省电力有限公司尤溪县供电公司女工委主任、营销部党支部书记

郑美玉 尤溪县西滨镇彭坑村党支部书记、村委会主任、妇联主席

周丽婷 沙县城关第三小学党支部书记、校长

张秀平 将乐县万安镇万安村党总支部书记、村委会主任

钱 清 泰宁县金湖康辉旅行社有限公司总经理

张银珠 宁化县城郊镇妇联常务副主席

陈 端 宁化县革命纪念馆文博馆员、中共宁化县文体广电出版局党总支宣传统战委员

李金红 清流县嵩溪镇健宇家庭农场负责人

戴清华 明溪县沙溪乡梓口坊村党支部副书记、村委会主任、村妇联主席

李海鹰 闽通长运宁化分公司站务员

刘桂秋 建宁县公安局出入境管理大队副大队长

刘雪冬 三明市公安局白沙派出所教导员

官秀金 清流县城关中学高级音乐教师

莆田市（15名）

马丽娜 仙游县妇联副主席

许丽红 莆田市荔城区西天尾镇后黄社区党支部书记、居委会主任

陈玲亚 莆田市城厢区人民法院审监庭庭长

肖 娴 莆田市涵江区审计局局长

郑碧娥 莆田市秀屿区月塘镇党委书记

陈 瑜 湄洲岛党工委群团工作部负责人、莆田市湄洲岛旅游经济区总工会副主席

林春烟 莆田市湄洲湾北岸经济开发区财政局局长

严松莉 莆田市第一医院超声影像科主任、主任医师

戴梅芳 莆田市广播电视台电视新闻部记者

王中晓 莆田学院文化与传播学院新闻系主任

蔡秀珍 湄洲湾职业技术学院动漫教研室主任、副教授

林亚男 96782部队40分队副分队长

蔡秀金 莆田兴发集团有限公司副总经理兼莆田市建工投资集团有限公司总经理

姚冰珊 中共秀屿区委副书记

黄秀凤 福建省莆田学院附属医院胃肠外科护士长、副主任护师

南平市（17名）

吕国娟 南平市延平区实验幼儿园党支部书记、园长

陈青梅 南平市建阳区卧龙湾生态旅游开发有限公司董事长

邓炜华 邵武市和平镇党委副书记、政府镇长

丘 敏 武夷山实验小学校长

张丽珠 建瓯市实验幼儿园党支部书记、园长

郑碧晶 顺昌县妇联党组书记、主席

廖正花 浦城县忠信镇坑尾村村医

吴龙花 光泽县鸾凤乡高源村委会副主任、妇联主席

杨双梅 松溪县欧北安木木服饰有限公司总经理

范素爱 政和县外屯乡党委副书记、政府乡长

郑丽敏 南平市第一医院总会计师

林 芳 南平军分区离职干部休养所职工

吴宏玲 南平市农业技术推广站副站长、高级农艺师

胡敬兰 南平市卧龙山公墓管理处主任

魏秀容 南平绿发集团有限公司组织人事部主任、南平市融信典当有限责任公司监事

罗 青 南平市建阳区实验幼儿园党支部书记、园长

徐桂玲 南平广播电视台主任播音员

龙岩市（15名）

傅丽华 龙岩人民医院产科主任、主任医师

李仁娟 新罗区雁石镇益坑村党支部书记、村委会主任

赖春蕾　永定区税务局办公室副主任

郑秋娣　永定区坎市医院妇产科副主任医师

张清梅　上杭县第二实验小学副校长、工会主席

梁永英　上杭县聚胜家庭农场负责人

傅晓晖　武平县中赤乡党委书记

雷　璀　长汀县公安局网安大队大队长

曾三娣　长汀师范附属小学教研室副主任

李　娟　连城县莲峰镇党政办副主任

饶小琼　福建连城兰花股份有限公司副总经理

林　娜　漳平市妇女联合会主席

胡红梅　龙岩市公安局政治部副主任、警察公共关系处处长

陈小琳　龙岩市儿童保育院党支部书记、院长

施　薇　闽西日报社记者

宁德市（17 名）

付红霞　蕉城区实验幼儿园园长

余海燕　古田县鹤塘明艳茶叶专业合作社负责人

林雪柳　屏南县妇女儿童活动中心干部

周妙荣　周宁县妇女联合会主席

林　芳　寿宁县武曲镇农业技术推广站站长、高级农艺师

王金花　福安实小龙江校区校长、高级教师

苏　欣　福安市公安局出入境管理大队教导员

吴雄英　柘荣县富溪镇富溪村党支部书记、村委会主任

王雪平　福鼎市太姥山镇潋城村党总支书记

吴映晨　福鼎市第二医院副院长、副主任护师

厉晓灵　霞浦第一中学副校长、高级教师

林旭华　东侨经济技术开发区实验幼儿园园长

郭莩苓　宁德市卫生计生信息中心主任

谢　云　宁德市城建集团有限公司人力资源部经理

陈银平　宁德市星光工贸有限公司董事长

曾　鸣　宁德市中级人民法院刑事审判第一庭副庭长

黄小红　民盟福建省委会宣传部部长、霞浦县松港街道下村村第一书记（驻村任职）

平潭综合实验区（3 名）

周小云　平潭城中小学校长

曾宁旖（台胞）　平潭综合实验区妇联兼职副主席、岚城乡上楼村执行主任、台北市文山区忠顺里里长

念喜琴　平潭综合实验区潭城镇妇联主席

省直及驻闽单位（12 名）

林　婕　福建省人大常委会研究室综合处主任科员

李晓音　中共福建省纪律检查委员会、福建省监察委员会第四纪检监察室主任科员

庄　馥　福建省委组织部干部三处副处长

余　晖　中共福建省委编办机关处处长

林月娥　福建省档案信息中心副研究馆员

胡　熠　中共福建省委党校、福建行政学院工商管理教研部主任、教授

黄　捷　福建省微生物研究所 mTOR 抑制剂研究室主任、研究员

陈鲤群　福建省人力资源和社会保障厅办公室主任科员

张丽钦　福建省审计厅副处长、审计师

连巧霞　福州植物园（福州国家森林公园，福清灵石山国家森林公园）副主任、教授级高工

张志幸　省公安厅出入境管理局技术室副主任

黄柳萍　福建省应急管理厅政策法规处主任科员

省国资委（9 名）

谢　净　福能期货股份有限公司总经理助理

魏云妹　福建省汽车运输有限公司福州站务分公司客西站行车组组长

邢杨柳　福建福船投资有限公司纪检监察部、审计部副经理（主持工作）

吴　兵　福建省建筑设计研究院有限公司项目运营一部主任

陈荣珠　福建湄洲湾氯碱工业有限公司质监中心一台地中控分析班长

陈育红　福建省榕江进出口有限公司业务八部经理

王锦珊　福建省鞋帽进出口集团有限公司会计

万　丹　福建大唐国际宁德发电有限责任公司纪检监察管理主管

林钰泓　福建奔驰汽车有限公司研发部设计二部内饰经理

省总工会（8 名）

林　英　福建联迪商用设备有限公司研发机构技术总监

庄海蓉　厦门歌仔戏研习中心副主任、一级演员

程　琳　漳州市龙海市角美镇工会联合会专干

颜　昱　泉州市工人文化宫主任、高级经济师

严雪蕾　三钢闽光棒材厂电气自动化车间副主任

林　青　南平市第二医院外科片区护士长兼产科护士长

涂　梅　福建省龙岩市第一医院内分泌科主任医师

刘筱敏　宁德第一中学英语教研组组长

驻闽部队（5 名）

陈晓芬　中国人民解放军 31659 部队医院心理医生

胡学敏　中国人民解放军 94626 部队 62 分队政治指导员

王雅霜　中国人民武装警察部队福建省总队参谋部通信大队政治教导员

李　琦　中国人民解放军联勤保障部队第九〇〇医院神经外科护士长、副主任护师

岳　虹　dd 中国人民解放军 61716 部队 4 分队分队长

福建省三八红旗集体名单（100 个）

福州市（12 个）

福州市旗汛口幼儿园“旗智社团”

福州市仓山区培智学校

晋安区人民检察院侦查监督科

长乐区医院急诊科

福清市医院护理部

连江县东湖镇妇联

罗源县凤山镇凤美社区居民委员会

永泰县农村信用合作联社营业部

福州日报采集中心

福州市乌山小学语文教研组

福州市鼓楼区人民检察院未成年人检察办公室

福州住房公积金管理中心城区管理部（市市民服务中心公积金窗口）

厦门市（7 个）

厦门市思明区“和合之家”反家暴服务中心（社工机构）

海沧区嵩屿街道海翔社区居民委员会

厦门海事局政务中心

厦门市政务服务保障中心工程建设项目综合窗口

福建省厦门实验小学

厦门市建设局政策法规处

厦门市商务局审批处

漳州市（10 个）

芗城区西桥街道华南社区居委会

漳浦县绥安镇城西社区妇联

云霄县妇幼保健院

东山县西埔环卫所保洁组

华安司法局社区矫正和安置帮教工作股

金冠（龙海）塑料包装有限公司

南靖县税务局第一税务分局（办税服务厅）

漳州市医院新生儿重症监护室

漳州片仔癀药业股份有限公司片仔癀车间

漳州市检察院未检“水仙花”团队

泉州市（12 个）

泉州市通政中心小学教师发展中心

泉州市丰泽区东湖街道铭湖社区居民委员会

洛江区委报道组

泉港区实验幼儿园德育室

石狮市人民检察院未检科

晋江市青阳街道中和中心小学语文教研组

南安市市场监督管理局食品市场监管科

惠安县农村信用合作联社营业部

安溪县妇联巾帼党员志愿服务队

永春县农村信用合作联社化龙信用社

泉州市德化县尚思小学教科室

泉州市闽南民间歌舞传承中心（歌舞剧团）演出队

三明市（8 个）

福建汇天生物药业有限公司 QC 组

三明市特殊教育学校

三元区富兴堡街道富兴社区

永安市小陶镇寨中村妇联

大田县人民政府行政服务中心管理委员会

国网福建省电力有限公司将乐县供电公司妇委会

国家税务总局泰宁县税务局第一税务分局

宁化县妇幼保健院妇女保健股

莆田市（8 个）

仙游县统计局

莆田市荔城区文化馆

莆田市城厢区人民检察院

涵江区法院

莆田市秀屿区实验小学

莆田市荔盛市容环卫建设有限公司调度中心

莆田市第一医院超声影像科

福建省莆田职业技术学校妇委会

南平市（8 个）

南平市延平区四鹤街道马坑社区居民委员会

邵武市人民法院少年审判庭

武夷山市实验幼儿园（大班年段）

建瓯市人民检察院未成年人刑事检察科

浦城县人民法院立案庭

南平市住房公积金管理中心光泽管理部

松溪县家政实训基地

南平市人民医院妇产科

龙岩市（8 个）

龙岩市新罗区西陂街道华莲社区

龙岩市公安局永定分局出入境管理大队

上杭县城市管理行政执法局女子中队

武平县城市管理行政执法局市容大队女子中队

长汀县国土局行政服务窗口

连城县莲峰镇南街社区

国家税务总局漳平市税务局第一税务分局

龙岩市交通运输局 12328 服务监督中心

宁德市（8 个）

宁德市蕉城广播电视台总编室

宁德市古田县医院妇委会

宁德市周宁县公安局出入境管理大队

宁德市寿宁县人民法院生态女子巡回法庭

宁德市福安市人民法院政治处

宁德市柘荣县农村信用合作联社股份有限公司

宁德市福鼎市桐山中心幼儿园

宁德市霞浦县实验幼儿园

平潭综合实验区（2 个）

平潭综合实验区潭城镇东门社区居委会

平潭综合实验区图书馆

省直及驻闽单位（7 个）

国家税务总局福建省税务局 12366 纳税服务中心

福建省建新医院传染病区护理组

福建省气象信息中心档案审核科

福州海关办公室总值班室

中科院煤制乙二醇及相关技术重点实验室

福建省高级人民法院民一庭

福州海事局政务中心

省国资委（4 个）

福能（福州）健康体检中心有限公司

福建省港航建设发展有限公司人力资源部

福建省东南电化股份有限公司质检中心氯碱分析岗

福建省人力资源服务有限公司社会保险部

省总工会（4 个）

莆田学院附属医院重症医学科

福建海峡源脉温泉股份有限公司源脉温泉园销售部

福建省农村信用社联合社运营部

化学国家级实验教学示范中心（厦门大学）

省双拥办（2 个）

中国人民解放军 92126 部队 12 分队

中国人民解放军 96714 部队女子测试分队

（摘编：彭文荣）

“福建省非公有制经济优秀建设者”表彰名单

2019年6月14日福建省人民政府下发的《福建省人民政府关于表彰福建省非公有制经济优秀建设者的决定》（闽政文〔2019〕100号）提出，自2016年第五届世界闽商大会以来，我省非公有制经济持续健康发展，涌现出一批优秀的非公有制经济人士，为推动全省经济和社会各项事业发展作出了重要贡献。为深入贯彻习近平新时代中国特色社会主义思想和党的十九大精神，认真落实习近平总书记在民营企业座谈会以及参加十三届全国人大二次会议福建代表团审议时的重要讲话精神，牢固树立和贯彻新发展理念，构建亲清新型政商关系，引导非公有制经济人士做爱国敬业、守法经营、创业创新、回报社会的典范，经研究，决定授予丁水波等95位非公有制经济人士“福建省非公有制经济优秀建设者”荣誉称号。希望广大非公有制经济人士进一步坚定发展信心，积极创新创业创造，为谱写新时代新福建建设新篇章，实现中华民族伟大复兴的“中国梦”作出新的更大贡献。

“福建省非公有制经济优秀建设者”表彰名单

（按姓氏笔画排序）

丁水波　特步（中国）有限公司总裁

王秀珍　武平县优达农业开发有限公司董事长

王育民　浚龙实业有限公司董事长

王洪辉　福建邹鲁律师事务所主任

王健明　福建大闽科技孵化器有限公司董事长

毛家女　福建竹家女工贸有限公司董事长

邓长昌　福建九越律师事务所主任

卢元健　福建元力活性炭股份有限公司董事

卢金荣　荣利集团（国际）有限公司董事总经理

刘　维　致同会计师事务所（特殊普通合伙）厦门分所负责人

刘光淮　福建永春聚富果品有限公司总经理

刘国栋　澳门EPU集团董事长

江朝瑞　宸鸿科技（厦门）有限公司董事长

许文辉　莆田市辉特体育用品有限公司董事长

许健康　宝龙集团董事局主席

许清水　泉商投资股份有限公司总经理

孙少锋　中绿食品集团有限公司董事局主席兼总裁

严孟宇　福建顶点软件股份有限公司董事长

李式耀　福州市文艺名家音乐工作室自由创作人员

李兹钿　福建中潭国际贸易有限公司董事长

李振辉　青蛙王子（中国）日化有限公司董事长

李溉勋　福建金丰酿酒有限公司总经理

李瑞河　天福集团董事局主席

杨连成　深圳市茂雄实业有限公司董事长

杨清金　金旸集团有限公司董事长

连健昌　福建龙泰竹业股份有限公司董事长

吴士芳　乐和国际实业有限公司董事长

吴孝彬　福建奥通迈胜电力科技有限公司总经理

吴建伟　漳州科晖专用汽车制造有限公司董事长

吴荣照　福建鸿星尔克体育用品有限公司董事长

吴根茂　新中冠智能科技股份有限公司董事长兼总裁

邱允滔　福建惠泽龙酒业股份有限公司董事长

何富强　汇富集团发展有限公司董事长
张宝发　福建力函律师事务所主任
张雄明　三明市金财软件服务有限公司总经理
陈　杰　中国龙工控股有限公司龙工液压、挖掘机、精密铸锻公司董事长
陈玉树　四君子古典家具（集团）有限公司董事长
陈汉河　美佳爽（中国）有限公司董事长
陈有镜　福建中马发展集团有限公司董事长
陈全福　福建新福兴玻璃有限公司董事长
陈秀雄　正新厦门集团董事长
陈学华　国脉科技股份有限公司总经理
陈钦忠　福建阿石创新材料股份有限公司董事长
陈铁铭　大洲控股集团有限公司董事长
陈银平　宁德市星光食品有限公司董事长
陈福祥　厦门银祥集团有限公司董事长
邵跃明　漳州恒丽电子有限公司董事长
林　潞　南益实业（集团）有限公司执行董事
林志雄　大博医疗科技股份有限公司董事长
林国镜　福建大东海实业集团有限公司董事长
林建肯　莆田市永丰鞋业有限公司总经理
林秋云　福建省莆田市海源实业有限公司董事长
林振聪　福建省东霖建设工程有限公司董事长
林恩辉　福安市恩辉生态农业有限公司总经理
林朝阳　正荣集团董事
林雄申　福建永鸿集团董事长
周永伟　福建七匹狼集团有限公司董事局主席
周建新　厦门合嘉源生活服务集团有限责任公司副总裁
周鹏伟　福建翔丰华新能源材料有限公司董事长
郑　洪　长乐金源纺织有限公司董事长
郑长征　顺裕（龙岩）混凝土有限公司总经理
郑泽洽　福建泉州顺美集团有限公司董事长
赵广健　福建东南眼科医院（金山新院）有限公司理事长
俞　凯　名城地产（福建）有限公司董事长
施荣忻　恒通资源集团有限公司投资总监
施清流　隆诚国际集团有限公司董事长
洪水河　紫山集团股份有限公司总裁
洪明显　鼎丰集团（中国）有限公司董事局主席
洪春寿　福建钦龙食品有限公司总经理
姚　明　厦门姚明织带饰品有限公司董事长
姚志胜　嘉祥集团董事局主席
聂泳忠　西人马联合测控（泉州）科技有限公司董事长
高美建　福建明海鑫企业股份有限公司董事长
郭　健　福建亚南电机集团董事长
郭镇义　福建省泉州万龙石业有限公司董事长
黄文盛　北京硕泽商业集团董事长
黄永龙　香港信和置业有限公司集团总经理
黄共流　金龙集团董事局副主席
黄学流　福建联泰建设工程有限公司董事长
董维寿　连城县中触电子有限公司董事长
韩孝煌　冠城大通股份有限公司董事长
曾土儿　福建省三明正元化工有限公司董事长
曾福泉　福建约克新材料科技有限公司总经理
谢秉昆　福建坤彩材料科技股份有限公司董事长
谢绍棋　福建省尤溪县红树林木业有限公司董事长
赖国香　厦门会展金泓信展览有限公司副董事长
赖潭平　福建绿康生化有限公司董事长
蔡　丽　福建泾渭明律师事务所主任
蔡金钗　福建省长汀盼盼食品有限公司总裁
蔡秋平　福建省海新集团有限公司副总裁
蔡景洋　泉州广海集团有限公司总裁
廖惠良　福建惠丰建筑工程有限公司董事长
薛经官　福建融鼎房地产开发有限责任公司董事长
薛爱国　信永中和会计师事务所（特殊普通合伙）合伙人、福州分所负责人
魏林棋　厦门微志信息科技有限公司总经理

（摘编：吴建翰）

福建省水利系统先进集体和先进个人名单

2019年1月12日　福建省人力资源和社会保障厅、福建省水利厅下发《福建省人力资源和社会保障厅　福建省水利厅关于表彰全省水利系统先进集体和先进个人的决定》（闽人社文〔2019〕5号）：近年来，在省委、省政府的领导下，全省水利部门和广大水利工作者坚持以习近平新时代中国特色社会主义思想为指导，深入学习贯彻党的十九大精神，紧紧围绕“五位一体”总体布局和“四个全面”战略布局，围绕中心，服务大局，开拓创新，积极有为，涌现出一批先进集体和先进个人，有力地推动我省水利事业科学发展，为新福建建设作出了重要贡献。

为表彰先进，弘扬正气，树立典型，进一步激发全省水利系统广大干部职工的积极性和创造性，不断开创水利工作新局面，省人力资源和社会保障厅、省水利厅决定，授予福州市水政监察支队等40个单位“全省水利系统先进集体”荣誉，授予周中华等80名同志“全省水利系统先进个人”荣誉，以资鼓励。希望受表彰的先进集体和先进个人珍惜荣誉、发扬成绩、谦虚谨慎、再接再厉，为水利事业的持续发展再立新功。

全省水利系统先进集体名单（40个）

1. 福州市水政监察支队
2. 福州市长乐区莲柄港灌区管理处
3. 福清市水利局
4. 罗源县水利局
5. 永泰县水利局
6. 厦门市水利工程质量与安全监督站
7. 漳州市人民政府防汛抗旱指挥部办公室
8. 漳州市芗城区人民政府防汛抗旱指挥部办公室
9. 漳浦县水利局
10. 长泰县水利局
11. 龙海市水利局
12. 泉州市水利局
13. 泉州市彭村水库管理处
14. 永春县水利局
15. 南安市水利局
16. 德化县水利局
17. 三明市河务管理中心（三明市洪水预警报中心）
18. 沙县水利局
19. 建宁县水利局
20. 尤溪县水利局
21. 宁化县人民政府防汛抗旱指挥部办公室
22. 莆田市水利局水利建设站
23. 莆田市涵江区水务局
24. 南平市水利局
25. 南平市人民政府防汛抗旱指挥部办公室
26. 南平市水利工程安全质量技术监督站
27. 光泽县水利局
28. 龙岩市水利工作站
29. 龙岩市洪水预警报中心
30. 连城县水利局
31. 长汀县水利局
32. 宁德市人民政府防汛抗旱指挥部办公室
33. 福安市河道堤防管理处
34. 周宁县水利局
35. 柘荣县水利局
36. 福建省水利厅水政水资源处
37. 福建省人民政府防汛抗旱指挥部办公室
38. 福建省水利水电勘测设计院规划处
39. 福建省水文水资源勘测局

40. 福建省水土保持监督站

全省水利系统先进个人名单（80 人）

1. 周中华　福州市水利局办公室主任
2. 王　峰　闽清县水利局副局长
3. 鲍仕榕　福州市水政监察支队综合科科长
4. 林其武　福州市闽江下游管理处工程管理科科长
5. 廖敏杰　福州市仓山区螺洲防洪堤管理所助理工程师
6. 房建城　福州市马尾区水利管理站副站长
7. 林松宝　福州市水利局计财处处长
8. 林修焰　闽侯县水利局综合科科长
9. 刘美芳　连江县洪水预警报中心副主任
10. 林炎烽　厦门市同安区水利管理站站长
11. 沈盛湘　厦门市水政水保监察支队副调研员
12. 叶俊清　厦门市汀溪水库管理处技师
13. 曾献奇　厦门市集美区两湾水利设施管理所科长
14. 陈云星　漳州市水利局建管科科长
15. 刘建洪　漳州市南一水库管理局办公室主任
16. 陈兴佐　东山县农林水利局副局长
17. 曾卫军　平和县水利局副局长
18. 骆义雄　云霄县水利局副局长
19. 陈文平　华安县河务管理中心负责人
20. 许昊鲁　诏安县水利局水资源股股长
21. 黄坤明　南靖县水利局水政监察大队大队长
22. 黄福军　漳州市九龙江河道防洪排涝管理处助理工程师
23. 石全禄　泉州市山美水库管理处总工程师
24. 郑丽萍　泉州市水利局水政水资源管理站副站长
25. 陈惠余　泉州龙门滩引水工程管理处生产技术科科长
26. 陈鹏毅　南安市水利局总工办主任
27. 王俊捷　安溪县水利工程质量监督站副站长
28. 连毅伟　泉州市泉港区农林水局水利股股长
29. 李为民　晋江市水利工程建设管理中心主任
30. 林超勇　永春县河务管理中心工程师
31. 黄聪云　泉州市洛江区农业水务局副局长
32. 张宏铿　三明市水利局水政水资源管理科副科长
33. 杨荣锋　三明市梅列区农林水利局水利综合股股长
34. 陈锦辉　三明市三元区水利局水政监察大队大队长
35. 陈永福　永安市水利水电工程质量监督站科长
36. 饶福禧　明溪县水利局水保办主任
37. 罗成水　清流县水利局副主任科员
38. 潘志明　泰宁县水利局主任工程师
39. 杨　斌　将乐县人民政府防汛抗旱指挥部办公室主任
40. 余桂卿　大田县水利局综治办主任
41. 陈东风　莆田市水利局副局长
42. 蔡凤飞　莆田市河务管理中心主任
43. 唐素英　莆田市荔城区水务局办公室副主任
44. 陈元龙　莆田市城厢区水务局工管股股长
45. 林晓宇　莆田市秀屿区水务局办公室主任
46. 黄庆龄　南平市水利局副局长
47. 李　斌　南平市水政监察支队支队长
48. 杨孝丽　南平市水政水资源管理站主任科员
49. 纪建华　邵武市河务管理中心主任
50. 罗优良　浦城县水利水电工程质量监督站站长
51. 杨发荣　顺昌县水利电力管理站站长
52. 郑智中　南平市延平区水政监察大队大队长
53. 徐　淋　建瓯市水利水电技术推广中心副主任
54. 林志光　武夷山市水利局水土办高级工程师
55. 林根根　长汀县水土保持事业局水保站副站长

56. 谢运春　连城县水利水电管理站站长
57. 林委利　漳平市水利工作站站长
58. 杨汉炎　龙岩市永定区水利局水政与农电股负责人
59. 李逢昌　上杭县水利局水保办副主任
60. 邓焕明　龙岩市新罗区水利局副局长
61. 林宝峰　武平县水利局计财股副股长
62. 吕东兴　龙岩市人民政府防汛抗旱指挥部办公室主任
63. 龚　坤　宁德市人民政府防汛抗旱指挥部办公室副主任
64. 夏华杰　宁德市水政监察支队队长
65. 刘如通　宁德市蕉城区水利工程管理站站长
66. 施嵘峰　福鼎市水利技术队队长
67. 陈　获　霞浦县溪西水库管理处主任
68. 黄益种　古田县水利局副局长
69. 李观辉　屏南县水利电力技术队队长
70. 王明奎　寿宁县水利电力技术队队长
71. 颜贻铭　平潭综合实验区水利综合服务中心副主任
72. 陈　显　福建省水利厅建设与管理处主任科员
73. 余绍然　福建省水利厅农村水利处主任科员
74. 王象链　福建省水利厅农村电气化（河务）处主任科员
75. 郑敬罕　福建省水利水电勘测设计院勘察分院主任工程师
76. 吴泽华　福建省水利水电科学研究院办公室主任
77. 庄良松　福建省水利规划院副总工程师
78. 林　红　福建省水利管理中心技术推广科科长
79. 肖　琳　三明水文水资源勘测分局副主任科员
80. 胡大城　福建省水利投资开发集团有限公司外派管理中心助理

（摘编：陈建闽）

福建省工会系统先进集体、先进工作者名单

2019年7月15日　福建省人力资源和社会保障厅、福建省总工会下发的《福建省人力资源和社会保障厅　福建省总工会关于表彰全省工会系统先进集体和先进工作者的决定》提出：近年来，在省委、省政府的领导下，全省各级工会组织和广大工会工作者始终以习近平新时代中国特色社会主义思想为指导，认真贯彻党的十九大和十九届二中、三中全会精神，围绕中心，服务大局，开拓创新，真抓实干，不断推进工会改革创新，为福建经济社会发展作出了重要贡献，涌现出一批先进集体和先进工作者。为表彰先进，弘扬正气，树立典型，进一步激发全省工会系统广大干部职工的积极性和创造性，不断开创我省工运事业和工会工作新局面，省人力资源和社会保障厅、省总工会决定，授予福州市总工会等30个集体全省工会系统先进集体，授予李青松等56名同志全省工会系统先进工作者。

全省工会系统先进集体名单

福州市总工会
福州经济技术开发区总工会
福州福清市总工会
长乐恒申合纤科技有限公司工会委员会
厦门市思明区总工会
厦门市湖里区总工会
厦门中联永亨建设集团有限公司工会
厦门象屿集团工会委员会
漳州市芗城区总工会
漳州龙海市总工会
福建省海源水产有限公司工会委员会
泉州市丰泽区总工会
泉州晋江市梅岭街道总工会
泉州市德化县总工会
中共泉州市委组织部工会委员会
国网福建省电力有限公司泉州供电公司工会委员会
三明市建宁县总工会
福建奥翔体育塑胶有限公司工会委员会
莆田市仙游县总工会
莆田市荔城区总工会
国投云顶湄洲湾电力有限公司工会委员会
南平市建阳区总工会
中电（福建）电力开发有限公司工会
龙岩市武平县总工会
龙岩市职工服务中心
宁德市总工会财务资产管理部
宁德福安市总工会
国家税务总局平潭综合实验区税务局工会工委
福建省直属机关工会工作委员会
福建省总工会权益保障部

全省工会系统先进工作者名单

李青松　福州市鼓楼区总工会党组成员、主任科员
苏建华　福州市晋安区总工会综合科负责人
陈泉元　智恒科技股份有限公司工会主席
顾　珺　福州顺丰速运有限公司工会主席
朱国华　福建博思软件股份有限公司工会副主席
官庆瑜　福州市教育工会科员
曾　莉　福州结核病防治医院工会干事
陈　超　福建省汽车运输有限公司工会副主席
杨　林　集美区总工会干事
陈　群　厦门市同安区工会职工服务中心职员

郭水波　厦门市翔安区总工会主任科员

苏壁山　福建省厦门轮船有限公司工会干事

吴红霞　厦门市工人文化宫书记、主任

王有丽　中国民生银行股份有限公司厦门分行工会办公室主任

陈梅芳　厦门理工学院工会办公室副主任

林亚珠　南靖县总工会党组书记、常务副主席

王志贤　漳州市龙文区职工服务中心主任

吴建禾　福建诏安工业园区管委会工会联合会专职副主席

王玉桂　长泰县总工会会计

林　泓　中国工商银行股份有限公司漳州分行系统工会女工委副主任

郑沁波　漳州市总工会办公室主任

张锦山　惠安县总工会党组书记、常务副主席

陈　竞　泉州台商投资区总工会常务副主席

许泽润　晋江市总工会组织部部长

吴友福　南安市总工会机关工作人员

陈志源　泉州市交通运输局交通系统工会副主席

陈彩聆　安溪县总工会办公室干事

黄　煜　泉州广播电视台工会副主席

王榕光　三明市工人文化宫党支部书记

黄丽珍　永安市总工会主任科员

罗尔金　清流县总工会劳动部部长

徐虬平　沙县总工会劳动部部长

魏宣宪　大田县总工会财务部部长

陆元龙　莆田市涵江区工人俱乐部主任

林丽群　莆田市秀屿区总工会办公室负责人

郭志诚　莆田市城市建设投资开发集团有限公司工会副主席

李金超　莆田市交通运输局系统工会主任科员

肖建珍　莆田市教育工会副主席

方东杰　南平市武夷新区工会联合会副主席、南平市武夷新区管委会工会委员会主席

许　滨　邵武市总工会财务资产管理部部长

徐孝钦　中国银行保险监督管理委员会南平监管分局工会副主席、金融工会联合会秘书长

吾荣华　福建南纺有限责任公司工会副主席

吴基东　南平市总工会基层部负责人、南平市职工技术协作中心主任

赖永生　上杭县总工会党组书记、副主席

林添福　龙岩市总工会权益保障部部长

李桂兰　新罗区总工会综合部部长

杨　华　龙洲集团股份有限公司集团工会联合会专职副主席

兰　武　龙岩市总工会组织基层部专干

周有忠　蕉城区总工会办公室主任、区工人文化宫主任

张子英　古田县总工会党组书记、常务副主席

陈贵惠　周宁县总工会权益保障负责人、周宁县职工教育中心副主任

郑金云　寿宁县总工会组织和基层工作部部长、主任科员

潘得琦　福鼎市总工会法律保障部负责人

陈　杰　平潭综合实验区总工会基层部负责人

江华秀　福建省总工会宣教部主任科员

林桂香　福建省公路运输、海员工会工作委员会主任科员

（摘编：李　兵）

福建省农村创业创新大赛获奖项目

2019 年年 8 月 27 日，第三届福建省农村创业创新大赛决赛在晋江举行。大赛以“激情创业创新，梦圆乡村振兴”为主题，旨在激发双创潜能，发展现代农业，建设美丽家园，助力乡村振兴。

本次大赛设初创组和成长组，经过省级审核，分别有 12 名选手进入初创组决赛，12 名选手进入成长组决赛。现场还特别邀请了福建农林大学、省农科院及相关企业的专家学者担任评委，并针对参赛选手的项目创新水平、绿色可持续、创业带就业等方面进行点评与提问。

经过一番激烈角逐，陈光登的新奇特水果联合体示范推广项目、廖珂愉的以“兔”展宏图——延伸兔产业链的领跑者项目获得初创组一等奖；刘立至的西甜瓜高周转低成本有机无土栽培项目、游文典的富硒八仙茶种植与深加工示范基地项目获得了成长组一等奖。此次大赛中的优秀项目还将代表我省参加全国农村创业创新大赛半决赛。

（摘编：王增丰）

第二届“创响福建”中小企业创新创业大赛获奖项目

2019 年 8 月 9 日，第二届“创响福建”中小企业创新创业大赛暨 2019 年“创客中国”中小企业创新创业大赛福建省区域赛决赛在福州落幕。

“创响福建”中小企业创新创业大赛是我省重点打造的省级创新创业赛事品牌，旨在发掘和培育一批省内优秀项目和团队，催生新产品、新技术、新模式和新业态，助力我省制造业高质量发展。最终，福信富通—北斗 · 车联网项目获得本次大赛的企业组一等奖，浸入式液态主机最新散热项目获得创客组一等奖。多家创投机构来到决赛现场洽谈，目前已有 10 个优秀项目受到投资机构的青睐，现场总计获得意向投资金额达 3 亿元。

本届大赛设立“最具人气项目奖”，福信富通—北斗 · 车联网项目折桂。活动现场还举行了“创响福建”大赛官网上线仪式。

（摘编：郭　鹭）